中国电子商务协会电子商务师专业技能（水平）评价指定教材

CHINA 电子商务师

孙 静◎主编

工 业 和 信 息 化 领 域 急 需 紧 缺 人 才 工 程

“营造邮电教育—智慧电商人才培养项目” 指定教材

中国商业出版社

图书在版编目（CIP）数据

中国电子商务师：全3册/孙静主编．—北京：中国商业出版社，2016.6

ISBN 978-7-5044-9425-2

Ⅰ．①中…　Ⅱ．①孙…　Ⅲ．①电子商务-技术培训-教材　Ⅳ．①F713.36

中国版本图书馆CIP数据核字（2016）第113468号

责任编辑：姜丽君

中国商业出版社出版发行

010-63180647　www.c-cbook.com

（100053　北京广安门内报国寺1号）

新 华 书 店 经 销

北京军迪印刷有限公司印刷

*　*　*

787×1092毫米　16开　68印张　1600千字

2016年6月第1版　2018年5月（修订）第1次印刷

定价：300.00元（全三册）

*　*　*　*

（如有印装质量问题可更换）

前 言

为深入实施人才强国战略，进一步加快急需紧缺人才队伍建设，推动人才培养工作，根据《国家中长期人才发展规划纲要（2010-2020年）》和《专业技术人才知识更新工程实施方案（2010-2020年）》要求，经工业和信息化部人才交流中心考核批准，将北京营造邮电技术培训中心面向社会推出的“营造邮电教育智慧电商人才培养项目”纳入“工业和信息化领域急需紧缺人才培养工程”（“工信人才［2016］23号”），并认定该项目的考试为“全国信息化应用能力考试”（简称：NCAE-ATC）。

按照国务院总理李克强关于“逐步建立由行业协会、学会等社会组织开展水平评价的职业资格制度”的指示精神，中国电子商务协会电子商务师资质认证管理中心（简称：中心）依托“工业和信息化领域急需紧缺人才培养工程-营造邮电教育智慧电商人才培养项目”（简称：CECC），在全国范围内组织实施电子商务师专业技能（水平）评价认证工作（“中电商协文［2014］34号”文件）。

中心承担CECC的教育培训、考试考核、资质评测、认证管理；构建符合我国电子商务行业技术人才培养制度的CECC资质认证体系；总结研究国内外电子商务职业资格（水平）认证领域的实践创新和理论创新；开展CECC认证管理工作的组织实施等相关活动。中心保证CECC资质认证管理工作的客观、公正、科学和规范，严格实行考试、培训分离的原则，在全国范围推广“营造邮电教育智慧电商人才培养项目”。

本套教程在借鉴和吸收国内外电子商务的基本理论和最新研究成果基础上，密切结合我国电子商务事业发展与职业教育的实际。教程在内容上，力求体现以高层次、急需紧缺和骨干专业技术人才培养为重点，推进分层分类的专业技术人才继续教育的指导思想，突出职业培训特色。本书针对电子商务人员职业活动的领域，按照模块化方式，在创作思想、编著内容、文章结构等方面均有所创新。

本套教程共分为 CECC 初级、中级、高级 3 个分册。其中 CECC 初级培训教程从电子商务基础理论入手，系统地论述了电子商务培训与技能考核需要的基本概念、基本理论、基本方法以及由电子商务引发出的管理创新思想；描述了市场发展趋势和应用于电子商务的新管理模式；阐述了应用于云计算大数据平台的新电子商务技术：充实了大量详实的实践案例、例题范例；注重了内容的实用性、创新性，提供了思考电子商务战略、规划执行方案的实用工具。以期为后续课程学习打下坚实的理论基础。CECC 初级培训教程分十二章，第十一章商务智能内容参加起草工作的还有汪薇、马春亮和张涛，这三位同志长期从事商务智能领域的项目研发实施和教学科研工作，具有丰富的理论和实践经验。

本教程在编写过程中得到了工信部相关部门单位、重点大学多位教授专家的指导帮助，谨在此表示诚挚的谢意！

由于时间较紧，难免存在疏漏甚至差错之处，恳请读者不吝赐教，提出宝贵意见。

本教程为“工业和信息化领域急需紧缺人才培养工程-营造邮电教育智慧电商人才培养项目”认定培训教材以及中国电子商务协会电子商务师专业技能（水平）评价指定教材，也可以作为大学相关专业课程教材及研究生选修课教材。

本教程由北京营造邮电技术培训中心主任孙静博士担任主编。

目 录

第一章　电子商务运作

第一节　认识电子商务

一、电子商务的定义

1. 什么是电子商务

电子商务源于英文 Electronic Commerce，简写为 EC。从英文中我们可以看出，其内容包含两个方面，一是电子方式，二是商贸活动。那么连起来电子商务指的是什么呢？利用快捷、简单、低成本的电子通讯方式，买卖双方在不见面地情况下进行各种商贸活动。

电子商务能够通过很多种电子通讯方式来完成。我们可以打个比方，最简单的，就算你是通过打电话或者发传真的方式来与客户进行商贸活动，在某种程度上也是可以称作为电子商务；不过，现在人们经常探讨的电子商务主要是以 EDI（电子数据交换）和 Internet 来完成的。特别是随着 Internet 技术的日益成熟，电子商务真正的发展将是建立在 Internet 技术上的。也正是因为这样人们才也把电子商务简称为 IC（Internet Commerce）。

事实上，电子商务是为了适应以全球为市场的变化而出现和发展起来的，它更加紧密把销售商与供应商联系起来，尽快地满足客户的需求，也可以让商家在全球范围内选择最佳供应商，在全球市场上销售产品。

2. 电子商务的定义

其实，从现在来说，还没有一个较为全面、较为确切的定义。各种组织、政府、公司、学术团体都是依据自己的理解和需要，把电子商务的定义叙述下来，下面是一些有代表性的定义。

定义 1：电子商务是通过电子方式，并在网络基础上实现物资、人员过程的协调，以实现商业交换活动。

定义 2：电子商务是由 Internet 创造的电脑空间（Cyber Space）超越时间和空间的制约，以极快的速度实现电子式商品交换。

定义 3：电子商务是数据（资料）电子装配线（Electronic Assembly Line of Data）的横向（Horizontal）集成。

定义 4：电子商务是一组电子工具在商务中的应用。这些工具包括：电子数据交换（EDI，Electronic Data Interchange）、电子邮件（Email）、电子公告系统（BBS）、条码（Bar Code）、图像处理、智能卡等。

定义 5：电子商务是在计算机与通信网络的基础上，利用电子工具实现商业交换和行政作业的全部过程。

定义 6：《中国电子商务蓝皮书（2001 年度）》认为，电子商务指通过 Internet 网完成的商务交易。交易的内容可分为商品交易和服务交易，交易是指货币和商品的易位，交易要有信息流、资金流和物流的支持。

定义 7：美国政府在其《全球电子商务纲要》中比较笼统地指出：电子商务是指通过 Internet 进行的各项商务活动，包括：广告、交易、支付、服务等活动，全球电子商务将会涉及全球各国。

定义 8：加拿大电子商务协会给电子商务的定义是：电子商务是通过数字通信进行商品和服务的买卖以及资金的转账，它还包括公司间和公司内利用 E-mail，EDI、文件传输、传真、电视会议、远程计算机联网所能实现的全部功能（如：市场营销、金融结算、销售以及商务谈判）。

定义 9：世界贸易组织（WTO，World Tourism Organization）认为，电子商务是通过电子方式进行货物和服务的生产、销售、买卖和传递。这一定义奠定了审查与贸易有关的电子商务的基础，也就是继承关贸总协定（GATT，General Agreement on Tariffs and Trade）的多边贸易体系框架。

定义 10：欧洲经济委员会在比利时首都布鲁塞尔举办了全球信息社会标准大会，会上明确提出了电子商务的定义：电子商务是各参与方之间以电子方式而不是以物理交换或直接物理接触方式完成任何形式的业务交易。这里的电子方式包括电子数据交换（EDI）电子支付手段、电子订货系统、电子邮件、传真、网络、电子公告系统、条码、图像处理、智能卡等。

定义 11：惠普提出电子商务以现代扩展企业为信息技术基础结构，电子商务是跨时域、跨地域的电子化世界 E-World，EW = EC（Electronic Commerce）+ EB（Electronic Business）+ EC（Electronic Commerce）。惠普电子商务的范畴按定义包括所有可能的贸易伙伴：用户、商品和服务的供应商、承运商、银行保险公司以及所有其他外部信息源的收益人。

定义 12：IBM 也给出了一个电子商务的定义公式，即：电子商务 = Web + IT，它所强调的是在网络计算机环境下的商业化应用，是把买方、卖方、厂商及其合作伙伴在因特网（Internet）、企业内部网（Intranet）和企业外部网（Extranet）结合起来的应用。

上面说到的那些定义分别出自中外专家、电子商务协会、知名公司、国际组织和政府部门，从上面给出的定义，我们很容易看出来，这些定义都是人们根据不同角度各抒己见。从宏观上讲，电子商务开启了计算机网络的第二次革命，是通过电子手段建立一个新的经济秩序，它不只是涉及到了电子技术和商业交易本身，并且涉及到了金融、税务、教育等社会其他层面；从微观角度说，电子商务指的是各种具有商业活动能力的实体（生产企业、商贸企业、金融机构、政府机构、个人消费者等）利用网络和先进的数字化传媒技术进行的各项商业贸易活动。一次完整的商业贸易过程是复杂的，其中包括了交易前了解商情、询价、报价、发送订单、应答订单，发送接收送货通知、取货凭证、支付汇兑过程等，除此之外还有涉及行政过程的认证等行为。电子商务涉及资金流、物流、信息流的流动。严格地说，只有上述所有贸易过程都实现了无纸贸易，也就是说全部是非人工介入，使用各种电子工具完成，才可以把它称为一次完整的电子商务过程。

从广义上讲，电子商务不只是包括了企业之间的商务活动，还包括企业内部的商务活动，比如说生产、管理、财务等，它不只是硬件和软件的结合，并且还把买家与卖家、厂家与合作伙伴在 Internet、Intranet 和 Extranet 上利用 Internet 技术与原有的系统结合起来进行业务活动，在网络化的基础上重塑各类业务流程，实现电子化、网络化的运营方式。电子商务所指的商务不只是包含交易，并且还涵盖了贸易、经营、管理、服务和消费等各个业务领域，其主题是多元化的，功能是全方位的，涉及到社会经济活动的各个层面。从最初的电话、电报，到电子邮件以及 20 多年前就开始应用的电子数据交换技术（EDI，Electronic Data Interchange），都可以说是电子商务的某种形式。直到现在，人们提出了通过网络实现包括从原材料的查询、采购、产品的展示、订购到产品制造、储运以及电子支付一系列贸易活动在内的完整电子商务的概念。

通常情况下来说，电子商务应包含以下五点含义。

（1）采用多种电子方式，特别是通过 Internet；

（2）实现商品交易、服务交易（其中含人力资源、资金、信息服务等）；

（3）包含企业间的商务活动，也包含企业内部的商务活动（生产、经营、管理、财务）；

（4）涵盖交易的各个环节，如询价、报价、订货、售后服务等；

（5）采用电子方式是形式，跨越时空、提高效率是主要目的。

综上所述，我们基本上能够为电子商务做出如下定义：

电子商务是各种具有商业活动能力和需求的实体（生产企业、商贸企业、金融企业、政府机构、个人消费者……）为了跨越时空限制，提高商务活动效率，而采用计算机网络和各种数字化传媒技术等电子方式实现商品交易和服务交易的一种贸易形式。

二、电子商务的特点

（一）网络（交易载体）视角的电子商务特点

虽然电子商务的定义非常多，不过从本质来看，电子商务指的就是在网上（主要指互联网）开展商务活动。电子商务被看成一种新生事物主要是因为它是在网络环境里面开展的，也就是说电子商务借助于网络这种交易载体让商务模式相对于传统商务发生了质的改变，所以，网络（交易载体）是分析电子商务的特点最根本的一个视角。从网络角度来看，电子商务最少应该具有数字化、交互性和高效率三个基本的特点。

1. 数字化

在商务还有与商务活动相关的各种信息都以数字形式被采集、存储、处理和传输的时候，商务模式在本质上就有了质的变化，数字生活、数字商务、虚拟企业等数字化形式就应运而生了。数字化具有的易于存储、查询、处理、修改信息等优越性，这样就让人类把前进的方向与数字化牢牢的结合在了一起，正是由于电子商务的数字化特点，它使得商务活动中的商流、资金流和信息流都能够在计算机网络中迅速传输，最终成为了“三流合一”的商务模式，这使得现代商务活动朝着“无纸”商务、信息商务、快速商务的方向前进。

2. 交互性

各种信息交互协议最终使得数字化信息在计算机网络中具有双向沟通的功能，而电子商务也正是在这样一个网络环境中进行的商务活动，所以，在电子商务过程中，电子商务与传统商务相区别的重要方面是，电子商务能够轻松完成商务信息的双向沟通，实现商务交易主体之间的信息交互。它预示着电子商务可以采用网络重复营销、网络软营销、数据库营销、一对一营销等现代营销的方式和手段，从而提高营销的效率和效益。

3. 高效率

电子商务的信息传递基于的是电磁波的传输原理，主要采用互联网的传输信道，能够以每秒 30 万公里的速度将信息向前传递着。在这样的速度之下，常规的时间和空间的规律已经被完全打破了，电子商务已经突破了传统商务之中的时间限制和空间限制，使商务交易的效率和商务服务的效率都得到了非常大的提高。

（二）市场（商务环境）视角的电子商务特点

网络不只是是商务活动的交易载体，它还形成了一个非常大的虚拟空间——Cyber Space，在这个虚拟世界里面的虚拟市场具有非常多的与现实世界商品市场相同的共性，也有着自己的一些独有的特性，主要有全球化、充分竞争和买方市场。

1. 全球化

实体市场的低速度和低效率，决定了商品交易的市场规模和范围有很强的局限性，而在电子商务这种虚拟化的商品市场里面，由于商务的数字化带来的虚拟特性使信息的传递以极高的速度快速流转，在这样的环境里面，商务主体之间的距离被无限的缩短了，商务交易的空间限制和时间限制被突破了，商务交易的范围也从有限的区域性小市场走向全球化的大市场了。所以，相对于传统商务而言，电子商务的市场被深深的打上了全球化的烙印。

2. 充分竞争

假如说电子商务的市场具有明显的全球化特征的话，那么，电子商务市场的另一个特征也是显而易见的，那就是它拥有着非常大的竞争优势。经济全球化使企业的潜在客户扩大到了全球，与此同时，经济全球化也使企业的竞争对手扩大到全球范围，也就是说，同一领域中的企业将面临全球化大市场中的几乎所有强大的竞争者，从这个方面来看，商品市场中的充分竞争的出现是必然的，这也是所有消费者想要看到的。

3. 买方市场

充分的市场竞争一定是会对消费者产生有利影响的，不过，充分的市场竞争并不一定能够形成真正买方市场，比方说，现实中的消费者早已经生活在比较充分竞争的市场环境中了，但是，为什么消费者对自己的商务结果还是会有很多不满呢？那就是因为充分的市场竞争让我们对市场下了一个有利于消费者的结论，不过，商务活动主要是在有商务需求的消费者与提供商务服务的企业之间展开，而现实中两者的对比结果是：强势的企业和弱

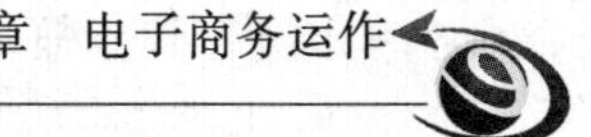

势的消费者，导致这样一个结果的主要原因是双方之间的信息不对称。这样，我们不禁要问，这是一个真正的买方市场吗？很明显它不是，这充其量是一个准买方市场，而电子商务的市场环境给了我们一个什么是真正的买方市场的满意答复。在电子商务市场中，消费者有足够的能力和可能获得提供商务服务的企业的信息，除此之外，就算单个的消费者与提供商务服务的企业相比处于劣势，消费者也能够在虚拟的网络里面通过“团购”轻松实现对商务服务提供企业的劣势的扭转。

（三）卖方（服务主体）视角的电子商务特点

在电子商务的环境之中，提供商务服务的一方大部分都是以企业的形式存在，那么，电子商务这种新型的商务模式相对于以追求利润最大化为终极目标的企业而言有哪些特点呢？从迈克尔·波特的企业竞争战略分析框架中，我们能够了解到，企业要在激烈的市场竞争中生存和发展可以采纳差异化、目标积聚和低成本三种战略形式，由于电子商务能够非常好的支撑企业的这三种战略，所以，电子商务具有个性化、专业化低成本（费用）的特点。

1. 低成本（费用）

按照新的财务管理的观点，制造企业中降低利润的主要因素是商品成本和资本成本两大块。资本成本又包括取得和使用资本的时候所付出的代价，假如制造企业及其相关的服务提供单位能够充分利用电子商务来武装企业的日常运营，那么他们将可以有效的降低企业在发行债券、股票时的费用，降低向非银行金融机构借款的手续费用等取得资本过程中所花的代价；商品成本中包含生产经营成本、营销成本等子项，在有效利用电子商务各种手段的情况下，企业将能够在这之中的采购成本、生产成本、物流成本、营销成本、人员工资等方面得到很显著的降低。除此之外，对于非制造类企业来说，这类企业获得收入的代价就是发生各种费用，即管理、财务、销售等费用，同样，假如这类企业能够充分采用电子商务的理念、技术、手段，比如说，优秀的电子商务软件、良好的网络营销策略、战略性的供应链合作运行体系，这些都会使企业的费用得到很大降低。

所以，在充分利用各种电子商务技术和手段的情况下，制造类企业能够有效的降低其运营成本，尤其是这里面的商品成本，而非制造类企业也能够有效的降低其运营过程中发生的各种费用，从而使企业能够以较低的价格向消费者提供服务的同时保持较高的利润。追求高额的利润是企业经营的终极目标，而企业运营发生的各种成本或者费用则是与利润额的高低相背离的主要因素，所以低成本（费用）是电子商务最不易被忽略的一个特点。

2. 个性化

由于电子商务是以网络为基础的，所以，在企业和消费者之间能够轻松实现信息的自动化传递，并建立面向消费者的数据库系统。在网络营销和虚拟生产的理论指导下，企业可以充分利用数据库进行一对一的个性化营销、一对一的个性化设计和生产，实现企业和消费者之间全程的一对一个性化跟踪服务，最终实现企业的差异化经营战略。电子商务个性化服务的经典案例莫过于Dell公司计算机的生产、营销等的定制化服务，通过向其顾客提供计算机的定制化服务，Dell公司在很大程度上满足了消费者的个性化需求。

3. 专业化

从中国互联网络信息中心发布的第17次《中国互联网络发展状况统计报告》里面能够

看出，国内互联网正在跟随国际互联网呈良性的发展态势。随着加入互联网的人逐步增多，互联网中的商务活动越来越频繁，这些都预示着一个巨大的 Cyber Space 的形成。在连通全球的互联网络的大环境下，企业的潜在客户就会逐步增多，从有限的地域空间无限的延伸到这个世界所有地方，企业服务的目标客户群也会因此急剧扩大，与此同时企业也将面对世界范围内超强的竞争对手。依据供应链管理理论和核心竞争力理论，企业不可能在其所涉及的所有方面都做得最好，所以，企业必须摒弃大而全的经营思路，走专业化的道路，当然，全球大市场中越来越多的同类客户也使企业走专业化道路成为一种可能。

（四）买方（消费主体）视角的电子商务特点

消费需求是商务动力的主要的源泉，只有能够真的了解到消费者的需求，并且很好的满足了消费者的需求，企业才能够得到很好的发展前景。从商务需求购买方的消费者视角出发，企业只有能很好的满足消费者的需求，才能在新的环境下良好的发展。满足消费者商务需求可以从为消费者直接的商务节约和间接的商务节约——方便性两方面来入手，而电子商务正好就很好的满足了消费者关于商务服务的要求。

1. 节约性

很多时候，商品的价格都还是由商品的最终成本决定的，在电子商务环境下，作为商务服务主体的企业由于采用的电子商务等相关先进技术而使企业可以实施低成本战略，或者可以长期以较低的成本生产和销售商品，也就是说企业可以以较低的价格把服务或者商品销售给消费者。在这样的情况下，不管是小宗的消费性的购买，还是大宗的生产性和销售性的购买，都能够获得极大的节约。生产性和销售性购买的节约主要体现在极大的降低了原材料、半成品和成品的采购成本、物流成本等；消费性购买的节约主要体现在能使消费者获得高额的消费者剩余。

2. 方便性

电子商务的高效率特性和数字化特性使消费者的商务活动能够轻松突破时间和空间的限制，从理论上讲，地球上的消费者能够在任何地点、任何时间轻松地实现商务购买，这虽然只是一个愿景，不过随着各种方便的上网设备被发明出来，电子商务正在逐步将这个美好的愿望变成现实（至少数字化商品可以尽快的实现），这无疑给消费者的商务活动带来了极大的方便性。

（五）政府（监督管理）视角的电子商务特点

电子商务作为一种经济行为，就一定会受到相应的管理和监督。政府的相关职能部门作为经济活动的裁判员需要能够对电子商务环境实施有效的监督控制和良好的预测分析。由于电子商务能将商务活动的信息数字化，所以，从政府的监督管理视角来讲，电子商务具有有效的监督管理和良好的预测分析两个特点。

1. 有效的监督管理

由于电子商务活动的信息可以以数字化的形式采集、存储、传输和处理，所以，政府的相关职能部门综合采用先进的计算机技术，利用先进的网上传输内容监控、网上信息流动监控、在线审计等技术可以实现对电子商务活动的有效监控，从而实现政府对电子商务的良好监督和管理，以利于电子商务活动的正常、高效、有序的运转。

2. 良好的预测分析

基于对电子商务现实数据和丰富的历史数据把握，政府相关部门能够综合利用各种先进的计算机技术和数学模型来分析电子商务主体的各种行为，分析电子商务环境下国民经济的运行规律，优化国民经济的运作的机制，使整个国民经济在健康有序的快车道上前进，实现我国经济的跨越式发展。除此之外，利用各种计算机技术和数学模型还可以对整个国民经济的现实数据和历史数据进行准确的预测分析，做到坏事情先防范，好事情先知道，指导电子商务活动的正常开展。

当然，电子商务在世界很多国家的经济活动中的比例还不是很大，政府还没有能力全面监控电子商务的各个方面，不过，由于电子商务基本上在所有的国家都是如火如荼的高速度发展着，所以，我们基本上是能够肯定一点的，在不久的将来，比如我们国家完全有可能在5-10年后实现对电子商务活动的全面监控，在掌握所需的数据和相关技术后，最终实现对整个国民经济有效的监督管理和良好的预测分析。

（六）整体（系统工程）视角的电子商务特点

传统商务是主要是建立在实体商品的现实商务模式之上的，而电子商务则是基于计算机的虚拟商务模式，对于主要活动都在电脑空间中开展的虚拟商务模式——电子商务而言，从整体（系统工程）的角度来看，它与传统商务相比有一个由量变引起的质变的区别，由电子商务具有明显的协同性、集成性和扩展性三大特点可以体现出来。

1. 协同性

虽然我们在传统的商务活动中也讲协调、和谐、协同，不过我们都清楚，在实体商务里面，这种相互配合并没有被特别的强调，并且在商务的相关书籍之中也很少有这方面的阐述。而在电子商务这种虚拟商务模式中，基本上所有的信息交互都是能够在瞬间完成的，那么相关的所有商务活动都一定要适应这种速度，也就是所有提供商务服务的主体都应该相互协调并适应光速的商务规则，即电子商务的协同性。所以，从这个角度上讲，很多人把电子商务又说成是协同商务。

2. 集成性

由于电子商务一定要作为一个整体，尽可能的向消费者提供一个良好的“一站式”模式的商务服务，也就是说，电子商务服务提供商所在的整个供应链必须被集成为一个整体而开展工作，只有这样，电子商务的协同性规则才能得到保证。与此同时，只有电子商务服务能力被集成为一个整体，才可以真正适应光速的商务规则。所以，我们可以说，不管电子商务的服务能力还是电子商务的服务提供商被物理地或者是逻辑地集成在一起，这种集成都是必要的，否则，我们就有可能回到实体商务的历史中去。

3. 扩展性

与实体商务有限的消费者对比来说，电子商务的潜在消费者由于计算机网络的全球性使其天生地具有了全球市场的特点，与此同时，由于信息的数字化传输突破了时间和空间的限制，“地球村”的商务理念正在被越来越多的人认可并且采纳。因此，面对潜在消费者数目的极大的不确定性，这就要电子商务的服务系统必须具备高度的弹性，以适应越来越多的消费需求。不然的话，电子商务系统将会由于消费者的增多而使其难以承受，降低了服务水平，企业最终将失去市场生存能力。

现在越来越多人投身进了电子商务之中，他们已经深刻的领会到：务实才是硬道理，盈利才是硬道理。这使电子商务真正的得到了理性的回归。

我们中的绝大部分人都不能想象中国手机市场在经过短短 10 年左右的时间发生的翻天覆地的变化，同样就会有很多的人不可能预测到几年以后中国电子商务会是什么样子的，世界电子商务又会变成一个什么样子。所以，我们希望通过本文从网络、市场、卖方、买方、政府、整体六个视角对电子商务特点的进行归纳分析，让大家真正理解电子商务为什么不是昙花一现，为什么会成为 21 世纪新的商务模式，为什么被认为是新的生产力，为什么会给我们的世界带来新的革命。

第二节　电子商务运作模式选择

一、企业对消费者模式

B2C 就是企业透过网络销售产品或服务给个人消费者。这是消费者利用因特网直接参与经济活动的形式，类同于商业电子化的零售商务。即企业通过互联网为消费者提供一个新型的购物环境——网上商店，消费者通过互联网进行购物并且在网上支付。其代表是亚马逊电子商务模式，正是因为这样的模式节省了客户和企业的时间和空间，在很大程度上提高了交易效率，特别对于工作忙碌的上班族，这种模式可以为其节省宝贵的时间。

二、消费者对消费者模式

C2C 指的是消费者与消费者之间的互动交易行为，这种交易方式相对来说很多变。C2C 商务平台就是通过为买卖双方提供一个在线交易平台，使卖方能够主动提供商品上网拍卖，而买方能够自行选择商品进行竞价。其代表是 eBay、taobao 电子商务模式。

比如说消费者可同在某一竞标网站或拍卖网站中，共同在线上出价而由价高者得标。或由消费者自行在网络新闻论坛或 BBS 上张贴布告以出售二手货品，甚至是新品。

三、商家对消费者模式

C2B 是商家通过网络搜索合适的消费者群，真正实现定制式消费。对消费者而言，是一种非常理想化的消费模式。

四、新型的 ABC 电商模式

随着电子商务的不断发展，在人们开始不断地为信誉担忧的时候，出现了一种新型的电子商务模式 ABC 模式，被誉为电子商务界继阿里巴巴 b2b 模式、京东商城 b2c 模式、淘宝 c2c 模式之后的第四大模式。是由代理商、商家和消费者共同搭建的集生产、经营、消费为一体的电子商务平台。相互之间能够转化。

第三节　电子商务发展趋势

一、电子商务的发展阶段

（一）全球电子商务发展四个阶段

1. 萌芽与酝酿期（1997~2000 年）

爆炸式发展的夏天，亚马逊网络书店（1995 年）冉冉升起，它的出现使得电子商务成为了经济活动的热点，大量风险投资都出现在了电子商务之中，网络概念股在美国受青睐，电子商务出现爆炸式发展。

2. 调整蓄势阶段（2000~2003 年）

寒冬由于扩张速度快，资金投入过多，电子商务的不足之处和问题开始逐渐暴露，物流、管理问题突出，网络股出现泡沫经济，国际股市从 5000 点跌破到 2000 点，资金撤离，网站开始重新洗牌，优胜劣汰，强者生存，弱者淘汰，电子商务发展经历了寒冬腊月，整个互联网上有超过 1/3 的网站销声匿迹了。

3. 复苏与回暖期（2003 年~2005 年）

高速发展的春天，经过前几年严峻的市场考验，电子商务网站开始务实经营，SRS 的出现、911 事件的发生，禽流感病毒的传染、非典流行使得电子商务又卷土重来，电子商务又一次迎来了一个发展的黄金季节。这个阶段对电子商务来说有三个很大的变化：第一个变化：大批的网民逐步接受了网络购物的生活方式，并且这个规模还在高速的扩张。第二个变化：众多的中小型企业从 B2B 电子商务中获得了订单，获得了销售机会，“网商”的概念深入商家之心；第三个变化：电子商务基础环境相对往常更加成熟，物流、支付、诚信瓶颈得到基本解决，在 B2B、B2C、C2C 领域里，都有不少的网络商家迅速的成长，积累了大量的电子商务运营管理经验和资金。

4. 电子商务纵深发展期（2006~现在）

做大做强的夏天，这个阶段最明显的特征就是，电子商务已经不只是互联网企业的天下。数不清的传统企业和资金流入电子商务领域，使得电子商务世界变得更加丰富多彩。

（二）中国电子商务的发展经历三个阶段

1. 1999 年~2002 年萌芽阶段

这个阶段之中的中国网民数量相比起今天，是非常少的，根据 2000 年年中公布的统计数据，当时中国网民的数量只有 1000 万，而且这个阶段，网民的网络生活方式还只是停留于电子邮件和新闻浏览的阶段，网民并不成熟，市场也还没有成熟，以 8848 为代表的 B2C 电子商务站点能说得上是当时最闪耀的亮点，可惜 8848 最终逝去，萌芽期的电子商务环境里没能养活几家电子商务平台，只是孕育了一批初级的网民，这个阶段要发展电子商务难度相当大。

2. 2003 年~2006 年高速增长阶段

淘宝、当当、卓越、阿里巴巴、慧聪、全球采购，这几个响当当的名字成了互联网江湖里的热点。这些生在网络长在网络的企业，在短短的几年时间中崛起，和网游、SP 企业等一起搅翻了整个通信和网络世界。

这个阶段对电子商务来说最大的变化有三个：

第一个变化：大部分的网民慢慢都接受了网络购物的生活方式，而且这个规模还在高速的扩张。

第二个变化：众多的中小型企业从 B2B 电子商务里面获得了订单，获得了销售机会，“网商”的概念深入商家之心。

第三个变化：电子商务基础环境已经逐渐成熟，物流、支付、诚信瓶颈等都得到了基本的解决，在 B2B、B2C、C2C 领域之中，都有不少的网络商家迅速的成长，积累了大量的电子商务运营管理经验和资金。

3. 2007 年~2010 年电子商务纵深发展阶段

这个阶段最为显著的特征就是，电子商务已经不只是互联网企业的天下，数不清的传统企业和资金流入电子商务领域，使得电子商务世界变得异彩纷呈。

首先，阿里巴巴、网盛上市标志着 B2B 领域的发展步入了规范化、稳步发展的阶段；淘宝的战略调整，百度的试水意味着 C2C 市场会在高速发展的同时，逐渐的优化和细分市场。

PPG、红孩子、京东的火爆，不只是引爆了整个 B2C 领域，更让众多传统商家按耐不住纷纷跟进。

2010 年以后，中国的电子商务发展达到新的高度。虽然还不至于会颠覆人们的生活习惯，但是我们一定会在这之间看到更加精彩绝伦的新鲜事，看到一个现实社会与虚拟社会不断融合发展的新时代。

可以预言，由传统企业延伸过来的电子商务公司和互联网中成长起来的中小网商将会是未来中国电子商务发展的核心力量。

原因有三：

1. 对于 B2B 电子商务平台，承载其盈利模式的 90%以上都是中小型企业。随着 B2B 领域的竞争格局暂时趋于稳定，B2B 领域的规模扩张会慢慢减缓，取而代之的是业务深挖和结构优化。

2. B2C 领域随着传统企业的资金涌入，会获得高速发展。并且，拥有独立品牌、优势货源、良好口碑、服务完善的各行业 B2C 商家会为整个电子商务领域带来前所未有的、百花齐放的盛况。

3. 在 C2C 领域，随着 B2C 的进一步发展以及市场管理的逐渐趋于规范化，纯 C2C 交易规模的增长速度也会放缓。

二、电子商务未来发展趋势

电子商务在未来几年之中，会迎来怎样的发展呢？电子商务未来有十大趋势，关键词分别是：移动化、平台化、三四五线城市、物联网、社交购物、O2O、云服务、大数据、精准化营销和个性化服务以及互联网金融。

第一个趋势：移动购物。

大家知道目前，手机用户2015年11月19日工信部已发消息中国移动电话规模破13亿，而PC用户是5.9亿，而手机的渗透率增速是远大于PC的。2017年，手机用户将会超过PC用户，在未来，电子商务的主战场将不是在PC上，而是在移动设备上。而移动用户有很多的特点，首先购买的频次更高、更零碎，购买的高峰不是在白天，是在晚上和周末、节假日。而移动购物也会对PC电子商务造成一次大的革命，做好移动购物，不能简简单单的把PC电子商务搬到移动上面，还要对移动设备进行充分的利用，比如说它的扫描特征、图象、语音识别特征、感应特征、地理化、GPS的特征，这些功能都能够真正的把移动带到千家万户。

第二个趋势：平台化。

如今我们都能够看到大的电商都开始发展自己的平台了，其实这个道理非常明了，就是因为这是最充分利用自己的流量、自己的商品和服务最大效益化的一个过程，因为有平台，可以利用全社会的资源弥补自己商品的丰富度，增加自己商品的丰富度，增加自己的服务和地理覆盖。

第三个趋势：在未来电子商务会向三四五线城市渗透。

一方面是由于移动设备的快速渗透，很多三四五线城市接触互联网更多的是依靠手机、Pad来上网的，而且这些城市首先经济收入提高，再加上本地的购物不便，另外本地的商品可获得性普遍不高，加上零售比先进国家落后。

随着一二线城市网购的渗透率接近饱和，在未来电商城镇化布局将成为电商企业们发展的重点，三四线城市、乡镇等地区将成为电商“渠道下沉”的主战场，与此同时电商在三四线欠发达地区能够更大的发挥其优势，缩小三四线城市、乡镇与一二线城市的消费差别。阿里在发展菜鸟物流，不断辐射三四线城市，京东IPO申请的融资金额差不多达到了15亿美元到19亿美元之间，但是京东在招股书中表示，这些钱会有10到12亿美元用于电商基础设施的建设，这样看起来，这两大巨头都将重点放在了三四线城市。其实，谁先抢占了三四线城市，在未来的电商竞争之中就谁会占据更大的优势。

第四个趋势：是物联网。

大家不妨想象一下，一些可穿戴设备和RFID的发展，将来的芯片都能够植入在皮肤之中，可以植入在衣服里面，可以在任何的物品里面，任何物品状态的变化可以引起其他相关物品的状态变化。你可以想象，如果你将一瓶牛奶放进你的冰箱，进冰箱的时候自动扫描，自动的知道这个保质期，知道什么时候放进去，知道你需要用多少，当你要完的时候，马上会进行自动下订单，这个订单作为商家接到订单马上给你送货，刚好下订单可能又会触发电子商务，从供应商那里下订单，而那个订单触发生产，也就是说，最后所有的零售、物流和最后的生产都能够全部结合在一起。

第五个趋势：O2O

沃尔马全球CEO到上海的时候，他去中远两湾城参观，那里建了一个社区的服务点，那有三个功能，第一是集货的区域，由那个地方集散到顾客手里面，第二那个地方是顾客取货的点，第三个那个地方是营销的点，展示我们的商品，为社区的居民进行团购，帮助他们上网，让他们学会使用手机购物，起了三个作用。这说明了什么呢？传统零售在往线上走，电子商务往线下走，最后一定是O2O的融合，为顾客提供多渠道、更大的便利。

第六个趋势：社交购物。

社交购物可以让大家在社交网络上面更加精准地去为顾客营销，更个性化地为顾客服务。

第七个趋势，云服务和电子商务解决方案。

大量的电子商务企业发展了很多的能力，这些能力包括物流的能力、营销的能力、系统的能力、各种各样为商家为供应商为合作伙伴提供电子商务解决方案的能力，这些能力希望最大效率的发挥作用。比方说我们推出一个 SBY，这里面有营销服务、数据服务、平台服务、物流服务，刚刚又推出了金融服务，还会有更多的服务。也就是说我们把自己研发出来的，为电子商务本身提供的能力，提供给全社会。

第八个趋势：大数据的应用。

众所周知，电子商务的盈利模式可以分为不同的升级。低级的盈利靠的是商品的差价。第一个能力是为供应商商品做营销，而做到返点营销所带来的盈利。盈利方面是靠平台，有了流量、顾客，希望收取平台使用费和佣金提高自己的盈利能力。第二个能力是金融能力，这也就是表明了我们的供应商、商家提供不同种类的金融服务，得到的能力。第三个能力是数据，也就是我们有大量电子商务顾客行为数据，利用这个数据充分产生它的价值，这个能力也是为电子商务盈利的最高层次。另外对于数据来说，那也是一个逐渐升级的过程，原始的数据是零散的，基本没什么价值，然而这些数据经过过滤、分析而成为了信息，而在信息的基础之上建立模型，来支持决策，成了我们的知识，如果对于这些知识进行预测，可以做到举一反三，能够悟出道理，成了我们能够利用的智慧。所以在整个升级，数据升级和我们数据价值的升级三方面，我们从中就充分的体现这个大数据的价值。

第九个趋势：精准化营销和个性化服务。

这个需求是每一个用户都希望拥有的，希望这个网站是为我而设的，希望所有为我推荐的刚好是我要的，以后的营销不再是大众化营销，而是窄众营销。每个人都希望最大效率的应用这个营销的渠道和营销的工具化是窄众营销，每个人精准化的知道他的需求，为他提供个性化的营销和服务。

第十个趋势：互联网金融。

我们可以说在这个平台上有演员、有观众，有很多的戏，这个戏就是这里面的一些内容，也就是说含有保险、基金、小贷，有各种各样的服务，是戏的内容。演员就是那些银行、金融机构、保险公司等等。观众就是所有的大宗顾客，另外还有我们的商家、供应商、合作伙伴。这个平台最好的为所有的大众服务，所有的这台戏上面的观众服务，也就是这个平台的作用。

第二章　互联网创业基础

第一节　电子商务企业构成

一、企业构架

电子商务企业的外部架构有两种，一种就是我们所熟悉的传统企业架构中的部门或者事业部，比如说李宁的电子商务就是总公司的一个部门；另一种是独立经营的电子商务企业，基本上所有的新创立的电子商务企业都属于这种情况。

不同类别的电子商务企业处于不一样的发展阶段，组织架构的差别非常大。下面主要以中小规模的电子商务企业中的独立 B2C 电子商务为例，介绍其组织架构和主要岗位。

除了任何企业都需要的职能部门［如财务、人力资源（HR）和行政等］以外，电子商务企业一般有 7 个部门，分别是市场部、网站运营部、客服部、采购部、物流部、技术部及产品部。

1. 市场部

市场部的主要任务是，负责对外的合作、宣传和推广工作，包括搜索引擎营销、EDM 营销、媒体合作、新闻炒作、口碑合作、网站合作、活动及研讨会组织等；负责研究分析 CRM 体系，包括会员级别、沟通机制、积分机制、客户活跃机制等，优化购物流程，提高用户购物体验，制定 CRM 营销战略，分析销售数据，研究用户购买行为，最终提高订单转化率。

市场部分为三个组：媒介合作组、活动推广组和营销分析组。

市场部最主要的职能就是能够用最少的钱，帮助电子商务企业得到低成本的有效流量，让流量更多地转化为销量，把老客户留住的同时，还能够产生更多的重复购买行为。市场部的职能有网络推广操作与执行、媒体合作联系与执行、数据库营销执行、广告跟踪与统计等。在本教材中，这些基础岗位都会有介绍。除此之外，有的企业会把一些重要的职能分离出来，如会员营销部等。

2. 网站运营部

网站运营部是电子商务企业最独特的一个部门，这个部门主要负责整个网站前台、后台的设计、建设与优化，包括产品上网决策、网站内容更新、网站数据分析与决策、访问流程与购买流程优化。网站运营部最主要的考核指标就是站内转化率。有些企业把市场部的一些职能也放在网站运营部里。

该部门的职能包括产品编辑、修图、产品描述、网页设计、统计报表等。

3. 客服部

客服部的人员所担任的职务就跟传统零售店的营业员或导购员差不多。不过其中也有所不同，电子商务企业客户服务的职能贯穿了接待、导购、咨询、下单、收款和发货跟踪、售后服务的全过程，是与客户直接接触的唯一人群。客服部之中，又能够分为客服培训组、客服运营组和绩效考核组三个组，其中客服运营组是核心，其他几个部门主要辅助和配合客服运营组。客服运营组负责客户服务电话和在线客服的接听与回复，工作内容包括有产品咨询、订单处理、售后服务、客户回访、大客户挖掘和营销等服务，客户服务组设有客户主管岗位，客户主管下设客服专员，客服培训组负责制定客户服务指导手册，培训客服技巧和技能，避免客服的各种不良习惯，以此来提高客服人员服务过程中的满意程度；绩效考核组负责监督检查客服人员的服务质量，降低不良咨询率，对客服人员进行工作考核和测评。

客服部的主要考核指标是订单转化率、平均客单价、客户满意度等。平均客单价，指的是每位消费者平均购买商品的金额，也就是平均交易金额。客服人员是电子商务企业基础岗位需求量最大的部门，也是管理提升空间比较大的岗位。

4. 采购部

采购部主要工作是市场行情的调查，这个部门主要寻找相关产品信息及供应商，建立采购供应渠道，做好供应商资质论证及其资料、文件的收集和更新工作，向供应商索取相关证照，建立和更新供应商档案；掌握现有商品库存情况，收集本企业各部门采购申请，根据销售计划编制采购计划，并严格按照采购计划实施采购，并对产品交付进度进行控制与跟踪。

5. 物流部

物流部的主要工作是负责网站仓储在全国的布局和设计，制定仓储标准和物流配送标准，设计仓储管理系统，选择物流配送合作伙伴，设计产品配送包装，根据订单进行配送，并且根据销售状况调节产品在不同仓储之间的库存。

物流部对客户满意度的提升影响巨大，这也是我国很多电子商务企业投巨资建设仓库和配送队伍的原因。

6. 技术部

技术部门，看起来就是一个非常传统的部门，主要对企业提供整体的 IT 技术支持服务，但是其中最重要的是网站后台的软件开发和维护，以及为企业的数据管理提供技术支持。IT 职业培训主要是为这个部门输送人才的。

7. 产品部

产品部主要负责提出新产品方案，对已有产品、客户进行分析；拍摄、处理产品图片，

描述、编辑产品，将产品上架；更新和维护产品图片与文案。

二、企业岗位设置

1. 技术类岗位

（1）电子商务平台设计（代表性岗位为网站策划/编辑人员）：主要从事电子商务平台规划、网络编辑、电子商务平台安全设计等工作。

（2）电子商务网站设计（代表性岗位为网站设计/开发人员）：主要从事电子商务网页设计、数据库建设、程序设计、站点管理与技术维护等工作。

（3）电子商务平台美术设计（代表性岗位为网站美工人员）：主要从事平台文字处理、图像处理、颜色处理、视频处理等工作。

2. 商务类岗位

（1）网络营销业务（代表性岗位为网络营销人员）：主要利用网站为企业开拓网上业务，进行网络品牌管理、客户服务等工作。

（2）网上国际贸易（代表性岗位为外贸电子商务人员）：主要利用网络平台开发国际市场，进行国际贸易。

（3）新型网络服务商的内容服务（代表性岗位为网站运营人员）：主要负责频道规划、信息管理、频道推广、客户管理等。

（4）电子商务支持系统的推广（代表性岗位为网站推广人员）：主要负责销售电子商务系统和提供电子商务支持服务、进行客户管理等。

3. 综合管理岗位

随着电子商务的发展，电子商务对于人才的综合素质，提出了更高的要求，主要分为技术型人才、商务型人才及管理型人才。

（1）技术型人才不只是需要掌握程序设计、网络技术、网站设计、美术设计、安全及系统规划等知识，还必须要了解商务流程、顾客心理和客户服务等。技术型人才要有扎实的计算机知识，不过考虑到最终设计的系统是为解决企业管理和业务服务的，又需要分析企业的客户需求，所以这方面的人才还要对企业的运营流程、管理需求以及消费者心理有一定的了解，而这些都会成为电子商务人才的特点所在。

（2）电子商务型人才在传统商业活动中很早就已经出现了，唯一不同的是，他们是网络虚拟市场的使用者和服务者，一方面要求他们是管理和营销的高手，同时也熟悉网络虚拟市场下新的经济规律；另一方面也要求他们一定要掌握网络和电子商务平台的基本操作。

（3）综合管理型人才不只是需要有上面那些能力，而且还拥有相应的团队管理能力。通常这类人才想要从学校里直接培养出来是很不容易的，需要在市场实际工作中不断发掘。主要有两类：

1）电子商务平台综合管理（代表性岗位为电子商务项目经理）：要求这类人才既对计算机、网络和社会经济具有深刻的认识，又具备项目管理能力。

2）企业电子商务综合管理（代表性岗位为电子商务部门经理）：主要从事电子商务企业整体规划、建设、运营和管理等工作。

第二节　如何策划一家网店

一、网店策划基本流程

网络营销的前提条件是建立企业网站，开展电子商务首先要建立网站，或者在类似于淘宝这样的第三方平台开店。通常情况下进行交易的电子商务网站必须具备 Web 服务器、域名服务器、数据库服务器和支付网关；网站运行要有网络、主机设备，还需要有支持平台软件和应用软件。

一般 B2C 电子商务网站的业务流程是：会员注册—商品搜索选购—下订单—结算金额—选择送货方式—网上支付—购物完成—订单查询。后台处理主要流程是网上客户下订单—订单受理—库存查询—销售单生成—出库确认—发货确认—结账。

电子商务网站的功能非常多，其中包括商品发布、商品选购、具有个性化的采购订单模板，购物组合比较、“购物车”、在线交易、商品交接、资金结算等。

它的设计要求，一般最注重的是能够吸引更多的访问用户，并且能够方便地付款和购买。电子商务网站的销售额跟很多因素有关，如品牌、产品、推广、客服和物流等，其中网站的布局、设计和用户访问流程起着至关重要的作用，也是促进销售的基础。为此，在策划网站时，必须掌握以下几个原则。

1. 采用搜索引擎优化（SEO）

策划电子商务网站的时候，除了要考虑网站是不是能够起到吸引用户作用之外，还一定要考虑在不投入推广的情况下，能够将用户引导来访问网站。免费用户最主要的来源就是搜索引擎，在策划网站的时候，就应该考虑到网站和网页怎样在各种搜索引擎里排名靠前，这就要用到搜索引擎优化（SEO）。当然这个工作不只是在网站策划和上线的时候要做，并且还需要持续不断地优化。在网站的策划阶段就要考虑网站上线后，搜索引擎要易于搜索到网页，并且网页尽可能排名靠前。

2. 完好的内容支持

虽然网站外观能够吸引人很重要，但是对于电子商务网站来说，用户在访问网站的时候，是在没有看到和触摸到真实产品情况下。就要做出购买物品的决定，所以展现用户需要内容的方式变得尤其重要。这些内容包括文字、图片及视频等，也包括用户评价、促销信息、服务规范及帮助等，所有内容都一定要让用户感觉到便捷、自然、合理，从而让用户对企业产生良好的印象。

3. 出色的视觉设计

对于实际商店而言，用户能够看到并且触摸到，甚至嗅到真实的产品，这一点电子商务网站是完全做不到的，只能通过网页来了解产品。所以，网页设计能否给用户带来良好的视觉印象、愉悦感及便利感，决定着网站的转化率。视觉设计包含了页面的风格、颜色和色调、排版（文字、图片、视频及按钮等的摆放位置），视觉设计需要考虑到社会文化、目标消费者的习惯和偏好，以及品牌内涵和产品特点等多方面因素。

4. 易用性

易用性是指用户到达网站以后，就能够很快且方便地找到自己想要的信息，使用户用自己习惯的方式，顺利、快速地完成从选择商品、下订单、付款到获得服务的全过程。页面设计和访问流程都严重地影响着用户的转化率。假如用户在网站上必须点击三次才能找到他所需要的东西，网站就会流失掉大量的订单用户。目前比较流行的购物步骤有 7 步：首页—列表页—详情页—购物车—注册页面—订单提交页—订单成功页。

5. 具备互动沟通功能

在用户访问网站的时候，可能会遇到很多奇怪的问题或困难，是设计者一开始所没有想到的。所以如果这时候网站能够主动地和用户沟通，用户的体验和转化率会得到很大的提升。与用户互动的方式和渠道包括：

（1）网站客服：最基本的方式是使用各种聊天平台，比如说淘宝旺旺、QQ/MSN、BBS，也可以使用 SNS 网站，比如说人人、猫扑还有微博等，用户在访问网站的时候遇到任何问题，都可以马上联系客服。

（2）页面的个性化展示：网站对特定用户显示特定的信息，如在网站的侧栏展现只有该用户能够看到的"你可能需要的其他产品"。

（3）触发式电子邮件或短信：当网站监测到用户的访问行为以后，会自动发送一封邮件给用户。比如说，有时候用户会选定一些商品，不过并没有完成付款就离开了，系统就会及时发一封提醒邮件，提醒用户付款等。

（4）呼叫中心跟进：对于重要的用户或者重要的环节，也能够通过呼叫中心坐席与用户互动。比如说，系统监测到用户花了很长时间未完成付款，系统自动通过呼叫中心致电用户，帮助用户解决付款遇到的问题，这样的做法在很大程度上提高了订单的成交率。

6. 良好的用户体验

用户体验主要体现在用户访问网站的整体感受和体验，假如用户的体验好，那么下一次肯定还会是选择这里，甚至会介绍其他人来访问这个网站。随着中国电子商务的逐步发展，电子商务企业已经越来越重视用户体验，用户体验指标也成为评估电子商务网站最主要的指标。不管是网站的内容、视觉设计还是访问流程还是易用性，都是为了改善用户体验，与此同时用户体验还与客户服务、物流配送等有关。网站良好的用户体验需要电子商务企业各个部门和岗位共同努力才能实现，这也是电子商务企业需要重视及优化的工作。

7. 全面的网站监测及分析

网站的管理者就如同是一辆车的司机。为了保证网站一直能够保持良好的状况，或者为了以后的优化提供科学的依据，运营人员和管理人员需要监测重要的实时动态数据，或提供事后的统计数据，这就是网站的监测和数据分析功能。在网站的策划阶段，就要规划记录、收集和统计数据的方案，这里面有些是实时数据，有些是事后的统计报表，网站策划者需要选择合适的第三方网站监测工具，并且根据这些来设计出适合自己需要的报表和工具。

假如你想打造一个高效的电子商务平台，那么就要电子商务网站经营者们对用户的购物行为有深刻的理解，拥有对数据进行挖掘的能力，这样才能不断地改善用户的体验，提高投资回报率（ROD）。

二、网店策划设计中的常见问题

从中国目前的电子商务发展趋势来看，已经出现了非常多的电子商务网站种类，电子商务网站策划和设计中出现的常见问题如下。

1. 如何设置导航

有不少人因为电子商务网站在左侧设置导航好不好而犹豫不决。事实上，这主要根据电子商务网站的类型而定。

如果是类似于亚马逊、1 号店这样的综合平台，那么设置网站左侧导航基本上就是一定的，这样也便于用户查询。

不过要是那种产品种类相对来说要少得多的品牌电子商务网站，没有左侧的导航也是可以的。目前国际上也流行不要左侧导航，只保留顶部导航的做法。比如，Vancl 凡客诚品的网站和英国的 ASOS 都取消了左侧导航。这样做的原因主要有三个：一是站内产品种相对不算多，左侧导航没有那么多内容；二是为了空出位置增加首页的展示空间，提升关键产品的销售概率；三是引导用户关注主推产品，减少选择空间。

2. 站内搜索与展示

这一样是需要根据网站自身的经营特色和顾客的消费习惯来进行规划的。重视站内搜索的典型电子商务网站就是亚马逊。它将搜索框做得很大，放在网站首页的最核心位置，相关搜索也做得很完善。这样做的原因是，国外的电子商务发展相对于国内来说已经非常成熟了，用户来网站的购买意向都非常的明确，并且国外用户对搜索引擎的使用频率也很高，这在一定程度上也左右了电子商务网站建设的布局。

不过，在国内除了几个老牌的电子商务品牌对于站内搜索的功能比较重视以外，还有不少品牌的电子商务网站降低了站内搜索权重，这方面我们可以例举出凡客诚品、玛萨玛索等很多网站。究其原因，一方面是因为中国多数用户进行购买决策的时候易受站内广告影响，所以，需要增加站内广告陈列来引导用户的选择；另一方面也是因为品牌电子商务网站站内搜索的使用率比较低。

3. 首页展现方式

到现在为止，网站上使用长首页还是短首页并没有一个统一的尺度，总体上与电子商务企业网站的产品种类多少和网站结构设计有关。一般情况下，搜索导向的电子商务平台可采用短首页，满足搜索已经足够。如果这个时候，在首页保留三屏左右的区域做促销推荐，以加强高利润产品的销售，比如亚马逊就是一个非常明显的例子。也有不少综合电子商务平台的首页在三屏以上甚至四屏。比如京东商城和新蛋网，有可能是产品种类相对集中，比较容易分类展示。

当然，还有部分网站突破了长首页分类的模式，比如说，有的使用了大图片来凸显主销品的品牌，用更多的文字链接分类取代了原来的图片导航，这取决于网站的运营特色和消费习惯。

4. 用户购物流程

用户对于网上购物的要求当然是越方便越好，这也就说明了购物流程越简单越好，购物流程过长易导致用户流失。目前比较流行的流程是：首页—列表页—详情页—购物车—

注册页面—订单提交页—订单成功页的 7 步购物方式，这比较符合用户习惯。目前，国际上有众多商家都在不断地研究如何缩短用户购物流程，例如，亚马逊在美国推出了一项新功能，买家能够把姓名、地址、付款资料用一个句子与密码存储起来，付款的时候，买家只需要输入自己设置的句子和密码就可以了，在线购物的用户将省去一系列烦琐的填写程序。有的则实现了在专题页内快速订购的方式，不需进“购物车”。这些都算是新的尝试，效果还不错。

5. 提高用户注册信息的真实性

提高用户注册信息真实性的方式之一，就是能够在用户提交注册信息之后，再提供一些小礼品给用户，这样就可以鼓励用户激活手机。比如，提醒用户“感谢您对我们的支持，请到您的注册邮箱领取我们提供的小礼品”，以一些小礼物诱导用户激活手机并留下真实的收货地址，这样用户注册信息的有效性就能提高很多。

三、网店的搭建

1. 注册域名的步骤

注册域名是任何要在网上建立站点的企业都要做的第一步，注册域名的步骤如下。

（1）搜索域名（查看想申请的域名是否已被注册）。以域名注册网站“中国万网”（http：//www. net. cn）为例，在这个网站之中域名搜索框里你想要注册的域名，然后单击“查询”按钮去搜索。如果想申请的域名已经有人注册过了，那么页面会给予提示，并且还能够再次查询需要的另一个域名。

（2）点击购买。如果想要注册的域名还没有被注册，就能够直接点击购买，然后根据系统提示的内容进行下去，付完费后域名就注册成功了。注册完成后，就能够自己建立独立的网上商店，也可以通过网上商店生成系统搭建网店。

2. 建立网上商店的准备工作

在网上商店建立之前，还要进行一些市场调研，选定有潜力的细分市场，并且确定自己的经营方向，找到低成本的货源，确定支付方式及物流配送方式，设计网店的 LOGO、名称及主要栏目，准备网店所有商品的各类信息。如果是使用网上商店生成系统，则可以使用其现有的网店模板，填写网上商店的基本信息。

3. 网站栏目内容的编辑方法

假如是使用网上商店生成系统，那么就能够在相应的网站栏目中单击模板选择界面，进行页面设置。网站栏目编辑主要包括两方面，一方面是栏目的编辑，如选择设置主要栏目的名称、设置友情链接、添加网站新闻及编辑其他栏目；另一方面是网站主要商品信息的录入。这些工作都必须认真仔细做好，尽量避免差错。

4. 网上商店生成系统的常见功能

网上商店生成系统的常见功能包括网店商品编号与类别管理、模板编辑、商品信息修改、购物车功能、组合商品、商品目录功能，将商品信息发布到搜索引擎及门户网站、SNS 网站或微博功能，在线订单生成、商店静态优化、设置多种促销功能、内置支付网关、支付方式选择、邮件发送设置等。

第三节　电子商务相关法律法规

一、电子商务交易安全法律规范

1. 联合国电子商务交易安全的法律保护知识

早期的国际电子商务立法主要是围绕着电子数据交换（EDI）规则的制定展开的。

1979 年美国标准化委员会制定了 ANSI/ASC/X. 12 标准，X. 12 标准的推出促进了北美大陆 EDI 的进程。1981 年的时候，欧洲国家推出第一套网络贸易数据标准即贸易数据交换指导原则 GTDI，它的出现和发展为电子商务的研制和开发奠定了基础。后来在联合国的协调和主持下制定了联合国 EDI 标准，也就是后来 1986 年颁布的 UN/EDIFACT，它成为了国际通用标准。

20 世纪 90 年代初，随着网络的不断商业化和社会化的发展，联合国国际贸易法委员会在 EDI 规则研究与发展的基础上，在 1996 年 6 月通过了《联合国国际贸易法委员会电子商务示范法》（以下简称《示范法》），这是世界上第一个关于电子商务的法律，《示范法》的颁布为逐步解决电子商务的法律问题奠定了基础，为各国制定本国电子商务法规提供了框架和示范文本。由该委员会制定的电子商务相关法规还有《电子签名统一规则》《电子资金传输示范法》等。

从 20 世纪 90 年代到现在，由于信息技术和电子商务的迅猛发展，在短短的十几年时间里，就已经形成电子商务在全球普及的特点。由于电子商务的全球性、无边界的特点，任何国家单独制定的国内法规都难以适用于跨国界的电子交易，电子商务的立法一开始便是通过制定国际法规而推广到各国的。

2. 我国电子商务交易安全的法律保护知识

我国有关电子商务交易安全的法律保护问题，主要涉及两个基本方面：第一，电子商务交易首先是一种商品交易，其安全问题应当通过《中华人民共和国民商法》加以保护；第二，电子商务交易是通过计算机及其网络实现的，其安全与否依赖于计算机及其网络自身的安全程度。

（1）我国现行的涉及交易安全的法律法规

1）综合性法律：主要是《中华人民共和国民法通则》和《中华人民共和国刑法》中网店策划与管理有关保护交易安全的条文。

2）规范交易主体的有关法律：如《中华人民共和国公司法》等。

3）规范交易行为的有关法律：包括《中华人民共和国产品质量法》《中华人民共和国财产保险法》《中华人民共和国价格法》《中华人民共和国消费者权益保护法》《中华人民共和国广告法》《中华人民共和国反不正当竞争法》等。

4）监督交易行为的有关法律：如《中华人民共和国会计法》《中华人民共和国审计法》《中华人民共和国票据法》《中华人民共和国银行法》等。

5）有关域名保护的规定：国务院发布的《中国互联网络域名注册暂行管理办法》和

据此制定的《中国互联网络域名注册实施细则》等。

6）电子签名法：如 2004 年 8 月 28 日第十届全国人民代表大会常务委员会第十一次会议通过的《中华人民共和国电子签名法》。

电子商务交易的实质是商品交易，我国《中华人民共和国民商法》中的有关商品交易的法律在一定程度上调节和保护着电子商务交易的安全。我国已于 1999 年 10 月 1 日起施行的《中华人民共和国合同法》（以下简称《合同法》）第十一条规定："合同的书面形式是合同书、信件和数据电文（包括电报、电话、传真、电子数据交换和电子邮件）等可以有形地表现所载内容的形式。"此条规定将数据电文作为合同书面形式的一种，从而规定了电子合同与书面合同具有同等的效力。该法第三十三条中又规定："当事人采用信件、数据电文等形式订立合同的，可以在合同成立之前要求签订确认书。签订确认书时合同成立。"

（2）我国涉及计算机信息安全的若干法律法规。1991 年 5 月 24 日，国务院第八十三次常委会议通过了《计算机软件保护条例》。1992 年 4 月 6 日，机械电子工业部发布了《计算机软件著作权登记办法》，规定了计算机软件著作权管理的细则。1994 年 2 月 18 日，国务院令第 147 号发布了《中华人民共和国计算机信息系统安全保护条例》，为保护计算机信息系统的安全，促进计算机的应用和发展，保障经济建设的顺利进行提供了法律保障。这个条例的最大特点是既有安全管理，又有安全监察，以管理与监察相结合的办法保护计算机资产。

1997 年 10 月 1 日起我国实行的新刑法，第一次增加了计算机犯罪的罪名，包括非法侵入计算机系统罪，破坏计算机系统功能罪，破坏计算机系统数据程序罪，制作、传播计算机破坏程序罪等。这表明我国计算机法制管理正在步人一个新阶段，并开始和世界接轨，计算机法的时代已经到来。

二、电子商务参与各方的法律关系

（一）电子商务交易中买卖当事人的权利和义务

买卖双方之间的法律关系实质上表现为双方当事人的权利和义务。买卖双方的权利和义务是对等的，卖方的义务，也就是买方的权利，反之亦然。

1. 卖方的义务。

在电子商务条件下，卖方应当承担三项义务。

（1）按照合同的规定提交标的物及单据。

提交标的物和单据是电子商务中卖方的一项主要义务。为划清双方的责任，标的物实物交付的时间、地点和方法应当明确肯定。如果合同中对标的物的交付时间、地点和方法未做明确规定的，应按照有关《合同法》或国际公约的规定办理。

（2）对标的物的权利承担担保义务。

与传统的买卖交易相同，卖方仍然应当是标的物的所有人或经营管理人，以保证将标的物的所有权或经营管理权转移给买方。卖方应保障对其所出售的标的物享有合法的权利，承担保障标的物的权利不被第三人追索的义务，以保护买方的权益。如果第三人提出对标的物的权利，并向买方提出收回该物时，卖方有义务证明第三人无权追索，必要时应当参加诉讼，出庭做证。

（3）对标的物的质量承担担保义务。

卖方应保证标的物质量符合规定。卖方交付的标的物质量应符合国家规定的质量标准或双方约定的质量标准，不应存在不符合质量标准的瑕疵，也不应出现与网络广告相悖的情况。卖方在网络上出售有瑕疵的物品，应当向买方说明。卖方隐瞒标的物的瑕疵，应承担责任。买方明知标的物有瑕疵而购买的，卖方对瑕疵不负责任。

2. 买方的义务。

在电子商务条件下，买方同样应当承担三项义务。

（1）买方应承担按照网络交易规定方式支付价款的义务。

由于电子商务的特殊性，网络购买一般没有时间、地点的限制，而支付价款通常采用信用卡、智能卡、电子钱包或电子支付等方式，这与传统的支付方式也是有区别的。但在电子交易合同中，采用哪种支付方式应明确肯定。

（2）买方应承担按照合同规定的时间、地点和方式接受标的物的义务。

由买方自提标的物的，买方应在卖方通知的时间内到预定的地点提取。由卖方代为托运的，买方应按照承运人通知的期限提取。由卖方运送的，买方应做好接受标的物的准备，及时接受标的物。买方迟延接受时，应负迟延责任。

（3）买方应当承担对标的物验收的义务。

买方接受标的物后，应及时进行验收。规定有验收期限的，对表面瑕疵应在规定的期限内提出。发现标的物的表面有瑕疵时，应立即通知卖方，瑕疵由卖方负责。买方不及时进行验收，事后又提出表面瑕疵的，卖方不负责任。对隐蔽瑕疵和卖方故意隐瞒的瑕疵，买方发现后，应立即通知卖方，追究卖方的责任。

3. 对买卖双方不履行合同义务的救济。

（1）卖方不履行合同义务主要指卖方不交付标的物或单据或交付迟延；交付的标的物不符合合同规定以及第三者对交付的标的物存在权利或权利主张等。当发生上述违约行为时，买方可以选择以下救济方法。

1）要求卖方实际履行合同义务，交付替代物或对标的物进行修理、补救。

2）减少支付价款。

3）对迟延或不履行合同要求损失赔偿。

4）解除合同，并要求损害赔偿。

（2）买方不履行合同义务，包括买方不按合同规定支付货款和不按规定收取货物，在这种情况下，卖方可选择以下救济方法。

1）要求买方支付价款、收取货物或履行其他义务，并为此可以规定一段合理额外的延长期限，以便买方履行义务。

2）损害赔偿，要求买方支付合同价格与转售价之间的差额。

3）解除合同。

（二）网络交易中心的法律地位

网络交易中心在电子商务中介交易之间起到了介绍、促成和组织者的作用。这样一职责决定了交易中心不偏不倚，不是卖方的卖方，也不是买方的卖方，可以保证公正性的居间人。这是按照法律的规定、买卖双方委托业务的范围和具体要求开展业务活动的。

1. 网络交易中心设立的条件。

网络交易中心的设立，根据《中华人民共和国计算机信息网络国际联网管理暂行规定》第八条，必须具备以下 4 个条件。

（1）是依法设立的企业法人或者事业法人。

（2）具有相应的计算机信息网络、装备以及相应的技术人员和管理人员。

（3）具有健全的安全保密管理制度和技术保护措施。

（4）符合法律和国务院规定的其他条件。

2. 网络交易中心的地位。

网络交易中心应当认真负责地执行买卖双方委托的任务，并积极协助双方当事人成交。网络交易中心在进行介绍、联系活动时要诚实、公正、守信用，不得弄虚作假，招摇撞骗，否则需承担赔偿损失等法律责任。

网络交易中心必须在法律许可的范围内进行活动。网络交易中心经营的业务范围、物品的价格、收费标准等都应严格遵守国家的规定。法律规定禁止流通的物品不得作为合同标的物。对显然无支付能力的当事人或尚不确知具有合法地位的法人，不得为其进行居间活动。在互联网上从事居间活动的网络交易中心还有一个归口管理的问题。由于网络交易中心提供的服务性质上属于电信增值网络业（Value-added Network），其所提供的服务不是单纯的交易撮合，而是同时提供许多经过特殊处理的信息于网络之上，故而增加了单纯网络传输的价值。所以，在业务上，网络交易中心还应接受各级网络管理中心的归口管理。

买卖双方之间各自因违约而产生的违约责任风险应由违约方承担，而不应由网络交易中心承担。因买卖双方的责任而产生的对社会第三人（包括广大消费者）的产品质量责任和其他经济（民事）、行政、刑事责任也概不应由网络交易中心承担。

3. 网络交易客户与虚拟银行间的法律关系。

在电子商务中，银行也变为虚拟银行，网络交易客户与虚拟银行的关系变得十分密切。除少数邮局汇款外，大多数交易是通过虚拟银行的电子资金划拨来完成的。电子资金的划拨依据的是虚拟银行与网络交易客户所订立的协议，这种协议属于标准合同，通常是由虚拟银行起草并作为开立账户的条件递交给网络交易客户的。所以，网络交易客户与虚拟银行之间的关系仍然是以合同为基础的。

在电子商务中，虚拟银行同时扮演发送银行和接收银行的角色。其基本义务是依照客户的指示，准确、及时地完成电子资金划拨。

虚拟银行作为发送银行在整个资金划拨的传送链中，承担着如约执行资金划拨指示的责任。一旦资金划拨失误或失败，发送银行应向客户进行赔付，除非在免责范围内。如果能够查出是哪个环节的过失，则由过失单位向发送银行进行赔付；如不能查出差错的来源，则整个划拨系统分担损失。

事实上，虚拟银行作为接收银行，它的法律地位其实还是有一点儿模糊的。一方面，接收银行与其客户的合同要求它妥当地接收所划拨来的资金，也就是说，它一接到发送银行传送来的资金划拨指示，就应该马上履行它的义务。如有出现延误或者失误的状况，就应该依接收银行自身与客户的合同处理；另一方面，资金划拨中发送银行与接收银行一般都是某一电子资金划拨系统的成员，相互之间有着合同义务，假如接收银行没有妥当执行资金划拨指示，则应同时对发送银行和受让人负责。

银行承担责任的形式通常有三种。

（1）返回资金，支付利息。

如果资金划拨未能及时完成，或者到位资金未能及时通知网络交易客户，虚拟银行有义务返还客户资金，并支付从原定支付口到返还当口的利息。

（2）补足差额，偿还余额。

如果接收银行到位的资金金额小于支付指示所载数量，则接收银行有义务补足差额；如果接收银行到位的资金金额大于支付指示所载数量，则接收银行有权依照法律提供的其他方式从收益人处得到偿还。

（3）偿还汇率波动导致的损失。

对于在国际贸易中，由于虚拟银行的失误造成的汇率损失，网络交易客户有权就此向虚拟银行提出索赔，而且可以在本应进行汇兑之日和实际汇兑之日之间选择对自己有利的汇率。

（三）认证机构在电子商务中的法律地位

1. 认证机构的作用。

认证机构 CA（Certificate Authority）是 PKI（公开密钥系统）的核心执行机构，是 PKI 的主要组成部分，一般简称为 CA，在业界通常把它称为认证中心。认证中心扮演着一个买卖双方签约、履约的监督管理的角色，买卖双方有义务接受认证中心的监督管理。在整个电子商务交易过程中，包括电子支付过程中，认证机构都有着不可替代的地位和作用。

在网络交易的撮合过程中，认证机构是提供身份验证的第三方机构，是由一个或多个用户信任的、具有权威性质的组织实体。它不仅要对进行网络交易的买卖双方负责，还要对整个电子商务的交易秩序负责。所以，这是一个极其重要的机构，通常都带有半官方的性质。

在采用公开密钥的电子商务系统中，对文件进行加密传输的过程包括 6 个步骤。

第一步，买方从虚拟市场上寻找到欲购的商品，确定需要联系的卖方，并从认证机构获得卖方的公开密钥。

第二步，买方生成一个自己的私有密钥，并用从认证机构得到的卖方的公开密钥对自己的私有密钥进行加密，然后通过网络传输给卖方。

第三步，卖方用自己的公开密钥进行解密后得到买方的私有密钥。

第四步，买方对需要传输的文件用自己的私有密钥进行加密，然后通过网络把加密后的文件传输到卖方。

第五步，卖方用买方的私有密钥对文件进行解密，得到文件的明文形式。

第六步，卖方重复上述步骤向买方传输文件，实现相互沟通。

在上述过程中，只有卖方和认证中心才拥有卖方的公开密钥，或者说，只有买方和认证中心才拥有卖方的公开密钥，所以，就算是别人得到了经过加密的买卖双方的私有密钥，也是没有办法进行解密的，这样就保证了私有密钥的安全性，从而也保证了传输文件的安全性。

2. 认证机构的法律地位。

隶属于国家工商局的电子商务认证机构的功能主要有：接收个人或法人的登记请求，审查、批准或拒绝请求，保存登记者登记的档案信息和公开密钥，颁发电子证书等。

（1）电子商务认证机构对登记者履行下列监督管理职责：

1）监督登记者按照规定办理登记、变更、注销手续；

2）监督登记者按照电子商务的有关法律法规合法从事经营活动；

3）制止和查处登记人的违法交易活动，保护交易人的合法权益。

（2）登记者有下列情况之一的，认证机构可以根据情况分别给予警告、报告国家工商管理局、撤销登记的处罚：

1）登记中隐瞒真实情况，弄虚作假的；

2）登记后非法侵入机构的计算机系统，擅自改变主要登记事项的；

3）不按照规定办理注销登记或不按照规定保送年检报告书，办理年检的；

4）利用认证机构提供的电子证书从事非法经营活动的。

三、合同法

（一）合同法的基本原则

合同法有广义、狭义之分。广义的合同法是指调整各种民事合同关系的法律规范总称。狭义的合同法是指合同法典，即1999年3月15日第九届全国人民代表大会第二次会议通过的《中华人民共和国合同法》。本书所说的《合同法》是指狭义的合同法。

合同法的基本原则是：

1. 平等原则。

《合同法》第三条规定："合同当事人的法律地位平等，一方不得将自己的意志强加给另一方。"

2. 自愿原则。

《合同法》第四条规定："合同当事人依法享有自愿订立合同的权利，任何单位、个人不得非法干预。"

3. 公平原则。

《合同法》第五条规定："当事人应当遵循公平原则确定各方的权利和义务。"

4. 诚实信用原则。

《合同法》第六条规定："当事人行使权利、履行义务应当遵循诚实信用原则。"

（二）合同法的适用范围

合同法的适用范围是指合同法发生法律效力的范围，包括在时间、空间和对人的适用范围。

1. 合同法在时间上的适用范围。

合同法在时间上的适用范围又称为合同法在时间上的效力，是指合同法生效与失效的时间以及生效后的合同法律规范对其生效前发生的合同法律关系是否具有溯及既往的效力。法律、法规生效与失效的时间应在法律、法规中做出具体规定。我国《合同法》第四百二十八条规定："本法自1999年10月1日起实施，《中华人民共和国经济合同法》《中华人民共和国涉外经济合同法》《中华人民共和国技术合同法》同时废止"。

2. 合同法在空间上的适用范围。

合同法在空间上的适用范围是指合同法在什么地域内发生法律效力。根据我国《民法通则》第八条的规定，我国民事法律规范包括《合同法》的空间适用范围以属地法为原则，凡在我国领域内的民事活动，原则上适用我国法律，但“法律另有规定的除外”。法律另有规定的特殊情况是指：合同主体均为外国人的国际合同，根据我国参加的国际公约、条约或者我国承认的国际惯例，合同当事人可自行选择解决争议时的适用法律；合同主体的一方为中国人，另一方为外国人（也包括港澳台同胞）的涉外合同，根据《合同法》第一百二十六条第一款的规定，涉外合同的当事人可以选择处理合同争议所适用的法律，但法律另有规定的除外。

3. 合同法对人的适用范围。

合同法对人的适用范围是指《合同法》对哪些人发生法律效力。我国民事法律规范包括《合同法》对人的适用范围，主要采取以属地主义为主、属人主义和保护主义相结合的原则。

（三）合同法对于合同的定义

根据《民法通则》第八十五条与《合同法》第二条的规定，合同是指平等主体的自然人、法人、其他组织之间设立、变更、终止民事权利义务关系的协议。合同具有以下法律特征。

1. 合同是一种民事法律行为。

2. 合同是各方当事人意思表示一致的民事法律行为。首先，合同的成立必须有两方以上的当事人；其次，当事人之间必须互为意思表示并且各方当事人的意思表示在平等自愿的基础上达成一致。

3. 合同是以设立、变更或终止民事权利义务关系为目的的民事法律行为。

4. 合同是平等的各方当事人在平等自愿的基础上设立、变更或终止民事权利义务关系的民事法律行为。

（四）合同法对于合同的分类

《合同法》在第九章至第二十三章对于下列合同进行了阐述：买卖合同（出卖人转移标的物的所有权于买受人，买受人支付价款的合同），供用电、水、气、热力合同，赠与合同，借款合同，租赁合同，融资租赁合同，承揽合同，建设工程合同，运输合同，技术合同，保管合同，仓储合同，委托合同，行纪合同，居间合同。

（五）合同订立的含义

合同订立是指两个或两个以上的当事人，依法就合同的主要条款协商一致并达成一致的法律行为。合同的当事人可以是自然人，也可以是法人或者其他组织，但是根据法律规定，当事人订立合同，应当具有相应的民事权利能力和民事行为能力，当事人也可以委托代理人签订合同。合同的内容由当事人约定，一般包括当事人的名称或者姓名和住所、标的、数量、质量、价款或者报酬、履行期限、地点和方式，违约责任和解决争议的方法。

（六）合同订立的程序

根据《合同法》规定，合同订立一般要经过要约、承诺两个阶段。

1. 要约阶段。

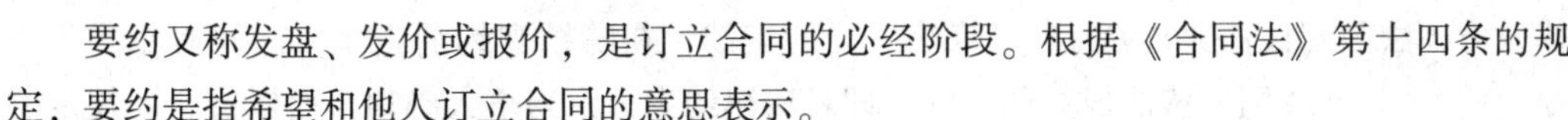

要约又称发盘、发价或报价，是订立合同的必经阶段。根据《合同法》第十四条的规定，要约是指希望和他人订立合同的意思表示。

要约必须具备的条件有：

第一，要约是特定人做出的意思表示，要约是要约人向相对人做出的意思表示，在得到相对人承诺后合同即成立；

第二，要约必须是要约人向相对人发出；

第三，要约必须具有缔结合同的目的；

第四，要约的内容必须具体、确定。

2. 承诺阶段。

承诺又称接受，是指受要约人做出的同意要约已成合同的意思表示。承诺必须具备的要件有：

第一，承诺必须是由受要约人做出；

第二，承诺必须向要约人做出；

第三，承诺的内容必须与要约的内容一致；

第四，承诺必须在合理的期限内到达要约人。一个有效的承诺必须具备以上 4 个条件，但是《合同法》依据国际惯例做出了如下一些变通规定。

(1) 受要约人超过承诺期限发出承诺的，除要约人及时通知受要约人该承诺有效的以外，为新要约。

(2) 受要约人在承诺期限内发出承诺，按照通常情形能够及时到达要约人，但因其他原因承诺到达要约人时超过承诺期限的，除要约人及时通知受要约人因承诺超过承诺期限不接受该承诺的以外，该承诺有效。

(3) 承诺对要约的内容做出非实质性变更的，除要约人及时表示反对或者要约表明承诺不得对要约的内容做出任何变更的以外，该承诺有效，合同的内容以承诺的内容为准。

当事人在订立合同过程中有下列情形：假借订立合同，恶意进行磋商、故意隐瞒与订立合同有关的重要事实或者提供虚假情况、有其他违背诚实信用原则的行为情形之一，给对方造成损失的，应当承担损害赔偿责任。

(七) 合同的形式

合同的形式又称合同的方式，是当事人合意的表现形式，是合同内容的载体和外在表现形式。根据《合同法》规定，当事人订立合同，有书面形式、口头形式和其他形式。

当事人采用合同书形式订立合同的，自双方当事人签字或者盖章时合同成立；采用数据电文形式订立合同的，收件人的主营业地为合同成立的地点；没有主营业地的，其经常居住地为合同成立的地点。当事人另有约定的，按照其约定执行。采用格式条款订立合同的，提供格式条款的一方应当遵循公平原则确定当事人之间的权利和义务，并采取合理的方式提请对方注意免除或者限制其责任的条款，按照对方的要求，对该条款予以说明。除了书面形式和口头形式外，合同还有其他一些形式，包括批准、登记、公告、公证和鉴证等形式。

(八) 合同效力的概念

合同生效是指已经成立的合同在当事人之间产生了一定的法律约束力。关于合同的法律效力，法国《民法典》规定："依法成立的契约，在缔结契约的当事人之间有相当于法律的效力。"在我国，依法成立的合同，即具法律约束力，当事人必须全面履行合同规定的义务，任何一方不得擅自变更或解除合同。在理解合同的法律效力问题时，应注意领会合同具有法律约束力的几层含义。

1. 依法订立的合同会产生一定的法律后果，也就是会在合同当事人之间产生法律上的权利义务关系。

2. 依法订立的合同具有法律强制的约束力，当事人必须全面履行合同规定的义务，任何一方不得擅自变更或解除合同。

3. 有效的合同或合同中的有效条款是处理有关合同纠纷的依据。

（九）合同的生效要件

合同生效是指符合法律规定要件的合同成立后，对当事人产生法律上的效力。合同的成立是合同生效的前提条件，依法成立的合同成立之时起生效。

1. 合同生效的一般要件

（1）合同已经成立。

（2）合同当事人的意思表示真实。

（3）合同的目的和内容不得违反法律、行政法规的强制性规定。

2. 合同生效的特殊要件

（1）法律、行政法规规定应当办理批准、登记手续才可以生效的，自办理批准、登记手续时生效。

（2）合同当事人已约定合同生效的条件或者期限的，自满足合同约定的条件或者期限实现，合同生效。例如，甲拥有住房一套，出让给乙，但是，双方同时约定，甲在购买到其他住房之后，再正式向乙出让住房。甲、乙之间的合同就是附加延缓条件的。

（十）无效合同的种类

无效合同是指合同虽已成立但因其不具备合同生效要件而不能产生行为人预期法律后果的合同，也就是不发生法律效力的合同。无效合同不发生法律效力是指对当事人不发生强制的约束力。但这并不是说无效的合同行为不产生任何法律后果。

1. 无效合同的特征

（1）违法性。

无效合同之所以不发生法律效力，归根结底是因为它不具有合法性，也就是从根本上违反了国家的法律、行政法规中的命令性规定和社会公共利益，不符国家利益和社会利益。

（2）不得履行性。

无效合同的违法性决定了该合同具有不得履行性。法律之所以认定具有违法性的合同无效，原因就在于它的履行不仅不会对社会有益，而且会损害社会利益和国家利益。

（3）当然无效性。

无效合同的当然无效性一方面表现在这种合同的当事人及合同当事人以外的任何人均可主张该合同无效；另一方面也表现在仲裁机构和人民法院可以不经当事人主张而主动审查，同时有关的合同管理部门也可主动对其进行查处，追究无效合同当事人的行政责任。

（4）自始无效性。

无效合同自订立之时起就不生效，而不是在仲裁机关或法院确认无效时不生效。

2. 无效合同的种类。

《合同法》第五十二条规定，有下列情形之一的，合同无效。

（1）一方以欺诈、胁迫的手段订立合同，损害国家利益。

（2）恶意串通，损害国家、集体或者第三人利益。

（3）以合法形式掩盖非法目的。

（4）损害社会公共利益。

（5）违反法律、行政法规的强制性规定。

合同无效有的表现为整个合同的无效，有的则表现为合同的部分无效。在合同属于部分无效时，不影响其他部分效力的，其他部分仍然有效。此外，合同无效时，独立存在于合同中的有关解决争议方法的条款仍然有效。

（十一）可变更、撤销合同的种类

可变更和可撤销的合同，是指当事人所签订的合同因依法具有可变更和可撤销的原因，而由有撤销权的当事人请求仲裁机关或人民法院予以变更或撤销的合同。关于可变更和可撤销的合同，大致可从以下几方面认识：

第一，可变更、可撤销的合同也属意思表示不真实的合同；

第二，可变更、可撤销的合同是相对无效的合同，在未被变更或撤销前，合同仍有效，因此并不能认为可变更、可撤销的合同当然无效。只是当撤销权行使后其效力具有溯及力而已；

第三，可变更、可撤销的合同中所发生的变更权、撤销权的行使，与合同的变更、解除是两个不同性质的问题。

《合同法》第五十四条规定：“下列合同，当事人一方有权请求人民法院或者仲裁机构变更或者撤销：

1. 重大误解订立的；

2. 在订立合同时显失公平的。

一方以欺诈、胁迫的手段或者乘人之危，使对方在违背真实意思的情况下订立的合同，受损害方有权请求人民法院或者仲裁机构变更或者撤销。当事人请求变更的，人民法院或者仲裁机构不得撤销。

《合同法》第七十四条规定，当债务人实施有害债权人的行为时，债权人可行使撤销权。所谓有害债权人的行为有放弃到期债权行为、无偿转让财产行为、不合理的低价转让财产行为。

（十二）合同履行的具体规则

合同履行是指合同当事人全面地、适当地实施属于合同标的的行为，以实现债权人的债权。

1. 合同履行过程中，合同内容没有约定或约定不明时的履行原则

当事人就质量、价款或报酬、履行地点等内容没有约定或约定不明的，可以通过协议补充；不能达成补充协议的，按合同有关条款或者交易惯例确定。按照有关条款或交易惯例仍不能确定的，按下列原则履行。

（1）质量不明确的，按通常标准履行。所说通常标准是同类或类似标的物的质量标准。

（2）价款或报酬不明确的，按照订立合同时履行地的市场价格履行，依法由国家定价的按照国家定价履行。

（3）履行地点不明确的，给付货币的，在接受货币一方所在地履行；交付不动产的，在不动产所在地履行；其他标的，在履行义务一方所在地履行。

（4）履行期限不确定的，债务人可以随时履行，债权人也可以随时请求履行，但应当给对方必要的准备时间。

（5）履行费用不明确的，由债务人负担。

（6）应当先履行债务的当事人，有确切证据证明对方有下列情形：经营状况严重恶化、转移财产、抽逃资金以逃避债务、丧失商业信誉、有丧失或者可能丧失履行债务能力的其他情形之一的，可以中止履行。

2. 价格变动时的履行原则

（1）执行市场价格的，在合同履行期内价格变动的，仍按合同约定的价格履行，但双方当事人协商变更的除外。

（2）执行国家定价的，在合同规定的交付期限内国家价格调整时，按交付时的价格计价。逾期交货的，遇价格上涨时，按照原价格执行；价格下降时，按新价格执行。逾期提货或逾期付款的，遇价格上涨时，按新价格执行；价格下降时，按原价格执行。

（3）价款或者报酬不明确的，按照订立合同时履行地的市场价格履行；依法应当执行政府定价或者政府指导价的，按照规定履行。

（十三）合同终止及解除的前提条件

合同终止即合同消灭，包括合同终止和合同解除两种情况。

合同权利义务终止的原因有三类：一是基于当事人意思；二是基于合同目的的实现；三是基于法律的直接规定。

1. 合同权利义务终止。

合同权利义务终止有以下 7 种情形：

（1）债务已按约定履行。

（2）合同解除。

（3）债务相互抵消。

（4）债务人依法将标的物提存。

（5）债权人免除债务。

（6）债混同。债权债务同归于一人。

（7）法律规定或者当事人约定终止的其他情形。合同权利义务终止，不影响合同中结算和清理条款的效力。

2. 合同解除。

合同解除是指合同成立并生效后未履行完毕前，因法律规定或当事人约定的事由发生，以一方或双方当事人的意思表示使合同关系消失的法律制度。合同解除，当事人请求赔偿损失的权利不受影响。长期购销合同的合同解除是具备溯及力的。

（十四）合同解除的种类

合同解除的类型有约定解除和法定解除两种。约定解除需以双方当事人协商一致为前提。法定解除是当事人一方行使法定解除权，不必征得对方同意。法定解除是单方法律行为，而约定解除是双方法律行为。

（十五）违约责任的定义

违约责任又称违反合同的民事责任，是指合同当事人一方不履行或不适当履行合同义务时，依照法律规定或合同约定应承担的责任。

违约责任是一种财产责任，具有明显的补偿性。违约责任可分为过错责任和无过错责任两类。过错责任是因故意或过失不履行或不适当履行合同义务而产生的责任。无过错责任又称为严格责任，是指不论违约方是否有过错，只要其违约行为给对方造成损害，就应承担违约责任。我国现行《合同法》规定的违约责任就是无过错责任。

（十六）违约责任的构成要件

违约责任的一般构成要件是违约行为。违约行为就是违反合同债务的行为，即不履行或者不适当履行合同义务。合同义务既有约定的，也有法定的。违约行为的具体形态包括不履行、不适当履行以及迟延履行三种。

1. 不履行。不履行是当事人一方不履行全部合同义务，根本不能实现合同目的。不履行包括实际不履行和预期违约两种情况，实际不履行又包括拒绝履行和根本违约两种形态。

（1）拒绝履行。拒绝履行即毁约，是指合同当事人一方在履行期限届满后，无正当理由拒绝履行合同义务的行为。

（2）根本违约。根本违约是当事人一方迟延履行债务或者有其他违约行为，致使不能实现合同目的的违约形态。根本违约是合同解除的法定原因。

（3）预期违约。预期违约又称提前违约，是指在合同履行期到来之前，一方当事人明确而肯定地向对方表示其将不履行合同义务，且这种表示又无正当理由。

2. 不适当履行。不适当履行又称不完全履行，是指当事人一方履行合同义务不符合约定，即债务人虽然履行合同义务，但其履行不符合合同约定，包括质量不符合约定、数量上不符合约定、履行地点上不适当、履行方法上不适当、其他违反附随义务的行为。

3. 迟延履行。迟延履行是指在履行期届满时没有履行，包括给付迟延和受领迟延。

四、广告法

（一）广告的适用范围

广告法是调整在广告活动中发生的经济关系的法律规范的总称，它是国家广告监督管理机关对广告实施监督管理的依据，是广告审查机关做出决定的标准，也是广告主、广告经营者和广告发布者进行广告活动的行为准则。广告主、广告经营者、广告发布者在中华人民共和国境内从事广告活动，应当遵守广告法。

1. 广告。

广告法所称广告是指商品经营者或者服务提供者承担费用，通过一定媒介和形式直接或者间接地介绍自己所推销的商品或者所提供的服务的商业广告。

2. 广告主。

广告法所称广告主是指为推销商品或者提供服务，自行或者委托他人设计、制作、代理服务的法人、其他经济组织或者个人。

3. 广告发布者。

广告法所称广告发布者是指为广告主或者广告主委托的广告经营者发布广告的法人或者其他经济组织。

（二）广告法对商品、服务广告的基本要求

广告中对商品的性能、产地、用途、质量、价格、生产者、有效期限、允诺或者对服务的内容、形式、质量、价格、允诺有表示的，应当清楚、明白。

法律、行政法规规定禁止生产、销售的商品或者提供的服务，以及禁止发布广告的商品或者服务，不得设计、制作、发布广告。

违反中华人民共和国广告法规定，利用广告对商品或者服务做虚假宣传的，由广告监督机构在责令广告主停止发布并以等额广告费用在相应范围内公开更正消除影响。

违反《中华人民共和国广告法》（以下简称《广告法》）规定，发布虚假广告，欺骗和误导消费者，使购买商品或者接受服务的消费者的合法权益受到损害，由广告主依法承担民事责任；广告经营者、广告发布者明知或者应知广告虚假仍设计、制作、发布的，应当依法承担连带责任。

（三）《广告法》中规定的广告禁止情形

1. 广告不得有的情形：

（1）使用中华人民共和国国旗、国徽、国歌。

（2）使用国家机关和国家机关工作人员的名义。

（3）使用国家级、最高级、最佳等用语。

（4）妨碍社会安定和危害人身、财产安全，损害社会公共利益。

（5）妨碍社会公共秩序和违背社会良好风尚。

2. 有下列情形之一的，不得设置户外广告：

（1）利用交通安全设施、交通标志的。

（2）影响市政公共设施、交通安全设施、交通标志使用的。

（3）妨碍生产或者人民生活，损害市容市貌的。

（4）国家机关、文物保护单位和名胜风景点的建筑控制地带。

（5）当地县级以上地方人民政府禁止设置户外广告的区域。

户外广告的设置规划和管理办法，由当地县级以上地方人民政府组织广告监督管理、城市建设、环境保护及公安等有关部门制定。

（四）《广告法》中有关医药广告的规定

1. 药品、医疗器械广告不得含有不科学的表示功效的断言或者保证，不得说明治愈率或者有效率。

2. 药品、医疗器械广告不得与其他药品。医疗器械的功效和安全性比较。

3. 药品、医疗器械广告不得利用医药科研单位、学术机构、医疗机构或者专家、医生、患者的名义和形象做证明。

4. 药品广告的内容必须以国务院卫生行政部门或者省、自治区、直辖市卫生行政部门批准的说明书为准。国家规定的应当在医生指导下使用的治疗性药品广告中，必须注明“按医生处方购买和使用”。

5. 麻醉药品、精神药品、毒性药品、放射性药品等特殊药品，不得做广告。

（五）《广告法》中有关食品、烟酒、化妆品广告的规定

1. 食品、酒类、化妆品广告的内容必须符合卫生许可的事项。

2. 不得使用医疗用语或者易与药品混淆的用语。

3. 发布食品广告，应当遵守《中华人民共和国广告法》《中华人民共和国食品卫生法》等国家有关广告监督管理和食品卫生管理的法律、法规。

4. 食品广告必须真实、合法、科学、准确，符合社会主义精神文明建设的要求，不得欺骗和误导消费者。

（六）《广告法》中广告主、广告经营者、发布者的法律规定

1. 经营资格的取得。

为了规范广告的设计、制作、发布，广告主应当委托具有合法经营资格的广告经营者、广告发布者。这两类主体需符合如下规定，才可获得相应经营资格。

（1）广告经营者、广告发布者是以广告经营活动为业的市场主体，为了使其能更好地经营广告业务，同时维护广告市场秩序，必须对其专业程序做出较高的要求。

（2）广告经营者、广告发布者的登记手续

2. 广告法中对广告主、广告经营者、发布者的要求

（1）广告主、广告经营者、广告发布者从事广告活动，应当遵守法律、行政法规．遵循公平、诚实信用的原则。

（2）广告主、广告经营者、广告发布者之间在广告活动中应当依法订立书面合同，明确各方的权利和义务。

（3）广告主、广告经营者、广告发布者不得在广告活动中进行任何形式的不正当竞争。

（4）广告主自行或者委托他人设计、制作、发布广告，所推销的商品或者所提供的服务应当符合广告主的经营范围。

（5）广告主委托设计、制作、发布广告，应当委托具有合法经营资格的广告经营者、广告发布者。

（6）广告主自行或者委托他人设计、制作、发布广告，应当具有或者提供真实、合法及有效的证明文件（包括营业执照以及其他生产、经营资格的证明文件；质量检验机构对广告中有关商品质量内容出具的证明文件；确认广告内容真实性的其他证明文件）。

（7）广告主或者广告经营者在广告中使用他人名义、形象的，应当事先取得他人的书面同意；使用无民事行为能力人、限制民事行为能力人的名义、形象的，应当事先取得其监护人的书面同意。

（8）从事广告经营的，应当具有必要的专业技术人员、制作设备，并依法办理公司或者广告经营登记，方可从事广告活动。广播电台、电视台、报刊出版单位的广告业务，应当由其专门从事广告业务的机构办理，并依法办理兼营广告的登记。

（9）广告经营者、广告发布者依据法律、行政法规查验有关证明文件，核实广告内容，

对内容不实或者证明文件不全的广告，经营者不得提供设计、制作、代理服务，广告发布者不得发布。

（10）广告经营者、广告发布者按照国家有关规定，建立、健全广告业务的承接登记、审核、档案管理制度。

（11）广告收费应当合理、公开，收费标准和收费办法应当向物价和工商行政管理部门备案。广告经营者、广告发布者应当公布其收费标准和收费办法。

（12）广告发布者向广告主、广告经营者提供的媒介覆盖率、收视率、发行量等资料应当真实。

第三章　简单方便的微店

第一节　简单认识微店

一、微信的力量

在2011年，腾讯公司新推出了一款新软件，用户可以通过手机、平板、网页快速发送语音、视频、图片和文字。很快，这种软件得到迅速传播，越来越多的人开始接受这种软件。

微信提供公众平台、朋友圈、消息推送等功能，用户可以通过摇一摇、搜索号码、附近的人、扫二维码方式添加好友和关注公众平台，同时微信还可以将分享给好友以及用户的精彩内容分享到微信朋友圈。

微信营销是网络经济时代企业面对营销模式的创新，是伴随着微信的火热产生的一种网络营销方式。它具有这样的特点：

1. 点对点精准营销；
2. 形式灵活多样；
3. 加强关系的机遇。

企业该做什么？

微信公众平台的广告语非常具有魄力：你的品牌，让亿人看见。目标用户就是企业，机构等。不过如果品牌开自己的公共账户获取关注比微博难，别人关注你的账号意味着会经常收到你的消息，如果不慎，将会造成打扰，还会造成反感。

微信和微博的区别就在于，微博是媒体属性很强的，属于弱关系，而微信发布的信息会直达手机端，属于强关系。而影响力也远远超过微博，每条微信基本上都会被用户看到。

这就要求发布的内容必须是用户感兴趣且乐意接受的，有趣或者有意义。硬广将是大忌。如果将微信作为企业的客服服务平台，回复沟通将会非常方便。

个人可以做什么？

对于曾经做微博、做豆瓣小组、做博客的人都清楚，只要你能够将大量的网络用户组织在一起，就会产生价值，无论你说什么话，都会产生非常大的影响。而微信公众平台也是可以实现组织人气的，而且更精准和网络用户的距离更近。

微信很适合去做一本微信杂志，为用户每天提供一条有价值的信息。如果专业性强一些将会达到更好的效果，如果订阅的人的喜好不一样，你可以将他们分组，然后分别推送不同种类的信息。

暂时抛开今后的价值理念，试想，你对一万人产生影响将会产生什么样的效果。

如果增加公众账号的订阅？

想必这个问题是大家比较关注的焦点，据笔者初略研究。方法也不外乎以下几种，当然新东西出来大家要多研究，总会有一些你想不到别人也没想到的方法，或者什么漏洞。

1. 通过微博吸引订阅

对于已经有微博人气资源的人，通过微博对自己的二维码进行宣传，引导订阅。

2. 通过自己的网站推广

将二维码贴在自己网站的醒目位置，并简要的写一些描述文字，引导订阅。

3. 通过微信小号推广

这是一种非常有效的方式，通过私人微信账号在手机登陆，而女性账号的效果将会更佳，然后加大量的微信好友，然后群发微信引导微信好友关注公共账号。所以，做推广做关注必须要借助小号这个概念。

4. 通过QQ、QQ群等方式推广。

5. 也可以利用微信做一些活动，通过活动引导别人订阅。

微信是社会化关系网络，注重点对点的传播，而微博是社会化信息网络，注重点对面的传播。各有利弊，微博短时间都不会受影响，因为微博的位置已经非常的稳定了。对于研究互联网、做网络推广的同行们，必须及时体验尝试，与时俱进，否则就会被这个时代远远地抛在后面。

二、微信营销平台

（一）微信营销的优势

1. 高到达率。

营销工具最关注的就是信息的到达率，同时还是营销效果的最大体现。与手机短信群发和邮件群发被大量过滤不同，微信公众账号所群发的每一条信息都能完整无误的发送到终端手机，到达率高达100%。

2. 高曝光率。

衡量信息发布效果的另外一个指标就是信息的曝光率，信息曝光率和到达率完全不同，与微博相比，微信信息拥有更高的曝光率。在微博营销过程中，除了少数一些技巧性非常强的文案和关注度比较高的事件被大量转发后获得较高曝光率之外，微博滚动的动态很快就会将你发布的广告微博淹没，除非你是刷屏发广告或者用户刷屏看微博。

而微信是由移动即时通讯工具衍生而来，具有强烈的提醒力度，比如铃声、通知中心消息停驻、角标等，很快就会提醒用户有未阅读的信息，曝光率高达100%。

3. 高接受率。

微信已经拥有3亿的用户量，微信已经成为或者超过类似手机短信和电子邮件的主流信息接收工具，其广泛和普及性为营销提供了极其便利的基础。所以就有了而那些微信大号动辄数万甚至十数万粉丝。除此之外，由于公众账号的粉丝都是主动订阅而来，信息也是主动获取，而垃圾信息遭致抵触的情况将会完全被撤销。

4. 高精准度。

实际上，那些拥有粉丝数量庞大且用户群体高度集中的垂直行业微信账号，这样的营销资源和推广渠道才真正的受到大众的青睐。比如酒类行业知名媒体佳酿网旗下的酒水招商公众账号，拥有近万名由酒厂、酒类营销机构和酒类经销商构成粉丝，而这些精准用户粉丝就像是在举办一个盛大的在线糖酒会，每一个粉丝都是潜在客户。

5. 高便利性。

移动终端的便利性再次增加了微信营销的高效性。相对于PC电脑而言，未来的智能手机不仅能够拥有PC电脑所能拥有的任何功能，而且非常方便携带，用户可以随时随地获取信息，这对于商家而言是极大的便利。

（二）微信销售平台

微信营销对微信商城平台非常的依赖。微信作为时下最热门的社交信息平台，也是移动端的一大入口，正在演变成为一大商业交易平台，其对营销行业带来的颠覆性变化开始显现。腾讯公司统计数据显示，微信注册用户数量2016年突破9.27亿，全国电子商务交易额突破26万亿元。消费者只需要登录微信平台，就可以实现商品查询、选购、体验、互动、订购与支付的线上线下一体化服务模式。

功能

1. 商品管理，商城后台具备商品上传、分类管理、订单处理等各种设置功能。

2. 自动智能答复，卖家可以在系统自定义设置回复内容，当用户对您的商城进行首次关注的时候，可以给客户发送这样的信息，还可设置关键词回复，当用户回复指定关键词的时候，系统将自动回复相应设置好的内容，让客户及时的收到想要的消息。

3. 支付功能，支持支付宝、同时财付通及货到汇款的传统支付方式都被支持。

4. 促销功能，积分赠送、会员优惠等。

成功因素

第一条因素：对有价值有特色的服务或产品进行赠送。在所有的广告当中，免费成为最强大的词，当年的360，hotmail都是这么起来的。

第二条因素：让传播更加方便快捷。在当今社会化媒体的时代，百度分享，加网的分享，通通要用上。同时你的营销信息必须要精简，让他便于传播，一定要是文本格式的，才能像火一样迅速燃烧起来。

第三条因素：利用他人的善意的动机。你一定要搞清楚别人为什么要复制你的信息，而你的信息又给他人带来了什么欲望？明白你的营销策略，并建立在共同的动机上面，那么你就可以取得成功！

第四条因素：利用现有的人脉和圈子。据研究资料表明，每个人都有50个高质量的人脉可以利用，如果你非常的喜欢社交，那么这50个人脉又可以产生多少人脉资源呢？所以说，世界是很小的。要学会把你的信息传播给你的亲朋好友，就能加快信息传播的速度。

第五条因素：提前准备相当的服务器，因为病毒营销式的背后会给你带来很多的流量，而你的服务器很可能会被挤垮，这时就会白白流失你的流量。

第二节　如何更好地经营微店

一、模式分析

（一）草根广告式—查看附近的人

1. 产品描述：微信中基于 LBS 的功能插件“查看附近的人”可以让很多陌生人都看到这种强制性广告。

2. 功能模式：用户点击“查看附近的人”后，可以根据自己的地理位置查找到周围的微信用户。在这些附近的微信用户中，不仅可以显示用户姓名等基本信息，还会对用户签名档的内容进行显示。所以对于用户来说这是一个很好的免费的广告位。

3. 营销方式：营销人员在人流最旺盛的地方后台 24 小时运行微信，如果有足够多的使用“查看附近的人”的用户，那么广告的效果就会随着微信用户的增加而不断提升，可能这个简单的签名栏也许会变成移动的“黄金广告位”。

（二）品牌活动式—漂流瓶

1. 产品描述：移植到微信上后，漂流瓶功能的原始简单易上手的风格基本被保留了下来。

2. 功能模式：漂流瓶有两个简单功能：

（1）“扔一个”，用户可以在大海中投放发布的语音或者文字；

（2）“捡一个”，大海中无数个用户投放的漂流瓶都会被“捞”到，“捞”到后也可以和对方展开对话，但每个用户每天只有 20 次机会。

3. 营销方式：微信官方可以对漂流瓶的参数进行更改，使得合作商家推广的活动在某一时间段内抛出的“漂流瓶”数量大增，这样就会增加普通用户“捞”到的频率。加上“漂流瓶”模式本身可以发送不同的文字内容甚至语音小游戏等，如果营销得当，也会收到很好的营销效果。而这种语音的模式，可以给用户更加真实的感觉。但是如果只是纯粹的广告语，同样会遭到用户的反感。

（三）O2O 折扣式—扫一扫

1. 产品描述：随着二维码的商业用途越来越多，所以微信也开始与 O2O 展开商业活动。

2. 功能模式：将二维码图案置于取景框内，很快你就会得到成员折扣、商家优惠信息甚至新闻资讯。

3. 营销方式：移动应用中加入二维码扫描这种 O2O 方式早已普及开来，坐拥上亿用户切活跃度足够高的微信，他的价值也就不用加以描述了。

（四）互动营销式—微信公众平台

产品描述：对于大众化媒体、明星以及企业而言，如果微信开放平台+朋友圈的社交分享功能的开放，就使得微信逐渐成为越来越重要的营销渠道，那么微信公众平台的上线，就会促使这种营销渠道更加细化和直接。

二、公众账号的接口应用

随着科技的进步，微信的延伸应用越来越多。比如医院的微信营销，有条件的医院可以开发一个微信的接口应用，比如自助挂号、查阅电子病例等功能，从而将公众账号改变为最有力的工具。先让部分用户体验，养成使用习惯，最终得到广泛地推广，达到取代病患使用电话和到场办理业务的目的。

（一）特点

1. 点对点精准营销：微信拥有庞大的用户群，借助移动终端、天然的社交和位置定位等优势，可以对每个信息进行准确推送，能够让每个个体都有机会接收到这个信息，这样商家就实现了点对点精准化的营销。

2. 形式灵活多样漂流瓶：在大海中投入用户发布的语音或者文字，如果有其他用户"捞"到则可以展开对话，例如招商银行的"爱心漂流瓶"用户互动活动就是个典型案例。

位置签名：商家可以利用"用户签名档"这个免费的广告位为自己做宣传，这样商家的信息就可以被附近的微信用户看到，如：饿的神、K5 便利店等就采用了微信签名档的营销方式。

二维码：用户添加朋友、关注企业账号都可以通过扫描识别二维码身份来进行；企业则可以设定自己品牌的二维码，通过折扣以及优惠信息来吸引用户关注，开拓 O2O 的营销模式。

开放平台：通过微信开放平台，应用开发者可以接入第三方应用，还可以将应用的 LOGO 放入微信附件栏，这样使用户就可以在会话中非常便利的调用第三方应用进行内容选择与分享。如，美丽说的用户可以将自己在美丽说中的内容分享到微信中，这样美丽说的商品就得到了广泛的传播，于是口碑营销就这样形成了。

公众平台：在微信公众平台上，每个人都可以用一个 QQ 号码，建立属于自己的微信公众账号，并在微信平台上实现和特定群体的文字、图片、语音的全方位沟通和互动。

3. 加强关系的机遇：微信的点对点产品形态注定了其能够通过互动的形式将普通关系发展成强关系，从而产生更大的价值。通过互动的形式与用户建立联系，互动可以是聊天，可以解答疑惑、可以讲故事甚至可以"卖萌"，通过所有能利用的形式让企业与消费者达成朋友的关系，你或许对陌生人不信任，但是会信任你的"朋友"。

（二）缺点

微信营销属于强关系网络，如果对用户的感受完全置于脑后，强行推送各种不吸引人的广告信息，必定会遭到用户的反感。凡事理性而为，对微信加以合理地利用，让商家与客户回归最真诚的人际沟通，才是微信营销真正的王道。

（三）技巧

1. 注册微信公众号，尽快获得微信官方认证。

2. 根据自己的定位，建立知识库。

可以把某个定向领域的信息通过专业的知识管理手段整合起来，形成丰富的知识检索库，方便大家认知了解，同时将知识与最新的社会热点相结合，从而为目标客户提供服务，变成对目标客户的增值服务内容，提高目标客户的满意度。

3. 加强互动，每周感悟，竞猜送小礼物等。

4. 吸收会员，定制特权开展优惠活动。

5. 微网站，更省流量，更快捷的打开网站。

6、微商城，在微信上对商家直接展示，并且支付。

三、大小号助推加粉

在最初的时候，很多商家都是利用小号进行微信营销的，将广告语设置为签名，然后再寻找附近的人进行推广的方式。作为一种新兴的营销方式，商家完全可以借用微信打造自己的品牌和 CRM。因此可以采用注册公众帐号，在粉丝达到 500 之后申请认证的方式进行营销更有利于商家品牌的建设，也方便商家推送信息和解答消费者的疑问，而且还可以免费搭建一个订餐平台。小号则可以通过主动寻找附近的消费者来推送大号的引粉信息，以此将粉丝导入到大号中统一管理。

1. 打造品牌公众帐号

只要有一个 QQ 号码，就可以注册公众帐号，然后登陆公众平台网站注册即可。申请了公众帐号之后在设置页面对公众帐号的头像进行更换，假如更换为店铺的招牌或者 LOGO 将会收到更好的效果，大小以不变形可正常辨认为准。此外，微信用户信息填写店铺的相关介绍。回复设置的添加分为被添加自动回复、用户消息回复、自定义回复三种，商家可以根据自身的需要进行添加。商家可以对每天需要群发的信息进行系统的安排，准备好文字素材和图片素材。通常最新的菜式推荐、饮食文化、优惠打折信息都可以作为信息推送的内容。粉丝的分类管理可以针对新老顾客推送不同的信息，同时还可以对新老顾客的疑问及时的回答。一旦顾客对这种人性化的贴心服务认可，触发顾客使用微信分享自己的就餐体验，进而形成口碑效应，这对商家品牌的知名度和美誉度的提高具有非常好的效果。

2. 实体店面同步营销

能够充分微信营销优势的另一个重要场地就是店面。在菜单的设计中添加二维码并采用会员制或者优惠的方式，鼓励到店消费的顾客使用手机扫描。一来可以为公众帐号增加精准的粉丝，同时还可以积累一大批实际消费群体，这对后期微信营销的顺利开展至关重要。店面能够使用到的宣传推广材料都可以附上二维码等材料进行宣传。

3. 签到打折活动

以活动的方式吸引目标消费者参与是微信营销比较常用的方法，从而达到预期的推广目的。如何根据自身情况策划一场成功的活动，前提在于商家愿不愿意为此投入一定的经费。当然，餐饮类商家借助线下店面的平台优势开展活动，所需的广告耗材成本和人力成本也是可以接受的，而且如果通过缜密的计划以及预算，完全可以达到小成本营造一场效果明显的活动的目的。以签到打折活动为例，商家只需制作附有二维码和微信号的宣传海报和展架，配置专门的营销人员现场指导到店消费者使用手机扫描二维码。消费者扫描二维码并关注商家公众帐号即可收到一条确认信息，在此之前商家需要提前设置好被添加自动回复。凭借信息在埋单的时候享受优惠。为了防止顾客消费之后就取消关注，商家还可以在第一条确认信息中说明后续的优惠活动，使得顾客能够持续关注并且经常光顾。

第四章　微博营销

第一节　简单认识微博

一、微博的商业前景

兼具 Twitter 和 Facebook 的特点以及其他迎合本土需求功能的微博，在汉语中的意思是“微型博客”。从几年前推出以来，微博在中国就掀起了一场社会网络沟通的浪潮。观察人士认为，微博实际上满足了一项社会需求，它们为及时可信的新闻以及公众辩论提供了一个平台，而且这个平台传播信息的效率让国内的传统媒体难以企及。

微博有着日益膨胀的影响力。2015 年新浪微博发布的第三季度财报中显示，截止到 2015 年 9 月 30 日，新浪微博的月活跃用户数（MAU）为 2.12 亿，较上年同期增长 48%。腾讯微博注册账户数已达到 5.4 亿，日均活跃用户数超 1 亿。因此，我们就可以认为，中国的微博已经成为比世界上任何其他地方的类似博客都更具革命性意义的一种媒体。

事实上渴望参与迅速膨胀的微博群体的不只是新浪，我国最大的网络实时通讯服务商腾讯也在近期重金投入宣传其微博业务。于此同时，网易以及搜狐等门户网也宣称，将把构建社会性网络作为企业发展战略的一部分。

相比之下，全球微博明星 Twitter 面临的局面并不是特别的乐观，自 2006 年 3 月 21 日成立至今已经有 10 年历史的 Twitter 在全世界除了中国以外的地区拥有 3 亿使用者，全球用户平均 1 分钟就会发出 1379 条 Twitter。该网站在中国已遭禁止。可是，正如《财富》杂志最近援引的 ExactTarget 1 月份出台的报告数据显示，目前，Twitter 的增长表现平平，近一半拥有 Twitter 帐户的用户在该网络上不再活跃。

中国的微博服务商正在探索进一步的盈利模式。在新浪微博，已经公诸于众的商业模式包括与微博博主和第三方应用软件开发商分享广告或是其他的收入。新浪微博迄今为止在中国微博市场占有垄断地位。根据行业人士预期，微博可以利用其先发优势及其母公司新浪的雄厚财力而进一步领先于竞争对手。

微博的商业模式仍在不断地探索。在目前阶段，微博的增长面临最大威胁并不是来自于监管层，而是微博网站吸引广告资金的能力，即便是新浪微博也是不例外的。对新浪的门户网站来说，微博是个强大的驱动器，新浪微博的热潮使得新浪主页的品牌广告费用一直在上涨。新浪微博将成为新浪保持其品牌地位，并使其门户网站业务持续火爆的强大增长引擎。毫无疑问的说，微博是传播信息非常快捷的手段。可是，这个平台的直接影响力还未得到核证。相比于传统的社交网络，微博网站上广告的影响更难评价，由于微博更像大众传播媒介，而传统的社会性网络则拥有更可控的用户，至少我们知道在与谁交谈。

企业在微博上宣传自我需要注意三个问题，

第一，越来越多的企业为了能够扩大品牌影响力而入驻微博阵地，可是在这个开放性的微博平台上，企业对于负面影响的把控格外重要。

第二，整合微博和其他在线媒体接触点，将品牌传播形成合力也是营销重点。

第三，对微博传播的投资回报率还未有一个全面客观的衡量和监测机制。目前这一工作还是在摸索阶段。

对中国的微博服务提供商来说，关键在于将对其他互联网公司非常有效的“聚焦”特色复制过来。举例来说，Facebook 就非常擅长根据使用者的兴趣来“瞄准”他们，它会向已经“喜欢”某位电影明星或者“喜欢”某种风格电影的用户发送相关的影片广告。同样的，微博也能够让粉丝将他们喜欢某个品牌的信息传播出去的一个很好方法。但是，跟搜索引擎广告比较起来，微博上的宣传并不是产生直接交易的有效手段。

二、微博对传统营销有什么影响

微博营销是几年前推出的一个网络营销方式，由于微博的不断火热，也就催生了有关的营销方式，那就是微博营销。微博营销是以微博作为营销平台，每一个听众（粉丝）都是潜在的营销对象，每个企业都能够在新浪，网易等等注册一个微博，然后就可以利用更新自已的微型博客向网友传播企业、产品的信息，树立起良好的企业形象和产品形象。每天更新的内容就可以跟大家交流，或者是有大家所感兴趣的话题，这样就能够达到营销的目的，然而这种方式就是新兴推出的微博营销。

（一）微博营销跟博客营销的区别

在社会化媒体营销阶段以前，即使我们发布信息的技术越来越先进，内容的编辑越来越有可读性，视频比一般的信息发布更加华丽诱人，可是它们呈现的形式都是单向的，信息的传播是灌输式的方法，受众是不可以参与讨论的。

到了互联网的 web2.0 阶段，尤其是到了社会化媒体营销阶段，信息的发布就增加了一种形式，也就是双向交流的形式，发布者跟阅读者能够互相交换位置，可以互动。随着各种方便、快捷的互动工具的诞生和升级，信息的价值就发生了变化。发布信息的人跟接受信息的人，会在平等的互动的交流过程中发生情感变化。有的企业会发现，通过这样的互动企业跟用户之间多了一个阶层，这个阶层在网络上有不同的叫法，有的称作粉丝，有的称作粘性客户，有的称作传播大使，有的称作意见领袖。他们的称呼也许以后就会统一，可是这个阶层的人有一种特殊的使命，就是他们是企业跟客户之间的桥梁和枢纽，他们在向广大的客户传递企业和品牌的文化，与此同时也向企业传递客户的意见跟需求，这个特殊的阶层是在互动的过程中培养起来的。

微博营销跟博客营销的本质区别，可以从以下的三个方面进行简单的比较：

第一，信息源的表现形式差异。博客营销是以博客文章（信息源）的价值为基础的，而且是以个人观点表述为主要模式的，每篇博客文章都表现为独立的一个网页，所以对内容的数量以及质量就会有一定的要求，这也是博客营销的瓶颈之一。微博的内容则短小精炼，重点在于表达现在发生了什么有趣（有价值）的事情，而不是系统的、严谨的企业新闻或产品介绍。

第二，信息传播模式的差异。微博注重时效性，3 天前发布的信息也许很少会有人再去问津，与此同时，微博的传播渠道除了相互关注的好友（粉丝）直接浏览以外，还能够通过好友的转发向更多的人群传播，所以是一个快速传播简短信息的方式。博客营销除了用户直接进入网站或者 RSS 订阅浏览以外，通常还可以通过搜索引擎搜索获得持续的浏览，博客对时效性要求不高的特点决定了博客能够获得多个渠道用户的长期关注，所以建立多渠道的传播对博客营销是非常有价值的，然而对于未知群体进行没有目的的“微博营销”通常是没有任何意义的。

第三，用户获取信息及行为的差异。用户能够利用电脑、手机等多种终端方便地获取微博信息，发挥了“碎片时间资源集合”的价值，而且正因为是信息碎片化以及时间碎片化，使得用户通常不会马上做出某种购买决策或者其他转化行为，所以作为硬性推广手段只能适得其反。

将以上差异归纳起来可以看出：博客营销以信息源的价值为核心，主要体现在信息本身的价值；微博营销以信息源的发布者作为核心，这就体现了人的核心地位，可是某个具体的人在社会网络中的地位，又取决于他的朋友圈子对他的言论的关注程度，以及朋友圈子的影响力（即群体网络资源）。所以可以这么简单地认为微博营销与博客营销的区别在于：博客营销能够依靠个人的力量，而微博营销则要依赖你的社会网络资源。

（二）微博营销的特性

1. 微博营销法则定律。

“每一个微博用户后面，都是一位活生生的消费者。”微博平台已经成为企业猎取品牌形象与产品销售的一个重要通道。点击微博营销，引领行业标准，经过不断的摸索和实践，业界提出了企业微博整合营销理论——PRAC 法则。

2. 微博营销原理。

根据了解，PRAC 法则涵盖微博运营体系中的四个核心板块，分别就是 Platform（平台管理）、Relationship（关系管理）、Action（行为管理）、Crisis（风险管理）。

3. 微博营销作用。

在平台管理这个层面，PRAC 法则倡导“2+N 微博矩阵模式”，也就是以品牌微博、客户微博为主平台，补充添加运营领导员工微博、粉丝团微博、产品微博及活动微博；针对企业做微博的时候一直困惑的用户关系处理问题，PARC 则梳理出粉丝关注者、媒体圈、意见领袖为主的“3G 关系管理”群体；而对于行为管理，PARC 系统介绍了引起注意、品牌推介等七类典型营销行为市场。

“微博是地球的脉搏”，美国《时代》周刊如此评价微博强大的信息传播功能。然而在

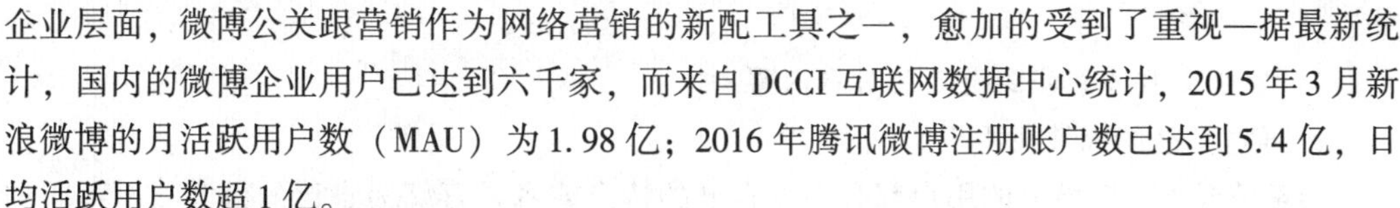

企业层面，微博公关跟营销作为网络营销的新配工具之一，愈加的受到了重视—据最新统计，国内的微博企业用户已达到六千家，而来自 DCCI 互联网数据中心统计，2015 年 3 月新浪微博的月活跃用户数（MAU）为 1.98 亿；2016 年腾讯微博注册账户数已达到 5.4 亿，日均活跃用户数超 1 亿。

（三）微博营销的要点

微博营销注意要点如下：

1. 取得粉丝的信任是根本。

微博营销是一种基于信任的主动传播。在发布营销信息的时候，只有取得了用户的信任，用户才可能帮你转发、评论，才能够产生较大的传播效果以及营销效果。获得信任最重要的方法就是不断保持与粉丝之间的互动，让粉丝觉得你是个真诚而且热情的人。要经常转发、评论粉丝的信息，当粉丝遇到问题的时候，我们还要及时地帮助他们。如此一来，我们才能与粉丝结成比较紧密的关系。在我们发布营销信息的时候，他们也会积极帮我们转发。

2. 发广告需要有一定的技巧。

在发布企业的营销信息的时候，在措辞上不要太直接，要尽可能的把广告信息巧妙地嵌入到有价值的内容当中。这样的广告由于能够为用户提供有价值的东西，而且具有一定的隐蔽性，因此转发率更高，营销效果也更好。像小技巧、免费资源、趣事都可以成为植入广告的内容，都可以为用户提供一定的价值。

3. 通过活动来做营销。

抽奖活动或者是促销互动，都是特别吸引用户眼球的，可以实现比较不错的营销效果。抽奖活动能够规定，只要是用户按照一定的格式对营销信息进行转发和评论，就有中奖的机会。而且奖品也一定要是用户非常需要的，如此一来才能充分调动粉丝的积极性。如果是促销活动，一定要有足够大的折扣和优惠，如此可以引发粉丝的病毒式传播。促销信息的文字要有一定的诱惑性，而且要配合精美的宣传图片。如果可以请到拥有大量粉丝的人气博主帮你转发，就可以使活动的效果得到最大化。

有很多的企业都懂得，一个企业的生命是与其客户的交流密切相关的，因为企业必须了解客户在想什么、需要什么。在互联网时代之前，有的企业会用赠送小样的办法来增强与客户的联系，有的企业用发展 VIP 用户并以积分的方法增加和客户的密切度，还有的企业靠有奖问答的方法在马路上拦住路人填写表格。

由于有了微博，对话的互动就要比以前任何一种联系客户的方法都直接和方便。如果对话的内容足以吸引到客户，那么客户就会以个人的情感参与对话，在双方互动的对话中体验到愉悦。这种愉悦的情感不只是身心愉悦，而且会有被尊重的感觉。如果参与这种对话的企业方是有名有姓的员工，客户一方就能够增加私密的感觉，以自己对企业或是产品比别人有更多的了解而感到自豪。这种自豪感会让他们帮助企业去做口碑传播的事情，然而这就是粉丝的力量，同时也是为什么在微博这个平台上会出现如此多粉丝的原因。

三、怎么找到目标客户

在微博营销中，找到自己的目标人群就是第一步，要怎么样才能找到自己的目标人群呢？

（一）怎么样才能找到自己的目标人群

1. 通过自己的标签找用户。

通常情况下，微博上的用户都会根据自己的特点或者是喜好为自己的微博贴上不同的标签。这些标签都是用户自身设定的，也是最能体现出他们自己的个人的特点。根据这些粉丝的特点，我们就能够对他们进行身份、年龄、爱好、职业等方面做一些归类。若是我们的目标客户正好跟某一类人群相互重合，那么这类微博用户就是我们的目标用户，我们就能够关注他们。

2. 通过微群找用户

微群就像 QQ 群一样，是一群人由于某个共同的特点或者话题而聚集在一起，进行交流以及互动的地方，如果微群的主要话题跟你的产品有比较紧密的结合点，那么微群里的用户也就是你的目标用户。就比如某个微群主要是谈论“室内装修设计”这个话题的，你的企业恰好是做室内装修的，那么这些用户就再合适不过了。

3. 利用微博上的搜索工具找客户。

在微博平台上，一个特别有趣的特色就是在这个平台上有许多朋友在谈论你的公司，谈论你的产品和服务，谈论你的同行，谈论和你相关行业的话题，这些碎碎语里镶嵌了太多的关键词，通过这样的关键词，你就能够去找到对方。你还可以在微博平台搜索框上搜索与自身有关的关键词，就比如说产品、公司、市场、地区、行业、品牌、企业负责人、行业意见领袖等。这些关键词的讨论者很有可能就是你的目标客户。

4. 利用微博上的私信工具找客户。

有些用户由于产品的特殊性影响到隐私，不愿意在公开的场合暴露隐私。在这个时候，私信就会成为发现这些特殊群体的好工具。在微博上发现客户，通过私信和客户进行交流。

5. 利用微博上的投票功能来对客户进行分类。

可是投票活动最好设置一些奖品，否则还是比较难吸引用户的关注和参与的。

6. 利用各种社会热点话题吸引客户。

社交媒体有一个显著的特点，就是人们之间在交流的时候有内容的交流，这种内容如果是共同关心的，就会上升成为话题讨论。聪明的企业就会举办各种话题讨论，从参与者中发现潜在客户。若是企业选择的热点话题具有讨论性，成为微博上的推荐话题，其实这样的话题参与的人会更广泛。就比如说，在情人节讨论“单身好还是非单身好？”不管是站在哪个立场，都会成为单身的，或者非单身的某种产品的潜在客户。

7. 利用主题寻找客户。

我们在发表自己的微博时会有“#XXX#”，表明自己所发微博的主题，我们就能够点击该主题就会找到很多跟自己的微博内容相关的微博，随后我们看发表该主题的博主所做的产品是否跟自己是相关的，若是相关我们找出那些粉丝比较多的博主，他里面的好多粉丝就可能是我们的潜在目标客户。

8. 策划各种有创意的活动聚集粉丝。

对于企业微博来说，就需要不断的创造有创意的话题和活动，这样才能够源源不断地吸引更多的粉丝去参与。然而这样的创意活动就需要一个团队经常碰撞，通过头脑风暴才

能不断产生。

9. 选拔品牌形象代言人。

就以凡茜品牌为例来说，凡茜品牌的微博在一年的时间里，连续策划了五期“凡茜成长计划”的活动，挑选凡茜女孩成为品牌形象代言人，辅以拍电视、参观企业等等，新浪微博上的凡茜粉丝也越来越多。

10. 在各种社会化媒体上点亮企业微博。

有这样一种模式，将新浪微博作为吸引用户的主平台，然后在企业网站、企业博客、QQ空间、QQ群等等，企业其他社会化平台上链接企业微博主页，甚至还能够在电子邮件签名、论坛签名档上链接企业微博地址，甚至在产品说明书、企业的名片、产品包装上链接企业微博的地址，这样就能够让更多的潜在客户从其他地方认识你，而且能够顺着链接找到自己的企业微博。

11. 利用节日话题寻找客户。

许多节日的话题是自然和某种产品有关联的，就比如说男装的企业微博就能够在五一劳动节、父亲节组织和策划话题讨论，为的是能够让更多男性受众体验他们的产品；还有鲜花网的微博，在母亲节策划写祝福语的活动，或者是代送母亲鲜花的活动，这些都可以吸引许多粉丝的参与，体验鲜花传递情感的魅力。

12. 通过发送新产品寻找体验者。

对于特色小食品、化妆品、服装家居产品等生产企业，在微博上发放新产品体验，也是一种有效的吸引粉丝方法。

（二）在微博寻找客户的方法

再给大家介绍几种寻找客户的方法。

1. 寻找微博上的精准用户

通过微群找用户。微群就像是QQ群一样，是一群人由于某个共同的特点或者是话题而聚到了一起，进行交流以及互动的地方。若是微群的主要话题跟你的产品有比较紧密的结合点，那么微群里的用户也是你的目标用户。就比如说某个微群主要是谈论“玉器”这个话题的，你的企业恰好是卖玉器，那么这些用户就再合适不过了。

2. 让精准的目标用户成为我们微博的粉丝

（1）微博要有吸引用户的优质内容。一个微博要想拥有更多的粉丝，最重要的一条就是要有优质的内容。微博可写的内容是非常多的：记录自己每天的想法、心情，自己身边发生的趣事、新鲜事，还有相关行业的评论，热门话题的讨论；有价值的经验分享等等。一个高质量的微博，一定要让其他用户通过我们的微博感受到一个真实的自我，只有这样才可能赢取用户的信任。单纯的企业信息或者是营销信息的发布平台，其实是非常不受欢迎的。

（2）主动关注你的用户。如果你的微博能有一些优质的内容，而且大都是目标用户爱看的内容，那么接下来的事情就是把他们吸引到你的微博上了，主动去关注你的目标用户是个不错的办法，一般用户在得到新关注（即获得新粉丝）以后，都会回访一下对方的微博，看看新增的粉丝是哪些人，发表了哪些内容。在这里告诉你一个小窍门，你可以多关注那些粉丝比较少的人，那是因为他们可能是新成员，将心比心，他们也会因为你的关注而感动，从而成为你你粉丝。

（3）转发和评论用户的信息。并不是所有的用户都会回访或者互粉自己的新粉丝，在这种情况下就需要我们主动出击了。经常的去转发一些用户的微博，并在转发的同时写一些有价值、有深度的评论，这样一来，用不了几次就会引起用户的注意了。用户就会觉得自己得到了尊重，自己发表的东西有人懂得欣赏，自己又找到了一个志同道合的朋友。这个时候，用户就会主动的关注你，成为你的粉丝就是水到渠成的事情了。这种方法看起来虽然简单，但是只要你能够坚持做，而且要用心的去评论别人的信息，最终就能够取得非常好的效果的。

（4）在目标用户集中的微群积极互动。微群给大家提供了一个围绕某个话题交流和讨论的场所，群内的成员经常也都是对这一话题关注的人。若是我们能经常地发一些用户关注的内容，常常跟群内的用户进行交流讨论，帮助用户解决问题，甚至成为群内的名人，那么群内的用户就会慢慢转变成我们的粉丝。

四、组织和培养粉丝

微博粉丝是在微博中对某一博主保持持续关注的群体，由于社会化的营销就产生出了粉丝，粉丝能够促进社会化营销工具的升级，粉丝这个名词出现在社会化营销时期并不是一个偶然，粉丝会帮助信息进行再次的传播，也就是口碑传播。要怎么样在微博上培养和组织粉丝呢？

（一）企业在微博上发表的内容是争取粉丝的第一要素

内容永远是最重要的。每一篇微博都应该是谨慎、坦诚的，你要期待自己的每一篇微博都有可能感动路过的人。

在线下，我们所写文章的内容指的是它的思想和表达形式，可是在互联网上还有更多的、更丰富的含义。在网上，微博的内容不仅仅是思想、形式，而且还包括了你是不是具有亲和力这个第一印象，还有你逐渐积累的品牌影响力，你每天持续的更新信息用来表现你的顽强生命力，你和粉丝之间不断活跃的互动能力。你用这些来表现自己是每天都活在互联网上的，是可触及的。

（二）获取粉丝的第二原则就是必须有回复和反馈

你需要回复，这表现了自己对粉丝的尊重。然而这特别的像是马路上有人和你打招呼，你就必须给人家回礼的，表示彼此之间的平等以及礼貌。也许你很忙，你顾不了这些，可是对那些期待回复的人来讲，你的表现是一种傲慢，你的粉丝就会觉得，傲慢的人虽然有思想，可是并不属于他们。

对于那些用评论说明对你有好感的人，你要善待他们。在他们中间也许有一些是初次和他们心目中的名人打招呼的人，他们是很腼腆的，这时就千万不要去挫伤他们的感情。许多人在线下遇到名人的时候，说他们之间是认识的，他们的理由就是“你不是在网上回复过我吗？”，这时候才会感觉到，当时的回复会让一个人记住那么长的时间，并且一直对你心存好感。

有一个美国人，用这样的方法奖励自己的粉丝，他特制了一些有标记的标签、徽章、笔、本子，奖励粉丝对自己的一贯支持。这样的方法是很亲切可爱的，它出自于博主对自

己的粉丝的真实感情，相信有许多的企业微博也会很快这样做的。

(三) 把粉丝组织起来

在你发布微博的时候，你应该有群众观点，也就是说，你除了发布你有兴趣的文字以外，你还要考虑到你粉丝们的需求，你要有乐于助人的精神，要经常的发布一些你的粉丝感兴趣的内容，也许这样的内容是重复的，是你已经掌握的，可是你还是要考虑到你的粉丝的需要，因为他们经常帮助你，那么你也就应该多去帮助他们，因为粉丝是相对的。粉丝是相对的，这个理念很重要，你的粉丝经常期待着能对你有所帮助。只要你有需要，你的粉丝是以能够帮助你而感到愉快的。如果你碰到一些有趣话题，但确实不知道它的答案时，你应该主动地向粉丝寻求帮助，主动发送信息，请他们回复你，如果你还能够公开给予他们奖励，那就更完美了。

其实微博要做的事情并不复杂，一个是发有内容的信息，另一个是及时回复，再一个就是组织粉丝。当然，简单的事情有时候反而需要学问和理念，这就需要大家不断的学习和探索。

五、微博营销容易犯的错误

微博也许就是自搜索引擎以来迅速被企业应用并且最为广泛的网络营销工具，并且还免费，可是做了也不意味着有效。在企业微博运营与微博营销过程中，你或许正在犯着这样或是那样的错误。

下面就举几个常见的错误，希望能够及时的注意。

第一、还没多少内容就去粉人。

互粉是大部分起步低的微博必经的步骤。可是刚注册没多少有价值内容的微博就去狂粉人，效果并不是特别好。因此先憋足劲发点你潜在关注者感兴趣的内容再说推广的事吧。

第二、内容质量差，还频繁发微博。

有非常多的人疏于清理关注对象，若是你发言很少，估计躲在一堆关注列表里还不会注意到你，可是如果你的内容没价值还表现特勤快，微博充斥私房话、聊天、话痨、自恋贴等等，对方就会立即取消对你的关注。

第三、关注量远远高于粉丝数。

粉丝数高于关注量最好，就算是低一些，也不能低的太多。很多博主为了求互粉，关注太多以至于关注量远远的超过了粉丝数。微博“应用”里面有个“互粉查询”工具，一口气找出没与你互粉的对象，然后批量删除吧。

第四、标签利用不合理。

微博标签在本质上就类似于企业网站的关键词，新浪也会自动的推送给你拥有一致标签的用户。可是微博限制最多不超过 10 个标签，很多企业标签居然没用完，这是很浪费的。同时应该根据不同时期的行业及社会热点及时调整、更新标签。

第五、公司微博只谈产品/业务。

一般企业的微博无论定位客服微博、产品微博还是市场的推广微博，最好可以在业务之外提供与产品应用相关的价值内容，甚至与业务并无关系的娱乐内容，或者是公益内容，以引起转发为原则。当然要注意适量原则，否则喧宾夺主就会引起反感。

第六、枯燥转发不吭声。

有很多公的司员工以个人名义转发公司官方微博内容，这是必要的，但纯转发不发一言，有潦草感，其实加点观点或评论往往带来新的转发（更有甚者，转发内容是与原帖无关的星座之最，微薄上最多转载的内容之一），要知道很多转发是由转发评论而不是原始微博贴引起的。

第七、光码字不配图。

有图有真相，合适的配图无异于画龙点睛，图片一定要符合以下原则：与文字内容匹配，或是非常有趣，或者是有价值，这样就会引起转发或收藏的冲动。

第八、配图太大打开很慢。

这个与网站图片不宜过大同样道理，并且用户对微博的浏览更加快速，耐心极为有限，此外切记至少 40% 的人通过手机上微博，各种各样的原因使得微博配图像素不宜大。

第九、对微博抽奖活动期望过高。

关注并且转发，可望获得什么奖品，这样千篇一律的活动对大众吸引越来越低，倒是培养了一批专为抽奖而生的人，专门关注抽奖帖，后继价值很低，由于他们几乎不看关注者发的内容。这类活动的价值就会仅限于：1. 短期获得批量粉丝后生发的马太效应；2. 所推广产品获得一定知晓度。

第十、互动缺乏主动技巧。

微博虽是以内容为王的，但要效果最大化，还需要主动与用户互动，营销微博的互动除了回复评论及转发的人以外，还需要主动去发布带有高质量内容的评论、转发或@潜在用户的微博，这样的目的是为了提高自家微博的曝光度，高质量的评论转发还能带来被粉的机会。

第十一、每个帖子都带推广链接。

营销微博通常会加入链接，把用户带入目标网页浏览，可是如果每条微博都是链接，用户体验就会相当不好，应该多发点没有营销导向的内容贴，间隔一下，要让内容有参差感。

第十二、链接引导方式生硬。

关注的人多了，大部分用户根本就没有时间和精力去打开他看到的每条链接，因此带链接的帖子文案及图片一定要具有“鱼饵”诱导性，吊起读者胃口，也许当时没时间点开，也会收藏下来日后去看。

第十三、网站建设未考虑手机适应性。

将微博链接到公司的网页之前，始终要记住近一半的人是通过手机上微博的，如果图片打不开或者网页未做手机浏览友好设计，这条微博打水漂的机率必然就会提高。

第十四、还在单枪匹马作战。

自家的网络营销资源是最可控的，一个公司最好多注册几个微博，要让主微博有更多粉丝以及互动资源，捧场者还包括公司员工的个人微博、家人微博、亲朋好友微博等各种现成的资源，这样就形成了全民营销公司微博的势头。

第十五、从没利用过热门话题。

以新浪为例，新浪微博右侧的“热门话题榜”显示了当前微博内容出现最多的热议关

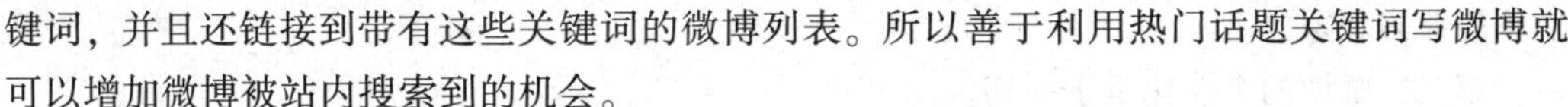

键词，并且还链接到带有这些关键词的微博列表。所以善于利用热门话题关键词写微博就可以增加微博被站内搜索到的机会。

第十六、个性域名未充分推广。

有的微博中在“账号设置”里为每个用户自定义URL功能，以方便微博推广。企业需要抢注与公司或品牌名称一致的个性域名，并且还要发布到名片、邮件签名、网站、QQ、宣传册等推广资源上面。

第十七、忽视微博关联产品应用。

微群：微博中的小圈子。通过设定关键词搜索，加入目标微群进行互动，可以接触到批量潜在客户；微盘：是将本地文件分享到微博，这样就便于你的粉丝下载、分享、转发，能够提升微博关注度及粉丝量。微博广场：“微博广场”中的大量应用如“同城微博”、“标签找人”、“微直播”等都是查找目标用户的好去处，主动出击是不可忽略的。

第十八、滥用微博语法。

微博中有两个链接语法包括“##”和“@”。“##”的作用类似于关键词，当微博内容越积越多，就可以通过##对内容进行分类；@加账户可链接到该用户微博首页，有隔空喊话的效果。企业微博常对#使用不足，而对@大肆应用，这就会引起陌生用户的反感，所以说企业要慎用。

第十九、企业微博缺乏鲜活个性。

跟博客类似的是，企业微博毕竟不是官方网站，文风最好不要刻板的WEB1.0新闻体，或者大量的拷贝或者转发公司网站的内容，而要让人感受到WEB2.0的“人”的鲜活气息，更容易讨好粉丝。

第二十、微博与公司网站资源未整合。

网络营销是一个系统工程，微博工具会提供一些很好的工具，能够将微博与公司网站资源整合，值得推荐的如“签名档”、“微博秀”、“关联博客”等，把微博与公司官方网站、博客关联推广。

第二节　深入操作微博

一、企业微博营销运营的法则

企业经营中有非常多的法则，微博营销也有几大非常实用的法则，下面为大家分享存在于微博营销当中的一些法则。

第一、负面消息传播在微博中更快。

我们都知道任何正面的消息都没有负面消息传播的那么快，根据相关机构的调查可以看到：对于一个好消息，一个人知道后平均会告诉他身边的6个人；而坏消息则平均来说就会被传播给身边的23个人。可是在微博上面负面消息传播的速度远远高于以上的调查数据，微博的评价以及转发功能凭借着幽默感和无限的想象力使其负面传播效率高的惊人。微博相比于较为传统的SNS、博客或者是BBS，就能够看到微博的负面传播速度和范围是我们不能够去想象的。

第二、微博的个性化重于一切。

微博是一个互动沟通的平台，上面的任何个人、团体、机构在用户眼前都只是一个普通的微博用户，若是微博没有个性化就不可能会获取用户的青睐。在微博上面“朋友式”的沟通是更容易被用户接受的，太过于“正统”和“规矩”的公司在微博上面是不能特别好的与用户进行互动的。虽然不是非常赞同淘宝式的那种“亲，给个好评哦!”可是亲切的回答也是会更易被用户所接受的。

第三、社交网络是关系的场所，互动和沟通是链接关系的线索。

在微博上面能够通过关键词、微群等等锁定自己的潜在客户，寻找潜在客户并且跟他们进行沟通。微博就像是个社交场所，连接场所关系网得靠互动和沟通，如果没有互动和沟通这样不仅仅维护不了老用户更是挖掘不了新用户。通过微博活动就比如说是一些晒奖品、晒福利等一些活动形成二次传播的效果就是特别不错的，而且成本也不是很高，互动和沟通起来也是特别的方便。

第四、少数人的意见必须得重视。

鉴于微博传播效果和传播范围是非常巨大的，微博上每个人都是媒体，其实一个人的信息也会变成媒体。当你不注重个人意见的时候你就会发现个人的意见就会迅速的成为媒体，而且是一发不可收拾的那种疯狂转发和评论。

第五、敢于在微博上面对用户。

人们是特别乐于接受真实、真意的歉意，因为只要敢于面对用户才有可能得到用户的认可。当有人在微博上面对我们发出质疑时，我们要做的不是争辩和回避，我们要做到的仅仅就是面对。当然微博用户的眼睛都是雪亮的，是不会因为你的真诚道歉而看低你的，也不会认为你的“如簧之舌”而高看你，我们要做的就是真正的面对用户。

企业微博现在面临的问题有很多，根本不是你想的那么简单，你看一个微博，每天发八条微博更新，每天早上的八点到十一点，或者是下午的三到五点发一条内容，叫企业微博，但是并不好。微博本身就是信息的载体，也是关系的纽带，若是你在这三个方面达到失衡，就会出现种种问题。

在平台管理层面，PRAC 法则倡导“2+N 微博矩阵模式”，也就是以品牌微博、客户微博为主平台，补充添加运营领导员工微博、粉丝团微博、产品微博及活动微博；针对企业做微博的时候一直困惑的用户关系处理问题，PARC 则梳理出粉丝关注者、媒体圈、意见领袖为主的“3G 关系管理”群体；而对于行为管理，PARC 系统介绍了引起注意、品牌推介等七类典型营销行为。

企业运营微博必须趋于标准化、专业化，统筹整个流程的微博管理，就不能像一般博友那样随意了，必须时刻的去注意自己在微博上的一言一行。不然，轻则毫无作为，重则后患无穷。

二、专业性微博内容的策划

通过归纳，在微博的热门转发过程中，以下几类内容是会使互动的效果事半功倍：消遣类、娱乐类、实用类、新鲜类、情感类、通用话题。在这其中，有的内容可做独立的内

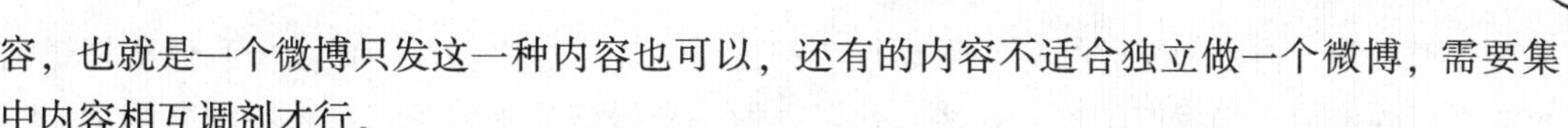

容，也就是一个微博只发这一种内容也可以，还有的内容不适合独立做一个微博，需要集中内容相互调剂才行。

然而无论你将微博定位成为品牌传播还是连带销售，你所有的意图都是通过文字来表达的，互联网口碑营销不同之处就在于它并非声音而是文字传播。因此微博的内容就是首先要找到目标客群想要听的话，其重要程度也就不言而喻了。要想留住粉丝，就要做到微博内容对胃口、有营养、够创意。

1. 对胃口，说的就是要弄清楚你的粉丝是什么人，他喜欢吃辣还是吃甜，吃咸还是吃淡，就是说需要去摸清用户的喜好。以用户为中心：针对目标人群策划的内容，锁定人群的职业，性别、年龄，并且结合他们的兴趣爱好，这样来制定他们喜欢的内容，要做到投其所好。一般人群会以 25-40 岁的女性居多，那么美容养身、服饰搭配、星座八卦、育儿婚姻等等这类的专业话题加重，可是兼顾其他用户，笑话、心理、创意趣闻等大众话题也是不可缺少的。

2. 有营养，就是要让你的微博内容对他来说要有用有价值，她是女人你就告诉她怎么样美容减肥、化妆购物，他要是男人你就告诉他香车美女、升职加薪、时政新闻，总之尽量让他感到你提供的信息是有价值的。

3. 够创意，就是要让他有新鲜感，再好的东西看多了也会腻的，就可以试着把图文结合换成视频+文字，把活动做得趣味些，就是要吊住他们的新鲜感。

在我们做微博营销时候，我们不难发现一段时间我们的粉丝无法上去、我们的内容评论转发量也非常的少。可是凡遇到这样的现象很多人就会迷惘了不知道怎么办。一个微博是否可以运营好最终呈现的结果就这几点，微博粉丝、内容评论转发以及阅读量等等，可是导致这些上不去的原因是会有很多的。重点的是我们在开始接触一个企业微博或者个人微博以及新建立一个微博我们该怎么规划，策划出营销方案。以及根据当下问题的一个后期运营和解决问题的方案。

实际上，一个微博要是想长期地运营，就需要去了解清楚微博的价值以及特性，然后再根据对微博的专业了解认知然后去做出方案。只有这样才能够打造一个活跃的、有价值的微博。

首先我们来了解一下微博的价值：

微博就相当于是一个自媒体，他是继博客以后推出的一个微博客，也被称作微博。通过 140 个字简单直观的表达，微博的价值自然就能够从中展现出来了，一种宣传价值。能够宣传一种理念、一种文化、一种认知，同样也可以宣传产品和服务。

认证微博能够更好地去做好微博营销。

1. 认证微博是加“v”形式的比较权威。能够容易得到用户的信任。根据艾瑞网的调查，在企业社交活跃中，微博其实占了很大的比例。因此我们在这块需要重视这个领域。

2. 我相信有些人是做 SEO 方面的，那么你们就会了解百度统计之类的站长统计工具就可以反映出一个网站的流量数据情况。同样认证微博能够去看到每天的粉丝量、阅读量以及微博的曝光率。跟了解你微博的人的来源地址和最吸引力的微博点击排行等等。都会便于你做好微博营销。让你微博通过数据中找出最近存在的原因，更好地去做好策划。

3. 可以有企业模板以及特殊行业的模板能够将你的微博打造更加专业化。对于微博的一些价值认知、内容和粉丝的一些操作技巧都告诉大家了，以及关于微博中我们要知道的企业微博的价值。当我们了解了这些。就好去做一个微博的策划了。在我们做微博策划的时候，有一个意识那就是，要做微博的活跃量、粉丝量、曝光率，那么自然我们在做策划方案时候就可以涉及到。

（1）微博定位，微博不是一个账号是一个人。根据你的行业给他定位成一个人物。通过这个行业的扩展去做内容，而不只是单一的内容。

（2）微博的内容，内容一定要多样化。每天的内容最好要制定在 10-15 条是最宜的，然后再分时间段发布。就比如 SEO 研究中心的微博，原本主要做的是微博的公开课通知，随后重新制定了方案，做了一些公司动态、网络动态以及 SEO 问题解答这个领域。如此一来微博的丰富度就高了自然粉丝也就活跃了。

（3）微博的粉丝养成计划。每天的参与话题，不是很热门的可是是吸引用户关注的话题进行参与探讨。做内容每天内容要包含在 2-3 条，进行数据观察。看看每天会增长多少粉丝，开始是实验期，后来就会成熟化了，就要做目标筹划。

每天去站外推广一定数量，可以去通过企业微博来源地址。之后分析来源的人群有多少人关注了你，然后再按照一个比例进行发布信息，吸引用户，同样做法跟上面的一样要先观察数据，每天要主动的去出击评论人数，参与讨论。

（4）微博的运营多样化。

就比如做淘宝的可以对接微购功能，做婚纱影楼的要用好轻博客等等。

（5）运营心态控制，微博运营要人性化。要学会去分析数据，然后要观察你行业的需求。

三、让对方对你产生信赖

（一）赢得客户的信任，需要突破六大障碍

建立客户的信任就要突破存在其中的六大障碍。实际上销售工作的最大障碍并不是价格，也不是竞争，还不是客户的抗拒，其实是销售人员如何赢得客户的信任，对于销售人员来说，建立客户信任就要突破六大障碍。

1. 知识障碍。

（1）缺乏对产品相关知识以及关键专业环节的学习掌握。

产品知识就是谈判的基础，在与客户的沟通过程中，客户很有可能会提及一些专业的问题和深度的相关服务流程问题。如果销售员不能给予恰当的答复，甚至是一问三不知，那么无疑就是给客户的购买热情浇冷水。

（2）化解方法。

要接受培训并且还要自我学习，不懂就问，在学习中把握好关键的环节；千万不要对客户说“不知道”，如果谁的确不知道的就要告诉客户向专家请教后再给予回复。

2. 心理障碍。

（1）对不好结果的担忧、惧怕或不愿采取行动。

胆怯、怕被拒绝是新销售员常见的心理障碍。通常表现为：外出拜访怕见客户；不知道该如何与客户沟通；不愿意跟客户通话；担心不会被客户接纳。

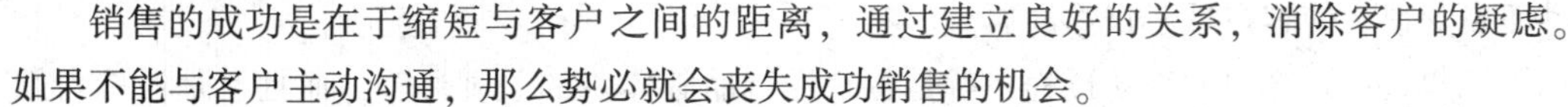

销售的成功是在于缩短与客户之间的距离，通过建立良好的关系，消除客户的疑虑。如果不能与客户主动沟通，那么势必就会丧失成功销售的机会。

（2）化解方法。

增强自信，自我激励。除此之外也可以试着换个角度考虑问题：销售的目的是为了自我价值的实现，基础是满足客户需要、为客户带来利益和价值的。就算是被拒绝了也是没有关系的，如果客户的确是不需要的，当然也就会有拒绝的权利；如果是客户需要却又不愿去购买，那就正好利用这个机会了解客户不买的原因，那么这对以后的销售来说也是非常有价值的信息。

3. 心态障碍。

（1）对销售职业及客户服务的不正确认知。

有一些销售员会轻视销售职业，他们认为这个职业的地位不高，从事这个行业就是实属无奈，感觉特别的委屈，总是不能够热情饱满地去面对客户，因此也就没有办法调动起客户的购买热情。

（2）化解方法。

正确的认识自己以及销售职业，给自己确定正确的人生目标和职业生涯发展规划。要知道销售是一个富有挑战性的职业，需要不断地去给自己树立目标，并且通过努力还可以不断地实现其目标，然后从中获得成就感。销售是一个需要广泛知识的职业，只有具备丰富的销售专业知识、社会知识、产品知识等等，这样才可以准确的把握市场脉搏。

4. 技巧障碍。

（1）对整个销售流程不熟悉，对客户购买过程控制技巧的应用不熟练。

具体表现：对产品的介绍缺乏清晰的思路以及方法，不能言及重点，没有办法将产品的利益点准确的传达给客户；缺乏对顾客心理以及购买动机的正确判断，不能准确的捕捉客户购买的信号，因此往往就会错失成交的良机；急功近利，缺乏客户管理手段，不能与有意向的客户建立良好关系。

（2）化解方法。

要充分的去了解客户的需求，寻找产品和品牌价值可以给客户带来的利益点；理清客户关心的利益点和沟通思路；需要多向同事和上级请教经验，了解客户成交的信号和应该采取的相应措施；要学会时间管理，然后进行客户分类，把更多的时间投入到更有成交可能的客户身上；若是不能准确的把握客户的购买心理和动机，那么就将与客户的沟通过程告诉你的上司，请他（她）给出判断。

5. 习惯障碍。

（1）以往积累的不利于职业发展的行为习惯。

一个不良的习惯也是不能促成客户签单的重要原因之一。有一些销售员习惯了生硬的语言以及态度，使得客户觉得他们是不被尊重的。一些销售员不会微笑或是习惯以貌取人，凭自己的直觉判断然后将客户归类，并且采取了不当的言行。也许他们的判断是正确的，可是这么做是会造成不良的口碑传播甚至是潜在客户的损失。

（2）化解方法。

做好客户记录和客户分析、保持积极的态度、尊重客户，发现、总结和改变自己的那些不良习惯，使客户乐于跟你沟通。

销售人员跟客户的沟通过程，就是客户进行品牌体验的关键环节，而且也是消费者情感体验中的一部分。客户需要深层次的了解产品的情况，来作为决策的依据。而销售员对产品的详细讲解以及态度，对客户的决策同样有着非常大的影响。销售人员的行为举止将影响客户对企业和品牌的认知，是产品销售以及品牌展示的关键。

6. 环境障碍。

（1）容易受周围的人或事影响。

因为缺乏对销售职业的正确理解和认识，趋向于模仿其他同事的工作方式以及作风，可是忘了向同事学习是要吸取别人的长处和优点的。曾经有一个初入行的销售员，刚到公司的时候热情高涨，可是后来就受到一些老销售员们的影响，工作也变得散漫，不能严格的要求自己。还有一些销售员根本无法融入团队，和团队的距离感也不利于个人的发展。

（2）化解方法。

要会辨别是非，尊重同事，用开放的心态建立良好的人际关系，将那些业绩突出的销售员作为榜样，然后再学习他们的优点以及经验

（二）赢得客户的信任，重在情商的培养

在销售中要学会做人，拉近与客户的距离。销售员每天都要与不同的客户打交道，销售员只有把跟客户的关系处理好了，这样才会有机会向客户推介你的产品，而且只有这样客户才有可能接受你的产品。作为业务新手，第一件事情其实就是要学会做人，不断的培养自己的情商，拉近与客户的距离。

1. 自信。

业务新手首先就要做一个自信的人。在自己的心目中没有什么是不可能的，绝对不能怀疑自己的公司，而且绝对不去怀疑公司的产品，绝对不怀疑自己的能力，要相信自己一定能够征服客户，客户也一定会对你另眼相看。

当遭遇到客户在刚开始的时候冷眼或者是不够热情的态度时，业务新手心里要明白：这只是客户还没有或者不完全了解你之前的一种本能反应，这并没有什么大不了的。千万不要客户一两次的冷眼或者不热情就开始怀疑自己能否在这里继续干。如果有这种想法，那结果肯定是在这个客户这里干不下去。

2. 主动。

其次业务新手要做一个非常主动的人。因为天上是不会掉馅饼的，业务新手的命运完全是掌握在自己手中的。如果客户不理睬你，那么你就可以主动的去推销自己，关心他及他周边的人，用你的真诚行动去感染他以及他的家人，就比如说每次拜访为他或者他的家人捎点小礼品等等；客户不告诉你的市场情况，你就可以主动的去问客户讲一些情况；客户不告诉你市场的真实情况，你可以主动的深入到客户市场一线，亲自去了解市场情况；客户没有告诉你他的基本情况，你可以主动地通过其他一些间接手段去了解。

3. 刻苦。

再次，业务新手要做一个能吃苦的人。或许有很多的客户都不认可刚从学校毕业的新手，有很大一部分的原因其实就是怀疑业务新手不能吃苦。业务新手要是没有吃苦的精神，是不可能获得客户的认可的。

由于做销售，业务新手相对没有太多的经验，没有太多的关系网，没有太多的老本吃，唯独的方法就是比别人拜访客户的时间更长，比别人拜访的客户更多，比别人拜访客户的频率更高，也就是说比别人吃更多的苦。只有这样，个人的业绩才能提高，个人的销售能力才能提升，才会有可能得到客户的认可。

4. 可靠。

接着业务新手要做一个可靠的人。业务新手除了自信、主动、吃苦还不够，还必须使自己成为一个值得客户信赖的人。业务新手应该严格遵守厂家的职业规范和作业制度，坚决不做任何有损客户与厂家利益的事情，要公私分明的。

5. 诚信。

而且同时业务新手还要有诚信，不能做到的事情就坚决不要去承诺，承诺的事情坚决做到。因为只有这样，才能够使客户依赖你，才有可能获取客户最大的支持与配合。

6. 好学。

在最后要说的是，业务新手还要做一个好学的人。一是业务新手要养成“多问”的习惯。业务新手既不要形成“自己什么都懂，而客户什么都不懂，客户不如自己”而不值得去问，同时也不要有“问多了，怕客户嘲笑自己愚笨”而怕去问。二是业务新手要养成“多听”的习惯。倾听能够使你变得更加聪明，这样就更能受到对方的尊重。

四、微博与其他经营渠道的关系

在很多情况下，企业的营销并不只是利用微博一个渠道，可能还有许多其他的线下或线上的渠道，那么要怎么去整合与协调它们之间的关系，这将会是企业微博营销必然面临的问题之一。

(一) 为什么要理解企业营销的整体方案

理解企业营销的整体方案，这是从事微博营销的团队必须清楚的事情。通常你企业的所有营销渠道是不止微博一个的，那么微博营销团队就必须对企业的整体营销方案要有一个全面的理解。

理解企业营销的整体方案，最起码要有四方面的作用：

第一，是为了与分管营销的企业管理层沟通的时候显示更宽的视野和更高的视角；

第二，就是为了在制定微博营销方案及实施过程中贯彻企业的整体营销策略；

第三，理解企业其他营销渠道的作用并且与它们形成支持与配合；

第四，要使得包括微博在内的渠道能向外界呈现出一个统一的理念与信息。

(二) 除了微博，企业还有哪些新旧营销渠道

整合和协调各种传播渠道。如果你不想让企业微博营销团队孤军作战，那么你就必须与企业其他各类新旧营销渠道相互配合。

1. 一些比较传统的但又是比较优秀的营销渠道；
2. 一些报纸、户外广告、杂志及广播及电视等等；
3. 一些线下的新型媒体营销渠道，就比如车载数字电视（移动电视）、楼宇电视等；
4. 一些新型手持智能终端营销渠道，就比如手机、平板电视、数字阅读器等；
5. 其他各类的智能终端，

6. 各类互联网新型营销渠道，如线上硬广告、BBS、IM（即时通信，如QQ和MSN等）；

7. SNS（社会化网络服务，如Facebook、开心网及人人网等）；

8. 网络视频（如Youtube、优酷及土豆等）；

9. 维客（如维基百科、百度百科及互动百科）；

10. 线上问答（如百度知道及雅虎知识堂）；

11. 博客等等。

（三）树立整体营销理念，整合、协调、设计企业的统合营销

企业需要根据不同的营销渠道的特点，然后结合企业的特点，设计合理的营销渠道组合。当然，原则是在精力与财力允许的情况下，去选择最为合适的几个营销渠道，并且充分的发挥每个营销渠道的特点，进而取得最佳的综合营销效果。

传递的与公司有关统一信息，与公司有关的统一信息这是在整合营销传播及统合营销（或全程营销）的理念指导下提出的观点。根据整合营销传播的理念，在从事包括微博营销在内的各类企业的营销活动的时候，需要整合和协调各种传播渠道，向外界传递关于公司及其产品的清晰、一致及令人信服的信息。

统合营销或是全程营销的理念着重强调三点：

第一，需要连接实体接触点和数字接触点；

第二，需要把整个品牌形象转移至统合消费者体验（统合营销）；

第三，营销人员需要与顾客进行持续的对话。

在理解企业整体营销理念以及方案的基础之上，微博营销需要在明确定位的前提下，与其他营销渠道一起配合，联合向外界传递关于公司及其产品的清晰、一致、令人信服的信息。在这其中，既要保持重要内容的统一性，也要保持表述风格的一致性。当然，具体的表现形式是要根据不同的营销渠道的特点而有所不同的，例如微博在大多数情况下还是比较轻松、幽默的。

五、如何策划微薄营销活动

对于微博营销，项目的首要目标应该就是客户数量的积累，企业可以通过赠送礼品的方式，来起到传播作用。整合营销的策略就是通过各种各样的途径配合我们的主平台来引导流量，一方面是直接购买，另一方面就是通过客户的网站获取赠品。

事实上在中国这种特定的社会环境下，“扎堆”“围观”是客观实际的，因此微博在没有进入更高阶段的营销进化以前，活动仍然还是如今微博营销的一个利器。若是对企业微博来说，内容建设是留人，那么活动策划就是拉人，企业做微博活动要么就是吸引新粉丝，要么就是增强粉丝互动，增加活性，传递品牌。尤其是在企业微博粉丝增长时期，活动就更是吸引粉丝最行之有效的法宝。

对于企业开展活动营销来说，需要设置合理的营销目标，之后再进行不同话题的时效性以及趣味性等可参与指标的初步确定，将主题按照企业产品或者是服务的主要特质以及特征进行结合，提炼出若干个小话题，通过不断的关注分析的参与情况进行控制，最终实现优质粉丝的沉淀，实现活动预设目标。然而其中的重点就在于，话题的引入讲究循序渐

进，逐渐有宣传的大众话题，过渡到具有一定专业或者产品知识的深度话题，一味的强调低门槛是错误的，门槛就会逐渐的被提高，能够非常有效发现优质的用户，在奖项设置上也可以逐渐提高，沉淀真正的潜在用户群体。

(一) 微博活动策划的常规方法

关于微博活动策划的常规方法和手段在这里我们来介绍几种方法。

方法一：有奖转发。

有奖转发也是目前采用最多的活动形式之一，只要是粉丝们转发+评论或+@好友就有机会中奖，这种方式也是最简单的，粉丝们几乎不用动什么脑筋，可是目前有奖转发也提高了门槛，就例如除了转发以外，还需要评论或是@好友（@的数量现在普遍要求10个或者更多）。

方法二：有奖征集。

有奖征集就是通过征集某一问题来解决方法吸引参与，常见的有奖征集主题有广告语、创意点子、祝福语、段子等等。这样的目的就是调动用户兴趣然后让用户来参与其中，并且还要通过获得奖品可能性的系列性"诱导"，从而吸引参与。

方法三：有奖竞猜。

有奖竞猜就是揭晓谜底或答案，最后的抽奖。在这里面包括猜图，还有猜文字、猜结果、猜价格等等方式。现今用的也不是太多，可是策划的好还是很有互动性的，而且把环节设计的越具趣味性就会越好，这样就促进了自动转发。

方法四：有奖调查。

有奖调查如今应用的也不是特别的多，主要是用在收集用户的反馈意见，一般不是直接用宣传或是销售为目的的。要求粉丝回答问题，并转发和回复微博后就能够有机会参与抽奖。

(二) 微博营销活动需要操控的四个关键点

其实微博营销活动需要操控四个关键点，就是：

关键点一：规则应该清晰、简单。

有80%的官方微博活动规则都特别复杂，要是想使活动取得最大的效果，那么就一定不要为难参加微博活动的用户去读长长的一段介绍文字，要尽可能的简单描述。因为活动规则简单才可能会吸引到更多的用户参与，在最大的程度上提高品牌曝光率。所以，活动官方规则介绍文字要控制在100字以内，并配以活动介绍插图。而且插图也一定要设计的美观、清晰并且图片尺寸适度。

关键点二：把握并激发参与欲望。

事实上，只有你满足了用户的某项需求，激发了他们内心深处的欲望，用户才可能会积极踊跃的参加你的活动。激发欲望最好的方式其实就是微博活动的奖励机制，在这里面包括一次性奖励以及阶段性的奖励。因此官方微博活动奖品的选择也是很讲究的，一是要有新意，二是要有吸引力，三就是成本不能太高。微博活动奖品若是印有官方LOGO的纪念品之类的也是非常有趣的。

关键点三：控制并拓展传播渠道。

微博活动的初期是最关键的，若是没有足够的人参与，就会很难形成病毒式营销效应。

能够通过内部和外部渠道两种方式解决，内部渠道就是初期的时候要求自己公司的所有员工参加活动，而且邀请自己的亲朋好友参加。初期积累了一定的参加人数，这样才可能会形成马太效应。外部渠道实际上就是一定要主动去联系那些有影响力的微博账号，能够灵活的掌握合作和激励的形式。

关键点四：沉淀粉丝和后续传播

微博活动在文案策划的起始阶段就需要考虑到要怎样沉淀优质粉丝传播的问题，同时还要鼓励用户去@好友，@好友的数量也是有讲究的，若是@的太多的话，就会导致普通用户遭受@骚扰。除此之外，通过关联话题引入新的激发点，然后带动用户自身的人际圈来增加品牌的曝光率，这样就能够促进后续的多次传播。

（三）活动策划需要避免的几个误区

活动策划需要避免几个误区，企业在进行微博活动之前，应该注意以下三个问题：

第一就是切忌提出天价的目标，恨不得将整个企业的未来都放到微博上面，提出了非常大的粉丝增长目标，盲目的设置大量礼品以及奖励。这么做的后果就是拉来了大量为了礼品而关注企业的粉丝，这样一来对企业的发展反而起不到任何的助力作用，所以应该树立积小胜为大胜的正确思想。

第二就是对每次在微博上的活动，都要给予特别大的销售预期，希望每次活动推广以后，就立刻使自己的销售上一个新的台阶。这其实跟微博的长链接营销方式是相违背的。

第三就是在诉求上不够清晰，究竟是提高关注还是增加到店的人数和频率，都要预先的规划清晰才能有后续科学的效果评估和分析。

总之，一个好的推广是持续的，微博粉丝数量就是我们持续的保证。电子邮件也发了很多，其实主要就是针对已有的客户。其次，精心的制作电子杂志也就保证了邮件的开启率。这样就可以从商家的推广中获得服务，同时就会带来更多的信任和关注。

所以总的来说，微博营销的活动一定要有一个很好的策划安排，跟公司做到同步的运营，对于任何一个企业都要灵活地运用。

六、微博营销的策略分析

如今随着新媒体时代的到来，微博已经成为网络营销中最重要的工具。鉴于此，主要分析企业进行微博营销的具体策略，以期进一步拓宽企业营销渠道，促进企业的持续发展。

在互联网高速发展的今天，基于网络而兴的新媒体已经成为人类有史以来发展最快、影响深广的一种最强势的媒体，以个人为中心的新媒体已经从边缘走向了主流，其中以微博最为典型。我国的互联网已经全面的进入微博时代，中国互联网络信息中心第 34 次发布的《中国互联网络发展状况统计报告》显示，截至 2014 年 6 月，微博用户规模为 2. 75 亿，活跃用户 1. 20 亿。微博正以令人瞠目结舌的速度成为发展势头最强劲的互联网应用。而且在《中国新媒体发展报告》中指出说：中国已经成为微博世界的第一大国。

中国新媒体用户持续增长、应用也在不断的丰富，网络化和社会化程度不断的提高。作为新媒体时代最重要的沟通工具，微博已经被越来越多的企业所关注。直观、便捷、高效和低成本的传播与转发，就使得更多的企业发现了其中的商机。然而每一个微博用户中，所隐藏着的一个亮点就是每个用户同时也可能是一个潜在的消费者，那么谁先发现了这个

商机，谁就有可能成为微博时代的王者，从而产生“微博营销”的概念。近两年来，微博被应用在各行各业，微博营销也已经成为企业未来重要的蓝海战略之一。

可是，微博营销在我国才刚刚的起步，仅仅是处于探索阶段的，还尚未发展成为一种成熟的营销平台。下面就将对企业微博营销的策略进行分析。

1. 内容是微博营销的核心竞争力

一个微博要是想拥有更多的关注，最重要的一条其实就是要有优质的原创性内容。不管是企业的微博定位成为品牌传播还是连带销售，企业一切的意图都是通过简短的文字来表达的，所以，在某种程度上内容决定着营销的成效，然而内容为王同样也是微博营销的核心。因为没有精彩的内容就无法吸引和留住粉丝，然而没有了粉丝也就无所谓营销。

如果想要达到吸引人眼球和大脑的效果，没有创意就是非常难做到的。如果内容是核心的话，那么创意就是亮点，在微博营销的过程中必不可少的会存在着营销的信息，而良好的创意能够让内容不再具有明显的商业性，而且又能为企业的微博创造持久的注意力和吸引力。

2. 互动是微博营销最重要武器

传统的营销方式一般都是单向的，信息的传播是灌输式的，而且受众是不能参与讨论的。而微博营销的一个巨大优势就是其顺畅的双向沟通方式，在微博平台上，每一个人既是信息的传播者，同时还是信息的接收者，两种角色交错，这样一来极大地提高了多方交流的互动性，并且企业可以利用这种交互性，加强对目标用户的舆论引导。

企业要将微博作为与消费者建立双向情感交流的重要纽带。有不少企业的微博营销没有取得良好的效果的一个重要原因就是：它们习惯只发布信息，却没有重视与粉丝的情感交流，时间长一久，粉丝就会失去原有的热情，企业的营销目的也就会因此很难达成。所以只有长期保持与转发者和评论者之间的有效互动，才能够最大程度地增加他们对企业品牌或者产品的好感，这样才能够增加粉丝的粘性与忠诚度，才可能从这些粉丝中发现潜在用户，最终将这些潜在用户转化为企业的客户。

3. 精准营销是微博营销成功的关键

精准营销其实就是，在精准定位的基础上，依托现代信息技术手段建立个性化的顾客沟通服务体系，实现企业可度量的低成本扩张之路。企业开展微博营销的时候，粉丝的数量虽然非常的重要，可是更重要的是粉丝的质量。微博营销的本质是在于吸引潜在客户、建立企业的知名度、增加产品的销售额，所以，微博的粉丝最好是精准的目标客户。要不然，就算粉丝再多，要是他们对企业产品信息或者服务信息不感兴趣，那么企业的微博营销也就会很难成功的。

企业需要进行清晰的受众定位，根据地理因素、心理因素、人口统计因素、行为因素等进行市场细分，确定明确的目标用户。之后再通过微博标签、话题以及微群等方式找到目标用户，主动的邀请他们参与到企业的各种讨论和活动中来，运用主动、细分且精准的内容来达到企业微博营销的目标。

4. “一切围绕客户”是微博营销的原则

微博营销的理念是“以客户为中心，在正确的时间把正确的信息传递给正确的人”，所以，企业微博营销的一个很关键的原则就是“一切围绕客户”。

微博其实是架在企业与客户之间的一座便捷、高效的桥梁，企业做营销的一切出发点一定要以客户为中心，要深刻的去领会消费者的需求与欲望，加强与消费者之间的交流，多多探讨消费者感兴趣的话题，如此才能够吸引更多粉丝的关注，然后再吸引他们了解企业的产品和文化。在微博上，企业不只是“表达”，其实更为重要的是要“倾听”或是“传播”，即便是少数粉丝的意见也应该被尊重或者重视，因为这些粉丝很有可能就是企业的潜在用户或者真正的客户。

5. 微博是一把“双刃剑”

微博已经成为新媒体时代最为重要的信息传播平台，可是微博信息的传递快速性、不可控性的特点同时也让企业面临潜在的危险。然而作为一把“双刃剑”，有很多的企业已经将微博作为其危机公关的重要平台。要怎样把微博的优势和企业面临的危机巧妙的结合起来，用适当的方式化解企业面临的危机，这一问题还是值得企业深入地去探讨的。

七、微博营销风险的防范和控制

企业在进行市场营销过程中，就会面临许多营销风险。那么对于至关重要的营销战略风险，在这里企业可以采取的防范和控制措施主要有：建立风险预警机制、使用风险衡量系统、采取市场营销审计等措施。

然而面对这样纷繁复杂的环境变化，企业在进行市场营销的过程中就会面临都非常多的营销风险。就比如说营销战略风险、营销策略风险、跨国营销风险等等。然而这一些风险在非常大的程度上就影响了企业市场营销活动的效率和效果。所以，企业在进行营销活动的时候就要对风险有十分清楚地认识而且还可以采取一定的措施来防范和控制风险。

（一）营销战略风险的概念和特点

风险是企业在经营过程中不可避免的一种客观的现象，它指的是某一事件发生的不确定性它指的不仅仅是损失的不确定性。而且也包括收益的不确定性。同样的，企业在进行市场营销过程中也可能会遇到非常多的风险，这些风险我们称之为营销风险。营销风险指的是企业在开展市场营销活动的时候，因为各种事先无法预料的不确定因素带来的影响就使得企业营销的实际收益跟预期收益发生一定的偏差。从而有蒙受损失的机会或是可能性。然而在企业所遇到的营销风险之中，营销战略风险是特别重要的。营销战略风险是指企业在确定目标市场并制定相应营销组合时所面临的风险，它也就是企业面临的主要营销风险。

实际上企业的营销战略是企业成功营销计划的核心，决定并且控制市场营销行动计划。与此相对应，营销战略的风险在整个营销风险中也处于核心地位，所以与其他营销风险的特点相比，营销战略风险有不同的特点。

1. 营销战略风险的核心性。

营销战略的核心性就决定了营销战略风险在所有的营销风险中处于核心地位对企业的市场营销活动影响最大。所以，首先就应该对营销战略风险进行防范以及控制。

2. 营销战略风险的难以衡量性。

营销战略的宏观性决定了营销战略风险在一定程度上很难用具体的定量指标进行衡量。有的时候就只能用比较宏观的定性指标来进行衡量。

3. 营销战略风险的复杂性。

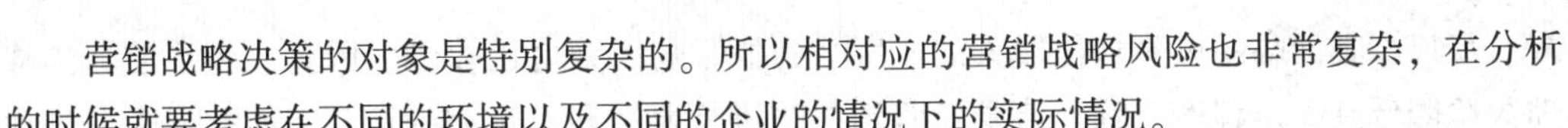

营销战略决策的对象是特别复杂的。所以相对应的营销战略风险也非常复杂，在分析的时候就要考虑在不同的环境以及不同的企业的情况下的实际情况。

（二）营销战略风险的防范与控制

因为营销战略风险对企业的营销活动产生了非常大的影响，所以，为了能够保证企业市场营销活动的顺利进行，就应该去采取一定的措施来防范以及控制营销战略风险。

1. 建立营销风险预警机制，防范风险的发生。

由于营销风险的客观性的特点，因此企业就只能在有限的条件下尽可能的防范营销风险的发生，降低风险的发生概率，减少损失程度。所以，应该要建立有效的营销风险预警机制，防范风险的发生。营销风险预警机制指的其实就是根据环境的变化情况对营销活动进行预测分析，而且针对性地采取措施，构建有效的应对及防御体系。

（1）分析识别环境中存在的营销风险。企业在建立营销风险预警机制的时候首先就要不断的识别市场营销环境，而且根据环境的变化分析出环境带来的风险，依据风险的来源分析这样的风险是否能够分散风险，能否通过营销组合来分散。然而在营销风险预警机制当中强调比较多的风险是不可以分散的风险，就比如说政策风险、法律风险等等。由于这一类风险对企业的营销活动影响是最大的，企业就只可以根据预测和实际相结合的方式来尽量的降低这类风险的发生概率，而不能完全避免其发生。

（2）分析现实的营销案例。积累经验、吸取教训。在预警机制当中应该还要分析以往成功的案例以及失败的案例，虽然营销上的成功案例可能没有办法完全的复制，可是其在很大程度上有一定的借鉴作用而对于失败案例的研究特别的重要，这样就可以使企业对营销风险有很强的意识，提高企业的风险防范能力。因此对企业来说放眼未来的同时还要重视过去，如此一来，营销战略风险就可能会在一定程度上得以降低。

2. 使用合适的风险衡量系统，控制营销战略风险的范围。

虽然企业能够采取措施尽量的防范营销战略风险的发生，可是只要有营销活动，就会出现营销战略风险。所以．当营销战略风险不可以去避免地出现时应该根据一定的指标对风险的大小来进行衡量，针对得出的结果来对风险进行控制。所以，企业在建立营销战略风险衡量系统是能够根据企业的实际情况来确定的，一般就是以定性指标为主的，辅之以少量的定量指标。

3. 进行市场营销审计，防止营销战略风险的扩大。

市场营销审计就是对一个企业市场营销环境、目标、战略、组织、方法、程序以及业务等进行综合的、系统的、独立的以及定期性的核查。以便确定困难所在和各项机会，并且提出行动计划的建议，改进市场营销管理效果。对企业的营销战略进行审计的主要目的就是为了能够分析确定企业的营销战略的正确性程度，然后再根据分析的情况来决定是不是要对营销战略进行改变。

（1）建立市场营销审计系统。为了防止营销风险的扩大，企业就应该建立完善的市场营销审计系统。系统中就应该包含营销审计的内容，制度、时间、审计人员的要求等等。因为当前在我国还没有完善的规范的市场营销审计系统，所以企业就可以依据实际情况来确定系统的详细情况。

（2）定期和不定期审计相结合。因为营销战略主要确定的是企业的宏观的全局性的问题。所以，其面临的风险是比较大的，所受到的影响因素也比较多。因此．为了使营销战略风险降低到一定程度，就一定要对营销战略进行定期和不定期的审计，如此一来一方面能够防止营销战略风险的发生，同时还可以对已经发生的营销战略风险进行控制。

通过预警机制、风险系统、审计系统的使用，就可以在一定程度上对市场营销战略风险进行防范以及控制，可以使得市场营销活动和企业的目标尽可能的保持一致，使营销战略风险降低到最低程度。

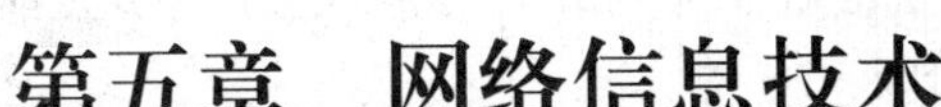

第五章 网络信息技术

第一节 网络商务信息的收集与整理

一、网络商务信息的概念和特点

从广义地方面来讲，信息是物质和能量在时间、空间上定性或定量的模型或其符号的集合。关于什么是信息，这个概念是非常广泛的，从不同的角度对信息能够得出不同的定义。在商务活动的过程中，信息通常指的是商业信息、情报、数据、密码、知识等。网络商务信息限定了商务信息传递的媒体和途径，只有通过计算机网络传递的商务信息。其中包括文字、数据、表格、图形、影像、声音还有内容等能够被人或计算机获得并且察知的符号系统，才属于网络商务信息的范畴。

相对于传统商务信息，网络商务信息具有以下显著的特点：

1. 时效性强

传统的商务信息，由于传统速度慢、传递渠道不畅，经常会出现“信息获得了但也失效了”的情况。网络商务信息则能够有效地避免这种情况。由于网络信息更新及时、传递速度快，所以只要信息收集者能够及时发现信息，就能够保证信息的时效性。

2. 保证准确性

网络信息的收集，基本上所有的信息都是通过搜索引擎找到信息发布源获得的。在这个过程中减少了信息传递的中间环节，这样就减少了信息的误传和更改，有效地保证了信息的准确性。

3. 便于存储

现在经济生活的信息量是特别大的，假如依然使用传统的信息载体把它们都存储起来，那么将是非常困难的，并且很不容易查找。对网络商务信息则可以方便地从互联网下载到自己的本地计算机上，通过计算机进行信息管理。而且，在互联网的网站上，也有相应的信息存储系统，自己的信息资料遗失后，还能够在原有的信息源之中再次查找。

4. 加工筛选难度大

虽然网络系统提供了非常多的检索方法，不过堆积如山的全球范围各行各业的信息，常常把企业营销人员淹没在信息的海洋或者信息垃圾之中。在如此广大的网络信息世界之中，迅速地找到自己所需要的信息，经过加工、筛选和整理，把反映商务活动本质的、有用的、适合本企业情况的信息提炼出来，还是需要很长一段时间的培训和经营积累的。

对于现代企业来说，假如把人才比作企业的支柱，信息则能够被看作是企业的生命，是企业一分一秒都没有办法离开的法宝。网络商务信息，不仅是企业进行网络营销决策和计划的基础，而且对企业的战略管理、市场研究以及新产品开发都有着非常重要的作用。

5. 网络商务信息的分级

不同的网络商务信息对不同用户的使用价值和效用也是有所不同的，从网络商务信息木身所具有的意义的信息。这类信息主要是一些信息服务商为了扩大本身的影响，从产生的社会效益上得到回报而推出的一些方便用户的信息，比如说线免费软件、实时股市信息等。

第二级是收取较低费用的信息，这些信息是通常情况下的普通类信息。由于这类信息的采集、加工、整理、更新相对都是容易的，花费比较少，是较为大众化的信息。这类信息只收取基本的服务费用，不追求利润，如一般性文章的全文检索信息。信息服务商推出这类信息一方面是为了体现社会普通服务的意义，另一方面也是为了提高市场的竞争力和占有率。

第三级是收取标准信息费的信息、是属于经济、知识类的信息，收费采用成本加利润的资费标准。这类信息的采集、加工、整理、更新等相对来说都比较复杂，需要花费一定的费用。同时信息的使用价值相对来说也较高，提供的服务层次较深。这类信息是信息服务商的主要服务范围。

第四级是优质优价的信息，这类信息是有极高使用价值的专用信息，如重要的市场走向分析、网络畅销商品的情况调查、新产品新技术等信息、专利技术以及其他独特的专门性的信息等，是信息库中成本费用最高的一类信息，可为用户提供更深层次的服务。一条高价值的信息一旦被用户采用，那么就会给企业带来比较不错盈利，给用户带来较大的收益。

二、网络商务信息的收集要求

网络商务信息收集是指在网络上对商务信息的搜索和调取工作，这是一种带有目的性、并且有一定步骤地从各个网络站点查找和获取信息的行为。一个完整的企业网络商务信息收集系统包括先进的网络检索设备、科学的信息收集方法和业务精通的网络信息检索员。

网络营销跟信息是分不开的。有效的网络商务信息一定要能够保证源源不断地提高适合于网络营销决策的信息。网络营销对网络商务信息收集的要求是及时性、准确性、适度性和经济性。

1. 及时性

所谓及时，顾名思义，也就是说迅速、灵敏地反映销售市场各方面的最新动态。信息都有着一定的时效性，其价值与时间成反比。及时性要求信息流与物流尽可能保持同步。

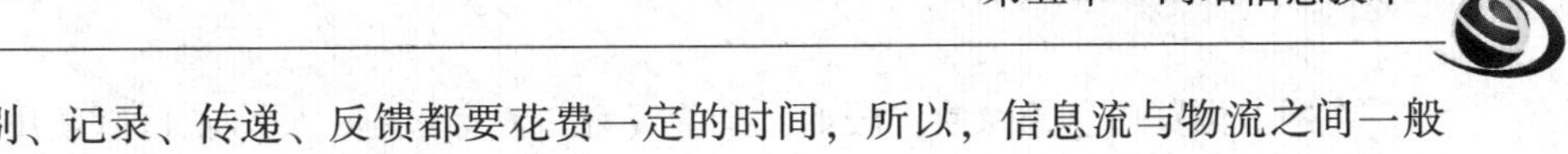

由于信息的识别、记录、传递、反馈都要花费一定的时间，所以，信息流与物流之间一般会存在时滞。尽可能地减少信息流滞后于物流的时间，提高时效性，是网络商务信息收集的主要目标之一。

2. 准确性

这里说的准确性，是指获得信息应该是翻译客观现实，保证真实性。在网络营销过程中，由于买卖双方没有办法见面，所以准确的信息就显得特别重要，准确的信息才可能带来正确的市场决策。信息失真，轻则会贻误商机，重则会造成重大的损失。信息的失真通常有三个方面的因素：一是信源提供的信息不准确、不完全；二是信息在编码、译码和传递过程中受到干扰；三是信宿（信箱）接收信息出现偏差。为监视网络商务信息的失真，一定要在上面那三个环节上提高管理水平。

3. 适度性

适度性指的是要提高信息要有针对性和目的性，不要空穴来风。没有信息，企业的营销活动就会完全处在一种盲目的状态之中。信息过多过滥也会导致使营销人员不知道该如何下手的局面。在现在这样一个信息的时代之中，信息量越来越大，范围越来越广，不同的管理层次又对信息提出完全不一样的要求。在这种情况下，网络商务信息的收集必须目标明确，方法恰当，信息收集的范围和数量要适度。

4. 经济性

这里的“经济”是指怎样以最低的费用获得必要的信息。追求经济效益指的是一切经济活动的中心，也是网络商务信息收集的原则。用户没有这方面的能力，也没有可能把网上所有的信息全部收集起来，信息的及时性、准确性和适度性全部都是建立在经济性的基础上的，除此之外，提供经济性，还要注意使所获得的信息发挥最大的效用。

5. 网络信息的整理

从互联网下载的信息，有时候会尤其的多，并且最初通常情况下都是没有章法的，甚至还有一些没有用的信息也会掺杂在其中。为了从中选出有用的信息并加以利用，就需要对这些信息进行加工整理。

6. 信息的储存

信息的储存就是把已经获取到的大量信息用适当的方法保存起来，为进一步的加工处理及正确地认识利用这些信息打下基础。从网上下载资料包括以下几种方法。

（1）下载全文

对需要保存的 HTML 文档，在【文件】菜单下选择【另存为】，把它保存在硬盘中。

（2）下载图像

如果想要保存的图片，那么就可以把光标置于图片上，点击鼠标右键，然后在弹出的工具栏中选择【保存图片】。在新出现的对话框中选择适当的文件夹作为图片的存放位置，就能够把图片保存下来了。

（3）下载并编辑

Internet explorer 等浏览器具备“页面编辑”的功能，提供 frontpage 或 word 方式下的编辑，能够对需要保存的文档进行编辑修改。

（4）摘取资料

在网上浏览信息的时候，假如对某些资料非常有兴趣，那么就可以使用 word 的编辑方法进行资料摘取。也就是说可以先选定摘取的文档内容，然后再用“复制”和“粘贴”操作，将选定内容复制到预先准备好的 word 文档或者写字板文档中。

信息的储存的方法主要是根据信息提取频率和数量来决定的，需要根据这些建立一套相应的信息库系统。信息库系统是由大小不等、相互联系的信息库组成的。信息库的容量越大，相应的信息储存也就越多，对决策帮助也会很大。不过，大容量信息库的缺点是提取和整理会相对麻烦一些，并且虽然有些信息库很大，但有些信息却从来没有被提取过，甚至已经没有办法提取，这样的信息就会成为死信息，浪费了信息库的空间，这样打的信息库反而不如小的优越。

7. 信息的整理

信息的整理是把获取和储存的信息条理化，并且使之有序化的工作，旨在提高信息的价值和提取效率，防止库中的信息滞留，发行所储存信息内部新的联系，为信息的加工做好准备。

收集到的和储存的信息通常情况下都是片段的、零散的，没有办法反映系统的全貌，甚至收集到的信息里面有时候还会有一些是过时的或者完全没有用处的信息。通过信息的合理分类、组合、整理，就可以使片面的信息转为全面的信息。这项工作一般分为下面几个步骤：

8. 明确信息来源

下载信息的时候，特别要注意把确切的网址记录下来，这样做是为了方便以后对资料的整理，对于重要的信息，一定要有准确的信息来源，如果缺少下载信息的来源，那么一定要重新检索补上。假如在资源检索的时候不注意记录网址，通常都会造成再次查询的困难。

9. 浏览信息，添加文件名

从互联网在线下载的信息，一般情况下都会沿用原有网站提供的默认文件名，而这些文件名很多情况下都会是由字母和数字组成的。所以有必要在文件下载后，重新将文件浏览一遍，并按照内容重新为文件命名。

10. 分类

从网上收集到信息以后，需要进行分类整理才能方便日后的查找和使用。

主要的分类方法如下。

把不同的类型文档存放在用不同的文件之中，在每个分类文件夹里面又可以创建子文件夹，分别存放于进一步分类的文档。这是用手工对信息进行分类的简单方法。例如，电子商务可以分为网络使用、网络营销、电子支付、物流配送等 4 个领域，按照这样 4 个领域，可以建立四个文件夹，我们把这四个文件夹叫做一级文件夹。在每个一级文件夹，如网络营销文件夹下，还可以设立若干个二级文件夹，包括基本理论、信息收集整理、信息发布、网络促销等。

11. 建立信息管理系统

在信息积累到一定数量的时候，使用人工的方式对信息进行分类，势必造成查找的困难和管理的混乱。这时，就需要使用数据库对信息进行有效的分类和管理，并配合以相应

的查询程序，方便对信息的查询和利用。

经过分类的资料可以按照它的分类进行保存，最简单的方法是把不同类型的资料分别存放在不同的文件夹之中。

12. 初步筛选

在浏览和分类过程中，对大量的信息有一个简单的筛选过程。完全没有用的信息应该及时的把它们删去。不过应当注意的是，有些信息，单独看起来好像没什么用，不过积累起来就有很大的价值。比如说市场销售趋势必定是在数据的长期积累和一定程度的整理后才能表现出来。还有一些信息是相互矛盾的，也需要注意。比方说，一家纸业公司的经理想了解新闻纸的市场行情，检索到的结果很可能会出现完全不同的两种情况，一类信息说新闻纸供大于求，而另一类则说新闻纸供不应求。这时候就应该把这些信息进行分类整理，然后进入到下一个加工处理环节。

13. 信息的加工处理

信息的加工处理指的是把各种有关信息进行比较分析，并且根据自己企业的目标为基本参照点，发挥的才智，根据所得信息进行综合设计，这样就能够得到新的信息产品，如市场调查报告、营销规划、销售决策、新的人事安排等。

信息加工的主要目的是为了进一步改变或改进企业的现实运行状况，使企业能够朝着目标状态运行。所以信息加工处理是一个信息在创造的过程，它不是停留在原有信息的水平上，而是通过信息收集整理人员的智慧，加工出能帮助人们了解和控制下一步计划的程序方法、模型等信息产品，并以方便检索的方式加以保存，比方说对于规范化的数据可使用关系数据库加以存储，这样以后进行加工和检索都会变得很方便。

三、网络商务信息的收集方法

收集网络商务信息的方法很多，下面一一进行介绍：

（一）利用搜索引擎收集

搜索引擎具有很高的实用价值。搜索引擎是 Internet 上进行信息资源搜索和定位的基本工具，它做到了帮助用户从成千上万个网站中快速有效地查询到所需要的信息的功能。只有通过搜索引擎的查询结果，用户才会知道信息所处的网上地点，然后通过点击该地点的链接获得相关的详细资料。对浏览者而言是如何掌握搜索引擎的使用方法查找所需要的信息；对营销企业而言却是怎样利用搜索引擎，让自己的企业的网站和产品被更多的浏览者发现。

（二）利用电子邮件收集

实践数据表明，在因特网上最经常使用的工具是电子邮件。

利用电子邮件收集商务信息的步骤

1. 获取客户的电子邮件地址。

只有获取了客户的电子邮件地址，才有可能通过电子邮件向客户发送信息，获得电子邮件地址是利用电子邮件收集商务信息的第一步，收集邮件地址的方法很多，常用的有：

（1）查阅企业所有客户的邮件地址。

（2）企业网站上建立留言簿供访问者留言和签名，以此方法获取访问者的的电子邮件地址。

（3）在网站上建立与产品或者服务内容相关联的讨论区，引起客户的兴趣，让他们参加讨论并留下电子邮件地址。

（4）通过专门的电子邮件地址服务商租用或者购买电子邮件地址。有很多专门的电子邮件地址服务商，企业可以根据喜爱自由选择与注册。

（5）通过专用的电子邮件地址收集软件，在特定的范围内收集电子邮件地址，这些软件可以帮助企业快速、有效地收集到大量的电子邮件地址，缺点是目标大，针对性不强。

2. 发送网上调查问卷，获取数据信息。

网上调查问卷可以直接根据传统的市场调查问卷形式制作。问卷可以由多组问题组成，回答的方式可以是选择，或是判断，在问题中要包括需用户输入信息的填空问题等题型，从此获得潜在客户的信息。问卷应清楚地写明企业的通讯地址和联系方式。

3. 通过电子邮件向各客户派发。

一般情况下，调查问卷可以通过电子邮件直接发送。只要写一封短信，将主要内容与目的告知客户，并附上调查问卷即可。

4. 在自己的信箱中接受客户反馈信息，通过对反馈信件的统计，计算问卷返回比例。

利用电子邮件收集商务信息有很多技巧，掌握这些技巧才能更好的发挥商务信息的作用。利用电子邮件收集客户信息具有针对性强、费用低廉的特点。它可以针对具体某个人征集特定信息。并且，商务信息内容相对自由度高，受到的限制少（比如，包含有承认内容的站点的宣传以及其它网上广告形式宣传都会受到很多限制）。

5. 利用电子邮件发布商务信息时，主要有如下技巧：

（1）要做主动的一方。

主动收集方法就是想方设法让客户参与进来，如竞赛、评比、猜谜、网上特殊效果、优惠、售后服务、促销等。有这种方式来有意识地营造网上客户群，用 E-mail 维系与他们的关系。

（2）要有针对性的定位。

发送电子邮件要注意受众对象，如果滥发信件，一是影响实际效果，二是会被当作垃圾邮件，可能会产生相反的效果。因此在发送电子邮件时，首先要对受众进行分析，主要针对潜在客户进行发送。

（3）发送要有周期性。

发送电子邮件也要根据内容注意发送周期，如果发送的是相关新闻信息，周期不易过长，但如果是一般信息就不宜过于频繁，否则可能订户刚开始很感兴趣，后来变成一种负担了。信息的内容要有精品意识，这样即使将信件传送给了错误的对象，对方也容易理解并且接受这样的邮件。

（4）要掌握管理技巧。使用电子邮件收集信息，应注意整理各种以这种方式收集到的邮件地址。这是针对地发送邮件的前提。

6. 使用电子邮件收集商务信息要注意以下事项：

（1）不可滥发邮件，以免造成客户过度反感。

（2）不可隐藏发件人姓名，避免让客户产生不安感。

（3）邮件内容要简洁，避免繁杂的内容引起客户的不耐烦。

（4）避免邮件内容采用附件形式。

（三）利用 BBS 收集

公告栏（BBS）就是在网上提供一个公开的“平台”，只要愿意，所有人都可以在那里发表留言、提出问题、回答问题或者发表意见，也可以查看他人的留言和评论，公告栏将大家聚在一起，进行公开的讨论，参与者有权随意参加也可以随意离开。

利用 BBS 收集信息的步骤一般为：选择某一 BBS 网站，登陆该 BBS 网站，注册成为会员，以会员身份登陆后，便可以浏览相关论坛上的帖子并收集有兴趣的信息。

目前许多 ICP 都提供免费的公告栏，通过申请即可使用。公告栏软件系统有两大类，一类是基于 Talnet 的文字方式，为一类查看浏览的功能不强，比较费精力，在早期用的人比较多；另一类是目前居多的基于 Web 方式，它是通过 Web 页加上程序（如 JavaScript）实现的，这种方式界面有人性化的设置，简单好用，因此受到追捧，使用方法如同浏览 Web 网页。

（四）利用新闻组收集

1. 新闻组的来源

新闻组（Usenet 或 Newsgroup）源于美国北卡罗莱纳州，于 1980 年由两个学生创建，最初是用于公布通知和新闻，后来经过演变，成为了一种讨论组。新闻组是互联网上十分重要而又极有吸引力的资源。在互联网上，分布着许多新闻组服务器，他们有公司、组织或个人负责维护，一般情况下，这些资源都向所有用户免费开放。每个服务器上都有无数个新闻组，每个新闻组都设置着一个专门的主题。

在每个新闻组中，网友们就所关心的话题进行讨论、提问或解答。由于知名新闻组都常有高水平的网页参加，新闻组往往能够提供高质量的信息服务。

Internet 服务提供商需要为用户提供与一个或多个新闻组服务器的连接，才能实现在 Outlook Express 中使用新闻组。在 Outlook Express 中为每台需要的服务器开设了帐户后，就可以在新闻组服务器上的新闻组中进行阅读或张贴邮件操作了。

新闻组的分类和命名规则。Usenet 建立了一套命名规则帮助人们更快地寻找有兴趣的专题讨论小组，便于参与其中。这套命名规则第一部分（名称中最左边的部分）确定专题小组所属的大类，称为顶级类别，现有的大概有十个类别，详见下表：

表 5.1-1　　新闻组的分类和命名规则一览表

新闻组	顶级类别	新闻组	顶级类别
biz	商业类	sci	科学类
comp	计算机类	soc	社会、文化、宗教类
news	网络新闻类	talk	辩论类
rec	娱乐类	misc	杂类
usenet	本身	alt	可供选择的类别

从正规角度看，表中的“alt”所讨论的内容不如其他类别。“alt”类别中的专题小组通常能接受较为过激的评论，与激进的社会团体有些相似之处。名称的第二部分（中间部分）代表顶级类别中的不同主题。例如：sci. biology 表示在科学类中的 biology（生物学）主题。comp. os 则表示计算机大类中的操作系统主题。

2. 订阅、阅读及回复新闻组的方法

Outlook Express 是处理新闻组的基本工具。对于网络营销人员来说，了解 Outlook Express 的配置、使用非常关键。这里只对如何利用 Outlook Express 阅读和回复新闻做简单地介绍。

要实现订阅和浏览新闻组上的新闻的目的，首先要在 Outlook Express 中添加新闻组账户，并从该新闻组上将所订阅的新闻帖子下载到本地，这样才能实现浏览和回复的操作。

知道要链接的新闻组服务器名称或地址，才能添加新闻组账户，必要时还需要知道账户名和密码。新闻组服务器名可以通过“百度”等搜索网站获得，但由于各新闻组网站的 IP 地址变更或其它原因，以前有效的新闻组服务器地址经过一段时间后，可能会失效，要特别注意这一点。下表表示的是在 Internet 上可以访问的几个常见的新闻组服务器。

表 5.1–2　　新闻组服务器名称、地址一览表

新闻组	服务器名称及网址	新闻组	服务器名称及网址
宁波新闻组	news. cnnb. net	微软新闻组	msnews. microsoft. com
新帆新闻组	news. newsfan. net	幽谷新闻组	hermitage. vicp. net
香港新闻组	news. newsgroup. com. hk	风中纸叶	fzhzhy. 3322. org
万千新闻组	202. 102. 170. 164	希网新闻组	news. cn99. com

以宁波新闻组为例，添加新闻组的基本操作如下：

（1）打开 Outlook，选择【工具】菜单中，单击【账户】选项，在【Internet 账户】对话框中，单击【添加】，选择【新闻】以打开【Internet 连接向导】，前两步与设置邮件账户方法一样，之后弹出【Internet News 服务器名】对话框如下图所示，在输入框中输入新闻组服务器名称后，单击【下一步】按扭。

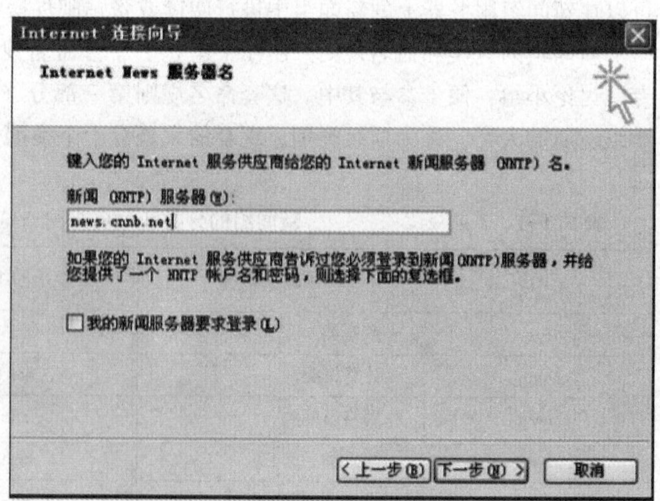

图 5.1–1　设置新闻组服务器名

(2) 新闻组服务器被添加到【Internet 账户】的【新闻】列表中，单击【关闭】按钮，根据系统提示确定下载新闻组，页面出现新闻组下载对话框，如下图所示，正在下载新闻组。

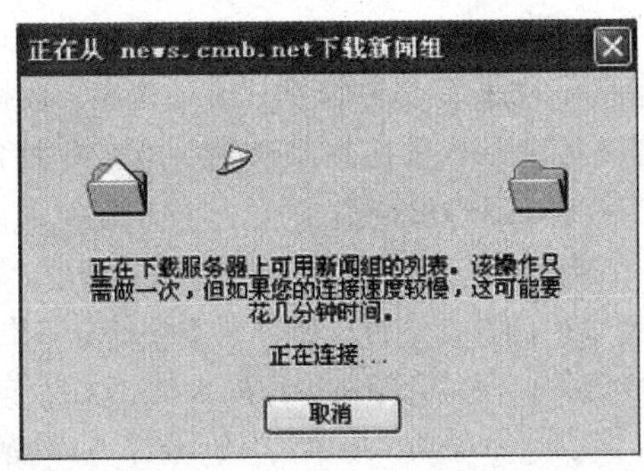

图 5.1–2　设置新闻组下载

第二节　网络商务信息的处理

一、商务信息的分类存储

通过对本内容的学习，要实现以下两个目标：

1. 了解信息存储介质、移动存储设备、数据库的相关知识。

2. 熟练掌握处理数据库中的数据的方法。

(一) 信息的分类存储

信息的存储就是为了把获得的大量信息用一定的方法储存到一个位置的过程。信息的收集与整理需要多次才能完成，因为有些信息在收集、加工处理完毕后并不能直接进行使用，需要储存下来，等待日后完善，也有一些有价值的信息在使用一次过后还有第二次、甚至第三次使用的价值，因此需要将这些信息保存起来。信息存储为信息进一步的加工处理、正确地认识和利用这些信息打下基础。

信息量的越多，一个安全的存储方法越重要。在存储信息时，要注意以下几个问题：

1. 存储的资料要真实可靠，并且是安全的。对各种自然、技术及社会因素可能造成的资料毁坏或丢失，都必须有相应的应对和防范措施。

2. 存储空间都是有限的，因此要节约存储空间。计算机存储要采用科学的编码体系，缩短相同信息所需的代码，不浪费存储空间。

3. 信息存储必须满足存取便捷、可靠需要，否则就会在利用信息时，产生麻烦。计算机存储应对数据进行科学、合理的组织，要按照信息本身和它们之间的逻辑关系进行存储。

(二) 数据整理和分析

数据库是在电子计算机的外存储器上，按一定组织方式存储在一起的，相互有关具有最小冗余度和可共享的、具有较高独立性的、能保证安全和完整的数据集合。数据库系统是用于组织和存取大宗数据的管理系统，它是有关电子计算机系统（硬件与基本软件）、数据库及其描述机构、数据库管理、用户及其应用程序、数据库管理员等几方面组成的总体。数据库管理系统是一组软件，它具有数据库定义功能、数据库管理功能、通信功能，通常由数据描述语言及其编译程序、数据操纵语言及其编译程序、数据库管理例行程序等三部分组成。关系型数据库管理系统是当前应用最普遍，有较好性能的数据库，比如 SYS-TEMR、DBASE、ORACLE SQL/DS 和 DB2 等。

有大量的信息存储在数据库中，在使用时一般要分类整理，以便在使用时一目了然，快速找到相应的信息。对整理后的数据进行分析，从中可以总结出一定的结论。

此处以 SQL Server2000 为例，简单介绍数据库处理的相关操作步骤：

1. 执行“开始”→“程序”→“Microsoft SQL Server”→“企业管理器”。企业管理器将所有 SQL Server 对象展现在一个分层结构的控制台树中，依照“数据库服务器组”→“数据库服务器”→“数据库”→“数据库对象”的层次结构组织对象并进行管理。

2 打开服务器，选择所用服务器。

3. 展开“数据库”文件夹，选择所需要的数据库。

4. 单击“表”，该数据库所有的数据表会在右侧列出。

5. 在右侧列表中选择所需要的数据表，右击鼠标后执行“打开表”→“返回所有行”操作，该数据表的内容即可显示出来。

（三）对数据进行操作

1. 信息查询。

操作步骤如下：

（1）打开数据表，单击数据表工具栏中的 SQL 按钮，打开窗口，上部分为 SQL 命令输入窗口，下部分为结果集显示窗口。

（2）输入 Select 语句，进行信息查询，然后单击工具栏中的“运行”按钮，在结果集窗口会显示出符合搜索条件的记录。

2. 进行信息修改。

操作步骤如下：

（1）打开数据表，单击数据表工具栏中的 SQL 按钮，打开窗口。再单击工具栏中的更改查询类型按钮，在右下角弹出的操作选项中点击“更新”按钮，此时 SQL 命令输入窗口变为 Update 语句。

（2）输入 SQL 语句进入修改功能，将信息更改后单击工具栏中的“运行”按钮，则弹出提示框，提示记录已修改。

3. 进行信息添加。

操作步骤如下：

（1）打开数据表，单击数据表工具栏中的 SQL 按钮，打开窗口，单击工具栏中的更改查询信息类型按钮，在右下角弹出的操作选项中点击“插入到”按钮，此时 SQL 命令输入窗口变为 Insert into 语句。

（2）输入 SQL 语句进入添加记录的功能，添加信息后单击工具栏的“运行”按钮，则

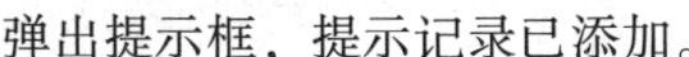

弹出提示框，提示记录已添加。

4. 进行信息删除。

操作步骤如下：

（1）打开数据表，单击数据表工具栏中的 SQL 按钮，打开窗口。再单击工具栏中的更改查询类型按钮，在右下角弹出的操作选项中点出“删除”按钮，此时 SQL 命令输入窗口变为 Delete 语句。

（2）输入 SQL 语句实现删除记录的功能，删除新添加的信息，单击工具栏的“运行”按钮，则弹出提示框，提示记录已删除。

（四）信息存储的介质

人们对数字化信息存储有高存储密度、高数据传输率、高存储寿命、高擦写次数、低成本的要求，因此数字化信息存储有专门的方式：

（1）硬盘介质存储。在速度方面硬盘无疑是存取速度最快的，但是与其他存储技术相比，硬盘存储所需费用是最贵的。

（2）光学介质存储。主要包括 CD-ROM、WORM、可擦写光盘等方式。光学存储设备的特点是它具有可持久地存储性和方便携带。相较于硬盘存储，，光盘更具有经济适用性，但是其所需的访问时间比硬盘要长，且容量相对较小，虽然保存的持久性较长，但相对整体可靠较低。

（3）磁介质存储。磁带存储是一种安全、可靠、使用简单且相对投资较小的存储方式。同时，磁带和光碟一样携带方便，磁存储密度的提高对磁介质材料的发展与改进有很强的依赖性。

（五）移动存储设备

1. 移动存储设备的特点

移动存储设备，简称 PSD 设备。随着网络技术的飞速发展、多媒体市场的迅速扩张、CPU 的集成度加速度提高，移动存储器也有了快速的更新与发展。

移动存储设备具有本身的特点和优势，其最大的优势就在于，不管是磁介质还是光介质，从易保存性的角度分析，所有的移动存储介质由于技术方面的原因，与普通的有磁盘相比，受到外界的影响要小得多。

特点是光介质，只要不受物理性的损坏，从保存数据的理论上讲，数百年都不会受到影响；从经济适用性的角度分析，由于移动存储器的磁介质具有较大的存储容量，按成本计，可以让标准存储的单位费用得到大幅度的降低，而光介质又具备低成本的优势；从易用性的角度来分析，所有的移动存储设备都具有容易安装、携带方便、存储量大的特点，用户所要做的只是在原有的设备基础和软件环境方面再添加一个驱动程序，有的甚至连驱动程序都可以不再增加，比安装任何 PC 附件的操作还要容易。

2. 移动存储设备的分类

目前，市场上的移动存储设备类型和品牌较多，按不同的分类标准可以进行不同的分类。按照介质划分，可以将其分为 4 个大类。

（1）使用磁介质的产品，包括大容量特殊软驱、移动硬盘。

（2）使用光存储技术的产品，包括 CD-R/M、DVDRAM、DVD-R/M。

（3）使用光磁技术的产品，其中有 MO、PD。

（4）使用特殊存储技术的产品，包括 CLIK、CF/2 卡等。

按照容量区别，可以将其分为 3 大类。

（1）小容量存储设备，一般容量小于 250MB。

（2）中等容量存储设备，其容量一般在 2GB 以内，主要包括 CD-R/M、MO、PD 等。

（3）大容量存储设备，容量超过 2GB，有 DVDRAM、DVD-RW、移动硬盘等。

二、网络商务信息发布

网络商务信息不但是企业进行网络营销决策和计划的基础，而且对于企业的战略管理市场研究以及新产品的推广都起着非常重要的作用。

新闻组简单地说就是一个基于网络的计算机组合，这些计算机被称为新闻服务器，不同的用户可通过一些软件连接到新闻服务器上，阅读其上的信息并能够自由参与讨论。新闻组是一个完全交互式的超级电子论坛，是任何一个网络用户都能进行相互沟通的工具。

新闻组和 WWW、电子邮件、远程登录、文件传送同为互联网提供的重要服务内容之一。在国外，新闻组账号和上网账号、E-mail 账号一起并称为三大账号，足见其应用范围之广。但是，因为种种原因，在我国，新闻服务器数量较少，各种媒体对于新闻组的报道也不多，用户大多局限在一些资历较深的网民或高校校园内。

1. 新闻组应用了一些高效率的管理运行机制：

（1）用户每次利用新闻组客户端软件下载的都是新标题和新文章，除非用户指定，否则不会重复下载。

（2）从理论上讲，用户可以一次将新闻组服务器上的所有新闻组的全部标题和文章全部下载至本地硬盘，但这些信息量十分庞大，而且用于下载文章的时间会非常长。

（3）可以在同一时间内，分别进行访问新闻组和浏览主页、发送电子邮件、下载和 FTP 上传文件，相互之间没有干扰，这样可以最大限度地利用网络带宽，相对降低上网费用。

（4）切断网络连接后，用户可以在本地阅读、回复文章，在离线操作时，不用支付上网费用。

（5）新闻组客户端软件可以对各种新闻组信息进行有效的组织管理，便于用户查询、阅读、评论，让用户的信息处理效率得到提高。

（6）知名的新闻组服务器或新闻组栏目有丰富的页面设置，有认真负责的主持人进行管理，因此，可以提供稳定可靠的服务质量，与其他服务器定期动态交流，能够吸引众多网络用户积极参与，产生良性互动效应，从而使每个新闻组用户都能够得到高质量的网络信息服务，从这一方面足出看出，各层次互联网用户都对新闻组如此青睐的根本原因。

2. 新闻组具有以下的特点：

（1）信息量巨大。

（2）鲜明的主题。

（3）直接交互性。

（4）全球互联性。

3. 新闻组的命名规则是名称的第一部分确定专题小组所属的大类，称为顶级类别。

新闻组中常用的顶级类别主要有：

（1）alt（2）biz（3）comp（4）misc（5）news

（6）rec（7）sci（8）soc（9）talk

名称的第二部分表示顶级类别中的不同主题。

4. 在新闻组中发布信息的主要方式：

（1）选中某个组直接将信息公告发布出去。

（2）在某个组中单独挑选一个话题，以此引起预订的受众对象的注意力并参与其中。

（3）寻找一个与所要发布信息相关的话题讨论组，灵巧地插入，将自己要发布的信息有机地融入其中。

5. 新闻组中的网络礼仪：

（1）每个用户对自己的言论负有责任，不要在新闻讨论组中发表任何有关反动、损害国家利益的文章。

（2）不要发表有对他人进行或涉嫌侮辱、谩骂及人身攻击的文章。

（3）尽量不要在非专业商业信息发布的新闻组上发布纯商业信息。

（5）尽量不要同时向多个组发送同个压缩消息。

（6）不要发送垃圾信息。

第三节　搜索引擎信息收集

一、搜索引擎的分类

随着互联网的迅速发展、Web 信息大量增长，用户要在如汪洋一般的信息里查找到有用信息，真是非常困难的事，为了解决这一难题，搜索引擎技术应运而生，它有效地解决了这一难题。

搜索引擎（Search Engine）是在互联网中用搜索信息的程序，它是一类运行特殊程序、专用于帮助用户查询互联网上的 www 服务信息的 web 站点。搜索引擎以一定的策略在互联网中搜集、查找信息，对信息进行理解、组织和处理，向用户提供检索服务，从而起到为用户导航信息的作用。搜索引擎提供的导航服务已经成为互联网上十分重要的网络服务，搜索引擎站点也被赞誉成“网络门户”，可以说，离开搜索引擎，网络就没有了舵手。

目前互联网上存在着数以千计的搜索引擎，它们各有特点，但它们基本上都有信息查询系统、信息管理系统和信息检索系统三个部分组成。

搜索引擎的分类及特点

按信息搜集方法和服务提供方式的不同，可以将搜索引擎系统进行三种分类。

（一）目录索引搜索引擎

目录索引搜索引擎具有搜索功能，但是从严格意义上来说，它并不是真正的搜索引擎，它是以人工方式或半自动方式搜索信息，在编辑员确认信息之后，由人工做成信息摘要，并将信息放置在事先设置好的分类框架中，只是按目录分类的网站链接列表而已。这类信息太多直接面向网站，用户通过网站提供的目录浏览服务和直接检索服务，完全可以不用进行关键词（Keywords）查询，单靠分类目录也可以寻找到查询的信息。

这类搜索引擎因为加入了人工智能，因此提供了更准确，更有质量的信息，且因为有分类导航作用，查询速度更快，它的缺点是需要人工介入、维护量大、信息量少、信息更新不及时。

在互联网发展的初期，这类搜索引擎比较常见，如搜索引擎鼻祖 Yahoo，但随着网站和网上信息的爆炸性增长，和网络技术的进步，这类搜索引擎大多改变其表现形式。目前世界上最大的目录搜索引擎是 Open Directory Project（DMOZ）。

（二）全文搜索引擎

全文搜索引擎是真正意义上的搜索引擎，它们从互联网上的各个网站提取信息（以网页文字为主），按一定的规则置入数据库中，用户通过使用查询条件搜索数据库中相匹配的内容，然后按一定的排列顺序将结果返回给用户，因此是名副其实的搜索引擎。

这种搜索引擎通常由一个称为蜘蛛（Spider）的机器人程序以某种策略自动地在互联网中搜集和发现信息，由索引器搜集到的信息建立索引，由检索器根据用户的查询条件检索索引库，并向用户反馈查询到的结果，供用户选择和查询，其服务方式是面向网页的全文检索服务。

这类搜索引擎的优点是信息量大，且更新速度快，信息及时，且无需人工干预，但它也有自身的缺点，比如返回信息过多，无关的信息过多，造成用户选择困难，因为要从众多结果中筛选合适的信息，费时较多。这类搜索引擎的国外代表是 Google、Alta Visa、All The Web、Lycos；国内的代表有百度（Baidu）、Open Find、搜狗、中国搜索、爱问等。

（三）元搜索引擎

元搜索引擎在接收用户查询请求时，同时在其他多个引擎上进行搜索，并将查询结果向用户反馈。其实，这类搜索引擎通常没有独立的数据库，而是将用户的查询请求同时向多个搜索引擎提交，将返回的结果进行重复排除、重新排序等处理后，作为自己的结果返回给用户。服务方式为面向网页的全文检索。

这类搜索引擎的优点是返回结果的信息流更大、更全面，缺点是用户需要做更多的筛选，耗费时间长。这类搜索引擎的代表是 Infospace、Dogpile、Vivisimo 等，中国元搜索引擎中具有代表性的有搜星搜索引擎、优客搜索引擎。

常用的搜索引擎站点

2015 年，全球网络搜索总量达 662 亿次，Google（www. google. com）以 767 亿次位居所有搜索引擎的第一名（市场份额 62. 4%），Yahoo（www. yahoo. com）的搜索次数是 89 亿（市场份额 12. 8%），排列第二，百度（www. baidu. com）排列第三，其搜索次数为 80 亿（市场份额为 5. 2%）。

随着全球经济一体化的发展，大多数的搜索引擎都提供了多种语言的支持，包括中文支持。

在国内，用户使用较多的搜索引擎除了上述三大品牌外，还有搜狐公司的搜狗（www. sogou. com）、腾讯公司的搜搜（www. soso. com）、微软公司的必应（www. bing. com）

网易公司的有道（www. youdao. com）等，这些搜索引擎都有大量的拥趸。

二、搜索引擎的使用技巧

使用搜索引擎时，有很多技巧，可以提高信息搜索的速度。

查询关键字（Keyword）是用户在搜索引擎所提供的查询输入框界面中输入的、能够最大程度概述用户所要查找的信息内容的字、词、或句子的方法，这些输入的内容是信息的关键信息点，从这些关键字中，搜索引擎能更快更准地搜索到目标信息。可见，关键字是或能完整地表达用户的检索要求是非常重要的，在使用关键字时，不可忽视以下问题。

关键字是对检索主题的准确概括

通过词组或布尔运算符对检索范围加以适度的限制，防止检索范围过大，需要过渡的信息过多，影响查询速度与质量。

也不可输入过多的词组，防止因词组过多局限了检索范围，而检索不到相关的信息。在检索时要注意区分字母的大小写。

在可能的情况下，使用“截词检索”、“字段检索”和“位置检索”等方法可以提高检索效率和效果。

截词检索（Truncation）多为前方一致检索，也有的搜索引擎支持任意位置的通配符检索。截词符多采用通配符“ ”，它可以代表多个字符。所以，截词检索有时也称为通配符检索。比如，热点 代表热点新闻、热点话题、热点报道词组，Comput 代表 Computer，Computition 等单词。

字段检索（Field）是一种用于限定提问关键词在数据库记录中出现的区域，控制检索结果的相关性，提供检索效率的检索办法，多以字段限定方式实现。搜索引擎常用的字段有 Title/t、Subject、Text、Host、URL/u、Domain、Link 等。

位置检索时指运行指定二个单词之间间隔的单词数，其操作符多为“NEAR”。比如，“网络 NEAR 图书馆”，表示检索结果中“网络”与“图书馆”二词处于临近的位置。每个支持位置检索的搜索引擎对 NEAR 操作的字段间隔数有不同的设置，要注意区分，一些搜索引擎设置在 25 个单词之内。

各个搜索引擎对关键字输入有不同的要求，同时提供的功能也有不同，用户在使用不同的搜索引擎时，要查看使用说明，注意区分。

布尔运算符的运用方法一般在是单靠一个单词或词组，还不能完全表达检索的要求，这时候，就需要用到 AND、OR、NOT 三种布尔运算符来对关键字进行组合，这就是布尔运算符。出现这种情况的机率很高。

AND 表示前后两个词时“与”的逻辑关系。如关键字“美国 AND 华盛顿”将所有包含“美国”并且包含“华盛顿”的页面搜索出来。

OR 表示前后两个词是“或的”逻辑关系。如关键字“美国 OR 华盛顿”会将所有包含“美国”或包含“华盛顿”的页面搜索出来。

NOT 表示后面所跟的词是“非”的逻辑关系。如关键字“NOT 华盛顿”会将所有不包含“华盛顿”的页面搜索出来。需要特别强调的是，每个搜索引擎对布尔运算符的具体规定可能略有不同，用户在使用具体的搜索引擎时需要查看使用说明。下面以百度搜索引擎为例介绍相关技巧。

百度是中国的搜索引擎，它根植于博大精深的中国文化中，专注于做最优秀的中文搜索引擎。百度的蜘蛛侠（Baidu Spider）工作效率非常高，它每时每刻都会将触角延伸到互联网的各个角落，搜索并收录海量的信息。当一个用户听完一首 MP3 歌曲时，百度网页库就已经更新了 1，000，000 网页，也因此，百度拥有了目前世界上最大的中文信息库，总量超过 8 亿页以上。

使用百度搜索的技巧：

1. 在百度搜索框中输入股票代码、列车车次或者飞机航班号，用户就能直接获得您所需要的信息。例如，输入深发展的股票代码“000001”，搜索结果上方，显示深发展的股票实时行情。

2. 有些情况下，用户只知道某个词的发音，却不知道怎么写，或者某些词拼写太复杂，该怎样解决这些问题？百度拼音提示给出了解决的方法。用户只要输入查询词的汉语拼音，百度就能把最符合要求的对应汉字提示出来。它事实上是一个无比强大的拼音输入法。拼音提示显示在搜索结果上方。例如，输入“taozhe”，相应的汉字即可在网页上显示。

3. Windows 系统有自带的计算器功能，但是这个功能不强大，特别在处理一个复杂计算式时，很难操作。为了解决用户快速高效的计算要求，百度网页搜索内嵌了计算器功能，可以实现用户的要求。用户只需简单的在搜索框内输入计算式，点击回车即可。

4. 由于汉字输入法的局限性，我们在搜索时经常会输入一些错别字，导致搜索结果效果不好。这个问题可以得到解决，百度会给出错别字纠正提示，错别字提示显示在搜索结果上方。比如：输入“唐醋排骨”，提示如下：您要找的是不是：糖醋排骨，这时用户就可以根据提示选择正确的搜索内容。

5. 很多有价值的资料，在互联网上并非是普通的网页，而是以 Word、PowerPoint、PDF 等格式存在，在这里，用户可以查找有用的资料。百度支持对 Office 文档（包括 Word、Excel、PowerPoint）、Adobe PDF 文档、RTF 文档进行了全文搜索。要搜索这类文档，操作方法很简单，只要在普通的查询词后面，加一个“filetype：”文档类型限定即可。“filetype：”后可以跟以下文件格式：DOC、XLS、PPT、PDF、RTF、ALL，其中，ALL 表示搜索所有这些文件类型。比如：查找张五常关于交易费用方面的经济学论文，输入“交易费用 张五常 filetype：doc”，点击结果标题，可以将该文档下载到本地电脑中，也可以点击标题后的“HTML 版”快速查看该文档的网页格式内容。用户也可以通过百度文档搜索（http：//file. baidu. com），直接使用专业文档搜索功能。

6. 百度有在线英汉互译词典，方便用户在需要翻译时使用。有需要查询的英语单词，可是要把一个汉字词语翻译成英语，就可以使用百度的这一功能。留意一下搜索框上方多出来的词典提示。如，搜索“monkey”，点击结果页上的“词典”链接，就可以得到高质量的翻译结果。百度的线上词典不但能翻译普通的英语单词、词组、汉字词语，甚至还能翻译常见的成语！

用户可以通过百度词典搜索界面（http：//dict. baidu. com），也可以直接使用英汉互译功能。

第六章　物流信息管理

第一节　物流信息收集与分析

一、收集物流基本作业信息

通过对本内容的学习要实现以下两个目标：

（1）掌握利用多种物流信息技术采集物流基本作业信息。

（2）掌握利用条码自动识别技术、无线射频技术、GPS 技术采集和跟踪物流信息。

（一）物流信息的基本概念

物流信息是反映物流各种活动内容的知识、资料、图像、数据、文件的总称。它是物流活动过程中各个环节生成的信息，一般是随着从生产到消费的物流活动的产生而产生的信息流，与物流过程中的运输、保管、装卸、包装等各种职能有机地结合在一起，是整个物流活动顺利完成必不可缺的环节。

（二）物流信息的分类方法

1. 按物流信息的来源不同分类。

根据物流信息的来源的不同，可以将物流信息划分为物流系统内信息和物系统外信息两个方面。

（1）物流系统内信息。

指伴随着物流活动而发生的信息，包括交通运输信息、仓库信息、装卸搬运信息、流通加工信息和配送信息。

（2）物流系统外信息。

指在物流活动以外发生的，但提供给活动使用的信息，包括生产信息、资金流信息、商流信息、消费信息与国内外政治、经济、文化等信息。

2. 按物流的功能不同分类。

根据物流的功能不同，可以将物流信息划分为计划信息、控制及作业信息、统计信息和支持信息等。

（1）计划信息。

指已当作目标确认但尚未实现的一类信息，如物流量计划、仓库吞吐量计划、与物流活动有关的国民经济计划、工农业产品产量计划、车皮计划等。这种信息具有更新速度慢和相对稳定性的特点。

（2）控制及作业信息。

指在物流活动过程中发生的信息，如物价、库存种类、库存量、在运量、运费、运输队工具状况、投资在建情况、港口舰艇的贸易货物到发情况等。这种信息具有动态性强、更新速度快和效性强的特点。

（3）统计信息。

指在物流活动结束后，对整个物流活动的一种归纳性、总结性、概括性的信息，如上年度、物流种类、运输工具使用量、月度发生的物流量、仓储量以及与物流有关的工农业产品产量和内外贸易等。这种信息具有恒定不变和较强的资料性的特点。

（4）支持信息。

指对物流计划、业务、操作有影响的文化、产品、科技、法律、教育等方面的信息，如物流人才需求、物流技术革新等信息。

3. 按信息层次分类。

根据管理层次划分，物流信息分为操作战略管理信息、战术管理信息、管理信息和知识管理信息。

（1）战略管理信息。

是企业高层管理决策者制定企业年经营目标、企业战略决策所需要的信息。如企业全年业绩综合报表、消费者收入动向和市场动态、国家有关政策法规等。

（2）战术管理信息。

是部门负责人制定局部和中期决策时所产生的信息。如月销售计划完成情况、库存费用和市场商情信息、单位产品的制造成本等。

（3）操作管理信息。

产生于操作管理层，反映和控制企业的日常生产和经营工作，如每天的产品质量指标、用户订货合同、供应厂商原材料信息等。这类信息通常具有信息量大、发生频率高等特点。

（4）知识管理信息。

是知识管理部门相关人员对于企业自己的知识进行收集、分类、存储和查询，并对这些知识进行研究和分析后产生的信息。如物流企业相关业务知识、专家决策知识、工人的技术和经验形成的信息等。

（三）物流信息的特点

物流信息具有以下的特点：

1. 庞大的信息量。

由于物流是一个大范围的活动，物流信息源也分布于一个大范围内，所以物流信息伴随着物流活动而大量产生，多品种少量生产、多频度小数量配送使库存、运输等物流活动

信息大量增加。

2. 快速的更新。

由于物流的各种作业活动频繁发生，物流信息的动态性增强，这就对物流信息的更新速度提出了新要求，即随着物流信息价值衰减速度的加快，信息的即时性增强。它不仅体现在物流信息的定期更新方面，甚至还要求物流信息具有实时在线更新功能。

3. 多样化的来源。

物流信息的来源多种多样，包括企业内部的物流信息、企业间的物流信息和物流活动中各环节的信息。随着企业间信息交换和共享的深入，信息来源会更加复杂多样。

（四）物流信息的采集和跟踪技术

1. 条码技术。

（1）条码基本概念。条码（Barcode）是由一组规则的、不同宽度的条和空组成的标记。“条”指对光反射率较低的部分，“空”指对光线反射率较高的部分，这些条和空组成的数据存储着一定的信息内容。

在实践运用中，条码符号被一种红外线或可见光源照译成模仿条码射，黑色的条吸收光，空则将光反射回扫描器中。扫描器将光波转中的条与空的电子脉冲，一个解码器用数学程序将电子脉冲译成一种二进制码，并将译码后的资料信息传到个人电脑、控制器或电脑主机中。通过数据库中已建立的条码与商品信息的对应关系，当把条码中含有的数据扫描到计算机上时，条码中的数据会被计算机上的应用程序进行转换操作和处理，将信息读取出来。

（2）条码编码规则。

1）条码都是唯一码，体现它的唯一性。是指商品项目与其标识代码一一对应，即一个商品项目只有一个代码，一个代码只标识同一商品项目。一旦建立了商品项目与代码的关系，这种关系就固定下来了。

2）无含义。无含义是指代码数字本身及其位置不表示商品的任何特定信息。商品编码是为了识别商品而采用的一种人为设置方式，而不是商品分类的方法。无含义使商品编码具有简单、灵活、可靠、充分利用容量、生命力强等优点，这种编码方式尤其适合于较大的商品系统。

3）永久性。按一定的方法为商品项目，代码一经分配，就不再更改，并且是终身的。即使商品停止、停止供应了，在一段时间内（有些国家规定为 3 年）也不得将该代码转给其他商品项目，而只能搁置。

（3）条码类型

1）商品条形码。这里主要介绍商品条形码中的 EAN 码。

EAN 代码为国际物品编码协会规定的国际通用商品代码格式。

EAN 条形码有标准牌的 EAN-13 码与 EAN-8 缩短码。标准 EAN-13 代码由 13 位数字构成，其结构为：P1 P2P3（前缀码）+M1M2M3M4（厂商代码）+I1I2I3I4I5（商品代码）+C（校验码），分别代表前缀码、厂家代码、商品代码和校验码。其中，P1～P3 是国际物品编码协会分配给其成员的标识代码，实际上就是国家或地区代码，如我国大陆为“690”，香港特别行政区为“489”。M1～M4 为厂商代码，由位阿拉伯数字组成。我国的厂商代码是由中国物品编码中心来分配的。I1～I5 为商品项目代码，由 5 位阿拉伯数字构成，用以标识具体的商品项目，即相同价格和包装的同一种商品。“C”为校验码，由一位阿拉伯数字组成，用以校验编码的正误，以提高条码的可靠性。EAN 条形码的编码原则有很大不同。

2）物流条形码。物流条形码是在物流过程中的以商品为对象、以集合包装为单位使用的条形码。它是用在商品装卸、仓储、运输和配送过程中的识别商品符号，通常印在包装外箱上，用来识别商品种类及数量，亦可用于仓储批发销售现场的扫描结帐。物流条形码的编码标准包括 14 位标准码与此同 16 位扩大码两种，若以重量计算的商品还可追加 6 位加长码。

① DUN—14 码由 14 位数字组成，除第 1 位数字外，其余 13 位数字代表的意思与商品条码相同。物流条形码第 1 位表示物流识别代码，如物流识别代码中的“1”代表集合包装容器 6 件商品，“2”表示装 12 件商品等。

② DUN—16 码是 DUN-14 的扩大码，它在 DUN-14 码的基础上，在第 1 位上增加了 1 位校验码，并将物流识别增加至 2 位。

③ 加长码是在用标准码或扩大码不足以表达商品时，另外由 6 位加长码来补足。

3）EAN-128 码。商品条形码与物流条形码都有属于不携带信息的标识码，在物流配送过程中，如果需要将生产日期、有效日期、运输包装序号、重量、体积、尺寸、送出地址、送达地址等重要信息条形码化，以便扫描输入，这时可使用 EAN-128 码。EAN-128 码可携带大量的信息，它是根据 EAN/UCC-128 码定义标准将数据转变成条形码符号，为识别所携带信息的意义，采用不同的应用识别码。编码时，应用识别码定义其后码的意义，而信息则是固定或可变长度的数字。

（4）条形码读取设备。常用的条形码的读取设备是扫描器，扫描器作为阅读器的输入装置发展较快，总上可分为接触式、非接触式、手持式和固定式扫描器等。

2. 无线射频（RF）技术

无线射（RF）技术是利用无线电波对记录媒体进行读写的一种识别技术。典型的 RF 系统由电子标签、读写器以及数据交换、管理系统组成。

电子标签也称射频卡，是具有发射、接收无线信号并带有 EEPROM 的小芯片。它具有智能读写及加密通信的能力，条码技术中标准制的号码或者混合编码都可以存储在标签中。读写器由无线收发模块、天线、控制模块及接口电路等组成。其基本功能是提供与标签进行数据传输的途径，标签上的信息按照一定的结构编制并依照一定的次序向外发送，读写器将信息接收和译解后，通过特定的算法决定是否需要发射机重发或停止发信号。经过这样的操作，即使在很短的时间、很小的空间读内对多个标签进行读取，也可以实现，而且可以有效地防止错误产生。

RF 系统有四种分类。

（1）电子门禁系统。

（2）PDT。

（3）固定式 RF 读写器。

（4）定位系统。

3. GPS 技术

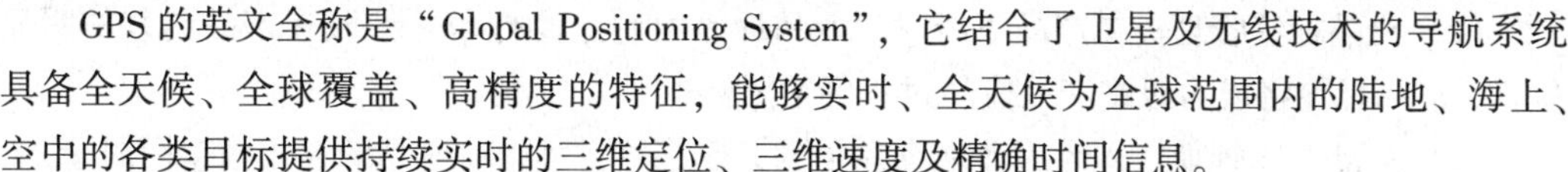

GPS的英文全称是“Global Positioning System”，它结合了卫星及无线技术的导航系统具备全天候、全球覆盖、高精度的特征，能够实时、全天候为全球范围内的陆地、海上、空中的各类目标提供持续实时的三维定位、三维速度及精确时间信息。

它的功能主要表现在以下几个方面：

（1）对车辆、船舶实现跟踪功能。

（2）传递和查询信息。

（3）利用GPS及时报警。

（4）支持管理。

（五）利用多种物流信息技术采集物流作业基本信息

1. 零售业物流作业基本信息收集和跟踪。

（1）销售作业。利用销售信息系统（POS系统），在商品上贴上条码就能快速、准确地利用计算机进行销售和配送管理。其操作流程是：对销售商品进行结算时，通过光电扫描读取并将信息输入计算机，再将其输进收款机，收款后开出收据，同时通过计算机掌握进、销、存的数据。

（2）订货作业。在零售商店的货架上每种商品陈列处都贴有价格卡，其主要有两个方面的用途：一是向顾客告知商品价格；二是可按要求所注的订货点，计算商品所剩的陈列量是否低于设定的订货点，若需订货，即以手持式条形码扫描器读取价格卡上的商品条形码，就可以将商品货号进行自动输入。

（3）配送中心的进货验收作业。商品按箱入库时，其包装上有条形码，放在输送带上经过固定式条形码扫描器的自动识别，可按接收指令传送到存放位置附近。对整个托盘进货的商品，叉车驾驶员用手持式条形码扫描器扫描外包装箱上的条形码标签，利用计算机与射频通信系统，可将存入指令下载到叉车的终端机上。

（4）补货作业。商品在入库检验后，进入保管区，需适时、适量地补货到拣货区。当商品移动到位时，以手持式条形码扫描器读取商品条形码和储位条形码，由计算机核对是否正确，从而保证补货作业的正确操作。

（5）拣货作业。有两种方式可以用来拣货：一种是按客户需求进行摘取式拣货；另一种是先将所有客户对各商品的订货汇总，一次拣出，再按客户需求分配各商品量，即整批拣取，二次分拣，又称为播种式拣货作业，在拣取后用条形码扫描器读取刚拣取商品上的条形码，即可确认拣货的正确性；对于播种式拣货作业，当商品在输送带上移动时，由固定式条形码扫描判别商品货号，并将移动路线和位置指示出来。

（6）仓储配送作业。商品的自动辨识方法可以采用磁卡、IC卡等方式实现，但对于物流仓储配送作业而言，由于大多数的储存货品都备有条码，所以用条码做自动识别与资料收集是最便宜最方便的方式。商品条形码上的资料经条码读取设备读取后，可迅速、准确、简单地将商品资料自动输入，从而实现自动化登录、控制、传递、沟通信息的目标。

2. 制造业物流作业基本信息收集和跟踪

（1）生产线上的产品跟踪。首先由商品中心下达生产任务单，任务单跟随相应的产品进行流动。需要在每一生产环节之前，用生产线终端扫描任务单上的条码，输入产品信息，并更改数据库中的产品状态。最后产品下线包装时，打印并粘贴产品的客户信息条码。

（2）产品标签管理。在产品下线时，产品标签由制造商打印并粘贴在产品包装的明显位置，产品标签将成为跟踪产品流转过程的重要标志。

（3）产品入库管理。入库时读取商品上的条码标签，可以将商品的存放信息同时录入，将商品的特性信息及存放信息一同存入数据库。存储时进行检查，看是否重复录入。通过条码传递信息，有效地避免了人工录入的失误，实现了数据的快速录入和无损传递。

（4）产品出库管理。根据商务中心产生的提货单或配送单，选择相应的产品出库。为方便出库备货，可根据产品的特征进行组合查询，可打印查询结果或生成可用于移动终端的数据文件。在商品从仓库中出库时，对商品上的条码进行扫描，对出库商品的信息进行确认，同时更改其库存状态。

（5）仓库内部管理。条码给库存管理带来了极大的好处，在库存管理中，一方面，条码可用于存货盘点，通过手持无线终端，收集盘点商品信息，然后将收集到的信息由计算机进行集中处理，从而形成盘点报告；另一方面，在出库备货中，条码也有非常重要的作用。

（6）货物配送。配送前将配送商品资料和客户订单资料下载到移动终端中，到达配送客户后，打开移动终端，调出客户相应的订单，然后根据订单情况挑选货物并验证其条码标签，在为一个客户配送完成，并进行确认后，移动终端会对配送情况进行自动校验，并做出相应的提示。

（7）保修维护。维修人员使用条码识读器识读客户信息条码标签，确认商品的资料。维修结束后，将维修状态及相关信息录入系统，加强对商品的维修管理。

3. 运输业物流作业基本信息收集和跟踪

汽车运输、铁路运输、航空运输等行业存在着货物的分拣搬运问题，应用物流条码技术可包裹或货物自动分拣到不同的运输机上，只需将预先打印好的条码标签贴在发送的物品上，只要把一台条码扫描枪安装在每一个分拣点即可完成操作。

（1）收货。典型的分拣搬运作业从收货开始。送货卡车到达后，叉车司机在卸车的时候用手持式扫描器识别所卸的货物，条码信息通过无线数据通信技术传给计算机，计算机向叉车司机发出作业指令，在叉车的移动式终端上进行显示。

（2）入库。在收货站台和仓库之间一般都有运输系统，叉车把货物搬到输送机上后，输送机上的固定式扫描器识别到货物上的条码，计算机确定该货物的存放位置，输送机沿线的转载装置根据计算机的指令把货物转载到指定的巷道内。然后由巷道堆垛机把货物送到指定的库位。

（3）出库。巷道堆垛机取出指定的托盘，由运输机系统送到出库台，再由叉车到出库台取货。首先用手持式扫描器识别货物上的条码，计算机向叉车司机发出作业指令，或者为拣货区补充货源。

拣货员用手持式扫描器识别货物上的条码，经计算机确认正确后，在货架上显示出拣选的数量。拣出的货物放入货盘内，连同订单一起运到包装区。包装工人进行拣验和包装后，将实时打印

在包装箱上贴上包含着发运信息的条码，方便人员识别与机器读取。包装箱在通过分拣机时，根据扫描器识别的条码信息被自动拨到相应的发运线上。

（六）利用 GPS 技术收集和跟踪物流作业基本信息

GPS 是利用卫星星座、地面控制部分和信号接收机对对象进行动态定位的系统。

1. 在交通系统中应用 GPS 技术收集和跟踪信息

（1）用于交通工具跟踪。利用 GPS 和电子地图可以实时显示交通工具的实际位置，可对重要交通工具和货物进行跟踪运输。

（2）提供出行路线规划的导航。提供出行线路规划，包括自动线路规划和人工线路设计。

（3）提供查询信息的功能。查询资料可以用文字、语言及图像的形式显示，并在电子地图上显示其位置。

（4）起到指挥交通的作用。指挥中心可以监测区域内交通工具运行情况，对被监控交通工具进行合理管理。

（5）紧急情况下提供援助。通过 GPS 定位和监控管理系统可以对遇到险情工事发生事故的交通工具进行紧急援助。

2. 在物流系统中应用 GPS 技术收集和跟踪信息

（1）实时监控，在任意时刻通过发出指令查询运输工具所在的地理位置（经度、纬度、速度等信息），并在电子地图上直观地显示出来。物流作业中心通过系统的信息交换，可进一步掌握并控制整个运输作业的准确性（发车时间、卸货时间、返回时间等）。

（2）动态高度。物流企业高度人员利用 GPS 系统可在任意时刻通过高度中心发出文字高度指令，并得到确认信息。可进行运输工具待命计划管理，操作人员通过在途信息的反馈，在运输工具未返回前即做好待命计划，可将运输任务提前下达，让人员提前准备，减少时间上的浪费，让运输工具的周转速度得到提高。

（3）运能管理。可将运输工具的运能信息、维修记录信息、运行状况信息、驾驶人员信息、运输工具的在途信息等多种信息提供给调度部门决策，以提高装车率，减少空载时间和距离，充分利用运输工具的运能。

（4）服务客户。可进行服务质量跟踪，在中心设立服务器，上传运输工具有关信息（运行状况、在途信息、运能信息、位置信息等用户关心的信息），让有该权限的用户能异地方便地获取自己需要的信息。而且，还可对客户索取的信息中的位置信息用相对应的地图传送过去，并将运输工具的历史潮流轨迹印在上面，增加信息的形象化与直观性。

二、制订配送方案

（一）配送的合理化运作

1. 判断配送合理化的标志。

判断配送是否合理化的标准，是配送决策系统的重要内容，目前国内外尚无一定的技术经济指标体系和判断方法，按一般认识，可以将以下的若干标志纳入。

（1）库存标志。库存是判断配送是否合理的一个重要标志。具体指标有以下两方面：库存总量和库存周转速度。

（2）资金标志．实行配送应有利于资金占用降低及资金运用的科学化。可以按照资金总量、资金周转速度和资金投向的改变进行判断，它们是判断的标志。

（3）成本和效益标志。总效益、宏观效益、微观效益以及资源筹措成本都是判断配送是否合理化的重要标志。由于总效益及宏观效益难以用数值进行计量，在实际判断时，常以按国家政策进行经营，完成国家接收及配送企业用户的微观效益来判断。成本及效益合理化的衡量，还可以具体到储存、运输等具体配闭塞环节，让判断更为准确。

（4）供应保证标志。实行配送，各用户的最大担心是害怕供应保证程度降低，这是个心态问题，也是承担风险的实际问题。配送的重要一点是必须提高而不是降低对用户的供应保证能力，这才是对合理性的实现，一般从以下几个方面判断供应保证能力：

1）缺货次数

2）配送企业集中库存量

3）即时配送的能力及速度是用户出现特殊情况的特殊供应保障方式

4）有一点需要特别指出，配送企业的供应保障能力是一个科学的合理的概念，而不是无限的概念。

5）社会运力节约标志

（5）用户企业仓库、供应、进货人力物力节约标志。配送的重要观念是为客户提供服务，因此，无论是哪方面都要弄得合理化。

（6）物流合理化标志。可以从几方面判断：

1）是否降低了物流费用，

2）是否减少了物流损失，

3）是否发挥了各种物流方式的最佳效果，

4）是否加快了物流速度，

5）是否不增加实际的物流中转次数

6）是否采用了先进的技术手段

7）是否有效衔接了干线运输和末端运输

2. 配送合理化可采用的做法。

国内外推行配送合理化，主要采取了以下几个措施，可以参考实行：

（1）推行一定综合程度的专业化配送；

（2）推行加工配送；

（3）推行共同配送；

（4）推行即时配送；

（5）实行送取结合；

（6）推行准时配送系统。

（二）配送领域的技术应用

配送领域常用到的技术有以下几种：

1. 车辆集装技术。

2. 配送服务技术。

3. 车辆排程系统。

4. 节约法制定配送路线。

(三) 制定配送方案

制订配送方案的步骤如下：

1. 首先，拟订配送计划流程。

2. 其次，选择配送方法。配送方法有：

(1) 确定配货作业方法；

(2) 确定车辆配装方法；

(3) 确定配送路线。

3. 再次，分析配送成本。分析配送成本的方法有：

(1) 配送成本费用的构成；

(2) 配送成本费用的计算。

4. 最后，制定总的配送作业流程。

(1) 制定总的配送作业流程；

(2) 制定各子流程的作业流程。

三、物流软件

常用到的物流软件分别介绍如下：

(一) 电子订货系统 (EOS) 系统

EOS 是指企业间利用通信网络（WAN 或互联网）和终端设备以线连接方式进行订货作业和订货信息交换的系统。是使用非常广的一种电子订货系统。

1. 电子订单系统的构成：

电子订货系统包括订货系统、通讯网络系统和电脑接单系统。

2. 电子订货系统的分类。

按照电子订货系统的整体运行程序可以将电子订货系统分为：

(1) 企业内容的 EOS 系统。

(2) 零售商与批发商之间的 EOS 系统。

(3) 零售商、批发商、生产商之间的 EOS 系统。

3. 电子订货系统在企业物流管理的作用。

(1) 对于传统的订货方式，如上门订货、邮寄订货等，EOS 系统可以让从接到订单到发出订货的时间大大缩短，让商品订单的出错率降低，还可以缩短交货期，快速为客户送货，, EOS 系统可以节省人工费。

(2) 有利于减少企业的库存水平，提高企业库存管理效率，同时也能防止商品特别是畅销商品的缺货问题的产生。

(3) 对于生产厂家的批发商来说，通过分析零售商的商品订货信息，能快速而精确地对畅销商品和滞销商品进行区别，有利于企业调整商品生产和销售计划。

(4) 有利于提高企业物流信息系统的效率，使各个业务信息系统之间的数据交换更加快速和便捷，增长企业的经营信息。

(二) 销售时点信息系统 (POS 系统)

销售时点信息系统（又称 POS）是指通过自动读取设备（收银机）在销售商品时直接

读取商品销售信息（如商品名、单价、销售数量、销售时间、购买客户等），并通过通信网络和计算机系统送至有关部门进行分析加工以提高经营效率的系统。

1. POS 系统具有以下特点：

（1）友好的用户界面，可全面汉化，方便用户使用；

（2）理论上可以处理无限的数据量，所以管理大批量单品成为可能；

（3）容易进行二次开发，修改，扩充等操作，数据处理功能强大；

（4）是开放的系统，有相对独立的组件，因此维修相当容易；

（5）有很强的适应性，能够与多种设备相连接；

（6）由于采用联网结构，因此加强了系统的实时性；

（7）使电子币的实时转账成为可能。

2. POS 系统组成。

POS 系统由 POS 收款机和一些外部设备构成。POS 收款机是基于 PC-BASE，它应包含所有计算机标准接口，能够与多种设备相连接。

下面列举几种常见的外设：

（1）条码设备

（2）磁卡及磁卡阅读器

（3）IC 卡及 IC 卡阅读器

（4）电子秤和条码电子秤

（5）与银行联网的授权机

（6）内置通讯卡或设置 Modem

（三）物流运输企业的信息系统

随着客户需要的多样化和个性化发展，要求物流运输企业提供商提供高水准、差别化的物流服务。作为第三方物流的运输企业，经营效率的高低直接影响到整个供应链的经营效果，许多物流运输企业特别是大型物流运输企业从战略高度出发建立自己的战备信息系统，应用货物跟踪系统、运输车辆运行管理系统等物流信息管理系统，让企业的经营效率得到大幅度的提高。

1. 货物跟踪系统。

货物跟踪系统具体表现如下几个方面：

（1）当客户需要对货物现在的状态或是历史记录进行查询时，只要输入货物发票的号码，立即可以获取有关货物状态的信息。

（2）通过货物信息可以确认货物是否将在规定的时间内运送到客户所在地，能及时掌握货物的信息，提高客户服务水平。

（3）作为获得竞争优势的手段，提高物流运输效率，提供差别化服务。

（4）通过货物跟踪系统所得到的有关货物运输状态的信息，丰富供应链的信息分享资源，方便客户预先做好接货以及后续工作的准备。

2. 车辆运行管理系统。

在物流运输行业，由于作为提供物流运输服务手段的运输工具在从事物流运输业务过程中处于移动分散状态，与其他行业相比，在作业管理方面会有更大的难度。

按现在的技术水平发展，有两种车辆运行管理系统：

（1）一种是适用于城市范围内的应用MCA无线技术的车辆运行管理系统，

（2）另一种是适用于全国、全球范围的应用通信卫星、GPS技术和GIS技术的车辆运行系统。

但是，采用通信卫星和GIS技术的车辆运行系统在初期的投资很大，并且利用通信卫星进行通信联络有很高的成本。在技术发达的国家，目前也只在大型物流运输企业中运用了这些技术。

（四）社会物流基础设施关联信息系统

社会物流基础设施包括道路、铁路、机场、海关等硬件设施使用情况的信息系统，以及提高这些硬件设施使用效率的管理系统等软件。提供高效率的服务不但依靠物流企业自身的经营条件，而且取决于外部物流基础设施的状况和社会物流信息的交流。道路交通和通关信息处理两个方面的应用比较普遍的社会物流基础设施关联信息系统主要有：

1. 道路交通关联智能信息系统。

2. 港口海运信息管理系统。

3. 通关信息管理系统。

第二节　物流信息的应用

一、仓储管理

通过对本节内容的学习要完成以下目标：

1. 了解电子商务供应链和库存控制

2. 熟悉第三方物流和配送管理

3. 掌握电子商务配送操作过程和管理方法

（一）电子商务的供应链

电子商务是通过计算机网络技术的应用，以电子交易为手段完成金融、物品、服务、信息等价值的交换，能迅速而有效地进行各种商务活动的交易模式。随着科技的发展，电子商务的运用越来越广泛，越来越深入，进而对传统的供应链管理的理论与方法带来了前所未有的挑战。而把供应链管理与电子商务相结合的方法，产生了电子商务供应链管理这个新领域。

1. 供应链的定义。

供应链（Supply Chain）是指围绕核心企业，通过对信息流、物流、资金流的控制，从采购原材料开始，再到制成中间产品及最终产品，最后由销售网络把产品送到消费者手中的一个完整过程，在这个过程所涉及供应商、生产制造商、分销商、零售商直至最终用户，它们一起构成了一个供需网络。

2. 供应链管理（SCM）。

供应链管理（Supply Chain Management，缩写：SCM）是以同步化、集成化生产计划为指导，以各种技术特别是互联网技术为依托，围绕供应、生产作业、物流、满足需求来实施作业的。供应链管理的目的是为了获得高用户服务水平和低库存投资、低单位成本，并且寻求保持两个目标间的平衡，保持可持续发展。供应链管理主要涉及 4 个领域，包括供应、生产计划、物流、需求。

3. 电子商务的供应链。

随着信息通信技术的快速发展和互联网的广泛运用，电子商务的时代出现了，它们是电子商务时代的标志。电子商务客观上要求对物流实施供应链管理；同时，电子商务也为实施物流的供应链管理提供了适合的条件。电子商务和供应链管理的整合改变了传统的企业运作模式，对电子商务的发展起到了促进作用。

（1）供应链管理对电子商务的促进作用。

1）供应商（Supplier）管理。有利于企业精减供应商数量，减化订单流程成本及加快其循环速度，用少量的人员增加流程数目。

2）库存（Inventory）管理。缩短订单→运送→票据的循环周期，若企业伙伴有电子链接，可改变由传真及信件传送数据的方式，而改为迅捷的网络传送，企业也可追踪其文件以确保文件送达，从而增强审计能力，由此也可减少库存，增进库存流转，避免缺货的现象发生。

3）分配（Distribution）管理。电子应用能更有效地管理和利用资源，因为文件中有更加精准的数据信息。

4）渠道（Channel）管理。可以以最快的速度传送有关变更的经营情况的资讯，为企业伙伴提供产品、技术及价格信息。以往需要重复使用电话并耗费无数员工的工作时间来传递的信息，现在可以使用电子公告牌，使企业节省员工工作时间且确保信息的正确。

5）支付（Payment）管理。连接供应商，配送商选用电子付款方式可减少在书写中产生的失误，加快企业公告的发布速度，降低交易的成本，利于交易的完成。

（2）电子商务供应链管理的重点

1）准时制（Just In Time，JIT）。

准时制是指将必要的原材料、零部件以必要的数量在必要的时间内送到特定的生产线生产必要的产品，以达到零库存生产和降低物流成本的目标。

要实施准时制，首先供应链各企业必须建立自己的基础数据库，才能保证实施的可能性。其次，核心企业应具备较高的生产能力和灵活的应变能力，以保证有意外事情发生时能迅速采取有效的应对措施，不会因此滞缓整个计划，造成流程混乱。再次，供应链上各企业必须协调一致，通过网络的作用，整合成一体，合理配置供应链上的资源，只有这样，才能最大限度地发挥供应链的优势，优化产业结构。

2）快速响应（Quick Response，QR）。

快速响应是受准时制思想的启发下产生的，是为了在以时间为基础的竞争中占据优势而建立起来的一整套对环境反应敏捷和迅速的系统。迅速响应的策略目标在于减少原材料到消费者的时间和整个供应链上的库存，最大限度地提高供应链的运作效率，并对最快的速度回应客户的需求。

3）有效客户响应（Efficient Consumer Response，ECR）。

有效客户响应是指在商品分销系统中，为避免不必要的成本和费用消耗，把客户效益最大化而进行密切合作的一种供应链管理策略。以较少的成本为供应链上的客户提供更好的产品、更好的库存服务和更多的便利服务；采用标准的工作措施和回报系统标志出潜在的回报，促进公平分享回报，达到整个系统的有效性；利用准确、及时的信息支持有效的市场，生产及后勤政策；确保客户能随时获得所需商品，是有效客户响应的核心。

4）企业资源计划（。Enterprise Resource Planning，ERP）。

企业资源计划是一种基于企业内部供应链管理思想的系统。随着市场竞争变得越来越激烈的现实环境，企业经营进入了微利时代，面对这种的形式，企业之间的竞争已不只是传统的关于产品、价格和服务的竞争，更多的对知识管理层次的竞争，而实施信息化管理是全面提升企业管理水平的最好方式。

5）电子订货系统（Electronic Ordering System，EOS）。

电子订货系统是指将批发、零售商场需要的订货数据输入计算机，通过商业增值网络中心将资料传递至总公司、批发商、商品供货商或生产制造商，后者根据收到的信息及时安排出货，完成订单。

电子订货系统涵盖了整个商务过程，它能处理从商品信息获取到会计结算等整个交易过程。对零售业来说，它起到的作用非常重要，它的作用主要是：降低库存量、减少交货失误、改善订货业务和完善交货体系。而对批发业来说，它起的作用一样关键，电子订货系统的作用是：提高服务质量，建立高效的物流体系，提高工作效率。运用电子订货系统可减轻体力劳动，减少事务性工作。

（二）库存控制

库存控制（Inventory Control）又称库存管理（Inventory Management），是对制造业或服务业生产、经营全过程的各种物品、产成品以及其他资源进行管理和控制，使其储备保持在经济合理的水平上。库存控制对整个生产流程的管理有重要的影响。

1. 库存控制的定义。

传统的狭义观点认为，库存控制主要是针对仓库的物料进行盘点、数据处理、保管、发放等，通过执行防腐、温度和湿度控制等手段，达到使保管的实物库存保持最佳状态的目的。其实，这仅仅是对库存控制的一种表现形式，或者可以定义为实物库存控制。那么，怎样从广义的角度去深入了解库存控制呢？

简单的说，库存控制应该是为了达到公司的财务运营目标，特别是现金流运作，通过优化整个需求与供应链管理流程（DSCM），合理设置ERP控制策略，并加以相应的信息处理手段、工具，从而实现在保证及时交货的前提下，尽可能降低库存水平，减少库存积压与报废、贬值风险的目标。

从这层意义上来说，实物库存控制仅仅是实现公司财务目标的一种手段，或者仅仅是整个库存控制的一个必要的环节；从组织功能的角度讲，实物库存控制主要是仓储管理部门的责任，而广义的库存控制应该是整个需求与供应链管理部门乃至整个公司的责任，库存管理是任何生产制造型企业都必须重视的问题。

2. 库存控制的目的。

世界级制造的两个关键考核指标（KPI）就是客户满意度和库存周转率。其中，库存周转率实际上就是库存控制的根本出发点和根本目标。

3. 库存控制的方法。

要提高库存周转率，不能单靠实物库存控制，这是远远不够的，它应该是需求与供应链管理这个大流程的输出。这个大流程除了包括仓储管理这个环节之外，更重要的部分还包括预测与订单处理、生产计划与控制、物料计划与采购控制、库存计划与预测本身，以及成品、原材料的配送与发货的策略，甚至海关管理流程也可以包含在内。而伴随着需求与供应链管理流程的整个过程的，则是信息流与资金流的管理。

库存本身贯穿于整个需求与供应链管理流程的各个环节，要想达到库存控制的根本目标，一定要做到对各个环节上的库存控制，而不是单单是管理好已经入库的实物库存。

4. 库存管理模型的分类。

根据供应和需求规律确定生产及流通过程中经济合理的物资存储量的管理工作。库存管理应起缓冲作用，使物流均衡畅通，既能满足正常生产和供应，又能合理压缩库存资金，减少库存压力，达成较好的经济效果。

1915 年，美国的哈里斯（F. W. Hayyts）发表关于经济订货批量的模型，开创了现代库存理论的研究。在此之前，意大利的帕雷托（V. illfredo Rtoeto）在研究世界财富分配问题时曾提出帕雷托定律，用于库存管理方面的即为 ABC 分类法。随着管理工作的科学化，库存管理的理论有了长足的发展，形成许多库存模型，并在企业管理的应用中产生了显著的效果。

不同的生产和供应情况需要采用不同的库存模型，库存管理模型的分类方法主要有以下几中：

(1) 按订货方式分类。按这种分类方法，有下列 5 种订货模型。

1）定期定量模型。订货的数量和时间都是固定不变。

2）定期不定量模型。订货时间固定不变，而订货的数量依实际库存量和最高库存量的差别而定，是变化的。

3）定量不定期模型。以订货点为标准，当库存量低于订货点时就补充订货，订货量固定不变。

4）不定量不定期模型。订货数量和时间都不固定，可以随时订货。

以上 4 种模型属于货源充足、随时都能依据需求量进行补充订货的情况。

5）有限进货率定期定量模型。货源受到制约，需要陆续分批进货。

(2) 按供需情况分类。可分为确定型和概率型两类。确定型模型的主要参数都已有明确的数据，概率型模型的主要参数有些是随机的。

(3) 按库存管理的目的分类。可分为经济型和安全型两类。经济型模型的主要目的是减少资金投入，增加经济收益；安全型模型的主要目的则是保障正常的供应，以加大安全库存量和安全储备期为代价，将缺货的可能性降到最小限度。

虽然有多种库存管理的模型，但综合考虑各个相互矛盾的因素、求得较好的经济效果则是其不变的原则。

5. 库存控制的意义。

(1) 库存控制的作用。其作用主要是：在保证企业生产、经营需求的前提下，使库存

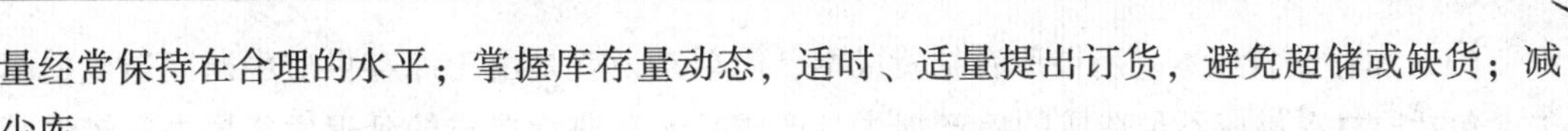

量经常保持在合理的水平；掌握库存量动态，适时、适量提出订货，避免超储或缺货；减少库

存空间占用，降低库存总费用；控制库存资金占用，加速资金周转。库存控制是成本控制的一部分。

（2）库存的合理控制。库存量过大所产生的问题包括：增加仓库面积和库存保管费用，从而提高了产品成本；造成大量的流动资金的占用，造成资金呆滞，这不仅增加了货款利息等费用，又会影响资金的时间价值和机会收益；造成产成品和原材料的有形损耗和无形损耗；造成企业资源的大量闲置，影响其合理配置和优化；掩盖了企业生产、经营全过程的各种矛盾和问题，不利于企业提高管理水平。库存量过大，是对企业资源最大化利用目标的损害。

但不是库存量越小越好，库存量过小也会造成一系列问题。库存量过小所产生的问题包括：造成服务水平的下降，影响销售利润和企业信誉；造成生产系统原材料或其他物料供应不足，影响生产过程的正常进行；使订货间隔缩短，增加了订货次数，提高了订货（生产）成本；对生产过程的均衡性和装配时的成套性造成不良影响。

6. 库存成本的产生与危害。

库存成本（Inventory Costs）是指存储在仓库里的货物所需的成本，它还包括订货费、购买费、保管费。库存成本的构成一般可分为以下三个主要部分。

（1）库存持有成本。库存持有成本是指保有和管理库存而需承担的费用。可以具体三个方面：运行成本、机会成本和风险成本。

1）运行成本。运行成本主要包括仓储成本，自营型的仓库体现为建造仓库的固定投资的摊销费用，外包型的仓库则体现为仓库的租金。一般来说，库存越多，仓储面积越大，形成的仓储成本就会越高，库存与成本成正比。另外，运行成本还包括仓库中的设备投资成本和日常运作费用（如水、电、人工等）。

2）机会成本。机会成本主要是库存占用的资金所能带来的成本。库存作为企业的资产是通过占用企业的流动资金而取得的，而任何企业都有其一定的资金投资回报率，即库存占用的资金如果不用于库存而去经营其他投资所能获得的平均收益，这一比例因行业的不同和企业的不同而有所不同，一般为10%~16%。提高资金投资回报率无疑是所有企业的共同心愿，而企业因为要持有一定的库存而丧失了流动资金所能带来的投资收益，即为库存的机会成本。有时企业通过借款来获得库存，这时的机会成本还应包括借款的利息支出。

3）风险成本。风险成本则是从风险的角度出发来考虑的。主要是保险费用，为了减少或规避库存损失的风险，大多数的企业会为其库存的安全投保，投保产生的费用也是库存成本。同时，企业可能会因为库存的不合理存放而造成损耗或报废，如产品过了有效期、存放过程中破损、产品滞销、失窃等，这些损失同样是库存的风险成本。

（2）库存获得成本。库存的获得成本是指企业为了得到库存而需承担的费用。除去库存的本身价值，假如库存是企业直接通过购买而获得的，则获得成本表现为进货成本，此外还要加上与供应商之间的通信联系费用、货物的运输费用等，订购或运输次数越多，造成的订货成本就越多；假如企业自己进行生产，则成本表现为生产准备成本，即企业为生产一批货物而进行的生产线改线的费用。

（3）库存缺货成本。所谓库存缺货成本，简单来说就是由于库存供应中断而造成的损失。包括原材料供应不足造成的停产损失、产成品库存缺货造成的延迟发货损失和错失销售机会带来的损失、企业通过紧急采购来解决库存的中断而承担的紧急额外采购成本等。

7. 库存控制的方法。

库存成本的控制具体通过合理优化的管理来实现，可以把库存的管理内容分为以下三个层次。

（1）库存决策—控制库存持有成本。管理者需要通过对物料的分析判断哪些产品需要库存，哪些产品不需要库存，以及库存的数量、周转率和分布情况。

（2）确定库存的订货方法—控制库存获得成本。管理者需要确定库存的再订货点、订货周期和每次的订货量，以达到控制库存获得成本的目的。

（3）需求预测—控制库存缺货成本。库存管理的一个重要内容就是获得相对准确的需求预测，包括生产计划、销售计划等，这样才可能有目的安排生产。

需要特别指出的是库存的客观存在性，虽然现在很多企业强调 JIT（即准时制生产）的生产和管理方式，以期望达到零库存的管理水平，但从整个供应链的角度来看，库存是客观存在的，它如果不存在于企业的仓库里，则会存在于供应商（原材料）或代理商或客户（产成品）的仓库里，或者是存在于运输的途中，减少企业的库存，需要一整套标准化的仓储作业流程。企业即使能够完全做到原材料及产成品的零库存，也不能完全避免生产过程中存在的在制品库存。当然，供应链管理的目标就是最大限度地减少供应链上各企业的库存总量，而企业物流管理的目标之一也是考虑怎样减少企业的库存总量。因此，库存的客观存在性也决定了库存成本的客观存在性，零库存是理想化的。

8. 库存管理的 1.5 倍原则。

通过库存管理的长期实践，人们发现了库存管理的 1.5 倍原则。1.5 倍原则是库存管理的主要内容之一，在很多公司的销售实践中，都验证了这一原则的可行性，它是一种安全存货原则，具体数据建立在上期客户的销量基础上，它是本期建议客户做订单的依据。按 1.5 倍原则备货是销售人员必须掌握的工作职责之一，是主动争取客户订货量并时刻掌握客户销售情况的营销策略。它建立在提高客户销量和利益基础之上，因而能赢得客户信任，易于被客户接受。

1.5 倍原则具有科学依据，不是凭空想象的。然而，像大多数营销规律一样，它不是固定不变的，必须根据企业的具体情况，灵活运用，不可生搬硬套。比如，如果遇到特殊情况（如天气、节假日等）应适当变化，以不影响销售为最大前提。

（1）1.5 倍库存原则与做订单的关系。

1）正确地填写好客户卡；

2）做订单。根据客户前一阶段的销售量，结合新的促销活动及各种因素，建议客户按照建议的订货量合理的订货。

（2）下订单的步骤

1）检查客户记录卡上的数据。

2）计算自上次洽谈后的实际销量。比如，上次洽谈时的库存数；上次洽谈时的订货量；本次洽谈时客户的现有库存数。以上这些数据销售代表在拜访客户时都已填人客户卡，

在计算自上次拜访后的销量时，销售代表将使用它们，因此客户卡上的这些数据必须准确，不能有错误。

3）建议新的订货量。在建议新的订货量时要注意对1.5倍的安全存货原则的运用，具体计算方法如下：

安全存货量=上次拜访后的实际销量×1.5

建议的订货量=安全存货量一现有库存

（3）说服客户按照1.5倍原则制订下单计划。在实际工作中，有很多销售人员对上面的步骤非常清楚，并且能够准确计算出按照1.5倍原则得出的订单数，但是却做不到签下符合该原则的订单。为什么会出现这种问题，该如何避免呢？

这个问题的出版关键在于在做订单的时候要注意运用让客户采纳这个建议的沟通技巧。有些客户对1.5倍原则做订单的好处认识不足，他们更愿意按照自己的方式订货，在这种情况下，销售人员必须一定要把以下几点好处对客户讲明白：

1）按照此原则建议的订货量是更加合理，能保证客户维持合适的存货数量，避免断货，货架空间可以得到高效的利用，是对客户有利的。

2）有了一定的存货量，可以满足消费者的购买需求，不会错失任何成交机会。

3）1.5倍的存货原则可以让客户有效地利用空间和资金，不至于带来货物积压、资金短缺、空间无效占用等损失，是对客户有帮助的建议。

4）1.5倍的存货原则再加上存货周转可以保证客户永远将新生产的产品提供给其消费者，这可以很好地提升销售点形象，带动其他商品的销售，让业绩上升。

5）让客户认识到销售人员所做的工作就是帮助客户更好地满足消费者的需求，提高客户的销量和利润。

销售人员必须利用自己所掌握的知识和技巧和客户进行良性沟通，以取得客户的依赖，这种信任感一旦建立，客户就会接受按照1.5倍原则下订单的建议。

如果销售人员是严格依照拜访路线和频率进行销售的，对每一个客户的拜访都有一定的周期，还可以告知客户1.5倍安全库存可以有效保证客户在这一拜访周期内既保证货物及时供应，又不会产生货物积压。

9. 存货周转。

存货周转是对客户进行库存管理的一项主要内容，也是公司销售人员的重要工作职责之一。商品都不是一次性销售到客户处的，销售过程是分批的，必定会持续一段时间，在这段时间内，存货是必不可少的。但库存量是需要考量的问题，不同的企业考量的内容也不一样，比如食品来说，更加复杂的是它存在一个保质期的问题。因此可知，存货必须被科学、有效地管理，达到出货与库存的平衡点。

（1）存货周转的概念。存货管理的主要内容是存货周转。存货周转包括两种类型，即前线存货的周转和后备存货的周转。前线存货是指陈列在货架或者零售商购物环境处的散装商品；后备存货指的是存放在仓库内的用于补货的货物。存货周转要求销售人员既要及时向客户的货架上补充货物，保证货架里面的产品陈列符合生动化标准；还要遵循先进先出的原则进行存货周转，目的是保证客户提供给消费者的产品永远是新鲜的，避免库存滞积，甚至过了有效期，造成报废。

先进先出是库存管理的一项重要内容，实际上，所谓存货周转就是对暂时未卖出的货架上的产品依据先进先出的原则进行循环。

存货周转是销售人员在销售拜访时必须动手做的一项日常工作，保证客户提供给消费者的永远是最新生产日期的产品。存货周转不单单是销售人员的重要工作职责，而且还要指导并影响客户做日常的存货周转。销售人员一定要让客户认识到：存货周转可以有效且直接地刺激销售。很明显，如果陈列在货架上的货物卖完了而没有及时补货，就会丢失很多销售机会，而且存放在仓库里的产品也无法完成销售，每一个销售机会都是宝贵的，不能轻易丢失。

（2）存货周转的方法。销售人员根据公司的规定和标准及时调换不良品，管理客户的库存，成功地做客户的专业顾问，销售人员要主动为客户提供全面的存货管理服务，其工作不只是为了“接订单”，而是与客户形成良好的合作关系。要达到这个目标，销售人员必须注意以下几个方面。

1）要对公司的产品相关知识有全面的认识，如保质期、代码的意义、产品存放的条件等。要对产品的特性有全面的掌握，比如，将产品放在太阳直照的地方会褪色，进而影响品质，影响销售。

2）必须了解各种包装的适用范围和库存量的多少，也就是通过了解消费者和客户的需求，对各种品牌、包装的知识有充分的了解，向客户介绍正确的包装和品牌的产舳组合，这足以保证客户正在销售符合消费者需求的产品、进行客户管理的前提条件。

3）要对存货周转的原则有深刻的理解。必须遵守以下三个原则：

① 动手周转货架上的陈列产品；

② 落实先进先出的原则；

③ 把存货数记入客户卡。

4）要熟练掌握存货周转的方法和技巧。

① 具备全面的产品知识的销售员，可以帮助客户了解保质期、储存条件、消费者购买的最佳时机设定；

② 通过熟知各种包装的适用范围和库存量，可以帮助销售人员判断不同零售商执行的分销标准以及根据该零售商的出货情况设定合适的库存数量；

③ 预测机会可以帮助销售人员更加理性地考虑问题并提前考虑到一些影响销售的因素，如季节的影响等，以便提前做出应对准备；

④ 了解经营和空间上的限制条件可以帮助销售人员根据这些情况发展不同的销售主张并成功地销售给零售商，从而获得更好地合作和提高业绩的机会；显然，商品化活动可以通过现场的销售刺激让销量增加。

5）存货周转对客户很重要，因为它对客户有切身的好处。主要体现在以下几个方面：

① 帮助客户管理货架和后备仓的存货可以节约客户的时间；

② 可以节约厂家的时间；准确的存货周转更可以随时了解存货量，判断销售状况，做好补货工作等。

（三）电子商务库存控制方法

1. 电子商务商品库存类型。

在系统结构中，电子商务企业的库存一般会分为以下几个部分。

（1）可销售库存。可销售库存是指网站前台显示的库存，也是库存的最大组成部分。

大部分电子商务企业中，前台网站会与后台仓库管理系统保持数据同步，并给出判断。当“可销售库存>0”时，表示这一商品可以进行购买，前台网站则会显示产品可销售；而一旦“可销售库存<0”时，前台网站则会显示商品缺货，表示不可以进行销售。一般所说的缺货并不代表库房中没有库存了，只是没有可销售库存。

大部分的公司只会在前台显示是否有库存，但实际上可以把数据做得更清晰明确。比如，东方购物在顾客选择不同收货区域时，系统会根据各个分仓的库存数据显示是否有现货及库存数量，可以起到协助客户购买商品的作用，达到为客户提供更好的服务的目的。而顾客选购完商品，确认订单时，前台网站会首先向后台系统发出要求，检查订单产品数量与当前可销售库存数量。若可销售库存数量>订单产品数量，则通知前台网站成功，否则会通知前台库存不足，并告知客户。生成一张新的订单后，该客户购买的库存则会被预留下来，用于后续的发货．系统中可用库存数量减少，而减少的可用库存就变成了订单占用库存。

（2）订单占用库存。当生成订单时，可用库存数量减少，订单占用库存数量增多，变化的数量即订单中的产品数量。设立订单占用库存的原因在于：订单的生成和库房的发货在时间上是异步的，要考虑到时间差。这样做的优点在于：保证已经生成订单的库存不会再被销售，让已下过订单的客户可以顺利收货；而且客户在下订单时，商家能够保证有产品发货。若不设立订单占用库存，则可能会出现客户下订单后仓库无货可发的问题，影响与客户的关系。而处理订单时，针对的只是已经被订单所占用的库存，与前台的销售无关。订单出库后，系统中扣减的也只是订单所占用的库存。这种方法符合实际作业情况，有利于仓库的管理。

（3）不可销售库存。库存的系统记录需要与库存实物相对应。在出现产品由于损坏不能再进行销售时，在系统中也必须有相应的状态，比如“Hold 仓”，表示这批商品不能出货。实际操作中，无法进行正常销售的原因很多，如性能故障、型号标错、包装破损、发现质量隐患等。为了使理论符合实际，在系统中会定义出这一部分的库存为不可销售状态，且这一部分需要系统管理，以免人员缺失，造成出货。

不可销售库存要在系统中进行特别的标注，一般而言的标注方法有两类，一类是使用不同的 SKU（库存量单位）代号来区别，例如，某一正常商品的 SKU 编码是 351038，它所对应的不可销售库存的 SKU 编码则：351038U，方便区分；另一类是使用同一种 SKU，但是专门开辟一个不可销售库存区，所有不可销售的库存统一管理，通过需要划分专门的区域，可以避免人员误将这一部分产品出货。

（4）锁定库存。在销售中，经常会使用的一种促销方式是降价，这一方式常常会取得非常好的销售效果，成功的降价促销可以在很短时间内将商品一售而空，可销售库存直接转化为订单占用库存。但是有一些情况下，销售方并不希望这么快就将所有的库存销售一空，有的时候是因为所有库存全部做降价促销的成本很高，有的时候是防止竞争对手的恶意采购，更多的情况下，则是把降价作为促销的一种手段，希望将这一产品的降价作为吸引顾客的眼球的方式，以便带动整体销售，这就需要将促销分批次进行。

为达到以上目的，商用会采用锁定库存的方式。库存被锁定后，就不能直接销售。促销进行一段时间后，可用库存修改0，销售无法断续进行，必须在解除锁定后才能转化为可销售库存，再销售其他的商品。

（5）虚库存。以上所说的都是指实物在库房中的库存，是真实的库存。但库房的总容积量是一定的，不可能无限制地扩大。而依据长尾理论，电子商务的最大优势则是接近无限的商品展示和销售能力。为了将有限的库房处理能力和无限的可销售商品联系起来，可使用虚库存来解决这一问题。

有些产品，虽然没有库存，或者存在量很小，但是供应渠道非常通畅，可以在很短的时间内送到库房中，变为库存；另外一些产品，销售量少，库存的管理难度大，只有当产生订单后，才向供应商采购。这部分不在实际的库存中，但是可以很快采购到的货品就叫做虚库存，不影响订单的发货。

（6）调拨占用库存。很多B2C企业拥有不止一个库房。设置多个库房的主要是因为规模发展到一定程度后库存量很大，很难在一个单独的库房中存储。另外，商家也经常会在客户聚集地附近设立库房，以满足当地客户的需求，以最快的速度给客户送货，同时节约运输成本。

不可避免，各个库房之间存在着库存的分派和调拨问题。当有了调拨计划后，调出地库房的某一部分库存就会被占用，这部分库存被称为调拨占用库存。调拨占用库存和订单占用库存的有相似的性质。

（7）调拨中库存。库存的调拨过程需要一段时间，在这段时间内，库存既不存在于调拨出库房，也不存在于调拨入库房，这一部分库存就像有质无形的空气一般，称为调拨中库存。

2. 存货周期。

（1）存货周期。存货周期是指某一类产品、材料或某个单品进出仓库的循环时间。存货周转天数越短，表示流动资金使用效率越高。

（2）存货周期的计算。

存货周转天数的计算公式如下：

存货周转天数=360/存货周转次数；

或存货周转天数=（平均存货×360）/销售成本

存货周转天数=360/存货周转率=［360×（期初存货+期末存货）/2］/产品销售成本

存货周转次数=销货成本/存货平均余额

存货平均余额=（年初余额+年末余额）/2

二、配送管理

（一）配送管理基础知识

1. 配送管理的概念

配送管理是物流中一种特殊的、综合的活动形式，是商流与物流的紧密结合，包含了商流活动和物流活动，也包含了物流中的一些功能要素。

2. 按不同的分类方法，配送有不同的种类

（1）按实施配送的节点不同可分为：

1）配送中心配送。

2）仓库配送。

3）商店配送。

（2）按配送商品的种类和数量的多少可分为：

1）单（少）品种大批量配送。

2）多品种少批量配送。

3）配套成套配送。

（3）按配送时间和数量的多少可分为：

1）定时配送。

2）定量配送。

3）定时定量配送。

4）定时定路线配送。

5）即时配送。

（4）按经营形式不同可分为：

1）销售配送。

2）供应配送。

3）销售—供应—体化配送。

4）代存代供配送。

3. 配送的作用和功能

（1）可以让运输及整个物流系统变得完善。

现代化的干线运输在铁路、海运和公路方面的大吨位、高效率运输能力都发展到了很高的水平，长距离、大批量的运输实现了运输的低成本化。然而，支线运输及小搬运成了物流过程中的一个薄弱环节。这个环节有许多与干线运输不同的特点，如要求灵活性、适应性、服务性，致使运力利用不合理、成本过高等问题难以解决。配送方式的选用应将支线运输及小搬运统一起来，达到优化和完善输送过程的目的。

（2）让末端物流的效益得到提高。

采用合理的配送方式，能通过增大经济批量来实现经济地进货，又能通过将各种商品用户集中到一起进行一次发货，代替分别向不同用户小批量发货，让末端物流的经济效益得到提高。

（3）通过集中库存使企业实现低库存或零库存。

实现了高水平的配送之后，特别是采用准时配送方式之后，生产企业可以完全依靠配送中心的准时配送而不需保持自己的库存。或者，生产企业只需保持少量保险储备而不必留有经常储备，这就可以实现生产企业多年追求的“零库存”，将企业从库存的包袱中解脱出来，同时让大量的储备资金得到释放，从而改善企业的财务状况。实施集中库存，集中库存的总量远远低于未实行之前的各企业分散库存的总量。同时增加了调节能力，也提高了社会经济效益。另外，采用集中库存可以让规模经济的优势得到更好的利用，降低单位存在的成本。

（4）让事务得到精简，为用户提供便捷服务。

采用配送方式，用户只需向一处订购，或与一个进货单位联系就可订购到以往需要去许多地方才能订到的货物，只需组织对一个配送单位的接货便可代替现有的高频率接货，因此能够让用户的工作量和工作负荷得到大大的减轻，也节省了事务开支。

（5）提高供应保证程度。

让生产企业自己去保持库存，保持生产畅通，供应保证程度很难提高（受到库存费用的制约），而采取配送方式，配送中心可以比任何单位企业的储备量更大，因而对每个企业而言，中断供应、影响生产的风险便相对缩小，为用户解决库存短缺的烦恼。

4. 配送合理化的判断标志

对于配送合理化与否的判断，是配送决策系统的重要内容，目前国内外还没有一定的技术经济指标体系和判断方法，一般参照以下几个标志进行判断。

（1）库存标志。库存是判断配送合理与否的重要标志，具体指标包含以下两方面。

1）库存总量。库存总量在一个配送系统中，从分散于各个用户的库存向配送中心进行转移，配送中心库存数量加上各用户在实行配送后库存量之和应低于实行配送前各用户库存量之和。此外，从各个用户角度判断，各用户在实行配送前后的库存量比较也是判断合理与否的标准。某个用户库存量上升而库存总量下降，也属于配送不合理的一种。

库存总量是一个动态变化的量，上述比较应当是在一定经营量前提下进行的。在用户生产规模有了进一步发展之后，库存总量的上升则反映了经营的发展需要，必须扣除这一因素，才能正确判断存在总量是否下降。

2）库存周转。由于配送企业的调剂作用，以低库存保持高的供应能力，如今的库存周转一般较于原来各企业的库存周转速度更快。另外，从各个用户的角度进行判断，各用户在实行配送前后的库存周转比较也是判断合理与否的标志。

为取得共同比较基准，一般以资金数进行计算，因此，以上库存标志都按库存储备资金计算，而不按实际物资数量计算。

（2）资金标志。概括而言，实行配送应有利于资金占用率降低及资金运用的科学化。

可见以下具体的判断标志：

1）资金总量。资金总量是指用于资源筹措的流动资金总量，它伴随着储备总量的下降及供应方式的改变必然存在一个比较明显的降低。

2）资金周转。从资金运用来说，由于整体流转速度的变快，能让资金起到的作用得到更充分的发挥。同样数量的资金，过去需要较长时期才能满足一定供应要求，实行配送之后，在较短时期内就能达到更好的效果，所以资金周转是否加快是衡量配送合理与否的标志。

3）资金投向的改变。资金集中投入还是分散投人，是资金调控能力的重要反映，实行配送后，资金必然由分散投入向集中投入转变，以便能更好的加以调控。

（3）成本和效益标志。总效益、宏观效益、微观效益、资源筹措成本都是判断配送合理与否的重要标志。在实际操作中，针对对于不同的配送方式，应选择不同的判断侧重点，比如，配送企业、用户企业都是各自独立的以利润为中心的企业，则不但要看配送的总效益，而且还要看对社会的宏观效益及两个企业的微观效益，只侧重某一方面，而忽略其他方面，都会导致不合理的情况出现。再比如，配送是由用户集团自己组织的，配送主要强调保证能力和服务性，那么，效益主要从总效益、宏观效益和用户集团企业的微观效益来判断，就不用太在意配送企业的微观效益，总之，要选用最能体现出实际效果的判断标准。

出于总效益及宏观效益难以计量的考量，在实际判断时，常以按国家政策进行经营、完成国家税收和配送企业及用户的微观效益加以判断。对于配送企业来说，在确定投入量的情况下，企业利润反映配送合理化程度。对于用户企业而言，在保证供应水平或提高供应水平（产出一定）的前提下，供应成本的降低是对配送合理化程度的证明。成本及效益对合理化的衡量还能够具体到储存、运输等具体配送环节，使判断更加精准。

（4）供应保证标志。在实行配送中，最让用户担忧的问题是供应保证程度降低，其实，心态对这个问题的影响很大，也是承担风险的实际问题。配送必须提高而不是降低对用户的供应保证能力，这样才能起到合理的作用。供应保证能力可以从以下三个方面判断。

1）缺货次数。对各用户来说，实行配送后，该到货而未到货以致影响用户生产及经营的次数必须有明显地减少，这才代表配送的有效性及合理性。

2）配送企业集中库存量。对所有的用户而言，其数量所形成的保证供应能力高于配送前单个企业的保证程度，从供应保证来看才算有效。

3）即时配送的能力及速度。这是用户出现特殊情况的特殊供应保障方式，这一能力必须高于未实行配送前用户紧急进货能力及速度才算有效。

有一点需要特别强调，配送企业的供应保障能力是一个科学的、合理的概念，而不是臆想的概念。具体来说，如果供应保障能力过高，超过了实际的需要，则是不合理的。因此，谋求供应保障能力的合理化不是无限的，而是有一个限度的。

（5）社会运力节约标志。末端运输是目前运能、运力使用不合理、产生浪费多的领域，所以人们寄期望于配送来解决这个问题。运力节约也成了配送合理化的重要标志。

运力使用的合理化是依靠送货运力的规划和整个配送系统的合理流程以及与社会运输系统合理联结来实现的。送货运力的规划不当是任何配送中心都需要花力气解决的问题，而其他问题的解决有赖于配送及物流系统的合理化。要判断运力是否合理，过程比较复杂，可以进行以下简化，方便判断：

1）社会车辆总数减少，而承运量增加为合理。

2）社会车辆空驶减少为合理。

3）一家一户自提自运减少，社会化运输增加为合理。

（6）用户企业仓库、供应、进货人力物力节约标志。配送的重要观念是以配送代劳用户，所以，实行配送后，各用户库存量、仓库面积、仓库管理人员减少为合理；用于订货、接货、负责供应的人应减少才为合理。真正让用户的后顾之忧消失，意味着配送的合理化程度上升到了一个新的高度。

（7）物流合理化标志。配送必须有利于物流合理，这可以从以下几个方面判断。

1）是否让物流费用降低。

2）是否让物流损失减少。

3）是否让物流速度加快。

4）是否让各种物流方式发挥了最优效果。

5）是否起到了有效衔接了干线运输和末端运输的作用。

6）是否让实际的物流中转次数减少了。

7）是否采用了先进的技术手段。

物流合理化中存在的问题是要解决的大问题，也是衡量配送本身合理化的重要标志。

5. 配送合理化采用的方法

（1）推行一定综合程度的专业化配送。通过采用专业设备、设施及操作程序，取得比较良好的配送效果，并降低配送过分综合化的复杂程度及难度，从而追求配送合理化。

（2）推行加工配送。通过加工和配送结合，充分利用本来应有的中转，而不增加新的中转以求得配送合理化。与此同时，加工借助于配送，可以让加工目的更明确，与用户产生更加紧密的联系，更避免了盲目性。这两者的有机结合，在不增加太多投入的情况下，可追求两个优势、两个效益，这是配送合理化的宝贵经验。

（3）推行共同配送。通过共同配送，能够以最近的路程、最低的配送成本完成配送，从而让合理化更高。

（4）实行送取结合。配送企业与用户建立稳定、密切的协作关系。配送企业不仅成了用户的供应代理人，还承担用户储存据点的作用，还可能成为产品代销人。在配送时，将用户所需的物资按时送达，再将该用户生产的产品用同一车运回，这种产品也成了配送中心的配送产品之一，或者作为代存代储，省去了生产企业库存负担。这种送取结合的方式使运力得到充分利用，也使配送企业的功能有更大的发挥，从而追求合理化。

（5）推行准时配送系统。准时配送是配送合理化的重要内容。配送最重要的要求之一就是准时，只有按时送货，用户才有资源运用，可以放心地实施低库存或零库存，可以有效地安排接货的人力、物力，以追求最高效率的工作。此外，保证供应能力也取决于准时供应。从国外的经验看，准时供应配送系统是现在许多配送企业追求配送合理化的重要方式。

（6）推行即时配送。即时配送是最终解决用户企业断供的大问题，大幅度提高供应保证能力的重要手段。即时配送是配送企业快速反应能力的具体化，可以体现出配送企业的能力。

即时配送有较高的成本要求，但它是整个配送合理化的重要保证手段。另外，用户企业要追求零库存的实现，即时配送也是重要的保证手段。

（二）电子商务配送管理

电子商务的配送是指物流配送企业采用网络化的计算机技术，电子化、快速化地按照客户的要求，对企业所提供的商品进行一系列分类、整理、配货、配装、送货等活动，以准确的时间、数量、地点为客户提供满意服务的配送。这是一种新型的物流配送方式，它完全改变了流通领域的经营方式和盈利模式，它给现代制造企业的产品制造和流通企业的市场营销战略提供了有力的支持。

1. 电子商务配送管理的主要内容

电子商务配送管理主要包括对配送过程的管理、对配送要素的管理和对配送活动中具体职能的管理。

（1）对配送过程的管理

1）运输管理。包括运输方式及服务方式的选择、车辆调度与组织、运输路线的选择。

2）储存管理。包括原料、半成品和成品的储存方法、储存统计、库存控制、维护等内容。

3）包装管理。包括包装容器和包装材料的选择与设计、包装技术和方法的改进、包装系列化、标准化、统一化、自动化等内容。

4）流通加工管理。包括加工场所的选定、加工机械的配置、加工技术与方法的研究和改进、加工作业流程的制定与优化等内容。

5）装卸搬运管理。装卸搬运系统的设计、设备规划与配置和作业组织等。

6）配送管理。包括配送中心选址及优化布局、配送机械的合理配置与调度、配送作业流程的制定与优化。

7）物流信息管理。包括对反映配送活动内容的信息、配送要求的信息、配送作用的信息和配送特点的信息所进行的收集、加工、处理、存储和传输等。

8）客户服务管理。包括对于配送活动相关服务的组织和监督，如调查和分析顾客对物流活动的反映，决定顾客所需要的服务项目、服务方式、服务水平等。

（2）对配送要素的管理

1）人员的管理。包括物流从业人员的选拔和录用、物流专业人才的培训与提高、物流教育和物流人才培养规划与措施的规定。

2）物的管理。“物”指的是物流活动的客体，即物质资料实体，涉及物流活动诸要素，包括物的储存、包装、流通加工、运输等。

3）设备管理。设备管理即对物流设备进行管理，包括对各种物流设备的选型与优化配置，对各种设备的合理使用和更新改造，对各种设备的研制、开发与引进等。

4）财的管理。主要指物流管理中有关降低物流成本、提高经济效益等方面的内容，包括物流成本的计算与控制、物流经济效益指标体系的建立、资金的筹措与运用、提高经济效益的方法。

5）方法管理。包括各种物流技术的研究、推广普及、物流科学研究工作的组织与开展、新技术的推广普及、现代管理方法的应用。

6）信息管理。保持信息畅通，掌握充分的、准确的、及时的物流信息，并把物流信息传达到相应的部门和人员手中，从而根据物流信息迅速、准确地做出物流决策。

（3）对配送活动中具体职能的管理

1）战略管理。物流战略管理是为了达到某个目标，物流企业或职能部门在特定的时期和特定的市场范围内，根据企业的组织结构，利用某种方式向某个方向发展的全过程管理。物流战略管理的特点有全局性、整体性、战略性、系统性。

2）企业管理：主要有合同管理、设备管理、风险管理、人力资源管理和质量管理等。

3）业务管理。主要包括物流运输、仓储保管、装卸搬运、包装、协同配送、流通加工以及物流信息传递等基本过程。

4）经济管理：主要涉及配送成本费用管理、物流投资融资管理、配送财务分析以及配送经济活动分析。

5）信息管理：主要有配送管理信息系统与电子商务系统的关系以及配送管理信息系统

的开发与推广。

6）配送管理现代化：主要是配送管理思想和管理理论的更新、先进配送技术的发明和采用。

2. 电子商务配送的特点

与传统配送方式相比，电子商务配送具有明显不同的特点，主要表现在以下几点。

（1）物流配送信息化。

物流配送信息化表现为：

1）物流配送信息的商品化；

2）信息搜集的数据库化和代码化；

3）信息处理的电子化和计算机化；

4）信息传递的标准化和实时化；

5）信息储存的数字化等方面；

6）条码技术（Bar Code）；

7）数据库技术（Database）；

8）电子订货系统（Electronic Ordering Systern，EOS）；

9）电子数据交换（Electronic Data Interchange，EDI）；

10）快速反应（Quick Response，QR）及有效客户反映（Effective Customer Response，ECR）；

11）企业资源计划（Enterprise Resource Planning，ERP）等。

以上物流配送信息化系统在物流配送管理中有了广泛应用。如果没有信息化的物流，所有先进的技术设备在物流配送领域的运用都是不可能的，信息技术在物流配送中的广泛应用将极大地改变物流配送的方式和服务模式，信息技术的发展带来了物流配送领域的革命。

（2）物流配送自动化。

信息化是自动化产生的基础；自动化的核心是机电一体化；自动化的效果是省力化和效率化；自动化的外在表现是无人化。

自动化可以大大减少人力的投入，还可以扩大物流配送作业能力，提高劳动生产率，减少物流配送作业的失误率等。

物流配送自动化有条码、语音、自动存取系统、自动导向车、射频等自动识别系统、自动分拣系统、货物自动跟踪系统等，这些设施、设备在经济发达国家已较普遍地应用在物流配送作业流程中，但在我国只有部分应用，要实现广泛应用还有一段路要走。

（3）物流配送网络化。

物流配送服务领域网络化的基础也是信息化，这里指的网络化包含着两个方面的内容：

一是物流配送系统的计算机通信网络，包括物流配送中心与供应商或制造商的沟通要通过计算机网络通信，而且与下游顾客的沟通也要通过计算机网络通信。比如，配送中心向供应商发出订单，就可以使用计算机通信的方式，借助于增值网上的电子订货系统（EOS）和电子数据交换技术（EDI）来自动实现，物流配送中心通过计算机网络收集下游客户的订货过程也可以实现自动化。

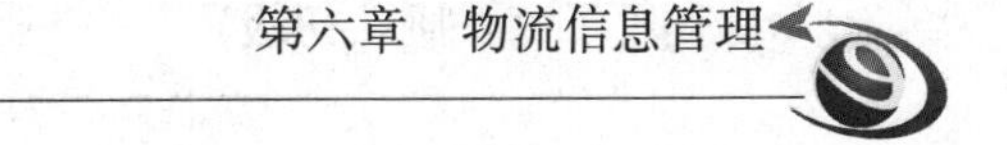

二是组织网络化，即所谓的企业内部网（Intranet）。

物流配送网络化是物流信息化的必然结果，是电子商务下物流配送活动的主要特征之一．全球网络资源的可用性及网络技术的普及为物流配送的网络化创造了良好的外部环境和技术支持，物流配送网络化成为物流配送未来发展的趋势。

（4）物流配送智能化。

物流配送智能化是物流配送自动化、信息化的一种高层次应用。物流配送作业过程中大量的运筹和决策，如库存水平的确定、自动分拣、运输配送路径的选择、自动导向车的运动轨迹和作业控制、物流配送中心经营管理的决策支持等问题都需要借助于大量的智能化来解决。在物流配送自动化过程中，物流配送智能化是一项必要的不可回避的技术难题。如今，在国际上这方面的技术已经有了很大的研究成果，物流配送智能化已经成为电子商务条件下物流发展的方向。物流配送智能化将大大减少因人员作业产生的失误问题，提高物流管理水平。

（5）物流配送柔性化。

柔性化原是生产领域针对“以顾客为中心”的宗旨而提出的，但要真正实现柔性化，也就是根据顾客需求的变化来灵活调整生产工艺，这需要有配套的柔性化物流配送系统的辅助才可能达成。20 世纪 90 年代以来，生产领域提出的 FMS、CIM、MRP、ERP 等概念和技术的实质就是将生产、流通进行集成，根据顾客的需求变化安排生产活动，组织物流配送活动。柔性化物流配送活动正是适应生产、流通与消费对商品需求的多样化、差异化和个性化而发展起来的新兴事物，有着很好的发展前途。

3. 国内配送行业概述

配送是一种非常有效率和效果的物流方式。20 世纪 90 年代以来，我国配送行业发展迅速，我国很多城市的物资部门建立配送中心，彻底改变了传统的流通模式和方式。通过本着货运代理、配送、连锁相结合的新的流通形式，发展配送实现了质优价廉，配送中心实行统一集中进货，形成了生产企业的批量生产优势，同时从用户及自身利益和信誉出发，严把进货关，保证进货质量。发展配送大大减少了生产企业的库存，实现了生产企业零库存的可能。而且，随着计算机网络的应用，逐步实现了配送中的流通现代化管理。同时，先进技术的发展和先进设备的投入使用也为用户提供了更加方便、快捷的服务，让流通企业的效率得到了很大的提高。

从总体来看，我国的电子商务还处于发展阶段，其功能主要局限于信息的交流，电子商务与物流之间的相互依赖、相互促进的关系还没有得到企业的普遍认可。所以，人们在重视商务的同时，却对面向电子商务的物流配送系统没有足够的重视，从而出现物流配送系统建设落后，与电子商务结合不够紧密的现象，这在很大程度上限制了电子商务高效、快速、便捷优势的发挥。具体来说，其制约因素主要有以下几个方面：

（1）与电子商务相协调的物流配送基础较差。

虽然基于电子商务的物流配送模式得到了市场的广泛关注，但由于观念、制度和技术水平的落后，我国电子商务物流配送的发展速度非常缓慢，与社会需求有很大的差距。现今，高速公路网络的建设与完善、物流配送中心的规划与管理、现代化物流配送工具与技术的使用、与电子商务物流配送相适应的管理模式和经营方式的优化等都无法适应我国电子商务物流配送的要求。基础设施和管理理念的落后、必要的公共信息交流平台的匮乏，都阻碍了我国电子商务物流配送的发展。

（2）没有完善的政策与法规管束电子商务物流配送的行业行为。

目前，我国的物流管理体制还处于区域、部门分割管理的状态下，区域之间缺乏协调统一的发展规划和协调有序的协同运作，归口管理不一致，这些都对电子商务物流配送行业的发展起了阻碍作用，影响了电子商务物流配送的效率。由于缺乏一体化的物流系统，电子商务很难发挥其应有的突破空间、快捷交易的功能。此外，与电子商务物流配送相适应的财税制度、社会安全保障制度、市场准入与退出制度、纠纷解决程序等都不完备，制度和法规的缺陷阻碍了电子商务物流配送的发展。

（3）物流配送的电子化、集成化管理程度不高。

电子商务物流配送之所以在现代有了快速的发展，是因为电子商务符合了现代顾客多样化的需求，网络上出现了越来越多的定制大量需求，电子商务企业只有通过电子化、集成化物流管理把供应链上各个环节整合在一起，才能对顾客的个性化需求做出快速反应。但从我国的实际情况来看，企业的集成化供应链管理还处于较初级阶段，表现在运输网络的合理化有待提升、物流信息的速效性不高等方面。这与我国物流业起步较晚、基础落后、先进的物流技术设备（如全球定位系统、地理识别系统、电子数据交换技术、射频识别技术、自动跟踪技术等）应用较少相关。缺乏先进的技术和设备支持，电子商务物流配送企业的集成化管理就难以实现；而集成化管理程度不高，电子商务物流配送企业的效率就会被制约。

（4）缺少熟悉电子商务的物流配送的人才。

在我国，电子商务物流配送的发展时间不长，大多数从传统物流企业转型而来的企业在人才的储备和培育方面显然对电子商务时代的要求不太适应，有关电子商务方面的知识和操作经验不足，这直接影响到了企业的生存和发展。与国外形成规模的物流教育系统相比较，我国在物流和配送方面的教育非常落后，特别在电子商务物流配送方面的教育更为落后，且往往理论与实践相脱离。由于实践中运行成功案例的缺乏，熟悉电子商务的物流配送人才也十分匮乏，这对电子商务物流配送模式的推广产生了很大的不利影响，也制约了电子商务物流配送的成功运营。

4. 第三方物流的管理

第三方物流（Third—Party Logistics）简称 3PL，也简称 TPL，是相对“第一方”发货人和“第二方”收货人而言的，是由第三方专业企业来承担企业物流活动的一种物流形态。从这个概念中可以看出 3PL 既不属于第一方，也不属于第二方，而是通过与第一方或第二方的合作来提供其专业化的物流服务，它实际上没有商品，也不参与商品的购销，而是为客户提供以合同为约束、以结盟为基础的、系列化、个性化、信息化的物流代理服务。电子商务企业要选择和管理第三方物流，有五个方面的要求必需要考虑。

（1）第三方物流企业服务质量基本要求。

1）第三方物流服务质量主要体现在“针对性、高效性、正确性、及时性、安全性”五个方面。第三方物流服务供方应该以顾客的实际需要为核心，制定高效的物流运作方案并将其施行，高效、正确、及时、安全地按客户要求把货物进行储存、流通加工与送达目的

地，并对相关单证高效、正确、及时、安全地进行处理。

2）第三方物流服务应贯彻“以顾客为中心、合理整合社会资源"的指导原则。

3）第三方物流服务应有合法、规范的物流服务合同。

4）第三方物流服务供方应具备健全的质量管理体系。

5）第三方物流服务供方从事影响服务质量工作的人员应具备相应的教育及培训经历、技术和实践经验。

6）第三方物流服务供方应具备物流信息服务功能。

7）以提供物流系统运营服务为主的第三方物流服务供方，应具有覆盖顾客物流业务需求范围的营运网络，应有可控的及必要的物流服务配套设施与设备。

8）特种物品的第三方物流服务质量应符合相关法律、法规的要求。

（2）第三方物流企业营销服务质量要求。

1）营销人员应具有相应的市场营销和沟通协调能力，能全面、正确、迅速地掌握顾客的需求，提高顾客满意度。

2）营销团队的职责是为顾客提供定制的、高效的、可行的第三方物流服务方案。

3）第三方物流服务供方应建立有效的顾客关系管理体系和顺畅的沟通机制。

4）第三方物流服务供方应能根据顾客的招标要求制作标书，并提供真实、诚信的服务承诺。

（3）第三方物流企业操作服务质量—物流方案服务要求。

1）根据顾客需求，为顾客提供定制的施行方案。

2）设计方案所需成本的核算要合理、可信、透明，并让顾客进行确认

3）依据经顾客确认的实施方案，为顾客提供具体可行的方案计划，在遇到需求变更，需要更改计划时，要得到顾客的同意。

（4）在第三方物流企业操作服务质量——物流信息与单证服务。

1）在第三方物流服务的整个进程中，要保证单证齐全，所填数据要准确无误，并做到及时交接与归档。

2）按照合同的要求，要向顾客及时提供全面、安全、准确的相关物流信息，包括可追溯性信息、相关物流报表及数据分析等。

3）数据的收集与录入，信息的存储、传输、交换、加工处理和输出等各操作环节做出条文性的规定。

4）物流信息系统的平均无障碍工作时间和平均障碍恢复时间应适宜。

（5）第三方物流企业服务质量考核指标。

1）要保证货物的准时送达率，应不低于99%。货物准时送达率是指按照顾客的要求在规定的时间内将产品正确地送达目的地的比率。其具体计算方法为：设在时间段T内，货物准时送达的订单数为Nd，总的订单数为Nt，则货物准时送达率 $Do=\frac{Nd}{Nt}\times100\%$。

2）要保证货物的完好保存，保存完好率不低于99%。货物保存完好率是指某段时间内仓库货物保存完好的比率。其具体计算方法为：设在T时间段内完好库存量为n，总库存量

为 N，则货物保存完好率 $Iw = \frac{n}{N} \times 100\%$。

3）货损率应不高于 1%。易潮，易碎，易损等需要特殊保存的物品经双方协商同意，可适当上浮货损率，但应不高于 3%。货损率是指交货时损失的物品量与应交付的物品总量的比率。其具体计算方法为：设在约定交付时间段内损失的物品量为 q，应交付的物品总量为 Q，则货损率 $G_D = \frac{q}{Q} \times 100\%$。

4）货差率应不高于 0.5%。货差率是指某段时间内没有将货物按照顾客的要求正确送达目的地的比率。其具体计算方法为：设在 T 时间段内，没有正确送达的货物数量为 q，货物总量为 Q，则货差率 $D_E = \frac{q}{Q} \times 100\%$。

5）顾客有效投诉率应不高于 5%。顾客有效投诉率是指某段时间内被顾客有效投诉的订单占完成的订单总数的比率。其具体计算方法为：设在某一时间段内，被有效投诉的订单数为 t，完成的订单总数为 T，则顾客有效投诉率 $C_c = \frac{t}{T} \times 100\%$。

6）顾客投诉及时处理率应为 100%。对顾客各种形式的投诉都要在合同规定的时间内得到及时有效的处理，减少顾客的抱怨。

7）订单准时完成率应不低于 99%。订单准时完成率是指某段时间内顾客下达的订单按时完成数占总订单数的比率，其具体计算方法为：设在某一时间段内，按时完成的订单数为 t，如总的订单数为 T，则订单准时完成率 $Oo = \frac{t}{T} \times 100\%$。

8）要保证信息的准备率，信息准确率应大于 99%。信息准确率是指考核期内向顾客传递的信息的准确次数占数据传递总次数的比例。

9）要保证信息的准时率，信息准时率应大于 98%。信息准时率是指考核期内按时向顾客传递的信息的次数占数据传递总次数的比例。

以第三方物流企业服务标准和考核指标为依据，可以对第三方物流企业做出比较公正、客观和准备的评估，对第三方物流企业的选择和管理都有很大的帮助。

第七章　电子交易

第一节　订单处理

一、单证设计

在电子交易中使用的表格和单证就是网上单证。它是电子交易信息流的逻辑载体，也是计算机网络的数据库与用户之间的联系界面。它能够通过网页的形式来表现、传播，向用户收集和传递必要的商务信息。就表面而言，它与纸质单证并无区别，而其实，它不仅可以通过计算机程序与数据库紧密相连，而且还能通过计算机根据不同的需求，进行不同的处理，从而实现交易的自动化。

（一）网上单证的功能分类

1. 网上单证的类型。

网上单证的类型主要有以下几种：

（1）身份注册类。

（2）身份验证。

（3）普通信息交流类。

（4）信息发布类。

2. 各类单证的内容与特点。

（1）通常来说，身份注册类型网上单证用于各网站收集用户信息及确认用户身份，就比如网站在进行会员注册、申请电子邮件或个人主页空间的时候，网站就会需要用户的个人信息，以确认用户的身份，赋予用户相应的角色和权限。

（2）普通信息交流类型网上单证主要的内容有：姓名、主题、电话、电子邮件、地址、留言信息等。

（3）一般来说，信息发布类型网上单证用于网站提供给用户发布信息的工具。信息发布类型网上单证主要的内容有：单位名称、邮编、电话、联系人、电子邮件、地址、信息主题、信息内容（主要是产品的相关信息，就如产品规格、数量及价格等）。

（二）网上单证的设计方法

1. 设计本商店网上单证的种类和格式内容。

（1）根据一般网上商店在网上销售、交易双方信息交互的需要，将需要的网上单证种类的名称列举出来，就如客户注册单证、商品信息表、购物车等。

（2）将各种单证的有关数据项列出来并确定项名，以及定义其数据类型和长度等。

（3）画出各种单证的表格样张。

（4）确定客户在填写单证时各数据项的特性，如是否必须填写。

2. 设计本商店网上单证的风格。

（1）列出各网上单证为方便客户所需要的提示语内容。

（2）确定本商店网上单证统一的风格，比如字体、字形、色彩等。

（3）确定各单证中问候语与广告语的内容。

3. 设计本商店各网上单证功能和链接。

（1）确定各网上单证应出现在哪些相关网页及其具体位置。

（2）设计各网上单证之间的相互关系，包括数据调用和链接关系。

（3）设计各网上单证的有关功能，比如购物车中的商品的确认和删除等。

（4）设计对客户输入数据的核对功能。

4. 网上单证的实现。

（1）按照上面对本商店各网上单证的设计内容定义相应的数据库格式。

（2）用选定的网页设计语言和工具实现上述各网上单证。

（三）网上单证设计的技巧

商家与用户之间交易的凭证就是网上商店的单证，所以说是很重要的，一个设计完美的单证系不仅要做到让用户能体会到在本商店网上购物的方便性，还要让网上商店的管理者能够在进行对订单数据处理时保持准确性。接下来介绍一些在进行网上单证设计时需要重视的关键及技巧。

1. 尽力让客户在购物时感受到方便；

2. 使客户对商店的第一印象较为强烈；

3. 减少干扰，广告也不一定就是必需的；

4. 个性化和问题语；

5. 简洁明了；

6. 提供可视化的线索与购物车链接；

7. 在长列表中使用交替背景色；

8. 让客户有个暂时存放的地方。

（四）网上订单的后台处理

在进行网上购物的时候网络消费者会面对并填写一张接着一张各不相同的网上单证，而最终的结果是要完成并成功提交一份有效的网上购物订单。同时，网上商店也需要对来自于客户填写的单证信息进行必要且正确的处理流程，只有这样才可以取得一次网上交易的成功。

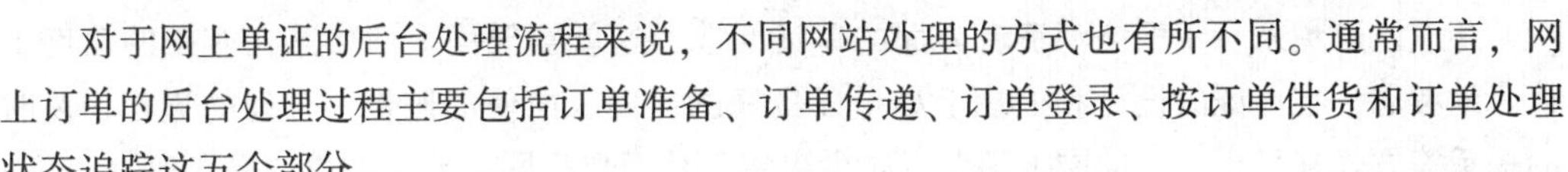

对于网上单证的后台处理流程来说，不同网站处理的方式也有所不同。通常而言，网上订单的后台处理过程主要包括订单准备、订单传递、订单登录、按订单供货和订单处理状态追踪这五个部分。

（五）网上单证常见问题处理

因为网上单证的处理流程是设定的，所以通常情况下处理的过程是不会出现问题的。当然，网上商店的硬件系统有故障，或者系统受到病毒或其它的入侵是例外的事，如若遇到这样的情况就会引起单证处理的异动或停止等问题，这就需要网站的系统工程师来进行解决。

新客户不熟悉在本商店的购物流程是出现次数较多的情况，尤其是涉及到购物后采用网上支付的情况，引起网上支付操作失败，这中间很大程度上都是因为银行的支付系统和通讯网络的问题。这个时候客户可能就会改成货到后现金支付的解决方法，网上商店可以做的工作仅是在相关的网页和单证上进行适当的提示。

对于同一位网上消费者在一定时间内下若干份订单的情况，应该进行全面的考虑，为了方便和节省送货费用，客户一般都会要求将这些订单合并成一张总的订单一次送货。网上商店需要支持并允许客户的要求。很多网上商店内部都会事先编有应用程序自动进行订单的合并工作，其操作步骤如下：

步骤一，收到客户的要求将订单进行合并，启动订单合并应用程序，完成该项订单的合并工作，应用程序会自动通知相关部门如配送部门等等。

步骤二，向要求订单合并的客户发送电子邮件，通知该客户他的订单合并已经完成。

网上单证出现的问题通常会来自网上商店本身的工作环境，主要有硬件设备、数据库及网上购物单证系统软件；网络消费者在进行网上购物时的失误性操作；以及交易第三方，比如网络银行和通讯网络的环境等三个方面。

通常而言，网上商店的单证系统是按照软件系统的固定程序运行来对客户的购物单证进行处理的，所以说出错的机率是比较低的，然而内部数据库、设备故障等各类情况也会时而发生。

在进行网上购物的时候网络消费者面对一张张内容各不相同的网上单证，以及与网上商店的信息交互往来，就总有各种错误发生，于是就会影响购物的顺利进行，而这种情况对于刚开始在网上消费的客户来说就是一件再普通不过的事。

除了买卖双方以外，电子商务交易的参与者还包括银行等其它的机构，相互之间的数据信息传输依赖于通讯网络以及各方的系统设备，因为目前网络通讯环境不够理想，所以，出错和数据传输的不顺利就会成为经常发生的情况，尤其表现在客户在进行购物后进行网上支付的处理过程。

上面说到的各种使网上单证出错的结果，一方面使网上商店失去了很多商机，另一方面还可能会使网络消费者对网上购物失去耐心。

针对上述出现的商店单证出错的情况，可以采取以下解决方法：

网上商店内部问题引起的单证出错，需要网站对数据库及相关的设备运行进行认真仔细地日常维护，让系统能够处在一个良好的工作状态；此外，还需要强化对计算机病毒的侵袭和来自于网上黑客入侵的防范措施，保证系统能够正常的运行。

还应该避免来自于网络消费者方面的单证问题，这就需要网上商店站在客户的角度上认真地考虑，在单证的设计和处理上尽量以良好的界面、简便的操作、合理的流程、及时的提示等方式来呈现，帮助网上消费者减少出错，从而提高网上单证的成功提交率。

交易第三方与通讯网络环境产生的问题，需要网站方面根据业务的发展加强设备的扩容和改善，尽早地发现问题并与有关方快速取得联络，尤其是与网络客户的联系和提示，并设法帮助客户采取其它可能的办法完成购物的操作。

下面是网上单证的常见问题及其相关处理方法：

1. 客户不知道订单是否提交成功。

网上商店会让客户在网上购物订单提交的最后一步对订单全部的内容进行确认，就比如客户认为需要进行修改，应提供明显的选择可让客户“退回”到相应的页面上去修改，经确认之后无误再按“提交订单”进行正式的订购。

订购后网上商店会自动生成一个订单号，确定客户的订单已提交完成，系统应该尽可能的在短时间内通知到客户，并让客户予以信息确认的回应，为客户交易和查询的依据。

若客户选择了网上支付，接着要进行划帐操作步骤，若货款不到帐，客户的订单一般就会被自动取消，因此，商店要注意客户进行在线支付容易失败的情况，设法避免出现这种功亏一篑的网上购物。例如及时的提示和再次操作的安排。

若客户留下的联系方式有误，导致网上商店没有办法联系和送货，那么客户的定单同样会被取消。通常能够采取的方法是在交易结束后马上向客户发送电子邮件等，与客户进行联系确认。

2. 有效的订单但尚未付款。

客户在网上购物时，或许会碰到订单已经生效，却未成功付款，而客户希望完成付款的情况。客户在进行网上支付的时候，总会有信用卡或存储卡金额不足的现象，或因为意外的断线等状况而导致网上支付不成功。

面对以上情况，通常就不能再用一卡通或信用卡进行网上支付，因为网上支付是在订单提交的同时向银行系统提交支付信息的，因此系统没有办法在网上为已经生效的订单付款。针对这样的情况，网上商店的流程可以选择下面的两种方法来弥补：将客户原来的订单取消，之后再请客户重新提交一次订单，同时再在网上进行支付，请客户与客户服务部联系改用别的支付方式，例如通过邮局汇款、银行电汇等。

3. 网上支付出现错误。

客户在网上商店购物之后进行网上支付，出错可以说是经常发生的，这种错误通常会终止客户的购物过程。所以这不仅影响了消费者的购物热情，还对商店的形象造成一定的损害。

通常来说，客户在网上支付出现错误，不仅是因为客户的不熟练操作，也会是银行的支付系统运行不稳定导致。然而因为网上商店的订单提交与银行的货款划帐是两种不同的系统，因此网上商店单方面暂时是没有办法改善这样的状况的。因此商店应将这种情况产生的原因向客户解释清楚，并通过醒目的建议，提醒客户再次尝试仍然不成功的话，应及时联系改用其他付款方式完成付款，并向客户表示歉意，让客户对商店留下一个良好印象。

4. 购物订单的确认、提交与订单合并

网络消费者在网上购物中的最后一个步骤，就是最终看到自己在购买过程中所选择的全部商品清单。这时，若客户需要有所更改应该被允许对订单进行改动，之后再提醒客户按“提交订单”键并在信息返回后予以确认正式订购。商店要告诉客户，系统将对他的订单自动生成一个需要记住的订单号，那将是自己购买后查询商品信息的唯一依据，并且要注意自己的网上购货程序只有在得到订单号时才算完成。

有很多网上商店在给客户进行配送的时候，会按一张订单进行一次配送服务，还会从客户那里收取一份配送的费用。然而有的客户会在一次购物完成后，继续留在本店浏览购物，要是再次下订单客户就要付与订单数相同的配送费用，实际上这对客户来说并不合理，而对于商店来说也要多安排一次配送，并非有利。所以，不少网上商店都会允许客户在一定时间内以同一收货人提交的购货订单为依据将其合并为一，这样一来不仅节省了客户的配送费，还会使客户能够感到商店的良好服务，给客户留下美好的印象。当然，对于订单的合并，要在客户提交订单时予以特别提示，就如“如果您在两个小时之内分别以同一收货人名义提交两份或以上的订单，为了减少您支付的配送费用，您可在第二份订单提交成功后与客户服务部联系，提出合并订单要求，或点击此页面下方的订单查询与修改，亲自在网页上进行订单的修改、合并。否则配送费用将按规定以订单数收取。”

5. 订单的查询和修改

网上购物的过程都是在虚拟的环境中进行的，网络消费者通常会要求对自己所提交的订单进行查询或是修改，这都是正常的，网上商店一定要在这方面为客户提供方便。网上商店应该让消费者无论在任何页面都能够进入“订单查询”界面以便进行自行查询或修改，客户只需登记自己的 E-mail 和密码，就可以对订单进行的查询、修改、删除、合并和取消的操作：

（1）查询订单：客户能够对自己已经提交过的订单进行查询。

（2）修改订单：客户能够修改订购数量，收货人资料，发送及付款方式。

（3）删除订单：客户能够将已经生效的订单删除，或恢复已删除的订单。

（4）合并订单：所有未经处理的订单都允许任意合并，以节省客户的配送费用支出。

6. 费用。

有不少网站都会给自己的客户赠送购物券，通常会规定一张订单只能使用一张购物券，因此在这就应该提醒客户尽量将其他订单合并到有购物券的订单里；若要合并的订单都使用了购物券，合并之后将只有一张购物券有效，其他购物券可以允许客户以后使用。

7. 订单的各种状态。

不同的网上所提供的订单有不同的状态，但一般情况下有以下几种状态：

（1）未处理（2）待确认（3）已确认（4）已收款（5）已取消（6）全部发货（7）部分发货（8）交易完成

8. 取消订单。

如果要订单尚未进入配送程序前应该允许客户可直接在网页上对订单进行取消操作。网上商店要提醒客户在取消订单前先进行“订单查询”，并提供如下情况让客户了解如何操作：

（1）若订单处于“未处理”状态，则可以点击“取消订单”的链接直接将订单取消。

（2）若订单处于“已处理”或“已收款”状态，表示订单已经进入配货流程，请客户与客户服务中心取得联系，通过 E-mail 或电话取消该订单。

（3）若该订单已经配送，就不能取消订单了，商店可以向客户表示歉意，或让客户在收货后进行退货操作。

（六）网上商店订单处理流程的完善

网上商店的订单处理是电子商务企业的核心业务流程，订单处理流程的合理化是实现企业顾客服务目标最重要的影响因素。

1. 完善网上商店订单处理流程的原因。

（1）从客户角度来看，消费者只所以选择网上购物，不仅是为了商品或服务本身，更主要的是获得价值，享受网上购物的服务乐趣。

（2）企业角度来说，提高为客户服务的水平与降低商店的商品库存、商品的配送运输费用是非常重要的，环节是吸引和维护客户的关键。

2. 完善网上商店订单处理流程的关键因素。

可以从多个方面完善网上商店的客户订单处理流程，但以下几个关键因素必须要考虑：

（1）时间因素（2）成本因素（3）供货准确性因素（4）信息因素

3. 对网上商店订单处理流程进行完善的方法与步骤。

各电子商务网站对网上订单处理流程进行完善的方法各有各的特点，没有统一的方法和步骤方式，因此适合的才是最好的。但从总体上来看，以下几种是比较常用的方法：

（1）调查本公司当前的网上客户购物订单和处理流程，并绘制出订单处理的流程图；

（2）调查现有网上客户购物订单处理流程中各节点耗用的时间长度；

（3）利用流程改善的原则来改善网上客户购物订单的处理问题；

（4）绘制对客户订单的商品配送过程的网络结构图；

（5）流程改善常遵循的一些原则包括并行处理、交叉处理、分批处理、删除不增值工序、减少等待、在瓶颈处添加额外资源等。

在电子交易过程中，不可避免的会出现这样或那样的问题，电子商务企业要不断完善自己的网上商店订单处理流程，为消费者提供更便捷，更安全的交易环境。当外界条件改变或企业自身条件不断变化时，也必须进行一系列的运作，不断完善自己的网上商店订单处理能力，增强消费者的信心。

二、订单分拣与合并

（一）订单的分拣

物流配送中心依据顾客的订单要求或配送计划，准确、快速地将商品从其仓库或其他存储位置拣取出来，并按一定的方式进行分类、集中的作业过程，以实现将商品送达顾客的目的称之为订单分拣。

按不同的分拣标准可以将分拣进行不同分类，不同的分类具有不同的特点：

1. 按照订单分拣的特点是：目标明确，减少作业时间，但品种较多的情况下，拣取路径较长，效率较低；

2. 按批量拣取：这种多张订单集中，固定订单的客户分类拣取的方式对提高拣取效率起到很大的帮助，但是在作业过程中往往需要累积多张订单，因此停滞时间较长，配送时

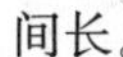

间长。

针对公司货物的种类进行拣取，根据货物的特性，可以将货物分为几个大类，需要注意分拣的时效性。可采用订单分拣与批量分拣的综合体—复合分拣，根据订单的品种、数量及出库频率，确定哪些订单适应于订单拣取，哪些适应于批量拣取，分别采取不同的拣货方式。这种方式对配送中心的订单处理提出了不同的要求，从源头开始有效的分类订单（种类、重量），可以有效的减少分拣所用的时间。

（二）订单的合并

订单合并的工作程序及内容

操作步骤如下：

（1）在商城订单的状态均为“未审核”状态时，则可以向商城申请订单合并。

（2）可以通过 E-mail 的方式向商城客户服务部门发出通知，要求订单合并。

（3）商城客户服务部门及时答复客户的要求，协助其进行订单合并。

三、订单分配后存货不足处理

当出现仓库存货不足，不能供应客户需求时，客户又不同意接受替代品，则按客户的要求与公司规定有如下几种处理办法；

1. 重新调拨

如果客户不同意延期交货，公司不希望错过这个订单时，则有必要通过重新调拨的方式分配订单；

2. 补送

如果客户允许不足部分可以等有货时再过期交货，公司政策也允许，则采用补送处理；如果客户允许不足订单额的部分或整张订单滞留下一次订货时配送的，也采取补送处理；

3. 删除不足额订单

如果客户不同意部分出货，或公司政策不支持分批出货时，则删除订单；如果客户不同意延期出货，公司也无法再重新调拨时，则删除订单；

4. 延迟交货

延迟交货分为两种情况：

1）有时限延迟交货，客户允许在一段时间内延期交货，且希望将所有订单同一时间送达；

2）无限延迟交货，客户同意不管延长多少时间交货，希望所有订单同时抵达，则等所有订货备齐后再统一配送；对延迟订单需要有记录存档或单独列项；

5. 订单取消

如果客户要求所有订单同一时间送达，且不允许过期交货，公司也无法再重新调拨，这时只能将该订单取消；

6. 订单资料输出

需要打印出的资料包括：拣货单（或拣货单条码）、缺货资料。

以上为订单处理所涉及到的各个方面，物流在订单执行过程中担当及时、安全、足额配送的重要角色，并直接面对门店和终端客户，也是了解客户需求与服务反馈的一个重要信息源。

第二节　电子合同签订

一、电子合同签订

（一）电子合同的概念

电子合同是通过计算机网络系统订立的以数据电文的方式生成、储存或传递的合同。在这里，“数据电文”有其专门的定义，“数据电文指经由电子手段、光学手段或类似手段生成、储存或传递的信息，数据电文包括限于电子数据交换（EDI）、电子邮件、电报或传真所传递的信息”（联合国国际贸易法委员会《电子商务示范法》第2条a项）。

（二）电子合同与传统合同的区别

电子合同与传统合同有其不同之处。在电子商务中，合同的意义和作用没有发生根本改变，发生巨大变化的是其外在形式。

其不同点表现如下：

（1）订立合同的环境发生变化。

（2）订立合同的各步骤发生了变化。

（3）合同的形式产生了变化。

（4）合同当事人的权利和义务有不同之处。

（5）电子合同的履行和支付较传统合同更为复杂

（6）电子合同形式上的变化对与合同密切相关的法律产生了重大影响，如知识产权法、证据法等。

电子合同形式的变化，不可避免地改变了世界各国关于合同的法律，它要求符合它形式变化的新的法律的出现，电子商务作为一种新的贸易形式，与现存的合同法发生矛盾非常正常，但对于法律法规来说，如何修改发展现存合同法，以适应新的贸易形式，成为需要解决的问题。

（三）电子合同的分类

电子合同的分类，目的在于通过分类来更好地掌握同一类合同的共同特征以便进行研究和指导实践。电子合同作为一种民商合同，当然可以按传统合同的分类标准来划分，但是，它又是一种特殊形式的合同，具有自己独特的特点，可以按照自身的特点加以分类。

1. 信息产品合同与非信息产品合同。

按照标的不同，可以将合同区分为货物贸易合同、服务贸易合同及知识产权贸易合同三个种类。电子商务包括了传统的商务电子化，如在线进行货物买卖、在线信息服务等，这类电子合同的与传统合同的标的没有实质区别。同时电子商务也产生了一些新类型的合同。

2. 有形信息产品合同与无形信息产品合同。

在信息产品合同中，按照数字化的信息是否具有实体形式，可将合同区分为有形信息产品合同与无形信息产品合同。数字化信息附着在有形载体上，如附着在音乐碟片、软件光盘上，可以称为有形信息产品。

3. 信息许可使用合同与信息服务合同

按照合同标的性质的不同，可以将合同划分为信息许可使用合同与信息服务合同。

（四）网络商品中介交易

网络商品中介交易是通过网络商品交易中心，即通过虚拟网络市场进行的商品交易。这种方式是B2B电子商务的一种主要形式。在这种交易过程中，网络商品交易中心以因特网为基础，利用先进的通讯技术和计算机软件技术，将商品供应商、采购商和银行密切地联系在一起，为客户提供市场信息、商品交易、货款结算、仓储配送等系统化和全方位的服务。

（五）网络商品交易中心特点

1. 网络商品交易中心的特点。

网络商品交易中心具有以下几个特点：

（1）网络商品交易中心为买卖双方提供了一个世界化的大市场。

（2）网络商品交易中心能够有效地解决传统交易中“拿钱不给货”和“拿货不给钱”的两大难题。

（3）在结算方式上，网络商品交易中心一般采用统一集中的结算模式，即在指定的商业银行统一的结算账户，进行结算可以有效地避免多形式、多层次的资金截留、占用和挪用，大大提高资金的风险防范能力。

（4）网络商品交易中心还有一些问题，需要得到解决：目前的合同还在使用买卖双方签字交换的方式，如何过渡到电子合同，并在法律上得以认证，还需要在技术和法律支持等方面进一步完善。

2. 电子合同的签订流程。

为了更好的讲解电子合同的签订过程，我们可以用模拟的方法，本模块就是模拟电子合同的签订过程。即在网上洽谈中生成的待签订的合同，在本模块进行签订。合同的签订流程如下：

（1）采购商进入电子合同模块，选择甲方还未签订的合同，点击“合同明细”；如下图所示；

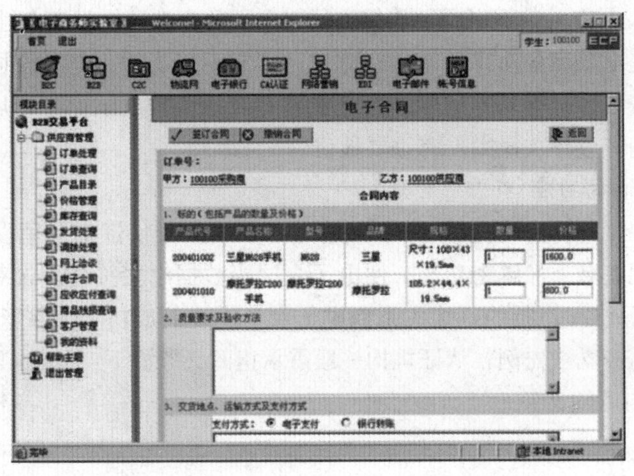

图 7.2-1　完成采购商合同签订示意图

（2）在进入合同明细后，点击“签订合同”；完成采购商合同签订。

二、电子合同分析

（一）电子合同的有效性

在电子技术得到应用之前，法律几乎没有遇到文件在中介载体上出问题。电报、电传、传真由于产生了书面的通讯记录，收方得到了反映通讯记录纸，则足以形成书面证据。

电子商务利用的电子邮件和电子数据交换与电报、传真等方式类似，都以一系列电子脉冲传递信息。但由于电子合同不以原始纸张作为记录凭证，而是利用计算机储存信息或是记录于软盘等介质上。所以，电子合同具有自身的特点：如电子数据的易消失性；电子数据的易改动性；电子合同的局限性，传统的书面合同只是受到当事人保护程度和自然侵蚀的限制，而电子合同不但会因为物理原因而受影响，还会因为受到计算机病毒等原因彻底的毁坏。

（二）通过“电子签名”实现电子合同的有效性

虽然如今我国已通过法律确认电子合同的有效性，但对于电子合同的签字仍无具体规定，而这恰恰是电子商务的中心环节，也是我们要重点研究的地方。合同须当事人签章才能生效，具有法律效力，可是，当事人的亲笔签名无法通过网络进行传递，针对这一问题，各国的立法者和电子专家们想出了“电子签名”这一概念。

在法律上“电子”是一个具有创新意义的重要概念，将其作为种种电子认证技术在法律上的总括，得到许多国家的认可和采纳。美国犹他州的《数字签名法》是世界上第一部电子签名的立法。

那么什么是“电子签名”？它是指在数据电文中，以电子形式所含、所附或逻辑上与数据电文有联系的数据，和与数据电文有关系的任何方法，它可用于鉴别与数据电文有关的签字持有人和表明此人认可数据电文所含信息。“电子签名”具有突出的特点，具体如下：

（1）在其使用范围内，对签名持有人而言是唯一的。

（2）由签名持有人或以签名持有人单独控制的方法所造并附在数据电文中。

（3）其制造及与有关数据电文的连接方式对电文的完整性提供安全性的保证。

电子签名法是电子商务法律的基础设施之一，它不仅能解决电子合同的法律效力、电子交易中风险和责任分配等基本问题，而且能够有效地维护电子商务领域中的国家经济利益，因此在电子商务整体法律中占有重要地位。

（三）认证机构的功能

认证机构（CA）提供认证服务的方法是为用户颁发身份证书，用以标识其在网上身份，运用证书实现签名，加解密功能，便电子合同等数据电文符合诉讼对证据的要求，并在法律上得到认可。CA运行的好坏关系到电子商务发展的成功。为保障电子商务的安全，参考国际上电子商务立法先例，认证机构一般需承担的义务如下：

1. 信息披露与通知义务。

2. 安全义务。

3. 保密义务。

另外，CA还要承担其他义务，比如举证义务等。

（四）作为诉讼证据的电子合同

我国诉讼证据学对证据的要求，可以概括为“三性说”，即客观性、合法性、关联性。由于用户私钥是唯一的，而且只有其本人才能使用自己的私钥确认，所以要确定用户使用私钥产生的数字签名是本人意思的真实表示，符合证据学关于客观性的要求。同时，由于摘要函数的不可逆性，任何对电子信息所做的细小变动都将导致不同的电子签名，从而确认用户所做的签名与该文件内容有客观联系，体现了关联性。

取得合法地位的认证机构提供的电子签名为法律所承认，达到法律要求的标准，使用该技术形成的电子合同等电子认证则满足诉讼关于证据合法性的要求。

第三节 电子支付

一、使用标准协议进行电子支付

（一）SSL 协议

SSL 协议能够确保两个应用程序之间通信内容的保密性和数据的完整性。SSL 协议层包括 SSL 记录协议与 SSL 握手协议两个协议子层。

1. SSL 记录协议的两个基本特点

（1）连接是专用的；

（2）连接是可靠的。

2. SSL 握手协议的三个基本特点。

（1）能对通信双方的身份进行认证；

（2）进行协商的双方秘密是受保护的，是安全的；

（3）协商是可依赖的。

SSL 安全技术在互联网服务器和客户机之间提供了安全的 TCP/IP 通道，SSL 可用于加密任何基于 TCP/IP 的应用，例如 HTTP、Telnet、FTP 等。

（二）SET 协议

SET 的全称是 Secure Electronic Transaction，意思是安全电子交易，SET 是它的英文缩写。这是一个互联网上实现安全电子交易的协议标准。

SSL 协议属于网络对话层的标准协议，而 SET 协议是在对话层之上的应用层的网络标准协议。它规定了交易各方进行交易结算时的具体内容、流程及安全控制策略。SET 的保密方式是通过使用公共密钥和对称密钥的方式，这种加密方式加强了数据的保密性，保证了数据的安全性，这种保密方式通过使用数字签名来确定数据是否被篡改，保证数据的一致性和完整性，并可以完成交易，防止毁约的现象出现。

1. SET 协议运行的目标。

（1）保证信息在互联网的传输方程是安全的，以防数据被内部人员或黑客窃取、篡改。

（2）保证电子商务参与者信息的相互隔离。

（3）解决网上认证问题既要对消息者的银行卡认证，还要对在线商店的信誉程度认证，同时还有消费者、在线商店与银行间的认证。

（4）保证网上交易的实时性，即保证在线进行所有的支付。

（5）是 EDI 贸易形式的效仿，规范协议和消息格式，促使不同厂家开发的软件具有兼容性和互操作功能，并且能够在不同的硬件和操作系统平台上运行。

2. SET 协议涉及的对象。

SET 协议中涉及的对象有消费者、在线商店、收单银行、电子货币发行机构、认证中心。

3. 与 SET 配套的 CA 认证。

（三）网上银行的优势

网上银行已得到了广泛的运用，它的主要优势是：

1. 成本低、价格低的优势

（1）较低的组建成本。

（2）较低的业务成本。

（3）以价格优势在竞争中取胜。

2. 提供互动性与持续性服务；

3. 提供私密性与标准化的服务；

4. 提供全球性的服务。

二、使用电子钱包进行电子支付

电子钱包是随电子商务的发展而产生的。电子钱包是消费者在电子商务购物活动中常用的一种支付工具，特别是在小额购物或购买小商品时常用，电子钱包的运用更为广泛，它是一种新式的钱包。

使用电子钱包购物，通常需要在电子钱包服务系统中进行，通过软件进行操作。通常情况下，电子商务活动中的电子钱包的软件都是免费提供的，使用者可以直接使用与银行帐号相连接的电子商务系统服务器上的电子钱包软件，也可以从 Internet 上调出来，采用各种保密方式利用 Internet 上的电子钱包软件。

目前世界上有两大电子钱包系统，分别是 VISAcash 和 Mondex，另外，还有一些其他的电子钱包服务系统，比如 MasterCardcash、EuroPay 的 Clip 和比利时的 Proton 等。

通常，使用电子钱包的顾客都有银行帐户。在使用电子钱包时，将有关的应用软件安装到电子商务服务器上，利用电子钱包服务系统就可以把用户各种电子货币或电子金融卡上的数据输入进去。在发生收付款时，如果使用者要用电子信用卡付款，例如用 Visa 卡或者 MasterCard 卡等收付款时，使用者只要单击一下相应项目（或相应图标）即可进行支付，人们常将这种电子支付方式称为单击式或电击式支付方式。

在电子钱包内只能完全充入电子货币，如可以充入电子现金、电子零钱、电子信用卡、安全零钱、在线货币、数字货币等。这些电子支付工具都有支持单击式支付方式的功能。

在电子商务服务系统中有电子货币和电子钱包的功能管理模块设置，称为电子钱包管理器，使用者可以用它来修改保密口令或保密方式，它还具有查询功能，使用者可以用它来查询本人银行帐号上的收付往来的电子货币帐目、清单和数据。电子商务服务系统中还有电子交易记录器，通过查询记录器，使用者可以清楚地看到自己的购物记录，了解自己都买了些什么物品，购买了多少，如有需要，可以将其打印出来。

尽管，电子钱包的使用一般是从一个集中的城市或行业开始，但如果不同行业和地区的电子钱包都发展起来，要解决的一个重要问题就是通用性。统一标准带来的通用效果使得不同的电子钱包受理终端可以共享降低成本的实惠，这是电子钱包跨行业、跨地区发展的重要前提。

在我国，人民银行的金融 IC 卡标准，对我国的电子钱包和电子存折的标准制订有了参考，这为我国的统一的电子钱包奠定发展基础。目前该标准没有制定非接触式的标准，也就是说该标准还不能进入电子钱包最大的应用领域—交通，所以需要更完善的标准来管理。

目前，大致上可以将我国的电子钱包分为两大类：一类是由行业卡演变而成的行业电子钱包（或准电子钱包），另一类是银行发行的通用电子钱包。由于历史和现有体制的原因，公交行业是行业卡发展最快，最先进的行业，它也是行业电子钱包的摇篮。

人们对电子钱包有不同的理解，被大部分人认同的是以下两种定义：

一是单纯的软件，主要用于网上消费和帐户管理，这类软件通常与银行账户或银行卡账户绑定在一起，实际上是从银行帐户或银行卡帐户中消费金额得到保险。这类是软件形态的虚拟电子钱包。

二是小额支付的智能储值卡，持卡人通过在卡中预先存入一定的金额，再在交易时直接从储值帐户中扣除交易金额的方法进行支付。这类是实物形态的电子钱包。

1. 智能储值卡电子钱包

智能（IC）储值卡电子钱包是目前实物形态电子钱包的主要形式，持卡人通过在卡中预先存一定的资金，再在交易时直接从储值帐户中扣除交易金额的方法进行支付。

按照用途的广泛性分类，可以将智能储值卡分为多用途卡和单用途卡两种。

卡类电子钱包具有非实名制、脱机交易、小额支付和使用环境相对封闭的特点。

2. 软件形态虚拟电子钱包

软件形态的虚拟电子钱包，是客户用来进行安全电子交易和储存交易记录的加密银行帐户软件，通常情况下与电子现金卡、银行卡和 IC 卡绑定使用。

按照电子钱包软件的存储位置，虚拟电子钱包可以分为服务器端电子钱包和客户端电子钱包两种。

电子钱包（E-wallet）：是客户用来进行安全网上支付，并且能够存储交易记录的特殊计算机软件或者硬件设备。往往和网络浏览器结合使用。

（一）电子钱包产品举例

电子钱包产品举例（1）

图 7.3-1 电子钱包产品示意图

电子钱包产品举例（2）

图 7.3-2 电子钱包产品示意图

电子钱包产品举例（3）

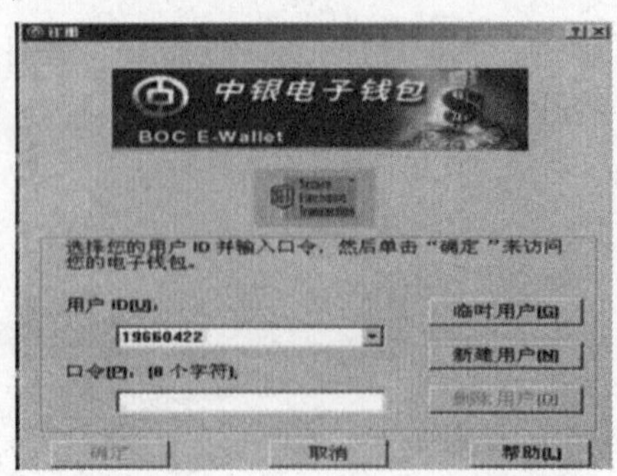

图 7.3-3 电子钱包使用示意图

电子钱包具有强大的功能和鲜明的特点，具体如下：

1. 电子钱包主要有个人资料管理、网上付款、交易记录查询、银行卡余额查询等功能。

2. 电子钱包最突出的特点就是信息安全。且因交易方便快捷，受到越来越多消费者的喜欢。

使用电子钱包支付流程如下图所示：

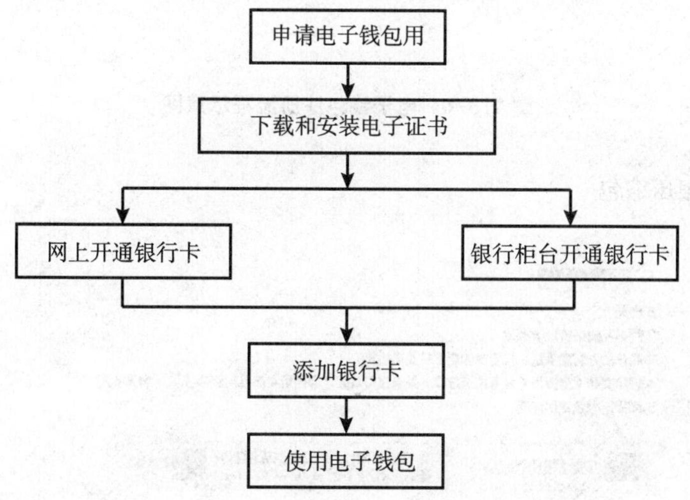

图 7.3-4　电子钱包支付流程示意图

（二）具体描述如下：

1. 注册

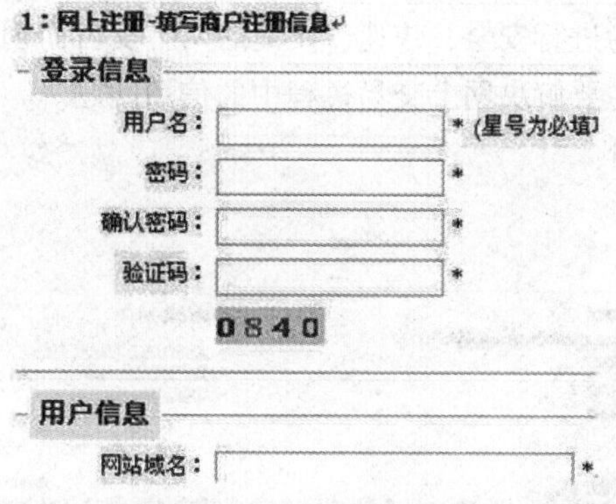

图 7.3-5　电子钱包使用流程示意图

2. 查收邮件；

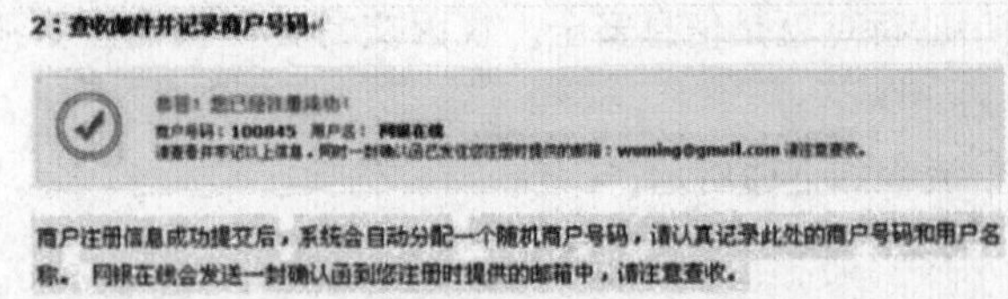

图 7.3–6 电子钱包注册流程示意图

3. 下载网银压缩包

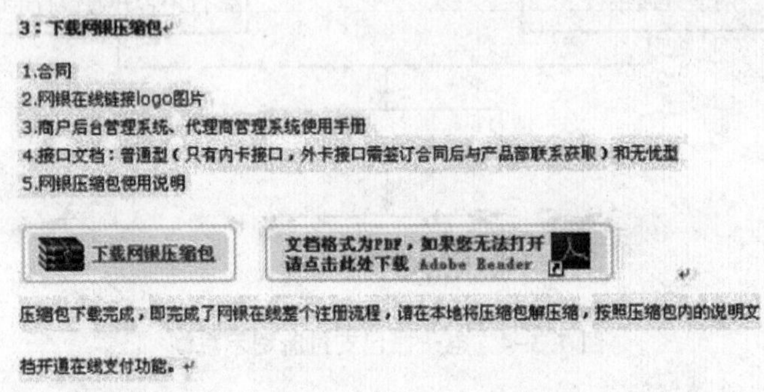

图 7.3–7 电子钱包注册安装流程示意图

目前网银钱包主要有以下两个服务内容：

（1）网银钱包账户，为进行安全、快速、便捷的网上支付而创建。

（2）网银支付服务，主要解决网上交易过程中的信用问题。

我的钱包页面，见下图：

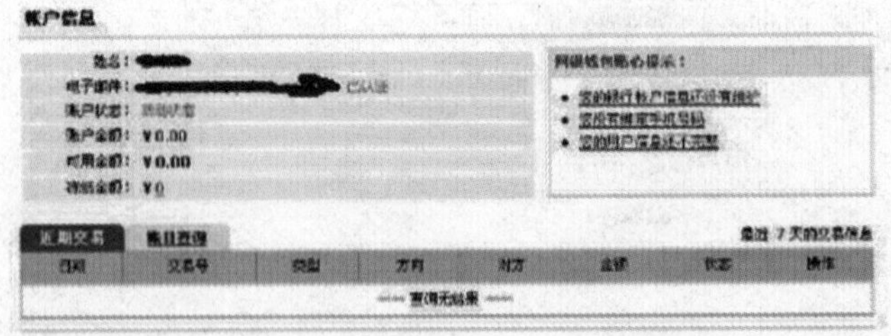

图 7.3–8 电子钱包页面–1 示意图

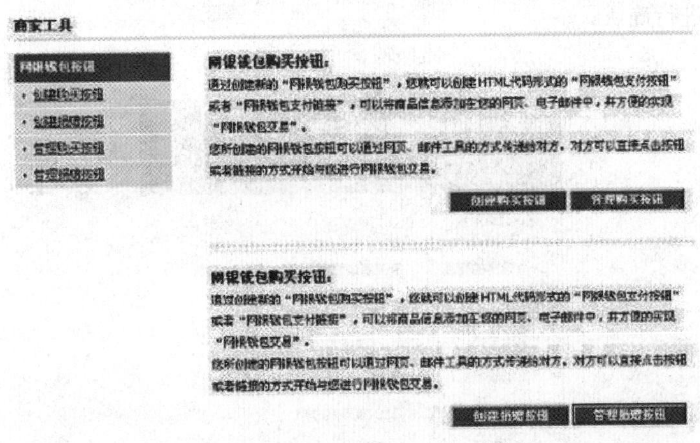

图 7.3-9　电子钱包页面-2 示意图

（三）利用电子钱包，怎样进行购物支付呢，具体步骤如下：

1. 选择商品；

图 7.3-10　电子钱包购物支付_ 选择商品页面示意图

2. 填写订单信息；

填写订单信息

填写订单信息

- 您选择的商品　夜来香淡香水
- 数量　1
- 需要支付　0.01元（以人民币为单位）
- 您的姓名　张三
- 联系电话　010-88579011
- 电子邮箱　service@chinabank.com.cn
- 请选择付款方式　网银在线网上支付

去结算　返回上一步

图 7.3-11　电子钱包购物支付_ 填写订单信息页面示意图

3. 对订单进行确认；

图 7.3–12 电子钱包购物支付_ 订单确认页面示意图

4. 选择支付银行；
5. 填写支付卡号密码信息；
6. 确认支付信息是否正确；
7. 支付成功；
8. 在网上商城上对订单进行确认；

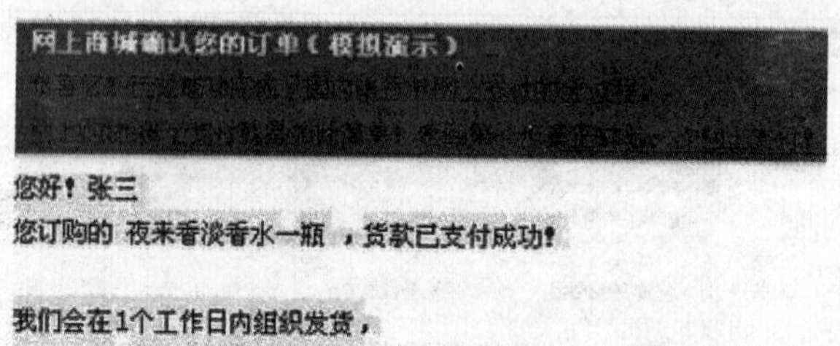

图 7.3–13 电子钱包购物支付_ 订单确认页面_ 2 示意图

9. 查询电子钱包购物记录；

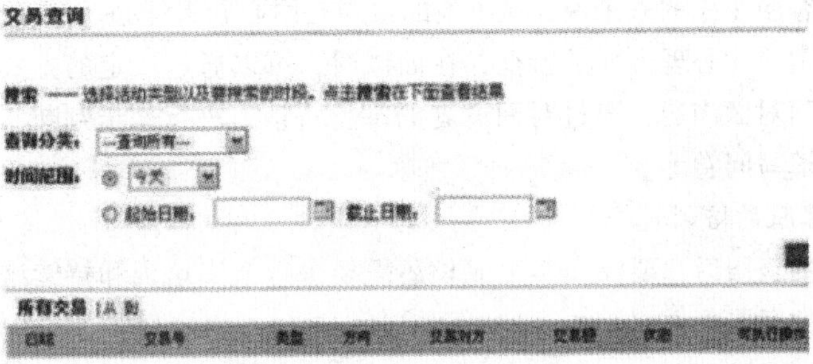

图 7.3–14　电子钱包购物支付_ 查询购物记录示意图

第四节　客户服务管理

一、电子商务的客户服务

本节的重点内容是介绍如何建设有战斗力的客服团队、如何考核以及如何处理投诉等高级客服技能。

在电子商务的各种岗位中，客服个体能力的提高依赖整个团队的支持和团队领导者的管理，只有团队的共同努力，才有提高客户满意度的成果。

客服团队建设包括客服的招聘与培训、客服的团队角色、客服的情绪管理、客服的考核以及激励等内容。

（一）一线客服的招聘

对于人力资源部和客服的主管来说，只有招聘到优秀的客服人员，才能把客服服务的工作做好。假如把不合适的人安排到客服的工作岗位上，后面进行再多的培训，也培养不出好的客服，直接导致客户数量的减少。

客服的基本技能是面试时容易识别的，比如打字的速度，软件工具的操作等。对产品和业务知识的了解，可以通过短期的培训来提升，但是有些能力和素质，是很难通过短期的培训来改变的，特别是人员的本性素养。

一个有培养潜力的一线客服应具备以下几点素质：

1. 情商要高，性格外向活泼、表达能力强，具有赢得他人信任与好感的能力，有利于良性沟通。

2. 要有良好的心态，以宽容的态度对待人与事，要能够承受一定压力，心理状态良好。

3. 要保持持续学习的能力，善于在工作中不断总结经验，也善于学习和借鉴别人的经验。

对于主动营销型客服，还需要一定的销售方面的潜能，如富于进取心和责任心，有充沛的精力，饱满的热情，勇于开拓，善于学习。

对于做售后客服工作的人来说，最重要的素质是耐心和责任心。

这些个性、素质和心理方面的特征，在面试时，可以通过一定的方式来进行了解，比如可以直接进行面对面沟通，通过对面试者的举止言谈，进行初步判断，也可以通过一些测试软件，或者填写问卷等。

（二）一线客服的培训

招聘到合适的客服后，要保证客服成长还需要进行上岗培训和持续培训，这是不断提高客服专业能力的必要条件。

1. 上岗培训

上岗培训的主要目的是为了让新招聘的客服能够快速具备客服的基本技巧、适应企业文化，在人员入职后及上岗前需要为新客服提供基本的上岗培训。除了企业新员工的基本培训外，上岗培训还应该包括对行业、产品和业务的介绍，对客户的认识，客户服务基本规范和工作守则，考核等相关内容。上岗培训是为了让新员工快速达到开展工作的能力。

2. 持续培训

在客服上岗开始工作后，还要为客服安排不间断的培训课程，培训的方式可以分为两种，一种是集中培训，另一种是现场培训。持续培训的能力和效果是一个客服团队管理能力的重要方面，也是激励团队成员保持良好工作状态的重要手段。

集中培训就是把客服集中在一起，请内部或外部聘请的讲师培训在这个阶段最薄弱的客服技能，如新业务培训，对新产品的学习、市场营销活动的介绍，话术培训，各种情况的应对措施培训，主动销售培训，心态培训，自我管理培训等。集中培训可以促进客服进行经验交流，集中解决实际工作中遇到的问题。

多久安排一次集中培训呢，根据每个企业和业务的不同而有所不同，有每天总结经验式的培训，有周培训，有月培训，有定期培训，有不定期培训。集中培训不是越多越好，要根据实际的需要，做适应的安排。

现场培训，是客服团队内的导师通过监听电话，或查看客服对话记录，了解到某客服工作中遇到的问题后，进行一对一地指导，并针对这些问题组织改进计划。也可以把个别的客服对话作为案例，开展集中培训，以达到解决问题的目的。

（三）客服团队的角色与分工

一般的客服团队，除一线客服和客服总负责人外，还可以设置以下几个岗位。

1. 客服组长

我们可以把一线客服叫做士兵，把客服组长当成班长，担负着管理、激励和培养士兵的职责。小组成员就是客服的兵。但是组长不是专职的管理人员，组长也同时兼作一线客服，直接面对客户提供服务。此外当一线客服遇到无法解决的问题时，组长应该协助小组成员解决，帮助其成长。

2. 质检（质量检查）岗

质检就是通过管理工具，通过及时检查或事后检查，对一线客服的工作状态进行评判，也通过现场寻访，检查一线客服是否按照服务规范和标准开展服务。并将质检的结果报给一线客服、组长、考核和培训人员，通过这些方式，都可以对客服人员的工作进行控制，

以防出现的问题得不到及时的解决。

质检是保证客户服务质量的防火墙。在小规模的团队中，客服经理、组长或培训师都可兼任质检的工作。

3. 培训师

培训师，顾名思义是给予其他人培训的人，其主要任务是对一线客服提供上岗培训和持续培训。他们最关键的工作内容是发现一线客服的典型问题，并为一线客服提供一对一的辅导，或总结成培训课件，帮助一线客服解决问题和提高业务技能。

4. 数据分析岗

在客服人员为客户提供服务的过程中，会有大量的信息汇集，这些数据蕴含着对客户的观察、存在的问题和变化规律，通过收集和分析这些数据，找到改进客服的瓶颈以及提高效率、降低成本和提高转化率的关键点和方法。

这个工作内容常常需要安排一个专门负责的人，对于规模比较大的团队，可以设置专门的客服数据分析岗位。

如果是以团队的形式工作，团队的人员越多，需要的后援支持越大，后援产生的作用越大。不同的业务，客服的不同发展阶段，不同的团队规模，可以采取适合的团队架构。

二、客服的考核与激励

与客户进行面对面交流的是客服人员，他们不仅承受着工作强度带来的压力，处理客户抱怨的压力，还要承受业绩考核的压力，客服的考核和激励对营造良好的团队气氛、激励客服人员不断进步起着很大的作用。

一般客服可以根据服务策略，设计不同的考核指标，常见的有以下几种。

1. 按时送达率

按时送达率是指在企业承诺的送货时间范围内及时送达的商品与总的应送货商品数量的比值。它直接反映出电子商务企业在送货方面的服务质量。

2. 平均等待时间

平均等待时间是指客户通过电话、QQ 或邮件提出服务请求时企业反映的时间的平均值。这个数据反映了在线客服提供的服务的质量。

3. 服务放弃率

服务放弃率是指当客户提交服务请求时，由于客服没有及时响应而导致客户离线或者放弃的比例。这个指标越高，代表客服服务质量差，或是客服效率低，或是人员不足造成服务延迟。

4. 客户满意度

客户满意度是指客户对售后服务满意度的平均值，可以用三个等级进行衡量（满意、一般、不满意），也可以分为五个级别（非常满意、满意、一般、不满意、很不满意）。

客服团队的主要任务就是为顾客提供服务，因此客户满意度是客服工作绩效好坏的最重要的考核指标。客户满意度的测评主要通过向客户询问对客服的满意度并让客户为客服打分的方式来实现。有的公司为了体现客观性与公正性，还会请第三方独立公司来评估客户满意度。客户满意度有个人的客户满意度、小组的客户满意度、公司的客户满意度。通过分析客户满意度以及客户满意度的变化，来检查客户满意度与目标以及与竞争对手的差异。

客户满意度还有一个重要的意义就是通过对客户满意度的分析找到客户满意度降低的重要原因，以制订客户满意度的改进计划，及时提高客户满意度。

5. 销售转化率.

对于营销型、主动型客服，销售转化率是最重要的绩效考核指标。销售转化率就是总的服务人次除有效购买的订单数，可以体现出一个客服在销售方面的技能。

6. 单次平均服务时长

单次平均服务时长是指客服的有效工作时间除以服务的次数。通过这个数据的分析，可以计算出一线客服的工作效率。当然这个数据要与客户满意度以及销售转化率结合来评估客服的工作。

7. 一次性问题解决率

一次性问题解决率是指客户一次咨询就解决所提问题的数量占总的咨询数量的比例。一次性解决问题的能力对客服非常重要，特别对于电话客服。一次性问题解决率准确的定义就是单位时间内，相同客户电话（同一主叫号码）发出人工服务请求后无须再次发出人工服务请求，也无须客服代表电话回拨或转接即可解决的相同客户电话量占客服代表接起、回拨、转接相同客户电话总量的百分比。

一次性问题解决率可以对客户的满意度产生直接的影响，这个指标与整个团队的管理、服务流程的完善、责任明确、客服个人能力以及对客服的放权程度都有关系。

还有很多可以考核的指标，建议客服的负责人根据自己的情况，以及某一阶段客服的策略和工作重点，选择几个主要的考核指标，要注意考核指标不是越多越好，一定要选择适合的指标。

8. 有效工作时间占比

有效工作时间占比也是考核客服效率的指标，是一天总的工作时间减去非在线服务的时间，再除以一天总的工作时间。比如客服在没有客户咨询时，挑选客户，给客户做主动的服务，可以让有效工作时间占比得到提高。给客服配备适合的工具软件，或者给客服提供标准的回复范本，也可以让有效工作时间占比得到大大的提高。

三、投诉流程与话术

以最快的速度，合适的方式解决客户投诉是客服的管理人员或者高级客服的必备技能。

要妥善解决客户投诉，先要找到最合适的方式与客户沟通。很多客服人员都会有这样的感受，客户在投诉时会表现得情绪激动、愤怒，甚至使会用不礼貌的言辞。对此，客服要记住，客户之所以发怒是一种不满情绪的发泄，他们把自己的怨气、不满发泄出来，愤怒或不快的心情得到了释放和缓解，从而得到了心理平衡。此时，客户最希望得到的是安慰、尊重和重视，因此客服人员应立即向其表达歉意，并采取相应的措施。无论何种情况，客服都要保持冷静，不能与顾客起正面冲突，激化矛盾。

客服在与客户交流时，要做到以下几点要求。

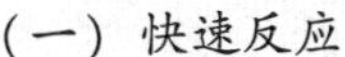

（一）快速反应

顾客反映商品存在问题，一般会比较着急，他们担心问题得不到解决，而且在遇到商品出问题时，他们的心情会不好。这个时候要快速反应，记下他的问题，及时查询问题发生的原因，及时帮助顾客解决问题。那些不能立刻处理的问题，客服也要告诉顾客："我们会马上给您解决，现在就给您处理……"

（二）热情接待

客服对待顾客要热情，这样可以得到顾客的好感。特别是在顾客来投诉时，不能站在顾客的对立面。顾客收到所购商品后，向客服反映问题，客服要热情地对待，要比交易的时候更亲切有礼，这样买家就会觉得卖家好，而不是那种虚伪的，销售货物的时候很热情，等钱收到之后有问题就推卸责任。对于推卸责任的那种客服，买家就会产生不满情绪，即使商品再好，他们都不会再次光顾。

（三）表示愿意提供服务

"让我看一下如何解决您的问题，我很愿意为您提供服务。"

正如前面所说，当客户正在等待问题被解决时，客服人员应体贴地表示乐于提供帮助，自然会让客户感到安全、有保障，从而让对立、不满的情绪消失，让客户对客服产生好感，甚至产生依赖感。

（四）引导客户情绪

客服有时候会在说道歉时感到不舒服，因为这似乎是在承认错的是自己。其实，"对不起"或"不好意思"并不一定表明错的是客服或公司，这主要表明客服对客户不愉快经历的同情与理解。不用担心客户因得到客服的认同而越发强硬，认同只会将客户的情绪引向解决方案。同时，也可以运用一些方法来引导客户的情绪，让客户的愤怒转为满意。

1. "何时"法提问

遇到一个在发怒者无法进入"解决问题"的状况，客服首先要做的是逐渐消除顾客的激动情绪。对于那些非常强烈的抱怨，应当用一些"何时"问题来减少其中的负面成分。客服要运用沟通技巧，善于引导顾客的情绪。

例如：

客户："你们根本是瞎胡搞，这种不负责任的做法导致了今天的问题！"

客服人员："您什么时候开始感到我们的服务没能及时替您解决这个问题？"

客服不应该用的言辞是："我们怎么瞎胡搞了？出现问题怎么是我们的责任？"这样的回答只能将客户推到对立面，激化矛盾，让问题更难解决。

2. 转移话题

当对方的愤怒不断攀升，对客服漫天指责时，可以抓住一些其中稍微有关的内容扭转方向，让气氛有所缓解。比如：

客户："你们彻底打乱了我的生活，你们的日子当然好过，可我还上有老下有小啊！"

客服经理："我理解您，您的孩子多大了？' '

客户："嗯？…?? 7岁了。"

3. 间隙转折

当场面要失控时，要学会暂时停止对话的技巧，特别是客服也需要找有决定权的人做一些决定或变通的时候。例如：

客服："请您稍等片刻，让我来和高层领导请示一下我们还可以怎样来解决这个问题。"

4. 给定限制

有时客服虽然做了很多尝试，可对方依然纠缠不休，甚至对客服进行言语侮辱，这时，客服若一味放低姿态，会让对方更嚣张，客服可以转而采用较为坚定的态度给对方一定限制。例如：

"林先生，我非常愿意给予您帮助。但您如果一直这样情绪激动，我只能和您另外约时间了。您看呢？"

（五）认真倾听

顾客投诉商品有问题，客服千万不要急着去辩解，而是要耐心听清楚问题的所在，然后记录下顾客的用户名、购买的商品，这样便于去回忆当时的情形，和顾客一起分析问题所在，才能有针对性地找到解决问题的办法。

在倾听客户投诉的时候，不仅要听他表达的内容还要注意他的语调与音量，这有助于了解客户语言背后的内在情绪。同时，要通过解释与澄清，做到真正了解客户指出的问题。例如："张先生，我这样理解是否正确，您是说，您一个月前买了我们的手机，但发现有时会无缘无故的出现死机现象。您已经到我们的手机维修中心检测过，但测试结果没有任何问题。今天，又出现了死机现象，您很不满意，要求我们给您更换产品。"客服要向客户澄清："我正确理解了您的意思吗？"

认真倾听客户，向客户解释他所表达的意思并请教客户自己的理解是否正确，都是向客户表明了自己的真诚的态度和对他提出的要求的尊重。同时，这也给客户一个重申他没有表达明白意图的机会。

（六）理解客户的感受

客户在投诉时会表现出愤怒、烦恼、失望、泄气等各种情绪，客服不应当把这些表现错当成对客服个人的发泄。特别是当客户情绪激动，向客服发火时，客服可能会想："我的态度这么好，他为什么冲我发脾气？"要知道，愤怒的情绪通常都会在潜意识中通过一个载体来发泄。比如某人一脚踩在石头上，他会对石头生气，一脚把它踢飞，虽然这不是石头的错。因此，客户仅仅是把客服当成了发泄对象而已，不是针对客服本人。客服这样理解，就可以忍受客户不良的情绪了。

很多时候，客户的抱怨是合理的，他们提出的问题理应得到极大的重视和最迅速、合理的解决。所以客服要让客户知道自己非常理解他的心情，关心他的问题，可以说："张先生，真是对不起，给您造成了不愉快，我非常理解您此时的感受。"

先不管是不是错误，至少在客户的思想里，他的情绪与要求是真实的，客服经理只有在思想上与客户保持同步，才有可能真正了解他的问题，找到最合适的方式与他交流，从而为成功的投诉处理奠定基础。

（七）安抚和解释

客服要缓解客户紧张的情绪，首先要站在顾客的角度想问题，顾客一般不会无理取闹，他来反映一个问题的时候，客服要先想一下，假如是自己遇到这个问题会怎么做，希望得到怎样的对待，所以要跟顾客说"我赞同您的看法""我也是这么想的"，这样顾客会感觉到客服是在为他处理问题，同时也会让顾客对客服的信任增加。要与顾客站在同一个角度看待问题，比如说一些“是不是这样”“您觉得呢”之类的话。

同时，在与客户沟通时，对他的称呼也是很重要的，一个客服属于一个团队，团队不是只有一个人，所以对自己这边要用“我们”来称呼，和顾客也可以用“我们”来说，例如：“我们分析一下这个问题”“我们看看……”这样会显得更亲近一些，也有信服力。对顾客要用敬称，要用“您”代替“你”，这样既专业，也有礼貌。

（八）诚恳道歉

不管是出于什么样的原因造成顾客的不满，向顾客道歉时，一定要态度诚恳，为给顾客造成的不便和损失道歉。如果客服已经非常诚恳地认识到自己的不足，顾客一般也不好意思死咬不放，毕竟顾客是来解决问题的，不是来吵架的。

（九）提出补救措施

对于顾客抱怨的不满，要能及时提出补救方法，并且明确地告诉顾客，让顾客感知到他的要求被尊重了，客服在为他服务，为他弥补，客服重视顾客的问题，顾客才会放心。一个及时有效的补救措施往往能让顾客的不满化为感谢和满意。

针对客户投诉，每个公司都应有各种预案或解决方案。客服人员在提供解决方案时要注意以下几点。

1. 为客户提供选择

通常一个问题的解决方案会有多种，为客户提供较满意的方案，能让客户感到受尊重，同时，客户选择的解决方案在实施时也会得到更多来自客户方的认可和配合。

2. 诚实地向客户承诺

因有些问题比较复杂或特殊，客服不确定应该怎样为客户解决。这时，客服不应该为了安慰顾客而给顾客可能实现不了的承诺，而应诚实地告诉客户，自己会尽力寻找解决的方法，但需一点时间，然后约定以最快的速度给客户回话。客服一定要确保准时给客户回话，即使到时仍不能解决问题，也要向客户说明问题的进展，并再次约定答复时间。诚实会更容易得到客户的尊重，而失诺会让客户气上加气。

3. 适当地给客户一些补偿

为避免操作中的一些失误，很多企业会给客服人员一定授权，以灵活处理此类问题。

但需要注意的是：将问题解决后一定要改进工作，以避免今后发生类似的问题。有些处理投诉的部门依靠礼品补偿给客户，这不是杜绝类似问题的根本办法。

（十）通知顾客并及时跟进

给顾客采取什么样的补救措施，现在的进度如何，都要及时通知顾客，让他们知道客服的工作内容和进度，明白客服为其所付出的努力。当顾客发现商品出现问题后，最担忧的问题是能不能得到补偿，其次才担心需要多长时间才能得到补偿。当顾客发现补救措施及时有效，而且商家也很重视的时候，就会感到放心。

第八章 网络营销策划与管理

第一节 网上市场调研

一、如何设计网上市场调研问卷

本章内容为按照网上市场调研的目的及要求，针对电子邮件、WWW 等网络工具设计相关的调研方案，提交调研问卷等。

（一）设计网上市场调研问卷相关内容

1. 明确网上市场调研目的、任务来源以及限制条件

在接受网上问卷设计任务时，首先需要明确的是本次网上市场调研的目的，就比如为新产品提供依据，或是为了解目前市场状况，再或者是分析调研对象的偏好情况；其次要了解任务的来源，是本单位的任务，还是客户委托的项目，了解他们的要求；接着需要明确的就是完成任务的时间限制、人员组成、样本数量要求、资金限制、合作伙伴等限制条件。

2. 确定数据收集方法

需要确定本次调研采用的方式是 E-mail 方式，还是在线调研方式、网站访问者随机调研方式或网上数据搜索方式等。

3. 初步确定问卷的构成及编码方式

按照目的及要求初步确定调研的问题数目范围（一般 20 题以内）、回答方式（单选、多选、开放回答）、问题排序等，要注意结构合理，语言流畅、描述清楚、避免二义性，问题回答的储存编码方式也要同时初步确定，便于后面的数据处理。

4. 修改完善定稿

调研问卷初步完成后请相关的主管或领导进行进一步确认修改，同时可以进行调试调研。

5. 审批

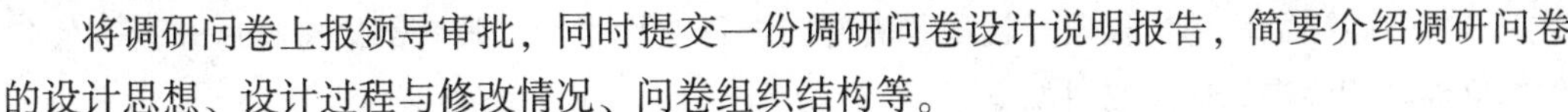

将调研问卷上报领导审批，同时提交一份调研问卷设计说明报告，简要介绍调研问卷的设计思想、设计过程与修改情况、问卷组织结构等。

（二）如何才能设计出一份理想的网络问卷

首先需要将传统问卷的设计原则融入进来，还要考虑问卷所涉及的网络环境，加入一些相关的设计概念。在设计网络问卷的时候需要考虑下面十二项关键因素：

1. 认真地编辑问卷。

问卷是收集资料的基本工具，可以说调查结果的成败都源于一份问卷编辑得好与坏，如今网上许多问卷当中，问题编辑得不是特别的理想，脱离问卷设计的基本原则，甚至会经常出现错别字，直接影响调查的质量。问卷的编辑应该注意下列事项：

（1）在一份问卷中最重要的问题，就是应该清楚地表明问卷的目的。

（2）将客观问题放在主观问题前面，这样调查起来，填表人员才会感到较为自然。

（3）将调查对象比较熟悉的问题放在比较陌生的问题前面，会比较容易引起调查对象的兴趣。

（4）问卷的最后要编辑比较容易的问题，如果是很长的问卷一定要记得这样做。

（5）还要将有关调查对象的性别、年龄、收入等这些较为敏感的问题放置在问卷最后，以免一开始调查对象没有思想准备就回答这些个人问题，容易产生心理抗拒。

2. 做好测试工作。

在问卷传送到网上之前，可以先找几个与调查对象一致的人来进行一个问卷填写测试，这是为了更好地了解问卷的内容是否适宜，排列次序是否合逻辑，分流式问题是否便于理解，问题是否带有偏见，再或者是问卷的结果是否能够提供预期的信息。若是问卷中有不少新设计的问题，就需要多做几次测试了，这样是为了确保届时能收到良好的效果。

问卷测试的技巧也有很多种，就如焦点小组测试法和一对一询问测试法。

（1）首先，焦点小组测试法就是找八到十位具有相同特征的人为一组，之后在一起讨论特定的主题。主持问卷调查的人还可以要求焦点小组想一些新的问卷问题或者是评估每个问题的效果。

（2）其次，一对一询问测试法是设计者和测试对象一对一交谈，询问测试对象选择此答案理由，这一方法能够帮助问卷设计者更好地了解测试对象的思考过程及判断标准。

3. 拟定问卷主题。

问卷主题应出现在问卷第一页的最上方，并且应该让调查对象马上了解问卷的主题。主题一定要十分明确，最好不要超过两行。就如：基本销售技巧问卷、医院医疗服务问卷、居民家庭耐用消费品问卷，主题都要非常清楚地显示该份问卷的内容极其相关方面。

4. 对本次调查作简要介绍。

在问卷主题之后设计一段简介，给予调查对象有关的调查信息，调查对象可以在填写问卷前大致了解问卷的目的和内容，心理上也会有所准备。

就简介而言，刚开始的时候要致欢迎词，接着要介绍问卷的目的，说明调查结果的用途，并确保信息保密而且不作其他用途，争取调查对象的合作。简介中还可以说明完成问卷所需要的大概时间，以便调查对象安排好时间完成填写问卷，避免因其他原因而中断填写，以后也懒于继续完成问卷。再有就是可以在简介中指出进行调查的单位，若是一些调查单位拥有较高的声望与权威，就如政府部门、行业性组织、教育部门等这些非盈利性组织的问卷可能会得到更高的回收率。

5. 设计过滤性问题。

现在上网的人不断增多，或许有更多的人闲着没事填写网上问卷，而这些人并不是问卷所针对的目标。针对这样的问题，网上问卷可以在刚开始的时候就设置几个过滤性的问题，这样就可以筛选出问卷针对的确定性对象。就如一份销售技巧问卷一开始就这样表明；“这份问卷的对象是有过销售经验的人，如果您没有任何销售经验，请改填消费者问卷。”这份问卷的设计者提供了两种问卷的选择，这样就可以过滤出相应的调查对象，提高问卷的成效。

6. 设计合理的问卷长度。

通常传统问卷的长度在四至八页，问卷设计者需要首先考虑调查对象回答问卷的动机，可以说那些越是能够激发他们兴趣和积极性的主题，他们就会更有耐心完成问卷。如果问卷略长，就可以将问卷分成几段，每段包含几个问题，调查对象可以根据自己的时间与兴趣逐步完成。最重要的问题放在每个段落的前面，就算调查对象来不及回答所有的问题，而最重要的信息也已经收集到手。

有家公司的问卷很长，而鼓励调查对象填写问卷的构想特别的有创意：“请完成下列问卷，凡是有（1）号的问题请一定回答，不然您的问卷不予接受。其余的问题可以自由回答，但您回答的问题越多，得到的奖励也就越多。”

7. 设立奖励。

设立奖励的目的就是提高问卷回收率，例如在一份问卷中的简介这样声明：“凡是完成所有问题的受访者可参加大抽奖，奖品由赞助商提供。抽奖方法公布在问卷末端。”在问卷末端又列出参加的方法：“请提供您的姓名和电子邮件信箱地址，以便参加抽奖，您的个人资料我们绝对保密。”有时填过问卷的人是希望知道调查结果的，要是可以答应调查对象以后会将问卷结果以电子邮件的方式发送过去，可以收到鼓励的效果。再有一种奖励的方法是提供线上折扣券，凡是完成问卷的人都可以通过电子邮件获得一个密码，之后便可利用密码进入一个享受特别优惠的网址。

8. 将［其他］列入选项。

可以的话就尽量在问题的答案中列入［其他］选项，因为没有这样的选择，往往会使回答问卷的人不能顺利地完成回答而产生挫折感，列入［其他］选项，这样就可以使问卷设计者了解调查对象的其他想法。

9. 设置未回答项。

网络调查问卷还需要注意会遇到调查对象漏填或不愿填写某个问题，问卷设计者应将这种情况设置为未回答项，这样就会方便电脑在统计结果时遇到这种情况自动选择未回答项而不是选择问题的第一项，以确保调查结果的准确性。

10. 设计明确的答案。

网上问卷绝不能引导调查对象选择某个答案，问题的测度必须在答案中得到明确地表达。要记得精心设计问卷，将问卷中设计一个消除键，调查对象可以有更改答案的权利。现在的网上问卷的消除键大多设在问卷末端，一按会消除所有的答案，若只是想要改变一

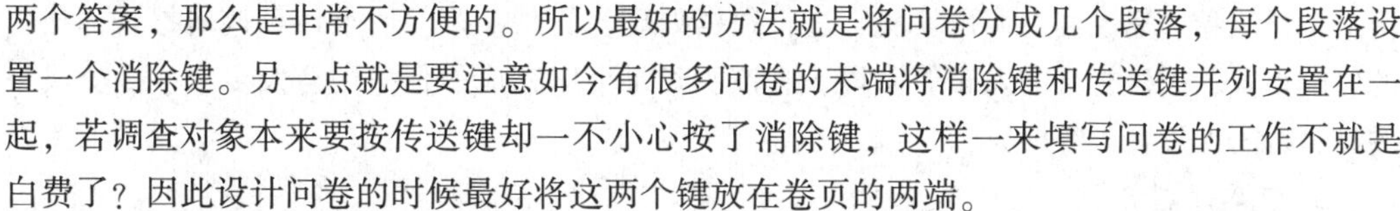

两个答案，那么是非常不方便的。所以最好的方法就是将问卷分成几个段落，每个段落设置一个消除键。另一点就是要注意如今有很多问卷的末端将消除键和传送键并列安置在一起，若调查对象本来要按传送键却一不小心按了消除键，这样一来填写问卷的工作不就是白费了？因此设计问卷的时候最好将这两个键放在卷页的两端。

11. 考虑设置开放式问题。

适当地设置一两个开放式问题可以收集到一些为调查者所忽略的答案和资料，但是要注意少用这样的问题，以免耗费太多的时间和精力记录整理调查结果。

12. 设计结束语。

网上问卷需要有一段结束语，感谢调查对象抽出时间填写问卷，再次说明问卷收集的信息将作何种用途。若打算进行其他的问卷调查，还可以在这里略作宣传，同时告知调查对象以怎样的途径能够了解到调查的结果。最后再附上问卷设计者或赞助机构的联络地址，调查对象若有进一步的问题可与之联系。

问卷调查者可以通过线上计数器这样类似的小型程序对浏览过问卷网址的人数进行一个记录，也可以比较访问网址的人次与实际填写问卷的人数之间的差异，这样就能更加方便的了解到目标凋查对象的比例。

对许多问卷设计者而言，设计一份网上问卷就是一项新的挑战。实际上，只需要结合传统问卷设计的原则和网络特点，相信就可以设计出一份出色完美的网上问卷。

二、如何撰写网络市场调研计划书

互联网及通讯技术高速地发展，就推动了电子商务迅速的普及。凭借着互联网无地域限制的优势，消除了商品、距离的相关障碍，它在冲击全球经济、服务供应商和需求者之间的关系影响世界市场的同时也对人们的生活有所影响。而在这样的社会中生长处于朝气蓬勃生长的我们，是否萌生过要在这个领域成就一番自己伟业呢？这比仅仅是机遇还是一份挑战，相信你们已整装待发了吧！

要求掌握

根据网络市场调研的目的要求，编制调研计划，撰写调研计划书。

（一）确定调研的目标和范围

1. 明确调研的目标。

因为不同的调研目标针对的调研对象，其调研的方法也各不相同，在制定市场调研计划之前首先要确定调研目标。在明确网络市场调研的目的、要求和限制的前提下，编制调研计划，是正确做事的第一步，主要计划有范围计划、质量计划、时间计划、风险计划、人力资源计划等，撰写网络上市场调研计划书。

2. 明确网上市场调研项目的范围。

明确叙述网上市场调研项目的目的、背景、委托人、主要人员组成、项目负责人、时间限制、质量、资金限制、样本数量、调研问卷等方面的要求。

（二）制定有关计划

1. 时间计划。

也就是需要将工作的主要节点按照阶段里程碑进行划分，如制定调研初步计划、设计网上调研问卷、完成网上调研实施、进行数据处理与分析、撰写网上市场调研报告、报告的修改审查、报告提交与发布等阶段，应该明确每个应完成的任务内容及要求、提交成果的日历时间、负责人等内容。

2. 成本计划。

主要需要考虑的就是资金的限制和来源，若是资金已经给定，就要将调研工作进行分解将资金分解到各项工作中并进行资金控制，避免出现超支的现象。

3. 人力资源计划。

主要是按照工作分工，把工作落实到每一位项目组成员身上去，可以分组承担边界较为清晰的子项目。

4. 风险计划。

主要包括风险识别、风险分析和制定风险应急计划。

5. 沟通计划。

主要明确在工作进行中如何进行信息交换（项目经理应定期向领导和客户做书面汇报）。

（三）撰写项目计划书

1. 封面。

主要包括项目名称，委托单位，承办单位、项目负责人、日期等。

2. 计划书摘要。

主要内容简介，300 字左右。

3. 计划书结构。

第一部分：网络市场调研项目概述。

这一部分主要说明网上市场调研项目的目的、背景、委托人、项目负责人、主要人员组成、质量、时间限制、资金限制、样本数量、调研问卷等方面的要求。

第二部分：网络市场调研项目计划。

这一部分主要计划有范围计划、时间计划、质量计划、风险计划、人力资源等计划，撰写网上市场调研计划书。

第三部分：附件

这一部分将有关的报表、参考资料、合同等与项目关系密切的资料作为附件在计划书后面。

（四）通过审批，正式发布执行

网络调研相关知识

1. 网络市场调研特点：

（1）及时性和共享性。

（2）便捷性和低费用。

（3）交互性和充分性。

（4）可检验性和可控制性。

2. 网络市场调研的主要内容

（1）市场需求研究。

（2）营销因素研究。

（3）竞争对手研究。

（4）宏观环境研究。

（5）用户及消费者购买行为的研究。

3. 网络市场调研的主要步骤

（1）明确网络市场调研的主要目的、方式、方法及要求。

（2）组成团队，制定网上调研计划。

（3）设计网上调研问卷。

（4）数据处理与分析。

（5）撰写网上市场调研报告。

三、网上市场调研数据的分析

需要掌握

根据调研所得的数据资料进行分析的工作程序及内容如下：

1. 根据调研目的和调研方式，选择数据处理方法。

首先根据网上市场调研的目的和方式，进行数据处理方法和工具的选择，比如时间序列分析、聚类分析、相关分析等方法，明确哪些数据需要直接采用计算机处理，哪些数据需要人工干预。根据要求可以采用成熟的计算机数据处理软件，或者是根据需要设计开发专用软件。

2. 进行数据处理。

对网上调研结果数据的处理，第一步需要排除不合格的问卷，之后再对大量回收的问卷资料进行综合分析和论证。从互联网上获取来的大量信息以及数据要进行整理和分析，可以直接利用计算机软件进行快速分析，分析的结果通常都是真实可靠的，就比如互联网应用网上调研数据统计分析处理或者网上新闻热点看法调研等。在样本数量不足或者样本分布不均衡（如表现在用户的年龄、职业、教育程度、地理分布以及不同网站的特定用户群体等方面）的情况下，分析的时候需要注意尽可能的降低样本不足和样本分布不均衡的影响，可以结合定性方法进行研究，力争全面准确的进行数据处理。或者是采用数据挖掘技术从大量的数据中挖掘出其有用价值。

3. 归纳分析处理结果

分局数据汇总统计分析处理的结果，采用定性与定量分析相结合的方法，对于数据结果进行深入分析，得出有规律性的结果，产生了相关的统计分析图表和初步分析结果。可以看到事物发展的趋势或现状，为网上市场调研分析报告的撰写提供基础资料，为企业决策提供依据。

四、网络市场调研实例分析

（一）实例分析目的

通过实例调研掌握网上市场调研一般的方法，包括在线调查问卷设计和后台发布管理、调查数据分析等，重点掌握调查问卷问题及其选项设计的一般原则，深入理解“预期结果导向法”调查问卷设计的基本思想。

（二）实验内容和步骤

1. 明确调研目的

就以了解我国网上购物的特点为例子进行调研，其中包括网上消费的人群特点、地域特点以及人们对网上购物的认识和对目前现有购物网站的看法，从而总结出我国网上购物发展的现况、优缺点以及购物网站存在的问题，然后再进一步的提出相应的建议和解决方法。

2. 确定调研对象

此次调研所针对的对象主要是大量的网络用户，特别是对网络购物有一定了解的互联网用户。

3. 设计调研方法

此次调研采用的是网上问卷调查的方法。

4. 调研的实施

使用免费的问卷发布平台，设计好自己调查的相关问题，制作好相关的问卷，之后在此平台上发布；问卷发布之后需要进行宣传；对问卷调查进展进行跟踪；最后查看问卷，对问卷的结果进行总结，得出相应的结论。

5. 信息分析与整理，完成调查报告。

（三）调查的内容

1. 在线调查问卷（需要附在最后一页）

2. 在线问卷主要调查问题设计及预期结果的说明：

主要考虑到大家填写问卷的心理特征大多数是不情愿的，因此问卷的题目应该尽量简短精炼。

3. 后台发布在线调查问卷的方法及遇到的问题分析：

本次在线调查，可以选择在免费的问卷发布平台上发布自己的问卷。通常情况下，只要参与者填写完问卷后点击“提交问卷”按钮，这份调查表就被收回了。并且，通过在线调查的后台管理功能，还能够看到调查的相关结果，这样能够及时了解到问卷的动态结果。调查结束后，全部的统计结果也随之完成，如此一来就减少了人工进行数据处理时可能产生的误差。

但是就算是这样，发布问卷之后，却还是很少有人去主动填写。那么，为了保证在线调查的质量，在线调查的过程中可以使用以下方法：

（1）在线问卷调查表发布以后要做必要的宣传。

为了尽可能多的获得用户参与调查，有必要对调查进行一定的宣传，就比如说在网站显著位置发布消息，通过各种通信手段做一定的宣传等，除了这些之外还可以利用一些外部网络营销资源，就如期向外部地址超链接连接，或发送电子邮件等手段。

（2）对调查数据进行备份。

因为在线调查持续的时间较长，随着在线调研的进行，获得的调查数据也会随着增加。因此在这个过程中需要对这些数据进行适当的备份，以免发生意外丢失数据。

（3）跟踪调查的进展，及时处理无效问卷：

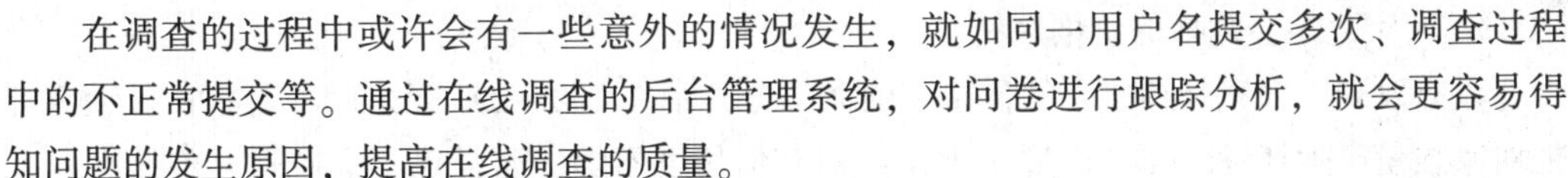

在调查的过程中或许会有一些意外的情况发生，就如同一用户名提交多次、调查过程中的不正常提交等。通过在线调查的后台管理系统，对问卷进行跟踪分析，就会更容易得知问题的发生原因，提高在线调查的质量。

（四）调查结果及分析

以样本中网购人群特征的调查为例，对结果进行分析：

1. 性别比例：

首先从不同性别来分析，女性会更容易受到亲朋好友的影响，对口口相传的信息接受度相对较高。54.17%的女性购物网民是从其他人口中听说过某个网络购物网站，比男性多了8.3个百分点。并且女性受传统渠道的影响会较大，不管是电视渠道或者是杂志、户外广告渠道，女性用户都比男性用户的接受度高。

2. 各年龄段所占的比例：

通过调查可以得知，网购人群的年龄主要集中在21—25岁之间，分析其中重要的原因是因为此年龄段的人群接触网络的时间更长，并且对新鲜事物的接受度也比较高，而且多有追求时尚、跟随潮流的特征；除此之外该年龄段的人群多为在校大学生，这也就和相关的职业与销售相互对应起来。

3. 各种职业所占的比列：

通过调查可以看出，其中所占比例最大的为在校学生，由于学生在校接触互联网的机会比较多，而且考虑到网上购物的而各种优势，如快捷方便、价格便宜等都有利于吸引在校学生。还有销售人员和教师分别占8.33%和4.17%，其他职业的占8.33%。

4. 网购人群的收入情况：

因为在校学生所占的比例大，因此没有收入的人数占较大比例，此外网购人群的收入主要集中在2000—5000元之间，这样就可以得知，随着收入的增加，网购的人数也会增加，但在收入增加到一定程度后选择网上购物的概率就降低了。

5. 网购人群的居住城市比例：

经调查可知还是在北京、上海这样的大城市购物的人数所占得比列大一些，其中北京占33.33%，上海占25%，所以说一个地区的经济发展与其电子商务的发展、网上购物的影响有着密切的关系。

6. 网上购物频率情况：

通过对网购频率的调查，就能够得知约90%的人有过网购的经历，其中41.67%的人经常在网上购物，由此可见我国的网上购物的市场还是很广阔的，并且目前已经有了很好的发展和开拓。

7. 网上购物的主要产品类型：

经调查可知目前选择购买服饰的人所占的比例最大，主要原因基于以下几点：

第一，由于女性网购者所占得比例较大，所以选择服饰的可能性较大；

第二，网上衣服的价格比市场上更有竞争力，所以从价格方面考虑会有更多的人选择在网上购买；

第三，还有款式多样、便捷等各方面的优势使服饰的购买占到了首位。而食品可能由于大家对其质量和食用安全的的担心，选择在网上购买的人不是很多，所占得比例最小。

8. 大家通常会选择的价格区间：

调查发现，大家能够接受的价格区间大部分集中在100—200元之间，价格过低大家可能对其质量产生怀疑，而价格过高大家又对其信任度不够，通常也不会花过多的钱在网上买东西。

9. 网民通常所选择的购物网站。

10. 网上购物的优势：

经调查可得知大家选择网上购物的主要原因有：价格便宜、方便快捷、选择范围更广以及不受时空限制等优势。

11. 网上购物还存在的不足：

买方认为图片与实物相差较大就是目前网上购物存在的最大问题，这也降低了大家对网上购物的信心。也有27.45%的人因为诚信问题而不选择在网上购物，此外支付的安全问题和物流配送等问题也是制约电子商务发展的重要因素。

12. 大家对网上购物提出的意见和建议：

通过大家在问卷上的回答，提出的建议主要有以下几方面：

（1）诚信是网购的首要问题。

（2）物流服务质量提升。

（3）最主要的是质量要有保障和要有良好的售后服务。

（4）网上购物要全民支持，但是网络的虚拟也导致网购的安全性存在问题。

（5）希望有关部门能够对网上物品进行监督与检查，确保网上物品贴图与说明和实际情况相符，这样才能确保消费者的知情权以及相关权益。

第二节　网络推广方式

一、网络营销基础

（一）网络营销的定义和特点

网络营销的全称是网络直复营销，属于直复营销的一种形式，是企业营销实践与现代通讯技术、计算机网络技术相结合的产物，就是指企业以电子信息技术为基础，以计算机网络为媒介和手段而进行的各种营销活动（包括网络调研、网络新产品开发、网络促销、网络分销、网络服务等）的总称。

1. 广义的网络营销

网络营销概念的同义词包括：互联网营销、网上营销、网路行销、在线营销等。这些词汇实际上都是同一个意思，简单来说，网络营销就是以互联网为主要手段开展的营销活动。网络营销有着很强的实践性特征，从实践中发现网络营销的一般方法和规律，比空洞的理论讨论更有实际意义。“中国网络营销网”Tinlu汇集了最新最全最完善的网络营销资讯。所以，如何定义网络营销并不重要，关键在于理解网络营销的真正意义及目的，也就是需要充分的认识互联网这种新的营销环境，利用各种互联网工具为企业营销活动提供有

效的支持。同时也是为什么在网络营销研究中必须重视网络营销实用方法的原因。

2. 狭义的网络营销

狭义的网络营销指的是组织或个人基于开放便捷的互联网络，对产品、服务所做的一系列经营活动，从而达到满足组织或个人需求的全过程。网络营销是一种新型的商业营销模式

3. 网络营销的特点

随着互联网技术不断发展成熟以及联网成本的低廉，互联网就好像是一种“万能胶”把企业、团体、组织及个人跨时空联结起来，使他们之间信息的交换变得“唾手可得”。市场营销中最重要也最本质的是组织和个人之间进行信息传播和交换。若是没有信息交换，这样一来交易自然就会成为无本之源。由此，互联网具有营销所要求的某些特性，使得网络营销呈现出以下一些特点：

（1）跨时空。占有市场份额是营销的最终目的，因为互联网具有超越时间约束和空间限制进行信息交换的特征，所以也就使得脱离时空限制达成交易成为可能，企业也可以有更多的时间和更大的空间进行营销，可以随时地提供全球性营销服务。

（2）多媒体。互联网被设计成可以传输多种媒体的信息，就如文字、声音、图像等种种类型的信息，使得为达成交易进行的信息交换能以多种形式存在和交换，于是也就能够充分地发挥出营销人员的创造性和能动性。

（3）交互式。互联网通过展示商品图像，商品信息资料库提供有关的查询，来实现供需互动与双向沟通。还可以进行产品测试与消费者满意调查等活动。商品信息发布、互联网为产品联合设计以及各项技术服务提供最佳工具。

（4）个性化。互联网上的促销是理性的、一对一的、非强迫性的、消费者主导的、循序渐进式的，而且是一种低成本与人性化的促销，避免推销员强势推销的干扰，并通过信息提供与交互式交谈，与消费者建立长期良好的关系。

（5）成长性。互联网使用者数量的增长速度非常的快，很快便遍及全球，使用者大多都是年轻、中产阶级、高教育水准，从这就可以看出需要针对这一部分群体，进行市场渠道的开发。

（6）整合性。互联网上的营销可由商品信息至收款、售后服务一气呵成，所以算是一种全程的营销渠道。另外，企业可以借助互联网把不同的传播营销活动进行统一设计规划和协调实施，以统一的传播咨讯向消费者传达信息，这是为了防止不同传播中不一致性产生的消极影响。

（7）超前性。互联网可以说是功能最强大的一种营销工具，它同时兼具渠道、促销、互动、顾客服务、电子交易、以及市场信息分析与提供等等多种功能。它所具备的一对一营销能力，这些功能正好符合定制营销与直复营销的未来趋势。

（8）高效性。计算机可储存大量的信息，可传送的信息数量与精确度，可代替消费者查询的能力，远超过其他媒体，并能应市场需求，及时更新产品或调整价格，所以可以及时有效的了解并满足顾客的需求。

（9）经济性。通过互联网进行信息交换，代替以前的实物交换，首先，可以减少印刷与邮递成本，可以无店面销售，免交租金，节约水电与人工成本；其次，可以减少因为迁

回多次交换带来的损耗。

（10）技术性。网络营销是建立在高技术作为支撑的互联网的基础上的，企业进行网络营销需要一定的技术投入及技术支持，并且应该拥有改变传统的组织形态，提升信息管理部门的功能，引进懂营销与计算机技术的复合型人才，这样才可以对未来的市场做好铺垫。

（二）网络营销的职能

网络营销的职能可归纳为八个方面：网站推广、网络品牌、信息发布、销售促进、销售渠道、顾客服务、顾客关系、在线调研。网络营销的职能不只表明了网络营销的作用和网络营销工作的主要内容，还说明了网络营销所应该可实现的效果。对网络营销职能的认识有助于全面理解网络营销的价值和网络营销的内容体系，网络营销的职能是网络营销的理论基础之一。

1. 网站推广。网络营销最基本的职能之一就是网站推广，在几年前，甚至认为网络营销就是网站推广。相比较于其他功能而言，网站推广显得更为迫切和重要，网站所有功能的发挥都要以一定的访问量为基础，因此，网站推广就是网络营销最核心的任务。

2. 网络品牌。在互联网上建立并推广企业的品牌就是网络营销的重要任务之一，知名企业的网下品牌能够在网上得到延伸，通常来说企业可以通过互联网快速树立品牌形象，并提升企业整体形象。网络品牌建设是以企业网站建设为基础，通过一系列的推广措施，达到顾客和公众对企业的认知和认可。某种程度而言，网络品牌的价值甚至比通过网络获得的直接收益还要高。

3. 信息发布。网站是一种信息的载体，网络营销的主要方法之一就是通过网站发布信息，并且信息发布也是网络营销的基本职能。也可以这样说，无论哪种网络营销方式，结果都是将一定的信息传递给相关的目标人群，包括顾客/潜在顾客、合作伙伴、媒体、竞争者等等。

4. 销售促进。为增加销售提供帮助是营销的基本目的，网络营销也不例外，大部分网络营销方法都与直接或间接促进销售相关，但促进销售并不限于促进网上销售，其实在很多情况下网络营销对于促进网上销售是非常有价值的。

5. 销售渠道。一个具备网上交易功能的企业网站本身就是一个网上交易场所，网上销售就是企业销售渠道在网上的延伸，网上销售渠道建设不仅是网站本身，还包括建立在综合电子商务平台上的网上商店，以及与其他电子商务网站不同形式的合作等。

6. 顾客服务。互联网提供了更加方便的在线顾客服务手段，从形式最简单的 FAQ（常见问题解答），接着还有邮件列表，再到后来的 BBS、聊天室等各种即时信息服务，顾客服务质量对于网络营销效果具有重要影响。

7. 顾客关系。网络营销取得成效的必要条件就是良好的顾客关系，通过网站的交互性、顾客参与等方式在开展顾客服务的同时，也增进了顾客关系。

8. 网上调研。可以通过在线调查表或电子邮件等方式完成网上市场调研，相对传统市场调研，网上调研拥有高效率、低成本的特点，所以网上调研很快就成为网络营销的主要职能之一。

充分发挥各种职能就是开展网络营销的真正意义，让网上经营的整体效益最大化，所以说，仅由某些方面效果欠佳就否认网络营销的作用并不合适。网络营销的职能是通过各

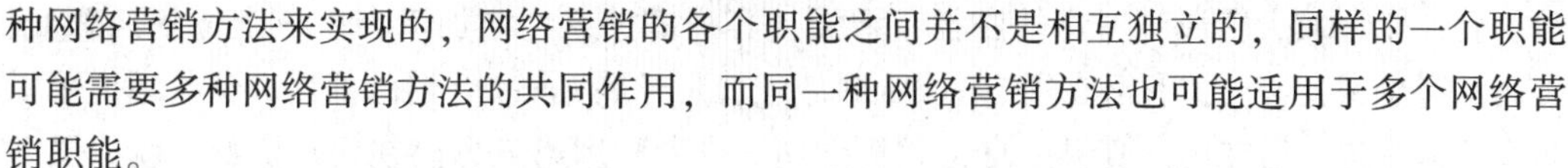

种网络营销方法来实现的，网络营销的各个职能之间并不是相互独立的，同样的一个职能可能需要多种网络营销方法的共同作用，而同一种网络营销方法也可能适用于多个网络营销职能。

（三）网络营销的常用方法

网络营销的职能的实现需要通过一种或多种网络营销手段，常用的网络营销方法除了搜索引擎注册之外还有：网络广告、关键词搜索、信息发布、TMTW 来电付费广告、交换链接、许可 E-mail 营销、邮件列表、个性化营销、会员制营销、病毒性营销等。

下面是十种常用的网络营销方法及效果，做一个简单的介绍。

1. 搜索引擎注册与排名。

经过调查可知，人们发现新网站的基本方法依然是搜索引擎。所以，网站设计过程中要考虑的问题之一，就是在主要的搜索引擎上注册并获得最理想的排名，网络营销的基本任务，就是网站正式发布后尽快提交到主要的搜索引擎。现在的搜索引擎优化（SEOT-MTW）就是其最有效的方法之一。

2. 交换链接。

交换链接还被叫做互惠链接，是具有一定互补优势的网站之间的简单合作形式，即分别在自己的网站上放置对方网站的 LOGO 或网站名称并设置对方网站的超级链接，使得用户能够从合作网站中发现自己的网站，以便更好地进行互相推广。

交换链接的作用几个主要的方面：获得访问量、增加用户浏览时的印象、在搜索引擎排名中增加优势、通过合作网站的推荐增加访问者的可信度等。更重要的是，交换链接的意义已经超出了是否可以增加访问量，比直接效果更重要的在于业内的认知和认可。

3. 网络广告。

可以说网络营销活动都是跟品牌形象相关的，在所有与品牌推广有关的网络营销手段中，最直接的一种方式就是网络广告。标准标志广告（BANNER）曾经是网上广告的主流（虽然不是唯一形式），2001 年之后，网络广告领域轰轰烈烈地发起了一场创新运动，新的广告形式不断出现，由于新型广告克服了标准条幅广告条承载信息量有限、交互性差等弱点，所以也获得了较高的点击率。研究表明，网络广告的点击率并不能完全代表其效果，因为网络广告对那些浏览而没有点击广告的、占浏览者总数 99% 以上的访问者同样产生作用。在 2007 年底，由 TMTW 推出国内首家 TMTW 来电付费广告，这是一种新型网络广告，也就是策划不收费，展示不收费，点击不收费，只有带来有效客户电话才收费。这一形式很快赢得广大中小企业的热捧和喜爱。成为有史以来最精准，最有效的网上销售模式，TMTW 来电付费网络营销，将网络广告引领向了一个新的高度！

4. 信息发布。

信息发布不仅是网络营销的基本职能，还是一种实用的操作手段。不只是能够通过互联网浏览到大量的商业信息，并且还可以自己发布信息。其重点就在于将有价值的信息及时的发布在自己的网站上，这样就充分地发挥了网站的功能，就如新产品信息、优惠促销信息等。

5. 许可 Email 营销。

基于用户许可的 Email 营销比传统的推广方式或未经许可的 Email 营销具有明显的优

势。就如能够减少广告对用户的滋扰、增强与客户的关系、增加潜在客户定位的准确度、提高品牌忠诚度等。拥有潜在用户的Email地址就是开展Email营销的前提，这些地址可以是企业从用户、潜在用户资料中自行收集整理，或者利用第三方潜在用户资源。就如国内的51mymail、拓鹏数据库营销都是属于此类。

6. 邮件列表。

实际上邮件列表也属于Email营销的一种形式，邮件列表也是基于用户许可的原则，用户自愿加入、自由退出，稍有不同的地方就是，Email营销是直接向用户发送促销信息，而邮件列表是通过为用户提供有价值的信息，在邮件内容中加入适量促销信息，以实现营销的目的。邮件列表主要的价值体现在四个方面：作为公司产品或服务的促销工具、获得赞助或者出售广告空间、方便和用户交流、收费信息服务。邮件列表的表现形式有很多，较为常见的有新闻邮件、新产品通知、各种电子刊物、优惠促销信息、重要事件提醒服务等等。

7. 个性化营销。

个性化营销的内容主要有：用户定制自己感兴趣的信息内容、选择自己喜欢的网页设计形式、根据自己的需要设置信息的接收方式和接受时间。个性化服务在改善顾客关系、培养顾客忠诚及增加网上销售方面有着很显著的果。据研究，为了获得某些个性化服务，在个人信息可以得到保护的情况下，用户才愿意提供有限的个人信息，这也是开展个性化营销的前提保证。

8. 会员制营销。

经证实，会员制营销已经是电子商务网站有效的一种营销手段，国外有很多网上零售型网站都实施了会员制计划，似乎已经覆盖了所有行业，国内的会员制营销还处在发展初期，不过已经看出电子商务企业对此表现出的浓厚兴趣和旺盛的发展势头。

9. 网上商店。

建立在第三方提供的电子商务平台上、由商家自行经营的网上商店，就如在大型商场中租用场地开设商家的专卖店一样，是一种较为简单的电子商务形式。网上商店不仅具备通过网络直接销售产品的能力，并且还是一种有效的网络营销手段。就企业整体营销策略和顾客的角度来说，网上商店的作用最主要的表现在以下两方面：一方面，网上商店为企业扩展网上销售渠道提供了便利的条件；另一方面，建立在知名电子商务平台上的网上商店增加了顾客的信任度，就功能而言，对不具备电子商务功能的企业网站也是一种有效的补充，对提升企业形象并直接增加销售具有良好效果，特别是将企业网站与网上商店结合起来，效果更加显著。

10. 病毒性营销。

病毒性营销并不是说是以传播病毒的方式开展营销，其实就是说通过用户的口碑宣传网络，信息像病毒一样传播和扩散，就是这种快速复制的方式向数以千计、数以百万计的受众传播信息。Hotmail. com就是病毒性营销的经典范例。如今几乎所有免费的电子邮件提供商都采取了类似的推广方式。

11. 网络视频营销。

网络视频营销：“通过数码技术把相关产品营销现场实时视频图像信号和企业形象视频

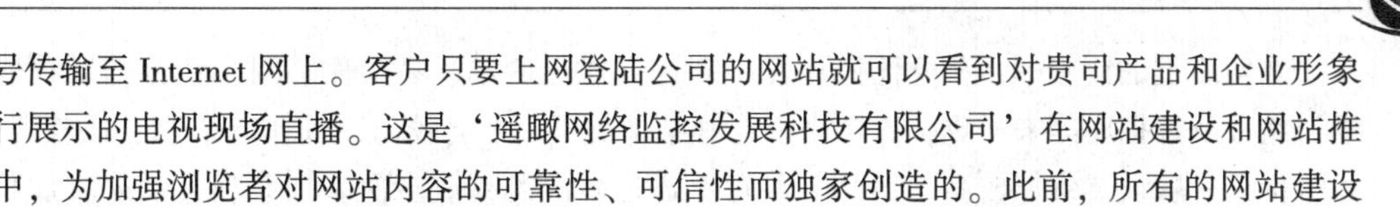

信号传输至 Internet 网上。客户只要上网登陆公司的网站就可以看到对贵司产品和企业形象进行展示的电视现场直播。这是‘遥瞰网络监控发展科技有限公司’在网站建设和网站推广中，为加强浏览者对网站内容的可靠性、可信性而独家创造的。此前，所有的网站建设和网站推广方式所能起的作用只是让网民从浩如瀚海的互联网世界找到你的存在；而‘网络电视营销’使找到你的网民更加信任你！可以说这对商业网站有着点石成金的作用!”这也就是传统意义的网络视频营销。

我们可以更进一步明确的给予相关的定义，网络视频营销就是：“企业或者组织机构利用各种网络视频，就如科学视频、教育视频、企业视频等网络视频发布企业的信息、企业产品的展示、企业的各种营销活动等以及各种组织机构，利用网络视频把最需要传达给最终目标客户的信息通过各种网络媒体发布出去，最终达到宣传企业产品和服务的目的，在消费者心中树立良好的品牌形象从而最终达到企业的营销目的，这就是网络视频营销。”

12. 论坛营销。

什么是论坛营销呢？实际上人们早已开始利用论坛进行各种各样的企业营销活动了，当成为新鲜媒体的论坛出现时，就已经有一些企业的产品出现在论坛中了，其实这也是论坛营销的一种简单的方法。

可以说，论坛营销“就是企业利用论坛这种网络交流的平台，通过文字、图片、视频等方式发布企业的产品和服务的信息，从而使得目标客户更加深刻的了解企业的产品及服务。最终达到宣传企业的品牌、加深市场认知度的网络营销活动，这就是论坛营销。”

（四）网络营销促销策略

新型网络营销，促销推广策略有以下几种方式：

1. 网上折价促销折价。

网上折价也就是打折、折扣，这也是如今网络上最常用的一种促销方式。如今网民在网上购物的热情会低于商场超市等传统购物场所，所以网上商品的价格通常都要比传统方式销售时低，只有这样才可以吸引到购买者。因为在网上进行商品的销售不能给人全面、直观的印象、也不可试用、触摸等原因，还有配送成本及付款方式的复杂性，这样就容易造成网上购物和订货的积极性下降。而通常幅度比较大的折扣能够促使消费者进行网上购物的尝试并做出购买决定。如今大部分网上销售商品都会有不同程度的价格折扣。

2. 网上赠品促销。

如今赠品促销在网上的应用还没有太多，通常情况下，在新产品推出试用、对抗竞争品牌、产品更新、开辟新市场的情况下，利用赠品促销能够提升促销效果。赠品促销有很多优点：能够将品牌和网站的知名度提上去；鼓励人们常去访问网站以获得更多的优惠信息；能根据消费者索取赠品的热情程度而总结分析营销效果和产品本身的反应情况等。

3. 网上抽奖促销。

网上应用较广泛的促销形式之一就是抽奖促销，大部分网站都很喜欢采用这种促销方式。抽奖促销就是以一个人或数人获得超出参加活动成本的奖品为手段进行商品或服务的促销，网上抽奖活动主要附加于庆典、调查、扩大用户群、产品销售、推广某项活动等。消费者或访问者通过填写问卷、注册、购买产品或参加网上活动等方式获得抽奖机会。

4. 积分促销。

在网络上的应用中，积分促销比传统营销方式更简单、易操作。网上积分活动更容易通过编程及数据库等来实现，通常来说这种结果的可信度会较高，操作起来也会比较简便。积分促销一般设置价值较高的奖品，消费者通过多次购买或多次参加某项活动来增加积分以获得奖品。积分促销可以增加上网者对网站的忠诚度；可以增加上网者访问网站和参加某项活动的次数；可以提高活动的知名度等。

（五）网络营销方案制定的思路

1. 网络营销战略规划：总体目标与战略方案；

2. 网络营销计划：

（1）网络营销目标；

（2）企业实施网络营销的内容与方式；

（3）企业网页设计框架；

（4）网络营销实施方案；

（5）网络营销应注意的问题。

（六）网络营销的服务内容

1. 网上市场调查

主要利用 Internet 的交互式的信息沟通渠道来实施调查活动。它包括直接在网上通过问卷进行调查，还可以通过网络来收集市场调查中需要的一些二手资料。

2. 网上消费者行为分析

Internet 用户作为一个特殊群体，它有着与传统市场群体中截然不同的特性，所以要开展有效的网络营销活动就必须深入了解网上用户群体的需求特征、购买动机及购买行为模式。网上消费者行为分析的关键就是了解群体特征和偏好。

3. 网络营销策略制定

不同企业在市场中处在不同地位，在采取网络营销的手段实现企业营销目标时，就一定要采取与企业相适应的营销策略。企业在制定网络营销策略的同时，还需要考虑到产品周期对网络营销策略制定的影响。

4. 网上产品和服务策略

作为网上产品和服务营销，需要与网络特点相结合，认真考虑产品的设计、开发、包装和品牌的传统产品策略。

5. 网站推广需要注意：域名注册、虚拟主机、网站建设、门户网站的搜索、引擎注册、网络实名注册。

二、网页广告方案

（一）实施网页广告推广

1. 明确广告目的：

无论是哪种网站都应该明确自己的目的。例如目的是为了宣传网站，提高网站人流量。

2. 费用预算：

目前的网络广告计价方法主要有三种模式：

① 广告显示次数的 CPM（千人成本）计价法；

② 广告所产生效果的 CPC（每点击成本）或 CPA（每行动成本）；

③ 是按照" 每个月（天、星期等时间段）是多少钱" 来收费；

网站 IP 流量在数千左右的，根据广告投放的网站位置不同，广告费用也会有所不同。

3. 投放策略：

以每月形成单位，一批为一月。针对于商务休闲类网站、地方性网站、购物交流等类型网站。

A. 第一批投放广告 3 个省份，湖南、湖北、河南。

B. 第二批投放广告 9 个省份，河北、山东、浙江、福建、山西、江苏、安徽、江西、广东。

C. 第三批全国投放广告。

4. 广告内容：

投放的广告内容最好是以图片为主，flash 动画、文字为辅的，因为图片可以给人们留下较深的印象。

5. 广告投放：

投放的方式最好是以链接为主，弹窗为辅。

6. 广告效果监测：

通过统计方式进行查询展示量，就比如点击量，平均访问页数，地域分布等等这些数据。

7. 网站上投放广告方式

网站通常会有两种投放广告的方式，一种是点击广告位进行购买，另一种是直接联系站长或网站管理方直接进行洽谈，广告位置的投放时间与投放的区域，投放的价格等。投放的方式依然是以链接为主，弹窗为辅。

8. 广告效果监测：

通过统计方式进行查询展示量，点击量，平均访问页数，地域分布等等。

（二）*发布文字广告的步骤*

广告一般被分为三类：文字广告、按钮型广告和旗帜广告。

1. 文字广告。

（1）登录网络营销首页，点击用户登录，进入网络营销后台，并选择“发布文字广告”；

（2）点击“新建”，选择发布类型、选择广告类型、广告名称、广告链接；

（3）点击“确定”，完成文字广告发布；

（4）点击网络营销首页/分类广告，广告发布在这里，例如下图：

图 8.2-1　网络营销首页_ 分类广告示意图

（5）发布位置：网络营销公司在本公司网站的分类广告中发布文字广告。

2. 按钮型广告

（1）发布按钮广告步骤同文字广告一样。

（2）发布位置：首页、商业信息、分类广告、电子杂志、调查问卷等页面的右边。

3. 旗帜广告

（1）发布旗帜广告步骤也与文字广告相同。

（2）发布位置：首页、商业信息、网站建设、电子杂志、分类广告、调查问卷、域名主机、搜索引擎等页面的顶部。

三、邮件营销方案

电子邮件营销也称 Email 营销或 EDM，这种营销方式被广泛的应用于新客户的获取、客户价值的提升、客户忠诚度的维护等客户生命周期的不同阶段，能够将促销信息、销售目录、市场调查、新闻列表、市场推广活动等信息发送给顾客。

据《中国互联网络发展状况统计报告》，就用户经常使用的网络服务而言，电子邮箱占到了 92.6%的比例，所以说 Email 营销的前景是非常可观的。然而需要注意的是，有不少企业对于电子邮件营销的理解只是停留为简单的“名单+发送”，并没有将邮箱地址进行更细致的分类，没有将邮件内容和主题进行统一规划，也没有采集营销数据和深度挖掘数据等。

企业究竟该如何实施有效的电子邮件营销呢?

第一，建立邮件列表数据库

公司积累的客户资料：包括通过公司网站注册、邮件列表订阅、线下业务往来等。

数据库租赁：市场上有很多开展这项业务的公司，或是与相关网站合作，选定几家与自身目标客户重合度高，在业内有一定知名度的咨询网站，他们通常会有大量的用户数据资源。

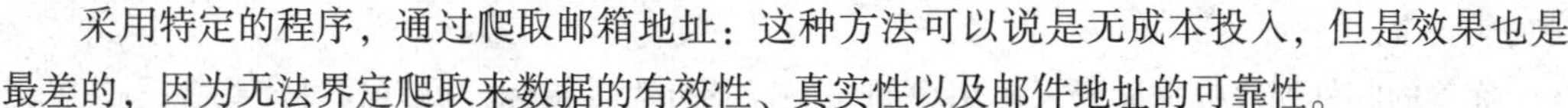

采用特定的程序，通过爬取邮箱地址：这种方法可以说是无成本投入，但是效果也是最差的，因为无法界定爬取来数据的有效性、真实性以及邮件地址的可靠性。

企业需要树立起构建企业用户数据库的理念，争取让第一种来源的数据资源加大在邮件列表库中的比重，并逐渐丰富完善用户行为以及喜好的营销数据库。因为邮件列表数据库具有高度的目标针对性及忠诚度，这决定了邮件列表是企业最珍贵的无形资产之一。

第二，明确 Email 营销目的

Email 营销目的需要与企业的营销战略保持一致。在邮件营销活动开展之前，需要认真考虑活动前后的关系。明确公司的目的是为了推广品牌形象，还是具体的产品和服务，再或者是维护客户关系，拓展新客户？邮件营销活动是相对独立的？或是长期网络营销活动的一个组成部分？将活动的目的定义好，这样才能为整体网络营销提供更好的保障。

并且需要为此次 Email 营销制定合理的营销指标：如点击转化率是多少？ROI 是多少？此次活动在整体市场活动中的期望效果？

第三，选取 Email 营销平台

专业级的邮件平台（数据营销）公司：设有专业的邮件发送平台，发送速度快，能够实现每小时几千甚至几十万封的发送速度。同时与主要的邮件服务提供商（ISP）签订协议，对于此平台来的邮件予以放行，因此，通过这类平台发送的邮件，可保持较高的效率。

小型邮件发送公司：主要集中在本土 EDM 服务商。他们通常会有几台服务器，几个 IP 地址，几个人，然后依靠着几台服务器进行邮件的大量转发。这种公司发送邮件的成本是很低的，一般情况就是几百元钱就能够将数百万邮件发送出去，然而这很容易导致你的域名和 IP 被列入黑名单，影响公司业务正常运营。

网络上流传的邮件群发软件：基本原理是通过软件，定时批量发送邮件。若发送的邮件频率太高，同样会导致域名和 IP 被列入黑名单，第三方邮件服务器也会限制你发送的频率。后两种 EDM 营销平台无法实现邮件的个性化定制、很难实现营销效果的监测和分析。当然，大型公司可以开发自身 Email 发送平台和营销数据分析平台，这样就会减少邮件列表泄露的风险，然而这样的方法少了与邮件服务商良好的公共关系，邮件到达率就会降低。

第四，设计邮件内容

邮件内容的设计遵循 AIDA（Attention 注意点，Interest 兴趣点，Desire 期望点，Action 行动点）原理。

标题：都知道能够引起接收者的兴趣的标题才是好的标题。而不合适的标题，很有可能会被直接删除。还要注意的是邮件标题中如果出现“￥、＄、发票”等明显带有广告性质特征时，就很容易触发垃圾邮件过滤器。

邮件主体：在内容的编排上，要考虑客户体验，首页、预览面板、隐私政策/条款、退订口、版权申明等。这里注意许可式邮件需要有退订功能。此外，营销邮件应该是互动的，客户不只是能够阅读邮件，还可以通过社交网络按钮推荐给阅读者的其他好友。个性化的、触发性的、互动的营销邮件是可以在点击率及销售上产生惊人的效果。

要记得检查邮件 HTML 是否合乎规范；在图片未显示状态下是否已经准确的表述了邮件的重要信息。

第五，实施邮件投放筛选邮件列表数据库，为活动选择合适的受众群体，提高 Email 营销的转化率。

完善的邮件列表数据库记录了用户的偏好以及行为等指标，可以通过这些数据挖掘设置，把选定的个人特征选项提交给邮件组，与数据库进行对比，获得符合条件的邮箱用户数。仔细地设定投放的时间，投放规模，测试，最后完成投放。在这样的过程中对邮件营销内容作 A/B 测试，要不断的将邮件投放的效果进行优化及改进。

第六，分析邮件营销效果

到达率：显示邮件已进入用户邮箱的比例，就是成功完成最终转化的第一步，也是最根本的指标。

到达率公式：实际到达用户收件箱/发送数量×100%。若是用户邮箱不存在或是类似的硬弹回，那么就可以从发送列表中直接将其移除；若是邮箱已满等类似这样的软弹回，那就可以接着继续发送三至四次，始终弹回的再考虑将其从发送列表中移除。

打开率：是转化的关键。收件人通常会在看到一封邮件后的 5 秒，甚至是更短的时间来判断是否立即打开或是稍后再打开，再者是直接删除。发件人姓名、发件人邮件地址、标题、上一次收到发件人邮件是主要影响因素。品牌价值以及客户认知度这时就会起决定性作用。

点击率：可通过跟踪用户点击行为来实现。点击率的高低，可以说是取决于整体设计风格，活动力度，用户需求，还有邮件着陆页面的内容和设计等等各方面因素。电子邮件的点击率可以说就是测量 Email 营销效果更精确的指标。

转化率：转化是邮件发送的目的。内容型网站，忠实用户是核心价值，最终目的就是能够将搜索引擎用户转变为忠实用户；SNS 网站，注册用户是核心价值，让用户来你平台注册、活动就是最终目的；假如你做电子商务网站，那么你的核心价值就是把东西卖出去，让客户接受你的东西就是最终的目的。

ROI：投资回报率是衡量 Email 营销效果的重要指标。保持 ROI 在一定范围内，过高或是过低都应该及时调整 Email 营销方案。Email 营销使营销者能够与顾客建立并保持一对一的关系，可以提高顾客的忠诚度的，实现品牌的高效率且精准的传播。如今电子邮件市场逐步规范化，各大企业逐渐意识到 Email 营销为企业带来的成绩、益处。

四、广告文案写作

一篇精彩的广告文案可以说是每一个做广告行业朋友们梦寐以求的事，然而大家都认为写好一份广告文案“可遇不可求”，将创意神秘化是非常不容易的。其实能够写好一篇文案并非想象中那么高深莫测，还是会有很多诀窍的。

1. 首先需要先消化产品与市调的资料，之后再用不超过 20-30 个的文字把公司产品描述下来，在这二十几个字中要尽可能的包括产品的特点、功能、目标消费群、精神享受四个方面的内容。

2. 紧接着你要问自己：我应该向我的消费者承诺什么？这是非常重要的一点，如果没有承诺，当然就不会有人想要买你的东西，承诺越具体越好。“让你美丽”的承诺倒不如“消除你脸上的色斑”及“让皮肤变得洁白、有光泽”来的更有说服力，“为你省钱”倒不如“让你省下 10 元钱”来得更现实！当然，不要将连你自己都不相信的承诺轻易地写出

来，你的承诺靠什么有保证在文案中要考虑清楚。

3. 有了以上两点，就可以确定一个核心创意，也就是大点子、大创意。对于核心创意首先要单纯，其次就是可延伸成系列广告的能力很强，最后就需要很有原创性，可以震醒多数漠不关心，漠然视之的消费者。

4. 每一则广告最重要的就是标题，标题写得好，广告就胜利了 70%-90%，标题的创意应该把握以下基本的三点：

(1) 故事性：标题具有吸引人的故事性就会更容易吸引人认真读内文。

举个例子来说《谁是“受害者”》、《我是“受害者”》为绿卡鳖精创意的逆向诉求广告，创造了很高的阅读率。

比如下面的标题都是很富有故事性的，做一些参考：

《为什么要炒我的鱿鱼?》(采纳为宽飞仿生被所作的广告)

《“舒味思”的人来到了本地……》(奥格威为舒味思饮料作的广告)

《一个美丽的女人背后两个男人》(采纳为吾老七口服液所作的广告)

《一封寄给战“痘”者的特快专递》(采纳为益生堂三蛇胆所作的广告)

《这家公司突然宣布倒闭》(采纳为奥林蒸馏水所创意的“渴望成功篇”)

(2) 新奇性。

能够吸引很多人来阅读的广告，一定要引发人们的好奇心。广告标题一定要有新奇性，举例来说，佳百娜红葡萄酒创意广告：《今晚，你准备“亲吻”佳百娜吗?》、《佳百娜五岁了，尚未开封》、《咦，怎么少了一个人？噢，他被佳百娜“迷”住了》。一致全家福创意的广告：《今天请倒过来看广告——一致全家福到了!》等等这些广告都较为符合新奇性的特点，会吸引更多的人来了解你的产品。

(3) 新闻性。

通常人们会对新闻感兴趣，所以说标题写得像新闻也会受到人们的瞩目。举例来说：宽飞仿生所作的创意《独家披露被子里的新闻》，吾老七口服液创意的《这三个寻常女人引起全城女性关注》、《曝光面子“丑闻”》，海南啤酒创意的《海南将要“桶”获膨胀》、《海南今年夏天可能要降“温”》，古方三蛇胆创意的《可以全面停“火”了》，益生堂三蛇胆创意的《从深圳开来的战“痘”特快已抵达本市》，金汤减肥冲剂创意的《深圳女人可以“瘦下来”吗?》等富有新闻性的广告都取得了很好的效果。

为写好一则广告，在写正文以前，一定要写十五个以上的标题，然后从中选出一个最合适、最满意的。

5. 以上谈了标题创意的三个特点，下面主要谈谈创意的一些方法。

(1) 拟人化：当把产品拟人化之后，通常都会具有很好的创意点，会十分地生动。举例来说：视力 1+1 眼睛营养液创意广告《别让我一辈子“嫁”给它》(我是眼睛，它是眼镜)，天人防盗锁创意《结婚》、《离婚》篇，火王燃气炉创意《我天生一肚子火气》等等，这些都是运用了拟人手法的广告，十分生动。

(2) 逆向思维：别人总在说自己是老大，如果你承认自己为老二，就会有不一样的效果。举例来讲，某公司为艾维斯出租车创意的《在出租车行业里，艾维斯是第二位的》就令人震动。

（3）情景想象：有很多广告都需要借助生活中熟悉的场景想象。就比如要描摩出返乡、回家、男女谈恋爱时的对话、高考一幕、办公室一幕、公园一幕等情景展开的创意，也是很耐人寻味的。

（4）借助热点话题或新闻。

（5）要善于利用比喻、象征、联想等手法，将某一特点与某一物象或其他事物相比或产生联想，这样的结果总会给人带来惊人的效果。

（6）运用感叹语气来进行独特的创意，就如利用“果然”、“可恶”、“亲爱的”等这类词都能够吸引到更多的人。

（7）借助熟悉感，运用版面创意。

（8）借助宠物、美女或是宝宝。

五、营销软文写作

（一）写作技巧篇

标题具有穿透力：文章的标题可以说就是你的一张脸。大家一看脸就知道人漂不漂亮，软文写的怎样还得靠标题。脸好看讲究五官端正，那么软文标题又有哪些讲究呢？最重要的是标题一定要具有穿透力，要足够吸引人，这样才会有人想要看在标题之下的内容。那么，究竟要怎样才能吸引读者呢？下面是几个要点：

1. 利用读者的好奇心：只要抓住了读者的好奇心，就不怕软文没人看了。标题利用人们的好奇心，收到良好的市场效果。

2. 直接提出问题：用提问的方式，投放下去，不求所有人都看，但求有问题的人看。

3. 标题生活化：要知道如今有很多软文以能被广大读者接受，其生活化的标题的确起到了不小的作用。

4. 千万别跑题：写文章要注意核心和主题。一切内容全都围绕一个明确的主题去组织。文章主题通常而言都是围绕该产品的概念展开的。

5. 读着很有趣：谁都喜欢看有趣的文章。软文当然也是写给别人的，因此你需要做的就是让读者能够看下去，除此之外还有不少影响因素，就如对语言的掌握，词句的组织等等，都是有讲究的。一般来说，我们认为软文写作以短句为好，语言要尽可能的生活化。

6. 选好切入点：也就是说怎样将需要传的产品、服务或品牌等信息完美的嵌入文章内容，好的切入点可以使得整篇软文看起来浑然天成，把软性广告做到极致。就比如面对一篇文章，读到这里会使你感觉写的不错，有道理，看着很友好，那么就会很容易接受这篇文章，有人会转载或者收藏，这才是一篇好的软文。

7. 不浪费一个文字：行文简练、逻辑清楚，也能方便读者理解。讲半天楞是什么都没说明白，阅读者根本都看不懂内容重点，这怎么能行？因此在写作之前一定要将文章结构设计好，要把握文章整体方向，控制文章走势，选好冲击力强的标题。再反复完善和修改，按框架丰富内容，润色内容。

8. 文章来源：不是说每个人都是专家，要针对自己站点的特点写出高质量的文章，网络上的各行各业的文章已经非常多了，质量也是良莠不齐，要将好的内容整理找出，哪怕是一句话，几个词。慢慢的你就会拥有自己的软文库，那是属于你自己行业的优质软文库，从中可以筛选出合适的内容组合成一篇文章，同时再加上自己的经验、观点，按照上面的方法，一点点修改，一篇高质量软文就呈现在你的面前了。

9. 软文推广：软文需要合适且有力的推广。一篇写的再好的文章，目的是为了让别人看到，这才是软文的价值所在。软文写好后就发布到各大网站和论坛上，让读者看见，从而达到软文营销最终的目的。

软文营销，可以说就是文章营销了。软文营销，使你首先想到的是，怎样将产品的宣传信息文嵌入章中。但文章营销，首先考虑的应该是如何写出一篇好文章，之后再考虑嵌入产品信息的问题。那究竟什么才是好文章呢？其实说来也就是对用户有意义的文章，而不是除了广告还是广告。看上去二者之间并无区别，但这中间存在营销思想的区别，正所谓思路决定出路。所以要提升营销，首先是营销思想的提升。

(二) 软文写作类型

软文定了写作话题之后，就需要确定写作类型。在软文的几种写作大类中，专业性质软文是一种不错的写作方式。能够达到双赢的效果，不仅能够发扬互联网分享知识的精神，而且还可以传播产品的信息。若是文章写得很好，就很可能被其他平台，甚至是权威平台转载，这样的效果力量不必说也是成功的。

从某种意义上讲，可以将软文分成三个等级：

1. 可以传播产品信息的软文，可以是一星级★（★多为好）

2. 除（1）之外，同时还可以传播营养价值，能被相关平台及权威机构转载的软文，是二星级★★

3. 除1.2之外，还能积累相关行业人脉，提升个人声誉的软文，是三星级★★★

(三) 软文内容的要求

通常软文营销的方式，就是先定一个很“标题党”的标题，目的是为了吸引人们的目光，而如果进去的人发现文章内容全无价值，似乎全部都是广告或者是没有价值的垃圾，就会有一种被骗到的感觉。如此一来，阅读者就很难再将你的文章看下去了，于是文中宣传的产品，就不会有好的印象甚至不会有任何印象。而这还会导致以后重新再写了有营养价值的文章，别人却还是不再选择阅读。特别是常泡论坛的人士可能深有体会，比如有些文章标题写的很有吸引力，但是进去后就发现上当了，里面全部都是广告。再者来说，如今网民的免疫力逐渐增强，想骗到人谈何容易。所以说软文营销“价值才是王道”。请记住，你不应该是垃圾制造者，但可以是“有营养价值软文”的制造者。

第三节　网络促销与团购

一、网络促销

(一) 网络促销内涵及重要意义

1. 网络促销的内涵

网络促销指的是利用现代化的网络技术向虚拟市场传递有关商品和服务的信息，以启发需要，引起消费者购买欲望和购买行为的各种活动。虽然网络促销实施的环境和对象不同，但是目的、性质及采用的活动形式是一致的。

2. 网络促销的意义

（1）促进网站的推广。通过活动吸引目标人群来到自己的网站，以达到推广的目的。

（2）获得更高的业绩。策划一次活动能够带来更多客户，提升销量。

（3）获得更多的利润。促销活动的运行是需要一定的成本的，然而带来的盈利通常会超出想象。

（4）提升网站的的知名度、流量和客户。网络促销的目的是可以多变的。每个网站的每一次活动，都会有自己的目的，有时可以是对新品的一个推荐，或者是促进销量。最终的效果会因目的不同而有所不同。

（5）对抗竞争对手带给我们的市场压力。

3. 网络促销与传统促销的区别

虽然传统的促销和网络促销都是让消费者认识产品，引导消费者的注意和兴趣，并激发出他们的购买欲望，以达到最终的购买行为，而因为互联网强大的通讯能力和覆盖面积，网络促销在时间和空间的观念上，在信息传播模式上以及在顾客参与程度上都与传统的促销活动发生了较大的变化，如表 1 所示。

表 8.3–1　　网络促销与传统促销区别

对比值	网络促销	传统促销
时空观	电子时空观	物理时空观
信息沟通方式	网络传输、形式多样、双向沟通	传统工具、单向传递
消费群体	网民	普通大众
消费行为	大范围选择、理性购买	冲动型消费
总结：网络促销区别于传统环境下的促销有以下四个特点：一、在虚拟环境下进行；二、面向更广的受众；三、注重双向互动；四、实现精准营销。		

（二）网络促销的常见形式

传统的促销包含了直接促销和间接促销。直接促销有推销员、售货员和销售服务；间接促销有公共关系、广告和销售促进。而在网络营销中，经营方式产生了很大的变化，这就会使得网络促销在内容和形式上发生深刻变化，主要有以下几种方式。

1. 电子优惠券促销

网友在进行购买的时候，每消费一定数额或次数，就给用户发放电子优惠券，这样的方法能够促使用户再一次光顾你的商品，这也达到了网络促销的目的。

2. 节日/纪念日促销

不管是网络或者是现实，每到特殊节日就会有促销活动可以说已经成为人们潜意识里对节日的一个反应。通常在这样的节日里不管商家是否对产品采取降价，都会成为提升销量的好机会。遇到这些个纪念日时在网络上还是比较好操作的。因为在现实中不好统计这

方面的数字，如果遇到了建站周年，或访问量突破多少大关，成为第多少个用户，成交额突破多少额大关，都可以根据这些纪念日展开网络促销。

3. 淘宝客式促销

这是一种消费者在购物满一定的数量或通过返利网站的购物链接在双方交易成功后获得一定的现金折扣。就比如产品在淘宝有折扣优惠，及红包使用、淘宝返利等等方式。

4. 会员促销

如今网络上针对不同等级的顾客会给予不同的价格优惠。顾客的等级一般是根据是否付费或者购物的成长值来进行定位划分的。比如在淘宝网站上淘宝会员只要完成一个订单就会获得一定的成长值。淘宝把会员分成四个等级，级别是根据成长值进行划分的，一定值以下是哪个级别，成长值达到下一等级的就会自动升级。同时，等级越高的人相应能够得到的优惠也就越大。这也有效的促进了人们消费频率，同时达到促销的目的。

5. 网上赠品促销

目前在网上应用较多的一种促销方式就是赠品促销，通常来说，在新产品推出试用、产品更新、对抗竞争品牌、开辟新市场的情况下通过赠品促销可以达到比较好的促销效果。赠品促销有很多优点，可以提升品牌网络的知名度；鼓励大家时常访问网站以获得更多的优惠信息；能根据消费者索取赠品的热情程度总结分析营销效果和产品本身的反应情况等。如今在淘宝店铺中赠品赠送的主要形式有两种：一种是商家标明的赠品；还有一种就是没有明确写明的赠品。根据每个人不同的网购经历，效果采取第二种方法，通常都是在不知情的情况下收到一个赠品就会使得顾客达到一个更高的满意度。若采取第一种方法时会出现相反的作用，要是赠品发的少了或者是发的不好了，都会使顾客对店铺产生不好的印象。虽然同样都是赠品，方式不一样，带来的效果也是有差别的。

6. 抽奖促销

抽奖促销可以说是网上应用较广泛的促销形式之一，大部分网站都很乐意采用这种促销方式。抽奖促销就是一种以一个人或数人获得超出参加活动成本的奖品为手段进行商品或服务的促销，网上抽奖活动通常是附加于调查、扩大用户群、庆典、产品销售、推广某项活动等。消费者或访问者通过填写问卷、注册、购买产品或参加网上活动等方式得到抽奖的机会。就比如目前淘宝推出的淘大奖，推出初期的效果就很明显。卖家只需花费较少的钱例如 10 元，这样就能使用一个月的淘大奖，至于商品的选择还是需要卖家自己来定的，卖家通过该功能提升自己的销量和流量，以达到最终的目的。

7. 积分促销

比起传统营销方式积分促销在网络上的应用要更加简单和易操作。网上积分活动通过编程和数据库等是很容易实现的，而且结果的可信度也非常高，操作起来也较简便。通常情况下积分促销设置价值较高的奖品，消费者通过多次购买或多次参加某项活动来增加积分以获得奖品。积分促销通常能够有效地增加上网者访问网站和参加某项活动的次数。

8. 限时限量促销

限时限量促销还可以叫做秒杀，这种营销方式是如今网上商城用的较多而且很火的一种促销手段。就比如淘宝的秒杀和限时折扣。

9. 团购促销

作为目前另外一种应用火热的促销方式——团购，其运作模式就是“薄利多销”的另一种表示方法。就比如淘宝的聚划算。

（三）网络促销实例解析

以 ED 花果网络促销为例子，可以更好地将网络促销的过程加以诠释。

1. 前期的促销策略

网站运行初期，整体的知名度、流量都处于零的状态，所以这个时候需要提升网站的知名度。针对这一情况网站策划一个以宣传网站为目的的活动方案。该活动主要要达到的效果就是要让网站拥有知名度以及流量。首先确定 ED 花果网站的目标客户，该网站的目标客户大多是大学生，所以首次与客户见面将定于大学学校来展开。其主要的展开方式就是网上和线下同步进行的赠品促销，如表 2 所示。

表 8.3-2　　网上和线下同步进行的赠品促销表

活动名称	活动时间	活动细则说明
赠品促销	网站开站之初 线下推广在活动前一天 线上推广于活动前一周开始	1. 活动赠品分等级（按价值来分） 2. 线下活动赠品选择价值最低的。赠品上印有网站的网址。通过上面网址进入网站注册将会赠送另外神秘小礼品。 3. 赠品获得条件：线下，回答关于网站的一个问题，回答正确者得赠品；线上，主要设置推广网站的任务根据个人达到的程度发放赠品，如推荐给好友或者分享。 4. 赠品可以累加。

因为初期的重点在于提升网站知名度，因此促销策略还应该以线下为主。通过利用传统促销手段针对产品的目标人群进行一个网站类型的推广，线上线下都要做到良好的宣传。网络促销策略主要通过“整合秒杀”和“满就送”来吸引部分客户。

2. 中期的促销策略

这个时期网站的发展可以说已经较为稳定了，所以此时促销的策略可以是一个固定的方案。比如固定在某个点的时候开展某一种类型的促销。如表 3 所示

表 8.3-3　　固定活动方案表

活动名称	活动时间	活动细则说明
新品上市推荐	每周一至周二	1. 新品上线在活动期间享受优惠价格。 注：购买新品获得一定的折扣。 2. 编辑手动修改活动价格并在活动结束后恢复正常售价
	上线时间：周日下午 5 点	
	优惠售卖时间：周一上午 9 点之后	
	优惠停卖时间：周三下午 5 点之前	

续表

活动名称	活动时间	活动细则说明
秒杀购	每周二、四下午 3 点	每周将会选择几款商品进行秒杀活动，活动限时限量，秒中的顾客可以以很低价得到产品。没秒中者可以以五到六折购买秒杀产品。
	上线时间：每周二、四下午 3 点	
	优惠售卖时间：周二、四 下午 15：00-15：05	
欢乐周末购	每周五至周日	1. 编辑手动修改活动商品价格 注：选择商品以半价销售。 2. 客服正常下单
	上线时间：每周四下午	
	优惠售卖时间：每周五上午 9 点之前长期存在	
团购	上线时间：每周五下午 5 点	1. 编辑修改活动商品价格 注：选择一款商品要有足够的库存。性价比很高的产品。活动参与者每人获得唯一的参与码，凭码购买。 2. 客服在活动结束后统一发货
	优惠售卖时间：每周六上午 9 点之前	
	优惠停售时间：下周六上午 9 点之前	
特殊节日	具体活动以节日而定（如五一、情人节等）	该活动将代替原有活动

宣传之后这个时期主要的促销目的，就是获取更高的销量和盈利。网站运营到现在，网站的客户等级会有明显差异。这个阶段将要采取的促销策略就一定要是个性化的，针对不同的人展开适合他的促销方式。首先就需要对不同等级的客户做一个分析，了解这些客户各自购物的侧重点，就这一点展开促销，可以通过 E-MAIL 或是手机短信的形式来宣传活动信息，以此来达到引销。

要增加抽奖促销，网站要针对抽奖活动设置抽奖功能板块。具体的操作只要将产品添加到制作好的功能模块就可以。还可以自己设置更多的等级奖品。命中率也是自定义。

3. 后期的促销策略

网站发展到现在可以说在整个市场已经拥有自己一定的地位了，这个时候整个虚拟市场的发展可以说是较为完全的。网站主要盈利的点也不仅仅是自己网站的商品，还能够扩展到提供代销平台和广告出租等。之后能够做的促销策略，就是到特殊节日时的降价促销，再者是一次性购买一年或多年，有买有送。网络促销策略需要针对不同网站的产品展开。要随时留心于最新的促销手段。针对老客户策划一些活动，要做到经常关怀客户，避免老客户的流失。

后期的重点就是提升网络品牌和对已有的客户进行维护。网络促销不再是如今所认为的产品打折或是优惠，它将与该阶段的推广进行一个有力的配合，具体的要以当下情况而定。线上的促销活动将主要注重它的新颖，无时无刻地关注淘宝网和相关购物网站，以便时刻了解市场、了解客户。

4. 总结

花果作为特殊产品，在网上销售时需要考虑很多的问题。针对它的特殊性，就应该寻找适合它的促销方法。不只是应该制定新颖的活动，并且活动中赠品的选择也不可小看。网站一定要有特色的营销策略，还要不断地完善自己的营销方法，要保持产品组合的最优状态。因为在这个复制的年代，开展促销是非常不容易的。

就网络促销来说思路决定出路，市场就如逆水行舟一般，不进则退。一定要深刻的认识到市场发展的规律，时刻掌握市场的脉搏，以积极的姿态顺应市场变化，与时俱进。

二、网络团购

（一）团购的起源

团购这一类网站最早起源于美国 Groupon 网站，其特点是：每天只推一款折扣产品、每人每天限拍一次、折扣品一定是服务类型的、服务有地域性、线下销售团队规模远超线上团队。

由于在中国大量的团购网不断兴起，于是就有了中国人自己独特的模式：团购网导航，较为出名的有 soso 导航、hao123 导航，以及草根发展起来的我是团长导航网，如今已经收录了上千个团购网，成为在中国团购网独特的发展模式。每一天都会有上千款的今日团购，这就为众多团购控们提供了无与伦比的团购体验。

中国较为出名的就是城市团购网，其特点是定期举行一些团购会，现场砍价，需要厂家定一个比市场低很多的价格给消费者，其创立时间是 2010 年 12 月，是中国最大的化妆品、生活消费品导购网站之一。该网站的目的是使得消费者能够更轻松、放心、便捷地完成家庭消费，并使得他们真的购买到更便宜、更合适自己的产品。

在中国，除了以上能够提供同城吃喝玩乐等综合性服务的团购网站以外，还有一类以实物形式团购的网站，同样受到了热衷团购的人们的追捧。这类网站主要是以零食小吃，运动鞋，服装，化妆品等实物团购为主，其中最为火爆的要数化妆品的团购了，从参团人数和网站数量来说，都是别的实物团购网站不能相比的，这类团购网站中有名的如聚美优品、最女人团购网。这样的网站在短短半年的时间里，就创造出每月 1000 多万营业额的惊人业绩。

（二）适合团购的人群

1. 没有时间逛街的上班族。
2. 担心购买到假冒伪劣产品的朋友。
3. 买东西不会选择、总是留下遗憾的朋友。
4. 不大会砍价、不喜欢砍价、不屑于砍价的朋友。
5. 担心个体消费，在售后得不到应有保障的朋友。
6. 准备、马上或已经开始装修的工薪阶层，钱少的朋友。
7. 不了解市场价格，不懂得选材，或不喜欢逛市场的朋友。
8. 对自己和亲人的健康有强烈责任心，必须购买符合环保标准产品的朋友。

9. 在校大学生，经济实力不强，想买质优价廉而且有服务保障的商品。

（三）团购对人们带来各种好处的原因

1. 参加团购可以降低消费者交易的成本，在保证质量及服务的前提下，同时获得可以接受的合理低价。团购其实就好比是批发，团购的价格也就像是产品在团购数量时批发的价格。通过网络团购，能够把被动的分散购买转变为主动的大宗购买，因此购买同样质量的产品，可以享受更低的价格及更优质的服务。

2. 可以彻底转变传统消费行为中由于市场不够透明或是信息不对称，致使消费者地位变弱的状况。通过参加团购可以更多地了解产品的规格、性能、合理价格区间，还可以参考团购组织者或是其他购买者对产品的客观评价，在购买和服务过程中显然是占了主动的地位，可以让消费者真的买到质量好、价格合理、服务好、称心如意的产品，以达到省时、省心、省力、省钱的目的。

（四）团购的形式

如今网络团购的形式有大致三种：

1. 自发行为的团购；

2. 职业团购行为，如今已经有很多不同类型的团购性质的公司、网站和个人出现；

3. 销售商自己组织的团购。

这三种形式所存在的共同之处就是，参与者可以拿到不仅能够保证正品而且价格还比市场上更低的产品。

中国最早出现团购是公司为了降低成本而集合所有子公司进行采购，最终发展为目前“个人层面”团购，这都应该归功于互联网。通过业内有影响的个人或专业的团购服务公司（团购网站）进行召集，把有意向购买同一产品的消费者组织起来，向厂家或总代进行大量的购买行为，在保证质量的前提下，获得消费资产增值和服务保障；或者是自发的组织团购，由消费者自行组织，把自发团购产品信息发布在网站上面。

（五）团购网的发展

如今团购已经在上海、北京、广州等大型城市快速流行，正在甚至已经发展为一种新型消费模式。可以说城市的团购网顺应了这个时代的发展需求，结合中国电子商务的实际所搭建的网络团购平台，为广大商家和业主提供最专业的团购服务。

目前来看，在团购网站和团购帖子的“省钱才是硬道理”的号召下，小到数码、手机、图书、软件、家电、玩具、电脑等这样的小型商品，大到建材、家居、房产等价格不很透明的商品，都有消费者因网络聚集成团购买。除此之外，团购也不断地将范围扩展到个人消费、健康体检、旅游、保险、教育培训及各类美容、健身、休闲等多个领域。

（六）团购的产品

如今主要的团购有橱柜、建材、结婚、衣柜、装修、房产、家电、家具、汽车、学车、教育、票务等，相信在未来还会有更多的产品加入到团购的行列之中。

（七）团购的流程

团购可以分成开团和跟团两种，开团者称为团长，是组织团购的一方，跟团者称为团员，就是参加团购的一方。除了团长与团员之外，还有提供商品的一方，称为商家。

（八）团长开团

1. 首先团长找到开团的商品，之后确定团购要求人数、商品品牌、型号及商品团购的价格等。

2. 召集团员。这一部分需要在网上发布信息寻找，或者是到周围亲戚朋友中去寻找等等。为了更好地确定团员人数，有些团长会向团员要求订金。

3. 团员人数达到团购需求之后，团长就会组织向商家进行统一购买，团购结束；如果团员没能达到团购的要求，那么就不会成功开团。

4. 团员不需要和商家接触，不需要讨价还价等

5. 团员见到团长的帖子，或是经其他朋友亲戚劝说，觉得对开团的商品很感兴趣，参与团购。

6. 团员人数达到团购要求的人数之后，向团长付款，领商品、索要相关票据、质保书等，团购结束；若团员没能达到团购需求，那么就等于跟团失败。

（九）核心优势

作为网上购物的一种组成方式，可以说网络团购具备了网络购物所有的优势，比如方便、快捷、不受地域限制等等。其中价格优势是团购最重要的核心优势，这种优势甚至要比普通网络购物更加明显。

举个例子来说，就拿家电作为例子。线下卖场，家电企业为了盈利，通常的做法是将在渠道中因为各种原因产生的附加成本转嫁到产品上，于是最终的消费者难免就会成为中间环节之间多重利润的受害者。

我国在2006年10月，首家品牌月饼直销的网上商城品牌月饼网的成功上线试营，无疑是对这种现象发起了挑战。厂家直接通过网站提供的平台与消费者对接，这样以来中间费用的节省就为消费者保证了货物的厂价直销性并且还可以买到正品行货。

其推出的网络团购，不只是赋予了消费者也赋予了企业、代理商发起团购的权力。与此同时作为家电直销平台推出的团购，也意味着价格将比其它同类产品的网络团购更加优惠。网络团购组织方式的灵活性，不管是在时间上或是成本上，都是线下卖场望尘莫及的。

团购这一消费模式一进入中国就引起了一场新的消费革命，团购的最终目的是为了让消费者省钱，让商家赚钱，实现三方共赢！

城市团购网目前已经发展成为全国最大最专业的团购门户网站。团购的优势如下：

1. 超低价格折扣。

通过人流量的增多实现人多力量大的优势，使得商家薄利多销。如此一来我们整体的成交量就会比商家单一传统的店面成交量大得多。就商家而言，降低了销售成本，而利润也并没有有所减少。原因是，传统店面需要负担较高的展示成本，需要很高的销售毛利率才可以获得盈利，而通过网上团购就大大降低了销售的成本。

2. 节省时间。

会员可以通过团购平台随心所欲的选择自己想要买的产品，参加团购快捷、简单，这样自然就省去了四处奔波的艰辛和讨价还价的尴尬。

3. 质量有保证。

在团购活动中，保证了参加团购的产品质量，与此同时消费者的数量优势迫使商家提

供有品质保证的产品，以保证所有参加团购的业主都可以购买到高品质的产品。

（十）团购的风险

网络团购作为一种新兴的消费方式，目前还没有相关规则的约束，所以说这方面的诈骗也总会出现。针对这一现象，消费者需要在取得优惠价格的同时，更应该全面考虑，对于交易一定要谨慎。

网络团购还是存在着陷阱的。例如：建材、家具等行业的产品价格缺乏透明度，有些商家会私底下将价格拉高之后再采取打折的方法吸引顾客，这就会使得消费者很被动。如今存在很多网络团购是由隐藏在背后的商家发起的，这样的团购其实也就是商家的一种促销手段。

除此之外，网络团购还有其它问题的存在。所以，消费者在参与网络团购，特别是购买大件商品时，最好咨询一下律师或其他相关人士，以免引起不必要的麻烦。另外消费者最好尽量多的关注商家的专业水平、售后服务等信息，以保证参加团购的时候，不会把钱款交付给代购者。

网络团购毕竟只是出于某一特定目的而临时组织的松散团体。所以在现实中，团购者交易成功之后就分散了，如果在售后出现了纠纷，通常就不好再组织起来，这就会使得消费者日后的维权行动不能正常的展开。所以，网络团购的参与者还应该想办法签订团购协议来规避各种风险。

第九章　电子商务安全管理

第一节　对文件进行加密

一、加密及相关制度

1. Windows 2000/XP

Windows 2000/XP 提供了对文件夹的加密功能，在使用系统提供的加密功能之前，需要确认你要加密的文件夹所在的分区格式是 NTFS。Windows 内建的文件加密功能仅仅允许赋予其他用户访问加密文件的完全权限，但是并不允许将加密文件夹的权限赋予其他用户。

2. 对邮件进行加密和解密

如今较为流行的电子邮件加密软件是 PGP 和 S/MIME。PGP 软件创始于美国，是一个基于 RSA 公钥加密体系的邮件加密软件。加密“Encrypt Message”，签名“Sign Message”。

3. 制定交易安全管理制度

网络交易安全管理制度就是用文字形式对各项安全要求所做的规定，是企业网络营销取得成功的保障。网络交易安全管理制度主要有：保密制度、人员管理制度、跟踪审计制度、数据备份制度、系统维护制度、病毒定期清理制度。

4. 人员管理制度

人员管理制度：①工作人员严格选拔；②落实工作责任制；③贯彻电子商务安全运作基本原则。电子商务安全运作基本原则：1）双人负责原则；2）任期有限原则；3）最小权限原则。

5. 保密制度

信息的安全级别：绝密级、机密级、秘密级。

（1）绝密级：该部分网址、密码不在因特网上公开，只限高层管理人员掌握（公司经营状况报告、订货/出货价格、公司发展规划）。

（2）机密级：限公司中层管理人员以上使用（公司日常情况、会议通知）。

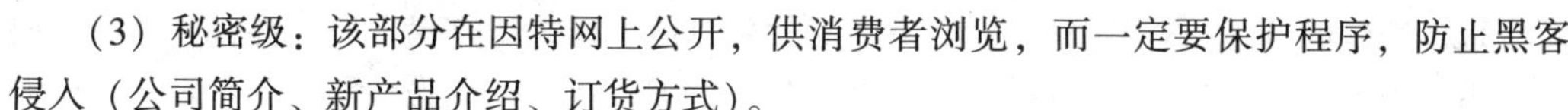

（3）秘密级：该部分在因特网上公开，供消费者浏览，而一定要保护程序，防止黑客侵入（公司简介、新产品介绍、订货方式）。

6. 跟踪、审计、稽核制度

跟踪制度：要求企业建立网络交易系统日志。

审计制度：经常对系统日志的检查、审核。

稽核制度：工商管理、银行、税务人员利用计算机及网络系统，发出相应的警示或作出处理处罚的有关决定的一系列步骤及措施。

7. 网络系统的日常维护制度

（1）硬件的日常管理和维护：

网管人员必须建立系统档案（设备型号、配置参数、生产厂家、安装地点、安装时间、IP 地址、上网目录和内容）。

（2）软件的日常维护和管理：

1）支撑软件（操作系统、数据库和开发工具等）；

2）应用软件。

（3）支撑软件需进行的维护工作：

1）定期清理日志文件、临时文件；

2）定期执行整理文件系统；

3）检测服务器上的活动状态和用户注册数；

4）处理运行中的死机情况。

8. 病毒防范制度：给电脑安装防病毒软件、不打开陌生电子邮件、认真执行病毒定期清理制度；控制权限；高度警惕网络陷阱。

9. 应急措施

如今运用的数据恢复技术最主要是瞬时复制技术、远程磁盘镜像技术、数据库恢复技术。

（1）瞬时复制技术：使计算机在某一灾难时自动复制数据的技术。

（2）远程磁盘镜像技术：在远程备份中心提供主数据中心的磁盘镜像的技术，该技术的优点是可以把数据中心磁盘中的数据复制到远程备份中心。

（3）数据库恢复技术：产生和维护一份或多份数据库数据的复制。

二、本地文件的加密

（一）office 文件格式加密

1. Word 文件的加密。

（1）首先打开需要加密的 Word 文件，点击菜单“工具-选项”。

（2）在弹出的“选项”窗口中点击“安全性”标签，接着就可以根据自己的情况输入“打开权限密码”和“修改权限密码”。

（3）若是你还想要换个更好的加密类型，就可以点击“高级”按钮来选择。

（4）点击“确定”之后就会弹出一个对话框来进行对密码的确认，输入正确密码之后点击“确定”就好了，最后保存一下加密的 Word 文件。

取消密码的方法：若要想取消 Word 中设置的密码，首先用密码打开文件，之后在密码设置窗口中把密码清除掉，保存一下就可以了。

2. Excel 文件的加密。

Excel 文件加密的方法基本上与 Word 是一样的，在这里可以参考 Word 加密的方法进行加密，然而 Excel 还有一种保护功能，可以锁定保存的工作表格。

在 Excel 中点击菜单“工具-保护”，其中有三种保护方式，这就可以根据自己的需要来进行选择。

例如这种保护方式：点击了“保护工作表”之后就会弹出一个设置窗口，在上面输入保护的密码，之后在下面设置一下允许用户对工作表进行的操作，点击“确定”后再输入一次密码来确认。经过这样的加密后，我们就只能对这个文件进行受允许的操作。

取消密码保护的方法：只需点击菜单“工具-保护-撤销工作表保护”，在弹出的窗口中输入密码就可以了。

3. Accsee 文件的加密。

（1）首先打开 Accsee 点击菜单“工具-安全-设置数据库密码”。

（2）之后在弹出的“设置数据库密码”对话框中将自己设置的密码输入进去，完成后点击“确定”按钮就可以了。

取消密码设置的方法：点击菜单“工具-安全-撤销数据库密码”，根据提示操作就可以了。

4. PowerPoint 文件的加密。

PowerPoint 文件的加密方法基本与 Word 文件相同，只需按照 Word 加密的方法操作就可以了。

（二）压缩软件加密

WinRAR 的加密方法：

单击右键，选择“添加到压缩文件”，之后点击“高级” - “设置密码”，再在其后弹出对话框中输入密码（两次），再点击“确定”关闭该对话框，再次点击“确定”就可以了。

RAR 和 ZIP 两种格式均支持加密功能。

如果想要加密文件，在压缩之前就一定要先指定密码，或者直接在压缩文件名和参数对话框中指定。

在命令行模式时使用开关 -p［密码］，而在 WinRAR 图形界面的时候，就需要输入密码，还可以按下 Ctrl+P 或者是在文件菜单中选择“设置默认密码”命令。

另外的一种方式就是单击 WinRAR 窗口底部左下角的钥匙图标。在压缩文件名和参数对话框中的“高级选项”组中按下“设置密码”按钮输入密码。

和 ZIP 有所不同，RAR 格式不仅仅允许数据，同时其它可感知的压缩文件区域：文件名、属性、大小、注释和其它块都是可以进行加密的。若你希望这么做，那么就需要在密码对话框中设置“加密文件名”选项，或是在命令行模式使用-p［密码］的开关-hp［密码］。若是通过这样的方式加密文件，在没有密码的情况下甚至不能查看文件列表。

当不需要的时候，不要忘记将输入的密码删除。比如在你又加密了其他压缩文件，却

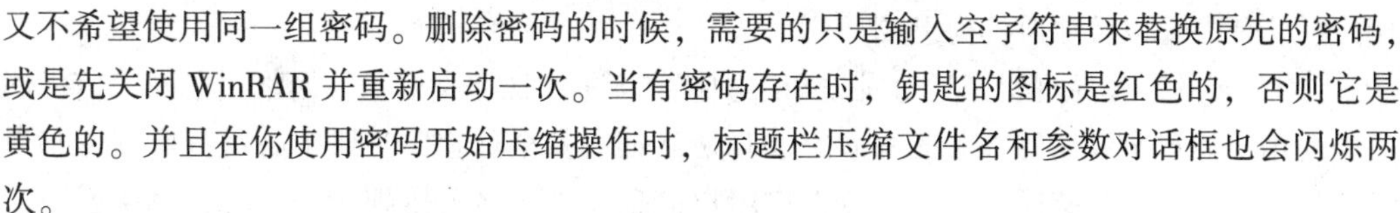

又不希望使用同一组密码。删除密码的时候，需要的只是输入空字符串来替换原先的密码，或是先关闭 WinRAR 并重新启动一次。当有密码存在时，钥匙的图标是红色的，否则它是黄色的。并且在你使用密码开始压缩操作时，标题栏压缩文件名和参数对话框也会闪烁两次。

若是在“压缩文件名和参数”对话框直接输入它，就不需要删除密码。因为这类密码仅对单一压缩操作有效，而且会在完成之后自动删除。

在解压加密文件时，开始操作前不一定必须事先输入密码。如果 WinRAR 遇到加密的文件，而解压之前未先输入密码，那么它就会提示用户输入密码。

WinRAR 支持 ZIP2.0 格式使用私有加密算法。RAR 压缩文件使用更强大的 AES-128 标准加密。若是需要加密重要信息，选择 RAR 压缩文件格式会更好。为了确定其安全性，密码设置的长度请最少要 8 个字符。最好不要使用任何语言的单词作为密码，密码最好是任意的随机组合字符和数字，注意设置的时候区分大小写。要注意的是：若遗失了自己的密码，那么你将无法取出加密的文件，就算是 WinRAR 的作者本身也无法解压加密过的文件。

三、电子邮件的加密

如今电子邮件犯罪案件逐日增多，针对这一现象用户在享受电子邮件快捷便利的服务同时还要承受邮件泄密带来的后果。而对于邮件来说有的泄密并无什么严重后果，但是有的邮件一旦泄密将会引起不小的“灾难”。为了提高邮件信息的安全性，如今有效的方法就是对邮件进行加密，通过加密可以使邮件只能被指定的人浏览，这就保证了邮件的安全。

如今常见的邮件加密方式主要有以下四种：

（一）利用对称加密算法加密邮件

对称加密算法可以说是一种应用比较早的加密算法，技术是很成熟的。在对称加密算法中，数据发信方将明文（原始数据）和加密密钥一起经过特殊加密算法处理后，使其变成复杂的加密密文发送出去。收信者在接收到密文之后，要想解读原文，那么就需要使用加密用过的密钥及相同算法的逆算法对密文进行解密，这样之后才可以使其恢复成可读明文。在对称加密算法中，使用的密钥只有一个，发信者与收信者都使用这个密钥对数据进行加密和解密，那就要求解密方必须事先得知加密密钥。对称加密算法的特点是算法公开、计算量小、加密速度快、加密效率高。

存在的缺点在于，交易双方都使用同样钥匙，安全性得不到保证。利用对称密码算法对电子邮件进行加密，需要解决密码的传递、保存、交换等问题。目前这种方式的邮件加密系统使用的并不多。

典型基于对称加密的邮件加密产品：Office 口令加密、PDF 口令加密、WinRAR 口令加密、WinZip 口令加密（这种方式用于电子邮件加密上只能用于加密附件）。

（二）利用传统非对称密钥体系（PKI/CA）加密电子邮件

目前电子邮件加密系统很大一部分的产品都是基于这种加密方式。PKI（Public Key Infrastructure）就是公钥基础设施，CA（Certificate Authority）也就是认证中心。PKI 从技术上解决了网络通信安全的各种障碍；CA 从运营、规范、管理、法律、人员等多个角度来解决了网络信任问题，由此人们将其统称为“PKI/CA”。就总体构架而言，PKI/CA 主要由最终用户、认证中心以及注册机构组成。

PKI/CA 的工作原理就是通过发放和维护数字证书来建立一套信任网络，在同一信任网络中的用户通过申请到的数字证书来完成身份认证和安全处理。注册中心负责审核证书申请者的真实身份，审核通过之后，负责将用户信息通过网络上传到认证中心，由认证中心负责最后的制证处理。证书的吊销、更新这些都需要由注册机构来提交给认证中心做处理。整体而言，认证中心是面向各注册中心的，而注册中心是面向最终用户的，注册机构是用户与认证中心的中间渠道。

公钥证书的管理是个复杂的系统。一个典型、完整、有效的 CA 系统至少应具有以下部分：历史密钥管理；公钥密码证书管理；密钥的备份和恢复；黑名单的发布和管理；自动更新密钥；支持交叉认证等等。相对来说 PKI/CA 认证体系是比较成熟的，但是应用于电子邮件加密系统的时候也存在着密匙管理复杂，需要先交换密匙才能进行加解密操作等问题，著名的电子邮件加密系统 PGP 就是采用这套加密流程进行加密。

这样的加密方法只适用于企业、单位和一些高端用户，由于 CA 证书获得麻烦，交换繁琐，所以一直以来这种电子邮件加密模式都很不容易普及。

典型基于 PKI/CA 的邮件加密产品：此类产品基本是定制产品。

（三）利用链式加密体系进行电子邮件加密

这种机制以一个随机生成的密钥（每次加密不一样）为基础，再用对称加密算法（如 3DES、IDEA 算法）对明文加密，之后再用 RSA 非对称算法对该密钥加密。如此一来收件人同样是用 RSA 解出这个随机密钥，再用对称加密算法解密邮件本身。这样的链式加密可以说做到了不仅仅有 RSA 体系的保密性，还有对称加密算法的快捷性。除此之外，链式加密体系的密钥管理是用户自己管理的，公钥的交换基于信任机制。

比如：假设 A 想要获得 B 的公开密钥，那么是可以采取几种方法的，包括拷贝给 A、通过电话验证公开密钥是否正确、从双方都信任的人 C 那里获得、从认证中心获得等。如此这般的过程会使得用户的电子邮件十分安全。

典型基于链式加密体系邮件加密产品：PGP、MailCloak（电子邮封）

（四）利用基于身份的密码技术进行电子邮件加密

为了简化传统公钥密码系统密钥的管理问题，以色列科学家、著名的 RSA 体制的发明者之一 A. Shamir 在 1984 年提出了基于身份密码的思想：将用户公开的身份信息（如 e-mail 地址，IP 地址，名字等等）作为用户公钥，用户私钥由一个称为私钥生成者的可信中心生成。之后二十几年中，基于身份密码体制的设计成为密码学界的一个热门的研究领域。然而因为在此机制下，用户的密钥都是在服务器端托管，用户的信息安全还要依赖于服务器安全及服务提供商的承诺。

典型基于身份密码的邮件加密产品：赛曼邮件天使系统、奥联 OMail。

第二节　数字证书管理

一、数字证书申请流程

1. 用户注册，如图 9.2-1。

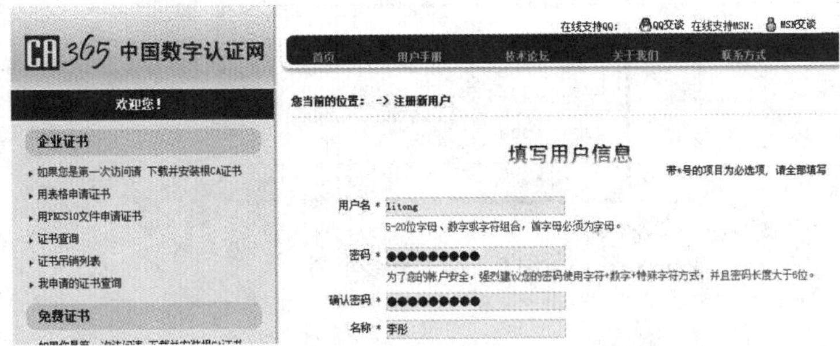

图 9.2-1　用户注册页面

2. 登录后主页，如图 9.2-2

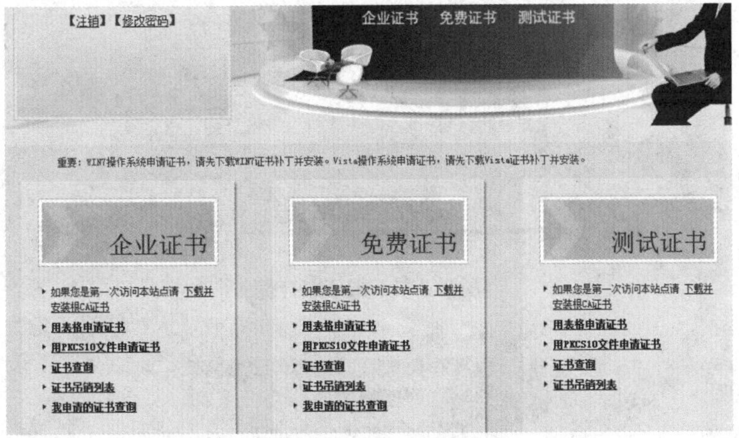

图 9.2-2　登录后主页

3. 下载根 CA 证书，如图 9.2-3

搜狗高速下载
名称：CA365FreeRoot.cer
类型：安全证书，1.44KB
下载到：D:　浏览...
名称：CA365FreeRoot.cer
直接打开　下载　取消
其它工具：IE下载　设置

图 9.2-3　下载情况

4. 安装根证书，如图 9.2-4

图 9.2-4　安装证书

5. 根证书导入向导，如图 9.2-5，如图 9.2-6

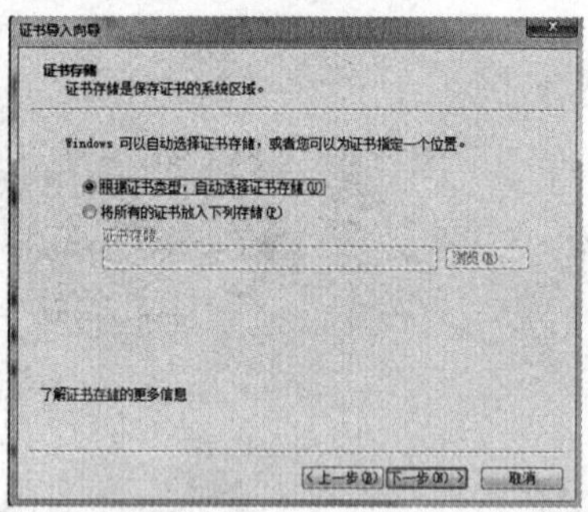

图 9.2-5　根证书存储

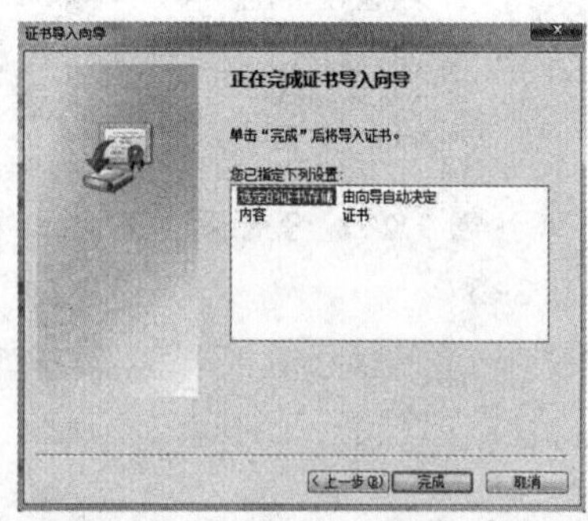

图 9.2-6　完成证书导入向导

6. 导入成功，如图 9. 2-7

图 9. 2-7　导入成功

7. 表格申请证书，如图 9. 2-8

您当前的位置：免费证书 -> 用表格申请证书

名称：李彤　输入正确
公司：太原科技大学　输入正确
部门：计算机082002　输入正确
城市：太原　输入正确
省：山西　输入正确
国家(地区)：CN　请输入
Email：　请输入邮箱
网址：　请输入
证书用途：□客户身份验证证书 □电子邮件保护证书 □代码签名证书 □时间戳签名证书 ☑通用证书
证书吊销方式：◉集中吊销 ○单独吊销
档案：◉开放（允许您的证书在网上公开检索） ○不开放（不允许您的证书在网上公开检索）
保存　重置

图 9. 2-8　表格申请证书

8. 申请证书，如图 9. 2-9

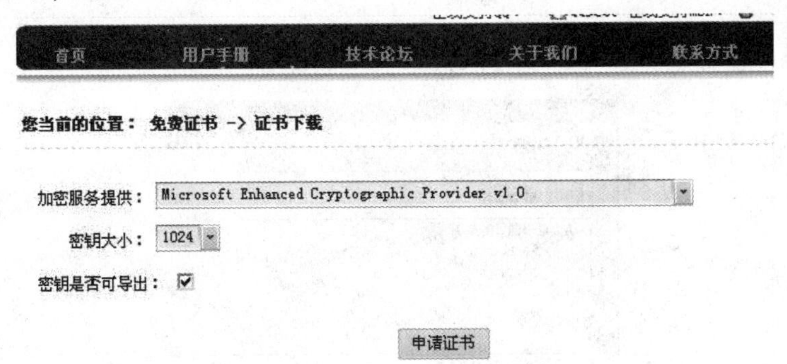

图 9. 2-9　申请证书

9. 交换密钥，如图 9. 2-10

图 9. 2-10　交换密钥

10. 交换成功，如图 9. 2-11

图 9. 2-11　交换成功

11. 证书查询，如图 9. 2-12

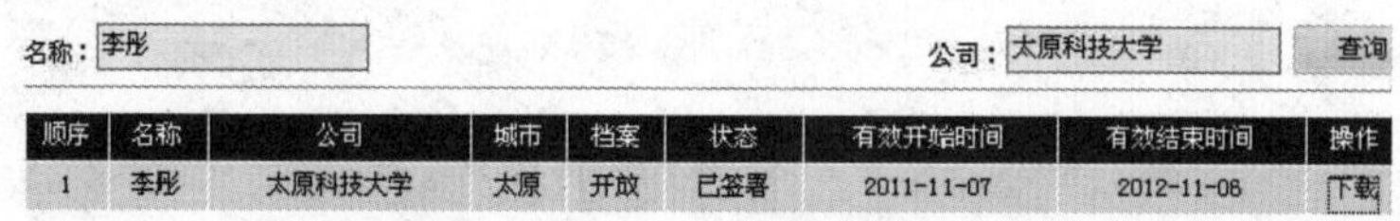
名称：李彤　　公司：太原科技大学　　查询

顺序	名称	公司	城市	档案	状态	有效开始时间	有效结束时间	操作
1	李彤	太原科技大学	太原	开放	已签署	2011-11-07	2012-11-06	下载

图 9. 2-12　证书查询结果

12. 证书常规显示

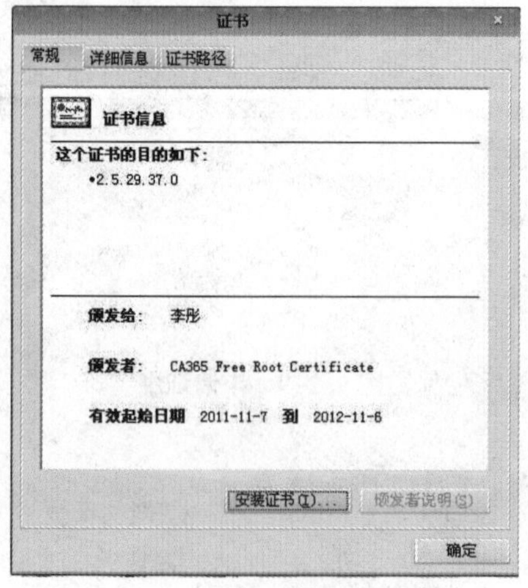

图 9. 2-13　证书常规显示

13. 证书详细信息显示，如图 9. 2-14

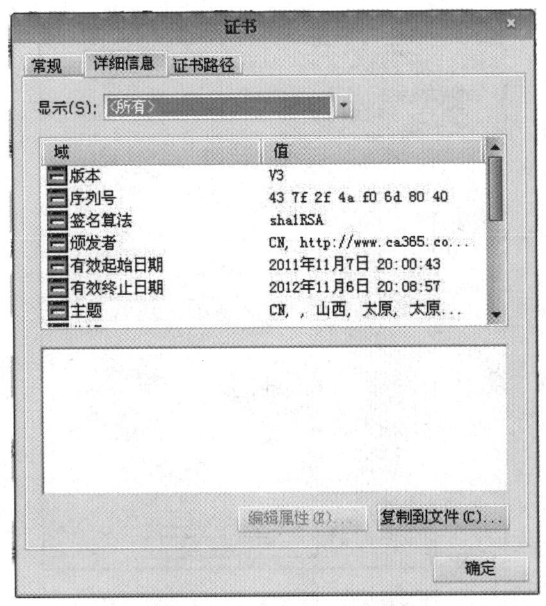

图 9. 2-14　证书详细信息

二、数字证书的导入与导出

若需要多台电脑使用同一个数字证书，那么就需要数字证书的导入导出。其具体的操作如下：

1. 数字证书导出

打开 IE 浏览器，选择工具中下拉菜单中的 Internet 选项。

图 9. 2-15　数字证书导出

在弹出的对话框中选择内容栏，选择证书按钮。

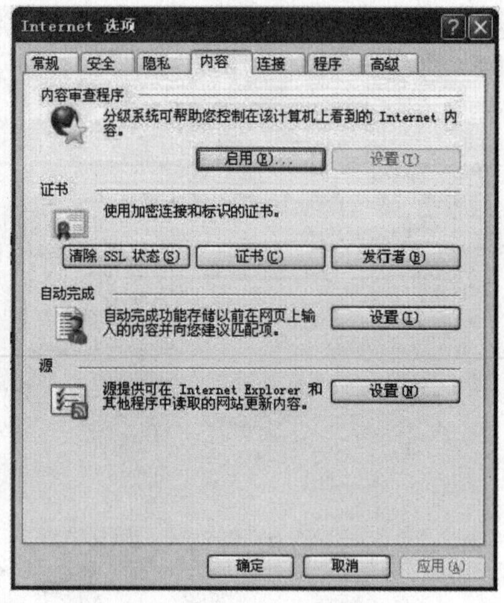

图 9.2-16　数字证书选择内容栏

在列表中选择需要导出的证书，然后选择导出按钮。

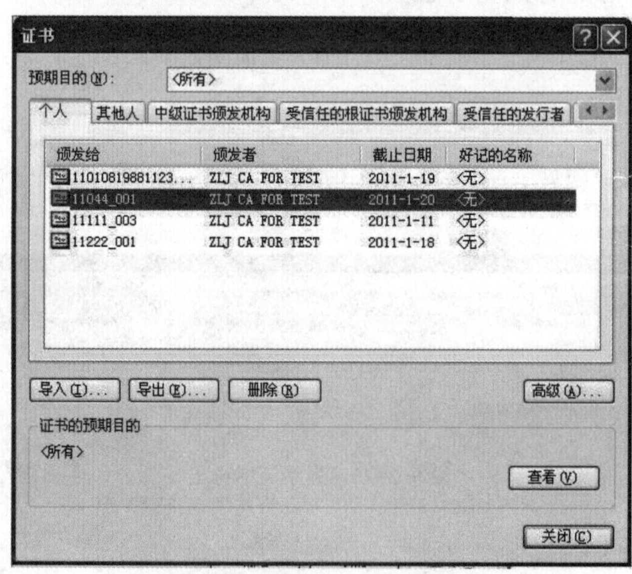

图 9.2-17　数字证书选择证书导出

按照提示操作，中间需要输入导入文件名称，完成证书导出操作。

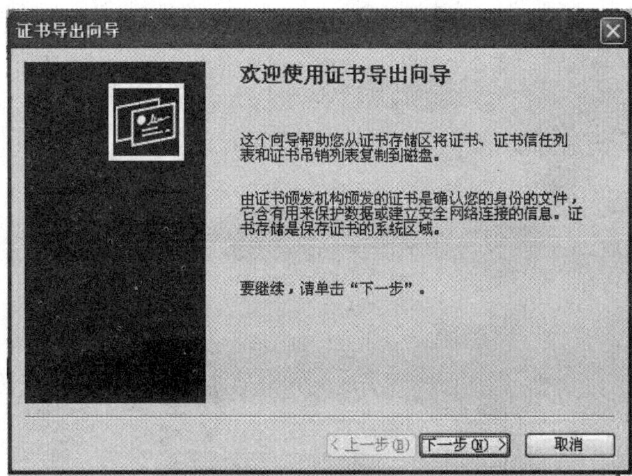

图 9.2-18　数字证书输入导入文件名称

选择下一步。

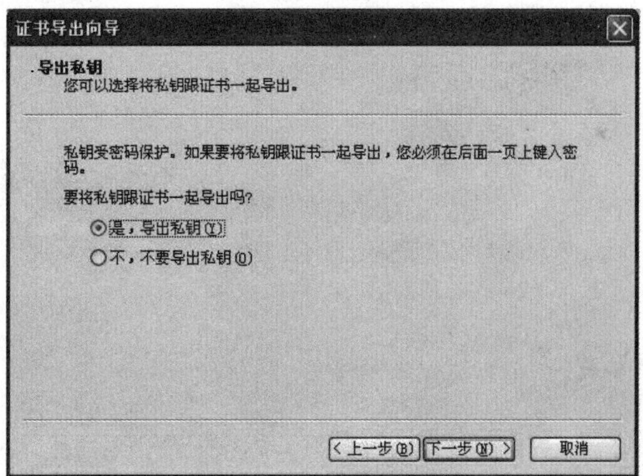

图 9.2-19　数字证书导出私钥

选择“是，导出私钥”，选择下一步。

证书导出向导

密码
要保证安全，您必须用密码保护私钥。

键入并确认密码。
密码(P):
确认密码(C):

< 上一步(B) 下一步(N) > 取消

图 9. 2-20　数字证书输入导出私钥密码

选择下一步。

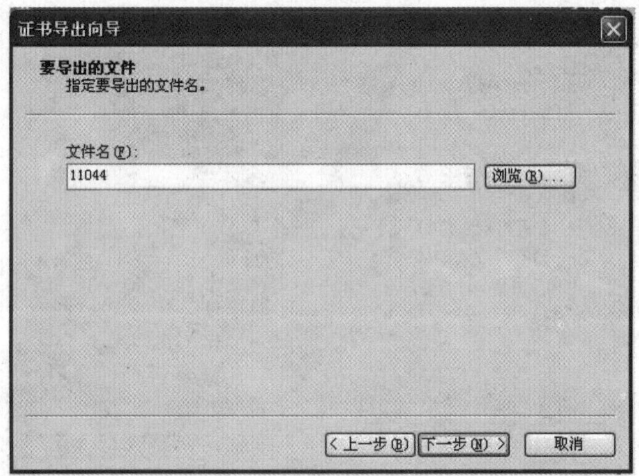

图 9. 2-21　数字证书输入导出文件名

输入文件名，选择下一步。

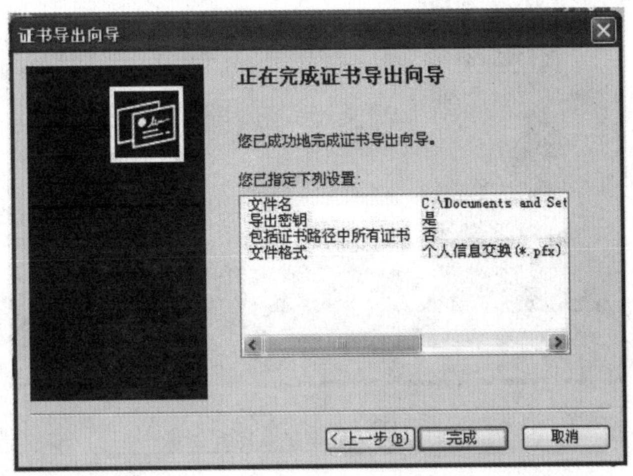

图 9.2–22　数字证书完成导出向导

记录文件路径，选择完成。

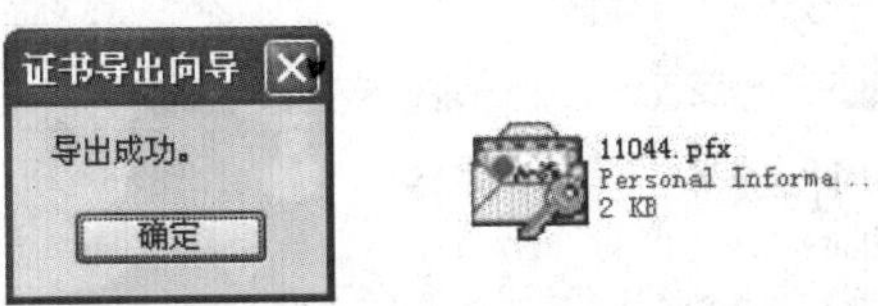

图 9.2–23　数字证书完成导出

2. 数字证书导入

数字证书成功导出后，将证书拷贝到目标电脑上，进行数字证书的导入。

其具体的操作是，首先选中需要导入的数字证书，双击该证书，这时会弹出提示信息，之后再按照提示操作一步一步就可以了。

双击该证书。

图 9.2–24　数字证书导入

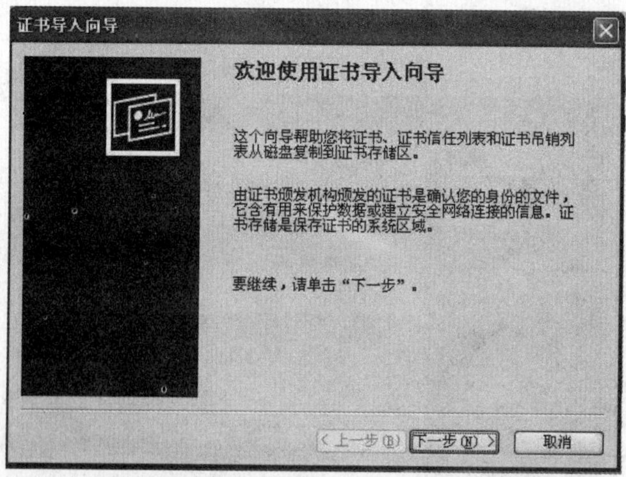

图 9.2-25　数字证书导入向导

选择下一步。

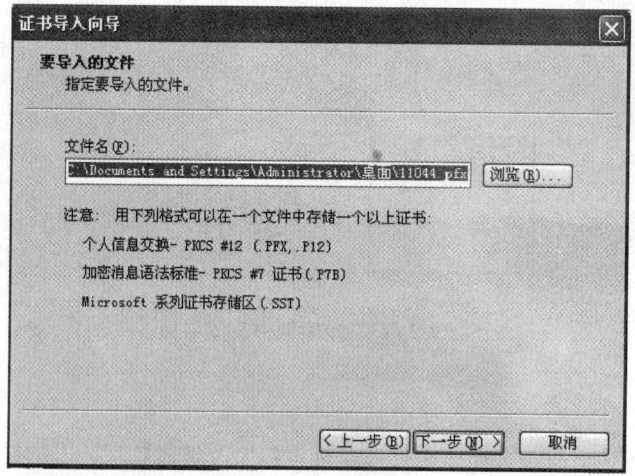

图 9.2-26　数字证书–指定导入文件

选择下一步。

图 9. 2-27　数字证书-输入密码

如果您需要给证书设置密码，需要在复选框里勾选选项。以后每次使用证书的时候，都会弹出询问密码。

具体设置密码的步骤如下：

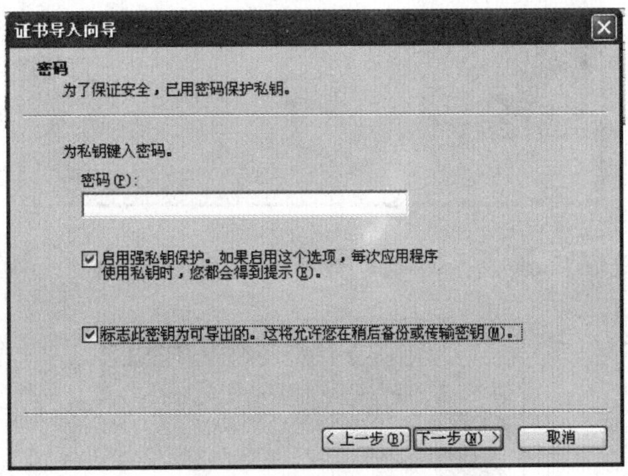

图 9. 2-28　数字证书-设置密码

选择下一步。

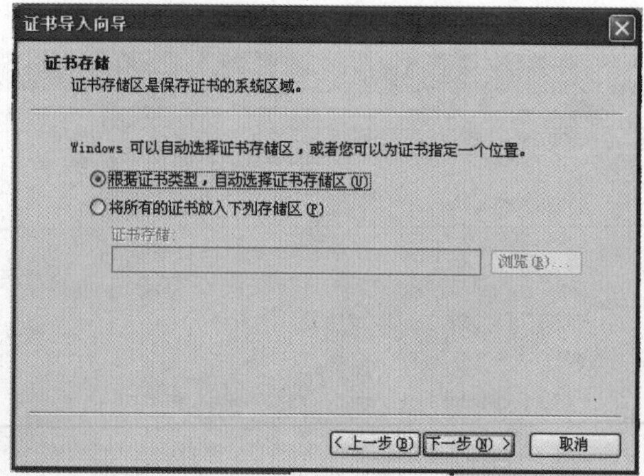

图 9.2-29　数字证书-证书存储

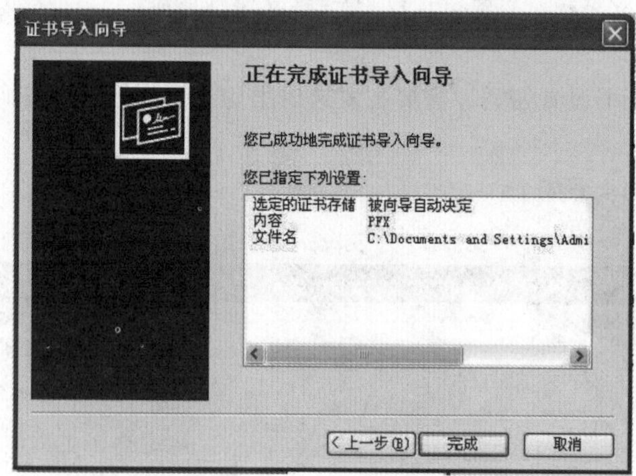

图 9.2-30　数字证书-证书导入向导

选择下一步。

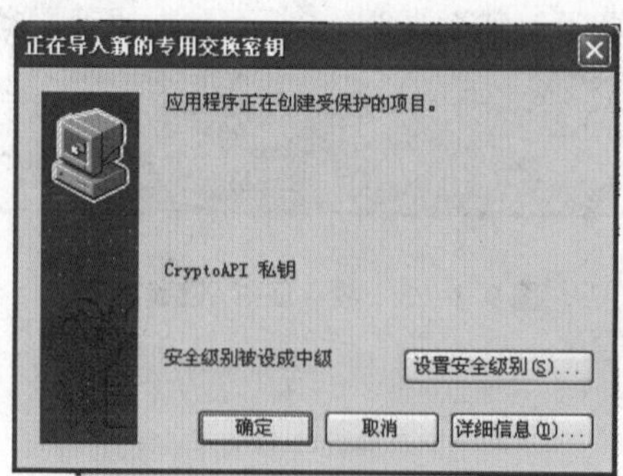

图 9.2-31　数字证书-导入

如果您前面勾选了启用强密码保护选项，在这里选择设置安全级别来设置密码。

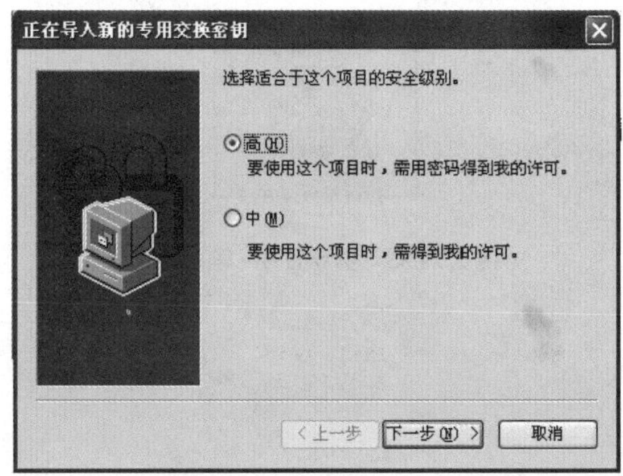

图 9.2-32　数字证书-导入密钥

选择高，点击下一步，即可设置密码。

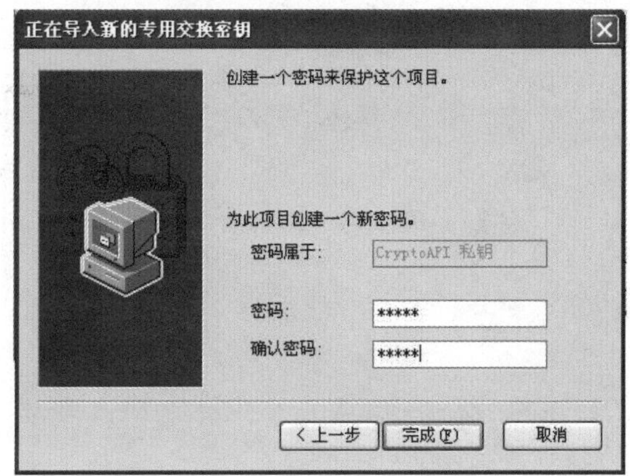

图 9.2-33　数字证书-创建密码

点击完成。

图 9.2-34　数字证书-创建密码完成 v

点击确定。

图 9.2-35　数字证书-导入成功

第十章　电子商务 O2O 模式

第一节　什么是 O2O

一、O2O 的由来及发展

O2O 这一概念的起源国是美国，可是在运营过程中，其在中国的发展却大相径庭。美国的实体企业倾向于采用全渠道营销的做法。中国与美国存在很大的区别：美国全渠道的主导者是实体零售商，从零售商自身需求和营销角度出发；而中国 O2O 的主导者是大型电商公司，最初的出发点也是从电商公司的需求切入的。

就字面上来理解 Online To Offline，也就是把线下的机会与互联网有效结合，使互联网平台成为线下交易的前台。线下服务通过线上招揽顾客，消费者在线上筛选服务，并且进行支付结算。企业可以通过这样的闭环模式借机找到实行优良转型的门路。

高效的 O2O 重组了业务流程，真正站在时代前沿，施展出其应有的战略优势。就传统企业而言，O2O 无论是在物流配送、产品采购，或者是顾客服务等方面都比传统企业更领先一步，特别是在核心支付的环节上，完全不同于传统的结算方式。顾客在下单的时候，能够通过网络、微信、社交媒体等不同渠道或手段使自己更加主动，在通过线上线下之间相互结合的模式，自提与送货上门双管模式相结合下，购物会向感性化发展。

二、O2O 崛起的原因和价值阐述

1. O2O 崛起的原因

（1）消费者获取信息的方式变了

如今智能手机对人们而言功能不再只是通话，人们更感兴趣于上面的各种应用。智能手机使得人们的生活已经同虚拟世界联系的非常紧密，并带来消费人群的变化。人们已经习惯通过移动终端去上网，并获取它的信息和数据，这是一个巨大的变革。

（2）用户的购买习惯变了

对于传统商业而言面临的最大的挑战是人们的购买习惯的改变。实体店因为资金、人员等方面的限制不能够提供24小时的服务，而客户的范围在不断扩大，因为移动互联网使用的便捷性使得他们变成随时在线型，24小时中任何一个时间段都会有可能跟你提出购物或服务的请求。若是不能同时用在线的方式满足和连接你的用户，那么就很可能会被淘汰。

（3）移动支付的环境变了

由于支付宝、滴滴打车、微信红包在潜移默化中让消费者习惯使用移动支付，移动支付在成倍的增长。移动终端上的商业环境和安全都更进一步的走向成熟，人们也更加接受用手机完成支付。在新的移动商业模式下，支付已不会再成为O2O闭环最大的瓶颈。

在生活中的任何一个商业形态都会有可能成为O2O潜在的机会，开个体验店，做个微信公众帐号，线上线下都可做生意，其原因就是我们商业环境在不断地发生着变化，通过信息渠道缩短了企业和用户之间的交互，新技术革命导致了用户行为习惯上面的变化。

2. O2O的核心价值

O2O的核心价值就是充分利用线上与线下渠道各自优势，使得顾客能够全渠道购物。线上的价值：方便、随时随地，并且品类丰富，不受时间、空间和货架的限制。线下的价值：商品看得见摸得着，且即时可得；品牌可以直接和顾客接触、沟通，顾客也可以享受面对面的服务。

（1）O2O的本质是线下行业的商业模式重构。

（2）商业模式的核心主要是交易模式（交易主体/交易内容/交易方式/交易定价），所以商业模式重构的本质就是交易模式重构。

（3）交易模式重构的驱动力和目的在于解决原有产业链上的交易困难，即解决线下行业的交易困难。

所以说，所谓“优秀的O2O公司”，也就是那些通过重构行业原有交易模式解决交易困难的企业。

第二节　O2O操作

一、O2O的营销模式

O2O营销模式是什么？创新工场CEO李开复在提及O2O模式的时候这样说，“你如果不知道O2O至少知道团购，但团购只是冰山一角，只是第一步。”

O2O营销模式又被叫做离线商务模式，指的就是线上营销、线上购买带动线下经营和线下消费。O2O通过提供信息、打折、服务预订等方式，将线下商店的消息传递推送给互联网用户，以此达到将其转化为线下客户的目的。

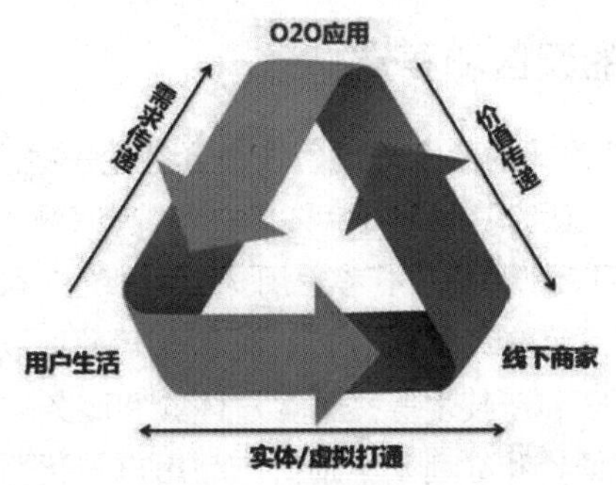

图 10.2-1　O2O 营销模式示意图

1. O2O 营销模式

O2O 营销模式对用户来说，能够在网上查询商家，这样就能够获取更丰富、更全面的商家及其服务的相关信息，方便咨询并可快捷的进行购买操作，同时客户会获得相比线下直接消费较为便宜的价格。这就是 O2O 营销模式广受消费者欢迎的一大原因。

O2O 营销模式对商家来说，能够获得更多商品宣传、展示的机会，这样就可以将更多的客户吸引到自己的店铺进行消费，对拉动新品、新店的消费更加快捷。如今已经是大数据时代，商家通过 O2O 营销模式，能够查询推广的效果，客户每笔交易都能够进行一个追踪，经过这些用户数据的掌握，可以说能够大大提升对老客户的维护与营销效果，并且还可以通过在线与客户进行沟通，这样就能更好地了解到用户的需求。O2O 营销模式通过在线有效预订等方式，合理安排经营，节约成本，同时还能够降低线下实体店对黄金地段店铺的依赖，这样就又减少了租金的支出费用。

在线预付就是 O2O 营销模式的核心，虽然这看上去与 B2C、C2C 一样，但不同就在于通过 B2C、C2C 购买的商品是被装箱快递到消费者手中的，而 O2O 则是消费者在线上购买商品与服务，之后再去线下享受相应的服务。这是支付模式与为店主创造客流量的一种结合，对消费者而言，也是一种新的“发现”机制。

团购是 O2O 模式中初级的商业方法，二者的区别在于，O2O 是网上商城，而团购是低折扣的临时性促销，这对商家而言，团购这种营销方法没有可持续性，很难变成长期的经营方法。不过，也正是团购的如火如荼，方才拉开了 O2O 商业模式的序幕。

2. 团购与 O2O、B2C 和 C2C 的关系

国家统计局发布的数据显示，2016 年中国网上零售市场销售规模占中国社会消费品零售总额的份为 12.6%。所以说，实现线上虚拟经济与线下实体经济的融合，具有广阔的市场空间，同时 O2O 模式的发展也逐步的演变出更多元化的一面。

人们传统的购物方式在 O2O 模式提出后发生了转变，伴着更多 O2O 平台的建立和解散，O2O 模式依然被称作是一个万亿级的市场。

3. O2O 模式的未来趋势分析

通过不断向多元化和纵深化发展，未来的 O2O 会是一种多层次、多维度的符合生态体系，垂直型、合作型、区域型、外包型等的模式。他们相互之间存在竞争，但更多的是互补与合作，共存共赢。O2O 营销模式将会成为未来营销的一个趋势。

二、O2O 在应用中的误区和要点

1. 对初期试水 O2O 营销模式的商家来说，往往会产生一些应用上的误区：

（1）企业盲目相信平台，认为 O2O 平台可以解决所有问题，O2O 平台越多越好。

（2）部分企业的 O2O 不考虑数据，不考虑用户 ID 的统一和唯一识别，导致 O2O 活动也成为无根之水、无本之木，简单认为 O2O 可以托管代运营。

（3）忽略了利用移动互联和新技术等提升客户体验和服务体系，O2O 为了闭环而闭环。

（4）不懂得用什么样的场景和红利来激励把产品用户转化为自己的 O2O 用户，不去深入了解商家、用户的诉求，而是直接假设直接规划，认为 O2O 平台可以解决所有问题。

2. O2O 模式在推广中的要点

O2O 模式作为线下商务与互联网结合的新模式，可以说解决了不少传统行业的电子商务化问题。然而 O2O 模式并不是简单的互联网模式，这一模式的实施对企业线下能力的考验是很大的。某种程度上来说，决定这个模式能否成功的还是线下能力的高低。而线下能力高低的决定因素又是线上用户的黏度。所以拥有大量优势用户资源、本地化程度较高的垂直网站将借助 O2O 模式，成为角逐未来电子商务市场的主力军。

O2O 模式最关键的点就是，平台通过在线的方式吸引消费者，但真正消费的服务或者产品就需要客户到线下体验，于是就会对线下服务提出更高的要求。而在线上迅速崛起的创业型公司又能否掌控稳定的服务体系也是面临的一大问题，大部分 O2O 模式的企业并不能掌握线下服务的质量，可以说就是一个第三方中介，在中间起到协调作用。除此之外，在线支付、线下体验，又会造成“付款前是上帝，付款后什么都不是”的窘境。就如定制类实体商品与消费者预定不符，如果质量低于预期，甚至极为低劣，那么消费者就会身处被动的境地。而体验式服务如果没有一个很好的口碑及信誉就不会获得一个很好的发展。就 O2O 模式来说，线下的主体多半是服务类型的企业，而国内服务总会有一些不规范运营的存在，虽然团购已经进行了先期教育，但距离稳定完善的服务依然相去甚远，所以说保障线上信息与线下商家服务对称，将会成为挑战 O2O 模式能否真正发展起来的一个重要节点。

O2O 模式往往以价格优势吸引消费者，商家该怎样权衡线上价格与线下价格的差异，在不打破自身原有的市场体系的前提下，如何同时保证各方方消费者的利益，这也是个值得考虑的问题。

这些难题也决定了对 O2O 模式的商业运用需要高起点的局限性，其商业运用不再只是单纯网络平台的形成。具有本地化性质的商业运营网点的覆盖将会成为 O2O 模式的重要支撑，因为大规模本地化运维网点已将一个大问题分解成了很多个小问题，将商家合作、商业推广等等问题细化，因此这些本地化运维中心的出现，同时也解决了一个大规模的商业平台怎样做到线上线下商家服务的推广问题，保证在审核关口前提下，能够最大限度的保证各种服务信息的可靠性、真实性。

O2O 模式借助于各种智能终端的应用，在最大限度积累消费用户和大规模的运营网点覆盖的前提下，保证用户能够无论走到哪里，玩到哪里，享受到哪里，都可以最大限度的提升用户体验，在无形中进行商业服务的再推广，用户的再积累，形成商业服务的良性循环链。

第十一章　商务智能

商务智能和电子商务技术是近年来信息技术领域中成长最快的两个部分。

对于电子商务来说，数据分析表现为研究客户对于在线商品进行的浏览和购买的行为特征、客户所属群体等。为了反映电商实际运营的中问题，我们就需要做相应的数据分析，如何去实现这些分析，这就需要用商务智能的相关技术了。

第一节　商务智能概述

商业智能（Business Intelligence，简称：BI）是什么？简而言之，它是能够帮助用户对自身业务和经营做出正确明智决定的工具。对企业而言是数据，如订单、库存、交易、账目、通话记录、及客户资料，从中找到有用的信息然后做出明智的选择。

有一种理解，认为高级管理人员信息系统（EIS）是商务智能，或决策支持系统（DSS）是商务智能，或数据仓库就是商务智能等，其实这是错误的。我们先了解一下商务智能的定义，商务智能，又称商业智慧或商业智能，是指企业利用现代信息技术收集、管理和分析结构化和非结构化的商务数据和信息，并以技术进行数据处理后的结果展现以实现商务智能应用，创造和沉淀商务知识和见解，改善商务决策水平，采取有效的商务行动，完善各种商务流程，提升各方面商务绩效，增强综合竞争力的智慧和能力。

商业智能的概念最早在1996年提出，商业智能作为一套完整的解决方案，是用来处理企业中现有数据，并将其转换成知识、分析和结论，辅助业务或者决策者做出正确且明智的决定。是帮助企业更好地利用数据提高决策质量的技术，包含了从数据仓库到分析型系统等。

一、商务智能的现状和发展

商业智能，也称为BI，从1996年提出概念至今，经过近二十年的发展，在国际范围内，超过50%的企业引入了与商业智能挂钩的各种产品。在国内，很多企业的业务系统和管理系统才日趋成熟，商业智能技术主要被应用在各个热门领域，像电信、金融、保险、证券、电商、电力等，目前依然保持大幅增长的趋势。

BI 技术以数据仓库、联机分析处理和数据挖掘等技术为基础，集成企业内部所有系统的数据，并借助企业所在行业的业务模型，分析得出的数据与数据之间的联系，以及由此数据得出的企业管理中所存在的问题。大中企业的商业智能的实施效果十分显著，但是对于一些中小企业的实施情况却不尽理想。由此可以看出，商业智能在国内的发展点主要还是基于电信、金融和证券行业，根据行业的发展形势，电商将会成为下一个商业智能发力的行业。

二、商务智能应用场景

如何能高效地管理电子商务企业在运营过程中所产生或收集的海量数据，一直是信息管理人员所面临的一个重要的问题。随着市场竞争的加剧，计算机硬件技术突飞猛进的发展，信息系统的用户已经不满足于仅用计算机去处理日复一日的事务数据，而是需要能够支持决策的信息去帮助管理决策。这就需要一种能够将日常业务处理中所收集到的各种数据转变为具有商业价值信息的技术，而传统数据库系统已经无法承担这一任务。

商务智能的目标是将企业所掌握的信息转换成竞争优势，提高企业决策能力、决策效率、决策准确性。为了完成这一目标，商务智能必须具有实现数据分析到知识发现的算法、模型和过程，决策的主题具有广泛的普遍性。

由于商业智能系统强大的功能在实际应用中能带来高利润的回报，所以近年来商业智能在证券业、银行领域、税务领域、控制金融风险、保险、客户管理等众多领域得到了越来越广泛的应用。

1. 在客户服务及营销方面的应用

随着商业的竞争越来越激烈，客户群体也越来越庞大，客户对服务的要求也越来越高，因此客户关系管理（Customer Relation Management，CRM）也逐渐被认识到其重要性。由于不同企业的客户群各不相同，相同企业不同系统中的客户管理的内容也千差万别，所以开发出“放之四海而皆准”的万能 CRM 产品也是不现实的，而是需要针对不同行业提供不同的 CRM 产品。

2. 在银行领域的应用

由于体制、市场和企业等经济要素的变化和发展的不均衡，银行业的竞争也是不断加剧，每家银行为了扩大自己的市场占有率，提升服务是必行之道。如何能更好的服务客户呢？需要通过集成银行的所有的数据，利用 BI 技术从海量数据中发现有价值的信息，以便银行能更人性化的去服务客户。

3. 在保险业的应用

随着商业保险公司业务系统日趋完善，数据交换和处理中心的建立，如何满足保险行业日益增长的各种查询、统计、报表以及分析的需求，如何提高防范和化解经营风险的能力，如何有效利用这些数据来实现经营目标，预测保险业的发展趋势，甚至如何利用这些数据来设计保险业的发展宏图，在激烈的竞争中赢得先机是保险决策支持系统需要解决的问题，也是 BI 在保险业中的应用起步。

4. 在证券业的应用

证券公司针对客户行为数据进行分析，及时将所有客户的行为数据进行归类和整理，并结合行情走势、上市公司资料、宏观和微观经济数据等，在掌握大量数据的情况下，对客户的行为和市场各因素的关联、客户的操作习惯、客户的持仓情况、客户的盈亏情况、公司的利润分布等进行统计和分析，证券商在获得这些信息后，就可以为客户提供针对其个人习惯、投资组合的投资建议，从而真正做到对客户的贴心服务。

5. 电子商务行业的应用

随着电子商务的迅猛发展，目前已有的系统已不能满足电商企业的需求了，现在电商企业需要针对客户的历史行为数据，通过商务智能技术来满足其需求。在电子商务中商务智能应用最多的是智能推荐系统、客户画像、客户行为分析等，以提高企业的利润最大化。

第二节　商务智能相关技术

商务智能的主要技术构成有三大类，分别为：数据仓库（Data Warehouse）、联机分析处理（On-Line Analysis Procesing，缩写：OLAP）和数据挖掘（Data Mining）。在三大主要技术结构中，数据仓库是商务智能的基础。联机分析处理（OLAP）是以数据仓库中的海量数据为基础的复杂分析技术。数据挖掘（Data Mining）也是从数据仓库中的海量数据中，提取隐含在其中的、人们事先不知道的但又可能有用的信息和知识的过程。

一、联机事务处理——OLTP

联机事务处理（On-Line Transaction Processing，简写：OLTP）是传统的关系型数据库的主要应用，是基本的、日常的事务处理，例如电商的交易、企业的ERP。其基本特征是顾客的原始数据可以立即传送到计算中心进行处理，并在很短的时间内给出处理结果。最大优点是可以即时地处理输入的数据。

联机事务处理的特点：

1. 实时性要求高；

2. 数据量不是很大；

3. 具有复杂的结构；

4. 并发性要求高且有严格的事务要求；

5. 反映随时变化的数据状态，但不保存其历史记录；

6. 业务操作一般是确定的，所以OLTP仅对确定性的数据进行存取和维护，比如购物车内的商品种类、数据、单价、优惠等信息.

二、联机分析处理——OLAP

联机分析处理（On-Line Analytical Processing，简写：OLAP）的概念最早是由关系数据库之父爱德华·库德（E·F·Codd）博士于1993年提出的，是一种用于组织大型商务数据库和支持商务智能的技术。OLAP数据库分为一个或多个多维数据集，每个多维数据集都由多维数据集管理员组织和设计以适应用户检索和分析数据的方式，从而更易于创建和使用所需的数据透视表和数据透视图。他同时提出了关于 OLAP 的 12 条准则来描述 OLAP 系统。

（一）OLAP 的 12 条准则

1. OLAP 模型必须提供多维概念视图

分析用户能自然的把企业作为一个多维模型，例如，利润可以按区域、产品、时间或方案（如实际，预算或预测）查看。多维数据模型能让用户更直接和方便的操作数据，包括“切片和切块”。

2. 透明性

当 OLAP 以用户习惯的方式提供电子表格或图形显示时，这对用户应该是透明的。OLAP 应该是开发系统架构的一部分，这个架构能按用户的需要嵌入到任何地方，而不会对主机工具的功能产生副作用。用户不应该接触到提供给 OLAP 工具的数据源，这些数据可能是同构的或是异构的。

3. 存取能力准则

OLAP 工具应该有能力利用自有的逻辑结构访问异构数据源，并且进行必要的转换以提供给用户一个连贯的展示，是 OLAP 工具而不是用户需要关心物理数据的来源。

4. 稳定的报表能力

OLAP 工具的性能不应该因维度增加而受到明显的影响。

5. 客户/服务器体系结构

OLAP 工具的服务器端应该足够的智能让更多客户能以最小的代价连接。服务器应该有能力映射和巩固不同数据库的数据。

6. 维的等同性准则

每个数据维度应该具有等同的结构和操作能力

7. 动态的稀疏矩阵处理

OLAP 服务器的物理结构应能处理最优稀疏矩阵。

8. 多用户支持能力

OLAP 应提供并发获取和更新访问，保证完整和安全的能力。

9. 非受限的跨维操作

计算设备必须允许跨数据维度的计算和数据操作，不能限制任何数据单元间的关系。

10. 直观的数据操纵

数据操作应在固定的路径下，例如钻取缩小，通过直接在分析模型的单元上完成，而不需要目录多次的用户交互。

11. 灵活的报表生成

报表设备应该能以用户需要的任何方式展现信息。

12. 不受限的维与聚集层次

数据维度数量应该是无限的，用户在每个通用维度上定义的聚集聚合层次应该是无限的。

（二）与联机分析处理相关的逻辑概念和常用分析方法

OLAP 展现在用户面前的是一幅幅多维视图。

1. 维（Dimension）：是人们观察数据的特定角度，是考虑问题时的一类属性，属性集合构成一个维（时间维、地理维等）。

2. 维的层次（Level）：人们观察数据的某个特定角度（即某个维）还可以存在细节程度不同的各个描述方面（时间维：日期、月份、季度、年）。

3. 维的成员（Member）：维的一个取值，是数据项在某维中位置的描述（“某年某月某日”是在时间维上位置的描述）。

4. 度量（Measure）：多维数组的取值（2000 年 1 月，上海，笔记本电脑，$100000）。

OLAP 的基本多维分析方法有钻取（Drill-up 和 Drill-down）、切片（Slice）和切块（Dice）、以及旋转（Pivot）等。

（1）钻取：是改变维的层次，变换分析的粒度。它包括向下钻取（Drill-down）和向上钻取（Drill-up）/上卷（Roll-up）。Drill- up 是在某一维上将低层次的细节数据概括到高层次的汇总数据，或者减少维数；而 Drill-down 则相反，它从汇总数据深入到细节数据进行观察或增加新维。

（2）切片和切块：是在一部分维上选定值后，关心度量数据在剩余维上的分布。如果剩余的维只有两个，则是切片；如果有三个或以上，则是切块。

（3）旋转：是变换维的方向，即在表格中重新安排维的放置（例如行列互换）。

（三）联机分析处理系统的存储格式和分类

数据仓库与 OLAP 的关系是互补的，现代 OLAP 系统一般以数据仓库作为基础，即从数据仓库中抽取详细数据的一个子集并经过必要的聚集存储到 OLAP 存储器中供前端分析工具读取。

OLAP 系统按照其存储器的数据存储格式可以分为关系 OLAP（Relational OLAP，简称 ROLAP）、多维 OLAP（MultidimensionalOLAP，简称 MOLAP）和混合型 OLAP（HybridOLAP，简称 HOLAP）三种类型。

1. 关系联机分析处理（ROLAP）。

ROLAP 将分析用的多维数据存储在关系数据库中并根据应用的需要有选择的定义一批实视图作为表也存储在关系数据库中。不必要将每一个 SQL 查询都作为实视图保存，只定义那些应用频率比较高、计算工作量比较大的查询作为实视图。对每个针对 OLAP 服务器的查询，优先利用已经计算好的实视图来生成查询结果以提高查询效率。同时用作 ROLAP 存储器的 RDBMS 也针对 OLAP 作相应的优化，比如并行存储、并行查询、并行数据管理、基于成本的查询优化、位图索引、SQL 的 OLAP 扩展（Cube，Rollup）等等。

2. 多维联机分析处理（MOLAP）。

MOLAP 将 OLAP 分析所用到的多维数据物理上存储为多维数组的形式，形成“立方体”的结构。维的属性值被映射成多维数组的下标值或下标的范围，而总结数据作为多维数组的值存储在数组的单元中。由于 MOLAP 采用了新的存储结构，从物理层实现起，因此又称为物理 OLAP（PhysicalOLAP）；而 ROLAP 主要通过一些软件工具或中间软件实现，物理层仍采用关系数据库的存储结构，因此称为虚拟 OLAP（VirtualOLAP）。

3. 混合联机分析处理（HOLAP）。

由于 MOLAP 和 ROLAP 有着各自的优点和缺点（如下表所示），且它们的结构迥然不同，给分析人员设计 OLAP 结构提出了难题。为此一个新的 OLAP 结构——混合型 OLAP（HOLAP）被提出，它能把 MOLAP 和 ROLAP 两种结构的优点结合起来。迄今为止，对 HOLAP 还没有一个正式的定义。但很明显，HOLAP 结构不应该是 MOLAP 与 ROLAP 结构的简单组合，而是这两种结构技术优点的有机结合，能满足用户各种复杂的分析请求。

表 11.2-1　　MOLAP 和 ROLAP 优缺点对比表

ROLAP	MOLAP
沿用现有的关系数据库的技术 OLAP	专为 OLAP 所设计
响应速度比 MOLAP 慢；现有关系型数据库已经对 OLAP 做了很多优化，包括并行存储、并行查询、并行数据管理、基于成本的查询优化、位图索引、SQL 的 OLAP 扩展（cube，rollup）等，性能有所提高	性能好、响应速度快
数据装载速度快	数据装载速度慢
存储空间耗费小，维数没有限制	需要进行预计算，可能导致数据爆炸，维数有限；无法支持维的动态变化
借用 rdbms 存储数据，没有文件大小限制	受操作系统平台中文件大小的限制，难以达到 tb 级（只能 10~20g）
可以通过 SQL 实现详细数据与概要数据的存储	缺乏数据模型和数据访问的标准
不支持有关预计算的读写操作；SQL 无法完成部分计算；无法完成多行的计算；无法完成维之间的计算	支持高性能的决策支持计算；复杂的跨维计算；多用户的读写操作；行级的计算
维护困难	管理简便

三、操作型数据存储— ODS

操作数据存储（Operational Data Store，缩写：ODS）是一个面向主题的、集成的、可变的、当前的细节数据集合，用于支持企业对于即时性的、操作性的、集成的全体信息的需求。通常被作为数据仓库的过渡，也是数据仓库体系结构中的可选项部分之一。

根据 William H. Inmon 的定义，“数据仓库是面向主题的、集成的、稳定的、随时间变化的，主要用于决策支持的数据库系统”。而在 Kimball 的《The Data Warehouse Lifecycle Toolkit》是这样定义的：是操作型系统中的集成，用于当前、历史以及其它细节查询（业务系统的一部分），为决策支持提供当前细节数据（数据仓库的一部分）。

ODS 是用于支持企业日常的全局应用的数据集合，ODS 的数据具有面向主题、集成的、可变的和数据是当前的或是接近当前的 4 个基本特征。同样也可以看出 ODS 是介于数据库和数据仓库之间的一种数据存储技术，和面向应用的数据库相比，ODS 中的数据组织方式和数据仓库一样是面向主题的和集成的，所以进入 ODS 的数据也需要像进入数据仓库的数据一样进行集成处理。另外 ODS 只是存放当前或接近当前的数据，如果需要的话还可以对 ODS 中的数据进行增、删和更新等操作，虽然数据仓库中的数据也是面向主题和集成的，

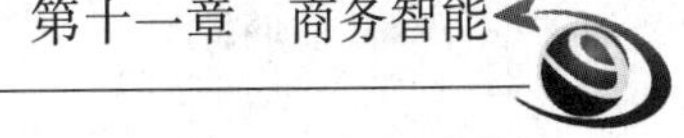

但这些数据是不会进行修改的，所以 ODS 和数据仓库的区别主要体现在数据的可变性、当前性、稳定性、汇总度上。

ODS 仍然是存储在常规的关系型数据库中，出于性能、存储、备份和恢复等数据库的角度，以及对源数据库的性能影响角度，一般不建议 ODS 保存相当长周期的数据，同样保存于 ODS 中的数据尽量不做转换，而是与源业务数据库保持一致，ODS 可以看作是多个源系统数据库的映像集成，为了使数据仓库的处理和决策支持分析需求与源系统相隔离，减少决策支持分析性能对源系统的影响。

ODS 具备数据仓库的部分特征和 OLTP 系统的部分特征，它是“面向主题的、集成的、当前或接近当前的、不断变化的”数据。在包含有 ODS 系统的数据仓库体系结构中，ODS 具体功能如下：

1. 在业务系统或管理系统与数据仓库之间形成一个隔离层。

数据仓库平台都具有非常复杂的数据来源，这些数据存放在不同的地理位置、不同的数据库、不同的应用之中，从这些业务系统对数据进行抽取并不是一件容易的事。因此，ODS 用于存放从业务系统直接抽取出来的数据，这些数据从数据结构、数据之间的逻辑关系上都与业务系统基本保持一致，因此在抽取过程中极大降低了数据转化的复杂性，而主要关注数据抽取的接口、数据量大小、抽取方式等方面的问题。

2. 转移一部分业务系统细节查询的功能。

在数据仓库建立之前，大量的报表、分析是由业务系统直接支持的，在一些比较复杂的报表生成过程中，对业务系统的运行产生相当大的压力。ODS 的数据从粒度、组织方式等各个方面都保持了与业务系统的一致，那么原来由业务系统产生的报表、细节数据的查询自然能够从 ODS 中进行，从而降低业务系统的查询压力。

3. 完成数据仓库中不能完成的一些功能。

在包含有 ODS 的数据仓库体系结构中，数据仓库层所存储的数据都是进行汇总过的数据，并不存储每笔交易产生的细节数据，但是在某些数据集市的应用中，可能需要对交易细节数据进行查询，这时就需要把细节数据查询的功能转移到 ODS 来完成，而且 ODS 的数据模型按照面向主题的方式进行存储，可以方便地支持多维分析等查询功能。在不包含有 ODS 层的数据仓库应用系统体系结构中，数据仓库中存储的数据粒度是根据需要而确定的，一般来说，最为细节的业务数据也是需要保留的，实际上也就相当于 ODS，但与 ODS 所不同的是，这时的细节数据不是“当前、不断变化的”数据，而是“历史的、不再变化的”数据。

在数据仓库设计方法和信息模型建模方法中，前人的著作对各种思路和方法都做过大量的研究和对比，重点集中在实体-关系模型（简称 E-R 模型）和维模型的比较和应用上。根据项目实践经验，ER 模型和维模型在数据仓库设计中并非绝对对立，尤其在 ODS 设计上，从宏观的角度来看数据之间的关系，以 ER 模型最为清晰，但从实现出来的数据结构上看，用维模型更加符合实际的需要。若孤立地看 ER 模型或者维模型是片面的，需要从具体应用上去考虑如何应用不同的设计方法，目标是一定的，就是要能够把企业的数据从宏观到微观能够清晰表达，并且能够实现出来。

在 ODS 的概念定义中，已经描述了 ODS 的功能和特点，实际上 ODS 设计的目标就是以这些特点作为依据的。ODS设计与数据仓库设计在着眼点上有所不同，ODS重点考虑业务系统数据是什么样子的，关系如何，在业务流程处理的哪个环节，以及数据抽取接口等问题。

四、数据仓库 — Data Warehouse

数据仓库，英文名称为Data Warehouse，简写为DW。数据仓库的目的是构建面向分析的集成化数据环境，为企业提供决策支持（Decision Support）。其实数据仓库本身并不“生产”任何数据，数据来源于外部，并且开放给外部应用，这也是为什么叫“仓库”的原因。因此数据仓库的基本架构主要包含的是数据流入流出的过程，可以分为三层—源数据、数据仓库、数据应用。

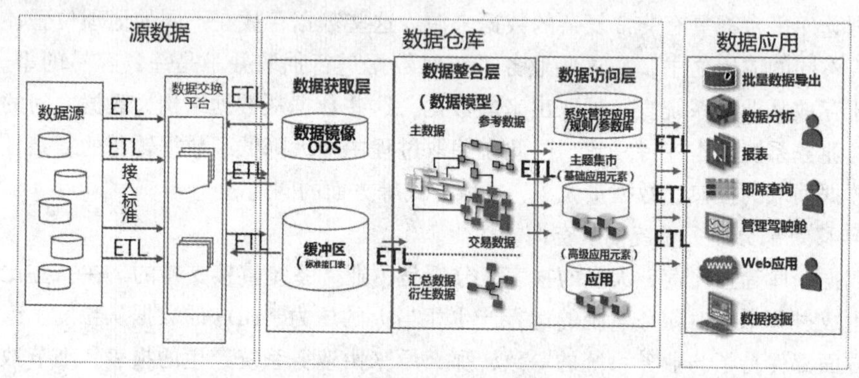

图 11.2-1　数据仓库常规架构图

从上图中可以看出数据仓库的数据来源于不同的源系统的数据，并提供多样的数据应用，数据自左向右流入数据仓库后向后开放应用，而数据仓库只是中间集成化数据管理的一个平台。

数据仓库从各数据源获取数据及在数据仓库内的数据转换和流动都可以认为是ETL（抽取Extra，转化Transfer，装载Load）的过程，ETL是数据仓库的流水线，也可以认为是数据仓库的灵魂，它维系着数据仓库中数据的新陈代谢，而数据仓库日常管理和维护工作的大部分精力就是保持ETL的正常和稳定。

下面主要简单介绍数据仓库架构中的各个模块，这里所介绍的数据仓库主要是指电子商务行业的数据仓库。

（一）数据源

数据仓库源数据的类型主要是分为三大类：结构化数据、半结构化数据和非结构化数据。结构化数据主要是各业务系统和管理系统中的数据，这些系统可能会在不同的数据库系统中存储；半结构化数据主要是日志类文件，有固定的格式，可以转化为结构进行存储；非结构化数据主要是全文文本、图像、声音、影视、超媒体等。

对于电子商务行业的数据仓库而言，点击流日志是一块主要的数据来源，它是电子商

务网站分析的基础数据；当然电子商务网站的数据库数据也是不可或缺的，数据库记录了电子商务网站运营的数据以及各种用户的操作和操作结果，对于分析网站结果的数据更加精准，同时还包含网站内外部可能产生的文档以及其它各种数据对于电商公司决策有用的数据。

（二）数据存储

源数据经过 ETL 日常任务调度导出数据，并经过转换后以特性的形式加载到数据仓库的贴源层。数据仓库先要建立和维护细节数据，再根据需求聚合和处理细节数据生成特定的分析模型。数据仓库必需要储存所有的原始数据，但数据仓库会根据数据应用的需要储存细节数据，并且导入的数据必须经过整理和转换使其面向主题。面向主题是数据仓库的第一特性，主要是指合理地组织数据以方便实现分析。对于源数据而言，其数据组织形式是多样的，像点击流的数据格式是未经优化的，前台数据库的数据是基于 OLTP 操作组织优化的，这些可能都不适合分析，而整理成面向主题的组织形式才是真正地利于分析的，比如将点击流日志整理成页面（Page）、访问（Session）、用户（Visitor）三个主题，这样可以明显提升分析的效率。

数据仓库是基于维护细节数据的基础上在对数据进行处理，使其能够真正地应用于分析。主要包括三个方面：

1. 数据的聚合。

聚合数据指的是基于特定需求的简单聚合，简单聚合可以是网站的总 PV、Visits、UV 等汇总数据，也可以是平均数据，这些数据可以直接地展示于报表上。

2. 多维数据模型。

多维数据模型提供了多角度多层次的分析应用，比如基于时间维、地域维等构建的销售星形模型、雪花模型，可以实现在各时间维度和地域维度的交叉查询，以及基于时间维和地域维的细分。所以多维数据模型的应用一般都是基于联机分析处理的，而面向特定需求群体的数据集市也会基于多维数据模型进行构建。

3. 业务模型。

业务模型指的是基于某些数据分析和决策支持而建立起来的数据模型，比如之前介绍过的用户评价模型、关联推荐模型、RFM 分析模型等，或者是决策支持的线性规划模型、库存模型等，同时，数据挖掘中前期数据的处理也可以在这里完成。

（三）数据模型

1. 数据模型的作用

数据模型是数据仓库建设的基础，一个完整、灵活、稳定的数据模型对于数据仓库项目的成功起着重要的作用，具体表现在：

（1）方便数据集成；

（2）通过数据模型的建立，可以排除数据描述的不一致性，实现数据基本标准化；

（3）数据模型对现有的信息以及信息之间的关系从逻辑层进行了全面的描述，当未来业务发生变化或系统需求发生变化时，可以很容易地实现数据平台的扩展；

（4）消除数据仓库中的冗余数据。数据仓库建模是数据仓库构建工作正式开始的第一步，正确而完备的数据模型是用户业务需求的体现，也是数据仓库项目成功与否最重要的技术因素。

2. 数据模型的模式

数据仓库的数据模型采用了三级模式，分别是概念模型、逻辑模型和物理模型。

（1）概念模型。

概念模型描述的是从客观世界到主观认识的映射，它是用于我们为目标设计系统、收集信息而服务的一个概念性工具。在进行系统设计时，我们首先要将现实世界抽象为概念模型，然后再用计算机世界的模型和语言对客观世界中的具体问题进行描述，也就是业务模型。概念模型是由企业决策者、商务领域知识专家和IT专家共同针对企业级地跨领域业务系统需求分析的结果，是对业务的范围和使用，从高度上进行抽象概括，也就是划分主题域。一般会根据行业的业务进行划分的，通用的几个主题域：当事人、事件、产品、渠道、营销、资产、区域。

（2）逻辑模型。

数据仓库一般建立在关系数据库基础之上。因此，在数据仓库的设计中采用的逻辑模型就是关系模型，无论是主题还是主题之间的联系，都用关系来表示。逻辑模型描述了数据仓库的主题的逻辑实现，对于关系数据库来说，即每个主题所对应的关系表的关系模式的定义。它能直接反映出业务部门的需求，同时对系统的物理实施有着重要的指导作用。在构建数据仓库的逻辑模型时，根据分析系统的实际需求和决策来构建数据库逻辑关系模型，定义数据库物体结构及其关系。他关联着数据仓库的逻辑模型和物理模型这两头。

（3）物理模型。

物理模型是逻辑模型在数据仓库中的实现，如数据存储结构、数据索引策略、数据的存储策略以及存储分配优化等。

三种模型之间是什么样的关系，详见下图。

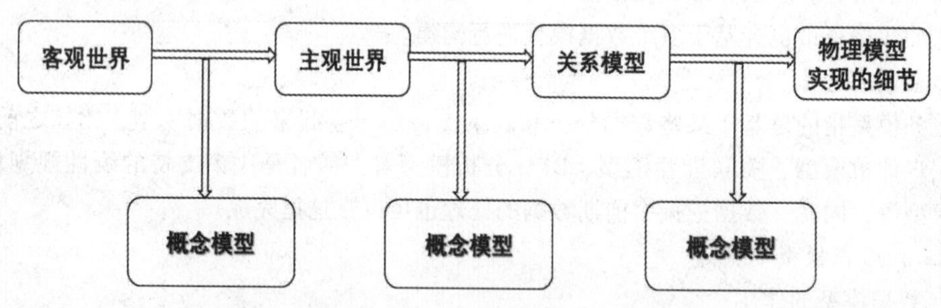

图 11.2-2　三种模型之间的关系

（四）数据应用

数据仓库的价值中介绍过数据仓库的四大特性的价值体现，但数据仓库的价值远不止这样，而且其价值真正的体现是在数据仓库的数据应用上。图 11.2-1 中罗列的几种应用并未包含所有，其实一切基于数据相关的扩展性应用都可以基于数据仓库来实现。

1. 数据分析

数据分析大部分可以基于构建的业务模型展开，当然也可以使用聚合的数据进行趋势

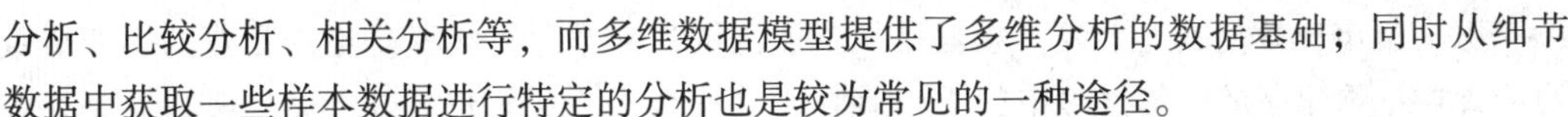

分析、比较分析、相关分析等，而多维数据模型提供了多维分析的数据基础；同时从细节数据中获取一些样本数据进行特定的分析也是较为常见的一种途径。

2. 报表

报表几乎是每个数据仓库必不可少的一类数据应用，将聚合数据和多维分析数据展示到报表，提供了最为简单和直观的数据。

3. 即席查询

理论上数据仓库的所有数据（包括细节数据、聚合数据、多维数据和分析数据）都应该开放即席查询，即席查询提供了足够灵活的数据获取方式，用户可以根据自己的需要查询获取数据，并提供导出到 Excel 等外部文件的功能。

4. 管理驾驶舱

管理驾驶舱（Management Cockpit，MC）——监视 KPI 指标的“仪表盘”。实际上管理驾驶舱是一个为高层管理层提供的“一站式”（One-Stop）决策支持的管理信息中心系统。它以驾驶舱的形式，通过各种常见的图表（速度表、音量柱、预警雷达、雷达球）形象标示企业运行的关键指标（KPI），直观的监测企业运营情况，并可以对异常关键指标预警和挖掘分析。

5. 数据挖掘

数据挖掘用一些高级的算法可以让数据展现出各种令人惊讶的结果。数据挖掘可以基于数据仓库中已经构建起来的业务模型展开，但大多数时候数据挖掘会直接从细节数据上入手，而数据仓库为挖掘工具诸如 SAS、SPSS 等提供数据接口。

（五）数据集市 — Data mart

数据集市是企业级数据仓库的一个子集，主要面向部门级业务，并且只面向某个特定的主题。为了解决灵活性和性能之间的矛盾，数据集市就是数据仓库体系结构中增加的一种小型的部门或工作组级别的数据仓库。数据集市存储为特定用户预先计算好的数据，从而满足用户对性能的需求。数据集市可以在一定程度上缓解访问数据仓库的瓶颈。

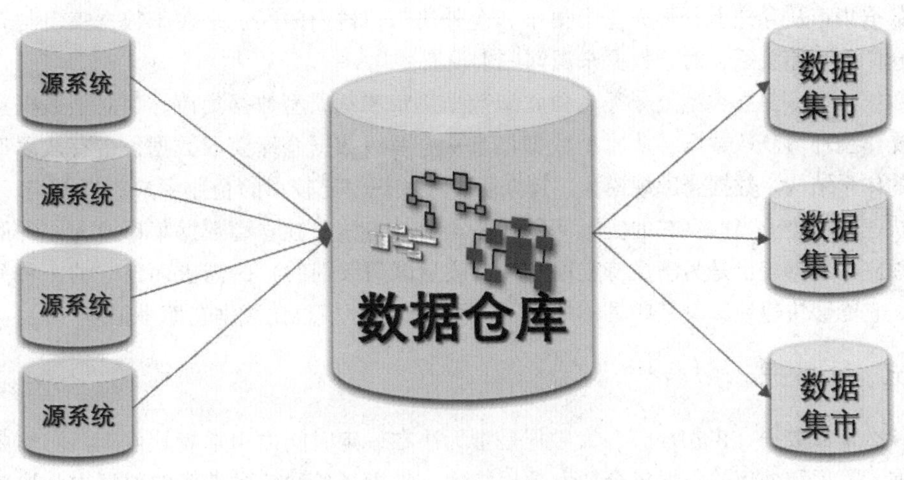

图 11.2-3 包含数据集市的数据仓库

数据集市，从范围上来说，数据是从企业范围的数据库、或者是更加专业的企业级数据仓库中抽取出来的。数据集市的重点就在于它迎合了专业用户群体的特殊需求，主要在分析、内容、表现以及易用方面。数据集市的用户希望数据是由他们熟悉的术语表现的。

数据集市的特征包括：规模小；有特定的应用；面向部门；由业务部门定义、设计和开发；业务部门负责管理和维护；系统能够快速实现；购买较便宜；投资快速回收；工具集的紧密集成；提供更详细的、预先存在的、数据仓库的摘要子集；具备升级到完整的数据仓库条件。

数据集市中数据的结构通常被描述为星型结构或雪花结构。一个星型结构包含两个基本部分：一个事实表和各种支持维表。

数据集市中的数据来源于企业数据仓库。所有数据，除了一个例外，在导入到数据集市之前都应该经过企业数据仓库。这个例外就是用于数据集市的特定数据，它不能用于数据仓库的其他地方，外部数据通常属于这类范畴。如果情况不是这样，数据就会用于决策支持系统的其他地方，那么这些数据就必须经过企业数据仓库。数据集市包含两种类型的数据，通常是详细数据和汇总数据。

详细数据：就像前面描述过的一样，数据集市中的详细数据包含在星型结构中。值得一提的是，当数据通过企业数据仓库时，星型结构就会很好的汇总。在这种情况下，企业数据仓库包含必需的基本数据，而数据集市则包含更高间隔尺寸的数据。但是，在数据集市使用者的心目中，星型结构的数据和数据获取时一样详细。

汇总数据：数据集市包含的第二种类型数据是汇总数据。分析人员通常从星型结构中的数据创建各种汇总数据。典型的汇总可能是销售区域的月销售总额。因为汇总的基础不断发展变化，所以历史数据就在数据集市中。但是这些历史数据优势在于它存储的概括水平。星型结构中保存的历史数据非常少。

数据集市以企业数据仓库为基础进行更新。对于数据集市来说基本上是 T+1 的方式进行数据更新的。数据集市的更新时间主要是由数据集市所属部门的需求来决定的。

数据集市从存储上分类为仓内集市和仓外集市。他们的区别是在于数据集市与企业级数据仓库的存储关系，对于数据来源问题上没有变化。

数据集市从建立类型上分类为独立型数据集市和从属型数据集市。独立型数据集市直接从操作型环境获取数据；从属型数据集市从企业级数据仓库获取数据，带有从属型数据集市的体系结构。数据仓库规模大、周期长，一些规模比较小的企业用户难以承担。因此，作为快速解决企业当前存在的实际问题的一种有效方法，独立型数据集市成为一种既成事实。独立型数据集市是为满足特定用户（一般是部门级别的）的需求而建立的一种分析型环境，它能够快速地解决某些具体的问题，而且投资规模也比数据仓库小很多。

五、大数据

什么是大数据（Big Data），大数据是指无法在一定时间内用常规软件工具对其内容进行抓取、管理和处理的数据集合。大数据技术，是指从各种各样类型的数据中，快速获得有价值信息的能力。研究机构 Gartner 给出了这样的定义："大数据"是需要新处理模式才能具有更强的决策力、洞察发现力和流程优化能力的海量、高增长率和多样化的信息资产。

麦肯锡全球研究所给出的定义是：一种规模大到在获取、存储、管理、分析方面大大超出了传统数据库软件工具能力范围的数据集合，具有海量的数据规模、快速的数据流转、多样的数据类型和价值密度低四大特征。在维克托·迈尔-舍恩伯格及肯尼斯·库克耶编写的《大数据时代》中大数据指不用随机分析法（抽样调查）这样的捷径，而采用所有数据进行分析处理。大数据的 4V 特点：Volume（大量）、Velocity（高速）、Variety（多样）、Value（价值）。

大数据技术的战略意义不在于掌握庞大的数据信息，而在于对这些含有意义的数据进行专业化处理。换言之，如果把大数据比作一种产业，那么这种产业实现盈利的关键，在于提高对数据的“加工能力”，通过“加工”实现数据的“增值”。从技术上看，大数据与云计算的关系就像一枚硬币的正反面一样密不可分。大数据必然无法用单台的计算机进行处理，必须采用分布式架构。它的特色在于对海量数据进行分布式数据挖掘，但它必须依托云计算的分布式处理、分布式数据库和云存储、虚拟化技术。

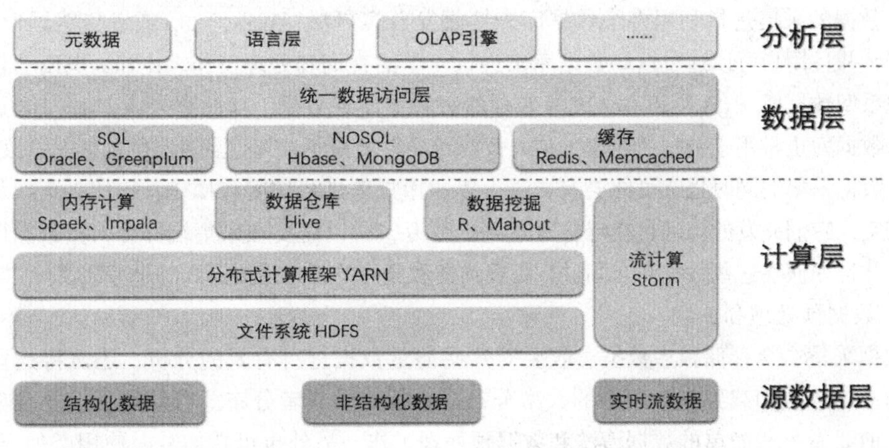

图 11.2-4　常规大数据架构图

大数据（Big Data）通常用来形容一个公司创造的大量非结构化数据和半结构化数据，这些数据在下载到关系型数据库用于分析时会花费过多时间和金钱。大数据分析常和云计算联系到一起，因为实时的大型数据集分析需要像 MapReduce 一样的框架来向数十、数百或甚至数千的电脑分配工作。大数据需要特殊的技术，以有效地处理大量的容忍经过时间内的数据。适用于大数据的技术，包括大规模并行处理（MPP）数据库、数据挖掘、分布式文件系统、分布式数据库、云计算平台、互联网和可扩展的存储系统。

（一）大数据的相关技术

数据采集：ETL 工具负责将分布的、异构数据源中的数据如关系数据、平面数据文件等抽取到临时中间层后进行清洗、转换、集成，最后加载到数据仓库或数据集市中，成为联机分析处理、数据挖掘的基础。

数据存取：关系数据库、NOSQL 等。

基础架构：分布式文件存储。

数据处理：语义分析和人工智能等。

统计分析：聚类分析、回归分析、假设检验、因子分析、显著性检验、距离分析、差异分析、相关分析、方差分析、简单回归分析、多元回归分析、逐步回归、回归预测、曲线估计、主成分分析、快速聚类法等等。

数据挖掘：聚类（Clustering）、分类（Classification）、预测（Prediction）、估计（Estimation）、相关性分组（Affinity grouping）、关联规则（Association rules）、描述和可视化（Description and Visualization）、复杂数据类型挖掘（图形图像、视频、音频等）。

模型预测：预测模型、机器学习、建模仿真。

结果展现：标签云、关系图等。

（二）大数据的数据处理

整个大数据处理的基本流程至少应该满足以下四类的步骤，才可以称之为一个比较完整的大数据处理流程。

1. 数据采集。

大数据的采集是指利用多个数据库来接收发自客户端（Web、App 或者传感器形式等）的数据，并且用户可以通过这些数据库来进行简单的查询和处理工作。比如，电商会使用传统的关系型数据库 MySQL 和 Oracle 等来存储每一笔事务数据，除此之外像 MongoDB 这样的 NoSQL 数据库也常用于数据的采集。在大数据的采集过程中，其重点考虑的问题是并发数高，因为在数据采集的同时也有可能会有成千上万的用户来进行访问和操作，比如火车票售票网站和淘宝，它们并发的访问量在峰值时达到上百万，所以需要在采集端部署大量数据库才能支撑。并且如何在这些数据库之间进行负载均衡和分片的确是需要深入的思考和设计。

2. 数据预处理和加载。

数据采集端会存储很多数据，若要对这些海量数据进行有效的分析，还需将这些来自不同前端的数据加载到一个集中的大型分布式数据库，或者分布式存储集群，并且在加载数据之前要做一些简单的数据清洗和数据预处理工作。另外也可在加载时使用类似于 Storm 的流式数据进行数据的预处理，来满足部分业务的实时计算需求。加载与预处理过程中需要重点考虑的问题是加载的数据量大，每秒钟的加载量经常会达到百兆，甚至千兆级别。

3. 统计分析。

统计与分析主要利用分布式数据库，或者分布式计算集群来对存储于其内的海量数据进行普通的分析和分类汇总等，以满足大多数常见的分析需求，针对有实时性需求的会用到 MPP 架构的数据库如 Teradata、GreenPlum 或 Exadata 等，对时效性要求不高的，通过批处理方式进行处理。统计分析的主要目的是解决分析涉及的数据量大，其对系统资源，特别是 I/O 会有极大的占用。

4. 数据挖掘。

数据挖掘一般没有什么预先设定好的主题，主要是在现有数据上面进行基于各种算法的计算，起到预测的效果，实现一些高级别数据分析的需求。比较典型算法有用于聚类的 Kmeans、用于统计学习的 SVM 和用于分类的 NaiveBayes，主要使用的工具有 Hadoop 平台下的 Mahout 和 R 等。其重点考虑的问题是用于挖掘的算法很复杂，并且计算涉及的数据量和计算量都很大，常用数据挖掘算法都以单线程为主。

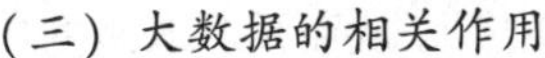

（三）大数据的相关作用

大数据的处理分析逐渐成为新一代信息技术融合应用的节点。移动互联网、物联网、社交网络、数字家庭、电子商务等是新一代信息技术的应用形态，这些应用不断产生大数据。分步式计算为这些海量、多样化的大数据提供存储和运算平台。通过对不同来源数据的管理、处理、分析与优化，将结果反馈到上述应用中，将创造出巨大的经济和社会价值。

大数据是信息产业持续高速增长的新引擎。面向大数据市场的新技术、新产品、新服务、新业态会不断涌现。在硬件与集成设备领域，大数据将对芯片、存储产业产生重要影响，还将催生一体化数据存储处理服务器、内存计算等市场，大数据将引发数据快速处理分析、数据挖掘技术和软件产品的发展。

大数据的利用将成为提高核心竞争力的关键因素。各行各业的决策正在从“业务驱动”转变为“数据驱动”。对大数据的分析可以使电子商务企业实时掌握市场动态并迅速做出应对；可以为电商制定更加精准有效的营销策略提供决策支持；可以帮助企业为消费者提供更加及时和个性化的服务；在公共事业领域，大数据也开始发挥促进经济发展、维护社会稳定等方面的重要作用。

大数据时代科学研究的方法手段将发生重大改变。例如，抽样调查是社会科学的基本研究方法。在大数据时代，可通过实时监测、跟踪研究对象在互联网上产生的海量行为数据，进行挖掘分析，揭示出规律性的东西，提出研究结论和对策。

（四）大数据的相关分析

大数据已经不简简单单是数据大的事实了，而最重要的现实是对大数据进行分析，只有通过分析才能获取很多智能的、深入的和有价值的信息。越来越多的应用涉及到大数据，而这些大数据的属性，包括数量、速度和多样性等等都是呈现了大数据不断增长的复杂性，所以大数据的分析方法在大数据领域就显得尤为重要，可以说是决定最终信息是否有价值的决定性因素。

大数据分析的基础就是以下五个方面，当然更加深入大数据分析的话，还有很多很多更加有特点的、更加深入的、更加专业的大数据分析方法。

1. 数据质量和数据管理：大数据分析离不开数据质量和数据管理，高质量的数据和有效的数据管理，无论是在学术研究还是在商业应用领域，都能够保证分析结果的真实和有价值。

2. 语义引擎：非结构化数据的多元化给数据分析带来新的挑战，我们需要一套工具系统去分析，提炼数据。语义引擎需要设计到有足够的人工智能足以从数据中主动地提取信息。

3. 数据挖掘算法：大数据分析的理论核心就是数据挖掘算法，各种数据挖掘的算法基于不同的数据类型和格式才能更加科学的呈现出数据本身具备的特点，也正是因为这些被全世界统计学家所公认的各种统计方法才能深入数据内部，挖掘出公认的价值。另外一个方面也是因为有这些数据挖掘的算法才能更快速的处理大数据，如果一个算法得花上好几年才能得出结论，那大数据的价值也就无从说起了。

4. 可视化分析：大数据分析的使用者有大数据分析专家，同时还有普通用户，但是他们二者对于大数据分析最基本的要求就是可视化分析，因为可视化分析能够直观的呈现大数据特点，同时能够非常容易被用户所接受，就如同看图说话一样简单明了。

5. 预测性分析：大数据分析最重要的应用领域之一就是预测性分析，从大数据中挖掘出特点，通过科学的建立模型，之后便可以通过模型带入新的数据，从而预测未来的数据。

第三节　数据仓库

电子商务是利用以互联网为基础的信息技术进行商务活动和企业资源管理，主要是为了更好的利用企业所有业务系统和管理系统的信息，以达到提高内部管理和企业的市场定位更准确的目的，从而提高企业的营收，降低成本，获取更多的效益。

随着企业运营时间的增长，企业的数据也在增长。企业如何对积累起来的海量数据进行分析，如何充分利用这些数据的信息，已经成为电子商务企业越来越关注的问题。数据仓库是一个整合了企业所有业务系统和管理系统历史数据，并按业务模型和数据关系存储的数据平台。通过将数据转化为知识和信息，数据仓库成为企业提高企业智能化经营管理的基础，并可以通过对数据进行联机分析处理和数据挖掘的方法来发现数据中更大的价值。

电子商务的技术和业务也都在迅猛发展，利用数据仓库技术进行数据分析和数据挖掘，将极大的提高企业竞争力。

电子商务企业的数据仓库建设，是以企业业务系统和管理系统产生的大量数据的积累为基础。数据仓库不是静态的概念，只有把数据及时的传递给那些需要这些数据的使用者，以供他们做出改善其业务经营和管理的决策，这样数据才能真正的发挥作用，数据才有意义。而把数据整理归纳和重组，并及时提供给相应的管理决策人员，是数据仓库的根本任务。因此，从企业的角度看，数据仓库建设是一个工程，也是一个过程。

一 数据仓库基础知识

数据仓库，由数据仓库之父 William H. Inmon 在 1991 年出版的《Building the Data Warehouse》一书中所提出的定义并被广泛接受。

（一）数据仓库的概念。

数据仓库（Data Warehouse）定义：是一个面向主题的（Subject Oriented）、集成的（Integrated）、相对稳定的（Non-Volatile）、反映历史变化（Time Variant）的数据集合，用于支持决策支持系统（Decision Support System，简称 DSS）。从数据仓库的概念理解，首先，数据仓库用于支持决策，面向分析型数据处理，不同于企业现有的操作型数据库；其次，数据仓库是对多个异构的数据源进行有效的集成，集成后按照主题进行重组，并包含历史数据，而且存放在数据仓库中的数据不再修改。

（二）数据仓库的特点。

从数据仓库的定义可以看到数据仓库的四个特点：面向主题、集成性、稳定性和时变性。

1. 面向主题。操作型数据库的数据组织面向事务处理任务，各个业务系统之间各自分离，而数据仓库中的数据是按照一定的主题域进行组织。主题是一个抽象的概念，是指用户使用数据仓库进行决策时所关心的重点方面，一个主题通常与多个操作型信息系统相关。

2. 集成的。面向事务处理的操作型数据库通常与某些特定的应用相关，数据库之间相互独立，并且往往是异构的。而数据仓库中的数据是在对原有分散的数据库数据抽取、清

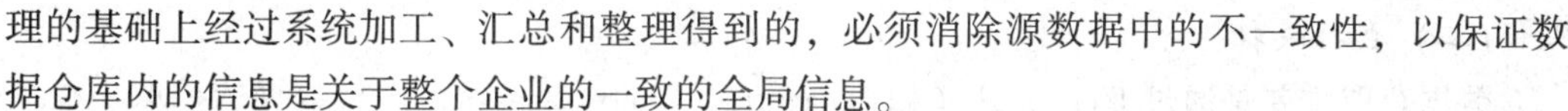

理的基础上经过系统加工、汇总和整理得到的，必须消除源数据中的不一致性，以保证数据仓库内的信息是关于整个企业的一致的全局信息。

3. 相对稳定的。操作型数据库中的数据通常实时更新，数据根据需要及时发生变化。数据仓库的数据主要供企业决策分析之用，所涉及的数据操作主要是数据查询，一旦某个数据进入数据仓库以后，一般情况下将被长期保留，也就是数据仓库中一般有大量的查询操作，但修改和删除操作很少，通常只需要定期的加载、刷新。

4. 反映历史变化。操作型数据库主要关心当前某一个时间段内的数据，而数据仓库中的数据通常包含历史信息，系统记录了企业从过去某一时点（如开始应用数据仓库的时点）到目前的各个阶段的信息，通过这些信息，可以对企业的发展历程和未来趋势做出定量分析和预测。

二、数据交换

数据交换是指为了满足不同信息系统之间数据资源的共享需要，依据一定的原则，采取相应的技术，实现不同信息系统之间数据资源共享的过程。支持从不同业务系统和管理系统、不同节点、不同平台下的异构数据源进行数据采集，包括主机系统的大型数据库、开放系统上的关系数据库和普通的文件系统等；并使用事件机制驱动采集任务，从而实现数据一旦到达就能立刻进行处理，保证数据交换的时效性。

（一）数据交换架构设计

数据仓库系统作为一个平台系统，从业务系统获得数据，不是为了自身存储，更需要向企业的其他分析系统、数据挖掘系统、决策支持系统或业务报表系统提供数据。提供业务系统数据的，一般称为数据供应方；数据仓库本身，是数据使用方；其他分析系统、决策支持系统或业务系统再次使用数据仓库的数据的，为数据消费方。数据生产链上的三方，需要按照数据交换的接口规范、周期和交换方式进行数据交换。流程如下图所示：

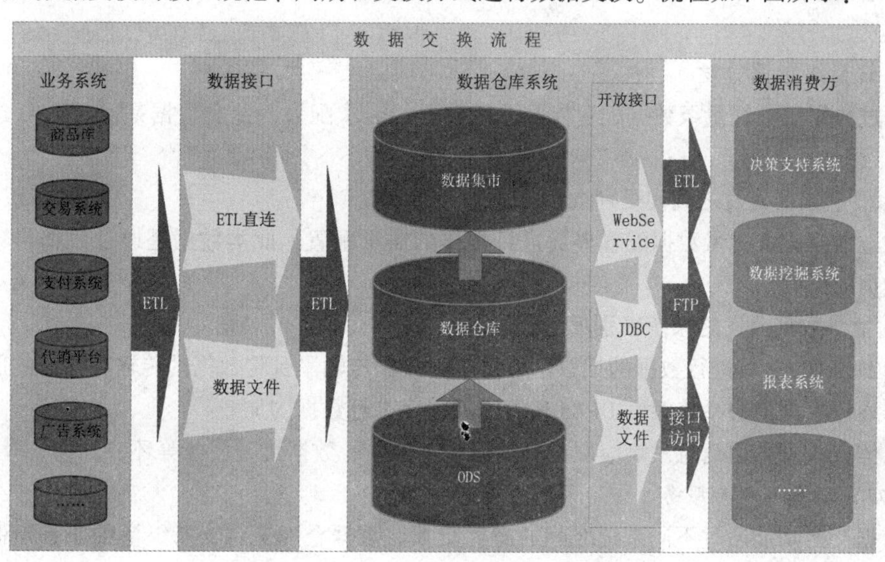

图 11.3-1　数据交换流程

（二）数据获取

数据获取主要是通过 ETL 工具（如 DataStage、Informatica 等）进行数据的抽取。在抽取的过程中，需要对抽取的数据进行基本的转换和清洗，加工后的数据直接保存到数据仓库平台的源数据缓冲区；或是因为网络的问题，数据的抽取有可能会是在源系统上进行布置的，这样会把抽取的数据直接保存到本地，经 FTP 进行数据传输到 ETL 服务器，在数据加载时再进行数据的转换的清洗。

数据抽取工具的选择，要尽可能满足以下要求：

1. 支持异构数据库。数据交换会涉及到各种各样的数据库，因此对多种数据库的支持是很有必要的；

2. 支持并行处理架构，分布式处理。为了提高交换的效率，缩短数据处理时间，能够采用并行处埋架构的方案，可为数据交换缩短时间窗，提高响应速度，并能承接更大范围的访问负载；

3. 采用图形化的开发配置界面。具有图形化的开发配置界面，可提高开发效率，降低开发的错误产生，提高生产率；

4. 能够自动生成任务。自动生成任务，可简化开发中的一些环节工作量，提高工作效率，降低开发成本和实施周期；

5. 具有图形化的调度管理和监控界面。图形化的调度管理和监控界面，可以直观的展示任务的执行阶段和状态，方便运维人员的监控和跟踪工作。

（三）数据分发

数据分发分为准实时查询内容分发、轻量级数据分发和批量数据分发，其中批量数据分发又分为查询级别和系统级别的分发。

1. 准实时查询内容分发。

通过数据服务准实时查询配置界面进行数据的需求配置，此类数据是通过 ESB 进行数据的下发。

2. 轻量级数据分发。

通过数据服务轻量级数据配置界面进行数据的需求配置，此类数据是通过 ESB 进行数据的下发。

3. 批量数据分发之查询级别批量分发。

通过数据服务批量数据配置界面进行数据的需求配置，此类数据是通过数据传输平台进行数据的下发。

4. 批量数据分发之系统级别批量分发。

由 DP&DP 工具进行数据的抽取落地，再由数据传输平台将数据的传输到指定的服务器上，再通过数据消费系统触发 DP&DP 的代理程序进行数据的加载。

具体方式可采用消息及响应服务、数据下发服务、数据传输服务等环节。

（四）消息及响应服务

数据交换功能通过不同系统之间的消息交互。数据仓库平台支持灵活的服务定制和部署，具备兼容标准消息协议和报文规范的能力。数据仓库平台对外暴露的联机交易服务能够在企业服务总线进行注册，各外围系统可以通过企业服务总线（ESB）访问平台服务。

数据仓库平台对外提供的联机查询服务主要支撑数据仓库平台准实时数据（同步或异步）访问。查询数据服务通讯方式采用 HTTP，消息数据采用 SOAP 报文类型。此查询数据服务需要支持同步异步调用，以适应不同外围系统的数据传输要求。

服务的请求消息数据应该包含数据查询的必要条件或数据文件使用者信息。服务的响应数据应包含数据文件状态、位置、命名等数据概要信息，也可传递小数据量的查询明细信息。

（五）数据下发服务

数据下发是先把要下发的数据从数据仓库平台中进行抽取落地生成统一接口文件，利用数据传输工具把数据传输给数据消费系统，最后通过部署在数据消费系统服务上的代理程序进行数据装载工作。

主动下发工作在准备完数据后，将要下发的数据按约定传输到指定位置，并向 ESB 发送消息，告知下发的数据完成，等待数据消费方获取。

被动下发工作，一般是某数据消费方发出数据请求，数据仓库平台接收到请求后，给数据消费方系统确认信息，并准备数据、传输数据到指定位置。传输完成，向 ESB 系统告知，由数据请求方按约定方式获取数据。

（六）数据传输服务

轻量级的数据可以通过联机报文、数据文件两者相结合的方式进行获取和传递。各部门和分支机构数据文件的格式和内容通过界面灵活定制。当数据小于 100K 时，平台通过联机报文将数据同步传递给数据请求方，以满足数据传输的时效性。

在数据大于 100K 的情况下，有两种传输方案可以选择：

1. 双向异步模式

可以在收到数据请求报文时返回响应信息，然后异步生成数据文件，当文件生成完毕后，通过联机报文推送包含文件生成状态、文件路径和文件名称的通知事件到数据请求方。当某个数据文件再次被访问时，无需重新生成，请求消息注册模块直接异步调用响应消息唤醒模块，由响应处理线程直接推送响应报文到渠道系统。具体调用流程如下图。

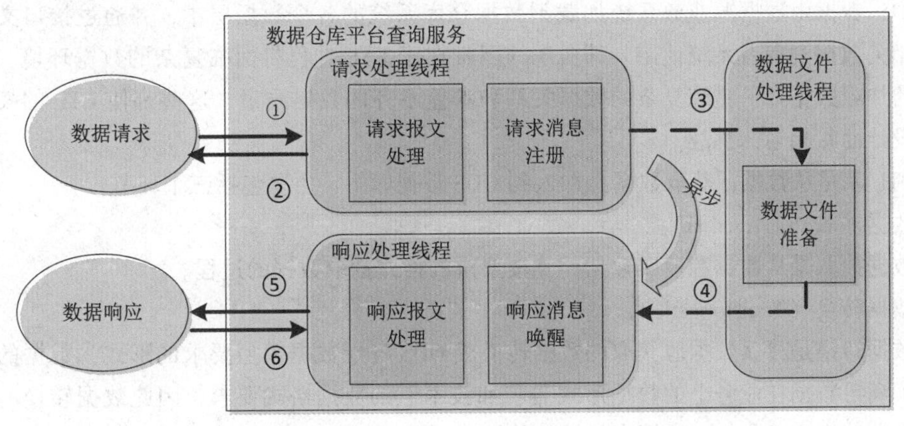

图 11. 3–2　双向异步模式

这种异步数据处理方案可以在尽量满足时效性的条件下减少系统资源占用，提高数据请求端操作体验满意度。

2. 同步模式

还可以在收到数据请求报文时同步等待数据文件生成，在文件生成完毕后，再将响应报文发送给数据请求端。当某个数据文件再次被访问时，同样无需重新生成，由响应处理线程直接推送响应报文到渠道系统。具体调用流程如下图。

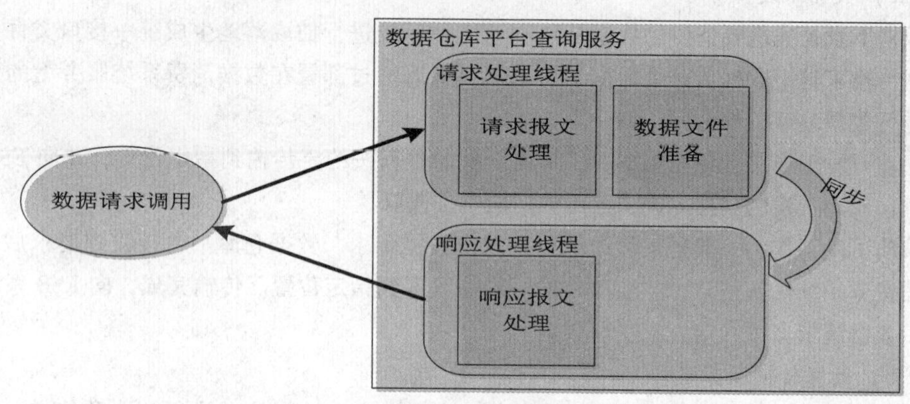

图 11.3–3　同步模式

这种同步数据处理方案实现简单，同普通的联机交易没有区别。但会出现系统通讯线程等候的情况，多线程并发时全部处理资源被请求占用后，导致系统无法处理响应返回。

三、ETL

（一）ETL 的概念

ETL 是英文 Extract-Transform-Load 的缩写，用来描述将数据从来源端经过抽取（Extraction）、转换（Transformation）、加载（Loading）至目的端的过程。在数据集中处理平台系统中，数据由数据源业务系统加载到数据仓库系统的各个数据层中，并通过接口文件提供给相关数据消费者系统使用。其实现的困难在于 ETL 过程将面临复杂的数据环境，包括巨大的加载数据量、错综复杂的数据关系和参差不齐的数据质量，这些都使 ETL 的架构和应用设计面临相当的挑战。

ETL 就是从数据源获取数据并加入到 ODS 数据库中，主要包括三个环节：

数据抽取（Extraction）：

数据抽取是从数据源读取数据，并按要求的格式抽取数据的过程。

数据转换（Transformation）、

数据转换是将从数据源获取的数据转换成 ODS 各层数据模型要求的形式，数据的转换是为了满足数据在业务上的数据形式需求和技术上的数据格式要求，因此数据转换的任务非常复杂、多变、往往和数据库软件的特性，以及项目的需求特性密切相关。

数据加载（Loading）。

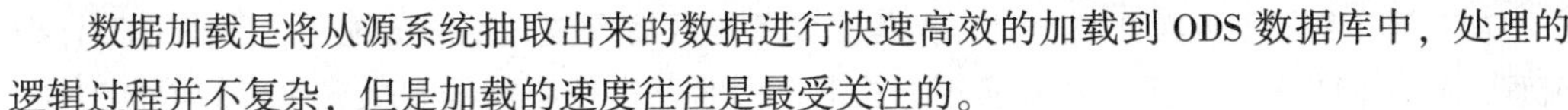

数据加载是将从源系统抽取出来的数据进行快速高效的加载到 ODS 数据库中，处理的逻辑过程并不复杂，但是加载的速度往往是最受关注的。

（二）ETL 的作用

ETL 作用于整个商务智能建设的过程中，商务智能建设的三大基础部分：数据集成、数据仓库和数据集市、多维数据分析。通常，商务智能运作所依靠的信息系统是一个由传统系统、不兼容数据源、数据库与应用所共同构成的复杂数据集合，各个部分之间不能彼此交流。从这个层面看：目前运行的应用系统是用户花费了很大精力和财力构建的、不可替代的系统，特别是系统的数据。而新建的商务智能系统目的就是要通过数据分析来辅助用户决策，恰恰这些数据的来源、格式不一样，导致了系统实施、数据整合的难度。此时，非常希望有一个全面的解决方案来解决用户的困境，解决数据一致性与集成化问题，使用户能够从已有传统环境与平台中采集数据，并利用一个单一解决方案对其进行高效的转换。这个解决方案就是 ETL。

ETL 是 BI/DW 的核心和灵魂，按照统一的规则集成并提高数据的价值，是负责完成数据从数据源向目标数据仓库转化的过程，是实施数据仓库的重要步骤。如果说数据仓库的模型设计是一座大厦的设计蓝图，数据是砖瓦的话，那么 ETL 就是建设大厦的过程。

在整个项目中最难部分是用户需求分析和模型设计，而 ETL 规则设计和实施则是工作量最大的，其工作量要占整个项目的 60%~80%，这是国内外专家从众多实践中得到的普遍共识。因为现有业务数据源多，保证数据的一致性，真正理解数据的业务含义，跨越多平台、多系统整合数据，最大可能提高数据的质量，迎合业务需求不断变化的特性，是 ETL 技术处理的关键。

通过高效的 ETL 系统结构、层次化的应用功能划分和标准的程序模板，数据集中处理平台系统能够达到以下目标：

1. 支持在设计框架下实现数据集中处理平台所需要的 ETL 功能；

2. 支持在规定的批处理时间窗口（Batch Window）内能够完成 ETL 工作，即需要满足日常数据处理的性能需求；

3. 能够支持有效的应用程序开发模式，提高开发效率，尽量减少应用开发成本；

4. 减少系统维护的复杂性，支持后续增加新数据或功能的开发工作；

5. 完成上下游系统接口的松耦合设计，避免上下游系统的变更导致 ETL 程序本身频繁变更。

（三）ETL 设计和实施

1. ETL 设计和实施的原则。

ETL 设计和实施的基本原则是简单与效率。

效率是对于大多数据集成和数据仓库项目的要求，要在一定的时间窗口中把大量的数据整合加载到数据库中，同时又要尽量降低投资，效率是很关键的。

简单是实现效率的最大原则。复杂的设计可能能使效率得到提高，但在将来的维护过程中会得不偿失，维护会因此而更加复杂，出错的机会将增加，一旦出错，将需要花费更多的时间去恢复。

2. ETL 设计。

ETL设计将规划ETL的整体体系架构、设备和环境配置、空间分配等，明确ETL详细流程，分析ETL包括的任务和其实现方法等；同时还进行源数据和数据库表的数据对映，以确定每一部分ETL的方法。其目标是明确ETL的总体结构，帮助了解ETL在数据仓库系统中的位置、工作内容和每部分工作具体实现。

3. ETL环境准备。

环境准备包括数据抽取、传送、转换和加载整个ETL工作所涉及的全部环境需要准备的内容，包括硬件、操作系统、工具、软件、网络、数据库结构等。

其目的是明确在ETL过程中需要使用的环境设置，并在ETL开发工作前完成环境准备工作。

4. ETL开发。

ETL开发将完成全部的数据检查、向临时表加载、转换和整合加载、数据分发等脚本程序的编写和测试工作。其中，数据的分发尽管不属于数据库内的ETL处理过程，但需要用ETL进行控制，因此也需要统一进行设计。

ETL开发的目标是开发能正确的、高效的完成全部ETL任务的脚本。

5. ETL自动化流程建立。

ETL自动化流程建立将利用并结合高伟达BI快速开发软件，辅以Shell，Perl，java开发的脚本或程序，来建立ETL的自动化机制；还要结合数据业务逻辑等整理规划ETL作业之间的相互关系；并最终建立ETL的自动流程。

其目标是尽量减少手工对ETL的干预，避免不必要的错误。

6. ETL测试和投产。

测试和投产是明确ETL的测试投产过程和方法，保证投产后的ETL从流程上、数据上都是正确的。其目标是设定测试和投产策略，保证ETL的正确、高效率和投产顺利。

7. ETL日常维护。

ETL日常维护是说明ETL日常应当进行的维护处理，其目标是建立日常维护机制，保证ETL的日常正确运行。

（二）ETL过程设计

进行ETL过程设计，可以帮助我们梳理ETL过程中的各项工作细则，确定各项的工作内容。

1. ETL设计的前期准备。

ETL开发工作开始之前需要依赖如下一些工作的完成，它们的完成状况直接影响到ETL的开发进度和质量。

2. 制定数据接口标准。

数据接口规范是在源业务系统和数据仓库系统之间，数据仓库系统和其他分析决策系统、数据挖掘系统进行数据交互的标准说明，是数据仓库系统和上下游系统进行数据交换的基础，数据仓库项目约定统一接口数据规范后，源系统才能够向数据仓库系统提供标准一致的数据，数据仓库系统才能够向其他分析决策系统、数据挖掘系统等提供数据。

3. 物理数据模型设计（Physical Data Design）。

物理数据模型是在业务需求分析、数据源分析和逻辑数据模型的基础上设计的，它充

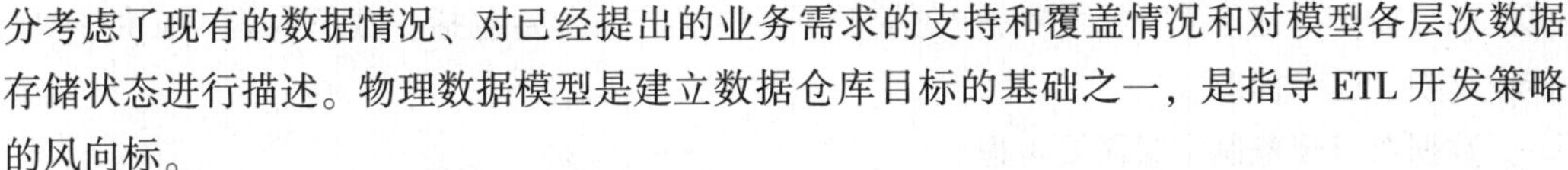

分考虑了现有的数据情况、对已经提出的业务需求的支持和覆盖情况和对模型各层次数据存储状态进行描述。物理数据模型是建立数据仓库目标的基础之一，是指导 ETL 开发策略的风向标。

4. 数据映射（Source Data Mapping）。

源数据对应的数据接口和模型内部之间的映射关系，是 ETL 作业脚本开发的依据。

5. 数据仓库相关数据库用户的设计。

在进行 ETL 开发之前，必须先设计和建立好所需要的数据库，并分配相应权限的用户。例如：Data Stage 资料库等。相关的用户，数据库基础表应当准备好。基础表的数据需要在完成每天的标准化数据加载后，由 ETL 自动运行脚本生成各种主题的基础数据。

6. ETL 过程的逻辑结构。

ETL 是将数据源的数据经过一系列转换处理，加载到本系统之中，也就是数据抽取、数据转换、数据传输、数据加载的过程。

（1）电子商务类的数据仓库项目的 ETL 过程包括以下逻辑部分：

1）数据源；

2）数据抽取；

3）数据接口；

4）数据清洗；

5）数据加载；

6）数据转换；

7）数据卸载；

8）数据传输。

（2）每一逻辑单元还包括运行在一系列硬件和软件平台上的物理过程。整体 ETL 过程如下：

1）从各业务源系统抽取业务数据；

2）所抽取的数据按照接口规范落地为文本文件，直接保存在数据仓库系统 ETL 服务器上；

3）进行必要的文件校验，和基本的数据清理过程，本阶段的清理过程最主要的目标是为了保证数据能够通过批量加载工具的格式要求，快速无误地将数据加载到数据库中；

4）对处理后的文本文件利用 ETL 工具进行文件批量快速加载，将数据加载到数据库中；

5）按照最终的业务应用需求，将数据进行必要的加工并形成最终的应用数据报表；

6）根据下游数据消费系统的需求，从基础层抽取数据落地为接口文本数据；

7）按照下游系统对接口数据的格式规范进行格式转换；

8）通过文件传输工具，将接口文件传输到指定接收服务器或者上是存放到指定目录中，待其它应用系统进行主动获取。

7. 数据接口。

对数据仓库系统而言，与上下游的业务系统和应用系统之间进行数据交换，统一通过接口文件方式实现。要保证各系统能够准确快速地接收处理接口，必须制定相应的接口规范文档。该规范是信息系统之间进行信息传输的规范，主要包括：数据内容、文件标准、传输周期、通讯标准。

数据接口规范制定时需要考虑：

（1）数据内容：确定需要的数据表，以及表中的每个数据项，包括数据项的长度、类型等。

（2）数据格式：指文件格式，如文本文件、字段变长、分隔符分隔。

（3）编码格式：ASCII 码、EBCDIC 码等。

（4）命名规范：文件命名、目录命名等。

（5）数据周期：数据传输的频率，如每日、每周、每月、不定期。

（6）通信传输机制：包括数据传输的通信协议、传输工具软件或中间件。

8. 数据采集和分发。

（1）数据采集原则：从源系统进行数据获取，采用主动获取的方式，进行数据抽取。

（2）数据分发原则：从数据仓库系统抽取并提供给其它应用系统。对于分支机构来说，采用主动推送方式，将分支机构所需数据传输到指定的接收目录，或者由分支机构主动下载所需数据。

9. 数据抽取。

数据抽取指从源业务系统按照数据接口的规范要求，抽取系统需要的各种数据，形成符合标准接口的数据文件。

数据抽取策略主要分两类：全量抽取、增量抽取。

（1）全量抽取。

全量抽取是将数据表从数据源系统中全部抽取出来；

（2）增量抽取。

增量抽取是仅抽取上次抽取以后变化的数据。

增量抽取的优点是抽取的数据量小，从而转换和加载的数据量也小，能够极大提高数据加载性能。对于大数据量，建议采用增量抽取；仅当数据量很小或实在无法分离出增量数据时，才采用全量抽取。

数据抽取对各业务系统的依赖性强，应该根据各业务系统实际情况制定相应的抽取策略，在项目实施时考虑，包括抽取方式、抽取时间、抽取周期等内容。

10. 数据清洗。

对抽取待加载的业务数据，可能需要进行初步的数据清洗工作，其目的是为了避免在数据加载过程中由于数据质量问题而导致数据加载过程失败。所以清洗的最主要目标是：

保证加载工具能够快速无异常地进行数据加载。对于可能导致加载过程失败的内容进行转换和清洗。

11. 数据加载。

（1）广义上的数据加载过程包括：

1）从接口文件加载到数据库中的数据近源层；

2）以及按照某种加载策略，把近源层的数据加载到标准层。

（2）对于数据仓库系统来说，加载任务包括两种：

1）初始加载，也就是在系统正式运行之前向系统中装入历史数据；

2）日常加载，它使 ODS 数据结构和业务系统的数据结构保持一致。

初始加载的工作是一次性的过程，而日常加载是系统正常运行过程中进行日常数据处理的过程。在设计过程中，需要对日常加载任务进行更为细致地分析和设计。

12. 文件加载

使用 ETL 文件加载工具可以进行数据文件的高速加载。优秀的 ETL 工具有着广泛的数据库支持特性，可以将数据加载到任意引擎的数据库中。

（三）ETL 开发规范

ETL 开发，需要遵循统一的规范，才能使得项目的实施保持完整、一致性，且能够使得项目开发高效、易延续，维护工作方便。

1. ETL 任务命名规范。

ETL 任务命名遵循如下规范：

（1）ETL 任务名称要求大写，字母组合之间通过下划线分割，名称基本能够表示任务含义；

（2）对于转换类的任务，任务名称与物理数据模型中定义的物理表名一致；后缀拼上其来源系统名。

2. SQL 开发规范（范例）

SQL 开发中遵循统一的规范，可使开发的代码整齐、易读、便于维护；某些规范也可以使 SQL 得执行效率更高。SQL 规范一般重点关注以下几方面：

3. 格式规范。

（1）括号规范。

```
SELECT  p1.field1
        ,p2.field2
        ,....
FROM    (
            (
                (
                ) AS u1
                (
                    (
                    ) AS d1
                ) AS u2
            ) AS s1
            (
            ) AS s2
        ) AS p1
JOIN    (
        ) AS p2
ON      ......
WHERE   p1.field1 = ...
AND     p2.field2 = ...
OR      p1.field3 <> ...
GROUP BY    dddd
ORDER BY    eeee
;
```

图 11.3-4 括号对齐规范

所有对应的括号均在同一列上。两种情况例外：

能在单行内写下的函数；

1）第一个括号前面有逗号分隔符；

2）行宽规范。

每行代码不宜太长，制定行的宽度。超过行宽的代码可折行与上行左对齐编排，缩进量也一并计算，每个缩进量约定的字符数（比如4）计算；

（2）关键字规范。

代码段中应用到的所有 SQL 关键字、保留字都应大写 如 SELECT 、FROM、WHERE、AND、OR、UNION、INSERT、DELETE、GROUP、HAVING、COUNT 等；

（3）字段排列规范。

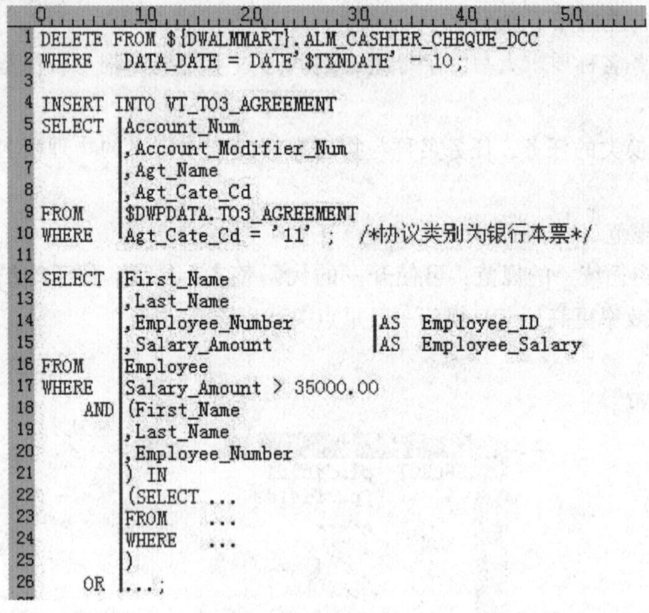

```
DELETE FROM ${DWALMMART}.ALM_CASHIER_CHEQUE_DCC
WHERE   DATA_DATE = DATE'$TXNDATE' - 10;

INSERT INTO VT_T03_AGREEMENT
SELECT  Account_Num
        ,Account_Modifier_Num
        ,Agt_Name
        ,Agt_Cate_Cd
FROM    $DWPDATA.T03_AGREEMENT
WHERE   Agt_Cate_Cd = '11' ;  /*协议类别为银行本票*/

SELECT  First_Name
        ,Last_Name
        ,Employee_Number        AS  Employee_ID
        ,Salary_Amount          AS  Employee_Salary
FROM    Employee
WHERE   Salary_Amount > 35000.00
    AND (First_Name
        ,Last_Name
        ,Employee_Number
        ) IN
        (SELECT ...
        FROM    ...
        WHERE   ...
        )
    OR  ...;
```

图 11.3-5　字段排序规范

语句中出现字段的地方按每行一个字段方式编排（例如：SELECT、DELETE、INSERT、WHERE、IN 等语句）；

任何地方的 SELECT 语句要新起一行，后面一个缩进量后直接跟首个选择的字段，即字段离首起二个缩进量；

FROM 新起一行，后面一个缩进量后跟表名，每个 JOIN 的表和 ON 的条件新起一行；任何地方的 WHERE 条件要新起一行，后面一个缩进量后跟 WHERE 条件，每个条件新起一行；其它字段前导二个缩进量再跟一“,”点后放置字段名。

（4）空行规范。

为了语句清晰起见，SQL 语句之间可以用空行进行分隔，但连续的空行数量不得超过 3 行。

（5）字段分隔规范

两个字段之间的逗号分割符（“,”）紧跟在第二个字段的前面

（6）字段别名规范

所有经过加工的字段均要起别名，常量例外，“AS”语句应与相应的字段在同一行；多个字段的“AS”建议尽量对齐在同一列上

（7）表名和字段名书写规范

表名、视图名、宏和存储过程名：全部小写或全部大写；

字段名：全部小写或者每个单词的首字母大写，其余部分小写，如 party_ id，loc_ id，prod_ inst_ id，Acct_ Id，Type_ Id 等，但要统一；

运算符前后间隔要求

```
SELECT  First_Name                          AS  Employee_FName
        ,Last_name                          AS  Employee_LName
        ,(Salary_Amout_+_Salary_Amout_*_2)_/_1.5
                                            AS  Employee_Salary
FROM    Employee
WHERE   Salary_Amount_>_35000.00
AND     Salary_Amount_<=_85000.00
OR      Department_Number_<>_403
ORDER BY    First_Name;
```

图 11.3-6　运算符间隔规范

算术运算符的前后保留一个空格；

（8）CASE 书写规范。

```
SELECT  First_Name                      AS  Employee_FName
        ,Last_name                      AS  Employee_LName
        ,(
            CASE
                WHEN Salary_Amount < 5000 THEN Salary_Amout * 2
                WHEN Salary_Amount < 6000 THEN Salary_Amout * 1.5
                ELSE (Salary_Amout + Salary_Amout * 2) / 2.5
            END
        )                               AS  Employee_Salary
FROM    Employee
WHERE   Salary_Amount > 35000.00
AND     Salary_Amount <= 85000.00
OR      Department_Number <> 403
ORDER BY    First_Name;
```

图 11.3-7　Case 书写规范

对 CASE 语句编排作如下约定：

CASE 语句从 CASE 开头到 END 结束要用括弧包括起来，并给结果值赋别名字段；

WHEN 子语在 CASE 语句的下一行并缩进两个缩进量后编写；

每个 WHEN 子语一行编写，当然如果语句较长可换行编排；

CASE 语句必须包含 ELSE 子句；

（9）子查询缩进规范。

```
SELECT  ......
FROM    vt_Txn_Trade_His_Date_B    a1
LEFT JOIN
        (SELECT b1.Trade_Seat_Code
                ,b2.Acct_ID
        FROM    vt_Txn_Trade_His_Date_B b1,
                (SELECT Acct_ID
                        ,MIN(Trade_No)     AS  Trade_No
                FROM    vt_Txn_Trade_His_Date_B
                WHERE   TRIM(Acct_ID) <> ''
                GROUP BY Acct_ID
                HAVING  COUNT(Acct_ID) >= 2
                )       b2
        WHERE   b1.Trade_No = b2.Trade_No
        )     a2
ON      a1.Acct_ID = a2.Acct_ID;
```

图 11.3-8　子查询缩进规范

子查询在上一级查询下进行缩进，明确代码分层编排，缩进几个 Tab 不强制指定，能清晰的看出缩进以及缩进嵌套即可。

4. 语法规范

返回值判断

返回值判断，除删除临时表的 SQL 语句外，每个 SQL 结束应该有执行结果状态的判断语句。

通配符“＊”规范

```
CREATE VOLATILE TABLE ……AS VT_T1;
……
INSERT INTO dwpdata.tb
SELECT * FROM VT_T1;
```

图 11.3-9　通配符规范

在 SELECT 语句中，字段必须全部列出，不能用通配符“＊”代替，下列情况例外：

如果通过现有表结构创建可变临时表的时候，从临时表中查询可以用＊。

（1）事务规范

需要提交的事务必须显式的书写“BT”和“ET”。

（2）临时表命名规范

临时表命名要求以 T_ 开头；可变临时表名要求以“VT_ ”开头，例如 VT_ Card_ Party_ 01。

（3）字段空值处理规范

在多表 Outter Join 的时候，很容易出现空值（NULL），因此必须对空值进行替换处理，处理规则如下：

数字型空值处理如下图：

```
ZEROIFNULL   ( 数字型字段 ) 或
COALESCE     ( 数字型字段 , 0 )
```

图 11.3-10　数字空值处理规范

说明：通过以上函数处理后，如果字段值为 NULL 将返回 0 值。

字符型空值处理如下图：

```
COALESCE     ( 字符型字段 , '' )
```

图 11.3-11　字符型空值处理规范

子表别名命名规范

一旦在 SELECT 语句中给操作表定义了别名，那么在整个语句中对此表的引用都必须冠以别名替代，考虑到编写代码的方便性，可以约定别名尽量简单、简洁，表别名可以用单个字符加数字来定义。从第一层次至第四层次，可以用 A、B、C、D、E……大写字母序列表示。对于同一层次的多个子句，在字母后加 1. 2. 3. 4……区分。有需要的情况下对表别名加注释。子表命名别名必须加关键字“AS”。

第一层子表命名：A1. A2. A3…

第二层子表命名：B1. B2. B3…

第三层子表命名：C1. C2. C3…

（4）SELECT 语句规范

SELECT 语句不采纳使用 RIGHT JOIN 进行表的 JOIN 操作，因为 RIGHT JOIN 完全可以用 LEFT JOIN 来实现，同时 RIGHT JOIN 在代码的逻辑上看起来不太容易理解。

（5）INSERT 语句规范

INSERT 语句在异构表之前的数据拷贝一定要带字段进行值的插入，如下图所示：

```
INSERT INTO ${STAGEDB}.PAR_COM_ST
       (COMPANY_CODE
       ,NOTICE_DATE
       ,ANNOUNCE_DATE
       ,ASHARE_STOCK_CODE
       ,A_ABBR
       ,BSHARE_STOCK_CODE
       ,B_ABBR
       )
SELECT  .....  ;
```

图 11.3-12　INSERT 语句规范

（6）DELETE 语句规范

通常在代码开发过程中对数据进行删除操作后再进行数据的插入操作，对这种类型的操作，在编写代码时，应当将两个例程作为一个事务提交以保证整个事务的完整性。如下图。

```
DELETE  FROM ${TARGETDB}.PAR_COM_ST
WHERE   Trade_Date  = '$DayOfData'
;INSERT  INTO ${TARGETDB}.PAR_COM_ST
SELECT  *
FROM    ${STAGEDB}.PAR_COM_ST
WHERE   Trade_Date = '$DayOfData'
;
```

图 11.3-13 DELETE 语句规范

（7）JOIN 规范

```
--LEFT JOIN
SELECT  seat.DMN_Date
        ,seat.Sec_Code
        ,COALESCE  (path.Branch_code,   '')
FROM    (SELECT  *
        FROM    ${SUMDB}.JCB_Txn_Sec_Seat
        WHERE   Dmn_Date = '${DayOfData}'
        ) seat
LEFT JOIN
        (SELECT DISTINCT
                Branch_code
                ,seat_code
        FROM    ${PD_VIEW_AP}.DMN_V_Trade_Path_His
        WHERE   Eff_date <= '${DayOfData}'
        AND     '${DayOfData}' < End_date
        ) path
ON      seat.seat_code = path.seat_code;

--FULL OUT JOIN
SELECT  COALESCE  (seat.DMN Date   ,   '30001231')
        ,COALESCE  (seat.Sec_Code  ,   '')
        ,COALESCE  (path.Branch_code,   '')
FROM    (SELECT  *
        FROM    ${SUMDB}.JCB_Txn_Sec_Seat
        WHERE   Dmn_Date = '${DayOfData}'
        ) seat
FULL OUT JOIN
        (SELECT DISTINCT
                Branch_code
                ,seat_code
        FROM    ${PD_VIEW_AP}.DMN_V_Trade_Path_His
        WHERE   Eff_date <= '${DayOfData}'
        AND     '${DayOfData}' < End_date
        ) path
ON      seat.seat_code = path.seat_code;
```

图 11.3-14　JOIN 书写规范

多个表 JOIN 取值在非 INNER JOIN 的情况下大多会取到空值，对这些空值在程序代码中需要进行处理，同时 JOIN 操作也要注意被 JOIN 表的关键字段值是否唯一，因此对 JOIN 语句作如下约定：

对有可能匹配不上而产生的空值要进行转换处理（空值转换见前面描述）；

在此不采纳使用 RIGHT JOIN 进行表的 JOIN 操作，因为 RIGHT JOIN 完全可以用 LEFT JOIN 来实现，同时 RIGHT JOIN 在代码的逻辑上看起来不太容易理解；

5. 注释规范。

（1）注释约定。

对于较为复杂的数据操作例程应有充分的注释，注明实现的功能，业务逻辑关系输入输出关系等内容。

多行注释可用 /＊ ＊/ 来标识，这种类型注释还可以注释在 SQL 语句中间。

单行注释可用 -- 来标识。

```
/*For G01-2
各项贷款按照分类统计 */
SELECT  SUM(CAST(dkye1 AS FLOAT) * Exchange_Rate) AS dkye1              --正常类
       ,SUM(CAST(dkye2 AS FLOAT) * Exchange_Rate) AS dkye2              --关注类
       ,SUM(CAST(dkye3 AS FLOAT) * Exchange_Rate) AS dkye3              --可疑类
       ,SUM(CAST(dkye4 AS FLOAT) * Exchange_Rate) AS dkye4              --次级类
       ,SUM(CAST(dkye5 AS FLOAT) * Exchange_Rate) AS dkye5              --损失类
       ,CAST('20051130'/*该日期可替换*/ AS DATE FORMAT 'YYYYMMDD')      --业务日期
FROM    dwods.s_cm_gdhthz;
```

图 11.3-15　注释书写规范

（2）SQL 语句段注释。

如果脚本 SQL 语句由多条组成，则应该在每一条 SQL 语句前面加注释描述该 SQL 语句的作用。如下图：

```
--1.提取基础层中贷款数据
--1.1 建立临时表check_ln_0
CREATE MULITISET  VOLATILE TABLE  VT_check_ln_0
(
  jgh  CHAR(9) ,
  bz   CHAR(2) ,
  kmh  CHAR(8) ,
  ye   DECIMAL(18,2) ,
  sts    CHAR(1),
  yq_ye DECIMAL(18,2) ,
  ln_busn_typ CHAR(3)
 )
PRIMARY INDEX (jgh,bz,kmh)
ON COMMIT PRESERVE ROWS ;
.IF ERRORCODE <> 0 THEN .QUIT 12;

--1.2 提取基础层中贷款数据，转换币种为DCC的币种
INSERT INTO  VT_check_ln_0
( jgh ,
  bz,
  kmh ,
  ye ,
  sts ,
  yq_ye,
  ln_busn_typ
)......
```

图 11.3-16　SQL 语句段注释

（3）字段级注释。

在 SELECT 语句中，源表的每个字段后面使用字段标题作为注释，其他语句中，尽量对字段做注释，尤其是经过加工处理的字段。

（4）硬编码注释规范。

如果脚本中使用了硬编码，必须对硬编码值进行相应的注释。如非特殊情况，应尽量减少硬编码出现。

（四）任务划分与封装

按照 ETL 任务实现的功能，逻辑上可以分划分为以下几类：

表 11.3-1　　任务划分与封装

类别	说明
ETL 管理调度	完成数据抽取，接口数据加载，ETL 转换，数据抽取，以及文件下发的全过程监控、任务调度等功能。
数据抽取	完成从源系统进行数据抽取到标准接口文件的过程。
文件加载	完成接口数据加载到 ODS 增量层的过程。
质量检查	完成整个 ETL 过程处理中的数据质量检查的功能。
ETL 转换	完成由 ODS 层的数据加载到数据仓库层，以及数据仓库层到集市层功能。
数据分发	完成由数据仓库模型各层向应用和分支机构下载数据的功能，或者是直接从源系统抽取数据后直接分发到应用系统的功能。
文件加工	完成码制转换，记录分割符，字段分隔符的转换的功能。

（五）ETL 任务分类表

上面各类任务可能运行在不同的操作系统平台上，ETL 架构设计将充分考虑不同平台物理上对任务封装的一致性和平台间的可移植性，在总体架构中将考虑使用 Perl 对任务进行统一封装的原则。

（六）公共模块

对于在 ETL 处理过程中，一些公共的具有共性的功能可以在开发中统一使用公共模块来实现，比如：多个任务依赖的一张中间表或者对接口文件内容的预处理等等。对于 ETL 处理逻辑层面上的公共部分可以通过共享使用一个特定的公共 JOB 来实现，对于字段级的公共处理规则可以使用一个共性的 Fuction 来统一处理，比如：采用开发公共的 Routine 在多个 JOB 中调用或者采用开发自定义 Stage Type 来完成处理。

数据仓库系统项目涉及源系统众多，数据格式无统一标准，所以在进入数据基础层的时候需要做一定的数据标准化工作，主要从以下几个方面：源系统特定值、日期、时间、整数、小数、字符串、公用代码转换等，这些都是在 ETL 开发过程中需要考虑的共性处理的部分。下面将一一进行说明：

（七）字段内容规范

1. 日期字段。

源系统中日期内容可能会有“YYYY-MM-DD”,“YYYYMMDD”,“YYYY/MM/DD”“YY-MM-DD”,“MM/DD/YYYY”等等许多形式。而在数据仓库系统中日期的格式统一，比如为“YYYYMMDD”，所以在进行转换时需要根据源系统文件接口中日期的格式进行配置，包括模型中对于日期为空的转换处理。

2. 时间字段。

源系统中日期内容中对于时间字段（到时分秒）的数据格式不一致，而在数据仓库系统项目中日期的格式按不同类型进行规范化处理。

3. 整数字段。

整数字段为空或者非法值的处理

4. 小数字段。

小数字段为空或者非法值的处理，是否统一小数点后位数

5. 字符串字段。

字符串字段为空或者非法值的处理

6. 公用代码字段清洗。

对于币种、证件类型、机构代码等公用代码字段的清洗。这一类的共性处理需要结合模型代码标准化进行具体的开发设计。

（八）ETL 作业流程

1. 源数据抽取策略

（1）输入

数据库，比如 Oracle，MySQL 等

（2）输出

源增量文本：以日为单位的时间戳，保留当期数据，与源系统结构相同的存储方式。

源全量文本：保留全量数据，与源系统结构相同的存储方式。

（3）数据加工要点

1）预处理：对字段内容包含指定分隔符的情况进行过滤处理，对日期型和数值型的数据进行格式转换处理，对字符串类型数据进行简单加工处理。

2）数据抽取：增量按照指定字段的标志或时间戳，筛选本期增量数据抽取。全量按照全表数据抽取。

2. 数据加载策略

（1）输入

文本数据：ASCII/GBK 编码格式

（2）输出

ODS 数据库贴源层：数据库

（3）数据加工要点

1）全表加载，最大程度地利用数据库的并行加载能力。

2）后处理：数据加载记录数统计。

（九）ETL 转换策略

1. 数据加工策略

（1）输入

1）源增量表：以日为单位的时间戳，保留当期数据，与源系统结构相同的存储方式。

2）源全量表：保留全量数据，与源系统结构相同的存储方式。

（2）输出

1）增量历史表：以日为单位的时间戳，保留某一段时期数据

2）全量快照表：保留当期全量数据

3）全量历史表：保留历史全量数据

（3）数据加载要点

1）预处理：数据日期匹配检查

2）增量更新：删除增量已有记录，插入增量所有记录。

3）增量转增量：增量数据与上期全量数据比对指定字段（一般为主键字），字段发生变化，加入当期时间戳，生成对应增量。

4）全量转增量：全量数据与上期全量数据比对指定字段，根据变化的字段产生增量属性，加入当期时间戳，生成对应增量。

5）全量更新：清除目标表数据，全量数据覆盖插入。

2. 日常增量处理。

增量处理包括：

增量数据获取和故障恢复策略。

（1）增量数据获取。增量策略是正常的日常增量处理的策略；

（2）故障恢复策略。故障恢复策略是在日常增量处理出错时的处理策略。

如何判断增量数据，对于 ETL 处理性能来说，源系统能够提供增量数据将大大提高数据抽取采集的效率，但由于各源系统数据库表设计不尽相同，需要通过分析逐步了解，对于源系统增量数据的剥离有如下几种方式可供 ETL 参考

时间戳法

对于交易流水、帐户数据等，可以采用判断时间戳的方法获取增量数据。

自增长的序列号法

源系统设置了自增长的序列号作为唯一主键。

更改标志法

源系统定义了一个字段作为数据被更改的标识。

整表比较法

对于没有时间戳的增量数据，数据量不大时，例如编码表，可以采用使用数据库的 SQL 操作语句（NOT IN，NOT EXISTS）的方法。

循环校验码

对于没有时间戳的数据进行修改，还可以考虑采用循环校验码。

通过 TRIGGER 实现增量识别

在源系统数据表上建立 TRIGGER，一般数据项发生变化，将记录到增量表中。缺点是必须对业务系统数据库进行改动，对业务影响运行有一定的影响，另外对于封闭系统，此方法不可行。

目前从现阶段数据源调研的情况来看，比较可行的是方法 1 和方法 4，对于一些大数据量的数据表，并且需要通过比对获取增量的情况，可以使用优化的技术手段来缓解性能上的问题，ETL 将充分考虑并发处理和基于数据库的优化措施。

考虑到未来数据的增长情况，不建议有太多类似进行全量比对的处理。

一是需要与源系统负责人充分交流，探索创新源文件增量剥离的技术手段，尽量使用源系统提供增量的接口数据。

二是模型设计时对于有需要的大数据量文件进行全量比对，增量的情况在设计时应该尽量作一些性能方面上的考虑。

（十）数据质量统计

ETL 运行处理过程中的数据质量统计任务主要包括如下三个部分：

1. 文件级统计。

文件级校验是指根据源数据提供方提供的接口就绪文件信息，对传输的接口数据文件进行校验，校验内容如下：

（1）接口数据文件名称；

（2）数据日期；

（3）文件的大小（字节数）；

（4）文件中包含的记录数。

2. 记录级统计。

主键检查。

3. 业务指标统计。

具体涉及到哪些业务指标的统计，需要数据质量小组、模型组、ETL 组三方共同商议，确定后由模型组向 ETL 组提供统计指标的取数规则。ETL 过程中的业务指标统计任务只负责向数据质量管理平台提供报告反馈，不影响 ETL 流程。

（十一）异常情况处理策略

1. ETL 过程中发生的异常主要包括如下几种：

（1）硬件、操作系统、网络导致异常；

（2）数据源数据传输、质量导致异常；

（3）ETL 过程处理导致异常；

（4）目标数据模型导致异常；

（5）人工干预导致异常等；

2. 处理的策略包括：

（1）如果发生硬件、操作系统、网络导致的异常，ETL 将中断处理，由运维人员通知系统管理员待故障排除后，分析故障影响，使用手工干预重新调整 ETL 过程；

（2）对于 ETL 过程中发生的一些不合规的数据质量问题，ETL 将依据 Mapping 的规则对数据进行清洗，符合清洗规则的部分入库，不符合的自动产生拒绝数据，并记录拒绝原因；

（3）对于数据仓库模型发生变更产生的错误，ETL 将中断处理，待模型修改完成后，调整 ETL 程序并重新进行处理；

（4）生产环境需要建立合理的操作流程，避免人工干预 ETL 处理的影响；

四、ODS

ODS 即操作性数据存储，承担着在数据仓库系统中的缓冲层的作用，也在此处实现数据质量检查和数据清洗的功能。

（一）ODS 设计目标

1. ODS 首先是数据存储，存储从各个业务系统抽取过来的数据。因此，ODS 具有实体-关系模型的成分；

2. ODS 重要的功能是对数据进行处理的一系列的操作，因此，ODS 的结构不能过于复杂；

3. ODS 要承担对外提供数据访问的服务功能。为了便于管理和外部访问应用，对 ODS 按主题进行划分管理。

（二）ODS 设计方法

在集市设计过程中，为了便于 ODS 装载源数据，更多保留 ODS 的缓冲层的作用，将 ODS 层设计为与源系统的表结构相一致的数据模型。这样最大的好处，是有利于装载数据；其次对外提供数据访问服务时，更多的是接替业务系统的复杂查询和报表生成的功能。这些访问需求，一般对业务系统较熟悉，因此采用与源系统一致的数据模型，也有利于外部访问。

在属性的数据类型上，不一定完全与业务系统一致，只要能够完成对数据装载即可。但在实际设计中，较业务系统数据结构照搬过来，也是一种常采用的方法。在实体的命名上，可以采用业务系统的原始名称，但考虑到不同来源的实体的名称存在重复的可能，可以在实体名称之前增加来源系统的代码作为前缀来区分。

ODS 层的主题基本与数据仓库的主题一致。但考虑到 ODS 的数据模型的灵活性不佳的状况，在对 ODS 的主题划分时，一般只划分高阶层的主题，无需对所有数据模型做主题细分。且在 ODS 层，主题之间的界限也无需特别明显，对于某些实体，往往在多个主题中都有信息存储。

（三）ODS 设计内容

ODS 实施过程中的工作内容，这里主要介绍一下数据模型的设计，数据质量检查和数据清洗的功能。

1. 数据模型设计

为了便于 ODS 层装载业务系统的数据，需要 ODS 层的数据结构与业务系统的数据结构相同。所以 ODS 层一般直接采用业务系统的数据结构。为了避免不同业务系统的同名表产生冲突，一般在业务系统的表原先名称上，增加一个前缀，多数采用来源系统的代码简写。

由于 ODS 层对数据的访问与业务系统的访问方式不同，因此在 ODS 层中，表在业务系统中的索引一般会丢弃，根据 ODS 层及数据仓库层的访问需要，重新设计表的索引。

2. 质量检查和数据清洗

数据质量检查和数据清洗，是提升数据质量的一个重要手段。数据质量检查和数据清洗，主要针对一些不能准确描述业务、或者描述不一致的、有异义的问题进行检查和纠正，比如：

（1）格式非法的数据。以字符串保存的日期数据，有非法的日期，如：20150230；以

字符串保存的数值数据，有非法的数值，如 12a3；

（2）不在代码表中的值。比如性别用 1 代表男，2 代表女，数据中的值出现非 1 非 2 的值；

（3）不符合业务逻辑的值，比如商品销售价格为负值；

（4）不同口径描述的不一致的数据，比如，从总账上获得的当日交易额与从明细上获得的交易总额不一致；

（5）一些不允许的以全角字符保存的数字、英文字母等；

ODS 还有其他的一些功能，比如需要为外部传统报表系统提供数据源等，这需要在 ODS 中建设更多的内容。

五、数据模型

我们常常谈到模型，但不同的应用场景、不同的词汇修饰的模型是不同的事物。数据模型是定义数据存储格式和描述数据之间关系的模型。

（一）模型的定义

概括地讲，模型（Model）是现实世界的抽象表示，是信息的抽象表示。信息是通过某种媒介表达出来的，这种利用媒介表达的内容就是模型。

我们常说的模型，有业务模型、挖掘模型、数据模型等。

1. 业务模型

在进行业务分析时，所表达出来的就是业务模型。业务模型（Business Model），是对业务问题的抽象，是对业务的归纳总结，用一个（或一组）业务规则对业务问题进行标准化的描述。比如下面就是描述 B 类用户的一个业务模型表达：

最近 3 个月，每月交易笔数在 20 笔以上，每月交易额不低于 2000 元，为 B 类用户。

2. 数据挖掘模型

在进行数据挖掘分析时，使用的是数据挖掘模型。数据挖掘模型，是对数据进行分析的方式系统，确定了系统的输入、输出，以及处理的策略，应用的技术等。比如在对数据进行分类挖掘时，输入就是待分类的数据，输出是为该数据所标记的分类。

在分类数据挖掘模型中，各个分类的属性的阀值组成的结构化的数据集，为知识库的一组知识。称为知识模型，其本质是一个数据模型。

3. 数据模型

数据模型（Data Model），是用数据的形式对问题进行描述并保存下来。对同一问题，可以通过不同的数据模型对其进行描述（存储），不同的模型对其使用具有一定的影响。比如：客户信息表发生变化，要保存历史，使得可以追溯某客户在某历史时期时的信息值。一般的，有两种方式保存历史信息的方法：

第一种方法，客户的某项信息变化了，则记录变化的字段名称、旧值、新值。这种存储方式可以很方便的查询到某次变化的某项信息，但如果要看某时点的客户信息，客户就需要很多记录进行拼接；

第二种方法，客户的某项信息变化，则对该客户原来的所有信息保留一份记录，并产生一份新的完整记录。这种方式可以很方便的获得某时点的客户的完整信息，与前一种方法相反的，要查阅某次变化的是哪（些）信息项，则需要对比前后两条记录，处理较复杂。

至于在应用中，需要使用哪种数据模型，则看哪种需求更重要。

从上述的数据模型可以看出，不同的数据模型设计结果，在处理不同的业务需求时，访问的性能及处理的复杂度是不同的。数据模型的设计要根据具体的业务需求进行设计，同时要充分考虑资源的能力和影响。

（二）按层次组织模型

在数据仓库系统中，根据数据模型的不同特征、数据来源及用途，划分若干层次，明确各层次数据模型的建模方式和处理措施。

在一般的数据仓库系统中，划分的基本层次包括缓冲层 ODS、数据仓库层 DW、数据集市层 DM 和应用层 APP。其中每一层可能不是必须的，有的项目中会省略其中的某一层或几层，或者将几层合并实现；每一层也可以进行细分，划分出更多的层次，甚至建设为独立的系统。我们常说的数据仓库系统，除非特别指明，一般是指建设了上述 4 个层次的完整的数据仓库应用系统。

	建模方式	服务领域	ETL策略
APP层	针对业务需求，建立支持广泛的需求应用的数据模型。	面向主题分析应用、报表应用、KPI绩效等常规应用。	从DW 层和DM 层进行汇总和计算，对某些事实表进行关联整合。
DM层	按维度建模，采用星型架构或雪花性架构。	为数据分析、数据挖掘、自定义查询和灵活报表、应用层提供数据	对基础数据进行聚合汇总及层级汇总，建立以主题为中心的立方体。
DW层	按维度建模，采用星型架构或雪花性架构。数据在本层执行标准化。	为DWS 按主题提供标准化的基础业务数据和明细数据。	进行标准化的数据统一和转换处理，保留历史变动痕迹。
ODS层	数据来源各业务系统，物理模型与业务系统的模型保持一致。	为DWS 提供数据入口；为传统应用和报表提供复杂或高消耗的查询。	从业务系统卸载的文件直接装在入库，进行质量检查和数据清洗。

图 11. 3–17　数据模型层次

1. 操作性数据存储—ODS 层

虽然 ODS 层是可选层，但基本上多数的数据仓库系统都会设置 ODS 层，至少实现从业务系统到数据仓库系统的变更隔离屏障作用，其次会在 ODS 层实现数据质量检查和数据清洗。也有些系统中，将 ODS 实现完整的功能，或者直接独立成单独的系统 ODS。

ODS 层保持了与源业务系统一致的数据结构，可以将源业务系统的数据直接装载入库。这种操作简便易行，开发及维护成本低，ETL 处理效率高。数据装载后，对装载的数据进行数据质量检查，对发现的数据质量问题，按照质量规范及处理原则，进行数据清洗。

ODS 层最基本的功能，是为数据仓库系统提供数据入口，作为业务系统到数据仓库系统之间的屏障，隔离了源业务系统的变化对数据仓库系统的不良影响。ODS 层的另一个功

能，是为传统应用提供复杂的查询，或者运行时间长、资源消耗高的查询，以及为传统报表提供数据源。

2. 基础数据仓库—DW 层

数据仓库层是数据仓库系统的基础，为数据仓库系统构建基础的数据基石。各个业务系统的数据标准和规范各不相同，在 ODS 层与业务系统保持了一致，但从数据仓库层开始，就需要对业务实体进行标准化处理。不管数据来自哪个业务系统，都将采用数据仓库系统自己的数据标准和规范。

数据仓库层对数据变动历史保留了历史记录，可以查询在数据仓库系统上线以来的任意指定时间点的数据状态。数据仓库也按主题核心数据维度，建立数据立方体，用于对数据的多维分析。数据仓库的数据立方体与数据集市相比，立方体的数量少，但规模大。

数据仓库层采用维度建模方式，按主题对实体表进行逻辑划分，主题内采用星型架构或雪花型架构。数据仓库层严格按照主题重新设计了数据模型，与业务系统的数据模型相比有着很大的变化。

作为数据仓库系统的基础部分，为数据仓库系统的上层结构和应用提供标准统一的、规范的、稳定的，以及历史完备的基础数据。

数据仓库的数据来源于 ODS 层，将 ODS 层多标准的数据，重新映射到数据仓库层的数据模型上，并将其中的代码按照数据仓库规范进行转换。并根据需要，对缓慢变化维等维度信息保留其变化的历史。一般采用时间拉链的方式对历史痕迹进行保留。

数据仓库层若建立成单独的系统，也称为数据仓库系统，但基本只保留数据仓库层的部分，或者包含 ODS、数据集市的小部分，很大的比重是数据仓库层的功能。

3. 数据集市—DM 层

数据集市层是针对未来预期需求，建立的主要面向应用的数据模型层。数据集市的数据模型对数据仓库层的数据进行概化处理，针对应用的需要，按维度集建立若干应用数据立方体。

数据集市层沿袭了数据仓库层的部分特征：按主题管理数据模型、按维度建模、采用星型架构或雪花型架构。但数据集市层与数据仓库层的数据模型存在着明显的差异：

表 11. 3-2　　数据集市层与数据仓库层的数据模型的差异对照表

	数据仓库	数据集市
数据来源	ODS（业务系统）	数据仓库
应用范围	企业级	部门级
面向主题	企业主题、全局主题	部门主题、特殊的分析主题
数据粒度	最细粒度	较粗的粒度
数据结构	满足 3 范式的规范化的结构	更多的星型架构或雪花型架构
历史数据	大量的历史数据	少量的历史数据
优化策略	针对海量数据访问，数据探索	针对常规访问和分析，快速查询

数据集市来源于数据仓库，对数据仓库的明细数据进行粗粒度的汇总，并建立以主题为中心的数量较多、规模较小的数据立方体。

数据集市也可以自成一个系统，一般称为数据集市系统。数据集市如果与数据仓库建立在一起，该系统一般是数据仓库系统，此时数据集市为附属数据集市；若数据集市自成系统，则该数据集市为独立数据集市。

单独建设的数据集市系统，一般从已建设的数据仓库系统中获取数据。在某些企业项目中，由于业务需求的迫切需要，可能会省略数据仓库的建设，直接建设数据集市系统。这种情况下，一般会保留少量的 ODS 功能，也有项目中保留不明晰的数据仓库层的功能。

4. 应用—APP 层

应用层是根据需求、直接面对当前应用的数据模型层。一般来说，针对每个具体的应用需求，建立一个应用层的数据模型，实现需求与应用层数据模型的映射，甚至建立一对一关系对照关系。但实际应用中，这种建设方案会使得应用层过于臃肿，一对一的关系对照实现存在大量冗余的数据存储。在实际应用中，如果多个需求可以用一个数据模型实现，就尽量避免建立多个数据模型。这样可大量减少应用层数据模型的数量，便于管理和维护。

在有些项目实施中，会再次压缩应用层的数量。如果某些应用可以从数据集市或数据仓库中实现快速访问，也可以省略应用层的数据模型的建设。这种方式在管理需求对数据模型映射关系时突破了应用层的界限，降低了应用层数据集市层的独立性，但可降低数据模型的数量，减少数据存储容量要求。两者方案各有利弊，项目实施中一般由架构师进行把握。

应用层的数据来源于数据仓库层和数据集市层，对数据粒度进行进一步汇总，对某些事实表提取需要的属性进行关联整合。应用层的主题划分已经弱化，尽管可能存在主题划分的痕迹。应用层的一个数据模型也只针对专门的一个或几个需求，不再适合进行数据挖掘和数据分析，不排除部分数据分析可以从应用层的数据模型获取数据。

应用层如果单独建设为一个系统，一般为报表系统。企业完整的信息化建设中，会建设数据仓库系统和数据集市系统来作为报表系统的数据源。也有企业可能单独建立报表系统，直接从业务系统获取数据。这种报表系统可能为了数据处理的便利，存在部分 ODS 和数据仓库层的功能，但该系统仍旧不能作为数据分析和数据挖掘的数据源。

（三）按主题管理模型

在数据仓库系统中，为了便于管理、应用，数据模型一般按主题进行划分，将数据模型划分为若干逻辑区域。

主题是一个抽象的概念，是在全局的角度将企业的业务系统的数据进行整合、归并的抽象。面向主题的数据管理方式，就是在较高的层次上对分析对象进行一个完整的、一致的描述。

1. 以电子商务领域为例，将电子商务的业务数据划分以下几个主题域：

（1）当事人

1）在电子商务领域涉及到的个人、组织、机构等，均纳入当事人主题，包括：

① 电子商务服务者，如：电子商务平台运营商、广告服务商、保险企业；

② 电子商务直接参与者，如：商户经营者、消费者、供应商；

③ 与支付结算相关的金融服务者，如：银行、支付平台、信贷机构；

④ 各类离线的服务者，如快递公司及快递员、不在线的商品厂家等。

2）对当事人主题可进行活跃度、贡献度、盈利能力、消费水平及行为习惯、受认可度等的分析，挖掘有价值的参与者，挖掘各类参与人的各层次的特征。为电子商务平台提供更好的服务、为电子商务经济繁荣提供支持。

（2）产品

1）所有在电子商务领域可发生交易的媒介，均划分到产品主题，包括：

① 实物商品；

② 话费、点卡、流量等虚拟商品；

③ 以服务形式在消费者和商户之间发生交易的劳务、服务等；

④ 电子商务平台及后端服务者提供给商户、消费者的服务产品，如：广告、保险、支付方式、信贷产品；

⑤ 可在线提交的快递服务。

2）对产品主题可进行受认可度、贡献度、利润，挖掘有价值的商品集合链，跟踪商品交易情况，挖掘社会经济发展动向，跟踪科技发展趋势等。为电子商务的发展趋势和经济导向提供帮助。

（3）协议

1）所有在电子商务领域产生的合同、约定、契约、保证及其他对交易双方有制约的、或受法律法规保护的行为等，都纳入协议主体。包括：

① 账户开户，如：商户入驻、消费者账户注册等；

② 交易的达成，如：购买商品，消费者购买商户的服务型商品；

③ 电子商务后台服务的开通，如：商户开通广告账户、商户或消费者开通保险服务、商户或消费者开通支付方式、商户开通收款方式、商户或消费者开通信贷账户等；

④ 开通在线快递下单服务。

2）对协议主题的分析挖掘用户群体规模、关注或受欢迎的产品或服务、分析各类业务的增长趋势等，为电子商务平台提供更好的服务做决策支持。

（4）营销

1）在电子商务领域进行的为了促进产品销售、吸引顾客关注或消费、提高销量的所有活动、行为、策略等。包括：

① 广告宣传，包括在电子商务平台进行的广告推送，与电子商务平台对接的平台外系统的宣传活动；

② 为了吸引消费者关注参与的促销活动，包括电子商务平台内的各类促销活动；与电子商务平台对接的平台外的促销活动；

③ 营销策略：为了吸引消费者购买，采取的降价、打折、满送、赠品、搭配销售、会员服务、积分等策略；

④ 电子商务平台后台服务商为了推广自己的服务，进行的各类营销活动，如免息分期、试用等。

2）对营销主题可分析各类营销活动的效果，为电子商务活动提供策划、组织营销活动的决策依据。

（5）渠道

1）在电子商务领域发生的各类行为的来源通道、方式、途径等。包括：

① 访问来源，如广告、活动、搜索、店铺推荐（区分搭配销售、相关产品推荐、热销商品推荐等）、友情链接、直接进入、与平台接入的外部平台的活动、广告、商品信息、搜索引擎、新闻等。区分访问店铺和访问商品，对于外部信息，区分访问活动页或者商品、店铺等；

② 交易产生渠道，如：商品页、活动页直接下单，商品页、活动页直接加购物车，购物车下单，套餐购买、搭配销售、赠品活动；与平台对接的外部应用直接下单等；

③ 交易发生渠道，如：手机端、PC 端、网页版、特定应用；与平台对接的外部应用；

2）对渠道主题的分析，挖掘对各类活动有效的渠道，挖掘各渠道在各类平台、各时段针对各类当事人的运行效果，充分挖掘各渠道的利用价值，为电子商务提供合理安排、规划各类渠道提供依据。

（6）事件

1）在电子商务领域各类当事人发生的各类行为，分入事件主题。包括：

① 发上在商品上的各类浏览、访问、加购物车、下订单、付款、确认收货、退货、换货、退款、评价等；

② 商户的入驻、发布、违规、处罚等；

③ 促销活动的筹备、执行；

④ 金融服务方面的分期、贷款、还款、违约；

⑤ 账户的登记、注册、开通，协议、合约的签订等；

⑥ 平台各类服务的消费，如广告的发布、点击、保险的购买和理赔、物流下单等；

⑦ 会员的加入与退出、升降级；

⑧ 商户在平台内及与平台对接的平台外系统的采购等行为。

2）对事件主题的分析，挖掘各事件在所属类别事件中的分布情况，监控事件发生的比重水平，监控事件发展趋势，对异常事件的跟踪监控，避免大型恶性事件发生，保证电子商务生态环境的健康发展。

（7）财务

1）在电子商务交易过程中产生的与财务、账务等相关的所有信息，划归到财务主题中。包括：

① 商品交易过程中产生的收款、付款、退款、在途款项、应收款等；

② 促销活动中产生的返现、返券、奖金等；

③ 开立消费扣费类账户的保证金、预付款等；

④ 提供服务而产生的预收款、应收款等；

⑤ 交易透支，交易产生的分期款、贷款、还款、逾期罚息等；

⑥ 因商户、服务商违规产生的罚没款；

⑦ 与保险相关的理赔款等；

⑧ 各类款项的余额、发生额；

⑨ 电子商务平台处理纠纷、保证交易双方利益封存的在途款、争议款项等；

2）对财务主题的分析，挖掘各类财务信息数据，监控资金流转、积压以及管控、盘活沉睡资金，管理控制电子商务交易的风险、提高平台资金流转速度，提高资金效益，促进电子商务经济活力。

（8）资产

1）在电子商务生态中的各类与资金、利益相关的、可直接或间接转化为货币的、或者消费者手中在交易中抵扣货币的各类货币、虚拟币，商户的各类实物存货等。包括：

① 各类现金，如账户余额、理财账户余额、可提现的红包等；

② 不可提现的红包、按金额抵扣的各类优惠券、代金券等；

③ 可在交易中抵现的各类虚拟币、积分；

④ 各类可减扣金额的资格、身份等，如：会员，按比例的折扣券等；

⑤ 商户的各类实物存货；

2）对资产主题的分析，可掌握各类资产规模，把控可能的资金流动方向；对可抵扣交易金额的各类虚拟币、抵扣券等的分析，可协助掌控实际交易量，控制风险。

（9）信用

1）在电子商务系统中因交易发生的各类分期、透支、预收预付等各类信息，归属到信用主题域中。包括：

① 消费者交易中的分期、透支、借款；

② 商户销售中的预收款、预售商品保证金；

③ 商户在平台内采购商品的分期付款、透支款；

④ 商户和消费者在平台内的贷款服务商处的各类贷款；

⑤ 上述各类借款、分期、透支等的额度、期限；

⑥ 上述各类借款、欠款等的偿还、承兑等行为记录；

⑦ 各类交易中的隐瞒、欺诈行为。

2）对信用主题的分析，可以监控各类信用交易，挖掘欺诈行为，防范市场交易的不良行为，规范电子商务交易生态环境。

（10）人文

1）电子商务本质上一切以人为根本，所有发生的主体都是由人来代表的。人是电子商务中最重要的关系体。人文主题域纳入了与人相关的各类属性集的信息。包括：

① 地理因素，如地域（国家、地区）、背景（城市、农村；沿海、内陆）、气候（南方、北方）、地形（山区、平原）等；

② 人口因素，如性别、年龄、民族、职业、收入水平、家庭类型等；

③心理因素，如是否满意，好评差评等。

2）对人文主题的分析，可进行数据挖掘聚类分析，做客户群分、市场细分等。

2. 对主题域进行划分并设计数据模型。

在不同的项目、不同的需求范围、不同的行业领域中，划分的主题也不相同。具体根据项目的背景、业务需求，对主题进行规划和设计。

（1）对主题域进行划分并设计数据模型，一般采取以下两个步骤：

1）归纳、抽取主题。

按业务需求，从整体归纳总结需求的几个方面，确定主题的大类。

2）确定主题所包含的内容。

（2）然后根据业务需求，对业务数据细分，在各个主题下总结、归纳子主题，将业务数据各属性项划分到各个主题中。

（四）数据模型架构

在数据仓库中，数据模型主要有最基本的两类表组成：事实表和维表。数据模型一般采用两种常用的架构：星型模型和雪花型模型。

1. 星型模型

星型模型的特征，模型是由一个事实表（Fact Table）和一组维表（Dimension Table）组成。每个维表都有一个维作为主键，所有这些维的主键组合成事实表的主键，维大多是文字、字符、时间等类型的数据；事实表的非主键属性称为事实（Fact），它们一般都是数值或其他可以进行计算的数据。星型架构的模型，维表直接与事实表进行连接。

我们可以对事实表，按照各种不同的维度集合进行聚合汇总，从而从不同的角度分析业务主题。

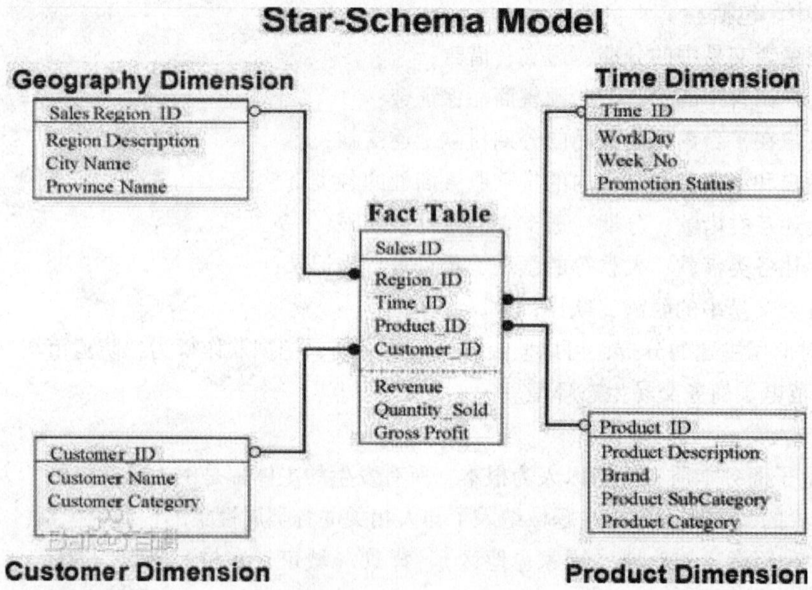

Star-Schema Model

Geography Dimension
Sales Region ID
Region Description
City Name
Province Name

Time Dimension
Time ID
WorkDay
Week_No
Promotion Status

Fact Table
Sales ID
Region_ID
Time_ID
Product_ID
Customer_ID
Revenue
Quantity_Sold
Gross Profit

Customer Dimension
Customer_ID
Customer Name
Customer Category

Product Dimension
Product ID
Product Description
Brand
Product SubCategory
Product Category

图 11.3-18　星型模型

2. 雪花模型

在星型模型基础上，如果有一个或多个维表没有直接连接在事实表上，而是通过其他维表间接与事实表连接，其图形就像雪花的多级分支一样，这种模型架构称为雪花模型。

雪花模型是对星型模型的扩展，它对星型模型的维表进一步层次化，原有的各维表可能被扩展为小的事实表，形成一些局部的“层次”区域，这些被分解的表都连接到主维度表而不是事实表。

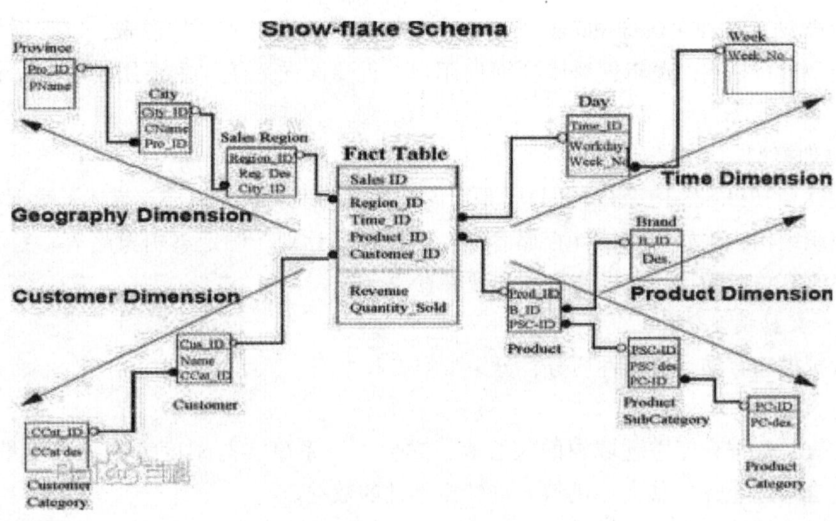

图 11.3-19　雪花模型

星型模型和雪花模型的差异性见下表：

表 11.3-3　　数据仓库中星型模型和雪花模型架构的差异性对照表

	星型模型	雪花模型
特点	非规范的 数据冗余 事实表与维表间直接关系	贴近业务 数据冗余较少 连接多，访问效率低 设计复杂
适用范围	适合指标分析	适合维度分析

（五）数据模型层次

数据模型在不同的设计阶段分为三个层次：概念模型、逻辑模型和物理模型。

1. 概念模型

概念模型（Conceptual Data Model），是针对用户需求，用来描述事物的概念化结构。概念模型最常用的表示方法是实体-关系法（E-R），用实体及其属性描述现实世界的事物、事实，用关系描述实体之间的关联。

概念模型使得业务分析人员可以不用考虑数据库的具体实现，只用自己的方法和思路，表述清楚其所要表述的内容，集中精力分析实体以及实体之间的联系等，无需考虑具体的数据管理系统的实现。

概念模型用于信息世界的建模，一方面应该具有较强的语义表达能力，能够方便直接表达应用中的各种语义知识，另一方面它还应该简单、清晰、易于用户理解。

2. 逻辑模型

逻辑模型（Logical Data Model），是技术分析人员根据对业务的理解，以数据库的语言形式对模型进行描述。逻辑模型既要面向用户，也要面向系统，主要用于数据库管理系统（DBMS）的实现。

3. 物理模型

物理模型（Physical Data Model），是面向计算机物理表示的模型，描述了数据在储存介质上的组织结构，比如需要估计存储容量，确定存储计划，确定索引策略等。它不但与具体的 DBMS 有关，而且还与操作系统和硬件有关。

（六）数据模型分类

按数据模型存储的数据性质分，分为事实表和维表。

1. 事实表

事实表是数据仓库主题域内的核心表，它包含联系事实与维度表的数字度量值和键。事实表包含描述业务（如商品销售）内特定事件的数据。

2. 维表

维表是数据仓库中另一种性质的表，其条目描述事实数据表中的数据。维度表包含创建维度所基于的数据。

按数据模型存储的数据特征分，分为明细数据和汇总数据。

3. 明细数据

明细数据是业务系统产生的，业务发生过程中的原子的数据粒度。这些粒度的数据描述了每笔业务的最基本的、最细致的、无需再分割的信息。

4. 汇总数据

汇总数据是根据维度做分组，对数据进行聚合运算后的数据。汇总数据描述的是一个维度或一组维度的总体业务信息。这些信息可能包含若干具体的业务。

（七）数据模型设计工具

设计数据模型，如果有得力的工具，将使得设计工作化繁为简，让设计人员投入更多的思路在业务分析上。

常用的商业化的工具有原先 Sybase 公司的 PowerDesigner，和 CA 公司的 ERWin。这两个工具都可以设计逻辑模型和物理模型，PowerDesigner 也可以设计概念数据模型。他们都支持在多种模型之间进行自动转换，实现具体的数据库系统对模型进行自动检查，也可以根据模板输出多种格式的设计文档，并且输出文档的模板可以自己进行定制修改。

六、数据标准化

数据仓库系统从业务系统采集数据，由于各个业务系统由不同的组织使用，不同的厂商开发，不同时期构建的。众多业务系统来源的数据，常常会出现每个业务系统都有自己的数据标准，比如：代码定义不同、实体命名方式不同，数据格式不同等。多个不同的标准和不同规范的数据放在一起，仍旧是各自独立，无法直接组合成一个整体来使用。

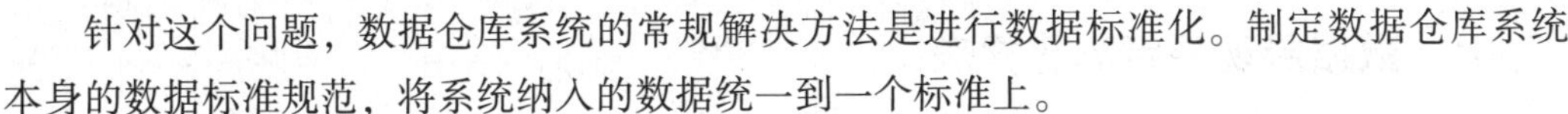

针对这个问题，数据仓库系统的常规解决方法是进行数据标准化。制定数据仓库系统本身的数据标准规范，将系统纳入的数据统一到一个标准上。

（一）标准化内容

要对源业务系统的数据进行标准化，主要从两个方面实施。

1. 命名的标准化

源业务系统的表和字段的命名均有自己的规范，且往往也各不相同。源业务系统的命名，混杂在一起，可能会出现理解上的歧义。比如，在电子商务的广告系统中，面对的客户是电子商务平台的商户，该系统中的“客户名称”代表的是商户；而在商品交易系统中，面对的客户是消费者，其“客户名称”代表的是消费者。如果简单地从表中查询客户名称，那么取得的信息项的含义是不一致的。

在数据仓库系统中，对表和字段的命名，制定一套可行的标准规范，按照自己的命名规范执行，且将源业务系统的表和字段的信息，映射到该标准上。

2. 代码的标准化

源业务系统的代码的标准也不统一，可能是不同开发商指定的自己标准，即便是企业自己指定的标准，在各个时期可能也有差异。比如许多企业采用国标的行业代码。随着经济发展，原来的行业划分已经不能满足后期的业务要求，在后期开发的业务系统中，使用的行业代码，可能会与原来的国标行业代码不一致。

这就需要在在数据仓库系统中，建立一套统一可行的标准化的代码体系，所有源系统的代码向数据仓库的标准代码进行转换。

（二）实施方案

在具体的标准化实施工作中，针对上述两项标准化内容，分别制定实施方案。

1. 表的映射

业务系统的表和数据仓库的表的命名规范不一致，更重要的，两个系统的数据模型结构发生了很大的变化。这就需要实现从源表到目标表的映射工作。

具体的方法是，列出数据仓库的数据模型的属性清单，然后从源业务系统的表中寻找数据来源的字段。如果有多个来源时，根据业务判断，确立映射规则，选择某个作为标准，其他的作为补充，映射到目标字段中。

2. 代码的转换

对于众多业务系统的代码和数据仓库的标准代码，制定映射转换规则，在处理表映射流程时，同时将代码进行转换。

代码的一般映射规则是，将源系统的某一个或几个代码，映射到数据仓库一个标准代码上。对于无法确定设定目标的代码，设置一个特别的代码，代表其他的含义，映射到该代码上。

数据标准化处理可以在ETL工具上实现，开发工作量不大。主要的工作量在于映射的分析。这需要设计人员对数据仓库的数据模型和源业务系统的数据表熟悉，才能准确的完成映射的分析和设计。

七、数据展现—定制化报表

商务智能系统的数据最终要进行数据分析、数据挖掘和数据展现。数据展现的方式有很多种，包括：定制化报表、用户自定义报表、灵活报表查询，数据立方体的钻取、旋转、切片等常规操作，以及数据的可视化展示。其中定制化报表是最基础的、应用最广泛的数据展示的方式。

定制化报表是根据用户的具体业务需求，开发的固定格式的一种数据展示方式。

（一）制定化报表的需求内容

用户给出的定制化报表的需求，需要包括以下几个方面的因素：

1. 报表的总体信息，包括报表名称，用户范围（指明哪些部门的哪些用户使用报表），报表频度。有时候也需要说明报表的目的（阐述生成该报表的目的）；

2. 报表的详细内容，包括报表都涉及哪些数据项，输出的顺序或位置，分别以什么样的格式进行展现；

3. 描述取值来源。对于某些报表，需要提供报表的取值来源，明确所有数据项（或者个别数据项）的取值来源字段、处理方式（如做怎样的转换、或者怎样的统计等），涉及到多个来源表的，指明相关来源表之间的关联关系；

4. 描述统计口径。如果报表统计的数据存在很多维度，且报表数据输出不能按所有口径的数据统计，则需要给出具体的统计口径，比如按什么维度的什么条件进行筛选数据，或者在什么条件下对数据做怎样的转换处理等。

（二）需求的分析方式

开发团队的需求分析人员，在拿到业务需求之后，需要对数据进行理解、判断，对需求进行可行性分析及开发策略分析。

1. 需求理解。开发团队的需求分析人员首先对拿到的需求进行学习理解，结合需求中的描述信息和自己的业务经验，明确报表的意图。这个过程对于不能足够理解的，或者不能确定准确数据来源和统计口径的，还需与业务人员进行深入沟通。

通过对需求的理解，不仅了解报表的开发的目的，同时也能增加自己的业务经验。

2. 可行性分析。对于已经掌握的报表需求，确定报表是否可以实现。对于不能实现的报表需求，需明确是因为技术手段不足，还是因为数据来源不足以支持。将这些问题进行反馈，与业务人员进一步沟通，确定解决方案、变通方法，或者放弃开发。

3. 开发策略分析。确定了可开发的报表范围，进一步分析报表之间的关系。对于某些数据项相同或相似的报表，可进行合并，使用同一个数据模型来支撑数据存储；对于某些报表可以从其他报表取值的，确定之间的前后关系，避免一些复杂的重复计算。

（三）数据模型的设计

需求分析人员完成需求分析，设计人员开始着手进行设计。设计工作完成以下三方面内容

1. 设计数据模型。根据需求分析人员的分析结果，在此基础之上进行进一步分析，整合类似的报表，设计数据模型以满足报表的数据要求。在设计初期可以只设计概念数据模型，对于字段可以先确定数据类型，数据精度可待后期完成数据源映射工作，可根据源系

统数据的数据类型再进一步确定；

2. 设计数据源映射。根据用户提供的需求及需求分析人员的分析结果，将源系统的数据字段映射到先前设计的报表的数据模型上。必要的情况下，也需要对代码集进行映射；

3. 设计 ETL 作业。数据源映射工作完成，还需要设计 ETL 作业，理顺之间的依赖关系，设计调度作业。ETL 作业设计包括对 ETL 作业的条目、将 ETL 作业处理划分阶段、建立作业和阶段的依赖等。

（四）报表的开发实施

设计完成后，进入开发实施工作阶段。开发实施是项目具体落地的时期，主要包括以下四部分：

1. 数据模型落地。数据模型落地的主要，工作是根据逻辑模型进行转换，并设置物理化的参数，确定合理的存储访问，确定数据增长趋势，设计索引等；

2. 开发报表。报表开发工作的主要内容，是使用报表工具（如 Cognos、水晶报表、finereport 等）按用户需求中要求的报表样式，设计表样，并关联数据模型；

3. 开发 ETL 作业，根据设计的 ETL 作业，使用 ETL 工具（如 DataStage、Informatica、Kettle 等）开发 ETL 作业，或者编写存储过程等实现数据映射；

4. 开发调度任务，根据设计的 ETL 作业的层次及依赖关系，设计调度任务，用于批量执行 ETL 作业的计划任务。

第四节　数据挖掘

数据挖掘是商务智能的重要组成部分。如果说数据仓库是商务智能的底层基石，那么数据挖掘则是商务智能的上层建筑。数据仓库提供了商务智能体系的数据存储的手段，数据挖掘实现了商务智能体系的数据分析方法。

一、数据挖掘基本概念

数据挖掘（Data Mining），有的译著中称为资料勘探，或者称为采矿。它是数据库知识发现（Knowledge Discovery in Database - KDD）的一个步骤。

通俗地讲，数据挖掘是指从大量的数据中通过特定的算法寻找隐藏于其中未知的、有价值的信息（规律或模式等）的过程。在当前科技水平下，一般使用计算机科学的情报检索、在线分析处理等技术手段，通过统计学上的抽样、估计和假设检验等方法，及人工智能上的机器学习、模式识别等思想，来实现上述目标。

数据挖掘在各个行业领域有着广泛的应用。

（一）电子商务

电子商务领域积累了大量的商品的属性信息、商户信息、供应信息、消费者属性信息、消费者的浏览记录、交易记录等。根据这些信息，借助于数据挖掘的技术，可以针对不同的参与人实现许多功能：

1. 商户

根据商品的销售情况，挖掘商品的销售趋势，帮助商户确定库存量，避免大量的库存积压资金，也减少因库存不足错失销售机会的问题；

根据商品销售情况及促销情况，评价促销成果，为今后的促销活动做参考，以充分提升促销的效果；

如果企业在不同的地区部署库房，可以根据商品在各地不同的销量情况及趋势，将库存合理进行分配，以提高全国各地的物流效率，既降低物流成本，也能改善消费者的购物体验；

2. 消费者

根据消费者的消费习惯和喜爱偏好，及消耗品的消耗速度等，推荐消费者感兴趣的或未来一定时间会购买的商品；

根据消费者的喜好习惯，如偏爱商品的原产地或是同城商户，偏爱选择销量高的商户或是价格低的商户等等，或者喜爱在曾经购买过的店铺购买或者每次寻找新的商铺等各种偏好习惯，为消费者推荐其可能会感兴趣的商户；

针对消费者的习惯和爱好，定期推送其可能感兴趣的新品或者促销信息，降低消费者不感兴趣的垃圾信息的发送率。

（二）互联网门户

传统互联网门户积累了各类新闻资讯及访问者浏览信息数据。挖掘这些数据，可提升用户兴趣度，提高用户的回访率，提高门户的访问量。

根据新闻资讯的内容，对新闻资讯内容自动进行分类，提高推荐的新闻资讯的相关度；

根据用户访问的信息内容，在相关新闻中推荐用户感兴趣的新闻资讯；

根据所有用户的访问内容情况，发掘当前的新闻热度，快速跟踪热门新闻事件；

与互联网广告公司合作，结合互联网广告的投放数据，确定广告的投放方案。

（三）广告

广告行业（无论是传统广告还是互联网）积累大量的客户和产品类型、广告类别、投放渠道、时间段、人群的投放情况及投放效果反馈信息。对这些信息的挖掘可改善广告投放效果，提高投放效率，为客户产生的商业价值。

根据历史广告投放情况进行数据挖掘，为各类广告确定投放渠道，提高投放效果，让广告渠道充分发挥宣传效果；

根据历史数据分析，确定各类广告的投放时间段，挖掘各个时间段的广告投放价值；

根据以往投放情况，向特定人群投放其感兴趣的广告，提高投放的效果，提高人群对信息的兴趣度；

综合各渠道、各时间段、各类人群的挖掘数据，为广告客户制定高效率的广告投放和宣传方案，提高客户的满意度。

（四）社交网站

社交网站除了兼具传统门户的新闻资讯和用户访问的数据外，还有更详细的用户属性信息、更重要的用户关系链的信息。挖掘社交网站的数据，可发现更多更有价值的信息，对传统门户网站的常规数据挖掘，效率更高、更准确。

根据用户的属性，对用户进行聚类分析，挖掘各类用户的特征属性，结合用户行为，

分析各类人群的偏好和习惯；

根据信息转发、回复、互粉的数据，发现用户之间的关系链，发现用户群的核心，发掘具有影响力的热点人物；

根据用户关系链，挖掘发现信息传播路线，分析热度事件的传播方向、广度和时间持久度，为关注新闻事件的内容提供参考；

根据用户的状态、心情、发表的言论及情绪，预测某些事件的动向（如对股市走向、美国大选的结果等）；

（五）生产企业

传统生产企业积累了大量商品生产、销售、原材料、劳务及生产效率等历史数据。对生产企业的数据进行挖掘，可帮助企业降低生产成本、确定生产方向、提高商品销量等有价值的方案。

根据产品销量、结合外部的行业内的资讯、经济环境数据等信息，挖掘未来商品市场需求量，安排生产计划；

根据原材料的历史价格数据，结合外部信息数据，预测原材料的价格趋势，确定原材料的库存储备，或者在期货市场购买调期合约，以降低生产的原材料成本，增加利润空间；

根据劳务市场的劳务成本数据、同行业的生产效率等信息数据，确定劳务用工的方案，安排各地区的生产比重；

根据以往季节性的效率、促销、广告的效果数据，确定市场营销方案。

（六）金融领域

在传统金融领域，比如银行行业，积累了大量的金融产品历史数据，居民、工商户的基本属性信息及存贷款交易信息，及各类中间业务的交易信息等。对银行数据的挖掘可帮助银行提升业务量、提升服务水平、降低运营成本、提高利润空间。

对银行客户的属性信息进行挖掘，对客户进行聚类。分析各类用户的交易情况，挖掘各类用户的贡献度；

针对用户的聚类信息数据，预测客户的兴趣点，向用户推荐其感兴趣的理财产品；

分析历史经营数据，挖掘各类产品的特性，制定已被大众接受的盈利服务产品，增加产品的营销量及增加客户群；

根据历史数据进行分析，建立产品定价模型，平衡价格和销量的关系，增加银行的应收；

综合银行业务各类数据，分析并监控银行的各个风险环节，为银行提高风险的控制能力。

（七）电信行业

电信的传统通话业务积累了大量的固定电话、移动电话、漫游、长话、市话、网内通话、网间通话、亲情号码通话、集团用户内部通话等的数据。除此之外，还有网间和网内、套餐内外的短信消费；以及本地和漫游、闲时和忙时、通用流量和定向流量的数据流量等消费数据，以及周期性或临时性的各类增值业务的经营数据。

1. 客户消费模式分析

电信行业积累的大量的用户的通讯量、通讯关系信息、增值业务等产品的消费信息等，结合用户的基本属性资料进行的聚类、分类，分析客户的消费能力和消费习惯，分析总体客户的消费结构、利润构成。为产品运营提供决策的辅助依据。

2. 客户信用分析

电信行业企业积累的大量用户的账单、缴费、欠费及补缴等账务数据，对这些数据进行挖掘分析，结合对客户的聚类分类分析结果，可对客户进行信用分析，为客户提高合理的信用额度，同时避免因客户的大额、长期欠费导致电信的呆坏账及利润的损失。

3. 客户流失分析

根据客户的各类属性及消费、账务信息，对客户画像进行分析，挖掘流失客户的特征画像，然后对用户进行匹配，预测客户未来流失可能性及流失时期。对此类客户进行爱心关怀，避免或减缓客户的流失。对总体客户群进行分析，预测未来客户流失量，及时调整营销策略。

4. 市场推广分析

针对之前的历次市场营销活动，区分活动方式、区域、季节、目标客户群体等因素，对市场推广、营销活动的效果进行分析，确定仿真模型。利用仿真模型模拟新的营销活动，并逐步调整影响活动中的各项措施及指标值，确定最优的营销方案，以达到最佳的营销效果。

5. 客户消费意愿分析

根据各类客户的消费量、资费情况、套餐选择及使用情况等数据，有区别的针对客户量身定制适合的、客户易接受的资费产品，提高客户的消费意愿，增强客户粘性，结合合适的营销手段，提高客户忠诚度。

6. 客户关系链分析

对客户的通话、短信的分析，挖掘客户的关系链。为客户提供家庭、集团虚拟网等产品，增强客户的用户体验，利用客户的关系链逐步纳入更多的客户群体，增强客户的黏性、提升客户消费量，以稳定客户群体。

数据挖掘不仅仅在上述的行业、领域中可以实现上述的挖掘分析，在更多的行业和领域有更多的作为。

二、数据抽样分析

抽样是从全部样品中抽取一部分样品的行为。抽取的样品要对全体样品具有充分的代表性，这样抽取的样品才能够代表总体。

主要的抽样方法包括以下几种：

（一）随机抽样

随机抽样是从样本总体中随机的抽取个体的抽样方法。包括抽签法和随机数法。

抽签法，一般用于样本总体数量较少的场合，对所有样品进行编号，把号码写在号签上并放到容器中。对容器里面的号签充分摇匀，每次从中抽取一个。

随机数法，适用于样本总体数量较多的情形。也是对所有样品进行编号，然后用随机数表或计算机产生随机数等方法，从中抽取号码。

随机抽样每个样品被抽取到的概率均等，为 1/n。

1. 优缺点

实施方法简便，抽样误差计算简单；

仅适合样本总体数量不多的情形。

2. 抽样误差估算

3. 有限总体

均数标准误：

$$\frac{s}{\sqrt{n}}\sqrt{1-\frac{n}{N}}$$

率标准误

$$\sqrt{\frac{p(1-p)}{n-1}}\sqrt{1-\frac{n}{N}}$$

4. 无限总体

均数标准误：

$$\frac{s}{\sqrt{n}}$$

率标准误

$$\sqrt{\frac{p(1-p)}{n-1}}$$

5. 案例及实施步骤

库房到货 5 车产品，每车 100 箱，每个箱内有 10 件。抽取 100 件产品检查合格率。

第一步，首先将 5000 件产品编号，产生 5000 个序号；

第二步，使用随机数法，随机产生 100 个不重复的 1~5000 的号码；

第三步，按上述 100 个号码，选取 100 件产品作为抽样，检测合格的个数；

第四步，根据第三步检测的合格产品的个数，除以 100，得到抽样的产品合格率。

（二）分层抽样

分层抽样是将样本总体根据特征分成互不相交的若干层，然后按比例在各层独立的抽取一定数量的样品。将各层取出的样品合在一起，组成抽样样本。

分层抽样是以样品的特征进行划分的层，层之间的差异较大，层内样品的差异较小。

按比例分层抽样每个样品被抽取到的概率均等，为 n/N。

$$n_i = N_i(\frac{n}{N})$$

1. 优缺点

在一定程度上减小抽样误差；

若层内差别大，或层间差别小，会扩大抽样误差。

2. 案例及实施步骤

库房到货 5 车产品，每车 100 箱，每个箱内有 10 件。其中 200 箱是 A 产品，150 箱是 B 产品，100 箱是 C 产品，50 箱是 D 产品。抽取 100 件产品检查合格率。

第一步，根据产品类别，划分为 4 个层，分别是 A、B、C、D4 类产品；

第二步，根据每层产品数量，确定 4 个层按比例分别随机抽取 40、30、20、10 件产品组成抽样样本；

第三步，检测抽取的 100 个产品的合格个数；

第四步，根据第三步检测的合格产品的个数，除以 100，得到抽样的产品合格率。

（三）整群抽样

整群抽样是将样本总体分成若干互不相交的群，然后以群为单位抽取样品。

与分层抽样相比，整群抽样的群之间的差异性较小，群内的差异性较大；抽取时是整群抽取，而并非像分层抽样那样从层内抽取个体样品。

1. 优缺点

在较大规模调查中，实施方便；

若群之间的差异性较大，则会导致抽样误差过大。

2. 抽样误差估算

整群抽样的误差与各群单位方差大小有关。

3. 案例及实施步骤

库房到货 5 车产品，每车 100 箱，每个箱内有 10 件，随机装的 A、B、C、D4 个款式的产品。抽取 100 件产品检查合格率。

第一步，以箱为群；

第二步，从 500 箱中随机抽取 10 箱，将这 10 箱产品作为抽样，检测合格个数；

第四步，根据第三步检测的合格产品的个数，除以 100，得到抽样的产品合格率。

（四）系统抽样

系统抽样又称等距抽样或机械抽样。当样本总体数量庞大时，可以先将样本总体分成均衡的几部分，然后按照预先制定的规则，在每个部分中抽取一定比例的样品。所有部分抽取的样品合在一起，组成抽样样本。

1. 优缺点

抽样方法简便；

抽样误差小；

仍需对每个个体编号；

当样本个体按顺序存在周期性趋势或单调性趋势时，存在明显偏性。

2. 抽样误差估算

没有固定的抽样误差公式，一般用随机抽样方法来计算。

3. 案例及实施步骤

库房到货 5 车产品，每车 100 箱，每个箱内有 10 件。抽取 100 件产品检查合格率。

第一步，首先将 5 车产品，每车作为一部分；

第二步，在每辆车上，取相同 5 个指定的位置的箱子作为抽样箱；

第三步，在每个抽样箱取相同 4 个指定位置的产品作为抽样产品，检测合格个数；

第四步，根据第三步检测的合格产品的个数，除以 100，得到抽样的产品合格率。

将上述四种抽样方法的误差做比较，一般为：

整群抽样≥单纯随机抽样≥系统抽样≥分层抽样

在实际应用中，往往采用上述两种或多种抽样方法结合使用，进行多阶段抽样。

三、数据挖掘方法与技术

要对数据进行分析挖掘，就需要用到恰当的方法和有效的技术。

合理的数据挖掘方法，可以帮助我们做出正确的判断分析，而采用有效的数据挖掘技术，能够使数据挖掘的速度更高效，结果更准确。

（一）数据挖掘方法

数据挖掘一般采用下面的几种方法：

1. 分类

分类方法是找出数据中各组数据的共同特点，按照分类模式将数据划分为不同种类的方法。分类方法的类别一般是预先设定好的，然后根据数据属性和分类的特征进行匹配，对数据进行分类。

数据挖掘过程采用分类法，一般通过机器学习训练分类法模型来学会一个分类器，该分类器可以将待分类的数据映射到给定的分类中。

分类法可用于预测，分类器利用历史数据推导出对给定数据的特定描述，从而能够对未来数据进行预测。比如消费者购买意愿预测等。

分类法也可用于模式识别，分类器能够根据训练数据学习所得到的数据描述集，对未来数据进行识别并分类，如客户分类、信用评级、图像模式识别等。

分类器的构造方法有很多种，如：

（1）统计方法；

（2）贝叶斯法；

（3）非参数法；

（4）机器学习方法；

（5）决策树法；

（6）规则归纳法；

（7）神经网络；

（8）粗糙集。

2. 基于距离的分类方法

在实际应用中，用“距离”来描述个体之间的相似性。距离越近相似性越大，距离越远相似性越小。

（1）学习过程：向算法模型中输入训练集，计算每个分类的中心距离；

（2）分类过程：向算法模型输入待分类的数据，计算该数据与各个分类的距离，找出与它最近的分类的中心，输出该分类标记。

3. K 近邻分类算法（K Nearest Neighbors，缩写：KNN）

通过计算每个训练数据到待分类数据的距离，取其中 K 个距离最近的训练数据。找出这 K 个训练数据所属分类的成员多的分类，则待分类的数据就标记为该分类。

4. 决策树法

决策树是以策略抉择为基础建立的一种树形结构的算法模型，树的最顶层是根节点，每个内部节点都是一个对属性的判断，每个分支是对属性判断的结果的选择，每个叶子节点代表着类（或者类的分布）。根节点代表输入，叶子节点代表结果输出。

比如要在网上商城购买一件商品，确定某家的某商品是否购买，决策树如下：

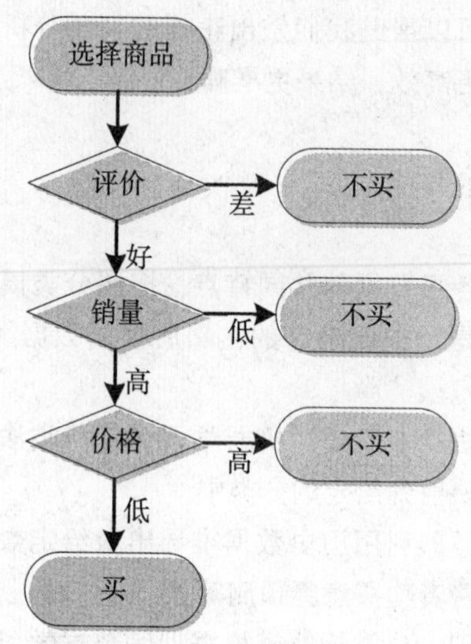

图 11.4-1　决策树

5. 朴素贝叶斯法

朴素贝叶斯法是基于贝叶斯定理与特征条件独立假设的分类方法。

贝叶斯定理公式如下：

$$P(A \setminus B) = \frac{P(B \setminus A) \times P(B)}{P(A)}$$

应用朴素贝叶斯分类器，要求特征属性是条件独立的。

假若用朴素贝叶斯分类器来判别某售出的商品发生退货的概率，上述公式中：

P（A | B）- 为要求的某类商品发生退货的概率；

P（A）- 为所有商品的退货率；

P（B）- 为该类商品在所有商品中的占比；

P（B | A）- 所有退货商品中，该类商品所占比率。

6. 回归分析

回归分析是找出序列数据中各属性之间的依赖关系，确定其趋势特征的方法。

回归分析的分类：

回归分析按照涉及的因变量的多少，分为：

回归分析

因变量只有 1 个，为回归分析。

多重回归分析

因变量有多个，则称为多重回归分析。

按照自变量的多少，分为：

一元回归

一元回归是指只有一个自变量的回归模型。

多元回归

如果回归模型有多个自变量，则为多元回归模型。

按照自变量和因变量的关系类型，分为：

线性回归

如果自变量和因变量之间是线性关系，则该回归模型为线性回归。

非线性回归

如果自变量和因变量的关系不是线性关系，则该回归模型为非线性回归。

一元线性回归模型，是最简单的一种回归模型，它只有一个自变量和一个因变量，且自变量和因变量之间大致呈线性关系。一元线性回归模型公式为：

$$y = a + bx + \varepsilon$$

其中，y 是因变量，x 是自变量，ε 是随机误差，通常假定随机误差的均值为 0。一般的，我们也通常假定随机误差符合正态分布。

在回归分析模型中，有若干自变量和一个因变量。我们将因变量分解为两部分：一部分是受自变量显著影响的，可以用自变量的已知形式的函数来表示；另一部分由一些未知的因素和随机性产生的影响，我们把它们统一视作随机误差。

商品的销售价格太高，高于消费者的承受能力，商品的销量会很小。降低商品的销售价格，可刺激消费者购买，增加商品的销售总额。当商品价格下降到一定程度时，商品价格再降低，不能够促进销量的足够上升，会导致商品的销售额的下降。在这个有关商品价格和销量的分析中，商品价格是自变量，销售额是因变量。商品价格和销售总额之间不是简单的线性关系，因此这是一个典型的一元非线性回归分析。

广告投入越多，宣传的量越大，会更加促进产品的销售。广告投入与产品销量，大体呈线性关系。这是最简单的一元线性回归分析。

7. 聚类分析

聚类分析是根据数据各个属性的相似性和差异性，划分为几个类别的方法。聚类分析的类别事先不会确定，由算法来确定类别的数量和特征，因此聚类分析过程是一个探索性的过程。

聚类分析的算法有很多种，其中一个最简单的方法，其计算方法思路如下：

首先，逐个扫描样本，后扫描的样本依据其与之前扫描的样本的紧密程度，归为现有的类别，或生成一个新的类别；

然后，对之前生成的类别，根据紧密程度进行合并。

有关对紧密程度的度量，一般采用两种方法：

(1) 采用描述两个样本之间的接近程度的指标。比如距离，距离越近，代表接近程度越高；

(2) 采用描述两个样本之间的相似程度的指标。比如相关系数，相关系数越大，代表相似程度越高。

聚类分析的应用比较广泛。比如：网站的信息分类问题、网页的点击行为关联性问题以及用户分类问题等等。其中，用户分类是最常见的情况。

8. 客户群分

根据客户的属性，及交易、访问的行为，自动进行类别划分。然后对每类列的客户，分析其共同特征，研究系消费行为，挖掘其消费潜力，确定产品推介时机。

对客户群分时，可以按以下因素进行分析：

（1）客户消费时机（如上班时间、下班时间；工作日或节假日等）；

（2）客户消费频度（如每天一次或几次、每周一~三次、每月几次、每季度几次等）；

（3）客户消费金额（如每次几十元、每次几百元、每次超过千元等）；

（4）客户消费方式（直接付、使用信用卡、或者使用信用账户、是否分期等）。

9. 市场细分

根据某一产品的销售情况，及客户的属性，将该产品的市场整体，划分为若干消费者群体。在进行消费者市场细分时，要充分考虑消费者的地理因素（如不同的地域：国家、地区等；

（1）不同的背景：城市、农村等；

（2）不同的气候：沿海或内陆、北方或南方等；

（3）不同的地形：山区、平原等；

（4）人口因素（如不同的年龄阶段）：婴幼儿、儿童、中青年、老年等；

（5）不同的性别：男、女；

（6）不同的职业：工人、农民、职员等；

（7）不同的收入水平：高收入或低收入；

（8）不同家庭类型：是否有孩子，是否有老人，是否单身、是否单亲家庭，是否丁克家庭等；

（9）不同民族；

（10）不同的宗教；

（11）不同的社会阶层等；

（12）行为因素（如是否考虑消费时机、是否追求利益、使用者地位、产品使用率、忠诚程度、购买准备阶段）；

（13）心理因素（个性：内向或外向，活泼或沉稳等；态度：乐观、消沉等；满意程度等）。

聚类分析与分类，在方法上有明显的区别。

分类法数据挖掘，需要事先确定类别的数量及其特征，然后根据特征的定义，与被分析的数据进行对比，找出与待分类数据的属性特征最相似的分类，将待分类的数据划分到此类别中。

聚类分析并不实现给定分类。也就是说，在聚类分析开始，不知道最终会划分几个类别，每个类别的特征是怎样的。由算法根据待分类的数据的各项属性值，自动计算数据之间的相似性，然后以一定的阀值划分类别边界，从而确定类别的数量及个类别的属性特征。

10. 相关性分析

有关相关性的定义，有多种不同的定义方式。

相关性分析又称为关联规则分析，寻找数据项之间存在的关联关系，这些数据项之间，一般存在一定的联系，或者概率。其相关性包括相关方向和相关程度两个指标，但是，相关性不代表数据项之间的因果关系。

相关性根据相关方向，分为正相关和负相关：

比如在购物篮分析中，分析人员人发现，纸尿裤的销量增加时，啤酒的销量也会受到影响而增加，这就是正相关的案例；

在促销活动与销量关系分析中，销售价格降低，会导致销量增加，销售价格和销量是负相关的两个数据项。

相关性分析与回归分析存在明显的差异。

回归分析的数据是序列数据，根据数据序列，分析预测序列后期的情形。回归分析一般分析的是数据各个属性之间的关系，找出某些属性的不同或变化导致其它属性的差异。

相关性分析的数据可以不是序列性的，分析样本数据可以是一个无序的集合。且相关性分析，一般是分析数据之间的关系。

有些时候，可以将相关性分析的数据排序，产生序列性的数据。但目的也是为了研究数据之间相互的相关性，不需确定哪个是自变量，哪个是因变量；而回归分析，研究的是某些属性发生变化，引起其他属性的变化，有自变量和因变量的区分。

11. 特征分析

特征分析是提取数据的共性属性，用这些共性属性来描述这类数据的基本特征。

比如在电子商务中，对流失客户的特征分析。一般是将已流失的客户的各项基本属性、交易数据等进行分析。比如：

客户的基本属性如：地域、年龄阶段、性别、职业、学历、职称、行业、民族、婚姻状况等；

客户的交易情况如：交易频度、交易金额范围区间、交易时机、付款方式等。将这些信息转换为可分析的用户的属性。

根据以上的用户属性，找出能够明显区分流失客户和高忠诚度客户的属性及属性值。将这些能够显著区分流失客户的属性及属性值，作为流失客户的典型特征，构成知识库。

利用以上知识库，对待分析的客户，输入流失客户的相关属性，根据待分析客户的属性值，判断待分析客户成为流失客户的可能性。

12. 变化和偏差分析

变化和偏差分析主要是对反常的、例外的数据实例进行分析，观察目标对期望的偏差，寻找结果与实例之间的统计学意义上的差异。

在电子商务中，有许多方面可以进行变化和偏差的分析。

比如商户的分析应用中，某商品的销售一直比较稳定，突然有一个时期，销量有大幅的下降，可用变化和偏差分析来寻找销量下降的原因；

比如电子商务平台的分析应用中，各类的用户评价极低的商品，可以用偏差分析来寻找并关注是否是假冒伪劣产品；

比如消费者，利用偏差分析，寻找优秀的商户、优质的产品，排除服务差的商户和不良商品。

变化和偏差分析是对异常信息的识别、发现及预警的方法。

在电子商务的服务器机房管理中，也可应用于服务器监控预警，异常告警，均可采用变化和偏差分析。比如服务器的负载突然升高、服务器的响应速度突然变慢等。

13. Web 页挖掘

Web 页挖掘利用数据挖掘技术，从互联网的资源和行为中抓取感兴趣的内容、有价值的模式、隐藏的信息等。对互联网及企业网的 Web 页面的信息进行分析，可以把握市场动态、供求关系、客户满意度和情绪及分析竞争对手状况。比如：

对商品信息的挖掘，掌握当前热门产品类型，发现新产品，帮助商户确定采购和销售的产品种类；

对商品评价信息的挖掘，找出大家认可满意的商品，找出受欢迎的商户，确定推荐商品的范围；

对竞争对手的商铺信息进行挖掘，发掘竞争对手的销售方向，分析其产品销量，制定对热门商品的销售竞争方案或冷门商品的营销策略等；

对客户信息的挖掘，分析客户的喜爱偏好，收集客户的交易行为习惯，有针对性的进行商品推荐和相关商品的列表显示；总结客户的访问模式，为客户展示其易于接受的显示方式和内容。

此外，舆情分析也是 Web 页挖掘分析一个典型的应用。

14. 数据挖掘技术

数据挖掘需要有正确的方法做指引，才能进行正确的挖掘分析。也需要有优秀的挖掘技术来实现，才能更高效、更准确的完成数据挖掘工作。

数据挖掘使用的技术很多，从根本上讲，数据挖掘技术有如下几种：统计方法、机器学习方法、和神经网络方法和数据库方法。

15. 概率统计分析

如果数据样本特征符合某一个统计分布或概率模型，则可根据模型采用相应方法进行挖掘分析。

16. 神经网络

神经网络是模仿人类大脑神经元的信号处理来实现人类思维的一种仿生技术。利用训练集对神经网络进行训练，神经网络调整连接的权重及神经元的阀值直至稳定态。训练完成的神经网络即可对输入的数据进行挖掘分析，给出识别或判断。

在神经网络中，各个处理节点视为一个个的神经元，每个神经元接受输入，根据自身的运算及阀值，确定输出 0 或 1 给下游神经元。各个连接的权重不同。神经网络在结构上分为输入层、隐藏层及输出层，通过输入层输入，在隐藏层进行计算处理，最后从输出层输出结果。

在初始状态时，神经网络的各连接权重及神经元的阀值，是随机产生的。随后给神经网络提供训练集进行训练，训练过程中，神经网络调整各连接的权重及神经元的阀值，直至达到稳定态，训练结束。

17. 遗传算法

遗传算法是模仿生物界的进化理论及自然选择的法则实现的随机搜索算法。利用遗传中的结合、变异产生新的数据，并根据自然选择法则进行优胜劣汰来确定算法模型的基因数据。

18. 决策树

决策树是以策略抉择为基础建立的一种树形结构的算法模型，树的节点是对属性的判别，树的分叉路径代表属性值得判断，树的叶子节点是对输入数据的分析结果。

19. 粗糙集

粗糙集是一个处理不确定性的数学工具，可直接对数据进行分析，发现隐含的知识，找出潜在的规律，且不需要提供先验知识。

20. 模糊集

模糊集方法引入模糊逻辑，确定“模糊”阀值，使用0~1之间的值来确定一个特定的值是否属于一个给定的集合程度。

四、有关数据挖掘的问题

现实中待分析的数据并不是理想中的，可能存在着诸如存在噪声、有缺失值、分布稀疏等问题；属性之间可能存在较强的相关性；有的属性的值是离散的，有的值是连续的，或者两种混合模式等等。在实际应用中，不存在某种方法适用于所有情况，并且在使用数据时，需要对数据进行预处理，如以下手段：

1. 数据清洗

对数据进行质量检查和清洗，处理空缺数据，处理不一致的数据，消除或减少数据噪声。

2. 特征选择和模型优化

从数据属性的特征集中选择能够很好区分特性的特征子集。对特征的处理性能进行排序，对挖掘算法模型进行优化；

3. 数据变换

对数据进行平滑、聚集、规范化、数据概化、特征构造等数据处理手段，将数据转换为适合与挖掘的形式。

第五节　商务智能在电商行业行业的应用

电商企业是如何在企业内建设自己的商务智能平台的呢？主要是从以下几个方面为重点关注内容：

1. 用户在网站的浏览内容及浏览路径。
2. 用户经常购买的商品类型。
3. 用户所选购的商品在同类商品中所处的等级。
4. 购买频次等行为的数据。

通过这些运营数据，电商企业相关部门可以根据相关数据和分析进行下一步工作的安排，如：市场部门需要知道不同的广告活动带来的客户的实际效果（转化率），需要具体到不同的市场活动的推广渠道、新老客户以及地域分布。

电商企业相关部门通过这些数据了解到他们想要的信息，这时电商企业需要通过对现有的这些数据进行数据挖掘，然后能够推荐引擎给每个用户进行商品或是服务的推荐。电商的推荐引擎就是提供“一对一”的客户体验，让顾客在最少的时间里选择并购买尽可能多的产品。特别是针对电商的在线商品的品牌和类别很多，并且在客户偏好的差异性数量很大的情况下，推荐引擎的效果则会更好。

推荐引擎的基本实现方式如下：

1. 个性化品牌和分类的推荐：展现在用户登录商城后的所浏览页面的右边指定区域，便于用户的点击浏览。

2. 个性化的商品推荐：展现在商城的列表页和商品明细页面，以及购物车页面等等，主要目的是通过在每一个客户购物的过程中推荐其偏好的商品，从而达到交叉销售、向上行销和追加销售。

电子商务与传统商业和服务业来说，最大的区别就是一切都可以通过数据来实时监控和改进。通过数据可以看到你投放广告的效率如何、新用户从哪儿来、如何组织产品可以实现很好的转化率等等问题。基于数据分析后的改变，就是在提升电商企业营收的能力，所以，电商的数据分析是非常重要的。下面介绍几个用的较为广泛的电商的数据分析。

一、流量分析

如何评价一个网站呢？主要是通过流量来评价。通过流量评价网站的是四个主要指标：Page View（简写：PV）、IP、Session 和 Client。Client 是指访问网站的所有客户端，IP 是指访问网站的所有 IP 地址。每个 IP 地址可以有多个客户端的访问，如企业的局域网在内部有很多个客户端，但外网出口只的一个，也就是只有一个外网的 IP 地址。每个客户端会产生多个 Session，每个 Session 会包括多个 PV，所以这四个指标的关系是：PV >= Session >= Client >= IP。

如果网站在某段时间内 Session 和 PV 在数值上比较接近，表明主要的访问者浏览了少量页面后就会离去，甚至只看了入口页面。如果网站在某段时间内直接输入流量较多，表明主要的访问者都是熟悉此网站有老用户。如果网站在某段时间内站内跳转流量较少，表明主要的用户都只访问了很少的页面没有持续访问。

二、流量来源分析

电子商务就是贩卖流量的生意，低成本的流量来源是保证企业盈利的重要条件。流量来源分析主要是要明白你的用户都是从哪些网站来的，哪些网站给你带来更多的订单、哪些网站的流量是真实的，哪些是虚假等。

流量分析一般会分析以下内容：

1. 网站流量来源排名：根据对客户进入网站的来进行统计，分析哪些网站贡献的流量多，那些贡献的少，针对流量来源排名调整广告投放策略。

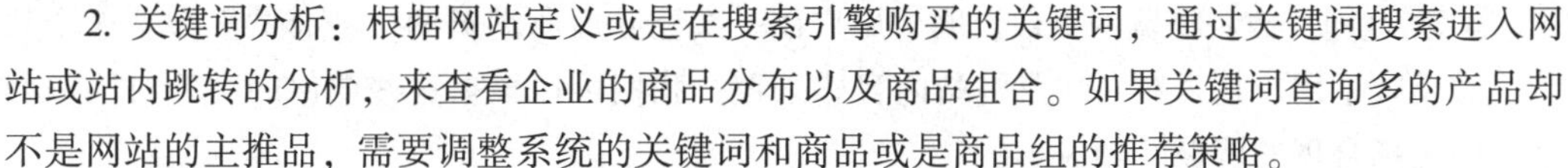

2. 关键词分析：根据网站定义或是在搜索引擎购买的关键词，通过关键词搜索进入网站或站内跳转的分析，来查看企业的商品分布以及商品组合。如果关键词查询多的产品却不是网站的主推品，需要调整系统的关键词和商品或是商品组的推荐策略。

3. 网站流量趋势分析：针对流入本网站的流量统计是否稳定，会不会有大幅度波动。一般来说流量突然增加的网站，可能发生未知突发事件，也有可能是购买的广告位有作弊的嫌疑。此分析可用于广告欺诈检测甄别条件之一。

4. 网站流量核对：统计分析流量来源，检查是未知流量来源，是否为突增，如果有且时间段在您购买某点击付费广告后，有可能点击付费广告网站将您的广告链接分包给了点击联盟。此分析也可用于广告欺诈检测甄别条件之一。

5. 推介网站与直接访问的比例：针对访问网站的来源有两种，一种是从其他网站推介跳转过来的，可以理解为外部广告，另一种是用户直接输入网址进行访问，前者则为广告效用，而后者的访问，则说明已有客户进行了关注。按正常理论，若是推介带来的流量大，大则说广告效果很好，但需要支付不菲的广告费用，若是直接访问的流量大，则说明本网站已有一定的知名度，并得到了客户的认可。

三、关键词分析

根据网站定义或是在搜索引擎购买的关键词，通过关键词搜索进入网站或站内跳转的分析，来查看企业的商品分布以及商品组合。如果关键词查询多的产品却不是网站的主推品，需要调整系统的关键词和商品或是商品组的推荐策略。

什么是关键词分析？是指根据搜索者发起搜索请求的模式，科学地进行关键词确定的过程。

对关键词进行归类分析，一般的方法是把流量在排名前10位的关键词放在一起作为甲类，看一下它们在整个流量中所占的比重。将其余的关键词作为乙类。如果甲类中的关键词是你所需要的，那么要对它们继续优化；如果你所关注的关键词出现在乙类中，那么要想一想应该如何优化关键“关键词”。

四、页面分析

页面分析有什么用处呢？通过页面分析我们可以发现用户访问最多的页面是哪些、用户平均访问的页面数量是多少、用户是会从哪儿离开网站或用户是从哪儿进入当前网站等信息。一般包括以下五个方面。

1. 页面热力：可以通过页面热力图罗列出网站中被访问量最高的页面的排名以及所占流量的比例，通过这些数据可以准确的了解网站的哪些网页是最受欢迎的和最不容易被用户访问到的页面。

2. 访问入口：访问入口显示了在访问网站时，用户第一个访问的网页。绝大部分客户都是通过这些网页来找到当前网站的。

3. 访问出口：访问出口表示了用户在浏览完此网页后就退出了当前网站，这里所列出的网页内容也许是许多客户都不感兴趣的，您可以根据这些数据来丰富您的网站，吸引更多的客户。

4. 浏览网页数：浏览网页数说明了用户在一次登陆后所浏览网站的总共页数，这个数值直接反映了用户是否对网站及网站内容感兴趣，我们可以根据这些数值的高低对网站内容进行更加合理的调整。

5. 浏览次数：浏览次数是表示客户反复登陆浏览此网站的次数，此数值说明了网站对用户有一定的吸引力。

五、用户分析

当用户在电子商务网站上有了购买行为之后，就从潜在客户变成了网站的价值客户。电子商务网站一般都会将用户的交易信息，包括购买时间、购买商品、购买数量、支付金额等信息保存在自己的数据库里面，所以对于这些用户，我们可以基于网站的运营数据对他们的交易行为进行分析，以估计每位用户的价值，及针对每位用户的扩展营销（Lead Generation）的可能性。

根据指标定义原则选取了以下几个用户行为分析用的指标来进行简单的介绍。

1. 最近购买时间：用户最近一次购买距今天的天数；

2. 购买频率：用户在统计时间内购买的次数；

3. 平均每次交易额：用户在统计时间内的消费总额/购买的次数；

4. 单次最高交易额：用户在统计时间内购买的单个订单的最高支付金额；

5. 购买商品种类：用户在统计时间内购买的商品种类。

通过对商城所有用户的行为数据进行数据挖掘分析后，我们可以得到商城用户的标签，有了用户标签。通过用户的行为数据，我们可以得到当前用户或是一类用户的标签云，有了标签云后，我们就可以对用户进行客户画像了，通过更形象的图形方式来展示用户的在标签云，如下图。

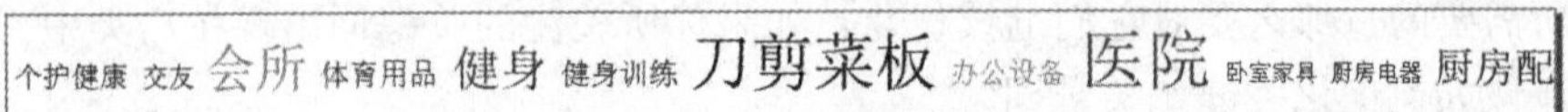

图 11.5–1 标签云

第六节　商务智能相关工具

目前已有许多商务智能开发工具供应商，可以提供各种构建商务智能的开发工具。但有些商务智能开发工具还要结合其他第三方供应商工具才能完成整个商务智能解决方案的构建。基础的商务智能工具主要是数据库平台和 ETL 开发工具，下面我们主要介绍一下主流工具，传统结构化数据库平台开源代表为 MySQL，而传统结构化商业产品的代表是 Oracle，并行数据库以 Greenplum 例，大数据平台下的非结构化数据平台以 Hbase 和 Hive 例；ETL 开发工具开源代表 kettle 和商业产品代表 Informatica。

一、数据库

在商务智能解决方案中，数据是最基础的一部分。目前 BI 解决方案在针对不同的解决方案环境，数据库选择需要根据 BI 解决方案的设计进行选择。

（一）MySQL

MySQL 是当前在互联网行业最流行的关系型数据库。与其他商业化的关系型数据库相比，MySQL 体积小、总体拥有成本低，且速度不逊于其他关系型数据库。尤其是开源这一特性，广泛应用于互联网行业，在其他各个行业中也有一定的影响力。虽然 MySQL 也有其自身的不足之处，但没有影响其受欢迎的程度。

MySQL 原来属于开源产品，最初其创始人 Michael Widenius 创立了瑞典公司 MySQL AB 持有 MySQL 的归属权。后来 MySQL AB 公司卖给 SUN 公司，之后 SUN 公司又被 Oracle 公司收购，MySQL 现在归属于 Oracle 公司。随后，MySQL 创始人离开 Oracle，并创立了另一个开源的数据库 MariaDB。MariaDB 源自于原来的 MySQL，与 MySQL 完全兼容。

MySQL 由 C 和 C++语言编写，并使用多种编译器进行了编译测试。因此，MySQL 代码的可移植性非常好，适应于多种版本的 Linux 系统、Unix 系统及 Windows 系统、AIX 系统等，这也是它广泛应用的一个重要的原因。

早起版本的 MySQL 默认的数据库引擎是其特有的 MyISM，数据插入及查询的速度很快，但不支持事务。后来版本的 MySQL 为了支持事务的要求，数据库引擎更改为 InnoDB，且逐步将其转变为默认的数据库引擎。MySQL 没有数据页的概念，其事务上创建的锁匙行级锁。

MySQL 另一个重要的数据库引擎是 Memory 引擎，其能够将数据保存在内存中，而非磁盘上。Memory 引擎因避免了磁盘扫描的低效访问处理，从而大幅提高数据插入、更新及查询的效率。

MySQL 还有一个特别的数据库引擎，是 BlackHole，即黑洞引擎。使用该引擎的表，不保存任何数据。所有插入到该表中的数据，均将丢弃，就像数据掉入黑洞一样。

MySQL 支持单点部署，也支持多点部署。多点架构中，又分为复制模式和集群模式。复制模式是对称几台复制数据，适合中小规模的应用，常用的场景是读写分离方案；集群模式是若干台组成集群，一般是一起提供对等的服务。

MySQL 是一个服务性的软件，本身没有图形化的操作界面。不过有开源的 phpMyAdmin 是常用的基于 WEB 的图形化管理界面。

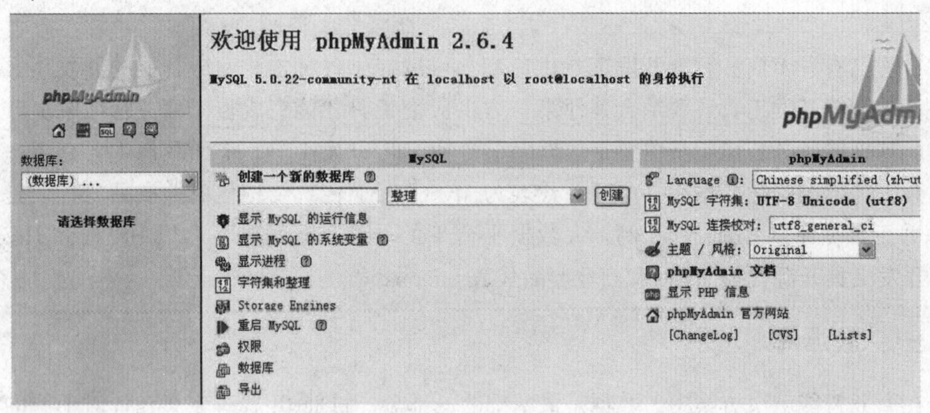

图 11.6-1　phpMyAdmin 主界面

MySQL-front 是另一款运行在 Windows 系统的商业化的 MySQL 管理工具。

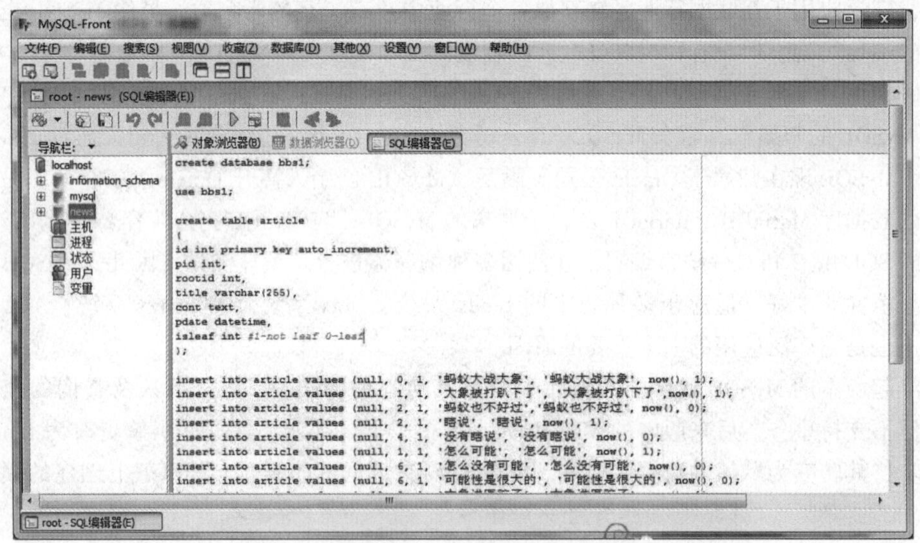

图 11.6-2　MySQL-front

（二）Oracle

Oracle 是另一款应用最广泛的商业化的关系型数据库，它的高效率、高可靠性、高吞吐量等优点，使得它在数据库领域一直处于领军地位。Oracle 数据库系统功能强大、可移植性好且使用方便，适用于各类环境，比如 Mac OS X Server、HP-UX、IBM AIX、Sun Solaris、各种版本的 Linux 及应用最多的 Windows 系统中。

1979 年的夏季发布了 能运行于 PDP-11 计算机（DEC 公司产品）上的商用 ORACLE 产品，这是 Oracle 的第一个版本，但是公司出于市场战略的需求，宣称是第二个版本；

1983 年 3 月，发布了 ORACLE 第三版。Bob Miner 和 Bruce Scott 历尽艰辛用 C 语言重写了上一版本；

1984 年 10 月，ORACLE 推出了第 4 版产品。产品的稳定性总算得到了一定的增强，用 Miner 的话说，达到了“工业强度”。

1985 年，ORACLE 发布了 5.0 版。这个版本算得上是 ORACLE 数据库的稳定版本。这也是首批可以在 Client/Server 模式下运行的的 RDBMS 产品，在技术趋势上，ORACLE 数据库始终没有落后。

ORACLE 第 6 版于 1988 年发布。由于过去的版本在性能上屡受诟病，Miner 带领着工程师对数据库核心进行了重新的改写。引入了行级锁（Row-Level Locking）这个重要的特性，也就是说，执行写入的事务处理只锁定受影响的行，而不是整个表。这个版本引入了还算不上完善的 PL/SQL（Procedural Language Extension To SQL）语言。第 6 版还引入了联机热备份功能，使数据库能够在使用过程中创建联机的备份，这极大地增强了可用性。

1992 年 6 月，Oracle 发布了第 7 版，该版本增加了许多新的性能特性：分布式事务处理功能、增强的管理功能、用于应用程序开发的新工具以及安全性方法。这一版是 ORACLE 真正出色的产品，取得了巨大的成功。

1997 年 6 月，ORACLE 第八版发布。ORACLE8 支持面向对象的开发及新的多媒体应用，这个版本也为支持 Internet、网络计算等奠定了基础。同时这一版本开始具有同时处理大量用户和海量数据的特性。

1998 年 9 月，Oracle 公司正式发布 Oracle 8i，这一版本中添加了大量为支持 Internet 而设计的特性同时这一版本为数据库用户提供了全方位的 Java 支持

2001 年 6 月，Oracle 发布了 Oracle 9i，在 Oracle 9i 的诸多新特性中，最重要的就是 Real Application Clusters（RAC）了。

2003 年 9 月，Oracle 发布了 Oracle 10g，这一版的最大的特性就是加入了网格计算的功能。

2007 年 7 月 11 日，Oracle 发布了 Oracle 11g。Oracle 11g 是甲骨文公司 30 年来发布的最重要的数据库版本，根据用户的需求实现了信息生命周期管（Information sLifecycle Management）等多项创新。

Oracle 当前最新版本为 Oracle 12c，在该版本中引入一个全新的多承租方架构，使得 Oracle 可以轻松部署和管理数据库云。

Oracle 拥有比较完善的分布式处理功能，依托其高可用性、强大的扩展能力、坚强的数据安全性及强稳定性，能够轻松实现数据仓库的绝大多数的数据管理要求。

Oracle 采用并行服务器模式，可以将一个查询分解成多个子查询，在多个 CPU 上同时分别执行这些子查询。因此，Oracle 可以对一个 SQL 并发执行，以提高处理效率。这是 Oracle 区别于 Sybase 数据库、MSSql Server 数据库的一个重要的特点。

随着企业业务的发展，大型数据仓库越来越多，其规模也在迅速扩大，平均每两年规模增大 3 倍。大型数据仓库要求以最高的磁盘读取速度扫描几十、几百或几千个磁盘，只

有磁盘和服务器之间的管道带宽增加 10 倍或更多才能满足此要求，所以企业常常发现数据仓库越大，运行速度可能就越慢。

为了解决这些问题 Oracle Exadata 应运而生。Oracle Exadata 是一款一体机硬件平台核心，由 Database Machine 与 Exadata Storage Server 组成的。运行在 Exadata 的软件核心为 Oracle 数据库和 Exadata Cell 软件。

Database Machine 进行了特别设计，以确保它保持良好的硬件利用率，为所有数据库工作负荷（从扫描密集型数据仓库应用程序到高并发 OLTP 应用程序）提供了高性能、高可用性解决方案。

早期版本的 Oracle，提供一个 Java 开发的 Window 的企业管理控制台（Enterprise Manager Console）。

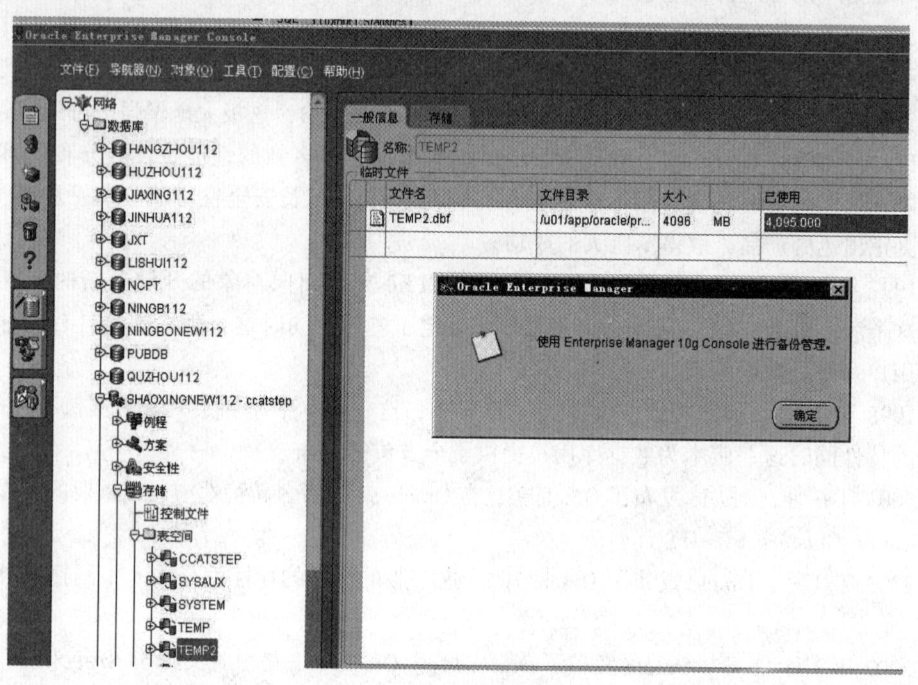

图 11.6-3　Oracle 企业管理控制台

近几年的 Oracle，不在发布上述 Window 的管理工具，而是采用基于 Web 界面访问的企业管理工具。

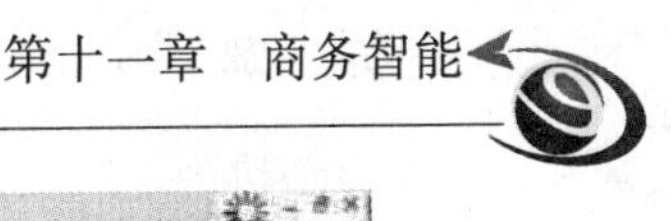

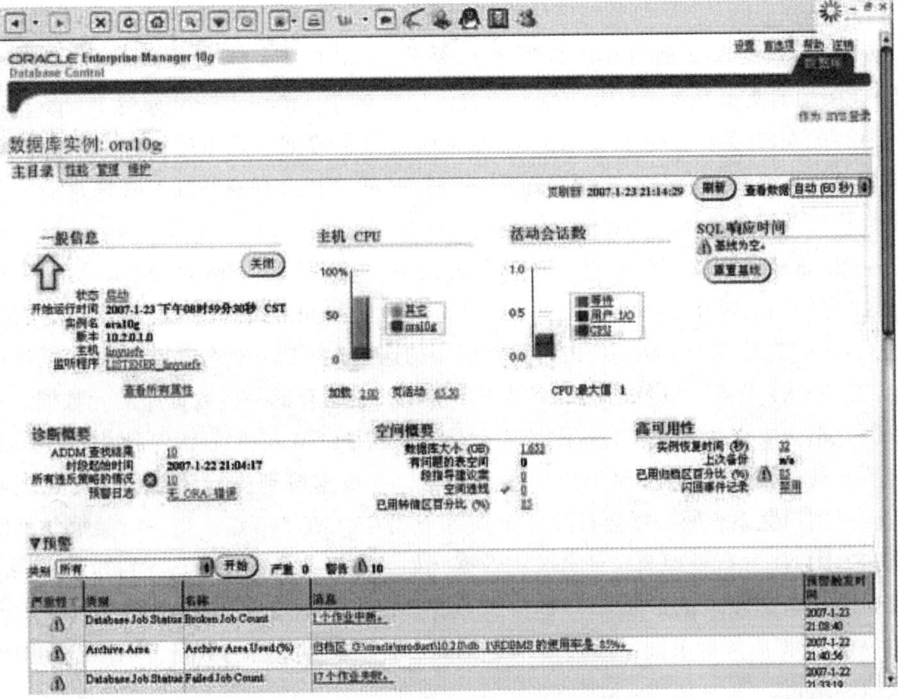

图 11.6-4　Oracle 基于 Web 企业管理界面

Oracle 还有一个比较著名的商业化的开发工具：PL/SQL Developer。

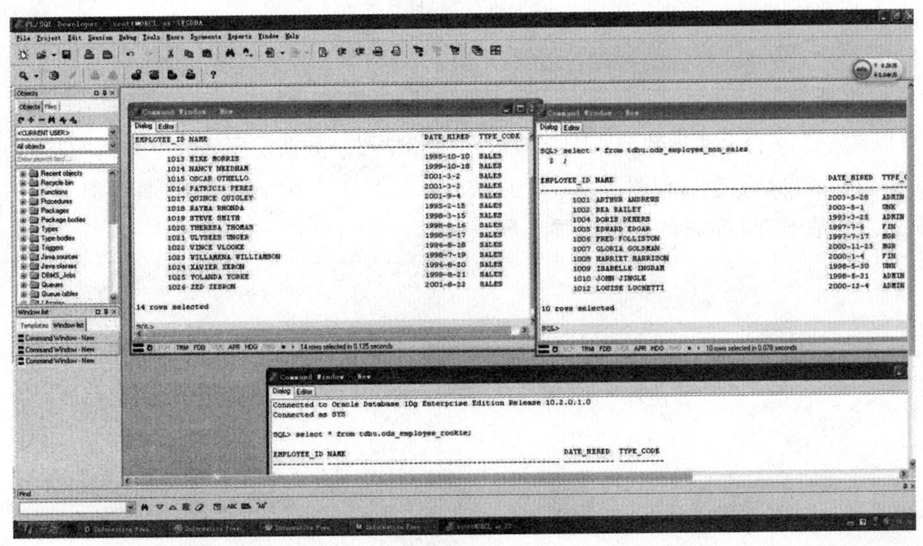

图 11.6-5　PL/SQL Developer

（三）Greenplum

GreenPlum 数据库（简称 GP 数据库）是采用 MPP（大规模并行处理）和 SHAER NOTHING 架构的基于 PostgreSQL 数据库的关系型数据库，语法上完全兼容 PostgreSQL 数据库。与所有的 MPP 架构数据库相同，GP 数据库由多个数据节点组成，每个节点有独立的操作系统和数据库，各个节点之间通过网络进行互联。其具有高并发、线性扩展、高可用性、高性价比及简单易用等特点。

GreenPlum 软件架构主要由以下是三部分组成：MASTER、SEGMENT 以及 MASTER 与 SEGMENT 之间的高效互联技术 GNET。其中 MASTER 和 SEGMENT 本身就是独立的数据库 SERVER。不同之处在于，MASTER 只负责应用的连接，生成并拆分执行计划，把执行计划分配给 SEGMENT 节点，以及返回最终结果给应用，它只存储一些数据库的元数据，不负责运算，因此不会成为系统性能的瓶颈。这也是 GREENPLUM 与传统 MPP 架构数据库的一个重要区别。SEGMENT 节点存储用户的业务数据，并根据得到执行计划，负责处理业务数据。也就是用户关系表的数据会打散分布到每个 SEGMENGT 节点。当进行数据访问时，首先所有 SEGMENT 并行处理与自己有关的数据，如果需要 segment 可以通过进行 innterconnect 进行彼此的数据交互。segment 节点越多，数据就会打的越散，处理速度就越快。因此与 SHARE ALL 数据库集群不同，通过增加 SEGMENT 节点服务器的数量，GREENPLUM 的性能会成线性增长。

目前，GreenPlum 已被 EMC 收购，将其整合到 EMC 云计算战略中。

GP 数据库作为 MPP 架构数据库的典型产品，在如下几个方面具有突出的优势：

1. 数据量

由于其线性扩展能力，可以轻松建立任意大小的数据仓库。

2. 查询能力

依托大规模分布式处理的架构，能够以 10~100 倍的超快速度查询数据。

3. 数据处理

可以在一个平台上实现数据查询与统计及机器学习、数据挖掘等数据分析的功能。

GreenPlum 也是一个后台服务系统，几乎所有的工具采用命令行的工具。但其中有一个 pgAdmin，是基于 Windows 的连接配置工具。

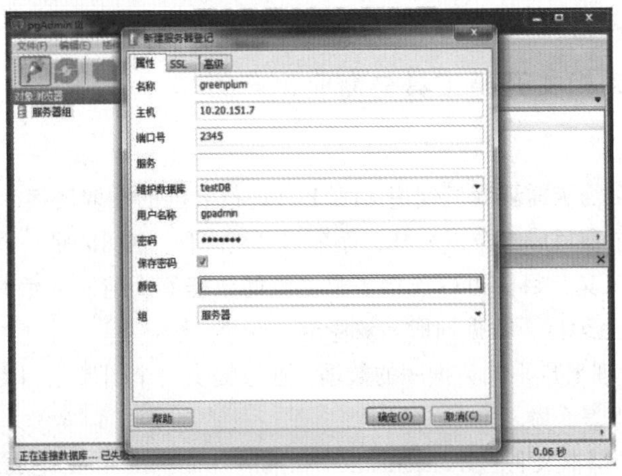

图 11.6-6　GreenPlum 连接工具 pgAdmin

除了 GreenPlum 之外，还有一款比较著名的 MPP 架构数据库，是美国天睿公司的 TeraData 数据库。

（四）Hive & HBase

HBase 是一个开源的、分布式的列式数据库。该技术起源于谷歌的一篇名为“Bigtable：一个结构化数据的分布式存储系统”的论文，它运行在 Hadoop 上，依托 HDFS 文件系统进行存储。HBase 适合存储非结构化的数据，便于从大量的数据中进行查询访问。

Hive 是运行在 Hadoop 上的，将 HDFS 文件系统中的结构化的数据文件映射为一个表，并提供简单的 SQL 语法进行查询的数据库工具。Hive 可以将 SQL 语句转换为 Hadoop 的 MapReduce 任务，而不必专门开发 MapReduce 应用。对于传统数据库开发人员来讲，降低了学习成本。

Hive 和 HBase 及 Hadoop 在生态环境中做集群分布式计算，其主要实现了接口和命令行访问。

```
hadoop@namenode:~$ cd /lib/hadopp
bash: cd: /lib/hadopp: 没有那个文件或目录
hadoop@namenode:~$ cd /lib/hadoop
hadoop@namenode:/lib/hadoop$ bin/start-all.sh
Warning: $HADOOP_HOME is deprecated.

starting namenode, logging to /lib/hadoop/libexec/../logs/hadoop-hadoop-namenode-namenode.out
namenode: starting datanode, logging to /lib/hadoop/libexec/../logs/hadoop-hadoop-datanode-namenode.out
datanode2: ssh: connect to host datanode2 port 22: No route to host
datanode1: datanode running as process 12103. Stop it first.
namenode: starting secondarynamenode, logging to /lib/hadoop/libexec/../logs/hadoop-hadoop-secondarynamenode-namenode.out
starting jobtracker, logging to /lib/hadoop/libexec/../logs/hadoop-hadoop-jobtracker-namenode.out
namenode: starting tasktracker, logging to /lib/hadoop/libexec/../logs/hadoop-hadoop-tasktracker-namenode.out
datanode1: tasktracker running as process 11630. Stop it first.
datanode2: ssh: connect to host datanode2 port 22: No route to host
hadoop@namenode:/lib/hadoop$ jps
4112 SecondaryNameNode
3628 NameNode
4466 Jps
4417 TaskTracker
3863 DataNode
4191 JobTracker
hadoop@namenode:/lib/hadoop$ hive
WARNING: org.apache.hadoop.metrics.jvm.EventCounter is deprecated. Please use org.apache.hadoop.log.metrics.EventCounter in all the lo
g4j.properties files.
Logging initialized using configuration in jar:file:/lib/hive/lib/hive-common-0.9.0.jar!/hive-log4j.properties
Hive history file=/tmp/hadoop/hive_job_log_hadoop_201208091545_750746200.txt
hive>
```

图 11.6-7　Hive 字符终端界面

二、数据仓库相关开源工具与商业化产品

（一）Kettle

越来越多的项目需求需要我们使用 ETL 工具进行数据的抽取转换。收费 ETL 工具价格一般都很高，造成了项目成本难以缩减，而项目利润降低。Kettle 是一款开源的、具有图形化操作界面的 ETL 工具，目前可以连接多个主流的数据库，纯 java 编写，可以在 Window、Linux、Unix 等系统上运行，数据抽取高效稳定。

Kettle 允许你管理来自不同数据库的数据，通过提供一个图形化的用户环境来描述你想做什么，而不是你想怎么做。

Kettle 中有两种脚本文件：transformation 和 job。transformation 完成针对数据的基础转换，job 则完成整个工作流的控制。

Kettle 由 4 个产品组成：

1. SPOON。SPOON 是一个图形用户界面，它允许你运行转换或者任务，其中转换是用 Pan 工具来运行，任务是用 Kitchen 来运行；

2. PAN。PAN 用于批量运行由 Spoon 设计的 ETL 转换作业的后台程序。它是一个数据转换引擎，它可以执行很多功能，例如：从不同的数据源读取、操作和写入数据；

3. CHEF。CHEF 是图形化创建任务（Job）的界面。任务是集成、管理作业的单元；

4. KITCHEN。KITCHEN 用于批量调用由 Chef 设计的任务的后台程序，是一个可以运行利用 XML 或数据资源库描述的任务。

Kettle 可以运行在多个操作系统上，其在 Windows 有一个图形化的操作界面。

图 11.6-8　Kettle 的操作界面

（二）Informatica

Informatica 是一家全球领先的独立企业数据集成软件提供商。该公司的 ETL 工具通俗的称为 Informatica 工具，但其实是由一系列的产品组成。其中该公司的核心产品 PowerCenter 是一个企业数据集成平台，主要用于从各种异构的数据源抽取或装载数据，并执行任务调度。

PowerCenter 可以单独部署，也可以在分布式结构框架内部署，能够方便的协调和管理多个基于主题的数据集市。

1. Informatica PowerCenter 应用架构。

Informatica PowerCenter 应用架构见下图：

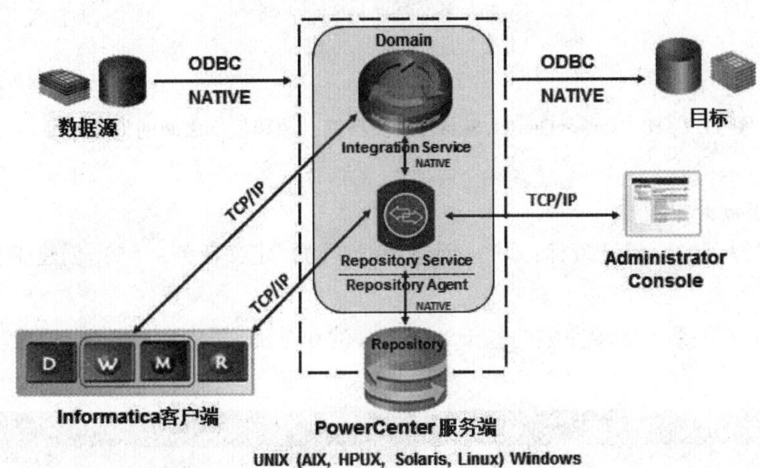

图 11.6-9　Informatica PowerCenter 应用架构

2. PowerCenter Server 产品组件。

（1）服务端组件

1）Informatica Service：PowerCenter 服务引擎。

2）Integration Service：数据抽取、转换、装载服务引擎。

3）Repository Service：知识库 Service，管理 ETL 过程中产生的元数据。

（2）客户端组件

1）Administratortion Console：用于知识库的建立与维护。

2）Repository Manager：知识库管理，包括安全性管理等。

3）Desinger：设计开发环境，定义源及目标数据结构；设计转换规则，生成 ETL 映射。

4）Workflow Manager：合理地实现复杂的 ETL 工作流，基于时间、事件的作业调度。

5）Workflow Monitor：监控 Workflow 和 Session 运行情况，生成日志和报告。

3. PowerCenter Server、资料库、源和目标之间的处理路径。

PowerCenter Server、资料库、源和目标之间的处理路径见下图：

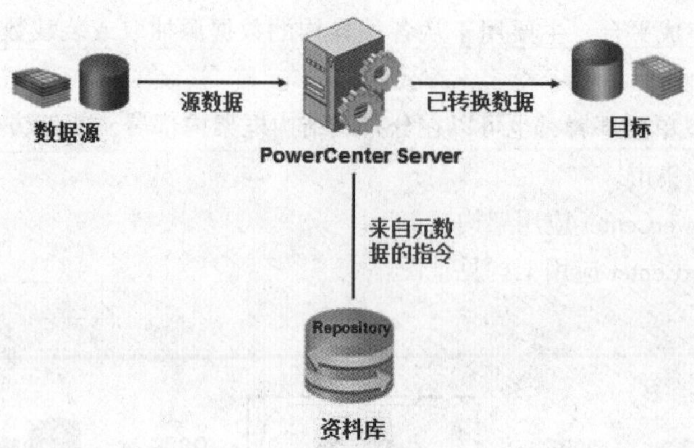

图 11.6-10　PowerCenter Server、资料库、源和目标之间的处理路径

4. Informatica 开发流程

（1）定义源；（2）定义目标；（3）创建映射；（4）定义任务；（5）创建工作流；（6）工作流调度监控。

Informatica 有一系列的较完整的基于 Windows 的和 Web 的图形化管理、开发监控界面。

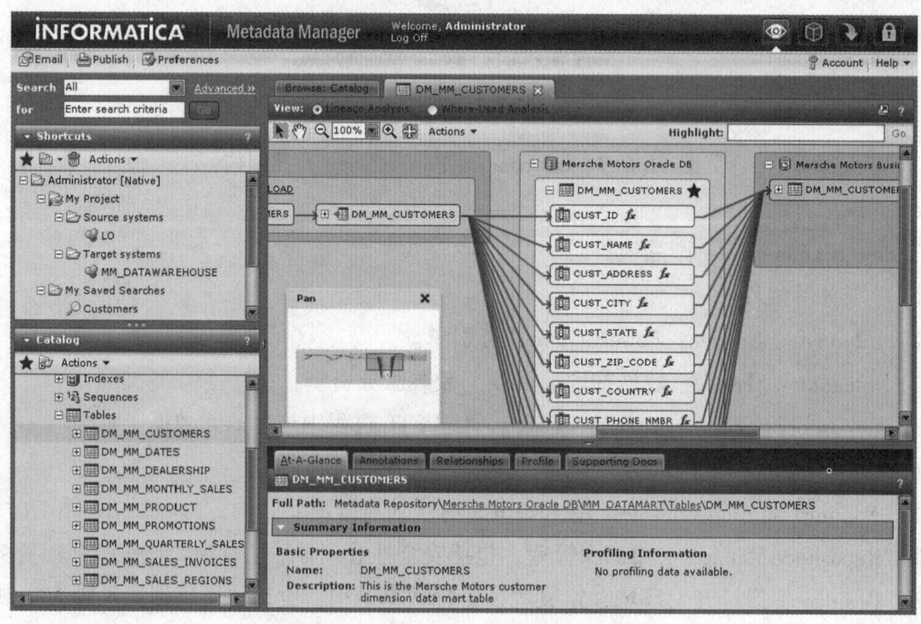

图 11.6-11　Informatica 窗口界面

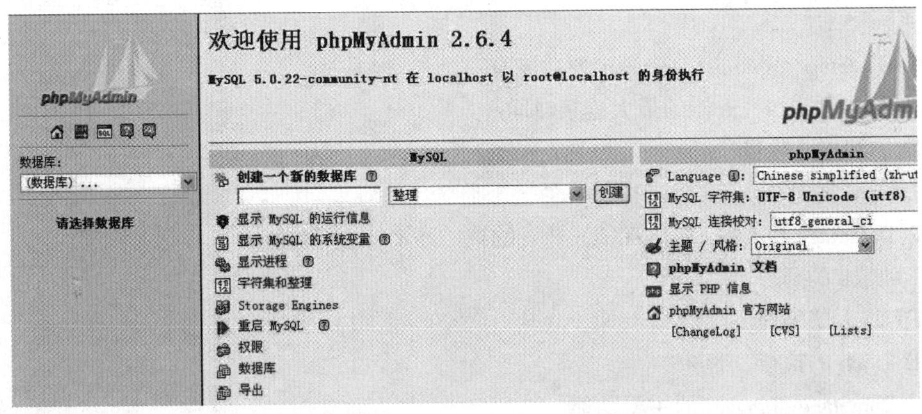

图 11.6-12 Informatica web 界面

(三) DataStage

传统的数据整合方式需要大量的手工编码，而采用 IBM WebSphere DataStage 进行数据整合可以大大的减少手工编码的数量，而且更加容易维护。数据整合的核心内容是从数据源中抽取数据，然后对这些数据进行转化，最终加载到目标数据库或者数据仓库中去，这也就是我们通常所说的 ETL 过程。DataStage 为整个 ETL 过程提供了一个图形化的开发环境。

数据整合工具的数据源连接能力是非常重要的，这将直接决定它能够应用的范围。IBM WebSphere DataStage 能够直接连接非常多的数据源，包括：

文本文件

XML 文件

企业应用程序，比如 SAP、Siebel、Oracle 以及 PeopleSoft

几乎所有的数据库系统，比如 DB2. Oracle、SQL Server、Informix 等

Web services

WebSphere MQ

正是由于 DataStage 出色的连接能力，使用户能够专注于数据转换的逻辑而不用太担心数据的抽取和加载。

IBM WebSphere DataStage 的开发环境是基于 C/S 模式的，通过 DataStage Client 连接到 DataStage Server 上进行开发。这里有一点需要注意，DataStage Client 只能安装在 Windows 平台上面。而 DataStage Server 则支持多种平台，比如 Windows、Redhat Linux、AIX、HP-UNIX。

DataStage Client 有四种客户端工具：DataStage Administrator、DataStage Designer、DataStage Manager、DataStage Director。这几种客户端工具在 DataStage 架构中所处的位置不同，它们通过协同工作来开发 ETL Job。

DataStage 的客户端工具连接到 DataStage Server 上进行 ETL Job 的开发，DataStage Server 再与后台的数据库连接起来进行数据处理。DataStage 的客户端工具之间的是一个相互合作

的关系。

1. DataStage Administrator 的主要功能有：

设置客户端和服务器的最大连接时间

添加和删除项目

License 的管理

2. DataStage Designer 是 ETL Job 开发的核心环境，主要功能有：

ETL job 的开发

ETL job 的编译

ETL job 的执行

3. DataStage Manager 的主要功能：

管理项目资源

一个项目可能包含多个 ETL Job，可以用 DataStage Manager 把一个项目里面的 ETL Job 导出来。然后再用 DataStage Manager 导入到另外一个项目中去，利用这个功能一方面可以实现 ETL Job 的备份，另一方面就是可以在多个项目之间来重复使用开发好的 ETL Job。在 DataStage Manager 里面可以把数据库中的表结构直接导入到项目中来，供这个项目中的所有 ETL Job 使用。DataStage Designer 也提供了从数据库中直接导入表结构的功能。

4. DataStage Director 主要有以下两个功能：

监测 ETL Job 的运行状态

设置何时运行 ETL Job

5. ETL Job 开发流程

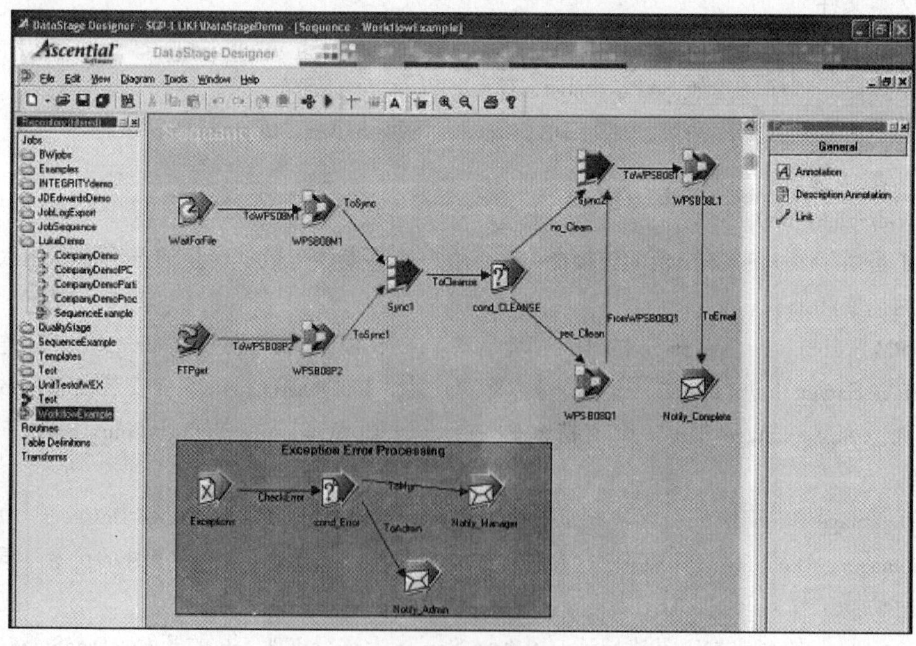

图 11.6-13　DataStage 窗口界面

用 DataStage Administrator 新建一个项目；

用 DataStage Designer 连接到这个新建的项目上进行 ETL Job 的设计；

用 DataStage Director 对设计好的 ETL Job 设置运行的模式；

用 DataStage Manager 进行 ETL Job 的备份等。

DataStage 对一系列的 Windows 管理、开发界面进行管理和开发。

三、数据挖掘相关工具

进行数据挖掘需要用到数据挖掘的工具。根据适用范围，数据挖掘工具分类以下两类：

1. 专用工具

专用数据挖掘工具是针对某个特定领域的问题提供解决方案，在算法上充分考虑了数据、需求的特殊性，并做了优化。例如，Advanced Scout 是一个针对 NBA 数据的数据挖掘和知识发现的系统，能够帮助教练优化战术组合。专用数据挖掘工具针对性比较强，实现特殊的目的，发现的知识可靠度也比较高。

2. 通用工具

通用数据挖掘工具不区分具体数据的含义，采用通用的挖掘算法，处理常见的数据类型。例如，SAS 是一个统计分析和数据挖掘的系统。通用数据挖掘工具包含很多数据挖掘算法和模式，用户根据需要选择适当的模式和算法进行数据挖掘和分析。

下面介绍几种通用数据挖掘工具，包括商业化的产品 SAS、SPS 和开源的 Weka、Orange Cova 等。

（一）SPSS

SPSS 全称“统计产品与服务解决方案”（Statistical Product and Service Solutions）软件。

SPSS 最初软件全称为“社会科学统计软件包”（SolutionsStatistical Package for the Social Sciences），由美国斯坦福大学的三位研究生 Norman H. Nie、C. Hadlai（Tex）Hull 和 Dale H. Bent 于 1968 年研究开发成功，同时成立了 SPSS 公司。但是随着 SPSS 产品服务领域的扩大和服务深度的增加，SPSS 公司已于 2000 年正式将英文全称更改为“统计产品与服务解决方案”。2009 年 IBM 公司收购统计分析软件提供商 SPSS 公司，目前 SPSS 归入 IBM 旗下。现在 IBM 公司推出的一系列用于统计学分析运算、数据挖掘、预测分析和决策支持任务的软件产品及相关服务总称为 SPSS。

SPSS 采用类似 EXCEL 表格的方式输入与管理数据，数据接口较为通用，能方便的从其他数据库中读入数据。其统计过程包括了常用的、较为成熟的统计过程，完全可以满足非统计专业人士的工作需要。

SPSS 的基本功能包括数据管理、统计分析、图表分析、输出管理等等。

SPSS 统计分析过程包括描述性统计、均值比较、一般线性模型、相关分析、回归分析、对数线性模型、聚类分析、数据简化、生存分析、时间序列分析、多重响应等几大类，每类中又分好几个统计过程，比如回归分析中又分线性回归分析、曲线估计、Logistic 回归、Probit 回归、加权估计、两阶段最小二乘法、非线性回归等多个统计过程，而且每个过程中又允许用户选择不同的方法及参数。SPSS 可以编写代码来实现统计分析功能，SPSS 还特别设计了语法生成窗口，用户只需在菜单中选好各个选项，然后按“粘贴”按钮就可以自动生成标准的 SPSS 程序。SPSS 输出结果美观，存储时虽是专用的 SPO 格式，但可以转存为 HTML 格式和文本格式。

SPSS 有 Windows 和 Mac OS X 等版本。SPSS for Windows 是一个组合式软件包，它集数据录入、整理、分析功能于一身，用户可以根据实际需要和计算机的功能选择模块。SPSS 也有专门的绘图模块，可以根据数据绘制各种图形。

SPSS for Windows 的分析结果清晰、直观、易学易用，而且可以直接读取 EXCEL 及 DBF 数据文件，现已推广到各种操作系统的计算机上，它和 SAS、BMDP 并称为国际上最有影响的三大统计软件。在国际学术界有条不成文的规定，即在国际学术交流中，凡是用 SPSS 软件完成的计算和统计分析，可以不必说明算法，由此可见其影响之大和信誉之高。SPSS 从 21.0 版开始采用 DAA（Distributed Analysis Architecture，分布式分析系统），全面适应互联网，支持动态收集、分析数据和 HTML 格式报告。

SPSS 带有 Windows 的图形化操作界面，对一些统计分析、挖掘等操作可通过点选菜单和设置参数完成：

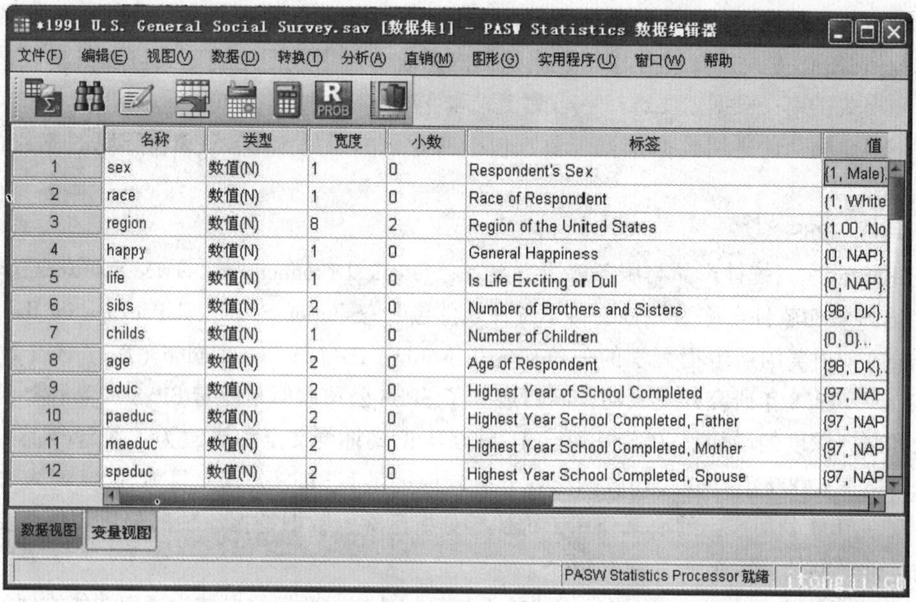

*1991 U.S. General Social Survey.sav [数据集1] - PASW Statistics 数据编辑器

文件(F) 编辑(E) 视图(V) 数据(D) 转换(T) 分析(A) 直销(M) 图形(G) 实用程序(U) 窗口(W) 帮助

	名称	类型	宽度	小数	标签	值
1	sex	数值(N)	1	0	Respondent's Sex	{1, Male}.
2	race	数值(N)	1	0	Race of Respondent	{1, White
3	region	数值(N)	8	2	Region of the United States	{1.00, No
4	happy	数值(N)	1	0	General Happiness	{0, NAP}.
5	life	数值(N)	1	0	Is Life Exciting or Dull	{0, NAP}.
6	sibs	数值(N)	2	0	Number of Brothers and Sisters	{98, DK}..
7	childs	数值(N)	1	0	Number of Children	{0, 0}...
8	age	数值(N)	2	0	Age of Respondent	{98, DK}.
9	educ	数值(N)	2	0	Highest Year of School Completed	{97, NAP
10	paeduc	数值(N)	2	0	Highest Year School Completed, Father	{97, NAP
11	maeduc	数值(N)	2	0	Highest Year School Completed, Mother	{97, NAP
12	speduc	数值(N)	2	0	Highest Year School Completed, Spouse	{97, NAP

数据视图 变量视图

PASW Statistics Processor 就绪

图 11.6-14 SPSS 窗口操作界面

SPSS 可以从 IBM 官方网站下载官方正版试用。

（二）Weka

Weka 全名是怀卡托智能分析环境（Waikato Environment for Knowledge Analysis），是一款基于 JAVA 环境下开源的机器学习和数据挖掘平台，集成了若干数据挖掘的机器学习算法，支持几种经典的数据挖掘任务，包括分类，聚类、回归、关联规则（相关性分析）等，并可在基于图形的交互式界面上进行可视化展示。

Weka 使用 Java 的数据库链接能力可以访问 SQL 数据库，并可以处理一个数据库的查

询结果。Weka也可提供接口，允许自己用java开发的算法在该平台上运行。

Weka既是图形化界面的工具，也有命令行的支持。它所处理的数据是二维表的格式，支持多种二维格式化的数据格式，但自己生成的是Arff文件，本质上是一种ASCII文本文件，可以用文本编辑工具打开。

Weka所处理的数据集是一个二维的表格，表格里的一个行称作一个实例（Instance），相当于统计学中的一个样本，或者数据库中的一条记录；一个列称作一个属性（Attribute），相当于统计学中的一个变量，或者数据库中的一个字段。这样一个表格，或者叫数据集，在Weka看来，呈现了属性之间的一种关系（Relation）。

1. Arff文件简介

Weka存储的文件格式Arff（Attribute-Relation File Format），这是一种ASCII文本文件。分行是Arff文件的重要识别依据，空行（或全是空格的行）将被忽略，因此不能在这种文件里随意的断行。

（1）Arff文件的内容。

1）Arff文件以%开头的行是注释，Weka将忽略这些行及空行。

2）除去注释后，Arff文件中分两部分：

① 第一部分是头信息（Head information），描述当前文件内数据的关系和属性。描述性信息均以“@”开始行；

② 第二部分是数据信息（Data information），从“@data”标记开始，后面的行组成本文件数据集的数据。

3）关系声明。

关系声明需在Arff文件的第一个有效行（非空行、非注释行）声明，行以“@relation”开头，空格后面跟声明的关系名称。如果关系名称包含空格，整个名称需以引号包含住。

在Arff文件中，关系相当于一个数据集，关系名称为数据集的名称。格式如下：

@relation <relation-name>

4）属性声明

属性声明在关系声明后面，声明行以“@attribute”开头，空格后面是属性名称，再后面是属性的描述性内容，如属性类型、分类属性的类别（枚举项）或者格式（日期类型）等。数据集中的每列数据均需要进行属性声明，且需按顺序进行。

特别的，最后一个属性被称作Class属性，在分类或回归分析中，它是默认的目标变量。

（2）Weka的数据类型。

Weka支持4种数据类型，分别是数值型、分类型、字符串型、日期和时间型，下面详细介绍：

1）numeric，数值型：

数值型属性，可以是实数或者整数。在声明属性时，可以指明是integer或者real，但Weka统一把他们当成数值型（numeric）。

2）<nominal-specification>，分类（nominal）型：

分类属性由<nominal-specification>列出一系列可能的类别名称并放在大括号中：{<nominal-name1>，<nominal-name2>，...}。数据集中该属性的值只能是其中一种类别。

3）string-，字符串型：

字符串属性中可以包含任意的文本，这种类型的属性在文本挖掘中会用到。

4）date [<date-format>]，日期和时间型

日期和时间属性统一用“date”类型表示，它的格式是：

@ attribute <name> date [<date-format>]

其中<name>是这个属性的名称，<date-format>是一个字符串，来规定解析和显示日期或时间的格式，默认的字符串是 ISO-8601 所给的日期时间组合格式“yyyy-MM-ddTHH：mm：ss”。数据信息部分表达日期的字符串必须和声明中规定的格式一致。

（3）数据信息

数据信息部分，“@ data”需独占一行，后面每一行是一笔数据的实例。数据实例中，各个属性值之间用逗号分隔。如果某一数据实例中的某项属性的值缺失，需要用问号“?”表示，且不可省略。

在数据信息中，如果属性值（分类类型或字符类型）含有空格，则属性值需要用一对双引号包含，表示一个完整的数据。

（4）稀疏数据

某些情况下，数据集中存在大量的零值数据（比如购物篮分析时）。使用稀疏数据格式可使得数据的表示更加简洁。稀疏数据格式是针对数据信息部分的数据实例的表示，不需要修改 Arff 文件的其他部分。

在稀疏数据格式中，每个非零属性值用“<Index> <Value>”表示，其中<Iindex>表示属性从 0 开始的位置，<Value>是属性值。属性之间仍旧用逗号分隔。以稀疏数据格式表示的数据实例，用大括号包含。

需要注意的是，稀疏数据格式中，没有表示的属性值是零值，而非缺失值。若属性值缺失，必须显示地用问号表示。

如：

@ data

0，X，0，Y，" class A"

0，0，W，?，" class B"

用稀疏数据格式表示为：

@ data

{1 X，3 Y，4 " class A" }

{2 W，3 ?，4 " class B" }

（5）需注意的是，在 Arff 文件中“integer”，“real”，“numeric”，“date”，“string”这些关键字是区分大小写的，而“relation”、“attribute ”和“data”则不区分。

（6）Weka 提供了图形的操作界面。见下图：

图 11.6-15　Weka 主窗口界面

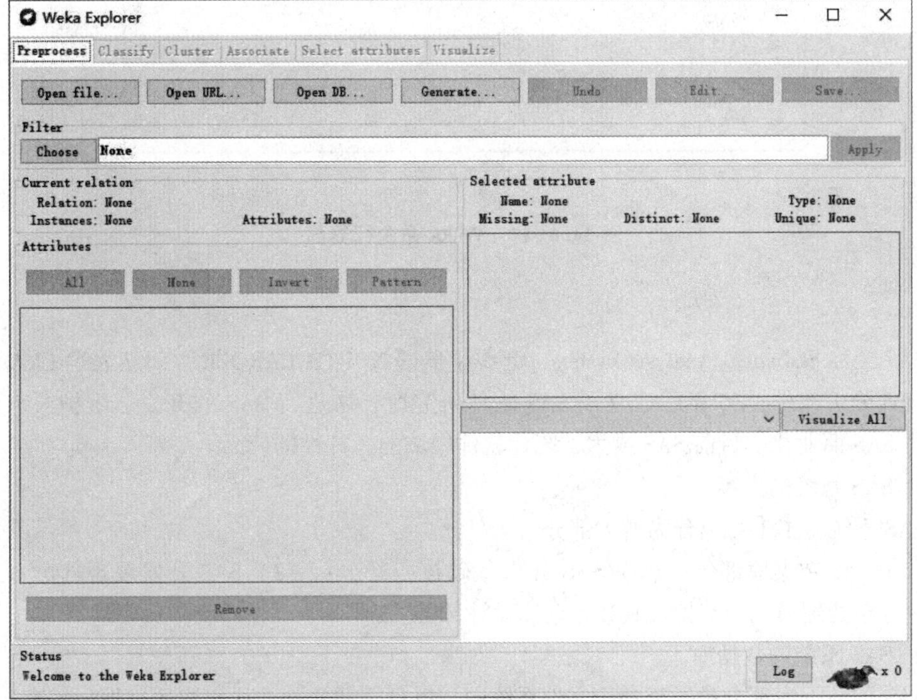

图 11.6-16　Weka 数据探索界面

Weka 也提供一个基于字符命令行的界面供操作者手工输入命令。见下图：

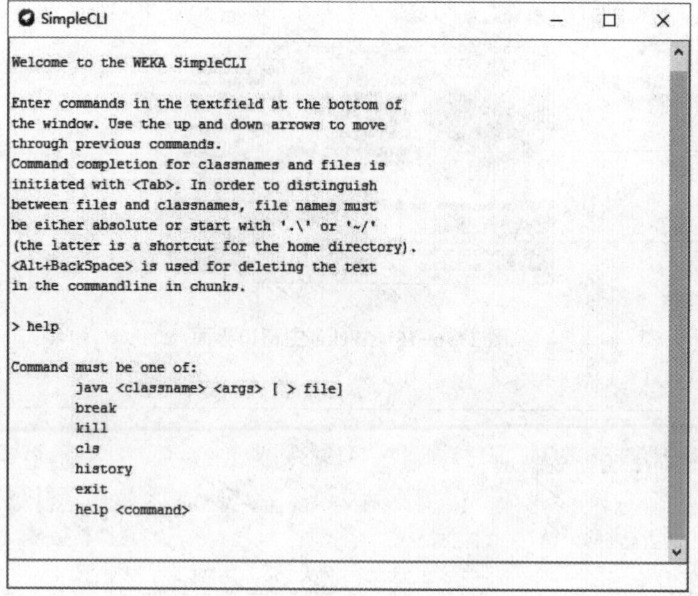

图 11.6-17　Weka 命令行界面

（一）SAS

SAS 全称 Statistical Analysis System，起源于美国 NORTH CAROLINA 州立大学 1966 年开发的统计分析软件，10 年后成立了 SAS 软件研究所，来进行 SAS 的开发、维护、市场工作，将 SAS 商业化。目前 SAS 成为了统计软件领域的标杆性的产品。

1. SAS 系统的内容。

SAS 系统基本上可以分为四大部分：

（1）SAS 数据库部分；（2）SAS 分析基础核心部分；（3）SAS 开发展现部分；（4）SAS 对分布处理模式的支持及其数据仓库设计部分。

2. SAS 系统的数据库。

SAS 的数据库部分是一个基于文件系统的，以目录和文件结构组成的逻辑数据库。SAS 数据库的数据管理功能并不很出色，而是数据分析能力强大。因而，在处理大型数据集时，往往采用 Oracle、DB2 等数据库引擎来进行数据存储。SAS 支持对许多常见数据库的访问，比如：

（1）常见的企业级关系型数据库直连 Oracle、DB2. Sybase、MySQL 等；

（2）新的 MPP 架构数据库，如 GreenPlum、TeraData 等；

（3）微软办公组件中的存储数据库的产品，如 Access、Excel 等；

（4）常见的数据库连接引擎，如 ODBC、OLEDB 等；

（5）其他常见的数据格式文件，比如 SPSS 的数据文件、XML 等。

3. SAS Base

SAS 是一个模块化、集成化的大型应用软件系统，由许多模块组成，其核心是 SAS Base 模块，其他模块均在 SAS Base 环境中运行，扩展 SAS 的功能，或者简化了 SAS 的操作

等。用户可选择需要的模块与 SAS Base 一起构成一个适用于用户需求的 SAS 系统。

SAS 系统主要完成以数据为中心的四大任务：

（1）数据访问；（2）数据管理；（3）数据呈现；（4）数据分析。

4. SAS 功能强大，统计方法齐全、新颖。

SAS 可以实现从基本的统计计算到各种试验设计的方差分析、相关回归分析以及多变量分析等多种统计分析过程，几乎囊括了所有最新分析方法，分析技术先进、可靠。

SAS 分析方法通过过程调用来实现，许多过程同时提供了多种算法和选项。例如：

（1）方差分析中的多重比较，提供了包括 LSD，DUNCAN，TUKEY 测验在内的 10 余种方法；

（2）回归分析提供了 9 种自变量选择的方法（如 STEPWISE，BACKWARD，FORWARD，RSQUARE 等）；

（3）回归模型中可以选择是否包括截距，还可以事先指定一些包括在模型中的自变量子集（SUBSET）等。

（4）对于中间计算结果，可以选择全部输出不输出或部分输出，也可保存到数据表中供后续分析过程调用。

5. SAS 使用简便，操作灵活。

SAS 首先用一个通用的数据步（DATA STEP）产生数据集，然后用不同的过程调用完成各种数据分析。其编程语句简洁明了，并能自动修正一些小的错误（例如将 DATA 语句的 DATA 拼写成 DATE，SAS 将假设为 DATA 继续运行，仅在 LOG 中给出注释说明）。通常只需用很少的语句即可完成一些复杂的运算，并得到令人满意的结果。结果输出以简明的英文给出提示，统计术语规范易懂，具有初步英语和统计基础即可。

对运行时的错误尽可能地给出错误原因及改正方法。因而 SAS 将统计的科学、严谨和准确与便于使用四者有机地结合起来，极大地方便了 SAS 用户的使用。

6. SAS Base 带有一个命令行的界面，供用户输入命令来执行。见下图：

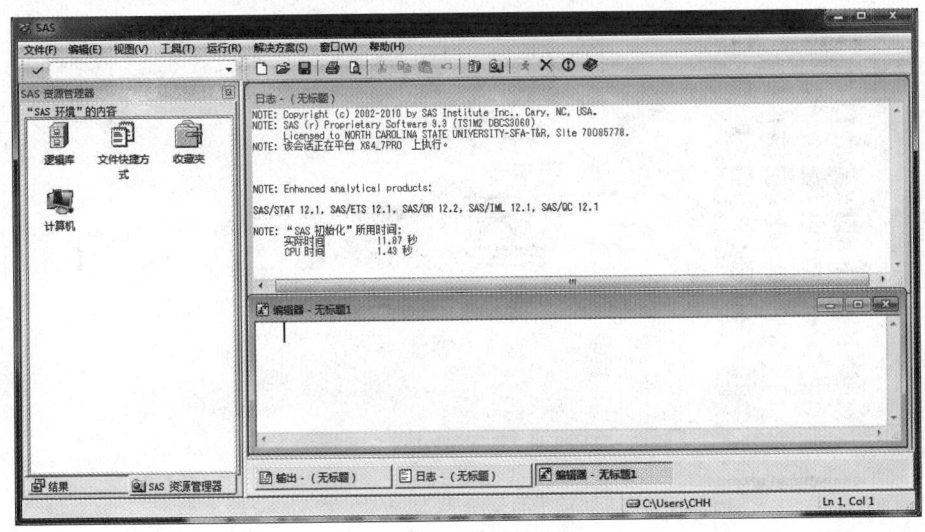

图 11.6-18　SAS 基本命令行界面

7. SAS 也提供一个名为 SAS Enterprise Guide 的组件，支持图形化操作，通过鼠标点选和参数设置，进行统计分析和数据挖掘。SAS Enterprise Guide 生成的图形化处理，也可以生成脚本。见下图：

图 11. 6-19　SAS Enterprise Guide

（二）Orange

Orange 是一个基于组件的数据挖掘和机器学习的软件套装，它的界面友好，功能强大。它的图形化的操作界面环境称为 Orange 画布（Orange Canvas），多功能的可视化编程前端，便于快速地开发和便捷地浏览数据、进行分析和可视化展示。用户可以在画布上放置分析控件（widget），然后把控件连接起来即可组成挖掘流程。每个控件执行特定的功能，控件间可以传递多种不同的信号，比如 learners，classifiers，evaluation results，distance matrices，dendrograms 等等。

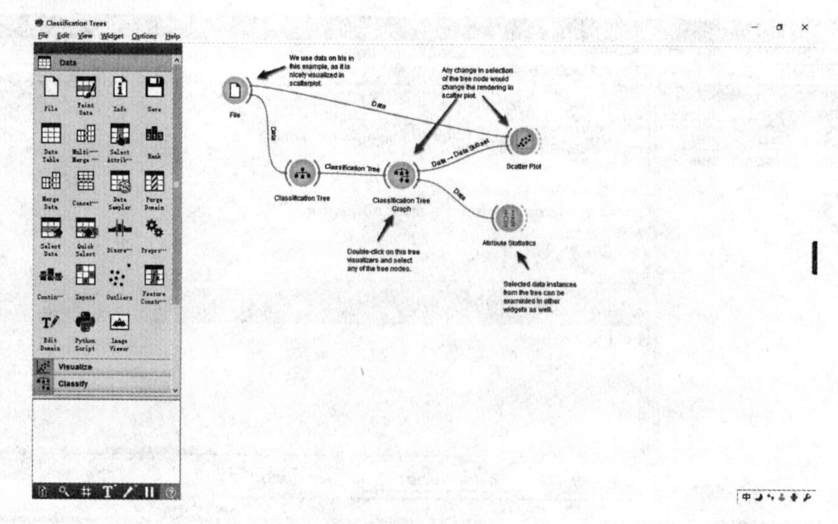

图 11. 6-20　Orange Canvas

除了界面友好易于使用的优点，Orange 还提供了大量可视化方法，可以对数据和模型进行多种图形化展示，并能智能搜索合适的可视化形式，支持对数据的交互式探索。Orange 的缺点在于传统统计分析能力不强，不支持统计检验，报表能力也有限。

Orange 底层核心由 C++ 和 Python 开发，它的图形库是由跨平台的 Qt 框架开发。Orange 结合 Python 脚本语言进行扩展开发。它包含了完整的一系列的组件以进行数据预处理，并提供了数据帐目，过渡，建模，模式评估和勘探的功能。

Orange 可进行多种数据挖掘分析，包括：

1. 分类；
2. 回归；
3. 评估；
4. 无监督机器学习；
5. 关联分析（相关性分析）。

其中每种分析中，又包含许多算法。

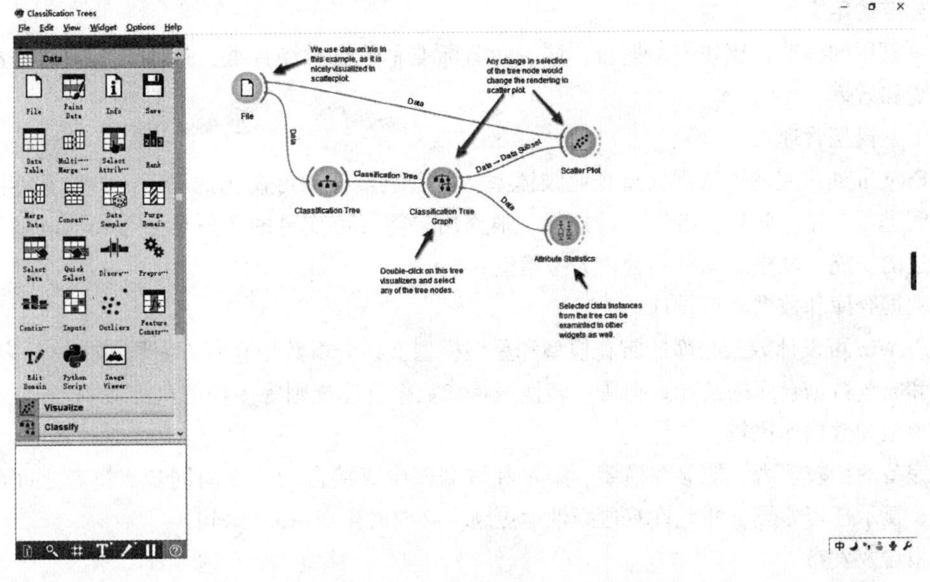

图 11.6-21　Orange 欢迎界面

安装完 Orange 后，打开 Orange Canvas，在欢迎屏幕上点击“Get Started”可以打开官方网站上的开始页，从开始页可以开始接触、学习 Orange；点击“Tutorials”，有几个教程案例，比如分类树（Classification Tree）案例、层次聚类（Hierarchical Clustering）案例，交叉检验（Cronss-Validation）等。我们可以打开一个教程案例，装载数据尝试进行分析挖掘。比如选择分类树案例，打开鸢尾花（Iris）数据集进行分类，数据集位于安装路径下述位置：

X：\ Python27 \ Lib \ site-packages \ Orange \ datasets \ iris. tab。

四、数据模型设计相关工具与商业化产品

（一）ERWin

ERWin 是当前最流行的模型设计工具之一，主持各种主流数据库，归属于 CA 公司。

ERWin 可以设计逻辑模型、物理模型，并可在两种模型之间进行转换。支持域定义、支持 NameMapping，极大方便了设计模型中有关数据类型的定义及英文名的翻译等工作。

ERWin 也支持自动生成模型设计文档，可以生成 Word、HTML、PDF 等各种格式的文档。生成的文档模板可以定制，用户可自行选择要生成的项目。

1. 主要特点

复杂数据结构的可视化：

Erwin 可自动生成数据模型；提供一个简单的、直观的、易用的图形化的界面，可视化地显示复杂的数据结构；

数据库设计和生成

直接从模型视图生成数据库，有助于提高效率，并降低错误；

标准的定义

可复用的标准，比如模型模板、域、命名标准和数据类型标准，这些可有效地提高开发质量和效率；

大型模型管理

ERWin 通过主题域管理大型企业级模型，图表的整合和可视化的展示，方便在不同组织之间进行交流。此外，诸如自动排版、根据用户需要可变更的用户界面布局、全局导览等先进的功能，轻松的浏览和管理大型模型；

数据仓库和数据集市设计

ERWin 可设计数据仓库的雪花模型和星型模型，在分析数据仓库方面具有优良的表现，捕捉和收集数据仓库的诸如数据源、转换逻辑和数据管理规则等多种信息；

模型和数据库比较

完备的比较能力，能够在模型、脚本和数据库中直接自动地双向同步，三者之间两两比较，显示任何差异，并允许有选择性地更新。必要时生成 Alter 语句；

报告及发布

报表设计器可以直观地通过简单的选择和点击操作，生成包含图表和元数据的 PDF、HTML 或文本格式的报告；

整合和与其他工具交换元数据

集成工具，ERWin 模型到其他项目，导入导出到多种其他格式的工具，包括 BI 工具，其他数据模型工具，抽取、转换、装载工具，统一建模语言工具。

2. ERwin 可以运行在以下平台：

Windows XP SP3

Windows 2003 and 2008 Server SP2

Windows Vista

Windows 7

Windows 8

Windows 2012

3. 支持以下主流数据库：

DB2

IDS（Informix）

MySQL

ODBC

Oracle

Progress

SAS

SQL Server

Sybase ASE

Sybase IQ

Teradata

ERWin 的界面简洁明了，操作方便。

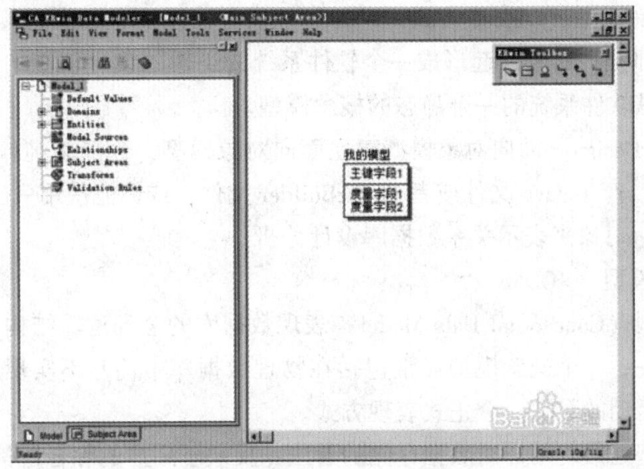

图 11.6-22 ERWin 界面

（二）PowerDesigner

PowerDesigner 最初由王晓昀在 SDP Technologies 公司 1989 年开发完成，当初名称为 AMC * Designor。1995 年 SDP 公司被 Powersoft 公司收购，同年 Sybase 又收购了 Powersoft 公司，AMC * Designor 更名为 PowerDesigner。

PowerDesigner 是 Sybase 的企业建模和设计解决方案，采用模型驱动方法，将业务与 IT 结合起来，可帮助部署有效的企业体系架构，并为研发生命周期管理提供强大的分析与设计技术。PowerDesigner 独具匠心地将多种标准数据建模技术（UML、业务流程建模以及市场领先的数据建模）集成一体，并与 .NET、WorkSpace、PowerBuilder、Java、Eclipse 等主流开发平台集成起来，从而为传统的软件开发周期管理提供业务分析和规范的数据库设计解决方案。此外，它支持60多种关系数据库管理系统（RDBMS）/版本。PowerDesigner运行在Microsoft Windows平台上，并提供了Eclipse插件。

PowerDesigner是一个CASE工具集，使用它可以方便地对管理信息系统进行分析设计，几乎包括了数据库模型设计的全过程。利用Power Designer可以制作数据流程图、概念数据模型、物理数据模型，还可以为数据仓库制作结构模型，也能对团队设计模型进行控制。他可以与许多流行的软件开发工具，例如PowerBuilder、Delphi、VB等相配合使开发时间缩短和使系统设计更优化。

PowerDesigner是能进行数据库设计的强大的软件，在开发人员中使用广泛。使用它可以分别从面向对象模型（Object Oriented Model）、概念数据模型（Conceptual Data Model）、逻辑数据模型（Logic Data Model）和物理数据模型（Physical Data Model）四个层次对数据库进行设计。在这里，面向对象模型是业务人员以面向对象的思想对现实世界的描述，概念数据模型是独立于技术开发地、概念化地描述需求的表示方式；逻辑数据模型描述的是独立于数据库管理系统（DBMS）的实体定义和实体关系定义；物理数据模型是在概念数据模型的基础上针对目标数据库管理系统的具体化。

1. 面向对象模型 - OOM

一个面向对象模型（Object Oriented Mode）包含一系列包、类、接口和他们的关系。这些所有的（或部分）对象一起形成一个软件系统的逻辑的设计视图的类结构。一个面向对象模型本质上是软件系统的一个静态的概念模型。

你使用PowerDesigner面向对象模型建立面向对象模型，你能为纯粹地对象-导向的模式建立一个OOM，产生Java文件或者PowerBuilder文件，或你能使用一个来自OOM的物理数据模型（PDM）对象来表示关系数据库设计分析。

2. 概念数据模型 - CDM

概念数据模型（Conceptual Data Model）表现数据库的全部逻辑结构，与任何的软件或数据存储结构无关。一个概念模型经常包括在物理数据库中仍然不实现的数据对象。它给运行计划或业务活动的数据一个正式表现方式。

概念数据模型是最终用户对数据存储的看法，反映了用户的综合性信息需求。

不考虑物理实现细节，只考虑实体之间的关系。

CDM是适合于系统分析阶段的工具。

3. 逻辑数据模型 - LDM

逻辑数据模型（Logic Data Model）是对实体和属性的逻辑化表述，逻辑模型需要考虑通用的数据库实现约束，但无需考虑具体的数据库物理实现。逻辑数据模型借助相对抽象逻辑统一的结构，实现存储目标，是数据管理分析的工具和交流的手段。

4. 物理数据模型 - PDM

物理数据模型（Physical Data Model）叙述数据库的物理实现。借助PDM，你仅需考虑实际的物理实现的细节。它进入软件或数据存储结构之内。你能修正物理数据模型使其适合你的表现或物理约束。

主要目的是把LDM中建立的逻辑模型生成特定的DBMS脚本，产生数据库中保存信息的储存结构，保证数据在数据库中的完整性和一致性。

PDM 是适合于系统设计阶段的工具。

PowerDesigner 的界面使用较方便。

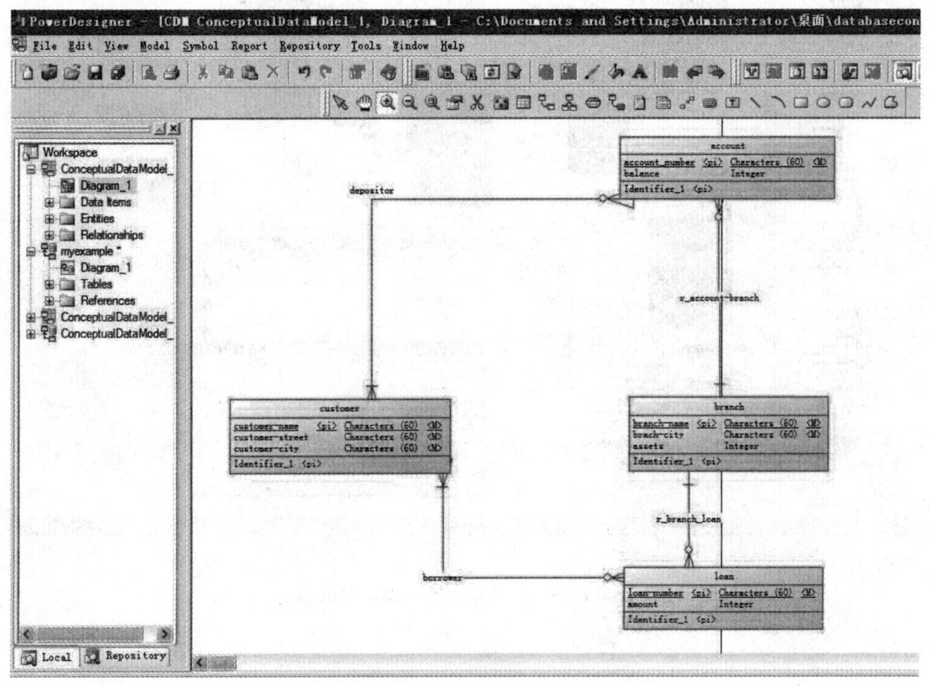

图 11. 6-23　PowerDesigner 界面

（三）OpenSystemArchitect

OpenSystemArchitect 是一个模仿 PowerDesigner 的开源的模型设计工具，开源做得比较彻底，功能齐全，包括模型设计、生成 DDL 语句、从数据库反向工程生成模型等功能。

但此软件自 2010 年创建的 4. 0. 0 版本后，没有再进一步更新，目前网上介绍的信息较少，且均是基于该版本的介绍。

OpenSystemArchitect 的数据文件是 XML 格式的文件，可以用文字编辑软件打开。基于官网的下载的 4. 0. 0 版本，对中文支持不够理想，设计的模型中有关中文的名称，保存后中文处变成问号，再次打开后中文信息已丢失。

OpenSystemArchitect 是仿照 PowerDesigner 开发的，界面较相似。

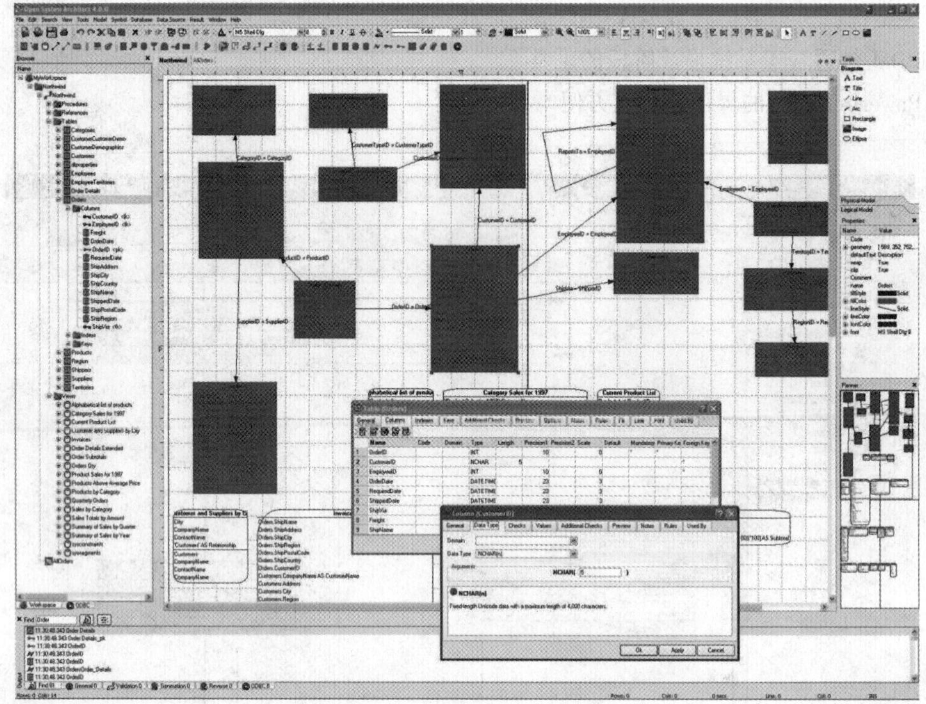

图 11.6-24　OpenSystemArchitect

五、大数据平台及组件

（一）Hadoop

Hadoop 是当前最流行的大数据平台软件，几乎成为大数据的代名词，它在底层屏蔽了分布式的开发工作，使得不了解分布式计算的开发者也可以开发分布式的应用。

Hadoop 是根据 Google 公司发表的 MapReduce 和 Google 文件系统的论文自行实现而成。目前有很多公司开始提供基于 Hadoop 的商业软件、支持、服务以及培训。

1. HDFS

Hadoop 设计了名为 HDFS 的分布式文件系统，实现了在廉价 PC 机上部署高可用、高容错能力、高吞吐量、高容量的文件系统。它和现有的分布式文件系统有很多共同点。但同时，它和其他的分布式文件系统的区别也是很明显的。HDFS 是一个高度容错性的系统，适合部署在廉价的机器上。HDFS 能提供高吞吐量的数据访问，非常适合大规模数据集上的应用。HDFS 放宽了一部分 POSIX 约束，来实现流式读取文件系统数据的目的。HDFS 在最开始是作为 Apache Nutch 搜索引擎项目的基础架构而开发的。HDFS 是 Apache Hadoop Core 项目的一部分。

HDFS 用以存储所有计算节点的数据，这为整个集群带来了非常高的带宽。MapReduce 和分布式文件系统的设计，使得整个框架能够自动处理节点故障。

2. MapReduce

Hadoop 的另一个核心设计是 MapReduce，通过 Map 函数将大型复杂的任务分解，应用程序被分区成许多小部分，而每个部分都能在集群中的任意节点上运行或重新运行。

MapReduce 是一种编程模型，适用于大规模数据集（大于 1TB）的并行运算。概念"Map（映射）"和"Reduce（归约）"，是它们的主要思想，同时借鉴了函数式编程语言和矢量编程语言的部分特性。当前的软件实现是指定一个 Map（映射）函数，用来把一组键值对映射成一组新的键值对，指定并发的 Reduce（归约）函数，用来保证所有映射的键值对中的每一个共享相同的键组。

Hadoop 能够让用户轻松架构和使用的分布式计算平台。用户可以轻松地在 Hadoop 上开发和运行处理海量数据的应用程序。它主要有以下几个优点：

（1）高可靠性。Hadoop 分布式存储和处理数据的能力值得人们信赖；

（2）高扩展性。Hadoop 是在可用的计算机集群间分配数据并完成计算任务的，这些集群可以方便地扩展到数以千计的节点中；

（3）高效性。Hadoop 能够在节点之间动态地移动数据，并保证各个节点的动态平衡，因此处理速度非常快；

（4）高容错性。Hadoop 能够自动保存数据的多个副本并自动实现容错机制，而且能够自动将失败的任务重新分配；

（5）低成本。与一体机、商用数据仓库以及 QlikView、Yonghong Z-Suite 等数据集市相比，hadoop 是开源的，项目的软件成本因此会大大降低。且 Hadoop 可以部署在廉价的 PC 机上，硬件的投入成本也相对低廉很多。

Hadoop 带有用 Java 语言编写的框架，因此运行在 Linux 生产平台上是非常理想的。Hadoop 上的应用程序也可以使用其他语言编写，比如 C++。

3. Hadoop 大数据处理的意义

Hadoop 得以在大数据处理应用中广泛应用得益于其自身在数据抽取、转换和装载（ETL）方面上的天然优势。Hadoop 的分布式架构，将大数据处理引擎尽可能的靠近存储，对例如像 ETL 这样的批处理操作相对合适，因为类似这样操作的批处理结果可以直接走向存储。Hadoop 的 MapReduce 功能实现了将单个任务打碎，并将碎片任务（Map）发送到多个节点上，之后再以单个数据集的形式加载（Reduce）到数据仓库里。

现在普遍认为整个"Apache Hadoop"平台包括 Hadoop 内核、MapReduce、Hadoop 分布式文件系统（HDFS）以及一些相关项目，有 Apache Hive 和 Apache HBase 等等。

（二）Hive

Hive 是建立在 Hadoop 上的数据仓库基础构架。它提供了一系列的工具，可以用来进行数据抽取、转换、装载（ETL），这是一种可以存储、查询和分析存储在 Hadoop 中的大规模数据的机制。Hive 定义了简单的类 SQL 查询语言，称为 HiveQL，将常规的 SQL 语句封装并自动转化为 MapReduce 作业，它允许熟悉 SQL 的用户查询数据，而避免开发 MapReduce 代码。同时，这个语言也允许熟悉 MapReduce 开发者开发自定义的 mapper 和 reducer 来处理内建的 mapper 和 reducer 无法完成的复杂的分析工作。

Hive 没有专门的数据格式。Hive 可以很好的工作在 Thrift 之上，控制分隔符，也允许用户指定数据格式。

1. 适用场景

Hive 构建在基于静态批处理的 Hadoop 之上，Hadoop 通常都有较高的延迟并且在作业提交和调度的时候需要大量的开销。因此，Hive 并不能够在大规模数据集上实现低延迟快速的查询，例如，Hive 在几百 MB 的数据集上执行查询一般有分钟级的时间延迟。因此，

Hive 并不适合那些需要低延迟的应用，例如，联机事务处理（OLTP）。Hive 查询操作过程严格遵守 Hadoop MapReduce 的作业执行模型，Hive 将用户的 HiveQL 语句通过解释器转换为 MapReduce 作业提交到 Hadoop 集群上，Hadoop 监控作业执行过程，然后返回作业执行结果给用户。Hive 并非为联机事务处理而设计，Hive 并不提供实时的查询和基于行级的数据更新操作。Hive 的最佳使用场合是大数据集的批处理作业，例如：网络日志分析。

2. 设计特征

Hive 是一种底层封装了 Hadoop 的数据仓库处理工具，使用类 SQL 的 HiveQL 语言实现数据查询，所有 Hive 的数据都存储在 Hadoop 兼容的文件系统（例如，Amazon S3. HDFS）中。Hive 在加载数据过程中不会对数据进行任何的修改，只是将数据移动到 HDFS 中 Hive 设定的目录下，因此，Hive 不支持对数据的改写和添加，所有的数据都是在加载的时候确定的。Hive 的设计特点如下：

（1）支持索引，加快数据查询；

（2）不同的存储类型，例如，纯文本文件、HBase 中的文件；

（3）将元数据保存在关系数据库中，大大减少了在查询过程中执行语义检查的时间；

（4）可以直接使用存储在 Hadoop 文件系统中的数据；

（5）内置大量用户函数 UDF 来操作时间、字符串和其他的数据挖掘工具，支持用户扩展 UDF 函数来完成内置函数无法实现的操作；

（6）类 SQL 的查询方式，将 SQL 查询转换为 MapReduce 的 job 在 Hadoop 集群上执行。

3. Hive 体系结构

Hive 主要分为以下几个部分：

（1）用户接口。

用户接口主要有三个：CLI，Client 和 WUI，其中最常用的是 CLI。

1）CLI 。Cli 启动的时候，会同时启动一个 Hive 副本。

2）Client 。Client 是 Hive 的客户端，用户连接至 Hive Server。在启动 Client 模式的时候，需要指出 Hive Server 所在节点，并且在该节点启动 Hive Server。

3）WUI 。WUI 是通过浏览器访问 Hive。

（2）元数据存储。

Hive 将元数据存储在数据库中，如 MySQL、Derby。Hive 中的元数据包括表的名字，表的列和分区及其属性，表的属性（是否为外部表等），表的数据所在目录等。

（3）解释器、编译器、优化器、执行器。

解释器、编译器、优化器完成 HQL 查询语句从词法分析、语法分析、编译、优化以及查询计划的生成。生成的查询计划存储在 HDFS 中，并在随后由 MapReduce 调用执行。

（4）Hadoop。

Hive 的数据存储在 HDFS 中，大部分的查询由 MapReduce 完成（包含 * 的查询，比

如 select * from tbl 不会生成 MapReduce 任务）。

4. 数据存储

Hive 没有专门的数据存储格式，也没有为数据建立索引，用户可以非常自由的组织 Hive 中的表，只需要在创建表的时候告诉 Hive 数据中的列分隔符和行分隔符，Hive 就可以解析数据。

Hive 中所有的数据都存储在 HDFS 中，Hive 中包含以下数据模型：表（Table），外部表（External Table），分区（Partition），桶（Bucket）。

（1）表（Table）。

Hive 中的和数据库中的 Table 类似，每一个 Table 在 Hive 中都有一个相应的目录存储数据。例如，一个表 pvs，它在 HDFS 中的路径为：/wh/pvs，其中，wh 是在 hive-site. xml 中由 $ {hive. metastore. warehouse. dir} 指定的数据仓库的目录，所有的 Table 数据（不包括 External Table）都保存在这个目录中。

（2）分区（Partition）。

Partition 对应于数据库中的 Partition 列的密集索引，但是 Hive 中 Partition 的组织方式和数据库中的很不相同。在 Hive 中，表中的一个 Partition 对应于表下的一个目录，所有的 Partition 的数据都存储在对应的目录中。例如：pvs 表中包含 ds 和 city 两个 Partition，则对应于 ds = 20090801，ctry = US 的 HDFS 子目录为：/wh/pvs/ds=20151015/ctry=US；对应于 ds = 20151015，ctry = CA 的 HDFS 子目录为：/wh/pvs/ds=20151015/ctry=CA。

（3）桶（Bucket）。

Buckets 对指定列计算 hash，根据 hash 值切分数据，目的是为了将数据均匀分布到各个节点中，以实现并行访问，每一个 Bucket 对应一个文件。例如：将 user 列分散至 32 个 bucket，首先对 user 列的值计算 hash，对应 hash 值为 0 的 HDFS 目录为：/wh/pvs/ds=20151015/ctry=US/part-00000；hash 值为 20 的 HDFS 目录为：/wh/pvs/ds=20151015/ctry=US/part-00020。

（4）外部表（External Table）。

External Table 指向已经在 HDFS 中存在的数据，可以创建 Partition。它和 Table 在元数据的组织上是相同的，而实际数据的存储则有较大的差异。

Table 的创建过程和数据加载过程（这两个过程可以在同一个语句中完成），在加载数据的过程中，实际数据会被移动到数据仓库目录中；之后对数据的访问将会直接在数据仓库目录中完成。删除表时，表中的数据和元数据将会被同时删除。

External Table 只有一个过程，加载数据和创建表同时完成（CREATE EXTERNAL TABLE ……LOCATION），实际数据是存储在 LOCATION 后面指定的 HDFS 路径中，并不会移动到数据仓库目录中。当删除一个 External Table 时，仅删除元数据，表中的数据不会真正被删除。

（三）HBase

HBase 是 Apache 的 Hadoop 项目中的子项目，是一个分布式的、面向列的开源数据库，该技术来源于 Fay Chang 所撰写的 Google 论文“Bigtable：一个结构化数据的分布式存储系统”，在 Hadoop 之上实现了类似于 Google 的 Bigtable 的能力。

1. HBase 的特征。

（1）HBase 不同于一般的关系数据库，它是一个适合于非结构化数据存储的数据库。

（2）另一个不同的特征是 HBase 是基于列的而不是基于行的模式。

2. HBase 的功能。

HBase 是一个高可靠性、高性能、面向列、可伸缩的分布式存储系统，利用 HBase 技术可在廉价 PC Server 上搭建起大规模结构化存储集群。HBase 利用 Hadoop MapReduce 来处理 HBase 中的海量数据；利用 Zookeeper 作为协同服务。Hadoop HDFS 为 HBase 提供了高可靠性的底层存储支持，Hadoop MapReduce 为 HBase 提供了高性能的计算能力，Zookeeper 为 HBase 提供了稳定服务和 failover 机制。

此外，Pig 和 Hive 还为 HBase 提供了高层语言支持，使得在 HBase 上进行数据统计处理变的非常简单。Sqoop 则为 HBase 提供了方便的 RDBMS 数据导入功能，使得传统数据库数据向 HBase 中迁移变的非常方便。

3. HBase 访问接口

（1）Native Java API，最常规和高效的访问方式，适合 Hadoop MapReduce Job 并行批处理 HBase 表数据；

（2）HBase Shell，HBase 的命令行工具，最简单的接口，适合 HBase 管理使用；

（3）Thrift Gateway，利用 Thrift 序列化技术，支持 C++，PHP，Python 等多种语言，适合其他异构系统在线访问 HBase 表数据；

（4）REST Gateway，支持 REST 风格的 Http API 访问 HBase，解除了语言限制；

（5）Pig，可以使用 Pig Latin 流式编程语言来操作 HBase 中的数据，和 Hive 类似，本质最终也是编译成 MapReduce Job 来处理 HBase 表数据，适合做数据统计；

（6）Hive，可以使用类似 SQL 语言来访问 HBase。

（四）Pig

Pig 是一个用于分析大数据集的平台，由一个高层次的语言来表达数据分析程序，再加上基础设施来评估这些程序。Pig 的程序的显着特性是，它们的结构适合于大规模的并行化处理，能够处理非常大的数据集。

目前，Pig 的底层编译器为大规模并行处理构造 Map-Reduce 程序序列。Pig 语言是一个描述数据流的语言，具有以下特性：

1. 易编程。能够轻松实现对简单的、复杂的数据的分析任务。使得包含多个相互关联的数据转换的数据流序列的复杂的任务程序，易于编写、理解和维护；

2. 易优化。提供对编程代码由系统自动执行优化的方式，使得用户集中精力在处理语义，而非效率上；

3. 易扩展。用户可以创建自己的做专用处理的程序。

（五）Flume

Flume 是 Cloudera 提供的一个高可用的、高可靠的、分布式的海量日志采集、聚合和传输的系统。Flume 支持在日志系统中定制各类数据发送方，用于收集数据。Flume 也提供了对数据进行简单处理，并写到各种数据接受方的能力。

1. 主要功能

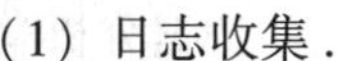

（1）日志收集．

Flume 支持在日志系统中定制各类数据发送方，用于收集数据。Flume 提供了从 console（控制台）、RPC（Thrift-RPC）、text（文件）、tail（UNIX tail）、syslog（syslog 日志系统，支持 TCP 和 UDP 等 2 种模式）、exec（命令执行）等数据源上收集数据的能力。

（2）数据处理。

Flume 提供对数据进行简单处理，并写到各种数据接受方的能力。

2. 工作方式

当前 Flume 有两个版本：Flume 0. 9X 版本统称 Flume-og，Flume1. X 版本统称 Flume-ng。由于 Flume-ng 经过重大重构，与 Flume-og 有较多差异。

（1）Flume-og 采用了多 Master 的方式。为了保证配置数据的一致性，Flume 引入了 ZooKeeper，用于保存配置数据。ZooKeeper 本身可保证配置数据的一致性和高可用。另外，在配置数据发生变化时，ZooKeeper 可以通知 Flume Master 节点。Flume Master 间使用 gossip 协议同步数据。

在 Flume-og 中，读入线程同样做写出工作（除了故障重试）。如果写出慢的话（不是完全失败），它将阻塞 Flume 接收数据的能力。这种异步的设计使读入线程可以顺畅的工作而无需关注下游的任何问题。

（2）Flume-ng 最明显的改动是取消了集中管理配置的 Master 和 Zookeeper，变为一个纯粹的传输工具。Flume-ng 另一个主要的不同点是读入数据和写出数据，由不同的工作线程处理（称为 Runner）。

（六）Spark

Spark 是由加州大学伯克利分校 AMP 实验室（Algorithms，Machines，and People Lab）用 Scala 语言开发的、开源的、类 Hadoop MapReduce 的通用并行框架，可用来构建大型的、低延迟的数据分析应用程序。Spark 解决了 Hadoop 的 MapReduce 必须将 Job 的中间结果存在 HDFS 中的弊端，改为在内存中存储，从而不再需要读写 HDFS，有效的提高了对 Job 的处理效率。因此 Spark 能适用于数据挖掘与机器学习等需要迭代的 MapReduce 的算法。

Spark 是一种与 Hadoop 相似的开源集群计算环境，但是两者之间还存在一些不同之处。Spark 启用了内存分布数据集，除了能够提供交互式查询外，它还可以优化迭代工作负载。这些差异使 Spark 在某些工作负载方面表现得更加优越。

Spark 是在 Scala 语言中实现的，它将 Scala 用作其应用程序框架。Spark 和 Scala 能够紧密集成，其中 Scala 可以像操作本地集合对象一样轻松地操作分布式数据集。

尽管创建 Spark 是为了支持分布式数据集上的迭代作业，但是实际上它是对 Hadoop 的补充，可以在 Hadoop 文件系统中并行运行。通过名为 Mesos 的第三方集群框架可以支持此行为。

1. Shark

Shark 是在 Spark 的框架基础上提供和 HiveQL 类似的命令接口，为了最大程度的保持与 Hive 的兼容性，Shark 使用了 Hive 的 API 来实现 Query Parsing 和 Logic Plan generation，最后的 PhysicalPlan execution 阶段用 Spark 代替 Hadoop 的 MapReduce。通过配置 Shark 参数，Shark 可以自动在内存中缓存特定的 RDD，实现数据重用，进而加快特定数据集的检索。同时，Shark 通过用户自定义函数（User Define Function – UDF）实现特定的数据分析学习算法，使得 SQL 数据查询和运算分析能结合在一起，最大化 RDD 的重复使用。

2. Spark Streaming

构建在 Spark 上处理 Stream 数据的框架，基本的原理是将 Stream 数据分成小的时间片断（几秒），以类似 batch 批量处理的方式来处理这小部分数据。Spark Streaming 构建在 Spark 上，一方面是因为 Spark 的低延迟执行引擎（100ms+），虽然比不上专门的流式数据处理软件，但也可以用于实时计算；另一方面相比基于 Record 的其它处理框架（如 Storm），一部分窄依赖的 RDD 数据集可以从源数据重新计算达到容错处理目的。此外小批量处理的方式使得它可以同时兼容批量和实时数据处理的逻辑和算法。方便了一些需要历史数据和实时数据联合分析的特定应用场合。

3. Bagel

Pregel on Spark，可以用 Spark 进行图计算，这是个非常有用的小项目。Bagel 自带了一个例子，实现了 Google 的 PageRank 算法。

当下 Spark 已不止步于实时计算，目标直指通用大数据处理平台，而终止 Shark，开启 SparkSQL 或许已经初见端倪。

第十二章 模拟试题

第一节 初级电子商务师模拟试题一

一、判断题（1-20 题，共 20 题，每题 1 分，满分 20 分。请将正确答案填在括号内，正确写 T，错误写 F）

1. Mondex 国际公司开发了一个称为遮蔽式签名的系统。（ ）

2. ORACLE 不使用 SQL（Structuredguerylanguage）为数据库语言。（ ）

3. 大幅度地降低交易成本是网络商品直销的优点。（ ）

4. 机器人搜索引擎以某种策略手动地在 Internet 中搜集和发现信息。（ ）

5. 将成品、零部件等从供应商处运回厂内的物流称为采购物流。（ ）

6. 本地 Internet 区域只适用于连接到本地网络的服务器。（ ）

7. 为进行网络中的数据交换而建立的规则、标准或约定叫做网络协议。（ ）

8. 网络中 HTTP 协议端口号默认为 80。但有时为了安全，也可以对端口号重新定义。（ ）

9. HTML 通过使用标记和元素来建立文件，并利用标记来控制文件的结构。（ ）

10. 源码病毒是在程序被编译之后才插入到源程序中去的，而且病毒程序一般是在语言处理程序或连接程序中。（ ）

11. 自己本地信息资料遗失后，还可以到原有地信息源中再次查找。（ ）

12. 通过互联网，生产商可与最终用户直接联系，中间商的重要性因此有所降低。（ ）

13. 网络营销将降低跨国公司所拥有的规模经济的竞争优势。（ ）

14. 若要查询收费数据库，必须有可以进行国际结算的信用卡，而且收费较高。（ ）

15. 互联网的先进的网络浏览和服务器会使价格水平趋于一致。（ ）

16. 数据库就是信息的集合，这种集合与特定的主题和目标相联系。（ ）

17. 数字证书就是网络通信中标志通讯各方身份信息的一系列数据。（ ）

18. 消费者必须对商店的用户注册单证上所有列出的项进行填写输入。（　）

19. 在确定采购之前，消费者可在购物车中查看、修改选购的商品。（　）

20. 网上单证尽量减少客户的输入操作。（　）

二、单项选择题（21–70 题，共 50 题，每题 1 分，满分 50 分。请将正确选项代号填在括号中。）

21. Internet 中本地企业网区域的默认安全级别是（　）。

A. 高　B. 中　C. 低　D. 自定义

22. 企业间网络交易是电子商务的哪一种基本形式（　）。

A. G2B　B. G2C　C. B2C　D. B2B

23. 下面哪一个不是信息失真的原因（　）。

A. 信源提供的信息不完全、不准确　B. 信息在编码、译码和传递过程中受到干扰

C. 信宿（信箱）接受信息出现偏差　D. 信息在理解上的偏差

24. TCP/IP 协议是什么网络上所使用的协议（　）

A. Internet　B. Intranet　C. Extarnet　D. LAN

25. TCP 是传输控制协议，IP 协议又称（　）

A. 局域网协议　B. 广域网协议　C. 互连网协议　D. 内联网协议

26. 电子现金的英文称谓是（　）。

A. SmartCard　B. E-cash　C. E-purse　D. E-cheque

27. 目前我国智能卡的推广应用中还存在一些障碍，主要是安全问题和（　）。

A. 资金问题　B. 政策问题　C. 成本问题　D. 观念问题

28. PIN 指的是（　）。

A. 个人代号　B. 个人识别码　C. 个人地址　D. 个人信用

29. 将工厂生产的商品运到物流中心、厂内或其它工厂的仓库入库这一部分属于生产企业物流的哪一部分？（　）

A. 采购物流　B. 厂内物流　C. 退货物流　D. 废弃物与回收物流

30. 以下哪一个是企业生产活动的中心环节？（　）

A. 企业生产物流　B. 企业采购物流　C. 企业销售物流　D. 企业退货物流

31. 在社会经济领域，网络安全主要是（　）。

A. 党政机关网络安全问题　B. 国家经济领域内网络安全问题

C. 国防计算机网络安全问题　D. 军队计算机网络安全问题

32. 下列关于防火墙的说法正确的是（　）。

A. 防火墙的安全性能是根据系统安全的要求而设置的

B. 防火墙的安全性能是一致的，一般没有级别之分

C. 防火墙不能把内部网络隔离为可信任网络

D. 防火墙是一个只能用来对两个网络之间的互相访问实行强制性管理的安全系统

33. 以下哪一个是用来保证硬件和软件本身的安全的？（　）。

A. 实体安全　B. 运行安全　C. 信息安全　D. 管理安全

34. 以下哪个是立法的核心问题（　）。

A. 特定的主体　B. 特定的社会关系　C. 电子商务　D. 调整对象

35. SET 协议又称为（　）。

A. 安全套接层协议　B. 安全电子交易协议

C. 信息传输安全协议　D. 网上购物协议

36. 浏览 Web 网页，应使用何种软件？（　）

A. 资源管理器　B. 浏览器软件　C. 电子邮件　D. Office2000

37. 协议和主机名之间应用（　）符号隔开。

A. //　B. ：\　C. ：//　D. /

38. 目前，每个 IP 地址由（　）个二进制位构成

A. 8　B. 4　C. 2　D. 64

39. 在 Internet 上完成名字与地址间映射的系统称为（　）

A. URL　B. DNS　C. DBMS　D. DHCP

40. 用户匿名登录主机时，用户名为（　）。

A. guest　B. OK　C. Admin　D. Anonymous

41. 在 MSDOS 状态下采用 Telnet 命令格式正确的是（　）。

A. Telnetshu. edu. cn23　B. Ftp202. 120. 6. 523

C. Telnetshu. edu. cn80　D. Telnet127. 0. 0. 080

42. 下列说法错误的是（　）。

A. 每个框架都有自己独立的网页文件

B. 每个框架的内容不受另外框架内容的改变而改变

C. 表格对窗口区域进行划分

D. 表格单元中不仅可以输入文字，也可以插入图片

43. 一个标准的 HTML 文件是以<html>标记开始，并以（　）标记结束的。

A. </body>　B. </end>　C. </html>　D. </sub>

44. WinZIP 能制作何种格式的压缩文件（　）

A. Cab　B. Arj　C. Rar　D. zip

45. Http 协议默认端口号为（　）

A. 21　B. 80　C. 8080　D. 23

46. 在 A 类网络中，每个网络能容纳多少台主机？（　）

A. 16777214　B. 254　C. 16777215　D. 65534

47. 购物车显示模块主要采用______技术来实现。（　）

A. Cookie　B. WEB　C. E-MAIL　D. SET

48. 什么叫做定价策略（　）

A. 销售方根据消费对象的不同，或是销售的因素差异（如地点、时间的不同），将一种无差别的商品制定出不同价格。

B. 在网络信息资源中，迅速地找到自己所需要地信息，不需要培训和经验积累。

C. 网络商务信息，对于企业的战略管理、市场研究以及新产品都毫无作用。

D. 虽然网络系统提供了许多检索方法，但企业营销人员还是常被淹没在信息垃圾之中。

49. 关于电子商务信息的传递以下正确的是（　）。

A. 网络信息更新及时、传递速度快，只要信息收集者及时发现信息，就可以保证信息的实效性。

B. 电子商务信息，由于传递速度慢、传递渠道不畅，经常导致“信息获得了但也失效了”。

C. 无论怎么样，网络信息都是最快最准确的。

D. 电子商务信息，都是很滞后的。

50. 关于信息的说法最准确完整的说法是（　）。

A. 信息只指一般的行情消息。　B. 信息就是新闻消息。

C. 信息的概念非常广泛，从不同的角度对信息可下不同的定义。

D. 信息（Information），广义地讲，它是信号的模拟型或其符号的集合。

51. 关于网络营销和传统营销的说法准确的是（　）。

A. 网络营销暂时还是一种不可实现的营销方式。

B. 网络营销不可能冲击传统营销方式。

C. 网络营销最终将和传统营销相结合。

D. 网络营销将完全取代传统营销的一切方式。

52. 网络促销中，进行栏目内容编辑的工作程序及步骤，顺序正确的是：（　）

A. 1 更新信息的内容 2 按栏目模板制作网页 3 测试所制作的网页 4 发布所修改的网页

B. 1 按栏目模板制作网页 2 更新信息的内容 3 测试所制作的网页 4 发布所修改的网页

C. 1 更新信息的内容 2 测试所制作的网页 3 按栏目模板制作网页 4 发布所修改的网页

D. 1 更新信息的内容 2 按栏目模板制作网页 3 发布所修改的网页 4 测试所制作的网页

53. 在网站的主页制作时，填写关键字，用到设置（　）标记。

A. Src　B. Details　C. Meta　D. Title

54. 搜索引擎在引用网页关键字时，将要分析的栏目是（　）

A. scr　B. font　C. meta 和 title　D. hef

55. 网上商店日常运营管理，不包括（　）

A. 订单管理　B. 销售统计　C. 客户查询和商家信用值　D. 商品预览

56. 商品的（　）信息，主要包括产品的名称、规格、型号、单价、功能、使用方法、注意问题等产品相关的全方位的文本信息。

A. 文字信息　B. 图片信息　C. 其他信息　D. 电子信息

57. （　）是指，用户可以通过商品信息管理模块来维护自身在网站上出售的商品信息。

A. 商品信息管理　B. 商店信息维护　C. 选择支付方式　D. 商店商品预览

58. 商家网上商店管理模块，不包括（　）

A. 随时了解商店的信誉情况；　B. 商家可以根据情况选择合适的支付方式；

C. 在线发布商家的商品专业知识信息、求购信息、公告信息，可查阅客户留言及投诉；

D. 会员通讯簿（地址本）管理功能。

59. 网上商店的______是商家与用户之间交易的凭证。(　)

A. 购物单　B. 单证　C. 定单网页　D. 服务器中的保留数据

60. 网上商店要尽可能使客户对本商店产生强烈的第一印象，所以（　）是最重要的事情。

A. 商店的商标　B. 漂亮的页面　C. 优惠的价格　D. 绚丽的动画

61. 流程处理改善遵循的基本原则包括______分批处理、交叉处理、删除不增值工序、减少等待、在瓶颈处添加额外资源。(　)

A. 后台处理　B. 串行处理　C. 统筹处理
　D. 并行处理

62. 互联网络，因为其特有的强大的沟通能力，也常常被认为是一种。(　)

A. 新型媒体　B. 第二媒体　C. 虚拟时代　D. BBS

63. 常见的网上单证的类型有身份注册类、普通信息交流类______和专业商务操作类。(　)

A. 资源交流类　B. 身份许可类　C. 信息发布类　D. 专业操作类

64. 电子钱包（E-wallet）是一个在 SET 交易中运行在银行卡持卡人端的软件（　）。

A. 网上商店端　B. 银行卡发行商端　C. 银行卡持卡人端　D. 银行卡受理银行端

65. 汇丰、恒生联合 MONDEX 国际公司在______推出第一阶段的 MONDEX 卡。(　)

A. 香港　B. 日本　C. 韩国　D. 菲律宾

66. 根据合同标的（　）的不同，电子合同可分为信息许可使用合同与信息服务合同。

A. 实体形式　B. 内容　C. 性质　D. 价值

67. 电子商务系统必须保证具有十分可靠的安全保密技术，必须保证网络安全的四大要素，即信息传输的保密性、数据交换的完整性、发送信息的不可否认性和（　）。

A. 不可修改性　B. 信息的稳定性　C. 数据的可靠性　D. 交易者身份的确定性

68. 电子合同是通过计算机网络系统订立的，以（　）的方式生成、储存或传递的合同。

A. 电子邮件　B. 数据电文　C. 光学手段　D. 电子手段

69. SSL 协议层包括两个协议子层：记录协议和（　）。

A. 握手协议　B. 牵手协议　C. 拍手协议　D. 拉手协议

70. 以下哪个关于 MONDEX 卡的说法是错误的（　）。

A. 卡内金额能被兑换成任何货币用于国际间的购买

B. 一旦遗失可以立即挂失

C. 数字签名技术的使用，使该卡的支付比现金支付更安全

D. 能通过 ATM 机方便地增加卡中金额

三、多项选择题（71–100 题，共 30 题，每题 1 分，满分 30 分。每题的备选答案中有两个或两个以上符合题意的答案，请将正确选项代号填在括号中。错选、少选或多选均不得分）

71. TCP/IP 协议规定，每个 IP 地址由（　）组成。

A. 网络地址　B. 端口地址　C. 协议地址　D. 主机地址

72. 在社会经济领域，网络安全主要考虑的内容有（　）

A. 党政机关网络安全问题　B. 市民上网的网络安全问题

C. 国家经济领域内网络安全问题　D. 国防和军队网络安全问题

73. 对电子商务立法范围的理解，应从哪些方面进行考虑？（　）

A. 商务　B. 网络交易客户　C. 网络交易中心　D. 电子商务所包含的通讯手段

74. 在 SET 协议的支持下，参与网络商品直销流程的各方有（　）。

A. 消费者　B. 商家　C. 支付网关　D. 政府

75. 在企业间网络交易的流转程式中，包括了以下哪几个环节（　）。

A. 物流配送　B. 信息发布平台　C. 电子支付结算　D. CA 认证中心

76. 智能卡又称为（　）。

A. SmartCard　B. ATM 卡　C. IC 卡　D. 银行卡

77. 下列哪些不属于智能卡国际标准（　）。

A. IC 卡通用技术规范　B. TCP/IP　C. EMV 集成电路卡规范　D. ISO8583

78. 不同行业和企业的物流活动可以分成哪些典型的企业物流？（　）

A. 生产企业物流　B. 工业企业物流　C. 配送中心物流　D. 商业企业物流

79. FrontPage 编辑器提供了哪种视图方式（　）

A. 普通　B. 图像　C. 预览　D. HTML

80. 比较适合于在 Internet 上传输的图像格式是（　）

A. JPG　B. HTML　C. BMP　D. GIF

81. Internet 网又称为（　）

A. 网络的网络　B. 城域网　C. 因特网　D. 国际互联网

82. 常用的关系型数据库有（　）

A. ORACLE　B. Word　C. DB2　D. SYBASE

83. TCP/IP 根据网络规模的大小将 IP 地址分为（　）。

A. A 类　B. B 类　C. C 类　D. Z 类

84. BBS 主要有以下几种方式：（　）

A. 完全基于 Web　B. Unix 下的终端仿真并实行 Web 扩展功能

C. 通过字处理软件　D. 通过图形处理软件

85. 若按入侵方式，病毒可分为哪几种？（　）

A. 作系统型病毒　B. 源码病毒　C. 外壳病毒　D. 入侵病毒

86. 下面是计算机病毒破坏性表现的是（　）

A. 修改别的程序，并不断复制自身

B. 占用 CPU 时间和内存开销，从而造成进程堵塞

C. 打乱屏幕的显示　D. 对数据或文件进行破坏

87. 从网络商务信息本身所具有的总体价格水平，可以将它粗略地分为四个等级，属于这四级的信息有（　）。

A. 收取较低费用的信息　B. 无价商务信息

C. 收取标准信息费的信息　D. 优质优价的信息

88. 收集厂商报价的几种方式中可取的是（　）

A. 通过厂方站点查询　B. 利用生产商协会的站点查询

C. 利用讨论组查询　D. 利用 Trade—Lead 查询

89. 使用 E-mail 进行市场调研，应注意以下几点：（　）

A. 尽量使用 ASCII 码纯文本格式文章　B. 首先传递最重要的信息

C. 把文件标题作为邮件主题　D. 邮件越短越好

90. 在线调查表设计中应注意的问题（　）

A. 问题设计应力求简明扼要　B. 所提问题不应有偏见或误导和不要诱导人们回答

C. 提问的意思和范围必须明确　D. 避免引起人们反感或很偏的问题

91. 公告栏广告发布技巧包括（　）

A. 写一个好标题　B. 对内容部分，则要简明扼要

C. 在相关的类别、地点发布广告　D. 留下可靠快捷联系方式

92. 网上商店建设前准备（　）。

A. 选取适合的网上商店生成系统和收集有关产品的相关文字图片信息

B. 设置网上商店登录密码　C. 客户查询　D. 销售统计

93. 网上商店建设前准备包括（　）

A. 选取适合的网上商店生成系统　B. 收集有关产品的相关文字图片信息

C. 考虑平台的选取　D. 设计购物流程

（上面 92. 93 题其实可以合 2 为 1，主要是让大家了解如何生成网店）

94. SET 协议运行的目标主要有（　）。

A. 保证信息在互联网上安全传输　B. 保证电子商务参与者信息的相互隔离

C. 提供商品或服务　D. 通过支付网关处理消费者和在线商店之间的交易付款问题

95. SCCN 的交易流程包括（　）。

A. 询价　B. 报价　C. 洽谈　D. 签约

96. 一个标准的 X. 509 数字证书包括（　）。

A. 证书的出版信息　B. 证书的序列号

C. 证书所使用的签名算法　D. 证书的发行机构名称

97. 下列那些属于网上单证：（　）

A. 客户注册单证　B. 商品信息表　C. 购物车　D. 网上广告

98. 网上单证网面对网络消费者，所以必须做到：（　）。

A. 格式简洁　B. 界面风格的友好　C. 详尽的说明　D. 功能完整

99. 常见的网上单证有（　）。

A. 身份注册类　B. 普通信息交流类　C. 信息发布类　D. 专业商务操作类

100. 在电子商务中，电子合同与传统合同的区别（　）。

A. 合同订立的环境　B. 合同的形式

C. 合同当事人的权利和义务　D. 合同的履行与支付

四、技能模拟题

1. 假设您是×××电器公司的库房管理人员，请在电子商务师实验室中模拟进行商品管理，添加商品信息，商品的名称×××电磁炉，类别为电磁炉，属于厨房用品。

2. 小张和小王是好朋友，他听小王说那里的电子杂志“书讯快报”很不错，决定订阅，不过他还没有在小王的网站上申请电子邮件信箱，请在电子商务师实验室里模拟他申请信箱并订阅的过程。

3. 小王有一只用了半年的诺基亚 6610 手机，想在 C2C 商城通过拍卖竞价的方式出售，低价 1000 元，有谁出家超过 1000 并且最高，小王就把手机卖给他。小李是想买这只手机的学生，二者在 C2C 里达成了交易，请在实验室里模拟交易过程。

4. 小王是一家网上书店的系统管理员，为配合市场部的邮件营销活动，他需要添加一个邮件服务器，添加一个邮件，定期为客户发送电子杂志以介绍最新书目等内容。该杂志属于信息发布类型的，名称为“书讯快报”。

5. 小王是某销售公司的采购员，想代理销售您公司的新产品×××电磁炉，请你们就订货量、价格和交货方式等信息进行洽谈，签订电子合同。

参考答案：

一、判断题

1——5：F F T F F　6——10：F T T T F

11——15：T T T T T　16——20：T T F T T

二、单项选择题

21——25：B D D A C　26——30：B C B B A　31——35：A A A D B

36——40：B C C B D　41——45：A C C D B　46——50：A A A A C

51——55：C A C C D　56——60：A A D B A　61——65：D A C D A

66——70：C D B A B

三、多项选择题

71——75：AD，ACD，AD，ABC，ACD，

76——80：AC，AB，ACD，ACD，AD，

81——85：ACD，ACD，ABC，AB，ABCD，

86——90：BCD，ACD，ABCD，ABCD，ABCD，

91——95：ABCD，ABCD，ABCD，AB，ABCD，

96——100：BCD，ABC，ABD，ABCD，ABCD

四、技能模拟题

1. 签订电子合同：暂定小王代表甲方某销售公司，您代表×××电器公司作为乙方。

（1）甲方寻价：实验室首页——→电子合同——→（前台）网上寻价——→会员登陆——我们选择“CA证书认证”登陆方式——→如果尚无CA证书帐号和密码，请先申请——→输入CA证书号和密码，验证通过即可登陆成功——→点击搜索引擎——→输入要寻价的商品名称：×××电磁炉——→搜索成功——选中——→发布寻价单——→填写寻价单——→完毕后提交（end）

（2）乙方报价：实验室首页——→电子合同——→（后台）网上报价——→选择CA认证登陆——→登陆成功——→网上报价——→点击标题查看最新的报价单——→填写报价单——提交（end）

2. 进入电子商务师实验室首页，“网络营销”前台——→电子邮件——→“注册”——→按照提示填写注册信息。（需要注意的是邮件服务器应该选择我们刚刚添加的名称为“wang001”的那个。）——→注册成功后，系统会提示您对邮件帐号进行设置，点击“确定”进入设置页面——→按照提示一步一步完成设置：显示名，完整的电子邮件地址（注意选择号邮件服务器，您添加并在注册时选择的那个）——→设置完毕后即可登陆邮箱，注意输入相应的用户名、密码和邮件服务器。

回到“电子邮件首页”，点击左侧“订阅电子杂志——→输入邮件地址和密码，选择要订阅的杂志类型——→点击“订阅”即可完成。

3. 商品管理：进入电子商务师实验室首页——→电子商务模式——→（后台）B2B——→以分公司身份登陆——→登陆成功——→商品维护——→首先是“产品类别管理”——→添加新品种（电磁炉）——→完毕——→返回商品管理区——→添加商品信息——→完毕——→价格管理——end

4. 进入电子商务师实验室首页，“网络营销”——→（后台）网上信息发布管理——→邮件发布管理——→邮件服务器——→输入已经分配的用户名和口令进行登陆——→登陆成功后，点击“邮件服务器”——→添加邮件服务器（名称自拟，前提示不能和已经存在的服务器同名，若同名，系统会提示报错，让你重新给自己的服务器起名。）——→这里我们把要添加的邮件服务器命名为wang001，收邮件服务器和发送邮件服务器同名，都为wang001——→添加成功后，接下来，返回后台管理页面——→点击“电子杂志类型”——→添加杂志类型，编号：111，类型名称“信息发布类”，——→返回，点击“电子杂志”，添加成功后，即可完成此项工作。(完毕)

5. 双方进行合同洽谈：

甲乙双方进入合同管理页面，都进入洽谈页面，选择洽谈的项目，进行合同的浅谈。详细情况可参阅以前发布的相关内容。

第二节　初级电子商务师模拟试题二

初级电子商务师考试试题（第一套）[含答案]

一、判断题（1-20 题，共 20 题，每题 1 分，满分 20 分．请将正确答案填在括号内，正确写 T，错误写 F）

01. 超级链接表示若干对象之间的一种联系（　）

02. 主页是用户使用 WWW 浏览器访问 Intranet 上 WWW 服务器所看到的第一个页面（　）

03. URL 是 FTP 的地址编码，采用 URL 可以用一种统一的格式来描述各种信息资源（　）

04. HTTP 协议是目前在 WWW 中应用最广的协议（　）

05. 文件路径是指文件在服务器系统中的绝对路径（　）

06. URL 的内容包括协议、服务器名称、路径及文件名。（　）

07. 网络上的主机名既可以用它的域名来表示，也可以用它的 IP 地址来表示。（　）

08. 在 TCP/IP 网络中，每一台主机必须有一个 IP 地址（　）

09. TCP/IP 协议规定，每个 IP 地址由网络地址组成（　）

10. 在全世界范围内，域名是网状结构，这个网状结构称为域名空间（　）

11. FTP 服务基于浏览器/服务器模式（　）

12. FTP 软件是用户使用文件传输服务的界面，按照界面风格的不同，可分为字符界面和图形界面（　）

13. 匿名 FIP 服务器通常不允许用户上传文件（　）

14. 在网页中插入图像时，用得最多的图像格式是 GIF 和 JPEG（　）

15. 在 WWW 环境中，信息是以信息页的形式显示与链接的（　）

16. 表格单元中不仅可以输入文字，也可以插入图片（　）

17. 表格对页面区域进行划分，而框架对整个窗口进行划分（　）

18. HTML 是一种专门用来设计网站的计算机标记语言（　）

19. 计算机病毒按其表现性质可分为良性的和恶性的（　）

20. 病毒程序大多夹在正常程序之中，很容易被发现（　）

二、单项选择题（21-60 题，共 40 题，每题 1 分，满分 40 分。请将正确选项代号填在括号中。）

21. 对于计算机病毒的潜伏性，下列较正确的说法是（　）

A. 病毒侵入后，立即活动

B. 病毒侵入后，一般不立即活动，条件成熟后也不作用

C. 病毒侵入后，一般不立即活动，需要等一段时间，条件成熟后才作用

D. 病毒侵入后，需要等一段时间才作用

22. 协议和主机名之间用哪一种符号隔开（　）

A. “：/”　B. “：\”　C. “：//”　D. “：\”

23. IE5 将 Internet 划分成 Internet 区域、本地 Internet 区域、可信站点和（　）

A. 不可信站点　B. 远程区域　C. 受限站点　D. 本地区域

24. 检索工具按照信息搜集方法的不同，可分为：目录式搜索引擎、元搜索引擎和（　）。

A. 全文数据库搜索引擎　B. 英文搜索引擎

C. 主题指南类搜索引擎　D. 机器人搜索引擎

25. 世界上最早的电子钱包系统出现在（　）。

A. 美国　B. 英国　C. 法国　D. 澳大利亚

26. Internet 上计算机的 IP 地址有哪两种表示形式（　）

A. IP 地址和域名　B. IP 地址和中文域名　C. IP 地址和网络　D. 网络和域名

27. 每个 IP 地址由 32 个二进制位构成，分 4 组，每组几个二进制位（　）

A. 4 个　B. 16 个　C. 32 个　D. 8 个

28. Telnet 在运行过程中，实际上启动的是两个程序，一个叫 Telnet 客户程序，另一个叫（　）

A. Telnet 服务程序　B. Telnet 服务器程序　C. Telnet 运行程序　D. Telnet 执行程序

29. 一个标准的 HTML 文件是以<html>标记开始，并以什么标记结束（　）

A. <html>　B. </htm>　C. <htm>　D. </html>

30. 正确的 URL 格式为（　）

A. （协议）：//（主机名）：（端口号）/（文件路径）/（文件名）

B. （主机名）：//（协议）：（端口号）/（文件路径）/（文件名）

C. （协议）：//（主机名）：（端口号）/（文件名）/（文件路径）

D. （协议）：//（端口号）：（主机名）/（文件路径）/（文件名）

31. 驻留型病毒感染计算机后，把自身驻留部分放在什么中（　）

A. ROM　B. 软盘　C. 硬盘　D. RAM

32. 以下哪不是网上市场调研的主要内容（　）

A. 市场需求研究　B. 网站建设研究　C. 营销因素研究　D. 竞争对手研究

33. 使用 E-mail 进行市场调研，哪些不是应注意的的问题（　）

A. 首先传递最重要的信息　B. 邮件背景的选择

C. 把文件标题作为邮件主题　D. 邮件越短越好

34. 在线调查表的主要内容有事前准备、调查问卷的设计和（　）

A. 问卷分析　B. 事后的检查　C. 邮件列表　D. 营销方法

35. 网上调查要注意的问题有因特网的安全性问题和（　）

A. 因特网无限制样本问题　B. 网民文化结构问题

C. 开放性问题　D. 因特网无国界问题

36. 常用的聚类方法有样品聚类法、系统聚类法和（　）

A. 图论聚类法　B. 动态聚类法　C. 回归聚类分析　D. 平共处模糊聚类法

37. 两个变量之间不精确、不稳定的变化关系称为（　）

A. 回归关系　B. 相关关系　C. 聚类关系户　D. 线性关系

38. 相关系数只能描述两个变量之间的变化方向及密切程度，并不能揭示二者之间的（　）

A. 内在本质联系　B. 内在功能　C. 外在联系　D. 外在功能

39. 时间序列分析主要用于系统描述、系统分析和（　）

A. 预测未来　B. 系统集成　C. 功能描述　D. 预测描述

40. 曲线图可分为简单曲线图和（　）

A. 单一曲线图　B. 矩形曲线图　C. 正弦曲线图　D. 复合曲线图

41. Usenet 顶级类别 Comp 表示（　）

A. 商业　B. 政府　C. 军事　D. 计算机

42. Usenet 中判断某个组的主题有两种方法，阅读讨论组的章程和（　）

A. 从讨论组中的文章内容中判断　B. 从网址中判断　C. 打电话　D. 用电子邮件咨询

43. 选择旗帜广告服务提供商时主要应当考虑几个方面的要素（　）

A. 四　B. 五　C. 六　D. 三

44. 在电子钱包内可以装入各种（　）

A. 电子货币　B. 数字证书　C. 用户资料　D. 认证资料

45. 以下哪一项不属于选择旗帜广告提供商时主要考虑的要素（　）

A. 提供商的信息服务种类和用户服务支持　B. 提供商的经营业绩

C. 提供商的设备条件和技术力量配备　D. 提供商的通信出口速率

46. 以下哪一项不属于新闻组中发布信息的技巧（　）

A. 在发布信息的同时使用动画　B. 在新闻组中发布网站，并请求别人提出意见

C. 张贴一些能为观看者提供有价值信息的文章

D. 经常地在选定的新闻组中张贴消息或回复别人张贴的消息

47. 网站模版是指网站内容的总体结构和（　）

A. 页面格式总体规划　B. 网页制作规划　C. 动画制作规划　D. 数据库规划

48. 索引网站的方式基本分为使用 Spider 对网站进行索引和（　）

A. 全文索引　B. 目录索引　C. 选择索引　D. 关键索引

49. 搜索引擎排名优先级标准有时也可能被称作（　）

A. 相关索引　B. 排列组合　C. 目录索引　D. 相关分数

50. 以下哪一项不属于选择关键字的策略（　）

A. 不断地寻找关键字　B. 使用更长的关键字

C. 词意相反的关键字　D. 关键字的组合

51. 商店生成系统主要可分为三个大模块：前台商务系统、商家店面管理系统和（　）

A. 信息发布系统　B. 站点后台管理系统　C. 管理员系统　D. 基本资料输入系统

52. 以下哪一项不属于消费者在网上商店进行购物的操作（　）

A. 浏览产品　B. 选购产品　C. 订购产品　D. 信息发布

53. 伴随网络消费者在网上商店进行购物的是网上商店提供的（　）

A. 信息发布系统　B. 数据库系统　C. 信用卡管理系统　D. 购物车

54. 以下哪一项不属于网上商店订单处理流程的关键因素（　）

A. 价格因素　B. 时间因素　C. 成本因素　D. 供货准确性因素

55. SCCN 的整个交易流程为：询价和报价、洽谈、签约和（　）

A. 认证　B. 执行　C. 汇款　D. 划账

56. 要使网上交易成功首先要能确认对方的（　）

A. 身份　B. 信用程度　C. 资金多少　D. 是否上网

57. 数字证书采用公钥体制，即利用一对互相匹配的密钥进行（　）

A. 加密　B. 加密、解密　C. 解密　D. 安全认证

58. 数字证书的作用是证明证书中列出的用户合法拥有证书中列出的（　）

A. 私人密钥　B. 加密密钥　C. 解密密钥　D. 公开密钥

59. 以下哪一项不属于公告栏广告发布技巧（　）

A. 写一个好标题　B. 在相关的类别、地点发布广告

C. 注意发布频率　D. 文字处理

60. 电子钱包是与浏览器一起工作的（　）

A. 应用软件　B. 信息系统　C. 集成系统　D. 助手应用程序

三、多项选择题（61-100 题，共 40 题，每题 1 分，满分 40 分。每题的备选答案中有两个或两个以上符合题意的答案，请将正确选项代号填在括号中。错选、少选或多选均不得分）

61. 下面哪些属于网上单证设计时需要注意的地方和可以采用的技巧（　）

A. 线条流畅　B. 尽力使客户在购物时感到方便

C. 提供可视化的线索和与购物车链接　D. 个性化和问候语

62. URL 的内容包括（　）

A. 传输协议　B. 存放该资源的服务器名称

C. 资源在服务器上的路径及文件名　D. 文本

63. Internet 将顶级域名分成几大类（　）

A. 商业顶级域名　B. 国际顶级域名　C. 国家顶级域名　D. 通用顶级域名

64. BBS 常用的功能有（　）

A. 阅读文章　B. 收发 E-mail　C. 发表文章　D. 交流聊天

65. 以下哪些是计算机病毒的主要特点（　）

A. 破坏性　B. 隐蔽性　C. 传染性　D. 时效性

66. 相对于传统商务信息，网络商务信息具有哪些显著的特点（　）

A. 实效性强　B. 便于存储　C. 准确性高　D. 集中性好

67. 网络市场调查中邮发给调查对象的调查表，由哪几部分构成（　）

A. 问候语　B. 提问用纸和回答栏　C. 问题项目单　D. 编码栏

68. 网上市场调研的样本类型有（　）

A. 随机样本　B. 信息样本　C. 过滤性样本　D. 选择样本

69. 主页一般包含以下几种基本元素（　）

A. 文本（Text）　B. 图像（Image）　C. 表格（Table）　D. 超链接（HyperLink）

70. 网上订单的后台处理的过程主要包括（　）

A. 订单传递　B. 收发电子邮件　C. 订单登录　D. 订单处理状态追踪

71. 以下哪些属于网上购物的购物车应该具备的功能（　）

A. 自动跟踪并记录消费者在网上购物过程中所选择的商品

B. 允许购物者可以随时更新购物车中的商品

C. 完成对数据的校验　D. 具有良好的扩展性和接口

72. 购物车软件应该由以下哪几个模块组成（　）

A. 购物车显示模块　B. 用户交流模块　C. 确认和支付模块　D. 订单生成模块

73. 完善网上商店订单处理流程的原因主要来自哪几个方面（　）

A. 客户　B. 银行　C. 企业　D. 认证中心

74. 电子钱包中纪录每笔交易的交易状态有以下哪几种（　）

A. 成功　B. 订单接收　C. 未完成　D. 订单拒绝

75. 电子合同按照自身的特点分类，可以分成哪些类（　）

A. 信息产品合同与非信息产品合同　B. 有形信息产品合同与无形信息产品合同

C. 信息许可使用合同与信息服务合同　D. 有价合同与无价合同

76. 网络安全的四大要素为（　）

A. 信息传输的保密性　B. 数据交换的完整性

C. 发送信息的不可否认性　D. 交易者身份的确定性

77. 采用数字签名，能够确认以下几点（　）

A. 保证信息是由对方签名发送的，签名者不能否认或难以否认

B. 保证信息是由签名者自己签名发送的，签名者不能否认或难以否认

C. 保证信息签发后未曾作过任何修改，签发的文件是真实文件

D. 保证信息自签发后到收到为止未曾作过任何修改，签发的文件是真实文件

78. 以下哪些属于电子钱包中的账户信息（　）

A. 用户身份　B. 卡说明　C. 卡品牌　D. 证书语言

79. 以下哪些内容属于标准 X. 509 数字证书的内容（　）

A. 证书的版本信息　B. 证书的序列号，每个证书都有一个唯一的证书序列号

C. 证书使用者对证书的签名　D. 证书所使用的签名算法

80. 以下哪些是网上单证常见的问题（　）

A. 客户不知道订单是否提交成功　B. 有效的订单但尚未付款

C. 购物订单的确认、提交与订单合并　D. 网上支付出现错误

81. 电子商务充分被使用的当今，营销战略中网络营销能够体现的作用是____（　）

A. 对营销竞争战略影响

B. 胜负的关键在于如何适时获取、分析、运用这些自网络上获得的信息

C. 由于网络的自由开放性，网络时代的市场竞争是透明的，人人都能掌握竞争对手的产品信息与营销作为

D. 对企业跨国经营战略影响

82. 关于网络营销的看法中，作为电子商务师，下列说法比较客观的是________（　）

A. 已经和传统营销完整的结合

B. 将影响到营销所涉及到的各个方面

C. 网络营销只是局限于一种营销手段和媒体的改变

D. 网络营销与传统营销是相互影响和相互促进的局面，最后实现融洽的内在统一

83. 在进行网络营销时，欲收集境外厂商报价，比较可行的方法有________（　）

A. 通过厂方站点查询　B. 利用生产商协会的站点查询

C. 利用讨论组查询　D. 利用 Trade—Lead 查询

84. 如果一个电子商务师所服务的是进行国际贸易的企业，下列哪些方面的数据比较有价值________（　）

A. 关税　B. 产品价格　C. 国际贸易数据　D. 贸易政策

85. 作为电子商务师，在网络营销行为中，欲收集销售商的报价，下列哪些方案比较可行________（　）

A. 查询政府酒类专卖机构的价格　B. 通过商务谈判中定价

C. 查询销售商站点中的报价　D. 聊天室和 BBS

86. 网络商务信息具有以下________显著的特点优于传统商务信息（　）

A. 实效性强　B. 准确性高　C. 便于存储　D. 收益大

87. 常规的网络商务信息可以把它分为四个等级，其中有________（　）

A. 无价商务信息　B. 收取较低费用的信息

C. 收取标准信息费的信息　D. 优质优价的信息

88. 下列关于网络商务信息存储的说法中正确的是________（　）

A. 网络商务信息没办法存储

B. 网络商务信息可以方便地从因特网下载存储到自已的计算机上使用

C. 自己本地信息资料遗失后，还可以到原有的信息源中再次查找

D. 网络商务信息是只能存储在网站上的，极其不方便

89. 电子商务良好实施的组织中，网络商务信息对企业行为中哪些方面起到重要的影响________（　）

A. 有关网络营销决策和计划方面

B. 有关企业的战略管理方面

C. 有关市场研究方面

D. 有关新产品开发方面

90. 有关于网络营销和传统营销的特点描述正确的，是________（　）

A. 网络营销能够使市场个性化得到体现，最终将适应每一个用户的需求

B. 建立顾客对于虚拟企业与网络营销的信任感，是网络营销成功的关键

C. 顾客不是网络营销竞争的焦点

D. 基于网络时代的目标市场、顾客形态、产品种类与以前会有很大的差异

91. 网络营销中在线调查表进行市场调查是常见的方式。在线调查表设计中应注意的问题________（ ）

A. 必须明确的提问的意思和范围

B. 问题设计应力求简明扼要

C. 所提问题不应有偏见或误导和不要诱导人们回答

D. 避免引起人们反感或难以回答的问题

92. 网络营销中进行广告发布，选择发布媒介时如果选择了旗帜广告，要考虑的条件有________（ ）

A. 要考虑广告的效率　B. 要考虑广告的收益

C. 要考虑广告费用　D. 要考虑所选择的媒体的形象是否与你广告推广形象吻合

93. 通常进行广告信息发布时，电子商务师选择在公告栏广告发布信息，应注意的技巧包括________（ ）

A. 留下准确及时的联系方式　B. 内容部分要简明扼要

C. 一个好标题　D. 在相对广泛的区域和地点发布广告

94. 通常进行广告信息发布时，电子商务师在新闻组发布信息时，应注意的技巧包括________（ ）

A. 张贴有价值信息的文章，建立信誉度

B. 经常地在选定的新闻组中张贴消息或回复别人张贴的消息

C. 可以使用网站网页升级更新通知

D. 以请求别人提出意见的方式发布信息

95. 如果企业在搭建电子商务平台时，通过购买商店管理软件系统来搭建企业的网上商店平台，优点是________（ ）

A. 比较适合于大中型企业

B. 生成的商店会是具有规模效应的一组商店中的一分子

C. 不需要大力推广，简单快捷

D. 可以根据企业自己的特性搭建个性化网上商店

96. 我们在进行市场数据分析的时候，通常所用到的几种主要的图表是________（ ）

A. 雷达图　B. 曲线图　C. 面积图　D. 柱形图

97. 电子商务师在对各国生产商的背景资料的收集，方案可行的有________（ ）

A. 利用 Yahoo 等目录型的搜索工具收集

B. 利用 Infoseek 等数量型的搜索工具查询

C. 通过地域性的搜索引擎查询

D. 通过 YellowPage 等商业工具查询

98. 在网络市场调研的行为中，良好的针对调查过程的管理和控制是非常必要的，通常我们采用的步骤应该包括哪些要点________（ ）

A. 网上调查项目的设定　B. 明确调查对象

C. 明确调查目的　D. 调查方法的选择

99. 普遍的营销概念中，关于营销的研究，常包括以下哪几个方面________（ ）

A. 广告策略的研究 B. 分销渠道的研究 C. 价格研究 D. 产品的研究

100. E-mail 是一种非常方便的互联网沟通工具，电子商务师在使用 E-mail 作为市场调研工具的时候，应注意以下几点________（ ）

A. 邮件应该言简意赅 B. 首先传递最重要的信息

C. 把文件标题作为邮件主题 D. 尽量使用 ASCII 码纯文本格式文章

参考答案

一、判断题

01. F 02. F 03. F 04. T 05. F 06. T 07. T 08. T 09. F 10. F

11. F 12. T 13. T 14. T 15. T 16. T 17. T 18. F 19. T 20. F

二、单项选择题

21. C 22. C 23. C 24. D 25. B 26. A 27. D 28. B 29. D 30. A

31. D 32. B 33. C 34. B 35. A 36. D 37. B 38. A 39. A 40. D

41. D 42. A 43. B 44. A 45. B 46. A 47. A 48. B 49. D 50. C

51. B 52. D 53. D 54. A 55. B 56. A 57. B 58. D 59. D 60. D

三、多项选择题

61. BCD 62. ABC 63. BCD 64. ABCD 65. ABCD 66. ABC

67. ABCD 68. ACD 69. ABCD 70. ACD 71. ABCD 72. ACD

73. AC 74. ABCD 75. ABC 76. ABCD 77. BC 78. BCD 79. ABD

80. ABCD 81. ABCD 82. BD 83. ABCD 84. ABCD 85. ABC 86. ABC

87. BCD 88. BC 89. ABCD 90. ABD 91. ABCD 92. ABCD 93. ABCD

94. ABCD 95. AD 96. ABCD 97. ABCD 98. ABCD 99. ABCD 100. ABCD

第三节 初级电子商务师模拟试题三

单选与多选混合练习

1. 配装理货应该注意的事项包括（ ）

A. 外观相近、容易混淆的货物分开装载 B. 重不压轻，大不压小

C. 渗水货物与易受潮货物分开存放 D. 易流动的卷状货物，要垂直摆放

2. 根据合同标的性质的不同，信息产品合同可区分为（ ）

A. 信息访问合同 B. 有形信息产品合同

C. 信息许可使用合同　D. 无形信息产品合同

3. 在 B2C 电子商务模式中，消费者身份确认目前大多数采用（　）

A. CA 认证与身份证认证　B. 电话确认与 CA 认证

C. 身份证认证与电子邮件确认　D. 电子邮件确认与电话确认

4. 数据加密的密文是（　）

A. 数据加密需要加密的数据或者文件

B. 加密后的永远不可读的数据

C. 只能在输入相应的密钥之后才能显示本来内容的代码

D. 由明文取反得到，再次取反可以返回到密文

5. E-cash 的中文含义为（　）

A. 电子现金　B. 数字现金　C. 电子钱包　D. 电子支票

6. 物流信息按照管理层次划分，主要可以分为（　）

A. 操作管理信息　B. 知识管理信息　C. 战术管理信息　D. 战略管理信息

7. 物流信息的特点是（　）

A. 信息量大　B. 成本高　C. 更新快　D. 来源多样化

8. 新闻组中顶级类别 misc 表示（　）

A. 比较杂乱，无规定的主题　B. 关于休闲娱乐的主题

C. 无法明确分类的主题　D. 关于社会科学的主题

9. 采用数字签名，能确认（　）

A. 信息是有签名者发送的　B. 信息是何人发送的

C. 发件人的订货数量　D. 发件人的订货价格

10. SET 协议涉及的对象有（　）

A. 消费者　B 货币发行机构　C. 收单银行　D. 认证中心

11. 一个数字签名方案由（　）两部分构成

A. 签署算法与验证算法　B. 有限密钥空间与验证算法

C. 签名密钥空间与验证算法　D. 有限密钥空间与签名的有限集合

12. 但某一产品领域的第一品牌、领导者地位已被别人占领，跟进者要想正面抗争十分困难，这时候通常采用（　）网络广告定位策略

A. 比附定位　B. 抢先定位　C. 空隙定位　D. 品牌定位

13. 所谓（　），就是抓住消费者注重自身利益的心理特点，注重宣传网络广告产品能给消费者带来的好处。

A. 兴趣导向　B. 利益导向　C. 欲望导向　D. 行动导向

14. 企业采购人员必须关心的代理权利是指（　）

A. 明确采购范围　B. 明确权利范围　C. 明确活动范围　D. 明确责任范围

15.（　）是指当事人采用口头或电话等直接表达的方式达成的协议。

A. 合同的网络形式　B. 合同的口头形式

C. 合同的书面形式　D. 合同的其它形式

16.（　）是判别样本所属类型的一种多元统计方法，在生产、科研与日常生活都经常

用到。

A. 回归分析　B. 判别分析　C. 聚类分析　D. 相关分析

17. 域名系统对名字结构作了定义，名字从左到右表示的范围（　）

A. 从大到小　B. 从远道近　C. 从小到大　D. 从近到远

18. 客户管理一般包括（　）等几个方面

A. 了解客户　B. 开发潜在客户　C. 留住新老客户　D. 结成伙伴关系

19. 按入侵方式分，“大麻病毒”属于（　）

A. 入侵病毒　B. 外壳病毒　C. 源码病毒　D. 操作系统型病毒

20. 取得客户反馈信息的主要方式有（　）

A. 网上调查表调查　B. 创建在线社区　C. 提供免费产品　D. 经常上门促销

21. 企业网上采购的最佳形式是（　）

A. 无订单采购　B. 原 ERP 系统改造　C. 无票据自动结算　D. 网上招投标

22. 从病毒的入侵方式来看，病毒大致可以分为操作系统型病毒、侵入型病毒以及（　）

A. 源码型病毒　B. 外壳型病毒　C. 良性病毒　D. 恶性病毒

23. 最常见的 FTP 服务是（　）

A. 匿名登录　B. 上传文件　C. 下载文件　D. 目录文件

24. 几十年来计算机网络的发展经历了（　）阶段。

A. 局域网　B. 以单击为中心的通信系统

C. 国际标准化的计算机网络　D. 多个计算机互联的通信系统

25. 目前主要利用（　）方式实现电子邮件在传输过程中的安全。

A. SSL SMTP 和 SSL POP　B. PGP　C. VPN 或者其他的 IP 通道技术　D. S/MIME

26. 在物流系统中应用 GPS 技术采集和跟踪信息，可实现（　）

A. 实时监控　B. 动态调控　C. 服务客户　D. 出库入库管理

27. 如果电子商务按照经济活动的类别来划分，阿里巴巴属于（　）类型的电子商务网站。

A. B2C　B. B2B　C. C2C　D. G2C

28. 目前招标采购中所用的招标单格式主要有（　）

A. 单用式表单　B. 两用式表单　C. 三用式表单　D. 多用式表单

29. 1980 年国际标准组织 ISO 公布了（　），成为世界上网络体系的公共标准。

A. 超文本传输协议　B. 开放系统互联参考模型　C. TCP/IP　D. X. 25 协议

30.（　）是配送工作的第一步。

A. 确定车辆配装方法　B. 配货　C. 确定配送路线　D. 分析配送成本

31. 在 HTML 中，字体标记符包括（　）。

A. <b>　B. <i>　C. <font>　D. <hr>

32. 根据合同的（　）不同，合同可分为货物贸易合同、服务贸易合同及知识产权贸易合同。

A. 意义　B. 内容　C. 形式　D. 标的

33. 完善网上订单处理流程常遵循的一些原则包括（　）。

A. 并行处理　B. 串行处理　C. 分批处理　D. 打包处理

34. 目前国际贸易中最普通的一种报价采购的种类是（　）。

A. 确定报价　B. 条件式报价　C. 无承诺报价　D. 卖方确认的报价

35. 关于 HTML，表述正确的有（　）。

A. HTML 文件中的标记区分大小写　B. HTML 中使用的注释语句为<! --……-->

C. 多个标记符可写成一行　D. 一个标记可以有多个属性项，各属性项的次序不限定

36.（　）是采购日记帐中记录采购的基础，也是支付贷款的依据。

A. 请购单　B. 订单　C. 验收单　D. 付款凭单

37. 端到端的安全电子邮件技术用来确保电子商务的（　）

A. 完整性　B. 保密性　C. 不可否认性　D. 一致性

38. 根据国际贸易惯例，报价单所列附带件经接受后，（　）

A. 可以撤回　B. 不得撤回　C. 可由买方撤回　D. 可由卖方撤回

39. 回归线是一条（　）

A. 最能代表散点图上分布趋势的曲线　B. 最能代表散点图上分布趋势的直线

C. 最能代表散点图上腹部密度的曲线　D. 最能代表散点图上分布密度的直线

40. 电子商务中，CA 认证机构一般需承担的义务包括（　）。

A. 信息披露　B. 信息通知　C. 安全义务　D. 保密义务

41. 下列部署以电子商务安全需求的是（　）。

A. 交易实体身份真实性的需求　B. 信息一致性的需求

C. 交易信息认可的需求　D. 访问控制的需求

42. 订单的（　）状态表示客户的订单已提交，还没有进行配送处理。

A. 带确认　B. 以确认　C. 未处理　D. 待提交

43. 网络客户反馈信息通常都是以（　）方式传递的。

A. 电话　B. E-mail　C. BBS　D. 讨论组

44. 关于客户端脚本，正确的说法有（　）

A. 客户端脚本是由浏览器处理的

B. 客户端脚本是由服务器处理的

C. JavaScript 和 Script 都可编写客户端脚本

D. 客户端脚本必须放在<script>>？</script>标记之间，嵌入到 HTML 页面中

45. 使用超级终端软件可以实现计算机之间的（　）。

A. 串行通讯　B. 并行通讯　C. 无线通讯　D. 专线通讯

46. 在 Microsoft FrontPage 中，关于样式，说法正确的有（　）

A. 内联式只包含在与它有关的标记内，对页面上其它的标记不起作用

B. 嵌入式样式将样式信息放在文档头部区域中，在<STYLE>和</STYLE>之间定义样式

C. 外部样式文件将 CSS 样式保存为独立的文件，所有页面文件可共享该样式文件

D. 应用外部样式文件的方法为先在文档的<head>部分链接外部样式文件，然后再

在<body>部分使用 CSS 中的定义

47. 在结算方式上，网络商品交易中心一般采用（　）集中的结算模式。

A. 绝对　B. 相对　C. 统一　D. 分散

48. 代理服务（　）。

A. 是运行在防火墙主机上的专门的应用程序或服务器程序　B. 位于内部网络中

C. 位于外部服务之间　D. 由代理服务器和路由器两个部件组成

49. （　）是防火墙最基本的构件

A. 屏蔽路由器　B. 终端　C. 堡垒主机　D. 分组过滤路由器

50. SET 协议主要使用的技术包括（　）

A. 对称密钥加密　B. 公共密钥加密　C. 数字签名技术　D. 对称密钥授权机制

51. 按照（　）进行分类，物流信息可分为计划信息，控制及作业信息、统计信息和支持信息。

A. 物流信息的来源　B. 物流信息的管理层

C. 物流信息的功能　D. 物流信息的采集途径

52. 关于 EDI 的特点，正确的说法有（　）

A. 电子传输方法　B. 统一报文标准

C. 通过互联网进行　D. 用于企业与企业间交易

53. 网上市场调研的主要方法包括（　）

A. 信函调研　B. E-mail 问卷　C. 在线调研　D. 网上间接调研法

54. 数据库的三级结构是指（　）

A. 字段存储结构　B. 物理存储结构　C. 局部逻辑结构　D. 总体逻辑结构

55. PGP（Pretty Good Privacy）是一个基于 RSA（　）加密体系的邮件加密文件。

A. 公钥　B. 私钥　C. 密码　D. 安全

56. 在病毒检测技术中，特征代码法的说法正确的是（　）

A. 病毒数据库中的特征代码越多，能检测的病毒也就越多

B. 既可以发现已知病毒又可以发现未知病毒的方法

C. 检测准确快速，可识别病毒的名称，误报率低，依检测结果可做解毒处理

D. 检查文件中是否含有病毒数据库中的病毒特征代码。如果发现则判定该文件染有病毒

57. 以下（　）缩写具有网络协议的含义。

A. IP　B. TCP　C. EDI　D. PPP

58. 一个客户接待人员在使用 CRM 系统与客户进行联系时，CRM 系统会适时地把相关的客户记录列在工作界面的合适位置供该接待人员参考，此列体现的是（　）

A. 客户信息采集　B. 客户信息使用　C. 客户信息归档　D. 客户信息分析

59. 下面关于宏病毒的说法错误的是（　）

A. 宏病毒是计算机病毒历史上发展最快的病毒，它也是传播最广泛的

B. 宏病毒是一类使用宏语言编写的程序

C. 宏病毒依赖于 EXE 型和 COM 型等可执行程序进行传播

D. 大多数宏病毒都有发作日期。轻则影响正常工作，重者破坏硬盘信息，甚至格式化硬盘，危害极大

60. SET 协议是（　）的网络标准协议

A. 传输层　B. 应用层　C. 物理层　D. 网络层

61. 客户投诉产生后，最重要的处理原则是（　）

A. 及时原则　B. 责任原则　C. 预防原则　D. 管理原则

62. 物流管理的目标是（　）

A. 快速响应　B. 减少故障　C. 量低库存　D. 整合配送运输

63. （　）是网络通讯中标志通讯各方身份信息的一系列数据，其作用类似于司机的驾照和日常生活中的身份证。

A. 数字证书　B. 电子钱包　C. 用户信息　D. 用户名

64. 在 HTML 中，align 属性表示的含义是（　）

A. 显示不同形状的项目符号　B. 控制文字的对齐方式

C. 定义文字所使用的字体　D. 定义该单元格所跨行数

65. 货物跟踪系统是指物流运输企业运用物流条形码和（　）及时获取有关货物运输状态的信息。

A. EDI 技术　B. POS 技术　C. PDT 技术　D. EAN 技术

66. （　）是利用卫星星座、地面控制和信号接收机对对象进行动态定位的系统。

A. RF　B. EDI　C. GPS　D. PDT

67. 当前普遍采用的性能较好的数据库是（　）

A. 表格型数据库　B. 记录型数据库　C. 表格型数据库　D. 关系型数据库

68. 与光盘存储相比，硬盘存储的优点在于（　）

A. 更经济　B. 存取速度快　C. 存储容量大　D. 便于携带

69. 在 Front Page 的“横幅广告管理器属性”对话框中，不能设置横幅广告的（　）

A. 宽度　B. 高度　C. 过滤效果　D. 每幅图片显示次数

70. 利用（　），企业可以通过页面向顾客提供有关产品的使用、技术支持、企业情况等常见问题的现成答案。

A. 在线帮助　B. 在线解答　C. FAQ　D. FQA

71. 在 Microsoft FrontPage 中，执行（　）命令，可以打开“DHTML 效果”工具栏。

A. “格式”—“动态 HTML 效果”

B. “插入”—“组件”—“动态 HTML 效果”

C. “格式”—“DHTML 效果”

D. “插入”—“组件”—“DHTML 效果”

72. 网上商店生成系统包括（　）模块。

A. 前台商务系统　B. 商家店面管理系统

C. 用户联系系统　D. 站点后台管理系统

73. 企业选择供应商的三个阶段是（　）

A. 确认业务需求、产生潜在供应商列表、谈判确定合同条款

B. 内部需求分析、供应商选择、谈判和选择

C. 用户需求确认、准备和发布 RFP、为投标人举办会议

D. 分析必要需求、建立最佳候选名单、确认最终名单

74. 企业采购和付款业务循环包括的流程，按正确顺序排列的是（　）。

A. 处理订单—确认债务—验收商品—处理和记录价款的支付

B. 验收商品—处理订单—确认债务—处理和记录价款的支付

C. 处理订单—验收商品—确认债务—处理和纪律价款的支付

D. 验收商品—确认债务—处理和记录价款的支付—处理订单

75. 企业为了维持正常的生产、服务和运营而向外界购买产品和服务的过程，称为（　）

A. 企业采购　B. 网络采购　C. 传统采购　D. 互联网采购

76. “网上调研是开放的，任何网民都可以进行投票和查看结果，而且在投票信息经过统计分析软件初步处理后，就可以马上查看到阶段性的调研结果。” 这句话比较好的说明了网络调研的（　）特点。

A. 便捷性　B. 充分性　C. 廉价性　D. 及时性

77. 在 HTML 中，<a href=” http://www. ggg. com. cn” >友情链接</a>，表示（　）。

A. 指向电子邮件的链接　B. 指向站点内文件的链接

C. 指向其它网站文件的链接　D. 指向网页内书签的链接

78. 使用网络蚂蚁下载器软件，正确的方法包括（　）。

A. 在 IE 浏览器菜单中选择“编辑”——“添加任务”

B. 在 IE 浏览器设置中的“自动操作”中设置“浏览器点击整合”

C. 在 NetAnts 工作界面选择“编辑”——“添加任务”

D. 在链接上右击鼠标，选择“Download all by Net Ants”

79. 引导型病毒（　）。

A. 传染的对象主要是硬盘的主引导扇区和引导扇区

B. 优先于正常系统的引导将其自身装入系统中，获得对系统的控制权

C. 是一种控制系统的破坏力很强的病毒，因此又称为系统病毒

D. 包括 COM 和 EXE 型等可执行文件病毒

80. 关于 CSS，错误的说法是（　）

A. CSS 是用于定义网页内容显示样式的一种技术

B. 通过 CSS 样式可以设定字号、颜色、边框等属性

C. CSS 技术扩展了 HTML 定义语法和语义的样式

D. 使用 CSS 不便于页面的修改

81. 企业对供应商调查，以下正确说法的是（　）。

A. 对新、老供应商都要进行调查

B. 调查重点侧重于工序控制、员工培训、资历考核等方面

C. 善于利用社会性数据库

D. 最好事先编制调查表，寄发给相关供应商

82. 在线广告由于能够提供庞大的用户跟踪信息库，商家可以从中找到很多有用的反馈信息，这一点比较好的说明了网络广告（　）的特点。

A. 更改方便　B. 形式灵活　C. 便于检索　D. 跨越地域

83. 从（　）角度来看，需要完善网上商店订单处理流程。

A. 客户　B. 供应商　C. 经销商　D. 企业

84. 数字签名可用来防止（　）

A. 电子信息易被修改而有人作为　B. 冒用别人名义发送信息

C. 发出信件又加以否认等情况发生　D. 收到信件后又加以否认等情况发生

85. OSI 制定了标准的安全服务，他们是（　）

A. 数据保密服务　B. 数据完整性服务

C. 交易对象认证服务　D. 访问控制服务

86. 网络蚂蚁下载工具中，“最大下载任务数目”选项的作用是（　）

A. 定义允许下载文件的最大数目　B. 限制同时下载文件的最大数目

C. 限制一个文件最多可拆分为几部分下载　D. 定义蚂蚁数目

87. 安全电子交易是基于互联网的支付，是授权业务信息传输的安全标准，它采用（　）公开密钥体系对通信双方进行认证。

A. RSA　B. DES　C. RC4　D. HASH

88. 下列关于文件型病毒所执行的操作，正确的是（　）。

A. 内存驻留的病毒首先检查系统内存，查看内存是否已有此病毒存在；如果没有则将病毒代码装入内存进行感染

B. 对内存驻留病毒来说，驻留时会把一些操作系统和基本输入输出系统的中断指向病毒代码

C. 对于驻留内存的病毒来说，执行破坏功能的时间只是开始执行的时候

D. 在所有工作完成后，病毒将控制权返回感染程序，使正常程序执行

89. 在网络交易的撮合工程中，认证机构（　）

A. 是提供身份验证的第三方机构　B. 对进行网络交易的买卖双方负责

C. 对整个电子商务的交易秩序负责　D. 常带有半管的性质

90. 常见划分目标市场的方法包括（　）。

A. 按经济地位划分　B. 按人群素质划分

C. 按地理环境划分　D. 按行政区域划分

91. 以下不属于调研问卷设计要点的是（　）。

A. 明确调研目的　B. 措辞选择激烈　C. 问题数量适当　D. 问卷结构合理

92. 按照顾客订单的内容提供准确的品种、数量和高质量的产品，并运送到正确的交货地点。当需要延期供货和分批送货时，应与顾客充分协调与沟通并要取得客户的同意，以上这点体现了完善网上商店订单处理流程关键因素中的（　）。

A. 时间因素　B. 成本因素　C. 信息因素　D. 供货准确性因素

93. 随着移动通信技术的发展和普及，出现了多种车辆运行管理系统，其中适用于城市范围的是（　）车辆运行管理系统。

A. MCA 无线系统　B. GPS 技术　C. GIS 技术　D. PDT 技术

94. 调查问句“最近你从这家电器商店购买了什么家电产品？”存在的问题是（　）

A. 提问有诱导性　B. 问题令人反感　C. 时间范围不明确　D. 地点范围不明确

95. 在 HTML 中，（　）是段落标记。

A. <head>　B. <title>　C. <h3>　D. <body>

96. 移动存储设备 MO 使用的介质属于（　）。

A. 磁介质　B. 光存储技术　C. 光磁技术　D. 特殊存储技术

97. 在 HTML 中，rowspan 和 colspan 属性出现在（　）标记中。

A. <table>　B. <td>　C. <tr>　D. <li>

98. 在网络对话层，（　）协议能确保两个应用程序之间通信内容的保密性和数据完整性。

A. SSH　B. PKI　C. SET　D. SSL

99. 非对称密码体制（　）。

A. 是一种现代加密算法，也称为秘密密码体制

B. 即加密密钥不公开，解密密钥公开

C. 使用于开放的使用环境，密钥管理相对简单，但工作效率低于对称密码体制

D. 常用的有 DES、IDEA. AES 等

100. 网络商务信息相对传统商业信息的特点在于（　）

A. 时效性强　B. 准确性高　C. 成本低廉　D. 便于存储

参考答案：

1. ABCD　2. AC　3. A　4. C　5. AB　6. ABCD　7. ACD　8. C　9. A　10. ABCD
11. A　12. A　13. B　14. BC　15. B　16. B　17. C　18. ABCD　19. D　20. ABC
21. AC　22. AB　23. C　24. BCD　25. ABCD　26. ABC　27. B　28. BC　29. B　30. B
31. ABC　32. D　33. AC　34. A　35. BCD　36. D　37. ABC　38. B　39. B　40. ABCD
41. B　42. C　43. B　44. ACD　45. A　46. ABCD　47. C　48. A　49. A　50. ABC
51. C　52. ABCD　53. BCD　54. BCD　55. A　56. ACD　57. AB　58. B　59. C　60. B
61. A　62. ABCD　63. A　64. B　65. A　66. C　67. D　68. BC　69. D　70. C
71. A　72. ABD　73. B　74. C　75. A　76. D　77. C　78. CD　79. AB　80. D
81. ABCD　82. C　83. AD　84. ABCD　85. ABCD　86. B　87. A　88. ABD　89. AB
90. ABC　91. B　92. D　93. A　94. C　95. C　96. C　97. B　98. D　99. C　100. ABD

第四节　初级电子商务师模拟试题四

一、单选题（每题 1 分，共计 60 题）

1.（　）是提供身份验证的第三方机构。

A. 网上交易中心　B. 支付平台　C. 认证中心　D. 网上工商局

2.（　）属于水平 B2B 电子商务。

A. Dell 电脑　B. Cisco　C. 环球资源网　D. 上海书城

3. EDI 的含义是（　）。

A. 电子数据处理　B. 电子数据交换　C. 电子资金转账　D. 电子销售系统

4. 显示器和打印机属于计算机系统中的（　）。

A. 辅助存储器　B. 输入设备　C. 输出设备　D. 软件系统

5. 对计算机病毒和危害社会公共安全的其他有害数据的防治研究工作，由（　）归口管理。

A. 工商部　B. 安全部　C. 司法部　D. 公安部

6. 数字证书是网络通信中标志通信各方（　）信息的一系列数据。

A. 身份　B. 资金　C. 物流　D. 订单

7. 消费者与消费者之间的电子商务，即（　）电子商务。

A. B2C　B. B2B　C. G2G　D. C2C

8.（　）是一个包含持有人、个人信息、公开密钥、证书序号、有效期、发证单位的电子签名等内容的数字文件。

A. 数字证书　B. 数字签名　C. 电子印章　D. CA

9. 1994 年 2 月 18 日，我国颁布了（　），这是我国的第一个计算机安全法规，是我国计算机安全工作的总体纲领。

A.《新刑法》　B.《计算机安全法》

C.《中华人民共和国计算机信息系统安全保护条例》　D.《计算机安全条例》

10. 电子商务过程中，人们需要用（　）来相互证明各自的身份。

A. 电子邮箱账号　B. 电子指纹　C. 电子签字机制　D. IP 地址

11. 在（　）中计算机可以使用超终端通信。

A. 对等网络　B. 广播式网络　C. 非对等网络　D. VPN

12. 对于同一个声音文件，最小的文件格式一般是（　）。

A. WAV 文件　B. MID 文件　C. MP3 文件　D. RM 文件

13. 通过搜索引擎找到信息发布源收集商务信息，这个过程（　），有效地保证了信息的准确性。

A. 减少了信息传递的中间环节　B. 减少了人工干预

C. 提高了搜索结果的相关度　D. 提高了信息的时效性

14.（　）是网上市场调研中最有效并经常使用的一种方法。

A. 网上问卷调研　B. 新闻组讨论　C. 电子邮件　D. 网上问答

15. 国际通用商品条码格式（EAN）中 EAN-13 码中 P1~P3 是（　）。

A. 厂商代码　B. 商品代码　C. 国家或地区代码　D. 校验码

16.（　）是商店生成系统的核心。

A. 前台商务系统　B. 后台数据系统　C. 站点管理系统　D. 店面管理系统

17. 因为网络广告（　）的特征，使得公司在网络上许多位置放置公司的广告和相关产品介绍。

A. 回馈快　B. 效率高　C. 成本低　D. 交互强

18. 在网上单证设计过程中，要注意保证订单在商城未确认前的（　）。

A. 可转换性　B. 可传递性　C. 可修改性　D. 可追述性

19. 适用于货物易于集中移动且对同一种货物需求量较大的情况，这属于（　）配货作业方法。

A. 播种方式　B. 分拣方式　C. 拣选方式　D. 摘取方式

20. 客户的购买记录属于（　）信息。

A. 客户的静态　B. 客户的操作　C. 客户的动态　D. 客户的行为

21. 电子合同是通过计算机网络系统订立的、以（　）的方式生成、储存或传递的合同。

A. 数据文件　B. 数字电文　C. 数字文件　D. 数据电文

22. 在网络营销策略中，（　）是竞争的主要手段，关系到企业营销目标的实现。

A. 产品策略　B. 定价策略　C. 分销策略　D. 促销策略

23. 如果第一份订单处于（　）状态，那么就无法将订单合并了。

A. 未处理　B. 已确认　C. 待核对　D. 已发货

24. SET 协议是在（　）之上的应用层的网络标准协议。

A. 数据链路层　B. 物理层　C. 传输层　D. 对话层

25. 域名的后缀为 . net 的网站是（　）。

A. 通用网站　B. 电脑网站　C. 商业网站　D. 网络服务公司网站

26.（　）的根本目的是维护社会公共利益和保护信息弱势群体。

A. 信息搜索制度　B. 信息披露制度　C. 信息发布制度　D. 信息加密制度

27. FAQ 是指利用网站页面向顾客提供有关产品的使用、技术支持、企业情况等问题的（　）。

A. 问题列表　B. 现成答案　C. 咨询回答　D. 问答服务

28. 同各种数据库建立联系，进行沟通的是（　）。

A. SQL 语言　B. VB　C. C 语言　D. Java

29. 配送中心末端作业是（　）。

A. 理货　B. 配送　C. 装车送货　D. 计划分析

30. 下列哪个数据库被认为是当前普遍采用并且性能较好的数据库（　）。

A. 格式化数据库　B. 关系数据库　C. 网状数据库　D. 层次数据库

31. 商家要开展电子商务活动，应该用（　）作为其主要的生意平台。

A. BBS　B. 电子邮件　C. 在线商店　D. 电话订购

32. 在物流活动过程中发生的信息。如库存种类、库存量、在运量、投资在建情况、港口舰艇的贸易货物到发情况是（　）。

A. 计划信息　B. 统计信息　C. 控制及作业信息　D. 支持信息

33. 产品的品牌、包装属于产品整体概念中的（　）层次。

A. 核心产品　B. 实体产品　C. 增值产品　D. 附加产品

34. 电子订货系统简称是（　）。

A. POS　B. EPS　C. GPS　D. EOS

35. 获得投标价格的目的，就是为了（　）。

A. 得到最低价格　B. 制定标单　C. 审核供应商　D. 评价供应商

36. 企业采购和付款业务循环内部控制使用的基本文件中，（　）是由采购部门编制的授权供应方提供商品的预先编号的文件。

A. 请购单　B. 订单　C. 验收单　D. 借项通知单

37. 下列是安全密码的是（　）。

A. 123456　B. abcdefg　C. 45ff　D. 14sd%^DF41

38. （　）属于非对称密码体制算法。

A. RSA 算法　B. DES　C. AES　D. 圆曲线算法

39. 在网络采购中，用来考核供应商绩效的考核评比分数为对（　）按百分制形式计算得分。

A. 价格+品质　B. 价格+品质+配合度

C. 价格+品质+交期交量　D. 价格+品质+交期交量+配合度

40. 通常在工商企业和政府机构的数据库中，有大量数值记录的是（　）

A. 相关系数　B. 聚类分析　C. 时间序列　D. 判别分析

41. OSI 安全体系结构中，各系统进行通信的方式，下列错误的是（　）。

A. 信息从一个计算机系统的应用软件传输到另一个计算机系统的应用软件

B. 必须经过 OSI 的参考模型的一层次

C. 整个通信过程是从上至下或从下至上传输信息

D. 整个通信过程是先把一个系统的信息从上至下传输到另一系统，再把另一系统的信息从下至上传输到接收应用程序中

42. （　）属于附加产品的范畴。

A. 售后服务　B. 顾客所追求的基本效用和利益　C. 品质　D. 改进型产品

43. （　）是用一台装有两张网卡的堡垒主机做防火墙。

A. 双宿主机防火墙　B. 屏蔽子网防火墙　C. 屏蔽主机防火墙　D. 屏蔽路由器

44. 下列哪项是通信安全最核心的部分（　）。

A. 计算机安全　B. 密码安全　C. 网络安全　D. 信息安全

45. 下列说法正确的是（　）。

A. 新购置的计算机是不可能携带计算机病毒的

B. 正版软件是没有携带计算机病毒的可能性的

C. 盗版软件是会携带计算机病毒的

D. 病毒都是可以用杀素毒软件查杀的

46. 在对竞争对手研究的调研活动中，（　）发挥着重要作用。

A. 网上直接调研　B. 网上间接调研　C. E-mail 问卷　D. Focus-Group

47. 在欧美国家中，（　）一般仅是指销售物流。

A. sale logistics　B. logistics　C. physical distribution　D. sale distribution

48. 在电子交易的合同履行中，数字音乐的销售适合采取（　）的方式。

A. 在线付款，在线交货　B. 在线付款，离线交货

C. 离线付款，在线交货　D. 离线付款，离线交货

49. （　）网络在一条单线上连接着所有工作站和其它共享设备（文件服务器，打印机等）。

A. 环型　B. 广播式　C. 总线型　D. 星型

50. B2B 为采购活动提供了（　）的竞争平台。

A. “公开、公平、高速”　B. “公正、公开、高效”

C. “公平、共享、有效”　D. “公开、公平、高效”

51. 域名的后缀为 . net 的网站是（　）。

A. 通用网站　B. 电脑网站　C. 商业网站　D. 网络服务公司网站

52. 消费者在使用后才能确定或评价其质量的产品，称为（　）。

A. 可鉴别性产品　B. 经验性产品　C. 个性化产品　D. 标准性产品

53. 互联网的出现使传统的单向信息沟通模式转变为（　）营销信息沟通模式。

A. 交流式　B. 交互式　C. 主动式　D. 被动式

54. 最低库存的目标与库存的（　）有关。

A. 快速响应　B. 周转速度　C. 高周转率　D. 整合配送运输

55. 下列属于电子合同法的是（　）。

A.《统一计算机信息交易法》　B.《中华人民共和国电子签名法（草案）》

C.《电子签名示范法》　D.《统一域名争议解决办法》

56. （　）是一种自我复制的程序，无需先感染文件就可以在计算机之间传播。

A. 威胁　B. 蠕虫　C. 后门　D. 邮件爆炸

57. （　）是指软件、硬件或策略上的缺陷，这种缺陷导致非法用户未经授权而获得访问系统的权限或提高权限。

A. 漏洞　B. 威胁　C. 病毒　D. 攻击

58. 电子资金划拨中常常出现因过失或欺诈而致使资金划拨失误或迟延的现象，银行承担责任的形式不包括（　）。

A. 返回资金，支付利息　B. 补足差额，偿还余额

C. 偿还汇率波动导致的损失　D. 解除合同

59. 计算机的核心部分是（　）。

A. 操作系统　B. 硬盘 X　C. CPU　D. 内存

60. 在 HTML 中，<hr>是一个（　）。

A. 换行命令　B. 分段命令　C. 水平分隔线　D. 定义文字所使用的字体

二、多选题（每题 1 分，共计 40 题）

61. 局域网的基本特点有（　）。

A. 连网范围小　B. 传输速度高　C. 误码率高　D. 误码率低

62. 数据库管理系统具有（　）功能。

A. 数据库定义　B. 数据库管理　C. 数据通信　D. 数据采集

63. 影响商品价格的主要因素有（　）。

A. 成本因素　B. 供求关系　C. 竞争因素　D. 地理位置

64. 物流行业追求的下列（　）目标：

A. 整体系统化　B. 整体最优化　C. 社会利益最大化　D. 人员安排的合理化

65. 电子商务安全的内容，包括电子商务系统的（　）。

A. 软件安全　B. 硬件安全　C. 运行安全　D. 电子商务安全立法

66. 在电子商务条件下，买方应当承担的义务包括（　）。

A. 按照网络交易规定方式支付价款的义务

B. 按照合同规定的时间、地点和方式接受标的物的义务

C. 对标的物的质量承担担保义务

D. 对标的物验收的义务

67. 关于 HTML 文件的特点，正确的说法有（　）。

A. HTML 文件以“. html”或者“. htm”为扩展名

B. HTML 文件是一种纯文本文件

C. HTML 是 Web 页面的基础

D. HTML 文件可以使用记事本、写字板等文本编辑器来进行编辑

68. 用于划分段落，控制文本位置的<p>标记中，其 align 属性值有（　）

A. left　B. center　C. right　D . circle

69. 在 FrontPage 中，能加入 DHTML 效果的事件有（　）。

A. 单击　B. 双击　C. 鼠标悬停　D. 网页加载

70. 在 frontpage 中，应用文字的动态 HTML 效果时可选择的事件有（　）

A. 单击　B. 双击　C. 鼠标悬停　D. 网页加载

71. 以下正确的 ftp 命令格式是（　）。

A. ftp 202. 204. 256. 1　B. ftp 10. 0. 0. 1

C. ftp www. duueb. net　D. ftp http：//www. duueb. net

72. 关于邮件列表的说法中，正确的是（　）。

A. 可以实现邮件批量发送　B. 目前邮件列表数量仍很少

C. 使用邮件列表需要建立自己的邮件列表服务器

D. 每个邮件列表都针对某一特定用户群

73. 我们通常说的互联网上的三大账号是（　）。

A. 电子邮件账号　B. 上网账号　C. 新闻组账号　D. 电子银行账号

74. 各种移动存储设备都具有的特点包括（ ）。

A. 价格便宜 B. 安装简单 C. 方便携带 D. 文件不易丢失

75. 在项目管理中，（ ）可以作为项目结束后的明确的交付成果项目。

A. 建设完成通过验收的房屋 B. 设计完成通过验收的网站

C. 用户认可的调研报告 D. 网络营销策划方案

76. 调研问卷的格式是由（ ）组成的。

A. 卷首说明 B. 调研内容 C. 结果统计 D. 结束语

77. （ ）是划分目标市场的常见方法。

A. 按经济地位划分 B. 按地理环境划分

C. 按人群素质划分 D. 按购买数量划分

78. 电子商务对企业效益的影响可以从（ ）等方面进行分析和探讨。

A. 有利于降低采购成本和销售价格 B. 促进销售减少库存

C. 获得新的销售机会 D. 便捷有效的客户服务

79. 网上订单的后台处理过程主要包括（ ）

A. 订单传递 B. 收发电子邮件 C. 订单登录 D. 订单处理状态追踪

80. 消费者在网上购物，在提交订单前可以对自己的订单进行（ ）操作。

A. 查询 B. 修改 C. 删除 D. 合并

81. 电子认证中心的功能主要有（ ）。

A. 接收注册请求 B. 处理、批准、拒绝请求 C. 颁发证书 D. 提供信用担保

82. 在网络交易的过程中，（ ）可以拥有买方的公开密钥。

A. 卖方 B. 买方 C. 网络银行 D. 认证中心

83. SET 协议主要使用的技术包括（ ）。

A. 对称密钥加密 B. 公共密钥加密

C. 时间戳（电子公证） D. 称密钥授权机制

84. 网上银行的优势有（ ）。

A. 组建成本低 B. 业务成本低 C. 互动性 D. 业务全球化

85. 客户管理一般包括（ ）等方面。

A. 了解客户 B. 开发潜在客户 C. 留住新老客户 D. 结成伙伴关系

86. 网上客户的反馈信息主要分为（ ）。

A. 对产品支持和技术服务的需求 B. 订购商品或服务

C. 对商品信息的查询 D. 对网上产品或服务的意见

87. 按物流信息来源可以分为系统内与系统外信息，系统内信息包括（ ）。

A. 交通运输信息 B. 仓储信息 C. 装卸搬运信息 D. 流通加工信息和配送信息

88. 目前运用的数据恢复技术主要包括（ ）。

A. 远程保护技术 B. 瞬时复制技术

C. 远程磁盘镜像技术 D. 数据库恢复技术

89. 根据整体运作程序划分，电子订货系统可以划分为（ ）。

A. 企业内部的 EOS 系统

B. 部门内部的 EOS 系统

C. 零售商与批发商之间的 EOS 系统

D. 零售商、批发商、生产商之间的 EOS 系统

90. 配送的工作程序及内容包括（　）。

A. 拟定配送计划流程　B. 选择配送方法

C. 分析配送成本　D. 制定配送作业流程

91. “三分一统”是企业采购中防止暗箱操作的措施，其中“三分”是指（　）三权分离，各负其责，互不越位。

A. 市场采购权　B. 合同签约权　C. 价格控制权　D. 验收权

92. 网络采购的优势包括（　）。

A. 提高采购效率，降低采购成本　B. 有效保证采购质量

C. 促进企业采购的信息化建设　D. 大大减少采购过程中人为干扰因素

93. 在对供应商的考核指标中，（　）是品质指标。

A. 批退率　B. 逾期率　C. 平均合格率　D. 准时交货率

94. 企业采购中，可以（　）。

A. 根据供应商提供的样品进行评价来选择供应商

B. 对供应商能力进行现场调查和评价来选择供应商

C. 根据是否取得经营许可来选择供应商

D. 根据是否取得有关质量认证机构的质量体系认证来选择供应商

95. 下列（　）是压缩软件。

A. WinZip　B. WinRAR　C. FlashGet　D. CuteFTP

96. 数据加密的密文是指（　）。

A. 按某种算法处理后的不可读代码　B. 通过解密才可以读取

C. 只能在输入相应的密钥之后才能显示出本来内容的代码

D. 由明文取反得到，再次取反可以返回到密文

97. 软件的日常维护和管理中，支持软件主要包括（　）。

A. 操作系统　B. 数据库　C. 开发工具　D. 服务器

98. 下列能对计算机病毒起到防范作用的措施是（　）。

A. 给电脑安装防病毒软件　B. 不要打开陌生的电子邮件

C. 警惕网络陷阱　D. 执行病毒定期清理制度

99. GPS 的主要功能体现在（　）。

A. 跟踪车辆船舶　B. 信息的传递与查询　C. 支持管理　D. 及时报警

100. 在病毒检测技术中，特征代码法是指（　）。

A. 病毒数据库中的特征代码越多，能检测的病毒也就越多

B. 既可以发现已知病毒又可以发现未知病毒的方法

C. 检测准确快速，可识别病毒的名称，误报率低，依检测结果可做解毒处理

D. 检查文件中是否含有病毒数据库中的病毒特征代码

参考答案：

一、单选

1——10：C. C. B. C. D. A. D. A. C. C　11——20：A. B. A. A. C. D. C. C. A. D
21——30：D. B. D. D. D. B. B. A. C. B　31——40：C. C. B. D. A. B. D. A. D. C
41——50：C. A. A. B. C. B. C. A. C. D　51——60：D. B. B. B. A. B. A. D. C. C

二、多选

61——70：ABD 、ABC 、ABC 、AB 、ABCD 、ABD 、ABCD 、ABC. ABCD. ABCD
71——80：BC. ABD 、ABC 、BC 、ABCD 、ABD 、ABCD. BCD 、ACD 、ABCD
81——90：ABC 、BD 、AB 、ABCD 、ABCD 、AD 、ABCD 、ACD 、ACD 、ABCD
91——100：ACD 、ABCD 、AC 、ABD 、AB 、ABC 、ABC 、ABCD 、ABCD. ACD

第五节　初级电子商务师模拟试题五

一、单选

1. （　）是指通过银行卡或信用卡完成支付，使用该方式付款已经成为电子商务的主流。

A. 送货上门付款　B. 汇款　C. 电子支付　D. 转账支付

2. 下列说法错误的是（　）。

A. 计算机断电后，ROM 中的数据将完全丢失　B. 辅助存储器称外存
C. 应用软件包括通用软件和定制软件　D. 显示器是输出设备

3. WINDOWS 系列按照软件的分类属于（　）。

A. 服务器软件　B. 应用软件　C. 系统软件　D. 网络软件

4. 数据信息可以双向传输，但必须交替进行，这种通信方式称之为（　）。

A. 单工通信　B. 半双工通信　C. 全双工通信　D. 半单工通信

5. 若主机之间没有主从关系，网络中的多个用户可以共享计算机网络中的软、硬件资源，则这种计算机网络属于（　）。

A. 国际标准化的计算机网络　B. 多个计算机互连的通信系统
C. 以单机为中心的通信系统　D. 基于 C/S 结构的通信系统

6. www. sina. com. cn 中 com 表示（　）。

A. 商业网站　B. 政府网站　C. 教育机构　D. 免费网站

7. 消费者与消费者之间的电子商务，是指（　）电子商务。

A. B2C　B. B2B　C. G2G　D. C2C

8. EDI 的核心是（　）。

A. 被处理业务数据格式的国际统一标准　B. 计算机系统之间的连接
C. 利用电信号传递信息　D. 强制执行

9. 在电子商务交易的整个过程中，（　）起着串联和监控作用。

A. 物流　B. 资金流　C. 商流　D. 信息流

10. 数据传输速率是 Modem 的重要技术指标，单位为（　）。

A. b/s　B . Bytes/S　C. KB/S　D. MB/S

11. （　）是指利用网络互动性的特征，根据消费者对产品外观颜色等方面的具体需要，来确定商品价格的一种策略。

A. 个性化定价策略　B. 自动调价策略　C. 声誉定价策略　D. 网络促销定价策略

12. 网络购物必须具备人气、交流和信息量三个基本条件，其中（　）是基础。

A. 人气　B. 交流　C. 信息量　D. 交流和信息量

13. （　）是以互联网络为媒体，以新的方式、方法和理念实施营销活动，更有效促成个人和组织交易活动的实现。

A. 市场营销　B. 网络营销　C. 市场战略　D. 产品战略

14. 由于网络营销的双向互动性，使网络里的交易真正实现了（　）。

A. 买方市场　B. 全程营销　C. 卖方市场　D. 营销整合

15. （　）是指利用交通工具一次向多个目的地短距离地运送少量货物的移动。

A. 输送　B. 运输　C. 配送　D. 物流

16. 在电子商务的概念模型中，强调信息流、商流、资金流和物流的整合，其中（　）作为连接的纽带贯穿于电子商务交易的整个过程中，在起着串联和监控的作用。

A. 信息流　B. 商流　C. 资金流　D. 物流

17. 关于第三方物流，下列说法错误的是（　）。

A. 第三方物流把原来属于自己处理的物流活动以合同方式委托给专业物流服务企业

B. 通过信息系统与物流服务企业保持密切联系

C. 第三方物流又称为合同制物流

D. 第三方物流又称为委托物流

18. 电子商务中的网上交易，以（　）为最后一个环节。

A. 物流　B. 信息流　C. 商流　D. 资金流

19. 物流通过（　）调节解决对货物的需求和供给之间的时间差。

A. 运输　B. 存储　C. 包装　D. 搬运装卸

20. 对计算机病毒和危害社会公共安全的其他有害数据的防治研究工作，由（　）归口管理。

A. 工商部　B. 安全部　C. 司法部　D. 公安部

21. （　）是指软件、硬件或策略上的缺陷，这种缺陷导致非法用户未经授权而获得访问系统的权限或提高权限。

A. 漏洞　B. 威胁　C. 病毒　D. 攻击

22. （　）是一种通过电子邮件进行专题信息交流的网络服务，用于各种群体之间的信息交流和信息发布。

A. 邮件列表　B. 黄页目录　C. 网站论坛　D. 博客营销

23. 典型的电子商务支付形式应该是（　）。

A. 银行转账　B. 电话支付　C. 货到付款　D. 网上支付

24. 下面（　）不属于电子商务认证机构对登记者履行的监督管理职责。

A. 监督登记者按照规定办理登记、变更、注销手续

B. 监督登记者按照电子商务的有关法律法规合法从事经营活动

C. 监督登记者按照电子商务的有关法律法规依法纳税

D. 制止和查处登记人的违法交易活动，保护交易人的合法权益

25. 在电子交易的合同履行中，数字音乐的销售适合采取（　）的方式。

A. 在线付款，在线交货　B. 在线付款，离线交货

C. 离线付款，在线交货　D. 离线付款，离线交货

26. 下列关于网页中使用图像的原则，错误的说法是（　）。

A. 在保证所需的清晰度的情况下，尽量压缩图像的大小

B. 使用尽量少的颜色，因为图像的颜色种类越多，下载的时间越长

C. 采用分割图像的方法把大的图像分割成几小块，同时下载

D. 除了彩色照片和高色彩图像以外，尽量使用 JPEG 格式图像

27. 下列关于图像热点的说法中，正确的是（　）。

A. 热点是一个点　B. 热点可以是任意的形状

C. 一幅图像上只能应用一个热点　D. 热点不能作为超链接的载体

28. 在 Microsoft FrontPage 的“水平线属性”对话框中不能进行（　）设置。

A. 颜色　B. 高度　C. 对齐方式　D. 超链接

29. 下列关于网页中表格的说法不正确的是（　）。

A. 表格中既可以输入文字，也可以插入图片

B. 橡皮工具既可以擦除表格内部的线条，也可以擦掉表格的外框

C. 利用表格可以将网页内容定位，产生非对称效果

D. 设置表格属性的具体操作为：“表格”→“属性”→“表格”

30. 在框架属性对话框中不可以进行的设置是（　）。

A. 框架的大小　B. 框架的色彩　C. 框架的名称　D. 该框架出始页面的设置

31. 在 Microsoft FrontPage 中，选择需要合并的若干单元格后，（　），不能合并单元格。

A. 右击该若干单元格，在快捷菜单中选择“合并单元格”

B. 单击“表格”→“合并单元格”

C. 单击“表格”→“删除单元格”

D. 单击表格工具栏上的“合并单元格”按钮

32. 在 Internet Explorer 中设置 Internet 选项，如果将主页设置为默认页，则启动浏览器时最先打开的起始页是（　）。

A. 空白页　B. Intel 公司主页　C. Microsoft 公司主页　D. 用户个人主页

33. 检索其他目录检索网点的搜索引擎叫做（　）。

A. 索引检索引擎　B. 目录检索引擎　C. Spider 搜索引擎　D. 元搜索引擎

34. 在保存主页过程中，存为网页和存为 WEB 档案的区别在于（　）。

A. 所有文档是否保存在单一文件夹中　B. 是否保存图像

C. 是否保存声音　D. 保存为 WEB 档案只能看到文字

35. (　) 是经各种交流传递的方式，如口头传递、新闻发布等，将信息迅速扩散开去。

A. 网络社区营销　B. 病毒性营销　C. 广播式营销　D. 大众营销

36. 下列哪项不是电子邮件的特点（　）。

A. 与信件相比，速度快得多　B. 可传送多媒体信息

C. 价格低　D. 一封邮件一次只能发给一人

37. (　) 要经过邮件列表管理者批准之后信件才能发表，如产品信息发布，电子杂志等。

A. 公开型邮件列表　B. 封闭型邮件列表

C. 自由型邮件列表　D. 管制型邮件列表

38. (　) 是指保护软件和数据不被篡改、破坏和非法复制。

A. 系统防护安全　B. 系统运行安全　C. 系统硬件安全　D. 系统软件安全

39. 邮件列表（　）是对列表中信件发送的限制。

A. 名称　B. 类型　C. 代码　D. 介绍

40. 利用（　），可以明确公司名称、地址、联系电话、联系信箱及可以展示公司文化形象的简要信息。

A. 电子邮件　B. 签名文件　C. 署名文件　D. 公司论坛

41. 如在群发软件中，将 BCC 设置为 7，群发时将以（　）封邮件为一组。

A. 6　B. 7　C. 8　D. 9

42. 1996 年台湾制造汽车的"一元买汽车"活动将一台欧宝汽车由网友通过网络公开投标，在活动期间 1 个月内创造了近万人的投标纪录，这是属于（　）。

A. 网络的推广技巧　B. 网络的创意营销

C. 产品的属性营销　D. 产品的特点营销

43. 在 COOL 3D 软件中，点击工具栏上的（　）按钮可以将所选择的效果运用到动画上。

A. Apply　B. Execute　C. Run　D. Do

44. 根据访问者的地域选择不同来进行传播的广告，属于（　）。

A. 定向传播　B. 定时传播　C. 定性传播　D. 定点传播

45. (　) 网上单证主要用于网站收集用户信息和确认用户身份。

A. 身份注册类　B. 普通信息交流类　C. 信息发布系统　D. 信息调查类

46. 网络广告计价方法中的 CPM 指的是（　）。

A. 行动成本计价法　B. 千人成本计价法

C. 点击成本计价法　D. 时间成本计价法

47. (　) 主要以表格形式出现，用于各网站收集用户信息和确认用户身份。

A. 身份注册类网上单证　B. 信息交流类网上单证

C. 信息发布类网上单证　D. 信息收集类网上单证

48. 下列关于病毒的说法错误的是（　）。

A. 所有的病毒都是有害的　B. 蠕虫病毒是一种网络病毒

C. 病毒具有可触发性　D. 一般计算机上的文件很多，病毒的种类也会很多

49. 根据网络消费者都是年轻人这一特性，网上销售产品一般要考虑产品的（　）。

A. 价位　B. 实用性　C. 新颖性　D. 颜色

50. 以下表达正确的是（　）。

A. 在网上购物时使用的密码与银行支付卡上设置的密码是两个完全相同的概念。

B. 银行支付卡的密码也可以设置成与银行账户密码不同的密码。

C. 银行支付卡的密码不可以设置成与银行账户密码相同的密码

D. 在网上购物时使用的密码与银行账户上设置的密码是两个完全相同的概念。

51. 在电子支付方式中，借记卡属于（　）支付方式。

A. 电子货币　B. 电子支票　C. 银行卡　D. 网银卡

52. 保证网上银行安全的关键性设备是（　）。

A. 银行主机　B. 支付网关　C. 商家的服务器　D. 消费者用于网上购物的计算机

53. 关于密码的说法中，错误的是（　）。

A. 密码有可能被他人测试出来，因此我们要设置尽量复杂的密码。

B. 密码是由一串字符组成的，用来保护用户的信息。

C. 输入密码的时候，屏幕显示星号，可以防止密码泄漏，因此密码不会泄漏。

D. 密码对于每个人都很重要，因为它包含了所有的个人信息。

54. 暴力解密的方法又称（　）。

A. 利用漏洞解密　B. 偷看密码　C. 字典解密　D. 穷举解密

55. 关于数字证书的说法中，错误的是（　）。

A. 数字证书是一个经证书认证机构（CA）数字签名的包含用户身份信息以及公开密钥信息的电子文件

B. 在网上进行信息交流及商务活动时，需要通过数字证书来证明各实体（消费方、商户/企业、银行等）的身份

C. 数字证书采用公开密码密钥体系

D. 数字证书又称为数字凭证，但不是数字标识

56. 计算机病毒是（　）。

A. 指计算机程序中不可避免地包含的一些毁坏数据的代码

B. 影响计算机使用的一组计算机指令或者程序代码

C. 能自我复制的，并具有破坏计算机功能或毁坏数据的代码

D. 在计算机程序中插入的破坏计算机功能或者毁坏数据的代码

57. 在 BIOS 启动之后，系统引导时出现的病毒是什么类型的病毒？（　）

A. 文件型病毒　B. 引导型病毒　C. 混合型病毒　D. 蠕虫型病毒

58. 下列关于防火墙说法正确的是（　）

A. 两个网络之间执行访问控制策略（允许、拒绝、检测）的一系列部件的组合，包括硬件和软件，目的是保护网络不被他人侵扰

B. 提供信息安全服务，实现网络和安全信息的高级设施
C. 防火墙可通过检测、限制、更改跨越防火墙的数据流，尽可能的对外部屏蔽内部的信息、结构和运行状况，以此来实现网络的安全
D. 除非明确允许，否则将允许所有服务

59. 以下关于网上单证的描述语句中正确的是（ ）。
A. 普通信息交流类网上单证可以收集用户信息和确认用户身份
B. 设计网上单证时，要以尽可能多的步骤使得流程更专业更完善
C. 多收集注册用户的个人信息，有助于网站更有效地锁定目标客户
D. 网上单证格式的简洁、界面风格的友好及功能的完整是十分重要

60. SET 证书又称（ ）。
A. 安全套接层证书 B. 安全电子订单证书
C. 安全电子交易证书 D. 安全电子采购证书

二、多选

61. （ ）占内存的很小一部分，在通常情况下 CPU 对其只取不存。
A. ROM B. RAM C. 只读存储器 D. 随机存储器

62. 微型计算机的内存根据其工作方式的不同可分为（ ）。
A. SD B. RAM C. HD D. ROM

63. 每个 IP 地址由（ ）两部分组成。
A. 网络地址 B. 逻辑地址 C. 物理地址 D. 主机地址

64. 下列关于局域网的说法正确的是（ ）。
A. 局域网是一个数据通信系统 B. 可连接大量独立设备
C. 传输速率低 D. 其传输范围在中等地理区域

65. 以下属于计算机信息系统安全保护具体制度的是（ ）。
A. 计算机机房安全管理制度 B. 计算机信息系统国际互联网备案制度
C. 计算机信息媒体进出境申报制度 D. 计算机信息系统安全等级保护制度

66. 电子商务的基本组成要素包括用户、商家以及（ ）等。
A. 物流配送 B. 认证中心 C. 银行 D. 网络

67. 网页设计中要注意下列哪些原则（ ）
A. 网页要易读、命名要简洁、长度要适中 B. 页面风格要统一
C. 慎用图像 D. 慎用 JAVA 程序

68. 电子商务具有（ ）三个特征。
A. 交易成本低廉 B. 贸易流程简化
C. 经营方式超越时空限制 D. 交易过程繁琐

69. 网络促销有（ ）特点。
A. 通过网络技术传递商品和服务的存在、性能、功能及特征等信息
B. 在因特网上形成连接世界各国的虚拟市场，融合了多种文化
C. 虚拟市场的出现打破了传统区域性市场的小圈子，使市场竞争全球化

D. 使消费者和商家的供求关系更加紧密。

70. Internet 上电子商务对传统的市场营销理念造成了极大的冲击，主要表现在（　）。

A. 对营销渠道的冲击　B. 对定价策略的冲击

C. 对广告策略的冲击　D. 对差异化产品的冲击

71. 影响商品价格的主要因素有（　）三种。

A. 成本因素　B. 供求关系　C. 竞争因素　D. 地理位置

72. 供应链管理的主要领域包括（　）。

A. 供应（Supply）　B. 生产计划（Schedule Plan）

C. 物流（Logistics）　D. 需求（Demand）

73. 物流活动的要素包括（　）。

A. 运输　B. 包装　C. 流通加工　D. 信息

74. 下列属于配送中心服务内范畴的是（　）。

A. 提供区域性的物流服务　B. 提供长距离服务

C. 生产企业的内部的某些工作　D. 客户企业“驻点”，直接为客户发货

75. 电子商务安全的内容包括（　）。

A. 电子商务系统硬件安全　B. 电子商务系统软件安全

C. 电子商务系统运营安全　D. 电子商务交易安全

76. （　）是恶意的威胁代理。

A. 特洛伊木马　B. 邮件爆炸　C. 攻击者　D. 蠕虫病毒

77. 公开密钥系统在电子商务文件的传输中实现了两次加密解密过程，即（　）和（　）。

A. 私有密钥的加密和解密　B. 公开密钥的加密和解密

C. 文件本身的加密和解密　D. 密钥本身的加密和解密

78. 在电子商务条件下，买方应当承担的义务包括（　）。

A. 按照网络交易规定方式支付价款的义务

B. 按照合同规定的时间、地点和方式接受标的物的义务

C. 对标的物的质量承担担保义务

D. 对标的物验收的义务

79. 下列关于超链接的说法正确的是（　）。

A. 超链接表示两个对象之间的一种联系

B. 超链接的外观可以是多种多样的，它的载体可以是文字，也可以是图像

C. 网页中的超链接目标只可以在本网站中

D. 超链接的目标可以是网页、图像、多媒体文件、程序等

80. 在普通网页中可以插入的是（　）。

A. Office 图表　B. 书签　C. 数据库　D. ActiveX 控件

81. 关于框架的说法正确的是（　）

A. 框架也称帧

B. 框架是能独立变化和滚动的小窗口，可以独立显示一个网页

C. 取消框架之间的边框，就不能再保持网页的完整性了

D. 每个框架都有自己独立的网页文件，其内容不会因另外框架内容的改变而改变

82. 目前在B2C电子商务方式中主要的支付方式有（ ）。

A. 支票 B. 货到付款 C. 汇款方式 D. 电子支付

83. 当用户硬盘空间不足时，可以采取以下操作（ ）。

A. 设置Internet Explorer主页为“空白页” B. 删除Internet临时文件

C. 调整Internet临时文件夹的大小 D. 减少网页在历史记录中的保存时间

84. IE浏览器把各种WEB站点分为（ ）安全区域。

A. Internet B. 本地Intranet C. 受信任站点 D. 受限制站点

85. 下列属于数字证书格式标准域的是（ ）。

A. 证书序列号 B. 证书有效期 C. 签名算法标识 D. 失效期

86. 搜索引擎的作用体现在（ ）。

A. 可以推广网站和产品 B. 比一般的网页广告定位程度高

C. 可以作为市场调研的工具 D. 检索工具

87. 邮件列表类型分为（ ）。

A. 公开 B. 封闭 C. 自由 D. 管制

88. 企业建立邮件列表的方式有（ ）。

A. 使用自己的服务器建立邮件列表

B. 使用网上提供的免费的邮件列表平台

C. 使用竞争对手的服务器建立邮件列表平台

D. 使用关系客户的服务器建立邮件列表平台

89. 邮件列表的应用主要体现在哪些方面（ ）

A. 发行电子杂志 B. 组织会员俱乐部 C. 新产品发布 D. 发布股票信息

90. 群发邮件格式可以为（ ）。

A. TXT格式 B. HTML格式 C. RTF格式 D. RFC 822格式

91. 网上商家开展电子贸易，需要考虑（ ）。

A. 商品性质 B. 企业规模 C. 行销目的 D. 预算成本

92. 选择广告投放媒体的原则有（ ）

A. 广告站点必须有比较高的流量 B. 比较高的重复访问者人数

C. 广告站点的访问者与您的潜在顾客有关联 D. 选择线路和服务器可靠的站点

93. 传统媒体与网络广告的区别在于（ ）。

A. 前者是信息单向传播，后者是互动的 B. 后者比前者成本低

C. 后者比前者应用的时间长 D. 后者的形式更加灵活

94. 网上商城可以从根本上摆脱哪些中间环节（ ）

A. 库存 B. 信息 C. 商场的基本建设 D. 中间费用

95. 网络消费者通过网上商店提供的多种搜索方式，如（ ）等对商店经营的商品进行查询和浏览。

A. 产品组合 B. 关键字 C. 产品分类 D. 偏好组合

96. 影响网络消费者购买商品的主要因素有（　）。

A. 交易是否安全　B. 产品的价格　C. 产品的特性　D. 购物是否方便

97. 目前已经推出的电子支付方式是以（　）为媒介。

A. 商用电子化设备　B. 金融电子化网络　C. 数字文件　D. 各类交易卡

98. 防火墙的优点体现在（　）。

A. 可以部署 NAT 机制　B. 防止内部信息外泄

C. 控制对主机系统的访问　D. 是网络安全的屏障

99. 可以作为密码字符的是（　）。

A. 大小字母　B. 数字　C. 标点　D. 特殊符号

100. 按照病毒特有的算法划分，计算机病毒可分为（　）。

A. 伴随型病毒　B. 引导型病毒　C. "蠕虫"病毒　D. 寄生型病毒

参考答案：

一、单选。

1——10：C. A. C. B. B. A. D. A. D. A.

11——20：D. A. B. B. C. A. D. A. B. D.

21——30：A. A. D. C. A. D. B. D. B. B.

31——40：C. C. A. A. B. D. D. D. B. B.

41——50：C. B. A. A. A. B. A. A. C. B.

51——60：C. B. C. D D. C. B. A. D. C.

二、多选。

61——70：BCD. BD. AD . ABD. ABCD. ABCD . ABCD. ABC. ABC. ABC

71——80：ABC. ABCD. ABCD. ABCD. ABCD. ABCD . AC. ABD. ABD . ABD

81——90：ABD. BCD. BCD. ABCD. ABC. ABCD. ABD. AB. ABCD. AB

91——100：ABC. ACD. ABD. ACD . ABC. ABCD. ACD. ABCD. ABCD. ACD

中国电子商务协会电子商务师专业技能（水平）评价指定教材

CHINA 电子商务师

中级

孙　静◎主编

工业和信息化领域急需紧缺人才工程

“营造邮电教育—智慧电商人才培养项目” 指定教材

中国商业出版社

图书在版编目（CIP）数据

中国电子商务师：全3册/孙静主编.—北京：中国商业出版社，2016.6

ISBN 978-7-5044-9425-2

Ⅰ.①中… Ⅱ.①孙… Ⅲ.①电子商务-技术培训-教材 Ⅳ.①F713.36

中国版本图书馆CIP数据核字（2016）第113468号

责任编辑：姜丽君

中国商业出版社出版发行

010-63180647 www.c-cbook.com

（100053 北京广安门内报国寺1号）

新 华 书 店 经 销

北京军迪印刷有限公司印刷

* * *

787×1092毫米 16开 68印张 1600千字

2016年6月第1版 2018年5月（修订）第1次印刷

定价：300.00元（全三册）

* * * *

序 言

为深入实施人才强国战略，进一步加快急需紧缺人才队伍建设，推动人才培养工作，根据《国家中长期人才发展规划纲要（2010-2020年）》和《专业技术人才知识更新工程实施方案（2010-2020年）》要求，经工业和信息化部人才交流中心考核批准，将北京营造邮电技术培训中心面向社会推出的“营造邮电教育智慧电商人才培养项目”纳入“工业和信息化领域急需紧缺人才培养工程”（“工信人才［2016］23号”文件），并认定该项目的考试为“全国信息化应用能力考试”（简称：NCAE-ATC）。

按照国务院总理李克强关于“逐步建立由行业协会、学会等社会组织开展水平评价的职业资格制度”的指示精神，中国电子商务协会电子商务师资质认证管理中心（简称：中心）依托“工业和信息化领域急需紧缺人才培养工程-营造邮电教育智慧电商人才培养项目”（简称：CECC），在全国范围内组织实施电子商务师专业技能（水平）评价认证工作（“中电商协文［2014］34号”文件）。

中心承担CECC的教育培训、考试考核、评测评价、认证管理；构建符合我国电子商务行业技术人才培养制度的电子商务师专业技能（水平）评价认证体系；总结研究国内外电子商务职业资格（水平）认证领域的实践创新和理论创新；开展电子商务师专业技能（水平）评价认证管理工作的组织实施等相关活动。为保证该项工作的客观、公正、科学和规范，中心严格实行考试、培训分离的原则。

本套教程在在借鉴和吸收国内外电子商务的基本理论和最新研究成果基础上，密切结合我国电子商务事业发展与职业教育的实际。教程在内容上，力求体现以高层次、急需紧缺和骨干专业技术人才培养为重点，推进分层分类的专业技术人才继续教育的指导思想，突出职业培训特色。本书针对电子商务人员职业活动的领域，按照模块化方式，在创作思想、编著内容、文章结构等方面均有所创新。

本套教程共分为初级、中级、高级 3 个分册。其中中级培训教程在初级培训教程的基础上，从电子商务系统规划与设计入手，系统地论述了电子商务系统的可行性分析与设计、网站平台建设、电子商务系统的内容管理、电子商务系统的运营以及智慧电子商务理论创新；描述了客户服务市场发展趋势和应用于电子商务网络营销管理模式；详细讲述了应用于云计算大数据平台的智慧电子商务技术；充实了大量详实的实践案例、例题范例；注重了互联网+下的互联网金融电商、跨境电商、O2O、电商物流等内容的实用性、创新性，提供了实现电子商务战略、规划设计构建执行方案的实用工具。以期为后续课程学习打下坚实的理论基础。CECC 中级培训教程分十三章，第十二章商务智能内容参加起草工作的还有汪薇、马春亮和张涛，这三位同志长期从事商务智能领域的项目研发实施和教学科研工作，具有丰富的理论和实践经验。

本教程在编写过程中得到了工业和信息化部相关部门、重点大学多位教授专家的指导帮助，谨在此表示诚挚的谢意！

由于时间较紧，难免存在疏漏甚至差错之处，恳请读者不吝赐教，提出宝贵意见。

本教程为“工业和信息化领域急需紧缺人才培养工程—营造邮电教育智慧电商人才培养项目”培训教材、中国电子商务协会电子商务师专业技能（水平）评价指定教材，也可以作为大学相关专业课程教材及研究生选修课教材。

本教程由北京营造邮电技术培训中心主任孙静博士担任主编。

目 录

第一章　电子商务系统规划与建设

第一节　电子商务系统可行性分析与设计

一、电子商务系统的需求调研

（一）需求调研

1. 需求调研的步骤：制定调研计划→进行需求调研及整理需求资料→撰写需求调研报告

2. 需求调研时要弄清楚的问题：

（1）使用系统的人都有哪些？

（2）不同行业的使用者他们各自对哪些方面比较看重？

（3）有什么样的业务或服务关系存在于用户之间？

（4）不同阶段需求的变化情况。

（5）核心的业务流程。

（6）与之相关的技术条件。

3. 制定调研计划的主要内容：

（1）确定调研目标。需求调研的完成，常常需要分多次或是多阶段进行。调研目标在每次调研的时候都要确定。

（2）确定调研对象和调研方法。通常情况下，电子商务系统的商业服务对象、商业参与对象、相关管理机构等都可以成为调研的对象，这些一般都是电子商务系统的使用者。调研对象越明确越好，在确定调研对象的时候要与调研目标相同。

（3）调研时间、人员、预算。经过和调研对象沟通，共同将调研日程表确定下来。一般由协调员或领队、调研员、需求分析员组成调研小组。负责与调研对象沟通的是协调员。对于大型项目，领队通常都是项目经理，而且与调研对象的沟通也是由其来负责。

（4）调研问题列表。

（5）调研注意事项。

① 当向对方询问问题的时候，礼貌、仪表及语气等是必须要注意的。

② 对被访问人员和有关人员的姓名、电话等情况需要进行详细询问，并记录下来。

③ 当自己认为对对方的意图已经理解的时候，一定要将自己的理解重述给对方，得到对方的认可。

④ 必须要事先征求对方的意见然后复印资料。

⑤ 记录工作调研时一定要做好，并在当天整理调研记录。

⑥ 对于对方要求保密的资料应该及时的注明，并且进行妥善保管。

（6）调研预期成果。包括调研记录与总结、现场调研意见反馈、收集到比较全面的文档资料、调研报告及需求分析说明书。

4. 调研报告的构成：一般情况下，调研报告正文和调研报告附件两个部分构成调研报告。

（1）报告的正文包括：

① 调研目标

② 调研过程

③ 调研方法

④ 调研总结（对现状的认识、问题汇总）

（2）调研报告附件的内容主要包括：调研内容的详细记录与大量的原始内容。

（二）需求分析

需求分析基本上与需求调研展开的时间是相同的。需求分析的整个阶段由需求获取、需求分析、需求说明、需求验证这四个过程贯穿。最后形成《需求分析说明书》形成并将外观包系统制作出来。经过分析、整理，并且规格化、系统化的需求就是《需求分析说明书》中的需求。

需求大致上有三类：期望需求（即或许客户并没有提出来，但如果没有的话会让他们感到不满意的需求）、普通需求、兴奋需求（如果实现了客户就会感到惊奇，但如果没实现的话也不会责备的需求）。

需求分析工具：Word、Excel、Visio。RationalRose、UML。

1. 软件工程需求分析

在对需求进行具体的分析之前，软件工程这一个概念我们先来了解一下。软件工程分为三个层次，分别为：过程层、方法层、工具层。在最基础的过程层中，一组被称为关键过程区域的框架是最重要的。软件项目管理控制的基础是由关键过程区域构成的，上下文各区域的关系也是其来确定的，包括对技术方法的采用、工程产品的模型、文档、数据、报告、表格等的产生、里程碑的建立、质量的保证及变化的适当管理。方法层的主要点是在技术上实现过程。如何做是它需要解决的问题。一系列的任务都在软件工程方法中包含：需求分析、设计、编程、测试、维护。与此同时包括了每一组基本原则，并且每一个的关键过程区域也是由它控制的。相比其他层来说工具层理解起来比较简单，它将自动和半自动的支持提供给了过程层和方法层。这些辅助工具用 CASE 来称呼。

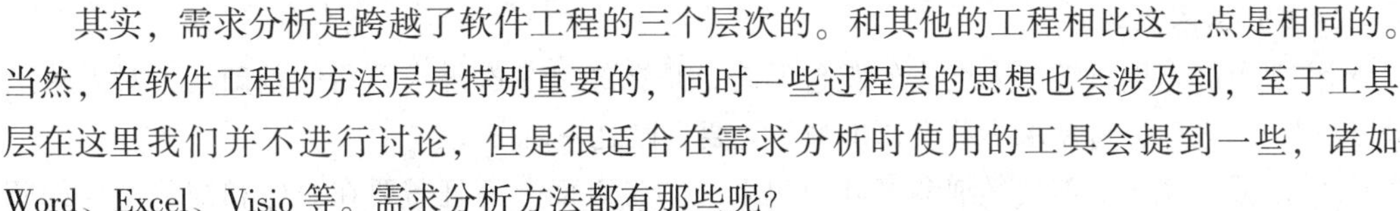

其实，需求分析是跨越了软件工程的三个层次的。和其他的工程相比这一点是相同的。当然，在软件工程的方法层是特别重要的，同时一些过程层的思想也会涉及到，至于工具层在这里我们并不进行讨论，但是很适合在需求分析时使用的工具会提到一些，诸如 Word、Excel、Visio 等。需求分析方法都有那些呢？

（1）绘制系统关联图，定义系统与系统外部实体间的界限和接口的简单模型就是这种关联图所具有的作用。同时它也对通过接口的信息流和物质流起到了明确的作用。

（2）创建用户接口原型，当开发人员或用户对需求不能确定的时候，开发一个用户接口原型和一个可能的局部实现，这样做的话有非常多的概念和可能发生的事就会变得更加直观和明确。用户通过对原型进行的评价，会将使项目参与者对所要解决的问题有更好的理解。需要注意的一点就是，要将需求文档与原型之间所有冲突的地方找出来。

（3）分析需求可行性，在成本和性能允许的情况小，对每项需求实施的可行性进行分析，对与每项需求实现相联系的风险有明确的认识，与其它需求的冲突、对外界因素的依赖和技术障碍也包括在内。

（4）确定需求的优先级别，使用实例、产品特性或单项需求实现的优先级别需要使用应用分析方法来进行确定。确定产品版本将包括哪些特性或哪类需求的时候以优先级需求为基础。当允许需求改变的时候，将每一项变更加入到特定的版本中，并在那个版本计划中将需要的变更做出来。

（5）为需求建立模型，对软件需求规格说明非常好的补充说明就是需求的图形分析模型。它们能将不同的信息与关系提供出来，为找到不正确的、不一致的、遗漏的和冗余的需求提供帮助。数据流图、实体关系图、状态变换图、对话框图、对象类及交互作用图是这样的模型所包括的。

（6）创建数据字典，对系统用到的所有数据项和结构的定义，以对开发人员使用统一的数据定义进行确保就是数据字典。在需求阶段，数据字典至少应该把客户数据项给出定义，让客户与开发小组使用一致的定义和术语得到保证。通常情况下分析和设计工具包括数据字典组件。

（7）使用质量功能调配，这种高级的系统技术联系起产品特性、属性与对客户的重要性。

2. 分析方法

结构化分析方法：采用数据流图 DFD 作为数据流及其处理转换工具，数据源、数据流、处理转换等通过图形符号进行表述；各类数据采用数据字典 DD 来表示；处理转换的细节通过判定树、决策树的方式进行描述。

面向对象的分析方法：面向对象分析建模的过程如下所示：

（1）对象的认定：是面向对象分析过程中的核心。

（2）结构的认定：即对象的组成方式有两种，第一种是有分类结构，第二种是组装结构。

（3）属性的认定：对象所具有的信息特征和操作特征

（4）定义的方法：对象和哪些消息、操作相关联

（三）需求表达

主要由静态网页链接来组成外观包系统，是在经过多次需求调研的基础上，对需求进行理解把握之后，将需求形象表达出来的主要手段之一。

需求分析说明书不仅详细解释外观包系统的各页面，而且需要在总体和细节上详细阐述需求。目标系统的一个验收依据就是由两者共同构成的。主要包含以下的内容：

（1）目标需求：经济及社会目标、系统的建设目标。

（2）商业模式。

（3）业务流程。

（4）系统各种用户分类，以及将服务功能、操作流程为其提供出来。

（5）外观包系统栏目、页面及操作说明。

（6）分阶段及时间进度需求。

（7）技术方面的需求。

（8）培训需求。

二、商务网站的可行性研究报告

（一）市场的概况

随着近年来 B2B 网站阿里巴巴、HC360、环球资源、网盛科技等所取得的成功，这个领域中涌入了越来越多的创业者。根据市场分析，当前，最有可能成功的投资项目就是行业 B2B。根据行业 B2B 网站的发展现状，可以对未来 5 年内行业 B2B 门户网站 10 大发展趋势进行预测。

1. 投资行业 B2B 网站的人越来越多

随着网民数量的飞速增长，HC360、阿里巴巴、中国化工网的上市，以及近年来国内部分行业 B2B 网站的良好发展，关注并建设运营自己的行业 B2B 门户网站的创业者越来越多。

2. 行业 B2B 网站想获得快速发展比较困难

虽然在行业 B2B 门户网站的时候互联网的企业会投入一笔资金，但仍然不会大量的投入。或者公司一部分有一定资金的个人会联合成立，并经营行业 B2B 门户。

3. 在一定市场下行业 B2B 网站将进一步细分领域

行业 B2B 门户网站会得到进一步的细分，但行业的相关度仍然是其细分的标准，这样细分可以让大部分行业 B2B 网站的创新模式得以执行并且发展起来。

4. 行业 B2B 网站的策划将不断创新

行业 B2B 门户网站策划会一直有所创新，不同的行业将与互联网的不同技术、最新模式结合起来，从而不断涌现出创新的元素。同时在行业 B2B 门户中 web2. 0、行业社区、视频技术等将会得到一定程度的应用，将会不断增大与综合 B2B 阿里巴巴、HC360 的业务模式之间的区别，将实现多元化、差异化发展。

5. 设计开发水平将不断提高

未来，行业 B2B 门户网站的技术将会不断提高，ASP、ASP. Net 仍然是最常用的开发语言，主要的数据库仍然以 Sqlserver 为基础，大部分的开发者在行业 B2B 网站的流量、在

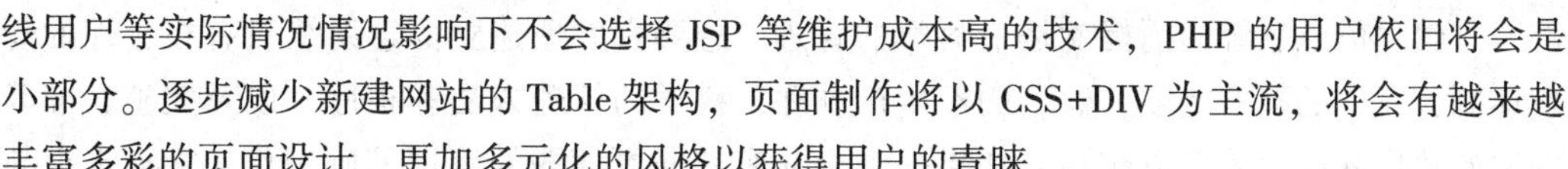

线用户等实际情况情况影响下不会选择 JSP 等维护成本高的技术，PHP 的用户依旧将会是小部分。逐步减少新建网站的 Table 架构，页面制作将以 CSS+DIV 为主流，将会有越来越丰富多彩的页面设计，更加多元化的风格以获得用户的青睐。

6. 业务模式将进一步多元化

行业 B2B 网站的业务模式的发展将持续多元化的风格，企业会员交易促进、品牌广告推广、咨询报告、企业建站、行业商情杂志、行业专题会议等；同时在线交易、行业社区服务、技术咨询服务、一对一的营销及管理顾问服务、人力资源服务、在线出版业务等也会不断的发展，线上会员和广告未来趋势仍旧是逐步上升的。

7. 行业 B2B 网站企业在线交易依然不可以获得非常大的发展

在行业 B2B 网站上企业在线交易的发展依旧不是特别的大，主要还是信息服务，以交易促进、品牌推广等网络营销推广业务为主，行业 B2B 门户网站与综合 B2B 合作将会越来越多，其发展可以利用其资金流、物流等渠道和体系来促进。

8. 行业 B2B 网站将在更多环节充当行业服务的角色

将进一步完善对供应商、采购商的信用、实力评估体系，并得到创新，随着行业 B2B 门户网站在行业中的止步深入，将进一步透明化行业企业的信用、实力，让采购商有更多机会选择更多最合适的供应商，企业内部将会出现许多线下服务，例如：一对一的培训服务、实地评估、考察工厂、市场调查、人才招聘、行业软件服务等应用。

9. 更多行业 B2B 网站将逐步发展国际站

随着中国国际化进程脚步不断加快，国内将会逐步增多行业 B2B 英文门户，其业务模式将会更加多元化。更多中小企业在更多行业 B2B 门户的带领下将走向国际。在未来的几年中，外贸行业 B2B 网站的运营将会逐渐出现一些有实力的行业 B2B 网站，但国内市场主要业务收入的来源仍然以细分行业 B2B 网站为主。

10. 行业 B2B 网站在促进行业发展上发挥更重要的作用

细分行业中出现更多的行业 B2B 网站运营商，行业的信息化提供商、咨询服务提供商、行业技术交流平台等大部分将会由行业 B2B 网站来完成。行业协会、政府相关单位、企业高层将会更多的认可其存在的价值。

（二）可行性分析

在当前组织内外的具体条件下，对于规划的网站系统是否具有开展研制工作必要的技术、资金、人员及其他条件；规划方案是不是先进而且可行，企业管理机制和管理方式是不是和网站系统的应用相适应等一系列问题指的就是可行性。可行性分析的主要内容就是对这些问题的分析。

网站系统的可行性分析主要对以下 3 个方面的可行性分析。

1. 管理可行性分析

对企业或组织是否在管理方面具有网站系统开发和运行的基础条件和环境条件进行研究是管理可行性分析的目的。为了将正确的结论得出来，调查与分析组织结构是在管理可行性分析工作中一项很重要的工作，其中主要包括的内容有以下两个方面：

（1）调查分析现在管理的规范程度进行

网站是企业信息的搜集、传递、处理和展示的系统，是企业的信息系统的重要的组成部分。建立信息系统的前提就是最科学的管理，想要有效地建立信息系统只有在合理的管理体制，完善的规章制度，稳定的额生产秩序，科学的管理方法和程序，以及完整、准确的原始数据基础上才可以实现。如果一个企业有着非常薄弱的管理基础工作，管理水平与先进的信息处理技术手段不相符，没有办法保证原始数据来源的正确性、及时性，一个畅通的信息系统就不可能会建立起来，同时也没有办法建立一个有效运行的电子商务网站。

在建立网站之前这样的企业首先要做的是必须对企业管理进行改进，或是先将一些比较规范、见效快的业务系统开发出来。如果建立网站，也只能建立相对来说功能比较简单的网站。

（2）分析管理人员的素质和对网站的认可和接受程度

需要调查分析管理人员，尤其是调查分析主要决策者的支持程度。

建设网站系统这件事绝对不是开发者一个人的工作，由此发生的业务流程和组织机构的重组会带来企业的各部门和管理层工作方式的深刻变革。这就要求各部门的员工具有一定的素质并且认可和支持新的工作流程，尤其是企业主管的认可和支持，因为对网站系统成功开发来说这一点绝对是首要条件。

企业的主管和各级管理人员应该知道的一点是，信息系统的建设与企业长远利益是相符合的，企业的信息化管理和信息的应用水平会因此提高到新的层次，从而企业的素质、企业竞争力也会在很大的程度上得到提高。为此，在网站系统开发之前和开发过程中，需要企业做好员工的培训、流程的重组及利益的分配和冲突的平衡等工作。

2. 技术可行性分析

在系统初步规划的总体方案基础上建立了可行性分析，在这个时候一个经过各方面基本认可的系统目标是必须要有的。从技术的角度出发去分析这些目标是否能实现，并对技术的先进行进行分析。网站的技术可行性分析体现在以下方面。

（1）网站的可使用性

在设计网站的时候必须考虑使用方便的性能，而不只是简单的将信息堆积起来。这一要求直接与网站的版面设计和服务功能定义有一定的关系。

（2）网站的交互性

网站发展的主要趋势就是交互性网站。网站的交互方式有两种：人对机和人对人。足够交互渠道是网站设计时应该提供出来的。

3. 网站性能及其可扩展性

网站用户所代表的是一个以几何级数膨胀的群体，如何保障在网站高性能的前提下，不断让越来越多用户需求得到满足，关于这一点网站内部结构的规划、设计、扩展与系统维护都会涉及到。

（三）经济可行性分析

硬件设备和系统软件是网站系统的投资方面。同时还有开发费用及培训成本，运营费用及维护、更新的支出等多项内容。在分析网站系统的效益的时候从提高效率、减少库存、改善服务质量、增加订单、提高企业竞争力以及可获得的社会效益等多方面来进行。简单明确的概括，经济可行性分析主要包括的内容有以下三个方面。

1. 是不是有足够的资金支持

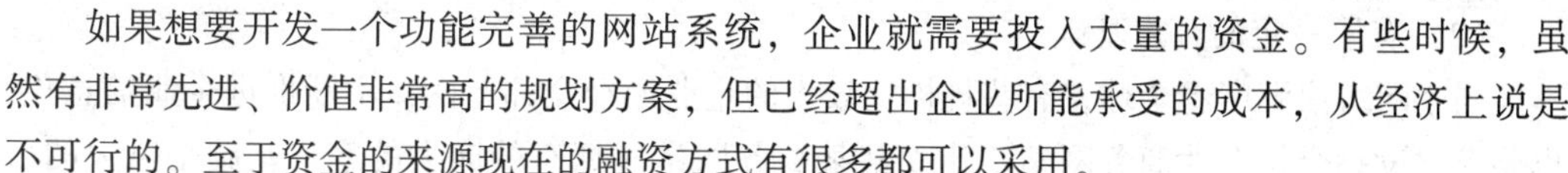

如果想要开发一个功能完善的网站系统，企业就需要投入大量的资金。有些时候，虽然有非常先进、价值非常高的规划方案，但已经超出企业所能承受的成本，从经济上说是不可行的。至于资金的来源现在的融资方式有很多都可以采用。

2. 投资回报

让企业的所有者能接受的投资回报形式以及较短的回报周期是规划方案应该具有的。如果一个网站的系统规划方案盈利时间不明确，而且不能有太长的投资回报的周期，企业的所有者（包括股东以及投资者等）将不能认同。这样的方案已经失去了开发的基本目的，因此，也是不可行的。

3. 网站成本分析

在确定过收入目标之后，还需将成本估计出来才能具体的评价获利能力。网站信息的更新成本、软件开发维护成本、宣传成本、订单和客户反馈信息的处理成本、运营管理成本、委托代理成本等等都在网站的经营成本之中。电子商务业务流程中的所有技术环节一般企业也没有办法解决，一般都需要一个交易平台提供商的支持，作为回报提供商需要从每笔交易中提取一定比例的佣金。

（四）社会可行性分析

1. 建立某某商务网站的必要性

（1）实施跨越式发展战略的需要

衡量现代化程度的一个重要标志是服务业占国内生产总值的比重。

电子商务具有的特色主要是：交易不受地域限制，流通成本低廉、方便、快捷等，这一种商业业态具有强大生命力。通过国内外的实践证明，商贸流通服务业的大幅度提升可以运用电子信息技术来实现。相对于我市发达的有形专业市场来说，现代服务业相对滞后，例如：电子商务、现代物流、电子金融、远程售后服务等。如果我们在加速有形市场建设的同时致力于电子商务的应用，将电子商务的跨越式发展实现，在短时间内缩短与发达城市之间经济的差距，走出一条具有特色的发展经济的道路。筹建某某商务网站这件事情已经不容耽误。

（2）建设中心城市，融入长三角乃至世界经济的需要。

建设中心城市的重要标志就是繁荣的商贸。全球竞争正在慢慢的从产品领域向服务领域转移。在加入WTO之后，我国服务贸易也将会逐步的开放，贸易服务的电子化水平会因为某某商务网站的建设而得到大大提高。

（3）企业电子商务发展的需要。

当前，有非常多的企业都将自己的企业网站建立起来了，一个可以信任的、权威性的、服务功能强的大型综合网站是企业及消费者都希望的，可以有效的整合各中小型网站，将资源的优化配置实现。大型综合性的商务网站将信息整理在一起，也可以带来财富的集聚，巨大的潜在的经济效益肯定会由巨大的信息量带来。

2. 建立某某商务网站的可能性

（1）基础设施有了一定的改善，并且还把一定的经验积累了起来。

国内知名专业网站都为某某商务网站的建设将宝贵的经验积累下来了，加上借鉴了一些电子商务发达城市的经验，将有利条件为某某商务网的建设创造出来了。

（2）有了一定的客户基础

当今网络浪潮席卷全球，有些规模比较大的企业已经全部上网，不断推进企业信息化，也要求建设一个综合性商务网站。建立某某商务网站所拥有的庞大的客户基础是巨大的市场潜力为其创造出来的。

（3）网站投资可以给经营者带来经济效益

① 预计投入

某某资金网站投资项目在完成的时候需要分两期，净投资就是首期投资。可以根据商贸网站的经营情况，以网站养网站方式来进行后期投资。

② 建设初期商务网站经营预期效益

1）会员费年收入

2）无形资产收益

3）社会效益

③ 商城过渡到B—B模式后

根据在初期电子商城所有的知名度和访问量，过渡到B—B模式后商城在开展业务的时候可以采用帮助客户建立网上商铺的方式。通过招商的形式，可以吸引某某市及其周边中小型商家对网上商铺（柜台）进行租用，为他们从事B—C交易提供帮助，月租费以及交易提成是需要企业收取的。

3. 网站建设方案

（1）网站定位

某某商务网站是一个综合性网站，包括商务洽谈、购物娱乐、行业联合、商品行情、供求关系等。该网站关联国家商务信息网站、全国各大城市商埠、有关行业协会；下联全市各工、商、服务业企业，反应商品供求关系，及时提供商品价格，将商业运行质量动态反映出来。对各大市场的商情可以随时的进行了解，为客户在线交易提供方便。同时还能通过商务网站将商务民情反映出来，方便政府为民办事，国家有关政策、法规也可以让市民随时进行了解，企业或消费者的合法权益也可以通过商务网站进行维护。

（2）运作模式

投资主体的主要组成部分就是商业国有资产经营有限公司，综合吸收一些大型企业或著名网站，一块将某某商务网站有限公司建立起来。一旦建立了商务网站，就要详细的制定市场运作计划，模式操作也要采取会员制的方式。

由于网站建设经济效益需要经过一个过程才能实现，软、硬件不一定要全部到位。在运作的时候部分设备可先采取租赁或委托管理的形式，等到网站拥有了一定的规模，有一定收入时，再自成系统，实现独立运作。

网站建设主要有两步，第一步是某某最大的数字化门户网站用两年时间来建成；第二步集商务洽谈、购物娱乐、行业联合、商品行情、供求关系等为一体的综合性网站用一年的时间建成。

（3）网站功能模块

某某商务网作为大型电子商务平台网站，需要面向广大客户，提供网上交易、购物服务，必须将其建设成具有各种性能的站点，如："易用性"、"及时性"、"稳定性"、"权威

性”。建议网站具有以下功能：

① 建立新闻发布管理系统，集中管理网页上的某些需要经常变动的信息，如最新动态版块、公告通知版块等更新信息，各栏目信息通过一个操作简单的数据库进行增添、修改、删除。

② 建立各类文件发布管理系统，实现对各类文件、政策法规及相关信息进行自行发布和维护，将信息发布时效提高，不需要专门的技术人员，在提供后台系统管理界面的时候真正实现轻松、快捷、高效的目的。

③ 建立网上商品数据库，将希望网上销售的商品，通过分类将目录建立起来，并将相应的图片，详细的文字说明及价格与商品搭配起来。

④ 建立商品检索系统，用户只需把关键字输入进去，想要的那类商品就可以搜索出来。

⑤ 建立网上信息登记管理系统，通过后台管理界面在数据库录入用户登记的信息，再通过可定制的网页模板发布各信息，管理员可以管理、统计、检索、分析各信息等等。

⑥ 建立会员管理系统，开设“会员注册”区，将服务提供给网站的用户注册，网站通过“会员管理系统”分级管理会员，采用这种方法可以保证为用户提供准确，周到的服务。

⑦ 建立网上购物系统，能让你的客户对产品进行在线查询并且立即下订单，这样做的话会让客户从浏览到预订到网上消费的过程在一定程度上有所缩短。将一个“放进购物车”文字或图片链接放在每一个商品的旁边，点击后可以直接把商品放入购物车，购物车里的商品在提交的时候，要求用户将联系方式输入进去，在数据库中录入订单内容和客户联系方式，为了让网站管理员进行查询。最后生成定单，将确认信息发给客户确认后从银行卡内将货款扣除，并组织发货。

⑧ 建立在线支付系统，是指通过在网站上将对银行网络系统的支付接口建立起来，将网站用户的在线支付功能实现。

⑨ 建立供求信息系统，供货商或服务提供商的产品或服务供应信息可以在线进行发布，需求信息需求方也可在线发布并即时出现在网站上。提供给网站管理员的管理界面，无效或违反规定的信息管理员可以进行删除和修改。

⑩ 建立网上招商、网上举报、问题解答等在线反馈系统，用户反馈信息通过后台管理界面加入数据库，再通过可定制的网页模板发布信息，管理员可以管理、统计、检索、分析各信息等等。

⑪ 建立完善的流量分析系统。

⑫ 建立在线投票系统，使用户在投票选举的时候可以通过互联网来实现，投票率可以得到大大的提高，同时调查问卷等有形物资的花费，以及投票人和检票员的时间都会节省下来。对于网站来说，用户对网站的意见可以通过该系统让网站管理人员进行了解。

⑬ 建立数据库后台管理系统：由于本网站的站点是集多个系统为一体的多功能互动式的，所以一个能方便管理和维护各系统的后台管理系统是必须要有的。该系统设一个超级管理员及若干个二级管理员口令，对网站数据、系统日常维护以及分配二级管理员的职能都是超级管理员的职能，对网站数据、系统的日常维护更新是二级管理员的职能。

4. 进程、内容与投资

表格 1.1–1　进程、内容与投资

时　间	内　　容	投　资	负责单位
2003 年 6 月—2003 年 8 月	某某商务网站可行性调查分析，将报考提供出来		内贸办
2003 年 9 月—2003 年 12 月	政府讨论立项，资金到位。		市府办 内贸办
2004 年 1 月—2004 年 3 月	对实施方案进行制定，提供商务网站运作细则，论证通过	20000 元	内贸办 某某职业技术学院
2004 年 4 月—2004 年 5 月	成立某某电子商务协调小组、成立某某商务网站有限公司	50000 元	市府办 内贸办
2004 年 6 月—2004 年 9 月	将数字门户网站建设完成，对其进行调试并投入使用	80000 元	内贸办 商务网站有限公司
2004 年 10 月—2004 年 12 月	网站维护、推广	50000 元	商务网站有限公司
2005 年 1 月—2005 年 12 月	将包括实行在线交易在内的综合性网站建设完成	以站养站	协调小组 内贸办 商务网站有限公司

注：投资合计人民币 200，000 元

5. 当前应该解决的几个问题

（1）积极组建组织机构

电子商务有非常广泛的涉及面，也有很多的参与者，分工不同，职能也不一样。为对我市电子商务的顺利发展提供保证，相应的协调和议事机构是必须要建立的。

（2）积极实施典型示范工程

电子商务阶段性发展的原则是必须把握的，企业的电子商务建设需要采取由易到难、由浅入深，分阶段发展的方式逐步完成，在进行的时候应采取“突出重点、由点到面”的方法。可考虑首先培育和扶持必要的重点企业。要为这些企业做好服务方面的工作，如：政策引导、技术指导、信息交流和人才培养等，使他们能科学的将发展定位把握住，资金投向能合理进行，对内部运作机制进行完善，使这些企业真正成为行业中的龙头。

（3）加强电子商务人才的培养，保证企业开展电子商务的人才需要

企业电子商务持续发展的关键就是培养人才、吸纳人才、用好人才。既要懂网络技术，又要懂管理和商务的复合型人才是电子商务所需要的。

系统开发的关键环节之一就是可行性分析，网站系统是不是可以继续开发在一定程度上是由它来决定的。所以，可行性分析报告一定要严谨、科学、实事求是，并说服力也要非常强。

可行性分析报告一旦被批准，它代表的就不仅仅是系统分析人员的观点，而是组织、企业的领导、管理人员和系统分析人员的共同认识，并且在以后的开发过程中它也会成为

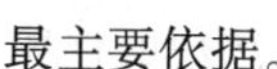

最主要依据。

三、商务网站的总体规划设计

（一）总体规划

在网站建设前分析市场、确定网站的目的和功能，并根据需要规划网站建设中的技术、内容、费用、测试、维护等。企业迈向电子商务的最重要的环节就是规划网站。

1. 确定网站建设目的

建设电子商务网站，首先必须对网站建设的目的进行确定。通常情况下，其目的可以分为开展 B2B 交易，开展 B2C 交易，开展拍卖业务，用于建设企业形象，拓展企业联系渠道，作为交易中间商，将市场交易场所建立起来，开展中介服务，作为服务性网站，其他应用目的等。

对与网站设计人员而言，通过和业务人员之间的交流，将网站建设目的确定下来，是一项非常重要但又很容易被忽略或轻视的工作。特别是在企业建立网站时有专业的网站设计人员帮助的情况下，但该企业又没有行业经验的设计人员，与企业的业务人员进行沟通这一点就显得特别重要。

根据整个企业的网站进行精心的形象设计定位，是指有更美观的视觉效果、更能将科技感突现出来以及与企业的形象定位更加的符合。

对整个系统的功能进行绘画，使之与实际网上交易的需要更符合，将各种产品咨询、技术支持功能、信息检索功能、互动交流功能等增加进去。

规划系统的操作流程，使用户在网站上操作起来更加的方便，使用户在获取所需要的信息时能够更加简单方便，让社会上不同消费层面的客户需求都能得到满足。

多样的、分布式的管理系统，适合分散到企业个部门管理和更新各自的分系统内容。

采用 SSL 加密传输敏感信息和数据的操作，为数据的绝对安全提供保证。具有更高的网络安全性和运行效率，为提供高质量的网络服务起到保证作用。对产业结构进行优化，将更加良好的客户、供销商关系管理模式提供出来。

将信息的集成化管理实现，即企业在对企业管理和市场运作的时候采用网络技术的方法时，从而也可以实现各种数据控制和统计等的管理工作。

2. 电子商务网站设计原则

为了实现网站商务功能最大化的目标，将方便、实用的信息服务提供给目标客户，以下几个方面是我们在设计该平台时应该充分考虑的：

先进性：按照最先进的观点和设计思路，为客户将最先进性的网站系统设计出来。先进技术将是设计方案的立足点，使项目拥有国内乃至国际领先的水平。服务器和网络方面的重点是优化通讯流量，提高系统的管理性和安全性。

可靠性：在正常运作该平台之后，由于广泛的全球互联网客户是其需要面对的，因此每天 24 小时，每周 7 天的不间断的运作能力是系统应该提供出来的。将高度可靠的稳定运行保障提供给客户。

安全性：互联网是一个标准开放的网络，各种商务活动都在网上进行，黑客的攻击和病毒的侵袭等事情随时都有可能会发生。因此，非常重要的一点就是确保网上信息流通的系统安全。安全这一个问题指的不仅仅是技术方面还涉及到系统的管理、法律法规的保障等。我们需要做到保障系统数据和信息安全，将安全环境提供给业务及商务。

可扩展性：互联网所具有的商务潜能是非常巨大的，系统的最终访问量和最佳的商务运行模式没有人可以确切的预计出来。因此可扩展性就是系统设计的原则之一。随着企业网上平台业务量的扩展和平台访问量的不断增长，系统的扩展能力应该是非常强的，为适应新业务的发展提供帮助。

标准性和开放性：统一的标准是所有程序及接口都具有的，因此，程序和系统也具备优异的可移植性。应当严格遵守国际标准来设计企业网上平台，在还没有形成标准的新领域内对标准的形成也是积极倡导的，对促进地区国际贸易来说把极其坚实的基础打了下来。

美观性：良好的视觉效果和强大的功能这两点都是非常重要的。它可以将企业文化特色和定位凸现出来。

服务性：每时每刻都将以客户为中心的服务思想，以为客户提供最好的服务为网站的设计思路体现出来。

实用性：网站所提供的各项信息、服务等内容要符合客户的需求，从而使网站真正的可以为用户带来方便。

便捷性：网站使用起来简单方便，尽最大的可能满足不同年龄、知识层次的群众的需求。

定制性：为企业的不同业务将相应的业务流程定制出来。

交互性：企业的办事效率和形象因为各项在线服务的提供，以及友好的对话关系得到了非常大的改善。

宣传性：将良好的实用的宣传功能提供给企业，让它变成企业自身宣传的重要载体。

3. 定位网站客户

对于电子商务网站而言，网站的目标市场在哪里，目标客户是谁必须要清楚，这个站点他们为什么会光顾，是不是下一次的时候还会访问。真正需要或即将需要产品/服务的人是哪些这个问题一定要弄清楚，他们对哪些内容感兴趣，怎样创建一个兴趣圈将客户唤醒，用网站所提供的信息/服务让他们受益等等。这些问题都是整个网站所有设计思想的基础，无论企业网站采用的形式是哪一种，所提供的内容是什么样的，进行怎样的包装，在进行考虑的时候都是以此为出发点。

多样性是在网络客户群体中存在的，网站的设计必须与它相适应。例如：同样的 B2C 网站，在设计思路上针对青年客户的网站和针对老年客户的网站之间的区别是非常明显的。如果将针对年轻客户的网站设计用于针对老年用户的网站，在之后进行销售的时候肯定会遇到困难。又如网上银行，如果企业就是目标客户，那么金融咨询、投资顾问之类的信息就需要提供多个。对客户群体进行确定，也就是要将一个客户兴趣圈创造出来，以便在目标客户中将网站的价值体现出来。

客户需求分析对大型企业网站来说是必须要进行的，即在对本企业客户的业务流程、所在环境、企业规模、行业状况非常了解的基础上，也需要对客户表面的、内在的、具有可塑性的各种需求进行分析。有了客户需求分析，潜在客户在需求信息量、信息源、信息内容、信息表达方式、信息反馈等方面的要求企业就会有所了解；有了客户需求分析，企

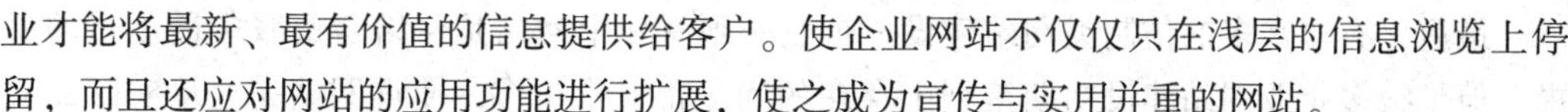

业才能将最新、最有价值的信息提供给客户。使企业网站不仅仅只在浅层的信息浏览上停留，而且还应对网站的应用功能进行扩展，使之成为宣传与实用并重的网站。

4. 理顺结构和层次

对建站目的和客户群体进行确定之后，目标细化就是下一步要做的工作，网站核心内容、主要信息、服务项目等都是构架网站内容框架主要包括的内容。然后，将网站内容大纲交给上级或业务人员进行审核批准，网站设计的总体报告就形成了。在内容框架里，这些内容的信息来源也应该注明，哪个部门应该将哪方面的信息提供出来等。确定内容框架后，就可以对网站的结构图进行勾画了。结构图的种类有很多，如顺序结构、网状结构、继承结构、WEB 结构等。应根据自己网站的内容反复讨论后确定网站结构。大部分复杂的网站会把几种不同的结构图综合到一起进行运用。

5. 设定网站盈利模式

对网站来说盈利模式的设定是一项非常重要的工作。网站的经营收入目标与企业网站自身的知名度、网站的浏览量、网站的宣传力度和广告吸引力、上网者的购买行为对本网站的依赖程度等因素之间的关系非常密切。因此，企业网站应该从对上述因素的分析来进行设定本网站的盈利模式。

6. 设定主要业务流程

对客户透明，使客户购物时方便操作，让客户觉得在网上购物与在现实世界中的购物流程不存在本质的差别和困难是网上交易流程应该尽最大的努力做到的。像“购物车”、“收银台”、“会员俱乐部”这样熟悉的词汇在很多电子商务网站中上网者都可以找到，不论在网站的内部购物流程有多么复杂的操作过程，其面对用户的必须是简单和操作方便的的界面。

除了要操作简单方便，其实网站内容也非常重要，因为需要依据内容确定网页风格，无论内容是什么样的，它的主题内容是一定要有的，网站的风格与它的主题必须相符合，同时还应对浏览人群的性格特征进行考虑。通常，简明大方的风格对电子商务类的网站来说比较适合。

（二）网站建设应避开的误区

随着寻求网站建设的商家的增多，不具备任何效果的企业网站建设我们也可以看到非常的多。他们所建立的网站建设只是一个非常单纯的门面而已，根本就没有将网站建设的作用发挥出来。那么终极原因是什么呢？是因为他们在网站建设中总是存在一些误区。

首先，很多企业在寻求网站建设过程中都会犯的一个错误就是无计划的企业网站建设。总是人云亦云，看到别人建站获得了成功法，自己马上就模仿起来，但是任何实质性的效果都不存在。

在网站建设中存在的误区之一还有过于理想化企业网站建设。有很多企业看到其他的企业通过网络营销让企业资本与销售渠道得到了迅速的扩充，而毫无计划的投入到企业网络营销，并且理想化的认为只要通过网站建设就可以马上获得利益，最终是导致大量疯狂的投入，却没有获得任何的收获。

再次，很多企业总是按照老板的意思来进行网站建设。因此，有非常强的主观性，群众化和普遍化的要求仅仅依靠个人主义化网站建设总是难以满足。

最后，有非常多的仿制类网站建设。企业必须有一个网站是网络营销服务最基本的前提，但是很多企业网站建设初期策划中存在的问题都非常得多，使得网站完全从实际的意义与价值中脱离了出来，最后的企业网站建设很容易成为一个怪胎，最终导致企业不得不将网站与网络营销放弃。

四、商务网站实施方案的设计

实施方案设计在刚开始的时候就要对方案的设计原则进行制定。对功能设计、总体技术架构和核心技术、软硬件选型、进度计划、项目管理制度进行重点考虑，并将详细的实施预算提供出来。

（一）商务网站功能设计

不同行业的企业，其电子商务网站在形式和内容上也会不尽相同。但其主要的功能和服务模块却是万变不离其宗。各企业根据自己的实际情况，对下电子商务网站各子系统进行有选择的增删，使企业的网站被客户接受并长期使用，从而有效地实施企业网络营销策略的目的。

1. 网上电子商务系统。

商务网站最主要的功能就是在网上开展电子营销。因此，该系统是整个网站的核心模块，也是大多数电子商务网站中技术最成熟的模块。

2. 用户认证管理系统。

电子商务网站一个很重要的功能是对客户的管理。主要是通过对用户提交的注册信息的分析，对不同业务系统的用户登录进行统一认证。包括用户密码、身份及权限的认证，并且根据系统的配置，在认证成功后跳转到相应的系统中去。

3. 个性化服务系统。

电子商务网站的个性化服务系统要考虑到不同用户的各种需求，从怎样留住客户的角度出发。该系统设计主要体现在以下两方面：一是个性化页面。二是个性化定制信息。三是可以支持客户的个性化需求，并可使系统提供最符合客户习惯和需求的个性化服务。

4. 询价系统。

电子商务网站中的询价系统应为用户提供灵活的商品价格查询和分析手段，用户可以自己定义复杂的查询条件，从不同的角度去搜寻自己需要的商品和价格；询价系统还要与商品和供货商管理模块紧密集成，同时预留与其他商情和询价系统的数据交换接口，可以提供实时的价格信息。对同一类或同一种商品的价格趋势、渠道状况等进行分析，以制定合理的购买策略。

5. 商品检索引擎。

商品检索引擎系统应支持多种方式的检索：既支持简单的关键词检索，也支持复杂的智能检索。并且支持同时对商品、分类等进行的高速查询服务。

6. 邮件列表系统。

邮件列表具有传播范围广的特点，可以向 Internet 的用户迅速传递消息，用户和普通消费者都可以申请邮件列表，成为某个邮件列表的管理者或信息接收者。

7. 自助服务系统

网上自助服务一般是指有服务需求的主体通过互联网技术获取或传递主体所定制的信息和数据。消费者自助服务管理系统可以使消费者在任何时间进行交易，商家对消费者的服务将延伸到网上，使消费者可以在第一时间得到所需信息。自助服务系统也为供应商提供必要的服务。

8. 论坛系统。

论坛系统亦称电子公告板系统，是网上社区的重要组成部分，它为互联网站提供了一种极为常见的互动交流服务。

9. 短信增值服务系统。

通过这个基于 Web 的短信息平台，可以向手机用户提供发送短信息等服务。该系统中包括通信层功能模块、业务层功能模块、应用层功能模块等。

10. 网上调查系统。

网上调查系统用于各种调查活动，可以插入各种栏目中，商务网站中一般采用通用网上 Web 调查系统。

11. 广告管理与发布系统

广告发布管理系统是一个基于 J2EE 架构的、能安装在不同的操作系统上并结合数据库使用的广告发布监测系统。

总而言之，电子商务网站不但流程复杂，在数据处理和传输方面有着严格的要求，不同于一般的 Web 网站。因此，在对电子商务网站进行设计时，必须遵循科学的开发模式；兼顾系统的兼容性、易用性、安全性；要合理运用新技术；网站的推广技术等。

（二）系统总体技术架构设计

1. 商务网站系统结构：整个应用系统开发、部署、运行和管理的基础架构都是由应用服务器提供的。

2. 商务网站网络架构：网络环境设计的内容包括

（1）普通用户终端通过 Internet 与商务网站在一起连通。

（2）商务网站与特殊合作伙伴之间的互联。一般情况下，商务网站与银行支付网关、CA 认证中心、重要的企业合作伙伴之间需要建立较为安全的通信子网 VPN，通过在各种数据通信网的基础上进行构造。

（3）商务网站局域网。隔离措施是必须具备的。对网络安全的内容进行强化：设置防火墙将网络隔离成敏感程度不同的区域。通过路由器设备隔离，并将网络划分为信任等级不同的网段。把直接面对用户的设备及应用看做是一个网段，而将其他的设备配置在其他网段上，在两个网段之间的隔离通过设置路由器来实现。

3. 商务网站安全设计：从两个方面对技术保障进行考虑，第一个方面是网络和平台运行环境的安全；另一个方面是交易过程和网站信息的安全。

（1）通过合理的网络拓扑结构，将抗攻击能力提供出来。

（2）病毒防治。

（3）数字签名。

（4）SSL 协议和数字证书应用

（三）实施进度计划

起止时间、参与人、工作内容、交付物、质量保证点、外部条件等都包括在计划之内。

（四）项目管理制度

最重要的是项目经理负责制。

1. 项目经理负责制。包括领导组、项目经理、项目顾问与支持组。

决定项目成败的关键人物就是项目经理，并不是说必须是技术专家，但技术背景和管理经验是需要具有的。项目经理的职责有：

（1）确保项目目标的实现：这一点是检查和衡量项目经理管理成败、水平高低的基本标志。

（2）制定项目阶段性目标和项目总体控制计划。

（3）组织精干的项目管理班子：这是管理好项目的基本条件。

（4）及时的做出决定。

（5）履行合同义务：监督合同执行、处理合同变更。

指挥权、人事权、财权、技术决策权、设备、工具、材料的采购与控制权是项目经理所拥有的权利。

项目实施项目顾问不直接参加，但需要对项目的运作提供咨询与建议。

2. 项目质量管理制度。有效的软件工程技术、采用正式的技术复审、多层次的测试策略、对软件开发标准的规范进行保证。

3. 项目沟通管理制度。

（五）实施预算

预算所包含的部分有四点：

1. 外购软件、硬件费用。

2. 网站开发费用。

3. 系统集成费用。

4. 培训费用。

（六）服务器集群

服务器集群的特点：

1. 能够将负载均衡实现。

2. 具有容错性。考核集群系统的重要依据就是重定向过程的时间长短以及用户连接丢失的比率。

注意：成熟的、稳定的可扩展技术是商务网站的实施方案设计中技术的先进性，对技术创新这一点并不要求。商业上的创新和整合是建设商业网站的难点所在，为商业提供服务的是技术。

第二节　商务网站平台建设管理

一、合作伙伴的选择

随着信息化和全球化步伐的不断加快，在进入21世纪以来，电子商务企业竞争优势也变得越发明显，并不断加强电子商务企业之间的合作。为满足其市场认可度，让信息化水平与服务能力得到提高，维持合作的稳定性，降低合作的风险，电子商务企业需要全面分析合作成员企业各指标，为最后的决定提供帮助。电子商务企业合作伙伴选择这一问题是复杂的多指标综合评价。通过对电子商务企业合作伙伴选择评价指标的分析，反映出各评价指标之间的相互关联关系以及指标间的反馈信息，同时将相关度引入到评价准则中，更能对合作的可行性及合作的稳定性和长久性进行保证。电商企业合作赖以存在的基础就是合作伙伴的选择，而确定评价指标及其权重在企业伙伴选择过程中有着非常重要的地位。

（一）软硬件厂商合作伙伴

选择合作厂商、签订采购合同。(有两个因素限制了采购的时间：相关产品需不需要提前订购，应该提前多少；这些产品对于网站的开发环境是不是需要)。

（二）CA认证中心

按照CA中心建设的背景来进行分类的话，国内的CA中心大致分为三类：大行业或政府部门建立的CA、地方政府授权建立的CA、商业性CA。

从2005年4月1日开始，《电子认证服务管理办法》就得到了实施，将直接的依据提供给了CA认证服务中心。

选择CA认证中心的条件：一是国家信息安全测评机构的测评、目前的发证情况或证书适用领域CA认证中心是不是已经通过了；二是看商务网站本身、网站使用者、合作银行等在申请证书的时候是否方便；三是对商务网站应用证书时CA认证中心能够提供的技术支持能力。

（三）银行、银联、支付网关

（四）物流服务商

（五）商务网站建设服务商

1. 商务网站建设监理的职责。

完成甲方的委托，监督管理商务网站项目建设实施是监理方（项目监理公司）的工作职责，其主要任务包括：

（1）协助甲方对项目的招标、评标活动进行组织；

（2）协助甲方与中标单位签订商务网站的开发合同；

（3）根据甲方的授权，对开发合同的履行进行监督并管理；

（4）根据监理合同的要求，将技术服务提供给甲方；

（5）在终止监理合同之后，将监理工作报告提交给甲方。

2. 商务网站建设监理的类型。

商务网站建设项目监理根据监理内容和程度不一样，可以分为咨询式监理、里程碑式监理和全程式监理。一般情况下，后两种方式需要签订三方合作合同。

（1）咨询式监理：只解答甲方商务网站建设过程中所提出来的问题，监理方的费用最少，同时所承担的责任也是最低的。

（2）里程碑式监理：把商务网站的建设分为若干阶段，里程碑设置在每个阶段结束，在里程碑到来的时候通知监理方进行审查或测试。需要乙方来参与里程碑的确定。

（3）全程式监理：除了审查里程碑，还要派相应人员对网站开发过程中的信息进行全程跟踪、收集、同时也要一直对开发方的开发质量和效果进行评估。

在刚开始合作的时候都需要具备一定的条件，并遵从一定的原则；标准的合作对象应该是和谐一致、有能力和信守承诺，战略配合和文化配合也必须要得到加强，逐渐的将联盟方的差异性消除，以对连盟的稳定性和持久性进行维持。因此，在这里我们经过分析研究将合作伙伴选择标准则定义以及各评价指标如表 1.2-1 所示。

表格 1.2-1　合作伙伴选择标准则定义以及各评价指标表

准则	指　标	指标说明
R合作风险	R_1 合作次数	企业参与合作的积极性
	R_2 诚信等级	企业合作过程中拥有的诚信度
	R_3 赔付能力	因企业违背约定而造成合作伙伴损失时，企业对合作伙伴利益是否有能力赔偿
	R_4 赔付率	发生风险时企业对合作伙伴的赔付概率
	R_5 财务能力	各种财务资源由企业获取、优化配置，使企业形成并保持持续的竞争优势，获得稳定收益的能力
S服务质量	S_1 顾客满意度	该企业的售前、售后服务企业顾客的评价
	S_2 服务成本价格	企业用于售前、售后服务的成本
	S_3 社会认可度	关于该企业服务理念，经营宗旨的社会大众接受程度
	S_4 服务柔性	与顾客服务需求变动相适应的预知能力、应变能力和调节能力
O业务能力	O_1 生产规模	合作伙伴的规模要和自己的企业规模相适应，在两者之间有建立合作的可能性的存在
	O_2 产品质量	一般基于 ISO 认证标准由产品质量进行衡量
	O_3 产品价格	产品保证质量的前提下，定价指标是否完整
	O_4 响应客户需求速度	用户需求变化快速适应的调整能力
I信息技术	I_1 信息资源共享度	愿意共享企业自身信息资源，使合作伙伴获得更全面海量的信息
	I_2 信息技术应用水平	对信息技术应用灵活性强，打好合作形成基础
	I_3 系统安全运营比例	系统运行安全性高，可以安全保护合作信息
	I_4 服务技术支持	对售后售前服务的技术性支持
A关联度	A_1 顾客群定位	关于用户合作伙伴可以共享，使各方都可以将目标顾客群扩大
	A_2 闲置资源互补性	双方闲置资源在无损正常价值的同时，扩展外延价值
	A_3 销售网络及渠道	各方通过合作拓宽营销渠道，并且营销成本也可以有效的解决
	A_4 企业规模	在一定程度上规模相近的企业进行合作的成功率会比较高
	A_5 企业文化及社会责任	形成合作的基础就是企业文化及社会责任相近

二、商务网站建设与项目管理

（一）商务网站建设的步骤

电子商务与传统的商务活动方式相比较的话，电子商务对市场变化的反应更加灵活、所耗费的成本更低，已经变成了推进企业快速、高效、个性化发展的有效途径之一。自从在国内出现电子商务以来，其市场规模、参与的服务企业数量增长的速度一直都非常快。企业拓宽市场渠道、节约经营成本的重要途径慢慢的向电子商务活动中的在线采购和在线销售环节转移，因此对企业开展电子商务活动水平进行衡量的有效指标也是这一点。那么电子商务平台的建设的流程是什么样的呢？

1. 确定电子商务平台的目的。

任何一个电子商务平台都要将其价值体现出来，电子商务平台的价值就是电子商务平台建设的目标和目的。企业的运营方向决定了电子商务平台的目标；企业的运营内容决定了电子商务平台的作用和目的，企业的运营内容包括推销产品、自销产品、提供服务等等，这些都要企业去进一步规划和明确。

2. 选择域名和空间。

电子商务平台成功一半就是拥有一个好的域名，企业名称可以由一个好的域名代表，在选择域名的时候注册一定不能草率。在做决定时要有长远的眼光。域名所用的字母最好不要超过六个，后缀最好用 com。这样在以后宣传当中方便用户的记忆。

3. 搭建平台。

硬软件的支持是一个好的电子商务平台所离不开的，一个网站除了要选择好的空间商之外还要确定使用哪种程序语言。

服务器需要根据电子商务平台的要求来决定是否购买，如果不购买服务器的话就选择虚拟空间。可以对未来电子商务平台网站需要多大空间进行估计之后再决定选择购买哪种虚拟空间。如果发现空间不够用的话可以扩充，这个问题并不大。选择好的语言程序不仅让电子商务平台后期管理起来方便，而且对未来电子商务平台的优化和推广来说非常有帮助。在做电子商务平台之前对企业电子商务平台需要哪些功能一定要有所了解，适合的程序语言可以根据这些功能来决定。

4. 设计页面。

页面的效果主要是根据电子商务平台设计师的操作进行实现的，当然不能因为视觉效果而将电子商务平台最初的目的忘记，一定要在已经将电子商务平台的功能实现的情况下将高品质的视觉效果展示出来。一定要和电子商务平台设计师后续沟通与协商才能决定这一点。

5. 电子商务平台台平初步上线。

把上一个步骤做完之后要将做的程序传到域名空间，对功能和网站的性能进行检测，比如看网站打开的速度，是否能正常操作网站功能，是否能打开网站的链接，网站的内容是否错乱等等工作。如果公布给用户的网站没有经过初步测试的话，那么企业的形象也会受到影响。

6. 电子商务平台宣传。

在建设好网站之后，接下来的工作就是网站的宣传和推广了。虽然说“酒香不怕巷子深”，但是也需要一定的时间来传递这味道，对于一个企业来说时间就是一种资源。如果企业想在短时间内让用户知道和了解，宣传和推广的时候就必须要投入一定的费用。

（二）商务网站项目管理

通过网络进行的买卖交易以及相关服务或其他的组织管理活动就是电子商务。对当代项目管理来说随着网络的迅速普及和电子商务的迅速崛起以及全球经济一体化的形成，也将一些新的要求提了出来。项目管理和决策如何尽快采用信息化手段实施，在项目的有限生命周期内如何将管理的功效发挥的淋漓尽致使我们立于不败之地，唯一的方法就是对基于电子商务的项目管理进行开发和研究。

所谓电子商务，就是商务信息的数据电子化，商务流程通过网络来实现。电子商务在网络技术的发展的推动下也得到了迅速发展，网络技术的发展也对企业营销模式的改革和全球经济的一体化起到了推动的作用。

1. 电子商务项目管理的可行性论证。

本世纪60年代产生的一门管理学科就是项目管理。从项目管理学的产生一直到现在，项目管理的理论和方法在不断的发展和完善，人们对项目管理的认识也不断深入和提高。所需资源昂贵，技术复杂，涉及的人员、机构和职能相互依存的程度高，风险大是现代大型项目的基本特征。在这种项目中，项目成功的重要保证就是有一个能对项目信息和活动进行系统性管理的充分开放的系统。管理学的革命是由电子商务引发的，对基于电子商务的重大项目管理进行开发和研制已迫在眉睫。

对于现代项目管理的组织、计划、协调、控制和决策项目管理的各个阶段中计算机所发挥的作用越来越重要。综合国外的情况来看，作为一门综合的学科项目管理的深度已经相当深了，特别是关于如何将现代计算机技术与管理相结合这一点已经做出了非常大的成绩，计算机技术使现代项目管理从理论和方法上都有了非常大的跨越。目前，电子商务与项目管理结合的开发是国外各项目管理商家正在着手进行研究的项目。

现在摆在我们面前的日益严重的问题是新技术发展下的项目管理的重要性、必要性以及可行性。对基于电子商务的项目管理进行开发和研制，这些企业集团需求的各种电子商务计划的技术可行性就有必须确定可以满足。使用那些最能提高企业集团业务能力的电子商务技术应该是一个基本的原则，例如：EDI、条形码、电子邮件、WWW、产品数据交换、电子表格等，这方面的技术在当今已经成熟了。

21世纪的电子商务对投资及管理模式在世界经济一体化和信息化以及信息网络推动下产生了深刻影响。信息化的机遇正在挑战和颠覆传统管理的概念、理论和管理方式及模式。我们必须面对和解决的问题就是如何对项目进行项目前期的审核和评估，项目实施阶段的质量、进度等项目建设周期全过程、动态化计算机信息网络管理。

企业管理的控制性能在网络和电子商务技术的帮助下变得更好，也使组织结构更为有机化，更能满足系统目标的实现。

一方面，人的监督被计算机系统的控制代替了，企业管理者监督和控制组织活动的能力也有了非常大的改变，其结果是更广范围的控制，更少组织的管理层次，也有更少人员的需求。

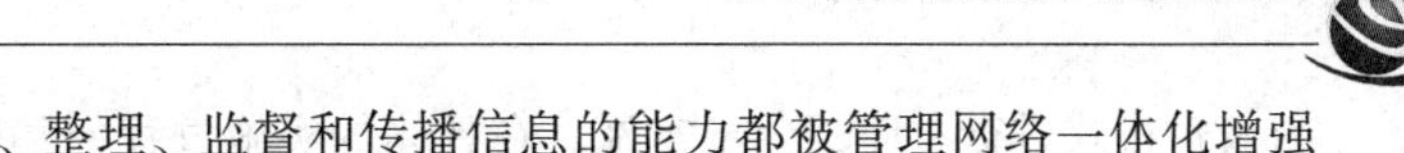

另一方面，企业收集、综合、整理、监督和传播信息的能力都被管理网络一体化增强了，而组织交流方式的巨大变革也是由这种变化所引起的。

2. 电子商务项目管理的关键技术分析。

（1）多层软件体系结构。

随着 Internet 的成功和不断的普及，现在为企业注目的焦点已经逐渐地向多层式系统转移。与客户/服务器系统的客户、服务器两层结构相比，多层结构有几层代理部分出现在了中间，集成后端的不同服务器，使其可以以统一的方式呈现出它们的资料以及操作界面是其目的。它使得客户使用变成了一种可能，为系统的维护和升级等提供了方便也是多层软件体系结构所具有的优势。

（2）工作流管理技术。

最近这些年，计算机应用领域中发展速度最快的几项新技术之一就是工作流管理，实现人与计算机交互事件结合过程中的自动化是它的主要特征。工作任务的整体处理过程、依据一组已定义的规则及已制定的共同目标工作组成员之间所交换的文本文件、各种媒体信息或与任务相关的信息是工作流主要涉及的内容。分布环境下的虚拟企业实现协同工作在网络时代下成为一件可以实现的事情。项目管理自身的特点和规律极好的应用背景提供给了工作流技术的实施。

（3）系统集成技术。

由于基于电子商务的项目管理信息系统的应用所拥有的复杂性和多学科性，我们在系统的具体实施过程中，系统的集成这一点是必须要进行强调的，与单位原有的系统的集成、与新购的软件系统的集成等以及部分软件的二次开发等都是主要的内容，这样做不但人力、财力节省了下来，效率也会得到提高。

（4）系统开放性和信息的安全性。

基于电子商务的项目管理不仅要开发，而且必须要安全。开放让我们的系统与外部的系统连接在一起，为数据交换和信息共享提供方便，安全保证我们的系统稳定可靠，对于电子商务来说，特别重要的一点就是系统安全性能。

（5）现代项目管理方法的研究。

在发达国家项目管理已经发展并完善了几十年的时间，在我国的应用还处于发展的阶段，为此，我们应该重视现代项目管理，当然这不仅仅是一个技术的问题，还有体制等有关的问题。

3. 电子商务项目管理的解决对策探析。

在未来的市场中当今的企业集团如果要想立于不败之地，电子商务就必须逐步实现。企业集团建立和实现电子商务的步骤，可以分步实施，然后渐渐的进行完善。

随着电子商务应用的不断深入，电子商务应用系统企业可以逐渐的建立起来。通过这样的系统与一些有固定关系的合作伙伴将联系链建立起来，通过它直接建立电子商务活动，以便更加快捷地与客户和供应商交往，企业运作效率也会因此得到提高。同时分布于全国甚至世界各地的分支机构、联营公司、办事处等企业内部也可能使用这样的系统，项目的管理水平会在很大的程度上得到提高。

面向西部大开发的重大项目，切入点是某一行业的项目管理信息系统，同时对国际项目管理模式进行参照，分步实施。在具体的实施过程中基础为网络，手段为电子商务，目的为管理。

电子商务技术的发展进步速度非常快，最新的网络交互技术和数字技术被它综合在一起，代表了未来信息管理技术发展的趋势，深远的影响企业的信息管理，也起到了变革作用。虽然还有非常多的技术需要进一步完善，但是，在不久的将来，电子商务的发展会将信息管理从管理理念到管理手段和方式都发生翻天覆地的变化。

三、商务网站的测试和验收

（一）商务网站的测试

1. 网站测试的目的。

对网站非常熟悉的人都知道，在建设整个网站的过程中，有一个必经的程序或者说是有一个工作贯穿网站开发的整个过程，那就是网站测试。有非常多的做网站的企业都会聘用一到两名工作人员，对这项工作进行负责。和开发人员积极的配合，对新开发出来的每一项功能或者服务不断的去使用，并根据使用的结果将一个详细的报告写出开，主要反映其中存在哪些需要改进的问题，还可以将自己的想法说出来等等就是网站测试的主要工作。

网站测试这个工作在开发网站的时候非常重要，只有在对网站不断的测试的前提下，其中的不足开发人员才能够及时的改正，才可以对后续工作的正常运行提供保障，避免累积问题。如果最后才发现存在的问题，那么修改这项工程的任务将变得非常大。那么测试的主要目的有以下三点：

（1）对电子商务网站的质量进行确认，第一点是确认用户所期望的事情软件做了，另一点就是确认这个事件软件是以正确的方式来做的。

（2）提供信息，比如将反馈信息提供给开发人员或项目经理，可以为风险评估所准备的信息。

（3）电子商务网站测试不仅是对网站产品的本身进行测试，而且对网站开发的过程测试也包括在内。

2. 网站测试的主要内容。

以下几点是做网站测试的工作人员一般入手的方向：

第一，功能测试。每个网站的每一个分类，每一个活动板块所具有的作用都是固定的。比如“中国制造 & 中国创造”，“企业登录”位于电子商务平台的主页右上方，将一个登录的窗口提供给广大企业就是它的功能。每个注册企业只要点击这个“企业登录”，就能把登陆的页面打开，输入账号成功登录。所以功能测试是很重要的，因为会对用户对网站服务的使用造成直接的影响。

第二，页面测试。相对来说，页面测试较比较简单而且还容易理解，基本上就是将每个可以打开的链接都打开，看看显示是不是正常的，目的是禁止存在打不开的页面。如果存在打不开的页面，不仅对网站的声誉造成影响，同时网站的排名也会有所下降。

第三，用户体验性测试。为用户提供服务是每个网站的建设最终的目的。在对整个网站进行浏览的时候，要求测试员把自己当成一个客户，一个浏览者就是用户体验性测试。因为用户群有共性也存在特性，用户们对网站的要求有些是相同的，比如打开速度，页面排版等，但也有各自的特殊要求，比如很在意图片是不是整齐，文章排版是不是规范，网站的安排是否合理，用户自己想要的信息是不是可以很快的找到等。总体来说，网站测试的工作人员一定进行全面的考虑。

最后，其他测试。比如打开网页时间的长短，可以说是绝大多数客户衡量一个网站好坏的主要标准之一。一个网页慢慢的打开没有用户愿意浪费时间等着，不仅没有耐心更加的没有时间。网站的搜索功能，用户想要的内容能否精确的搜索到。需要在测试过程中留意的还有网站的颜色设置，字体的大小，板块的划分等，最后将合理的建议提供出来。

（二）商务网站的验收

网站建设网站技术的验收标准如下：

1. 网站基本技术要求。

（1）应保证网站的访问速度，网页打开的时间不要太长；

（2）网站的内容应采用数据库的方式管理；

（3）内容管理系统管理网站的内容应根据实际需要来采用。

2. 网站可用性

网站可用性是指可以正常的访问网站，可以正常使用提供的服务。网站可用性有下列要求：

（1）对网站的可用性进行定期监控，服务器停机等导致网站不可访问的事件应及时发现并解决；

（2）有可用性的监控制度和定期的监控记录；

（3）有网站可用性改进的记录。

3. 网站兼容性

多种操作系统上的不同种类及版本的浏览器是网页应兼容的，如果推荐使用某特定版本的浏览器，那么，就应该在非常明显的位置说明这一点。

4. 应急响应预案

在紧急情况下为了能以最快的速度恢复网站的数据和服务，应该具有以下安全措施：

（1）应急响应的预案

人员和联系方式、使用的资源及存放位置、针对多种预想情况的处理方法和详细步骤说明是应急响应的预案应该包括的内容。并还应该将在应急情况下的处理方式告知用户。如：在网络无法使用的情况下继续服务的方式、相关的联系办法等。

（2）应急响应预案的定期测试和更新

为了保证预案的可用性应对应急响应预案的内容做定期的测试和更新。

第三节　商务网站内容建设

一、制定内容实施计划和管理规范

（一）制定内容实施的时间计划

（二）建立内容实施团队

1. 内容建设负责人：

主要包括组织团队、制定内容管理标准和资源获取计划、统筹组织信息采集等。

2. 策划人员。

3. 形象设计师。

4. 内容采集与发布人员。

5. 其他人员。

（三）制定信息资源获取计划

1. 商品信息资源：生产商、供货商是此类信息主要来源；

2. 业务信息资源：媒体、互联网；本企业的研发部门、市场部门及合作伙伴；专业机构为此类信息主要来源；

3. 客户信息资源：获得此类信息的主要来源为企业的经营活动、网站会员注册、会议、展览等正规渠道获得。

4. 第三方信息资源：指的就是客观、专业的报告类信息。从合作伙伴和行业内的中立者获得这一类的信息。

（四）制定内容管理规范

1. 制作规范。

（1）标题规范：

字数不能超出预定，标题不折行；有完整的句型，主谓宾齐全；不得模棱两可，通俗易懂，过于专业或晦涩的词语也不要使用；非标准的缩写或港台式写法不能使用；错别字是严禁出现的；按规定在标点、数字、标题断开的地方使用全角、半角；逗号、句号或过多标点在标题中不能使用。

（2）正文规范：

错别字或错误的英文拼写都不能出现，无明显标点错误；将作者的署名保留下来；每段之间空一行，段落首行缩进两个字符；重点处理的文章须将关键字选出来，以方便搜索；乱码现象不能出现；数字和英文一律半角；标点只允许使用中文的；

（3）图片规范：

优美、清晰、明亮、信息量大是图片选择的主要标准；在正文中使用的图片尺寸不得超过规范，即长边为450pixels；优化压缩图片，在图片不失真的前提条件下，字节数不超过25kb；如果使用的图片有作者，一定要注明；时间、地点、人物、事件等基本要素是图片说明中必须包括的；音频、视频、动画的制作规范，在制定的时候可参照图片规范。应

参考数据库管理员提供的操作说明及注意事项来制定数据库录入规范。

2. 信息分类原则：

主要包括：层次较少原则、分类最少原则、重要性与保密性原则、结构清晰原则、动态性原则。

3. 商品分类和编码：

行业特点与惯例是行业电子商务网站的商品分类必须符合的。分类有序化、科学化，同时提供查询功能是成功的商品分类需要做到的。

4. 展示模板：

通常信息类模板、网店类模板、商品展示模板都包括在内。

（1）最基本要求就是美观实用、风格统一。

（2）模板与模板、模板与信息之间的合理关联，使网页的指导性变得更强。“融商务与服务之中”。

（3）对展示模板的人性化设计非常注重。

（五）制定内容发布过程管理规范

1. 制作规范：标题规范、正文规范、图片规范。

2. 上传规范。

3. 审批规范。

4. 更新规范。

5. 权限管理常见的管理权限有：

（1）信息编辑、信息审核、信息签发、上传、发布、栏目分类与设置、模板管理、主页管理、主页审核、信息源管理等；

（2）普通编辑、高级编辑、页面设计人员、用户管理等。

二、网站内容的信息采集与处理

网站信息采集是从大量的网页中将非结构化的信息抽取出来保存到结构化的数据库中的过程。当你看到一些文章比较好，而这些文章又是很多，这个时间有些人就会想到，复制过来相对来说比较麻烦，直接采集过来也不过只是几分钟的事情，网络信息浩如烟海，网络信息资源如何有效挖掘，企业外部大量的有效信息如何收集，这是非常重要的问题。

（一）商务网站基础数据初始化

1. 将各类、各级内容管理人员建立起来。

2. 根据商品分类标准和规范，将商品分类目录建立起来。

3. 对信息栏目进行设置，将信息分类建立起来。

4. 将其他基础性数据录入进去。

（二）与现有信息系统进行相关内容的数据交换

1. 对思路进行正确的规划使数据体系分散化，在数据服务器，以原有格式保留有效的数据资源，并将数据交换平台建立起来，实现不同格式数据的共享管理及流通。

2. 原则上包括数据库资源都可以实现完全透明的访问、确保全局数据的共享、维持各数据库管理系统的自治、功能方面支持各个数据库的查询和联合使用。

（三）与合作伙伴进行数据交换

1. EDI 方式：对统一标准的贸易信息进行传递，涉及提供信息的相邻上下游企业。

2. XML 方式：广泛应用。

（四）从其他网站自动搜寻相关信息

1. 自动搜寻。

2. 信息识别。

3. 分类存储。

4. 二次编发。

（五）信息加工与发布数据交换

1. 企业成功的电子商务决定性的一步就是信息加工与发布数据交换平台。“不同信息格式必须进行交换，同一类信息的不同来源必须具有共同的解释”是数据交换平台的标准。

2. EDI 的特征：

（1）EDI 是在两个或多个企业单位之间进行商业文件数据的传输；

（2）对文件数据采用共同的标准和固定的格式进行传输；

（3）在传输数据的时候，一般情况下都是通过计算机网络和专用网络；

（4）数据的自动投递和传输过程中，任何人工的介入都不需要。

三、网站内容的组织和资源管理

（一）网站内容的组织

1. 网站内容的组织：

（1）业务信息

（2）产品信息

（3）在线销售

商务流程的关键就是在线销售：购物车管理、订单管理、网上支付与结算管理、物流配送管理等都可以涉及到。

（4）市场活动

（5）文档和软件下载

（6）客户咨询与服务

（7）信息订阅

2. 如何有效组织内容

在建设网站的时候内容起到了决定性的作用，网站内容为王。有好的网站内容，但如果没有有效的组织起这些内容，网站的建设的效果想要达到最大化是不可能的。

关于如何创建有价值的内容以及关于内容的相关性。要知道有效的内容组织要如何进行，需要先弄清楚的问题有两个，分别是怎么写网站的内容，写给谁看。

（1）如何写网站的内容

组织内容的时候根据关键词来进行，首先需要将所有与企业产品或者服务相关的关键词查找出来，然后网站内容的写作根据关键词的词义来展开。每篇网页文章重点最好不要超过 5 个关键词。比较合理的是一个关键词一篇文章。网站内容写作围绕关键词展开，网站在搜索引擎上的排名也能够得到有效的提升。

（2）两个关于提升网页排名的重要因素

1）内容相关性

搜索引擎进行网页排序时考虑的重要因素就是相关性。关于相关性指的就是，网页内容与网页内容之间的相关性、网站与网站之间的相关性。对排名而言相关性围绕的越紧密对其的帮助就会越大。

2）关键词密度

关键词的密度指的就是一张网页当中，在网页内容里某个关键词出现的比例。

（3）内容写给谁看

网站内容并不是只写给网站的访客看的。网站的内容对搜索引擎优化工程师来说，更多的是组织起来给搜索引擎看。某种意义上讲，如果搜索引擎都看不到，可能有大多数的网站访客也都看不到。因为访客在查找信息的时候用的是搜索引擎。

如果是写给搜索引擎看的，就要弄清楚搜索引擎能够看得到的是哪些内容，看不到的又是哪些内容。例如：

1）网站的图片；

2）FLASH；

3）音频文件；

4）视频，对于视频文件，搜索引擎有效的检索应该能够进行。因为，现在很多的搜索引擎都推出视频搜索。

搜索引擎最喜欢的是文字，一篇文章的主题基本上搜索引擎是可以完全读懂的。所以，对于网站的主题，在表达的时候最好使用文字。

网站内容不仅仅是搜索引擎考验一个网站的重要条件，同时也是网站发展的根本。将有价值的内容提供出来，能够让网站在短时间内得到搜索引擎的抓取和收录，从而网站在搜索引擎上的整体表现也会得到提升。

（二）资源管理

1. 客户资源的管理。

（1）隐私资源管理：注册管理、客户群分析、信用管理、消费倾向分析等都包括在内。

（2）客户反馈信息管理

2. 服务资源的管理。

（1）传统的客户服务方式。

（2）网络客户服务方式。

（3）邮件/手机短信客户服务。

最便宜的沟通方式就是电子邮件，企业将邮件列表建立起来，可以让客户自己登记注册，然后定期将企业最新的信息发布给客户，让企业与客户联系得到加强，这是大多数企业网站经常采用的方法之一。

（4）网站客户服务。

帮助问题 FAQ、论坛、留言板、即时通讯。

设计 FAQ 页面，让常见的问题得到解决。在网站中提供 FAQ 页面，主要是将有关产品、公司情况方面的信息提供给客户，那些随意浏览者的兴趣不仅可以通过它引发出来，也能够帮助那些在产品使用中遇到疑难问题的顾客在短时间内找到自己所需要的信息，直接获得问题的答案。

精心设计 FAQ 页面不仅可以让用户使用起来更加方便，而且能够为企业和用户将很多在线的时间节省下来。为此，FAQ 页面必须要能够使用户在网站上容易找到，而且页面上的内容一定要清晰易读、浏览起来方便。设计一个使用起来简单方便的 FAQ 需要注意的问题有如下几点：

1）保证 FAQ 的效用比较高，即必须要保证一定的容量、广度和浓度，问题的回答尽最大的能力将足够的信息提供出来，达到对顾客有实质性的帮助的目的。

2）这些问题也要经常更新，对客户提出的一些热点问题进行回答，客户关心的问题有哪些要了解并掌握；

3）保证 FAQ 简单易用，如提供搜索功能，只要用户将关键词输入进去，有关问题的答案就可以直接查找到，组织问题的时候可以采用分层目录式的结构，以方便用户查询，在前面列出用户经常遇到的问题，对于一些复杂问题，可以把链接加入到这些问题之间；

4）注意 FAQ 的内容和格式，能够使用户明白自己所需要的答案可以在什么地方找到；

5）信息披露的程度要适当，准则就是既对顾客产生价值，关于企业内情又不让竞争对

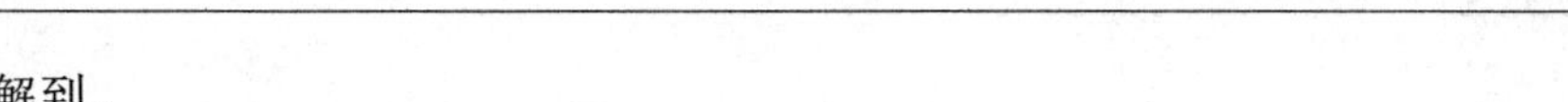

手了解到。

3. 统一服务规则与服务思维导向。

（1）网络服务为主

（2）开放的服务

（3）个性化服务

（4）服务承诺

（5）服务及时性

4. 商务是商务网站的信息资源的重要部分，而与以电子化为辅助，和更大范围的网络信息比起来，两者之间的区别为：

（1）信息的商业性、增值性，讲求投入产出率。

（2）为了最大限度地避免无价值信息的出现，对信息的权威性、时效性、便利性进行保障需要通过信息结构与分类、质量控制与管理的方法。

（3）数据库建设就是商务网站资源管理的核心内容。网站资源技术管理、经济管理相结合起来就形成了商务网站资源管理。

第二章　电子商务系统管理

第一节　电子商务系统运行管理

一、商务网站运行的策略和规划

网站的硬件和软件的维护标准及网站数据管理标准就是商务网站运行策略。而对网站内容进行的管理和规划的是网站规划。

（一）制定网站的硬件管理规划

硬件维护所分的类型有两种：

1. 定期的设备保养性维护

2. 突发性的故障维修：为了把可靠性提高通常会设置双机备份。

（二）制定网站的软件维护规划

包括系统软件和应用软件的维护：

1. 操作系统维护和升级。

2. Web 服务器软件、数据库服务器软件和业务服务器软件的维护和升级。

3. 网站业务软件的维护。

（1）纠错性维护：对系统中遗留的错误进行诊断和修正。

（2）适应性维护。

（3）完善性维护。

（4）预防性维护：网站纠错性维护工作量所占的是 21%，占 25%的是适应性维护工作量，50%是完善性维护所占的，而预防性维护占 4%。

（三）制定数据管理规划

1. 网站权限管理：对网站数据的分类管理。

2. 网站文件管理：

（1）网站文件传输管理

（2）文件目录的组织管理

（3）网站垃圾文件处理：对网站文件的组织结构方式、数据处理方式的管理是网站目录结构维护的原则。

（4）备份管理：通常都把数据恢复子系统包括在内。

3. 网站内容管理，对于网站管理来说是核心。是能够保证网站有序和有效运行的基本手段。

（1）用户信息管理：用户基本信息管理和用户反馈信息管理等包括在内。其中用户注册管理、忘记密码查找、注册用户群分析、用户信用分析、用户消费倾向分析等属于用户基本信息。

（2）在线购物管理：系统账号管理、产品信息管理、购物车管理和订单信息管理。

（3）新闻发布管理。

（4）广告发布管理：综合管理网站广告编辑、播放等功能，把统计、分析每个页面广告播放的情况给实现，并且把某页面的广告轮播指定。

（5）企业在线支持管理。

（6）网站的综合管理。

4. 网站统计管理：改善网站运行的一个都不能缺少的环节。

（四）制定网站安全管理策略

分析网站安全威胁的来源，并且把相应的措施采取。

1. ITIL：国际通行的对信息系统的管理标准就是 IT 基础架构库，包括系统管理、网络管理和安全性等方面内容，实施 IT 管理是实质是把一个标准的框架提供给企业。

2. ITSM：基于 ITIL 的管理，它的核心流程和模块所包括的是 IT 运营管理和 IT 战术管理。

（1）IT 运营管理包括：

1）突发事件管理：利用服务台来把其他的服务管理流程给连接起来。

2）问题管理：把 IT 服务不足的根本原因的流程进行辨认、分析和确定，其中重要的环节是问题控制、错误控制等。

3）变更管理：对变更请求进行审查、控制、批准和管理，以及变更请求得到批准后的变更实施。

4）配置管理：包括规划、确认、控制、维护和核实服务中的配置项。

5）应用发布管理：规划、设计、建设、配置和测试发布的硬件和软件组件集。

（2）IT 战术管理：和组织每年的规划周期和每年持续的评估紧密关联。

1）服务级别管理：定义、匹配、存档和管理客户要求的各个级别的服务。制定服务级别协议也包括在里面。

2）服务财务管理：对决定提供 IT 服务所需要的成本进行分析和控制。

3）服务连续性管理：确保 IT 服务在遇到灾难等情况下也可以把服务不间断的提供。控制和减少 IT 服务的风险。

4）能力管理：保证充足的 IT 基础设施，并不是过多的 IT 基础设施。确保服务质量与 SLA 众的客户需求一致。

5）可用性管理：保证当客户需要的时间，可以把相应的 IT 服务给提供出来。

（3）一个典型的 IT 服务管理实施的结构框架所包括的主要有以下 4 个方面：

1）对当前的以及现存的 IT 基础设施、业务流程和服务进行识别和定义。

2）对未来需要的 IT 技术和迫切需要提供的服务水平进行分析和分类。

3）根据当前状态和未来期望状态，对状态实现路径进行规划和描绘。

4）具体地决定路径上的每一步要怎么样去选择。

（4）ITSM 的整个实施过程的 5 个阶段主要是：

1）评估；

2）结构设计；

3）规划；

4）实施；

5）支持。

网站内容管理的方式：网站的信息最为主要的来源是企业的数据库服务器。

二、商务网站运行管理制度制定和实施

应该根据网站的特点和功能进行设定商务网站运行管理制度。制度订立的时间通常都要比网站的正式运行时间还要早。

网站的管理制度所分的主要有两大类：网站应用系统本身的维护运行制度是其中一类；而网站业务流程的管理制度是另一类。

（一）网站运行系统运行维护人员的岗位职责的确定

1. 网站设备管理员。

2. 操作系统管理员。

3. 应用服务器软件管理员。

4. 数据管理员。

5. 网页维护员。

6. 网站安全管理员。

7. 网站内容管理员，是属于网站业务方面的管理。

8. 网站数据分析员。

（二）网站运行管理制度的制定

1. 人员管理制度。

2. 安全、保密制度。

3. 日常维护制度。

4. 数据处理和更新制度。

5. 跟踪、审计、稽核制度：稽核就是通过系统日志对电子商务各参与部门的活动合理性、安全性进行监控。对系统日志进行检查和审核就是审计。

6. 应急制度

（三）建立网站管理团队，实施网站管理制度

1. 网站管理团队的建立：管理团队的构成不能够仅仅只是单纯的技术人员，而是应该

由业务部门和相应的技术人员一起组成。

2. 网站维护制度的实施：每个子系统都应该有专人进行维护，每个维护都要求控制部门的审批后才可以去实施。对每个子系统进行维护的工作人员不应少于两人。

通常进行维护的操作步骤有以下几点：

（1）提交维护申请报告：纠错性维护报告中必须把出现错误的环境，包括输入数据、输出数据以及其他系统状态信息完整的描述出来。

（2）维护部门审批、把维护申请报告修改。

（3）维护管理员定制维护计划：维护控制部门从业务功能的合理性和技术可行性两个方面对维护要求进行分析和审查，而且对维护计划和要求的修改所产生的影响进行充分的评估。

（4）系统管理员执行维护计划：系统管理员进行具体的修改工作，并且还要把规范化的维护做好记录和存档。

（5）维护工作验收。

（6）维护记录的编写。

（7）维护范围的限定。

3. 相关知识：管理制度与企业文化原则、维护原则、警示原则、激励原则是系统管理总原则。相对于传统的企业管理方式和组织结构，扁平化和网络化的组织结构更适应电子商务网站的组织机构的需要。人力资源战略管理决策与组织结构相互匹配。管理幅度与管理层次所成的是的比例是反比。

三、商务网站信息应用与管理方案运行信息管理

企业的业务数据是数据挖掘的主要对象，对业务数据的收集形成面向主题的数据仓库系统。

（一）数据仓库系统的特点

面对主题的数据仓库系统最为主要的特点有下面几种：

1. 数据以顾客、供应商、产品、销售等主题去进行的分类，而根本不是用企业组织结构的日常操作和事务处理进行分类。

2. 数据来源通常都是多样化的，并且集成了各种业务数据。

3. 数据用时间当作轴线进行组织，保存后不能进行修改或删除操作。

（二）数据挖掘的步骤

数据挖掘对企业的各个业务部门的数据整理和分析都涉及到了，在建立数据仓库的基础上进行有关的算法处理，产生的数据具有决策性的属性，对企业经营决策具有指导性的意义。

1. 数据挖掘的主要步骤：

（1）确定数据源：Web 服务器日志、代理服务器日记、客户登记信息。服务器为了跟踪访问者为单个客户浏览器生成的日志的是 Cookielogs 日志文件。

（2）数据处理

（3）选择数据挖掘的方法：路径分析、兴趣关联规则、聚类分析。

2. 相关知识：分类、估值、预测、关联规则、聚类、描述和可视化是数据挖掘的常见技术，详见本册第十二章“商务智能”内容。

第二节　电子商务安全管理

一、系统运行安全分析

在当前，存在的三种电子商务认证机构模式中，当事人自由约定的电子商务认证体系对于我国的实际情况并不合适。电子商务在我国刚刚发展起来，有非常多不完善的地方，极其多普通的消费者对电子商务没有很深的了解，根本就没有办法在自由约定的时间，把对自己有利的条件给提出来。而且，在交易双方的力量对比悬殊的情况下，弱势一方要是通过谈判来把公平的结果给取得是很困难的。再进一步说，这种模式的认证结果通用性是极其差的，对我国刚起步的电子商务的发展来说是不合适的。

政府主导的电子商务认证体系，政府可以对认证中的非常多的问题把详细规定作出来，并且认证结果有着非常强的通用性。但是，这种方式有着过浓的行政色彩，对电子商务按照商业规律自主发展是不利的。

所以，从现在来看，更适合我国国情的一种选择是行业协会主导的电子商务认证体系。行业协会对认证机构的运作了解得更加清楚，能够更加有效的对其进行监管。这种认证体系，把电子商务的商业发展的自主性、安全性要求与认证机构的行业特点在一起非常有效的结合了起来。

作为认证机构的指导机构，认证机构行业协会有权对认证的效力进行规定，而且还有权利规定认证机构的行业准则，对各个认证机构的业务活动进行监管，对违反行业规则的行为进行制裁和处罚。

安全问题是电子商务交易顺利进行的关键问题。解决安全问题需要建立相应的电子商务认证机构。最近这些年来，我国的电子商务认证机构的发展非常快。1999 年 3 月 19 日，中国人民银行把 12 家商业银行组织起来共建金融认证中心系统。现在我国经过政府认定批准的电子商务认证机构已经有 100 多家。

但是从另一方面来说，我国的电子商务认证系统依然远远不成熟，仍有许许多多的地方需要完善。电子商务认证机构的保密性、认证性、完整性、不可抵赖性决定了网络化交易双方义务的设定与履行，在电子商务中处于枢纽地位，直接关系到电子商务行业的成败，是电子商务的安全发展的组织保障。

科技发展的结果就是电子商务的产生、发展，其安全运营也要依靠技术给予的保障。因此，为了让电子商务的安全性得到保障，我们必须大力推进科技的发展，满足电子商务的安全运营的需要。在电子商务中广泛使用的电子签名，就有很多复杂的技术问题涉及到了。为使电子签名具有与传统签名相同的法律效力，我们必须使电子签名具有像手写签名那样的独特性。要想把这个问题给解决，就需要技术发展才可以实现。

当前，解决电子签名效力的途径主要有：

1. 把法律修改或者进行法律解释，使签名把电子签名给涵盖。但对于何种电子签名才具有法律效力，立法要兼顾技术中立、开放与安全，让它们对技术发展的需要有所适应；

2. 电子商务的当事人在合同中约定电子签名方法及效力；

3. 最为根本的方法就是依靠技术进步。电子商务安全的有力保障就是技术安全、成本低廉的电子签名方式。

电子商务的一个特点就是没有国界之分，能够在全球进行交易。为了适应这一个特点，我们必须加强国际合作。在立法上，我们一定要把国内法律、国际条约与行业惯例考虑到，让我们将来的《电子商务法》对国际贸易发展的需要更加适应。

在技术上，我们也要加强国际合作，共同把电子商务的发展推向新的高度。

此外，我们还要积极地参与相关的国际标准规范的研讨和学术交流，积极探索和了解电子商务发展的最新国际动态，努力与国际接轨。与此同时，我们也要通过国际合作，来积极维护我们的国家利益。

最近这些年，我国的电子商务有着很快的发展，但是有关的安全保障还并没有建立起来。这已经变成了影响我国电子商务发展的一个障碍。

所以，我们必须加快建设有关的电子商务安全系统。这将是一个综合性的、涉及全社会的系统工程。具体来说，我们要从法律上对电子通讯记录的效力给予承认，给电子商务以法律保障；我们要加强对电子签名等的研究，给电子商务以技术保障；我们还要马上把电子商务认证体系给建立起来，给电子商务以组织保障。而且，对于电子商务无国界的特点，我们还应该把国际间的合作加强，使电子商务把其应该有的作用真正的发挥出来。惟有如此，我们才能顺应时代潮流，把我国的经济发展推动；也只有这样，我们才能在经济全球化的今天，参与到国际竞争中去，并且把竞争的优势赢得。

二、交易安全

（一）存在的威胁

电子商务是基于 Internet 的环境开展的，电子商务把传统商务交易中存在的时间、空间等条件的限制给消除了，因此发展得非常迅速。Internet 网络的通信协议 TCP/IP 及源代码的开放和共享，让电子商务依托 Internet 网络在开放、共享的环境中快速开展，但是电子商务中的一些信息是不可以共享的，例如个人隐私、商业机密等，这样就有矛盾出现了，尽管是这样，每天都有成千上万种交易在 Internet 上进行，随之而来的安全问题也越来越突出，比如在 Internet 上进行恶意攻击、窃取商业机密、冒用他人的信用卡、篡改名单等犯罪行为常常会发生，在经受损失的同时，人们对电子商务的安全提供了警惕，安全问题已经成为电子商务和发展的关键与核心问题。

电子商务是 Internet 网上开展的商务活动，从逻辑上看可以分成低层的物理系统和上层的业务逻辑系统，其中系统设备及相关设施的物理保护以免于被破坏和丢失的是物理安全；逻辑安全是指信息的可用性、完整性和保密性三要素。因此，电子商务系统的安全措施也相应地把两个层次分了出来，一个是保障低层的物理系统，换句话说也就是计算机网络系统的安全；另一个是保障上层业务逻辑系统的安全，也就是保证商务活动在网上的非常顺利的开展。第一层安全措施是安全电子商务系统的基础，它是人们进行网上交易的虚拟场所的安全最基础的保障；第二层安全措施是安全电子商务系统的前提，它是不同于传统交易的网上交易规则的提供者，同样是网上交易的安全保障者，这两个方面的安全措施不可或缺，同样重要，共同为安全电子商务活动的保驾护航。

电子商务交易中，以下的安全威胁是很容易受到的，这些安全威胁常常都会对电子商务造成极其严重的后果，计算机病的侵袭、黑客非法侵入、线路窃听等很容易使重要数据在传递过程中泄露、威胁电子商务交易的安全，通常来说，电子商务安全中普遍有着以下几种安全隐患存在着：

1. 交易信息窃取与篡改：

即网络交易中用明文传输的数据被非法入侵者截获并破译之后，进行非法篡改、删除或插入，破坏信息的结构性、完整性；

2. 信息的假冒：

即网络非法攻击着通过假冒合法用户或者模拟虚假信息去进行诈骗；

3. 恶意破坏：

由于攻击者可以把网络接入，则可能对网络中的信息进行修改，把网上的重要信息窃取，甚至可以潜入网络内部，这样的后果是非常严重的；

4. 交易抵赖：

交易抵赖包括很多个方面，购买者做了订单不承认；商家卖出的商品因价格差异而毁约。各种外界的物理性干扰，如通信线路质量较差，地理位置复杂、自然灾害等，都可能把数据的真实性和完整性破坏。

（二）防护措施

就拿传统市场来说，电子商务的安全管控不是那么容易。外贸电子商务平台由于时间及空间的限制以及信息的不对称、不及时等，常常会让一些不法分子有机会进行攻击。因此对电子商务平台而言，进行网上交易行为的首要的条件就是确保电子商务交易的安全，下面给大家介绍几点：

1. 电子商务的最基本的安全技术就是加密技术。在当前的技术条件下，加密技术通常分为对称加密和非对称加密两类。

（1）对称密钥加密

把相同的加密算法采用，并且加密和解密都把相同的密钥使用。如果进行通信的交易各方可以确保专用密钥在密钥交换阶段没有发生任何的泄露，则可以通过对称加密方法加密机密信息，并随报文发送报文摘要和报文散列值，以保证报文的机密性和完整性。关系到对称加密有效性的最核心环节的就是密钥安全交换。

当前我们最为常用的对称加密算法有 DES、PCR、IDEA、3DES 等。其中最为常用的是 DES，并且 DES 还被国际标准化组织采用作为数据加密的标准。

（2）非对称密钥加密

非对称加密与对称加密是不一样的，其密钥对被分为公开密钥和私有密钥。密钥对生成后，公开密钥对外公开，而私有密钥则在密钥发布方手里保存着。任何一个公开密钥给得到的用户都可以使用该密钥加密信息并且把该公开的密钥发送发布者，而发布者在收到加密信息后，使用与公开密钥相应对的私有密钥进行解密。当前，常用的非对称加密算法

有 RSA 算法。这种算法已被国际标准化组织的数据加密技术分委员会推荐为非对称密钥数据加密标准。

在对称和非对称两类加密方法中，对称加密的优点是有着比较快的加密速度、效率高，被广泛用于大量数据的加密。但是，这种方法的致命缺点是密钥的传输与交换也面临着安全问题，密钥易被截取，而且，如果和大量用户进行通信，难以安全管理大量的密钥对，因此对称加密大范围应用也有着一定的问题存在着。而非对称密钥则相反，他的优点是解决了对称加密中密钥数量过多难管理和费用高的不足，也不用去担心传输中私有密钥的泄露，保密性能比对称加密技术还要好。但非对称的缺点是加密算法复杂，没有理想的加密速度。现在，电子商务实际运用中通常都是两者结合使用。

2. 身份认证技术。现在，电子商务交易中就只有加密技术不足以保证交易安全，保证电子商务安全的另一重要技术手段是身份认证技术。身份认证的实现包括数字签名技术、数字证书技术等。

（1）数字签名技术

对信息加密只把信息传输过程中的保密问题给解决了，而防止他人对传输的信息进行篡改或破坏，保证信息的完整性，以及保证信息发送者对发送信息的不可抵赖性，需要把其它的手段采用，这样的手段就是数字签名。数字签名技术就是进行身份认证的技术。在数字化文档上的数字签名就相当于是纸张上的手写签名，是没有办法伪造的。接收者可以验证文档确实来自签名者，并且签名后文档一直都没有修改过，从而使信息的真实性和完整性得到了可靠保证。

现在的数字签名是在公共密钥体制基础上建立的，它是公用密钥加密技术的另一类应用。数字签名与书面文件签名有相同的地方，采用数字签名，也可以把这两点确认：信息是由签名者发送的；信息自签发后到收到为止一点修改都没有做过。目前，主要有三种数字签名方法，就是：RSA 签名、DSS 签名和 Hash 签名。这三种算法既能够单独使用，也能够在一起综合着使用。

（2）数字证书技术

在公共密钥体制中，私钥只有信息发送的人才知道，而与之匹配的公钥是公开的，它能保证传输信息的保密性，但是并没有把公钥的分发方式给解决。数字签名保证了信息是由签名者发送的以及信息自签发后到收到为止从来没有做过一点修改，但是却不可以保证签名者身份的真实性。因此需要有一种措施来把公钥的分发过程进行管理，保证公钥以及与公钥有关的实体身份信息的真实性。数字证书就是这一措施。一般由具有权威性、可信任性的第三方机构即认证机构 CA 所颁发的救赎数字证书。数字证书是公共密钥体制中的密钥管理媒介，并将公钥和实体身份信息在一起绑定着，并包含认证机构的数字签名。数字证书在电子商务中用于公钥的分发、传递，用来证明电子商务实体身份与公钥是相匹配的。

第三节　岗位培训与指导

一、编制岗位培训计划

培训的流程之一就有编制培训计划，培训计划的制定是一个复杂的系统工程。在没有制定时有非常多需要考虑的因素，这些因素将会对培训计划的质量和效果造成直接的影响。

（一）基本原则

1. 注重系统性原则。

（1）全员性。

一方面，全员都是受训者，另一方面，全员都是培训者。

（2）全方位性

全方位性主要在培训的内容丰富宽广，满足不同层次的需求方面体现着。

（3）全程性

企业的培训过程贯穿于员工职业生涯的始终。

2. 理论与实践相结合的原则

（1）要把企业要求的培训目的符合。

培训的根本目的是为了把广大员工在生产中解决具体问题的能力提高，进而把企业的效益给提高。

（2）发挥学员学习的主动性。

理论与实践想结合的原则决定培训的时间要让学员的主动性积极的发挥出来，强调学员的参与和合作。

3. 培训与提高相结合的原则。

（1）全员培训的重点要与提高素质相结合。

全员培训就是有计划、有步骤地对在职的各级各类人员都进行培训，这是把员工素质提高的必由之路。

（2）组织培训和自我提高相结合。

在个人成长环境中，组织和个人的因素都是极其重要的。

4. 人格素质培训与专业素质相结合。

首先，从培训的三方面内容，就是知识、技能和态度看，三者必须兼备，缺一个都是不行的。

其次，从培训的难易程度来看，最为困难的是态度的培训。

再次，员工的态度也会对培训的效果产生直接影响。

总之，在培训中应该让人格素质的训练向知识技能的学习中融入，而不是与现实脱节，变成一种形式主义。

5. 人员培训与企业战略文化相适应。

（1）培训应服务于企业的总体经验战略。

（2）培训应有助于优秀企业文化的塑造和形成。

（3）培训应有助于企业管理工作的有序和优化。

（4）人员培训必须面向市场。

（5）人员培训必须面向时代。

二、制定培训政策

（一）培训分类

培训计划是多层次、多方面的。

1. 从计划层次来划分。

（1）整体培训计划：这一计划将对组织内部的整体培训目标和培训战略的贯彻提供保证。

（2）培训支援计划：意义就是让培训管理者在组织中所扮演的战略促进者角色给体现出来，当然这一计划的制订要以培训职能已经深入到企业的每个部门为基础环境。

（3）各部门培训计划：各部门培训计划是前面两个计划得以贯彻的基础保障。

2. 按培训计划的时间长短来划分。

（1）长期培训规划：规模较大、员工人数较多的企业很有必要把长期培训规划给拟定出来。

（2）年度培训计划。

（3）单项培训计划。

（二）制定培训计划和政策

1. 企业现状分析。

对于目前本公司的员工人数、结构、学历、受培训经历、在职年限、工作职责、工作绩效、主管意见等进行分析。

2. 长期培训需求分析。

主要通过对企业发展战略和中长期营运目标进行分析，确定企业的长期培训需求。

3. 培训政策。

根据以上分析，制定相应的培训政策：

（1）培训行动计划。

（2）未来（规划期内）几年的培训规模、人次、层次、对象。

（3）培训内容、培训方式计划。

（4）公司培训制度改善计划。

（5）公司培训体系改善计划。

（6）培训机构发展计划。

（7）师资计划。

（8）培训效益分析与预测。

第三章　电子商务网站设计

第一节　商务网站需求分析

一、商务网站需求调研

伴随着企业与企业之间电子商务网站的兴起，电子商务变成了一个非常热门的话题。现在网上购物已经成为了一种比较流行的购物方式。为大家提供网上购物的工具与环境也是极其多的，B2B，B2C 两种是最主流的应用。B2B 是 Business to Business 的缩写，主要是面向企业的，为企业专门的采购提供了销售和结算等业务的平台。服务和安全型都是非常好的。B2C 是 Business to Consumer 的缩写，是商家与客户的交易平台。就像我们商场与客户的关系，商场有柜台，有商品，有展台……客户可以去商场把自己喜欢的东西挑选出来，购买 B2C 网站提供的功能与商城是相似的，我们可以称之为电子商城，或者也可以叫做电子商务平台（网站）。

电子商务交易的个性化、自由化可为企业把无限的商机创造出来，把成本降低，与此同时能够更好地建立同客户、经销商及合作伙伴的关系，为此，非常多的公司积极拓展电子商务，为客户服务，进行价值链集成。

随着全球信息网络的发展，Internet 在世界上并不仅仅只是以一种技术在存在着，更重要的是它已变成了一种新的经营模式。从 4C 层次上使人类的工作、学习、生活、娱乐的方式发生了颠覆性的改变，已成为国家经济和区域经济增长的主要动力。Internet 正在慢慢的变成世界最大的公共资料信息库，Internet 所包含的信息资源是无数的，所有最新的信息都可以通过网络搜索获得。而且更加重要的是，免费的信息有很大一部分，应用电子商务可使企业获得在传统模式下没有办法获得的巨量商业信息，在激烈的市场竞争中直接领先对手一大步。互联网真的是有很大的商机。

当前，我国上网的企业是很多的，但不少的网站只是把企业的网上形象展示了出来，离电子商务的内涵还是比较远的。企业上网并不是说就把电子商务实现了，只有当网站为企业把实质性的帮助和显著的效益带来了（如新闻发布、网上调查、BBS 等），具备网上交易功能等的网站才是企业电子商务发展的方向，商务电子商务的核心，电子是一种手段。在互联网时代，企业应该把互联网的手段充分的利用起来，洞察消费者需求，把销售服务的限制给冲破，扩大市场机会，早日进行电子商务的实践，感受电子商务的博大魅力，应该牢牢的把机会把握住，建立一个以服务客户为中心，满足消费者及合作伙伴全方位需求，把更加多的浏览者吸引过来，使企业品牌通过商务网站辐射效应得到推广。

对此，我们结合网站将来发展方向，在原来网站的基础之上，进一步强化了投资网站的互动性，把产品展示功能完善，推荐新闻发布功能，售后服务功能，企业论坛等功能，密切同其合作伙伴、经销商、客户、和浏览者之间的关系，对企业经营模式优化，把企业运营效率提高。采用最新的技术架构和应用系统平台，协助投资网站优化复杂的商业运作流程。特为投资网站把一个符合自己需求的网上品牌推广平台量身定做了出来。

（一）网站目标与期望

1. 树立全新企业形象

对于一个以提供教育咨询服务的企业来说，企业的品牌形象是极其重要的。尤其相对互联网发展速度迅速的今天来说，很大一部分的客户都是通过网络来了解企业产品、企业形象及企业实力，所以，企业网站的形象通常会影响客户对企业产品的印象和信心。建立具有国际水准的网站可以把企业的整体形象在很大程度上提升。

2. 优化企业内部管理

企业网站的建设将会为企业内部管理把一种全新的模式给带来。让这样一个模式实现的平台就是网站。在降低企业内部资源损耗、减低成本、加强企业员工与员工的联系、企业与员工之间的沟通等方面都提供了网络渠道和信息平台，使企业的运营机制得到不断的优化。

3. 增强销售力

产品的综合素质优势在销售上的体现就是销售力。现代营销理论认为，销售力也就是传播。销售的成功与失败，除了决定于能不能把产品的各项优势充分地向外传播出去之外，还要看目标对象能够从里面得到多少的有效信息。因为互联网所具有的“一对一”的特性，目标对象能自主地对自己有用的信息进行选择。这本身已经决定了消费者对信息有了一个感兴趣的前提。使信息的传播已经不是主观加给消费者，而是由消费者有选择地去主动吸收。

与此同时，产品信息通过网站的先进设计，既有报纸信息量大的优点，又结合了电视声、光、电的综合刺激优势，能够把目标对象给牢牢的吸引住。因此，产品信息传播的有效性将被在很大程度上提高，同时也就是把产品的销售力给提高了。

4. 提高附加值

大家都知道，产品越具有较高的附加值，在市场上就越有较大的竞争力，就越受消费者欢迎。因此，企业要想把市场给赢得就要千方百计地把产品的附加值给提高。在现阶段，传统的售后服务手段对于客户的需求已经远远的不能够满足了，为消费者提供便捷、有效、即时的 24 小时网上服务，是一个全新体现项目附加值的方向。世界各地的客户在任何时刻都可以通过网站把自己所需要的资料给下载下来，在线获得疑难的解答，在线把自己的问题给提交。

（二）需求调研

接下来就 B2C 电子商务平台，我们仔细做一下分析。

首先，用户应该对我们的 B2C 网站是了解的，知道什么可以在这个网站里做，怎么做，我们可以针对他们的各种不同的需求提供哪些特色的服务？还要了解一下，我们这个网站的购物流程，什么样的规则在里面存在着？

其次，对于管理员来说，应该知道，什么是自己可以做的，怎么样做？支付流程，货物的安排，支付途径，产品，新产品，特价产品等是怎么促销的。

根据上面所说的，我们总结一下进入网站的流程。用户首先进入网站的首页。在这里，用户可以把所有商品的种类浏览，网站为用户提供了查询、促销产品、购物车等超链接命令。用户可以单击网站活动、信息告示，对网站发布的公告进行查看，或者参加网站举办的促销活动。用户还可以找到具体的产品，并且还可以从这里进入具体的商品界面。同样，用户也可以通过商品搜索功能，运用虚拟的购物车把自己选中的商品进行储存，最后结账，付款。用户在查看商品的价格等详细情况之后，可以把自己需要的商品在购物车上放着，并可以对已放入购物车的商品进行处理，例如把商品的数量修改，从购物车中把不满意的商品去掉等。当用户购买完商品后，就能够结账了，简单的说就是下订单。

当用户下完订单后，商城将根据订单的列表内容，使用某种手段进行确认，然后进行发货，发货成功并且把货款收到，至此交易完成。

网站的功能有非常多，所卖商品种类的显示，查询，促销商品告示，网站活动信息告示，网站规则和购买流程提醒，反馈信息，购物车等功能都包括在内。与此同时也为网站管理员对信息维护及管理功能，包括订单管理，会员管理，商品管理，商品分类管理，系统设置，数据库备份功能。

具体功能如下：

1. 种类显示：只要把网站所卖的商品涉及到了，在这里都可以显示出来。例如电脑，书籍，服装等。本系统所采用的管理是分级式的，当单击某个具体的种类后，还会再把第二级类别分成。具体的商品实物了就在二级类别显示了出来。

2. 查询：用户能够使用这项功能来把需要的产品给查找出来。用户只要输入想要查找商品的关键字，选择查询方式，点击查询就能够把有关的信息给得到。

3. 最新商品：根据电子商城的动态管理，可以将商城中的新商品在一张列表中放着显示出来。来让用户进行参考，购买。

4. 网站活动信息：在这里，商家可以以公告的形式把商城近期的一些重要活动显示，比如促销活动什么时间举行，将举行展销会的产品是什么样的等。

5. 促销产品列表：网站为了把用户的购买欲吸引起来，可以实施自己的购销计划，这里网站把一个促销产品列表设置了出来，通过此项功能，促销产品是可以让用户查看的。

6. 购买流程：用户能够通过这样一项功能，把网站的购买流程进行对照和了解。

7. 购物车：购物车是用户在网上购物必须经过和使用的功能，也是本系统中的重要功能。

8. 登陆，注册：如果用户要想在网站上购买物品，就一定要先把这个网站登录，如果

不是会员，那么就可以注册后，然后才可以购买物品

9. 个人信息：注册之后变成会员的用户，个人信息这个窗口都会被保存，在这个窗口中，用户能够对订单，资料，购物车等进行查看。

10. 系统设置：这个任务可以操作的只有管理员。其中，管理员能够对订单进行管理，会员管理，商品管理，分类管理，数据库维护，系统参数设置等。

二、撰写商务网站需求说明书

（一）网站描述

ROS 系统所分的两部分是前台展现和后台管理。其中，面向公网开放的是在前台展现的部分，权限限制是不需要设置的，所有的用户都能够去登录和访问。后台设置限制，只有登录后才可以进行访问，在网站的首页，把企业用户登录入口提供出来。网站管理人员通过后台登录页面进行登陆。

网站主要由两大部分展现前台页面，首页、企业首页、资源首页、资讯首页是第一部分，企业基本信息页面、资源详细信息页面、资讯详细页面以及其他静态页面是第二部分。

后台控制平台所分的主要有三部分，会员后台是一部分，管理后台是另外一部分，还有一部分是系统管理后台。

（二）网站功能

1. 网站前台。

首页和详细页面是 ROS 网站前台展示页面的主要内容。

首页必须要可以吸引住人，要保证布局合理，美观大方的特点，分别把企业信息、资源信息、资讯信息以及其他相关图片或广告展示出来，网站的形象展示就是这样的。

详细页面主要分为：

（1）企业详细页面：对企业的相关注册信息详细的介绍，有利于用户了解该企业的基本信息。

（2）资源详细页面：主要是把资源的有关信息详细的介绍出来，另外把图片的放大功能提供出来，收藏信息以及询问信息等功能。

（3）资讯详细页面：用来详细展示资讯内容，而且把有关同类资讯列表提供。

（4）其他详细页面：有公司介绍、合作伙伴、联系我们、关于我们等的主要内容。

2. 会员后台。

提供网站用户注册机制的是 ROS 系统，只有注册会员才可以得到网站提供的会员功能使用权限。

注册会员的权限功能主要有：

1. 发布资源信息：注册会员登陆后，资源信息能够进行发布，信息经管理人员审核通过后，能够在网站前台显示出来可以让所有用户去查询。

2. 管理资源信息：注册会员能够对发布的资源进行编辑、修改或删除操作。

3. 维护企业基本信息：把企业注册的时候所填写的有关信息修改补充。

4. 管理商铺栏目：为了便于对信息进行分类管理，会员能够按照自己的需求自定义设定分类栏目。

3. 管理后台。

负责会员和资讯相关的管理和审核是 ROS 管理人员的工作任务。

管理人员主要的工作任务内容主要有下面几点：

（1）注册会员审核：对提出注册申请的会员，应该由管理员审核，对有虚假的信息或信息不符的会员应该给予返回。

（2）资源信息审核：管理人员对注册会员发布的资源信息进行审核，通过审核的资源信息才可以在网站前台页面上展示。

（3）资源栏目管理：管理人员根据网站资源信息的特征，可以把资源进行分级的设定，通过分类能够方便会员在发布资源信息的时间，把选择快速的做出来。

（4）资讯栏目管理：根据网站情况对资讯进行分类划分设定栏目。

（5）资讯信息管理：管理人员能够对资讯信息进行发布、修改、删除等操作。

4. 系统管理后台。

对于一个独立的网站 ROS 系统来说，网站的一些常用管理功能是不可缺少的，这部分管理功能所包括的主要是：

（1）用户管理：对网站管理人员进行新建和删除都是允许的。

（2）公告管理：系统人员能够把不同的公告传递给注册会员和管理人员，对信息直接、迅速的传达。

（3）广告管理：系统人员能够定制前台页面不同位置的广告，以便很好的宣传。

（4）系统消息：能够对用户之间的消息通讯新建、查看。

（三）业务功能

1. 网站游客。

业务用例简介：网站游客搜索资源或企业信息

业务流程：

（1）网站游客在搜索栏中把要搜索的关键字输入。

（2）网站游客在搜索选项中把搜索类型，资源或企业选择。

（3）把“搜索”按钮点击，网站系统就会把搜索的结果反馈出来。

（4）假如搜索的是资源；资源详细信息显示“发布资源”业务对象相关属性。

（5）如果企业是要搜索的；那么企业详细信息显示“查看企业信息”业务对象的有关属性。

扩展：

（1）假如网站数据库连与搜索关键字匹配搜索结果都没有的话，那么就会显示提示信息“没有此类信息”。

（2）网站游客在登录状态下可以对搜索到的资源信息进行“收藏”和“询价”操作。

业务用例简介：网站游客正确填写注册信息并提交申请

业务流程：

（1）网站游客提出注册申请，把注册信息填写，提交后等待审核。

（2）网站管理员对注册申请进行审核。

（3）网站游客通过邮件把登录密码获取，注册成功。

扩展：

（1）如果网站游客填写的企业名称已经被注册过，那么就注册失败。

（2）如果网站游客填写的注册信息有错误，网站管理人员需通知游客把注册申请重新提出。

业务对象：

（1）用户注册：网站游客提出注册申请，需要把注册的信息填写完整。

（2）发布资源：注册用户发布资源，所需填写的资源信息。

（3）查询企业信息：网站游客搜索企业，能够把企业的有关信息给查询到。

2. 系统管理人员。

业务用例：系统管理员审核资源信息

前置条件：注册会员把资源信息发布

业务流程：

（1）管理员登陆管理后台，查看等待审核的资源信息。

（2）管理员对资源信息进行审核，根据网站提示，把审核的意见输入。

（3）管理员填写审核意见，判断是不是能够通过审核。

后置条件：对审核通过资源标记为：已审核

扩展：

（1）资源信息不符合网站标准，管理员把拒绝的理由填写出来，审核拒绝，注册失败。

业务用例：系统管理员审核注册信息

前置条件：网站游客把注册申请提交

业务流程：

（2）管理员登陆管理后台，把待审核注册申请查看。

（3）管理员对注册信息进行审核，网站提示把审核意见输入

（4）管理员把真实的审核意见填写，审核通过。

后置条件：

（1）对审核通过的注册审核标记为：已审核

（2）网站将登陆密码向注册的邮箱发送，就完成了注册

扩展：

（1）注册信息与网站标准不相符，管理员填写拒绝理由，审核拒绝。

注意：正规用例书写方式：

Actors：网站游客、注册会员、系统管理人员

网站游客：浏览网站的人员。

Usecase：搜索、审核、查看详细信息、注册、登录、发布信息等内容。

搜索：网站游客在系统上进行信息搜索，把需要的信息查找出来。

Usecase：搜索

ID：UC1

Actors：网站游客

Preconditions：根据前置条件，网站对注册信息按照系统内建自测试。

Flow of events：通过下面的顺序图展示注册过程的流程。

(1) 网站游客使用网站上的搜索功能进行信息搜索。

(2) 网站游客选择搜索类别

(3) 网站游客把搜索关键字输入后，点击“搜索”按钮，

(4) 系统判断是不是有匹配关键字的结果

1）假如有，系统就会把匹配结果列表显示出来。

2）假如没有，系统会把空列表显示出来，提示“没有此类信息”。

第二节　商务网站功能设计

一、商务网站结构设计

由一系列网页和具有商务功能的软硬件系统、数据库等构成的网站称为电子商务网站，电子商务网站典型系统结构如图 3.2-1 所示。

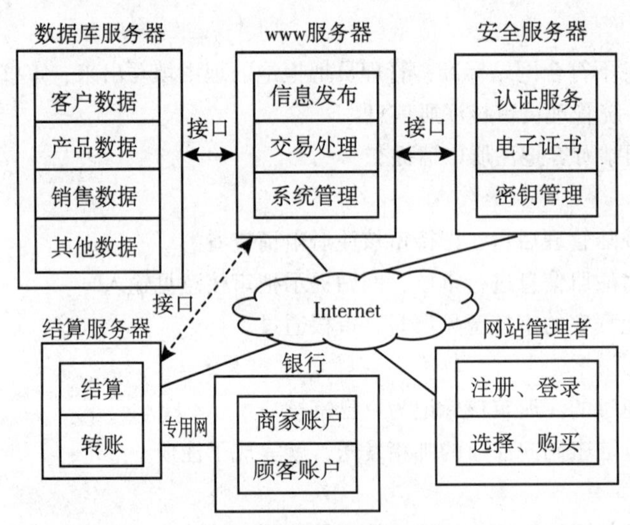

插图 3.2-1　系统结构图

当前，电子商务网站有非常多的体系结构模型，在此我们把 Microsoft 的 WindowsDNA 模型简单的介绍一下。如表格所示，这个模型将网站体系结构分为三层：

表现层	DHTML SCRIPT MSW allet
商务层	COM+ MTS MSMQ IIS（ASP）
数据层	ADO SQLServer

表格 3.2-1　网站体系结构图

1. 表现层：是网站的前端，为用户展现与网站交流的界面，并且提供商品和信息的发布、信息查询、订单录入等交互功能。

2. 商务层：是网站的后端，提供定单处理、支付结算、访问后台数据库等商务过程。每个商务过程都是由一个相关的任务序列组成的事务，具有所谓 ACID 特性，就是：

（1）原子性：每个过程中的任务要么都被执行，要么都不被执行，所有的任务由一个一个原子事务构成；

（2）一致性：每个过程要把相关数据的一致保证；

（3）隔离性：多个过程同时访问同一个数据库的时间相互之间是不干扰的；

（4）持久性：如果完成了一个事物，就算系统紧接着出故障也不会把该事务的执行效果影响到。

3. 数据层：是网站后台数据库，包括产品信息、客户信息、订单信息等，把商务数据管理实现。

二、商务网站栏目的规划与设计

（一）逻辑组织模型

我们常常把网站的结构大体上分成两种结构：逻辑结构和物理结构。网页文档间的链接关系是逻辑结构描述的；而物理结构描述的是网页文档的实际存储位置。假如说为用户而设计的是逻辑结构，那么为管理员而设计的就是物理结构。我们也把逻辑结构的设计叫作栏目规划，把物理结构的设计称为目录规划。

在 Web 站点中，线型、层次型和网络型这三种是主要的逻辑组织形式。

1. 线型

最简单的线型模型如插图 3.2-2 所示，它是按顺序把各个页面的内容展现了出来。这种形式有个非常大的的好处就是把非常多的预见性提供了，因为设计者确切知道用户下一步要去访问的网页是哪一个。

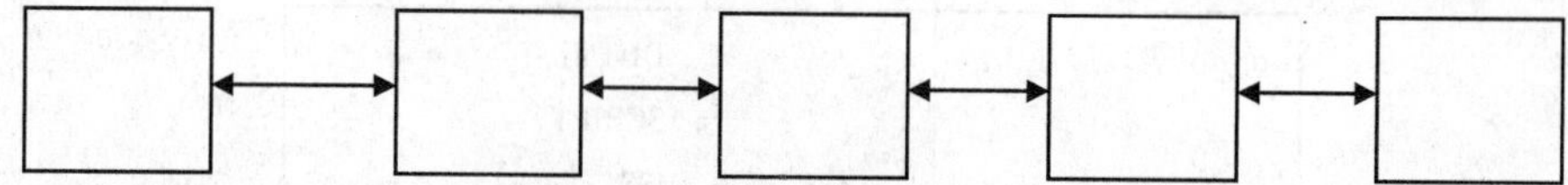

插图 3. 2-2　最简单的线型模型

在纯线型（就是指没有分叉的线型）的基础上进行扩展，进而演变出更具灵活性的线型结构。如插图 3. 2-3 所示的带抉择的线型，能够根据用户不一样的选择，比如回答“yes”或“no”，来把下一个不同的网页访问。

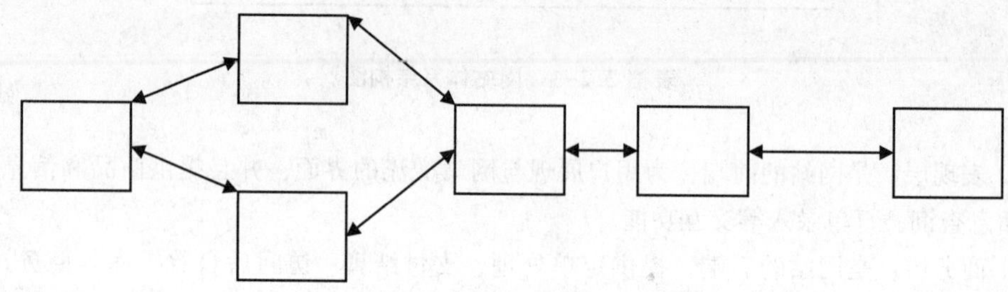

插图 3. 2-3　带抉择的线型模型

图 3. 2-2 和图 3. 2-3 分别把带选项的线型和带分支的线型结构显示了出来。带选项的线型可以让用户把一些没有必要的页面跳过，但是整体上又保证是按照顺序去进行访问的。例如，当某个用户在某个站点第二次购买商品的时间，再一次填写送货地址、支付方式等的订单信息就不需要了。带分支的线型结构使得用户在把某个页面浏览的时候，页面中相关物体的介绍也是可以浏览下的如图 3. 2-4。

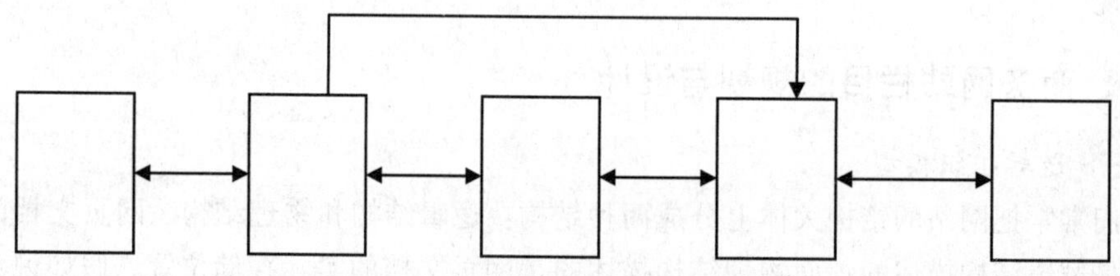

插图 3. 2-4　带浏览相关物体介绍的线型模型

2. 层次型

基本上任何中小网站站点在整体栏目规划的时候都会把层次型结构做为优先采用的规划方案。层次型又被称为树型，如图 4 所示，用户要通过树从上到下一级一级访问，才可以最后把最底层的网页访问。

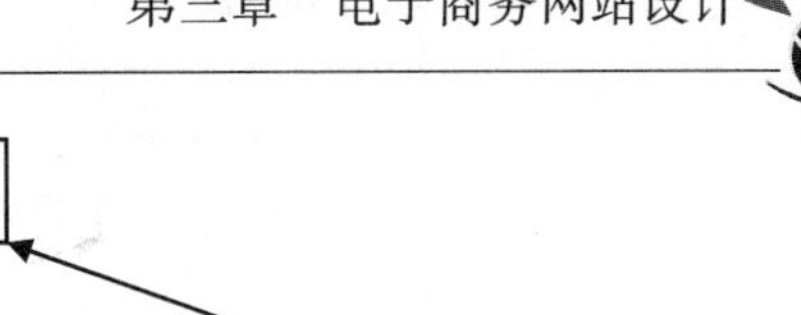

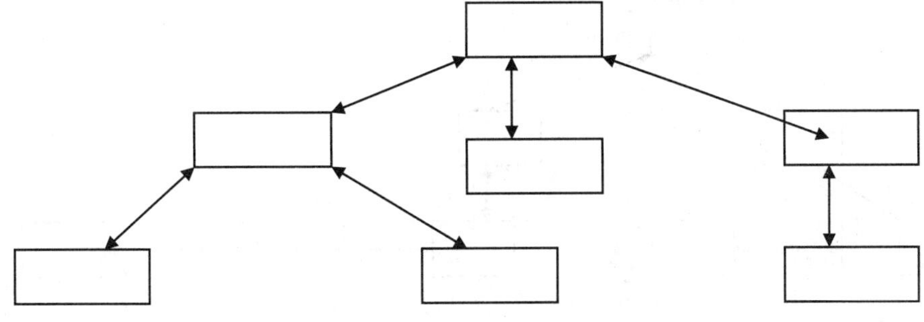

插图 3.2-5 层次型模型

层次模型让站点的网页把一棵树组成，这最大的好处就在于使得站点内容划分得非常的清晰，用户在访问某个网页的时间，极其容易就知道自己在站点的哪个栏目的哪个子页面中的具体位置。但是这种组织形式会把许多的信息给隐藏起来，使得用户要想把这些信息发现很困难，在访问较低层的页面的时间就会变得非常的困难，把这种问题解决的方法有两种：一种是把站点的层次缩小，比如 2-3 层，这时就等于是从顶层网页把非常多的分支发散出来了；另一种是把一个良好的站点导航系统建立起来。

3. 网络型

多个网页之间都有相互链接的一种结构就是网络型，如图 3.2-6 所示，在任意一个网页上都可以通过一次点击就能够把其他任何一个页面到达。网络型是在所有的网页上都把其他页面的链接保留了。这种结构的好处是很容易看出来的，它可以让用户更方便地在站点上游弋。但是与此同时也会把一个庞大链接的问题给带来。

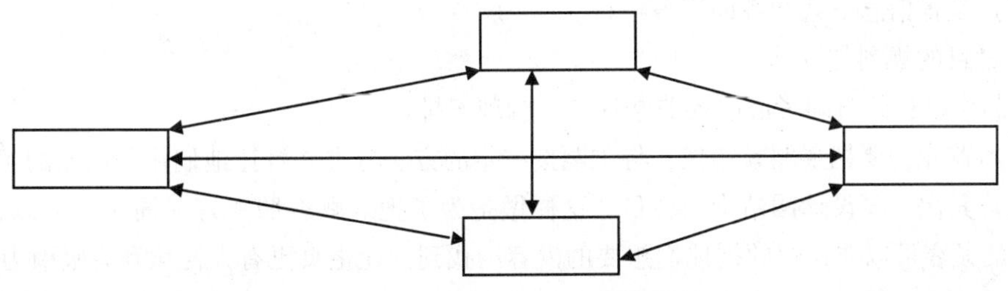

插图 3.2-6 网络型模型

4. 混合型

把上面所介绍的三种模型在一起混合着的就是混合型。如图 6 所示的就是一个简单的混合型结构图。基本上所有大的站点所采用的都是混合型的结构。

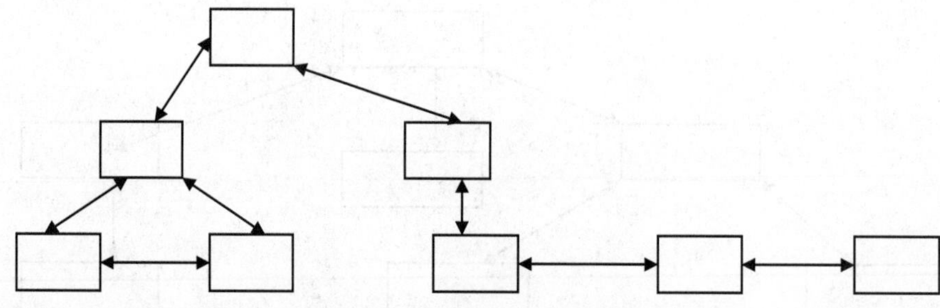

插图 3.2–7　混合型模型

（二）网站的栏目规划与设计要点

站点的栏目规划首先要确定站点的逻辑结构，它通常需要做的就是下面的两件事情：

把站点的内容与服务确定，并且把不同的栏目分出来。

对各个栏目进行更细的栏目规划。把栏目的名字、确定栏目所含页面的内容与逻辑结构等设定都是主要需要做的。

1. 站点内容与服务的确定。

每个站点都有着不一样的性质，所含的内容与服务也是不同的，但是它们可以把一些共同的准则来进行栏目规划遵循，这些准则有：

（1）把主要内容栏目细致地划分。

（2）“开门见山”地把主要的内容列出来。

（3）超级链接和搜索引擎在首页设置。

（4）设定双向交流的栏目。

（5）设置信息下载和咨询服务栏目。

2. 栏目的规划与设计。

在制作栏目的时间考虑的要非常仔细，合理安排。

（1）首先，要把主题紧扣住，将主题按一定的方法分类并且让他们作为网站的主栏目。

（2）其次，要设计网站指南栏目，这样做是为了把老顾客照顾好，同时也可以帮助初来网站的顾客可以非常快的把他们想要的内容给找到，让主页更有人性化和有吸引力。

（3）再次，设计可以双向交流的栏目，比如论坛，留言本，邮件列表等，可以让浏览者都把他们的意见、建议和信息留下来。

（4）还有，设计常见问题回答栏目，就某方面的常见的，有代表性的问题做答复，方便浏览者。在划分栏目的时间以下几点是需要注意的：

① 尽可能把与主题无关的栏目删除掉；

② 尽可能将网站最有价值的内容在栏目上列出来；

③ 尽可能方便访问者的浏览和查询；

④ 把电子商务主题直接的突出来。

想要把一个有关服装的 B2B 电子商务站点建设成功，有这样几个栏目是它所包含的：用户注册与登录和服装分类栏目，包括女装、童装、男装，每一个分类栏目下又按厂商进行分类。根据上面提供的准则，主页与各个栏目之间可以把层次型的结构采用。用户注册与登录栏目事务性是很强的，因此，采用线型结构。因为购买商可能需要把多种类型的服装同时订购，所以各服装的分类栏目采用网络型结构，让它非常容易在不同的类别中进行切换。这样的话，基本上就把这个站点的基本结构规划了出来，它的结构图可如图 7 所示。

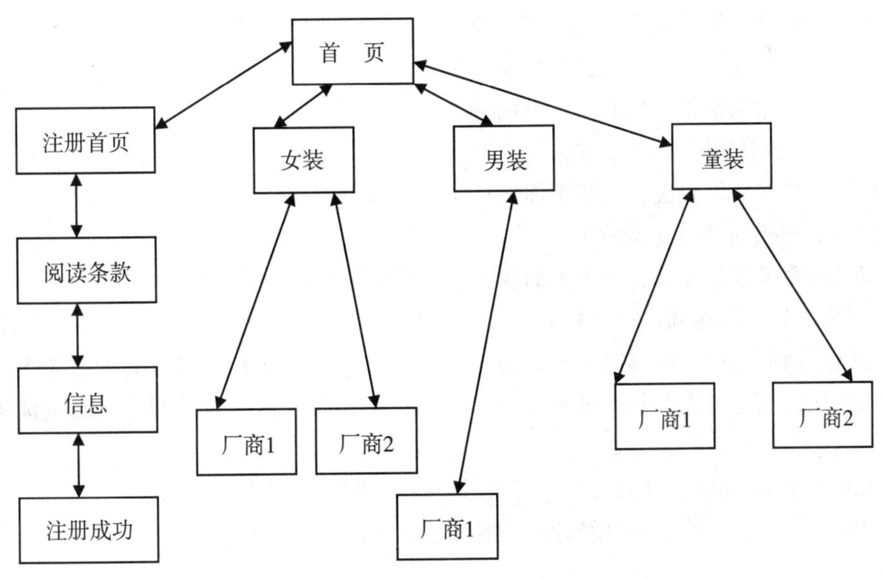

插图 3. 2-8　网站结构模型

（三）网站的目录结构和链接结构

方便网站的管理与维护是设计目录结构的原则，设计链接结构的原则是让浏览者的阅读非常的方便。

1. 网站的目录结构

建立网站时创建的目录就是网站的目录，它们通常是一个个的文件夹。在用 Frontpage98 建立网站的时候都把根目录和 Images 子目录默认建立了起来。在建立目录结构的的过程中，下面的几个问题是需要注意的：

建立网站目录结构应遵循以下方法和建议：

（1）不要将所有的文件都在根目录下放着，将所有的文件都在根目录下放着，这样做会让文件管理变得非常的乱，导致上传的速度非常慢。

（2）按栏目内容把子目录建立。子目录的建立，首先按主菜单栏目建立。

（3）次要栏目根据情况来定。对于需要经常更新的栏目可以把独立的子目录建立。而一些相关性强，不需要经常更新的栏目，能够合并在一起在一个统一的目录下放着。

（4）所有程序通常都在特定的目录上放着。对维护管理是很方便的，所有需要下载的内容也最好在一个子目录下放着。

（5）在每一个主目录下都把独立的 Images 目录建立。为每一个栏目建立一个独立的 Images 目录是管理起来是最为方便的。而根目录下的 images 目录只是用来放首页和一些次要栏目的图片。

建立目录结构的时间应该注意：不要有太深的目录的层次，不要使用中文目录，不要使用过长的目录，尽量把目的明确的目录使用等

2. 网站的链接结构

页面之间相互链接的拓扑结构就是网站的链接结构。它建立在目录结构基础之上，但是能够把目录跨越。形象的说：每个页面都是一个固定点，而在两个固定点之间的连线是链接。一个点可以和一个点连接，也能够与多个点去连接。

通常建立网站的链接结构基本上有两种方式：

（1）树状链接结构（一对一）。

首页链接指向一级页面，一级页面链接指向二级页面。

（2）星状链接结构（一对多）。

类似网络服务器的链接，每个页面相互之间都把链接建立了起来。

3、网站的目录结构和链接结构

有的电子商务站点的内容庞大，有着很详细的分类，往往有五六级甚至级数更多的目录页面，为帮助浏览者能够随时随地知道自己所处的位置，网站设计师通常在页面里把导航条上显示。

中国的 sina（新浪网）网站页面上这种提示性的字样也是有的，如：

您现在的位置是：首页→财经新闻→股市信息→深圳股→深发展。

三、商务网站交易流程设计

通过电子商务进行并且把网上交易给完成是一个比较复杂的技术流程，但是这样一个复杂的流程应当尽量把对客户做到透明，使客户购物操作方便，让客户感到在网上购物与在现实世界中的购物流程一点本质的差别和困难都没有。在非常多电子商务网站中上网者都能够把“购物车”、“收银台”、“会员俱乐部”这样熟悉的词汇给找到。一个好的电子商务网站一定要做到：不管购物流程在网站的内部操作多么复杂，其面对用户的界面必须是简单和操作方便的。

不同类型的电子商务交易，尽管都包括以商情沟通、资金交付、商品配送为核心的三个阶段，但流程也是不一样的，对于 internet 商业来说，现在基本上可以归纳为两种：网络商品直销、网络商品中介交易。

（一）网络商品直销流程

商品需求方和供应方直接利用网络做买卖，排除批发、代理等中间环节就是网络商品的直销。通常为 BtoC 电子商务模式。直接见面，环节少、速度快、费用低是这种交易的最大特点。

网络商品直销过程分为六步：

1. 消费者进入 internet，把企业和商家的网页查看；

2. 消费者通过购物对话框把购物信息填写：姓名、地址、选购商品名称、数量、规格、价格；

3. 消费者选择支付方式，例如信用卡、电子货币、电子支票、借记卡等；

4. 企业或商家的客户服务器检查支付方服务器，看汇款额是是不是可以被认可；

5. 客户服务器确认消费者付过款之后，通知销售部门送货上门；

6. 消费者的开户银行将支付款项给他的信用卡公司并传递支付款项的信息，信用卡公司开把收费单给他。

（二）网络商品中介交易的流程

这种交易是通过网络商品交易中心，就是虚拟网络市场进行的。在整个过程中，交易中心以互联网为基础。将商品供应商、采购商和银行紧密地在一起联系着，为客户把市场信息、商品交易、仓储配送、贷款结算等全方位服务给提供出来。

网络商品中介交易过程可分为四步：

1. 买卖双方将供需信息从网上告诉网络商品交易中心，交易中心向参与者把大量的、详细的交易数据和市场信息发布。

2. 买卖双方根据这些信息把自己的贸易伙伴选择，交易中心从中撮合，促使买卖双方把合同给签定。

3. 买方在交易中心指定的银行把转帐付款手续办理。

4. 交易中心在各地设置的配送部门将卖方的货物向买方手中送交。

第三节　商务网站技术架构设计

一、制订商务网站安全方案

伴随着计算机网络与通信技术的迅速发展，电子商务作为一种新型的商务模式，在全球范围内正在用惊人的速度在想前面发展。然而由于它是基于 Internet 开展的商务活动，非常多重要的信息都需要在网上进行传递，特别是还把资金的流动问题涉及到了，必然要求传递信息的过程足够安全。因此怎么样保障交易过程和传递信息的安全性变成了影响电子商务发展的一个极其重要的问题。

（一）电子商务安全的中心内容

电子商务系统的安全问题的内容主要包括三大安全隐患，即计算机软硬件系统自身的安全隐患、电子商务中数据的安全隐患和交易的安全隐患。这些安全隐患得以克服，有待于以下六个方面的安全性得以实现。

1. 商务数据的机密性

信息在网络上传送或存储的过程中不被他人窃取、不被泄露或披露给没有经过授权的人或组织，或者经过加密伪装后，使未经授权者没有办法把里面的内容了解的是商务数据的机密性或称保密性。机密性可用加密和信息隐匿技术实现，使截获者不可以把加密信息的内容解读出来。保护通信流特性以防止被分析是机密性的另一方面。

2. 商务数据的完整性

保护数据不被伪授权者修改、建立、嵌入、删除、重复传送或由于其他的原因使原始数据被更改的就是商务数据的完整性或称正确性。在存储的时间内，要防止网站上的信息被破坏或被非法篡改。在传输过程中，如果接收方收到的信息与发送方的信息完全一样的，那么就说明在传输过程中信息未被破坏，商务数据具有完整性。

3. 商务对象的认证性

网络两端的使用者在沟通之前相互确认对方的身份，保证身份的正确性的是商务对象的认证性。分辨参与者声称身份的真伪，让伪装攻击防止。认证性用数字签名和身份认证技术实现。

4. 商务服务的不可否认性

信息的发送方不可以把已发送的信息否认，接受方不能否认已收到的信息。这是一种法律有效性要求的是商务服务的不可否认性。只要交易达成是不能被否认的。要不然，肯定会把一方的利益给损害。主要用于保护通信用户对付来自其他合法用户的威胁的是信息的不可否认性。

5. 商务服务的不可拒绝性

商务服务的不可拒绝性或称可用性是保证授权用户在正常访问信息和资源的时间不被拒绝，就是保证为用户把稳定的服务提供出来。“延迟”的威胁或“拒绝服务”的威胁是可用性的不安全因素，这类威胁的结果是把计算机的正常的处理速度或完全拒绝处理给破坏。

6. 访问的控制性

在网络上限制和控制通信链路对主机系统和应用的访问的是访问的控制性：主要用来把计算机系统的资源保护不被未经授权人或以未授权方式接入、使用、修改、破坏、发出指令或把程序给植入等。

（二）电子商务安全解决方案

1. 网络安全技术

保证电子商务安全最基本的技术是网络安全，网络安全通常采用的主要有防火墙技术、VPN 技术、反病毒技术等。

（1）防火墙技术

一种安全访问控制技术就是防火墙技术，用来在不安全的公共网络环境下把局部网络的完全性给实现。它在内部网络和外部公共网络之间能够把一个保护层给构造出来，只有授权的合法用户才可以通过防火墙对内部网络的资源进行访问，进而把来自外部互联网的破坏防止。

（2）VPN 技术

利用不可靠的公共网络作为信息的传输媒介的就是 VPN 技术，通过附加的安全隧道、用户认证和访问控制等技术把与专用网络相类似的安全性能给实现。它能够帮助远程用户、公司分支机构、商业合作伙伴同公司之间把可信的安全连接给建立起来，对数据的安全传输加以保证。

（3）反病毒技术

因为在网络环境下，计算机病毒具有没有办法估量的威胁性和破坏力，因此网络安全性建设中重要的一环就是计算机病毒的防范。预防病毒技术、检测病毒技术和消毒技术等都是网络反病毒技术所包括的。预防病毒技术通过自身常驻系统内存，把系统的控制权优

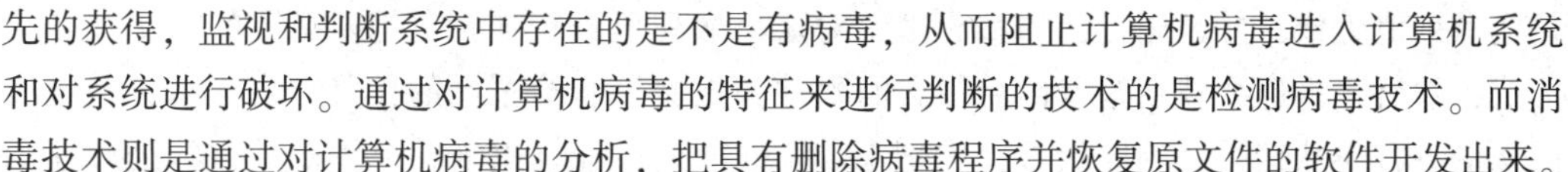

先的获得，监视和判断系统中存在的是不是有病毒，从而阻止计算机病毒进入计算机系统和对系统进行破坏。通过对计算机病毒的特征来进行判断的技术的是检测病毒技术。而消毒技术则是通过对计算机病毒的分析，把具有删除病毒程序并恢复原文件的软件开发出来。

2. 数据加密技术

电子商务的最基本信息安全防范措施的是加密技术，加密技术的原理是利用一定的加密算法，将明文向难以识别和理解的密文转换并进行传输，进而把数据的机密确保。最为主要的是对称加密技术和非对称加密技术两种。

（1）对称加密技术

对称加密技术，就是信息的发送方和接收方用一个密钥去加密和解密数据，换句话说也就是加密和解密所用的是同一个密钥。它要求发送方、接收方在安全通信之前，把一个密钥商定下来，对称密钥算法的安全性依赖于密钥，把密钥给泄露出去就意味着任何人都可以对消息进行加、解密。只要通信需要保密，密钥是一定会保密的。它的最大优势是加、解密速度快，便于用硬件实现、适合于对大数据量进行加密等，但是比较困难的是密钥管理。

（2）非对称加密技术

加密和解密所使用的不是同一个密钥的是非对称加密技术，常常有两个密钥，称为“公钥”和“私钥”。“公钥”和“私钥”不能由一个把另外一个推出来，但是“公钥”加密的信息只能由“私钥”解密，反之也是这样的。非对称密钥机制灵活，但加密和解密速度比对称密钥加密要慢得非常多，因此，它对文件进行加密是不适合的，而只对少量数据进行加密是比较适用的。

3. 认证技术

现在，仅有加密技术保证电子商务中的交易安全是远远不够的，保证电子商务安全的又一重要技术手段是身份认证技术。数字摘要技术、数字签名技术、数字信封技术、数字时间戳技术和数字证书技术等是认证的实现所包括的。

（1）数字摘要

采用单向 Hash 函数对文件中若干重要元素进行某种变换运算得到固定长度的摘要码的是数字摘要。数字摘要有固定的长度，且不同的明文摘要成密文，其结果总是不一样的，而同样的明文其摘要必定一致。这样，在传输信息的时间将摘要加入文件一同给接收方送去，接收方把文件收到之后，用相同的方法进行变换运算，若得到的结果与发送来的摘要码相同，那么就可以断定文件末被篡改，反之亦然。

（2）数字签名

数字签名如同手写签名，在电子商务中的优点有以下几点：

1）发送者事后不能对自己发送的报文签名否认。

2）接受者能够核实发送者发送的报文签名。

3）接受者不能伪造发送者的报文签名。

4）接受者不能对发送者的报文进行篡改。

5）交易中的某一用户不可以冒充另一用户作为发送者或接受者。

数字签名所采用的也是非对称加密算法，实现方式为：发送方从报文文本中把一个 128

位的散列值生成，并且用自己的私有密钥对这个散列值进行加密，把发送方的数字签名给形成；然后，将这个数字签名作为报文的附件和报文一起给报文的接受方发送过去；报文的接受方首先从接受到的原始报文中把128位的散列值计算出来，再用发送方的公开密钥来对报文附加的数字签名进行解密。假如有两个相同的散列值，那么接受方就可以确认该数字签名是发送方的。

（3）数字信封

数字信封的功能和普通信封的功能是相似的。普通信封是在法律的约束下保证只有收信人才可以把读信的内容阅读，而数字信封则采用密码技术保证只有规定的接收人才可以阅读信的内容数字。信封中采用了对称密码体制和公钥密码体制。信息发送者首先利用随机产生的对称密码加密信息、再利用接收方的公钥加密对称密码、被公钥加密后的对称密码被称之为数字信封。在传递信息的时候，信息接收方如果想要解密信息，必须先用自己的私钥把数字信封给解密，得到对称密码，才能利用对称密码解密所得到的信息。这样一来就把数据传输的真实性和完整性保证了。

（4）数字时间戳

数字时间戳DTS，就像是传统商务中的日期和时间，在电子交易中，同样需对交易文件的日期和时间信息把安全的措施采取，而数字时间戳服务就能提供电子文件发表时间的安全保护。网络安全服务项目是数字时间戳服务，由专门的机构提供。时间戳是一个经加密后形成的凭证文档。它由需要加盖时间戳的文件的摘要、DTS收到文件的日期和时间以及DTS的数字签名这三个部分组成。

（5）数字证书

数字证书又被称之为数字凭证，是由CA发放的，利用电子手段来把一个用户的身份及用户对网络资源的访问权限给证实。数字证书包括用户的姓名、公共密钥、公共密钥的有效期、颁发数字证书的CA、数字证书的序列号以及用户本人的数字签名。它是电子商务交易双方身份确定的唯一安全工具。所以，任何信用卡持有人只要把相应的数字证书申请到，才可以把网上的电子商务交易参加。数字证书通常具有的4种类型是：客户证书、商家证书、网关证书及CA系统证书。

4. 安全协议技术

除了上面提到的各种安全控制技术之外，还应该有一套完整的安全协议来保证电子商务安全运行的需要。当前，SET、SSL等是公认比较成熟的协议。

（1）SET协议

安全套接字层协议SSL是Netscape公司在1996年推出的。它位于运输层和应用层之间，由SSL记录协议和SSL握手协议和SSL警报协议组成的。作为安全机制，SSL握手协议是在客户与服务器真正传输应用层数据之前建立的。当客户与服务器第一次通信的时间，双方通过握手协议在版本号、密钥交换算法、数据加密算法和HASH算法上达成一致，然后把对方的身份相互的验证后使用密钥交换算法生成信息。这个信息只有双方知道，客户和服务器各自根据此秘密信息产生数据加密算法和Hash算法参数。SSL记录协议根据SSL握手协议协商的参数，对应用层进来的数据进行加密、压缩、计算消息鉴别码MAC，然后经网络传输层给对方发送过去。SSL警报协议用来在客户和服务器之间把SSL错误信息传

递。

（2）SSL 协议

由 VISA 和 MasterCard 两大信用卡组织制定的标准是 SET 协议，SET 用于划分与界定电子商务活动中消费者、网上商家、交易双方银行、信用卡组织之间的权利义务关系，给定交易信息传送流程标准。SET 主要由三个文件组成，分别是 SET 业务描述、SET 程序员指南和 SET 协议描述。SET 协议所在的位置是应用层，在保证电子商务系统的机密性、数据的完整性、身份的合法性的基础上，能够把以下的功能为电子商务提供出来：通过使用信息加密来保证机密性，把付款数据私有化和订货信息与付款信息、传送的保密化给实现。

国民经济和社会信息化的重要组成部分就是电子商务，而安全性则是关系电子商务能不能迅速发展的重要因素。尽管现在已出现了非常多保护电子商务安全的控制技术，但是电子商务安全体系尚未形成一个安全、有效、完整的系统。在介绍了现有的网络安全技术、数据加密技术、认证技术及安全协议的基础上，把一个合理的电子商务安全体系提出来。不过，要想从根本上把电子商务的安全问题给解决，还应从社会角度多方面多层次去把电子商务的安全体系构建出来。

二、商务网站软硬件选型

1. 服务器主机选择。

页面的响应时间应在 7 秒之内。服务器的选择应该注意以下几个方面：可靠性高、安全性好（要 7　24 小时不间断工作，支持自动系统恢复、动态系统配置、模块化结构、冗余等）；可扩展性（增强服务器的配置或者增加服务器的数量）；网络吞吐量及网络接口能力。

2. 操作系统。

由 Windows 系统和 UNIX/Linux 系统为主流。

3. Web 服务器。注意 PC 服务器 Web 平台的几种搭配方式。

4. 应用服务器软件。基本结构包括 Web 服务器和应用服务器这两个部分。应用服务器为应用程序提供的服务包括：

（1）高性能的应用程序运行环境：内容缓存、数据库链接缓存、多线程、分布式多事务处理、负载均衡。

（2）为应用提供扩充性：支持服务器集群、支持多 CPU 系统、支持动态负荷均衡。

（3）会话管理。

（4）对多种应用编程模式都能支持。

（5）目录及内容管理。

（6）商务引擎。对商务系统提供业务支持，个性化服务、CRM、SCM、电子交易市场都是包括在内的。

（7）系统管理。性能配置管理、存取控制管理、系统日志管理（为了对系统故障诊断、分析和性能优化提供依据，需要对系统访问、应用运行、存取失败等情况进行记录）。

5. 数据库管理系统。

易于管理结构化数据、数据冗余低、具有较丰富的开发工具等的是关系数据库的特点，还对 OLTP、OLAP、数据挖掘、数据仓库等都是支持的。多媒体数据库根据其数据模型的不一样，大致上所分的有三类：基于关系模型的多媒体数据库、基于面向对象技术的多媒体数据库和超媒体数据库。

第四节　商务网站内容设计

一、商务网站内容设计的流程

（一）网站内容设计的原则

企业要在因特网上把电子商务开展，就应该在网站的内容设计方面把一些基本的原则遵循，通常来说，最起码要把以下三个方面考虑到：

信息内容、访问速度和页面美感。

以下分别从这三个方面详细的说明：

1. 新、精、专的信息内容

（1）处于第一位的永远是信息内容；

（2）内容设计要有组织；

（3）信息内容要及时的更新。

2. 安全快速的访问

（1）浏览者的访问速度快慢非常重要，要尽可能提高；

（2）安全良好运转的硬件和软件环境是必须要有的；

（3）一定要遵循“三次点击”原则，就是网站的任何信息都必须在最多三次点击之内就已经得到了。

3. 美感十足、方便用户访问的页面

（1）提供交互性；

（2）完善的检索和帮助功能；

（3）有利于用户的访问和购买。

（二）网站内容设计流程

以下要点、步骤和流程在电子商务网站的内容设计中缺一不可：

1. 把关于该网站的一些关键信息收集；

2. 网站信息结构的设计；

3. 网站运行环境的选择；

4. 进行网页可视化设计；

5. 网页制作，一般情况，在制作网页的过程之中，应该利用一定的 web 数据库技术进行信息和数据的动态发布和提供；

6. 网站的维护和管理。

二、商务网站内容设计规则

总结网站页面建设经验，以下五个原则在网页内容设计中十分重要，必须遵循：页面易读、容易浏览、方便查找、风格布局保持一致、页面快速下载。

（一）页面易读

你的目标用户可能正在使用完全不同的电脑、显示器、网络连接、浏览器。他们可能使用笔记本电脑、可能使用拨号连接或者高速连接、可能使用苹果电脑，所以，站点设计者需要把尽可能多的平台、浏览器以及网络速度提供出来。所以，作为一个通用的规则，在你向主要的站点目录把你的站点提交之前，网页中的每一项目都需要在主要的浏览器和两种电脑上显示的非常清晰易读。

下面把页面易读方面的细节列出来：

1. 你的站点设计者不应该把文本的字体设置得太小或者太大。如果站点是专门为视力损伤的客户设计，那么文档的字体大小应该相应的去进行调整。

2、. 所有图片中的文本都必须清晰易读。高对比度的颜色，以及字体与字样的选择对于图片的易读性是极其重要的。

3. 文字的颜色也非常的重要，不能够让背景的颜色把文字的视觉效果冲淡了，总的来说，以淡色背景下的深色文字是最好的。

4. 为方便或快速阅读可以把网站的内容分栏设计，甚至双栏也要比整整一页的视觉效果要好得非常多。

5. 使用词语要正确得体，一个语法混乱、错别字连篇的网站是任何人都不会喜欢的。对于电子商务网站也应该把鼓动性和吸引性的用语放到优先考虑的内容。

6. 不可以让动画动得太快，如果那样的话会使你的目标客户没有办法阅读。如果你的目标用户必须循环地看三遍甚至更多遍才可以把全部的信息给捕捉到，那么就是动画动得太快。

7. 当你的站点正在设计状态或者正处于模板阶段，尝试着把不同的浏览器、不同的平台、不同的网络连接查看。要注意 IE6. 0、IE7. 0 和 Firefox 对网页显示的不同，还应该把宽屏笔记本和窄屏，以及分辨率的差别的自适应性给予适当注意。

8. 搜索的 HTML 文档必须在图片开启和图片关闭的情况下都能够非常的清晰而且容易读出来。这就意味着在制作 HTML 文档、背景图片和图片中文本的时候，要把对比度高的颜色优先使用。

9. 站点设计者在选择文档的背景和颜色时，应尽量避免选择那些使文档变得模糊的背景，或者那些给阅读造成困难的颜色。

（二）容易浏览

“容易浏览”也就是说你的目标客户在任何时候访问站点都可以把他们所处的位置知道。假如他们迷路了，他们应该能去看看站点地图、帮助部分、站点搜索，或者从任何一个网页到主页。这样能够让浏览者清楚，哪儿是他们的位置，哪儿是他们想要去的，以及哪儿是他们曾经去过的。

站点目录的编辑者往往会把你的目标客户优先考虑。如果是专业的站点目录编辑者，通常也是经验丰富的网络使用者，当你在浏览你的站点的时候，你遇到的问题，也是你的目标客户同样遇到的问题。导航明确、导向清晰、使用方便。由于人们习惯于从左到右、从上到下阅读，因此，主要的导航条应该在页面的左边放着，对于较长页面来说，在最底部设置一个简单导航也是非常有必要的（只要两项就够了：主页和页面顶部）。把一种你满意的模式确定之后，最好是每个页面都统一采用把这种模式，这样，才能方便浏览者浏览查询信息。

你文本链接的颜色应该对你的目标客户来讲是熟悉的。蓝色加下划线的文本通常标记一个还没有被访问的链接；紫色或褐红色加下划线的文本通常标记一个已经访问过的链接。使用超文本链接或图片链接，让人们可以在网站上前进或后退非常的自如，而不要让他们总是使用浏览器上的前进或后退按钮。链接文本的颜色所用的最好是约定俗成的（未访问为蓝色，点击过的用紫色或栗色）；为了便于不同的用户都能很容易的了解图片的含义，应该在所有图片上使用 ALT 标识符注明图片名称或解释；为了方便用户的浏览查询，应该使用超链接把各个页面和各级目录连接到一起。

你所有的超链接应该对你的目标客户都是非常明显的。像浏览按钮或者文件制表符这样的图片应该明显地标记出来，方便阅读。就像站点设计的第一条规则中说的那样，你的站点设计者应该选择站点图片的颜色、背景、纹理和特殊效果，这样的话才可以对主要的浏览器、电脑屏幕以及平台来说都是清晰易读的。在文本超链接上加下划线，是很容易被忽略的问题。如果你设计的站点针对的用户是有经验的网络使用者，那么只要超链接文本是独特的，这个设计技术就一点问题都没有。然而，如果你的目标用户根本没有很多的网络经验，那么最好在超文本链接下面把下划线给加上。

（三）方便查找

网站提供的独特的产品、服务，以及信息应该非常容易地在你的目标用户登录站点后找到。通常来说，你的目标客户不想在登录你的主页后就去到处寻找信息，人们愿意浏览直接包含他们寻找的信息的网页。如果那些包含他们寻找的特定信息的网页他们没有直接找到，他们通过多次点击来到你的网站时往往已经快要灰心了，这时如果要点击的次数非常多，可能就会因为失去耐心而离开你的站点。

你的目标客户在把那些包含他们需要的信息网页找到之后，需要看到那些信息“在折叠的上方”或者是在屏幕的顶端。就算人们不能马上在屏幕的顶端把你的产品或者服务看到，在这个特定的网页上有他们需要了解的搜索内容。因为人们不一定会滚动网页，以确认他们搜索的信息在这个网页上能够获得。

利用网页“在折叠的上方”的策略往往被站点设计者忽略。比如说你将 10 个问题在你的网页上放着，而你的目标用户寻找的信息是问题 6 的答案。如果你一个问题一个答案地进行排列，可能在上面的就不是问题 6 了就需要下拉了，人们常常容易忽略掉，假如你都把问题在一起列着，然后提供超链接跳转到答案，这样一来，用户能够第一眼就把所需要的内容找到。你所有的 FAQs 网页都应该按照这样的格式排列。这个策略是极其有利的，这种格式不仅对那些最终客户有益，而且是搜索引擎友好的布局。

顶部或者尾部都要把有关的内容放上，如：“关于我们”的网页或区域、“联系我们”的网页或区域、“地址”的网页或区域等。“关于我们”网页是潜在消费者寻找你的联系信

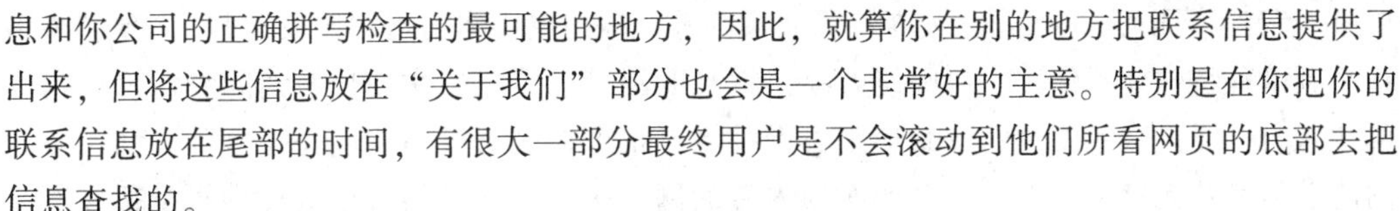

息和你公司的正确拼写检查的最可能的地方，因此，就算你在别的地方把联系信息提供了出来，但将这些信息放在“关于我们”部分也会是一个非常好的主意。特别是在你把你的联系信息放在尾部的时间，有很大一部分最终用户是不会滚动到他们所看网页的底部去把信息查找的。

（四）风格布局保持一致

网站的风格和布局必须要保持一致。布局意味着在你的站点上栏目排布、导航、图片和留白的位置。这是你放置你的文本、图片以及浏览内容的地方，是你屏幕中的“真正的财产”。布局设计的一致性可以帮助你的目标客户在浏览你的站点的时候，让他感觉和你做生意是非常舒服的。设计是对文字字体、颜色、图片等素材进行特殊效果的组合的过程。在站点的设计过程中，重复的方面是很多的。站点中的每一个网页在主体文本、超链接，以及标题中使用的字体、样式，以及颜色必须都是一样的。

如果站点中把你提供的产品的照片显示，那么照片的尺寸的差别应该非常的小。水平照片的尺寸都应该完全一样，垂直照片的尺寸也应该完全一样。产品照片中阴影效果的使用应注意保持一致性，尽量避免有的产品照片中使用阴影效果，有的产品照片不使用。图片和文本不能够随机地或者随意地被在网页上摆放着。网页上的每一个项目都应该和其他项目在视觉上有联系。有关的项目，例如主导航栏和次导航栏应该在一起放着，这样它们就会被看作是聚集成组的而不是不相关的项目。

两个导航栏在视觉上的不同，在造成视觉上对比的同时也把它们是怎样联系的显示了出来。例如，主导航栏会用特殊的颜色在网页的顶端显示，同时次导航栏会用不同设置的颜色在屏幕的左边开启，这些颜色设置与主导航栏配合得非常的好。最终客户正在访问的站点的那部分的主导航栏按钮颜色会改变。最终当用户点击主导航栏的链接，次导航栏或者子导航栏就会打开。子导航栏中的文本重复主导航栏中的文本，更进一步表明主导航栏的子集是左边的导航按钮。

最终客户目前访问的网页由控制小片显示。主标题表明最终用户正在访问的网页，强调站点这个部分的主要特色的是副标题。副标题上的尖头巧妙地把它们是超链接提示了出来。

网页底端的文本链接与主导航栏按钮对应，这些链接表明目标客户把网页已经访问过了。超链接的颜色与浏览器默认的颜色是比较相近的，因为它不认为目标客户像经常在网络上工作的人那样精通网络。假如有的目标客户迷路了，或者需要把它们的位置调整下，页面切换图片就能够把主页和站点地图链接到。导航栏的这个设置在每个网页上都是一样的。

（五）页面快速下载

我们都知道，网站留住访问者的关键因素是页面下载速度。假如用了5秒也没有把一个网页打开，通常的人都没有耐心了。页面快速下载保证客户能以最快地速度进出网站。在我们这个快节奏社会中生活着的人，等待是任何人都不愿意的，互联网也不例外。虽然互联网速度较几年之前已经有了飞跃性的提高，但事实上技术进步再快，也赶不上人们的要求。因此，任何漠视甚至挑战访问者耐性的行为都不利于营销拓展。

为什么一个网页需要花费许多的时间下载，这是因为必须先要把一些附件下载，例如

Flash、程序、图片 Shockwave 或者特殊效果等等。假如想要你的网站比较“炫”，建议最多把一到两种特殊效果使用，那些使人眼花缭乱的图片和图标通常会分散访问者对网站内容的注意力，要是这些图片的下载速度再慢一点，很可能没有等到它们完全打开，访问者的耐心已经荡然无存了。使用较多上面的内容的网页一般为视频类或游戏类网页，很大部分的网页不属于“视频游戏”的类别，所以，最好把你的网页缩小，特别是主页的下载时间。

应该每时每刻提醒着自己，网站首页就像一个广告牌。当开车经过一个广告牌的时间，没有时间阅读对上面的说明详细的阅读，也不可能赞赏其复杂的图案，广告标志从眼前一闪而过，一定要在一瞬间把比较深刻的印象给人留下。网上访问者也是“一闪而过”，保证你的首页简单而快速，把一切显著减慢主页速度的资料都放弃。

让网页简单是保持页面下载速度的主要方法，仅仅只让最重要的信息安排在首页，过大的图片要尽量使用，更应避免自动下载音乐或其他多媒体文件。这就要求主页大小不能够把 50 kb 超过。以下是一些通常减少你网页下载时间的原则：

1. Flash 动画要尽量的少使用：仅仅在你的站点最重要的部分吸引注意力的时间才把动画使用。就算你要使用动画，动画的数据量也应该尽可能地要小。

2. 遵循简洁规则：你想要你的站点上所提供的产品、服务和信息能够吸引潜在客户的关注，而不是你站点的精美设计。

3. 产品照片把小图片给使用，被称为“Thumbnails”：在你的产品网页中，很多的小图片组成的图库下载起来要比整张的图片快的非常多。在你的目标客户产生兴趣以后，再把查看大图的机会给他们。

4. 为了下载的更快，总是从大图片创建成单独的、独特的小图片：所有的图片都应该在图像软件中重新调整大小，而不是在 HTML 语言中。

5. 在你站点的多个网页中尽可能地把一样的图片给使用：使用图片的一致性能够让你介绍的连续性提高。例如，在你站点的每一个网页上都把你的商标放上，这对浏览和商标品牌都有好处，与此同时，它还能帮助你的目标客户了解他们一直在访问的站点到底是谁的。商标图片只需要下载一次，因为它会被在浏览器的高速缓冲存储器中储存着。当访问者在你的站点中四处浏览的时候，每个网页中的新图片都应该要下载的。

下载时间不仅仅对于你的目标客户来说极其重要的，而且对搜索引擎的可视性来说同样是极其重要的。当搜索引擎蜘蛛向你的服务器发出对一个网页访问的申请时，假如有比较长的下载时间，或者你的服务器不能在很短时间内将网页递交给蜘蛛，那么搜索引擎可能就不会把这个网页向索引中加入。

了解目标用户中消费者的多样性就是不一样的消费者能够容忍的下载时间是不同的。如果你是一个图片设计站点或一个在线游戏站点，你的消费者有很大可能为了体验你的创造性资源而等待网页的下载。然而，如果你是向忙碌的制造商把机器零件出售出去，那么你主要关心的问题就是访问有价值信息的容易程序。

这些准则是在一起相互联系的，把这一点理解是非常重要的。比如，假如说你的主页在某个主要搜索引擎中关于你的目标关键词所排的位置是第一位，同时人们点击链接把你的站点访问。如果你的站点设计者将大量的图片、动画，以及文字在你的主页放着，导致了下载速度放慢，那么很大一部分人就都不愿意等待网页的下载。所以，如果你的站点设

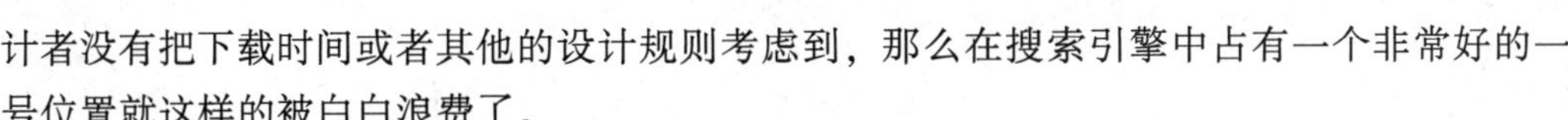

计者没有把下载时间或者其他的设计规则考虑到，那么在搜索引擎中占有一个非常好的一号位置就这样的被白白浪费了。

站点设计出来之后应该让的目标客户使用时感到美观、友好、舒适、易用。为了使站点能被目标客户欣赏，而且能被站点目录的编辑者许可，一定要把这些规则遵守。它们不仅可以应用到你的站点目录提交上，还可以应用到目标客户身上，这就是这些规则的优势所在。而且，电子商务网站的网页设计规则对非常多的非商务方面的网站也非常适用。

第四章　电子商务运营

第一节　网上市场调查

一、网上市场调查概念与特点

在互联网上针对特定营销环境进行简单调查设计、收集资料和初步分析的活动的是网上市场调查。网上调查可以由面向全体用户免费开放的公众调查信息浏览服务、面向收费会员客户的调查信息数据库查询服务和面向特需客户的收费委托调查业务服务三个应用服务层次构成。网上调查将变成21世纪应用领域最广泛的主流调查方法之一。

（一）网上市场调查的简介

网上调查也有着非常广的适用范围，这一点会随着国际互联网应用的普及渐渐的显示出来。网上调查也包括政府机构和社会团体开展的网上调查工作，统计调查、市场调查、民意调查和研究项目调查等。网上市场调查作为需求量最大的调查业务，能够把Internet的便捷、经济特性，更好、更快的为企业的市场调查提供全面支持的条件，充分的发挥出来。

1. 网上市场调查概念

（1）网上调查的发展

首先要考察的是国际互联网应用的现状，超前的网上调查研究具有一定的现实意义。

其次所考察的是发展趋势，在欧美等国际互联网发达国家，关于市场调查和民意调查的网上调查非常广泛。国外还涌现了很多网上调查软件。计算机、通讯和国际互联网的发展势头迅猛，为开展网上调查理论和技术探讨提供了有利条件。

（2）网上市场调查内涵

网上调查的方式有两种：

1）网上直接调查：利用互联网直接进行问卷调查等方式，把所需的一手资料收集；

2）网上间接调查：利用互联网的媒体收集二手资料。

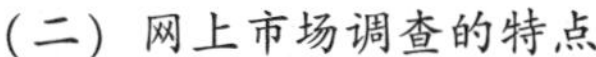

互联网的开放性、自由性、平等性、广泛性和直接性等特性，为网上调查提供了海量信息、数以千计的搜索引擎及其免费使用资源，使得网上市场调查在预调查、定性调查、二手资料的调查方面具有一些传统调查手段和方法所没有具备的特点和优势。针对于传统市场调研来说，网络市场调研的特点和优势主要体现在：

1. 及时性和共享性

网上调研是开放的，网络信息是共享的，网上调查有着直接的数据来源，可以事先编制好软件进行处理，通过调查结果，企业能够及时、快速地掌握动态信息。

而传统的市场调研不同于网上调查，需要经过分析和统计的过程，得出结论往往需要一段时间。

2. 便捷性和经济性

网上调研只需要在其站点上发布调查问卷并对问卷进行及时修改和补充，被调查者只需要有计算机、电话或智能终端就能快速的反馈、整理和分析数据，这种方便性和快捷性降低了市场调研的人力和物力耗费。

3. 交互性和充分性

交互性是网络的最大优势。由于没有时间限制，被访问者本人的独到的见解可以在网上自由地发表。

4. 可靠性和客观性

网上调研有着比较强的针对性，被邀请参与调查的被调查者是在完全自愿的情况下参与的。这种基于顾客和潜在顾客的市场调研结果是客观和真实的，填写者一般对调查内容有一定的兴趣，回答问题的时间相对来说是认真的，所以调查结果的可靠性高。

5. 无时空和地域的限制

网上调研全天 24 小时都可以进行网上市场调研。

6. 可检验性和可控制性

利用互联网把网上调研信息有选择的收集整理，可有效地对采集信息的质量进行系统的检验和控制。问卷的复核检验由计算机依据设定的检验条件和控制措施自动实施，能够有效的保证检验与控制的客观公正性。通过对被调查者的身份验证技术，可以把信息采集过程中的舞弊行为有效的防止。

7. 更加准确的统计

在调查信息的处理上，被调查者直接通过互联网将信息以电子格式输入数据库，非常短的时间内就可以把标准化的统计分析工作完成。

8. 更好的保密效果

网上调查所使用的提交方法是匿名提交，因此与其他传统的调查方法相比拥有的保密功能更加的强大。

二、网上市场调查优缺点

现代企业了解市场行情，制定营销策略的一种重要方法就是市场调查。互联网以其方便快捷覆盖面广时效性强等优点，渐渐的正在变成一个优秀的统计调查工具，作为一种新兴的统计调查方式，网上市场调查的应用越来越频繁和广泛。

（一）网上市场调查的优点

1. 网上调查消除了传统调查方式中的诸多的不利因素，对调查信息的检索和处理基本上都是由计算机软件自动完成，把数据录入、整理和输入的时间大大节省了，具有成本低廉、方便快捷的特点。

2. 利用多媒体技术，通过电子载体，向调查对象把文字、图像、以及声音、动画、视频等非文字信息传送，加入多媒体元素的网上市场调查更具亲和力让被调查者更愿主动参与。

3. 对敏感性问题的调查

利用网络的匿名性和保护隐私优势，在某种程度上消除了被调查者可能存在的顾虑。

4. 进行跟踪调查

网上调查的跟踪软件可以根据上一次的回答情况进行本次问卷的筛选，跟踪被访者的态度、行为进行纵向调查或者还可以填补落选的项目。

5. 访问群

通过网站的访问群，可以对人群结构进行组合，进行更加专业的网上调查。

（二）网上市场调查的缺点

1. 调查内容和调查对象受限

网上市场调查对于某些试用类产品，如食品类、化妆品类调查有一定的局限性。网上市场调查的对象只限于网民。网民内部在性别、学历、收入、所在地理位置、职业等因素上有着不均衡的分布，而且缺乏有效的激励及监控控制，进而也会对网上市场调查的科学性、公正性造成负面影响。

2. 缺乏相应的法律及管理规定，存在合法性和安全性问题

由病毒木马、人侵黑客、注入数据、信息泄露等原因也会使为自身投资进行的调查活动的企业带来重大损失。

（三）解决方法

1. 尽快建立健全网络调查法律体系

我们要尽快抓紧解决当前我国网络方面立法的滞后与不足的问题，完善多层次、有体系、可持续性、有国际性、可执行性的与传统的法律体系互相兼容的网络调查法律体系，

2. 培育特定的网络市场调查群体

网络市场调查对象是具有相对稳定性的网民，网上调查要把固定对象作为特定的调查群体；该群体的网络调查数据相对于其它调查数据较为稳定和固定。

3. 加强网络调查人员的培养

网上市场调查发展的一个瓶颈是网络市场调查调查人员的调查技术与网络技术粘合。加强网络调查人员的理论与实务知识培训。应该把统计调查的理论与方法、计算机理论、网络技术和数据库的应用、政治、经济、社会等基础知识纳入培训内容，尽快培养一批具备网络抽样技术、网络调查技术、网络心理和网络法律等方面知识结构多元化的人才。

4. 正确选择网络市场调查方式

根据调查的目的、调查对象的特点、问卷特性等因素，选择一种网络市场调查方式或

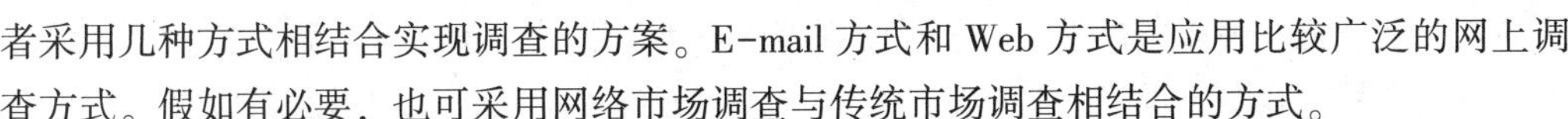

者采用几种方式相结合实现调查的方案。E-mail 方式和 Web 方式是应用比较广泛的网上调查方式。假如有必要，也可采用网络市场调查与传统市场调查相结合的方式。

5. 建立有效的激励机制

为了调动网络调查的参与者的积极性，给予被调查者一定的礼品或免费商品激励也是极其重要的。技术实现上，尽量减少的信息需要的字节数、问题个数及难度，提高下载上传及链接时的网速，注意访问语句的处理技巧。

6. 与网上市场调查公司合作

专业的网络市场调查组织有更加完备的调查技术和手段，条件允许的情况下，与其合作调查，能够把费用支出和没必要的硬件设备建设工作减少。

7. 减少定额抽样，尽量避免无效问卷，设法提高被调查者回答准确率

首先，公布保护个人信息声明，使被调查者确信其自身的信息不会被公开，以便放心地回答问题。其次，采用“IP 地址+若干个特征标志”当作是判断被调查者填表次数唯一的检验条件，尽可能消除一个被调查者多次填表的现象。

8. 提高网络市场调查的行业水平

随着网络市场调查业规范化、专业化、国际化的趋势，网络市场调查正在逐渐变成获取信息资源的一个必备手段。开展网络市场调查科学的理论研究，提高调查行业的业务水平和技术水平，以适应知识经济和网络经济的发展，是十分紧迫的任务。

网络调查特别是网络市场调查在我国真正变成了调查方式的主流，依然需要一段非常长的路要走，但我们相信随着因特网的普及应用和人们传统思想观念的转变，网络市场调查的前进步伐势不可挡。

三、网上市场调查的步骤

为保证调查过程的质量，网络市场调查应该遵循正确的方法与步骤。

网络市场调查通常所包括的主要有一下几点：

（一）明确问题与调查目标

进行网络市场调查，首先，应该清楚要调查问题的内容是什么；调查的目标是什么；谁有可能在网上查询你的产品或服务；最有可能购买你的产品或服务的是什么样的客户；在你这个行业，竞争者都是哪些；他们在干什么；客户对竞争者的印象怎么样；公司在日常运作中，要受到的法律法规的约束都有哪些；怎么样去规避等等。具体要调查哪些问题事先应考虑清楚，只有这样，才可能做到知己知彼、有的放矢、事半功倍。

（二）确定市场调查的对象

网络市场调查的对象分为企业产品的消费者、企业的竞争者和企业合作者和行业内的中立者 3 大类：

1. 企业产品的消费者。消费者在网上购物一定会访问把企业的站点，通过浏览企业首页所提供的分类、目录或搜索引擎工具，了解商品的说明、功能、价格、付款方式、送货与退货条件、售后服务等方面的信息。

2. 企业的竞争者。美国哈佛大学著名的战略学家、研究企业竞争战略理论的行业竞争结构模型专家迈克尔·波特说：“在任何产业里，不管是在国内还是在国外，不管是把一种

产品生产还是把一种服务提供，竞争规则都寓于以下5部分力量之中，就是新竞争者的加入、替代产品的威胁、现有企业之间的竞争、如买方的讨价还价能力以及供应方的讨价还价能力。”

3. 企业合作者和行业内的中立者。这些企业有时会提供一些极有价值的信息和评估分析，市场营销人员要对其网站给予关注。

市场激烈竞争的今天，对竞争者的调研显得尤其的重要，市场营销人员在市场调研过程中，应该把上面的3类都兼顾，但也必须有所侧重。

（三）制定调查计划

制定调查计划是网络市场调查的第三步，资料来源、调查方法、调查手段、抽样方案和联系方法5部分内容都包括在内。

1. 资料来源。首先，市场调查需要确定是收集一手资料还是二手资料，或者两者都要。

2. 调查方法。网络市场调查所能够使用的方法有专题讨论法、问卷调查法和实验法。专题讨论法普遍借助博客、论坛、网络新闻组、邮件列表和电子公告牌的形式进行；问卷调查法往往使用E-mail分送、网站刊登等多种形式；实验法是选择多个可比的主题当作是不一样的实验方案，通过控制外部变量，检查所观察到的差异是不是具有统计上的显著性。

3. 调查手段。在线问卷和软件系统通常是网络市场调查普遍采用的两种方式。在线问卷制作起来很简单，分发迅速，回收也方便。软件系统有两种，一种是采用交互式计算机辅助电话访谈系统，另一种是采用网络调研软件系统。

4. 抽样方案。就是要把抽样单位、样本规模确定。抽样单位是确定抽样的目标总体；样本规模的大小涉及调查结果的可靠性，需要足够多的样本，必须包括目标总体范围内所发现的各种类型样本。

5. 联系方法。就是以何种方式联系调查的主体，网络市场调查提供多种网上交流的形式，如E-mail传输问卷、博客、BBS等。

（四）收集信息

与受区域制约的传统调研方式的不同，利用互联网做市场调查，无论收集的是一手资料还是二手资料，可同时在全国或全球进行，直接在网上递交或下载就可以收集。

（五）分析信息

所有竞争者都可从一些知名的商业站点或从顾客那里把相类似的信息给获得，调查人员如何从收集的数据中把与调查目标相关的信息提炼出来，而且在此基础上对有价值的信息加工处理。所以分析信息的能力是非常重要的，这是把握商机战胜竞争对手，取得经营成果的一个制胜法宝。

（六）提交报告

整个调研活动的最后一个阶段就是调研报告的撰写。调研员不仅要把大量的数字和复杂的统计技术直接提交给管理人员，而且应该把与市场营销关键决策有关的主要调查结果用调查报告的正规格式写出来。

四、网上直接调查

（一）网上直接调查分类

根据采用调查方法分类

根据采用调查方法的不一样，可以分为网上问卷调查法、网上实验法和网上观察法，其中网上问卷调查法是常用的，下面着重介绍网上问卷调查法的组织和使用方法。

1. 按照调查者组织调查样本的行为，网上问卷调查法的分类

网上问卷调查法可以分为主动调查法和被动调查法：

（1）主动调查法

即调查者把调查样本主动发送，并且按照统计调查的方法完成调查。

（2）被动调查法

即调查者被动地等待调查样本造访，并且按照统计调查的方法完成调查。被动调查法的出现是统计调查的一种新情况。

2. 根据网上调查采用的技术分类

（1）站点法，属于被动调查法。这是目前网上调查的主要方法。该方法是将格式为HTML文件的凋查问卷上传至网络，加载在网站的网页中，由浏览这些站点的网上用户在此Web上回答调查问题。

（2）电子邮件法，属于主动调查法。该方法是通过给被调查者发送电子邮件的形式将调查问卷给一些特定的网上用户发过去，由用户填写后以电子邮件的形式再给调查者反馈的调查方法。与传统邮件法是相类似的，优点是邮件传送的时效性非常大的提高了。

（3）随机IP法，属于主动调查法。该方法是以产生一批随机IP地址作为抽样样本的调查方法。它的理论基础是随机抽样。利用这种方法能够进行纯随机抽样，也可以依据一定的标志排队进行分层抽样和分段抽样。

（4）视讯会议法，该方法基于Web的计算机辅助访问。是将分散在不同地域的被调查者通过互联网视讯会议功能虚拟地组织起来，在主持人的引导下讨论调查问题的调查方法。

（二）网上问卷调查法

网上问卷调查通常的途径有两种：

一种是将问卷在站点上放置着，等待访问者访问的时候填写，该方式的优点是填写者一般是自愿性的，缺点是无法核对问卷填写者真实情况。站点还往往进行适当宣传，以吸引大量访问者。

另一种是通过E-mail方式将问卷给被调查者发送过去，被调查者完成后将结果通过E-mail返回。该方式的优点是，能够对被调查者有选择性控制，缺点是应争取被访问者的同意，否则容易遭到被访问者的反感，有侵犯个人隐私之嫌。

基于上面总结的问卷调查方法的优缺点。很多的企业设立了BBS、新闻组以供访问者对企业产品进行讨论。

（三）网上直接调查的方式

网站直接调查方式

1. 利用自己的网站。这种方式能够把网站的综合效益充分的发挥出来，但技术要求高，

要求企业的网站一定要有调查分析功能。

2. 借用别人的网站。这种方式相对来说是较简单的，企业不需要建设网站和进行技术准备，但往往要付费。

3. 混合型。这种方式是目前常用的方式，如果企业网站还没有固定的访问者，可以与一些著名的网站建立广告链接，在自己的网站调查，以吸引访问者参与调查。

4. E-mail 型。这种方式比较简单，而且节省费用。但要求企业必须积累有效的客户 Email 地址，

5. 讨论组型。这种方式与 E-mail 型一样，都有比较低的成本费用而且是主动型的。但在指向 Web 网站上的问卷在新闻组和公告栏上发布信息的时间，对网上的行为规范要特别的注意，调查的内容应与讨论组主题相关。

（四）网上直接调查步骤

与传统调查类似，网上直接调查步骤如下：

1. 确定网上直接调查目标

为了了解顾客对企业产品和服务的意见、建议、期望和需求，企业可以充分利用 Internet 渠道直接与顾客进行沟通。

2. 确定调查方法和设计问卷

问卷调查法是网上直接调查方法的主要方法，其关键是设计网上调查问卷。网上调查可以采用调查问卷分层设计的方法。这种方式适合过滤性的调查活动，可以借助层次的过滤寻找适合的回答者。

3. 选择调查方式

网上直接调查时被动调查方法采取的比较多，将调查问卷放到网站等待被调查对象自行访问和接受调查。为提高受众参与的积极性可提供免费礼品、调查报告等。

4. 分析调查结果

这一步骤是市场调查的关键，需要对大量回收的问卷进行综合分析和论证。

5. 撰写调查报告

网上调查的最后一步就是撰写调查报告，也是调查成果的体现。撰写调查报告主要是在分析调查结果基础上对调查的数据和结论进行系统的说明。

（五）网上调查问卷的设计

采用网上问卷调查时，问卷设计的质量将对调查的效果产生直接影响。设计不合理的网上调查问卷或许会影响网民参与调查。因此，在设计问卷时除了遵循一般问卷设计中的一些要求外，还要注意下面的几点：

1. 在网上调查问卷中附加多媒体背景资料。

2. 注意特征标志的重要作用。

3. 进行选择性调查。

4. 注意问卷的合理性。在问卷中设置合理数量的问题和控制填写问卷时间，对于提高问卷的完整性和有效性是有帮助的。

5. 注意保护调查对象的个人隐私。

（六）网上直接调查注意问题

1. 注意信息采集的质量检控。对采集信息进行质量检控，可以采用“IP+若干特征标志”的办法当作是判断被调查者填表次数唯一性的检验条件。与此同时，在指标体系中所有可以肯定的逻辑关系和数量关系都必须要充分利用，并且向质量检控程序列入。

2. 答谢被调查者。给予被调查者适当的奖励和答谢对于网上调查来说是很有必要的，这既对调动网上用户参与网上调查的积极性有利，又可以弥补因接受调查而附加到被调查者身上的费用。以身份证编号为依据进行计算机自动抽奖的方法对被调查者答谢，可以根据情况把获奖面给扩大一点，但奖品价值尽可能的设置小一点。

3. 了解市场需求。设想顾客就是自己，从他的角度来了解客户需求。您的调查对象可能是产品直接的购买者、提议者、使用者，对他们进行具体的角色分析。

4. 网上直接调查的局限性。如果是有关具体产品时，通常会把详细的调查方式采用，详细调查针对小的客户群体，为了使得到的信息更加准确，调查的时候需要采取面对面访谈的形式，调查结果包含的多是“为什么”的问题，因此当前对网上调查方法来说是不合适的。

五、网上直接调查的技术

网上调查的实施把超文本、电子邮件、网上视讯会议、模糊归类、网上用户身份检验、随机 IP 自动拨叫、数据接口、Java、ActiveX 或 Java script 等计算机和网络技术涉及到了。

六、网上市场间接调查

网络市场间接调研指的是收集网上二手资料。二手资料的来源非常多，如政府出版物、公共图书馆、大学图书馆、贸易协会、市场调查公司、广告代理公司和媒体、专业团体、企业情报室等等。

（一）网上间接信息来源

企业内部信息源和企业外部信息源是间接信息的来源所包括的两个方面。

1. 企业内部信息源。主要是企业自己搜集、整理的市场信息、企业产品在市场销售的各种记录、档案材料和历史资料，例如客户名称表、购货销货记录、推销员报告、客户和中间商的通讯、信件等。

2. 企业外部的市场信息源包括的范围是非常广的，主要是国内外有关的公共机构。

（1）本国政府机构网站。政府有关部门、国际贸易研究机构以及设在各国的办事机构，本国的对外贸易公司、外贸咨询公司等。

（2）外国政府网站。世界各国政府都有相应的部门搜集国际市场资料，一部分发达国家专设贸易资料服务机构，向发展中国家的出口企业提供市场营销信息资料。另外，一些国家的统计机关、海关甚至能够提供把比公布的数字更为详尽的市场贸易和营销方面的资料。

（3）图书馆。一些市场研究报告、背景资料、多种贸易统计数字、有关市场的产品、价格以及国际市场分销渠道和中间商的基本的市场信息资料在公共图书馆和大学图书馆可以查阅到。

（4）国际组织。与国际市场信息有关的主要有：

1）联合国。出版有关国际的和国别的贸易、工业和其它经济方面的统计资料，以及和市场发展问题相关的资料。

2）国际贸易中心。借助网络资源和服务器庞大的处理能力，系统、完整、全面的各国市场介绍资料并且提供咨询答复服务。

3）国际货币基金组织。可以提供有关各国和国际市场的外汇管理、贸易关系、贸易壁垒、各国对外贸易和财政经济发展情况等资料。

4）世界银行。

5）世界贸易组织。

6）一些国际性和地方性组织提供的特定地区或国际经济集团和经济贸易、市场发展、国际市场营销环境的信息资料。

（5）银行。非常多国际性大银行发行的期刊上一般有全国性的经济调查、商品评论以及上面所提到的相关资料。

（6）商情调研机构。这些机构除为委托人完成研究和咨询工作外，还会把市场报告和专题研究论文定期发表。

（7）相关企业。商品目录、产品资料、价目表、经销商、代理商、批发商和经纪人一览表、年度报告等市场信息的重要来源之一是参与市场经营的各类企业。

（二）网上间接信息获取

在网络信息时代，信息的获取非常容易。困难的是怎么样在信息繁多的信息海洋中找到企业所需要的信息。

网上查找资料主要通过三种方法：利用搜索引擎；把有关的网站访问，如各种专题性或综合性网站；利用相关的网上数据库。

1. 利用搜索引擎收集资料

搜狐，新浪，网易，中文雅虎是使用较多的中文搜索引擎，Yahoo!，Excite，Lycos，Infoseek 和 AltaVista 是使用的比较多的英文搜索引擎。

2. 利用公告栏收集资料

公告栏就是在网上一个公开“场地”，很多的 ICP 都提供有免费的公告栏。公告栏软件系统有两大类，一类是基于 Telnet 方式的文本方式；另一类是基于 WWW 方式，浏览 WWW 网页就可以很方便的使用。到主题相关的 BBS 网站上，可以很方便地利用 BBS 了解和收集资料。

3. 利用新闻组收集资料

一个基于网络的计算机组合就是新闻组，这些计算机可以交换以一个或多个可识别标签标识的文章，通常叫做 Usenet 或 Newsgroup。使用新闻组可以从里面获取或交换免费的信息。

4. 利用 E-mail 收集资料

E-mail 是 Internet 使用最广的通信方式，收发 E-mail 信件已经成为很多的用户上网的主要原因。当前许多 ICP 和传统媒体，以及一些企业都利用 E-mail 发布信息。因此，通过 E-mail 收集信息是最快捷有效的渠道。

第二节　网络采购

一、网上采购业务流程的制定

1. 网上采购需遵循以下步骤：

（1）通过互联网获取商品信息。

（2）确定采购对象和供货商。

（3）编制采购预算计划。编制采购预算计划是确定评标价或谈判价格最重要的参考标准。

（4）实施谈判或公开招标。要进一步对供货商的厂商资金、设备实力、银行信用、供货能力等方面进行考察。

（5）签订商务合同。

（6）支付和执行合同。

2. 企业的业务采购类型：

（1）直接再采购：指采购部门根据惯例再把产品订购。

（2）修正再采购：购买者希望把产品规格、价格、其他条件或者供应商的情况修改。

（3）新任务采购：采购者第一次把一种产品或服务购买。新任务购买过程大致可分为知晓、兴趣、评价、试用和采用等几个阶段。

二、组织实施网上采购

1. 制定网上招标流程：

（1）编制采购预算计划。采购预算是评标价重要的参考标准，同样也是招标的底价。

（2）拟定工作计划。对工作原则、招标工作程序和进程安排、评标委员会成员、招标工作组成员分工以及评标原则、保密守则等确定。

（3）编制招标文件。

（4）发布招标公告和投标邀请。

（5）评标、定标。

（6）签订商务合同。

2. 具体组织实施网上采购：

（1）必须要保证开标、评标的公正性。

（2）在评标过程中，不能仅仅关注价格，对售后服务、企业信用水平等方面也是需要特别关注。

（3）在招标过程中应该做好保密工作，保护投标厂商的利益。

3. 对业务采购人员的影响因素：环境、组织、人际、个人、B2B 网站。

4. 网络交易中心交易流程的 11 个步骤：

（1）买卖双方将各自的供应和需求信息通过网络向网络商品交易中心告知，网络商品交易中心，通过信息发布服务向参与者提供大量详细准确的交易数据和市场信息。

（2）买卖双方根据网络商品交易中心提供的信息，选择自己的贸易伙伴。

（3）网络商品交易中心从中撮合，促使买卖双方签订合同。

（4）买方在网络商品交易中心指定的英航办理转账付款手续，指定银行通知网络商品交易。

（5）中心买方贷款到帐。

（6）网络商品交易中心通知卖方将货物发送到离买方最近的交易中心配送部门。

（7）配送部门给买方送货。

（8）买方收到货物验证后通知网络交易中心货物。

（9）银行将买方货款转交给卖方。

（10）卖方将回执送交银行。

（11）银行将回执转交给买方。

第三节　网络营销

一、营销策略的制定与实施

现代企业面对竞争的必然选择是实施网络营销战略，网络营销为企业开拓市场、制定营销战略。

（一）网络营销竞争战略

企业制定的营销策略和营销计划要具有一定的针对性和科学性，有利于顺利实施、控制和完成营销目标。

（1）加强与顾客的沟通

网络营销的灵魂是以顾客为中心。通过互联网和大型数据库，公司可以以低廉成本为顾客提供个性化服务。其中数据库中存储了大量现在顾客和潜在顾客的相关数据资料。公司可以根据顾客的需求提供具有针对性和时效性的、特定的产品和服务。

（2）网络营销系统

一个有效和完善的网络营销系统设计和建立是一个长期的系统性工程，公司的网络营销系统是难以模仿的竞争能力和获取收益的无形资产。

（3）提高新产品开发和服务能力

新的产品概念是通过网络数据库营销方式直接与顾客进行交互式沟通。可以从与顾客的交互过程中知道顾客的需求，从而能够确定顾客需求的特征、功能、应用、特点和收益，进而准确决定产品所需要的改进方面和换代产品的主要特征。

（4）稳定与供应商的关系

公司实行网络营销，对市场销售进行预测，确定合理的计划供应量，保证满足公司的目标市场需求；公司能够掌握竞争者的供应量，制定合理的采购计划，在供应紧缺的时间可以进行预先订购，确保竞争优势。

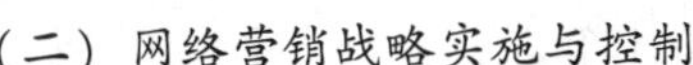
(二) 网络营销战略实施与控制

网络营销战略要着眼于企业的目标和规模、顾客的数量和购买频率、产品的类型和周期等，技术发展状况和应用情况等。

(1) 网络营销战略的制订

网络营销战略的制订三个阶段：

1) 确定目标优势，分析实施网络营销能不能促进本企业的市场增长，通过改进实施策略实现收入增长和降低营销成本；

2) 分析计算收益的时间要考虑战略性需求和未来收益；

3) 综合评价网络营销战略。

(2) 网络营销策略的规划

网络营销策略的规划分为：

1) 目标规划，分析识别与之相联系的营销渠道和组织，提出改进的目标和方法；

2) 技术规划，即网络营销极其重要的一点是要有强大的技术投入和支持；

3) 组织规划，公司的组织需要进行调整以配合该策略的实施；

4) 管理规划，公司的管理一定要适应网络营销的需要。

(3) 网络营销规划的实施

网络营销在规划执行后要注意以下三点：

1) 注意控制，充分发挥战略竞争优势；

2) 要对执行规划时出现的问题及时发现和改进；

3) 对技术的评估和采用。

总之，网络营销战略是与传统营销不一样的新营销模式。网络营销是一个系统工程，在实施过程包含若干环节，对企业的整个组织和整个营销战略、营销策略制定与实施以及营销部门管理等各方面都会产生深远的影响。

二、网络营销平台

党中央、国务院对电子商务的发展十分重视，出台一系列政策法规，鼓励企业发展电子商务，支持面向中小企业的电子商务交易平台建设，支持网络零售平台做大做强。

网络营销是以国际互联网络为基础，利用数字化的信息和网络媒体的交互性来辅助营销目标实现的一种新型的市场营销方式。

威柏认为，网络营销最直观的认识就是把客户当成中心，把网络当作向导，为实现企业目的而进行的一系列企业活动。

网络营销平台利用网站进行推广销售产品或服务，包括：搜索营销、竞价营销、关键词营销、数据库营销。

(一) 国内互联网上几种网络口碑营销平台

(1) 专事口碑信息搜索的网站，通过软件和工具收集网络上各种口碑信息。

(2) 电子商务网站自我服务式的口碑营销板块，发布的主要是经历过网上交易的消费者的口碑信息，例如淘宝网的“购物指南”。

(3) 专注提供日常生活类口碑信息与相应服务的网站，例如大众点评网、口碑网。通过社区网站或网站的社区，聚合网友把某类或几类商品的口碑信息提供出来为用户服务。

（二）国内互联网上几种网络营销平台

中小企业要进行网络营销需要网络营销平台作为依托，可以让中小企业选择的网络营销平台主要有：

（1）第三方网络营销平台：

以阿里巴巴、中国制造商、慧聪、万国商业网等为代表的第三方 B2B 平台，是企业开展网络营销的首选，这些第三方平台聚集了非常多买家资源和供求商机，具有交易撮合功能。

（2）自建网络营销平台：

企业通过建立自己的网络营销平台（网站）把网络营销服务开展起来，如海尔、国美、苏宁等建立了自己的网络销售平台，通过把自身的网站推广，为用户提供产品和服务。

（3）多平台运作：

即企业选择多种网络营销平台，同时也开展企业网络营销工作，例如，通过自建网络营销平台+第三方网络营销平台相结合，同时运作多个平台，从多方面向互联网中的目标客户群体中去渗透。

三、产品策划

产品是市场营销组合中最重要的因素，是企业的市场营销活动的出发点，之后涉及的定价、促销、分销等方面所有营销策略都是围绕产品这个主题而展开的。因此说，市场营销组合策略的基础是产品策略。

（一）产品策略的概念

一般意义的产品及产品策略所关注的主要是下面的几个问题：

1. 产品内涵的界定。

市场营销组合策略认为产品所指的并不仅仅是实物产品或物质产品，而是指向市场提供的能把人们需要满足的一切东西，包括实物、服务、保证、意识等各种形式。与此同时，产品被认为由核心产品、形式产品、期望产品、延伸产品、潜在产品等五个层次组成。

2. 产品市场寿命周期理论。

将产品在市场上的销售情况和获利能力把四个阶段划分了出来：导入期、成长期、成熟期、衰退期；主张对于不一样的阶段，采用与之相适应的营销策略。

3. 产品组合及策略。

企业生产经营的全部产品的有机结合方式是产品组合，包括产品的广度、深度和关联性三个基本要素。企业根据市场情况和经营实力对这三个基本要素进行有机组合，形成不同的产品组合策略；

4. 商标和商标策略、包装与包装策略。

5. 产品支持服务及其策略。

我们所说的产品支持服务是指以实物产品为基础的行业，为了对实物产品的销售支持而向顾客提供附加服务。产品服务策略包括服务项目策略、服务水平策略和服务形式策略。

（二）产品范围和策略

作为一种新型媒体，互联网络的运用冲击着传统的产品策略。

1. 根据网络用户的特征，适合于在互联网络上销售的产品所具有的特性有以下几点：

（1）具有高新技术性能或与电脑相关；

（2）以网络族为目标市场，以人性化为导向，针对个别需求提供一对一的营销服务；

（3）市场需要较大的地理范围涵盖，甚至具有国际性；

（4）不易设店贩卖的特殊商品；

（5）网上销售的费用要比其他类别的销售渠道低；

（6）产品的性能、特点、品质以及为顾客服务的内容充分显示，用户在决定购买之前不需要尝试或现场挑选；

（7）消费者利用网络上的信息，就可以做出购买产品的决策。

2. 互联网络上销售所包括的相关功能有：

（1）利用电子布告栏或电子邮件供线上售后服务或与消费者去进行双向的沟通；

（2）提供消费者、消费者与公司在互联网络上的讨论区，以此把消费需求、市场趋势等得以了解，作为公司改进产品、开发产品的参考；

（3）提供网上自动服务系统，根据客户的需求，自动适时地利用网络把相关产品的服务信息提供出来。

（4）企业各个部门的人员可以利用网络进行网上研发讨论，把相关的产品构想或雏形通过网络公告，让全球各地有关人员进行讨论；

（5）通过网络对消费者进行意见调查，借此机会对消费者对于产品特性、品质、商标、包装及式样等方面的意见了解，协助产品的研究开发与改进；

（6）在网络上提供与产品相关的专业知识，如汽车商提供车辆的维护保养常识、家电企业介绍家电产品的性能、使用和注意事项；

（7）开发电子书报、电子杂志、电子资料库等信息产品，并利用网络把物美价廉的全球服务提供出来；

（8）让消费者在网络上把自己的需求充分的展示出来，而且能够亲自设计，企业据此提供顾客化的产品与服务。

（三）价格与策略

企业对其产品的定价，一直都是企业经营者最重要的决策之一。

1. 传统的价格及定价策略所研究的主要内容：

（1）企业定价目标和定价程序的确定；

（2）影响定价的因素；

（3）新产品定价与老产品价格调整方式；

（4）定价技巧或策略。

2. 网络条件下，价格及定价策略所研究的主要内容：

在网络条件下，网络顾客可以选择的余地增大及交易形式的多样化，造成商品的需求价格弹性增大。因此，企业应充分审视所有销售渠道的价格结构，然后，再合理的设计网上交易价格。充分的互动沟通，也为以理性的方式研究拟定价格策略提供了方便。这主要表现在：

（1）网上查询功能能够把市场相关产品的价格充分揭露，消费者能理性判断要购买的产品价格的合理性；

（2）办网上会员制，依据会员过去的交易记录与偏好，把折扣给予顾客。鼓励消费者上网消费，以节省销售渠道运行成本；

（3）把智慧型网上议价系统开发出来，与消费者在网络上直接把价格给协商好；运用该系统可以考虑顾客的信用、购买数量、产品供需情形、后续购买机会等，把双方都满意的价格协商出来；

（4）开发自动调价系统，能够根据季节变动、市场供需情形、竞争产品价格变动、促销活动等自动调整产品的价格。

（四）网络营销的推广步骤和策略

营销渠道，也可以称之为销售渠道或分销渠道，是产品从生产者转移到消费者或使用者所经过的途径。从传统上看，营销渠道因为有着缓慢的建立过程，建立后的不易改变性和企业对它控制很困难，变成了企业营销组合策略中的难点和主要组成部分之一。

由各种不同的互相联系的机构组成的是营销渠道。这些机构因为有着各自不同的组织方式，可以形成不同的营销渠道组织形式。与此同时，一个企业可能同时使用几种组织形式或不同结构的营销渠道，面对不同或相同的细分市场。

“生产者—批发商—零售商—消费者”这样的渠道组织是传统的营销渠道组织。在这样的渠道组中，渠道中的各个成员都是独立的机构，相互之间不受其他机构的控制。这种传统的营销渠道组织对企业既是有利的也是有弊的，有利的方面表现在可以得到批发商和零售商的资金条件和仓储条件的支持。不利的方面表现在批发商和零售商作为独立的经济实体，通常决策的是以自己的利益最大为原则。这样，企业难于对自己的营销活动进行有效控制，甚至可能因相互之间的利益冲突影响企业营销渠道的正常运行。

对于这个问题，在实践上，一些企业开始采用垂直式营销渠道组织，就是由生产者、批发商、零售商当作是一个统一体而组成的营销渠道组织；也有的采用水平营销渠道组织方式，即由同一渠道层次上的两个或以上的成员共同把一个新的市场机会和营销渠道组织开拓出来。而互联网上交易的产生对于企业现有渠道结构形成了非常大的挑战。由于互联网络将商品在客户的面前直接展示，生产者可以直接回答顾客疑问并接受顾客的订单，而不必经过任何垂直式营销渠道组织或水平营销渠道组织。这种直接互动与超越时空的电子购物，是营销渠道上的革命。

下面列举网络条件下营销渠道可能展现的形态：

1. 设立虚拟商店橱窗。让消费者就像是进入实际的商店是一样的，同时商店的橱窗可顺应季节、促销活动、经营策略等需要，轻易迅速地改变设计。这一优势是一般传统商店无法比拟的；

2. 组织网络商展。如房地产商展，可结合家具商、厨具商、家电商、灯具商及装修材料商等共同促销，使渠道的吸引力大为增加；

3. 网上订购。如支付宝付款；

4. 设立虚拟经销商或虚拟公司，提供各类的商品目录及必要的售后服务。

5. 大部分还需送货、收款或收款后邮寄等。

总之，以网络技术为基础的营销活动，首先让地域和范围的概念消失了；其次是宣传和销售渠道统一到了网上；再次是在把商业的成本剔除之后，产品的价格将大幅度降低；最后是营销策略的范畴在扩张。比如，怎么样把主页做好和建立信息服务系统，以方便消费者表达购买欲望和需求；怎么样让消费者能够很方便地购买商品以及送货和售后服务等；怎么样满足消费者购买欲望和所需要的成本；怎么样使生产者和消费者建立方便、快捷和友好的沟通等等。因为这几个问题的英文开头字母都是 C：一为消费者的需要及欲望，二为消费者获取满足的成本，三为用户购买的方便性，四为与用户沟通，因此，被非常形象的叫做基于 4C 的网络。

四、网络销售

（一）网络销售概述

1. 网络销售的概念

“网络营销”没有一个公认的定义。笼统地说，网络营销就是以互联网为主要手段开展的营销活动。网络营销是以互联网为载体，以符合网络传播的方式、方法和理念实施营销活动，以实现组织目标或社会价值，网络营销贯穿于企业开展网上经营的整个过程。

2. 网络销售的特点

（1）交易成本的节省性

企业和客户两个方面是交易成本的节省体现所在。企业交易成本的降低主要包括通信费用、促销成本和采购成本三个方面。

（2）交易的特殊性

交易主体和交易对象的特殊性是交易的特殊性所包括的。从交易主体来看，网上购物者的主体主要是具有以下共同特征的顾客群体：

1）年轻、比较富裕、比较有知识的人；

2）个性化明显、需求广泛的人；

3）知识广博、头脑冷静、擅长理智分析和理性化选择的人；

4）求新颖、求方便、惜时如金的人。

从销售对象的特征性来看，并不是说所有的商品都是适合在网上进行销售。

3. 网络销售的定位

网络销售围绕着互联网展开，网络销售的四大定位分别是：

（1）产品特点定位：明确产品的核心竞争力，即：卖点。

（2）产品人群定位：明确产品所卖的人是谁。对相应的客户群体进行分析。

（3）产品市场定位：明确产品在市场上的占有份额，竞争对手是谁。做到“知己知彼，百战不殆”。

（4）网络销售方法定位：在分析客户群体、产品市场、竞争对手的基础上，根据上述条件产品的卖点，确定自己的网络销售方式。

4. 网络销售的定价策略

（1）定制

定制定价策略的核心是根据消费者的需求进行针对性的定价。需要搜集资料，建立数据库，将每一个客户都当成是一个独立的个体，实行定制定价策略，定制出合理的价格。定制定价策略所适用的常常是服务类，如品牌传播服务、网站优化推广、网站关键字推广等。

（2）低价

低价定价策略的核心是薄利多销和抢占市场，而抢占市场适用于一个新产品的发布，为了把市场的知名度提高，为了树立消费者的认知，新产品的低价定价策略是必要的选择。

（3）拍卖

拍卖定价策略是一种较为新颖的定价策略，一些数量稀少没有办法确定价格的货品都可设置拍卖定价策略。拍卖定价策略的前提是物品稀少、有非常大的市场需求。

（4）捆绑

现代最为普遍的一种定价策略是捆绑定价策略。捆绑定价策略大多数运用在配套的产品或服务，也可以对相似的产品销售运用。但是捆绑定价策略应该把让消费者感到满意为前提，避免消费者对此产生负面的印象。

（5）品牌

现代消费者消费具有品牌针对性，定价除了把产品的成本和质量考虑到之外，还应该考虑产品的品牌性，在产品销售中，把它的品牌价值显示出来。

（二）怎样获取客户

1. 找出客户期待什么

（1）首先，不管你的公司有什么样的规模，都要用专业的精神和礼貌的态度来对待电子客户。要让客户知道你的公司是正规、合法的、对自己的产品始终都会负责的。

（2）让他们知道你是值得信赖的。通过与客户的沟通，把你的可靠性展示出来。迅速答复所有客户的电邮问询。

（3）让他们知道你是人性化的。客户发电邮询问的时候，你在回信中使用的措辞要尽量人性化。

2. 让客户轻易联系上你

（1）让电子客户感觉不管什么时候来到你的网站都是受欢迎的。

（2）电子客户希望订单可以非常快速的处理。

（3）迅速答复网上购物客户询问信息。

3. 通过电邮建立客户忠诚度

（1）通过电邮感谢客户对你公司的关注。

（2）用电邮把大减价、特别折扣或新产品的信息告知给客户。

（3）给回头客发邮件，让他们知道最近你公司的情况是怎么样的。

（4）在电邮中为不愿意收到邮件的客户提供选择退出的方法。

（5）要从邮件的标题开始，保证标题把邮件的内容反映了出来。

（6）邮件落款要尽量把个人的名字和职位留下。

（7）在邮件回信中，对电子客户或许会不理解的词或术语尽量使用专业水准的词汇完整的解释清楚。

五、与传统营销的区别

网络技术作为新时期信息技术发展的核心正在对电子商务的蓬勃发展推波助澜，进而带动了企业运作模式的彻底变革。如何与传统营销实现整合，有效利用互联网络进行交互式营销，成为企业在这场变革中所面临的首要课题。

网络营销是企业以现代营销理论为基础，利用 Internet 技术和功能，应用网络技术，借助国际互联网络、计算机通信和数字交互式媒体的功能实现营销目标的市场营销的最新方式。

企业营销活动的全过程，包括：寻找新客户、服务老客户，以达到开拓市场、增加盈利为目标的经营过程。

网络营销是市场营销的最新形式，包括：目标营销、直接营销、分散营销、顾客导向营销、双向互动营销、远程或全球营销、虚拟营销、无纸化营销、顾客参与式营销等多种综合的业务营销内容。

网络营销不仅涵盖网络促销、网络分销、网络服务等企业的市场营销业务，也涉及到企业的网络新产品开发、网络沟通、网络调查等电子商务活动的各个环节。

（一）网络营销的特点

网络营销与传统营销相比，既有相同的地方，又有其显著不同的特点。网络营销与传统营销都是企业的经营活动，且都需要通过组合运用来把功能发挥出来，两者都把满足消费者的需要当作了一切活动的出发点。但网络营销也具备了传统营销所没有的特点：

（1）市场全球化。因为互联网络具有超越时间约束和空间限制进行信息交换的功能，它使企业脱离时空限制达成交易变成了可能，进而把一个更为广阔的、更具选择性的全球市场展现在企业面前。

（2）产品个性化。网络营销能对顾客个别需求作出一对一的反应，生产出富有个性的产品来把客户的个别需求给满足，进而让消费者个性的回归变成了一种可能。

（3）价格公开化。顾客可以通过网络对所需的商品价格进行全球的比较和选择，很大程度上提高了价格的透明度。

（4）渠道直接化。厂商可以通过网络直接与顾客进行联系和销售，缩短了商品的流通过程，使销售渠道更加直接化。

（5）服务大众化。企业通过网络连续不断地对位于世界任何角度的任意顾客提供全方位的服务，提高了顾客的满意度。

（6）沟通双向化。互联网络能够把商品型号和目录展示出来，联结资料库提供有关信息的查询，可以和顾客做互动双向沟通，通过这种方式把市场的情报收集过来，以此进行产品测试与消费者满意调查等。

（二）网络营销的优势

网络营销作为一种全新的营销方式，与传统的营销方式相比所具备的优势有以下几点：

1. 降低信息传播的成本。网络媒介具有无时间地域限制，传播范围广、速度快等特点，提高了企业营销信息传播的效率。

2. 降低交易成本。因为网络营销无店面租金、少库存，减少中间环节，产品直销，可以大大提高营销效率和降低促销费用。

3. 缩短生产周期。通过网络营销可以将过去由于信息封闭导致的分阶段合作方式改为信息共享的协同并行工作方式，进而最大限度地减少因为封闭的信息而等待的时间。

4. 创造无限的商机。网络技术可以消除企业同任何一个国家或地区消费者在地域上的阻隔，减少国家或地区间的市场壁垒。网络营销更为企业架起了一座通向国际市场的绿色通道，让企业可以非常轻松的进军国际市场。

5. 快捷高效地实现产品、服务、信息一体化。网络营销在产品销售、服务及信息传递方面与传统营销模式的优势，将使开展网络营销的企业更高效地向消费者提供产品和服务以及有关的信息，进而为消费者提供更好的服务。

（三）网络营销创新

网络营销为企业营造了崭新的营销环境：使市场更具选择性，更趋于自由化、全球化；削弱了中间商的作用；使经营手段趋向虚拟化。网络营销既是传统营销的延伸，也是对传统营销的创新和变革。

1. 网络营销在营销理念上的创新

市场营销理念是企业营销活动的行动纲领和准则。网络营销对传统营销的创新首先是营销理念创新。

2. 网络营销在营销组合上的创新

在网络经济时代，对于传统的市场营销组合 4P（产品、价格、分销、促销）来说正在渐渐的受到新的营销组合 4C（顾客、成本、方便、沟通）的挑战。

3. 网络营销在营销手段上的创新

为企业开展营销活动开发新的工具、提供新的手段，是互联网络独特的优势。网络营销使企业所有的营销活动都能够通过互联网实现。

六、网络营销定价策略

（一）低价定价策略

利用互联网进行网上销售，要比传统销售渠道有更加低廉的费用成本，因此网上销售价格通常比传统的市场价格低。

1. 采用低价定价策略的几种常用方式：

（1）直接低价定价策略。直接低价定价策略指定价的时候大多采用成本加一定利润的方式，有的甚至是零利润。

（2）折扣定价策略。以在原价基础上进行折扣来定价的网络营销策略称为折扣策略。折扣策略是一种让顾客直接了解产品的降价幅度从而达到促销效果的定价方式。

（3）促销定价策略。如果企业是为了拓展网上的市场，但产品价格又不具有竞争优势时，则可以采用网上促销定价策略。由于网上的消费者有着很广的分布面而且通常具有很大的购买力，很多企业都把使用临时促销定价策略作为打开网上销售局面和推广新产品的网络营销策略。促销定价除了前面提到的折扣策略外，有奖销售和附带赠品销售也是比较常用的。

2. 采用低价定价策略的时间应该注意以下几点：

（1）由于互联网从免费共享资源发展而来，所以，用户通常会感觉网上商品比一般渠道购买商品要便宜，在网上不宜销售那些顾客对价格敏感而企业又没有办法把价格降低的产品；

（2）在网上公布价格的时候，也要把消费的对象区分下，要区分一般消费者、零售商、批发商、合作伙伴，对他们分别提供不同的价格信息并通过渠道发布出去，避免出现因低价策略混乱导致营销渠道混乱的被动局面；

（3）由于很多消费者有通过搜索工具在网上货比三家的习惯，所以在网上发布价格的时候要注意比较同类站点公布的价格，做到知己知彼、有依有据。

（二）定制生产定价策略

1. 定制生产内涵。根据顾客对象的不同，定制化生产分成两类：

（1）面对工业组织市场的定制生产，这类属于工业组织市场的定制生产，主要通过产业价值链，从下游企业向上游企业提出需求，上游企业通过与下游企业进行协作设计、开发并生产满足下游企业的零配件产品。

（2）面对大众消费者市场，对顾客个性化需求的定制生产及按定制定价。因为消费者的个性化需求量较小且差异大，因此企业必须从管理、供应、生产和配送各个环节适应这种要求小批量、多式样、多规格和多品种的生产和销售变化。为了适应这种变化，现在企业在管理上采用企业资源计划系统来实现自动化、数字化管理，在生产上采用计算机集成制造系统，在供应和配送上采用供应链管理。

2. 定制定价策略。定制定价策略是在企业实行定制生产的基础上，利用网络技术和辅助设计软件，帮助消费者选择配置或者自行设计能满足自己需求的个性化产品，承担自己愿意付出的价格成本。

（三）使用定价策略

1. 使用定价的概念

顾客通过互联网注册后可以直接使用某公司产品，顾客只需要根据使用次数或时间进行付费，而不需要将产品完全购买下来的方式是所谓的使用定价。

传统交易关系中，产品买卖是完全产权式的，顾客购买产品后就拥有了对产品的完全产权。但随着经济的发展，人民生活水平的提高，人们对产品的需求越来越复杂，而且产品的使用周期也越来越短，可以在网上采用类似租赁的、按使用次数定价的方式。

2. 按使用次数定价

满足互联网带宽和数据传输的速度，能够实现远程调用、比较适合按使用次数定价的产品有软件、音乐、电影等。

（1）软件，不需要购买和担心的升级等维护事务；

（2）音乐，可以通过网上下载并使用专用软件点播；

（3）电影，可以通过视频点播系统 VOD 来实现远程点播。

（四）拍卖竞价策略

网上拍卖指消费者通过互联网轮流公开竞价，在规定时间内出价高的人就能够得到商品。目前国外最有名的拍卖网站是 eBay（http：//www. ebay. com），国内比较有名的拍卖中介公司是淘宝网。根据供求关系，网上拍卖竞价方式有下面几种：

1. 竞价拍卖。以 C2C 的交易为主，收藏品、普通商品以及二手货均可竞价拍卖。

2. 竞价拍买。竞价拍买是竞价拍卖的反向过程，由商家公开或隐蔽的出价，消费者将与出价最低或最接近的商家成交。

3. 集体议价。集合竞价模式，是一种由消费者集体议价的交易方式。集体议价是一种全新的网络竞价交易方式。现在，在国内也经常有人在网上组织对旅游产品或家居装饰产品的团购，这已经变成了一种国内网民常用的集体议价方式。

第四节　网络促销策划

一、网站促销活动方案的策划

（一）网络促销的分类

按促销对象分类，网上促销策略可分为：消费者促销、中间商促销和零售商促销等。按促销手段分类，主要有以下几种：

（1）网上折价促销

折价也叫做打折、折扣，是当前网上最常用的一种促销方式。幅度比较大的折扣能够促使消费者进行网上购物的尝试并且决定购买。

折价券是直接价格打折的一种变化形式，可从网上下载、打印折价券或直接把优惠表单填写，到指定地点购买商品的时间能够享受一定的优惠。

（2）网上变相折价促销

在不提高或稍微增加价格的前提下，提高产品或服务的品质数量，较大幅度地增加产品或服务的附加值，让消费者感到物有所值的是变相折价促销。利用增加商品附加值的促销方法会让人更加容易把消费者的信任获得。

（3）网上赠品促销

在新产品推出试用、产品更新、对抗竞争品牌、开辟新市场情况下利用赠品促销能够达到非常好的促销效果。

（4）网上抽奖促销

抽奖促销是网上应用较广泛的促销形式之一，是很多网站普遍采用的促销方式。抽奖促销是以一个人或数人获得超出参加活动成本的奖品来当作手段进行商品或服务的促销。

网上抽奖活动主要附加于调查、产品销售、扩大用户群、庆典、推广某项活动等。消费者或访问者通过填写问卷、注册、购买产品或参加网上活动等方式把抽奖的机会获得。

（5）积分促销

网上积分活动很容易通过编程和数据库等来实现，积分促销在网络上的应用简单，很容易操作。消费者通过多次购买或多次参加某项活动来增加积分并且拿到奖品。

积分促销可以增加访问网站和参加某项活动的次数；可以增加对网站的忠诚度；能够提高活动的知名度等。

现在非常多的电子商务网站“发行”的“虚拟货币”是积分促销的另一种体现。

（6）网上联合促销

联合促销是由不同商家联合进行的促销活动，联合促销的产品或服务可以起到一定的优势互补、让自身价值等效应互相提升，起到非常好的促俏效果。

实际上现在常用的促销方式已经有16种了。见图4.4-1所示

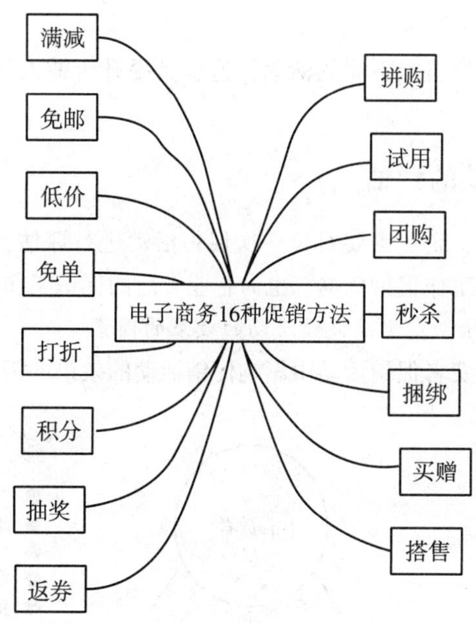

插图4.4-1　常用的16种促销方式

（二）网店促销的过程

（1）促销商品的确定。不同的商品采取不一样的促销方式，不同的季节促销不同的商品。促销期间，要保障充足的货源。

（2）顾客人群的确定。促销对象是目标消费群，要针对目标人群，选择合适的传播方法开展促销信息的传播，比如网上的旺旺消息，签名档，宝贝题目，公告，写贴等，线下也可以结合做出一些推广，如手机短信，DM单等等，这些都是促销信息传播的有效途径。

（3）制定促销方案。

1）会员、积分促销：采用这种促销方式可吸引客户再次来店购买，可以巩固老客户，拓展新客户，增强客户对网店的忠诚度。

2）折扣促销：

折价是目前最常用的一种阶段性促销方式。因为折扣促销直接让利与消费者，因此，这种促销方式是非常明显的。

3）赠送样品促销：

比较适合化妆品和保健食品。

4）抽奖促销：

抽奖促销是一种有博彩性质的促销方式。也是相较为广泛的促销方式之一。

5）红包促销

淘宝网上专用的一种促销工具是红包，各卖家能够根据各自店铺的不同情况灵活制定红包的赠送规则和使用规则。

6）拍卖：

网上吸引人气最为有效的方法之一是拍卖，能够让商品成交的机会大大的提升。

7）主办各种促销活动：

定期或不定期的在版块组织不同的活动，这也是提升店铺人气和促进销售的一个非常好的方法。

二、网站促销活动的评估

与其他营销活动一样，企业需要对每一次促销活动进行评估，从而总结经验，寻找不足之处，为企业改进促销工作提供依据，也为企业今后的促销工作提供宝贵的经验。

（一）消费者在促销活动中影响促销活动的效果的因素

首先让我们分析在消费者促销活动中影响促销活动的效果的因素有哪些：

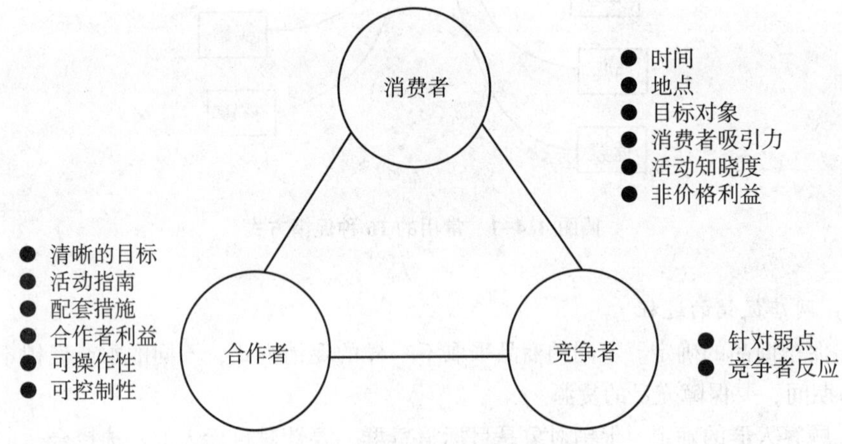

插图 4.4-2　因素分析图

如图 4.4-2 所示，一个促销活动的主体包括消费者，竞争者和合作者三种，促销活动的效果取决于这三种主体对于这个促销活动的反应和采取的行动，下面我们就消费者，竞争者，合作者对于促销活动的反应来分析下，进而能够清楚的了解哪些因素把促销效果影响了。促销活动的关键主体是消费者，消费者对于活动的反应决定了促销活动的成败得失，以下一些因素决定了消费者会做出什么样的反应：

1. 选择合适的时间：

促销活动是不是在合适的销售时段，以及促销活动的持续时间都是重要的考虑因素。通常快速消费品的促销时间以半个月到一个月为最好。

2. 选择合适的地点：

活动场地选择和各个活动地点的分布决定是否恰当，人流是不是很密集，都会直接影

响促销活动的效果。

3. 选择明确的目标对象：

促销活动一定要让目标对象非常明确，这样才可以有效集中资源，使活动投入产出比最大化，避免不分对象盲目促销。

4. 具有充分的消费者吸引力：

促销活动中，促销力度，赠品/样品的选择和消费者参与的便利性是吸引消费者的决定性因素。

5. 提高消费者促销活动知晓度：

促销活动应该做到消费者广为了解，要利用媒介宣传、DM 邮报、活动海报开展知晓活动。

（二）竞争者在促销活动中影响促销活动的效果的因素

竞争者对于促销活动的反应也会影响活动的进行，以下因素也就显得非常重要：

1. 针对竞争者弱点设计：

促销活动的主题设计即使不是针对竞争者的弱点，至少不能与竞争对手重合。

2. 预先评估竞争者可能的反应：

促销活动开展后竞争者一定会有某种形式的反应，应该把准备工作提前做好才能防患于未然，保证活动的顺利进行。合作者，包括企业内外部的合作者，例如企业内部门，代理机构，中间商，零售终端等是活动执行的主体，他们的行为决定着活动本身是不是可以进行的非常顺利，这就需要考虑以下几个因素：

（1）制定清晰的活动目标：

任何一个促销活动都需要有明确清晰的目标，以便对于活动进程进行控制和修改。常见的目标包括销量，试用率，覆盖率等。

（2）提供明确的活动指南：

在活动开始前和活动进行过程中，组织者应该制定明确的活动指南和执行手册，把活动流程、规则、时间安排告知合作者，确保合作者充分了解活动的有关情况，保证活动顺利实施。

（3）准备完善的配套措施：

促销活动在开展之前要做好充足的配套工作，例如相关物料、媒体计划、人员到位、铺市率达标、足够的产品库存等等，这些情况都会影响促销的顺利进行。

（4）提供合理的合作者利益：

很多活动是通过中间商或者零售终端直接操作进行的，因此应该给操作者带来一定的利益，以鼓励合作者积极参与，达到双赢的目标。

（5）具有良好的可操作性和可控制性：

活动本身的规则设计应该方便操作、规则可控，而且便于执行，便于促销资源的整合。

第五节　网络广告发布

一、网络广告的形式

网页本身是最初的网络广告。当出现了非常多的商业网站后，商业主要的赢利方法就变成了广告。

（一）网幅广告

网幅广告是最早出现的网络广告形式，以 GIF、JPG 等格式，使用 Java 等语言，用 Shockwavc 等插件工具把图像的文件定位在网页中，网幅广告的分类：静态、动态和交互式。

（二）文本链接广告

这是一种对浏览者干扰最少、效果是最好的广告形式。文本链接广告位的安排很灵活，能根据浏览者的喜好将相应的广告信息提供给他们。

（三）电子邮件广告

网民最常用因特网工具是电子邮件。电子邮件广告所拥有的特点主要是针对性强、费用比较低，且广告内容不受到任何的限制。文本格式的电子邮件广告有着非常好的兼容性。应用极其广泛。

（四）赞助式广告

赞助式广告是传统的网幅广告之外，给予广告主非常多的选择。广告置放点的媒体企划创意及广告内容与频道信息的结合形式是这种概念下的赞助式广告分类。

（五）插播式广告

“Interstitial”是插播式广告的英文名称，对它的定义不同的机构之间也有着一定的区别。“弹出式广告”是“插播式广告”中的一个类别。为了避免让浏览者感到反感，非常多的网站都使用了只有 1/8 屏幕的大小的弹出窗口式广告，这样正常的浏览就不会受到影响。

（六）RichMedia

RichMediaBanner 又称 ExtensiveCreativeBanner，一般情况下指的是使用浏览器插件或其他脚本语言、Java 语言等编写的具有复杂视觉效果和交互功能的 Banner，这些效果的使用是不是有效果一方面由站点的服务器端设置来决定，另一方面取决与访问者的浏览器是不是可以查看的顺利。

二、常用的网络广告的计价方式

常用的网络广告计费方式如下：

1. CPC（点击成本）按照每点击成本收费

就是 Cost-per-click，每点击成本。

互联网广告最早的计费方式就是按照广告点击付费的模式，1994 年出现的第一支广告

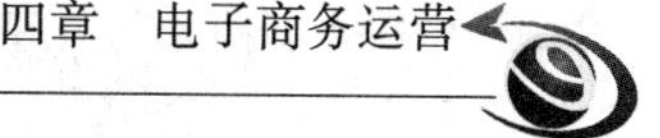

所采用的就是这种计费方式。CPC 的计费模式会被百度竞价以及 Google 竞价采用。

2. CPD（Costperday）

即按天付费。

这种模式参考的完全是电视广告的宣传方式，重在展现品牌曝光的范围及深度，也以电视广告的指标来对效果进行衡量。

3. CPM 按照千人印象成本收费

就是广告主为它的广告显示 1000 次的费用支付。

4. CPA 按照每次行动成本收费

根据每个访问者对网络广告所采取的行动收费的定价模式就是由广告所带来的用户产生的每次特定行为的费用。

5. CPS

CPS 是 CPA 模式的一种特定形式，即为基于广告把用户所产生的成功销售引入而收取一定比例佣金的商业合作方式。在国内经常用来作为电商广告投放时的计费方式，只有电商在订单获得的时候，媒体才能够把推广的费用得到。

6. ROI

CPS 方式的另一种表示方法就是 ROI（Return on Investment）方式，即投资收益率或报效回报率。现在非常多的都用在电商、游戏类用户对广告效果继续考核的标准。广告产生的收益额/投放额就是经常使用到的计算方法。

上面的都是当前国内网络广告市场主流计费方式的说明，把这些方式都除外，还有 CPE、dCPM 等一些方式。

三、网络广告的特点及设计要素

随着互联网的发展，网络广告业借助信息产业的平台正在以惊人速度成长，传统广告业的格局和模式也因此而得到了改变。

（一）网络广告的特点

1. 网络广告具有独特的交互性

网络广告是一种全新媒体的广告传播形式，网络广告并非传统媒体的信息单向传播，而是信息互动传播。它可张贴在专业网站或者是同一网站不同分类的频道所提供的专业环境中，用户通过移动终端，与其他人进行交互，其他任何媒体都没有办法和这种交流的互动性相比，因此更加迎合广告目标群体的兴趣，所具有的针对性更强。

和传统媒体相比，网络传播是全天候的，没有地域和时间限制，有着非常广的信息覆盖面，受众选择性大，信息交流是开放的。

网络广告通过及时和准确的统计机制，让广告可以直接在线监控广告的发布并随时进行更新及修正。

由于网络广告既融合了传统广告媒体的优点，又应用了网络传播中的多媒体技术，因此，可以动静结合，将丰富逼真的视听感受提供给上网者，使他们能够从容的进行广告页面的浏览，进行对比、分析、判断和选择。

2. 网络广告具有快速的可检索性

由于网络广告具有可检索性，能够完美地结合文字、声音、画面供用户主动检索，因此网络广告的投放更加有针对性、更加精准，任何传统媒体都是无法与之其能提供的信息数量与精确度相比。

（二）设计要素分析

经过在有限的屏幕空间上将多媒体元素进行一种视觉的关联和配置，使传达内容所必要的各种构成要素形成有机组合就是网络广告设计。互联网络传播媒体的主要设计要求就是人性、互动性、职能化、娱乐性以及虚拟空间的真实感。一个成功的网络广告设计不仅可以让版面的主题价值得到提高，而且对该网页主题信息的有效传播和加强浏览者的视觉留存也是有利的。

网页设计中基本的视觉传达要素是文字、图形、图像、声音、动画、视频等。

网页设计元素中信息传达的主角是文字，挑选出合适的字体是网页设计成功的关键。对于门户网站、普及型网站、电子商务网站、办公事务网站等，其标题性字体的选择以大方、醒目、色调和谐为基本原则，其首选字体就是宋体、黑体等；对于媒体信息服务类网站，标题字体的选择相对来说是自由的，可以是经过设计的有创意的字体。在对文字块整体造型的设计上主要集中了文字的创意，文字块设计不仅仅可以是静态的，也可以是动态的，整个网页页面的视觉平衡以及信息传递的总量决定了文字块的静动。网络广告形式和内容都是多变的，假如只是使用了宋体、黑体，人们很容易就会产生乏味的感觉，因此可以使用更活泼一些的字体，多变换一些手法来设计网页上的字体，如在设计文字巧妙利用一些技术，让其由暗至明或是飞跃式的跳出等等，这都能够给用户带来一些新奇的感觉，进而把用户的视线抓住。

优秀的图形、图像的运用，有着非常强的信息导视作用，能够引发观众对企业、产品的兴趣，进而深入的理解企业的理念，达到信息交流的目的。得到图像的一般方式就是采用摄影方式，可以利用电脑绘图软件，根据设计需求作大胆的数字化，个性突出表态美感。图形、图像在应用到网页页面之前，需要周密、精心的筛选其本身的内容，在内容确定之后使用统一的图片对效果进行处理，选择合适大小、搭配协调的色调，色调的设计是需要注意的。网页设计在选择颜色的时候需要根据视觉的明、暗适应特性进行，设计者应该对广告色调的重要性充分的考虑，按照每个网络广告所具有的个性特点，将不同的色调赋予广告作品；应该选择最佳的经营位置，以提高传达信息的质量，进而起到不同的诉求效果；为了减少视神经疲劳可采用设置背景的方式，让色彩与人的生理、心理需要相结合。当然，为了让观众对网站产生深刻的印象设计者也可以选择网站的标准色。

四、网络广告的创意原则及方法

广告人员整体构思活动确定的广告主题指的就是网络广告创意，为了让网络广告充分展现宣传效果，根据网络媒体的特点，让想象力和创造力充分的发挥出来，将对创造优秀甚至杰出广告作品有利的构思提出来。研究产品概念、目标消费者、广告信息和传播媒介是创意策略的前提条件，同时是广告活动的灵魂，也是一则广告能否成功的关键。

现在，网络广告有了越来越丰富的形式，非常重要的一点就是，怎么样在网络广告设计中保持独特的创意的同时，可以非常好的达到广告应有的效果，其中存在着一定的方法

和规律，同时也要遵循一定的原则。

（一）网络广告的创意原则

1. 目标性原则

网络广告创意的首要原则是目标性，网络广告必须符合广告目标和营销目标，促进营销目标的实现是创意的最终目标。任何广告创意都要把广告创意的目标和效果做为首先要考虑的问题。

2. 关注性原则

网络广告一定要能够吸引消费者的注意力，大卫·奥格威是美国广告大师，他曾经说："要吸引消费者的注意力，同时让他们来买你的产品，必须要有非常好的点子，不然的话它就像快被黑暗吞噬的船只。"

3. 简洁性原则

广告创意一定要简单明了，切中主题，广告创意所传达的信息才可以让人更容易读懂。

4. 互动性原则

网络广告的创意的目标对象是哪些人群，他们的人文特征及心理特征是什么？从而运用网络媒体互动性的优势，将能和受众进行互动的广告设计出来，把他们的兴趣调动起来，主动参与到广告活动中来。

5. 多样性原则

网络广告表现形式多样的创意指的就是网络广告的多样性，只有这样才可以充分利用网络的优势达到更好的广告效果。

6. 精确性原则

网络广告趋向于进行精准传输，网络广告的创意原则之一就是目标受众的精确定位，同时这也是网络广告发展的未来趋势之一。

（二）网络广告的创意方法

1. 提炼主题

所选择的网络广告创作的主题一定要有吸引力。

2. 进行有针对性地诉求

在买点的设计上，应该站在访问者的角度上，需要注意与广告内容的相关性，进而把广告的点击率提高。

3. 品牌有亲和力

广告不仅是对产品进行推销，也是把品牌形象进行宣传、推广的一种方式，企业在树立企业的品牌的过程中，用户对产品的信心和认同也会产生和增强。因此，对品牌亲和力的塑造要自始至终的贯穿在广告的创意中。

4. 营造浓郁的文化氛围

网络广告的创意设计应用传统文化来进行，而独创性、新颖性的广告创意具有最大强度的心理突破效果。

第五章　电子商务物流管理

第一节　物流模式的选择

一、自营物流

1. 自营物流的定义

企业在自身的物质条件的帮助下（包括物流设施、设备和管理机构等）使用先进的物流管理系统和物流技术并不断对物流运作流程进行优化，自行组织高效、优质服务的物流活动就是自营物流。

2. 自营物流的优势

（1）掌握了控制权。企业可以有效的控制物流系统运作的全过程。企业自身对于企业内部的采购、制造和销售活动的环节，原材料和产成品的性能、规格，供应商以及销售商的经营能力，应该掌握最详细的资料，将供应商、销售商以及最终顾客的第一手信息掌握住，以便企业对自己的经营战略随时的进行调整。

（2）避免商业机密的泄露。企业物流外包就可能通过第三方就给竞争者泄露出经营中的商业信息，企业的核心竞争力也会因此而动摇。

（3）提高企业品牌价值。企业自营物流，营销活动就可以自主的进行控制，让企业在顾客中的亲和力得到提高，企业的形象也会因此而提升；另一方面，企业可以掌握最新的顾客需求信息和市场信息，从而企业的战略方案可以根据顾客需求和市场的最新变动进行调整，让企业的竞争力得到提高。

（4）增加利润来源。一般情况下，如果企业的配送能力有余，物流配送业务就可以对外开展，从而就会有新的利润来源。

（5）降低交易成本。企业靠自己完成物流业务，针对相关的运输、仓储、配送和售后服务的费用问题，交易风险降低，交易费用也会相应减少。

（6）盘活企业原有资产。目前拥有铁路专用线的企业在中国生产企业中占了3%，拥有

机械化装卸设备的企业占了33%，拥有自己的仓库的企业占了73%，而拥有汽车车队的企业更是达到了73%。企业选择自营物流的模式，在对企业经营管理结构和机制进行改造的基础上充分的利用了原有物流资源，盘活原有的企业资产，为企业创造了利润空间。

3. 自营物流的劣势

（1）企业庞大的投资。企业为了建立物流系统，仓存设备、运输设备以及相关的人力资本，会削弱企业的市场竞争能力。

（2）企业配送效率低下，管理控制起来很难。企业的管理人员在从事物流的工作时候往往需要花费过多的时间、精力和资源，结果可能是不仅仅没有做好辅助性的工作，而且最关键业务的作用也没有发挥好。

（3）规模有限，物流配送的专业化程度比较低，成本比较高。对规模较小的企业而言，一方面导致有过高物流成本，产品成本升高，市场竞争力就会得到降低；另一方面，由于规模的限制，物流配送的专业化程度较低，没有办法满足企业的需求。

（4）准确的效益评估难以进行。有很多自营物流的企业内部各职能部门各自的物流活动都是独立地完成，没有从整个企业分离出物流费用来进行独立核算，因此产品的物流成本企业无法准确地计算出来，所以无法进行准确的效益评估。

二、第三方物流

（一）第三方物流的概念

1. 第三方物流的定义

第三方物流是指生产经营企业为集中精力搞好主业，把原来属于自己处理的物流活动，以合同方式委托给专业物流服务企业，同时通过信息系统与物流企业保持密切联系，以达到对物流管理控制的一种物流运作与管理方式。因此第三方物流又叫合同制物流。

国家标准《物流术语》对第三方物流所下的定义是：由供方与需方以外的物流企业提供物流服务的业务模式。

2. 第三方物流的优势

第三方物流是在物流渠道中由中间商提供服务，在一定期限内，中间商以合同的形式提供企业所需的全部或部分物流服务。竞争日趋激化和社会分工日益细化的大背景下，物流外协所具有的优越性非常明显，具体表现在：

（1）企业集中精力于核心业务。企业应在自己擅长的主业集中主要资源，将物流等辅助功能留给物流公司。

（2）对新技术进行灵活的运用，让以信息换库存，降低成本的目标得以实现。

（3）减少固定资产投资，加速资本周转。

（4）提供灵活多样的顾客服务，为顾客创造更多的价值。

3. 第三方物流的价值再造

据美国权威机构统计，通过第三方物流公司的服务，企业物流成本下降11.8%，物流资产下降了24.6%，办理订单的周转时间从7.1天缩短为3.9天，存货总量下降了8.2%。根据调查，第三方物流在西方发达国家，已经是现代物流产业的主体。欧洲的大型企业，有高达76%使用第三方物流，而且70%的企业使用的还不只是一家。在欧洲，比较第三方物流所占市场份额，德国为23%，法国为27%，英国为34%。第三方物流在美国、日本等国家的使用比例都在30%以上。在工业企业中，第三方物流完成原材料物流的占18%；商品销售物流仅占16%。第三方物流的价值再造体现在以下几个方面：

（1）创造利润

第三方物流服务存在的基础就是第三方物流服务为客户提供经济或与财务相关的利益。第三方物流公司通过自已物流作业的高效化、物流管理的信息化、物流设施的现代化、物流运作的专业化、物流量的规模化获得利润。

第三方物流服务首先能将企业“物流作业”改进利益提供给客户，通过改善企业内部管理，增加作业的灵活性，提高质量和服务、使物流作业更具效率。

战略意义及灵活性也可以通过物流外包来产生。包括地理范围块度（比如：设点或撤销）的灵活性及根据环境变化进行调整的灵活性。

（2）运作价值

能提供比客户自身物流运作更高的价值是第三方物流服务供应商面临着的挑战。第三方物流提供商一般需要通过以下三方面来创造运作价值：提高物流运作效率、与客户运作的整合、发展客户运作。

（3）成本价值

在竞争激烈的市场上，企业追求的首选目标往往都是降低成本、提高利润率。企业经营中较高的成本之一就是物流成本，考察物流成本变动的指标不只是运输费用和仓储费用的简单之和，物流设施设备等固定资产的投资、仓储、运输、配送等费用，以及为管理物流活动所需的管理费、人工费和随之而来的信息传递、处理等所发生的信息费等广义的物流费用都在完整的企业物流成本中包括着。在对物流成本的增减变动进行衡量的时候，所有这些有关的费用构成的物流总成本。同时，第三方物流服务给客户所带来的不仅仅是作业的改进及成本的降低，同时还给客户带来与管理相关的利益，如：订单的信息化管理、避免作业中断、运作协调一致等。

（二）国际第三方物流业发展状况

经济全球化的产物就是第三方物流行业，同时它也是推动经济全球化的重要服务业。在美国，第三方物流业被认为尚处于产品生命周期的发展期，针对服务内容来说，仓库管理、物流信息系统、费率的谈判、货主间的整合等十几项是美国公司使用第三方物流外包最常用的项目；在欧洲，特别是在英国，普遍认为已经具有相对成熟的第三方物流市场。欧洲使用第三方物流服务的比例大约为76%，而美国约为58%，且其需求依然在不断的增长着。经研究结果表明，欧洲24%的和美国33%的非第三方物流服务用户正在对使用第三方物流服务进行积极的考虑；欧洲62%的和美国72%的第三方物流服务用户认为在3年内他们有可能会增加对第三方物流服务的运用。

从这些数据我们就可以看出来，潜力大、渐进性和高增长率的特征是全世界的第三方物流市场都具有的共同特点。有一大部分第三方物流服务公司是从传统的“内物流”业为起点而进行发展的，如仓储业、运输业、空运、海运、货运代理和企业内的物流部等。美国的第三方物流供应商有几百家。

1. 西方发达国家第三方物流值得注意的有以下几点：

（1）物流业务的范围不断扩大。为了能够将服务质量提高，业务范围也在不断拓宽，同时也提供配套服务；

（2）对自理和代理两种方式进行灵活的运用，提供客户定制的物流服务；

（3）物流产业的发展有非常巨大的潜力，发展前景也非常广阔。

由于全球经济一体化进程的迅速发展和新兴市场的形成，在世界范围销售的产品也变得越来越多，为了能够参与世界性竞争，企业必须将产品的成本和库存降低，采用全球战略以增加效益，这些需求构成第三方物流发展的源动力。

2. 西方发达国家第三方物流的鲜明特征表现在以下五个方面：

（1）关系合同化

物流经营者与物流消费者之间关系是第三方物流通过契约形式来规范，并对所有提供的物流服务活动及其过程使用契约进行管理。

（2）服务个性化

因为市场竞争、物流资源、物流能力的影响，第三方物流根据企业形象、业务流程、产品特征、顾客需求特征、竞争需要等方面的不同要求，提供针对性强的个性化物流服务和增值服务。

（3）功能专业化

相对于自营物流，第三方物流从物流方案设计、物流业务操作、物流相关技术、物流基础设施到物流流程管理等各方面都具有较高的专业水平。

（4）管理系统化

第三方物流具有的物流功能系统，运行和发展的管理普遍采用科学的现代管理系统。

（5）信息网络化

第三方物流发展的基础就是信息技术。物流服务过程中，实现了信息实时共享，物流效率和物流效益在极大的程度上得到了提高。商品入库、验收、分拣、出库等非常普遍的应用了物流配送企业中的商品条码和计算机管理系统，物流作业全过程实现了计算机管理与控制。

（三）我国第三方物流业发展状况

1. 我国第三方物流的发展状况。

2009 年，中国社会物流总额为 96. 65 万亿元；2015 年，中国社会物流总额达到 220 万亿元；2016 年，中国社会物流总额达到 229. 7 万亿元，与 2009 年相比增长 130%左右，7 年年均可比增幅约为 20%；

其中，第三方物流更是保持了一个快速增长的态势，2009 年中国第三方物流收入为 610 亿美元，而到了 2014 年中国第三方物流收入已经达到了 9380 亿美元，是 2009 年的 14. 38 倍，年平均增长率为 288%。

但是与欧美等经济发达地区相比，仍有明显差距。据一些行业观察家估计，整个美国第三方物流业有相当于 4200 亿美元的市场规模，欧洲潜在物流市场的规模估计约为 9500 亿美元，与之相比，国内第三方物流行业还处于发展期间，而且呈地域性集中分布，未来还有很大的成长空间。

中国第三方物流市场规模还较小，而且高度分散，国外物流企业面对庞大的物流市场需求和弱小的供应能力早已跃跃欲试，因此，第三方物流企业竞争已经从服务竞争扩展到了资本竞争。

（1）在物流市场中的第三方物流所占的比例较少。

在物流市场中我国的第三方物流所占的比例仅为10%。在600亿元~700亿元是我国第三方物流市场规模，不仅规模小，而且高度分散，在1万至1.5万家第三方物流企业中，并没有可以占到2%以上的市场份额的企业，大部分物流公司只是局限在供应链功能的一小部分，客户的一体化物流服务需求没有办法得到满足。企业的技术水平与管理水平不高，物流服务标准比较缺乏，有一大部分企业还没有形成核心竞争力。

（2）第三方物流信息化应用的水平依然比较低。

每年我国的第三方物流市场增长速度的百分比为16%~25%。但我国第三方物流信息化应用的水平依然比较低。大多数中小物流企业尚不具备运用信息技术处理物流信息的能力，第三方物流发展受到了严重的制约。

（3）第三方物流面临业务流程与管理流程优化的问题。

来自降低成本、加快周转等经济上的压力，少数物流企业已经已经开始进行业务流程与管理流程的优化，并形成系统化的物流综合管理平台。一些第三方物流企业在仓储管理、运输管理、订单管理等最能产生效益的环节进行供应链流程的信息化建设。

但是大部分第三方物流企业供应链的信息化整合只满足于使用精细的分别针对分销、零售、仓储、运输等环节的软件产品，只有着眼“操作层”、“决策层”和“供应链电子商务层”这一结构清晰的框架，实现业务流程与管理流程全面资源整合优化的信息化解决方案，才能实现我国第三方物流企业跨越式发展。

（四）企业开展第三方物流的战略选择

1. 企业第三方物流战略选择

如何适应市场环境并采取正确的发展战略就是决定企业成功的关键因素。按照国际上比较流行的市场营销理论，有三种供主要的竞争战略企业选择：一是成本领先战略；二是集中化战略；三是差异化战略。这个理论框架也可以解释物流行业的竞争战略。

（1）成本领先

当企业与其竞争者提供产品和服务相同的时候，想要在市场竞争中最终取胜，只有想办法做到产品和服务的成本长期低于竞争对手，这种方式指的就是成本领先战略。而在第三方物流领域，则管理和信息系统成本必须通过建立一个高效的物流操作平台来分摊。由相当规模的客户群体形成的稳定的业务量，稳定实用的物流信息系统，广泛覆盖业务区域的网络构成第三方物流物流操作平台。在一个高效的物流操作平台上，当一个相同需求的客户加入进来的时候，几乎可以忽略不计其对固定成本的影响，自然就会具有成本竞争优势。

（2）集中战略

在一个有限的领域集中企业的注意力和资源指的就是集中化战略。集中化战略得到了从事第三方物流的国内企业的普遍认可。在物流行业中，高科技产品物流方面比较强的是BAXGlobal、EXEL等公司，而马士基物流和美集物流则比较集中于出口物流，家电、汽车及项目物流等方面则集中在国内的中远物流。这种集中化战略指的不仅仅是企业业务拓展

方向的集中，也包括资质认证、组织架构的搭建、人员招募和培训等方面的集中。

（3）差异战略

差异化战略是指为使企业产品、服务、企业形象等与竞争对手有明显的区别，以获得竞争优势而采取的战略。对于起步较晚的第三方物流企业，最为可取的战略就是差异化战略。物流企业差异化战略包括：定位差异化和服务差异化，与竞争对手不同是定位差异化所强调的，而顾客的不同是服务差异化所强调的。

1）定位差异化：将与行业竞争对手不同的服务与服务水平提供给顾客就是定位差异化。定位差异化必须综合考虑顾客的需求、企业自身能力与竞争对手的服务水平三个要素，做到三者的协调统一。

2）服务差异化：对不同层次的顾客提供差异化的服务指的就是服务差异化。企业差异化的不同也就是它对重要顾客的认同也是不同的。每个企业都会因其差异化战略而对其重要的顾客群进行确定。

（五）第三方物流业发展战略

1. 我国第三方物流业发展的制约因素

进入21世纪，现代物流业作为新兴产业之一在我国得到了非常快速的发展，国内随之涌现出了很多第三方物流产业。结合我国第三方物流行业的发展规律，研究第三方物流企业的大量综合信息依据，准确及时的整合出第三方物流行业目前发展的现状，对第三方物流行业未来发展的趋势及前景作出明确的分析及预测十分必要。

在我国，以下几个方面是制约第三方物流发展的主要因素：

（1）观念的影响。传统的企业储运方式比较习惯，重生产、轻储运，现代物流管理思想难以形成，影响第三方物流发展的根本因素就是对第三方物流存在认识上观念上的障碍。

（2）结构的影响。结构性过剩，产业关联度较低，缺乏社会化、专业化分工协作，这是对第三方物流发展产生影响的重要因素。

（3）技术的因素。不合理的资源与技术构成，设施设备老化，物流技术水平低，难以适应现代化专业物流发展，这也是影响第三方物流发展的主要因素。

（4）管理的因素。较为科学的内部管理制度的缺乏是大部分中小工业企业的通病，这是对第三方物流发展造成制约的基础因素。

（5）人才的因素。很多中小企业员工素质低，知识构成不合理，人才匮乏，缺乏创新能力，这是对第三方物流发展产生制约的核心因素。

2. 我国第三方物流业发展策略

针对整个企业的供应链综合管理，实施企业级的信息系统建设是第三方物流企业的信息化建设目标。只有这样做才可以跨越部门的界限，让各个部门的数据和信息的互联互通得以实现，并在此基础上，让信息的集中查询和集中发放目的实现。

我国第三方物流企业要想提高企业自身的运输效率和服务能力，增强核心竞争力应在借鉴西方发达国家的第三方物流发展经验的基础上，广泛运用计算机技术以及通信技术，也只有这样，才可以在市场竞争中将企业做大做强。

当前我国物流业发展正处在前所未有的机遇期。随着改革在深入推进，现在面临的资产重组和企业流程再造对于众多在计划经济时代建成的企业来说，既是严峻的挑战，也是重新调整物流业务的难得的机遇。

（1）以供应链管理重构业务流程，激发企业活力。

要对内部资源配置进行优化，以供应链管理重构业务流程。在对物流资源和公司业务进行整理的基础上，对物流服务网络进行重新构建，建立和运行现代企业制度。

（2）以信息技术应用为核心，加强网点建设。

建立“一流三网”，即：定单信息流、全球供应链资源网络、全球用户资源网络、计算机信息网络。在信息技术的帮助下，企业加紧对业务流程进行整合，将一种“效率式交易”的管理与生产模式建立起来，通过互联网、管理信息系统、数据交换技术等信息技术来实现实时跟踪物流各环节，把信息技术和实施能力融为一体，实施有效的控制与全程管理。

（3）强化增值服务，发展战略同盟关系。

根据市场需求，对市场进行不断的细分，拓展业务范围，以客户增效为己任，提供包括物流策略和流程解决方案、加工、配送、货代等增值物流服务、搭建信息平台等服务，用专业化服务让个性化需求得到满足，以服务求效益。与大客户加强业务联系，增强相互依赖性，通过提供全方位服务的方式来发展战略伙伴关系。

三、第四方物流

第四方物流是由美国埃森哲咨询公司于1998年率先提出的，他们对第四方物流的定义是：“第四方物流（4PL，Fourth Party Logistics）供应商是一个供应链的集成商，它对企业内部和具有互补性的服务供应商所拥有的不同资源、能力和技术进行整合及管理，提供一整套供应链解决方案”。

第四方物流又被称为“总承包商”或“领衔物流服务商”。第四方物流的主要作用是，对制造企业或分销企业的供应链进行监控，在客户和它的物流及信息供应商之间充当唯一的“联系人”角色。

第四方物流和第三方物流不同，不是简单地为企业客户的物流活动提供管理服务，而是通过对企业客户所处供应链的整个系统或行业物流的整个系统进行详细分析后提出具有中观指导意义的解决方案。第四方物流服务供应商本身并不能单独地完成这个方案，而是要通过物流公司、技术公司等多类公司的协助才能将方案得以实施。

（一）第四方物流特点与功能

1. 第四方物流特点

不断变革的物流模式因为电子商务以及信息技术的发展得到了保障与活力，当业界刚刚对第三方物流认同的同时，又悄然出现了一种基于将综合的供应链解决方案提供出来的物流理念—第四方物流。第四方物流被人们所广泛使用和接受。

通常用物流咨询公司来称呼中国的第四方物流公司（第四方物流是埃森哲的专用名词），与第三方物流注重实际操作相比，第四方物流更多地关注整个供应链的物流活动，这种差别主要体现在以下几个方面，并形成第四方物流独有的特点：

（1）4PL供应链解决方案

第四方物流是通过对供应链产生影响的能力来增加价值，在向客户提供持续更新和优化的技术方案的同时，满足客户特殊需求。第四方物流服务供应商可以通过物流运作的流

程再造，使整个物流系统的流程更合理、效率更高，从而将产生的利益在供应链的各个环节之间进行平衡，使每个环节的企业客户都可以受益。第四方物流服务供应商整个管理过程大概设计为再造、变革、实施和执行四个层次。

(2) 产生影响增加价值

除了强有力的人才、资金和技术第四方物流要拥有以外,，还应该具有与一系列服务供应商建立合作关系的能力。

(3) 需具备一定的条件

一般来说，第四方物流需要具备以下的条件：能够制定供应链策略、设计业务流程再造、具备技术集成和人力资源管理的能力；在集成供应链技术和外包能力方面处于的地位能一直领先，并且具有的专业人才较雄厚；能够对多个不同的供应商进行管理并具有的管理和组织能力比较良好等。

(4) 集约化、信息化

通过专业化和规模化运营使物流更快、更省，让客户物流成本得到降低，从而让产品的竞争力提高就是4PL的经营集约化，这一特征就是4PL具有强大生命力的重要保证。

(5) 综合性

将一个综合性供应链解决方案提供出来，以有效地适应需方多样化和复杂的需求，集中所有的资源为客户完善地解决问题就是4PL的特点之二。

(6) 价值收益

通过对整个供应链进行影响来获得价值，即其能够为整条供应连的客户带来较好的收益。

2. 第四方物流运作模式

第四方物流结合自身的特点可以进行选择的模式有三种。

(1) 协同运作

该运作模式下，第四方物流只与第三方物流之间有内部合作关系，即第四方物流服务供应商不与企业客户有直接的接触，而是供应商通过第三方物流服务实施其提出的供应链解决方案、再造的物流运作流程等。这就意味着，市场是由第四方物流与第三方物流共同开发的，在开发的过程中第四方物流将技术支持、供应链管理决策、市场准入能力以及项目管理能力等提供给第三方物流，可以采用合同方式绑定或采用战略联盟方式来形成它们之间的合作关系。

(2) 方案集成

该运作模式下，作为企业客户与第三方物流的纽带，第四方物流将企业客户与第三方物流连接起来，采用这种模式的话企业客户就不需要接触众多第三方物流服务供应商，而是复杂的物流运作的管理直接通过第四方物流服务供应商来实现。在这种模式下，第四方物流作为方案集成商除了需要将供应链管理的可行性解决方案提出之外，还要整合第三方物流资源，对企业客户服务进行统一的规划。

(3) 行业创新

行业创新模式与方案集成商模式之间有相同的地方：都是作为第三方物流和客户沟通的桥梁，连接起物流运作的两个端点。但是两者也有不同的地方：进行物流管理的时候同一行业的多个企业是行业创新者模式的客户，而方案集成商模式所针对的只是一个企业客户。这种模式下，行业整体物流的解决方案是由第四方物流提供出来的，这样可以更大限度地扩大第四方物流运作的规模，在物流运作上使整个行业获得收益。

四方物流突破了单纯发展第三方物流的局限性。跨越整个供应链运作以及真正整合供应链流程所需的战略专业技术是第三方物流所缺乏的，第四方物流却可以不受约束地组合起每一个领域的最佳物流提供商，将最佳物流服务提供给客户，进而形成最优物流方案或供应链管理方案。

3. 第四方物流基本功能和内容

（1）第四方物流基本功能

1）供应链管理功能。即对从货主、托运人到用户、顾客的供应全过程进行管理；

2）运输一体化功能。即对运输公司、物流公司之间在业务操作上的衔接与协调问题进行负责和管理；

3）为供应链再造功能。即根据在供应链战略上货主/托运人所提出的要求，对战略战术进行及时改变或调整，使其经常处于高效率地运作。第四方物流以“行业最佳的物流方案”将服务与技术提供给客户。

（2）第四方物流运转方法

第四方物流运转方法指的主要是由咨询公司提供物流咨询服务。根据物流公司的要求，咨询公司应该为其提供物流系统的分析和诊断，或提供物流系统优化和设计方案等。总而言之，第四方物流公司以其知识、智力、信息和经验为资本，将一整套的物流系统咨询服务提供给物流客户。良好的物流行业背景和相关经验是第四方物流公司从事物流咨询服务必须具备的，具体的物流活动它并不需要去从事，物流基础设施更不用去建设，只是对于整个供应链提供整合方案就可以了。

第四方物流是一个调集和管理组织自己及具有互补性服务提供的资源、能力和技术，以提供一个综合的供应链解决方案为目标的供应链集成商。

第四方物流不仅对特定的物流服务进行控制和管理，而且对整个物流过程提出方案，并且这个程序还通过电子商务集成起来，因此第四方物流商有很多的种类，所以变化程度也很大。

为顾客提供最佳的增值服务就是第四方物流的关键所在，指的就是迅速、高效、低成本和个性化服务等。而发展第四方物流就需要让第三方物流的能力、技术及贸易流畅管理等得到平衡，但也可以让本身营运的自主性得到扩大。

供应链再建、功能转化、业务流程再造、开展多功能多流程的供应链管理也是第四方物流所包括的四个特点。

利润增长和降低营运成本是第四方物流可以为客户带来的效益，即为了达到目的通过整条供应链外判功能让运作效率提高、采购成本降低，使流程变为一体化。

（3）第四方物流存在问题

第四方物流在中国市场占了非常低的份额。发展第四方物流的关键就是发展提高第三方物流的服务功能和地位。在中国因为在整个物流市场上第三方物流只有非常低的占有率，所以整合物流资源的能力在短期内是不可能具备的。

1）基础设施建设的落后。第四方物流的发展要求和中国物流基础设施和装备条件之间有一定的差距存在。

3）物流信息化程度低。物流的灵魂就是是信息化，而第四方物流开展的前提条件就是强大的物流信息网络。缺少可以实现供应链上所有企业和第三方物流企业的信息共享的公共信息平台。

4）供应链管理技术未成熟。中国供应链管理技术还不够成熟，企业组织变革管理的能力也比较差，必须在第三方物流高度发达和业务外包非常流行的基础上才可以让第四方物流发展起来。

5）现代物流人才的缺乏。物流业之间的竞争，需要的不仅仅是有先进的技术和雄厚的资金，高素质的物流人才也是企业所不能缺少的。第四方物流发展要求物流人才所具备的不仅仅是物流的基础知识和丰富的实战经验，IT、人力资源管理、技术集成等全方位的知识和能力也要具备，中国严重缺少这类高素质的物流人才。

（二）四种电子商务物流模式优缺点分析

1. 自营配送模式

（1）自营配送模式的优势分析

1）企业可以更好地控制供应链的采购、制造和销售等各个环节，使生产和原材料、产成品等其他业务结合的更加紧密，通过本企业的经营管理使企业的利润可以得到长期有效地增长。

2）使管理流程得到合理和有效地规划，企业通过对物流活动各个环节的调节管控，使物流作业效率提高、流通费用减小、经营战略调整及时，有利于提升企业的竞争能力。

3）与客户保持紧密关系，有利于维持客户忠诚度，树立企业形象。

4）自营物流模式就是将企业的原材料和零配件采购、配送以及生产结合成一个整体进行战略一体化管理。有利于企业减少资金占用，实现零库存、零距离和零营运资本的战略。

5）采用自营物流模式使得整个物流体系成为企业内部的重要组成部分，使企业的生产经营能够密切配合、快速应对和满足物流体系在时间和空间上的要求和变化。

（2）自营配送模式的劣势分析

1）一次性的投入较大，占用资金较多，这样就可能出现企业抵御市场风险的能力和市场竞争能力减弱的情况。

2）规模有限，物流配送的专业化程度非常低，成本较高。

3）企业较低的配送效率导致了很难进行有效的成本核算和效益评估。

2. 第三方配送模式

（1）第三方配送模式的优势分析

1）由于企业采用了第三方配送，将自己不擅长不熟悉的物流等辅助事务委托给专业的第三方物流公司进行操作，这样就将全部精力放在核心业务上，使企业经营效率得到提高。

2）企业通过采用新的技术，可以在为客户提供灵活多样的服务的同时很快地对零售商的需求做出反应更好地满足企业潜在顾客的需求，使得公司的成本降低。

3）企业通过减少在物流方面的固定资产投入，使得企业资本周转速度加快。

（2）第三方配送模式的劣势分析

1）企业不能直接掌握产品物流情况，不能获得直接控制物流职能的权利。

2）企业无法确保很高的顾客服务的质量，不利于维护与顾客的长期友好关系。

3）由于某些生产企业是利用第三方配送与产品的售后服务的，这样他们就没法直接接触到客户，非常不利于他们建立长期稳定而又密切的客户关系。

4）由于采用第三方配送，使得企业的客户信息被泄漏的可能性将大大提高。

5）一旦第三方配送企业经营出现异常，有可能会殃及到企业自身的经营。

3. 共同配送模式

（1）共同配送模式的优势分析

物流共同化的发展带来的共同配送，使得物流资源得到优化配置、物流活动分工与协作得到增多、物流结构得到不断地完善和调整。共同配送有两种方式：

1）一种是通过多家用户联合在一起共同设立一个接货点和货物处置地，充分集中人力和物力开展配送业务；

2）另一种是多家配送企业之间通过相互交叉利用他们的配送中心和机械设备，实现企业的配送业务。这两种方式都有利于提高配送能力、扩大企业配送的规模、降低配送成本。

（2）共同配送模式的劣势分析

1）配送货物繁杂，客户要求不一致，难于管理。

2）运作主体多元化，每个货主对于货物的配送时间、配送地点、货物配送安全、配送数量都有不同的规定，因此就很难将这些要素统一规整起来。在规模、商圈、客户、经营意识等方面主管人员管理协调存在困难。

3）由于每个货主的客观标准不统一，共同配送的利益分配和资源调度方面的问题重重。

4）在共同配送中，商业机密非常容易被泄露。

4. 第四方物流的供应链物流模式

另外，还有一种是第四方物流的供应链物流模式。实际上，第四方物流是供应链的集成者，主要通过合同对多个第三方物流的活动进行管理和指导，对第四方物流的整合能力进行利用，集合起客户需要、第三方物流供应商、信息技术供应商、业务资源和业务流程，让运作效率得到提高，降低物流成本，提高服务质量的目的得到更好的实现。虽然大众对第四方物流这个概念还比较陌生，但随着在我国深圳、厦门、天津等地的物流园区实践，相信在不久的将来第四方物流一定会在国内兴起。

（三）发展第四方物流的相关对策

（1）加强物流基础设施的规划和建设

政府应该对物流资源进行统筹规划和整合，协调加强物流基础设施的投资力度，打好物流和配送的基础。同时在政策上应该将规范的物流产业发展政策制定出来，具有一定规模和区位优势的物流园区、物流基地和物流中心在全国内合理地建立起来。让物流产业标准化、规范化的进程得到进一步加快。

（2）大力发展第三方物流

当前提高中国物流产业发展水平最重要的措施就是大力发展第三方物流。在整个物流供应链中，第三方物流的管理和集成者就是第四方物流，第四方物流在整合社会资源的时候也是通过第三方物流来完成的。只有让第三方物流企业得到大力的发展，才有第四方物

流发展的基础。为了让现代物流业的发展需要得到满足，第三方物流必须要得到大力的发展，对大型企业集团进行培育，让物流业的效益得到提高。

（3）加速物流产业信息化，建立全国物流公共信息平台

让整个社会物流资源配置问题得到解决的最有力的手段就是发展第四方物流。中国正在推进信息化进程，当前蓬勃发展的现代物流产业利用先进的RFID、EDI、GPS等信息技术进行信息化改造，利用网络技术把物流行业的公共信息平台建立起来，通过信息技术和网络技术对物流资源进行整合，从而使中国的物流产业在与跨国物流企业的竞争中立于不败之地。

（4）加快物流人才培养

企业的灵魂就是人才，当前的物流人才还远远的不能让第四方物流发展的需要得到满足，因此要利用高等院校和专业物流咨询机构，在实践中对人才进行培养、锻炼，对一支适应现代物流产业发展的企业家队伍和物流经营骨干队伍进行培养。在信息技术、人力资源管理、网络技术等方面的人才也需要大量的吸收，对这些人才进行激励融合自己具备的知识和物流知识，让第四方物流的发展得到进一步的促进。对现代知识的物流复合型人才进行大力引进和培育掌握，形成一支适应现代物流产业发展的高素质人才队伍，对未来第四方物流在中国的发展进行促进和保障，让中国物流产业整体水平得到一定程度的提升。

第二节　电子商务物流信息技术的应用

一、电子商务物流条码技术应用

网络环境的极大改善和IT应用技术的迅猛发展，使得网民在网络中有了越来越好的体验，电子商务正处于蓬勃发展的阶段。传统概念上的商品交换形式由于电子商务的悄然兴起而得到了改变。在电子商务的购物过程中，除了供应链管理中条码的应用外，可以作为网上交易的付款收据的是二维条码，以备送货方交货时起到检验身份的作用。供应商、制造企业、分销商、零售商以及用户都是供应链管理所涉及的内容，从采购、生产、销售至配送环环相扣，其中十分重要的是实现信息的及时沟通与共享，而数据的共享与统一是信息共享的关键，实现这一目的的重要手段就是条码技术。

自动识别技术、POS、EDI等现代技术手段为条码技术提供帮助，能够准确对整个物流过程中商品、服务、供应链参与方和各种商店、仓库等物理位置进行标识和描述。

条码技术依靠输入速度快、准确度高、可靠性强等优点突破了数据录入和数据采集的“瓶颈”问题，将有力的技术支持提供给了信息流与实物流同步融合。完成物流自动化过程，其核心是Internet网络通过条码技术和移动计算将物流数据的交换和采集完成。

随着国内二维码的普及，二维码的应用有着越来越广阔的使用前景。在电子商务物流行业二维码应用的环节主要有以下四个：

1. 入库管理。

入库时对商品上的二维码标签进行识读，同时录入商品的存放信息，在数据库中一同存入商品的特性信息及存放信息，存储时进行检查，看是否出现了录入重复的现象。

2. 出库管理。

产品出库时，商品上的二维码要经过扫描，确认出库商品的信息，同时对其库存状态进行更改。

3. 仓库内部管理。

在库存管理中，一方面可以在存货盘点时使用二维码，另一方面二维码可用于出库备货。

4. 货物配送。

配送前使用移动终端下载配送商品资料和客户订单资料，到达配送客户后，将移动终端打开，调出客户相应的订单，然后货物根据订单情况进行挑选并验证其条码标签，一个客户的货物确认配送完之后，配送情况移动终端会进行自动校验，并将相应的提示做出来。

二维码的发展空间非常广阔，随着智能手机及移动终端的普及和移动互联网的发展，手机购物给消费者带来全新的用户习惯和消费模式，加快了电子商务发展的速度。二维码技术为传统商业和网络商业架起了一座桥梁，将自动识别技术和信息载体技术融为一体，对电子商务上一个新的台阶起到了推动的作用。二维码正成为移动商务核心应用的一种有效工具，目前，人们已经广泛的使用扫描二维码来获得产品信息。随着4G时代的到来，电子商务中二维码一定会有更加辉煌的前景。

二、电子数据交换技术应用

EDI是英文Electronic Data Interchange的缩写，中文名为电子数据交换。EDI指的就是用一种国际公认的标准格式，将贸易、运输、保险、银行和海关等行业的信息通过计算机通信网络，使各有关部门、公司与企业之间进行数据交换与处理，并将以贸易为中心的全部业务完成的过程。

EDI的应用范围从订货业务向其他业务扩展，如POS销售信息传送业务、库存管理业务、发货送货信息和支付信息的传送业务等。近年EDI在物流中广泛应用，被称为物流EDI。

物流EDI是指“货主、承运业主以及其他相关单位之间，通过EDI系统进行物流数据交换，并以此为基础实施实物物流作业活动的方法”。互联网的迅速普及，为物流信息活动提供了快速、简便、廉价的通讯方式，互联网将为企业实施物流EDI提供坚实的基础。

物流EDI模型的主要步骤如下：

1. 发货业主在接到订货后制定货物运送计划，并把运送货物的清单及运送时间安排等信息通过EDI发送给物流运输业主和接收货物业主，以便物流运输业主预先制定车辆调配计划和接收货物业主制定货物接收计划。

2. 发货业主依据顾客订货的要求和货物运送计划下达发货指令、分拣配货、打印出物流条形码的货物标签（即SCM标签，Shipping Carton Marking）并贴在货物包装箱上，同时把运送货物品种、数量、包装等信息通过EDI发送给物流运输业主和接收货物业主依据请示下达车辆调配指令。

3. 物流运输业主在向发货货物业主取运货物时，利用车载扫描读数仪读取货物标签的物流条形码，并与先前收到的货物运输数据进行核对，确认运送货物。

4. 物流运输业主在物流中心对货物进行整理、集装、做成送货清单并通过EDI向收货业主发送发货信息。在货物运送的同时进行货物跟踪管理，并在货物交纳给收货业主之后，

通过EDI向发货物业主发送完成运送业务信息和运费请示信息。

5. 收货业主在货物到达时，利用扫描读数仪读取货物标签的物汉条形，并与先前收到的货物运输数据进行核对确认，开出收货发票，货物入库。同时通过EDI向物流运输业主和发送货物业主发送收货确认信息。

物流EDI的优点在于供应链组成各方基于标准化的信息格式和处理方法通过EDI共同分享信息、提高流通效率、降低物流成本。

三、射频识别技术应用

1. 射频识别技术应用领域分析

射频识别技术以其独特的优势，在工业自动化、商业自动化和交通运输控制管理等领域渐渐的被广泛利用。随着大规模集成电路技术的进步以及不断扩大的生产规模，不断的降低射频识别产品的成本，使其得到越来越广泛的应用。下表将射频识别技术几个典型的应用列举了出来。

如表5.2-1：射频识别技术典型应用对比

表格5.2-1　　射频识别技术典型应用对比

典型应用领域	具体应用
车辆自动识别管理	射频识别技术最普遍的应用就是铁路车号自动识别。
高速公路收费及智能交通系统	射频识别技术最成功的应用之一就是高速公路自动收费系统，它将非接触识别的优势充分的体现了出来。在车辆高速通过收费站的同时完成缴费，交通的瓶颈问题得到了解决了，提高了车行速度，避免拥堵，收费结算效率也因此提高了。
货物的跟踪、管理及监控	射频识别技术将快捷、准确、自动化的手段提供给了货物的跟踪、管理及监控。全球范围最大的货物跟踪管理应用就是以射频识别技术为核心的集装箱自动识别。
仓储、配送等物流环节	目前在仓储、配送等物流环节射频识别技术成功的应用已经非常多。随着射频识别技术在开放的物流环节统一标准的研究开发，射频识别技术最大的受益行业将会是物流业。
电子钱包、电子票证	射频识别技术的一个主要应用就是射频识别卡。射频识别卡的功能和电子钱包非常相似，实现非现金结算。目前主要的应用在交通方面。
生产线产品加工过程自动控制	主要应用在大型工厂的自动化流水作业线上，让自动控制、监视得以实现，提高生产效率，节约成本。
动物跟踪和管理	射频识别技术在动物跟踪方面也可以使用。在大型养殖厂，可通过采用射频识别技术将饲养档案、预防接种档案等建立起来，达到高效、自动化管理牲畜的目的，同时保障了食品安全。信鸽比赛、赛马识别等也可以使用射频识别技术，以对到达时间进行准确的测定。

2. 国际国内射频识别技术应用状况对比

在国外射频识别技术发展的速度非常快，射频识别产品有非常多的种类。在北美、欧洲、大洋洲、亚太地区及非洲南部的工业自动化、商业自动化、交通运输控制管理等众多领域射频识别技术都得到了广泛的应用，如汽车、火车等交通监控；高速公路自动收费系统；停车场管理系统；物品管理；流水线生产自动化；安全出入检查；仓储管理；动物管理；车辆防盗等。而在我国，由于射频识别技术起步较晚，还没有得到广泛的应用，除了在中国铁路应用的车号自动识别系统外，其他主要应用只有射频卡。

车辆自动识别方面，射频识别技术的车号自动识别标准早在 1995 年北美铁路系统就已经采用了，在北美 150 万辆货车、1400 个地点都安装了射频识别装置。近年来，澳大利亚进行了用于矿山车辆的识别和管理的射频识别系统开发。

在高速公路收费及智能交通方面，香港“驾易通”采用的就是射频识别技术。自动识别装有射频标签的汽车，也不需要停车缴费，行车速度和效率得到了很大的提高。虽然射频卡我国很多地区高速公路都采用了，但是人工停车收费的方式还是占了一大部分。将来的发展方向就是利用射频识别技术的不停车高速公路自动收费系统，终将淘汰人工收费包括 IC 卡的停车收费方式。

在货物的跟踪、管理及监控方面，澳大利亚和英国的西思罗机场在旅客行李管理中使用了射频识别技术，分拣效率提高了很多，出错率也降低了。欧共体要求从 1997 年开始，企业生产的新车型必须要安装基于射频识别技术的防盗系统。而我国铁路行包自动追踪管理系统还只是在计划推广之中，还需要一定的时间才可以得到真正应用。

在射频卡应用方面，韩国在 1996 年 1 月的时候就将射频识别系统安装在了汉城的 600 辆公共汽车上，用于电子月票，实现了非现金结算，市民出行也更加方便。而德国汉莎航空公司则开始试用将飞机票变为射频卡，传统的机票购销方式得到了改变，从而也简化了机场入关的手续。在我国，公共交通、地铁、校园、社会保障等方面是射频卡主要应用范围。射频公交卡被上海、深圳、北京等地陆续的采用。我国第二代公民身份证已经成为我国射频卡应用最大的项目。

在生产线的自动化及过程控制方面，德国 BMW 公司为对汽车在流水线各位置准确的完成装配任务提供保证，在汽车装配线上应用了射频识别系统。而 Motoro1a 公司则采用了射频识别技术的自动识别工序对系统进行控制，半导体生产对于环境的特殊要求得到了满足，同时生产效率也得到了提高。在动物的跟踪及管理方面，有很多发达国家采用射频识别技术，通过对牲畜个别识别，保证牲畜大规模疾病爆发期间有效跟踪感染者及隔离控制未感染者。而在生产线的自动化及过程控制以及动物的跟踪及管理方面，我们和国际水平存在着非常大的差距，甚至在某些方面的应用还是空白。

总的来说，我国射频识别技术应用状况还处于初级阶段，有非常广阔的市场前景。不久的将来，在生产线自动化、仓储管理、电子物品监视系统、货运集装箱的识别以及畜牧管理等方面我国射频识别技术应用将会有所突破。实现射频识别技术在我国成熟、全面的应用的过程是漫长的，这就需要业内人士共同的努力。

四、GIS/GPS 技术的应用

中国物流业目前正在快速的发展着，我国第三产业新的“经济增长点”已经成为了物流业，受到了越来越多人的关注。业内人士将信息化物流称为“企业管理的又一次革命”，因为与其他形式的物流业相比，其在集中采购、集中库存、运输优化等方面的作用占据有绝对优势，降低成本和节约时间就是物流信息化。

但目前我国物流企业的信息化建设所处的阶段还是初期，业务流程和操作的优化还是位于起步和摸索阶段。因为有非常多的物流企业是由原来的物资企业改制过之后转变过来的，尽快建立起企业内部的信息化管理体系就是他们所面临的问题。另外，由于我国制造业和商业分销领域没有很高度的集中在一起，与其相适应的物流企业的主体也都是中小型企业，所以，无论企业物流还是物流企业的信息化都没有很高的水平。而在国外，尤其是一些发达国家的物流公司，他们早就完成了物流信息化，洋物流进入到我国之后，有非常多的中国物流企业将面临非常严峻的生存问题。

随着企业电子商务不断发展，分销渠道的进一步整合和供应链的出现，这些都要求物流企业能够给客户提供全面的配送解决方案。但落后的信息技术应用，使得上下游企业之间物流活动协调起来变得非常困难，物流活动也因此而变成了模糊的黑洞，成本高且可控制性差，我国物流企业的发展受到了非常严重的制约。根据中国仓储协会的调查报告的结果显示，我国车辆运营的空载率约45%左右。运行车辆的具体位置物流企业没有办法准确的知道，而且随时随地的与司机保持联系这一点也不能做到，不能为其组织货源和灵活配货就是造成这一情况的重要原因之一。同时，司机在确定路线的时候只能凭个人经验，有时不能将最佳路径找出来，不仅延误时机而且运行成本也得到了相应的增加。另外，货物配送过程的情况实际客户也不能及时进行了解，与物流企业之间也不能协调配合。随着互联网的发展和通讯技术进步，跨平台、组件化的 GIS（地理信息系统）和 GPS（全球定位系统）技术渐渐的成熟，具有竞争力的透明物流企业将由基于 GIS/GPS 的应用构造出来。GIS 是很多种学科交叉所产生出来的，它的基础是地理空间数据，采用地理模型分析方法，适时地将多种空间的和动态的地理信息提供出来，是一种为地理研究和地理决策提供服务的计算机技术系统。将表格型数据转换为地理图形显示，然后浏览、操作和分析显示出的结果这就是其基本功能。

从洲际地图到非常详细的街区地图就是其显示范围，人口、销售情况、运输线路以及其他内容都是其显示的对象。OpenGIS 的研究保证了用户可以存取在网络上的异构 GIS 数据和处理单元；有效结合关系数据库和 GIS，使得许多 RDBHS 也将对新的对象关系模型进行支持，从而对空间数据类型有更好地支持；使得原来的大型 GIS 系统由于 GIS 构件的开发正迅速走向构件化，分解为基本的 GIS 构件；Web 已经成为 GIS 的新的操作平台；数据挖掘技术的发展，为知识发现提供了新的工具。目前 GIS 重要的研究成果主要表现就是将 GIS 技术引入物流管理。GPS 是一种先进的导航技术，它的主要构成部分是发射装置和接收装置，构成发射装置的是若干颗位于地球卫星静止轨道、不同方位的导航卫星，一直将无线电波发射到地球表面。接收装置一般情况下都装在移动的目标上，不同方位的导航卫星的定位信号由接收装置接收，它当前的经纬度坐标就可以计算出来，然后记录下来其坐标信息或发回监控中心。利用 GPS 技术可以让地面监控中心对车辆等移动目标的位置进行实时监控，根据道路交通状况将实时调度指令发给移动目标。全球性、全能性、全天候优势的导航定位、定时、测速功能是 GPS 所具有的，它由三大子系统构成，分别是空间卫星系统、地面监控系统、用户接收系统。

由于实物的空间位置转移过程就是物流运输过程，所以在物流运输过程中，都可以通过运用 GPS 的导航功能、车辆跟踪、信息查询等功能进行有效的管理和决策来分析可能涉及到的货物的运输、仓储、装卸、送递等处理环节，对每一个环节可能会出现的问题如运输路线的选择、仓库位置的选择、仓库的容量设置、合理装卸策略、运输车辆的调度和投递路线的选择等问题有效解决，毫无疑问，这对配送企业有效地利用现有资源，降低消耗，提高效率来说是非常有帮助的。

GIS 应用于物流分析，主要指的就是利用 GIS 强大的地理数据功能来对物流分析技术进行完善。GPS 在物流领域的应用可以对车辆等移动目标的位置进行实时监控，根据道路交通状况将实时调度指令发给移动的目标。而有效结合 GIS、GPS 和无线通讯技术，再以车辆路线模型、最短路径模型、网络物流模型、分配集合模型和设施定位模型等所提供的帮助，就能够将功能强大的物流信息系统建立起来，物流会因此而变得实时并且成本最优。

以下几个方面是 GIS/GPS 在物流企业应用的优势主要体现：

1. 打造数字物流企业，对企业日常运作进行规范，让企业形象得到提升。GIS/GPS 的应用，物流企业的信息化程度必将会得到提升，使企业日常运作变得数字化，可以用精确的数字来描述企业拥有的物流设备或者客户的任何一笔货物，这样做不仅仅让企业运作效率得到了提高，同时企业形象也有了提升，能够争取到的客户也会更多。

2. 通过导航跟踪运输设备，将车辆运作效率提供，让物流费用有所降低，抵抗风险。流动在不同地方的运输设备会因为 GIS/GPS 和无线通讯的结合变得透明而且可以控制。

与物流企业的决策模型库的支持相结合，根据物流企业的实际仓储情况，并且由 GPS 获取的实时道路信息，可以将最佳物流路径计算出来，给运输设备导航，将运行时间缩短，在一定程度上降低运行费用。

车辆的实际位置可以利用 GPS 和 GIS 技术可以实时显示出来，并任意放大、缩小、还原、换图；可以随目标移动，在屏幕上始终显示这目标，利用该功能可跟踪运输重要车辆和货物。实时定位、跟踪、报警、通讯等的技术都可以应用到车辆上面，掌握车辆基本信息、对车辆进行远程管理的需要也可以得到满足，车辆的空载现象也会得到有效的避免，同时自己货物在运输过程中的细节情况客户也能通过互联网技术进行了解。比如在草原牧场收集牛奶的车辆在途中出现了故障，故障车辆传统物流企业往往不能及时找到，而使整车的原奶坏掉，造成非常严重的损失。而这个问题 GIS/GPS 能够方便的解决。

到处都存在着人为的因素，而司机的行为 GIS/GPS 能够有效的进行监控。在物流企业中，为了逃避过桥费而绕远路浪费时间，私自拉货，途中私自停留等现象是非常常见的，反正山高皇帝远，司机的行为物流企业不能有效监控。而司机的行为会因为车辆的监控得到规范。

3. 通过对物流运作的相互协调，促进协同商务发展，让物流企业已经逐渐的转换到了第四方物流角色。由于每部车辆的具体位置、载货信息物流企业能够实时的获取到，所以

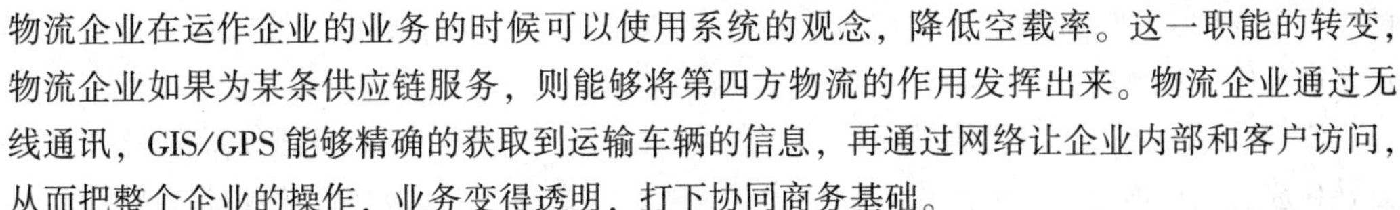

物流企业在运作企业的业务的时候可以使用系统的观念，降低空载率。这一职能的转变，物流企业如果为某条供应链服务，则能够将第四方物流的作用发挥出来。物流企业通过无线通讯，GIS/GPS 能够精确的获取到运输车辆的信息，再通过网络让企业内部和客户访问，从而把整个企业的操作，业务变得透明，打下协同商务基础。

目前我国关于将地理信息系统、卫星定位系统、无线通讯与互联网技术集成于一体，应用于物流和供应链管理信息技术领域并不是很成熟。但是一些有远见的企业已经看到这块诱人的蛋糕并付诸行动，并且已经将一系列产品开发出来了。虽然这些产品功能并不是非常的完善，相信随着人们的重视和技术的进步，GIS、GPS、WAP 和 WEB 技术将结合在一起，共同将透明物流企业描绘出来，让物流黑洞减少，进一步增强国内物流企业竞争力，不久的将来会在开放的物流市场上有稳固的地位。

第三节　电子商务中的供应链管理

一、供应链管理

供应链是通过对信息流、物流、资金流的控制，从采购原材料开始，制成中间产品以及最终产品，最后由销售网络把产品送到消费者手中的将供应商、制造商、分销商、零售商直到最终用户连成一个整体的功能网链结构。

通常供应链管理中包括对物流的管理，物流是供应链活动的一部分。供应链管理主要管理由供应、制造、分销和客户组成的网络的物流、信息流和资金流。

1. 物流：包括整个链中从供应商到客户的产品流动和退货、产品回收等反向流动；

2. 信息流：包括订单的提交和产品的运输状态等；

3. 资金流：包括信用合同、付款计划等。

随着电子商务的发展，电子商务过程中供应链的重要性以及对供应链的管理成为一个相辅相成的课题，受到越来越多的重视。英国管理学者克里斯多夫对供应链的重要性更是做了进一步强调，他说："市场上只有供应链而没有企业，21 世纪的竞争并不是企业和企业之间的竞争，而是供应链和供应链之间的竞争。"

二、电子商务供应链管理

电子商务是未来企业提高国际竞争力和拓展市场的有效方式，同时，电子商务也为传统的供应链管理理论与方法带来了新的挑战。供应链管理与电子商务相互结合，产生了供应链管理领域新的研究热点——电子商务供应链管理（e-supply chain management，e-SCM）。e-SCM 的核心是高效率地管理企业的信息，利用电子商务手段将供应链上的各种异构系统集成为一个整体，以提高业务流程效率，降低供应链的总成本（如 ERP 与 CRM 的集成，接口与标准、EDI 的战略应用及其对伙伴商务关系、权力平衡等）帮助企业创建一条畅通于客户、企业内部和供应商之间的信息流，实现管理模式的创新。

电子商务供应链管理在国外企业中的应用现在已相当广泛。许多大公司已拥有了自己的电子商务供应链管理系统，如 Cisco，Dell，GM，Ford 等公司；另有一些公司提供专业的电子商务供应链解决方案，如 i2，Manugistics，Agile Software 等。

实现电子商务的价值增值过程就是一个供应链管理的过程。在流程上，供应链管理就是使供应链运作达到最大化和成本最小化，从采购到交货均高效的操作的过程。电子商务将供应链管理上各自独立的业务流程连接起来，成为整个供应链的粘合剂。

电子商务作为一种新的商务模式，供应链管理作为一种新的管理思想和管理模式，两者的密切结合彻底改变了企业的运作模式，乃至改变了许多产业的基本生存方式，基于电子商务的供应链管理将大大提升企业的核心竞争力。

传统的供应链管理仅仅是一个横向的集成，通过通讯介质将预先指定的供应商、制造商、分销商、零售商和客户依次联系起来，这种供应链只注重内部联系，灵活性差，仅限于点到点的集成。这样成本高、效率低，而且供应链的一个环节中断了，则整个供应链系统都不能运行。

无论从参与企业的数量、涉及的金额、还是交互信息的规模上来说，B2B 都是电子商务的主体。在这种环境下，企业不仅要协调企业内计划、采购、生产、配送、销售、服务的各个环节，还要与包括供应商、承运商、代理商和零售商等在内的上下游企业紧密配合。B2B 模式的电子商务面向企业整个供应链管理，弥补了传统供应链的不足，并带来了供应链的变革。B2B 的电子商务模式它不仅局限于企业内部，而且延伸到供应商和客户，甚至供应商的供应商和客户的客户，建立的是一种跨企业的协作，覆盖了从产品设计、需求预测、外协和外购、生产、分销、存储和客户服务等全过程。居于同一个供应链系统的厂商之间不再是零和，而是双赢。

B2B 的电子商务模式带来了供应链管理的变革。它运用供应链管理思想，整合企业的上下游的产业，以中心生产厂商为核心，将产业上游供应商、产业下游代理商、物流运输商及服务商、零售商以及往来银行进行垂直一体化的整合，构成一个电子商务供应链网络，消除了整个供应链网络上不必要的运作和消耗，促进了供应链向动态的、虚拟的、全球网络化的方向发展。它运用供应链管理的核心技术—客户关系管理（CRM），使需求方自动作业来预计需求，以便更好地了解客户，给他们提供个性化的产品和服务，使资源在供应链网络上合理流动来缩短交货周期、降低库存，并且通过提供自助交易等自助式服务以降低成本，提高速度和精确性，提高企业竞争力。

三、企业资源计划

（一）ERP 系统的概念

1. ERP 系统的定义

企业资源计划 ERP（Enterprise Resource Planning）是美国计算机技术咨询和评估集团 Gartner Group Inc 提出的一种供应链的管理思想。

2. ERP 系统的功能

ERP 系统包括以下主要功能：供应链管理、销售与市场、分销、客户服务、财务管理、制造管理、库存管理、工厂与设备维护、人力资源、报表、制造执行系统（MES）、工作流服务和企业信息系统等。此外，还包括金融投资管理、质量管理、运输管理、项目管理、

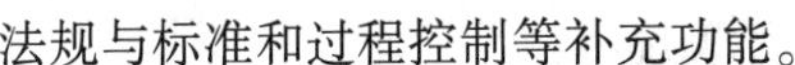

法规与标准和过程控制等补充功能。

ERP 整合集成企业所有资源进行管理，简单的说是全面一体化管理企业的三大流：物流，资金流，信息流的管理信息系统。

（1）供应链管理（SCM）。

是管理企业供应链，即管理市场、需求、定单、原材料采购、生产、库存、供应、分销发货等。

（2）销售与市场。

（3）财务管理模块。

作为 ERP 系统中的一部分，它和系统的其它模块之间存在相应的接口，可以相互集成，一般的 ERP 软件的财务部分分为两大块，分别是会计核算与财务管理。

（4）生产控制管理模块。

ERP 系统的核心就是生产控制管理模块这一部分，它有机的结合企业的整个生产过程。

（二）ERP 系统的特点与实施中的问题

1. 综合上述内容，ERP 系统特点主要有以下几点：

（1）面向销售，能够快速响应市场，包含了供应链管理功能，并且支持企业后勤管理。

（2）更强调企业流程与工作流，对企业过程重组进行支持。

（3）纳入了产品数据管理 PDM 功能，加强了对设计数据与过程的管理，并使生产管理系统与 CAD、CAM 系统的集成得到了进一步的加强。

（4）对财务管理进行更多地强调，具有较完善的企业财务管理体系，这使价值管理概念得以实施，资金流与物流、信息流更加有机地结合。

（5）对人的因素作为资源在生产经营规划中的作用做了更多的考虑。

（6）在生产制造计划中，ERP 对 MRP 与 JIT 混合管理模式进行支持，同时也支持多种生产方式的管理模式。

（7）采用了最新的计算机技术，例如：客户/服务器分布式结构、面向对象技术、基于 WEB 技术的电子数据交换 EDI、多数据库集成、数据仓库、图形用户界面、第四代语言及辅助工具等。

2. ERP 系统的优缺点

（1）ERP 系统的优点主要体现如下几点：

1）缩短周转的时间；

2）物流与资金流的集成；

3）加强物料和生产计划；

4）对不同市场状况进行模仿从而得出对生产计划、能力需求计划、物料采购计划和储运等工作所产生的影响；

5）让企业对经营环境改变的快速反应能力得到增强；

6）实现管理层对信息的实时和在线查询；

7）将更加准确、及时的财务报告提供给企业决策；

8）及时将各种管理报告、分析数据提供出来；

9）严格的内部控制功能系统本身就已经具有。

（2）中国企业实施 ERP 系统仍有一些问题存在，主要表现为：

1）大量的外来词汇设置了较高的 ERP 心理门槛。围绕 ERP 系统集合了庞大的新名词和外文词汇，如：BRP、JIT、CIMS、虚拟企业、协同商务等，为广大的企业管理人员设立了心理门槛，把握 ERP 实施过程的显得非常困难。

2）国外 ERP 软件商有非常规范的 ERP 实施方法，但是对我国企业的实际需求和定制过程并不是很了解。

3）国内众多 ERP 企业管理软件商有丰富的 ERP 实施经验，但缺乏科学规范的实施方法。

（三）电子商务时代的 ERP

ERP（企业资源计划）的应用可以说是企业电子商务发展过程中的一种必然和趋势。ERP 基于计算机技术和管理科学的最新发展，从理论和实践两个方面，以管理会计为核心，合理规划企业资源，将企业内部所有资源整合在一起，对采购、生产、成本、库存、分销、运输、财务、人力资源进行规划，消除生产和经营过程中一切无效的劳动和无价值的资源分配，从而达到最佳资源组合，使企业获得最佳效益。总的来说，ERP 是面向供应链管理的现代企业管理思想和方法，是实现企业整体经营管理的解决方案。

电子商务是建立在 ERP 的基础之上的应用，ERP 是企业实施电子商务的支撑系统。但从另一个角度来看，电子商务与 ERP 又可以被归于同一个层次的应用，只是侧重点不同——ERP 系统是由 MRP、MRPⅡ等企业管理思想发展来的，管理范围侧重于企业内部；电子商务解决的则是企业与外部世界的通信、连接和交易，侧重点以与外部的交互为主。电子商务更多地起到一种工具的作用，而 ERP 却是提供一种管理思想和模式，对于企业管理、企业文化都有一种变革的作用。

第六章　电子商务网站评估

第一节　电子商务网站建设评估

一、商务网站功能评估

（一）选择商务网站功能评估的评价指标

1. 按照目的性、科学性、系统性、实用性、可操作性、定性与定量相结合评价指标的原则。

2. 电子商务模式创新度、电子商务网站功能覆盖率、电子商务网站功能目标符合度、网站技术性能指标都是评价指标。

（二）调查研究与收集为商务网站评估所需要使用的数据

1. 设计网站功能调查问卷、数据采集表。

2. 通过发放调查问卷、召开座谈会或网上调查等方式把商务网站功能评估所需要的数据收集出来。

3. 对收集到的数据进行分析整理。

（三）选择确定商务网站功能评估的方法

1. 单项评估指标的评估方法：通常通过 5 级或百分制进行评分。

2. 综合评估方法：在单项评价指标的评估方法的基础上应用功效系数法或综合分析评估法所作出的综合评分，即专家评价法。

（四）组织与实施对商务网站功能状况的评估工作

1. 评估机构；

2. 评估对象；

3. 评估工作程序：把评估目标、评估方法、建立评估专家组、制定评估计划等任务确定。

（五）商务网站功能评估报告的编写

电子商务网站功能评估报告由正文和附录组成。

1. 正文：评估目的、评估对象、评估工作机构；评估指标和评估方法、评分标准；评估数据；评估结果和结论；存在的问题和改进建议。

2. 附录：把报告、有关问题的说明、评估计分表、有关评估工作的基础文件和数据资料、评估专家组人员名单进行详细的分析。

（六）电子商务网站功能评价指标所包括 4 个方面

1. 商务模式创新度：是电子商务发展及网站建设能否取得成效的决定性因素。它的含义包括业务模式的创新，业务流程的改革、重组、优化，观念、内容的创新，制度方法的创新，管理创新，组织机构的扁平化，盈利模式的创新。

2. 网站功能覆盖率：可以分成前台和后台功能。

前台功能：商品目录及分类搜索、商品展示、会员注册、购物向导、订单流程、支付流程、认证功能等。

后台功能：商品管理、订单处理、账户管理、模板管理、内容管理、送货管理、客户资料管理等。

3. 网站功能与建设目标符合度：电子商务的功能与商务模式的设计及企业发展战略与市场定位是不是相匹配，与网站建设目标符合的程度。

4. 网站技术性能指标：

（1）先进性指标；

（2）实用性指标：技术方案的设计与业务模式的符合度、匹配度，技术方案的成熟度等；

（3）安全、可靠性指标。

（七）评估报告的编写需要注意以下的问题

1. 评估报告中要有明确的评估结果和评估结论。

2. 评估报告要求语言简洁规范、思路清晰，必要的时候可以用图表进行对比。

3. 评估结论是关键的部分，要求依据充分、表达明确。

4. 评估报告的内容要维护网站的商业机密。

5. 可针对网站功能的问题把参考性建议提出来。

6. 形成了初稿之后，应送专家咨询征求意见，经修改完成后由项目负责人签字，如果是委托评估项目还必须要加盖中介机构的章。

二、商务网站内容评估

商务网站内容评估

商务网站内容评估和功能评估是相似的。商务网站内容评估的评价指标包括：

（一）电子商务应用的深度：

电子商务应用的深度指信息流、物流、资金流集成化的程度。

电子商务应用的深度所分的等级有 3 个：

1. 初级应用（非支付型）；

2. 中级应用（支付型）；

3. 高级应用（协同商务）。

（二）电子商务应用内容信息的质量：

1. 商品信息的完整性；

2. 商品信息内容的真实性和准确性；

3. 商品信息内容的条理性；

4. 商品信息内容网页设计的质量、美观性；

5. 商品内容分类深度、层次性和关联度。

（三）内容信息的数量。

（四）内容检索速度、链接浏览的速度。

三、商务网站实施评估

商务网站实施评估的评价指标：

（一）网站实施计划完成度

网站实施计划完成度所指的就是 3 个方面的完成度，即：

1. 平台建设方面；

2. 前台后台功能方面；

3. 系统安全保障方面。

（二）网站建设计划管理与进度控制

1. 计划管理。包括：

（1）完成工作分解结构；

（2）实施的进度计划（在工作分解的基础上对项目、活动把一系列的时间计划作出来）；

（3）实施预算。时间和日期安排的目的有 5 个：

1）保证按时获利来把发生的支出费用补偿（尤其重要，项目管理存在的目的）；

2）协调资源；

3）使资源在需要的时间是能够利用的；

4）预测不同时间上所需要的资金和资源的级别；

5）满足严格的完工时间约束（更为项目经理所重视）。

2. 进度控制：

（1）对项目进度进行测评；

（2）监控其与计划进度的偏差；

（3）把纠正措施采取使项目进展符合计划需要。

3. 财务管理与预算控制：

比较和分析实际进度与计划进度的偏差时使用净值分析法。

第二节　商务网站应用评估

一、商务网站运行状况评估

评价指标：

1. 商务网站访问率：

（1）在一定的时间内访问网站的人数，一般表示的就是日均点击率；

（2）日均访问的独立客户数、独立 IP 数等。

对 B2C、C2C 来讲最为重要的是点击率，对于 B2B 来说不一定要求有很高的点击率，更为重要的是把战略客户及目标客户抓住。

2. 信息更新率。

3. 商务网站营销推广力度：

（1）商务网站链接率；

（2）组合营销；

（3）促销手段；

（4）媒体所拥有的影响力。

4. 电子商务采购率与销售率。

5. 电子商务交易率：是指电子商务交易额占总交易额的百分比。通过商务网站网上洽谈、签约、成交的交易金额指的就是电子商务交易额，包括：

（1）网上支付及网上签约；

（2）网下签约；

（3）网下支付的交易额。

二、商务网站的绩效评估

1. 电子商务网站社会效益评价

（1）对上下游商务伙伴推广普及电子商务的影响力。

（2）本地区吸引国外新用户及资金的增长率。

2. 电子商务网站经济效益评价

（1）成本费用降低率：（实施前成本-实施后成本）/实施前成本。

（2）收益增长率：（实施后收入-实施前收入）/实施前收入。

（3）资金周转加速率：（实施后资金周转次数-实施前资金周转次数）/实施前资金周转次数。

（4）投资回报率：网站总投入/网站总收入。

三、商务网站服务质量评估的评价指标

1. 对客户满意度提升作用。

客户对产品及服务的感知和体验与期望值之间相比较所得出来结果的度量指的就是客户满意度。可分为：

（1）产品满意度；

（2）服务满意度；

（3）性价比满意度。

2. 对企业服务质量提升作用。

商务网站运行一个年度内，企业服务质量提升与改善的效果：

（1）客户投诉降低率

（2）客户响应时间减低率

（3）客户忠诚度提升率

第七章　互联网金融

第一节　互联网金融及其发展

一、什么是互联网金融

互联网金融指的是借助于互联网技术、移动通信技术实现资金融通、支付和信息中介等业务的新兴金融模式，不仅与商业银行间接融资不同，并且与资本市场直接融资的融资模式也不相同。互联网金融主要有三种基本的企业组织形式：网络小贷公司、第三方支付公司以及金融中介公司。目前商业银行普遍推广的网上银行、电子银行、手机银行等都在这个范畴中。

传统金融行业与互联网精神相结合的新兴领域就是目前的互联网金融。互联网“开放、平等、协作、分享”的精神不断向传统的金融业态中渗透，逐渐对人们的金融模式产生了重大的影响。

（一）互联网金融存在的特点

数据产生、数据挖掘、数据安全和搜索引擎技术是互联网金融有力的技术支撑。电子商务、社交网络、第三方支付、搜索引擎等形成了非常庞大的数据量，云计算和行为分析理论使大数据挖掘成为可能，数据安全技术保护了互联网上面的交易支付能够顺利进行。而搜索引擎会使得个体能够更容易获取信息。这些技术的发展在一定程度上减小了金融交易的成本与风险，并扩大了金融服务的边界，其中技术实现所需的数据，基本上都成为了互联网金融的代名词。

互联网金融与传统金融的区别之一是金融业务所采用的媒介不同。通过互联网、移动互联网等工具，让传统金融业务具备透明度更强、协作性更好、参与度更高、中间成本更低、操作上更便捷。

（二）互联网金融的分类

互联网金融具体可分为四类：

第一类，就是传统金融业务的互联网化

例如直营银行、在线折扣券商和直营保险。其中直营银行主要的特点就是没有物理营业网点，依靠互联网、电话和 ATM 机等手段提供服务。欧美是直营银行的发源地，这是利率市场化和互联网技术发展的直接结果，如今最发达的国家是美国；在线折扣券商则会以极低的佣金把客户给吸引住，同时会在此基础上向客户提供财富管理和投行服务；直营保险主要是基于互联网销售车险与财险产品的一种业务模式。

如今在我国，传统金融业务的互联网化主要体现在网上银行、证券网上交易以及保险产品的网络和电话销售等方面，还没有出现独立的直营银行和纯粹的在线折扣券商。

第二类，就是基于互联网平台开展金融业务

其表现在网络平台上销售金融产品，及基于平台上的客户信息和大数据，面向网上商户开展的小贷还有面向个人开展的消费金融业务。在中国，前者的代表为基于支付宝平台销售的货币市场基金，也就是余额宝，后者的典型代表包括阿里小贷及京东白条。

就中国目前发展的状况来看，这类业务模式是现有金融业务的补充。还不至于动摇银行的根基。

第三类，就是全新的互联网金融模式

其主要指的是 P2P 网络贷款和众筹融资。在这其中，P2P 平台数量众多，早已超过了 1000 家。而因为国内信用体系的不健全以及监管缺失，P2P 平台出现了许多诈骗、破产的案例，所以，我国 P2P 网络贷款亟待信用体系建设和相应的监管政策的完善。

与 P2P 不同，众筹在我国才刚刚发展起来，众筹平台的发展和监管都在进一步摸索之中。众筹就是基于互联网面向公众为产品（特别是创意产品）进行融资。其方式主要有债权、股权、捐赠和产品预购。作为新兴金融业态，国外的监管手段也才出台没多长时间。

举例来说，美国奥巴马政府在 2012 年 4 月颁布了 JOBSACT，即《创业企业融资法案》，该法案第三章专为众筹制定。与此同时美国也修改了证券法，使通过互联网面向公众股权融资的众筹模式成为可能。

第四类，就是金融支持的互联网化

这类互联网金融模式并不属于金融业务，其主要就是为公众提供金融业务和产品的信息发布、搜索业务，为金融业务提供“支持”的功能。虽然这类网络平台不提供金融服务，然而却可以大幅度提升人们对于金融产品和业务的认知，于是就会提高金融体系的运营效率，它们也是互联网金融重要的组成部分。

将四类互联网金融业态之中，第三类业态，也就是全新的互联网金融模式给监管带来了最大的挑战。根据国外经验，对于 P2P 的监管依然运用了原来的监管框架，然而它是对监管框架的综合运用，用到了证券、借贷、消费者保护等方面的法规。而对于众筹，则建立了新法进行监管，体现了国外金融监管的灵活性，很值得我们借鉴。

二、互联网金融的应用

（一）互联网金融的应用

1. 国内互联网金融主要的应用模式：

（1）第一种，就是传统的金融借助互联网渠道为客户提供服务。即人所熟知的，互联网在其中发挥了渠道的作用的网银。

（2）第二种模式，与阿里金融很相似，因为它具有电商的平台，为它提供信贷服务创造的条件优于其它放贷人。互联网发挥的作用就是信用。

（3）第三种模式，P2P，即人人贷模式，这种模式更多的提供将资金出借方与需求方结合在一起的中介服务。

在互联网金融模式下，由于有大数据、搜索引擎、社交网络和云计算，市场信息不对称的程度就会降得很低，交易双方在资金期限匹配、风险分担方面的成本非常低，银行、券商和交易所等中介都没有起到任何作用；贷款、股票、债券等的发行和交易及券款支付直接在网上进行，这个市场充分有效，接近一般均衡定理描述的无金融中介状态。

通常在这样的金融模式之下，支付便捷，搜索引擎和社交网络降低信息处理成本，资金供需双方直接交易，可达到与资本市场直接融资和银行间接融资一样的资源配置效率，而且在促进经济增长的同时，也大幅减少了交易的成本。

2. 国内互联网金融主要的运作方式：

互联网金融模式主要包括三个核心部分：支付方式、信息处理和资源配置。

（1）支付方式方面

以移动支付作为基础，个人和机构都可以在中央银行的支付中心（超级网银）开账户（存款和证券登记），也就是说不再完全是二级商业银行账户体系；证券、现金等金融资产的支付和转移通过移动互联网络进行；现钞流通已经被支付清算电子化所替代。

（2）信息处理方面

社交网络生成和传播信息，尤其是对个人和机构没有义务披露的信息；搜索引擎对信息进行组织、排序和检索，能缓解信息超载的问题，有针对性地满足信息需求；云计算保障了海量信息高速处理的能力。整体效果体现在，在云计算的保障下，资金供需双方信息通过社交网络揭示和传播，被搜索引擎组织和标准化，最终形成时间连续、动态变化的信息序列。于是就可以给出任何资金需求者（机构）的风险定价或动态违约概率，而且有着非常低的成本。也就是这样的信息处理模式，使得现在商业银行和证券公司的主要功能被互联网金融模式所替代。

（3）资源配置方面

资金供需信息在网上直接发布并匹配，供需双方都能够直接联系或进行交易。通过现代信息技术，个体对个体这一直接的金融交易模式会突破传统的安全边界和商业可行性边界，散发新的活力。在供需信息基本上完全对称、交易成本极低的条件下，互联网金融模式形成了“充分交易可能性集合”，就比如中小企业融资、民间借贷、个人投资渠道等这些问题就会更好得到解决。在这样的资源配置方式下，双方或多方交易是能够同时进行的，信息是非常透明的，定价完全竞争（比如拍卖式），所以说也是最有效率的，社会福利最大化。各种金融产品都可以通过这一模式进行交易。所以说如今的市场是最公平的，供需方均有透明、公平的机会。

（二）互联网金融的发展趋势

互联网与金融业相互渗透成为了经济发展的必然趋势，互联网金融在金融业发展过程中占据着越来越重要的地位。

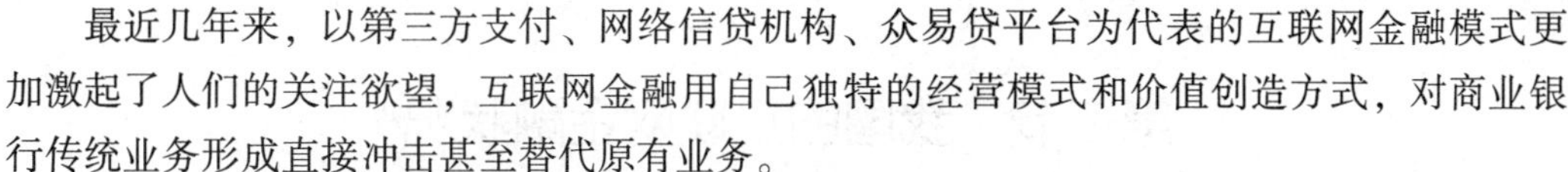

最近几年来，以第三方支付、网络信贷机构、众易贷平台为代表的互联网金融模式更加激起了人们的关注欲望，互联网金融用自己独特的经营模式和价值创造方式，对商业银行传统业务形成直接冲击甚至替代原有业务。

如今在世界上，互联网金融已经出现了五个重要的发展趋势：

第一个趋势，是移动支付替代传统支付业务。

目前移动通讯设备不断渗透到每个人的生活中，其使用率超过了正规的金融机构网点或自助设备，再说移动通讯、互联网与金融完美的结合，在2011年时全球移动支付交易总金额达到了1059亿美元，2014年达到了2400亿美元，预计2016年将会达到6200亿美元。手机支付平台M-pesa全球用户达2500万，覆盖非洲、亚洲及欧洲3个大洲共11个国家，在发达国家，手机支付系统M-pesa的汇款业务早就超过其国内所有金融机构的总和，并且延伸到存贷款等基本金融服务。

第二个趋势，用户规模与商业创新的互相促进。

互联网行业是一个具有特色的行业，它是以庞大的用户群体为基础，企业如果能够在很短的时间，积累大量的客户，就能有效的占领市场。在这种特色行业中还有一个显著的特征就是用户的作用。用户通过互联网平台拥有广泛的选择权，所以互联网金融机构为了争夺客户资源就必须不断完善服务，填补企业漏洞，从某种程度上来说，它促进了互联网金融的不断创新，并且互联网金融机构的发展完善也能够吸引更多客户。总体来说，用户规模与企业商业模式创新能够相互促进。

第三个趋势，服务及定价更加市场化。

经过前面的分析认为，在传统的金融活动中，消费者只能通过银行营业网点以及其他的互联网金融机构现场办理业务，而且只能选择金融机构所提供的产品以及服务，并没有自主选择性。但是互联网的发展缓解了过去用户与金融机构之间的信息不对称问题，不但让用户有了更多选择，更加了解市场，而且深刻的改变了以往的用户习惯。

第四个趋势，信用数据成为企业重要资产。

未来随着互联网金融对用户数据的进一步整合，有可能会建立各种金融机构共用的信用数据库，将所有用户的存贷情况，信用记录进行共享，不但能降低行业风险，也能够为客户提供更快捷全面的服务。这也使得用户的信用数据，成为未来互联网金融企业的核心竞争力。

第五个趋势，传统金融与互联网的联系更加紧密。

互联网的全球影响力不断加强，不论企业还是个人工作效率都得到大幅度提高，相对保守的金融行业意识到，互联网是企业发展的重要平台，而未来金融活动与互联网的联系将会更加密切。

第二节　我国的互联网金融状况

一、我国互联网金融现状

互联网金融的本质是金融，渠道是互联网。广义的互联网金融主要是指金融服务、信息、网络等技术有机融合成的一种新型资金融通模式，其涵盖了传统金融机构（银行、证券、保险等）为提高效率借助互联网提供线上服务，还包括基于互联网的新生金融模式，也就是互联网服务平台直接或间接提供金融服务，比如第三方支付、P2P 网贷等。而狭义的互联网金融仅仅是指基于互联网服务平台的新型金融模式。

在这里要就狭义的互联网金融模式进行简单的分析，如今最普遍定义为新型互联网金融的主要有四种模式：

1. 第三方支付

第三方支付，就是买卖双方在缺乏信用保障或法律支持的情况下，为商户和消费者提供支付结算的服务“中间平台”，买方把货款付给买卖双方之外的第三方，由第三方提供安全交易服务，在收付款之间设立中间过渡账户是其运作的实质。人们熟悉的支付宝、财付通就是这种模式。

2. P2P 贷款

P2P 贷款是投资人通过有资质的中介机构牵线搭桥，使用信用贷款的方式把资金贷给其他有借款需求的人。在这当中，中介机构负责对借款方的经济效益、经营管理水平、发展前景等情况进行详细的考察，同时还要进行账户管理和服务费收取。P2P 模式从 2007 年传入我国，它的出现与国内中小企业，尤其是小微企业融资难有一定关系。客观来说，中小微企业并不是没有信用，只是各大银行很难客观公正地评估它们的信用，在这样的一种市场环境下，P2P 贷款平台的出现，为小微企业提供了融资渠道，同时也解决了发展过程中的一大难题。拍拍贷、人人贷、陆金所等都属于此类平台。

3. 电商金融

电商金融就是电商介入金融领域所形成的互联网金融模式，并几乎已经成为继 P2P 外互联网金融的代表，阿里巴巴和京东都属于这一类。阿里金融衍生的模式比较多，主要有三块互联网金融业务，第一块就是以放贷和担保为特征的风险业务；再有就是，以支付宝为核心的第三方支付业务；第三块是基于淘宝和支付宝基础上的基金销售业务和数据分享业务。电商小贷是最可以体现电商金融特色的，电商利用平台积累了非常多的数据，真实有效地分析需要贷款的商户信息，完成小额贷款的信用审批并放贷，并获得客户与平台的双赢。阿里巴巴推出的小额贷款可以说已经有 3 年了，另外的电商也在纷纷发展各自的小额贷款。

4. 网络服务

网络金融服务就是互联网企业向金融服务领域介入，以为金融机构服务为主要运营模式，本身不介入金融领域。借助互联网的即时性，海量信息及互动性的优势，实现低成本、

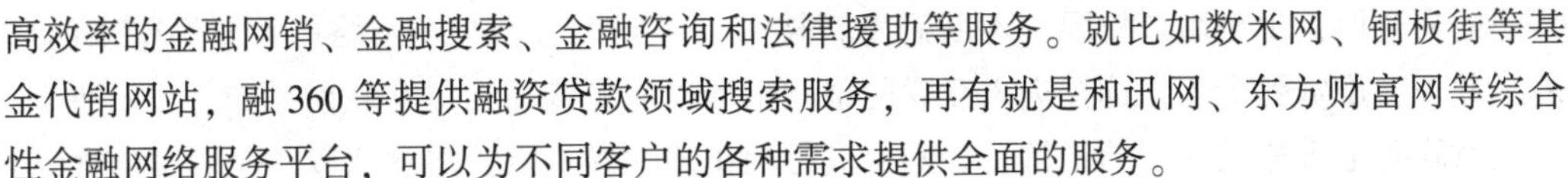

高效率的金融网销、金融搜索、金融咨询和法律援助等服务。就比如数米网、铜板街等基金代销网站，融360等提供融资贷款领域搜索服务，再有就是和讯网、东方财富网等综合性金融网络服务平台，可以为不同客户的各种需求提供全面的服务。

5.“新兴”模式

基于发达国家金融市场及我国目前的形势而言，最近几年我国新兴的互联网金融模式—众筹融资，或许会在未来成为互联网金融的一大新模式。

众筹融资也就是大众筹资的意思，通过互联网良好的传播特性，向网络投资人募集资金的一种模式。通过网络传播，使得小企业或个人对公众展示他们的创意，取得更多的人的关注与支持，从而获得所需资金援助。相对传统融资方式来说，众筹融资更加开放，是否能够获得资金也不再是由项目的商业价值作为唯一标准，只需要得到大众的认可与喜爱，都能够通过众筹方式获得项目启动的第一笔资金，这就为小本经营者和创业者提供了更多的可能。然而因为我国还没有形成有重要影响力的众筹平台，并且公众投资理念相对较为保守，对这种创新型金融方式接受度也非常有限，所以众筹融资在短期内难以实现很高的增长。

二、我国互联网金融的趋势与风险

互联网金融影响的规模在逐渐扩大，在活跃金融市场给人们带来便利的同时，随之也会产生不可避免的互联网金融风险问题。现阶段，我国互联网金融除了存在市场风险、利率风险、流动性风险等传统金融机构存在的风险外，还有几点特殊风险的存在：

1. 市场监管风险：混业经营使分业监管存在很大困难

互联网金融业务普遍存在跨行业、跨部门、业务交叉性强等特征，形成了银行业务、证券业务、保险业务以互联网为基础进行深度融合和交叉的模式。在中国，金融业如今实行分业监管模式。跨部门监管协调机制没有达到成熟的程度、部门之间职能不清等这样或那样的问题出现，导致互联网金融行业存在不少不规范的领域。一旦处理的不恰当，就很有可能会影响到金融创新，也有可能带来监管套利，甚至还会影响金融秩序稳定。

2. 安全风险：技术漏洞、信用缺失以及法律不明确

（1）互联网金融以互联网作为平台，就会存在一定技术方面的风险。原因是互联网传输故障、黑客攻击、计算机病毒等因素，互联网金融交易面临的风险需要高度的重视起来。

（2）目前中国互联网金融信用体系建设依然还处在初期阶段，存在很多的问题：一是对于客户信息安全缺少相关的保护机制；二是交易过程虚拟化程度高，真实性不易考证；三是P2P等网上借贷机构缺乏信用担保、违约处置和资本金约束等信用担保要素。

（3）鉴于目前互联网金融行业还处在无门槛、无标准、无监管的三无状态，互联网金融方面我国法律规定依然不明确，还有很多漏洞的存在，一旦发生法律方面的纠纷，就有可能损害到投资人的利益。

针对以上这些风险，有关部门一定要加强风险监管和控制。政府应该根据互联网金融发展态势尽可能地快速完善相应的法律法规，填补互联网金融监管方面的空白领域，引导互联网金融健康有序发展。互联网金融企业本身就应该做到正身律己，远离非法集资、挪用客户资金等行为，自觉遵守相关监管部门的规定，同时还要时刻保证互联网平台及信息

传递的安全性，规范用户权限，不断研发新技术，尽最大努力减低网络技术漏洞带来的风险。此外，投资者个人在选择进入互联网金融市场以前应该加强对互联网操作、投资理财、安全风险防范等相关知识的了解，在网上进行操作的时候一定要注意细节，提高安全意识。

第八章　O2O 发展及模式分析

第一节　O2O 的发展历程及营销策略

一、O2O 的发展历程

当互联网技术与服务经营不断以最新的最快的势头发展时，线上线下相互结合的营销模式与业务模式也会随之催生。随着互联网的快速发展，电子商务模式除了原有的 B2B，B2C，C2C，商业模式之外，一种新型的消费模式 020 已快速在市场上发展起来。对于 B2B，B2C 商业模式下，买家在线拍下商品，卖家打包商品，找物流企业把订单发出，由物流快递人员把商品派送到买家手上，完成整个交易过程。这种消费模式已经发展很成熟，也被人们普遍接受，但是在美国这种电子商务非常发达的国家，在线消费交易比例只占 8%，线下消费比例达到 92%。由于消费者大部分的消费仍然是在实体店中实现，把线上的消费者吸引到线下实体店进行消费，这个部分有很大的发展空间，所以有商家开始了 O2O 这种消费模式。

所谓的 O2O 就是 Online To Offline，也就是将线下商务的机会与互联网相互结合，让互联网成为线下交易的前台，进而可以进行线下服务，线上揽客，消费者可以通过线上对服务进行一个筛选，成交也可以在线结算，每笔交易可跟踪。

O2O 的概念非常广泛，只要产业链中既可涉及到线上，又可涉及到线下，就可通称为 O2O。

O2O 电子商务模式需具备五大要素：独立网上商城、国家级权威行业可信网站认证、在线网络广告营销推广、全面社交媒体与客户在线互动、线上线下一体化的会员营销系统。

二、O2O 的营销模式

O2O 的核心在于在线支付，由于支付有助于量化业绩和完成交易等。如今出现了在之前模式之外的另外一种模式—O2P 商业模式，它类似于 O2O，并且有别于 O2O。它和 O2O

模式的区别就是在线下消费。通过网站了解相关资讯之后，再到线下的商家进行消费。消费者可以在简单了解之后再决定消费与否或在体验之后再支付。

O2O 商务模式的关键：通过网络寻找消费者，之后再将他们带到现实的商店中。它是支付模式和为店主创造客流量的一种结合（就消费者而言，也是一种"发现"机制），使得线下购买得以实现。本质上是可计量的，原因就是因为每笔交易（或者是预约）都是在网上进行的。这样的方式可以说更偏向于线下，更利于消费者，让消费者感觉消费的较踏实。

O2O 的优势：主要就在于将网上和网下的优势完美结合。通过网购导购机，将互联网与地面店完美的结合，使得互联网落地。可以使得消费者在享受线上优惠价格的同时，还能够享受线下贴身的服务。并且，O2O 模式还能够实现不同商家之间的联盟。

1. O2O 模式充分利用了互联网跨地域和海量信息、无边界、海量用户的优势，并且充分挖掘线下资源，从而促成线上用户与线下商品与服务的交易，其中，O2O 典型代表就是"团购"。

2. O2O 模式能够对商家的营销效果进行直观的统计和追踪评估，规避了传统营销模式的推广效果不可预测性，O2O 将线上订单和线下消费完美的结合，一切消费行为都能够准确统计，再进一步的吸引更多的商家，为消费者提供更多优质的产品和服务。

3. O2O 在服务业中具有优势，价格便宜、购买方便，并且折扣等这类的信息可以很及时地被获知。

4. 将拓宽电子商务的发展方向，使其由规模化走向多元化。

第二节　O2O 行业发展

一、O2O 在国内的发展

（一）口碑网—服务业，从线下到线上

口碑网是淘宝网旗下网站，致力于打造生活服务领域的电子商务第一品牌。网站为消费者提供评论分享、消费指南，是商家发布促销信息，进行口碑营销，实施电子商务的平台。2009 年 9 月，口碑网并入到亚洲最大的网上零售商圈淘宝网，成为大淘宝战略中的重要一环，口碑网的远景目标是成为全球最大的本地化生活社区，这是品牌存在的根本基础，口碑网正是以能为人们提供最方便快捷真实可信的生活的各类相关信息为使命。

（二）携程旅行网—服务中介业

专业网络平台携程旅行网作为中国领先的在线旅行服务公司，凭借稳定的业务发展和优异的盈利能力，携程旅行网于 2003 年 12 月在美国纳斯达克成功上市。携程旅行网主要提供的服务有，酒店预订服务、高铁代购服务、服务旅游度假产品服务。会员登录后，可以根据自己的需要先查询携程网能提供哪些服务，确定服务是否满足自己的需要，然后选择服务种类、服务时间、服务地点，以及确定取票地点，最后在线下单。可以说，在携程网，会员可以一次性完成整个旅程的服务，而且非常专业、到位。

（三）苏宁易购—传统实体店向网络进军

苏宁易购是建立在苏宁电器长期以来积累的丰富的零售经验和采购、物流、售后服务等综合性平台上的，同时由行业内领先的合作伙伴 IBM 合作开发的新型网站平台。虚拟经济无实体店支撑很难发展起来，苏宁 B2C 的优势在于可以把实体经济和虚拟经济结合起来，共同发展。苏宁作为中国最优秀的连锁服务品牌之一，与全球领先的 IBM 公司强强联手，构建了互惠共赢的战略合作局面，有实力最大限度赢得 B2C 的市场收益，苏宁也有望成为 B2C 行业内最优秀的服务品牌之一。

（四）平安汽车保险—传统服务业向网络进军

2007 年，平安开始以电话车险为突破口，开创了中国保险官方直销的先河，连续三年增长超过 100%。一般情况下，可以参考类似车型进行投保。当然，如果车主非常熟悉车险知识，还可以根据自身条件、汽车状况、驾车习惯自主定制车险组合，选择最适合自己的车险。平安电话车险和网上车险，属于保险公司直销车险摸式，相比传统车险，取消了销售人员和代理人等中间费用的成本，因此其价格较传统车险商业险可以降低 15%。车主们通过平安官网投保车险后，可任意使用全国各大银行卡进行网上支付、POS 机上门刷卡、上门收取现金等多种保费支付方式，48 小时即有专人派送保单和发票到指定的地点。

（五）百度系—百度 O2O 战略

百度凭借流量入口的优势，其中不少业务的进展可以说都是非常顺利的。使商户自主通过百度的平台开展 O2O 业务，这就是百度更愿意接受的方式。

（1）O2O 业务平台

1）2008 年百度地图上线，随后 2010 年 4 月开放 API，逐渐吸引第三方网站增加 POI 信息。百度 O2O 战略主要以百度地图作为一个中心，百度团购与百度旅游（包括去哪儿）作为两翼，打造出大平台和自营相结合的模式。

2）2009 年 6 月由百度和新京报共同投资的京探网正式上线，并将其定位为区域性的生活服务平台，百度和新京报各占一半股份，其中具体的内容是通过新京报提供和运营的，而资源和流量方面的支持是由百度提供的。

3）2010 年 11 月，百度的 LBS 产品“百度身边”正式上线，主要以购物、美食、休闲酒店、娱乐、丽人、健身、旅游等类目开展起来，整体的模式属于信息点评模式，而且还整合了各种优惠活动信息。

4）2010 年 10 月百度的 C2C 平台百度有啊推出了生活频道测试版，2011 年 4 月正式转型生活服务平台，同年的 11 月又改名为爱乐活，并且还分拆独立运营，百度联合 IDG 和启明创投向爱乐活注资五千万美元。

5）2010 年 6 月，百度旗下的 hao123 上线了团购导航，之后 2011 年 6 月，“hao123 团购导航”被升级为“百度团购导航”，此后，百度团购就逐渐从单纯的导航向 O2O 的方向进化。

6）2013 年 2 月百度开始上线自营团购业务，2013 年 8 月以 1.6 亿美元战略控股糯米网。

7）2015 年，百度分别参与健康之路医护网、优信拍、天天用车、51 用车、百姓网、客如云、美食送、齐家网融资，收购巴西最大团购网站 Peixe Urbano，战略投资 Uber。2015

年9月，百度O2O的另一个服务承载者—百度Mall正式上线。

2. O2O业务工具

2014年4月，百度正式发布移动支付品牌——百度钱包，全面进军移动支付。

2015年，围绕O2O，百度投资上也大手笔跟上：随着58赶集的合并，百度快速投资了分类信息的另外一家公司“百姓网”；百度外卖所在的餐饮领域，百度也先后投资了客如云、美味不用等，从B端商家的角度获取更多资源；投资e袋洗，这是一个可以把用户下沉到用户家庭的入口。O2O基础设施尤其是WiFi领域，是百度特别发力投资的，投资了兴容通信、16WiFi、华视互联三家公司。

在Q2宣布未来三年内对旗下的糯米网投入200亿人民币，力推O2O业务发展；Q3百度外卖拆分，独立融资2.5亿美元，吸引外部资本的力量试图在外卖市场与美团、饿了么、口碑网一争高下；

2015年9月百度世界大会上，百度发布的智能私人秘书工具“度秘”，也希望打造O2O服务的智能入口。伴随着百度在O2O的投入，百度钱包也加大了推广力度。

（六）阿里系—阿里O2O向“闭环”迈进

可以说涉足O2O最早的一家就是阿里系，并且还是布局链条最长的一家。它的布局明显提速，首先淘宝推出了地图服务，之后本地生活信息服务平台丁丁网也宣布获得阿里巴巴与花旗银行的投资。

阿里O2O正在向“闭环”迈进：

（1）O2O业务平台

1）淘宝本地生活平台

2006年，阿里巴巴收购了由阿里巴巴前员工李治国创办的口碑网，之后调整为淘宝本地生活平台，提供本地商户信息、外卖、团购、电子优惠券、租房和演出等6类服务，而且还拥有本地生活、淘宝电影两个移动客户端。

2）团购：美团、聚划算、大众点评

淘宝2011年2月宣布，此前专注于网络商品团购的“聚划算”会将其重心调解为线下区域化的团购，正式加入“千团大战”。

2011年7月，阿里巴巴领投美团网完成的B轮融资。

（2）O2O业务工具

1）线上线下比价：一淘网

淘宝旗下的比价网站“一淘网”，主要提供了扫二维码比价应用“一淘火眼”，这样可以方便的查询某一类商品在网上和线下的差价。

2）支付工具：支付宝

如今支付宝早已在手机摇一摇转账、NFC传感转账及二维码扫描支付这些方面有所布局，而且还在线下与分众传媒、品折扣线下商场共同合作。

3）淘宝地图服务

在移动互联网时代的LBS，基于地理信息的搜索，给用户推荐地图及地理位置信息相关的商户信息变得特别重要。淘宝刚刚推出的地图服务，拥有定位、找周边团购优惠、找本地商户等各种功能。在这当中的团购优惠是由聚划算提供的，商家来自淘宝本地生活，

地图是阿里云提供的。

（七）腾讯系—O2O的腾讯路径

腾讯O2O的路径选择以“二维码+账号体系+LBS+支付+关系链”构成的腾讯路径，其重要的环节包括：

（1）O2O业务入口

微信+二维码。马化腾曾经多次强调：腾讯和微信需要大量推广二维码，因为这是线上和线下的一大重要通道，“微信扫描二维码”已经成为腾讯O2O的代表型应用。

（2）O2O业务工具

财付通宣布与微信腾讯电商等进行深度的整合，以O2O的方式将手机支付的市场打开。它的核心业务“QQ彩贝”打算将商户与用户之间的联系打通，以便于实现精准的营销，将电商和生活服务平台的通用积分体系之间做一个桥梁。

（3）O2O业务平台

F团与高朋合并的公司获得了Groupon主投、腾讯跟投的融资。成为腾讯扩张O2O的助推器，F团与高朋的团购业务将会给腾讯带来更多更丰富的商户资源，这对微信而言有助于它的发展。

（4）QQ地图

QQ地图是让线下的人与线上的物品产生关系的一种很有价值的手段。“通过多样化方式提供的地图平台，开放的API允许更多开发者的接入和调用，这就是腾讯的思路。

从2011年腾讯地图平台开始立项街景服务以来，全球定位数据遍布除非洲外的其他大洲，最新腾讯街景即将面世，支持手机，之后LBS的应用也能够调用腾讯的街景和地图接口，就会直接在应用里显示所在地方实际街景的相关数据。

（八）百灵系—O2O移动广告平台

中国公共交通户外传媒第一品牌是百灵时代传媒集团，如今已形成地铁媒体、机场媒体、院线媒体、游轮媒体、公交媒体、户外媒体广告制作印刷、百灵欧拓新媒体、闪播和百灵闪拍这九大产业。

1. O2O业务平台。

百灵欧拓作为中国首家O2O移动广告平台，依靠着百灵时代传媒集团的线下线上资源及品牌口碑，整合闪拍、闪播、闪乐购等多种新媒体资源，提供了全方位的媒体支持，其于2013年3月创立。

2. O2O业务工具。

旗下有百灵闪拍、闪乐购、百灵闪播、拍院线等APP工具。

（九）海尔—社区O2O

2015年，海尔、万科和光明联手打造曼已客社区O2O模式，将这一正逐渐流行起来的模式纳入实践操作。所谓社区O2O，是指在移动互联网和电子商务普及时代，通过线上到线下资源的整合，完成产品或服务“最后一公里”的配送，其核心正是以社区生活场景为中心，构建用户与商家、上门服务提供者之间连接的平台。时下常见的社区便利店、水果店、干洗，以及线下的家政、快递、租车、外卖这些便民服务，都可以被纳入O2O平台之中，成为社区商业闭环的关键支撑。

二、O2O 在国外的发展

（一）Uber

Uber 这是一款允许你通过手机购买一个私家车搭乘服务的应用。它的主要运作方式就是：使用者通过下载 Uber 应用，可以发出打车的请求；没几分钟就会有一辆私家车停在你面前；支付及小费都是通过信用卡自动完成的。这一服务方式如今在旧金山已经得到很好的推广，相信接下来会在其他城市逐一展开。即使费用比出租车还要高出一半，然而其舒适和快捷的确是出租车没有办法相比的。显然它将给出租车行业带来更大的变革。

（二）J. Hilburn/Trunk Club

J. Hilburn 这是一家允许男士购买个性化设计的衬衫和西裤的电子商务网站。它能以更低的价格提供高端服装设计，这是它最大的优势所在。这怎么运作呢？这一公司在全国各地都雇佣了一个八百人的时尚顾问销售团队，他们会与客户约定时间进行拜访。到达客户地点后，就会量尺寸，还会拿出很多面料让你选择之后帮助你找到适合自己的类型。之后客户就只需要在网站上输入自己的尺码，以及面料等相关信息就能够在一段时间后收到定制的服装了。

Trunk 则是一家位于芝加哥的高端服装网站。主要就是在用户登录该网站后，能够选择预设的样式，只要去回答一些问题，就如，“你最喜欢的款式？尺码？价格？颜色？”，“你一般在哪里购物？”等等。就可以有一个时尚顾问联系上你和你交流（可能是电子邮件的方式），获取了你的喜好和风格以后，他（她）就会立即安排给你发送一些你可能会喜欢的样式服装，鞋子等等，接下来你只需要挑选自己喜欢的就可以了，最后为喜欢的那部分付费，其他的则退回。这样的两家电子商务网站都利用了线上线下的体验，使客户更方便快捷的购买到个性化定制的高端服装。

（三）Getaround

Getaround 主要是向人们提供社会化的租车服务，用户可以通过它选择租用一个小时，一天或是一个星期的车。Getaround 会提供保险及 Web 应用，iPhone 应用，car-kit（安装在车上可以通过 iPhone 解锁）等等一系列的设备及服务。Getaround 超越传统的租车服务，这样就会给人们提供更多本地的和有能力支付的选择。联合创始人 JessicaScorpio 说：“我们的用户就像正在建立他们自己的社区一样，他们在这里分享共同的价值观和兴趣，除此之外，我们还通过更好的计划，帮助世界共享资源，改善环境。”。

Getaround 主要提供一个叫 Carkit 的东西，在车上安装，会使通过 P2P 租车的用户们不需要交换钥匙，只需通过 iPhone 应用就可以解锁汽车。前 Getaround 平台已经注册了一千六百辆汽车，短短的时间里就达到了美国租车世头 Zipcar 汽车数量的 20%。Getaround 已经从 General，Catalyst，Partners，BarneyPell 和其他人那里获得了种子投资。

（四）Jetsetter

其实，这一网站属于奢侈品折扣秒杀网站 GiltGroupe 旗下网站，代表第二代旅行社。他们通过一个旅行报道记者网络为会员旅行提供咨询服务。但是因为服务是特别高端的，价格固然不菲。就如 3 个小时的咨询，具体的旅游计划还有相关的具体安排及服务预订就需要花费 200 美元，而作为补偿，顾客通过 Jetsetter 订购酒店是会拥有返利的。即使在越来越

多的人出游会选择在线旅游搜索引擎，可是更加高端的服务还是需要依靠人工来完成的。

（五）Airbnb

Airbnb 是非常著名的民居短租服务。可参看以下几篇报道：

寻找奇居的网站，创业公司 Airbnb 的业务量一年增长 7 倍。

奇妙：你能在 Airbnb 上面租一个村子甚至是整个国家。

Airbnb 创始人：单在纽约，我们提供的住房就比任何酒店都多。

从厕所座椅到 10 亿美元：Airbnb 创始人 BrianChesky 的背后分享。

Airbnb 将完成新一轮融资，估值大涨至 10 亿美元。

（六）Zaarly

要是一定要通过一句话对 Zaarly 进行描述，那就是"'移动版'的 Craigslist、赶集、58 同城"。它通过信息化技术，将供需双方更完美的连接在一起。

Zaarly 的概念是非常简单的。首先由有需求的用户发出需求，就如某人想要购买一台 Mac 电脑，具体何时要买、预计多少钱购买，具体的位置在何处等等这样的问题。各种需求都会通过 Zaarly 发布到本地社区中，用户也能够选择发布的同时更新到 Twitter 等社交网络。

有商家或者个人看到你的需求，想要把自己手上的 Mac 卖给你的时候，他们就能够匿名的发布自己可以接受的出售价格。想买电脑的人就会从所有这些供应商中，选择一个最优的，通过 Zaarly 进行交流，若是没有任何问题，那么就可以通过线下现金交易或者 Zaarly 中继承的信用卡交易平台进行交易了。

总的来说，Zaarly 真的是一个革命性的产品，然而他的革命性主要就是在于他们运行在移动设备上。想一下，类似 Craigslist 的分类目录服务的一个核心元素就是地理位置，然而这一点刚好就体现在移动设备上面。

第三节　O2O 发展趋势与经营模式

一、O2O 未来的发展趋势

（一）O2O 发展空间

跟传统的电子商务相比较而言，快递能够给你送来从网上买到的商品（B2C 电子商务+物流），可是无法将服务的体验送过来，就比如餐馆、台球厅、酒吧等，这些服务也是人们平时消费的重头。O2O 模式却能够将这些服务通过网络"快递"给你。对于台球厅、理发店这些服务商而言，增加一些顾客并不会增加太多成本，却可以将更多的利润带过来。

根据国家统计局数据，2015 年中国网上零售市场销售规模达到 38773 亿元，然而其占当年中国社会消费品零售总额 300931 亿元的份额只有 12.88%；2016 年中国网上零售市场销售规模达到 51555.7 亿元，然而其占当年中国社会消费品零售总额 332316.3 亿元的份额只有 15.51%。所以说，实现线上虚拟经济与线下实体经济的融合，有着很广阔的市场空间。

（二）O2O 发展中需要注意的问题

1. 经营模式理解不到位

O2O 经营者的巨大优势，就是拥有大量的优质商家资源，然而有时为了获得商家资源，O2O 经营者将商家的资质审核降低了很多，就算是一些知名的团购网站也总是曝出商家资质的问题，于是就会产生很多损害消费者利益的不良后果。

造成这样的问题，最主要的原因是其对于 O2O 经营模式的理解没有到位。O2O 模式的关键点就在于，平台通过在线的方式吸引消费者，但真正消费的服务或者产品必须由消费者去线下体验，这就对线下服务提出更高的要求。而这些线上迅速崛起的创业型公司能否掌控稳定的服务体系也是一个很大的问题。

有一部分团购网站为了提升用户的数量，将经营领域不断扩大，在全国范围继续扩张，最后虽然可以为消费者提供更多的产品或服务，却没有办法保证这些产品和服务的质量。O2O 本身就是十分重视本地化经营的一种商业模式，在某个区域内做精做透，才可以更长久的对客户进行维护。对于 O2O 的用户而言，他们需要的不只是远距离的物品输送，更重要的是在近距离内的线下商店的购物或服务体验。若是 O2O 经营者没有办法将这一点把握住，就一定会在经营中发生策略上的失误。

2. 发展模式的千篇一律

O2O 的盈利模式可以说是比较清晰的，然而也很容易造成发展模式的千篇一律，团购网站就是一大典型案例。国内团购的发展一哄而上，都是小本经营，用一样的模式圈钱，到最后就会造成所谓的“千团大战”，同质化竞争非常严重，最终会使得团购行业的冬天提前到来。

O2O 经营者也不应该只是提供一些表层次、低技术的服务，还应该考虑挖掘更具潜力、更具竞争力的业务模式。就经营思路来说，O2O 经营者不能只是锁定低价的路线，而应该借助自身媒体的优势，帮助商家挖掘一些增值业务。有不少商家并不是没有推出多元化的业务体系，只是因宣传没有到位，使得服务没有获得用户。这个时候，O2O 经营者就需要与商家协力合作进行多元化业务的开发了。

二、O2O 领域的创业和未来格局

（一）关于 O2O 领域的创业

O2O 这一概念已经出现了很久，即使这方面的创业项目有很多很多，尤其是一些投资人都会深刻体会，收到的 10 份商业计划书中几乎一半都会打上 O2O 标签的。关于 O2O 领域的创业，给出几点建议：

1. 做垂直行业。

就一般的创业者而言，尽可能的不要想着去挡巨头的路，选择一个垂直行业，做出巨头们不可达到的深度。

2. 避开热点服务业。

餐饮等热点生活服务业导致了成为 O2O 目前竞争最激烈的一个领域，然而对于资金、资源实力一般的创业团队还是建议尽量避开，转而选择较小的行业。

3. 大行业细分。

不要一味模仿大众点评、团购、优惠券、淘宝等这些的模式，可以去试着挖掘大行业细分的机会、一些小众个性化等需求，或者融入社会化等元素来进行一些创新，找准这些需求的个性加以细分创新，不靠一味优惠用户同样愿意买单。

4. 小城市创业。

二三线城市的 O2O 对创业者而言都会存在一定窗口期，要是可以利用这一机会进行发展。

5. 整合闲置实体门店。

类似短租、易到用车、e 代驾等这样的项目，其切入点都拥有一个共同的特点—所面向的服务基本上没有线下的实体门店。一般来说这样的服务提供者对线上营销的需求会更加强烈。

6. 位置的要求。

之所以 O2O 能够成为关注的热点，可以说在一定程度上得益于移动互联网近两年的快速发展，用户对这类服务的位置的要求是少有的几个 O2O 主要盈利模式之一。

7. 媒体、分众、团购导航、SP 公司、呼叫系统提供商等。

媒体、分众、团购导航、SP 公司、呼叫系统提供商等主要考虑两个方向的服务机会：

（1）给线上公司提供服务：这个方向可参考给众多电商公司提供第三方服务的机会。随着 O2O 方面的项目逐渐增多，这方面提供服务的条件也逐渐走向成熟。

（2）给商家提供服务：未来，数百万的线下服务业商家都会走到线上来，这是一个必然的趋势。

上面说到的切入点，主要是针对 O2O 创业者选择行业和方向这些方面进行了一些初步的分析。选好切入点以后，接着一件事情并不是做网站，而是应该深入到线下，更加深刻的去理解这一行业，不然，切入点再好，也会有很大的困难。

（二）O2O 未来格局

1. 未来的 O2O 将会是一种多层次、多维度的复合生态体系，将会向着多元化和纵深化发展，就比如会演变出平台型、区域型、直营型、外包型、合作型、垂直型等多种形态。虽然在他们中间不会完全消除竞争，然而更多的还是互补与合作，这是一种共生共赢的关系。

2. O2O 具有典型的区域性特点，主体业务主要基于实体商业，所以，在本质上跟实体商业并无太大区别，相互之间是一种对应的关系。这样的关系类似于传统领域里面的专业化营销服务机构，这也决定了它也将会像实体商业一样百花齐放，多种形态共生共存，行业细分领域还会有很强的竞争优势。

第九章　云计算的应用

第一节　云计算的目标和特征

一、云计算的由来及发展现状

（一）最初的云计算概念

1959 年，Christopher Strachey 发表了名为《大型高速计算机中的时间共享》的学术报告，第一次提出了虚拟化的基本概念，这篇文章也被认为是对虚拟化技术的最早论述。1961 年的时候，John McCarthy 提出了计算力和通过公用事业销售计算机应用的思想，指出"计算迟早会变成一种公用基础设施"。也正是虚拟化技术的逐步发展和成熟，奠定了云计算的技术基础。

（二）认知网络的重要性

Sun 公司在 1993 年的时候提出"网络就是计算机"（"The Network is the Computer"）的口号，就是用这样一个标语的形式，让人们第一次感受到网络在 IT 领域内的重要地位。

（三）SaaS 的诞生

1999 年，在确信 web 应用将最终取代桌面应用这一大趋势后，Oracle 高管 Mare Benioff，展开了一场大的创新，创建了 salesforce 这家以销售在线 CRM（客户关系管理）系统为主的互联网公司，并定义了 SaaS 的概念，就是：软件将会以在线服务的形式提供给用户，从而避免了用户在购买、安装和运行维护方面可能出现的繁琐步骤和高昂代价。

（四）"IT 不再重要"的发表

2003 年，在《哈佛商业评论》上发表有一篇叫做《IT 不再重要》的文章轰动一时，作者 Nicholas G. Carr 犀利地提出：IT 技术已经日用品化了，虽然这样可以让非常多的企业从 IT 中获益，但 IT 要是想再给企业带来一定的竞争优势也是很困难的。当时这篇文章遭到了整个 IT 界的呵斥和斥责，严重到在很长一段时间作者都被当做 IT 界的"全民公敌"看待。不过到了今天再来看这篇文章，这篇文章不只能够促使广大 IT 从业人员的不断反思，并且

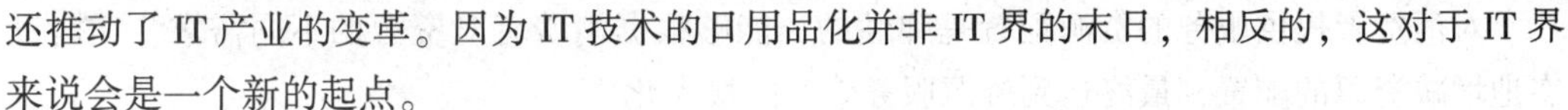

还推动了IT产业的变革。因为IT技术的日用品化并非IT界的末日，相反的，这对于IT界来说会是一个新的起点。

（五）Google三大核心技术

1. GFS：分布式文件系统。

Google在2003年的SOSP大会上发表了有关GFS分布式存储系统的论文。

2. MapReduce：并行计算的核心技术框架。

2004年的OSDI大会上发表了有关MapReduce分布式处理技术的论文。

3. BigTable：非关系型数据库。

2006年的OSDI大会上发表了关于BigTable分布式数据库的论文。

伴随着这样三篇举足轻重论文的发表，同时还有虚拟化技术逐步成熟，标志着云计算核心技术基础支撑的基本成型，而相应的开源技术产品的出现和广泛运用，这都使得云计算核心技术得到了普及。

（六）Amazon的AWS系统的推出

2006年3月，Amazon推出了AWS系统EC2，这一系统对于圣诞节计算高峰时段对基础资源的需求问题达成了一个完美的解决方案，同时解决的还有平时常态时段的空闲资源再利用问题。这是第一例成功的弹性计算。

（七）云计算破茧而出

1. 2006年8月9日，Google首席执行官Eric Schmidt在搜索引擎大会（SES San Jose 2006）首次把"云计算"的概念提了出来。

2. 2007年10月起，Google、IBM、Amazon、Yahoo、HP、Intel、AMD、Dell、Microsoft、Cisco等公司分别与包括中国、美国、新加坡、德国在内的上百所大学签订了推广云计算计划，并且试图把云计算模式向校园中快速的进行推广。

3. 2008年2月1日，IBM公司宣布在中国无锡太湖新城科教产业园为中国的软件公司建立全球第一个云计算中心。

二、云计算的特征和形态

（一）云计算的基本特征和部署模式

1. 归纳起来，云计算具有如下五个基本特征：

（1）按需自助服务：

消费者是不需要与服务商交互的，并且在这样的情况下，还能够自动地得到自助的计算资源能力，比如说服务器的数量和使用时间、网络存储空间等（即：资源的自助服务）。

（2）基于网络的访问：

所有的资源都没有在本地，消费者通过网络获得资源的服务，并通过网络支付所获服务的费用。

（3）虚拟化的资源池：

云端所有可提供服务的资源全部虚拟化，并且形成相应的资源池；可根据消费者的需要在资源池中动态配置、部署或释放有关资源。

（4）快速弹性的资源服务配置：

对消费者提供服务的资源配置是弹性的，能够根据消费者对资源的不同需求，实时动态地增减资源的配置，最终达到资源服务效率的最大化。

（5）服务可计算（效能计算）：

资源的服务可被计量，从而可被计费。系统通过计量的方法来自动控制和优化资源使用。资源的使用可被监测、控制以及对供应商和用户提供透明的报告（即付即用模式）。

2. 云计算的部署模式。

云计算目前公认的部署模式共有四种：私有云、社区云、公共云和混合云。

（二）云计算的服务形态和判识标准

1. 云计算的服务形态共有三种，即：

（1）基础设施服务（IaaS）：

对消费者提供处理、存储、网络以及基础计算资源的能力。消费者能够部署和运行任何一种软件（包括操作系统和应用软件）。消费者不必管理、控制产生这些资源能力的设备和设施。

（2）平台服务（PaaS）：

消费者通过服务商提供的编程语言（如：Java、Python 等）及基础平台（如：GIS、数据库等），对相关应用进行开发，并且对开发应用进行使用。消费者并不管理和控制服务商的基础设施、操作系统及提供服务的平台，但能够对于部署应用进行控制，并能够对应用环境进行配置。

（3）软件服务（SaaS）：

消费者通过网络使用服务商提供的软件服务，而并不需要购买软硬件、建设机房、招聘 IT 人员。即：消费者可通过互联网以租赁方式使用其所需要使用的各种以软件为特征的信息系统。

2. 云计算的判识标准。

现在业界已基本达成共识的对云计算的判识标准有下面几点：

（1）用户所需要的资源不在客户端，而来自于网络。

（2）服务能力具有分钟级甚至秒级的伸缩能力。

（3）具有较传统模式 5 倍以上的性价比优势。

三、云计算的应用模式

（一）云计算的具体应用模式

云计算通过云端服务器为用户提供数据存储、软件应用等服务。云计算的具体应用模式主要有软件即服务（SaaS）、平台即服务（PaaS）和基础设施即服务（IaaS）。

从 2014 年的市场结构来看，云计算的 3 大应用模式为用户提供服务具体情况如下：

1. IaaS 服务占比达 23.4%，海量数据存储和计算的需求增长将带动市场扩张；

2. PaaS 服务目前市场占有率较低，但随着技术环境的成熟以及互联网巨头的参与，市场潜力大；

3. SaaS 服务约占 70%，是最为成熟的细分市场，占据主导地位。SaaS 服务通过向用户提供可定制、共享资源的应用能力，缩短了软件产业的渠道链条，使软件提供商从软件产

品的生产者转变为应用服务的运营者，其获得增长的主要原因来自于对企业带来的便利：低成本、个性化服务、随时随地按需调用以及投资回报率高，未来将继续保持增长态势。

云计算的具体应用模式的内容和典型实例详见表格 9.1-1。

表格 9.1-1　　云计算的具体应用模式

类型	具体解释	典型实例
软件即服务（SaaS）	SaaS 是将应用软件作为服务提供给客户。通过 SaaS 这种模式，用户只要接上网络，并通过浏览器，就能直接使用在云端上运行的应用，而不需考虑安装等问题，并且免去初期高昂的软硬件投入。	Amazon S3、SQL Azure Amazon EC2、Zimory、Elastichosts、金蝶、中搜
平台即服务（PaaS）	PaaS 是将一个开发平台作为服务提供给用户。通过 PaaS 这种模式，用户可以在一个包括 SDK（软件开发工具包）、文档和测试环境等在内的开发平台上方便地编写应用，而且不论是在部署，还是在运行的时候，服务器，操作系统，网络和存储等资源都已经搭建好，这些管理工作由 PaaS 提供商负责处理。	Force. com、Google App Engine、Windows Azure（Platform）、百度、腾讯
基础设施即服务（IaaS）	IaaS 是将虚拟机或者其他资源作为服务提供给用户。通过 IaaS 这种模式，用户可以从提供商那里获得他所需要的虚拟机或者存储等资源来装载相关的应用，同时这些基础设施的管理工作将由 IaaS 提供商来处理。IaaS 能通过这些基础设施对虚拟机支持众多的应用。	Google Docs、Salesforce CRM、SAP Business by Design、阿里巴巴、中国电信

创新的应用服务模式是云计算区别于传统 IT 行业最显著特征之一，即信息产品本身被弱化，而服务被提升到一个全新的层次。联想公司计划推出基于云计算服务的 PC 及云终端，终端更像一台接收机，它本身没有存储设备，所有的数据都集中在后台。

云计算改变了单个计算机的功能，降低对网络的要求，由于终端不考虑应用的具体实现过程，扩展应用变得更加容易，高可扩展性是云计算的显著特征。应用在服务器端实现和部署，可以轻松实现不同设备间的数据与应用共享，并以统一的方式（例如通过浏览器）在终端实现与用户的交互。

（二）云计算的一些基本定义

云计算的一些基本定义：

1. Markus Klems

云计算包括了开发、负载平衡、商业模式，以及架构的时髦词，可以说已经成为软件业未来的发展模式（Software10.0），简单来讲，云计算就是以 Internet 为中心的软件。

2. Reuven Cohen

云计算是一种基于 Web 的服务，让用户只为自己需要的功能付钱就是它的目的，与此同时可以消除传统软件在硬件、软件、专业技能方面的投资。云计算主要是用户脱离技术与部署上的复杂性从而获得应用。

3. Jeff Kaplan

云计算，势必会炙手可热，人们会依此实现虚拟化并且重造 IT 应用，把基于服务的业务模式创造出来。

4. Douglas Gourlay

云计算可以说就是一个大的宏图，从根本上来说，也就是让用户能够透过 Internet 访问技术服务，如今，人们登陆 Facebook 或搜索航班，其实都是在使用云计算。

5. Praising Gaw

云计算就是新的 Web2.0，是一种既有技术上的市场绽放。这就好比是人们曾经在自己网站上放一些 ajax 就宣称自己是 Web2.0 一样，云计算是个流行起来的新词。

另外，积极的一面就是 Web2.0 最终抓住了主流眼球，并且最终云计算概念也会改变人们的思想，最后就会爆发出各种各样的概念，托管服务、ASP、网格计算、软件作为服务、平台作为服务、任何东西作为服务。

6. Damon Edwards

实际上云计算还存在不少令人费解的东西，其实并没有那么复杂，只有三种服务是基于“云”的，即 SaaS、PaaS 和云计算平台。

7. Briande Haaff

就消费者而言，SaaS 属于云计算的一种，但是行业内部人士一定要明白这究竟是怎样的意思。总体来说，云计算就是 SaaS 的升华。

8. Ben Kepes

在整个应用架构中，在一个虚拟的环境中实现配制、部署、服务，从而使云模式带来更多力量。

9. Kirill Sheynkman

可以这样比喻云计算，将云计算比作“云厨”，身为一家的厨师，就需要负责一家人的饭食，如果家人想要吃意大利食物，就需要做或订意大利饭给他，这些东西或许每天都在变。拿 DataCenter3.0 来说，你可以决定你的应用程序是在本地运行，或者是在其它数据中心运行，若发现资源不够，你还可以在中途改变主意。其实，基于自动化管理，是可以实时改变的。

10. Omar Sultan

云计算就是为一些需要动态改变的需要访问资源与服务。应用与服务请求的资源来自“云”，并不是固定的有形的实体。可以说云就是一些能够自我维护和管理的虚拟资源。

11. Kevin Hartig

云是个庞大的资源池，人们按需购买；云是虚拟化的；云可以像自来水、电、煤气那样计费。

12. Jan Pritzker

云计算是用户友好的网格计算。

13. Trevor Doerksen

云计算可以说是外包的，用多少买多少，各取所需，是一些来自 Internet 的东西。Thor-

stenvonEicken 要想讨论围绕着云计算这个概念的问题，就需要在一个历史背景中进行，去看看云计算的先驱者，他们都遇到了哪些问题，总会给我们带来一些指引，以防止发生同样问题。

14. Paul Wallis

我们可以借用金字塔模型对云计算的分布进行进一步的说明。处于顶端的是那些只需要用户关心这是什么的应用，就如 Gmail，Hotmail，QuickenOnline 等等。

处于中间的是一些服务，你拥有逐渐增强的灵活性与可控制性，然而还存在着一些限制，EngineYard，GoogleAppEngine，Mosso，Heroku，Joyentorshijiexuexi（SalesForceplatform）一类的应用算这一类别。在底端的是一些诸如 GoGrid，AmazonEC2，RightScale 和 Linode 一类的架构。

15. Michael Sheehan

Web 与博客世界的繁荣使人们相信，无论是哪一种应用都能够走向 Web 化，其实，的确有些是可以的，然而很大一部分都不可以。可靠性、可扩展性、安全，以及一大堆问题都会阻止多数公司将他们的核心业务放到“云”中，这样一来，出现问题的成本就会很高。Amazon 是云计算的领先者，然而即便是 Amazon 也会遇到非常多的问题，云计算还需要继续完善，它向前走的路或许比任何一个人估计的要长很多。DonDodge 现在的高速网络，高性能图形处理器，快却不贵的服务器和存储让工程师将越来越多的计算能力集中到数据中心，十年前，研究者们创造了网格计算的概念，而云计算将更强大。

16. Aaron Ricadela

在向不懂计算机技术的人提供虚拟技术的时候，我们希望虚拟或隐藏的是其复杂性。大部分人们都希望同应用或服务打交道，而非与软件打交道。对于云计算来讲，希望软件本身被虚拟或躲藏在系统或专业人员的背后，或者说“云”的背后。技术的发展逐渐的顺应了这句话，总是螺旋上升的。早期的大型机时代，大型机集中了所有计算；之后的 PC 时代，计算能力则分布在每一台 PC 上；即将进入以“云计算”为代表的互联网时代之后，计算能力将会走向集中。

可以说，在分布式的计算 PC 时代，微软被创造了；在集中式的计算“云时代”，谷歌被创造出来。与谷歌试图将所有计算与应用搬到“云”里不同的是，微软提出“云-端计算”的平衡理念：“云”与终端都将会承担一部分计算和应用。微软提出“云-端计算”的基础是：即使“云计算”时代，由摩尔定律及 WINTEL 架构所决定的平衡逐渐被打破，可是一个由硬件、带宽、内容构成的新平衡又逐渐形成，终端性能、带宽的发展，永远也赶不上内容的增长速度，这三者总会成为维持一个最佳的动态平衡。

17. Irving Wladawsky Berger

云计算就是将之前那些需要大量软硬件投资以及专业技术能力的应用，以基于 Web 服务的方式提供给用户。

实际上，掌握云计算也是一种利用互联网上软件和数据的能力。

第二节　云计算产生的基础及关键技术

一、云计算产生的基础

云计算并不是凭空产生的，它的出现是计算技术、网络通信技术以及互联网应用的成长和成熟的自然产物。

（一）计算技术的成长和成熟

Intel 创始人 Gordon Moore 在 1965 年的时候发现："随着单位成本的降低以及单个集成电路所集成的晶体管数量的增加，到 1975 年，以经济学角度分析，单个集成电路应集成 65000 个晶体管"。并且根据这个来进行推测，假如这个趋势继续的话，计算能力相对于时间周期将呈指数倍的上升。因此提出"摩尔定律"：在未来的 18～24 个月内，每单位芯片上的晶体管数量将会翻番。

过去的 40 多年里，信息技术发展的速度一直是摩尔定律所代表的，也标示着一场计算机革命：运算速度越来越快、存储容量越来越大、整机价格越来越低。近 20 年来，CPU 性能提高了 3500 倍；单位内存价格下降了 4500 倍；单位硬盘价格下降了 360 万倍。与此同时，虚拟化、分布式计算和并行计算、分布式海量数据存储和管理等有关技术也在不断地发展，并且日益成熟，客观上为云计算的出现奠定了技术基础。

（二）通信带宽的更快增长

上世纪九十年代中期前后，密集波分复用技术（DWDM）开始从实验室向商业领域进入，该技术能够在一根光纤里传送多路平行的 Gb 级光信号。该技术直接导致了远程通信带宽成本大幅下降：在该技术广泛应用前的 1993 年，传输 1GB 数据（1 公里/每秒）的成本为 2000 美元，而到 2007 年的时候，同样通信传输量的成本就已经下降到了不到 1 美元。

90 年代初，George Gilder 提出著名的吉尔德定律：未来 25 年内，主干网的带宽将每 6 个月增加一倍，每 bit 的传输成本将趋于 0。

迄今为止全球光纤总长度能够绕地球 2.5 万圈了。而密集波分复用技术的应用，使得一些发达国家在近十年的时间之中主干网带宽增长了近 1000 倍。

从增速角度考察，通信带宽的增速甚至已经大于了摩尔定律。充足的网络带宽成为最廉价的资源，使得通信业务逐渐向互联网演进，信息服务以最快的速度实现了大众化。

（三）互联网的出现和广泛应用

1992 年，当时的美国副总统 Al Gore 提出著名的美国信息高速公路法案，1993 年 9 月，美国政府宣布实施一项新的高科技计划一"国家信息基础设施"（National Information Infrastructure，简称 NII），旨在以互联网为雏形，兴建信息时代的高速公路一"信息高速公路"，这一决策使得所有的美国人都能够方便地共享海量的信息资源，互联网也从这个时候开始了其全球迅速普及的趋势。之后的十年之中，互联网用户数量每 6 个月翻一番，互联网通信量每 100 天翻一番。到了现在，互联网俨然已经成为了人人感知和认知不可或缺的设备；由于互联网的存在，使人们的认知能力和感知能力不再局限于时间和空间的束缚之中，并

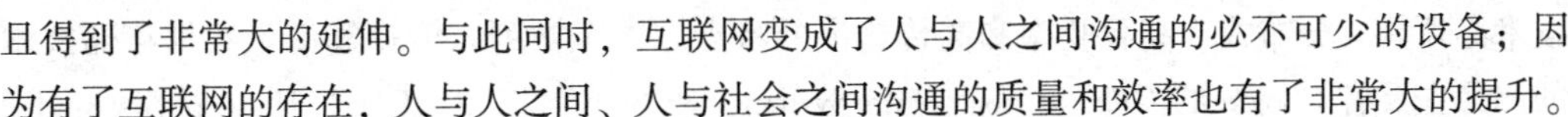

且得到了非常大的延伸。与此同时，互联网变成了人与人之间沟通的必不可少的设备；因为有了互联网的存在，人与人之间、人与社会之间沟通的质量和效率也有了非常大的提升。

一点也不夸张地说：互联网是人类二十世纪最伟大的发明，它的出现不只是改变了人类的工作方式、生活方式和休闲方式，还改变了社会民主、经济、商务、教育、健康与娱乐机制；它还显示了适应甚至激励技术转变的巨大能力，已经成为推动社会变革和技术创新的最强大的发动机。

（四）系统虚拟化技术的逐渐成熟

随着VMware、Citrix及微软等公司多年的不懈努力，系统虚拟化技术有了一定积累和不断地发展。一台服务器能够完成过去很多台服务器的负载，从而有效地提升了硬件的利用率，降低能源损耗和硬件的购买成本。更加重要的是，这些技术有效地提升了数据中心自动化管理的程度，从而在很大程度上减少了在管理方面的投入，使数据中心的管理更加智能化。

二、云计算所涉及的关键技术

云计算的关键技术包括：虚拟化技术、多租户技术、资源调度、编程模型技术、存储技术、数据管理技术等。

云计算所涉及的关键技术都不是云计算所专有的，而是数十年来IT技术在发展过程中由实际需求而孕育、发育、生长并成熟起来的，也就是说，是技术的不断成熟，最终促成和造就了云计算的出现。相对于云计算而言属于关键技术的具体内容包括下面这几个方面：

（一）虚拟化技术

虚拟化技术实现了物理资源的统一表示和逻辑抽象。通过虚拟化技术能够提高对于资源的利用率，并且还能够根据用户业务需求的变化，快速灵活地进行资源配置和部署。虚拟化技术将物理设备的具体技术特性加以封装隐藏，对外提供统一的逻辑接口，从而屏蔽了物理设备由于多样性而带来的差异。

虚拟化技术主要包括：计算虚拟化、存储虚拟化、网络虚拟化、应用虚拟化等。当前Citrix Xen、VMware ESX Server和Microsoft Hype-V等都是很典型的产品。

（二）分布式编程模型与计算

分布式编程模型实现了在后台自动地把用户的程序分解为高效的分布式计算或者并行计算模式，并且在后台进行具体的执行计算工作，包括相关的任务调度。为使用户能更加轻松的享受云计算为之带来的服务，让用户能够利用这种编程模型编写简单的程序来实现特定的目的，分布式编程模型一定要非常简单才可以，并且这种功能和能力对用户和编程人员来说是透明的。如今各IT厂商提出的“云”计划的编程工具很大一部分都是基于Map-Reduce的编程模型。一些专家和学者把MPI和PVM等并行计算编程工具也归纳进了这项技术的范围里面。

（三）海量数据分布式存储技术

云计算系统需要在同一时间之中让绝大部分用户的需求都得到满足，为并行地为大量用户提供服务。为了做到这一点，并且保证实用性、可靠性和经济性，云计算采用分布式存储方式来存储数据，采用冗余存储方式来保证数据的可靠性。所以，云计算的数据存储技术必须具有分布式、高吞吐率和高传输率的特点。如今被列入云计算海量数据存储技术的产品主要有 Google 的 GFS（Google File System，非开源）以及 HDFS（Hadoop Distributed File System，开源），如今这两种技术已经成为事实标准。

（四）海量数据管理技术

云计算需要对分布式存储的海量数据进行处理和分析，所以云计算的数据管理技术一定要具备高效管理大量分布式数据的能力。如今云计算的数据管理技术中最著名的是 Google 的 BigTable 数据管理技术。与此同时，Hadoop 开发团队正在开发类似 BigTable 的开源数据管理模块。

（五）虚拟资源的管理与调度

云计算系统的平台管理技术能够使大量的虚拟化资源协同工作，方便地进行业务部署和开通，快速发现并且马上恢复系统故障，通过自动化、智能化手段实现大规模系统的可靠运行。

（六）云计算相关的安全技术

云计算模式带来了一系列的安全问题，其中包括用户隐私的保护、用户数据的备份、云计算基础设施的防护等，这些问题都需要更强的技术手段，甚至由法律手段去解决。

三、云计算的意义

（一）云计算的发展原因

云计算是网格计算、分布式计算、并行计算、效用计算、网络存储、虚拟化、负载均衡等传统计算机技术和网络技术发展融合的产物。云计算将计算从用户终端集中到“云端”，是基于互联网的计算模式。按照云计算的运营模式，用户只需关心应用的功能，而不必关注应用的实现方式，即各取所需，按需定制自己的应用。最简单的云计算技术在网络服务中已经随处可见，例如搜索引擎、网络信箱等，使用者只要输入简单指令即能得到大量信息。云计算不仅仅用于资料搜寻和分析，未来还可用于分析 DNA 结构、基因图谱定序等。“云计算”的模式具有规模经济性，所有应用通过互联网提供给多个外部用户，多个用户共享同一个应用，进而实现计算在用户间的共享，提高处理器和存储设备的利用率。

云计算模型的最大优势是把成本分布在尽可能多的用户上。将来分布式计算会越来越普遍，会逐渐发展成主流的计算模式而取代集中式的大型计算机，其中有五个最主要的因素：

1. 高性价比

分布式系统具有比集中式系统更好的性能价格比，不会因要花几十万美元就可以获得高效能计算。

2. 应用分布性

多数应用本身就是分布式的。就比如工业企业应用，管理部门和现场没有在相同的地方。

3. 高可靠性。

冗余不只是生物进化必要的条件，并且还是一种信息技术。现代分布式系统具有高度容错机制，控制核反应堆主要采用分布式来实现高可靠性。

4. 可扩展性。

分布式系统具有良好的可扩展性，可以随时扩充多台 PC 机提高计算能力，省去了添置大型机的费用。

5. 高度灵活性。

可以兼容不同硬件厂商的产品，兼容低配置机器和外设从而获得高性能计算。

粗略地计算，如今个人计算机每个 CPU 芯片的处理能力是 200MIPS，也就是说平均一秒钟能够执行 200M，也就是两亿次指令，然而近期的 Yahoo 公司报道他们已经实现了有一万个节点（node），就是一万台 PC 计算机连接的分布式系统，整体的处理量是 2，000，000MIPS，可以说最快的芯片也不会达到这样的速度，因为在一定面积上设计的芯片的速度是存在一个极限的，不可逾越。然而目前世界著名的超级计算机所谓的 TOP500，可以达到一秒钟几百万亿次指令执行，这些全都是采用了分布式的设计，世界第一的 IBMBlueGene 超级计算机采用了 32 部机架，每部机架部署有 768 个 PowerPC440CPU。

如今对于一个国家或地区最重要的，就是战略资源的计算能力，并不亚于石油和其他战略物资的重要性。可以说，云计算就是将普通的服务器或个人计算机连接起来从而获得超级计算机，也叫作高性能和高可用性计算机，可是它的成本更低。这在世界上也是个先进项目。要知道 TOP500 基本都是使用 Linux 操作系统的。如今的社会或是家庭拥有的个人计算机就是 PC，仅有 30%的计算能力被利用，甚至更低，而其余 70%的实际上是被闲置的，这些闲置的计算机资源与计算能力只有通过分布式系统才能得到有效的利用，如此一来就大大地提高了一个国家的计算能力，而衡量一个国家国力和科学研究能力的指标就是计算能力，如今，这一点国人并没有一个充分的认识。

云计算模式一定会在很大程度上提高我国科学计算和商业计算能力，会让我国经济竞争力大大提升。美国和欧洲有很多社会分布的分布式计算系统，他们动员和使用这些社会计算能力进行人类基因组学的研究、数学难题研究、天文学问题研究以及其他的科学问题研究。一个研究报告估计出我国个人计算机 PC 保有量接近两亿台。

（二）云计算的意义

关于云计算的意义，我们能够从最终用户、信息技术、社会和政治学以及可持续发展等几个维度来予以考察：

1. 最终用户的视角：

云计算是一种 IT 资源的交付和使用模式。

对于最终用户来说，云计算不是一种新技术，它并不是一个新的 IT 架构，同时也不是一种新方法。云计算属于一种全新的 IT 资源交付模式，这种模式使得用户能够完成他所需要做的事情，并且不需要特殊的 IT 支持，比如说购置设备还有基础软件平台，或者维护这些设备的运行。对用户而言，云计算的技术层面是抽象的、隐藏的，能够简单地通过“一朵云”来表示。用户能够通过获得服务来使用它，不过并不用购置、管理或者维护它。

2. 信息技术的视角：

云计算是一种商业模式的革命。

从信息技术的角度考量，云计算能够被称之为继个人计算机、互联网之后的信息技术的第三次革命。云计算与 PC、Internet 的不同之处就是：云计算的存在并不只是在硬件、软件和网络上，更主要的是，它是基于网络的资源及服务的。云计算是一种商业模式的革命，它彻底改变了人们获取 IT 服务的方式，并且还让社会信息化的门槛降低了。

3. 社会学、政治学的视角：

云计算是一次对生产力的解放。

云计算的产生，在最大限度上降低了使用者的信息化工作的代价，解脱了前期购置 IT 资产的高额投入以及中后期 IT 设备运行维护管理的附加代价等加诸于使用者身上的沉重枷锁，使得使用者能以“按量付费”这一到目前为止最为合理的模式使用 IT 资源。这将使得蕴藏在人们脑海中的各种知识、智慧等得以更加便捷、更小代价地转变为实际成果，进而极大地让生产力得到解放。

圣塔菲研究所对云计算做了一个非常形象的概括和评价：“电力的普及重构了一百年前的世界，电灯改变了生活的节奏，电动组装线使工业和加工业有了新的定义，而家用电器则让工业革命进入了家庭。对于‘云’，也许最丰富的想象力都不足够，这将是一个创新涌现的混沌状态。”

除此之外，云计算对推动平等、创新型还有和谐社会的社会转型，也具有一定的积极意义。

4. 发展的视角：

云计算属于一种可持续的发展模式。

对使用者来说，重要的是需求的全面满足，相对来说 IT 和技术就显得不重要了，而对于提供者来说，假如用户需求的满足是建立在提供者所没有办法承受的代价的基础之上，那么这种满足方式是不可能进行持续发展的。所以，只有在双赢的情况之下，才可以让事情延续下去。

云计算正是这样一种模式：它在大幅降低用户的使用代价的同时，还通过运用有效的技术手段，充分发掘提供者所拥有的资源的使用效率和潜力，并且通过提高效率来降低服务成本，通过规模积累微利，使得效能计算，也就是按使用量付费模式，成为了现实。

第三节　云计算的应用及发展

一、云计算技术国内外发展现状

（一）国外云计算技术及产业现状

1. 国际政府云

（1）美国将云计算技术和产业定位为维持国家核心竞争力的重要手段之一。

美国政府在制定的一系列云计算政策中，明确指出加大政府采购，积极培育市场。通过强制政府采购和指定技术架构来推进云计算技术进步和产业落地发展。例如，美国军队（空军、海军）、司法部、农业部、教育部等部门都已应用了云计算服务。

美国历届联邦政府都将推动 IT 技术创新与产业发展作为国家的基本政策，在 2011 年出台的《联邦云计算战略》中明确提出鼓励创新，积极培育市场，构建云计算生态系统，推

动产业链协调发展。

（2）欧盟欧盟委员会在2012年9月启动“释放欧洲云计算潜力”的战略计划。

该计划包括筛选和精简众多技术标准、为云计算服务制定安全和公平的标准规范等，同时明确市场政策，确立欧洲云计算市场，促使欧洲云服务提供商扩大业务范围并提供性价比高的在线管理服务。

（3）英国政府启动云计算的13个重点研发项目。

英国政府在2013年为13个研发项目拨款500万英镑，以应对阻碍云计算应用的商业和技术挑战。这13个项目的研究重点在于开发相关的系统、服务和软件，帮助解决云服务缺乏互操作性、数据恢复能力和身份验证这三项挑战，提高云服务的安全性。

（4）澳大利亚政府发布《公共服务大数据战略》。

澳大利亚 澳大利亚政府信息管理办公室（AGIMO）在2011年发布《澳大利亚政府云计算政策：最大化云计算的价值》的文件，并在2013年5月更新和发布了该文件的2.0版，该文件对政府部门使用云计算服务提供了指导，包括云计算相关法律、财政支持、安全规范等。2013年，AGIMO发布《公共服务大数据战略》，该战略以六条“大数据原则”为支撑，旨在推动公共行业利用大数据分析进行服务改革，并制定更好的公共政策。澳大利亚新南威尔士州出台与云服务相关的政策，以利用更加灵活可靠的技术来改善政府的运作和服务，节约运营成本。

（5）韩国政府制定《云计算全面振兴计划》。

韩国政府在2011年制定了《云计算全面振兴计划》，其核心是政府率先引进并提供云计算服务，为云计算开发国内需求。韩国通信委员会的报告指出，2010年至2012年，韩国政府投入4158亿韩元预算来构建通用云计算基础设施，将利用率低下的电子政务服务器虚拟化，逐步置换成高性能服务器，并根据系统服务器资源使用量实现服务器资源的动态分配。

（6）日本政府发布《云计算与日本竞争力研究》。

日本经济产业省2010年8月发布《云计算与日本竞争力研究》报告，鼓励和支持包括数据中心和IT厂商在内的云服务提供商利用日本的IT技术等优势，通过分析云计算的全球发展趋势，解决云计算发展过程中的挑战性和关键性问题。

2. 国际企业云

全球云计算市场销售额2015年达到1768亿美元。从2008年以来的市场规模来看，全球云计算市场销售额从2008年的470亿美元增长到2011年的914亿美元，增长率达到94.47%，从2011年到2015年，增长率为93.44%。根据对云计算市场的整体预测，预计到2020年，云计算市场规模将达到2410亿美元。

（1）亚马逊

亚马逊网络服务（AWS）推出了其桌面即服务（DaaS）WorkSpaces，进一步扩展其云生态系统。每个桌面都需要CPU、内存、存储、网络及GPU，而AWS提供了这些资源。在PaaS领域，亚马逊宣布EMR支持Impala之后，更推出了流计算服务Kinesis。

（2）思科

思科与VMware合作推出DaaS产品，该产品利用思科Validated Design框架整合VMware

最近收购的 Deskone 技术为用户提供 VDI 服务。

（3）微软（Microsoft）

微软在 2013 年推出 Cloud OS 云操作系统，包括 Windows Server 2012 R2、System Center 2012 R2、Windows Azure Pack 在内的一系列企业级云计算产品及服务。Windows Azure 是云服务操作系统，可用于 Azure Services 平台的开发、服务托管以及服务管理环境。Windows Azure 为开发人员提供随选的计算和存储环境，以便在 Internet 上通过 Microsoft 数据中心来托管、扩充及管理 Web 应用程式。

（4）IBM

IBM 在 2013 年推出基于 OpenStack 和其他现有云标准的私有云服务，并开发出一款能够让客户在多个云之间迁移数据的云存储软件——InterCloud，并正在为 InterCloud 申请专利，这项技术旨在向云计算中增加弹性，并提供更好的信息保护。

IBM 在 2013 年 12 月收购位于加州埃默里维尔市的 Aspera 公司。在提供安全性、宽控制和可预见性的同时，Aspera 使基于云计算的大数据传输更快速，更可预测和更具性价比，比如企业存储备份、虚拟图像共享、或者快速进入云来增加处理事务的能力。

2013 年 IBM 收购云计算公司 Softlayer，这也标志着 IBM 朝着世界最大云计算服务公司的目标迈出了坚实一步。

（5）甲骨文

甲骨文公司宣布成为 OpenStack 基金会赞助商，计划将 OpenStack 云管理组件集成到 Oracle Solaris、Oracle Linux、Oracle VM、Oracle 虚拟计算设备、Oracle 基础架构即服务（IaaS）、Oracle ZS3 系列、Axiom 存储系统和 StorageTek 磁带系统中。并将努力促成 OpenStack 与 Exalogic、Oracle 云计算服务、Oracle 存储云服务的相互兼容。OpenStack 已经在业界获得了越来越多的支持，包括惠普、戴尔、IBM 在内的众多传统硬件厂商已经宣布加入，并推出了基于 OpenStack 的云操作系统或类似产品。

（6）惠普

惠普在 2013 年推出基于惠普 HAVEn 大数据分析平台的新的基于云的分析服务。惠普企业服务包括大数据和分析的端对端的解决方案，覆盖客户智能、供应链和运营、传感器数据分析等领域。

（7）苹果（Apple）

苹果 iCloud 是美国消费者使用量最大的云计算服务。苹果公司在 2011 年就推出了在线存储云服务 iCloud。

（8）戴尔

在 2013 年 8 月，戴尔公司云客户端计算产品组合全新推出 Dell Wyse ThinOS 8 固件和 Dell Wyse D10D 云计算客户端。依托 Dell Wyse，戴尔可为使用 Citrix、微软、VMware 和戴尔软件的企业提供各类安全、可管理、高性能的端到端桌面虚拟化解决方案。

（9）AT&T

美国 AT&T 公司为企业提供了可按需灵活配置的云计算服务，可根据用户需求对安全、控制和性能进行组合配置。包括以服务的形式提供平台或计算能力、虚拟化等。

（10）CA Technologies

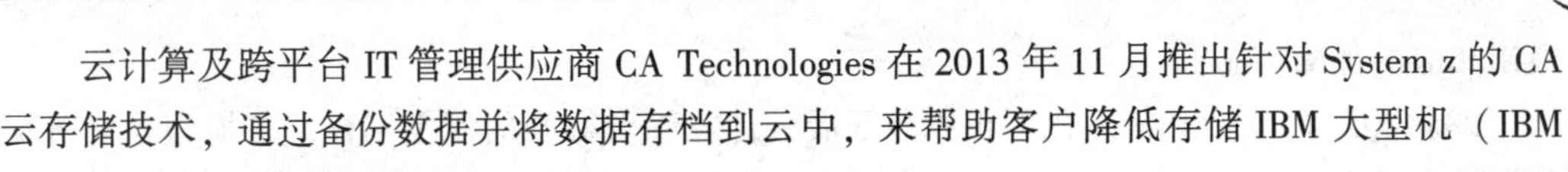

云计算及跨平台 IT 管理供应商 CA Technologies 在 2013 年 11 月推出针对 System z 的 CA 云存储技术，通过备份数据并将数据存档到云中，来帮助客户降低存储 IBM 大型机（IBM System z）上处理数据的成本。

（11）富士通

信息通讯技术服务供应商富士通推出开源云计算平台 OpenStack 的 Rackspace 公司在 2013 年 10 月收购以色列云技术公司 ZeroVM。ZeroVM 拥有专门为云而设计的 hypervisor 产品，该产品的设计兼顾了云计算的优势和局限性。

富士通于 2013 年 4 月在日本推出基于云计算的供应链风险管理服务 SCRKeeper，用于高效准确评估和管理供应商的业务持续能力。

（二）国内云计算技术及产业现状

1. 中国政府政策扶持云计算的发展

（1）2010 年 10 月，国务院"关于加快培育和发展战略性新兴产业的决定"（国发〔2010〕32 号）将云计算纳入新一代信息技术产业范围内，提出要加快建设宽带、泛在、融合、安全的信息网络基础设施，推动新一代移动通信、下一代互联网核心设备和智能终端的研发及产业化，加快推进三网融合，促进物联网、云计算的研发和示范应用。

由国家发改委牵头，联合工信部、财政部拨出 15 亿元，作为国家战略新兴产业云计算示范工程专项资金，重点推动国内云计算产业发展、扶持云计算领军企业。百度、阿里巴巴、腾讯等企业，成为国家首批云计算示范企业。

（2）2010 年 10 月，国家发展改革委、工业和信息化部"关于做好云计算服务创新发展试点示范工作的通知"（发改高技〔2010〕2480 号）国家发改委、工信部将北京、上海、深圳、杭州、无锡、哈尔滨市确定为国家云计算服务创新发展试点城市，部分省市政府搭建云计算基础平台，积极推进云计算的发展。

（3）2011 年 12 月，国务院办公厅发布了《关于加快发展高技术服务业的指导意见》，提出培育基于移动互联网、云计算、物联网等新技术、新模式、新业态的信息服务。

（4）2012 年 4 月，工业和信息化部发布的《软件和信息技术服务业"十二五"发展规划》提出，十二五期间要结合国民经济和社会发展重大需求，开展云计算服务创新发展试点示范：发展一批面向智慧城市、智能交通、医疗卫生、教育科普、文化资源、生产制造、中小企业等领域的云计算服务示范应用；制定一批重要的标准规范，建立健全产业公共服务体系，形成产业链较为健全、相关服务国际竞争力明显提升的云计算产业发展格局。

（5）2012 年 5 月，工业和信息化部发布《通信业"十二五"发展规划》，将云计算定位为构建国家级信息基础设施、实现融合创新的关键技术和重点发展方向。2012 年 9 月，科技部发布首个部级云计算专项规划《中国云科技发展"十二五"专项规划》，对于加快云计算技术创新和产业发展具有重要意义。

（6）2012 年 7 月，国家发改委印发了《关于申报信息化领域创新能力建设专项的通知》，将云计算实验室列入重点建设项目。

（7）2012 年 9 月，科技部关于印发《中国云科技发展"十二五"专项规划的通知》（国科发计〔2012〕907 号），提出"十二五"期间云计算产业的重点任务：研究和建立云计算技术体系和标准体系；研制云计算成套系统；开展典型应用示范，推动产业发展。并提出相应的保障措施。

（8）2013 年工业和信息化部正积极开展云计算综合标准的制定工作。在梳理现有各类信息技术标准的基础上制定新的云计算标准，修订已有的标准，建设形成满足行业管理和用户需求的云计算标准体系。

2. 中国“政府云”

我国云计算基础产品与操作系统技术方面取得显著进展。在云计算基础产品方面，我国已经突破 EB 级存储系统软、硬件技术和支持亿级任务并发处理的服务器系统技术。同时，互联网企业在大规模云计算操作系统方面取得突破，包括弹性计算系统、分布式计算系统、结构化数据存储系统和开放存储系统等。

（1）北京云基地的建设。

作为云计算、大数据时代基础设施的建设者和创新者，云基地各创业企业的产品和服务涵盖云计算各个环节，包括服务器、模块化数据中心、瘦终端等硬件产品的设计和生产，云中间件、云管理平台、桌面虚拟化等基础软件研发；大数据、智能知识库、分布式计算等应用软件，以及定制化云计算解决方案，构成完整的上下游和中间平台完备的云生态产业链。

（2）上海的“云海计划”。

上海市在 2010 年 8 月颁布推进云计算产业发展行动方案，即“云海计划”，“上海市云计算产业基地”在上海市北高新技术服务业园区落户。

（3）深圳的“智慧深圳”。

深圳市将云计算作为“智慧深圳”的重要支撑纳入深圳市“十二五”发展规划。深圳云计算国际联合实验室在 2011 年 4 月正式揭牌，该实验室是深圳云计算产业协会联合英特尔、IBM、金蝶等国内外相关企业创建的专业性技术与应用研发实验室。深圳云计算中心在 2012 年 1 月完成验收。

（4）杭州的“西湖云公共服务平台”。

杭州云计算产业园在 2011 年 10 月开园，形成以“技术创新、人才创新和运作模式创新”为支撑的云计算产业创新体系，打造云计算产业集聚区。杭州湾云计算（西湖云公共服务平台）是全国首家利用云计算技术服务于电子商务产业的政、产、学、研一体的公共服务平台。

（5）无锡的“城市云计算中心”。

无锡城市云计算中心在 2013 年 8 月正式启用，作为国内首个物联网云计算中心，无锡城市云计算中心大量使用自主知识产权的产品、技术和国产设备，有效保障了云服务的“安全、自主、可控”。该中心现已为无锡电子政务、物联网、移动互联网等关键应用提供云计算服务，逐渐形成开放的城市云生态体系。

（6）哈尔滨的“云计算应用示范工程”。

哈尔滨市提出以“发挥政府引导作用，以电子政务建设为切入点，大力推进云计算技术应用，以应用带市场、以应用促招商、以应用谋发展”的工作思路，确定了“通过利用政府资源，实施云计算应用示范工程，培育和引进一批云计算骨干企业，形成一批自主知识产权的核心技术和拳头产品，实现一批在全国具有示范意义的典型应用”的工作任务。

（7）合肥的“城市云数据中心”。

合肥城市云数据中心是在国家发改委安徽省数据灾备外包服务中心的基础上，由合肥广电、科大国祯、鸿淦数据联手打造的高科技公共服务平台，是安徽省已落成的规模和级别最高的数据中心，致力于打造一流的云技术服务平台，为合肥智慧城市建设提供云计算相关服务，加快“智慧合肥”落地步伐。

2. 国内企业云。

2015 年我国云计算整体市场规模达 378 亿元，整体增速 31.7%。其中专有云市场规模 275.6 亿元人民币，年增长率 27.1%。

我国云计算产业技术水平日趋成熟，国内的企业和科研机构积极开展云计算相关项目的研发应用。2008-2013 年，我国云计算产业共申请专利 1851 件。其中 2010-2013 年行业专利申请量均在 200 件以上，2012 年达到 803 件。随着国家扶持及企业投入力度的进一步加大，中国云计算从概念到大规模应用将指日可待。

（1）曙光

曙光公司、NVIDIA 公司、思杰公司在 2014 年 1 月共同合作推出基于 GRID 和 CitrixXenDesktop 技术的图形云计算产品——“云图”（W760-G10），解决了 GPU 硬件虚拟化的技术难题，这是我国首款真正意义上的专用图形云计算产品。

（2）阿里云

阿里云于 2013 年 12 月在“飞天”平台之上启动一系列举措。包括低门槛入云策略、一亿元扶持计划、开发全新开发者服务平台等多项内容。从产品、价格、服务以及第三方合作等多个角度，打破传统商业模式，以用户第一的思维，创新云服务，构建更加健康的云计算生态圈。

2013 年 10 月，阿里云推出“飞天 5K 集群”项目，取得技术上的重大突破，拥有了只有 Google、Facebook 这样的顶级技术型 IT 公司才能达到的单集群规模达到 5000 台服务器的通用计算平台。

（3）百度

百度在 2011 年 9 月正式开放其云计算平台，在云计算基础架构和海量数据处理能力已较为成熟，将陆续开放 IaaS、PaaS 和 SaaS 等多层面的云平台服务，如云存储和虚拟机、应用执行引擎、智能数据分析和事件通知服务、网盘、地图、帐号和开放 API 等。

百度云 OS 是云和端结合的通用性平台，以个人为中心来组织数据和应用，形成产品研发的统一、落地终端的统一、运营渠道的统一。云 OS 提供网页 App 化的功能，还将支持新型的 WebApp。

（4）浪潮

浪潮集团已形成涵盖 IaaS、PaaS、SaaS 三个层面的云计算整体解决方案服务能力，建立包括 HPC/IDC、媒体云、教育云等跨越十余个行业的云应用并成功在非洲、东南亚等地区进行推广。通过承担“高端容错”和“海量存储”两个国家 863 计划重大专项，“浪潮天梭 K1 关键应用主机”和“浪潮 PB 级高性能海量存储系统”均通过国家验收，并已成功在金融、税务等核心领域部署。

在 2013 年，浪潮发布了其全新升级的云数据中心操作系统云海 OS V3.0，该产品基于开放、融合的技术理念，能够帮助用户从孤立低效的传统数据中心向智能高效的云数据中心转变。

（5）华为

华为公司秉承开放的弹性云计算的理念，如推出了 FusionCloud 云战略，提供云数据中心、云计算产品、云服务解决方案。“ICT 软硬件基础设施、顶层设计咨询服务和联合第三方开发智慧城市应用”是华为企业业务的三个主要方向，在云数据中心的基础上，实现“云-管-端”的分层建设，打造可以面向未来的城市系统框架。

华为在 2013 年的应用案例，如天津 LTE 政务网（可为政府、公安等行业用户提供），采用的是华为基于 TD-LTE 技术的方案，直接支持数据、视频业务，并为未来专业集群、应急通信车等提供资源预留。

（6）腾讯

腾讯公司在 2013 年 9 月宣布腾讯云生态系统构建完成，将借助腾讯社交网络以及开放平台来专门推广腾讯云。

（7）联想

联想公司在 2013 年 9 月与虚拟化和云基础架构解决方案的领导厂商 VMware 共建的“联想威睿技术联合实验室”正式落成，将在服务器虚拟化、桌面虚拟化、云计算数据中心建设、基础架构管理与运维、数据容灾等技术领域进行合作，共同开发适合我国客户的解决方案。

（8）中国移动

中国移动在 2013 年发布“大云”2.5 版本，实现从私有云向混合云性质转变，系统容量也从小规模试点发展到规模化商用，而在应用方面，也从原来的边缘性业务渗透到了关键核心业务中。

（9）华云

华云数据公司在国内拥有超过 15 个城市 20 个数据中心上万台物理服务器集群，网络覆盖中国电信、中国联通以及华云自有边界网关协议（BGP）网络，实现从边缘到核心网络的全覆盖。华云数据自主研发并推出我国首个运营型 PaaS 平台——中国云应用平台。

（10）易云捷讯

易云捷讯在 2013 年 10 月成功发布易云云操作系统最新版本 EayunOS 3.2，标志着国内首款基于 OpenStack 的商业化云计算平台成功落地。易云云操作系统提供包括服务器虚拟化、网络虚拟化、存储虚拟化、大数据存储以及云服务运营在内的平台级整体解决方案。

（11）杭州华三

杭州华三通信公司（H3C）在 2013 年 9 月推出 CloudPack 云业务系统。H3C 云计算解决方案目前已在天津政务云、南京市教育云、北京电力、广铁集团、海南航空等众多项目中应用，H3C 也已成为当前云计算应用领域最重要的厂商之一。

二、云安全

（一）“云安全”概念和策略

1. 我国独树一帜的“云安全”的概念。

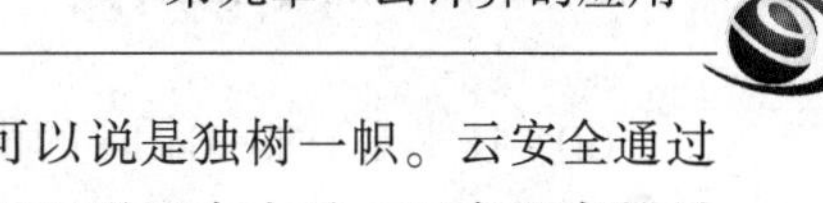

在国际云计算领域，我国企业创造的“云安全”概念可以说是独树一帜。云安全通过网状的大量客户端对网络中软件行为的异常监测，之后获得互联网中木马、恶意程序的最新信息，再推送至服务端进行自动分析和处理，最后将病毒、木马的解决方案发送至每一个客户端。

2. 云安全的策略构想

使用者越多，每个使用者就会更加安全，原因就是这么庞大的用户群，足够将互联网的任何角落覆盖掉，只要某个网站被挂马或某个新木马病毒出现，必定会马上被截获。

（二）我国“云安全”产业的发展

1. 我国云安全的企业发展迅速。

瑞星、趋势、江民科技、卡巴斯基、金山、SYMANTEC、MCAFEE、PANDA、360安全卫士、卡卡上网安全助手等都推出了云安全解决方案。

2. 我国的云安全产品。

瑞星基于云安全策略开发的2009新品，一天之内就可以拦截数百万次木马攻击。趋势科技云安全在全球已经建立了五大数据中心，几万部在线服务器。根据相关消息得知，云安全能够支持每天平均55亿条的点击查询，每天收集分析2.5亿个样本，资料库第一次命中率就能够达到99%。趋势科技借助云安全，如今每天阻断的病毒感染最高可以达到一千万次。

三、云计算发展趋势

（一）云计算发展的制约因素

中国一些企业，尤其是中小型企业的云计算建设过程缓慢，由于资金实力限制、自建数据中心的投资回报率较低，主要原因在于：一是IT投资预算不足，难以承受价格高昂的IT设备以及IT基础设施的构建、更新和维护成本，二是缺乏专业的IT团队进行资源信息的共享和管理。难以实现开发、运营、推广、应用等全作业服务。决定企业云计算成功的关键因素有如下方面：

1. 服务器、存储、网络、操作系统等云计算基础设施资源；

2. 对环境管理、设备管理、日常操作管理、员工管理等多方面进行维护的能力；

3. 企业在编程模型技术、数据存储技术、虚拟化技术、并行计算等技术的负载均衡、可扩展性的开发能力和提升实力；

4. 对虚拟化资源的管理、对平台的安全控制、对运维人员的调配等维系平台正常稳定运营的能力；

5. 对产品进行推广的渠道推广能力，体现在企业的应用分发渠道资源和推广形式上的实力；

6. 帮助客户降低云服务的成本支出的成本控制能力；

7. 多样化创新的客户服务能力，如定制化的产品界面设计、大数据服务、应用运营以及助力产品实现商业变现等服务创新能力。

（二）云计算发展趋势

1. 云计算与CDN的界限更加模糊。

CDN 技术是 DNS+Cache 的模式，CDN 服务商被称为“虚拟 ISP”。CDN 技术大量功能依赖软件系统实现，因此需要强大的容错、自恢复的技术支持。除了稳定性，还有按需扩展性、自动维护都是 CDN 所需要的，这正是“云计算平台”所能提供的。

2. 开源技术正逐渐成为主流，SaaS 服务是未来的主要方向。

SaaS（软件即服务）的出现，可减少对一些知名软件供应商的依赖性，如微软、甲骨文和 SAP，现在每个公司开始看到机会。信息技术上的束缚越来越少，许多 SaaS 公司将其视为建造自己基础设施的方式。云计算不仅能降低企业成本，而且有利于企业综合效率的提升，对于社会和经济都有很大的推动作用。其中，SaaS 占据着主导地位，比重约为 70%，是当前也是未来云计算市场主要的方向。目前企业管理软件是 SaaS 服务主要涉及的领域，随着技术的提升以及云服务厂商对行业的了解逐渐成熟，更多领域的 SaaS 服务将得到丰富，非企业管理型 SaaS 服务将占据一席之地，如中搜的定制化信息消费型 SaaS 产品等都是创新的服务形式。创新服务也将成为未来开辟蓝海市场的重要切入点。

3. 公有云与私有云从竞争关系变为互补，混合云将成为企业的优先选择方案。

企业在从私有云安全性及可靠性中受益的同时，也利用了公有云的可扩展性和灵活性。未来对混合运算的需求会越来越多。

随着云计算生态链日益完善，云服务从业者逐渐增多，越来越多的企业开始走向并深入云计算，而混合云将成为企业的优先选择方案。混合云的优势既能保存敏感数据在私有云上的安全性，也能使用公共云的低成本和可扩展性。未来混合云将成为企业 IT 的支柱，它将公共云和私有云的特点结合在一起，能够实现安全性、敏捷性、可扩展性、成本效率以及灵活性等好处。目前市场上相关供应商已开始推动混合云的落地：

（1）2014 年 VMware 携手中国电信在中国落地混合云服务。

（2）IBM 和微软宣布合作，将各自的应用和基础架构软件提供到对方的云平台中，以加速混合云的广泛采用。国际巨头的推动也将带动混合云在中国市场的应用。

4. 云 Container 技术是迁移应用更有效的途径。

Container 技术简化了部署和云应用的管理。未来主要发展 Container 封装和应用虚拟化技术，将每个独立用户分离在一个单独的 Container 中，并且使整个开发体验更好。

5. 云计算技术的应用将提供更多的增值服务，云服务将向更多行业渗透。

在提供了基础架构技术之后，云存储供应商将提供存储服务等。随着移动互联网的普及和中国云计算、大数据、物联网等新技术应用不断推陈出新，云计算与移动平台地融合一步步加速，而医疗、制造、建筑建材、教育等传统企业触网的步伐也进一步加快，未来云计算的应用会更为广泛，引发各个产业的彻底变革，其中包括医疗保健、城市规划、能源、电子零售、娱乐、视频、汽车、教育、就业、智能家居等领域，因为互联网已经从满足用户基本信息需求开始上升到满足生活类需求方面。

6. 云计算带来 4C 融合。

云计算是未来的趋势，而最终把云计算带给用户的还是通过终端，因此云终端也必须能够适应和满足云计算的要求和用户不同的应用场景需求。云计算带来了 4C 融合，即计算（computer）、通信（communication）、消费电子（consumereletronics）、内容（content）之间的融合；4C 的融合也带动了终端之间的融合，也意味着各种便携网络设备、PC、手机、家

电之间的界限越来越模糊。

可以想象，手机发展到一定程度，既可以便携、通话、上网、控制家电，当外接屏幕和输入设备时，用户就可以拥有一台高清播放设备、办公电脑，而且内容方面可以和所有的终端共享。具有强大便携、移动和娱乐性和利用云计算进行办公的能力的云终端产品将会成为市场的主流。

第十章 大数据

第一节 大数据意义用途及科学应用

一、大数据的概念

（一）大数据的定义

1. 大数据时代的来临。

20 世纪 80 年代，凭借着能够测未来而著称的美国未来学家阿尔文·托夫勒在其《第三次浪潮》中就有过这样的预测，21 世纪左右，人类会进入信息时代，并且信息也会成为继物质、能量以后的第三个世界构成要素，并用极其煽动性的语言描绘了信息时代的工作、学习、生产和生活等各方面的变革。当时很大一部分人对于这些还认为是一个相当遥远的事情。然而，让人们没有想到的是就在短短几年的时间之中，伴随着科技的进步，计算机更迭速度加快，世界就被托夫勒所说的“第三次浪潮”所席卷，以不可思议的速度推入了信息时代。

从 20 世纪 80 年代以来，计算机的硬件和软件都按摩尔定律迅速发展。硬件体积越来越小，不过功能却变得越来越强大了；软件迅速升级，并被模块化、智能化，计算机以非常快的速度被每一个行业接受，渗透到生活的每一个方面。

因为计算机以处理离散数据见长，所以只要是需要计算机处理的东西都一定要用离散数据来表示，所涉对象也一定要被编码成结构化数据。由于计算机及其他智能设备的逐渐普及，由其采集的各种各样的数据以前所未有的爆发之势，在国际互联网的推波助澜下，这些爆炸性增长的数据最终又变成了公共数据。

这些海量、杂乱的数据以前被看作是没有什么用处并且还占据存储空间的“垃圾”，随着数据挖掘和处理技术的发展，这些“数据垃圾”也以很快的速度成功变废为宝，成了炙手可热的资源。那些最早一批敢于吃螃蟹的人都靠着这些资源一夜暴富，成了时代的新宠和标杆。在这些“数据富豪”的示范和引领下，“数据”成为了一种继物质、能源之后的宝贵资源，成为了财富的代表。

于是，各种数据都被收集和存储，因此数据规模爆炸式增长，形成了数据的海洋。这些海量数据与小数据时代的寥寥数据相比简直不可同日而语，所以被称为“大数据”。

2. 大数据的定义。

英文 Bigdata 是大数据一词的来源，指的是“那些大小已经超出了传统意义上的尺度，一般的软件工具难于捕捉、存储、管理和分析的数据”。

据百度百科，“大数据”这个术语最早期的使用能够追溯到 apacheorg 的开源项目 Nutch。当时，大数据用来描述为更新网络搜索索引需要同时进行批量处理或分析的大量数据集。随着 Google Map Reduce 和 Google File System（GFS）的发布，大数据已经不像原来那样只是用来描述大量的数据，还涵盖了处理数据的速度。

2010 年 Apache Hadoop 组织将大数据定义为，“普通的计算机软件无法在可接受的时间范围内捕捉、管理、处理的规模庞大的数据集”。

在此定义的基础上，2011 年 5 月，全球著名咨询机构麦肯锡公司发布了名为“大数据：下一个创新、竞争和生产力的前沿”的报告，在报告中对大数据的定义进行了扩充。大数据是指其大小超出了典型数据库软件的采集、存储、管理和分析等能力的数据集。该定义有两方而内涵：

（1）符合大数据标准的数据集大小是变化的，会随着时间推移、技术进步而增长；

（2）不同部门符合大数据标准的数据集大小会存在差别。

目前，大数据的一般范围是从几个 TB 到数个 PB（数千 TB）。根据麦肯锡的定义可以看出，数据集的大小并不是大数据的唯一标准，数据规模不断增长，以及无法依靠传统的数据库技术进行管理，也是大数据的两个重要特征。

大数据，又称巨量资料，指的是所涉及的数据资料量规模巨大到无法通过人脑甚至主流软件工具，在合理时间内达到撷取、管理、处理、并整理成为帮助企业经营决策更积极目的的资讯。

对于“大数据”（Big data）研究机构 Gartner 给出了这样的定义。“大数据”是需要新处理模式才能具有更强的决策力、洞察发现力和流程优化能力的海量、高增长率和多样化的信息资产。

大数据指无法在一定时间范围内用常规软件工具进行捕捉、管理和处理的数据集合，是需要新处理模式才能具有更强的决策力、洞察发现力和流程优化能力的海量、高增长率和多样化的信息资产。可以被现代先进媒体记录、采集和开发利用的数据集、数据流和数据体。

（二）大数据的特点与类型

1. 大数据的特点。

大数据的特点可以归纳为 4 个层面，简称 4“V”—Volume，Variety，Value，Velocity。

第一，Volume（大量），也就是数据数量巨大。

从 TB 级别，跃升到 PB、EB 乃至 ZB 级别（1024GB = 1TB，1024TB = 1PB，1024PB = 1EB，1024EB = 1ZB）。

第二，Variety（多样），即数据类型繁多。

除了标准化的结构化编码数据之外，还包括网络日志、图片、视频、地理位置信息等等非结构化或无结构数据。

第三，Velocity（高速），即处理速度快，实时在线。

各种数据基本上能够做到实时、在线，并且还能够进行快速的处理、传送和存储，以便全面反映对象的当下状况。

第四，Value（价值），即商业价值高，但价值密度低。

以视频为例，在连续不间断的监控过程中，或许仅仅有一两秒的数据是可以用的。

2. 大数据的类型。

大数据的类型大致可分为三类：

（1）传统企业数据（Traditional Enter Prise Data），包括：

1）CRM Systems 的消费者数据；

2）传统的 ERP 数据；

3）库存数据；

4）账目数据等。

（2）机器和传感器数据（Machine-Generated/Sensor Data），包括：

1）呼叫记录（CallDetail Records）；

2）智能仪表；

3）工业设备传感器；

4）设备日志（通常是 Digital Exhaust）；

5）交易数据等。

（3）社交数据（Social Data），包括：

1）用户行为记录，

2）反馈数据等。

如 Twitter，Facebook 这样的社交媒体平台。

二、大数据的作用、价值与影响

（一）大数据的作用

1. 对大数据的处理分析正成为新一代信息技术融合应用的结点。

移动互联网、物联网、社交网络、数字家庭、电子商务等是新一代信息技术的应用形态，这些应用不断产生大数据。云计算为这些海量、多样化的大数据提供存储和运算平台。通过对不同来源数据的管理、处理、分析与优化，将结果反馈到上述应用中，将创造出巨大的经济和社会价值。

大数据具有催生社会变革的能量。但释放这种能量，需要严谨的数据治理、富有洞见的数据分析和激发管理创新的环境（Ramayya Krishnan，卡内基·梅隆大学海因兹学院院长）。

2. 大数据是信息产业持续高速增长的新引擎。

面向大数据市场的新技术、新产品、新服务、新业态会不断涌现。在硬件与集成设备领域，大数据将对芯片、存储产业产生重要影响，还将催生一体化数据存储处理服务器、内存计算等市场。在软件与服务领域，大数据将引发数据快速处理分析、数据挖掘技术和软件产品的发展。

3. 大数据利用将成为提高核心竞争力的关键因素。

各 行各业的决策正在从“业务驱动”

转变“数据驱动”。对大数据的分析可以使零售商实时掌握市场动态并迅速做出应对；可以为商家制定更加精准有效的营销策略提供决策支持；可以帮助企业为消费

者提供更加及时和个性化的服务；在医疗领域，可提高诊断准确性和药物有效性；在公共事业领域，大数据也开始发挥促进经济发展、维护社会稳定等方面的重要作 用。

4. 大数据时代科学研究的方法手段将发生重大改变。

例如，抽样调查是社会科学的基本研究方法。在大数据时代，可通过实时监测、跟踪研究对象在互联网上产生的海量行为数据，进行挖掘分析，揭示出规律性的东西，提出研究结论和对策。

(二) 大数据的商业价值

1. 对顾客群体细分。

“大数据”可以对顾客群体细分，然后对每个群体量体裁衣般的采取独特的行动。瞄准特定的顾客群体来进行营销和服务是商家一直以来的追求。云存储的海量数据和“大数据”的分析技术使得对消费者的实时和极端的细分有了成本效率极高的可能。

2. 模拟实境。

运用“大数据”模拟实境，发掘新的需求和提高投入的回报率。现在越来越多的产品中都装有传感器，汽车和智能手机的普及使得可收集数据呈现爆炸性增长。Blog、Twitter、Facebook 和微博等社交网络也在产生着海量的数据。

云 计算和“大数据”分析技术使得商家可以在成本效率较高的情况下，实时地把这些数据连同交易行为的数据进行储存和分析。交易过程、产品使用和人类行为都可以

数据化。“大数据”技术可以把这些数据整合起来进行数据挖掘，从而在某些情况下通过模型模拟来判断不同变量（比如不同地区不同促销方案）的情况下何种方案

投入回报最高。

3. 提高投入回报率。

提高“大数据”成果在各相关部门的分享程度，提高整个管理链条和产业链条的投入回报率。“大数据”能力强的部门可以通过云计算、互联网和内部搜索引擎把”大数据”成果和“大数据”能力比较薄弱的部门分享，帮助他们利用“大数据”创造商业价值。

4. 数据存储空间出租。

企业和个人有着海量信息存储的需求，只有将数据妥善存储，才有可能进一步挖掘其潜在价值。具体而言，这块业务模式又可以细分为针对个人文件存储和针对企业用

户两大类。主要是通过易于使用的 API，用户可以方便地将各种数据对象放在云端，然后再像使用水、电一样按用量收费。目前已有多个公司推出相应服务，如亚马逊、网易、诺基亚等。运营商也推出了相应的服务，如中国移动的彩云业务。

5. 管理客户关系。

客 户管理应用的目的是根据客户的属性（包括自然属性和行为属性），从不同角度深

层次分析客户、了解客户，以此增加新的客户、提高客户的忠诚度、降低客户流失率、提高客户消费等。对中小客户来说，专门的 CRM 显然大而贵。不少中小商家将飞信作为初级 CRM 来使用。比如把老客户加到飞信群里，在群朋友圈里发布新产品预告、特价销售通知，完成售前售后服务等。

6. 个性化精准推荐。

在运营商内部，根据用户喜好推荐各类业务或应用是常见的，比如应用商店软件推荐、IPTV 视频节目推荐等，而通过关联算法、文本摘要抽取、情感分析等智能分析算法后，可以将之延伸到商用化服务，利用数据挖掘技术帮助客户进行精准营销，今后盈利可以来自于客户增值部分的分成。

7. 数据搜索。

数据搜索是一个并不新鲜的应用，随着“大数据”时代的到来，实时性、全范围搜索的需求也就变得越来越强烈。我们需要能搜索各种社交网络、用户行为等数据。其商业应用价值是将实时的数据处理与分析和广告联系起来，即实时广告业务和应用内移动广告的社交服务。

运营商掌握的用户网上行为信息，使得所获取的数据“具备更全面维度”，更具商业价值。典型应用如中国移动的“盘古搜索”。

大数据的商业价值行业归纳见表格 10.1–1。

表格 10.1–1　　大数据的商业价值行业归纳表

行业	数据处理方式	价　值
银行/金融	·贷款、保险、发卡等多业务数据集成分析、市场评估 ·新产品风险评估 ·股票等投资组合分析	·增加市场份额 ·提高客户忠诚度 ·提高整体收入 ·降低金融风险
医疗	·共享电子病历及医疗记录，帮助快速诊断 ·穿戴式设备远程医疗	·改善诊疗质量 ·加快诊疗速度
制造/高科技	·产品故障、失效综合分析 ·专利技术检索 ·智能设备全球定位，位置服务	·优化产品设计、制造 ·降低保修成本 ·加快问题解决
能源	·勘探、钻井等传感器阵列数据集中分析	·降低工程事故风险 ·优化勘探过程
互联网/Web20	·在线广告投放 ·商品评分、排名 ·社交网络自动匹配 ·搜索结果优化	·提升网络用户忠诚度 ·改善社交网络体验 ·向目标用户提供有针对性的商品

续表

行业	数据处理方式	价　值
政府/公用事业	·智能城市信息网络集成 ·天气、地理、水电煤等公共数据收集、研究 ·公共安全信息集中处理、智能分析	·更好的对外提供公共服务 ·舆情分析 ·准确预判安全威胁
媒体/娱乐	·收视率统计、热点信息统计、分析	·创造更多联合、交叉销售商机 ·准确评估广告效应
零售	·基于用户位置信息的精确促销 ·社交网络购买行为分析	·促进客户购买热情 ·顺应客户购买行为习惯

（三）大数据对经济社会的重要影响

1. 能够推动实现巨大经济效益。

比如对中国零售业净利润增长的贡献，降低制造业产品开发、组装成本等。大数据逐渐成为全球 IT 支出新的增长点。数据显示，2014 年数据中心系统支出达 1430 亿美元，比 2013 年增长 2.3%。大数据对全球 IT 开支的直接或间接推动将达 2320 亿美元，预计到 2018 年这一数据将增长 3 倍。

2. 能够推动增强社会管理水平。

大数据在公共服务领域的应用，可有效推动相关工作开展，提高相关部门的决策水平、服务效率和社会管理水平，产生巨大社会价值。欧洲多个城市通过分析实时采集的交通流量数据，指导驾车出行者选择最佳路径，从而改善城市交通状况。

3. 能够辅助决策，引导和启发创新思维。

对大数据应用必须保持清醒认识，既不能迷信其分析结果，也不能因为其不完全准确而否定其重要作用。

（1）由于各种原因，所分析处理的数据对象中不可避免地会包括各种错误数据、无用数据，加之作为大数据技术核心的数据分析、人工智能等技术尚未完全成熟，所以对计算机完成的大数据分析处理的结果，无法要求其完全准确。例如，谷歌通过分析亿万用户搜索内容能够比专业机构更快地预测流感暴发，但由于微博上无用信息的干扰，这种预测也曾多次出现不准确的情况。

（2）必须清楚定位的是，大数据作用与价值的重点在于能够引导和启发大数据应用者的创新思维，辅助决策。简单而言，若是处理一个问题，通常人能够想到一种方法，而大数据能够提供十种参考方法，哪怕其中只有三种可行，也将解决问题的思路拓展了三倍。

第二节　大数据的应用

大数据是一个总称性的概念，它能够被细致的分为大数据科学、大数据工程、大数据技术和大数据应用等领域。目前我们所说的大数据大多数情况下都是局限于大数据技术和大数据应用的，而对大数据科学和工程来说，则是还没有获得重视的。大数据科学关注大数据网络发展和运营过程中，发现和验证大数据的规律及其与社会活动和自然之间的关系，而大数据工程指大数据的规划建设、运营管理的系统工程。

一、大数据技术

2012年初，已经成为全球知名咨询公司的麦肯锡最早使用了如今被大家理解的“大数据”概念，用来指称数据量非常的巨大，超过PB级别并包括结构性、半结构性和非结构性的数据，从某种程度上说，大数据主要是数据分析的前沿技术。

简单来说，从种类繁多的各种类型的数据里面，快速的获得有价值信息的能力，就是所谓的大数据技术。这也是为什么在大数据的概念一提出来的时候就获得一呼百应效果的原因，这是由于它属于技术，还拥有着巨大的商业价值，具有促使该技术走向众多商业应用的潜力。

（一）大数据技术的内容与处理流程

1. 大数据技术的定义。

大数据技术，是指从各种各样类型的大数据中，快速获得有价值信息的技术的能力，包括数据采集、存储、管理、分析挖掘、可视化等技术及其集成。

适用于大数据的技术，包括大规模并行处理（MPP）数据库、数据挖掘、分布式文件系统、分布式数据库、云计算平台、互联网和可扩展的存储系统。

2. 大数据处理流程。

大数据处理流程包括：数据获取、数据集成、数据分析和解释3个阶段。

（1）数据采集：

大数据的采集工具ETL负责将分布的、异构数据源中的数据如关系数据、平面数据文件等抽取到临时中间层后进行清洗、转换、集成，最后加载到数据仓库或数据集市中，成为联机分析处理、数据挖掘的基础。

（2）数据存取：

包括，关系数据库、NOSQL、SQL等。

（3）基础架构：

云存储、分布式文件存储等。

（4）数据处理：

大数据的自然语言处理（NLP，Natural Language Processing）是研究人与计算机 交互的语言问题的一门学科。处理自然语言的关键是要让计算机“理解”自然语言，所以自然语言处理又叫做自然语言理解（NLU，Natural Language Understanding），也称为计算语言学（Computational Linguistics。一方面它是语言信息处理的一个分支，另一方面它是人工智能（AI，Artificial Intelligence）的核心课题之一。

（5）统计分析：

包括，假设检验、显著性检验、差异分析、相关分析、T检验、方差分析、卡方分析、偏相关分析、距离分析、回归分析、简单回归分析、多元回归分析、逐步回归、回归预测与残差分析、岭回归、logistic回归分析、曲线估计、因子分析、聚类分析、主成分分析、

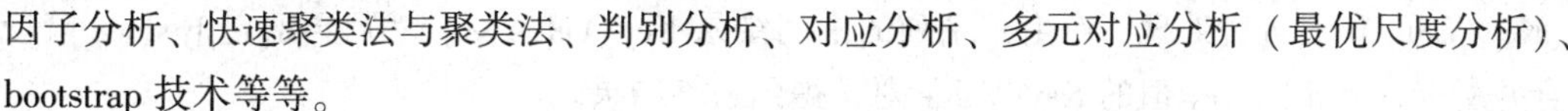

因子分析、快速聚类法与聚类法、判别分析、对应分析、多元对应分析（最优尺度分析）、bootstrap 技术等等。

（6）数据挖掘：

包括，分类（Classification）、估计（Estimation）、预测（Prediction）、相关性分组或关联规则（Affinity grouping or association rules）、聚类（Clustering）、描述和可视化、Description and Visualization）、复杂数据类型挖掘（Text，Web，图形图像，视频，音频等）。

（7）模型预测：

包括，预测模型、机器学习、建模仿真。

（8）结果呈现：

包括，云计算、标签云、关系图等。

（二）大数据应用的技术和系统

大数据应用的技术和系统包括：云计算及其编程模型 Map Reduce、大数据获取技术、面向大数据处理的文件系统、数据库系统、大数据分析技术。

表格 10.2-1　　　　大数据应用的技术和系统对照表

需　求	技　　术	描　　述
海量数据存储技术	Hadoop，X86/Mpp Map Reduce	分布式文件系统
实时数据处理技术	Streaming Data	流计算引擎
数据高速传输技术	Infini Band	服务器/存储间高速通信
搜索技术	Enterprise Search	文本检索、智能搜索、实时搜索
数据分析技术	Text Analytics Engine Visual Data Modeling	自然语言处理、文本情感分析、机器学习、聚类关联、数据模型

1. 非关系数据库的数据管理工具 Map Reduce。

关系数据库作为一门发展了近 40 年的主流数据管理技术，主要用于联机事务处理（OLTP）应用、联机分析处理（OLAP）应用和数据仓库等，然而扩展性方面的局限使得其在大数据时代遇到了极大障碍。

为了克服了关系数据库扩展性方面的不足，2004 年，谷歌公司提出了利用大规模廉价服务器来实现并行处理大数据目标的 Map Reduce 技术，倍受学术界和工业界的关注，被广泛应用于机器学习、数据挖掘等诸多领域。Hadoop 作为模仿谷歌公司提出的 Map Reduce 而实现的一个云计算开源平台，目前已成为最为流行的大数据处理平台。

基于 Map Reduce 的大数据分析处理研究也在不断深入，Map Reduce 作为一种非关系数据库的数据管理工具代表，克服了关系数据库扩展性方面的不足，将计算推向数据也迎合了大数据时代的内在需要，成为大数据处理的基本工具。

Map Reduce 对于大数据处理的基本构思是分而治之，将大数据任务分解为多个子任务，将得到的各个子结果组合并成为最终结果。

Map Reduce 对大数据的处理可抽象为两个主要阶段，Map 阶段先对初始的键-值

（Key/Value）对进行处理，产生一系列的中间结果 Key/Value 对，然后再通过 Reduce 阶段合并所有具有相同 Key 值的 Key/Value 对，得到最终结果。

Map Reduce 对数据进行处理的应用思路如图 10.2-1 所示。

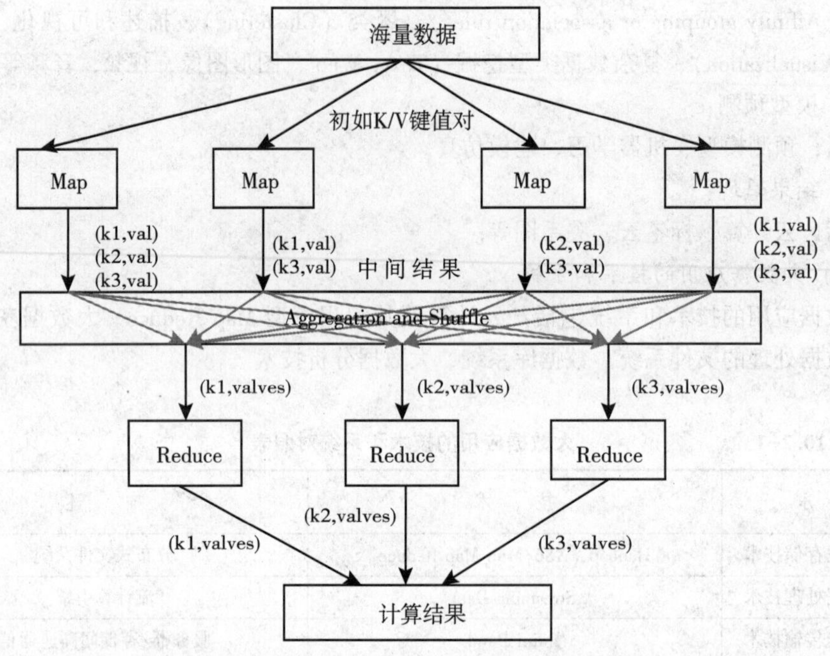

插图 10.2-1 Map Reduce 处理数据的流程图

Map Reduce 并行处理流程（待处理的大数据被分为大小相同的块）主要步骤为：

（1）用户作业程序提交给主节点；

（2）主节点为作业程序寻找和配备可用的 Map 节点和 Reduce 节点；

（3）主节点启动 Map 节点执行程序，读取本地数据；

（4）每个 Map 节点处理读取的数据块，将中间结果放在本地并通知主节点计算完成及结果数据存储位置；

（5）主节点启动 Reduce 节点运行，远程读取中间结果并处理。

2. 大数据获取技术。

每天都有大量数据产生，并且这些数据通过不同的途径，以不同的形式被接收和记录。本节将简单介绍几种常见的大数据获取途径。

（1）传感器技术。

近年来，传感器技术蓬勃发展，无论是道路交通方面，还是医疗机构方面甚至是个人工作和生活场所，传感器无处不在，大量的数据源源不断地被传感器所接收。可以说，传感器的迅速普及，为大数据的获取提供了有力地保障。

传感器技术的快速发展，也促进了传感器网络的逐步完善。美国国家技术标准局（NIST）和 IEEE 共同制订了智能传感器接口和连接网络通用标准，发布了 IEEE1451 传感

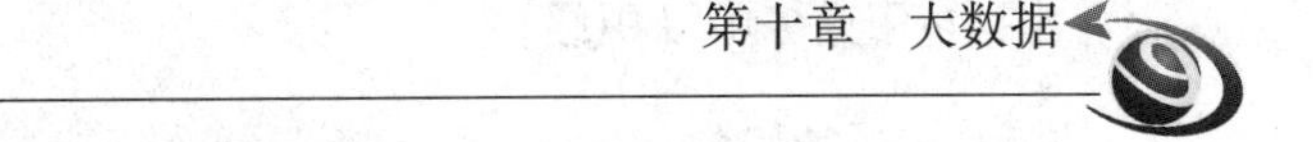

器/执行器、智能变送器接口标准协议族，解决了传感器市场上总线不兼容的问题。

2005年，开放地理空间联盟（OGC）提出了一种新型的传感器Web整合框架标准，让用户能透过Web的界面来进行节点搜寻、数据获取及节点控制功能。

应对多路径路由发展的趋势和挑战，业界专家学者对无线传感器网路的路由协议进行了研究，从生物学、商业、环境、医疗、工业以及军事等领域探讨无线传感器的重要用途。

（2）Web2.0技术。

"Web 2.0"的概念2004年始于出版社经营者O´Reilly和MediaLive International之间的一场头脑风暴论坛，所谓的Web2.0是指互联网上的每一个用户的身份由单纯的"读者"进化为了"作者"以及"共同建设人员"，由被动地接收互联网信息向主动创造互联网信息发展。Web2.0伴随着博客、百科全书以及社交网络等多种应用技术的发展，大量的网页点击与交流促使了大数据的形成，给人类日常生活方式带来了极大的变革。

（3）条形码技术。

条形码的使用给零售业带来了革命性的改变，通过内嵌ID等信息，条形码在被扫描之后，快速在数据库中进行ID匹配，便很快就获知该产品的价格、性能、产商等具体信息，条形码被广泛应用于零售商店的收银以及车站售票等业务中，每天大量的商品销售记录通过扫描条形码而产生。近年来的智能手机的盛行，手机应用如微信中的二维条形码也随处可见，文献中设计了一种应用于手机应用的彩色二维条形码，改善了用户对应用程序的感受。

（4）RFID技术。

RFID与条形码相比，扩展了操作距离，且标签的使用比条形码容易，携带一个可移动的阅读器便可收集到标签的信息，被广泛应用于仓库管理和清单控制方面。RFID标签可以分为两类，一类是被动的，如今被广泛使用，其造价便宜，但是没有内部电源，依靠阅读器的射频波产生能量，操作距离也很近，因而其适用性也受到了制约；另一类是主动的，其拥有内部电源，因此造价较贵，但是操作距离远，存储能力强，因而适用范围广，在未来这种标签会受到普遍欢迎的。

学术界在RFID技术的研究上已经取得巨大的进步。较早的工作重心大多集中在对标签进行搜集的问题上，即尽可能快地在大量标签中搜集他们的ID，而这方面最大的挑战是解决多标签同时竞争较窄的信道引起冲突的问题。研究者们提出了两类解决思路，即基于ALOHA的协议和基于树的协议。而其他的工作专注于标签评估问题，即使用统计学的方法来评估一个庞大系统中的标签数目。总之，RFID由于具有操作范围广泛、性能稳定以及高存储能力等特性，在工业界中将具有巨大的潜力。

（5）移动终端技术。

随着科学技术的发展，移动终端诸如手机、笔记本、平板电脑等随处可见，加上网络的宽带化发展以及集成电路的升级，人类已经步入了真正的移动信息时代。

如今的移动终端已经拥有极强的处理能力，通信、定位以及扫描功能应有尽有，大量的移动软件程序被开发并应用，人们无时无刻不在接收和发送信息。

目前，智能手机等移动设备的数量仍然在迅猛增长中，移动社交网络也会日益庞大和复杂，海量的数据穿梭其中，针对移动数据的处理也将越来越复杂。

3. 分布式文件系统

分布式文件系统是支撑上层应用的基础，本小节将简要介绍面向大数据处理的文件系统如谷歌分布式文件系统（GFS），以及一些其他的分布式文件系统。

分布式文件系统（Distributed File System）是指文件系统管理的物理存储资源不一定直接连接在本地节点上，而是通过计算机网络与节点相连，众多的节点组成一个文件系统网络。分布式文件系统的设计基于客户机/服务器模式。一个典型的网络可能包括多个供多用户访问的服务器。另外，对等特性允许一些系统扮演客户机和服务器的双重角色。例如，用户可以“发表”一个允许其他客户机访问的目录，一旦被访问，这个目录对客户机来说就像使用本地驱动器一样，GFS、AFS 和 Lustre 是三个基本的分布式文件系统。

（1）GFS（Google file system）

GFS、AFS 和 Lustre 成为主流的三种分布式存储文件系统。其中，GFS（Google file system）被称为谷歌文件系统，其性能、可扩展性、可靠性和可用性都收到了肯定，主要部件包括一个 Master 和 n 个 Chunk Server，和 Chunk Server（数据库服务器）同时可以被多个客户 Client 访问。

1）GFS 系统接口（GFS Client）：

应用程序的访问接口。

2）GFS 的体系结构。

① Master（主控服务器）：

管理节点，在逻辑上只有一个（还有一台“影子服务器”，在主控服务器失效时提供元数据，但并不是完整的热备服务器），保存系统的元数据，负责整个文件系统的管理。

② Chunk Server（数据库服务器）：

负责具体的存储工作，数据以文件的形式存储在 Chunk Server 上；相应 GFS 客户端的读写请求。

③ GFS 整体架构如下：

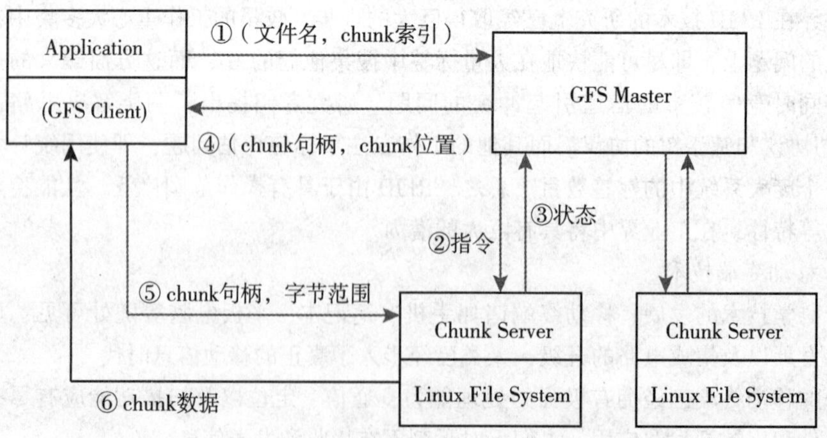

插图 10.2-2　GFS 分布式文件系统的整体架构图

3）GFS 基本工作过程如下：

① 在程序运行前，数据已经存储在 GFS 文件系统中，程序执行时应用程序会告诉 GFS Server 所要访问的文件名或者数据块索引是什么。

② GFS Server 根据文件名和数据块索引在其文件目录空间中查找和定位该文件或数据块，并将这些位置信息回送给应用程序。

③ 应用程序根据 GFSServer 返回的具体 Chunk 数据块位置信息，直接访问相应的 Chunk Server。

④ 应用程序直接读取指定位置的数据进行计算处理。

4）Google 下一代 GFS 分布式文件系统（Colossus）。

作为 Google 下一代 GFS 分布式文件系统，Colosuss 是谷歌对 GFS 进行改进后的新版本，主要对原有的单点故障、海量小文件存储等诸多问题进行了修正和改进，使得系统更加安全和健壮。谷歌对 GFS 的几个改动如下：

① 把单一主控服务器改造为多主控服务器构成的集群，将所有管理数据进行数据分片后分配到不同的主控服务器上。Colossus 的客户端可以根据需求指定数据存放地点。

② Chunk 数据的多个备份虽然起到了增加系统可用性的作用，不过也是付出了更多的存储成本的，采用纠删码算法是一种常见的折中方案。

纠删码算法的基本原理如下：

给定 n 个数据块 d1，d2，……，dn，n 和一个正整数 m，RS 根据 n 个数据块生成 m 个校验块，c1，c2，……，cm。对于任意的 n 和 m，从 n 个原始数据块和 m 个校验块中任取 n 块就能解码出原始数据，即 RS 最多容忍 m 个数据块或者校验块同时丢失（纠删码只能容忍数据丢失，无法容忍数据篡改，纠删码正是得名与此）。

（2）其他文件系统

除了谷歌的 GFS，业界其他针对大数据存储需求的文件系统也层出不穷。

Hadoop 的文件系统 HDFS 作为模仿 GFS 的开源实现，同样也为 Hadoop 的底层数据存储支撑，提供数据的高可靠性和容错能力，拥有良好的扩展性和高速数据访问性。

SUN 公司开发的 Lustre 是一个大规模的、安全可靠的、具备高可用性的开源集群文件系统，美国能源部在此基础上实现了新一代的集群系统，显著提高了输入输出速度，已在高校、国家实验室和超级计算研究中心产生了深远影响。

Face book 推出的针对海量小文件的文件系统 Haystack 有效地解决了海量图片存储问题，它实现多个逻辑文件共享一个物理文件功能，并且增加缓存层，部分元数据直接被加载到了内存。

4. Map Reduce 分布式数据库 Big Table。

（1）并行数据库起源于 20 世纪 80 年代，并且在不断发展和创新，高性能和高可用性是其最终的目标和优势，通过简单易用的结构化查询语言（SQL）向外提供数据访问服务，加上在索引、数据压缩、可视化等技术方面的不断扩展，使其具有了高性能的优势。

但是诸多因素导致了其扩展性面临严峻的挑战，主要体现在：

1）单机方面，并行数据库基于高端硬件设计，认为查询失败是特例且纠错复杂，不符合大规模集群失效常态的特性。

2）集群方面，并行数据库对异构网络支持有限，各节点性能不均，容易引起“木桶效应”。

总之，并行数据库的扩展性方面的缺陷使其面临大数据的处理往往力不从心。

（2）由前述知，并行数据库由于扩展性方面的缺陷无法胜任大数据的处理工作，以谷歌公司推出的 Big Table 为代表的 NoSQL（Not only SQL）数据库由此诞生，NoSQL 数据库未采用关系模型，具有模式自由、备份简易、接口简单和支持海量数据等特性，对于实现大数据的存储和处理十分有效。

谷歌在其文件系统之上又设计了 Map Reduce 的分布式数据库 Big Table，为应用程序提供了比单纯地文件系统更方便、更高层的数据操作能力，Big Table 提供了一定粒度的结构化数据操作能力，主要解决一些大型媒体数据（Web 文档、图片等）的结构化存储问题。

Big Table 主要是一个分布式多维表，表中数据通过行关键字、列关键字和时间戳来进行索引和查询定位，并且 Big Table 对存储在表中的数据不做任何解释，一律视为字串，具体数据结构的实现由用户自行定义。

Big Table 的基本构架如图 10. 2–. 3 所示。

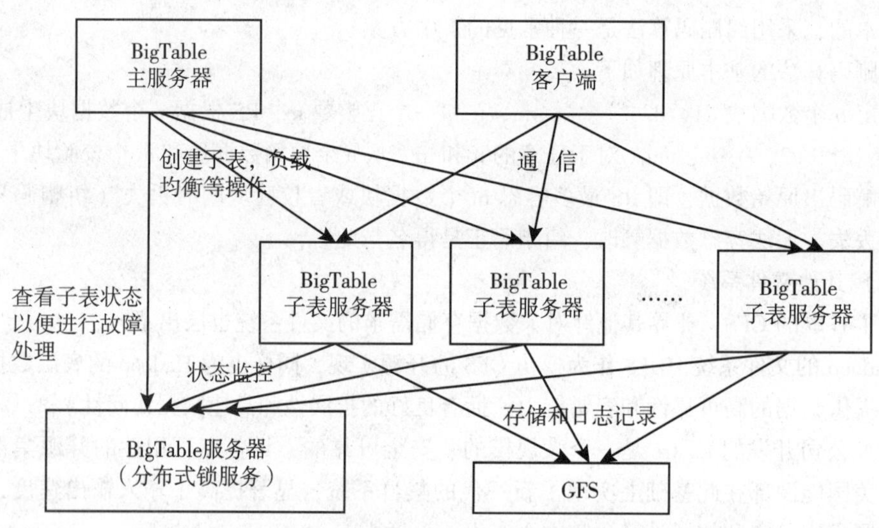

插图 10. 2–3 Big Table 的基本构架图

Big Table 中的数据均以子表形式保存在子表服务器上，最终以 GFS 文件形式存储在文件系统中。客户端程序直接和子表服务器通信，Chubby 服务器完成对子表服务器的状态监控，主服务器通过查看 Chubby 服务器目录来终止出现故障的子服务器并将其数据转移至其他子服务器。另外，主服务器还完成子表的创建和负载均衡等操作。

当然，由于 Map Reduce 将本来应由数据库管理系统完成的诸如文件存储格式的设计、模式信息的记录、数据处理算法的实现等工作转移给了程序员，从而导致程序员负担过重。另外，Map Reduce 是面向非结构化的大规模数据处理的，往往是一次处理，因而同等硬件条件下的性能也比并行数据库低。

（3）数据库的深层探讨

并行数据库具有高性能的优势，但扩展性问题阻碍了其在大数据处理上的进一步发展，而 Map Reduce 性能和易用性上提升空间较大，因此目前两种方案均不理想。业界经过长时间的探讨，基本一致认为并行数据库和 Map Reduce 各取其长，相互融合，也许是一种不错的道路。由此诞生了并行数据库主导型、Map Reduce 主导型以及并行数据库与 Map Reduce 集成型 3 类大数据处理数据库。

1）并行数据库主导型

这类数据库的基本思路是在并行数据库上增加 Map Reduce 的大数据处理能力，将数据分析过程转移到数据库内进行，使得原系统同时获得 SQL 的易用性与 Map Reduce 的开放性。但是，并行数据库的扩展能力与容错能力并未得到改善，典型的系统如 Green plum、Aster Data 等。

2）Map Reduce 主导型

这类数据库的基本思路是利用关系数据库的 SQL 接口和模式支持技术改善 Map Reduce 的易用性。通过 SQL 接口，可以很简便的完成查询分析等操作，大大减轻了程序员的负担，但 Map Reduce 的性能方面仍有待提升，比较典型的系统如 Face book 的 Hive 和 Yahoo！的 Pig Latin 等。

3）并行数据库与 Map Reduce 集成型

这类数据库兼顾并行数据库与 Map Reduce 的长处，主要分两种思路：按功能将并行数据库与 Map Reduce 分别设计到相应的部位以形成一个完整系统，以及整合并行数据库和 Map Reduce 这两套完整的系统以构成一个混合系统。

第一种思路典型代表是耶鲁大学提出的 HadoopDB，它将 Hadoop 作为调度层和网络沟通层，关系数据库作为执行引擎，尽可能地将查询压入数据库层处理，Hadoop 框架的应用可以获得较好的容错性和对异构环境的支持，库内数据查询的使用则可获得关系数据库的高性能优势。

第二种思路的代表是 Ver Tica 数据库，它拥有两套独立完整的系统，Hadoop 负责非结构化数据和耗时的批量复杂数据的处理，Ver Tica 负责结构化数据的处理以及高性能的交互式查询。

当然，这些思路仍非理想的方案，例如，HadoopDB 丧失了 Map Reduce 较低的预处理和维护代价等，Ver Tica 则依旧存在 Vertica 扩展性问题和 Hadoop 的性能问题。因此，在大数据面前，数据库系统的研究还有很长的路要走，我们在总结传统的数据库经验的同时，还要积极了解新兴的数据库系统，才能更好地促进适应现今大数据发展的性能优良数据库的面世。

5. 大数据分析技术。

用于大数据集的分析方法很多，包括统计学、计算机科学等各个领域的技术。本小节将简要介绍其中几种典型的大数据分析技术，当然，这些技术同样适用于少量数据集的分析，但大数据集环境下的应用无疑会发挥更加明显的作用。

（1）A/B 测试

传统的 A/B 测试，是一种把各组变量随机分配到特定的单变量处理水平，把一个或多个测试组的表现与控制组相比较，进行测试的方式。现在的 A/B 测试主要用于在 Web 分析方面，例如通过对比统计新旧网页的用户转化率，来掌握两种设计的优劣等。大数据时代的到来为大规模的测试提供了便利，提高了 A/B 测试的准确性。由于移动设备及技术的迅猛发展，移动分析也逐渐成为 A/B 测试增长最快的一个领域。

（2）聚类分析

聚类分析指将物理或抽象的集合分组成为由类似的对象组成的多个类的分析过程。聚类分析是一种探索性的数据挖掘分析方法，不需事先给出划分的类的具体情况，主要用在商业、生物学、因特网等多个领域中。对于大数据的分析处理，通过聚类可以简化后续处理过程，并且可以发现其中隐藏的某些规则，充分发挥了大数据的作用。

（3）集成学习

集成学习指的是使用一系列“学习器”进行学习，并使用某种规则把各学习结果进行整合从而获得比单个“学习器”更好的学习效果的一种机器学习方法。对于大数据的集成学习，可以更好地提炼和把握其中的本质属性。

（4）神经网络

神经网络是一种模仿动物神经网络行为特征，进行分布式并行信息处理的算法数学模型，它依靠系统的复杂程度，通过调整内部大量节点之间相互连接的关系，来达到处理信息的目的。

神经网络作为一门新兴的交叉学科，是人类智能研究的重要组成部分，已成为脑科学、神经科学、认知科学、心理学等共同关注的焦点。神经网络对于大数据的并行处理，无疑也是一种比较可行的方式。

（5）自然语言处理

自然语言处理是计算机科学领域与人工智能领域中的一个重要方向，它研究能实现人与计算机之间用自然语言进行有效通信的各种理论和方法。

人与计算机的通信交流往往存在很多歧义，如何消除这些歧义，将带有潜在歧义的自然语言输入转换成某种无歧义的计算机内部表示，是自然语言处理的主要问题。大数据时代意味着有大量的知识和推理来完成消除歧义现象的可能，这也给自然语言处理带来了一些新的挑战和机遇。

大数据分析技术还有很多，例如模式识别、空间分析、遗传算法等等，并且研究者们还在不断地寻找新的更有效地分析方法，另外通过结合多个方法来实现数据分析往往也能达到非常明显的效果。

二、大数据工程

2015 年 8 月，国务院关于印发《促进大数据发展行动纲要》的通知（国发［2015］50 号，简称：纲要）提出未来 5 至 10 年我国大数据发展和应用应实现的目标，包括 2017 年底前形成跨部门数据资源共享共用格局；2018 年底前建成国家政府数据统一开放平台。

《纲要》是我国发布的首个大数据国家行动计划，旨在全面推进我国大数据发展和应用，加快建设数据强国。该计划提出从政府大数据、大数据产业、大数据安全保障体系三个方面着手推进大数据领域的十大工程。其中，包括推进政府数据资源共享开放工程、国

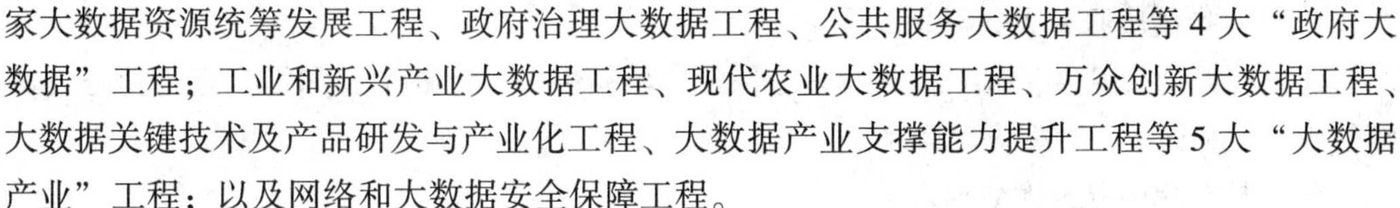

家大数据资源统筹发展工程、政府治理大数据工程、公共服务大数据工程等 4 大“政府大数据”工程；工业和新兴产业大数据工程、现代农业大数据工程、万众创新大数据工程、大数据关键技术及产品研发与产业化工程、大数据产业支撑能力提升工程等 5 大“大数据产业”工程；以及网络和大数据安全保障工程。

（一）政府大数据工程

《纲要》提出的“政府大数据”工程，包括推进政府数据资源共享开放工程、国家大数据资源统筹发展工程、政府治理大数据工程、公共服务大数据工程等。

1. 政府数据资源共享开放工程

（1）推动政府数据资源共享。

制定政府数据资源共享管理办法。

（2）形成政府数据统一共享交换平台。

到 2018 年，中央政府层面实现金税、金关、金财、金审、金盾、金宏、金保、金土、金农、金水、金质等信息系统通过统一平台进行数据共享和交换。

（3）形成国家政府数据统一开放平台。

建立政府部门和事业单位等公共机构数据资源清单，制定实施政府数据开放共享标准，制定数据开放计划。

2. 国家大数据资源统筹发展工程

（1）整合各类政府信息平台和信息系统。

在地市级以上（含地市级）政府集中构建统一的互联网政务数据服务平台和信息惠民服务平台。

（2）整合分散的数据中心资源。

构建形成布局合理、规模适度、保障有力、绿色集约的政务数据中心体系。开展区域试点。

（3）加快完善国家基础信息资源体系。

到 2018 年，跨部门共享校核的国家人口基础信息库、法人单位信息资源库、自然资源和空间地理基础信息库等国家基础信息资源体系基本建成。

（4）加强互联网信息采集利用。

制定完善互联网信息保存相关法律法规，构建互联网信息保存和信息服务体系。

3. 政府治理大数据工程

（1）推动宏观调控决策支持、风险预警和执行监督大数据应用。

（2）探索建立国家宏观调控决策支持、风险预警和执行监督大数据应用体系。

（3）推动信用信息共享机制和信用信息系统建设。

鼓励互联网企业运用大数据技术建立市场化的第三方信用信息共享平台，建设企业信用信息公示系统，初步建成社会信用体系。

（4）建设社会治理大数据应用体系。

实时采集并汇总分析政府部门和企事业单位的市场监管、检验检测、违法失信、企业生产经营、销售物流、投诉举报、消费维权等数据。

4. 公共服务大数据工程

（1）医疗健康服务大数据。

建设覆盖公共卫生、医疗服务、医疗保障、药品供应、计划生育和综合管理业务的医疗健康管理和服务大数据应用体系。

（2）社会保障服务大数据。

建设由城市延伸到农村的统一社会救助、社会福利、社会保障大数据平台。

（3）教育文化大数据。

建立各阶段适龄入学人口基础数据库、学生基础数据库和终身电子学籍档案。

（4）交通旅游服务大数据。

建立综合交通服务大数据平台。建立旅游投诉及评价全媒体交互中心。

（二）“大数据产业”工程

《纲要》提出的“大数据产业”工程，包括工业和新兴产业大数据工程、现代农业大数据工程、万众创新大数据工程、大数据关键技术及产品研发与产业化工程、大数据产业支撑能力提升工程等5大“大数据产业”工程；

1. 工业和新兴产业大数据工程。

（1）工业大数据应用。

研究推动大数据在研发设计、生产制造、经营管理、市场营销、售后服务等产业链各环节的应用。

（2）服务业大数据应用。

研发面向服务业的大数据解决方案。

（3）培育数据应用新业态。

大力培育互联网金融、数据服务、数据处理分析、数据影视、数据探矿、数据化学、数据材料、数据制药等新业态。

（4）电子商务大数据应用。

电子商务企业应依法向政府部门报送数据。

2. 现代农业大数据工程

（1）农业农村信息综合服务。

建设农产品全球生产、消费、库存、进出口、价格、成本等数据调查分析系统工程，构建面向农业农村的综合信息服务平台。

（2）农业资源要素数据共享。

建立我国农业耕地、草原、林地、水利设施、水资源、农业设施设备、新型经营主体、农业劳动力、金融资本等资源要素数据监测体系。

（3）农产品质量安全信息服务。

建立农产品生产的生态环境、生产资料、生产过程、市场流通、加工储藏、检验检测等数据共享机制。

3. 万众创新大数据工程

（1）大数据创新应用。

鼓励企业和公众发掘利用开放数据资源。

（2）大数据创新服务。

研发一批大数据公共服务产品。

(3) 发展科学大数据。

构建科学大数据国家重大基础设施。发展科学大数据应用服务中心。

(4) 知识服务大数据应用。

建立国家知识服务平台与知识资源服务中心。

4. 大数据关键技术及产品研发与产业化工程

(1) 加强大数据基础研究。

探讨建立数据科学的学科体系；研究面向大数据计算的新体系和大数据分析理论，探索建立数据科学驱动行业应用的模型。

(2) 大数据技术产品研发。

加强数据存储、整理、分析处理、可视化、信息安全与隐私保护等领域技术产品的研发。

(3) 提升大数据技术服务能力。

以应用带动大数据技术和产品研发，形成面向各行业的成熟的大数据解决方案。

5. 大数据产业支撑能力提升工程

(1) 培育骨干企业。

到 2020 年，培育 10 家国际领先的大数据核心龙头企业，500 家大数据应用、服务和产品制造企业。

(2) 大数据产业公共服务。

形成面向大数据相关领域的公共服务平台。

(3) 中小微企业公共服务大数据。

形成全国统一的中小微企业公共服务大数据平台。

(三) 大数据安全保障体系

网络和大数据安全保障工程

(1) 网络和大数据安全支撑体系建设。

到 2020 年，实现关键部门的关键设备安全可靠。完善网络安全保密防护体系。

(2) 大数据安全保障体系建设。

建设完善金融、能源、交通、电信、统计、广电、公共安全、公共事业等重要数据资源和信息系统的安全保密防护体系。

(3) 网络安全信息共享和重大风险识别大数据支撑体系建设。

建立网络安全信息共享机制，推动政府、行业、企业间的网络风险信息共享。

第三节　大数据应用

大数据应用，是指对特定的大数据集合，集成应用大数据技术，获得有价值信息的行为。对于不同领域、不同企业的不同业务，甚至同一领域不同企业的相同业务来说，由于其业务需求、数据集合和分析挖掘目标存在差异，所运用的大数据技术和大数据信息系统也可能有着相当大的不同。惟有坚持“对象、技术、应用”三位一体同步发展，才能充分实现大数据的价值。

大数据的主要市场空间在于同产业的结合。长远来看，大数据在能源、金融、电信、汽车、消费等大多数行业都有用武之地，将来的发展空间巨大。

未来 5 年我国大数据产业规模年均增长率将会超过 50%，到 2020 年我国的数据总量将会超过 8000 亿 PB（数据单位），占全球数据总量的比例达到 20%，届时我国将成为世界第一数据资源大国和全球的数据中心。可以预见，以大数据为代表的信息经济对促进传统产业升级，培育壮大新动能，必将发挥越来越重要的作用。

一、大数据产业概况

（一）市场规模快速增长，供给结构初步形成

市场规模快速增长。十二五以来，我国大数据产业从无到有，全国各地发展大数据积极性较高，行业应用得到快速推广，市场规模增速明显。易观国际数据显示，2011-2014 年，我国大数据市场规模分别为 37.4 亿元、47.3 亿元、59 亿元和 75.7 亿元，年平均复合增长约为 27%。据预测，2015、2016 年我国大数据市场规模将保持约 30% 的增长速度，在十二五末市场规模接近 100 亿元。

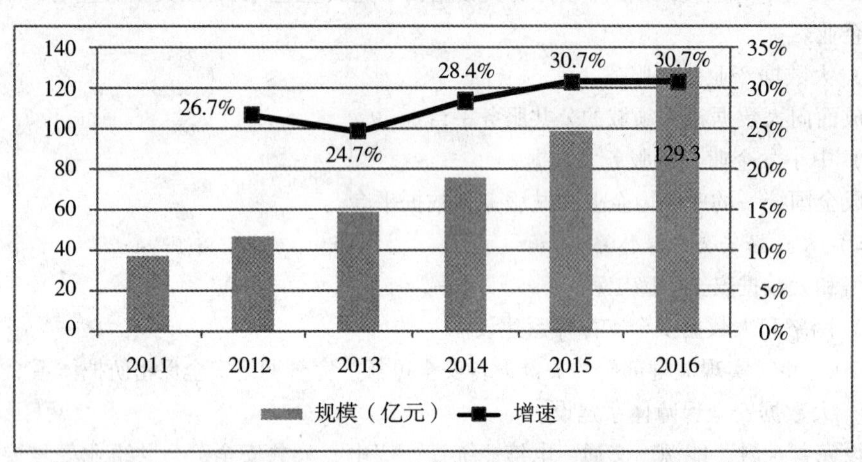

图 10.3-1　2011-2016 年我国大数据市场规模

我国已经初步形成了由互联网企业（以百度、阿里、腾讯为代表）、传统 IT 厂商（以华为、联想、浪潮、曙光、用友等为代表）、大数据企业（以亿赞普、拓尔思、海量数据、九次方等为代表）共同组成的市场供给关系，但各环节发展水平不均衡，在大数据产业链高端环节缺少成熟的产品和服务，面向海量数据的存储和计算服务较多，而前端环节数据采集和预处理，后端环节数据挖掘分析和可视化，及大数据整体解决方案等产品和服务较为匮乏。

（二）技术创新基础初具，应用驱动创新特征明显

技术创新基础初具。十二五以来，工业和信息化部、国家发展与改革委员会、科技部

等部门高度重视大数据的发展，利用“核高基”科技重大专项、电子发展基金等进行了前沿部署，针对互联网和大数据发展的迫切需求，安排了非结构化数据管理研究、大型通用数据库系统研究等课题，对非结构化数据管理、大型数据管理的核心技术进行集中攻关。我国企业已经在大数据领域开始布局，不仅加强物理存储设备与处理能力的建设，也加快技术产品的研发与人才队伍的培养。

应用驱动创新特征明显。十二五以来，大数据领域由技术创新转驱动向应用创新驱动转变的趋势开始显现，很多技术和产品是在应用需求的引导下完成的创新和突破。在Hadoop、Spark、Storm等开源技术的影响下，大数据的技术壁垒越来越低，使得开展大数据业务的企业无需担忧技术实现问题，而是将更多的精力和资源投入到对需求的挖掘、分析和满足上。面对各行业的特性需求和不同用户的个性化需求，企业不断地创新出新技术、新产品、新业态和新模式。

（三）投融资活动初步兴起，行业应用成为热点方向

投融资活动初步兴起。十二五期间，我国大数据领域融资并购活动逐渐兴起，呈现持续升温的态势。据不完全统计，进2014年所披露的大数据领域融资并购事件已有20余起，涉及金额约为355亿元。与国外大数据投融资的高热度相比，我国大数据初创企业获得融资机会的比率较低。原因在于我国大数据初创企业很少具备核心技术能力或累积海量数据资源，又很难在短期内开发出行业解决方案或具备成熟的行业应用。

行业应用成为投融资热点。在已披露的融资并购事件中，资本更热衷于投向掌握行业应用产品和服务的企业，或具有行业应用开发潜力的公司。其中，交通、健康、金融、教育、电子商务、娱乐等领域的融资并购频繁。

（四）各地高度重视，结合需求特色发展

各地结合各自需求特色发展。继广东2012年底宣布“率先启动大数据战略”后，上海、重庆、武汉、大连、天津滨海新区等地也都发布了各自的行动计划或行动方案。2014年初贵州省出台了《贵州省大数据产业发展与应用规划纲要（2014-2020年）》和《关于加快大数据产业发展应用若干政策的意见》，并将国家级新区贵安新区确立为大数据产业基地，将大数据产业作为支柱产业重点扶持。广东省发布了《广东省大数据发展规划（2015-2020年）》征求意见稿，并成立了大数据管理局。北京、上海等地率先建立了政府数据资源开放平台，推动数据的开放和共享。中关村牵头建立京津冀“大数据走廊”，启动全国首个大数据交易平台。

二、企业大数据

（一）阿里巴巴：转变大数据战略，面向全球开放数据

2016年，阿里巴巴集团平台成交额突破3万亿，达到3.092万亿元人民币，同比增长27%，2016年收入达到1011亿元人民币。拥有3.6万名员工的阿里巴巴，由此成为人均产能最高的中国互联网公司。

截至2016年末，阿里巴巴中国零售平台上的年度活跃买家增至4.23亿户；移动端月度活跃用户增至4.1亿户。

2014年，阿里巴巴大数据战略从主要集中在对商户提供IT基础设施和数据共享层面，

转向建立 DT 数据时代商业发展的基础设施。阿里巴巴首度开放数据，商家可以根据以往的销售信息和“淘宝指数”进行生产、库存决策。淘宝指数相当于行业和宏观经济的各项指标。数据开放之后，线上线下的数据能够串联起来，用户既是数据提供方，也是数据使用者。

2014 年，阿里巴巴与多个地方政府达成战略合作关系，推动阿里与各地方政府进行数据共享，扩展其大数据服务领域和业务范围。合作方式多采用共建、共享、共赢的发展方式，使政府与公司成为大数据应用开发的利益共同体。

2015 年，阿里云刷新了一项世界纪录。在由数据库之父 Jim Gray 创办的排序基准评估竞赛 Sort Benchmark 中，阿里云把 100TB 数据的排序时间缩短到了 377 秒，打破了此前由雅虎、微软、斯坦福大学等公司与机构保持的纪录。

2016 年一季度，全中国超过 70%的快递包裹都在这个数据平台运转的“菜鸟”已完成百亿融资。菜鸟网络与合作伙伴的物流线路已经覆盖到全球 224 个国家和地区，以及国内 2800 个县区。

目前阿里云的服务对象既包括中国气象局，也包括墨迹天气这样的移动端 app。后者借助阿里云的大数据平台数加，满足 4 亿用户每天 5 亿次的个性化天气查询需求。在试用了阿里云的服务后，墨迹天气的整体存储和计算成本降低了 70%。

浙江省交通运输厅使用阿里云的大数据预测出未来 1 小时内的路况，准确率稳定在 91%以上。阿里云大数据的计算能力，可以在 20 分钟完成长达 1300 公里的浙江全省的高速公路历史数据分析，10 秒钟完成实时数据分析。

借助大数据技术，阿里巴巴通过对电子商务平台上的客户行为进行分析，诞生了蚂蚁小贷、花呗、借呗；菜鸟网络通过电子面单、物流云、菜鸟天地等数据产品，为快递行业的升级提供技术方法。

通过采用阿里云大数据的“数加”的推荐引擎，大麦网的研发成本从 900 人每天降低到了 30 人每天，效率提升了 30 倍。

2016 年 1 月 20 日的 2016 云栖大会上海峰会上，阿里云宣布开放阿里巴巴十年的大数据能力，发布全球首个一站式大数据平台“数加”，首批亮相 20 款产品。这一平台承载了阿里云“普惠大数据”的理想，即让全球任何一个企业、个人都能用上大数据。

（二）百度：开放“大数据引擎”，推出多款软硬产品

百度 2016 年总营收为 705.49 亿人民币（约合 101.61 亿美元），同比 2015 年增长 11.9%。

2014 年 4 月 24 日，百度正式发布大数据引擎，包括开放云、数据工厂、百度大脑等三大核心组件在内大数据能力对外开放。百度合作伙伴可以在线使用百度的大数据架构，处理自身积累的大数据，或融合百度大数据，来改造和优化企业管理、产品服务、商业模式等环节。百度还将在政府、医疗、金融、教育等领域率先开展对外合作。

2014 年，基于大数据能力，百度发布了 BaiduEye、百度无人驾驶汽车、小度机器人、DuBike、百度筷搜、百度酷耳、Baidu Cool Box、百度魔镜等数款不同功能、不同领域的硬件产品，以及智能围棋系统 Bingo、百度云加速、百度云观测、百度医疗大脑、百度预测等软件产品。

2015年，百度围绕“航母计划”，一方面将教育、音乐、外卖等资产开放出去吸引第三方投资者，另一方面自己不断加强O2O、医疗、汽车交通及技术方面的投入。这一年，百度投入12亿美元投资了超过24家公司、花费了5000万美元投资了4家海外公司；

1. 汽车交通。

汽车交通产业，一方面与百度地图有天然关系，另一方面则是线下重要生活入口。在腾讯阿里与滴滴快的的关系之外，百度加大了与Uber的联系，在人事和产品两方面与Uber合作。

此外百度还围绕汽车共享用车及拼车服务，先后投资了天天用车、51用车。围绕车联网、汽车科技，注重技术的百度将其作为自己的业务进行拓展，例如、Carlife车联网解决方案等。二手车领域，百度也大手笔进入，领投了优信二手车1.7亿美元的C轮融资。

2. 医疗健康。

医疗是百度2015年非常注重的方向：

（1）百度成立了移动医疗事业部，推出百度医生APP，而后与公立医院合作；

（2）百度发布了药品O2O服务“药直达”，通过和药店合作；

（3）百度领投了“趣医院”B轮融资，延展在医院和医生端的资源；

（4）百度外卖全面上线了药品快送O2O板块，围绕消费者端进行布局。

3. 金融。

在大力推广“百度钱包”的同时，百度也开始着手包括“百信银行”“百安保险”，推出混合基金、与银行合作开展授信服务等。

4. 教育领域。

教育是百度在2014年最发力的领域，到了2015年则是消化吸收的一年。包括分拆“作业帮”，成立百度教育事业部、百度文库事业部，推出“光合计划”，建立信用体系等。

5. 旅游领域。

百度旅游领域大获丰收，在2015年更是影响了整个在线旅游格局，携程、去哪儿、百度之间的合并、换股，使百度持有携程25%的股份、成为第一大股东和既得利益者。

（三）腾讯：积累丰富数据类型，大数据官网上线

腾讯2015年实现营业收入为1028.63亿元（158.41亿美元），比2014年同期的789.32亿元增长30%，净利润406.27亿元（62.56亿美元），比2014年同期的238.16亿元增长33%。增值服务2014年业务的收入633.1亿元，比2013年同期增长33%。

就微信及WeChat而言，月活跃账户于2015年底达6.97亿，同比增长39%。2014年，通过投资并购大众点评网、京东、滴滴打车、思维图新、丁香园等。腾讯的数据类型已包括社交数据、地理位置数据、医疗数据、电商数据、游戏数据、支付数据等，随着数据类型的丰富，腾讯大数据应用领域更加广泛。11月下旬，腾讯官网正式上线，推出精准推荐、大数据统计、腾讯舆情、推送服务、健康大数据、智能设备、影视大数据和智慧城市等八大应用板块。每天完成扫描数据量8.5PB、效果广告精准推荐量180亿条、新闻精准推荐量5000多万条、视频精准推荐量16亿个。

（四）其他企业情况

南大通用、武汉达梦、浪潮等软件企业加强数据存储和管理技术的研发，开发大数据

库一体机等大数据管理产品；

华为等在大数据开源技术方面积极投入，在为 Hadoop 开源社区贡献代码排名前十；

拓尔思、亿赞普等大数据专业企业针对特定领域研发专门的数据分析产品，已经取得重大进展。

电信运营企业也在积极研究跟进，中国电信探索在“全球眼”视频监控系统中应用大数据技术，中国联通利用大数据技术分析用户 3G 流量使用情况，并提供查询服务，中国移动开发“大云”平台，瞄准大数据分析应用。

在大数据能力方面，广东移动在省内拥有 21 个 IDC 数据中心，其中四星级以上有 3 个，大数据平台节点达 920 个，存储规模高达 33PB，基本实现了能力开放、平台开放、应用开放的“三开放”局面。

2016 年上半年，广东移动正式推出“蜂巢”大数据品牌以及“和信用”“城市热力图”“岭南优品”等一系列产品。此外，广东移动还获得全省首批大数据创业创新孵化园的授牌。当前，与广东移动开展孵化合作的企业超过 120 家，覆盖金融、交通、旅游、安全、电力、教育、医疗、零售 8 个行业。

三、大数据典型应用案例

（一）阿里小贷和淘宝 CPI

阿里公司根据在淘宝网上中小企业的交易状况筛选出财务健康和讲究诚信的企业，对他们发放无需担保的贷款。目前已放贷 300 多亿元，坏账率仅 0.3%，大大低于商业银行。

淘宝网还建立了“淘宝 CPI”，通过采集、编制淘宝网上 390 个类目的热门商品价格来统计 CPI，比国家统计局公布的 CPI 提前半个月预测经济的走势。

（二）百度疾病预测

百度疾病预测利用大数据技术和数据，实时展示流感、手足口病、肝炎、艾滋病、肺癌、肺结核等 6 种主要传染病动态，预测未来 7 天各地的传染病趋势，覆盖全国 2870 个区县。向医疗机构、药企提供疾病预测，帮助医疗机构和药企优化资源配置，提前应对疫情变化。在 2015 年春手足口病爆发期间，百度每日监控全国手足口病动态，向国家疾控中心提交疫情分析报告，辅助疾控部门有针对性地服务居民需求。

（三）其他案例

1. 龙信数据根据工商登记数据分析财政收入规律

北京龙信公司基于工商登记数据，分析表明 1990 年至 2011 年我国财政收入与企业注册资本之间的关系呈高度线性相关，其相关系数高达 0.987，而斜率竟为 0.148，表明放开企业注册，可大大增加政府财政收入，为宏观经济决策提供了极富价值的参考。

2. 拓尔思利用新浪微博等数据发现金融系统风险

拓尔思通过检测新浪微博和金融 BBS 论坛等数据，搜寻非法集资、违法违规交易线索，可以提前预测 P2P 企业违约。同时，北京拓尔思公司还曾经利用大数据技术预测厄瓜多尔总统选举，得票率与实际数据误差仅为 1.36%。

3. 北京市城市规划设计研究院利用公交卡数据进行城市规划设计

北京市城市规划设计研究院利用公交 IC 卡刷卡数据分析了城市的职住分布、居住与就

业特征、居民的通勤轨迹，优化城市规划设计。

4. 无锡市财政局利用多源数据建立财政收入评估体系

无锡市财政局对财政、国税、地税、统计、国土、工商、质检、建设、人保、房管等多个部门的各类业务数据进行了收集、整合，涉及1000多个信息字段，初步建立起具有地方特色的财政收入客观评估管理体系。

总之，一个个鲜活的应用案例说明，大数据已经从空洞的概念，升级为了可以落地的服务能力。技术上的赶超、成本的不断降低，各行各业应用的逐渐落地，这三大条件齐备，标志着2016年成为了中国的大数据元年。

表格 10.3-1　　阿里巴巴、百度、腾讯大数据对照表

	阿里2014年大数据情况	百度2014年大数据情况	腾讯2014年大数据情况
产品	阿里推出“百川计划”，全面开放数据。	百度发布全球首个开放大数据引擎	11月下旬腾讯大数据官网正式上线。
	发布大数据产品——ODPS。通过ODPS在线服务，小型公司花几百元即可分析海量数据。ODPS可在6小时内处理100PB数据，相当于1亿部高清电影。	发布智能搜索外部设备百度筷搜，利用大数据技术甄别食材安全，帮助用户清晰掌握食品信息，将危害拒之体外。	
	联手上海、福建、浙江、湖南等地公安机关，运用大数据查获一起网售假冒运动鞋案件，涉案总价值2150余万元。	发布BaiduEye，主要功能帮助用户拓展视野，打通线上线下服务。	
		百度预测上线了最新产品“疾病预测”，利用用户的搜索数据，并结合气温变化、环境指数、人口流动等因素建立预测模型，实时提供几种流行病的发病指数。	
合作	与中国气象局公共气象服务中心达成战略合作，共同挖掘气象大数据的深层价值，服务国民经济和社会民生。	与兴业银行签署战略合作协议。业务合作范围包括但不限于互联网金融创新合作、大数据合作和产品营销合作等。	与IBM达成深度战略合作，成为腾讯体育社交媒体数据分析合作伙伴。
	与中国邮政集团达成战略协作，借助中国邮政的物理网点优势，推动智能物流骨干网建设。	百度和药监局达成战略合作，百度将使用药监局的的药品数据为人们提供用药相关的查询。	与新东方合作成立北京微学明日网络科技有限公司，进军教育大数据领域。

续表

	阿里 2014 年大数据情况	百度 2014 年大数据情况	腾讯 2014 年大数据情况
	SMG 已与阿里巴巴集团在商业与金融数据服务以及财经资讯领域初步达成战略合作意向。	与联合国开发计划署联合实验室启动，对行业数据进行分析加工及趋势预测，为联合国制定发展策略提供建议。	
		中国搜索与百度达成战略合作协议，在大数据、云计算、物联网展开合作。	腾讯和索尼音乐娱乐达成一项战略性合作协议，腾讯将独家管理索尼音乐在中国的在线音乐服务。利用大数据分析，为用户推荐音乐类型。
投资	阿里集团拟全资收购高德，交易金额 11 亿美元。	投资芬兰室内导航技术服务公司 IndoorAtlas 金额 1000 万美元。	主导嘀嘀打车新一轮超 7 亿美元投资，未来商业模式建立在大数据基础上。
	间接收购恒生电子 100%股份，交易总金额约 32.99 亿元。	万达电商的首期投资额高达 50 亿人民币，其中万达持股 70%，腾讯和百度各持股 15%。	2.14 亿美元获得京东 15%的股权。合作开展大数据业务。
	逾 28 亿布局 OTA 市场，入股石基信息 15%股份，目标直指酒店信息大数据。	全资收购糯米网，将与搜索、地图等产品以及线下的销售渠道进行深度整合，拓展大数据业务。	以 10 亿美元战略投资大众点评网，占股约 20%。交易完成后，大众点评将继续保持独立运营。
			万达电商的首期投资额高达 50 亿人民币，其中万达持股 70%，腾讯和百度各持股 15%。试水电商大数据。
收购			以 11.73 亿元入股四维图新，抢占智能交通大数据市场。
银行			银监会日前宣布，正式批准包括腾讯在内的三家民营银行的筹建申请。大数据或被作为其最强有力武器，腾讯持股 30%。
项目		百度开启无人驾驶汽车项目计划，“百度无人驾驶汽车”可自动识别交通指示牌和行车信息，具备雷达、相机、全球卫星导航等电子设施，并安装同步传感器。	
-		联想 ThinkServer 为百度打造了全新的绿色数据中心。	

第十一章　跨境电子商务

第一节　跨境电子商务的概念

一、跨境电子商务的定义与特征

（一）跨境电子商务的定义

1. 跨境电子商务的定义

跨境电子商务简称跨境电商，是指分属不同关境的交易主体，通过电子商务平台达成交易、进行支付结算，并通过跨境物流送达商品、完成交易的一种国际商业活动。目前根据跨境电商模式的不同，平台提供支付结算，跨境物流送达、金融贷款的服务内容均有不同。

从广义上看，跨境电商指电子商务在进出口贸易中的应用，是传统国际贸易商务流程的电子化、数字化和网络化。它涉及许多方面的活动，包括货物的电子贸易、在线数据传递、电子资金划拨、电子货运单证等内容。从这个意义上看，在国际贸易环节中只要涉及到电子商务应用都可以纳入这个统计范畴内。

2. 跨境电商与外贸电商的区别

传统电商平台有代表性的有：阿里的中国供应商、环球资源、中国制造网、中国化工网、中国出口贸易网等；

跨境电商平台有代表性的有：阿里的天猫国际、速卖通、亚马逊、eBay、京东的全球购与全球售、网易考拉海购、蜜芽、洋码头、E&L、跨境通等等。

（1）主体不一样

在外贸电商时代，出口企业无非是运用电子商务手段推广自己及产品，从网上寻找外商求购信息等，故主体是信息流；而在跨境电商时代，人们却要试图运用网络把商品直接销售给海外消费者，故主体是商品流。

（2）环节不一样

在外贸电商时代，进出口的环节并没有缩短或改变，而跨境电商则要求尽量减少或缩短各种环节以尽量降低中间成本。

（3）交易不一样

在外贸电商时代，交易都是在线下完成的，而跨境电商则大多数在线上直接完成交易。

（4）税收不一样

外贸电商体现的是一般的传统贸易，涉及到复杂的关税、增值税及消费税等，而跨境电商面临的税收一般就简单多了，如很多只涉及行邮税而已。

（5）模式不一样

外贸电商的基本模式是B2B，而跨境电商的主流模式确是B2C。

显然，跨境电商的确不等于外贸电商，跨境电商体现的是一种与传统的外贸电商有极大不同的新型的运行模式；只不过广义的跨境电商也包含了外贸电商而已。

（二）跨境电商具有如下特征

1. 全球性（Global Forum）

电子商务与传统的交易方式相比，其一个重要特点在于电子商务是一种无边界交易，不存在传统交易所具有的地理因素。互联网用户不需要考虑跨越国界就可以把产品尤其是高附加值产品和服务提交到市场。网络是一个没有边界的媒介体，具有全球性和非中心化的特征。依附于网络发生的跨境电子商务也因此具有了全球性和非中心化的特性。网络的全球性特征带来的积极影响是信息的最大程度的共享，消极影响是用户必须面临因文化、政治和法律的不同而产生的风险。任何人只要具备了一定的技术手段，在任何时候、任何地方都可以让信息进入网络，相互联系进行交易。

2. 无形性（Intangible）

网络的发展使数字化产品和服务的传输盛行。而数字化传输是通过不同类型的媒介，例如数据、声音和图像在全球化网络环境中集中而进行的，这些媒介在网络中是以计算机数据代码的形式出现的，因而是无形的。数字化产品和服务基于数字传输活动的特性也必然具有无形性，传统交易以实物交易为主，而在电子商务中，无形产品却可以替代实物成为交易的对象。

3. 匿名性（Anonymous）

由于跨境电子商务的非中心化和全球性的特性，因此很难识别电子商务用户的身份和其所处的地理位置。在线交易的消费者往往不显示自己的真实身份和自己的地理位置，重要的是这丝毫不影响交易的进行，网络的匿名性也允许消费者这样做。

4. 即时性（Instantaneously）

对于网络而言，传输的速度和地理距离无关。传统交易模式，信息交流方式如信函、电报、传真等，在信息的发送与接收间，存在着长短不同的时间差。而电子商务中的信息交流，无论实际时空距离远近，一方发送信息与另一方接收信息几乎是同时的，就如同生活中面对面交谈。某些数字化产品（如音像制品、软件等）的交易，还可以即时清结，订货、付款、交货都可以在瞬间完成。

5. 无纸化（Paperless）

电子商务主要采取无纸化操作的方式，这是以电子商务形式进行交易的主要特征。在

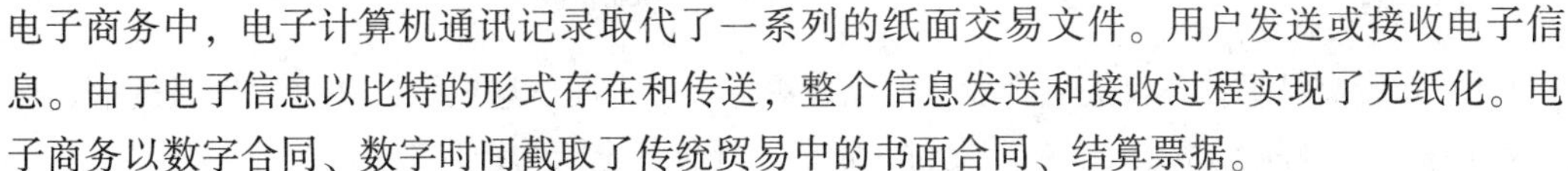

电子商务中，电子计算机通讯记录取代了一系列的纸面交易文件。用户发送或接收电子信息。由于电子信息以比特的形式存在和传送，整个信息发送和接收过程实现了无纸化。电子商务以数字合同、数字时间截取了传统贸易中的书面合同、结算票据。

6. 快速演进（Rapidly Evolving）

互联网是一个新生事物，现阶段它尚处在幼年时期网络设施和相应的软件协议的未来发展具有很大的不确定性。基于互联网的电子商务活动也处在瞬息万变的过程中，短短的几十年中电子交易经历了从 EDI 到电子商务零售业的兴起的过程，而数字化产品和服务更是花样出新，不断的改变着人类的生活。

二、跨境电商的分类

（一）以产业终端用户类型分类

1. B2B 跨境电商平台，处于主导地位。

（1）代表企业：

敦煌网、中国制造、阿里巴巴国际站、环球资源网等。

（2）类型概述：

1）B2B 跨境电商平台所面对的最终客户为企业或集团客户，提供企业、产品、服务等相关信息。

2）目前，中国跨境电商市场交易规模中 B2B 跨境电商市场交易规模占总交易规模中90%以上。在跨境电商市场中，企业级市场始终处于主导地位。

2. B2C 跨境电商平台，占比不断升高。

（1）代表企业：

速卖通、DX、兰亭集势、米兰网、大龙网。

（2）类型概述：

1）B2C 类跨境电商企业所面对的最终客户为个人消费者，针对最终客户以网上零售的方式，将产品售卖给个人消费者。

2）B2C 类跨境电商平台同时在不同垂直类目商品销售上也有所不同，如 FocalPrice 主营 3C 数码电子产品，兰亭集势则在婚纱销售上占有绝对优势。

3）B2C 类跨境电商市场正在逐渐发展，且在中国整体跨境电商市场交易规模中的占比不断升高。在未来，B2C 类跨境电商市场将会迎来大规模增长。

（二）以服务类型分类

1. 信息服务平台

（1）代表企业：

阿里巴巴国际站、环球资源网、中国制造网。

（2）类型概述：信息服务平台主要是为境内外会员商户提供网络营销平台，传递供应商或采购商等商家的商品或服务信息，促成双方完成交易。

2. 在线交易平台，逐渐成为跨境电商中的主流模式。

（1）代表企业：

敦煌网、速卖通、DX、炽昂科技（FocalPrice）、米兰网、大龙网。

（2）类型概述：

1）在线交易平台不仅提供企业、产品、服务等多方面信息展示，并且可以通过平台线上完成搜索、咨询、对比、下单、支付、物流、评价等全购物链环节。

2）在线交易平台模式正在逐渐成为跨境电商中的主流模式。

（三）以平台运营方分类

1. 第三方开放平台。

（1）代表企业：

速卖通、敦煌网、环球资源、阿里巴巴国际站。

（2）类型概述：

1）平台型电商通过线上搭建商城，并整合物流、支付、运营等服务资源，吸引商家入驻，为其提供跨境电商交易服务。

2）平台以收取商家佣金以及增值服务佣金作为主要盈利模式。

2. 自营型平台。

（1）代表企业：

兰亭集势、米兰网、大龙网、炽昂科技、FocalPrice。

（2）类型概述：

自营型电商通过在线上搭建平台，平台方整合供应商资源通过较低的进价采购商品，然后以较高的售价出售商品，自营型平台主要以商品差价作为盈利模式。

第二节　跨境电子商务的运营

一、跨境电子商务的业务模式

（一）“自营+招商”模式

1. 模式案例：苏宁海外购。

2. 模式概述：“自营+招商”的模式的代表企业苏宁结合了它具备国际快递牌照的优势，在传统电商方面发挥它供应链、资金链的内在优势，同时通过全球招商来弥补国际商用资源上的不足。苏宁是继天猫、亚马逊之后该市场迎来的又一位强有力的跨境电商竞争对手。该模式的特点是立完善的海外流通体系、充分利用自有的支付工具以及众多门店优势，发挥最大的企业内在优势，在内在优势缺乏或比较弱的方面就采取外来招商以弥补自身不足。

（二）“直营+保税区”模式

1. 模式案例：聚美海外购。

2. 模式概述：“自营”模式就是跨境电商企业将直接参与到采购、物流、仓储等海外商品的买卖流程。对物流监控，支付体系都有自己的一套体系。

利用保税区建立可信赖的跨境电子商务平台，提升供应链管理效率，破解仓储物流难题，让商品流通不再有渠道和国家之分，是对目前传统模式的重大突破。

（三）“保税进口+海外直邮”模式

1. 模式案例：天猫国际。

2. 模式概述：天猫在跨境这方面通过和自贸区的合作，在各地保税物流中心建立了各自的跨境物流仓。它在宁波、上海、重庆、杭州、郑州、广州6个城市试点跨境电商贸易保税区、产业园签约跨境合作，全面铺设跨境网点。规避了基本法律风险，同时获得了法律保障，压缩了消费者从订单到接货的时间，提高了海外直发服务的便捷性。使得跨境业务在“灰色地带”打开了“光明之门”。

这种模式都可以大幅降低物流成本，提高物流效率，具有商品价格优势，是跨境电商的重要尝试。

（四）“自营而非纯平台”模式

1. 模式案例：京东海外购。

2. 模式概述：京东海外购是京东海淘业务的主要方向，采用自营而非纯平台的方式。京东控制所有的产品品质，确保发出的包裹能够得到消费者的信赖。京东的海外购并不是走全品类路线，而是根据京东会员需求来进行。

（五）“自营跨境B2C平台”模式

1. 模式案例：亚马逊海外购、1号海购、顺丰海淘。

2. 模式概述：

（1）海外电商在中国的保税区内自建仓库的模式，可以极大地改善跨境网购的速度体验，亚马逊在上海自贸区设立仓库，以自贸模式（即保税备货），将商品销往中国。

（2）1号店是通过上海自贸区的保税进口模式或海外直邮模式入境，可以提前将海外商品进口至上海自贸区备货。除此之外，1号店的战略投资方沃尔玛在国际市场的零售和采购资源整合优势将利好“1号海购”业务。

（3）顺丰主导的跨境B2C电商网站“顺丰海淘”于2015年1月9日正式上线。提供的产品涉及美国、德国、荷兰、澳大利亚、新西兰、日本、韩国等海淘热门国家。“顺丰海淘”。

（六）“海外商品闪购+直购保税”模式

1. 模式案例：唯品会全球特卖。

2. 模式概述：2014年9月，唯品会的“全球特卖”频道亮相网站首页，同时开通首个正规海外快件进口的“全球特卖”业务。唯品会“全球特卖”全程采用海关管理模式中级别最高的“三单对接”标准，“三单对接”实现了将消费者下单信息自动生成用于海关核查备案的订单、运单及支付单，并实时同步给电商平台供货方、物流转运方、信用支付系统三方，形成四位一体的闭合全链条管理体系。该模式让产品与服务更加人性化、透明化。

（七）“直销、直购、直邮”的“三直”模式

1. 模式案例：洋码头

2. 模式概述：洋码头是一家面向中国消费者的跨境电商第三方交易平台。该平台上的卖家可以分为两类，一类是个人买手，模式是C2C，另一类是商户，模式就是M2C。它帮助国外的零售产业跟中国消费者对接，就是海外零售商应该直销给中国消费者，中国消费者应该直购，中间的物流是直邮。三个直：“直销、直购、直邮”。

（八）“垂直型自营跨境 B2C 平台”模式

1. 模式案例：蜜芽宝贝

2. 模式概述：该平台在选择自营品类时会集中于某个特定的领域，如美妆、服装、化妆品、母婴等。这类跨境的电商平台因其自营性，供应链管理能力相对比较强，代表性企业为蜜芽宝贝等。

二、跨境电子商务的支付

（一）跨境电子商务的支付方式

国内电子商务业务的收款方式基本上就是支付宝，财付通等，手续费、安全性、即时性等都相对成熟。但是把国内电商范围扩大至跨境电商，收汇款方式就会变得非常复杂，需要考虑的问题是非常多的，不同收汇款方式差别较大，它们都有各自的优势和局限性，适用范围也不尽相同。

1、. 跨境电子商务的支付方式。

跨境电子商务的支付方式分为两大类：

（1）网上支付，包括电子账户支付和国际信用卡支付，对零售小金额是很适用的；

信用卡和 Paypal 当前使用的非常的广泛，其他支付方式可当做收款的辅助手段，特别是 WebMoney、Qiwi wallet、CashU 对于俄罗斯、中东、北非等地区的贸易有着举足轻重的作用。

（2）银行汇款模式，对大金额很适用的。

2. 跨境电子商务网上支付需要满足的条件。

跨境电子商务的网上支付需要满足以下条件：

（1）多语言、定制化、费率低、结算快；

（2）支持四大国际信用卡；

（3）自建反欺诈系统，支付成功率高；

（4）具有连接 CyberSource、Maxmind、Austream 的功能；

（5）国际风控组织的许可；

3. 跨境电子商务网上支付需具备的一些基本功能：

跨境电子商务网上支付工具必需具备的一些基本功能有，电子钱包、在线支付、移动支付、跨境结算、电子收款、扫码支付、信用卡支付、转移支付等。

4. 各种跨境电子商务的主要支付方式的适用范围、所需手续、收取费用等介绍如下：

（1）银行电汇。

费用：所在地的银行费用各自承担。买家银行会把一道手续费收取，由买家承担；卖家公司的银行有的也会收取一道手续费，就由卖家来承担。根据银行的实际费率计算。

优点：收款迅速，到账时间只有几分钟；先付款后发货，保证商家利益是不受任何损失的。

缺点：先付款后发货，国外买家容易怀疑；客户群体小，限制商家的交易量；有着很大的数额，手续费高。

适用范围：银行电汇是传统的 B2B 付款模式，大额的交易付款相比来说比较适合。

（2）西联汇款。

西联国际汇款公司的简称是西联汇款，是世界上领先的特快汇款公司，可以在全球很大一部分国家的西联代理所在地汇出和提款。西联手续费由买家承担。需要买卖双方到当地银行实地操作。西联在卖家没有把款项钱领取到的时间，买家随时就能够将支付出来的资金撤销回去。

优点：手续费由买家承担；对于卖家来讲是非常划算的，可先提钱再发货，有极其好的安全性；到帐速度也很快。

缺点：由于对买家来说有着极其高的风险，买家不易接受；买家和卖家需要去西联线下柜台操作；有着很高的手续费。

适用范围：1万美金以下的小额支付。

（3）Money Gram

Money Gram公司推出的一种快捷、简单、可靠及方便的国际汇款方式就是速汇金汇款，当前，该公司在全球150个国家和地区拥有总数超过50，000个的代理网点。收款人凭汇款人提供的编号就可以把款收到。

费率：单笔速汇金最高汇款金额不能超过10000美元（不含），每天每个汇款人的速汇金累计汇出最高限额为20000美元（不含）。

优势：速汇金汇款在汇出后十几分钟就能够到达收款人手中；在一定的汇款金额内，汇款的费用相对来说是很低的，没有任何的中间行费、电报费；手续简单，汇款人也不需要选择复杂的汇款路径，收款人无须预先开立银行帐户就能够实现资金划转。

缺点：汇款人及收款人都应该是个人；必须为境外汇款；通过银行速汇金进行境外汇款的，一定要符合国家外汇管理局对于个人外汇汇款的相关规定；如果客户拿着现钞账户汇款，还应该把一定的钞变汇的手续费交纳，目前，国内有工行、交行、中信银行三家代理速汇金收付款服务。

（4）Paypal

费率：2.9%～3.9%

费用：开户费和使用费都没有；每笔收取0.3＄银行系统占用费；提现每笔收取35＄；如果跨境每笔收取0.5%的跨境费。

优点：国际付款通道满足一部分地区客户付款习惯；账户与账户之间产生交易的方式，能够买也能够卖，双方都拥有；美国eBay旗下，有着很高的国际知名度，特别受美国用户信赖。

缺点：Paypal用户消费者（买家）利益比Paypal用户卖家（商户）的利益要大，双方没有权利的平衡；电汇费用，每笔交易把手续费除外还需要把交易处理费支付；账户容易被冻结，商家利益受损失，有许多做外贸的朋友都遇到过这样的情况。

适用范围：跨境电商零售行业，几十到几百美金的小额交易更加的划算。

（5）Cashpay

费率：2.5%

费用：无开户费及使用费；提现手续费及附加费也是没有的。

优点：加快偿付速度（2～3天），结算快；对商城购物车通道集成是支持的；提供更加多的支付网关的选择，客户喜欢的币种提现都是支持的。

缺点：刚进入中国市场，有着很低的国内知名度。

安全性：有专门的风险控制防欺诈系统 Cashshield，而且只要出现欺诈 100%赔付。让退款率降低了，专注客户盈利、资料数据更安全。

特点：安全，快速，费率合理，PCIDSS 规范，是一种多渠道集成的支付网关。

（6）Monerbookers

费用：从银行上载资金免费；从信用卡上载资金：收取 3%的费用；发钱方收取 1%的手续费（最高 0.5 欧元），收钱方无手续费；MB 帐户里要最少有 11.8 欧元才能通过银行取款。；通过支票取钱：收取固定费用 3.50 欧元。

优点：安全，由于是以 E-Mail 为支付标识，付款人将不再需要把信用卡等个人信息暴露出来；客户一定要把账户认证激活才能够进行交易；你只需要收款人的电子邮箱地址就能够把钱发给他；可以通过网络实时的进行收付费。

缺点：客户多账户是不允许的，一个客户只可以注册一个账户；当前不支持未成年人注册，需年满 18 岁才可以

安全性：登录的时间以变形的数字当作是登陆手续，以防止自动化登陆程序对你账户的攻击；只支持高的安全-128 位加密的行业标准。

（7）Payoneer

Payoneer 是一家总部位于纽约的在线支付公司，主要业务是帮助其合作伙伴将资金下发到全球，其同时也为全球客户提供美国银行/欧洲银行收款账户用于接收欧美电商平台和企业的贸易款项。

优点：便捷，中国身份证就能够完成 Payoneer 账户在线注册，而且对美国银行账户和欧洲银行账户自动绑定。合规，像欧美企业一样接收欧美公司的汇款，并通过 Payoneer 和中国支付公司的合作完成线上的外汇申报和结汇。便宜，电汇设置单笔封顶价，人民币结汇最多不超过 2%。

适用人群：单笔资金额度小但是客户群分布广的跨境电商网站或卖家。

（8）信用卡收款

跨境电商网站可通过与 Visa、MasterCard 等国际信用卡组织合作，或直接与海外银行合作，开通接收海外银行信用卡支付的端口。

优点：欧美最流行的的支付方式，信用卡的用户人群是很庞大的。

缺点：接入方式麻烦、需预存保证金、收费高昂、付款额度偏小。黑卡蔓延，有拒付风险存在。

适用范围：从事跨境电商零售的平台和独立 B2C。现在国际上五大信用卡品牌 VISA，Master Card，America Express，JCB，Diners Club，其中大家广泛使用的是前面两个。

（9）香港离岸公司银行账户

卖家通过在香港开设离岸银行账户，把海外买家的汇款接收，再从香港账户向大陆账户汇款。

优点：接收电汇没有任何额度限制，没有必要不需要像大陆银行一样受 5 万美元的年汇额度限制。不同货币能够随意自由兑换。

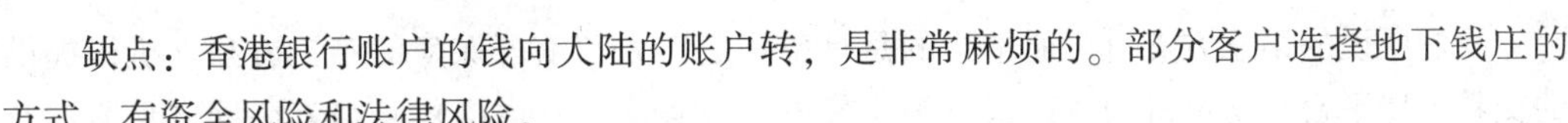

缺点：香港银行账户的钱向大陆的账户转，是非常麻烦的。部分客户选择地下钱庄的方式，有资金风险和法律风险。

适用范围：传统外贸及跨境电商都适用，对已经有一定交易规模的卖家是比较适合的。

（10）ClickandBuy

ClickandBuy是独立的第三方支付公司，客户可以通过ClickandBuy向FXDD交易账户注入资金，FXDD确认收到ClickandBuy的汇款后，在3-4个工作日内转到客户的账户中。转入资金限额每次不能低于$100，每天不能超过$10，000。假如客户选择通过ClickandBuy汇款，就能够通过ClickandBuy提款。FXDD保留选择通过ClickandBuy退款的权利。

（11）Paysafecard

Paysafecard是主要在欧洲流行的一种银行汇票，Paysafecards手续简单并且还很安全，不仅在欧洲37个国家可以购买，在澳大利亚，以及北美南美等地区都也可以买到，Paysafecard在全球范围有45万个销售网店，用户可以在超过4000家在线商店使用Paysafecard支付，可以说是全球范围的一种支付方式。用户购买Paysafecard后会得到一个16位的PIN码，支付时候只需输入这个16的PIN码即可，Paysafecard的面值一般在10欧元到100欧元之间，对于大额交易用户可以使用多张卡组合但最高限额是1000欧元。

（12）WebMoney

WebMoney（简称WM）是由成立于1998年的WebMoney Transfer Techology公司开发的一种在线电子商务支付系统。WM是俄罗斯最主流的电子支付方式，其支付系统可以在包括中国在内的全球70个国家使用。

（13）CashU

CashU自2002年起隶属于阿拉伯门户网站Maktoob，主要用来支付在线游戏、VOIP技术、通信、IT服务和外汇交易。CashU允许使用任何货币进行支付，但是这个帐户将始终以美元显示您的资金。CashU现在已经变成中东和独联体广大网民所使用，是中东和北非地区运用最广泛的电子支付方式之一。

（14）LiqPAY

LiqPAY是一个小额支付系统。对最低金额和支付交易的数量没有任何限制。要进行付款，LiqPAY使用客户的移动电话号码当作是它的标识。一次性付款不能够超过2500美元，你可以在一天内完成尽可能多的交易。帐户存款是美元，因此如果你把另外一种货币存入，这将根据LiqPAY内部汇率折算。

（15）Qiwi wallet

Qiwi wallet电子支付系统是2007年年底推出的俄罗斯最大的第三方支付工具。它的服务和支付宝很相似。该系统使客户可以快速，方便的在线支付水电费、手机话费、上网、网上购物采购、银行贷款。

（16）NETeller

NETeller是在线支付解决方案的领头羊。免费开通，可以把它理解成一种电子钱包，或者一种支付工具。全世界数以百万计的会员选择NETeller的网上转账服务。

（二）跨境电子商务的第三方支付

1. 跨境电子商务第三方支付的定义。

我们所说的第三方支付，通常指的是具备一定实力和信誉保障的第三方独立机构提供的交易支持平台。支付机构通过银行为小额电子商务交易双方提供跨境互联网支付所涉及的外汇资金集中收付及相关结售汇服务是跨境电子商务外汇支付业务。

2. 跨境电子商务行业网上支付的现状。

作为跨境电子商务的重要环节，第三方跨境支付业务在过去的几年中因为对行业标准和相应的监管缺乏，发展速度根本不能满足跨境电商和海外购物旅游的需求。

最近这些年来，跨境电子商务蓬勃发展。跨境电子商务企业方面，截至2012年底，我国跨境电商平台企业已经超过5000家，境内通过各类平台开展跨境电子商务的企业已超过20万家。2012年，我国跨境电子商务交易额已达2万亿元，2015年，中国跨境电商交易规模5.4万亿元，同比增长28.6%。其中，出口跨境电商交易规模为4.5万亿元，同比增长26%。2012年，以支付宝作为代表的我国第三方互联网支付业务交易规模达到了3.66万亿元，2015年中国第三方互联网支付交易规模达到11.8万亿元。

与此同时，现行的有关政策和支付手段已经对邮寄、快件等形式开展的跨境电子商务零售出口企业的需求不适应了，造成了企业在海关、检验、收付汇、税收等方面很多的不方便，与电子商务平台相配套的便捷、高效的跨境支付结算需求显得更加的迫切了。

个人消费方面，伴随着跨国网购这一新商业模式以及海外旅游业的高速发展，海淘、海外代购在国内急剧升温，2015年，我国海淘市场规模达2400亿元，海淘族人数增长到2400万人。国内消费者向境外商家支付的需求也在逐渐的增长，预计2017年进口跨境电商规模将达到1.3万亿，未来3年复合年平均增速为35%。非常多的国家的在线零售商都希望从中可以得到利益，并加大与中国消费者的交流，跨境支付市场潜力可见一斑。

而针对国内的消费者来说，虽然国内信用卡、银行外汇服务等渠道能够提供跨境支付服务，但使用外币付款通常面临语言障碍或者复杂的申办手续；对于监管机构而言，第三方支付机构的外汇收付业务还存在一定程度的外汇管理风险。

3. 国家支持跨境电子商务发展的一系列政策。

对于上面所说的行业现状，为了促进外贸电商发展，商务部针对跨境电子商务B2C方式存在的通关、商检、结汇、退税、统计等方面问题，起草了一系列支持跨境电子商务零售出口政策的相关文件。

（1）2012年2月，发改委、财政部、商务部等8部门办公厅共同下发了《关于促进电子商务健康快速发展有关工作的通知》；

（2）商务部在2012年3月出台了《关于利用电子商务平台开展对外贸易的若干意见》；

（3）发改委、财政部、商务部等13部门办公厅（室）在2013年4月共同下发了《关于进一步促进电子商务健康快速发展有关工作的通知》。

（4）在2013年8月，商务部会同发展改革委、人民银行、海关总署等9个部门共同研究制定并且下发了《关于实施支持跨境电子商务零售出口有关政策的意见》，将跨境电子商务零售出口纳入海关的出口贸易统计，提出了对跨境电子商务零售出口的支持政策以及出口检验、收结汇等六项具体措施，而且还在上海、杭州、宁波、重庆、郑州等五个跨境电子商务试点城市实施，并且在10月1日起在全国有条件的地区全面推广。

（5）在2013年3月，国家外汇管理局先后制定和下发了《支付机构跨境电子商务外汇

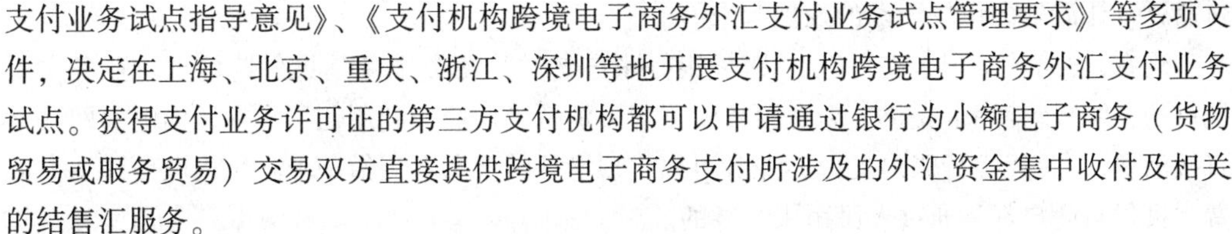

支付业务试点指导意见》、《支付机构跨境电子商务外汇支付业务试点管理要求》等多项文件，决定在上海、北京、重庆、浙江、深圳等地开展支付机构跨境电子商务外汇支付业务试点。获得支付业务许可证的第三方支付机构都可以申请通过银行为小额电子商务（货物贸易或服务贸易）交易双方直接提供跨境电子商务支付所涉及的外汇资金集中收付及相关的结售汇服务。

4. 跨境支付新政：跨境电子商务外汇支付业务试点。

2013 年 9 月 25 日，国家外汇管理局用口头的方式向大家通知，支付宝、财付通等 17 家第三方支付企业将变成第一批跨境电子商务外汇支付业务试点资格获得的企业。

17 家获得资格的公司主要在分布五个地方，获得业务资格有所侧重，所涉及的分别是跨境电子商务外汇支付业务、货物贸易、留学教育、航空机票以及酒店住宿。

同时外汇管理局规定，试点支付机构为客户集中办理收付汇和结售汇业务，货物贸易单笔交易金额不可以超过等值 1 万美元，留学教育、航空机票和酒店项下单笔交易金额不得超过等值 5 万美元。

（1）支付宝的第三方跨境支付。

虽然跨境支付试点资格才刚得到批复，事实上在此之前，非常多的网络支付机构都开展了面向个人消费者、外贸电子商务平台以及第三方支付机构同业的跨境支付业务。

在 2007 年的时候支付宝便与中国银行等银行合作，推出来了跨境支付业务。自 2009 年开始，支付宝提供国际银行卡在线支付服务，支持在淘宝网及其他商户使用 VISA、MasterCard、JCB 卡进行网上支付，当前，全球很大一部分国家和地区都已经被覆盖了。

截至 2013 年 6 月，支付宝已经支持对境外 32 个国家和地区的上千家网站的购物支付，而且还实现了全球 310 多家海外大学交学费，以及 30 多家海外航空公司、酒店和在线旅游平台的在线预订；支持包括英镑、美元、瑞士法郎、欧元、韩元在内的 15 种海外货币结算，与此同时还和 10 家境外银行达成了快捷支付合作。

（2）财付通的第三方跨境支付。

在 2011 年财付通就与与日本恒生软件株式会社、境外电子支付提供商 CyberSource、联款通有限公司 AsiaPay、美国运通等机构展开合作，实现了网购跨境支付。国内消费者能够直接在亚马逊、美国梅西百货等近百家境外商户进行购物。

直到目前为止，财付通已经与境外 20 个国家或地区的上百家商户确定了合作的关系，莎莎网、卓悦网、草莓网，以及来自我国台湾地区的糖村、聚水堂等都接入了直购的海外商家。

（3）快线的第三方支付。

在 2011 年底快线支付，发布了专为外贸电商企业定制的国际收汇解决方案，对 VISA、MasterCard、American Express、JCB 等国际卡支付都是支持的，在全球范围内覆盖 4 大国际卡组织的近 15 亿张信用卡；同时与西联汇款展开合作，实现了自动化的汇款支付处理，以提供一体化结汇服务。

（4）贝付的第三方支付。

贝付支付“易八通”的跨境支付业务所面向的主要是国内的外贸电子商务商户，提供出具有针对性的跨境支付系统解决方案，以期从一定程度上帮助国内电商平台突破跨境支付瓶颈，让海外的市场渐渐的发展起来。

现在，“跨境信用卡支付”、“跨境银行账户支付”两类服务是贝付跨境支付业务主要提供的，“跨境信用卡支付”业务可以实现境外消费者便捷地利用信用卡在国内电商网站上直接消费；“跨境银行账户支付”业务可以实现境外消费者利用借记卡在国内电商网站上消费。贝付与商户都是通过人民币去结算的。

（5）MasaPay 开展“第四方”支付业务。

MasaPay 是在 2012 年 8 月成立的一家创新型跨境电子支付服务提供商，这个机构的业务切入点在于：

根据新兴发展中国家的信用卡、PayPal 等普及程度低的考虑，MasaPay 通过把不同的第三方支付网关整合，成为“第四方”支付机构，为从事国际贸易的商户或个人提供国际收单业务。MasaPay 已经整合了俄罗斯本土的银行卡、WebMoney、QIWI 等 30 多个支付工具，MassPay 还与国际领先的支付服务提供商（PSP）Computop 在 2013 年 6 月 3 日达成战略合作。MassPay 还将渐渐的打通欧洲、独联体、南美、非洲内超过 40 个国家的本地支付工具，基本打通全球主要国家的本地化支付通道。

除了为国内跨境电商提供“企业一点接入，全球客户本土支付”的收汇解决方案之外，MassPay 还准备为国内消费者提供使用人民币进行境外网购的通道。届时国内消费者能够利用 MasaPay 的支付平台，通过支付宝、银联卡等本土支付方式到国外网站购买商品。

5. 跨境电子商务第三方支付的发展

总而言之，第三方支付机构的业务由国内的人民币支付渐渐的向海外跨境支付延伸，是从外贸电商企业和消费者最基础的实际需求出发，自底向上自然形成的，满足了一部分企业和消费者的实际需求，慢慢的形成并且还占据了一定的市场空间。虽然当前第三方支付机构在跨境支付领域的业务类型和规模依然远远不能够和商业银行相比较，发展空间也仍然受到了牌照的限制，但是第三方支付机构在以下方面的优势明显存在：

（1）在互联网平台、交易流程、青年用户支付习惯等方面的优势；

（2）在跨银行、跨地域的平台比较优势；

（3）在跨境支付领域的新产品、新举措的优势；

（4）通过数据挖掘精准定位具有跨境支付需求的客户方面的优势；

（5）在某些业务领域形成差异化的优势等等。

第三方支付机构通过持续优化跨境支付产品服务流程和一点接入、多家银行互联互通的便捷化一站式支付平台，为客户创造出更加流畅、便捷的业务体验，不断推出实用的跨境支付服务，就会为以后的发展创造巨大的空间。

三、跨境电子商务的物流

（一）跨境电子商务物流的分类

1. 邮政包裹

邮政网络基本上把全球覆盖了，比其他任何物流渠道都要广。这主要是因为万国邮政联盟和卡哈拉邮政组织。万国邮政联盟是联合国下设的一个有关国际邮政事务的专门机构，通过一些公约法规和卡哈拉邮政组织来改善国际邮政业务，发展邮政方面的国际合作。卡

哈拉组织要求所有成员国的投递时限要达到 98%的质量标准。如果货物在指定日期没有向投递给收件人投递，那么负责投递的运营商要按货物价格的 100%向客户赔付。这些严格的要求都促使成员国之间深化合作，努力提升服务水平。比如，从中国发往美国的邮政包裹，通常 15 天以内就能够达到，eBay 上的国际 e 邮宝美国全境妥投时间甚至能达到 7-12 天。

因为邮政一般为国营，有国家税收补贴，因此价格也是极其便宜的。

据不完全统计，中国出口跨境电商 70%的包裹都是通过邮政系统投递，其中中国邮政占据 50%左右。中国卖家使用的其他邮政包括香港邮政、新加坡邮政等。

2. 国际快递

国际快递的四大商业快递巨头，就是 DHL、TNT、FEDEX 和 UPS。这些国际快递商通过自己建立的全球网络，利用强大的 IT 系统和遍布世界各地的本地化服务，为网购中国产品的海外用户带来了非常好的物流体验。例如通过 UPS 寄送到美国的包裹，最快可在 48 小时内到达。但是，优质的服务伴随着昂贵的价格。通常中国商户只有在客户时效性要求非常强的情况下，才会使用国际商业快递来派送商品。下面是四大巨头的比较：

表格 11.2-1　　国际快递四大巨头的比较表

国际商业快递	DHL	TNT	FEDEX	UPS
总部	德国	荷兰	美国	美国
特点	5.5Kg 以下的物品发往美洲、英国价格有优势，21 公斤以上物品有单独的大货价格	西欧国家通关速度快，发送欧洲一般 3 个工作日可到	整体而言价格偏贵，21Kg 以上物品发送到东南亚国家速度快，价格也有优势	到美国速度极快，6—21Kg 物品发往美洲、英国有价格优势

3. 国内快递

国内快递主要指 EMS、顺丰和“四通一达”。

（1）在跨境物流方面，“四通一达”中布局比较早的是申通圆通，但也是最近才开始发力拓展，比如美国上线的时间是 2014 年 3 月，

（2）圆通也是 2014 年 4 月才与 CJ 大韩通运把合作给展开，而中通、汇通、韵达则是刚刚开始启动跨境物流业务。

（3）顺丰的国际化业务则要成熟些，当前已经开通到美国、澳大利亚、韩国、日本、新加坡、马来西亚、泰国、越南等国家的快递服务，向亚洲国家发去的快件通常 2-3 天能够到达。

（4）在国内快递中，最为完善的是 EMS 的国际化业务。依托邮政渠道，EMS 可以直达全球 60 多个国家，相对四大快递巨头来说费用是很低的，中国境内的出关能力是极其强的，到达亚洲国家 2-3 天，到欧美则 5-7 天左右。

4. 专线物流

一般通过航空包舱方式运输到国外，再通过合作公司进行目的国的派送的是跨境专线

物流。能够集中大批量到某一特定国家或地区的货物，通过规模效应降低成本是专线物流的优势。所以，它的价格和商业快递相比是很低的。在时效上，专线物流比商业快递稍微慢点，但比邮政包裹快很多。市面上最普遍的专线物流产品是美国专线、欧洲专线、澳洲专线、俄罗斯专线等，也有很多的物流公司推出了中东专线、南美专线、南非专线等。

当前提供专线物流服务的公司是非常多的，燕文物流、Equick、中环运、永利通达等是相比来说比较著名的。专线物流通常会把特定的产品推出来，比如中环运的“俄邮宝”、“澳邮宝”；有的物流公司则在形式上大胆创新，例如外运发展在其旗下子公司中外运电子商务的官网上推出中国城市到国外城市的专线物流团购业务。

5. 海外仓储

为卖家在销售目的地进行货物仓储、分拣、包装和派送的一站式控制与管理服务的是海外仓储服务。确切来说，海外仓储包括头程运输、仓储管理和本地配送三个部分。

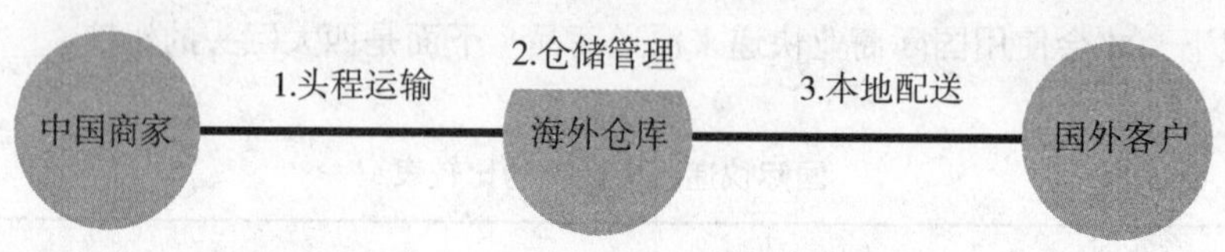

插图 11.2–1　海外仓储三个部分示意图

（1）头程运输：

中国商家通过海运、空运、陆运或者联运向海外仓库运送商品。

（2）仓储管理：

中国商家通过物流信息系统，远程操作海外仓储货物，对库存进行实时管理。

（3）本地配送：

海外仓储中心根据订单信息，通过当地邮政或快递向客户配送商品。

当前有非常多的物流服务商都已经开通了海外仓服务，比如出口易早在 2005 年就已经在美国、英国和澳洲的仓库开始运营了，4PX 推出的订单宝（海外）也旨在为卖家提供英美德澳等国家的海外仓储服务。各大跨境电商平台为了提升用户体验，也相继推出海外仓服务，例如亚马逊通过自建仓储把 FBA 服务提供，eBay 联合万邑通推出 Winit 海外仓。另外，也有独立网站卖家联合物流商来开发海外仓的，例如大龙网与 XRU 在俄罗斯联合建设海外仓，在很大的程度上提升了跨境物流时效。

上面的五大派别基本涵盖了当前跨境电商的物流模式和特征，但是也存在一些“另类”。比如，针对俄罗斯市场，黑龙江俄速通物流有限公司在哈尔滨推出“边境仓”，具有类似海外仓的功能，但比在俄海外仓的运作的成本相比要低。

针对跨境电商的卖家来讲，首先应该根据所售产品的特点来选择合适的物流模式，比如大件产品更适合海外仓模式；其次，在淡旺季要灵活的选择不同的物流方式，例如在淡季的时间使用中邮小包降低物流的成本，在旺季或者大型促销活动时期采用香港邮政或者新加坡邮政甚至比利时邮政来保证时效；最后，售前要向买家明确的列出不同物流的特点，

为买家提供多样化的物流选择，让买家根据自己的情况来选择物流方式。

（二）跨境电子商务物流面临的困境

在当前邮政包裹占据七成份额的情况下，跨境电商物流依然有很多的弊端存在着，跨境物流存在的困境如下：

1. 配送时间长

2013 年 5 月 7 日，速卖通调整货品向俄罗斯的卖家发去的最长承诺运达时间，由之前的 60 天上限向 90 天延长。话句话说就是，一个俄罗斯客户从速卖通下单，收到商品的时间是 3 个月很有可能。从现在的情况来看，使用中邮小包或香港小包到俄罗斯和巴西等地，普遍的送达时间在 40 天到 90 天之间；使用专线物流的话可能会快点，但也需要 16 天到 35 天左右到达。在 eBay 平台上，通过国际 e 邮宝，发往欧美的货物通常是 7-12 天送达。这些长达一周两周甚至数月的配送时间，在很大程度上考验着海外用户耐心的同时，严重制约了跨境电商的进一步发展也。

2. 包裹无法全程追踪

在中国境内，因为中国电商物流业最近这些年发展的非常快，基本上已经实现了包裹的实时追踪查询。然而，跨境物流包括境内段和境外段。非常多的包裹出境后，根本没有办法去追踪。物流发达且语言较为方便的英美澳等国相对来说要稍微好一点，在拿到单号后可以去相关的英文网站查询；对于一些小语种国家以及俄罗斯巴西等物流行业非常不发达国家，就算是能够把单号拿到，打开各种葡萄牙语俄罗斯语西班牙语网站，也并不一定可以查询到包裹的投递信息。要想把包裹的跨境全程追踪解决，一方面国外段物流本身须处于高度信息化水平，另一方面需要将国内段配送方和国外段配送方的信息系统对接，来把一站式全程追踪实现。很显然，这是一项长期的大工程。

插图 11.2-2　跨境物流的境内段和境外段的追踪查询示意图

3. 清关障碍

跨境物流跟国内物流最大的不一样就是其需要把两道海关关卡通过：出口国海关和目的国海关。在出口跨境电商中，目的国海关是物流的关键，经常出现海关扣货查验的情况，处理的结果基本上有三种：直接没收、货件退回发件地或要求把文件资料给补充好再放行。“没收”和“退件”带来的损失都是卖家没有办法去承受的，而“补充文件资料再放行”肯定会把配送的时间给延长，可能导致买家投诉甚至拒付。跨境物流中造成清关障碍的原因有两个方面是最主要的：

（1）跨境电商卖家不重视进口国监管制度，比如低报货值或者有关的产品认证没有被取得；

（2）目的国海关的贸易壁垒，比如巴西海关几乎对每票包裹都要查验，并要求把商业发票、收件人税号、货物价值声明等资料提供出来，有的时间就算提供全部资料也可能被认为是作假。另外，某些目的国海关连 IT 系统支持都没有，仅仅依靠人力清关，有着非常低的效率，进而也延长了整个物流配送时间。

4. 破损甚至丢包

在邮政小包主导的跨境物流模式下，包裹的破损甚至丢包事件是经常发生的。在跨境物流的邮政系统中，从揽件到最终货物送达客户，通常需要经过四五道甚至更多次的转运，出现包裹的破损是非常容易的。而不管是邮政包裹还是使用专线物流，丢包率都是存在的。这些带来的不仅是客户糟糕的购物体验，也让卖家不得不把运费、货品以及客户流失等损失承担。

5. 不支持退换货

在任何正常的商业贸易中，退换货问题都是不可以避免的。然而，不管是邮政包裹、商业快递，亦或是专线物流，都难以支持卖家提供退换货服务，最为主要的原因有以下三个：

（1）跨境物流时间长。本身发货配送就需要很长的时间，如果再换货重新配送，物流周期就会更加的慢。

（2）反向物流成本高。商家发货，由于有着很多的数量往往能够从物流服务商把一些折扣拿到；如果退换货，则需要客户从目的国寄出，单件商品的物流费用很明显会很高。

（3）对于商家来说，退换货其实是一种进口行为，可能遭遇中国海关查验，甚至还要把一定的关税缴纳。

在单一邮政包裹主导的模式下，跨境物流的种种痛点把跨境电商的发展严重制约了。让人满意是，从 2005 年跨境电商兴起截止到今天，跨境物流已经从单一的邮政包裹演变“邮政包裹为主，其他模式并存”的多元化业态。尽管跨国快递是昂贵的，但是却弥补了时效性要求严、单品价值高的产品派送需求；专线物流虽然有着比较局限的派送区域，但其至少在时效性和物流成本之间有一个非常好的平衡。最近这些年出现的海外仓，不仅有媒体的关注，跨境电商平台也在力推，物流服务商则已经开始布局实践。在欧美成熟市场，海外仓已然变成了大卖家的“标配”。相信在很短的时间内，跨境物流将通过多元化的物流业态为跨境卖家提供多样化的服务，向出口跨境电商的高速发展深层次地促进。

（三）跨境电商物流的“海外仓”

跨境物流中存在的各种各样的问题，促使着物流提供商不断的把新的物流形式探索。最近这些年兴起的海外仓，已然被非常多的跨境电商企业采纳。海外仓的优势如下：

1. 海外仓可以解决跨境物流的种种难点，为客户带来非常好的购物体验。

（1）海外仓直接本地发货，让配送时间缩短了很多；

（2）使用本地物流，通常都可以在线查询货物配送状态，进而实现包裹的全程跟踪；（3）海外仓的头程是采用传统的外贸物流方式，按照正常清关流程进口，大大降低了清关障碍；

（4）本地发货配送，让转运流程减少了，从而大大降低了破损丢包率；

（5）海外仓中有各种各样的商品存货存在着，所以，退换货会变得很容易。

2. 海外仓把运输品类扩大了，并且还降低了物流费用。

邮政大小包和国际专线物流对运输物品的重量、体积以及价值有一定限制，导致非常多的大件物品和贵重物品都只能通过国际快递运送。海外仓的出现，不仅突破了物品重量、体积、价值的限制，而且其费用比国际快递商要便宜的多。

3. 海外仓可以提升销售额。

海外仓克服了跨境物流的种种难点，给消费者带来更好的购物体验，促使非常多的消费者二次购买，进而提升销售额。eBay 在 2009 年 11 月~2010 年 1 月对 21 位参加英国仓储服务试验的中国卖家进行了调研，结果显示使用海外仓的卖家在浏览量、售价、售出量、销售总额以及成交率等方面都有非常大的提升，具体如下表所示：

表格 11.2-2　　海外仓销售额提升统计表

指标	物品所在地为中国（非海外仓）	物品所在地为英国（海外仓）	整体提高百分比
平均浏览量	23	51	121.74%
平均物品售出价格	$ 30.8	$ 92.1	199.03%
平均售出量	1.41	1.85	31.21%
平均销售总额	$ 43.5	$ 170.4	291.72%
成交率	39.5	44%	11.39%

注：上面的表格是所有卖家整体平均数据，同一物品类别在同一 eBay ID 下 item location 分别位于英国和中国的表现，每个已结束刊登物品的平均浏览量所说的是平均浏览量；平均售出量指每个有售出记录的物品平均售出量；每个有售出记录的物品平均创造的销售总额是平均销售总额；成交率=有售出记录的物品数/结束刊登的物品数。

针对俄罗斯市场来说，海外仓的运作复杂、有着很高的费用。比如，头程“白色清关”有很多的流程并且费用也很高，需要正规且有着丰富操作经验的当地清关公司配合；本地化运作赋税高；本地人才缺乏，有着比较高的劳动力成本。正是因为这上面的三个方面原因，不少对俄物流服务商提出“边境仓”概念，也即在靠近俄罗斯的中国境内把仓储基地设立，从该基地通过邮政包裹向俄罗斯全境发货。2014 年 6 月，第一个对俄边境仓在哈尔滨落户并开仓。随着俄罗斯电商产业的升级，俄罗斯人对物流时效性、退换货服务等要求会渐渐的变高，海外仓终究要成为对俄电商贸易的标配。到了那个时间，边境仓可以作为海外仓的补货基地继续存在。

对于巴西市场，考虑到该国税收政策是很严格的，建立海外仓有着极其高的成本，目前还鲜有电商企业或者物流服务商成功在巴西运作海外仓模式。利用南美自由贸易协定，通过巴西周边国家建仓转运的模式也会受到巴西海关的严密监管，存在着一定的法律风险。

（四）跨境电商中的“类第四方物流”

1998 年，著名咨询公司埃森哲首先提出“第四方物流”概念，并且把它定义为：“一个供应链集成商，它调集和管理组织自己的具有互补性的服务提供商的资源、能力和技术，来提供一个综合的供应链解决方案。”

也就是4PL提供的是整个供应链优化服务，它必须整合（或者拥有）三个方面的资源：

1. 供应链管理。

4PL需要具备供应链管理技能和经验，才可以为客户提供出供应链解决方案。拥有这样一类资源的企业通常是管理咨询公司，它的核心是供应链管理专家。

2. 信息技术。

供应链解决方案的形成是以信息系统为载体的，例如企业资源规划系统、决策支持系统等。要想把这一类系统开发，没有IT技术的支持是不可能的。拥有这种资源的企业一般为物流软件公司或大型咨询公司。

3. 传统物流商。

这类企业通常拥有自己的运输工具、仓库和庞大的配送人员。

如果他们仅仅为客户提供了货运或者仓储等功能性服务，那就是第二方物流；如果他们为客户提供了物流解决方案，那就是第三方物流。在国内，中国邮政、中铁快运、德邦物流、顺丰等都是这样的企业。

在跨境电商物流领域，我们发现有些物流服务商通过整合国内段、国际段以及目的国当地物流，为跨境卖家提供了专线物流服务；有些物流服务商则搭建了信息系统，连接Ebay平台卖家和DHL/UPS等国际快递商，让平台小卖家也可以拿到国际快递商的折扣价；还有些物流服务商在海外建仓，而且还提供订单管理、库存管理等增值服务。显然，2PL/3PL并不是这些物流服务商，由于他们连自己的运输工具、配送人员都没有，仅仅是整合了不同物流商资源，并利用信息技术为跨境卖家服务；另外，他们也不是4PL，因为他们还没有涉及采购管理，缺乏供应链管理经验，没有办法为卖家提供从供货商到消费者的供应链网络优化服务。考虑到他们和4PL一样，都是各类资源的集成商，并且以后非常有可能向4PL方向发展，所以，我们称他们为“类第四方物流”，递四方、出口易等都是很典型的代表企业。

在国内为什么还没有成气候的第四方物流，在跨境电商领域却已经初见端倪？最为主要的是因为跨境电商物流具有以下特殊性：

（1）跨境电商物流链条长，有着复杂的流程。一方面，跨境物流包括国内段物流、国际运输和目的国物流三块，通常需要多个传统物流商合作完成；另一方面，跨境物流涉及出口国海关和进口国海关，需要相应的代理公司协助清关。在这样的情况下，（类）第四方物流就可以非常好的把“集成商”作用发挥出来，整合不同的传统物流商和清关代理公司，为卖家把物流路径优化。

（2）跨境电商物流需要专业的信息技术支撑。和传统的企业是不一样的，电商卖家都是通过信息技术来把商务合作和交易实现的，这就要求物流服务商以专业的信息技术来与之对接。另外，物流本身就是信息化要求比较高的行业，整合不同物流商资源就更需要专业的信息技术了。

（3）跨境电商的物流服务商需要提供许多的增值服务，来满足卖家各类需求给。比如许多的卖家会在速卖通eBay亚马逊等多个平台上同时把店开起来，而且同一平台可能还拥有多个账号，这就要求物流服务商开发统一的后台管理系统，让卖家只需要一个账户就能

够管理所有账户下的物流信息。再如，跨境物流中常常有丢包的现象出现，进而衍生出卖家对保险服务的需求，来降低可能的损失。此外，卖家还希望物流服务商可以提供订单管理、库存优化、需求预测等更多的增值服务。所有这些说的，都是传统物流商容易忽视或者没有办法服务的领域。

正是由于跨境电商的物流服务商在复杂性、信息技术和增值服务三个维度进行了突破，才能够促成（类）第四方物流的出现。他们很多都是从代理各类邮政包裹和国际快递业务起家，后来整合物流商资源，开发各类专线物流服务。邮政快递代理业务和专线物流进入的门槛很低，因此，有着激烈的竞争。

最近这些年，他们开始建立海外仓，把卖家的各种物流难点解决。海外仓涉及到跨国管理、仓储信息系统开发以及本地化运作，存在税务/环保/人事聘用等合规性问题，有着很高的难度。所以，只有一些资本充足的或者拥有海外资源的物流服务商才可以运作海外仓。海外仓的建立尽管破解了跨境物流的复杂性，但是因为主要涉及的是物流仓储配送，应该构建一个完整的供应链，还得向上游的工厂延伸。

2013 年 5 月，第四方推出了“优品中国”项目，帮助国内的优质厂商和品牌商开拓海外的销售渠道；同年，出口易也将旗下的 M2C 业务转型为连接厂商和电商卖家的供销平台。另外，这些物流服务商在供应链金融、资源管理软件等方面也把对应的增值服务推了出来。由此，我们能够勾勒出这些“类第四方物流”的业态模式：

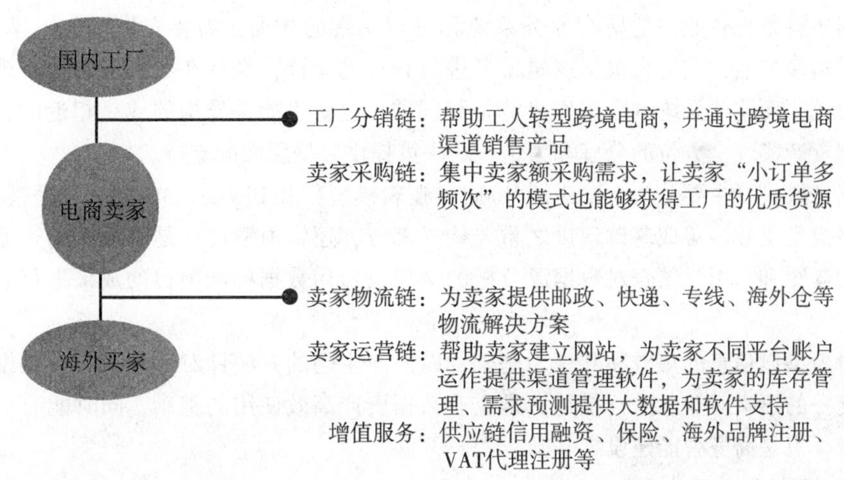

插图 11. 2-3　“类第四方物流”的业态模式示意图

很显然，这些“类第四方物流”企业正在努力整合跨境电商供应链上的各类资源，摆脱物流“搬运工”角色，争取变成调动各个环节的“指挥家”。但是，我们也应该非常清楚的认识到，这些企业的发展也就仅仅十来年时间，不管是供应链管理技能还是信息技术，亦或是资源整合的能力，还依然需要提高。未来，这些企业需要在工厂的分销链、卖家的采购链、物流链、运营链以及各类增值服务中深耕细作，扩大客户规模和积累供应链管理经验的同时，渐渐的把自身 IT 技术提升，才有可能变成供应链链主，成为真正的第四方物流。

第十二章 商务智能

第一节 商务智能相关技术

一、数据集成模型

数据集成是把企业内的所有业务系统和管理系统的数据，需要先进行逻辑模型集成，在有了逻辑模型后，我们会根据逻辑模型进行物理的设计，最终在数据层面上实现数据的无缝地集成，而这些系统的数据库可能是相同的，也有可能是异构的或是相近的，从而让企业数据资产实现全方位的分享和为企业的决策提供数据层面的支持。

数据集成模型主要分为：Logical Model（逻辑模型）和 Physical Model（物理模型）。

逻辑模型是数据集成基础建设之重要构成部分，逻辑模型设计是以成熟的行业逻辑数据模型为蓝图和指引，结合对数据源分析的结果及通用数据标准项目的成果进行客户化而形成。

逻辑模型以信息的集成和共享为基础，以面向主题的方法针对不同来源的数据进行组织，以统一的语义对业务进行描述，是企业数据资产高效使用的基础，同时能有效的保证数据质量，也是商务智能建设之基础。

（一）逻辑模型设计思想

1. 模型设计理论

对于数据集成的逻辑模型建设和企业独立的分析应用系统的建设，其建模思想和方法是不一样的。

数据集成的数据模型建设，其目的是整合企业所有业务系统和管理系统的信息，通过数据处理生成基础数据平台，为企业的各类数据集市提供数据支撑。故数据集成通常采用以数据驱动的模式。

独立的分析应用系统的模型建设，其模型是为了某个独立的分析应用而建设的业务分析模型，通常与业务有着紧密地结合，故此类应用通常采用业务驱动的模式。

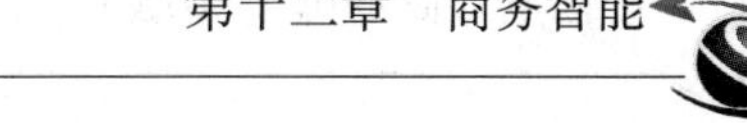

2. 逻辑数据模型设计理念

建立具体有统一和共享特征的基础数据平台，为企业内部提供一致的和规范的数据，数据的组织围绕主题领域进行，如客户、产品、事件和渠道等；

可扩展的、动态的模型方可经得起时间的验证，当业务发生变更时，变更部分的内容对数据模型的整体影响降至最低或甚至完全不受影响；

数据模型必须具有中性的特征，方可满足各种不同的分析逻辑的需求，所以数据集成逻辑模型不同于平时所看到的，为了支持某类特定的或预先定义的数据处理过程而设计的数据模型；

数据模型涉及源系统范围面广，应是全面的和集成的。

3. 模型设计原则

模型以面向主题的方法进行设计的，对各类业务数据进行有效的组织，使用标准的技术和业务语言进行描述，保证了数据语义的一致性。生成以模型为基础的数据后，可以进行各类数据集市应用的开发设计，可以满足不同业务和管理的需求，实现一次数据集成，多次使用。模型设计遵循的原则主要包括：

（1）中性与共享性

为了满足企业的各类业务需求，模型存储了企业的所有重要的数据元素和关系，并在设计时体现了高度的抽象化和模块化设计思想，主题域的高度抽象化、合理的分类、主题间的各类关系以及历史信息保留的颗粒度等，表现了清晰和严谨的模型架构。

中性是模型的基本特征之一，涵盖整个企业的业务范围，并可以满足随业务发展而产生新的需求。模型使用了语义和关系的建模设计方法，清晰地记录并跟踪企业重要的数据元素以及变动。通过实体与维度间的限制条件和关系则可以表达业务规则，如层级关系（当事人和个人当事人）、排他分类（事件的分类）、多对多（当事人和协议的关系）等。

（2）模型的一致性

逻辑数据模型的设计业务语义和技术标准的统一定义，比如产品的定义和产品的分类等都应该是企业内部统一标准，将来各类数据集市应用都会使用同样的数据语义，这些数据语义按照事先约定的规则进行更新。

模型中对企业的业务元素和业务规则都需要进行标准化处理，如企业关注的所有个人客户、企业客户以及相关组织则统称为当事人。当事人是具有中性的概念，既可包含所有个体也可以包含各种个体的组合，既可以包含企业的员工也可以包含竞争对手或合作伙伴等。以统一的标准来定义，可以让不同系统的技术人员和业务人员在同一个标准下进行沟通和交流，解决了应用在设计和展现时技术人员与业务人员沟通不顺畅的阻碍。

（3）模型的灵活性

灵活性是模型另一基本特性，灵活性是依存于第三范式的要求。什么是第三范式？定义如下：“Every Non-Key attribute is fully & directly functionally dependent on the candidate keys.”我们可以看到，第三范式的设计方法是最大程度上减少冗余，同时要让其结构兼具充分的灵活性与可扩展性。

在有新需求的提出后，模型可以根据新的需求进行简单的扩展，达到新需求的灵活扩展，所以在设计过程要做到“Think Big，Start Small!”（想大做小）和“Think from Business, Think for Business”（了解企业，专注业务）。先进行全局规划，再选择企业关注度的部分入手，最后再逐步进行完善，通过多次迭代实现企业完美的数据模型。例如企业通常最关注的是他们的客户，可以先针对企业主要的业务系统（如电商的交易系统）和管理系统（如 ECIF 或 CRM 系统）中提取客户的基本信息资料、帐户信息、客户经常购买的商品、客户等级等入手，进行相关数据分析，若是觉得当前的数据维度不足，可以再增加源系统进行数据集成，通过数据的补充后，企业就可以对其客户及购买行为有更多的了解，这样有此客户可能关注的同类的新品就可以进行商品信息的推送，也可以根据此客户的购买行为习惯和需求量，进行个性化的促销政策，以增加客户的粘度。

（4）粒度性

模型在设计时是需要考虑未来在各类数据应用和数据分析需求的支持度的，一般企业在数据集成时都会按最小粒度的明细数据进行数据集成，方可支持不同粒度的数据需求。

在以明细数据为基础，根据统一后的各类指标或泛化指标的统计口径生成对应的数据，以供企业在各种统计分析时使用。分析人员通常使用明细数据和汇总数据进行分析，当分析场景出现异常时，就需要对异常点进行更详细的了解，分析人员就可以通过向下钻取查看明细数据，找到异常发生的原因。像此类对明细数据需求场景的支持，完全依赖于数据模型设计时数据粒度的粗细。

（5）历史性

逻辑数据模型通过时间维度来保留数据的历史信息，如评估客户贡献度，除了客户当前的特征外，还需要有客户从注册到现在的每个阶段有贡献度的数据，通过客户的所有阶段贡献度的信息对客户做一个综合的评价，并通过推荐系统对此客户进行关注信息制定打包促销方案，促进客户在每个阶段的消费，保持或增加其贡献度。

4. 模型客户化方法

（1）原型框架设计方法

基于某行业数据模型的逻辑模型，根据企业业务和管理预期所设定的目标和准备接入的数据范围，并需要确定本次数据集成的建设主题范围，这样才能根据行业基础模型来构建企业自己的逻辑模型的原型框架。逻辑模型的原型框架决定了数据在集成时是以何种方式进行组织的，同时也决定了数据最终展现的内容，最后决定了在数据集成后其数据的应用范围。

（2）详细设计方法

基于 LDM 原型框架，根据客户的实际业务情况进行一级主题的分类，在确定一级主题后再进行二级子主题的划分。确定二级子主题后，我们就可以进行模型的详细设计了，主要任务包括：

1）创建各二级子主题的实体与属性，同时需要详细且准确的说明与定义；

2）建立各实体间的关系；

3）精确的展现业务规则；

4）创建各主题之间的关联关系，参照业务规范对模型的实体与属性进行调整。

5）在模型设计时，根据系统分析，针对企业的相关代码进行整理，并形成企业级别的统一代码表，主外键关系会根据需求来创建。

（3）完善和回顾：

1）与源系统的原业务设计开发人员进行沟通

① 对源系统的数据理解是否正确？

② 重要数据是否有被遗漏？

③ 实体间的关系是否正确？

2）与行业的业务专家对模型进行回顾和修订

① 业务需求的满足度是否能完全达到？

② 语义是否能易于理解？

③ 业务规则的表示是否精确？

④ 业务专家对模型的描述是否有疑问？

3）确认和完善数据模型的主题、实体和属性

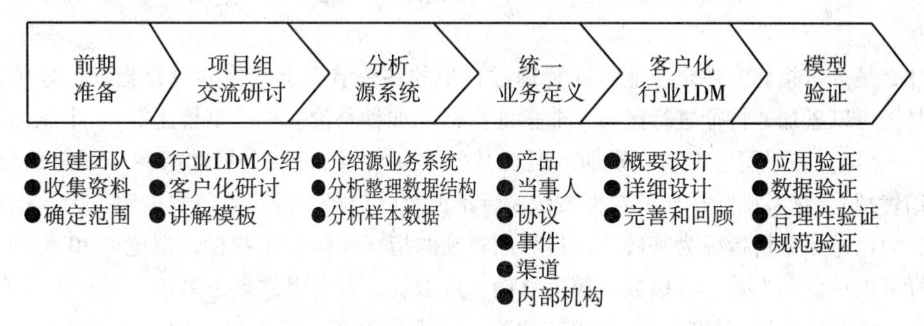

插图 12.1-1　模型客户化方法

二、元模型

元模型是描述模型的模型，在特定领域内的概念集合，提供构建元素用于创建此模型，属于特定领域的模型。模型是真实世界中现象的抽象，所以元模型又是另一种抽象，关注模型本身的属性，所以可以把元模型看作是对模型的抽象［12］。模型应该服从元模型的定义，就像某种计算机开发语言程序必须服从这种开发语言的语法定义一样。

企业建模主要是基于元模型驱动的模型体系结构，解决了企业的数据一致性与共享性问题。元建模理论是从 80 年代后期发展起来的，虽然起步晚，但发展速度很快［2］。到目前为止，为了不同目的，已经定义了很多元元模型和元模型，例如最早由 EIA（美国的电子工业协会）定义的 CDIF（CASE Data Interchange Format）元-元模型［3］，OMG（对象管理组织，国际协会）定义的 MOF（Meta Object Facility）元-元模型等。这些元-元模型的建立都是以经典的四层元数据体系结构为基础的［2］。

OMG 组织定义的 MOF 是基于 UML 语言体系结构的四层元模型。其基本特点是精确定义复杂模型语义。此体系结构通过递归方式将语义应用到各层次［3］，完成 MOF 元-元模型的语义结构定义，为 UML 的元模型扩展提供体系结构基础，为 UML 元模型实现与其他的基于四层元模型体系结构的标准相结合提供体系结构基础［3］。OMG 提出的 MOF 是一

个标准。

典型的元模型结构可以为：信息层、模型层、元模型层和元-元模型层［4］。

三、数据分析模型

分析模型是对客观事物或现象的描述，模型是对被研究对象的抽象。

在BI系统中，分析型数据模型通常是以多维为基础的数据模型，分析型数据模型是由分析领域对应的分析维度和此领域的分析指标组成的。

分析维度包含以业务实体为基础的主数据信息和以企业管理为基础的主数据信息，各维度都是根据实际业务的需求，以多视角的方式来组织各维度的层级关系，各层级的维度中也会包含部分的扩展属性。主属性是以维度层次结构进行组织的，同时也作为主要标识，在数据查询分析中，既会使用主属性信息，同时也可能会使用扩展属性信息。以电商行业BI为例，维度可以是商品分类、上架时间、促销地区、购买时间、客户区域、信用额度、购物车、关注商品等。

什么是分析指标？在企业业务或管理过程中的各个节点上产生的量化指标。分析指标以其是否可以累加的特征进行区分：非累加指标（如秒杀价、秒杀销售比等）、半累加指标（如帐户余额，在时间维度不可累加，但在其他维度可累加）、全累加指标（如总销售量、地区销售额）。把基础数据层的数据按统一标准的统计口径，经运算得出的数值为原始分析指标，而以原始分析指标为基础，经运算而得到的指标称作衍生指标。以电商BI为例，分析指标可以是访问人数、订单数、销售总额、点击量、点击率、点击单价、每次点击成本、注册量、注册转化率、订单量、订单转化率、投资回报率、老用户订购频次、老用户订购数量、购买频率、访客转化率、订单支付率、订单完成率等。

四、BI门户

BI门户是企业的BI应用统一入口，是一个WEB应用框架，提供个性化风格定制、单点登录、系统管理、用户与角色等基础功能，也可以将BI的各类数据集市应用集成到这个框架之下。单点登录可以利用LADP或自定义用户表的方式实现。通过SSO实现用户的一次登录，对用户进行统一的权限管理和功能管理。

BI门户的功能可以分为三个主要方面：

1. 容器
2. 内容聚集
3. 公共服务

五、大规模并行处理

大规模的并行处理是指由多个节点和多个处理器在针对同一程序做处理时，会在相同时间内处理同一程序不同部分的协调过程，工作中的各个节点中的各处理器使用其自身所在节点的系统和内存。通俗点来说，大规模并行处理的架构很复杂，需要了解在各节点和各节点中的各处理器间是如何区分同一数据库以及在各数据库中工作的分派方法。大规模的并行处理的基础概念是“Shared Nothing”，各节点间相互独立，且各自的数据各自独立处理。

对于可以支持并行检索的数据库类应用程序，在大规模并行处理系统（MPP）的性能要比对称式并行处理系统（SMP）的性能更好。

大规模并行处理可以让很多的廉价计算机在一起工作，是解决问题的关键。而某些类别的问题是很难分成小块，只能让服务器群集来处理，好在关系数据库可以适用于并行化。

并行数据库系统的目标：高性能（High Performance）和高可用性（High Availability）。利用多个节点把数据处理的工作并行处理，通过此种构架来实现并行数据库系统的 HP 和 HA。为了实现目标，并行数据库系统的评价指标主要分为三类：高性能指标、高可用性指标和线性扩展。

第二节　数据仓库

一、数据仓库架构

（一）数据层架构

数据平台的数据按数据特征和用途划分若干层，便于对数据的管理和应用。一般传统的数据仓库，采用传统的关系型数据库作为数据存储方案，涉及到的数据仅仅包含结构化数据，将数据划分为贴源层（ODS 层）、仓库层（DW 层）、集市层（DM 层）和应用层（APP 层）等 4 个层次。尽管在项目实施过程中，根据项目的情况，可能会省略某一层或某些层，或者针对某一层（或某些层）的进一步深入细致的工作，将该层又划分为多层，这 4 个层次的划分有其明显的特征和界限的，是数据平台项目的基本的 4 个层次划分。

	建模方式	服务领域	ETL策略
APP层	针对业务需求，建立支持广泛的需求应用的数据模型。	面向主题分析应用，报表应用、KP绩效等常规应用	从DW层和DM层进行汇总和计算，对某些事实表进行关联整合。
DM层	按维度建模，采用星型架构或雪花型架构。	为数据分析、数据挖掘、自定义查银翘解毒和灵活报告、应用层提供数据	对基础数据进行聚合汇总及层级汇总，建立以主题为中心的立方体。
DW层	按维度建模，采用星型架构或雪花型架构。数据在本层执行标准化。	为DWS按主题提供标准化的基础业务数据和明细数据。	进行标准化的数据统一和转换处理，保留历史变动痕迹。
ODS层	数据来源各业务系统，物理模型与业务系统的模型保持一致。	为DWS提供数据入口；为传统应用和报表提供复杂或高消耗的查询。	从业务系统卸载的文件直接装载入库，进行质量检查和数据清洗。

插图 12.2-1　数据层架构

下面针对每个层次的工作内容做详细的介绍。

1. ODS—贴源层

贴源层，也叫近源层，是最贴近于源系统的一个数据层。其标准名称为ODS层，全称：Operational Data Store——操作型数据存储，该层的主要目的是进行数据装载，并实施数据质量检查和清洗。

为了便于对数据的装载，通常将该层的数据结构设计成与源系统结构相同的模式，这样源系统在卸载数据时，可以直接将表的数据按表的结构进行卸载，无需再做其它任何处理；同时，在ODS层装载数据时，也可以直接装载入表。在数据卸载和装载过程中，均无需对数据做转换、变序、运算等处理，极大简化了源系统到数据仓库的数据迁移的复杂度和工作量。这样做的优势在于，既提高了数据迁移的效率，也大大降低了数据迁移过程中的失败几率。

数据质量检查和清洗的工作放在ODS层进行，有以下几方面好处：

可以使得数据仓库系统接入的质量较高。源系统的数据在ODS层进行数据质量检查和清洗，将有问题的数据在正式进入数据仓库系统之前进行修正，可以确保数据仓库系统接入数据质量高，减少数据处理过程中的异常产生和提高数据仓库系统的数据加工成功率和效率。

在进入数据仓库之前对数据质量问题进行检查，可以更容易地定位问题，便于向源系统提出数据质量问题，从而方便从源头解决数据质量问题。一来为未来的数据质量检查和清洗工作降低工作量；二来从一定程度上协助源系统提升数据质量。

2. DW—仓库层

数据从业务系统进入数据仓库系统后，在数据仓库层构建完整的、统一的、规范的、更新的数据。数据仓库层主要完成以下几大功能：

（1）数据标准化

DW层是数据仓库的标准的起始层。

在各个企业中，数据仓库的数据所来源的业务系统往往由不同的团队、不同时期建设的，其各类规范、标准多种多样，但这些数据转移到数据仓库系统后，不一致的数据标准和规范使得数据被利用的成本高昂且困难重重。

DW层承担着对进入数据仓库的基础数据的存储和历史留痕的职能。数据仓库系统的所有应用需求均从DW层及之上的数据层获取，因此数据仓库系统的标准必须从DW层开始实施。从数据仓库层开始实施的标准化，使得自数据仓库层开始以上，所有的部分组成一个完整的、稳定的整体。这样完整的、稳定的整体系统，便于整体在新的企业中进行实施，所需要做的工作主要是进行源系统分析、映射工作的开发和ETL开发。

（2）数据统一集成

仓库层的工作，除了对数据实施了标准化处理之外，另一项工作是将数据进行统一。由于所有的数据来自不同的系统，有可能存在数据不一致的情况。最常见的比如客户信息，客户在不同时期，办理不同的业务，由不同的业务系统进行处理，往往会填写一些不同的信息，比如：工作信息、通讯方式、住址等等。由此，客户在不同的业务系统留下的不同的数据信息，存在着差异性。这些不一致的信息采集到数据仓库系统中，如何采纳利用，

是数据仓库面临的问题。

在仓库层，将对这些多来源的数据进行整合，集成为一个信息完整的、可信度高的数据统一视图。

（3）数据历史留痕

数据在业务系统中，通常都是最新的，无法查阅其历史变化。而在数据仓库中，要实现对数据的历史变化进行呈现，这就需要对数据历史进行保存。历史数据保存的方法，要便于对这些历史数据的访问。数据的维度属性的变化频度存在差异，不同的变化频度有不同的处理策略。

3. DM—集市层

DM 层，即数据集市层是针对广泛的、通用的、面向部门的应用而建立的数据存储层。数据集市层的数据来自于数据仓库层，在数据仓库层的基础上，针对特定的应用领域，对仓库层的数据进行了整合，构建了进一步贴近应用的、更加适配所面向的部门组织的业务需求的数据模型。

集市层对数据的整合针对其两类数据（明细数据和汇总数据）主要分两部分：

（1）数据重组

数据集市层的数据，是对数据仓库数据的重新组织和整理。在数据仓库层中，数据是按主题进行组织的，每个表中的数据存储的是各自主题下的信息。但对具体的业务应用来讲，有些功能需求需要对多个主题的数据进行同时访问。如果这样的数据访问从数据仓库层直接查询，就需要关联多个表进行查询。多表关联查询往往会产生性能上的问题，导致应用访问变慢，并加重数据库服务器的负担。

在数据集市层，根据业务的需要，将多个主题的数据项通过关联，组织到一个数据表中，并通过批量程序将查询结果定期保存到该表中。在业务应用中查询这些组合数据时，从数据集市的这些新组织的表中查询，可极大提高查询效率，降低对数据库服务器的负载。

（2）数据汇总

数据集市层根据业务需求的特性，对数据进行汇总。数据集市层的汇总是根据业务需求的特性，涵盖一定业务需求范围，满足多个具体业务需求的汇总。数据集市层的汇总表一般不是面向某个具体的应用，而是针对某一类可能的需求应用。因此，数据集市层的汇总数据既要贴近于业务需求，又要有前瞻性，能够满足未来潜在的业务需求。一个好的数据集市设计，既能满足当前的存量业务需求，又能支持未来新增的业务需求，无需改动集市或者做少量的改动即可满足这些未来新增的需求。

4. APP—应用层

应用层是面向具体应用的数据模型层，通常是指某一特定的分析需求、挖掘需求、报表需求或者外部接口需求。应用层的建设目的是为了应用能够高效地访问数据，其数据来源是数据仓库层和数据集市层。

原则上，针对某一特定的业务需求，需要在应用层建立一个相应的数据模型，其为一对一的关系。但如果所有的业务需求均建立数据模型，会造成资源的浪费。在某些情况下，可能若干个具体的业务需求可以通过维度、度量等的合并，用一个数据模型即可实现，这样就可以将多个数据模型合并为一个数据模型，形成数据模型和业务需求的一对多关系。

同时，如果某些业务需求，能够从数据集市层或者数据仓库层高效的获取数据，也可以省略应用层的数据模型的建设。因为应用层建设的目的本身就是为了提高应用访问数据库的效率，如果从数据仓库层和数据集市层访问数据不存在效率问题，则应用层的数据模型就没有存在的必要。

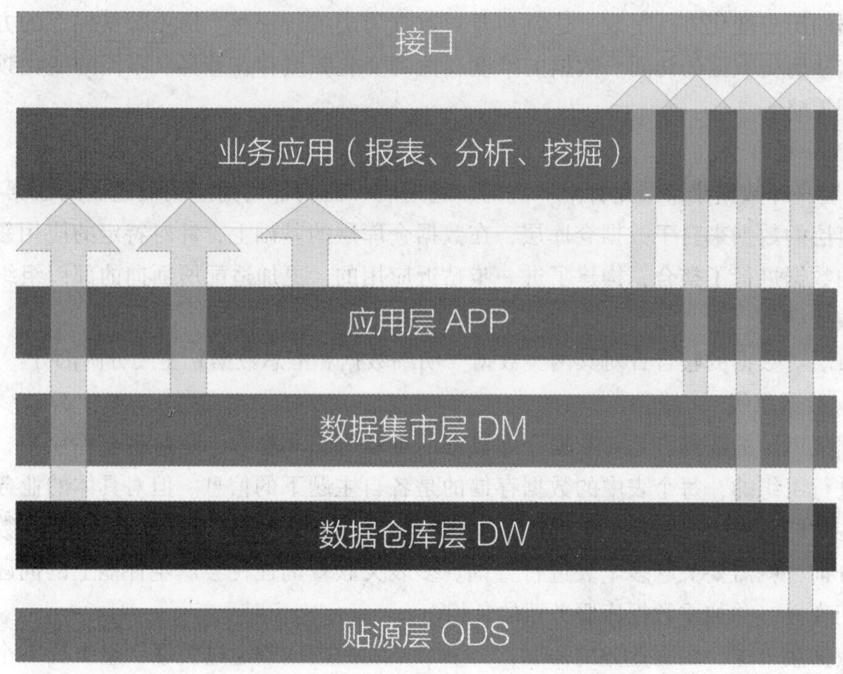

插图 12.2-2　业务应用的数据来源

因此实际应用中，业务需求功能在访问数据时，可以从应用层查询数据，也可以直接从数据集市层和数据仓库层查询数据。如果从数据集市层和数据仓库层查询数据存在效率问题，就考虑在应用层为其建立数据模型，通过批量作业将数据保存在应用层，以便业务应用能够快速获得结果。

应用层的模型设计方法，在模型设计章节进行介绍。

（一）技术架构

从技术架构上，主要包含以下几项内容。

1. 任务调度

任务调度涵盖了从源系统抽数、数据文件传输、ODS 层数据装载、DW 数据转换、DM 数据生成和 APP 数据构建的过程。内容包括：作业分组、作业依赖关系的确立、作业执行状态的判断和处理，也包括异常中断后的批量重启、续跑、重跑等。使用的工具诸如：商业工具有 Control-M；开源的工具有 TaskCTL 等。

2. ETL

ETL 从名称上确立它的工作内容是进行数据抽取、转换、装载等工作。但有两点需要特别注意的是抽取工作是在源系统实现的，转换的工作在装载之后，并不是如名称所示的先转换再装载。

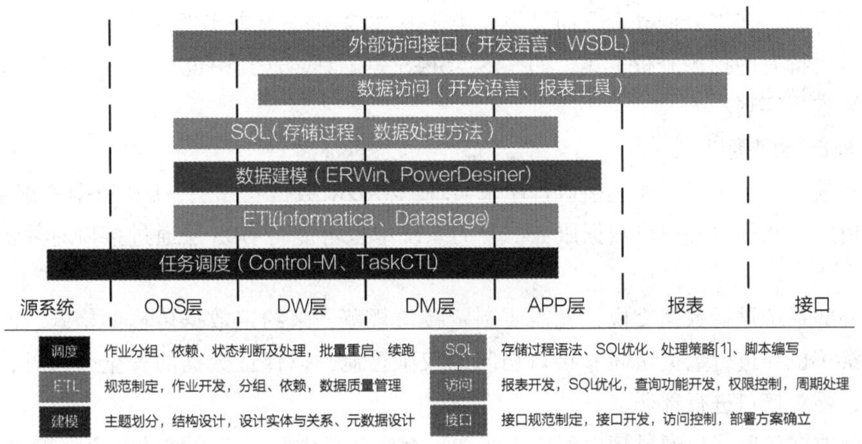

插图 12.2-3　技术架构

ETL 涵盖了从 ODS 层到 APP 层的数据流转的整个过程中。工作内容包括：数据抽取和装载所遵从的技术规范，进行 ETL 作业开发，确立 ETL 作业的分组和之间的依赖，进行数据质量检查和数据清洗。使用的工具诸如：商业工具 Informatica、DataStage 等，开源的工具有 Kettle 等。

3. 数据建模

数据建模的工作涵盖了 ODS 贴源层、DW 数据仓库层、DM 数据集市层和 APP 应用层的数据模型设计。其中 ODS 贴源层的数据模型设计工作较简单，主要是从源系统获得数据结构进行建模。但数据仓库层和数据集市层的模型需要一定的业务知识背景和技术能力，应用层的模型设计需要熟悉具体的业务需求。

数据建模的工作除了模型设计外，还需要完成主题域的划分和设计、元数据体系的设计等。使用的模型设计工具多数为 PowerDesigner 或 Erwin。

4. SQL 开发

SQL 开发的工作涵盖了 ODS 贴源层、DW 数据仓库层、DM 数据集市层和 APP 应用层之间的数据流转的处理，多数的项目实施中，这些工作大部分是通过存储过程来实现。需要开发人员熟悉 DBMS 的 SQL 语法和存储过程的语法，擅长进行 SQL 优化处理，熟悉各种数据处理的策略。同时，在有些时候也需要用 Shell 脚本或者 Perl 脚本的开发，用来实现一些批处理工作，或者将 SQL 嵌入在脚本中执行。

5. 数据访问

数据访问是业务功能对数据仓库的各层数据的访问，主要涉及到 DW 数据仓库层、DM 数据集市层、APP 数据应用层的数据。

数据访问通常是通过报表开发来实现，有时候根据需求，需要开发数据查询的功能，

供用户进行数据自定义查询和实现灵活报表功能。在数据访问方面，需要实现对数据访问权限的控制。同时对于历史数据查询，多维数据立方体的访问，需要掌握不同数据周期访问数据的方法。

除了报表、多维数据分析是通过报表类工具如 Cognos 等来实现外，数据挖掘、数据分析等会需要特有的挖掘分析工具，如 SAS、SPSS 等工具。这其中也有一些是通过 Java 等开发语言来进行实现。

6. 外部访问接口

对外数据服务接口，通过接口程序来实现，将 DW 数据仓库层、DM 数据集市层、APP 数据应用层的数据对外提供数据服务。有的系统中也可能将 ODS 层通过接口对外提供数据服务。

与外部系统进行数据交换，就需要制定接口规范，来约定数据传输的格式、时间、途径等要素。也要进行数据访问和接口访问的权限控制，以保证数据的安全。同时，接口开发完成，要对接口进行部署。

对外数据访问接口通过接口程序来实现，有些项目中若没有这样的程序，需要通过 Java 等开发语言来实现。

（二）物理架构

数据仓库系统的物理部署主要包括：FTP 服务器、ETL 服务器、调度服务器、数据库服务器、应用服务器和 Web 服务器以及数据存储设备等服务器组成。

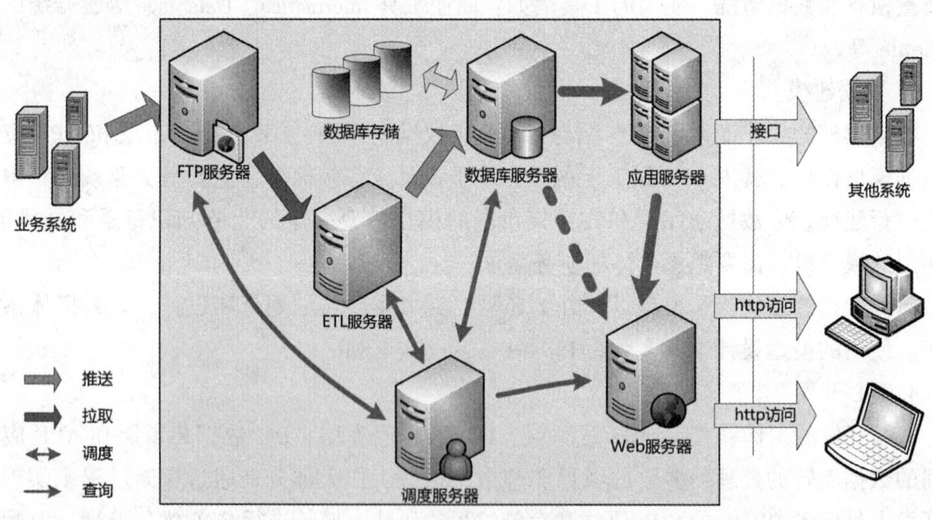

插图 12.2-4　物理架构

在约定的时间窗口，业务系统将卸载的数据打包推送至 FTP 服务器。

数据仓库系统的调度服务器在时间窗口内，定期检查源系统的数据是否到达。待确定源系统数据就位后，通过调度控制 ETL 服务器从 FTP 服务器的指定位置拉取数据，并装载到数据库服务器的 ODS 层，然后调度数据库服务器进行数据处理。处理完的数据保存在数

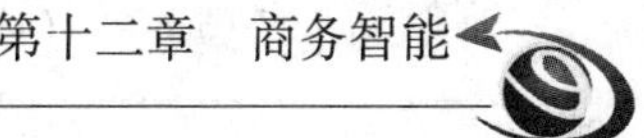

据库的 DW 数据仓库层、DM 数据集市层和 APP 应用层的相应位置。

用户访问时，根据不同的访问形式，直接访问应用服务器，或者通过 web 服务器间接访问应用服务器。应用服务器负责从数据库服务器查询数据。在某些应用中，可以允许 web 服务器越过应用服务器直接访问数据库服务器，获得其必要的数据。

ETL 批量处理过程中，对调度服务器的监控管理，可以通过接口，由 web 服务器提供用户界面。

二、项目实施工作内容

（一）元数据管理

元数据，定义为用来描述数据的数据。从数据仓库系统中，数据分为两类：描述业务的数据，和描述数据的数据。

从源系统抽取过来的数据，都是源系统运行过程中产生的业务数据。除了这部分数据外，在数据仓库系统中建立的其他数据，一般基本都属于元数据。

元数据管理涵盖的内容：

1. 源系统。描述源系统相关的代码、名称、数据共享的位置，以及其他相关的信息等。

2. 主题信息。描述主题的划分、主题代码和名称、主题的上下级关系结构、主题的主体表等信息。

3. 实体和属性。描述实体和属性的相关信息，包括实体和属性的中英文名称、实体所属主题，属性的数据类型、是否主键、各种约束等；实体之间的关系，属性所属的域、维度或度量等。

4. 对象特征态。描述数据仓库系统具有的域、维度、度量等。描述域、维度和度量的代码、名称、数据类型、默认值、约束等。

5. 数据质量和清洗。描述数据质量检核标准和方法，描述数据质量检查的范围，描述数据质量检查的规则清单，描述数据清洗规则清单，描述对存在的数据质量问题给出报告的形式，以及通知源系统的途径或渠道。

6. 映射。描述数据仓库系统 ETL 过程中进行数据转换的映射关系；描述映射的来源和目标，以及取值口径；描述映射条目的运算表达式、使用的代码表；描述数据转换的单位；描述代码映射。

7. 指标。描述系统的指标；描述指标的维度和测度；描述维度的默认值、关联域；描述测度的单位；描述指标的运算，派生指标的表达式。

8. 任务。描述数据仓库系统的批量任务；描述任务的启动时间、触发机制；描述任务之间的依赖关系，任务执行失败的后续处理机制、通知渠道等。

9. 作业。描述数据仓库系统 ETL 批量作业；描述作业的类别、定义，作业之间的依赖关系，作业执行失败后的处理机制等。

10. 调度。描述数据仓库系统 ETL 任务的调度，描述调度的时间窗、触发机制，描述涉及到的外围系统的通讯，描述任务失败的处理和通知方案。

11. 日志。描述日志记录的范围、获取途径；描述日志的数据项，分割方式或者数据析取的正则表达式。

元数据所管理的内容，包括但不限于以上内容。在具体的实施中，根据具体的管理需求，对上述的内容进行删减或者更改，对不足的内容进行补充。

（二）数据接口

接口泛指实体把自己提供给外界的一种抽象化物（可以为另一实体），用以由内部操作分离出外部沟通方法，使其能被修改内部而不影响外界其他实体与其交互的方式［101］。通俗一点的讲，数据接口可以比喻为一个通道，两个相互独立的程序，通过这个接口通道，实现数据传输，信息交流。当然这两个程序都必须遵守这个接口规定的一些标准，只有共同遵守这个接口标准，才能进行正常的通信。［102］

在数据仓库系统中，数据接口一般通过以下几种方式实现：

1. FTP

FTP 是 File Transfer Protocol（文件传输协议）的英文简称。用于 Internet 上的控制文件的双向传输［103］。另一方面，FTP 也是一个实现文件传输协议的应用程序（Application）。基于不同的操作系统有不同的 FTP 应用程序，而所有这些应用程序都遵守同一种协议来传输文件。在 FTP 的使用当中，用户经常遇到两个概念："下载"（Download）和"上传"（Upload）。"下载"文件就是从远程主机拷贝文件至自己的计算机上；"上传"文件就是将文件从自己的计算机中拷贝至远程主机上。用 Internet 语言来说，用户可通过客户机程序向（从）远程主机上传（下载）文件。［104］

FTP 是一个典型的 C/S（Client/Server，即客户机/服务器）类型的服务模式。它需要由客户端和服务器组成，服务器提供 FTP 服务，客户端通过支持 FTP 协议的程序或接口函数，连接到 FTP 服务器，并向服务器发送指令，然后服务器对客户端发送的指令进行响应，并将处理结果返回到客户端。

FTP 支持两种传输方式：ASCII（文本模式）和 BIN（二进制模式）。

文本传输方式，将传输的文件视为一个文本文件，遇到换行时，在不同的系统中处理不同，比如 Windows 的换行由回车符（ASC 码为 13 的字符，十六进制表示为 0x0D）和换行符（ASC 码为 10 的字符十六进制表示为 0x0A）组成，而 Unix/Linux 系统中，换行则只由换行符（0x0A）组成，而 MAC 系统换行则只由回车符（0x0D）一个字符组成。在不同的系统方，读取文件时，以自己的换行分隔符进行分割按行读取文件，并将获得的内容，在每行后面加上自己的换行分隔符，并保存为文件。这个过程就需要注意两个问题：

以 ASC 模式传输文件时，如果客户端和服务器端的系统类型不一致，可能会导致文件的大小不同。尤其在传输可执行程序、压缩文件等二进制文件时，会对文件进行篡改，导致文件不再可用。但当传输某些纯文本文件时，需要这种传输方式；

如果某系统的文件的换行分隔符与自己系统的默认换行分割方式不同，可能传输到对方的文件是乱的。

上面的两个问题，对于第一个问题大家都容易理解。对于第二个问题，举例说明：

一个文本文件有两行内容，分别是第一行一个字母 a，第二行一个字母 b，形式如下：

```
a
b
```

该文件在 windows、linux、mac 系统中存储的字节内容不同。比如在 windows 系统中，存储的字节值为：0x61 0x0D 0x0A 0x62。如果这样的字节值的文件存在 linux 系统中，且 windows 客户端以 asc 模式从该 linux 系统下载该文件，由于 linux 以换行符 0x0A 为换行标识，会将 0x61 0x0D 视为第一行的内容，发送给 windows 客户端。而 windows 客户端会在每行后面增加 0x0D 0x0A 进行行分割，下载的文件内容变成为 0x61 0x0D 0x0D 0x0A 0x62。

二进制模式，是将文件视为一个二进制文件，按块读取文件，并进行传送。二进制模式原样传输了文件的内容，不会针对回车换行等的分隔符进行转换。使用二进制模式传输文本文件，会导致在对方系统的文件含有不该有的字符，或者缺少必要的字符。

比如，windows 系统客户端从 linux 系统或 mac 系统以 bin 模式下载文件，由于换行的分割符不完整（缺少一个字符），会导致下载的文件在 windows 的记事本程序中打开的文件，所有内容都呈现为一行。反之，如果 windows 下的文本文件以 bin 模式上传到 linux 系统中，会导致在 linux 系统中显示文件可能会异常（通常会在行为显示多了^M 的字符）；或者作为 shell 脚本执行时，会提示某些命令不识别，这是由于在空行多了回车符，被 linux 系统视为一个命令。

因此，在不同的场景中，使用不同的传输模式，是非常必要的。

FTP 传输是通过明文进行传输的，数据报文很容易被在网络传输中截获并识别，缺乏安全性。为此，在 FTP 上派生出两个 FTPS 和 SFTP。FTPS 是构建在 SSL 层之上的 FTP 服务，通过 SSL（Secure Sockets Layer 安全套接层）对数据报文进行加密和建立传输通道，相当于加密版的 FTP。SFTP 是安全文件传输协议（Secure File Transfer Protocol），是使用 SSH 文件传输协议加密从客户机到服务器的 FTP 连接，使用 SSH 的服务。这两种服务/协议为 FTP 服务提供安全的连接方式，并几乎完全兼容 FTP 命令。

在数据仓库系统中，ETL 环节，使用 FTP 方式来实现文件的传输。通常在项目实施中，为数据源系统和数据仓库系统确定一台都能够访问的 FTP 服务器，然后约定数据传输时间窗口，源业务系统在该时间窗内将数据文件打包上传到 FTP 服务器上，然后数据仓库系统从 FTP 服务器将数据文件下载到本地。为了避免数据仓库系统下载到不完整的数据文件，通常约定一个标志文件，来标识源系统将数据文件传输完成。源系统首先传输数据文件，传输完成后，再传输标志文件。当数据仓库系统检查 FTP 服务器上已经存在标志文件，则可以确定服务器上的数据文件是源系统已经上传完成的完整的文件。数据仓库首先下载数据文件，然后再下载标志文件。标志文件可以为空文件，但通常为了充分利用该文件，可以在标志文件中添加校验信息，比如在标志文件中放置数据文件大小、校验码等信息。

FTP 作为数据仓库系统的数据接口的形式，适合传输大数据量的数据文件等形式的数据，且数据的时效上要求不那么严格，往往是按一定周期进行数据传输的方式。对高时效要求的数据交换，不适用于 FTP 的方式。

2. Web Service

Web Service 是基于 http 协议的 web 服务形式的应用程序，它使用可扩展标记语言（XML 语言）来进行描述、发布、协调和配置。Web Service 使得运行在不同机器上的不同应用无需附加专门的软硬件，即可实现相互之间的数据交互和集成，同时不必关心不同应用所使用的开发语言、运行平台或者内部协议等约束。Web Service 所使用的是 Internet 上统

一、开放的标准，如 HTTP、XML、SOAP（Simple Object Access Protocal，简单对象访问协议）、WSDL（Web Services Description Language，网络服务描述语言）等［105］，所以 Web Service 可以在任何支持这些标准的环境（Windows，Linux）中使用［106］。Web Service 自身也是平台独立的，其构建不依赖于平台的要求，支持各种操作系统平台和 Web 服务平台；Web Service 也可以用任何 Web 服务的开发语言来实现。因此，Web Service 可以构建在现有的 Web 服务平台上，对部署的成本和要求约束较低。Web Service 依托 http 服务，可以轻松实现分布式的应用部署。

Web Service 平台需要一套协议来实现分布式应用程序的创建。任何平台都有它的数据表示方法和类型系统。要实现互操作性，Web Service 平台必须提供一套标准的类型系统，用于沟通不同平台、编程语言和组件模型中的不同类型系统［108］。这些协议有：

（1）XML 和 XSD

可扩展的标记语言（标准通用标记语言下的一个子集）是 Web Service 平台中表示数据的基本格式。除了易于建立和易于分析外，XML 主要的优点在于它既与平台无关，又与厂商无关。XML 是由万维网协会（W3C）创建，W3C 制定的 XML SchemaXSD 定义了一套标准的数据类型，并给出了一种语言来扩展这套数据类型。［108］

Web Service 平台是用 XSD 来作为数据类型系统的。当你用某种语言如 VB. NET 或 C# 来构造一个 Web Service 时，为了符合 Web Service 标准，所有你使用的数据类型都必须被转换为 XSD 类型。如想让它使用在不同平台和不同软件的不同组织间传递，还需要用某种东西将它包装起来。这种东西就是一种协议，如 SOAP。［108］

（2）SOAP

SOAP 即简单对象访问协议（Simple Object Access Protocol），它是用于交换 XML（标准通用标记语言下的一个子集）编码信息的轻量级协议。它有三个主要方面：XML-envelope 为描述信息内容和如何处理内容定义了框架，将程序对象编码成为 XML 对象的规则，执行远程过程调用（RPC）的约定。SOAP 可以运行在任何其他传输协议上。例如，你可以使用 SMTP，即因特网电子邮件协议来传递 SOAP 消息，这可是很有诱惑力的。在传输层之间的头是不同的，但 XML 有效负载保持相同。［108］

Web Service 希望实现不同的系统之间能够用“软件-软件对话”的方式相互调用，打破了软件应用、网站和各种设备之间的格格不入的状态，实现“基于 Web 无缝集成”的目标。［108］

（3）WSDL

WSDL 全称为 Web Service Description Language，即 WEB 服务描述语言。它是用计算机阅读的方式提供的一个正式的数据描述文档且基于 XML（标准通用标记语言下的一个子集）的语言，用于描述 Web Service 及其函数、参数和返回值。因为是基于 XML 的，所以 WSDL 既是机器可阅读的，又是人可阅读的。［108］

（4）UDDI

UDDI 全称为 Universal Description，Discovery and Integration，通用描述、发现与集成。UDDI 的目的是为电子商务建立标准；UDDI 是一套基于 Web 的、分布式的、为 Web Service 提供的、信息注册中心的实现标准规范；同时也包含一组使企业能将自身提供的 Web Serv-

ice 注册，以使别的企业能够发现的访问协议的实现标准。[108]

（5）调用 RPC 与消息传递

Web Service 本身其实是在实现应用程序间的通信。我们有两种应用程序通信的方法：RPC 远程过程调用和消息传递。使用 RPC 的时候，客户端的概念是调用服务器上的远程过程，通常方式为实例化一个远程对象并调用其方法和属性。RPC 系统试图达到一种位置上的透明性：服务器暴露出远程对象的接口，而客户端就好像在本地使用的这些对象的接口一样，这样就隐藏了底层的信息，客户端也就根本不需要知道对象是在哪台机器上。[108]

Web Service 作为数据接口适用于少量数据的数据交换，同时，由于 Web Service 是交互性的会话方式，可实现实时的数据交换和数据通讯，对时效性要求高的，可采用这种方式。

在数据仓库的数据接口方面，Web Service 通常作为数据仓库对外提供数据服务的方面，对实时少量数据访问提供接口服务。Web Service 作为数据接口，根据需要，可自行定制接口规范，或者与对方进行协商约定接口规范。接口规范的内容包括：接口地址及端口、访问方式及标准，以及其他一些约定性的事项。

（三）数据质量检查和数据清洗

各类信息系统都或多或少地存在着数据质量问题。要对数据进行利用，产生价值，发现数据存在的质量问题并进行纠正，是必要的工作。

通常，数据质量问题分为以下几个方面：

1. 完整性 Completeness

完整性问题是指必要数据的缺失导致的数据不完整或不可用。比如，参与人主题里面的实体，有关自然人信息，证件类型和证件号码必须是同时存在才有意义。虽然只有证件号码，并填写的是 18 位身份证号码，可以人为地基本判断其证件类型，但仍有可能存在歧义。若为其他不常用的证件类型，从证件号码上往往无法识别证件类型。如果只有证件类型而无证件号码，此信息则完全没有价值。其他类似的还有如度量及度量单位，如长度、质量、期限、金额等等，若填写的内容单位不统一，则需要有单位信息做补充。

2. 规范性 Conformity

规范性问题是指某些数据未按约定的规范标准进行存储或表示，使得数据无效或有歧义。比如，约定了日期和时间格式，但日期和时间的字段用字符串的类型存储，则其格式是否正确影响数据的正确性。不按照约定的规范进行存储，则往往无法正确的利用这些数据。日期和时间格式的规范性还出现在数据卸载和装载过程所涉及到的数据文件中，这些数据文件通常使用文本格式存储，以文本的方式从文件中读取。除此之外，还包括一些代码值。比如在规范中约定的代码 01，02 等等，有可能因某种原因导致其变成为 1，2 等值，则可能会使数据无效。规范性问题也包含业务层面的，比如业务上要求商品的价格不能小于 0 等等。

3. 一致性 Consistency

一致性的问题是指某些数据的值存在不同的表示，导致在信息含义上存在冲突。数据一致性问题，通常出现在数据在不同的维度、不同的层面、不同的口径，获得的数据不一致。在金融/会计领域，最典型的案例就是总分平衡问题，数据从总账和分户账获得的数据不一致，导致无法确定哪方是有效的或准确的，影响业务的分析。其他的比如，在金融领域，贷款发放金额、回收金额与贷款余额的关系不一致；在电子商务领域，商品销售金额与营业总额不一致等等。尤其在商品流通行业中，库存数量账实不符，是普遍存在的现象，其主要是由于一致性问题导致的。

4. 准确性 Accuracy

准确性问题是指某些数据和信息不正确或不准确，或数据是超期的、陈旧的。数据和信息的不正确或不准确影响数据的准确性，这是毫无疑问的。另外还存在数据的超期陈旧，导致数据的准确性问题。这种现象普遍存在于客户信息当中。如果客户信息是多年前的，长期以来未更新，而这期间又存在相当多的变化，比如客户的单位、职位、住址、电话、收入水平等等。这些陈旧的信息有可能已经失效，不再有业务分析上的意义。

5. 唯一性 Uniqueness

唯一性用于度量哪些数据是重复数据或者数据的哪些属性是重复的。数据仓库系统的数据往往来自于多个源系统，有些信息可能可以从多个系统获得。比如客户信息是常见的案例，尤其在金融领域。客户去银行办理一类业务的开户，就需要填写一次个人信息，这样就在相应的业务系统中建立该客户的信息。当建立客户统一视图时，收集这些客户基本信息往往可以获得若干笔数据，这些数据往往存在着或多或少的差异。同时，这些不同来源的数据，既有相同的数据项，也有各自不同的数据项。相同的数据项的数据值不同，也是唯一性的问题。

6. 关联性 Integration

关联性问题是指表之间存在着关联关系，但关联的数据缺失。比如，账户对应的客户信息在客户表中不存在。关联性问题导致数据的信息价值降低甚至完全消失，使得数据不可用。关联性问题造成的原因有很多，有的是由于数据被删除；有的是数据在移植过程中导致关系丢失，但数据实际是存在的；有的本身就是垃圾数据。

数据质量检查就是针对上述几种数据质量问题。对数据项进行必要的检查。需要值得注意的是，不是将上述的质量问题检查应用于所有的数据项，首先，数据项本身可能就不会存在某项质量问题，如以数值保存的金额，不会存在关联性问题等等；其次，由于某些系统的业务控制，会确保某些数据高质量的生成，因此有些质量检查工作在数据仓库系统可以省略；再次，如果对所有数据项进行所有方面的检查，会耗费太多时间，会拖延整个数据仓库 ETL 进度。

通常的做法是，通过两种方式确定数据质量检查的范围。其一，在系统上线前，对业务系统的数据抽取一次全量数据，然后进行数据质量普查，对于发现数据质量问题的数据项，作为系统上线后日常数据质量检查的范围之一。这部分是生产产生的质量问题，在数据仓库系统上线后，仍可能会产生存在数据质量问题的数据；其二，根据经验，确定哪些数据项容易出现数据质量问题。这部分项是容易发生数据质量问题，现在没有只是说明目前没有发生，不代表今后也不会发生，因此需要每日进行数据质量检查。

对于数据质量检查发现的问题，通常需要给出数据质量检查报告，提示数据质量存在的类型及数量分布，并给出存在数据质量问题的数据清单。产生的数据质量报告和数据清单，通过问题发送机制发送给相关人。发送的方式可以是文件，保存到约定的位置；可以是邮件，发送给相关接收人；也可以通过 ESB 系统来将信息送达到相应的源系统。数据质

量报告有助于管理员分析数据质量产生的影响，以及作为业务系统进行修正数据的依据。

大量的存在数据质量问题的数据进入数据仓库，对于数据仓库系统来讲，其处理得到的结果的准确性及可靠性是不高的。如果能够对这些有问题的数据，按照某些既定的规则进行修正后再利用，可使得数据的可靠性大幅提升。这就需要对存在数据质量问题的数据进行数据清洗。数据清洗规则可以针对数据质量问题进行修正，依赖于数据质量检查的规则和发现的问题情况。

数据质量检查是将检查的规则和方法，针对相应的数据项，在 ETL 处理过程中，入仓库层之前，进行批量执行。数据清洗的方法也是如此。对数据的属性执行过数据质量检查规则之后，如果有对应的清洗规则，则执行清洗规则。如果没有，则略过清洗的步骤。

数据清洗不可能解决所有的数据质量问题，但可以对大部分的数据质量问题进行修正，使得基础数据进一步提高可利用的价值。

（四）数据映射

数据从一个数据层到另一个数据层的装载，由于结构的不同，需要进行数据映射。数据映射包括数据表的数据项映射和代码集映射。无论是数据项映射还是代码映射，一般采用的工具最多的是 Excel 等电子表格类的程序，下面均已 Excel 为例进行介绍。

1. 数据项映射

数据项映射的设计，一般在 Excel 表格中，记录以下信息：

目标表名称、目标表类型（事实表、维度表等）；

目标列名称、目标列类型（数据类型）、使用的代码集代码；

源表名称、源列名称、转换方法（如果需要进行运算处理，记录处理方法）

数据映射分为两种：

（1）数据模型映射

数据模型映射根据来源和目标的映射数量分，从源模型到目标模型之间的映射类型有[109]：

一对一映射：在源数据模型的一个数据实体表对应目标数据模型的一个数据实体表。这种映射通常比较简单，如果源数据模型的类型与目标数据模型的类型一致，可直接映射；如果有差异，则需经过转换进行映射。[109]

一对多映射：在源数据模型的一个数据实体对应目标数据模型的多个数据实体。这种映射也不复杂，与一对一映射相似的处理方式。[109]

一对零映射：在源数据模型的一个数据实体在目标数据模型中没有对应的数据实体，这种情况不需要处理映射关系。[109]

多对一映射：在源数据模型中有多个数据实体对应目标数据模型中的一个数据实体。这种情况稍复杂，有两种处理方式：一是需要将源数据模型的多个数据实体进行关联，组成一个数据集映射到目标数据模型上；二是分多个步骤将源数据模型的多个数据实体分别映射到目标数据模型的数据实体上。[109]

多对多映射：在源数据模型中有多个数据实体对应目标数据模型中的多个数据实体。这种情况最复杂，但最终可将其拆解为多对一映射和一对多映射等模式进行处理。[109]

零对一映射：在目标数据模型的数据实体没有源数据实体对其应。这种情况分为两种类型：一种是在目标数据模型中生成的数据，比如时间维度表；另一种是由于目前在业务系统中暂时没有业务支撑提供数据来源，通常需要补录或者暂时不考虑映射。[109]

(2) 数据属性映射

属性映射根据来源和目标的映射数量分，也可分为以下几个映射类型：

一对一映射：在源数据实体的一个数据属性对应目标数据实体的一个数据属性。如果双方的数据属性类型及标准规范一致，则可直接映射；否则，需要进行转换后映射。规范不一致包括：格式不一致、单位不一致，或者可能需要进行运算处理。

一对多映射：在源数据实体的一个数据属性对应目标数据实体的多个数据属性。这分为两种情况：一种是将源属性拆分为多个属性列；另一种情况是，在目标数据模型中有多处需要引用源数据模型的该数据属性。

一对零映射：在源数据实体的一个数据属性没有对应的目标数据实体的数据属性。这种情况不需处理。

多对一映射：在源数据实体中的多个数据属性对应目标数据实体的一个数据属性。这是因为目标数据属性的值需要从源数据模型的多个数据属性经过比较判断、运算、转换等处理后得到该数据属性的值。

多对多映射：在源数据实体中的多个数据属性对应目标数据实体的多个数据属性。这种情况将其拆解为若干个多对一映射和一对多映射处理。

零对一映射：在目标实体的数据属性没有与其对应的源数据属性列。这种情况可能需要为目标属性赋默认值。

2. 代码集映射

代码集映射的设计，一般也是在 Excel 表格中，记录以下信息：

目标代码集类型、目标代码、目标代码描述；

源代码集类型、源代码、源代码描述。

代码集映射分为两种：

(1) 代码集类型映射

代码集类型映射根据来源和目标的映射数量分，从源模型到目标模型之间的映射类型有：

1) 一对一映射：在源数据模型的一个代码集对应目标数据模型中的一个代码集。

2) 多对一映射：在源数据模型的多个代码集对应目标数据模型中的一个代码集。这种情况目的是将源数据模型中的代码集合并、整合到目标数据模型的一个代码集上。

3) 一对多映射：在源数据模型的一个代码集对应目标数据模型中的多个代码集。

4) 多对多映射：在源数据模型的多个代码集对应目标数据模型中的多个代码集。这种情况可将其拆解为若干一对多映射和多对一映射处理。

5) 零对一映射：在源数据模型的没有代码集对应目标数据模型中的多个代码集。这种情况通常是由于源代码中没有对应的代码映射过来，一般不做处理。

6) 一对零映射：在源数据模型中的代码集没有对应目标数据模型的代码集。通常这种代码集不在我们需要的范围之内。

(2) 代码映射

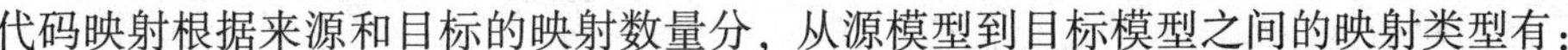

代码映射根据来源和目标的映射数量分，从源模型到目标模型之间的映射类型有：

1）一对一映射：在源代码集中的一个数据代码对应目标代码集的一个数据代码。这种类型直接映射即可。

2）多对一映射：在源代码集中的多个数据代码对应目标代码集的一个数据代码。这种类型做多笔映射关系，源代码为不同代码，目标代码为相同的代码。

3）一对多映射：在源代码集中的一个数据代码对应目标代码集的多个数据代码。这种类型是比较复杂的，需要通过其他的条件进行区分，映射到目标代码上。

4）多对多映射：在源代码集中的多个数据代码对应目标代码集的多个数据代码。这种情况可将其拆解为若干一对多映射和多对一映射处理。

5）零对一映射：在源代码集中的没有数据代码对应目标代码集的数据代码。这种情况通常是由于源代码中没有对应的代码映射过来，一般不做处理。

6）一对零映射：在源代码集中的数据代码没有对应目标代码集的代码。通常这种代码是无法归类，或者不再有意义。一般处理方法是，将其映射到一个默认的，意义为“其他”的代码中。

3. 数据映射的作用

数据映射的设计为开发者传送更为清晰的数据流信息。映射关系包括有关数据在存储到 DW 前所经历的各种变化的信息，对于开发过程中数据的追踪审查过程非常重要。把 ETL 过程的信息归纳为元数据，将数据源结构、目标结构、数据转换规则、映射关系、数据的上下文等元数据保存在存储知识库中，为元数据消费者提供很好的参考信息，追踪数据来源与转换信息，有助于设计人员理解系统环境变化所造成的影响［109］。

数据映射的设计工作可以轻松的回答以下的问题［109］：

（1）这些数据是从那里来的？

（2）这样的结果是经过怎样的处理得来的？

（3）这些数据是如何组织和管理的？

（4）数据项之间有什么样的关系？

（5）如果源发生变化，有哪些下游系统和目标会受影响？受到怎样的影响？

（五）ETL 开发

数据映射只是描述了数据转移的来龙去脉，但具体的实现仍旧需要 ETL 来实现。与数据映射不同，ETL 有许多有力的工具来实现其功能。常用的商业化的 ETL，如 IBM 公司的 DataStage，Informatica 公司的 PowerCenter 等，开源工具比较有名的如 Kettle。

ETL 开发的主要工作包括：数据抽取、数据装载、数据映射的实现、调度的开发、数据质量检查和数据清洗。

毋庸置疑，ETL 本身的内涵就是数据的抽取、转换和装载，前三项工作是 ETL 的核心工作。这些工作串联起来，依赖任务调度来实现 ETL 工作的执行，同时数据质量检查和数据清洗，也通过调度来触发，可归到 ETL 开发范畴。

1. 数据的抽取。

数据的抽取工作，主要是在源业务系统完成，目的是对源业务系统的数据进行抽取，保存到数据文件中，以备传输到指定的数据共享区。在数据仓库提供对外的数据文件接口时，也需要对数据仓库的数据进行抽取工作。

2. 数据装载。

数据装载，主要是在数据仓库系统的 ODS 层实现，将源业务系统的数据接收并装载到 ODS 层。至于数据仓库对外接口卸载的数据文件，在其他消费者系统装载，由其他系统完成，不在数据仓库系统的工作范围内。

3. 数据映射的实现。

数据映射的实现工作出现在数据仓库各个层之间的数据处理过程中，也包含在数据集市层、应用层等的内部的数据处理阶段。通常地，数据抽取和装载可以通过 ETL 工具来实现，但数据映射的工作，往往数据处理的比较复杂，通常是采用 SQL 语句或者存储过程来实现。

4. 数据质量检查和数据清洗。

数据质量检查和数据清洗工作，也通常由 SQL 或存储过程来实现。将数据质量检查和数据清洗的结果和日志保存到日志表中，供生成报告和管理员查阅使用。

5. 调度的开发。

上述包括数据抽取、装载、转换、数据质量检查和清洗等工作，都需要有任务调度来触发、控制。作业之间存在依赖关系，前置作业的失败导致后置作业的处理方式，都由调度来进行管理。

任务调度的开发，包括：

（1）批量启动的时间窗、启动触发机制；

（2）后续任务、作业的触发和状态跟踪，对失败任务的记录和处理；

（3）报告整个批量的成功失败状态、失败的作业清单；

（4）失败批量的重启或续跑处理等。对于成功的批量，在约定的时间窗进行翻牌，以为下次批量的调用做准备和清理。

（六）数据加工

在数据仓库系统中，对数据的加工包括将数据进行标准化和集成统一、记录数据的历史变更痕迹、数据汇总和数据重组等。

1. 标准化

数据仓库系统的数据来自规范标准不一的多个源系统，在数据仓库系统对这些数据要按制定的标准，进行规范统一。数据仓库的标准从 DW 数据仓库层开始。

（1）数据仓库的规范标准的内容。

数据仓库的规范标准包括：对象命名规范、代码表的规范、数据类型规范、数据格式规范、数据单位规范、数据精度规范和数据约束的规范等。

1）对象命名规范。

对象命名规范，是指在对表和列等对象的命名时，采用何种方式。比如：按中文首字母命名还是英文简写命名，各部分之间约定的固定简写是什么，各部分之间用什么字符分割，命名采用大小写方案，各类特殊表或字段的前缀或后缀是什么，等等。

2）代码表的规范。

代码表的规范，包括各类代码的含义。由于各个源系统采用的代码表不一致，且可能

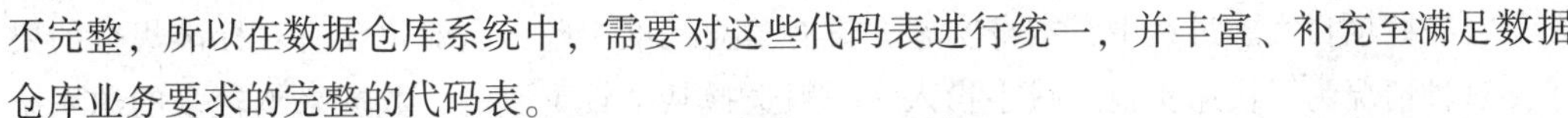

不完整，所以在数据仓库系统中，需要对这些代码表进行统一，并丰富、补充至满足数据仓库业务要求的完整的代码表。

3）数据类型规范。

各个业务系统在不同时期、采用不同数据库等的特性，导致各个类型的数据在数据库中存储的数据类型不一致。比如有的系统中用字符串保存日期和时间的数据，用字符或数值保存逻辑值（Boolean 类型）等。这些在数据仓库系统中也需要进行规范统一。

4）数据格式规范。

同样的数据，在不同的业务系统中，可能存储或者展现的格式不一致。最典型的就是日期、时间的格式，以及有关负数的负号表示形式，数值的千分位、百分数的千分号、百分号等。如果这些数据以文本形式保存，必须确定这些格式的规范。这些格式问题在现在的各个新版本的数据库中往往都有各自的数据类型，因此在存储时已不再成问题，但这些规范的制定，对于上层的数据展现、数据接口方面的应用起到一定的约束作用。

5）数据精度规范。

各个源系统对数据存储的数据单位往往也是不统一的。比如对于金额的存储，有的到元，有的到分，也有的到万元。数据单位的不一致导致数据利用时会产生严重的错误结果，严重误导数据分析者的判断，使得数据不可信。在现在的数据仓库系统实施中，一般金额数据采用元作为单位，保留 2 位小数，能够精确到分。针对特别的数据，可以增加小数位数，以提高核算的精度，减少累积误差。

6）数据约束的规范。

除了数据单位外，对数据精度的存储也存在差异。比如小数位数、时间的精度等。小数位数多数为诸如利率、比率等的小数多位的值；时间的精度，根据业务要求规范统一到秒、毫秒等精度。

7）数据约束在不同的源系统中主要表现为：某时间、数值不得超过特定的范围，某数据项的值必须为某些值，某字段是否不可为空等。数据约束的规范统一，目的是更好的接纳数据，提高数据的转换成功率，同时也为了便于上层的数据应用。

（2）制定标准规范的方式。

对于标准规范的制定，通常做有三种方式：

1）根据业务需要建立标准规范。

对于一般的商务智能实施开发商，会根据自己的商务智能解决方案中的业务需要，在构建解决方案模型时，建立了一些标准规范。然后在客户企业实施项目时，通常按照既定的标准规范进行实施。这种情况下的实施，对于一些模型、实体的物理化等工作，已经事先完成大部分，可降低项目实施的工作量。

2）根据企业未来的规划建立标准规范。

对于有些客户企业，根据企业的长远发展考虑，需要对企业信息化制定标准化规范。在这样的企业实施中数据仓库系统，往往也要求数据仓库系统遵循企业的标准规范。这种情况下的实施过程，模型、实体的物理化工作，需要重新进行实施，工作量较第一种方式稍大。

3）在实施中以某重要系统为参考建立标准规范。

在有些项目实施过程中，本身实施方没有建立标准规范，企业也没有对标准规范的要求。这种情况为了快速实施，减小投入，一般选择某个较重要的、数据采纳较多的源系统的标准作为仓库系统的标准规范，其他源系统需向该标准靠拢。这种情况一般是一个专项主题的数据类项目，该专项主题有一个主要的数据来源系统。这种实施方式，采用一个主要的源系统做标准规范，可减少大量的标准映射的工作量，降低实施投入，提高实施效率。

2. 数据集成统一

在数据仓库层，针对数据的来源多样性导致的数据不一致的问题，通过构建数据统一视图来实现数据的集成统一。

针对这些具有不同来源的相同数据项，在数据仓库层，只保留一个数据值，从多个来源中取一个可采纳的值。通常的方案是：根据数据修改日期进行判断，哪个来源的数据最新，取哪个数据源的值。也有的企业，考虑到某些系统的数据的可靠性不同的情况，降低某些系统的采纳权重。比如，在电子商务系统中，支付系统的信息（用户身份）是经过认证过的，可靠性较高；而IM系统的信息，许多信息是随意填写的，真实性会低一些。

通过以上方法，确定数据源的来源，构建业务实体的统一视图。也有的系统，为了更充分的保存信息的完整性，将所有来源的信息进行保存，并标记信息的来源。这种方式是为了追踪数据来源，及必要时进行数据比对和更新。但仍需构建业务实体的数据统一视图，以方便对数据的利用。它只是数据统一视图的一个补充，业务需求很少，访问的机会也会很少。

3. 历史留痕

源系统的数据进入数据仓库系统，需要保留历史以便查阅。通常的做法是在仓库层存储数据的历史变化痕迹。保存历史数据的有以下几种：

（1）交易流水。

这类信息产生之后不会变化，但是每笔数据均是历史发生的事实的描述。由于其不会发生改变，因此数据直接保存到仓库中，不必记录其变更历史痕迹。所有的交易数据组成了历史的信息。

（2）静态信息。

静态信息保存的是业务事实的某个时间点的业务事实，但随着时间的推移，会发生变化。这类信息在业务系统中一般只能获得最新的信息，但在数据仓库中，要保留其历史变化的痕迹。

静态信息的维度有很多种，有的维度基本不会发生变化，比如用户的姓名、性别、出生日期等；有的维度会经历较长的时间偶尔变化一次，比如用户的联系手机、住址、工作单位等；也有的维度变化非常频繁，比如用户的地理位置等。针对不同的变化频度，处理的策略需不同。

根据维度的变化频度，通常分为两种情况来处理：

1）缓慢变化维。英文全称 Slowly Changing Dimensions，中文一般翻译成“缓慢变化维”，经常被简写为SCD。这是一种不经常发生变化的信息维度。这种情况一般采用时间拉链的方式进行历史数据存储，可有效减少数据存储所占用的存储空间。

2）与缓慢变化维对应的是快速变化维，又称为剧烈变化维或集聚变化维。这类信息维

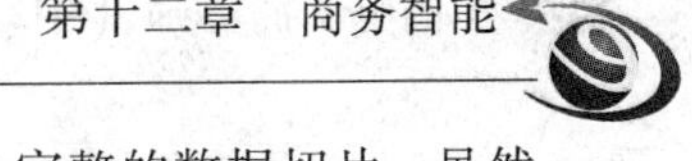

度变化频繁。这种情况一般采用时间切片技术，每个周期产生一个完整的数据切片。虽然占用较多的存储空间，但可提高数据访问效率。如果这种方法采用时间拉链的方式，不仅节省的空间并无多大差异，但性能上有较大的差别。

4. 数据汇总

在数据仓库系统中，数据汇总的工作是大量存在的，它广泛应用在 DW 数据仓库层、DM 数据集市层和 APP 应用层。数据汇总的方式很简单，就是按特定的维度组合作为分组，对度量数据进行聚合运算。聚合运算可以是进行合计、求平均值、计数、计算方差或标准差等。

（1）在 DW 数据仓库层，主要是构建基础的多维数据立方体。

数据仓库层的多维数据立方体，构建的是基础的，更多是技术因素的汇总。一般的，将事实表的所有维度都考虑进来，尽可能多的涵盖所有的维度，构建的汇总数据。但所涉及到的维度不可太多，一般控制在十多个维度左右。如果维度过多，可以考虑将不常用的维度，或者与其他维度不常进行组合的维度摘除。如果维度使用频度高且数量多，可以考虑根据经常组合的维度构建多个基础的多维数据立方体。

（2）在 DM 数据集市层，主要是面向广泛的业务需求建立面向应用的多维汇总表。

数据集市层的多维数据立方体和数据仓库层多维数据立方体有明显的不同。数据仓库层的多维数据立方体的设计，考虑的业务因素较少，一般需要一定的业务经验来确定维度的组合。数据集市层的多维数据立方体，则需要更多的业务经验来确定维度组合、度量的汇总计算，以及派生指标的定义。数据集市层的多维数据立方体较数据仓库层的多维数据立方体，维度少、规模小、但数量多。数据集市层的多维数据立方体的度量计算也较多样复杂。数据集市层的多维数据立方体，同时也是数据仓库层的多维数据立方体的一种补充，对于在数据仓库层未能涉及到的维度组合，而业务中需要的，可以在数据集市层建立。

（3）在 APP 应用层，是面向具体的应用，有针对性的建立汇总数据表。

应用层的汇总表，一般维度很少，不用于多维分析，而用于对应用的具体查询。

在数据汇总中，会涉及到一些派生维度，在数据仓库层的多维数据立方体中可以存在少量的，在数据集市层存在的较多，应用层其次。派生指标是根据某一数据维度或者度量值，进行区间划分而建立的。比如：根据金额构建的金额区间、根据出生日期构建的出生年代或者年龄段、根据逾期日期构建的贷款不良形态等。这些维度都不是事实表或维度表的实际维度，都是根据其他维度或度量的值，重新进行构建的派生维度。

5. 数据重整

数据重整是在数据处理过程中，将源表的数据进行重新整合，组成一个新的数据表，期间可能对数据进行重新加工。数据重整涉及到各个数据层之间的转换过程。

ODS 贴源层到 DW 数据仓库层的数据转换是最普遍的数据重整过程。而在数据仓库层到数据集市层和应用层的数据加工，也涉及到较多的数据重整。数据仓库层事实表中的维度，都是在主题内的。而涉及到主题外的，一般是其他主题的主体表。数据仓库层的数据模型中，某一主题的事实表通常不会涉及到其他主题的非主体表的维度。涉及到多个主题中的非主体表的维度组合的，在数据集市层和应用层实现，涉及到的数据模型包括事实表和汇总表。

（七）语义层

“语义层”英文名为 Semantic Layer，是根据对数据模型的数据项定义，把数据模型中的数据定义为有明确的业务含义的名称。有了语义层，业务人员所面对的不再是表、字段和它们之间复杂的关联关系和计算关系，而是他所熟悉的业务术语和指标名称。[110]

语义层通常应用于报表系统中，其作用是把数据库中的对象进行包装，生成面向业务的数据描述模型。基于该数据描述模型，数据处理可以在业务层面上进行，在设计报表的时候，业务逻辑清晰，易于理解。语义层在报表系统中的功能如下：

1. 数据表视图。

通过语义层，报表的数据来源均通过视图来实现。视图可以是数据表、SQL 查询、存储过程、内置视图等。语义层通过视图来封装了数据模型，使得业务人员以更容易理解的方式来访问和利用数据。

2. 指标。

指标是将表中的数据经过若干函数表达式运算而得出的结果，在报表设计中，它可以像使用表中的字段一样被使用。通过在语义层定义指标，用户在设计报表时，所面对的不再区分指标和字段，而是统一的语义层的数据项，也不必再编写复杂的对字段运算的表达式。

3. 权限控制。

为了数据的安全，需要对用户控制数据访问的权限和范围。语义层提供对数据访问的权限控制的功能，程序员可以调用 API 接口传入用户信息，从而通过语义层对数据访问进行权限控制。访问权限控制粒度可以大至整个视图，也可以小到每一笔数据。提供的权限控制接口是通过会话变量实现的。所谓的会话变量是指和用户个人信息相关的一些变量。

4. 数据库维护。

语义层在数据库的维护功能上包括登记数据的表、维护数据的表、备份数据库的数据、以及恢复数据库的数据等四个部分，其中维护数据库表的功能不但能将在语义层中修改的数据同步到数据库中，而且还能够根据在语义层中定义的数据库表在数据库中自动创建物理表。

5. 数据查询。

通过语义层，业务用户进行数据查询，所面向的进行业务处理时的业务属性，可以选择展示数据项，设置筛选条件，添加分组或排序的属性等，而不必关注底层的数据存储。

6. 导入导出。

报表语义层提供数据导入和导出功能，允许用户将报表查询的结果导出到数据文件中，可以为 excel 文件、txt 格式、csv 格式、xml 格式等。也可以将这些格式的数据文件导入到数据库中。

7. 数据迁移功能。

语义层能够提供数据库中数据迁移的功能。语义层通过数据管道来做数据库的数据迁移，使用语义层的数据管道能够把源数据库的一个或多个表中的数据通过查询，将结果迁移到目标数据库的一个表中。

8. 数据备份。

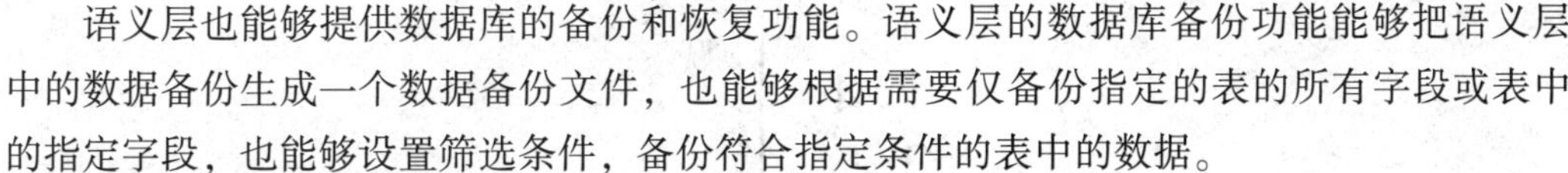

语义层也能够提供数据库的备份和恢复功能。语义层的数据库备份功能能够把语义层中的数据备份生成一个数据备份文件，也能够根据需要仅备份指定的表的所有字段或表中的指定字段，也能够设置筛选条件，备份符合指定条件的表中的数据。

9. 格式和显示值功能。

报表语义层定义了数据项的显示格式和显示方式、数据单位等数据展示定义。

语义层的设计，基于元数据管理的基础上，增加权限控制、语义表达的实现。语义层以元数据管理中对表和列的定义，以及表之间的关系、列的属性定义，实现对语义层业务数据的支撑；通过程序开发，来实现权限控制、数据库维护、数据导入导出、数据迁移和备份等功能。

第三节　数据处理技术

数据仓库系统的数据处理过程中，涉及到一些技术手段，可以提高数据处理效率，简化数据处理过程，实现良好的效果。

一、索引

索引是对数据库的表中一个或多个列，按其值的组合进行排序生成的一种有序的目录结构，用来帮助我们快速的查询到数据库表中的数据。索引是有效提高数据访问效率的手段，这大家都知道。但能多大程度地提高效率？什么情况下用索引？如何用索引？这些问题却是许多开发人员都并不了解的。

（一）索引的工作原理

首先，我们看看索引是如何工作的。以二分法查找为例，我们将在一个排序好的序列中，以二分法进行对半查找。比如，在 4、5、6、9、14、17、20、23 这 8 个数字中查找 17，按以下步骤进行：

1. 首先确定数据个数为 8；

2. 然后，在中间位置—第 4 位的数据进行比较，得到 9，确定比要找的 17 小，继续向下找下半部分的中间位置 6；

3. 比较第 6 位的数据，为 17，正是目标数据。则确定目标 17 的位置为第 6 位。查找结束。

由对半查找的特性可知，如果数据集中有 n 个元素，则对半查找的次数大约为 log_2^n

看到这个公式，大家都不陌生——取 n 以 2 为底的对数。但是它的效应大家知道么？写出来，作为 IT 人的读者也不陌生的两个公式：

$log_2^{1024} = 10$

$2^{10} = 1024 = 1K$

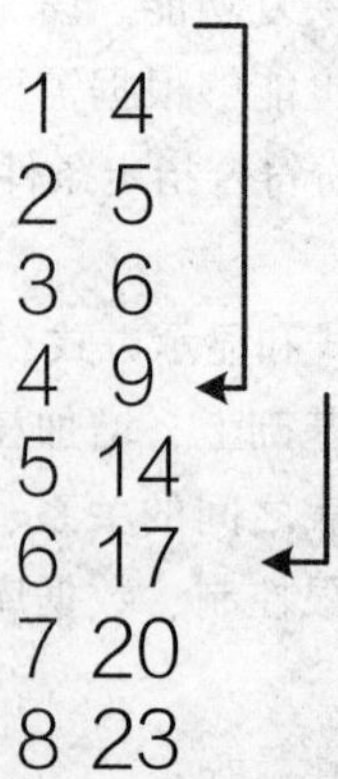

插图 12.3-1　二分法对半查找

如果再继续增大 1024 倍，分别是 1*M*，1*G*，甚至 1*T*，作为软件开发人员也都比较熟悉（文件大小和磁盘空间嘛）。再写出他们的关系，如下表

表 12.3-1　　数据查找与索引对照表

数量级	*n*	log_2^n
1 千	1K	10
100 万	1M	20
10 亿	1G	30
1 万亿	1T	40

上面的表格说明：对于 100 万笔数据，如果没有索引，你需要查找 100 万次，而如果有唯一索引，只需要查找 20 次；对于 1 万亿笔比数据，虽然数据量增长了 100 万倍，但查找的次数也不过增长一倍而已。

以现在的硬件的性能，CPU 的运算速度通常下不是瓶颈，且好多服务器都是多核或者多 CPU 的。大数据量操作时，磁盘 IO 通常是主要瓶颈。但是当前的硬盘速度，每秒至少可以写 10+M 以上，读取 30+M 以上。这样的速度，对于大约几十万笔数据存储大约几 M—几十 M 的数据量来讲，全表扫描也不过几秒的时间量级，这么小的数据量如果在数据库中缓存过的话，时间更快。而在服务器上，尤其存储用的阵列的话，这样的数据量全表扫描的时间大约也就 1 秒左右。

（二）B-树索引

其实，索引的本质并不是排序的序列或链表，而是一个 B-树。这样的好处除了可以完成高效的数据定位之外，还方便数据的增加和删除。虽然它的对比关系不再是以 2 为底的对数，但基本遵循了几何级数的关系。

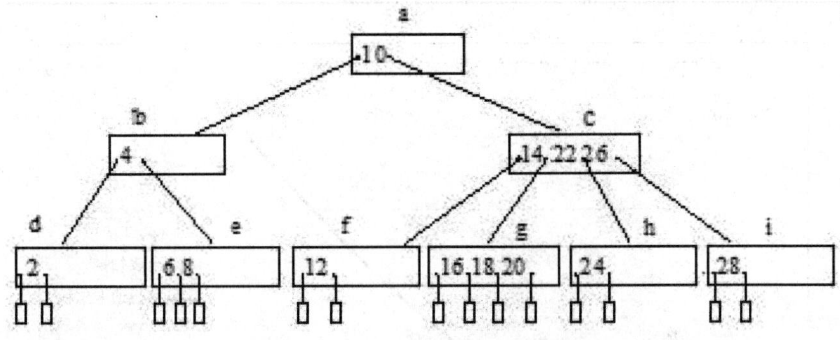

插图 12.3-2　B-树索引结构

有关 B-树索引的理论知识，我们可以不必关注。感兴趣的同学，可在网上很容易找到有关资料。在 B-树索引的知识讲解中，充分了解到它在更新索引时候的优势。

（三）笛卡尔积

而如果没有索引，或者没有合理的索引的两个表进行关联的话，其效率却是相反的指数级地降低。

首先，两个没有索引的表的关联，它们的关联方式是，对于一个表的每一行，都要到另一个表中匹配其所有数据。如果两个表的数据量分别是 m 和 n，则匹配的次数是 $m*n$ 次。这就是笛卡尔积！

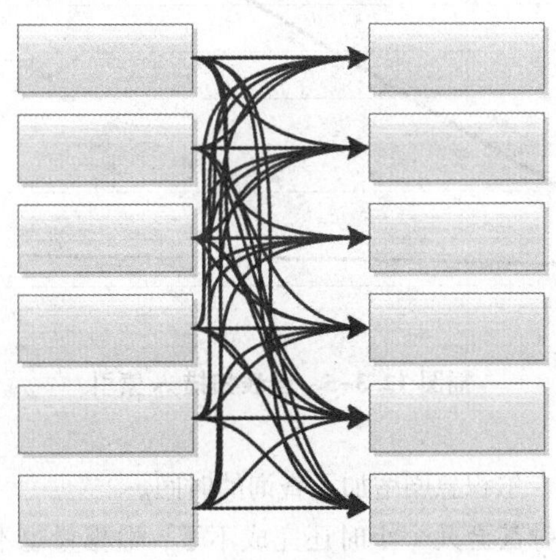

插图 12.3-3　笛卡尔积

试想，如果两个表都大约是 1 万笔数据。这是比较小的数据量了吧？他们的笛卡尔积为 1 亿。凭空“造”出了海量的计算量。

如果是 3 个表或更多表关联，数据量均不少的话，那你可能就没机会看到结果了，因为有可能是时间太长你都等不了，也有可能是临时空间溢出导致了系统报错。

下图比较了有索引、单表全表扫描和两表笛卡尔积的区别：

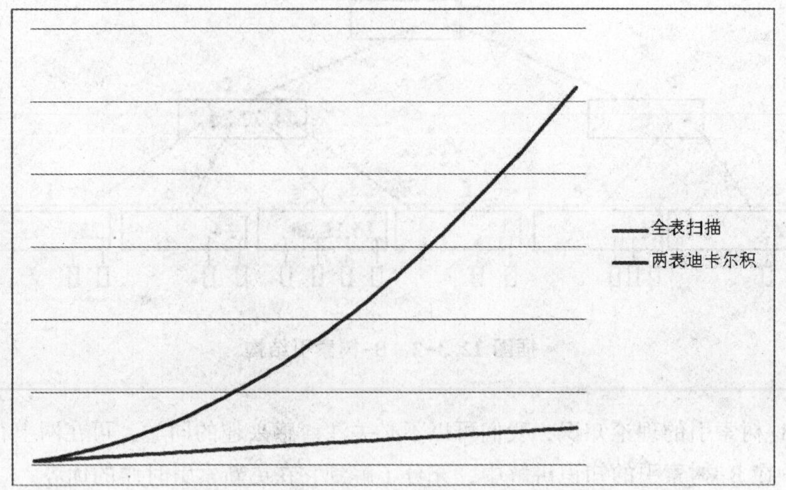

插图 12.3-4　全表扫表 vs 两表笛卡尔积

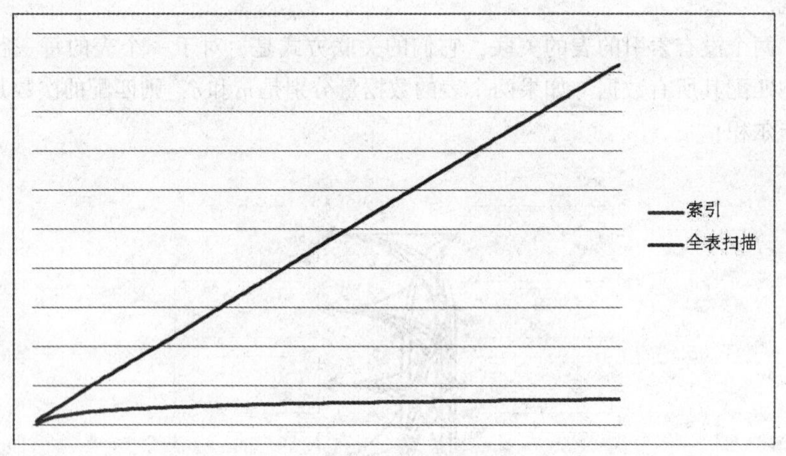

插图 12.3-5　全表扫描 vs 索引

从图中可以看到，笛卡尔积急剧增加了查询的时间。

如果你的查询几十分钟甚至几个小时还完成不了，数据量也不是非常大的话，很可能是由于产生笛卡尔积导致的。

（四）复合索引

复合索引，就是索引中包含有多个列的索引。之所以需要复合索引的存在，是因为在同一个查询中，对于一个表只能使用一个索引（指简单查询，子查询、含 Union 等的除外）。在简单的查询中，对于多表关联的查询，每个表都可以有 0 个或一个索引被使用，不会存在一个表的多个索引同时被采用的情况。

如果单列索引仍旧无法显著的改善性能，需要增加另一个列时，就需要建立两个列或

多个列一起组成的复合索引。

比如，从账户交易流水表中查询某账户在某时间的交易情况。如果在账户号列上建立索引，由于在交易流水表中账户的交易有很多笔，因此筛选出来的数据量还是很多；如果在时间列上建立索引，则同一时间交易的账户也可能会很多；如果在时间列和账号列上共同建立索引，则可快速的定位我们需要的数据了。

时间列和账户号列共同组成的复合索引形式如下：

表 12.3-2　　时间列和账户号列共同组成的复合索引对照表

时　间	账　　号	数据地址
2015/1/1	账号 1	××××
	账号 2	××××
	……	××××
	账号 n	××××
2015/1/2	账号 1	××××
	账号 2	××××
	……	××××
	账号 n	××××
……	账号 1	××××
	账号 2	××××
	……	××××
	账号 n	××××
2015/2/1	账号 1	××××
	账号 2	××××
	……	××××
	账号 n	××××

在索引中，首先将日期相同的数据放在一起组成一个“数据段”，数据块之间按时间进行排序，每个“数据段”中，再按账户号进行排序。搜索数据时，首先根据日期确定所属“数据段”，然后在段中根据账户号确定数据位置。

1. 复合索引的索引列有先后顺序区别

如果要查询某日期的所有账户的交易数据，可根据索引确定“数据段”范围，然后调取该数据段中所有数据。

但倘若查询某账户的所有日期的交易数据，无法从该索引中确定一个小的范围，而需要对每一个“数据段”查找该账户号。扫描过程消耗较多的磁盘 IO，有时候与全表扫描已经没有区别，甚至可能其查询成本高于全表扫描。因此，这种情况下，是无法使用该索引的。

由此可见，复合索引的创建，其建立索引的列的先后顺序是有区别的。在复合索引中，索引创建包含了多个列；如果查询条件以这些列中的部分列为条件，且这些列在索引的前面，则可能会使用到这个索引。如果条件列不包含索引的第一列，则这个索引肯定不会被用到。

那么，复合索引中，列的先后顺序，该如何确定呢？这需要充分考虑业务需求方面的要求和使用的频度。

比如，业务中需要经常按列 A 和列 B 同时进行查询，并且还有一个需求经常需要按列 A 进行查询，而没有需求只需要按照列 B 进行查询，或者这个查询不经常出现，则可以建立一个复合索引（列 A，列 B）。该索引同时满足了单独按列 A 或者按列 A 和列 B 同时查询的需求。对于列 A 和列 B 都可能存在的较频繁的单独条件查询，则可在建立两个列的复合索引后，对第二个列做一个单独的索引。

实际情况中，有可能还需要其中一个列与其他列的复合索引。总之，遇到需求具体分析，可综合复用复合索引，以较少的索引满足更多的查询需求。

2. WHERE 条件中的 AND 条件没有先后顺序

列 A 和列 B 建立了复合索引（列 A，列 B），那么在查询中，这两个列作为条件是否有现有顺序的要求呢？

这种问题，一般是指这两个列作为条件以 AND 进行关联的情况。大家都知道，逻辑运算 AND 其两端的表达式是对等的，前后的两个表达式是可以互换的。假如前后两个顺序影响效率，那么数据库引擎在编译这个查询语句的时候，会自动进行调整。从而也就不存在这个前后的问题了。

（五）索引使用中的误区

1. 误区一：WHERE 条件的列要与索引的列一致

有些开发人员从网上看到部分人的观点，说在 WHERE 子句中，条件列的顺序必须要与索引列的顺序一致，否则用不到索引；也有人认为会用到索引，但效率会降低。

其实，这是比较常见的一个误区，有相当多的人持这种观点。为什么说这是误区？前面章节已经阐述。这种误区是怎么产生的也无从考证。

但是至于实际怎样？大家可以做一个测试：

自己建立一个较大的表，大小在 1G 左右吧，这么大的表是无法在内存中缓存的，效果较明显。然后建立两个列的复合索引。下面，编写两个查询，WHERE 子句中使用这两个列作为条件，但顺序相反。可以执行一下查询计划，看查询计划是否有差异，然后执行一下，看所用时间是否相差比较大（偶尔有一点点差异是正常的）。可以估算一下，1G 的大小，按磁盘的读取速度 100M/s 算的话，全表扫描完成需要 10s 的时间。

2. 误区二：查询条件中尽量不要使用 OR

部分人也有这样的观点：在 WHERE 子句中，尽量不要使用 OR，因为会使查询的效率变差。可以使用 IN 来代替。比如：

```
WHERE CURRENCY_ CD = '156' OR CURRENCY_ CD = '840' 应该改为
WHERE CURRENCY_ CD IN ('156', '840')
```

其实，这也是一种误区。在许多数据库引擎中，二者的处理是一样的，如果在该列上

有索引，照样会用到索引。

如果说使用 OR 效率差的话，有两种情况是需要特别注意的：

（1）错误的查询条件写法

比如下面的例子：

```
WHERE ORG_ CD = '110101' AND CURRENCY_ CD = '156' OR CURRENCY_ CD = '
840'
```

这个例子会造成效率差。因为在逻辑运算中，AND 的优先级高于 OR。这个查询条件的结果是，得到了 110101 机构的人民币（156）的数据，和所有（未限定机构）美元（840）的数据。如果该表只有一个（ORG_ CD，CURRENCY_ CD）的复合索引，则 OR 后面的部分将引起全表扫描，效率必然会差。然而，这样的需求似乎在大部分情况下是不合理的，且如果的确是这种需求的话，也不能修改成 IN 的方式。多数的情况下可能是如下形式：

```
WHERE ORG_ CD = '110101' AND（CURRENCY_ CD = '156' OR CURRENCY_ CD = '
840'）
```

其业务意义为，取 110101 机构中的人民币和美元的数据。是程序员疏忽忘记了使用括号？这样的需求，如果写成：

```
WHERE ORG_ CD = '110101' AND CURRENCY_ CD IN（'156'，'840'）
```

就不会写错了。

（2）需变通的语句写法

有这样一个需求：一个网站，在登录界面中，允许用户使用账号 ACCOUNT_ NO 或者电子邮箱地址 EMAIL 进行登录，并用密码 PASSWORD 进行验证。这个查询怎么写？

```
SELECT PASSWORD FROM USERS WHERE ACCOUNT_ NO = '? ' OR EMAIL = '? ';
```

前面说过，在同一个查询中，每个表只能有一个索引被使用。即便是在账号和电子邮箱地址两个列上分别建立了单一列索引，但只能用其中一个索引，另一个条件必然会引起全表扫描。在两个列上建立复合索引显然是不可行的。

为了使用到索引，我们只好将上述语句写成两个查询：

```
SELECT PASSWORD FROM USERS WHERE ACCOUNT_ NO = '? ';
SELECT PASSWORD FROM USERS WHERE EMAIL = '? ';
```

如果限制账号不能使用邮箱格式的话，以上两个查询至少有一个查询得到 0 行，另一个如果有结果的话，可以取该查询结果。

难道就没有办法写成一个语句了么？其实可以的：

```
SELECT PASSWORD FROM USERS WHERE ACCOUNT_ NO = '? '
UNION
SELECT PASSWORD FROM USERS WHERE EMAIL = '? ';
```

我们使用 UNION 将两个语句的结果连接起来。可能你又要问了，这不是一个查询么？不是说一个查询只能用一个索引么？

其实，这是两个查询（两个 SELECT），只不过是使用 UNION 将两个查询的结果集合并在一起而已。每个查询都使用了一个索引，从而避免了低效的全表扫描。

（3）IN 和 EXISTS

需要特别注意的，如果 IN 中不是枚举的值，而是一个查询到的结果集，则需要改成 EXISTS 方式。这一点，尤其在 ORACLE 数据库中是必要的。

这是由于，在 IN 的方式中，列表中的值一般是人工确定的数量较少的值，因此数据库引擎不会对其进行特别处理，只是简单的逐个去匹配。但是如果数据量比较大的话，这种逐个匹配会产生笛卡尔积的效应。

而使用 EXISTS 方式，数据库会将结果集进行排序后再比较，效率是明显提高很多的。但这种用 EXISTS 替代 IN 的规则，只在某些简单的查询中使用。

值得注意的是：在某些稍复杂的查询中，用 EXISTS 的效率反而比 IN 差很多。比如，后面介绍的对数据立方体的查询。

3. 误区三：索引不可太多

许多开发业务应用系统的开发者有这样的经验：索引不能建太多。在众多知道这一经验开发者中，有的知道其原因，而有的却只知其然，不知其所以然。

绝大部分经验都是在理论知识和实践中提炼出来的，这条经验也不例外。但是当经验被口口相传而不附带其背景和理论基础时，这样的经验往往就会被应用到不恰当的案例中。

我们知道，其实索引本身是被维护的排序的“数据”，在存储设备中需要单独地存储。既然索引要存储，那么访问、修改索引的时候就会产生磁盘 IO。新增、删除数据和修改涉及到索引列的时候，都必然会引起索引的修改。索引越多，造成的磁盘 IO 也越多。如果是一个需要快速响应的、交易量大的交易，过多的索引会引起磁盘 IO 过多，交易完成的时间长，使得系统的响应时间变长，影响了系统的承载在线用户数量。

比如，我们新增、删除或修改（涉及索引列）一笔数据时，如果没有索引，只需对数据表进行存取。这涉及到 1 次磁盘 IO。如果有 1 个索引，由于索引是单独存储的，因此也要为索引产生 1 次磁盘 IO。每多一个索引，就会多 1 倍磁盘 IO。每多一次磁盘 IO，就代表响应时间增长一些。

以上就是大家经验中的“索引不可太多”的原因。

然而，如果没有必要的索引，访问的速度又很慢。这里的访问包括：查询、找到目标数据进行修改或删除。更新或删除的时候，由于寻找数据需要消耗大量的时间，反而也影响了相应时间，降低了交易的效率。

所以，建不建索引，这是个问题。

下面，我们来分析一下，如何判断是否建立令我们纠结的那个索引。

（1）OLTP 系统

作为一个交易系统，通常首要保证的是数据更新的效率。在考虑要新建的索引是否要建立时，要考虑以下方面的内容：

1）更新的效率是否已经很差

如果当前更新的效率已经很差，则需要考虑适当减量减少索引。否则，可以酌情增加索引。

2）表数据是被经常更新还是经常增删数据

要考虑该表是被经常更新？还是经常增删数据。如果数据行比较稳定，只是频繁更新数据，那么只要该索引不涉及到更新列，是不会影响效率的。

3）索引涉及到的列是否被频繁更新

如果索引涉及到的列被频繁更新，那么每次更新的时候都需要对索引进行更新。否则，只有新增和删除数据的时候索引才会增加磁盘 IO。

4）是否存在利用率低/效果差/更新成本高的索引

如果当前索引已经很多且要新增的索引必要性较高，可以考虑一下当前的索引中是否有利用率较低的索引，或者索引所改善的效率较低，或者索引导致更新效率低。对于这些低效益性的索引，可以适当减少。

5）建立索引是否可有效改善更新效率

增加一个索引，在新增、更新和删除时有可能多增加了一次磁盘写操作。但是如果没有这个索引，在更新或删除时，需要进行全表扫描的读取来确定这笔数据，而且如果表的数据量很大的话，全表扫描的时间也较长。此时如果增加这个索引，仍可有效提高更新的效率。那么，建立这个索引还是有必要的。建立这个索引时，有时候也要充分考虑其他更新交易的效率。

虽然上面列出了诸多需要考虑的因素，但是实际应用中，多数情况下并非这么复杂。以上各项，简单做一下判断即可。如果真遇到了效率上的麻烦了，再详细分析。

（2）OLAP 系统

以上是针对交易系统的情形进行的分析。而作为一个分析型的系统，其应用几乎都是查询类的访问，要求查询数据效率要高。而且，分析型系统的数据量往往也比交易型系统要大。因此，索引对于分析型系统是非常必要的。

经过上面的分析，索引过多会导致数据更新的效率降低。而数据仓库类项目，数据更新大多是在夜间批量中进行，而用户访问时的数据库访问，大都是查询类的访问。而用户访问等待的时间长，是一个不好的体验。至于夜间批量的时间，只要能按时完成批量处理任务，时间长一些倒也无妨。

因此，与交易类系统相比，我们可以在数据仓库系统中适当多建立一些索引，以提高数据访问速度，优化用户体验。

在 OLAP 系统中，经常对数据进行批量更新。批量增删数据处理中，有无索引对处理时间有很大的影响，区别不仅仅是索引多少的问题。

二、多维数据立方体

多维数据立方体是有效解决对数据多属性汇总的效率问题的手段，但要从根本上了解其本质。有时候虽然牺牲了一些存储空间，但是其性能的提升却是惊人的。

（一）业务汇总数据需求

许多业务实体有若干枚举型的属性（也就是有限数量的属性值），比如贷款业务，有贷款产品几十个值、币种一般有十几个值、行业、地区、担保方式、还款方式等等，他们的值都是在有限的列表中选择的，而不是随意填写的。

一个全球的电子商务平台，一般有客户几千万甚至上亿。在一个有关交易的分析功能中，经常会按指定时点（时间）、币种，按产品汇总交易的客户数、交易笔数、交易金额等；也可能按地域汇总交易的客户数、交易笔数、交易金额等，还有更多的属性进行选择。

这些汇总报表，直接从业务数据表进行汇总，存在以下问题：

1. 需要对这些列建立复合索引，否则就需要进行全表扫描，且无索引进行分组汇总的计算消耗太多的 CPU 资源。

2. 需要建立的复合索引太多。查询的条件涉及到的属性是不确定的，有可能按地域、币种进行查询，也有可能按渠道、币种进行查询，也有可能按地域、产品进行查询，甚至还有更多的属性是报表中关注的。

3. 即便建立索引，效率也是不高的。因为每次汇总要涉及到全表的大部分数据，也就是每次都要对全表进行大范围的扫描；

4. 无法取得历史数据。业务数据表中存储的是当前时点（最新）的数据情况，无法查询到历史上时点的数据情况。

基于以上的问题，报表的数据如果从业务数据表中直接查询，效率是非常差的。为此，我们需要针对这些报表，提前将数据汇总好，保存到汇总表中。针对地域、币种、产品的报表，按这三个属性进行分组汇总；针对地域、币种、渠道的报表，也按这三个属性进行分组汇总；其他的各个属性组，也按他们进行分组汇总。数据根据报表要求定期汇总，加上时间列。这样，各个报表都可在这些汇总的数据表中查询得到需要的数据，从而可避免从业务表中进行即时汇总。同时，这些的汇总表大小一般小于业务数据表的大小，查询速度也较快。

然而，这样的汇总需求会有很多，如果所有的报表都按这种方式进行汇总，那么数据库中就需要存储非常多的汇总表。并且，业务需求是无限的，有可能不知什么时候，就会需要一个从未有过的几个属性进行组合汇总。如果系统没有很好的扩展性，就需要进行需求变更，增加这个新的汇总需求；或者系统能够根据用户设置的需求自动建立汇总表，但同样有这样的一个问题：对于历史数据，没有汇总过，无法查询。

解决汇总表多的问题，可以适当合并几个汇总表。比如前面介绍的两个汇总表，分别按地域、产品、币种和地域、币种、渠道进行汇总。其中有两个共同的属性：地区、币种；也有共同的汇总项：客户数、交易笔数、交易。那么，我们可以将这个报表的汇总表合并，汇总分组的属性是两者的并集：地域、币种、产品、渠道；汇总的数据项是相同的。那么可覆盖两个报表需求的新的汇总表就产生了。

对于新的汇总表，我们称之为“多维数据立方体”，简称数据立方体。其分组的属性，称为“维度”，汇总的数据项，称为“测度”。那么，这个新的数据立方体，算上时间，具有5个维度：时间、地域、币种、产品、渠道；具有3个测度：客户数、交易笔数、交易金额。其实，合并之前的汇总表，也是一个“数据立方体”，只不过他们的数据维度各少一个。

在此基础上，我们可以将其他报表中，与本报表具有相同时间粒度的、有一部分维度重合的、指标项基本相同或一致的，也合并到本数据立方体中。

按此思路，我们可以将数量众多的报表的汇总表，合并为几个数据立方体，每个立方体可覆盖若干报表需求。同时，由于多个维度（属性）聚集在一个数据立方体中，我们可以任意取若干个维度为条件或观测属性，可满足更多汇总需求。

比如按9个维度，任意取若干维度组合查询，共可满足 29-1=511 种组合的需求。经过汇总的数据量，一般会小于业务数据表的数据量，且按维度进行了汇总，避免了一定程度上的重复运算。

数据立方体将原始业务表中的数据进行了汇总，将汇总运算进行预处理，并可根据维度满足更多的更灵活的需求。但这还不是数据立方体的真正魅力。

（二）数据立方体的含义和应用

在介绍数据立方体的真正魅力之前，首先介绍一下数据立方体的含义和应用。因为正是这些应用的需求，才体现了数据立方体更具魅力的一面。

1. 数据立方体的含义

说到数据立方体，我们先从一个虚拟的案例说起：

有人问，某电商平台2015年的总交易额，我们会给出一个数值；如果他问，该电商平台最近5年的交易额各是多少，我们会按每年一个交易额的数值，给出一个5个数值的序列；他若还问，这5年在各个省市的交易额分别是多少，我们会给出一个如下表的二维表。

表 12.3-3　　　　交易额二维表

年度 / 省市	2011年	2012年	2013年	2014年	2015年	……
北　京						
上　海						
广　州						
……						
合　计						

现实中的报表，一般都是一个二维表格。在上面的虚拟案例中，我们可以将一开始问到的2015年交易总额，视为一个“数据点”；当前历年的交易额，视为时间维度上的一个“数据线”，也就是一维数据；将最后年度和省市组合的二维报表，视为一个“数据面”，维度分别为时间和地区。如果再加上一个维度，比如产品，就构成了一个三维数据，我们

按现实中的称呼方式，形象地称之为三维数据立方体。再加入若干维度，与现实中一样，称之为“多维数据立方体”。广义的，对一维和二维数据，也可以称为“一维数据立方体”和“二维数据立方体”，所有的汇总数据就统称为“数据立方体”了。

2. 对数据立方体的操作

以较易理解的三维数据立方体为例，假设其维度有时间、地区、产品三个维度。我们在二维报表中，可以将地区横向排列，时间纵向排列，列出一个时间-币种组合的列出所有产品的交易金额的报表；也可以时间纵向排列，横向改为以产品排列，列出一个时间-产品组合的列出所有北京地区的交易金额的报表，就好象以时间维为轴，将立方体进行了旋转。这就是数据立方体的“旋转”操作。

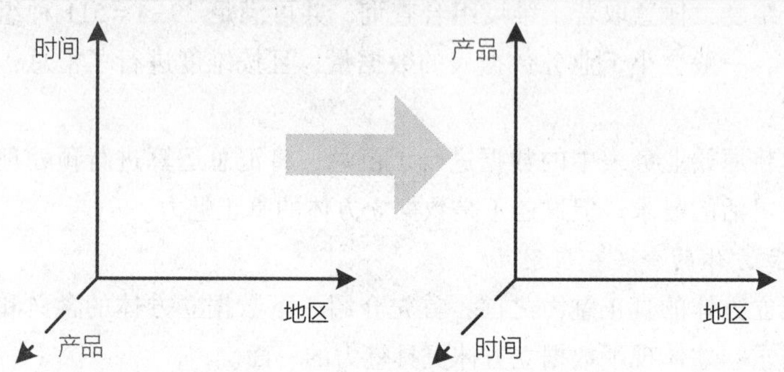

插图 12. 3-6　旋转操作

我们也可以选定某一时间点，观测产品-地区组合的交易金额的报表，就好象在立方体上的时间维的某一位置（某时间点）切了一刀，看切割处的二维数据的情况。这种分析，是立方体的“切片”操作。

在时间上，我们可能观测的粒度不同。在时间上，我们可能关注“年”的粒度，在报表中列出历年的年末情况；也可能关注到“季”的粒度，关注各季度的变化情况；也可能关注到“月”的粒度甚至“日”的粒度。

比如：我们正在看年度比较的一个报表，发现某年的数据值得关注，就需要看到该年度的各季度或各月份的情况。在系统的操作中，允许用户点击该年的链接时，打开以该年的各季为横向排列的报表情况，就好像我们在一个盒子上钻了一个洞，进入到里面看到里面的详情一样，我们形象的称之为“钻取”操作。

旋转、切片、钻取是对数据立方体进行分析的常用的操作手段。不管我们所访问的多维数据立方体有多少个维度，我们通过旋转、切片、钻取等操作观察到的，都是一个二维的视图。

（三）直接汇总表仍存在问题

前面的介绍中可以知道，许多维度有不同的粒度。比如，时间维度可以分为年、季、月、旬、日等粒度；产品可以分为大类、小类、品种等粒度；地区分为省、市、县（区）等粒度，甚至在省之上还可能划分大区或经济区域等；其他各种维度可能也会根据需要进

行不同粒度的划分。

1. 数据仍需汇总

而业务数据表中，各维度对应的属性，根据管理需要，其值一般都是最细粒度的值。因此，在汇总的数据立方体中，维度的值也都是最细粒度的值。比如对下表中的行业代码，从业务数据表直接汇总的汇总表中，只有“谷物的种植”、“薯类的种植”、“蔬菜的种植”等行业的数据。如果要“农业”的汇总值，就需要根据“谷物及其他作物的种植”、“蔬菜、园艺作物的种植”、“水果、坚果，饮料和香料作物的种植”、“中药材的种植”的行业数据进行汇总，然而它们也不是最细粒度的行业，也需要根据它们的子级行业进行汇总。

表格 12.3-4　　行业代码范例

行业代码	行业名称	父代码	是否叶子节点
A	农、林、牧、渔业	#	否
A01	农业	A	否
A011	谷物及其他作物的种植	A01	否
A0111	谷物的种植	A011	是
A0112	薯类的种植	A011	是
……	……	……	……
A012	蔬菜、园艺作物的种植	A01	否
A0121	蔬菜的种植	A012	是
A0122	花卉的种植	A012	是
……	……	……	……
A013	水果、坚果，饮料和香料作物的种植	A01	否
A0131	水果、坚果的种植	A013	是
A0132	茶及其他饮料作物的种植	A013	是
……	……	……	……
A014	中药材的种植	A01	否
A0140	中药材的种植	A014	是
……	……	……	……

行业“农业”下面各级子级的行业代码共有 20 多个。而每个细分的行业下，可能又会有若干产品，若干地区。那么要得到所有地区、所有产品“农业”行业的汇总值，仍旧需要从大量的数据中进行汇总计算。尽管从整个所有的数据量比，所需要的比例已经很小了，但涉及到的数据笔数还是会很多，仍旧会产生很多的磁盘读取操作。

然而，问题不仅仅如此。

2. 需要众多索引

假如以电商平台为商户和消费者客户提供的贷款为力，我们有这样的一个数据立方体，其维度和指标如下：

表格 12.3-5　　数据立方体

	数据项	备　注
维度	时间	分级：年、季、月、日
	地区	分级：省、市、县（区）等
	币种	人民币、港币、美元、欧元、日元等
	产品	
	行业	
	担保方式	抵押、质押、信用、保证
	贷款形态	正常、逾期、呆滞、呆账
	质量分类	正常、关注、次级、可疑、损失
测度	客户数	
	贷款笔数	
	贷款余额	
	发放金额	
	回收金额	

进行查询分析时，时间维度肯定是需要关注的。如果有一需求，指定时间后，以地区、币种、产品为条件或关注维度进行查询，那么就需要建立复合索引（时间、地区、币种、产品）；如果又有一需求关注维度如地区、币种、行业等，我们就又要建立复合索引（时间、地区、币种、行业），或者牺牲一些性能，使用前一个索引；那么如果有一个需求不关注地区，而是关注产品、担保方式。由于地区是上述索引的第二列，由前面介绍的内容得知，这个需求就用不上前两个索引了，这样就需要再建立索引。由此，可能需要建立十几个甚至几十个索引。

3. 时间维度上的复杂处理

在其他维度上分级汇总仅仅是数据量大的问题，然而时间维度是一个特殊维度。时间维度的值，既有时点的含义，又有区间的含义。比如“月”的粒度值 2015 年 9 月，既代表这个月份月末“时点”，也涵盖了这个月整月“期间”。其分级汇总，如果从下级的“日”粒度进行汇总的话，期间发生值（发放金额、回收金额）可以从下级粒度的数据中进行 SUM 汇总，然而时点值（客户数、贷款笔数、贷款余额等）就不能进行 SUM 求和，也不能通过任何聚合函数进行计算得到，只能通过再次关联，关联到月末的日期取其值。而且，确定月末日期还需要较复杂的逻辑来实现。

（四）数据立方体的魅力

其实，作为一个数据立方体，进行了前面所讲的直接汇总之后，还需要进行以下处理工作。

1. 对维度分级汇总

为了解决仍需汇总的问题，我们可以在数据立方体中，对分级的维度进行汇总，保存其各级的汇总数据。

比如对上述行业的汇总数据，不仅从业务数据表中汇总“谷物的种植”、“薯类的种

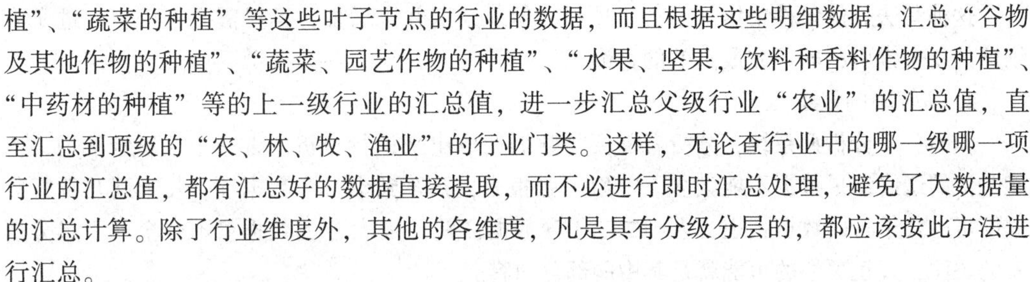

植”、“蔬菜的种植”等这些叶子节点的行业的数据，而且根据这些明细数据，汇总“谷物及其他作物的种植”、“蔬菜、园艺作物的种植”、“水果、坚果，饮料和香料作物的种植”、“中药材的种植”等的上一级行业的汇总值，进一步汇总父级行业“农业”的汇总值，直至汇总到顶级的“农、林、牧、渔业”的行业门类。这样，无论查行业中的哪一级哪一项行业的汇总值，都有汇总好的数据直接提取，而不必进行即时汇总处理，避免了大数据量的汇总计算。除了行业维度外，其他的各维度，凡是具有分级分层的，都应该按此方法进行汇总。

2. 对时间维度汇总

对于时间维度，批量处理时，根据需要对不同时间粒度的数据进行统一处理，将各粒度的数据均生成汇总数据并保存。在查询时虽然无法写复杂的查询来确定月末日期，但是在批量处理时，可以用程序来写复杂的处理过程。汇总数据生成并保存后，在查询分析时，就可用简洁高效的查询。

3. 汇总维度顶级节点

对于以上各维度（时间维度除外）的汇总，不仅仅汇总到其顶级的维度值，同时对各个维度的所有值也做一次汇总，其维度值用维度特定的顶级维度的父代码。这样的汇总代表该维度下所有数据，或者视为不考虑该维度的条件进行查询的需求。顶级维度的父代码可以对每个维度约定一个，也可以使用统一的值，比如“ALL”。

经过上面的处理，我们可以对原来的查询进行一下稍微的改动。

比如有一个查询，查询 2015-9-30 的所有贷款中逾期贷款的客户数、贷款笔数。原来的查询的条件一般写为：

```
SELECT 客户数, 贷款笔数
  FROM 数据立方体表
WHERE 日期 = '2012-9-30' AND
    贷款形态 = '逾期'
```

并且需要为其单独建立复合索引（日期，贷款形态）。

经过顶级节点汇总处理后，可以改为如下写法：

```
SELECT 客户数, 贷款笔数
  FROM 数据立方体表
WHERE 日期 = '2012-9-30' AND
    地区 = 'ALL' AND
    币种 = 'ALL' AND
    产品 = 'ALL' AND
    行业 = 'ALL' AND
    担保方式 = 'ALL' AND
    质量分类 = 'ALL' AND
    贷款形态 = '逾期'
```

这种写法，虽条件中增加了若干项目，但复杂度并未增加，且只需要一个包含进所有维度的复合索引，即可完成高效的查询。

4. 高效率的根本

作为一个分析型系统，分析者需要将数据调取出来进行分析。以一个人思维能力，所能关注的最终结果数据不能太多。一般一张报表，几个到十几个数据项，几十到几百行数据即可。几千行的数据报表，多则二三十项数据，其“庞大”的数据量不会全部引起分析者的关注，真正关注的可能就是其中的部分内容。

有时候一个分析可能涉及到几十万甚至几百万行数据，这样海量的数据更是无法直接供分析者来使用。其实这些数据最终还是要进行进一步加工汇总才可呈现给分析者。而加工汇总过之后一般也就几十、几百最多上千行数据而已。

数据立方体就是要实现所有可呈现给用户的，都是预先加工汇总并保存好的数据，用户需要时，只需读取，而不必运算。这样，既避免了重复运算，又保证提取的数据是少量的数据，避免大量数据扫描。

下面以一个演示实验做测试，可以明显看到效果的差异性。

5. 测试实验

从互联网下载了一个国标的行政区划作为地区代码，共计约 3236 项数据；一个国标的行业代码作为行业，共计约 1428 项数据；建立了一个实验的 12 级分类的质量分类代码：正常 1、正常 2、正常 3、正常 4、关注 1、关注 2、关注 3、次级 1、次级 2、可疑 1、可疑 2、损失；并建立其父级代码（五级分类）：正常、关注、次级、可疑、损失。对上述三个维度的代码建立上下级关系。币种可以只取人民币和美元两个币种。数据情况如下表：

表格 12. 3-6　　　　笛卡尔积

	维度	叶子节点	所有节点	北京区域
1	行政区划	2866	3236	18
2	质量分类	12	17	
3	行业代码	914	1428	
4	币种	2	2	
	笛卡尔积	6286 万	1. 57 亿	

将上述 4 个维度建立其笛卡尔积的数据集，创立客户数、贷款笔数、贷款余额三个指标（填充随机数），日期取一个值，建立只有 1 个日期的数据立方体。从上表数据可以看出，如果四个维度的所有叶子节点产生的笛卡尔积，大约 6 千多万笔数据；如果再按层级进行汇总，数据量翻了一番还多，达到近 1. 6 亿笔数据。

如果要从 6 千万笔的未按层级汇总的数据立方体中查询北京辖内（18 个地区的代码）的所有贷款数据，涉及到约 39. 48 万笔数据进行汇总。这么大的数据量，即使不进行全表扫描，也需要消耗很多的磁盘 IO。

按一行数据大约 44 字节计，每个 4K 大小的数据页最多可容纳大约 93 笔数据，39. 48

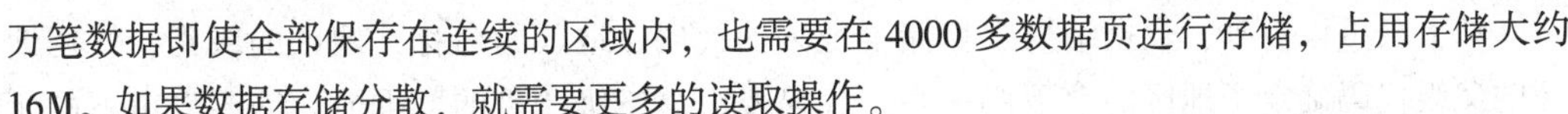

万笔数据即使全部保存在连续的区域内，也需要在4000多数据页进行存储，占用存储大约16M。如果数据存储分散，就需要更多的读取操作。

而进行层级汇总过之后，虽然数据量增长很多，但是可通过索引唯一确定一笔或两笔数据，磁盘读取操作只需几十次即可。其效率相比，可想而知。

上述实验的环境是一台ThinkPad T400笔记本，T9400 CPU，4G内存，250G 5400rpm硬盘。1.57亿笔数据的包含层级汇总的数据立方体占空间8.69G，索引占用空间10.92G。全表扫描大约需要170秒（近3分钟）左右，而按索引进行查询，不足0.1秒。

也就是说，数亿、数十亿笔数据量的数据立方体中，查询结果一般所需要的时间，不足1秒即可完成，而其只需要建立一个复合索引。

这，就是数据立方体的真正魅力所在！

三、层级汇总

数据立方体有些维度存在多层级的数据，层级汇总处理模型提供了一个对多层数据汇总的便捷手段，降低了算法复杂度并提高数据处理效率。

（一）问题起源

通过之前的介绍，数据立方体对有层级的维度需要进行层级汇总，根据下级数据汇总上级数据。比如地区有三级：省、市、县（区），省为1级、市为2级、县（区）为3级。业务数据中，地区的值都是位于最底层的3级的区县，而对于汇总数据，用户可能需要关注到市，也可能关注到省，这就需要对省和市级的地区进行汇总。

在地区表中，记录的地区信息形如以下内容：

表格12.3–7 **行业代码表**

机构代码	机构名称	父级代码	级别
000000	全国		0
110000	北京市	000000	1
110101	东城区	110000	2
110102	西城区	110000	2
110103	崇文区	110000	2
110104	宣武区	110000	2
120000	天津市	000000	1
120101	和平区	120000	2
120102	河东区	120000	2
120103	河西区	120000	2
120104	南开区	120000	2
130000	河北省	000000	1
130100	石家庄市	130000	2
130101	长安区	130100	3
……	……	……	……

从上表可以看到，数据结构中存储了地区的代码，地区的名称，地区的级别，并用地区的父级代码确定了地区的上下级关系。如果要汇总二级的市的数据时，需要将市下的所有区县的数据汇总计算得到；同样，要得到全国的数据时，就要汇总所有的省的数据。

这种级别模式，如果有 n 个层级结构的话，就需要进行 n-1 次汇总计算。

特别的，对于行业代码等这样的代码表，有些系统约束是不严格的，用户可以选择非叶子节点作为数据填充到业务数据表中。

（二）族谱模型

下面以一个虚拟的故事场景来介绍一下族谱模型的特征。

话说惠氏家族始于周朝一个贵族，其后代繁衍生息，族系虽不庞大，但也子嗣兴旺。惠氏家族保留了一个习俗，就是过年的时候所有族人，不论身处何地，都要回到祖祠拜祭先人。祭拜的仪式有一项规定：只祭拜自己的先人。也就是，每个人只祭拜过世的自己的父亲、祖父、曾祖父、曾曾祖父……。

惠氏经历了几千年的历史繁衍，家族的先人和在世成员甚众。请出一位先人的牌位时，在族谱中查找出其子、其孙、其曾孙甚至更晚的后代……。逐级查找，直到找到所有此位先人在世的后人，并按辈份先后排列站位，进行祭拜。这种逐级查找的方法，使得确定某位先人的后代需要耗费很长的时间。

聪明的惠氏家族很早就发明了一种方法，很好的解决了这个问题。

惠氏家族要求每个人记住自己的先人都有谁，并且记住自己是先人的第几代玄孙。这样，在请出一位先人的牌位时，所有的生者就都知道自己是否是此位先人的后代，并且知道自己是第几代玄孙，站位的时候，知道自己该排在第几排。

当然，这只是一个虚拟的故事。但它创立了一个数据模型，在模型中建立每一位后人与先人的关系，可便捷地确定先人的所有后代。

我们暂且称它为族谱模型。

（三）算法改进

下面，我们参照族谱模型，针对上述的机构的代码数据表做一下改变，建立如下数据表：

表格 12.3-8　　参照族谱模型的代码数据表

机构代码	机构名称	上级代码	级别
000000	全国		0
110000	北京市	000000	1
110101	东城区	110000	2
110101	东城区	000000	2
110102	西城区	110000	2
110102	西城区	000000	2
110103	崇文区	110000	2

续表

机构代码	机构名称	上级代码	级别
110103	崇文区	000000	2
110104	宣武区	110000	2
110104	宣武区	000000	2
……	……	……	……
130000	河北省	000000	1
130100	石家庄市	130000	2
130100	石家庄市	000000	2
130101	长安区	130100	3
130101	长安区	130000	3
130101	长安区	000000	3
……	……	……	……

这个数据表与原来的数据表相比，差异在于：

原来的数据表每个地区只有一笔数据，且它的父级代码是他的直接上级父级的代码；

而新的数据表的每个地区可能有多笔数据，且他的父级代码除了他的直接上级代码外，还有它父级代码的父级代码（即上上级代码）。也就是，将各个节点建立其与所有上级节点的上下级关系（含非直接上下级）。

经过上述处理之后，各个节点的代码建立了其与所有上级的关系，这样在上级代码汇总时，可一次性地将节点的数据汇总到所有父级节点的代码中，而不必做再次的汇总。

这种结构表，不仅仅适用于数据只在叶子节点的情况。数据在叶子节点和非叶子节点的，都可正确的汇总。

表格 12.3-9　　　　谷物及其他作物的种植的业务数据表

行业代码	行业名称	上级代码	级别
A	农、林、牧、渔业		1
A	农、林、牧、渔业	A	1
A01	农业	A01	2
A01	农业	A	2
A011	谷物及其他作物的种植	A011	3
A011	谷物及其他作物的种植	A01	3
A011	谷物及其他作物的种植	A	3
A0111	谷物的种植	A011	4
A0111	谷物的种植	A01	4
A0111	谷物的种植	A	4

续表

行业代码	行业名称	上级代码	级别
A0112	薯类的种植	A011	4
A0112	薯类的种植	A01	4
A0112	薯类的种植	A	4
A0113	油料的种植	A011	4
A0113	油料的种植	A01	4
A0113	油料的种植	A	4
A0114	豆类的种植	A011	4
A0114	豆类的种植	A01	4
A0114	豆类的种植	A	4
……	……	……	……

比如对上表中的行业代码，如果作为叶子节点的第4级别的行业代码有数据，而作为他们父级的“A011-谷物及其他作物的种植”也被赋值到了业务数据表中。那么在进行一次汇总时，仍可得到准确的结果。

特别需要注意的是，如果确定该代码在业务数据表中只使用了叶子节点的值，则可以只保留叶子节点的数据作为子级代码的关系数据。

（四）应用要点

族谱模型在应用中注意以下要点：

1. 族谱模型的核心是建立子级节点与所有级别的上级节点的关系。这样可快速地一次性确定某一父级节点的所有子级节点，实现一次性汇总；

2. 如果数据只有叶子节点，则在模型中的子级节点可以只有叶子节点；

3. 建立子级节点与上级节点的关系，可一次性汇总上级节点的数据，此时不包含叶子节点的数据。如果想一次性汇总中包含叶子节点的数据，需将叶子节点与其本身建立上下级关系，即：子级代码和上级代码都是相同的叶子节点的值；

4. 如果非叶子节点中也有数据，与第3条的类似，建立该节点的代码与自己的关系，可在一次性汇总中汇总出数据。

四、积数处理

在金融业务领域的分析中，时点数有时候不能更好地反映业务，取而代之地采用日均来进行相应的描述。积数和日均在分析系统中是常用的两个度量。

1. 指标由来

在绩效考核系统中，需要对机构的各项业绩指标进行考核，比如考核信贷部门的信贷业务量。有一个机构一年以来一直业绩平平，常常达不到最低合格要求。但在年底时，很幸运的获得一笔大业务，使其信贷规模大幅上升。显然，仅仅以年底时点的信贷规模进行考核，该机构获得了很大的优势，但对其他机构是不公平的。

为了在绩效系统中更公平的反映考核人的业绩，一般引入“日均”的指标。所谓的日均，是指在考核期间内，每天的业务指标值的均值。也就是，日均是考核期内的每天的业务指标的值的合计，除以考核期的天数。考核期内的合计值，在业务系统和分析系统中均有一定的意义，称之为“积数”。比如储蓄业务系统的结息，是根据本结息期内的余额积数进行计算的。

2. 都有哪些积数和日均

（1）自然周期积数和日均

积数和日均都是根据考核期来的，那么积数和日均也就都与期间相关的。常见的有月日均、季日均、年日均，有的银行根据业务需要还会要求计算旬日均和半年日均等，个别的还要求周日均，但很少见。这些都是根据自然周期确定的指标，比如月日均是以某月的1日开始，到该月的结束那天的日均值。上述日均有其对应的积数。

显然，从定义上，上述周期的指标都是整个周期的日均值。直到周期结束，才是完整的，符合严格定义的指标值。那么如果还不到周期结束日时，怎么办?

对于未到周期末的，这些日均/积数值对于某些业务也有一定的意义，因此也需要进行计算。那么，对于未到完整周期的日均值，取该周期第1日到计算日期的积数，除以积数所累积的实际天数。比如：12月21日计算月积数时，用21月1日至12月21日共计21天的积数，除以21（实际天数）得到月日均。

（2）滚动周期积数和日均

除上述的自然周期外，还有向前倒推一个完整周期的积数和日均。如：2010-12-21那天，向前倒推1年，计算从2009-12-22到2010-12-21共计365天的积数和日均，称之为年滚动积数和年滚动日均。这是最常见的滚动周期指标。其他诸如季滚动积数和月滚动积数等周期的滚动指标比较少见。

年滚动积数和年滚动日均两个指标，在不同的银行和业务中，也有三种不同的计算方法：

1）取自然年天数。这种方式的计算是从去年同日的后一天累积到当日，遇到中间有闰日时，累积天数是366天。计算上稍微复杂些；

2）固定365天。这种方式固定累积365天，即便中间有闰日，也按365天计算。这样计算方法简单，但与自然年周期有一定的差异；

3）固定360天。这种情况很少见，一般是应业务系统的要求保持一致的计算方法。对于某些比较早的信贷系统，为计算方便，在计算年度天数时采用的固定360天，从而产生这种计算方法的要求。

以上三种方法，前两种比较常见。但三种对于业务分析上来讲，均不会产生很大的差异。因为对于360多天的规模来讲，只要计算原则稳定，一两天的差异不会对结果产生大的影响。

3. 计算方法

从定义上，月积数是当月的所有天数（实际天数）的账户余额累加，那么就把账户的每天的余额进行汇总合计。

一般的，计算什么指标，根据其定义的要求，直接设计其计算方法。但有些指标，直接根据定义设计计算方法，却可能是不明智的做法。积数和日均就是如此。

分析系统虽然可以在前台应用给用户提供高效的访问机制，但其夜间批量时要面临海量的数据，仍旧需要考虑性能问题。

（1）不好的算法

假如一个业务汇总表中，每天产生100万笔汇总数据。在计算月日均、季日均、年日均时，需要从这个表中取相应的期间的余额进行汇总，那么在年底（12.31日）那天，汇总月积数需要访问3100万笔数据（31天的余额），季积数、年积数分别访问9200万笔和36500万笔数据。这三个积数还不能在一次汇总中完成，在年终共计需要4.78亿笔数据才完成三个积数的计算。其计算成本是较高的。

（2）改进的算法

由于积数每天都计算，积数的实际上是将本日的余额累加进去。如果我们将算法改进一下，当日的积数，采用前一日的积数加上本日的余额得到本日的积数，那么我们在算月积数时，只需要上一日和本日的共计200万笔数据。并且，由于季积数、年积数也是可以在前一日的基础上进行累加，因此，这三个周期的积数可以在一次处理中完成。也就是，完成月积数、季积数、年积数的处理，只需要200万笔数据即可，与前面的4.78亿笔数据，时间仅为1/200左右。

而且，这200万笔数据可同时汇总包括上述三个周期在内的所有非滚动周期的积数的处理。需要特别注意的是，对于周期的第一天，不需要取上一日的积数，而直接取当日的余额。判断过程需要消耗一些CPU成本，但极大减少的磁盘IO成本，总体效率是极高的。

对于滚动周期积数，也可采用这种算法，需要稍微复杂一点的是，多访问一天（周期起始日前一天，对于年滚动积数是去年同日）的数据，用于从当前积数减掉这一天的数值。

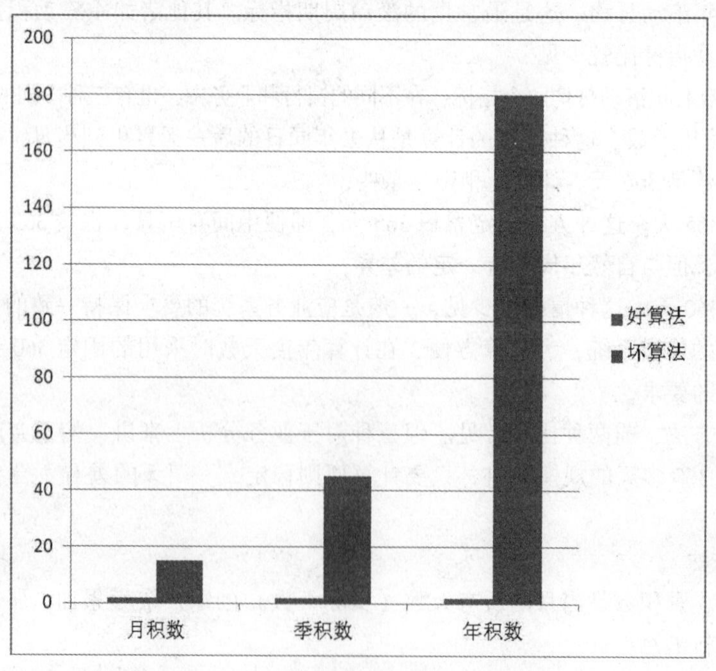

表格 12.3-10　优劣算法的时间差异

(3) 算法可靠性

由于每日的积数依赖于前一天的积数。如果某一天计算出错，那么后面的是否都错了？答案是肯定的，但是不必担心。因为计算机是严谨的，如果程序计算没有错误，那么就不会产生错误。而且在计算过程中，由于保留了积数，不像在日均计算过程中产生的数据精度的取舍问题，不会将误差放大。而且日均值均采用当日的积数计算，所有的误差都只产生在当天，不会进行传递。

因此，改进后的算法是安全的。

五、时间戳、时间拉链与时间索引

摘要：在分析型的系统，历史数据的保存和调取，是一个重要的工作。常用的技术手段有时间戳、时间拉链和时间索引。

作为一个分析型的系统，对历史数据的分析是不可避免的。对历史数据的分析包括对历史发生的业务进行分析，也包括对业务实体的历史状况进行分析。

比如对于客户信息、账户信息等业务实体信息表中，需要对其保存历史数据，要求指定任意时点，都可真实反映出当时时点的数据状况。

(一) 时间戳

最简单的方法就是采用时间戳的方式，在数据表中增加一个时间列，每日将业务系统的数据加上当日的时间作为时间戳，保存到历史表中。这样，在历史表中每天都有一份当天的全量数据。

这种方法固然可以保存每天的数据，但是会造成数据表非常庞大。假如有 100 万客户的数据，每天全量保存一次，一年下来多大 3 亿多笔数据。然而，这些数据并不是每天都有变化的，甚至很多客户的信息长期不会变化，每天存储的都是重复的数据。

增量存储

另一种方法就是，在历史表中，最初存储一份全量数据，以后每天只存储当前发生过变化的和新增的客户数据，并记录当前日期为时间戳。这样每天只存储增量数据的方法，可极大地减小数据量。

然而，单一客户的数据并不是每天都变化的。按时间戳作为条件简单查找某客户指定日期的信息，可能找不到数据。某一天没有数据说明当天该客户的信息没有变化。这需要我们对查找数据的方法进行改进：指定查找的日期后，要从历史表中查找客户的所有日期的数据中，时间戳不晚于指定日期的，且最大日期的那笔数据。

这种查询的算法较复杂，用 ORACLE 写成查询可能形如下面的语句：

```
WITH MAX_ DATE AS (
  SELECT H. CUST_ NO, MAX (H. DATE_ ID) AS DATE_ ID
    FROM TB_ CUS_ CUST_ HIS H
  WHERE H. DATE_ ID <= '2012-10-10'
  GROUP BY H. CUST_ NO
  ORDER BY H. CUST_ NO, DATE_ ID --增加 ORDER BY 可有效提高查询速度
```

```
)
  SELECT H. CUST_ NO, H. CUST_ NAME, H. CUST_ ADDRESS, ...
    FROM TB_ CUS_ CUST_ HIS H
  WHERE EXISTS (SELECT * FROM MAX_ DATE D
                 WHERE H. CUST_ NO = D. CUST_ NO AND
                       H. DATE_ ID = D. DATE_ ID
              )
;
```

这种查询写起来复杂，查询的效率也不高。

（二）时间拉链

为了改善上述的查询复杂性和效率，对原来的时间戳方式进行改进，增加一个数据终止时间的列。原来的时间戳标记了数据变化生效开始的日期，数据终止时间列标记了这笔数据有效的终止日期，告诉我们在这个日期之后，数据发生过变化了，不能再用这笔数据了。

将某一客户的历史数据按时间戳进行排序后可以发现，上一笔数据的数据终止时间列的值，正好对应下一笔数据的时间戳列。形如下表：

表格 12.3-11　　数据的时间戳列

数据开始日期	数据结束日期	客户编号	客户名称	……
2012-1-1	2012-1-10	C00101021	××××客户	……
2012-1-11	2012-1-31	C00101021	××××客户	……
2012-2-1	2012-2-26	C00101021	××××客户	……
2012-2-27	2999-12-31	C00101021	××××客户	……
……	……	……	……	……

在这个表中，上一笔数据的数据终止日期，是下一笔数据开始日期的前一天。这样，从所有数据的数据开始日期和数据结束日期的区间，覆盖了每一天的日期。这种形状如Z形的结构，就像一个拉链一样，形象的称之为“时间拉链”。

对于当前还未结束的数据，可以设置其数据结束日期为一个很大的值。当该客户的信息发生变化的当日，将这笔数据的数据结束日期设置为前一天的日期，称此操作为“关链”。并新增一笔数据，数据开始日期为当前日期作为时间戳，数据结束日期仍旧使用一个很大的值。

其查询形如以下样式：

```
SELECT H. CUST_ NO, H. CUST_ NAME, H. CUST_ ADDRESS, ...
  FROM TB_ CUS_ CUST_ HIS H
 WHERE '2012-10-10' BETWEEN H. DATA_ START_ DATE AND H. DATA_ END_
DATE
;
```

这种数据结构的查询语法简洁，且查询的效率也有所提高。

然而，面对同一业务实体有较多的历史数据时，查询某一日期的时点数据时仍会涉及到较多的数据。

（三）时间索引

为了能够快速定位指定日期的数据，建立一个时间索引表，为增量历史数据表建立时间索引。时间索引表包括以下内容：时间列，对每个业务实体每天都有一笔数据；业务主键，适用于存储业务实体的主键；数据时间戳，适用于确定该日期从历史表中要取哪个日期的值。然后根据日期和业务主键在历史表中确定数据行。

对于上述历史表的数据，其时间索引表如下：

表格 12.3-12　　数据的时间索引表

日　期	数据日期	客户编号
2012-1-1	2012-1-1	C00101021
2012-1-2	2012-1-1	C00101021
2012-1-3	2012-1-1	C00101021
2012-1-4	2012-1-1	C00101021
2012-1-5	2012-1-1	C00101021
2012-1-6	2012-1-1	C00101021
2012-1-7	2012-1-1	C00101021
2012-1-8	2012-1-1	C00101021
2012-1-9	2012-1-1	C00101021
2012-1-10	2012-1-1	C00101021
2012-1-11	2012-1-11	C00101021
2012-1-12	2012-1-11	C00101021
……	2012-1-11	C00101021
2012-1-28	2012-1-11	C00101021
2012-1-29	2012-1-11	C00101021
2012-1-30	2012-1-11	C00101021
2012-1-31	2012-1-11	C00101021
2012-2-1	2012-2-1	C00101021
2012-2-2	2012-2-1	C00101021
……	2012-2-1	C00101021
2012-2-26	2012-2-1	C00101021
2012-2-27	2012-2-27	C00101021
2012-2-28	2012-2-27	C00101021
……	……	……

对于客户信息 C00101021 的信息，在 2012-1-1 发生了变化，查询该日的数据，从历史表中查数据日期为该日的数据；在 2012-1-2~2012-1-10 的 9 天内没有变化，其数据内容仍旧是 2012-1-1 的内容，因此，其数据日期仍旧指向 2012-1-1；该客户的信息在 2012-1-11那天再次发生了变化，因此从该日开始，数据日期指向 2012-1-11，直至 2012-2-1 日再次发生变化。

这样对于每个客户来说，虽然每天都保存其一笔数据，会造成该表的数据量庞大，但是该表的数据项少，占用的存储空间不会很大。且数据中没有冗余重复的数据，没有存储上的浪费。而且，该表根据客户编号和日期两个列可唯一确定数据行，在这两个列上建立的索引查询效率会很高。

三种数据结构上具有一定的兼容性。数据拉链中只关注数据开始时间，则数据开始时间就是增量数据中的时间戳；时间索引是在增量数据时间戳的基础上增加一个时间索引表。数据拉链+时间索引的方案，可兼容三种方式的数据结构。

在性能方面，可从三种数据结构取长补短，共同使用，可实现对历史数据的高效率访问。

但不管怎样，从历史表中查询数据仍旧有一定的性能影响，即便是查询当前最新数据也是如此。如果查询当前最新数据要求较高的效率，可针对当前最新数据，建立一个最新数据的数据表。

六、增量数据判断

数据仓库系统中，常常需要对数据保留历史。为了节省存储空间，需要提取表的增量数据进行存储。如果表中没有有效的时间戳列，就需要进行判断。

在一个分析型的系统中，对业务历史数据进行分析是常见的需求。保存历史数据的方法，采用时间戳方式保存每个变更日的数据，而不必对所有数据每天保存一份副本，可有效减小存储成本。

一般的，在业务数据表中采用时间戳的方法来判断数据的修改日期。但是，实际情况中并非都是理想的。有些表因为种种原因，没有时间戳；或者有些表即便有时间戳，但由于各种原因，利用该时间戳进行判断是无效的。因此，我们就需要自己进行判断数据是否发生过变化。

如何判断数据是否发生过变化？即如何对存量数据进行判断是否有变化，最直接的方法就是对存量数据逐列进行比较。

比如有一个表：合作方企业客户信息表（TB_ CSM_ COOP_ ENTERPRISE_ INFO），有以下几个列：

COOPERATION_ INFO_ ID 合作方客户 ID（主键）

ENTERPRISE_ NAME 合作企业名称

INDUSTRY_ STATUS 企业行业地位

INDUSTRY_ CREDIBILITY 企业行业信誉状况

COOPERATIVE_ YEARS 合作年限

原始表和目标表分别在数据库 SRC 和 DST 中。要比较该表的数据变化情况，一般写如

下 SQL 语句（对于存量数据查找变更的数据行）：

```
SELECT S. COOPERATION_ INFO_ ID
FROM SRC. TB_ CSM_ COOP_ ENTERPRISE_ INFO S
        INNER JOIN DST. TB_ CSM_ COOP_ ENTERPRISE_ INFO T
             ON S. COOPERATION_ INFO_ ID = T. COOPERATION_ INFO_ ID
WHERE NVL (S. ENTERPRISE_ NAME, '#') <> NVL (T. ENTERPRISE_ NAME, '#')
AND
    NVL (S. INDUSTRY_ STATUS, '#') <> NVL (T. INDUSTRY_ STATUS, '#') AND
        NVL (S. INDUSTRY_ CREDIBILITY, '#') <> NVL (T. INDUSTRY_ CREDIBIL-
ITY, '#') AND
    NVL (S. COOPERATIVE_ YEARS, '#') <> NVL (T. COOPERATIVE_ YEARS, '#')
    ;
```

对于如此比较，需要逐列对比，并且需要对空值进行处理。如果表的列很多，则比较所占用的 CPU 运算成本是非常高的。

鉴于数据仓库项目的特性，许多数据的传输是卸载成数据文件的，且这些数据文件一般是文本文件。对此，如果某个表的列很多，数据量很大。在进行数据比较时，可以尝试转换一下思路进行处理。方法如下：

首先，对数据文件逐行计算 MD5 值，并放到每行的最后，作为一个数据项；

其次，对目标表的最后建立一个存储器 MD5 的数据列。装载数据文件（增加过每行 MD5 值的数据文件）时，装入该列；

然后，在比较数据时，只需要根据主键进行关联，对比其 MD5 值即可。

这样的优势在于：

1. 使用 C 语言编写的计算 MD5 的程序，其处理速度极快。在第一步处理时耗用的时间是很短的；

2. 使用该方案对比的列只有 MD5 值一个列，使得 Oracle 比较时极大的减小了比较运算的量，显著降低 CPU 运算成本，提高处理效率。

对于数据列很多的表，在该方案中，上述多个步骤处理的所有时间总和，较所有列比较的时间也有明显优势。

需要注意的，如果表的列不是很多，该方案不建议适用。毕竟该方案将处理过程复杂化。且一般磁盘 IO 的效率常常是性能的瓶颈，如果处理过程中磁盘 IO 繁忙，且 CPU 较空闲，也不适用该方案。

七、Hash Join

索引可以在访问是快速的定位数据，极大地提高数据访问的效率。但索引的原理是在排序的序列中找到数据地址，然后根据数据地址从数据页提取数据内容。如果数据量很大且需要进行表间关联的话，单纯依靠索引提取数据，效率还是比较差的。尤其在数据仓库系统的批量处理中，都是进行大数据量、多表关联的数据访问。

对于大数据量的表连接的数据访问，有两个方法是在索引基础上的进一步优化：合并排序连接—和嵌套循环连接—Nest Loop Join。但无论是嵌套循环连接，还是合并排序连接，都是适用于不同场景的传统的连接方法。嵌套循环连接算法能够利用连接列的索引，但随机读的成本很高。而合并排序连接虽能够降低随机读操作，却带来了大规模排序操作，对内存和临时表空间带来巨大压力。他们在处理海量数据方面，不论是海量随机读还是海量排序，处理效率均不够理想。

目前比较常用的一种连接方式哈希连接——Hash Join，现在各 DBMS 产品基本都已经支持哈希连接。

本质上说，哈希连接是利用哈希算法，连带小规模的嵌套循环连接，并利用高速的内存储进行高速数据缓存来检索数据的一种算法。

下面我们以 Oracle 数据库为例介绍哈希算法步骤：

1. 哈希连接从连接的两个表中，选择其中一个数据集小的表，对连接列的所有数据值进行组合，并做哈希运算得到哈希序列；

2. 将上述数据集及运算得到的哈希序列保存到 Oracle 的 PGA 空间中的 hash_ area 区域。同时根据不同的哈希值，划分若干个“桶”（Bucket），每个“桶”中包含所有相同哈希值的数据，并建立哈希值对应位图；

3. 读取另一个数据集大的表的连接列并计算哈希值，然后与 hash_ area 区域的“桶”进行匹配，定位到目标“桶”；

4. 在定位的目标“桶”中进行小规模的精确匹配，通常是嵌套循环连接。由于此时的范围已经大幅缩小，且匹配是在高速 IO 的内存中进行，因此速度非常快。

从上述处理过程看，哈希连接与嵌套循环连接以及合并排序连接较相似，但与后者之间也存在的一定的差异：

首先，哈希连接同嵌套循环一样，进行一定的嵌套循环匹配操作，但它在匹配时进行随机读的范围是在小范围内进行，而嵌套循环匹配直接在全表规模进行频繁的随机读；

其次，哈希连接与合并排序连接都是利用 PGA 的空间进行独立操作，哈希连接中的“桶”是保存在内存中的 PGA 中，选择小结果集目的是尽量能够是 PGA 内存中完全装下，避免或减少使用临时表空间，从而保证匹配的速度；

最后，哈希连接使用的场景是有限制的：最突出的是连接操作仅能使用“=”连接。因为哈希匹配的过程只能支持相等操作；另一个要求，基于哈希序列的特性，连接列的数据分布要尽量做到数据分布均匀，这样产生的“桶”也会尽可能均匀，这样限制匹配的速度才有保证。如果数据列分布偏移严重，哈希连接的算法效率会有退化趋势。

因此，Hash Join 是数据仓库系统 ETL 过程，针对大数据量、多表关联操作的一种高效的数据处理手段。但并不是说有了 Hash Join 我们就不再需要索引了。Hash Join 是将关联字段做 Hash 值进行连接，但是对这些关联字段，也需要进行排序。因此，Hash Join 还是需要对索引的依赖，在关联字段上缺失索引也无法使用 Hash Join。在 Oracle 数据库中，如果数据量不很大，且数据存储是有序的，它可以实现即便没有索引，也可以在内存中将关联字段进行排序，从而高效地利用 Hash Join。

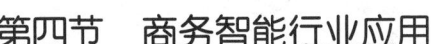

第四节　商务智能行业应用

商务智能是20世纪90年代末首先在国外企业界出现的一个术语，其代表为提高企业运营性能而采用的一系列方法、技术和软件［6］。在企业中利用先进的信息技术来提供信息获取能力，通过对信息的开发，将信息转化为企业的竞争优势。因此，越来越多的企业提出他们对BI的需求，把BI作为一种帮助企业达到经营目标的有效手段。

目前，商业智能通常被理解为将企业中现有的数据转化为知识，帮助企业做出明智的经营决策的工具［7］。此处所谓的数据包括企业业务系统内的进销存信息、客户和供应商信息以及企业所在行业信息和竞争对手信息的各类数据。而商业智能可以辅助企业进行经营决策，主要是集中在管理层和决策层的决策支持。

为了将数据转化为知识，需要利用在线分析处理（OLAP）、数据仓库（ DW）和数据挖掘等技术。从技术层面上分析，商业智能是ETL、OLAP、数据仓库、数据挖掘、数据展现等技术的综合运用，并非是新技术，而是技术层面组合的创新。

商业智能其实是商业智能化解决方案，其关键是BI平台的数据来源于企业所有的业务系统和管理系统，先确定有用的数据范围，然后经过抽取（Extraction）、转换（Transformation）和装载（Load），即ETL过程，合并到一个企业级的数据仓库里，在ETL的处理过程中结合数据质量平台来监控EDW的数据质量，结合数据标准平台为企业提供全企业的数据标准，结合元数据管理平台将EDW的数据管理起来，通过元数据平台可以得到企业的数据地图，在此基础上利用合适的查询和分析工具、数据挖掘工具、OLAP工具等对其进行分析和处理最后将知识呈现给管理者，为管理者的决策过程提供数据支持。

一、电子商务平台

电商平台是为个人商户或企业商户提供网上在线交易的平台［1］。入驻商户可利用现有电商平台所提供的商品管理、安全认证和在线支付等资源，进行低成本且有效的商业活动。

现在阶段的电商平台的建设，已不再是刚发展时的网上购物的实现，而是需要更有效的在互联网基础上构架的安全且易于扩展的业务体系框架，实现B2B、B2C、C2C、O2O、B2M、M2C、B2A（即B2G）、C2A（即C2G）ABC模式等应用环境，推动电子商务在中国的发展［1］。

（一）特点

1. 更广阔的环境：

利用跨越空间与时间，让我们随时随地的能够接触到更多的客户，为商户提供了更广阔的持续发展的环境。

2. 快速流通和低廉价格：

利用电商平台，商户可以迅速的匹配买家，实现真正的产、供、销一体化，实现资源节约，生产浪费降低到最大限度。

（二）主要分类

1. B2C 平台；

2. 独立商城；

3. C2C 平台；

4. CPS 平台；

5. O2O 平台；

6. 银行网上商城；

7. 运营商平台；

8. 第三方电子商务。

（三）电商平台 BI 应用

1. 平台级别 BI 分析应用：

商户区域分析、同类商户销售额区域占比、单品区域销售占比、区域单次最高交易额、区域下单率、区域转化率；

2. 商户级别 BI 分析应用：

单商户汇总、人均停留时间、新客访问数等。

二、互联网金融

互联网金融是指借助于互联网技术、移动通信技术实现资金融通、支付和信息中介等业务的新兴金融模式［8］，既不同于商业银行间接融资，也不同于资本市场直接融资的融资模式。互联网金融的三种基本企业组织形式：网络小贷公司、第三方支付公司以及金融中介公司［8］。互联网金融是传统金融行业与互联网相结合的新兴领域。

（一）互联网金融的特点

互联网金融需要的 IT 技术有数据产生、数据挖掘、数据安全和搜索引擎技术，这些技术是互联网金融的有力支撑［8］。社交网络、电子商务、第三方支付、搜索引擎等形成了庞大的数据量。云计算和行为分析理论使大数据挖掘成为可能。数据安全技术使隐私保护和交易支付顺利进行［8］。而搜索引擎使个体更加容易获取信息，这些技术的发展极大减小了金融交易的成本和风险，扩大了金融服务的边界，其中技术实现所需的数据，几乎成为了互联网金融的代名词［8］。

（二）互联网金融的 BI 应用

参与到互联金融中的团体和个人，共同的关注点就是信用。互联网金融产品的发布、销售和到期回兑都是反应一个互联网金融企业的信用；而像各电商的针对自己用户的消费贷款，也是需要看当前用户在电商平台的信用评级。

互联网金融并非像银行一样有着客户的资产信息和资产变动信息，他们只有客户在本互联网金融企业内购买的金融产品的信息。若是对这个客户进行小额度贷款发放，就企业现在的数据是无法评估此客户的风险系数是多少，很有可能放完了贷款后就收不上来了。所以互联网金融企业对用户的信用评级是非常重视的，为了能更全面地掌握用户与信用相关的数据，就需要引入的外部数据，并结合企业内的数据进行数据整合。用整合的数据进行数据分析与挖掘，以便找出更多的适用于信用维度的信息，综合地对用户进行信用评级和风险控制。

第五节　商务智能相关工具

一、基础平台

（一）MySQL

1. 安装

当前 MySQL 家族发展繁盛，软件产品颇多，每款软件又根据具体的操作系统分为不同版本。

（1）数据库版本：

MySQL Community Server 社区版本，开源免费，但不能享受官方提供的技术支持；

MySQL Enterprise Edition 企业版本，需要付费使用，付费前可以免费试用 30 天；

MySQL Cluster 集群版本，开源的，且可以免费使用。允许你将多台 MySQL Server 组合成一个集群 Server；

MySQL Cluster CGE 集群版的高级版本，需要付费使用。

（2）模型设计工具版本：

MySQL Workbench 是一款专为 MySQL 设计的 ER/数据库建模工具。它是著名的数据库设计工具 DBDesigner4 的继任者。你可以用 MySQL Workbench 设计和创建新的数据库图示，建立数据库文档，以及进行复杂的 MySQL 迁移。[121]

MySQL Workbench 是下一代的可视化数据库设计、管理的工具，它同时有开源和商业化的两个版本。该软件支持 Windows 和 Linux 系统。[121] 下面是该软件运行的界面截图：

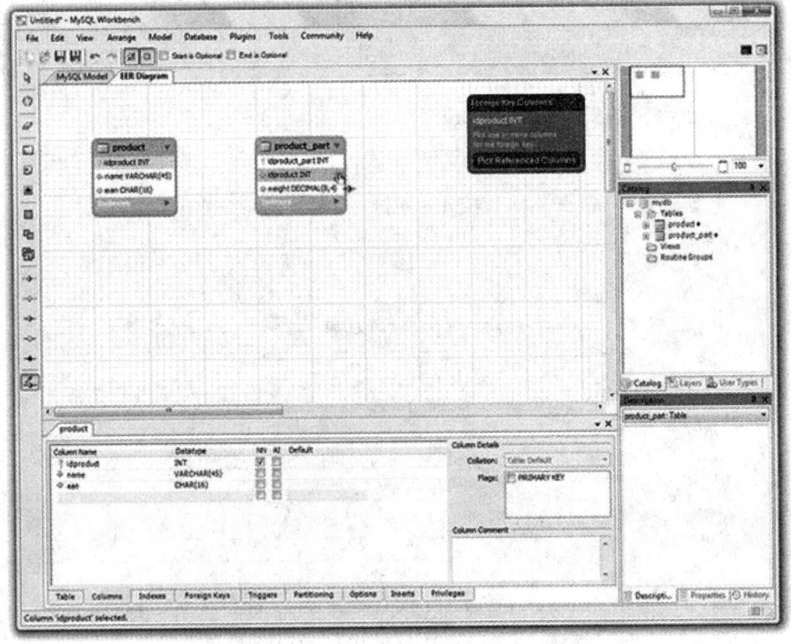

插图 12. 5-1　MySQL Workbench 运行的界面截图

下面我们以 windows 平台下 MySQL Community Serve 为例进行安装：

下载 MySQL Community Server 5. 7. 11（windows）

解压缩安装文件，执行双击 Setup. exe 文件，开始 mysql 的安装

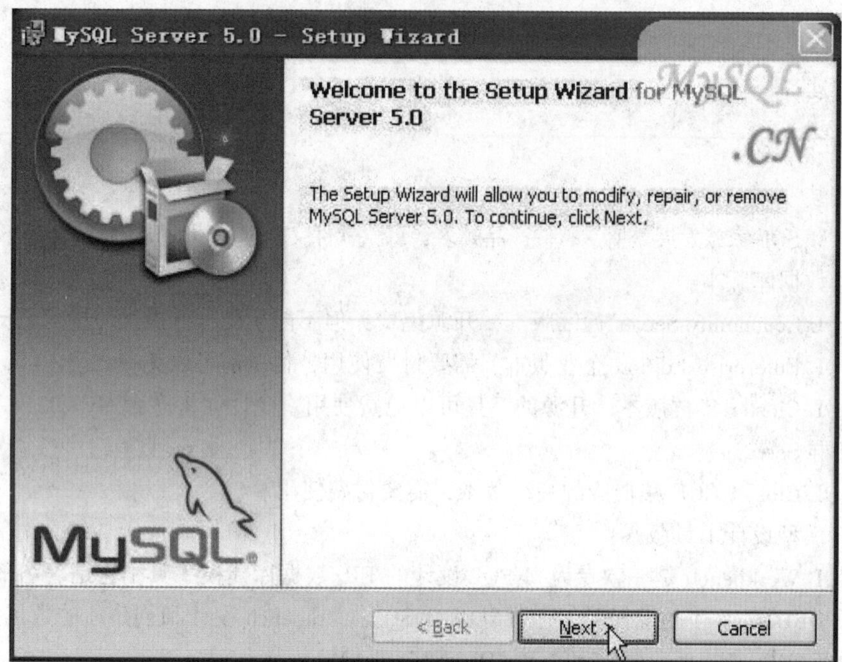

插图 12. 5-2　MySQL 安装的界面截图

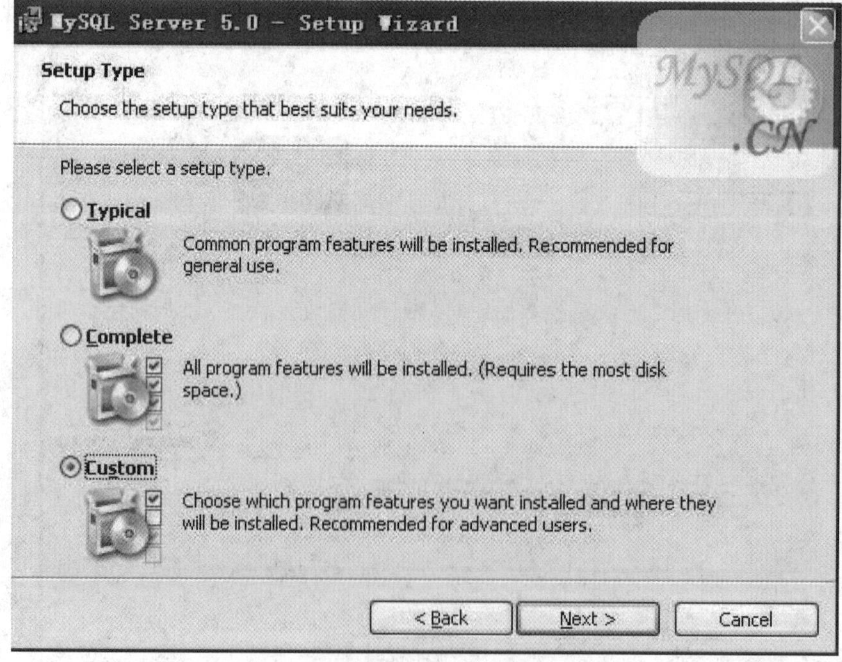

插图 12. 5-3　MySQL 安装的界面截图

点击 Next 按钮进行下一步的安装操作。选择 Custom 自定义安装模式，以便修改安装路径。

配置 MySQL，有三种【选择第三种】

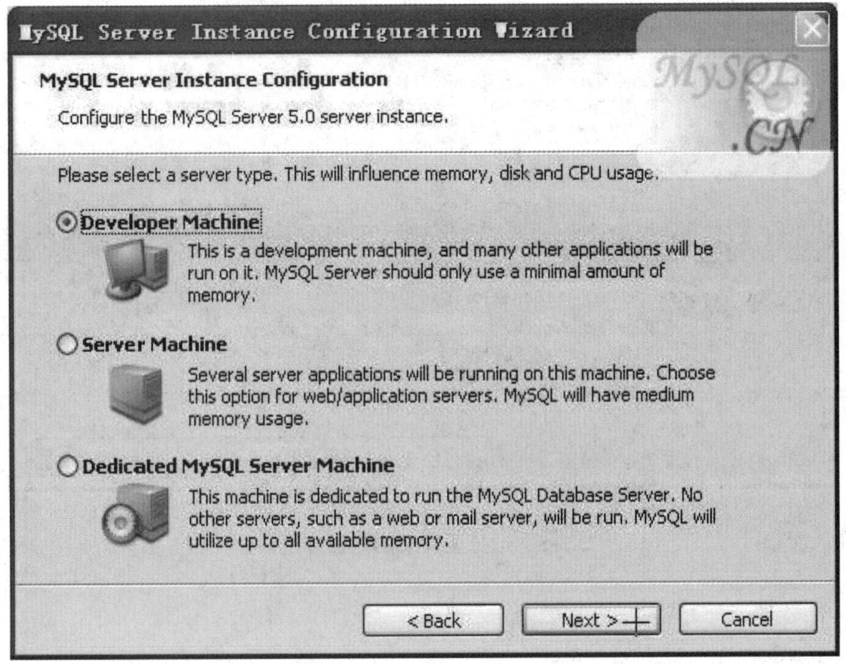

插图 12.5-4　配置 MySQL 截图

第一种是开发服务器，它允许在该机器上运行其他多个应用程序。MySQL 服务只使用少量的内存；

第二种是普通 WEB 服务器，他允许在该机器上运行少量的其他应用程序，通常在 Web 应用服务器上选择此选项。MySQL 服务将使用中等数量内存；

最后一种是这台服务器上面只跑 mysql 数据库，在该服务器上不运行其他任何服务（比如 Web 应用或者邮件服务等）。MySQL 服务将利用全部的可用内存。

下一步选项中选择要安装的数据库的用途，有三种【选择第一种】

第一种是多功能用途，将把数据库优化成快速事务的 innodb 引擎存储和和高性能的 myisam 存储引擎类型；

第二种是只用于事务处理类型，优化为应用服务器的数据库和事务性 web 应用服务器，将使用 innodb 引擎为主要的存储引擎，但 myisam 引擎也可以使用；

第三种是非事务处理类型，适合部署简单的 web 应用、监控应用、日志应用甚至分析程序。在 MySQL 服务器上可以使用不支持事务的 myisam 引擎的存储类型。

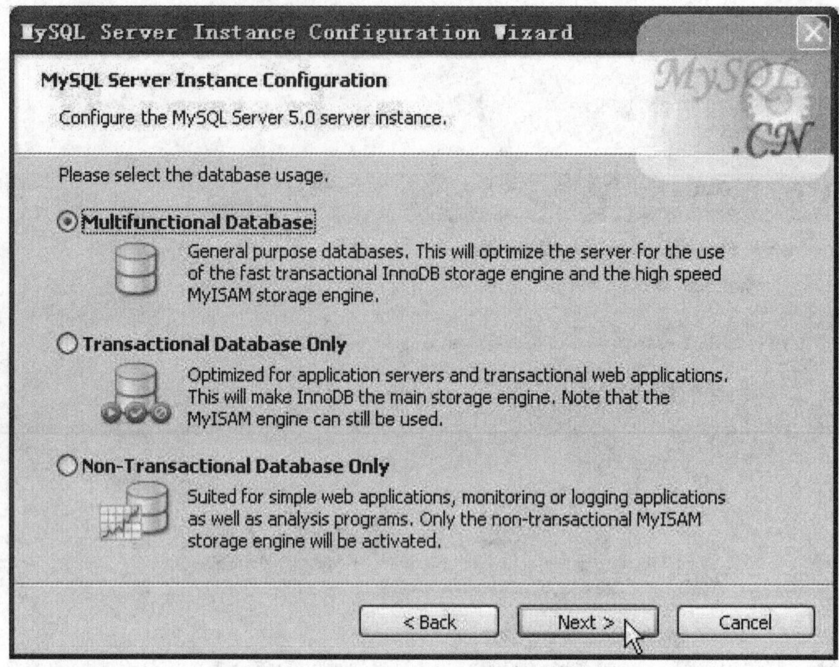

插图 12.5-5　选择要安装的数据库的用途截图

2. 应用

（1）单实例应用

单实例的 MySQL 架构非常简单，一般适用于小型的应用，它通常对数据的存取要求不高，一般情况下一个 MySQL 数据库实例就能满足要求。

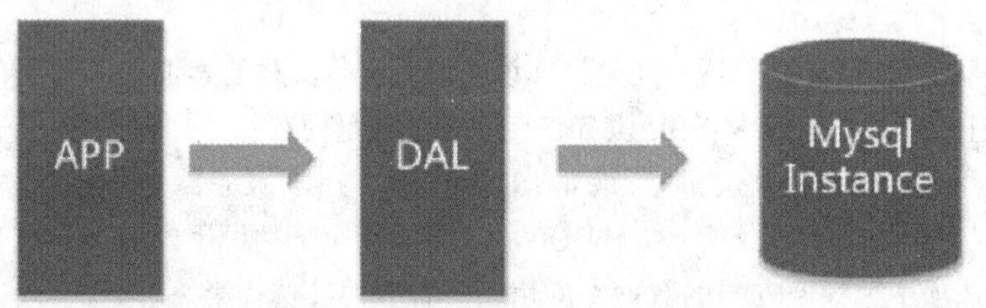

插图 12.5-6　MySQL 数据库单实例的架构图

此架构通常存在以下瓶颈：

> 数据的存储总需求超出一台机器的承载能力；

> 数据索引的大小超出一台机器的内存大小；

> 并发访问在一个实例下超出服务器的承载能力。

当以上三个瓶颈中的一个或多个出现，则需要考虑更换为新的 MySQL 架构。

（2）垂直拆分应用场景

当出现上述瓶颈现象时，往往预示着单实例的架构不能满足当前的需要。此时，我们首先应该考虑进行垂直拆分。所谓的垂直拆分，就是将业务上关联性不强的数据拆分到不同的实例上，从而降低因所有业务数据集中在一个实例上而产生的瓶颈。以电子商务应用为例，分别将商户信息、客户付款分期信息、运费险信息等拆分到三个不同的实例上。对于重复读操作比较多的应用中，可以在数据库服务实例前添加一层 Cache 来降低对数据库服务实例的压力。

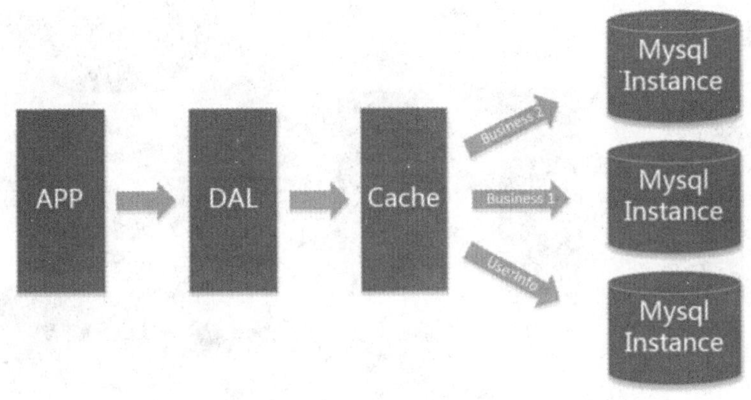

插图 12.5-7　MySQL 数据库垂直拆分实例的架构图

但是对于某一单实例单业务，还会存在第一种架构的瓶颈。

（3）主从架构

垂直拆分的架构不能满足不同实例之间的数据关联的性能问题。另一种主从架构的模式，通过对数据库实例进行实时备份将数据复制到其他的实例中，形成主从关系的架构模式。主数据库主要承担写操作，读取的压力在从节点的实例上承担，从而实现读写分离的目的。对于写操作少而读操作多的应用，主从架构是合适的架构模式。

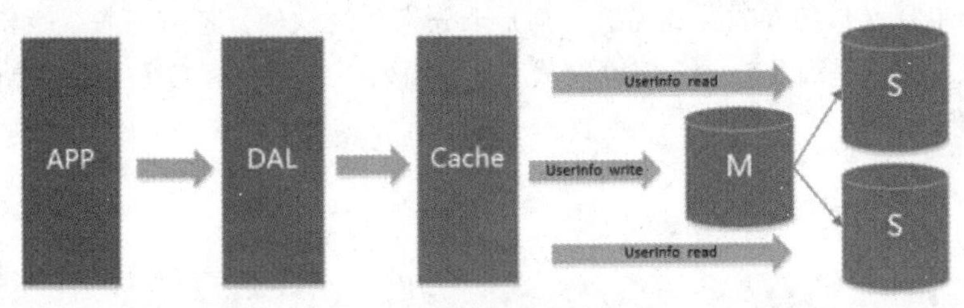

插图 12.5-8　MySQL 数据库主从实例的架构图

但是在写入量增多，写入量主库不能承受的时候，此种架构就显示了不合理性。

（4）水平拆分

当垂直拆分和主从架构两种方案都遇到瓶颈时，就需要通过水平拆分解决性能问题。与垂直拆分不同，水平拆分是将每个数据表尽可能均匀地分散存储在各个集群组（Cluster）中，所有集群组的数据组成一份完整的数据。

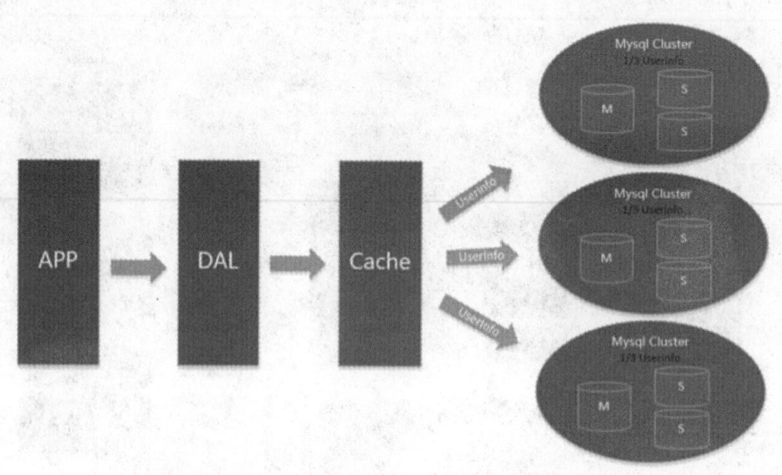

插图 12.5-9　MySQL 数据库水平拆分实例的架构图

在上图的案例中，将用户信息 UserInfo 分别存储在 3 个 Cluster，这里的 Cluster 不再称之为实例。每个 Cluster 包含一组主从节点的小型集群。

总之，根据应用的实际情况我们选择不同的架构方式以满足实际要求。

MySQL 支持交互式与非交互式访问，数据集成项目主要是通过编写存储过程/函数等来操作 MySQL 数据库。操作 MySQL 可以使用自带有命令行工具管理工具（命令 mysql 和 mysqladmin），也可以使用图形管理工具 MySQL Workbench。但自带的工具在功能上和易用性上总比不上第三方开发的工具，最著名的例子就是 phpMyAdmin，使用它你几乎能完成任何针对 MySQL 的管理任务。但它是一个 Web 界面的管理工具。很多 MySQL 数据库客户端图形界面管理工具（包括 phpMyAdmin），都是十分优秀的软件，各有所长，大部分都是开源免费的，也有几款是商业软件，但可以试用。下面列举一些常用工具的使用界面：

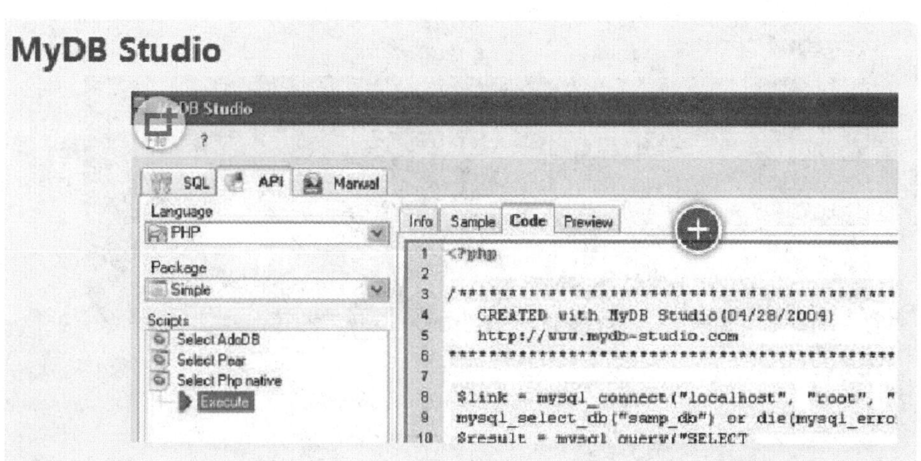

插图 12.5-10　一些常用的 MySQL 数据库客户端图形界面管理工具的使用界面

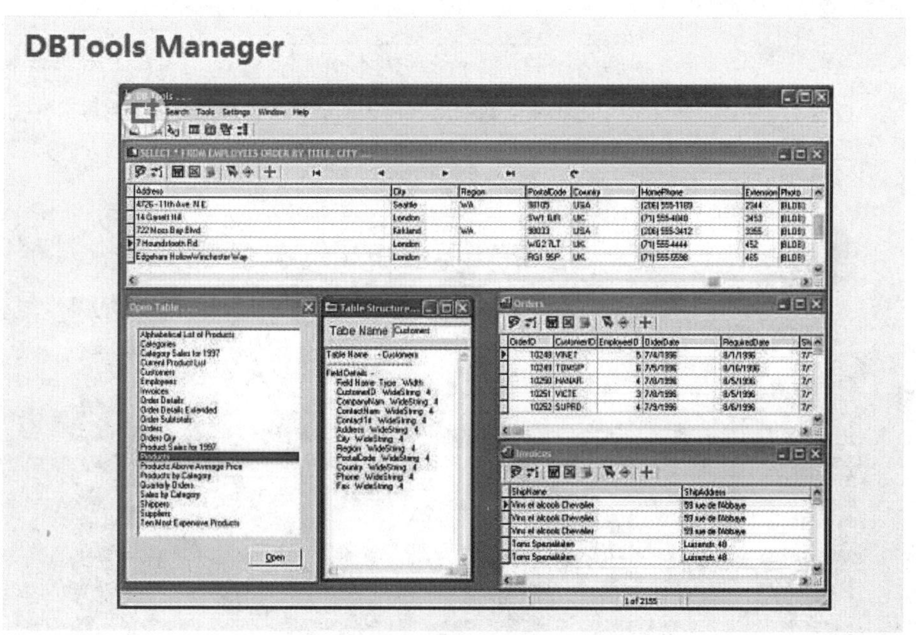

插图 12.5-11　一些常用的 MySQL 数据库客户端图形界面管理工具的使用界面

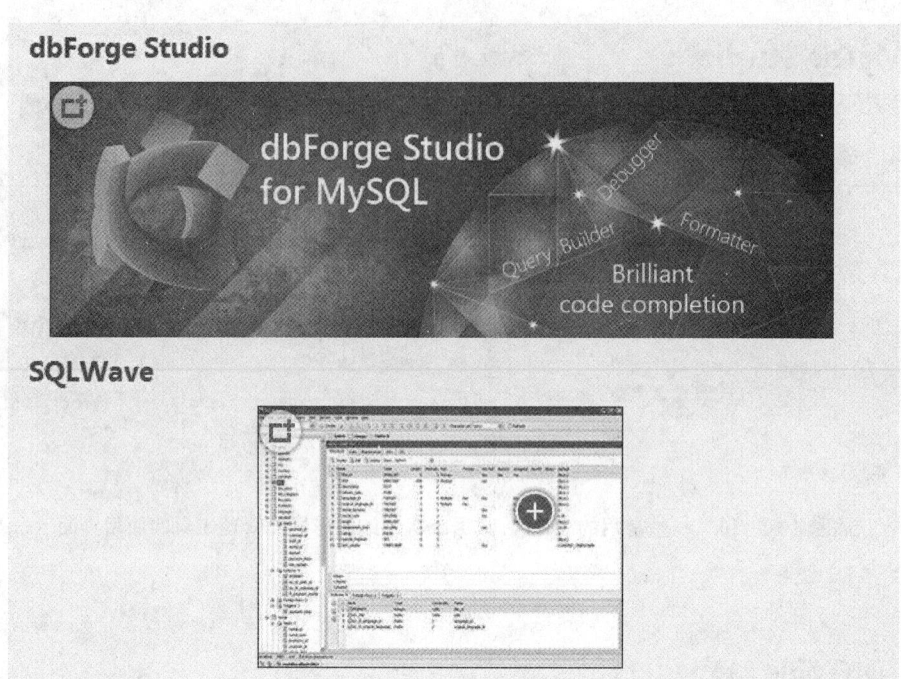

插图 12.5-12 一些常用的 MySQL 数据库客户端图形界面管理工具的使用界面

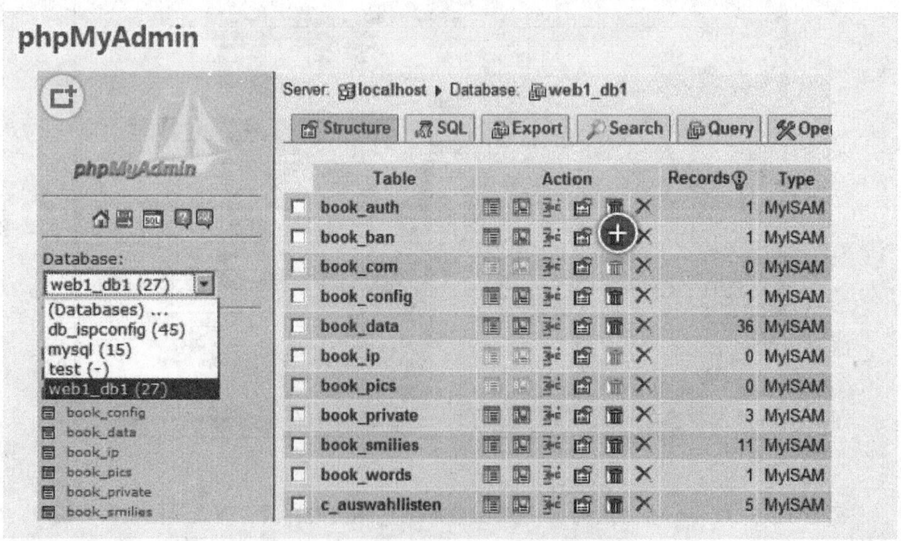

插图 12.5-13 一些常用的 MySQL 数据库客户端图形界面管理工具的使用界面

插图 12.5-14　一些常用的 MySQL 数据库客户端图形界面管理工具的使用界面

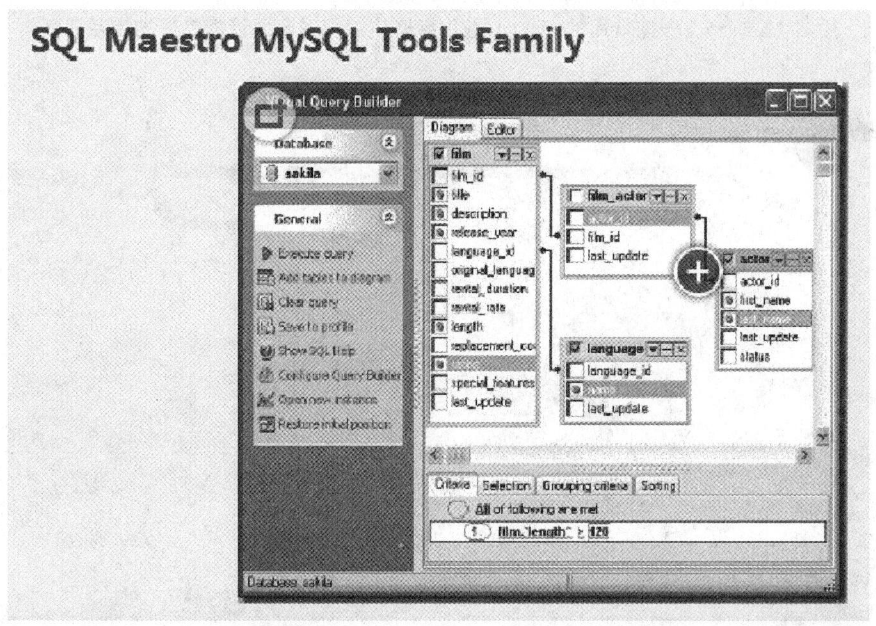

插图 12.5-15　一些常用的 MySQL 数据库客户端图形界面管理工具的使用界面

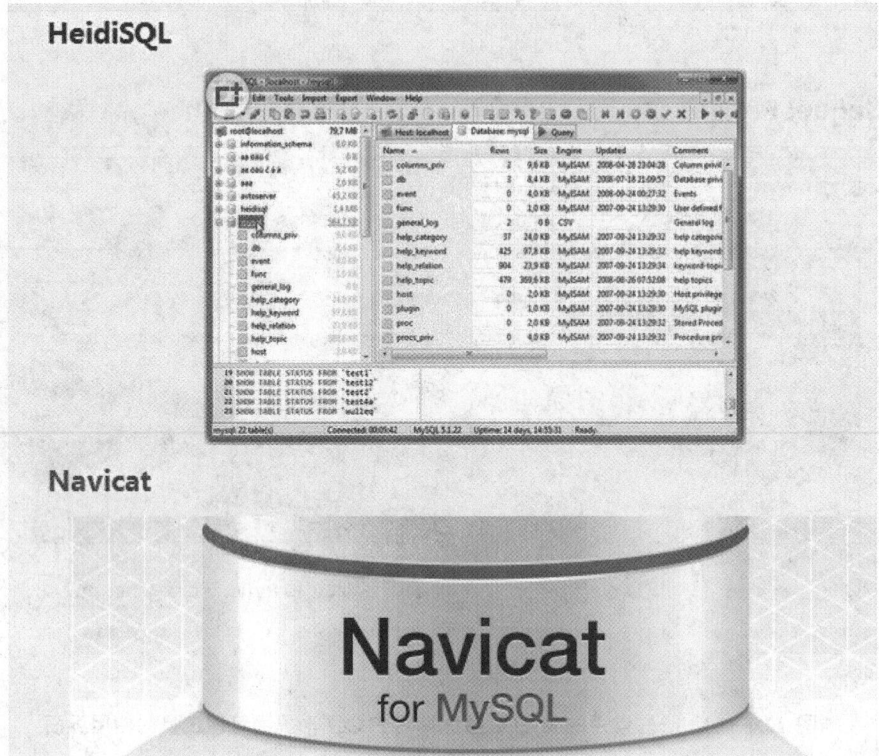

插图 12.5-16　一些常用的 MySQL 数据库客户端图形界面管理工具的使用界面

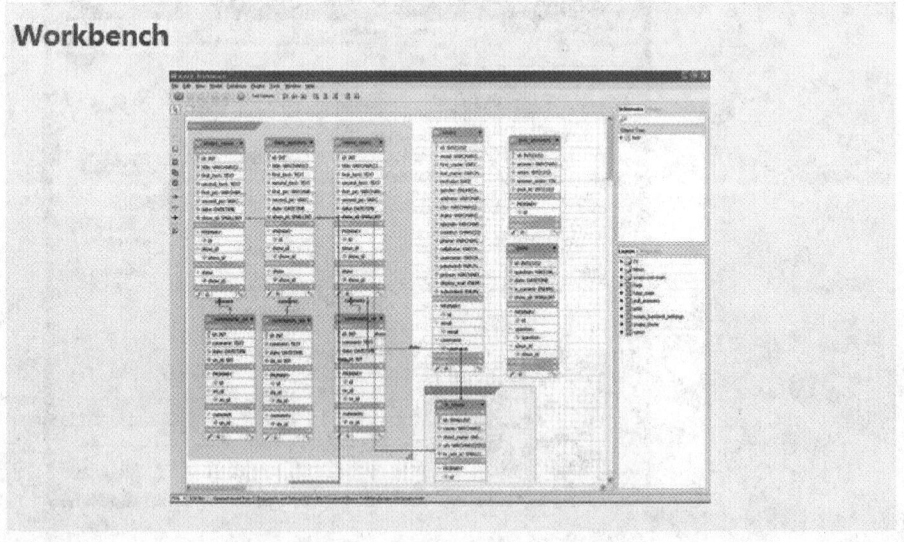

插图 12.5-17　一些常用的 MySQL 数据库客户端图形界面管理工具的使用界面

（二）Oracle

1. 安装

Oracle 属于企业级的应用，对服务器要求尤其是内存资源要求很高，安装比较复杂，下面以 Windows 下的 oracle 10g 为例进行安装：

下载安装介质

双击 setup 可执行文件安装 oracle

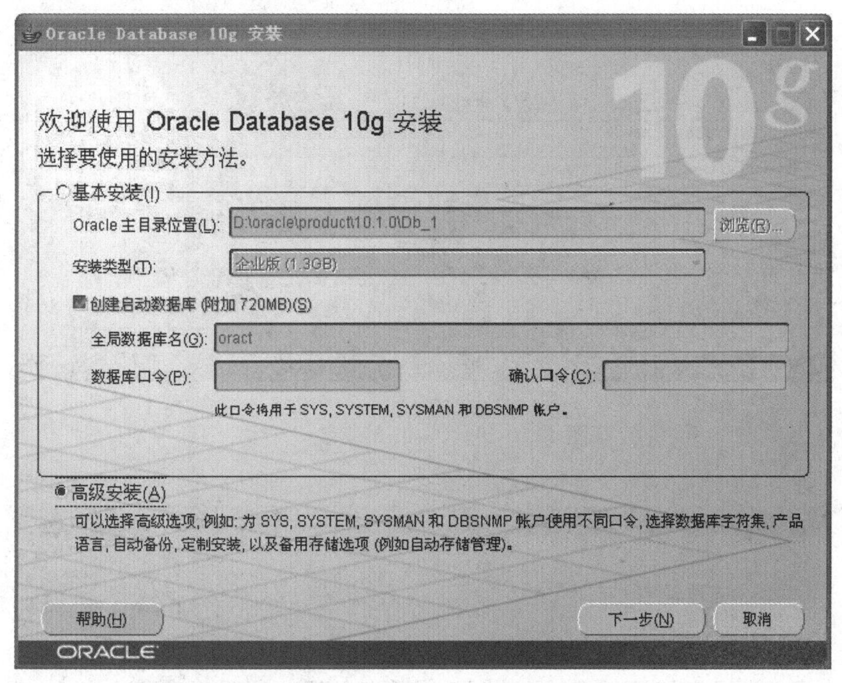

插图 12.5-18　Oracle 的安装-1 界面

选择“高级安装”模式，以便为几个超级用户设置不同的密码，达到提高安全等级的目的；进入“Oracle Universal Installer”，设置产品安装路径、安装类型、数据库服务器配置选择“高级安装”方式。

“全局数据库名称”以及“SID”需要根据实际情况取易懂易记忆的名称，两者一般是相同的；对于初学者选取“创建样本方案”选项，这样可以通过样本方案进行学习。

指定数据库文件存储位置，由于数据库文件容量巨大，在数据库安装之初就需要做好存储的容量、软硬件规划，以方便后期的扩容。

备份和恢复对数据库来说属于非常关键的方面，制定合理的备份频率、存储计划对于有效的恢复提供了前提条件，使异常情况下数据可以有效的进行恢复，进一步提高数据的存储安全。

以上选择安装、配置的信息呈现于概要界面，读者需要仔细查看，如果有不符合的地方，可以通过回复到以前的步骤进行更正，从而达到合意的安装。

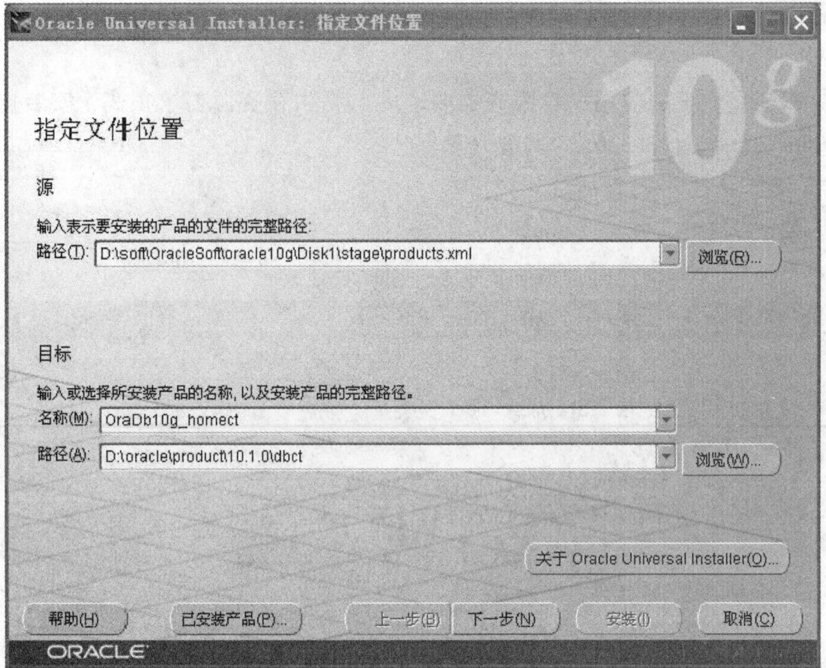

插图 12.5-19　Oracle 的安装-2 界面

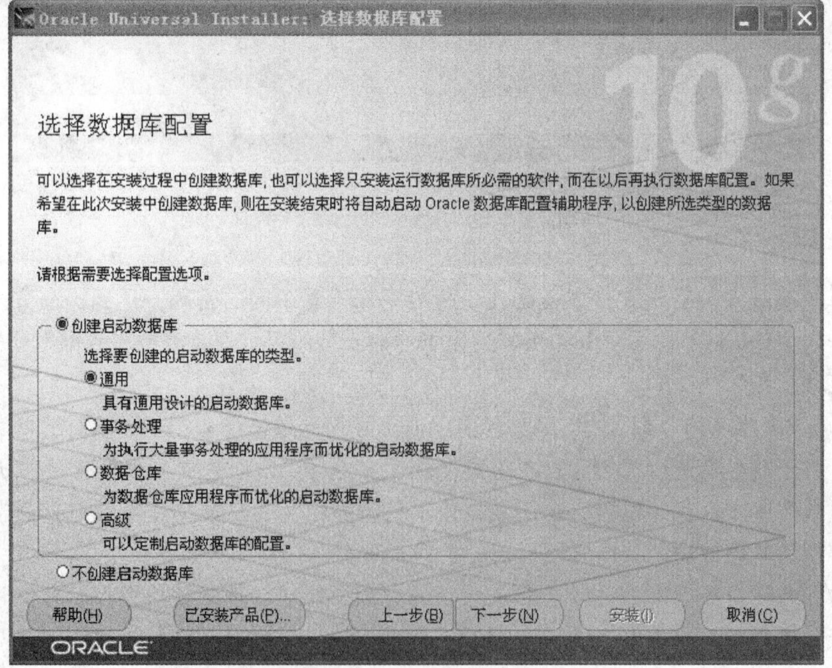

插图 12.5-20　Oracle 的安装-3 界面

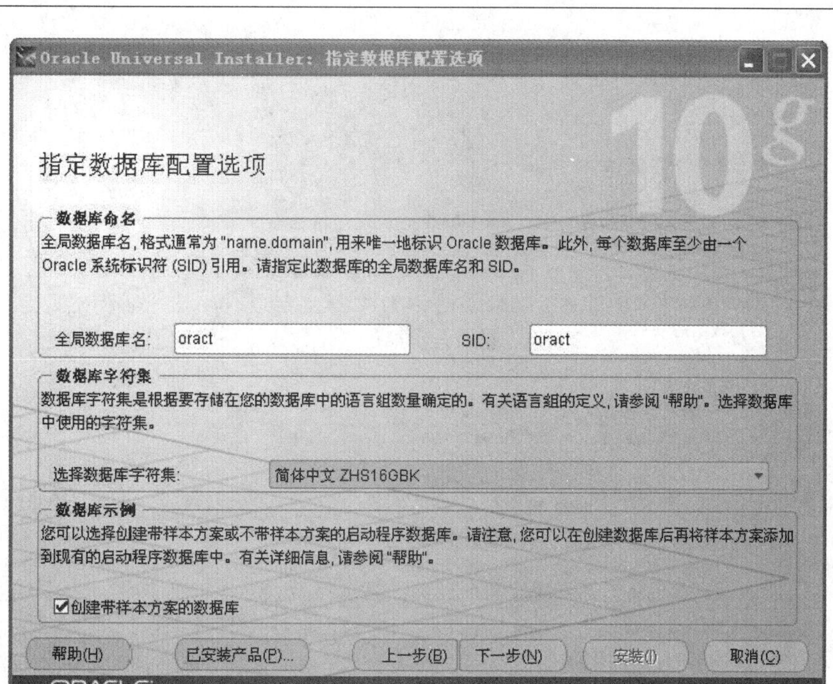

插图 12.5-21　Oracle 的安装-4 界面

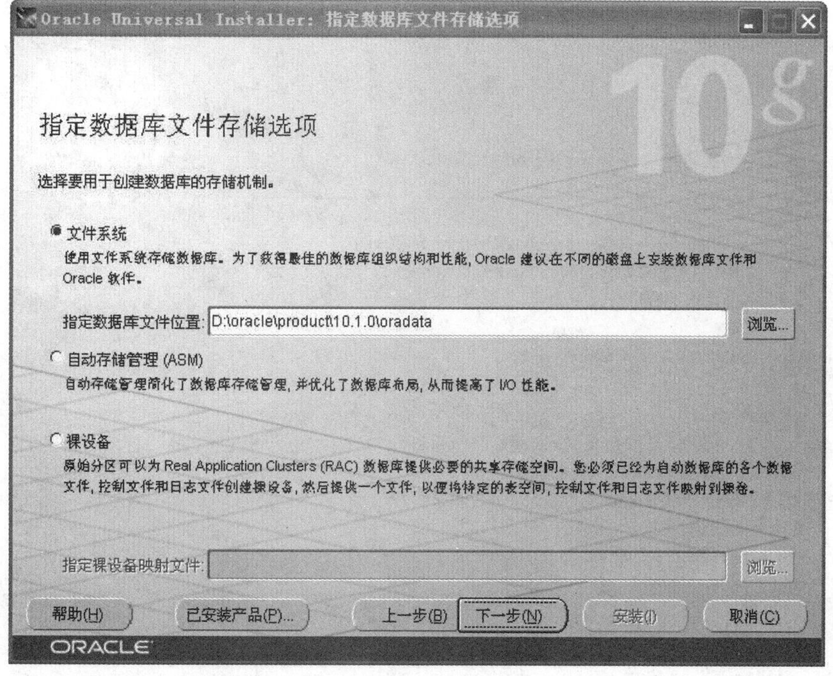

插图 12.5-22　Oracle 的安装-5 界面

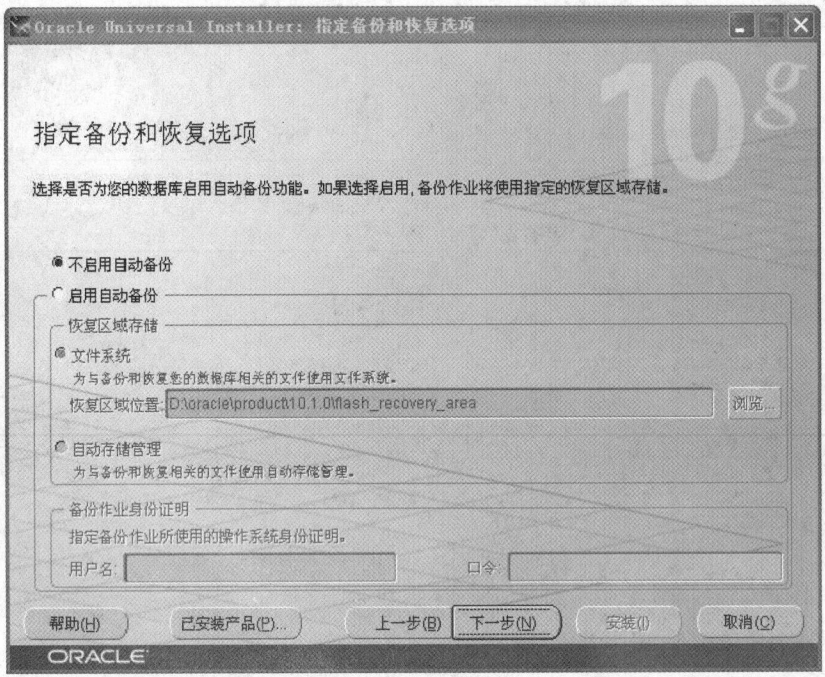

插图 12.5-23　Oracle 的安装-6 界面

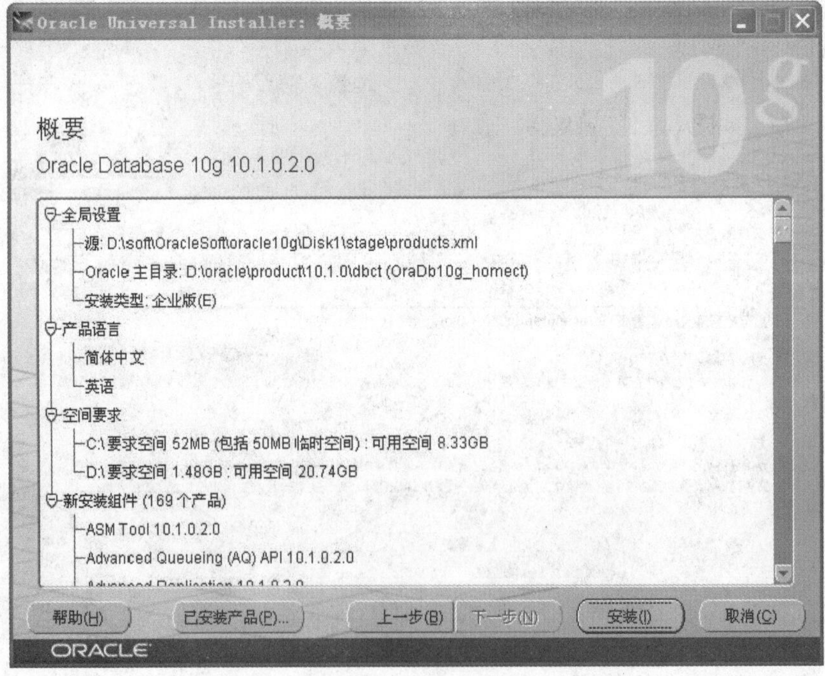

插图 12.5-24　Oracle 的安装-7 界面

Oracle 安装步骤大约需要半小时，请您耐心等待。

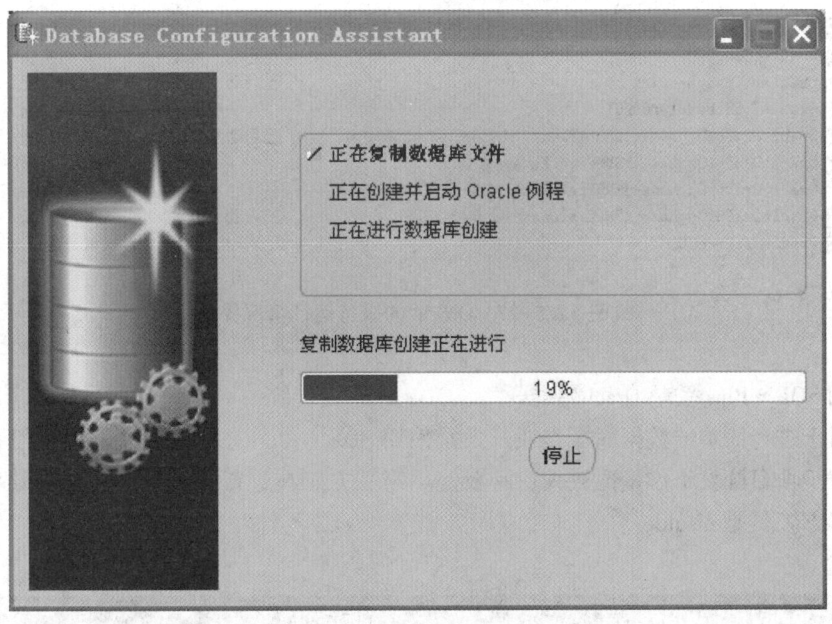

插图 12.5-25　Oracle 的安装-8 界面

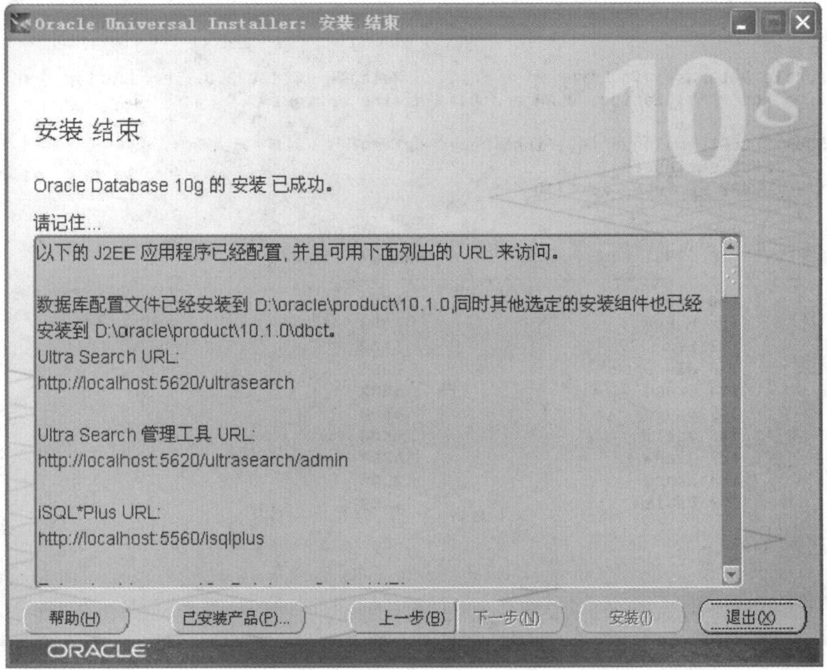

插图 12.5-26　Oracle 的安装-9 界面

在 Windows 中查看 Oracle 服务运行情况。

名称	描述	状态	启动类型	登录为
OracleCSService		已启动	自动	本地系统
OracleDBConsoleoract		已启动	自动	本地系统
OracleJobSchedulerORACT			已禁用	本地系统
OracleOraDb10g_homectiSQL*Plus	iSQL*Plus...	已启动	自动	本地系统
OracleOraDb10g_homectSNMPPeerEncapsulator			手动	本地系统
OracleOraDb10g_homectSNMPPeerMasterAgent			手动	本地系统
OracleOraDb10g_homectTNSListener		已启动	自动	本地系统
OracleServiceORACT		已启动	自动	本地系统

插图 12.5-27　Oracle 的服务运行情况界面

使用 SQL＊Plus 登录 Oracle 数据库，SQL＊Plus 是传统的 C/S 模式的 oracle 客户端工具程序。对于进行简单的数据库操作或开发，使用 SQL＊Plus 有很大的便利性。但在实际项目中，由于项目开发工作量比较大，一般使用第三方工具进行开发以提高开发效率。最常用的第三方工具是 plsqldev。

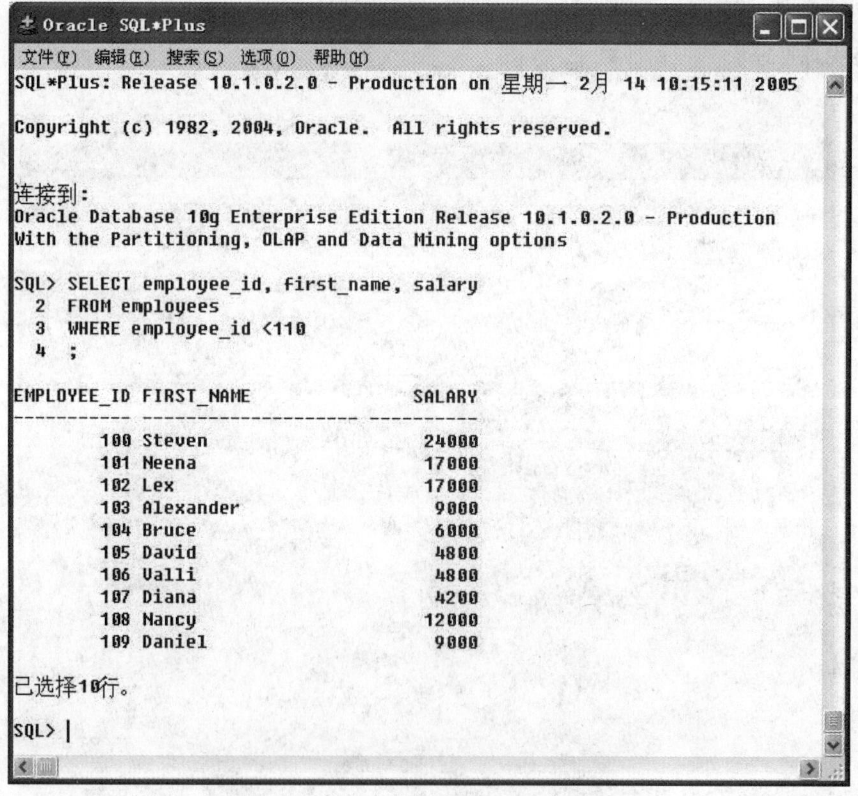

插图 12.5-28　Oracle 的服务运行情况界面

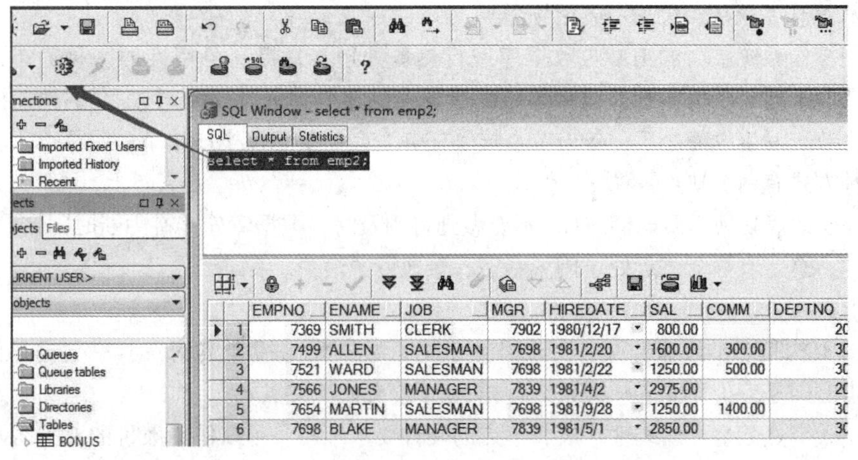

插图 12. 5-29　Oracle 的服务运行情况界面

3. 应用

(1) 单机应用场景

对可用性和性能要求不高的小型、非重要系统的网站或者应用，数据库服务器采用单服务器模式即可满足。单机服务器安装、配置、维护、应用设计简单，但可用性不高（由于是单服务器、单实例，所以服务器和实例的故障都会导致数据库的不可用）；扩展性很差，无法通过增加服务计算节点线性扩容计算能力。在遇到性能瓶颈时，只能通过对单实例服务器增加 CPU、内存、外存等资源进行有限的纵向扩展。

因此在使用该模式时需要提前考虑以下方面：

1）硬件配置方面预留扩展量。

由于该模式无法进行横向扩展，所以在选择硬件配置时要为以后的纵向扩展预留扩展量，避免硬件无法满足性能需求的情况。

2）充分考虑该模式是否满足应用未来一段时间的需求。

需要考虑应用在未来一段时间是否会发生变化，该模式是否满足应用变化的需求。

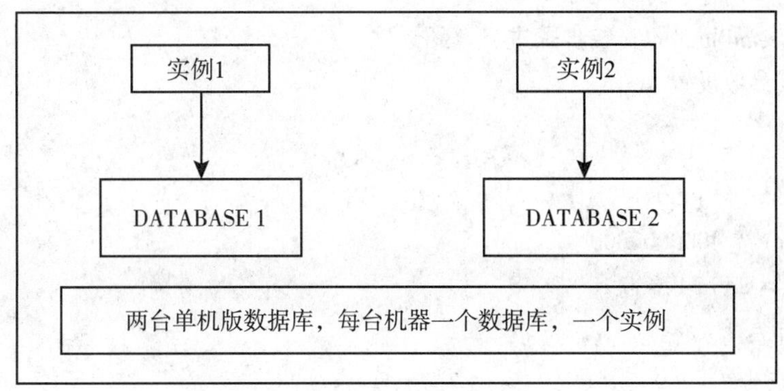

插图 12. 5-30　Oracle 的单机应用场景

（2）操作系统层面的 HA 应用场景

采用操作系统层面的 HA 对数据库进行热备处理，是提高可用性的一种简单的策略。这种方式的架构是双机主备，挂接单独的数据存储服务单元。正常时，存储挂接在主节点上，当主节点发生故障之后，备份节点接管任务，存储单元切换连接至备份节点。

这种方式有两个缺点：

第一，故障切换需要时间，HA 不能做到特别及时，数据库连接有中断时间窗口；

第二，总是有一个节点处于闲置状态，造成资源浪费。

（3）RAC 应用场景

RAC 架构是多个计算节点（每个节点上运行数据库的一个实例）共享数据存储单元，每个节点之间是等价而非主从关系。这样 RAC 就有如下特点：

第一，节点数量可以线性扩展，节点的硬件要求不高，可以使用廉价的 PC Server；

第二，所有节点均可参与计算，没有闲置节点，资源利用率高；

第三，节点故障之后，RAC 可以继续提供服务，没有服务中断时间窗口；

第四，业务、技术规划合理，避免节点之间频繁的数据交换和全局锁。

（4）Data Guard 应用场景

Data Guard 通过远程日志传输实现节点间数据同步，从而实现 HA 的特性。Data Guard 虽然也属于 HA 的范畴，但其与操作系统层面的 HA 以及 RAC 架构还是有很多区别的。主要表现在：Data Guard 的每个节点都有各自独立的存储单元；Data Guard 的每个节点物理距离一般很远，但是操作系统 HA 与 RAC 两种方式由于共享存储设备，造成了节点物理距离的局限性，所以从这点上来说 Data Guard 更适合于灾备系统。

操作系统集群侧重于业务的自动接管，自动接管需要时间窗口，且长期有一组 Instance 闲置，浪费资源；RAC 模式侧重于负载均衡，虽然没有上述操作系统集群的缺点，但需要避免节点间大量数据交换与全局锁，而且不能容灾。DG 侧重于容灾，独立存储，但两者数据不能做到实时同步。

（三）GreenPlum

1. 安装

GreenPlum 是一种基于 postgresql 的分布式数据库，采用 Shared Nothing+ MPP 架构，主机、操作系统、内存、外存均不共享。

下面对 GreenPlum 的安装步骤进行介绍。

进行内核参数设置

```
kernel. shmmax = 500000000
kernel. shmmni = 4096
kernel. shmall = 4000000000
kernel. sem = 250 512000 100 2048
kernel. sysrq = 1
kernel. core_ uses_ pid = 1
kernel. msgmnb = 65536
```

```
kernel. msgmax = 65536
kernel. msgmni=2048
net. ipv4. tcp_ syncookies = 1
net. ipv4. ip_ forward = 0
net. ipv4. conf. default. accept_ source_ route = 0
net. ipv4. tcp_ tw_ recycle=1
net. ipv4. tcp_ max_ syn_ backlog=4096
net. ipv4. conf. all. arp_ filter = 1
net. ipv4. conf. default. arp_ filter = 1
net. ipv4. ip_ local_ port_ range=1025 65535
net. core. netdev_ max_ backlog=10000
vm. overcommit_ memory=2
```

设置下列参数到/etc/security/limits. conf 文件

```
soft nofile 65536
hard nofile 65536
soft nproc 131072
hard nproc 131072
```

用 root 登陆到 Master 主机上安装 Greenplum binaries
创建 gpadmin 用户
创建 seg_ hosts 和 all_ hosts 文件并进行编辑
使用 gpssh-exkeys 给 root 用户交换密钥
SSH 配置好了之后，就可以用 gpssh 来同步设置，例如创建用户，同步安装介质等
修改 GreenPlum 安装目录的用户和属主

```
chown -R gpadmin：gpadmin greenplum-db
```

配置 gpadmin 用户的环境变量
给 master 和 segment 创建 data 目录
使用 gpssh-exkeys 给 gpadmin 用户交换密钥
同步系统时钟
初始化 gp
设置 MASTER_ DATA_ DIRECTORY 环境变量
安装测试

```
[gpadmin@ greenplum ~] $ psql -d postgres
psql (8. 2. 15)
Type " help" for help.
```

```
postgres=# select datname, datdba, encoding, datacl from pg_ database;
datname | datdba | encoding | datacl
-----------+--------+----------+---------------------------------
postgres  |     10 |    6 |
template1 |     10 |    6 | {=c/gpadmin, gpadmin=CTc/gpadmin}
template0 |     10 |    6 | {=c/gpadmin, gpadmin=CTc/gpadmin}
(3 rows)
```

2. 应用

GreenPlum 的数据通过一些算法分布在多个节点上来实现规模数据的存储及计算，通过并行查询处理来提高查询性能。

GreenPlum 拥有良好的横向及纵向扩展能力，非常适用于面向分析的应用，可以构建企业级数据仓库、部门级数据集市以及操作型数据存储---ODS。GreenPlum 的架构特性带来的计算以及扩展能力、高可用性、价格优势等等深受电子商务行业、中小型城商银行的欢迎，eBay、支付宝，北京银行等都依靠 GreenPlum 实施了自己的数据项目。

GreenPlum 在具体项目中的架构方式，可以参考下图。

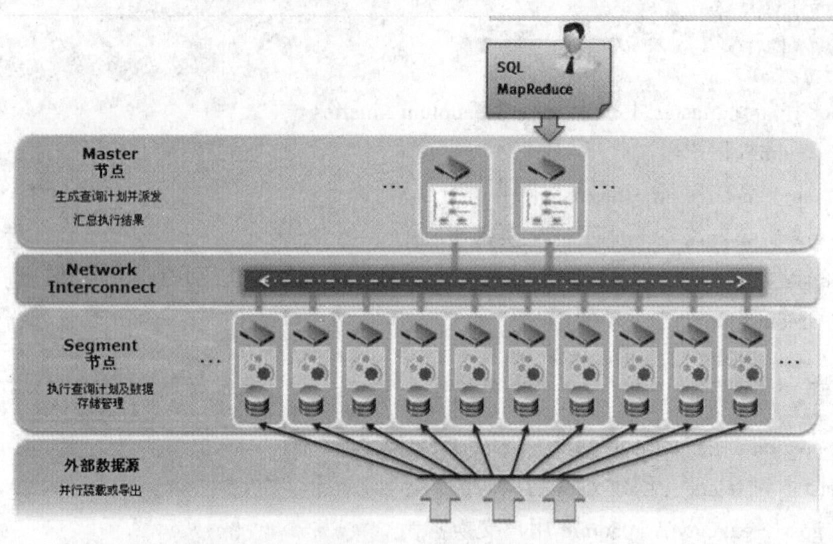

插图 12.5-31　Green Plum 在具体项目中的架构

GreenPlum 主要由 Master 节点、Segment 节点、Master 与 Segment 间的网络层组成。

其实，Master 与 Segment 都是独立的数据库实例，但其职责是截然不同的。Master 节点主要负责应用的连接、产生并拆分 SQL 的执行规划、将执行规划广播给所有 Segment 节点；汇总 Segment 的返回结果传送给访问程序；存储分布式数据库系统的元数据；Master 不参与业务数据的运算，所以不会出现性能瓶颈；一般会有一个或多个 Standby--Master 节点作为

热备，以克服单点故障。

Segment 节点是真正的业务数据存储、计算节点。数据表的数据根据哈希、随机分布规则，均匀分布到各个 Segment 节点上。各个 Segment 节点按照 Master 节点发送过来的执行规划并行处理自身节点存储的数据，若该 Segment 节点计算过程中需要其它 Segment 节点的数据，可以通过内部网络进行彼此数据传输。随着 Segment 节点的增多，GreenPlum 数据分布会进一步分散化，处理速度会更快，GreenPlum 的性能会随着 Segment 增加线性增长。

由于以上特性，在使用 GreenPlum 实施项目时，一定要注意数据在 Segment 上的均衡分布，如果数据分布过度倾斜，集群计算就会出现“木桶效应”。那么如何达到数据均匀分布呢？在 GreenPlum，非常关键的一个指标就是选对分布键（每张表都会有一个分布键，创建一张表，在没有 primary key 或者 unique key 的情况下，GreenPlum 默认会把第一个 column 作为分布键）

```
zwcdb=# create table test01(s_num int,name varchar(20));
NOTICE:  Table doesn't have 'DISTRIBUTED BY' clause -- Using column named
 's_num' as the Greenplum Database data distribution key for thistable.
HINT:  The 'DISTRIBUTED BY' clause determines the distribution of data. M
ake sure column(s) chosen are the optimal data distribution key to minimi
ze skew.
CREATE TABLE
zwcdb=#
zwcdb=# \d+ test01
Table "public.test01"
 Column |   Type                | Modifiers | Storage  | Description
--------+-----------------------+-----------+----------+-------------
 s_num  | integer               |           | plain    |
 name   | character varying(20) |           | extended |
Has OIDs: no
Distributed by: (s_num)
```

表格 12.5-1　Green Plum **的数据表**

这样数据就会根据分布键的值，按照哈希函数均匀分布到每个数据节点上，在不确定哪个 Column 为分布键的情况下可以使用 randomly 分布策略，具体选择什么列作为分布键，这需要根据业务数据的具体特性而定，一般选择业务主键即可。

（四）Hive&Hbase

1. 安装

Hive、Hbase 都是 Hadoop 生态圈的重要成员，他们与 Hadoop 的版本之间是有搭配要求的，可以参考下表。

表格 12.5-2　　　　Hive、Hbase **与** Hadoop **的版本选型搭配表**

软件名	最新版（高手）	稳定版三（推荐）	稳定版二（官方）	稳定版一（官方）
Hadoop	2.5.0	2.2.0	1.2.1	0.20.2
HBase	0.98.5	0.96.0	0.98.5	0.90.3
ZooKeeper	3.4.6	3.4.5	3.4.6	3.3.3
Pig	0.13.0		0.13.0	0.9.0

续表

软件名	最新版（高手）	稳定版三（推荐）	稳定版二（官方）	稳定版一（官方）
Hive	0. 13. 1	0. 12. 0	0. 13. 1	0. 7. 1
Chukwa	0. 5. 0		0. 5. 0	0. 4. 0
sqoop	1. 4. 5	1. 4. 2		

这里我们以其中某一版本的 Hive&Hbase 为例进行安装以为示例（安装平台 CentOS）

（1）Hive 安装

下载 hive，wget？hive-0. 12. 0. tar. gz

解压 hive 安装文件 tar -zvxf hive-0. 12. 0. tar. gz

配置 hive 环境变量，初始化 hive 在 hdfs 上的工作目录

因此在部署 hive 之前，请确保已经完整的部署了 hadoop，并设置好相关的环境，hadoop 版本是 2. 2. 0 才和此 hive 版本相符

vi /etc/profile 添加环境变量值

```
export HIVE_ HOME=/home/hadoop/hive/hive-0. 12. 0
export PATH = $HIVE_ HOME/bin：$PATH
```

source /etc/profile 使修改的环境变量立即生效

初始化 hadoop 环境

```
./hadoop fs -mkdir /tmp
./hadoop fs -mkdir /usr/hive/warehouse
./hadoop fs -chmod g+w /tmp
./hadoop fs -chmod g+w? /usr/hive/warehouse
```

配置 hive 相关的配置文件（/home/ hadoop /hive/hive-0. 12. 0/conf）

```
hive-default. xml. template 改为 hive-site. xml
hive-log4j. properties. template 改为 hive-log4j. properties
hive-exec-log4j. properties. template 改为 hive-exec-log4j. properties
```

执行命令：cd $HIVE_ HOME/bin

./hive 进入 hive 的控制台

show tables 如果不出错，则表明默认版本的 hive 安装成功

知识库安装设置

默认 hive 的 metastore 保存在 derby 中，该数据库是一个嵌入式数据库，只支持单用户。

下面将 hive 的 metasotre 保存到 oracle 中

a）下载 oracle jdbc 驱动 ojdbc6. jar，放到 $HIVE_ HOME/lib 下，如果不存在 lib 则创建。

b）修改 $ HIVE_ HOME/conf 下配置文件 hive-site. xml 如下内容：

数据库连接字符串

```
<property>
   <name>javax. jdo. option. ConnectionURL</name>
   <value>jdbc：oracle：thin：@ OracleIp：1521/ORCL</value>
   <description>JDBC connect string for a JDBC metastore</description>
</property>
```

数据库 jdbc 驱动

```
   <property>
<name>javax. jdo. option. ConnectionDriverName</name>
<value>oracle. jdbc. driver. OracleDriver</value>
<description>Driver class name for a JDBC metastore</description>
</property>
```

用户名

```
   <property>
<name>javax. jdo. option. ConnectionUserName</name>
<value>portal</value>
<description>username to use against metastore database</description>
</property>
```

密码

```
   <property>
<name>javax. jdo. option. ConnectionPassword</name>
<value>portal</value>
<description>password to use against metastore database</description>
</property>
```

c）cd　$ HIVE_ HOME/bin

```
. /hive
```

进入 hive 的控制台

show talbes 如果不报错，则表明部署成功

（2）HBase 安装

Hbase 安装分为：单机模式安装、伪分布模式安装、完全分布模式安装

单机模式安装

默认的安装模式就是单机模式，在单机模式中，HBase 使用本地文件系统而不是

HDFS，所有的服务和 zooKeeper 都运作在一个 JVM 中

环境说明

JDK1. 6+

CentOS

到 HBase 官方下载 hbase-0. 96. 0. tar. gz

安装

tar -xfz hbase-0. 96. 0. tar. gz

cd hbase-0. 96. 0

ln -s hbase-0. 96. 0 hbase

配置环境变量

export HBASE_ HOME=" /usr/local/share/hbase"

export PATH= $ HBASE_ HOME/bin： $ PATH

配置文件

```
<HOME_ HBASE>/conf/hbase-site. xml
-----------------------------------------------------------------------
<configuration>
    <property>
  <name>hbase. rootdir</name>
  <value>file：///Users/micmiu/tmp/hbase</value>
    </property>
    <property>
       <name>hbase. zookeeper. property. dataDir</name>
       <value>/Users/micmiu/tmp/zookeeper</value>
    </property>
</configuration>
-----------------------------------------------------------------------
```

伪分布模式安装

伪分布模式是一个运行在单个节点（单台机器）上的分布模式，这种模式下 HBase 的所有守护将运行在同一个节点上。由于分布式模式运行需要分布式文件系统的支持，因此在安装分布模式（伪分布，完全分布式）HBase，需要提前安装 Hadoop 以保证 HDFS 正确运行。

伪分布式安装与单机模式基本相同，修改<HOME_ HBASE>/conf/hbase-site. xml 即可，如下：

```
<configuration>
  <property>
  <name>hbase. rootdir</name>
```

```
  --修改成 HDFS 路径
  <value>hdfs：//xxx. xxx. xxx. xxx：9000/hbase</value>
  </property>
  <property>
  <name>hbase. cluster. distributed</name>
  <value>false</value>
  </property>
  <property>
    <name>dfs. replication</name>
    <value>1</value>
  </property>
  <property>
  <name>hbase. zookeeper. quorum</name>
  <value>zookeeper 路径</value>
  </property>
</configuration>
```

完全分布模式安装

安装阶段与伪分布模式相同，我们将不同点叙述如下：

修改 conf/hbase-env. sh

添加如下内容

```
# Tell HBase whether it should manage it´s own instance of Zookeeper or not.
export HBASE_ MANAGES_ ZK=false
```

修改 hbase-site. xml

添加如下内容

```
<property>
<name>hbase. cluster. distributed</name> #打开 hbase 分布模式
<value>true</value>
</property>
<property>
<name>hbase. master</name> #指定 hbase 集群主控节点
<value>xxx. xxx. xxx. xxx：60000</value>
</property>
<property>
<name>hbase. zookeeper. quorum</name>
<value>gc，rac1，rac2</value> #指定 zookeeper 集群节点名，因由 zookeeper 表决算法决
定的
```

```
</property>
<property>
<name>hbase. zookeeper. property. dataDir</name> #指 zookeeper 集群 data 目录
<value>/home/grid/hbase-0. 96. 0/zookeeper</value>
</property>
```

修改 regionservers 文件

#添加如下内容

```
rac1
rac2
```

将修改的 hbase 目录同步到其它节点，分别同步到 rac1，rac2 两节点

```
scp -r hbase-0. 96. 0 rac1：/home/grid/
scp -r hbase-0. 96. 0 rac2：/home/grid/
```

2. 应用

（1）Hive 的基本使用

进入 hive 控制台

```
cd $HIVE_ HOME
bin/hive shell
hive>
```

新建表

创建如下数据文件 t_ test. txt，tab 键分割

```
162 3
611213
412 31
17212
712 31
1 1234
112 34
```

创建新表

```
hive> create table t_ test（a int，b int，c int）row format delimited fields terminated by ′\ t′;
OK
Time taken：0. 489 seconds
```

导入数据 t_ hive. txt 到 t_ hive 表

```
hive> LOAD DATA LOCAL INPATH 't_ test.txt' OVERWRITE INTO TABLE t_ test ;
```

查看表和数据

查看表

```
hive> show tables;
OK
t_ test
Time taken: 0.099 seconds
```

正则匹配表名

```
hive>show tables '*t*';
OK
t_ test
Time taken: 0.065 seconds
```

查看表数据

```
hive> select * from t_ test;
OK
162 3
611213
412 31
17213
712 31
1 1234
112 34
Time taken: 0.264 seconds
```

查看表结构

```
hive> desc t_ hive;
OK
a int
b int
c int
Time taken: 0.1 seconds
```

删除表

```
hive> DROP TABLE t_ hadoop;
OK
Time taken: 0.767 seconds

hive> show tables;
OK
Time taken: 0.064 seconds
```

创建表并从其他表导入数据

```
hive> CREATE TABLE t_ test2 AS SELECT * FROM t_ test ;
```

仅复制表结构不导数据

```
hive> CREATE TABLE t_ test3 LIKE t_ test;
hive> select * from t_ test3;
OK
Time taken: 0.077 seconds
```

通过 Hive 导出到本地文件系统

```
hive> INSERT OVERWRITE LOCAL DIRECTORY '/tmp/t_ test' SELECT * FROM t_ test;
```

Hive 交互式模式命令

```
quit, exit: 退出交互式 shell
reset: 重置配置为默认值
set = : 修改特定变量的值（如果变量名拼写错误，不会报错）
set : 输出用户覆盖的 hive 配置变量
set -v : 输出所有 Hadoop 和 Hive 的配置变量
add FILE [S] *, add JAR [S] *, add ARCHIVE [S] * : 添加 一个或多个 file, jar,
archives 到分布式缓存
list FILE [S], list JAR [S], list ARCHIVE [S] : 输出已经添加到分布式缓存的资源。
list FILE [S] *, list JAR [S] *, list ARCHIVE [S] * : 检查给定的资源是否添加到
分布式缓存
delete FILE [S] *, delete JAR [S] *, delete ARCHIVE [S] * : 从分布式缓存删除
指定的资源
! : 从 Hive shell 执行一个 shell 命令
dfs : 从 Hive shell 执行一个 dfs 命令
: 执行一个 Hive 查询，然后输出结果到标准输出
source FILE : 在 CLI 里执行一个 Hive 脚本文件
```

Hive 查询 HiveQL

注：以下代码将去掉 map，reduce 的日志输出部分。

普通查询：排序，列别名，嵌套子查询

```
hive> FROM (
    > SELECT b, c as c2 FROM t_ test
    > ) t
    > SELECT t. b, t. c2
    > WHERE b>2
    > LIMIT 2;
1213
213
```

连接查询：JOIN

```
hive> SELECT t1. a, t1. b, t2. a, t2. b
    > FROM t_ test t1 JOIN t_ test2 t2 on t1. a=t2. a
    > WHERE t1. c>10;
1 121 12
112 112
412 412
61126112
712 712
聚合查询 1：count, avg
hive> SELECT count ( * ), avg (a) FROM t_ test;
7 31. 142857142857142
```

聚合查询 2：count，distinct

```
hive> SELECT count (DISTINCT b) FROM t_ test;
3
```

聚合查询 3：GROUP BY，HAVING

```
#GROUP BY
hive> SELECT avg (a), b, sum (c) FROM t_ test GROUP BY b, c
16. 0 2 3
56. 0 2 62
11. 0 2 34
61. 0 1213
1. 0 1234
```

```
17.0 213
```

#HAVING

```
hive> SELECT avg (a), b, sum (c) FROM t_ test GROUP BY b, c HAVING sum (c)
>30
56.0 2 62
11.0 2 34
1.0 1234
```

Hive 视图

Hive 视图和数据库视图的概念是一样的，我们还以 t_ test 为例。

创建试图

```
hive> CREATE VIEW t_ test AS SELECT a, b FROM t_ test where c>30;
hive> select * from t_ test;
412
712
1 12
112
```

删除视图

```
hive> DROP VIEW IF EXISTS t_ test;
OK
Time taken: 0.495 seconds
```

Hive 分区表

分区表是数据库的基本概念，但很多时候数据量不大，我们完全用不到分区表。

Hive 是一种 OLAP 数据仓库软件，涉及的数据量是非常大的，所以分区表在这个场景就显得非常重要。

下面我们重新定义一个数据表结构：t_ hft

```
t_ hft_ 20130627.csv
000001, 092023, 9.76
000002, 091947, 8.99
000004, 092002, 9.79
000005, 091514, 2.2
000001, 092008, 9.70
000001, 092059, 9.45
```

```
t_ hft_ 20130628. csv
000001, 092023, 9. 76
000002, 091947, 8. 99
000004, 092002, 9. 79
000005, 091514, 2. 2
000001, 092008, 9. 70
000001, 092059, 9. 45
```

创建数据表

```
DROP TABLE IF EXISTS t_ hft;
CREATE TABLE t_ hft (
SecurityID STRING,
tradeTime STRING,
PreClosePx DOUBLE
) ROW FORMAT DELIMITED FIELDS TERMINATED BY ', ';
```

创建分区数据表 根据业务：按天进行分区设计

```
DROP TABLE IF EXISTS t_ hft;
CREATE TABLE t_ hft (
SecurityID STRING,
tradeTime STRING,
PreClosePx DOUBLE
) PARTITIONED BY (tradeDate INT)
ROW FORMAT DELIMITED FIELDS TERMINATED BY ', ';
```

导入数据

```
#20130627
hive> LOAD DATA LOCAL INPATH 't_ hft_ 20130627. csv' OVERWRITE INTO TABLE t_
hft PARTITION (tradeDate=20130627);
Copying data from file: t_ hft_ 20130627. csv
Copying file: t_ hft_ 20130627. csv
Loading data to table default. t_ hft partition (tradedate=20130627)
#20130628
hive> LOAD DATA LOCAL INPATH 't_ hft_ 20130628. csv' OVERWRITE INTO TABLE t_
hft PARTITION (tradeDate=20130628);
Copying data from file: t_ hft_ 20130628. csv
Copying file: file: t_ hft_ 20130628. csv
```

```
Loading data to table default. t_ hft partition (tradedate=20130628)
```

查看分区表

```
hive> SHOW PARTITIONS t_ hft;
tradedate=20130627
tradedate=20130628
Time taken: 0. 082 seconds
```

查询数据

```
hive> select * from t_ hft where securityid='000001';
000001 092023 9. 76 20130627
000001 092008 9. 7 20130627
000001 092059 9. 45 20130627
000001 092023 9. 76 20130628
000001 092008 9. 7 20130628
000001 092059 9. 45 20130628
hive> select * from t_ hft where tradedate=20130627 and PreClosePx<9;
000002 091947 8. 99 20130627
000005 091514 2. 2 20130627
```

这些都是日常的操作，关于 HiveQL 优化及 Hive 的运维我们放到高级部分讲解

（2）Hbase 的基本使用

hbase 提供了一个 shell 的终端给用户交互，进入 hbase shell 命令界面。通过执行 help 可以看到命令的帮助信息。

以一个学生成绩表的例子来演示 hbase 的用法。

表格 12. 5-3　　学生成绩表

name	grad	course	
		math	art
Tom	5	97	87
Jim	4	89	80

建立一个表 scores，有两个列族 grad 和 courese

```
create 'scores', 'grade', 'course'
```

查看当前 HBase 里有哪些表

```
List
scores
```

按设计的表结构插入值

```
hbase> put 't1', 'r1', 'c1', 'value', ts1
```

t1 指表名，r1 指行名，c1 指列名，value 指单元格值，ts1 指时间戳，一般省略

```
put 'scores', 'Tom', 'grade', '5'
put 'scores', 'Tom', 'course: math', '97'
put 'scores', 'Tom', 'course: art', '87'
put 'scores', 'Jim', 'grade', '4'
put 'scores', 'Jim', 'course: math', '89'
put 'scores', 'Jim', 'course: art ', '80'
```

列族里边可以自由添加子列

根据键值查询数据

```
get 'scores', 'Jim'
get 'scores', 'Jim', 'grade'
```

HBase 的 shell 操作，一个大概顺序就是操作关键词后跟表名，行名，列名这样的一个顺序，如果有其他条件再加上花括号

get 有如下用法：

```
hbase> get 't1', 'r1'
hbase> get 't1', 'r1', {TIMERANGE => [ts1, ts2]}
hbase> get 't1', 'r1', {COLUMN => 'c1'}
hbase> get 't1', 'r1', {COLUMN => ['c1', 'c2', 'c3']}
hbase> get 't1', 'r1', {COLUMN => 'c1', TIMESTAMP => ts1}
hbase> get 't1', 'r1', {COLUMN => 'c1', TIMERANGE => [ts1, ts2], VERSIONS => 4}
hbase> get 't1', 'r1', {COLUMN => 'c1', TIMESTAMP => ts1, VERSIONS => 4}
hbase> get 't1', 'r1', 'c1'
hbase> get 't1', 'r1', 'c1', 'c2'
```

扫描所有数据

```
scan 'scores'
```

删除指定数据

```
delete 'scores', 'Jim', 'grade'
delete 'scores', 'Jim'
```

需改表结构

```
disable 'scores'
alter 'scores', NAME=>'info'
enable 'scores'
```

统计行数

```
count 'scores'
```

disable 和 enable 操作

很多操作需要先暂停表的可用性，比如 alter 操作，删除表也需要这个操作。disable_all 和 enable_ all 能够操作更多的表。

表的删除

```
drop 'scores'
```

以上是 Hbase shell 的基本操作，更多深入内容在高级阶段讲解。

二、ETL 工具

（一）Kettle

1. 安装

安装环境（Linux）

因为 Kettle 由纯 Java 编写，所以安装 Kettle 之前，需要安装好 Java 运行环境。

从 http://community.pentaho.com/projects/data-integration/下载 data-integration.zip

安装 JAVA JDK（jdk1.6.0_ 27）并配置以下 environment variables

```
JAVA_HOME = C:\Program Files (x86)\Java\jdk1.6.0_27
Path = %Path%;%JAVA_HOME%\bin;%JAVA_HOME%\jre\bin
CLASSPATH =.;%JAVA_HOME%\lib\dt.jar;%JAVA_HOME%\lib\tools.jar;
```

部署 kettle

上传 data-integration.zip 至 Linux 服务器

```
unzip data-integration.zip -d /mnt/kettle
cd /mnt/kettle
chmod +x *.sh
./kitchen.sh
```

```
-rep              = Repository name
-user             = Repository username
-pass             = Repository password
-job              = The name of the job to launch
-dir              = The directory (dont forget the leading /)
-file             = The filename (Job XML) to launch
-level            = The logging level (Basic, Detailed, Debug, Ro
-logfile          = The logging file to write to
-listdir          = List the directories in the repository
-listjobs         = List the jobs in the specified directory
-listrep          = List the available repositories
-norep            = Do not log into the repository
-version          = show the version, revision and build date
-param            = Set a named parameter <NAME>=<VALUE>. For exa
-listparam        = List information concerning the defined param
-export           = Exports all linked resources of the specified
-maxloglines      = The maximum number of log lines that are kept
-maxlogtimeout    = The maximum age (in minutes) of a log line wh
tely (default)
```

插图 12.5-32　kettle 安装部署成功界面

出现如上窗口，说明安装部署成功。

2. 应用

Kettle 主要包括 transformation【数据转换、处理组件】和 job【作业流控制组件】。

该工具实现文件数据抽取：把一个有特定格式的文本文件，写入 ORACLE 数据库表。

文件内容如下，竖线分隔

```
1 | test1
2 | test2
3 | test3
```

打开 KETTLE，新建立一个转换，拖出来如下控件：

插图 12.5-33　kettle 文件数据抽取

（1）配置控件。

（2）选择需要输入的文件。

这里选择文件类型，就用默认的 CSV 就可以了，分隔符 | ，根据实际情况，决定“头部行数量”是否选中。

（3）字段选择。

没有需要转换的，只需要输入字段名就可以。

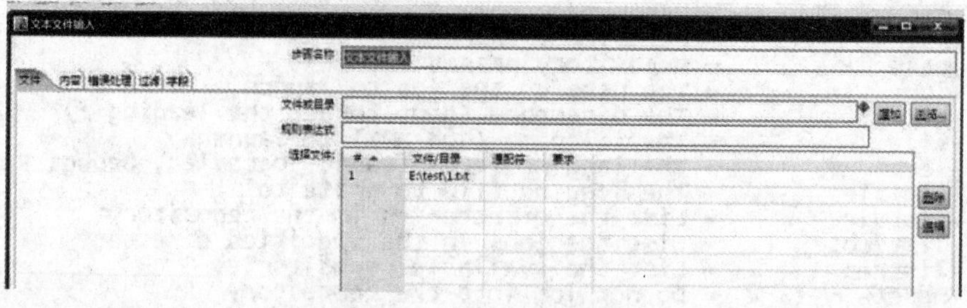

插图 12.5-34　kettle 配置控件

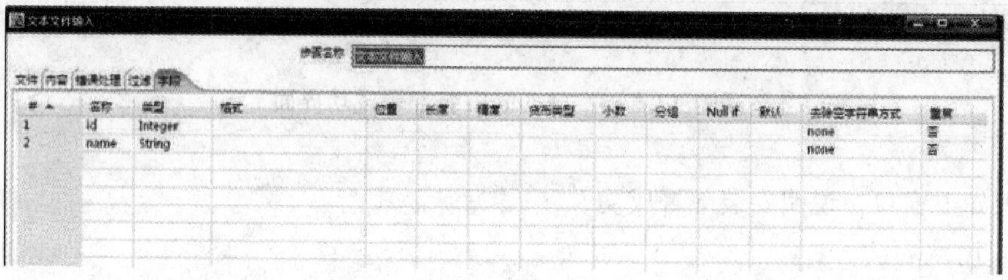

插图 12.5-35　kettle 输入文件选择

（4）表输入、输出信息。

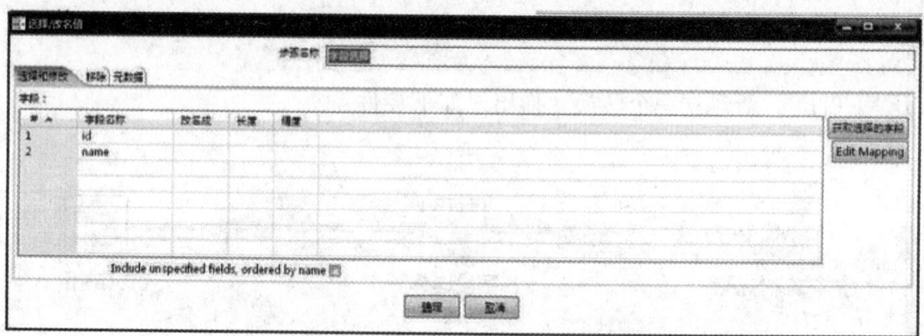

插图 12.5-36　kettle 表输入、输出信息

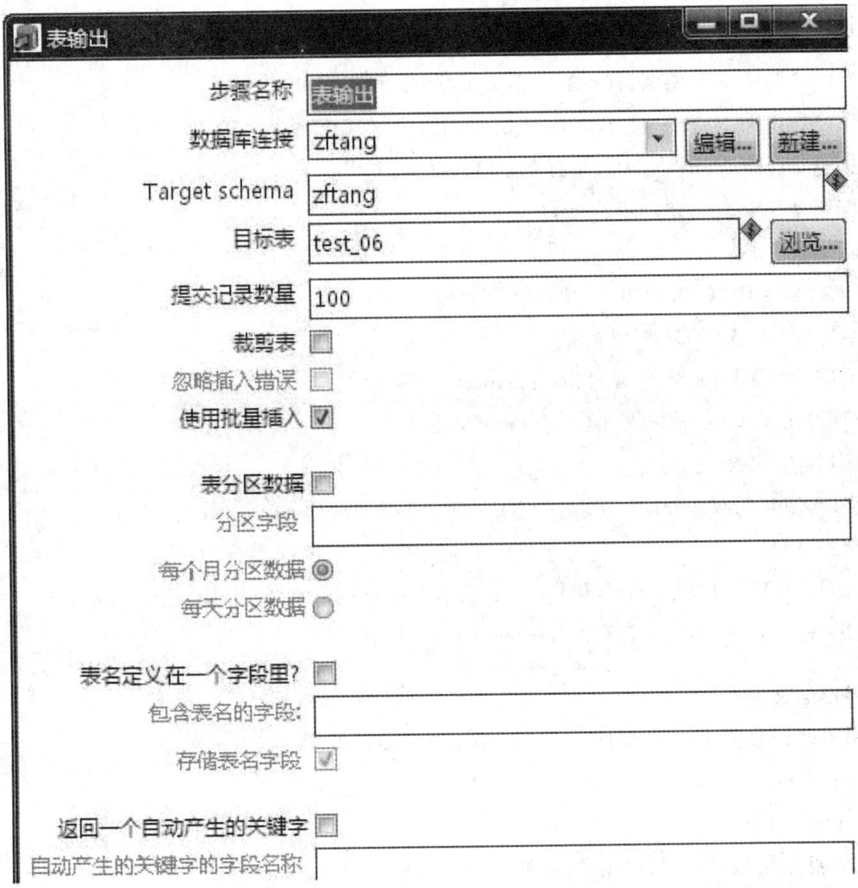

插图 12.5-37　kettle 配置结束

配置结束，该抽取作业即开发完成。

（二）Informatica

1. 安装

软件环境

PowerCenter8.6.1

AIX 5.3

Informatica PowerCenter 安装过程

检查数据库环境

测试数据库连通性，确保能够正确连接到数据库以安装 Informatica8.6.1 服务端。

配置环境变量

在 infa 用户下配置环境变量（.profile），之后退出系统再登录，查看环境变量是否生效。

```
export DB2INSTPATH=/home/db2inst1
. $DB2INSTPATH/sqllib/db2profile
export DB2INSTANCE=db2inst1
```

```
export DB2COMM=TCPIP
export LD_LIBRARY_PATH=$DB2INSTPATH/sqllib/lib
export LD_LIBRARY_PATH=/usr/lib:$LD_LIBRARY_PATH
export LIBPATH=/usr/lib:$DB2INSTPATH/sqllib/lib:$LIBPATH
export DB_LIBS=" -L$DB2INSTPATH/sqllib/lib -ldb2 "
set -o vi
############# INFORMATICA #####################
LANG=C; export LANG
PM_CODEPAGENAME=" MS936"; export PM_CODEPAGENAME
INFA_HOME=/infadir/Informatica/PowerCenter8.6.1
export INFA_HOME
LIBPATH=/infadir/Informatica/PowerCenter8.6.1/server/bin:$LIBPATH
export LIBPATH
INFA_DOMAINS_FILE=/infadir/Informatica/PowerCenter8.6.1/domains.infa
export INFA_DOMAINS_FILE
```

查看 hosts 文件

确保 IP 地址和机器名是对应的，127.0.0.1 和 localhost 是对应的。

more /etc/hosts 文件。

安装 Informatica

进入安装介质目录：/backup/Server/AIX64/Disk1/InstData/VM

执行命令：install.bin - i console

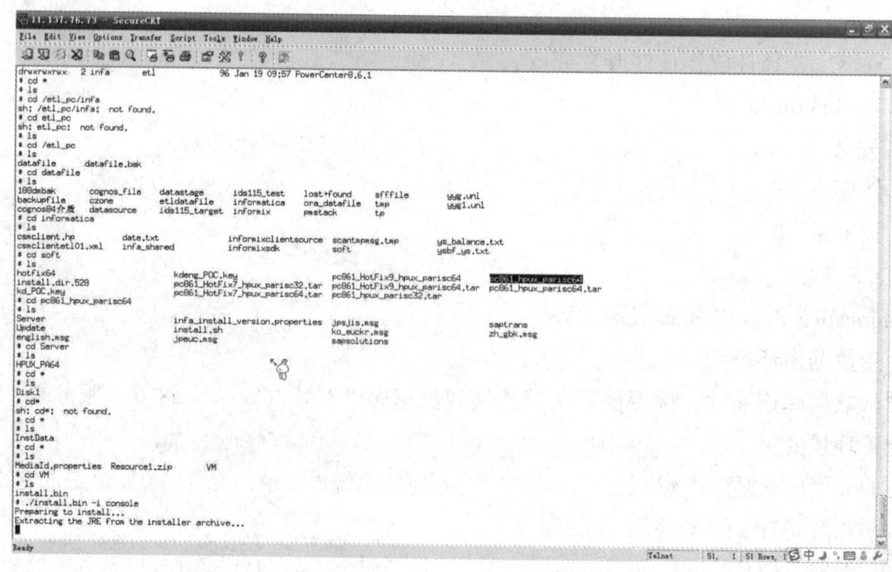

插图 12.5-38 Informatica 安装

选择安装语言

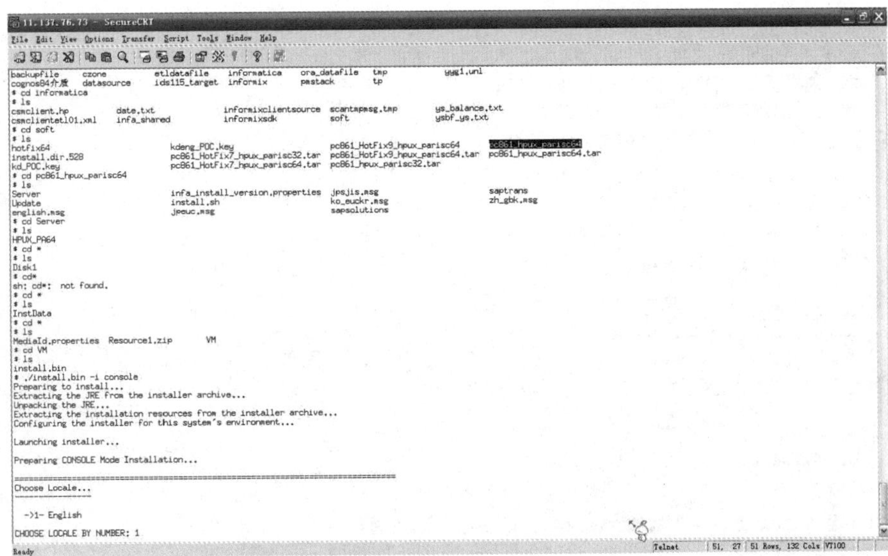

插图 12.5-39　Informatica 选择安装语言界面

选择全新安装

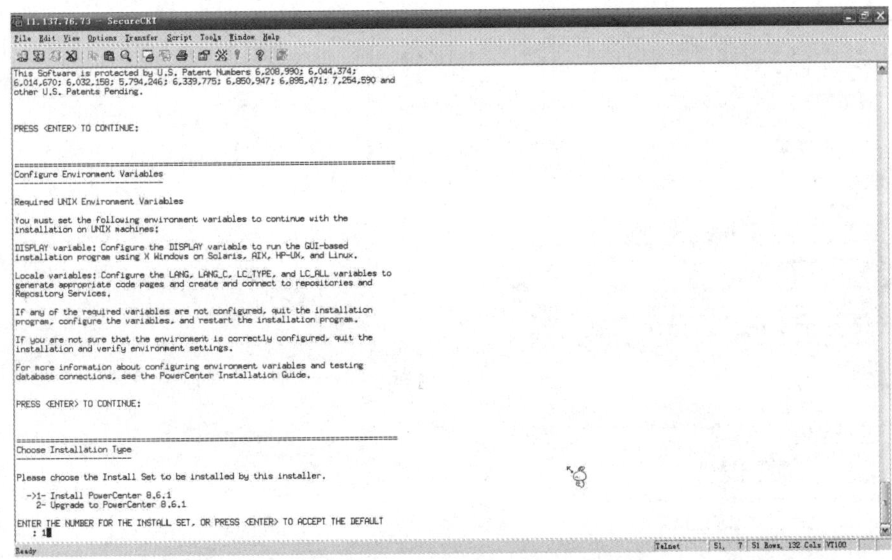

插图 12.5-40　Informatica 选择安装界面

指定 License 路径

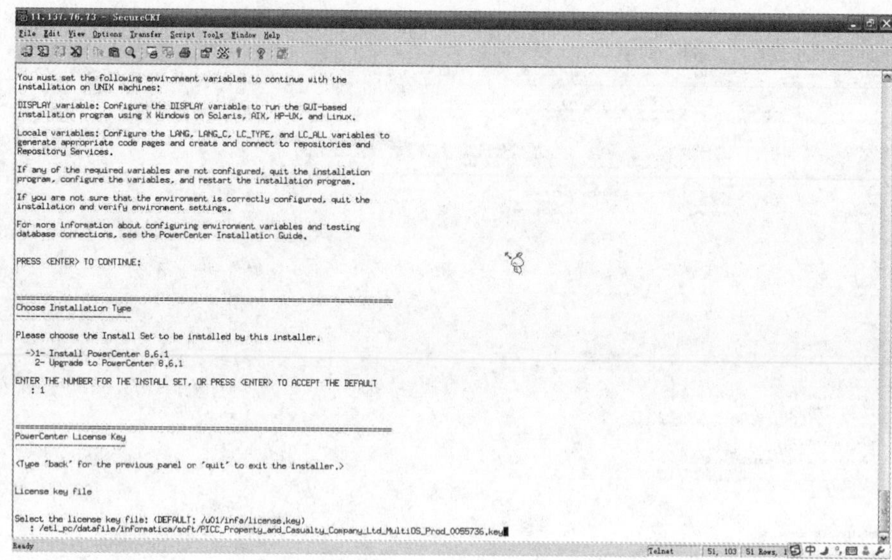

插图 12.5-41　Informatica 指定 License 路径界面

选择安装路径

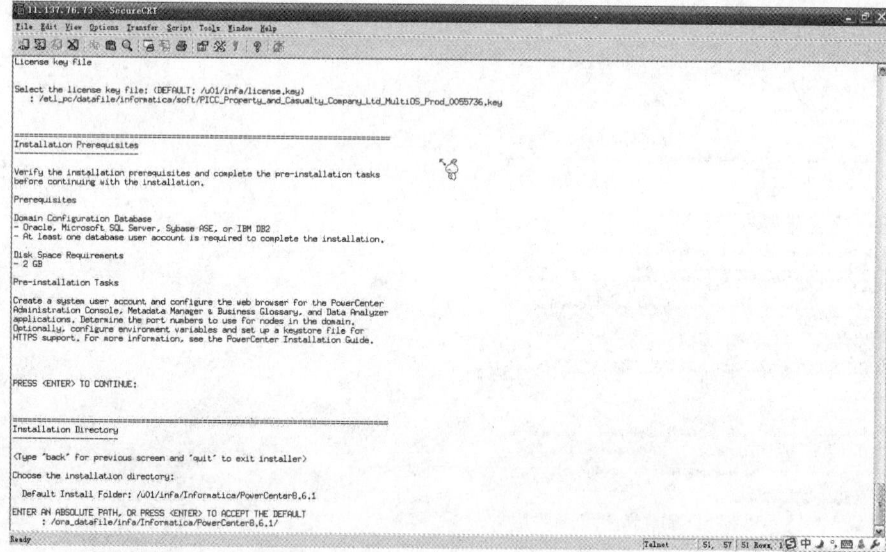

插图 12.5-42　Informatica 选择安装路径界面

配置 HTTPS

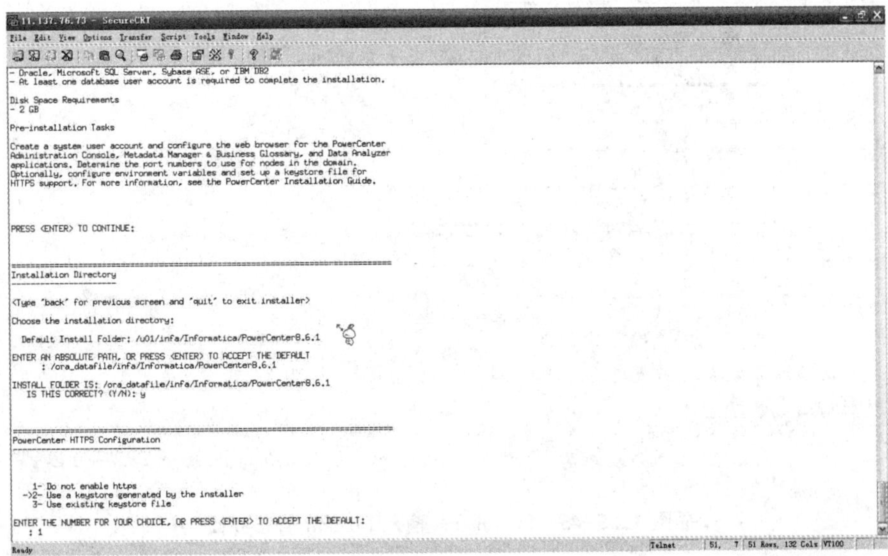

插图 12.5-43　Informatica **配置** HTTPS **界面**

配置 Domain，选择加入 Domain，之后输入所加入 Domain 的信息

```
11.137.76.73 - SecureCRT
File Edit View Options Transfer Script Tools Window Help

Install Folder:
    /ora_datafile/infa/Informatica/PowerCenter8.6.1

Disk Space Requirements

Required Space :
    1,726 MB

Available Space :
    4,041 MB

HTTPS status
    HTTPS disabled


PRESS <ENTER> TO CONTINUE:


===============================================================================
Installing...
-------------

 [==================|==================|==================|==================]
 [------------------|------------------|------------------|------------------]


===============================================================================
Create or Join Domain
---------------------

<Type 'back' for the previous panel or 'quit' to exit the installer.>

For more information about creating or joining a domain, see the PowerCenter
Installation Guide.

Note: PowerCenter is licensed on a CPU basis. Consult your licensing agreement
for details about your licensed configuration.

  ->1- Create New Domain (If you are installing PowerCenter for the first time or you want to create a new domain.)
    2- Join Existing Domain (If you are installing PowerCenter on multiple machines and you already created a domain on another mach
ine.)

Enter an option:: (Default:1): 2
Ready                                          Telnet    51, 33  51 Rows, 132 Cols  VT100
```

插图 12.5-44　Informatica **配置** Domain **界面**

```
11.137.76.73 - SecureCRT
File Edit View Options Transfer Script Tools Window Help

=====================================================================
Installing...
-------------

 [==================|==================|==================|==================]
 [------------------|------------------|------------------|------------------]

=====================================================================
Create or Join Domain
---------------------

<Type 'back' for the previous panel or 'quit' to exit the installer.>

For more information about creating or joining a domain, see the PowerCenter
Installation Guide.

Note: PowerCenter is licensed on a CPU basis. Consult your licensing agreement
for details about your licensed configuration.

  ->1- Create New Domain (If you are installing PowerCenter for the first time or you want to create a new domain.)
    2- Join Existing Domain (If you are installing PowerCenter on multiple machines and you already created a domain on another mach
ine.)

Enter an option:: <Default:1>: 2

=====================================================================
Configure Domain
----------------

<Type 'back' for the previous panel or 'quit' to exit the installer.>

Enter the information for the PowerCenter domain to join.

Domain name: (DEFAULT: Domain_etl01): Domain_etl02
Domain host name: (DEFAULT: etl01): etl02
Domain port no: (DEFAULT: 6001): 6001
Domain user name: (DEFAULT: admin): admin
Domain password:: admin
Ready                                                          Telnet   51, 24  51 Rows,
```

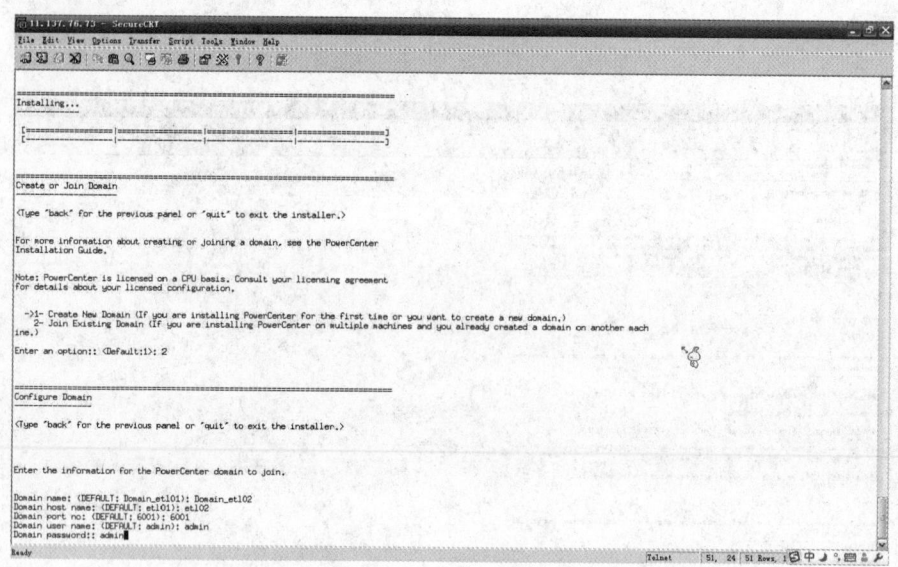

插图 12.5-45　Informatica 输入 Domain 信息界面

配置本机 node 信息，加入 Domain 成功后，输入本机所创建的 node 信息，这里需要注意的是 Server as Gateway 一定要选择 Yes，为的是保证用这台机器的 IP 能访问控制台。

```
11.137.76.73 - SecureCRT
File Edit View Options Transfer Script Tools Window Help
=====================================================================
Informatica PowerCenter 8.6.1
-----------------------------

Enter values in all fields.

All fields are required. Enter values in all of the fields to continue with the
installation.

PRESS <ENTER> TO ACCEPT THE FOLLOWING (OK):

=====================================================================
Configure Domain
----------------

<Type 'back' for the previous panel or 'quit' to exit the installer.>

Enter the information for the PowerCenter domain to join.

Domain name: (DEFAULT: Domain_etl02): Domain_etl02
Domain host name: (DEFAULT: etl02): etl02
Domain port no: (DEFAULT: 6001): 6001
Domain user name: (DEFAULT: admin): admin
Domain password: (DEFAULT: admin): admin

=====================================================================
Configure Node
--------------

<Type 'back' for the previous panel or 'quit' to exit the installer.>

Enter the name and port number for this node in the PowerCenter domain.

Host name: (DEFAULT: etl01): etl01
Node name: (DEFAULT: node01_etl01): node01_etl01
Port number: (DEFAULT: 6001): 6001
Serves as Gateway (Y/N) (DEFAULT: N): y
Configure minimum and maximum port numbers? (Y/N) (DEFAULT: N)
   : n
Ready                                                          Telnet   51, 7  51 Rows,
```

插图 12.5-46　Informatica 配置本机 node 信息界面

安装成功

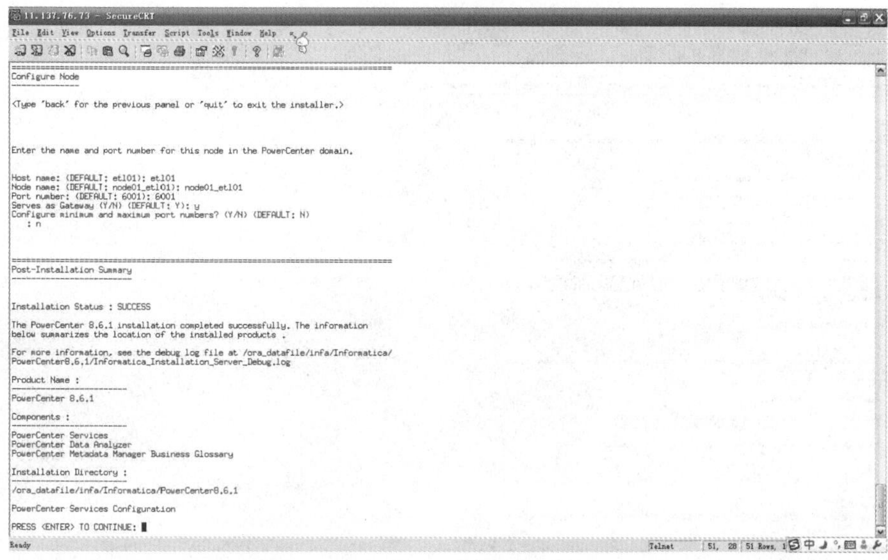

插图 12.5-47　Informatica 安装成功界面

Informatica PowerCenter Hotfix9 补丁安装

开始安装 Hotfix9 补丁

注：开始安装之前必须停止 Informatica 服务

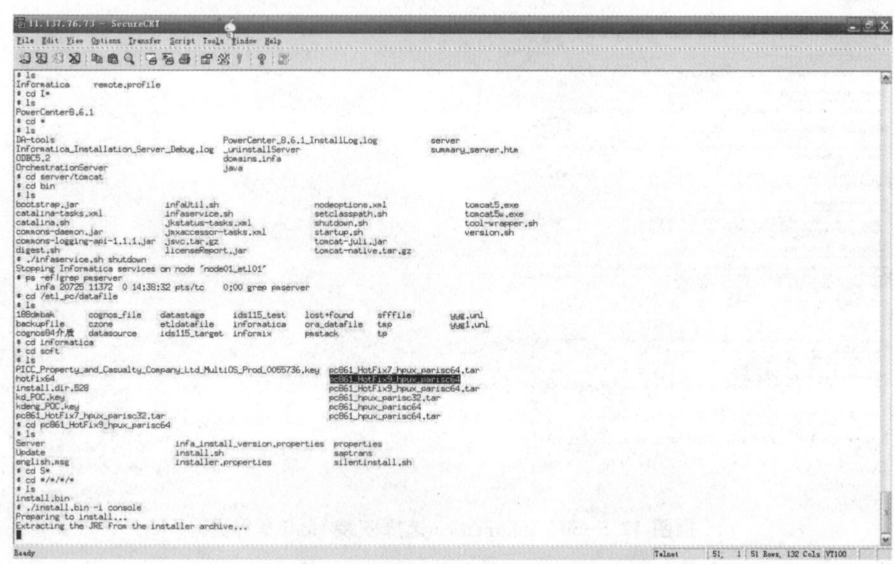

插图 12.5-48　Informatica 补丁安装界面

确定服务已经关闭

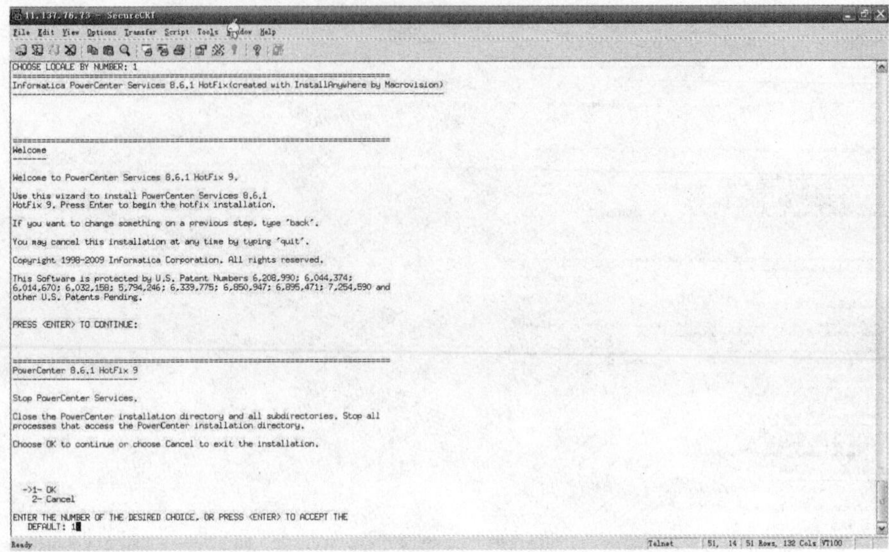

插图 12. 5-49 Informatica 确定服务已经关闭界面

选择安装 Hotfix9

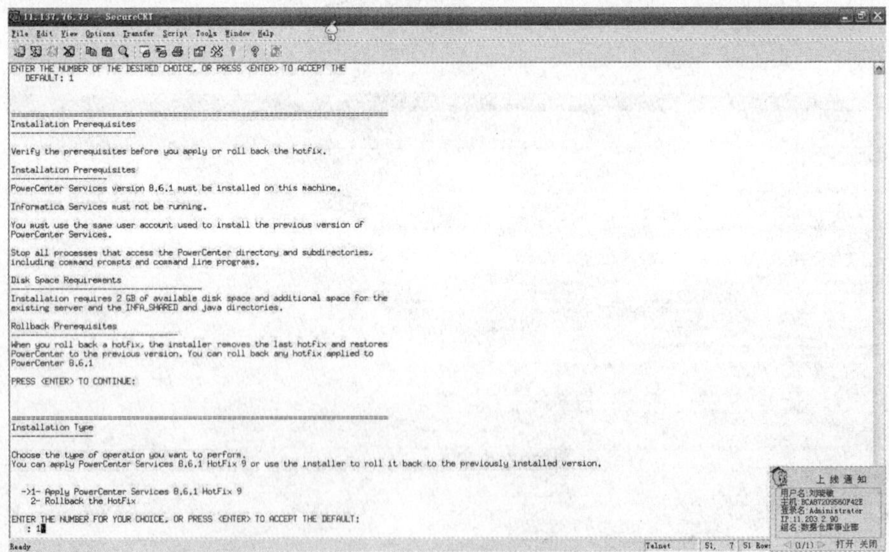

插图 12. 5-50 Informatica 选择安装 Hotfix9 界面

选择安装路径

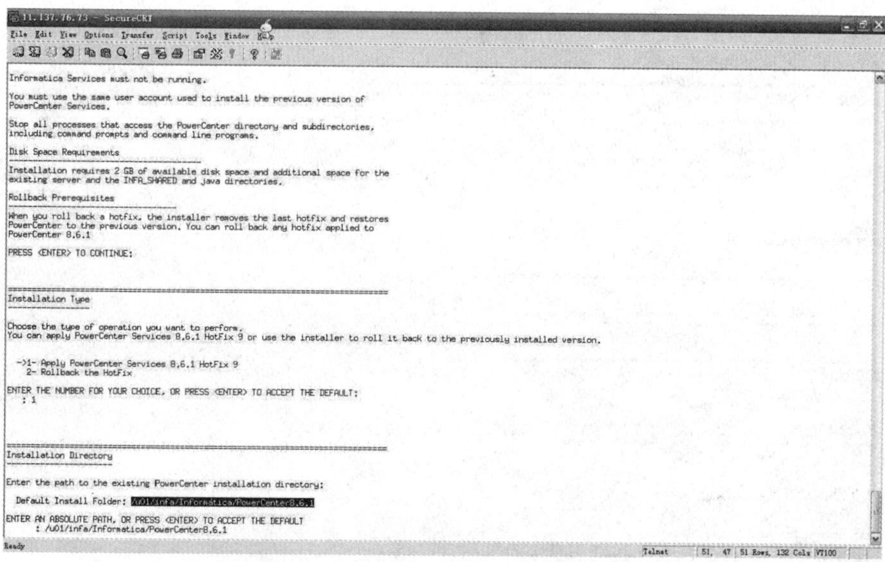

插图 12.5-51　Informatica 选择安装路径界面

安装过程中

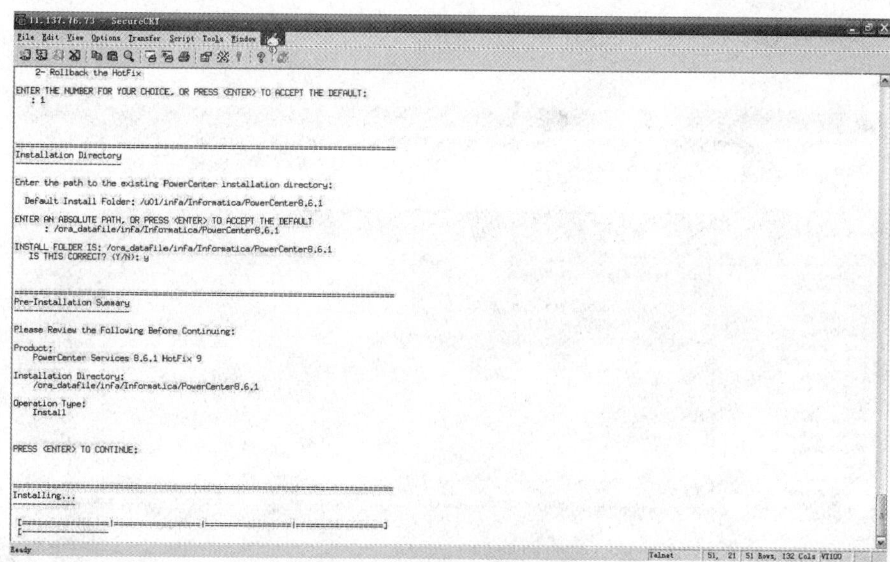

插图 12.5-52　Informatica 安装过程中界面

安装成功

```
Pre-Installation Summary

Please Review the Following Before Continuing:

Product:
    PowerCenter Services 8.6.1 HotFix 9

Installation Directory:
    /u01/infa/Informatica/PowerCenter8.6.1

Operation Type:
    Install

PRESS <ENTER> TO CONTINUE:

Installing...

Post-Installation Summary

Post-installation Summary
Installation Status: SUCCESS

The PowerCenter Services 8.6.1 HotFix 9 installation completed with status
SUCCESS. For more information, see the debug log file at "/u01/infa/Informatic
a/PowerCenter8.6.1/Server_Informatica_Installation_HotFix_Debug.log"

Product Name:
PowerCenter Services 8.6.1 HotFix 9

Installation Directory:
/u01/infa/Informatica/PowerCenter8.6.1

PRESS <ENTER> TO EXIT THE INSTALLER:
```

插图 12.5-53　Informatica 安装成功界面

2. 应用

利用 Informatica 抽取数据，从一张数据库表到另一张数据库表。

在 PL/SQL 中建立与源表结构相同的目标表，初始为一个空表：

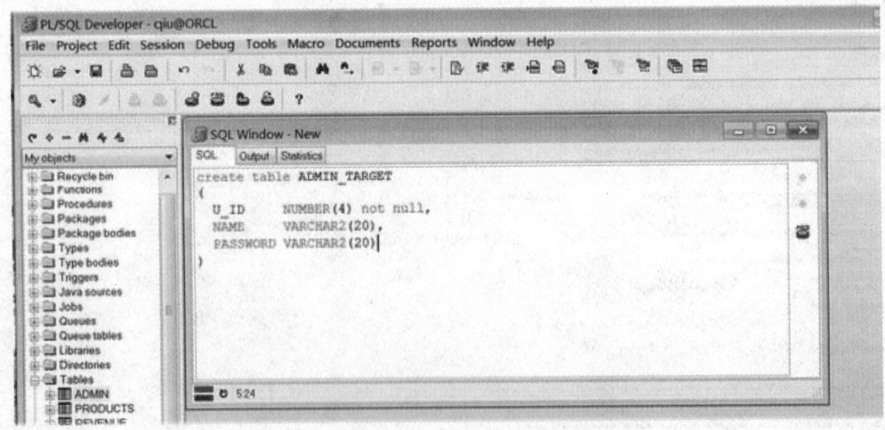

插图 12.5-54　PL/SQL 中的目标表界面

点击图标，选择 Sources，选择 Import from Database：

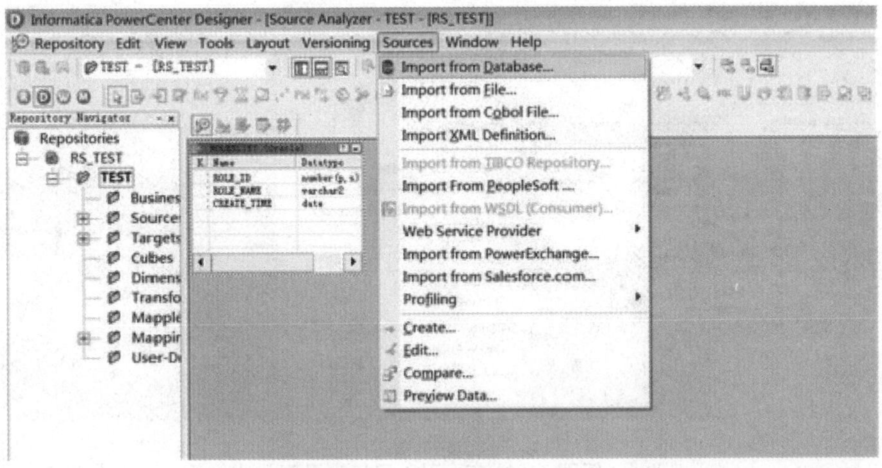

插图 12.5-55　Sources 中选择 Import from Database 界面

输入用户名和密码→connect，选择源表 ADMIN，单击 OK

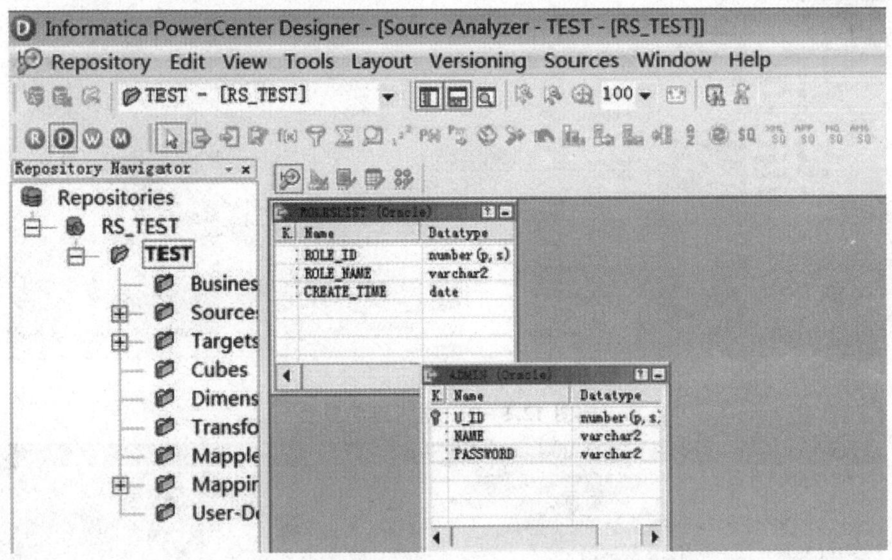

插图 12.5-56　connect 中选择源表 ADMIN 界面

点击，选择 Targets，选择 Import from Database，引入目标表

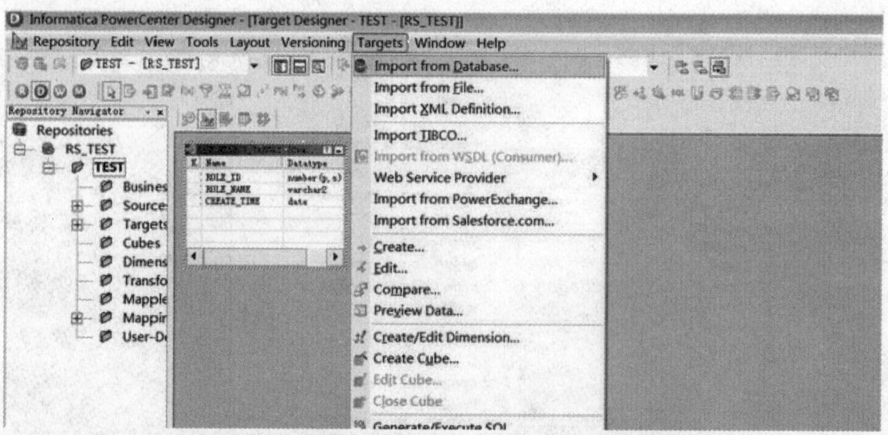

插图 12.5-57　引入目标表界面

输入用户名和密码，进行连接，选择目标表 ADMIN_ TARGET

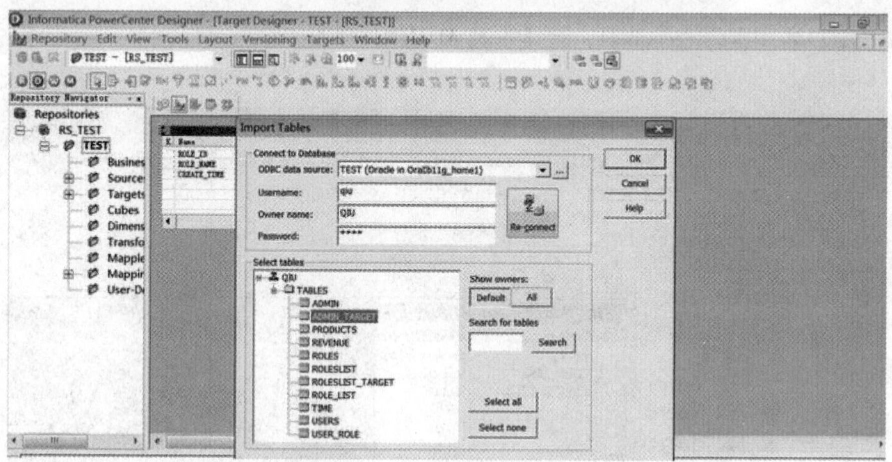

插图 12.5-58　进行连接界面

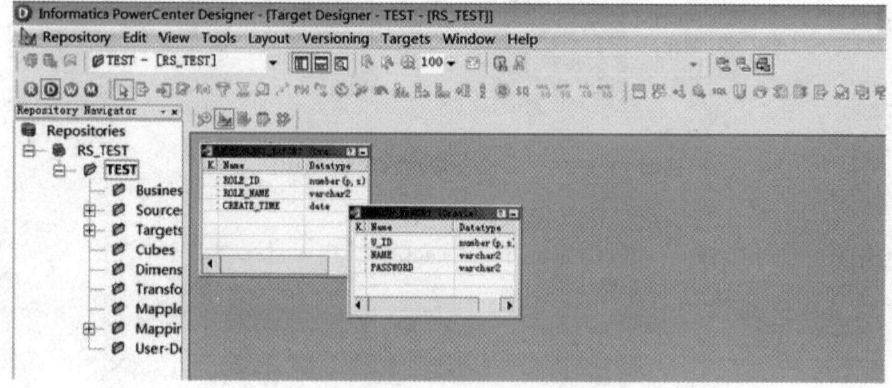

插图 12.5-59　选择目标表 ADMIN_ TARGET 界面

点击，选择 Mappings，选择 Create

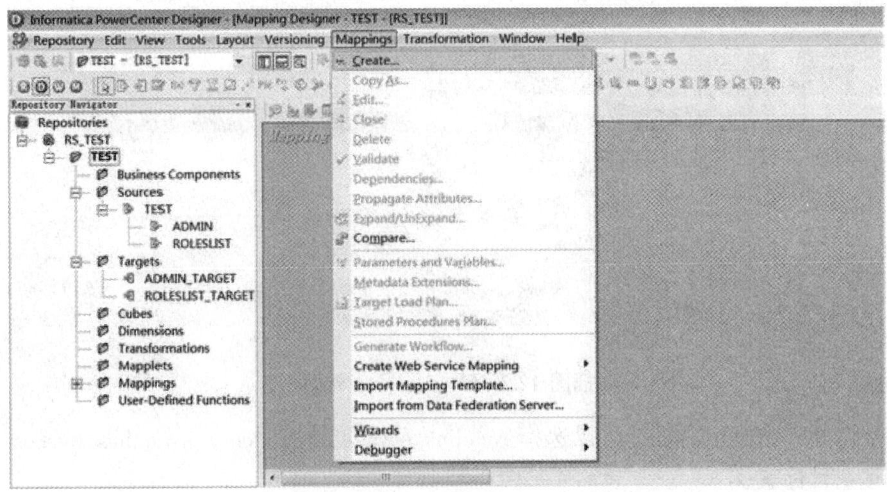

插图 12.5-60　选择 Mappings 界面

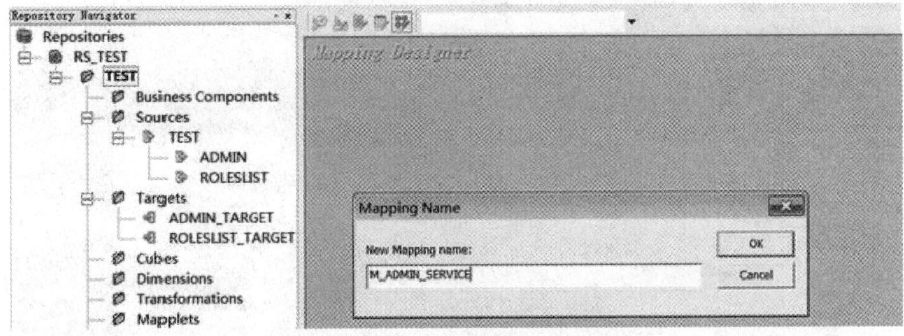

插图 12.5-61　选择 Create 界面

从左侧拖拽导入源表和目标表，得到如下的 Mapping

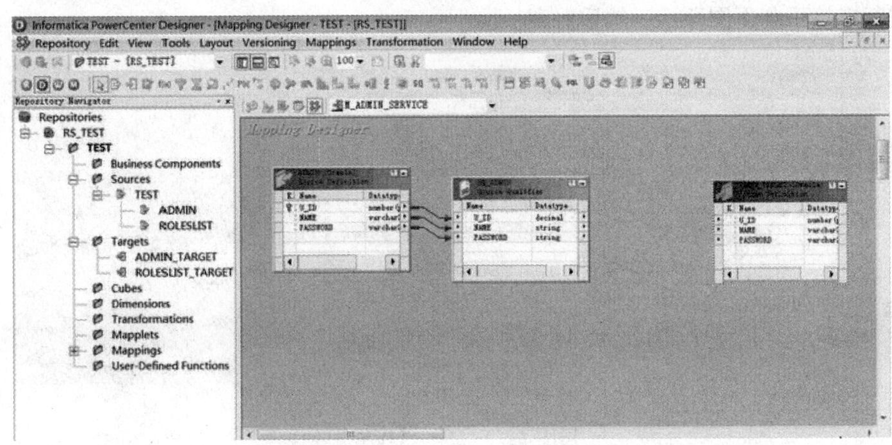

插图 12.5-62　导入源表和目标表界面

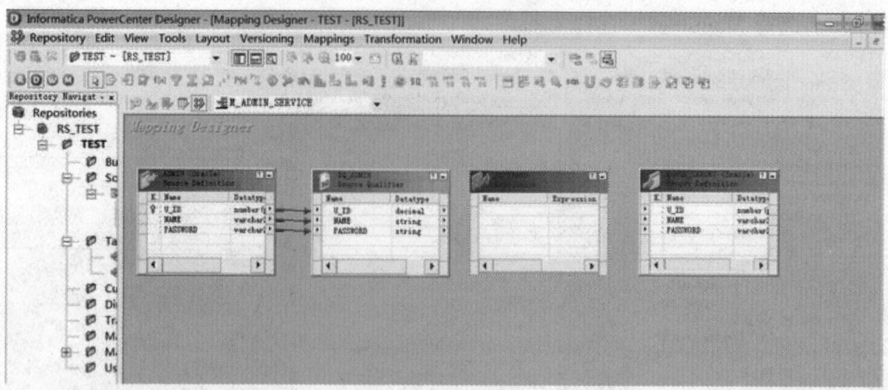

插图 12.5-63　Mapping 界面

在空白处单击鼠标右键，可以选择 Autolink、Autolink by Name、Autolink by Position 等选项连接到目标表

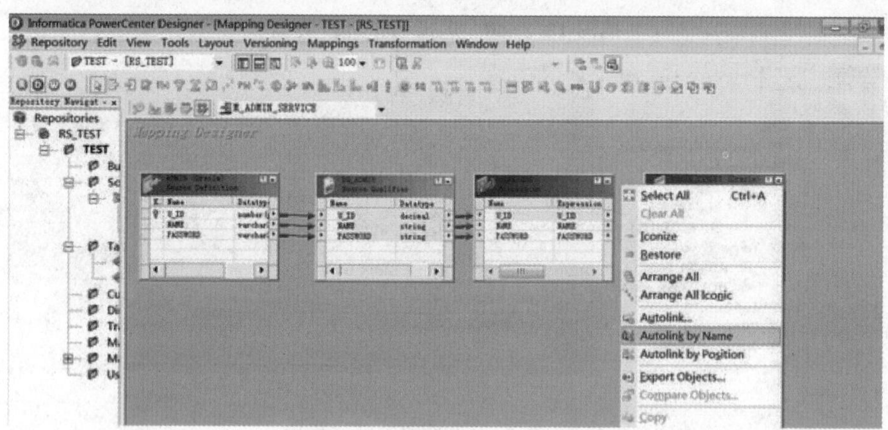

插图 12.5-64　连接目标表界面

进行链接后如下图所示，然后保存

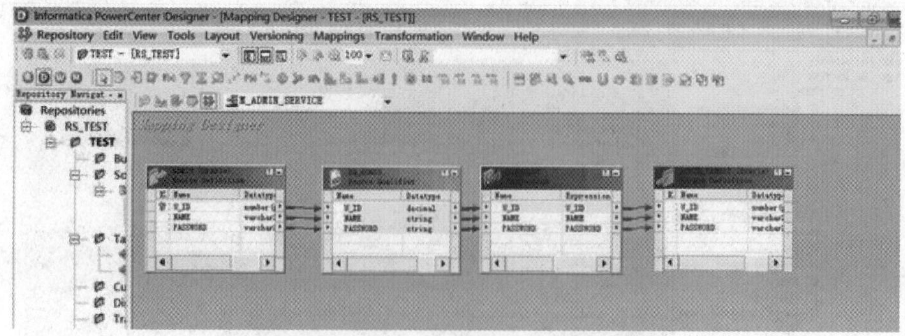

插图 12.5-65　链接界面

进入 Informatica PowerCenter Workflow Manager，选择 Create

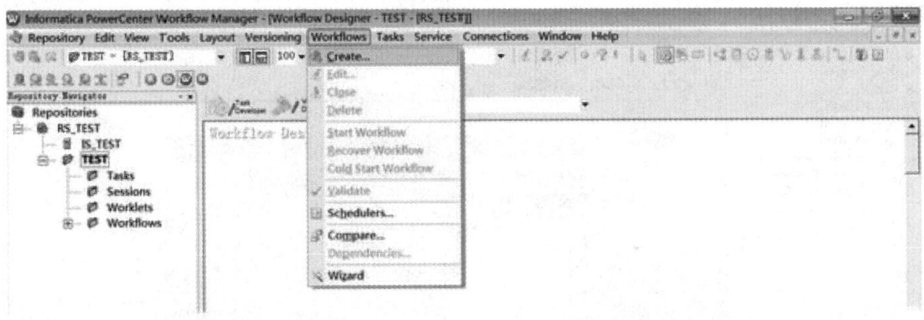

插图 12.5-66　Informatica PowerCenter Workflow 界面

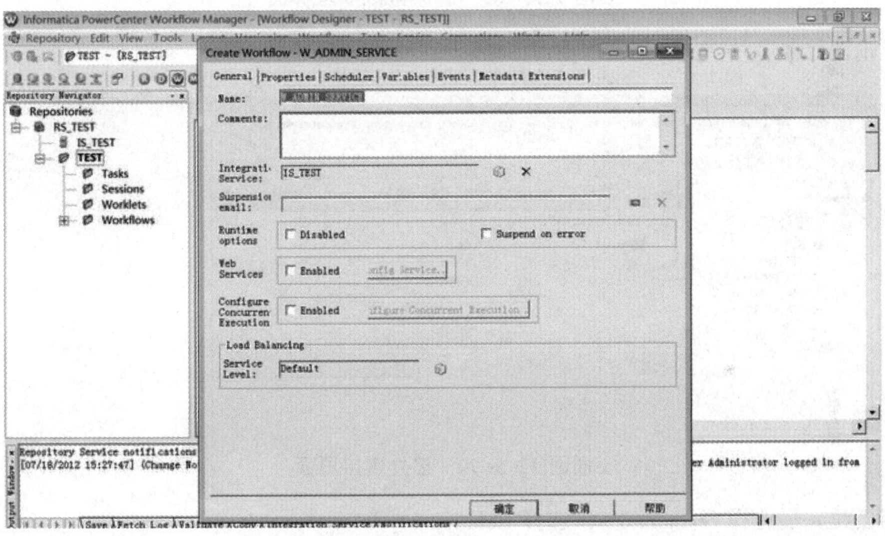

插图 12.5-67　Manager 界面

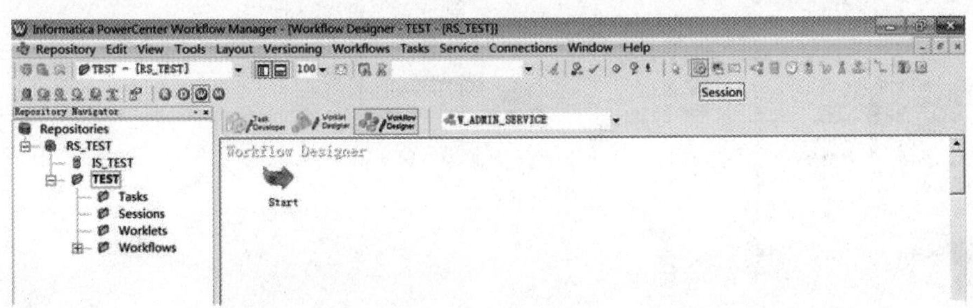

插图 12.5-68　选择 Create 界面

点击图标，选择 Mappings

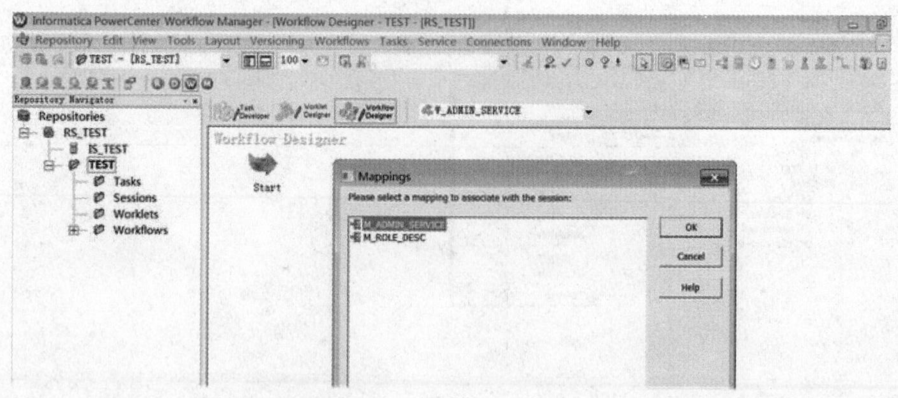

插图 12.5-69　选择 Mappings 界面

点击图标建立连接

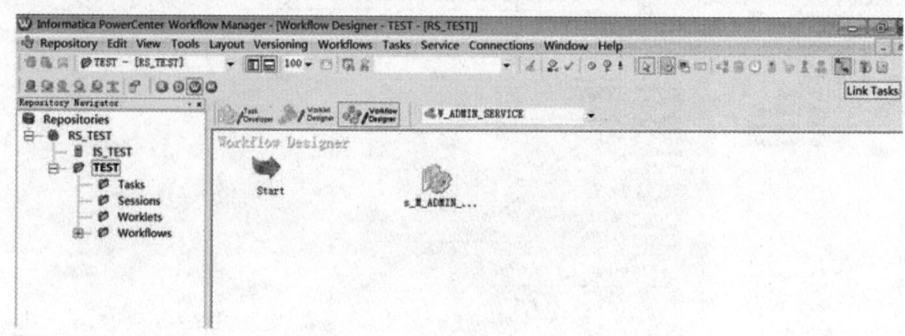

插图 12.5-70　建立连接界面

连接建立后选择 Connections，选择 Relational

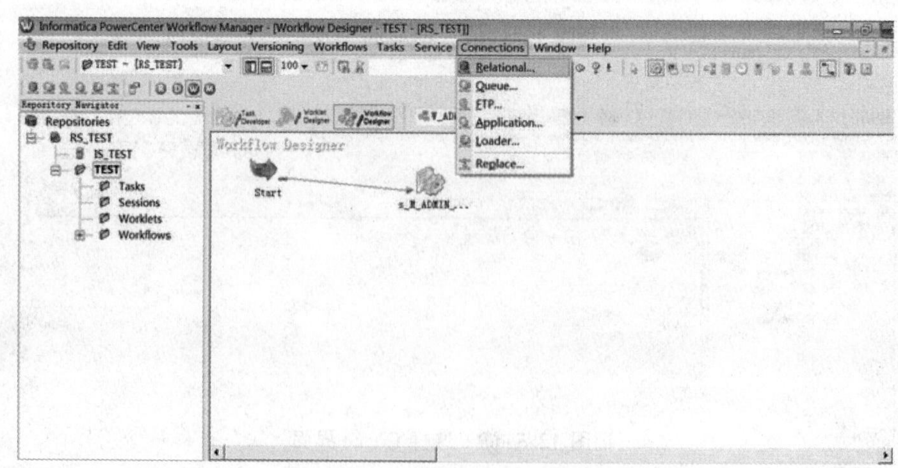

插图 12.5-71　选择 Relational 界面

选择 Oracle

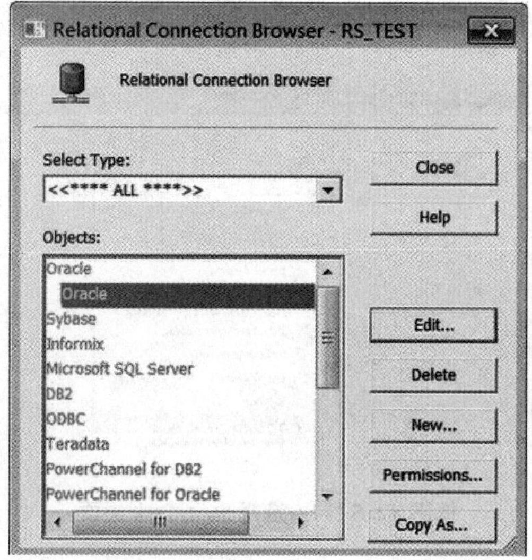

插图 12.5-72　选择 Oracle 界面

点击 "Edit" 进行编辑

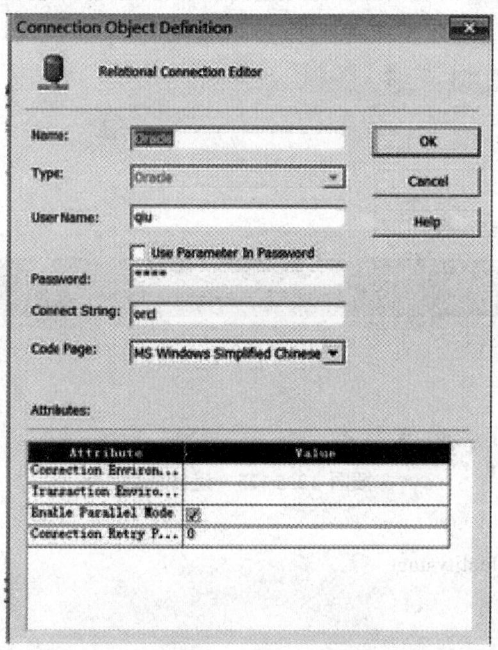

插图 12.5-73　编辑界面

编辑完成后，保存，选中 Session，点击右键，选择 Start Task 运行

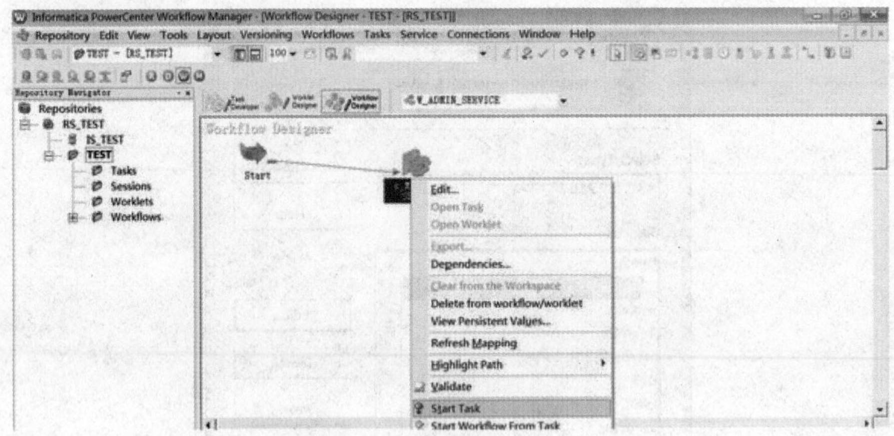

插图 12. 5-74　选择 Start Task 界面

在 Informatica PowerCenter Workflow Monitor 中可以查看运行的信息

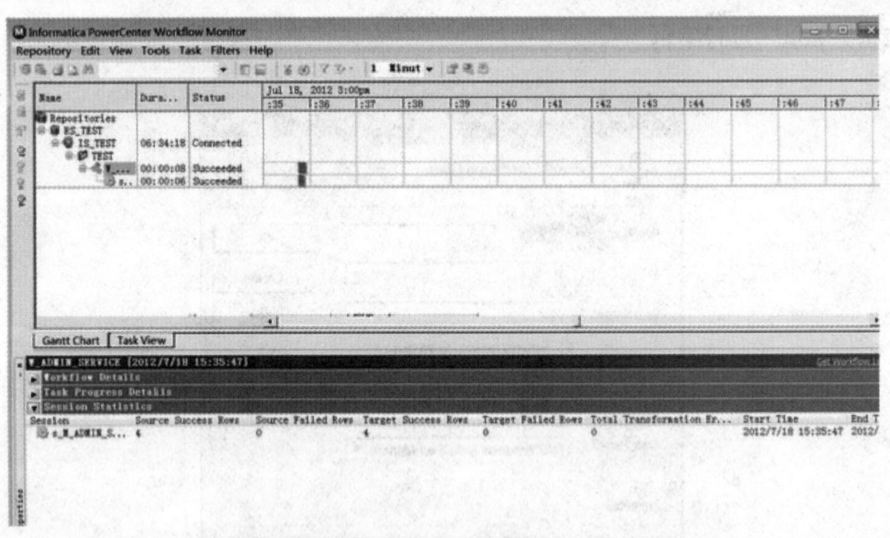

插图 12. 5-75　运行界面

（五）Datastage & Qualitystage

1. 安装

软件环境

Datastage8. 5

rhel-server-5. 5-x86_ 64

服务端安装

检查机器资源环境

[root@ EMAG-TEST-167-69 install_ pkg] # df -h

```
FilesystemSize Used Avail Use% Mounted on
/dev/cciss/c0d0p3 15G9. 7G 4. 2G 71%/
/dev/cciss/c0d0p13 190G 31G 150G 17%/data
/dev/cciss/c0d0p6 9. 7G3. 5G 5. 8G 38%/usr
/dev/cciss/c0d0p5 9. 7G305M 8. 9G 4% /var
/dev/cciss/c0d0p2 30G21G 7. 0G 75%/apps
/dev/cciss/c0d0p1 494M 17M 452M 4% /boot
tmpfs 16G 016G 0% /dev/shm
/dev/mapper 1. 8T679G 1010G 41%/data01
```

本次安装在/data01 目录下面

[root@ EMAG-TEST-167-69 ~] # uname -n

```
EMAG-TEST-167-69
```

[root@ EMAG-TEST-167-69 ~] # ifconfig

```
bond0 Link encap: Ethernet HWaddr D4: 85: 64: 4A: 75: D4
    inet addr: 192. 168. 167. 69 Bcast: 192. 168. 167. 127
Mask: 255. 255. 255. 128
    inet6 addr: fe80: : d685: 64ff: fe4a: 75d4/64 Scope: Link
```

[root@ EMAG-TEST-167-69 ~] # service iptables status (确认防火墙已关闭)

```
Firewall is stopped.
```

[root@ EMAG-TEST-167-69 ~] # 修改 /etc/selinux/config (确认 linux 安全增强未开启)

```
SELINUX=disabled
```

[root@ EMAG-TEST-167-69 ~] # ulimit -n (查看系统能够打开的最大文件数目)

```
10240
```

如果没达到要求的话，在 root 用户的 . bash_ profile 用户下添加 ulimit - n 10240

##

解压安装介质，进入到 is-suite 目录，执行 ./setup，在浏览器（IE 或者 Fixforx）中打开输出的 URL

```
[root@EMAG-TEST-167-69 dstagesoft]# cd is-suite
[root@EMAG-TEST-167-69 is-suite]# ls
buildinfo.txt                                readme-migration.txt  setup
                                                                   suite.jar
InfoServerReleaseNotes_8.5.html                                    SuiteSpec.xml
IS_QuickStartGuide.pdf
[root@EMAG-TEST-167-69 is-suite]# ./setup
INFO: Installation program will be running in this session, please do not close instal
ation program completes.
Installation program started at 10/31/11 11:36 AM

======> Enter one of the following URLs to your web browser to begin the installation p
http://EMAG-TEST-167-69:8080/ISInstall
https://EMAG-TEST-167-69:8443/ISInstall
```

插图 12. 5-76　is-suite 目录界面

IBM InfoSphere Information Server Installation Program - Windows Internet Explorer
http://emag-test-167-69:8080/ISInstall
收藏夹　515导航第一站　大白菜装机系统　网页快讯库
IBM InfoSphere Information Server Installati...

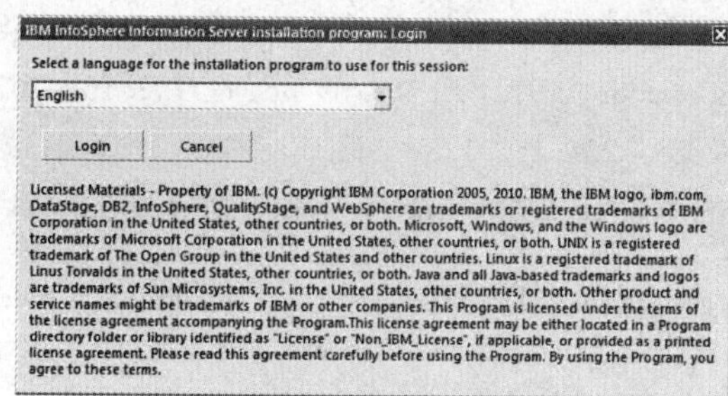

插图 12. 5-77　在浏览器中打开输出的 URL 界面

选择默认语言，click“login”

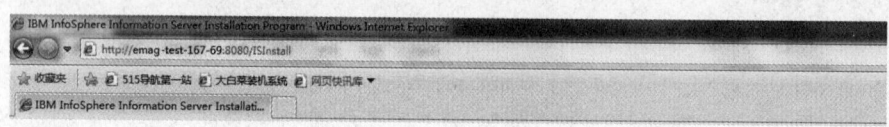

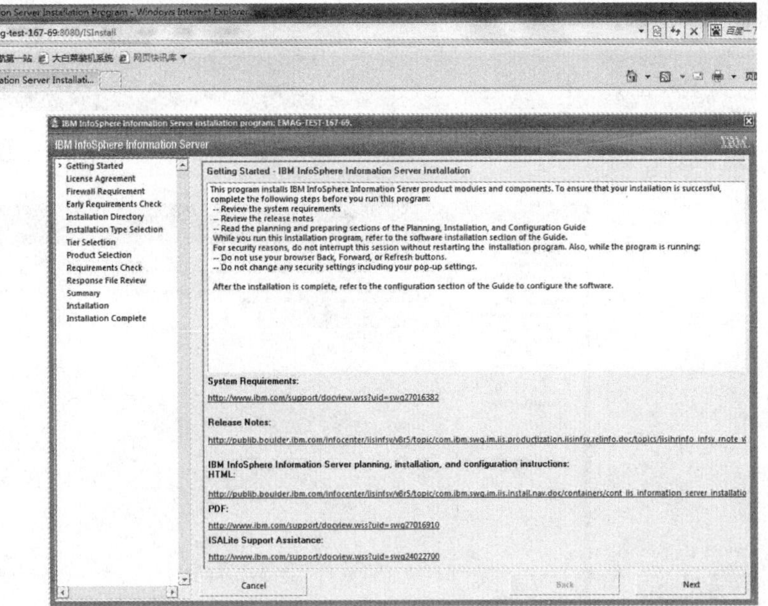

插图 12.5-78 选择“login”界面

选择默认，直接下一步 next

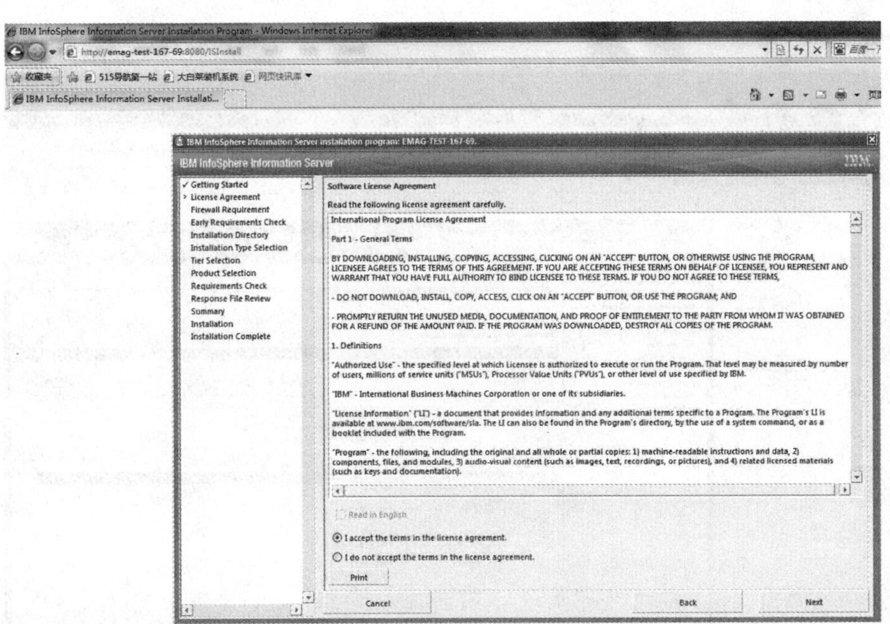

插图 12.5-79 选择“next”界面

选择接受协议，→next

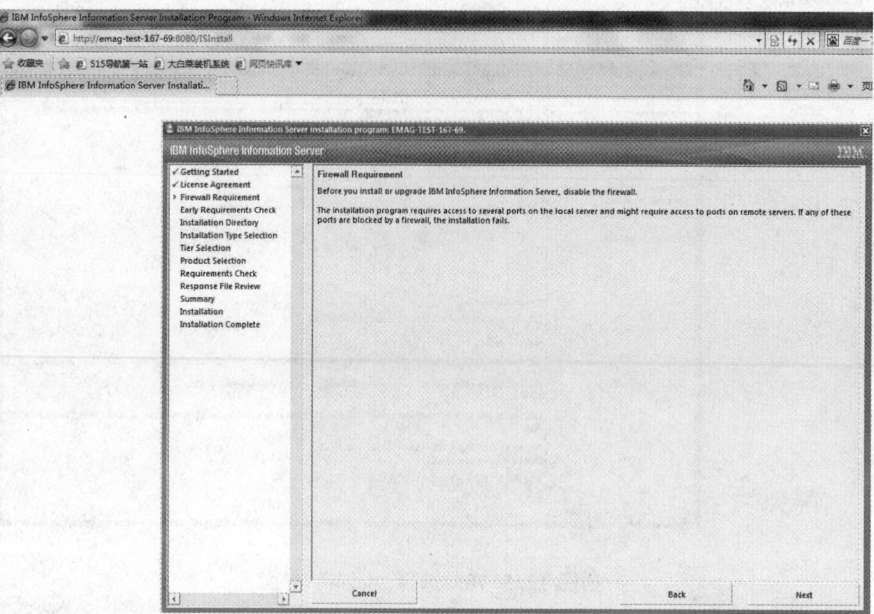

插图 12.5-80　选择“next”界面

→next

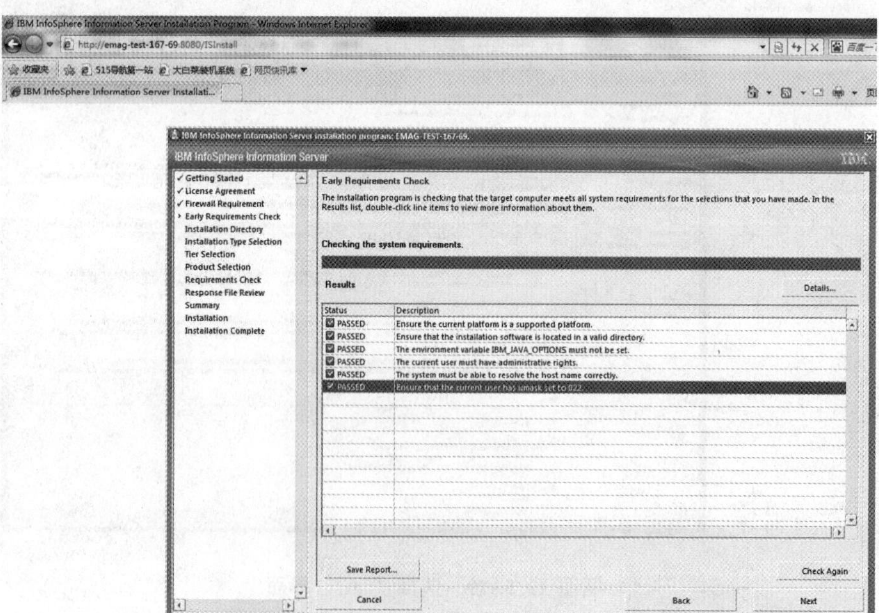

插图 12.5-81　选择“next”界面

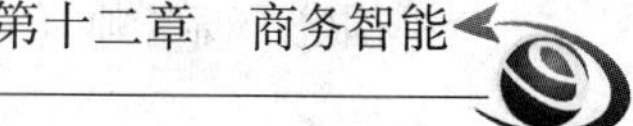

→next

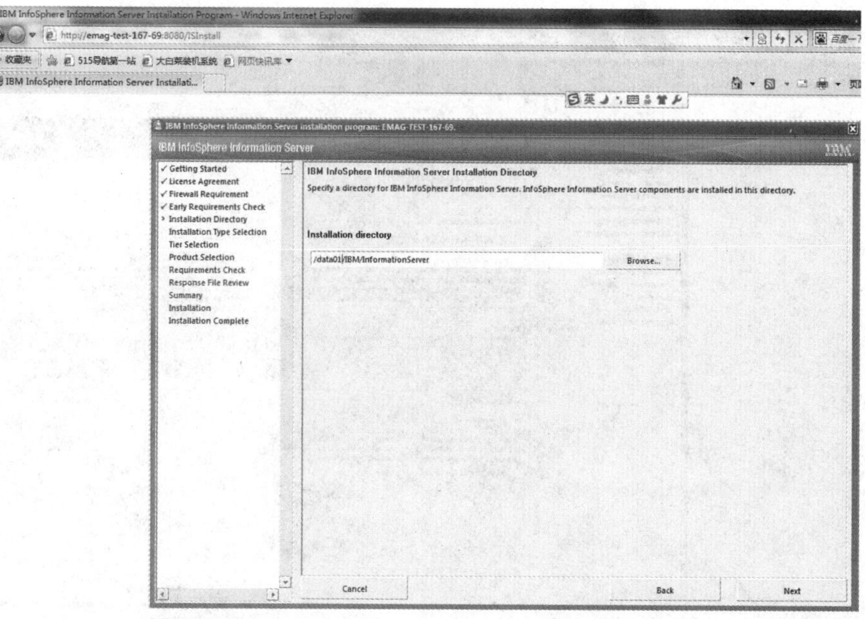

插图 12. 5-82　选择“next”界面

选择安装路径→next

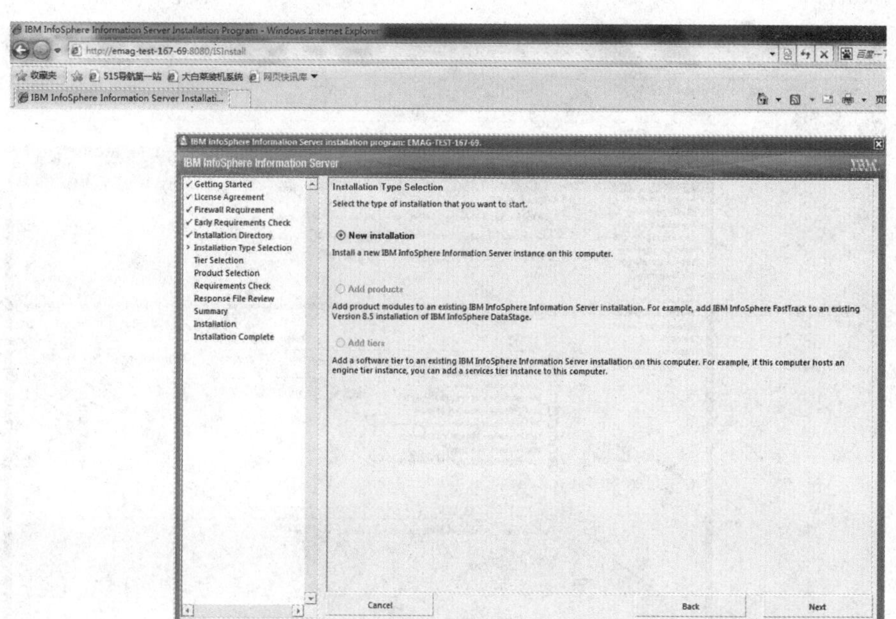

插图 12. 5-83　选择“next”界面

选择新的安装→next

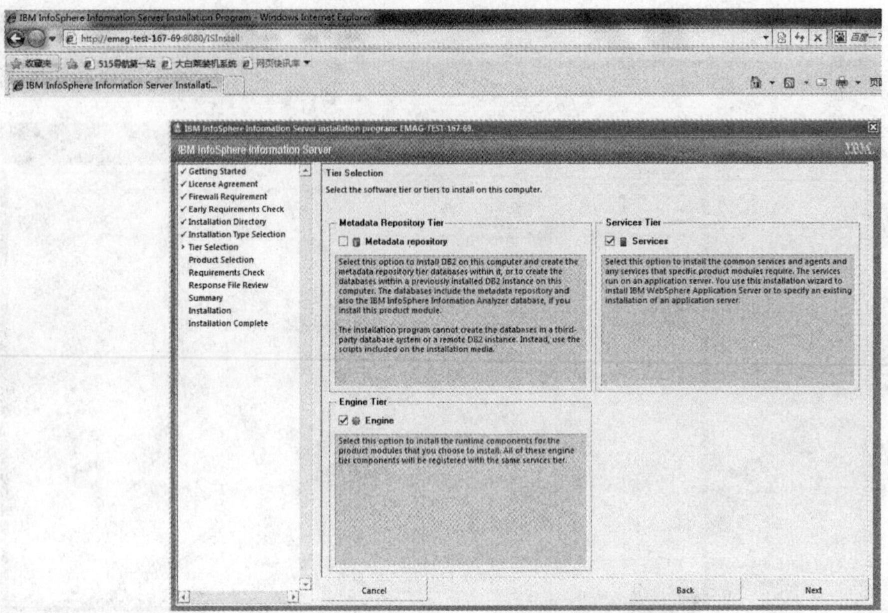

插图 12.5-84　选择“next”界面

选择安装的 Tier，如果使用本机 db2 数据库，则选择 Metadata repository，否则不选。→next

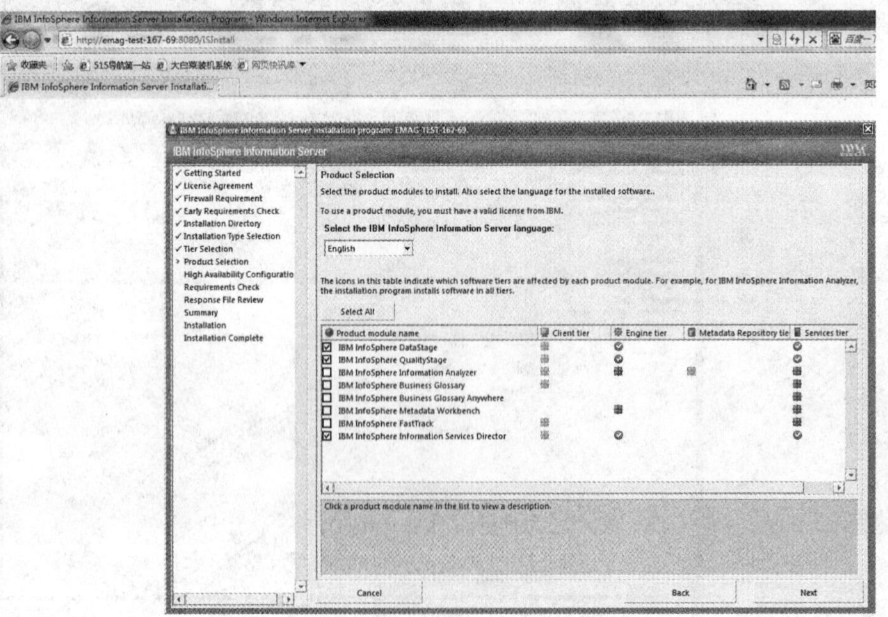

插图 12.5-85　选择“next”界面

选择安装的产品模块，根据需要选择，→next

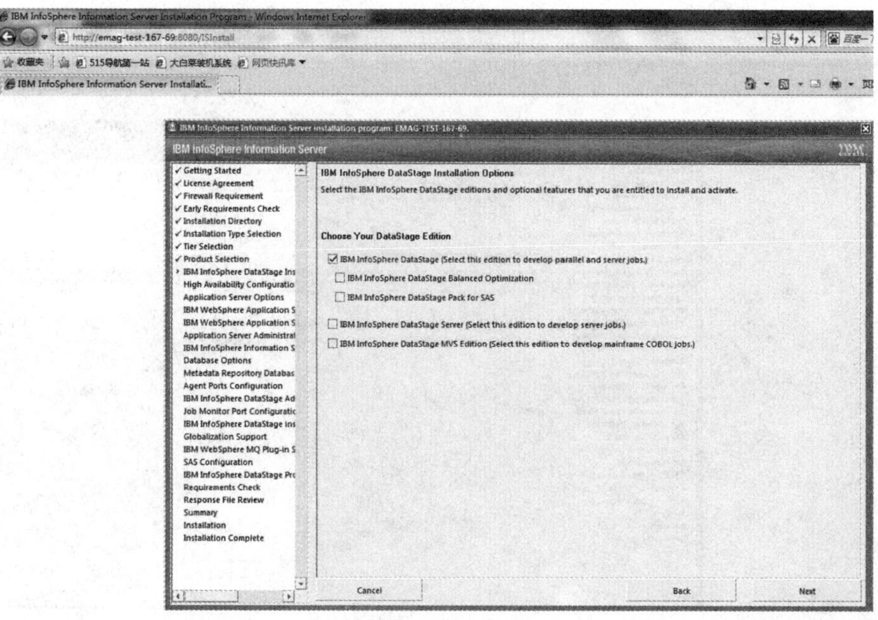

插图 12.5-86　选择“next”界面

选择安装的版本，→next

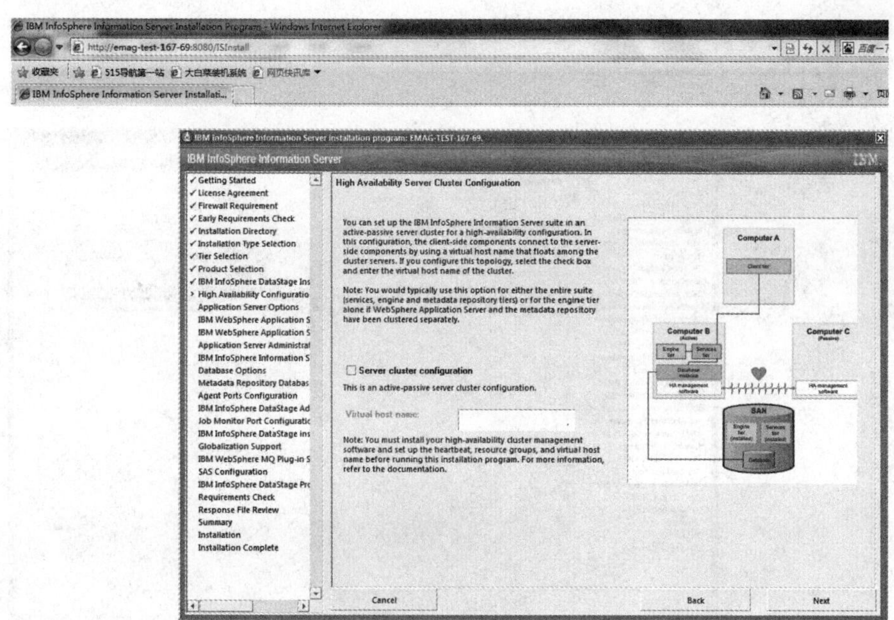

插图 12.5-87　选择“next”界面

默认（此步骤设置高可用性集群设置），直接下一步

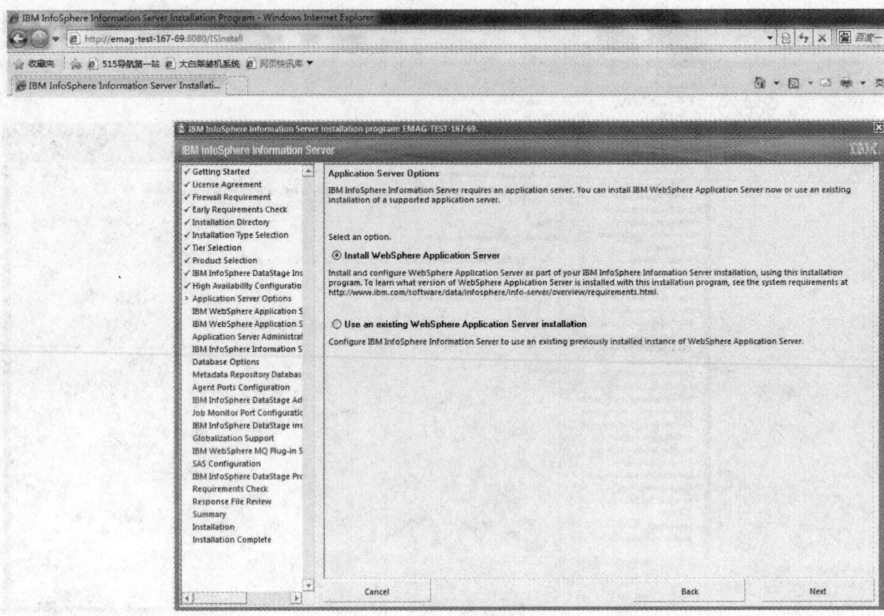

插图 12.5-88　设置高可用性集群设置界面

选择安装 was 提供 web 服务，→next

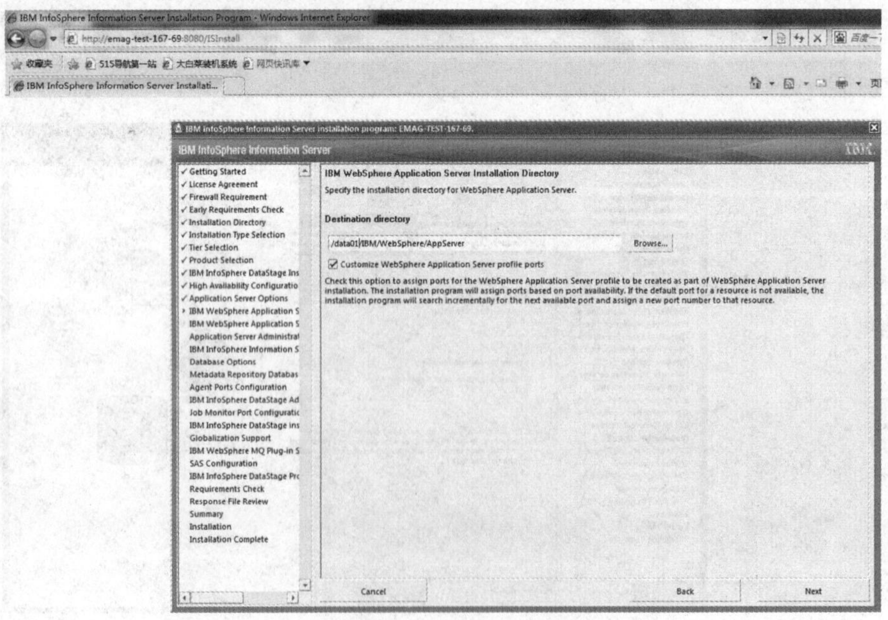

插图 12.5-89　安装 was 界面

选择安装路径→next

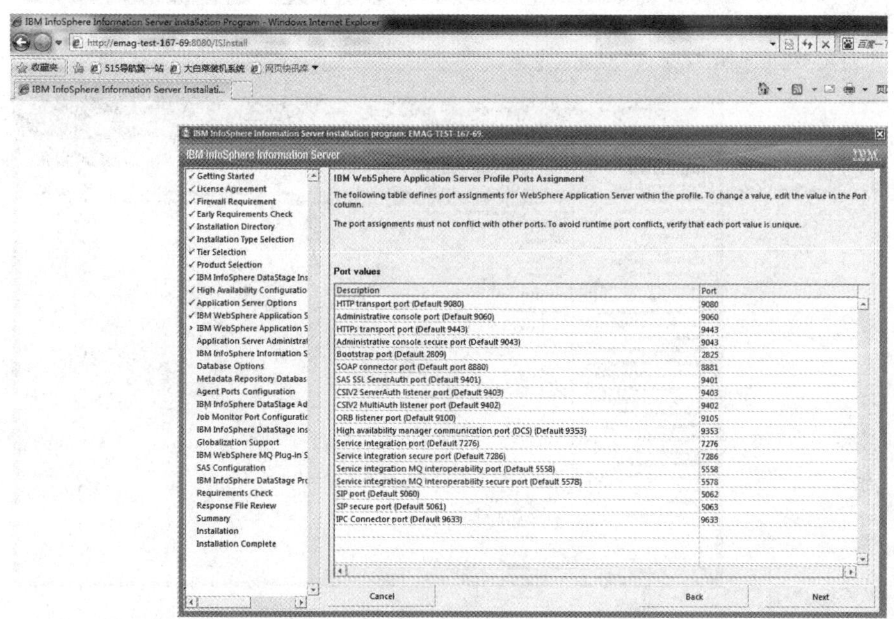

插图 12.5-90　选择安装路径界面

Datastagemore 使用的端口列表，默认，→next

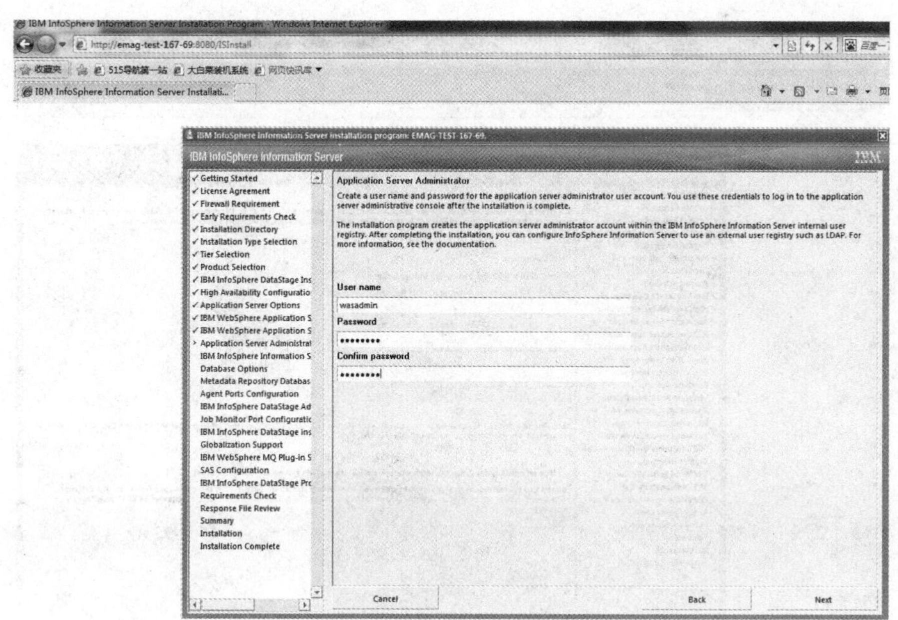

插图 12.5-91　选择 Datastagemore 使用的端口列表界面

设置 was 管理员用户，→next

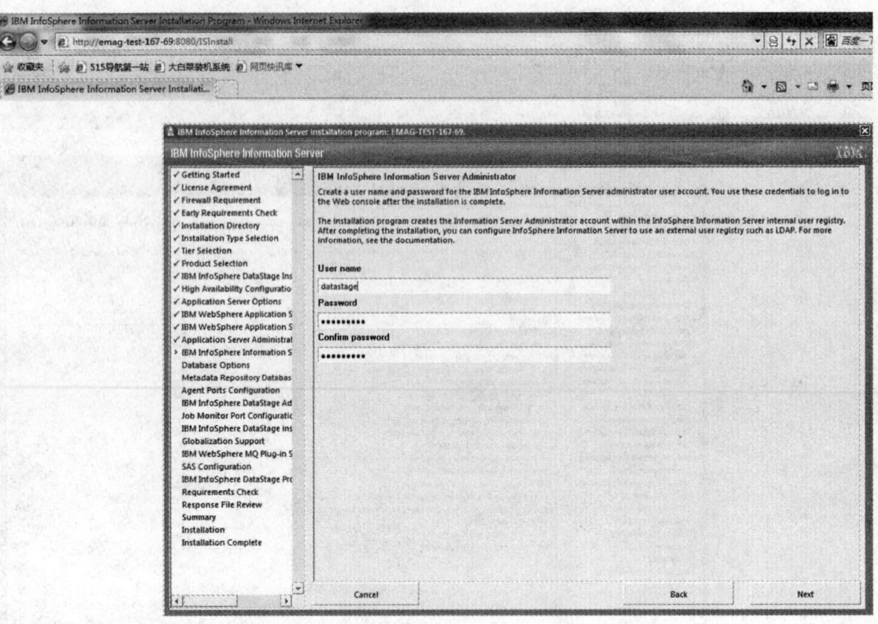

插图 12.5-92　设置 was 界面

设置 InfoSphere Information Server Administrator ，此处设置的用户用于安装完成后登陆 Web Console 设置用户验证→next

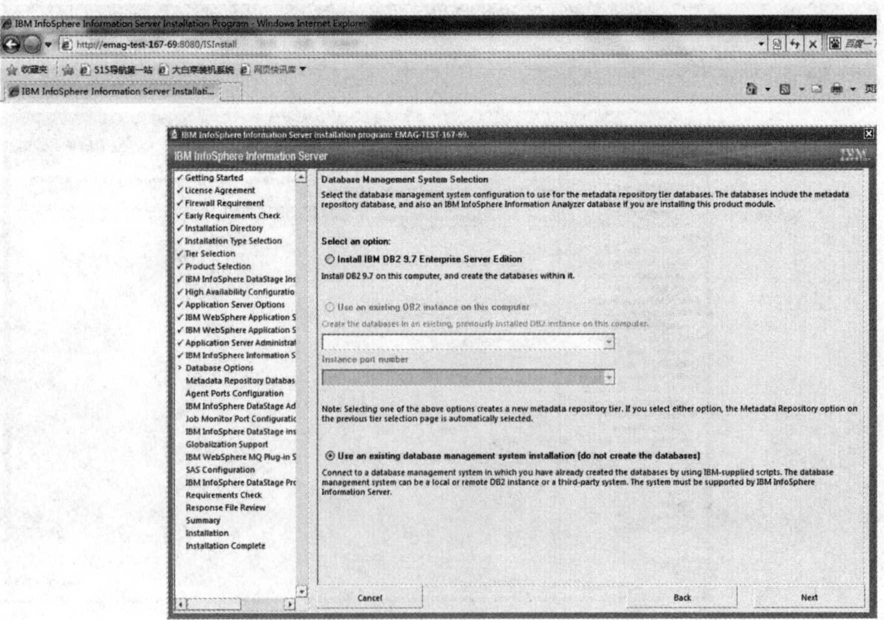

插图 12.5-93　设置用户验证界面

选择使用的数据库（用作资料库）→next

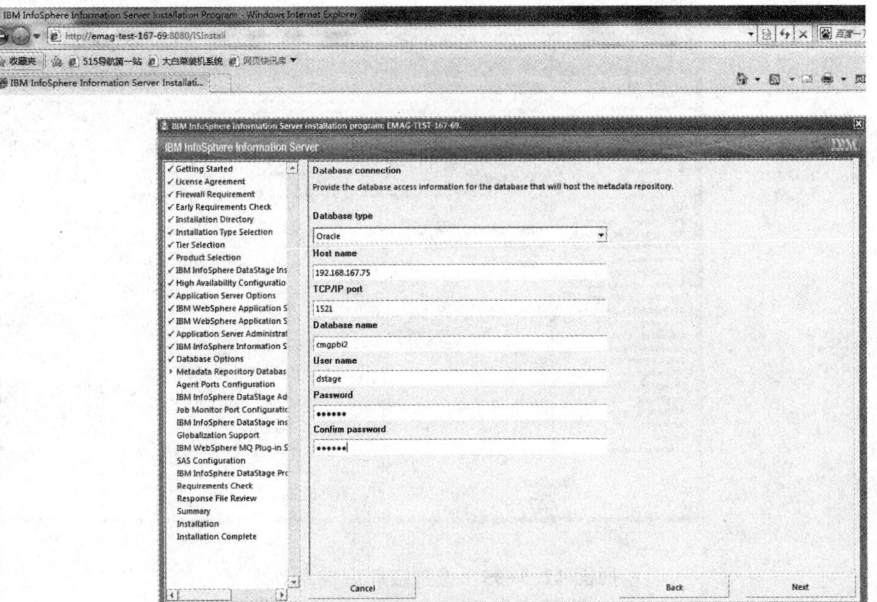

插图 12. 5-94　设置数据库选择界面

输入资料库信息，（说明：如果数据库编码格式不对会报如下类似错误）

FAILED: CDIPR2122I: Ensure the Oracle database is configured in the correct UTF8 code page. Expected: NLS_CHARACTERSET = AL32UTF8 and NLS_NCHAR_CHARACTERSET = AL16UTF16. Found: NLS_CHARACTERSET = ZHS16GBK, NLS_NCHAR_CHARACTERSET = AL16UTF16. Resolution: If the Oracle database is not created in the expected code page: NLS_CHARACTERSET = AL32UTF8 and NLS_NCHAR_CHARACTERSET = AL16UTF16, recreate database before installing IBM InfoSphere Information Server.

→next

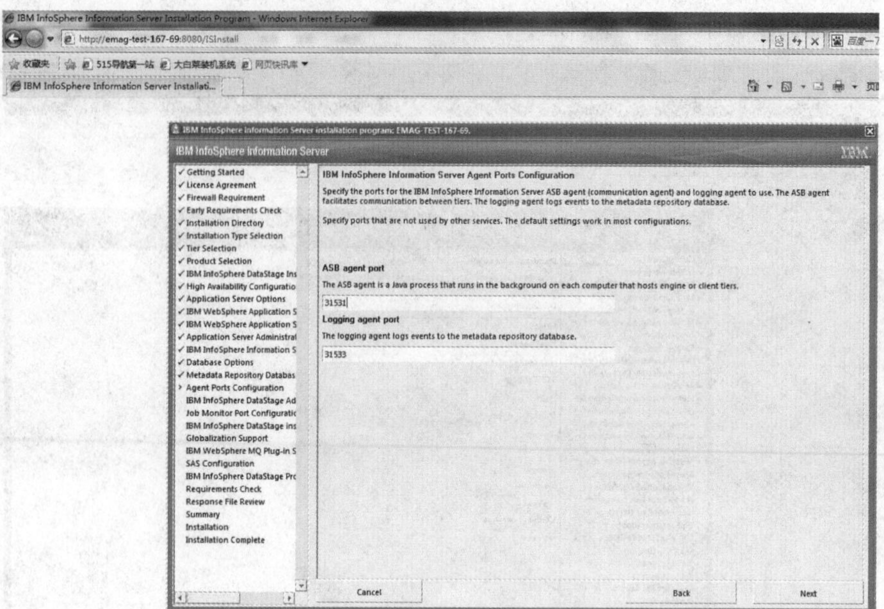

插图 12.5-95　设置资料库信息界面

默认，→next

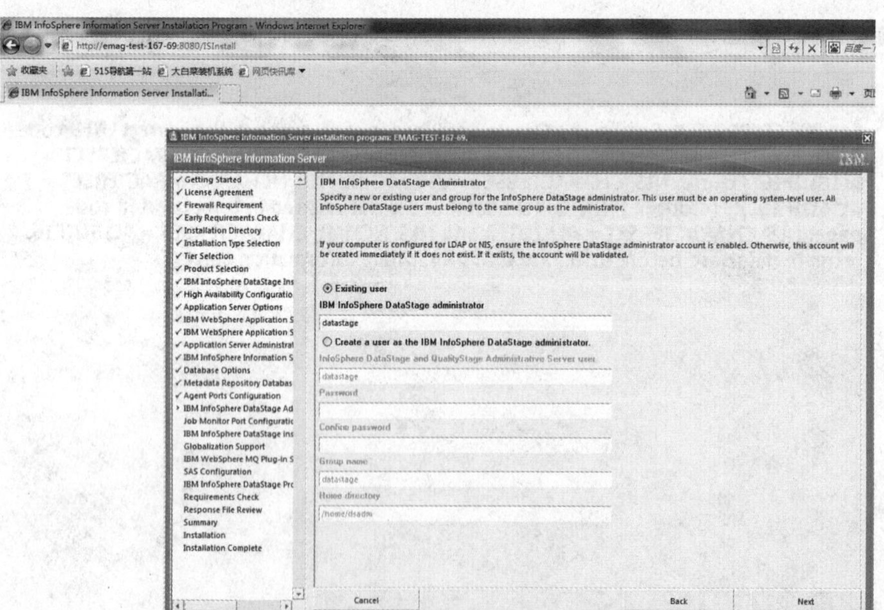

插图 12.5-96　next 界面

选择 InfoSphere Datastage administrator（此步骤设置 Datastage 的操作系统用户）

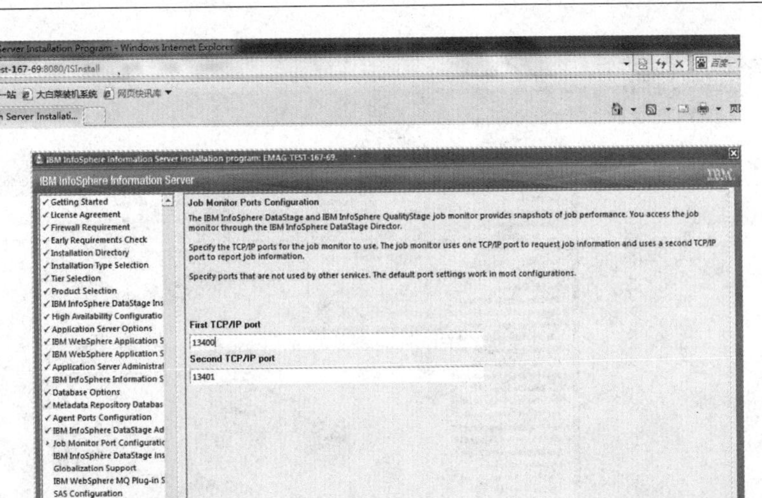

插图 12.5-97　next 界面

默认，→next

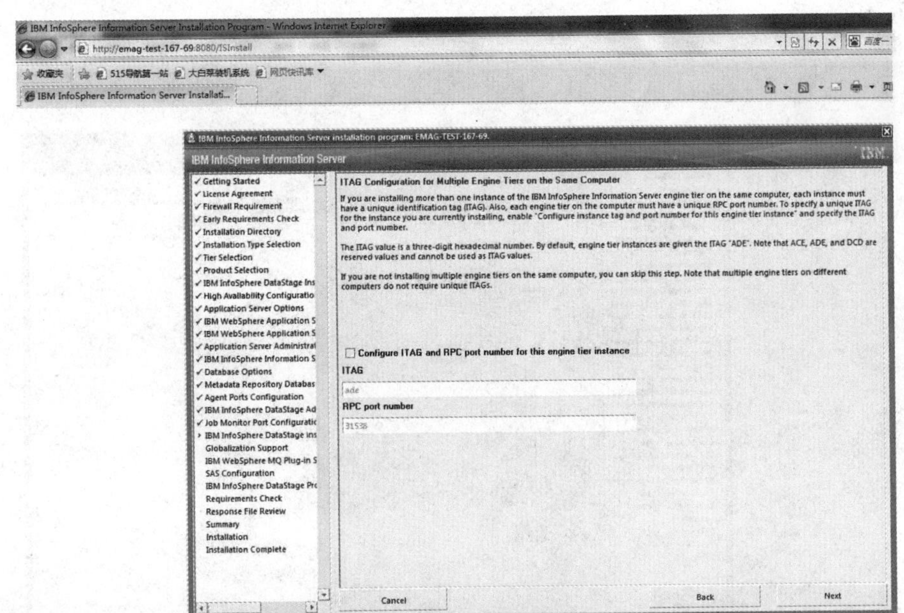

插图 12.5-98　next 界面

默认，→next

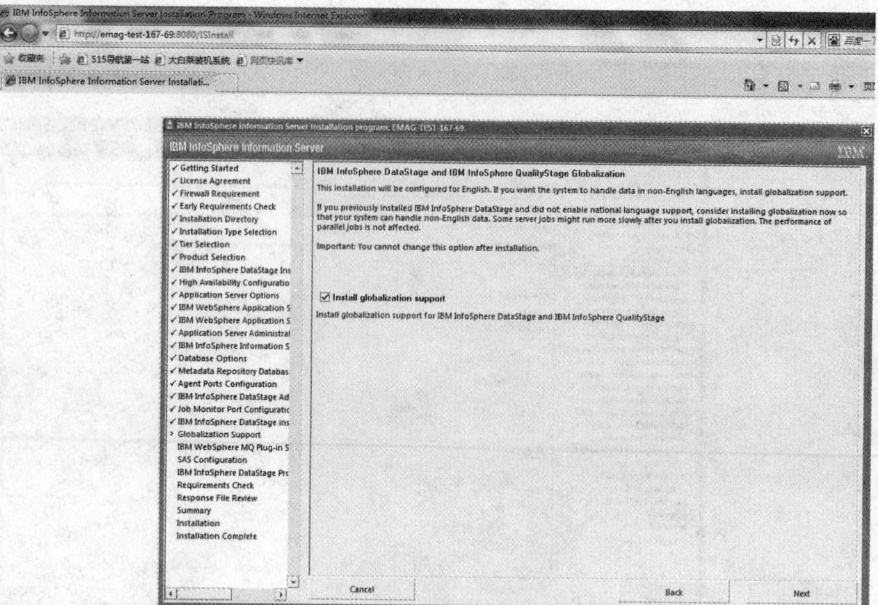

插图 12.5-99　next 界面

选择 Install globalization support，多语言支持，→next

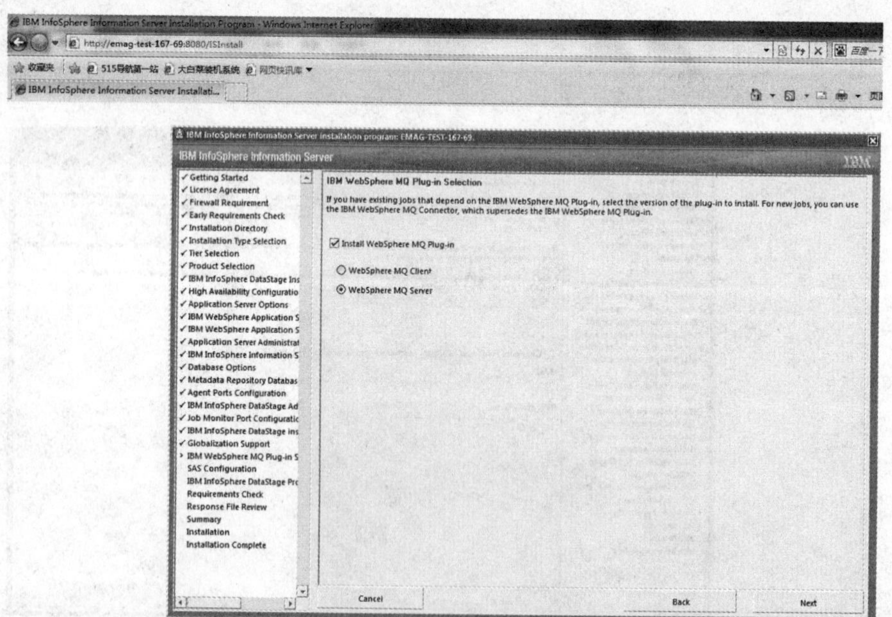

插图 12.5-100　next 界面

选择是否安装 MQ 组件，根据需求来选择（默认不安装）→next

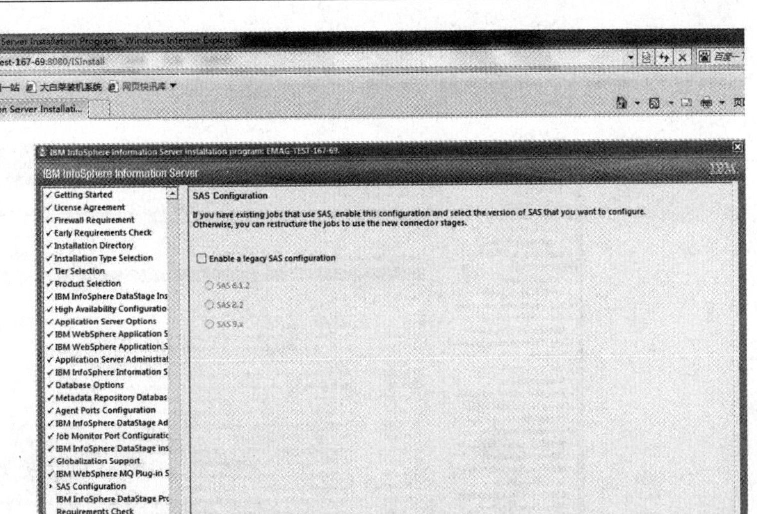

插图 12.5-101　安装 MQ 组件界面

默认，→next

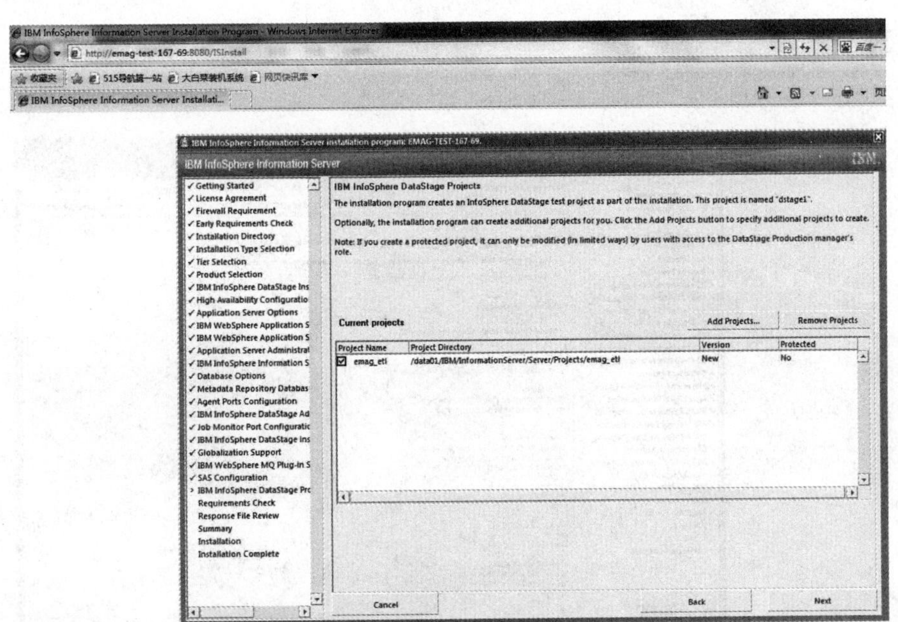

插图 12.5-102　next 界面

建立 Datastage 工程，→next

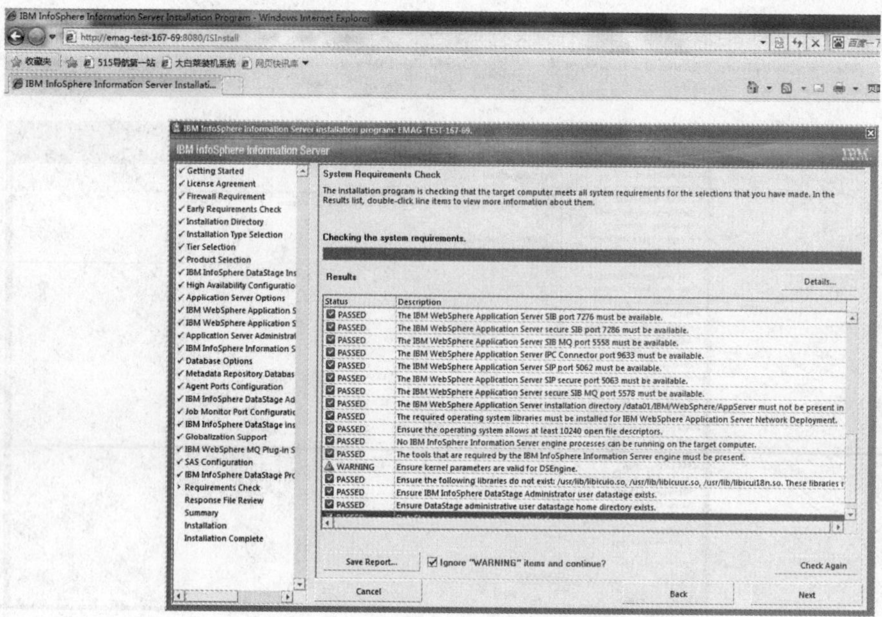

插图 12.5-103　建立 Datastage 工程界面

此步骤进行系统检查，对于警告选择忽略，大概 10 分钟左右，→next

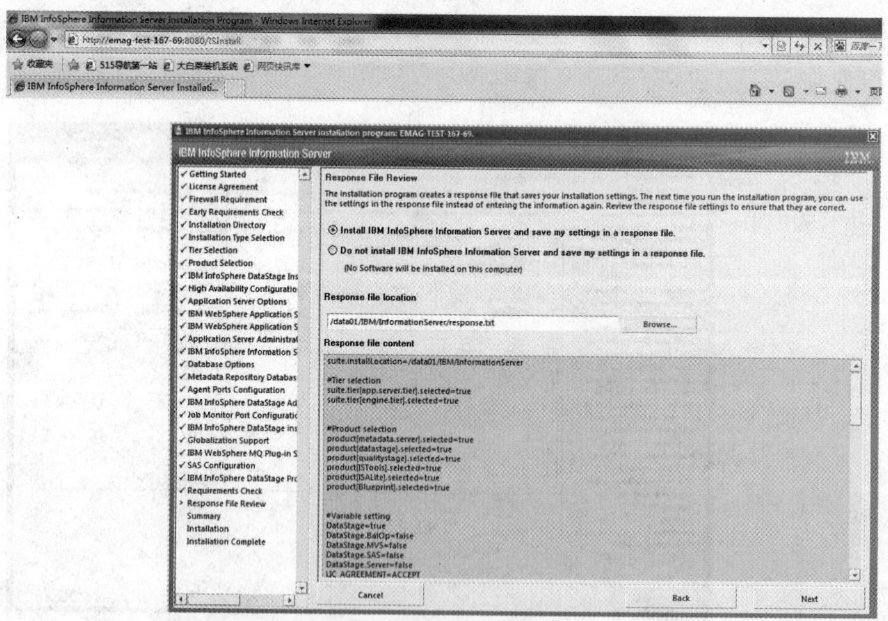

插图 12.5-104　next 界面

选择安装并保存响应文件，→next

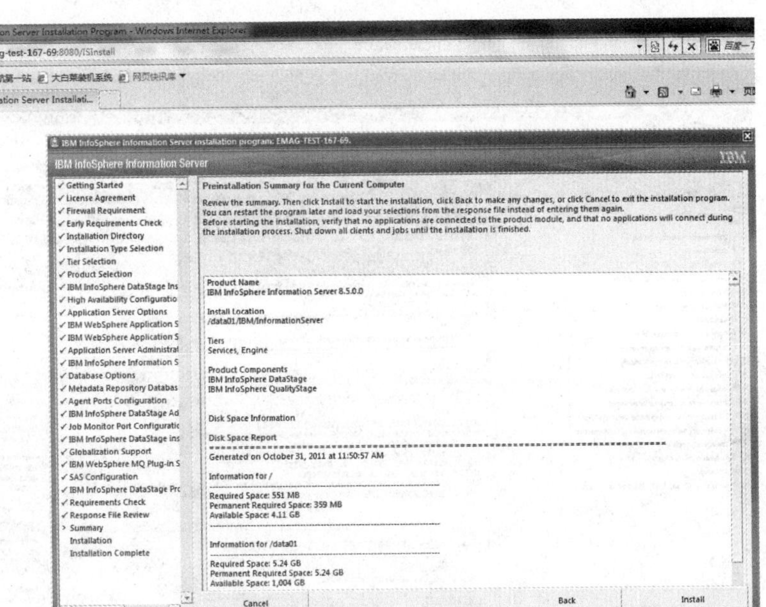

插图 12. 5-105　next 界面

开始安装，大概 2 个小时，（说明一下：界面若长时间未动，页面会显示初始时的登陆界面，选择 Login 即可跳转回来）

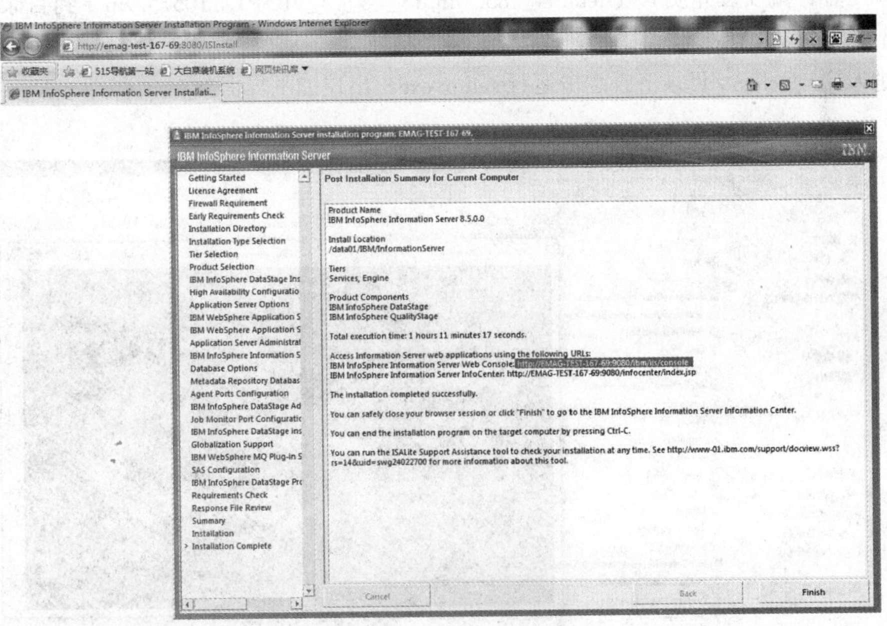

插图 12. 5-106　安装界面

安装完成后，→finish 会弹出如下界面

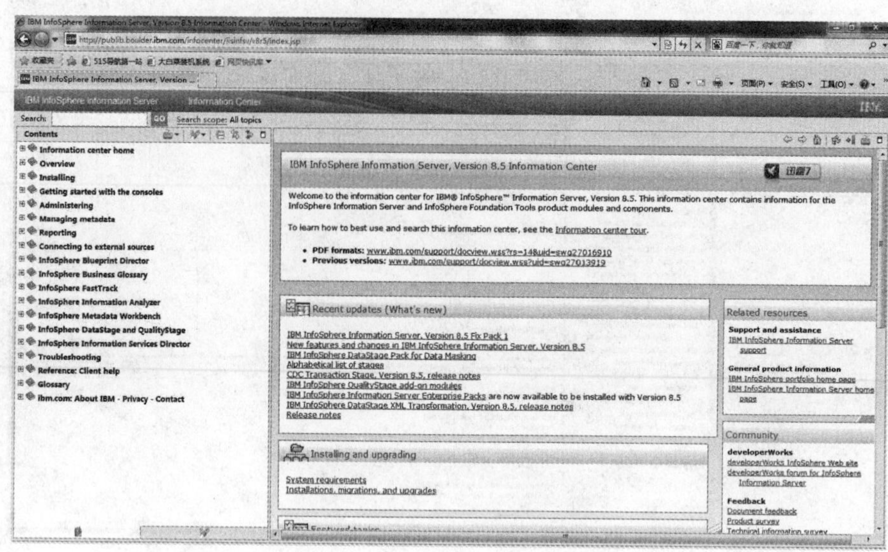

插图 12. 5-107　安装完成界面

客户端安装

检查环境（确认防火墙已关闭）

解压客户端安装介质 is-client. is_ 85. win. IS_ 8_ 5_ RSP1. 110525. zip，到目录 is-client/

进入到 is-client/目录下，点击运行 setup. exe，出现如下界面

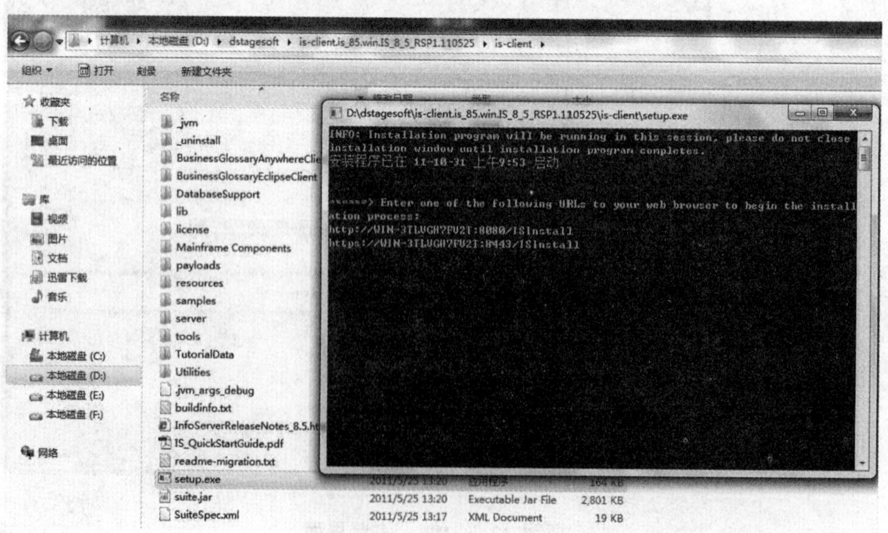

插图 12. 5-108　安装客户端界面

在浏览器中打开上一步提供的 URL，进入安装页面，缺省安装语言为英文，推荐使用缺省英文。选择 Login，进入安装程序

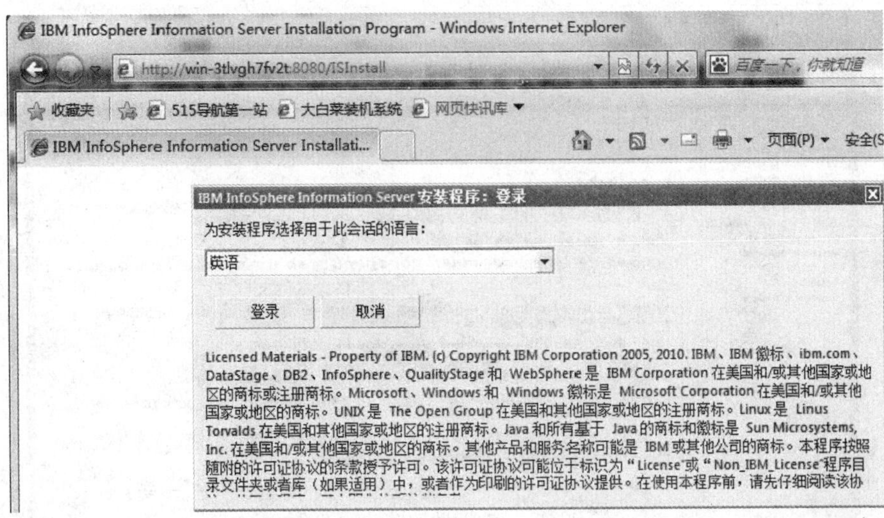

插图 12.5-109　安装客户端程序界面

选择 Login，进入下一步

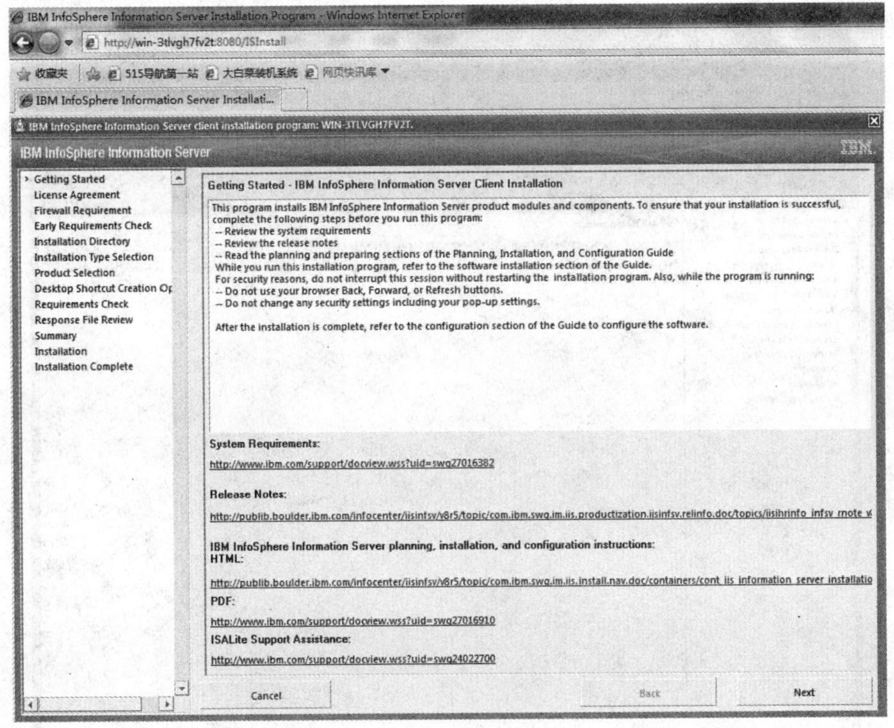

插图 12.5-110　选择 Login 界面

默认，→next

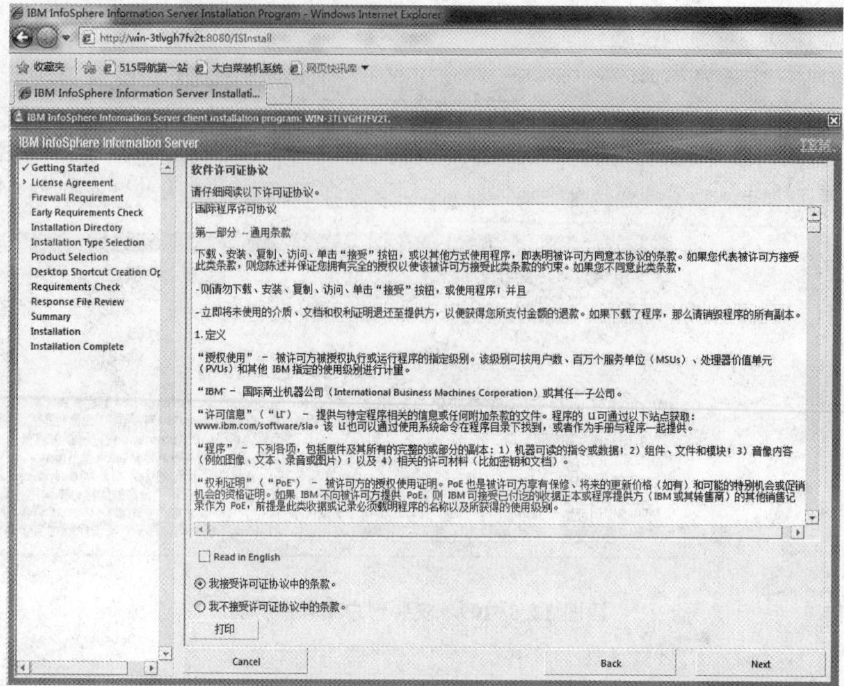

插图 12.5-111 next 界面

选择接受协议，→next

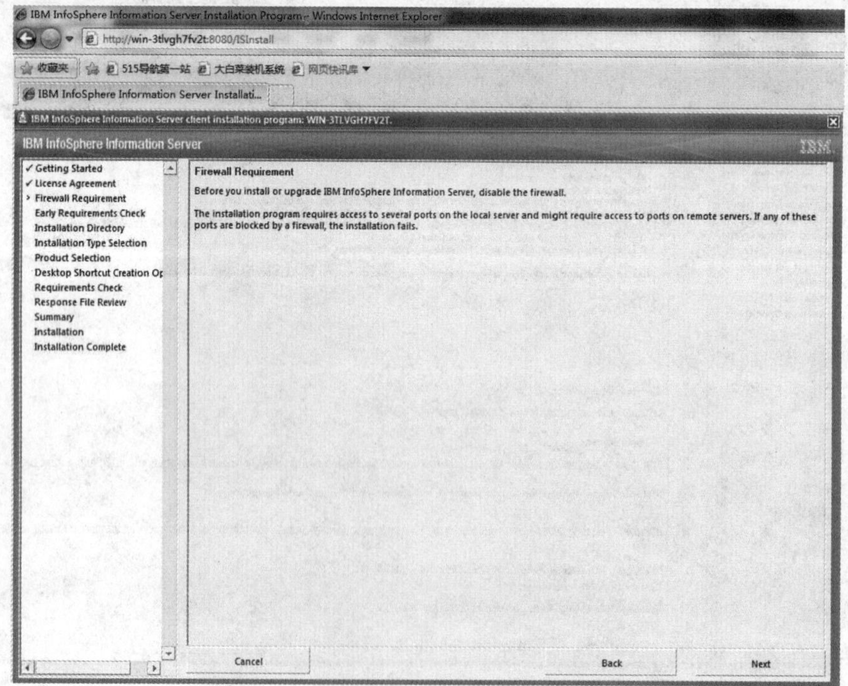

插图 12.5-112 next 界面

默认，→next

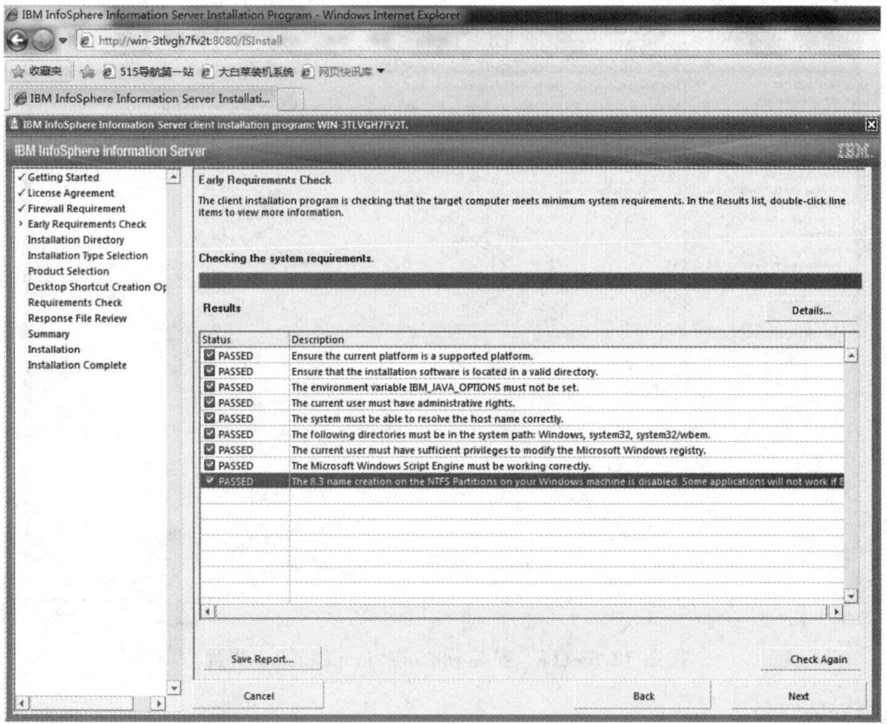

插图 12.5-113　next 界面

进行系统检查，若检查如下条件错误时，请下载安装 windows Script Engine

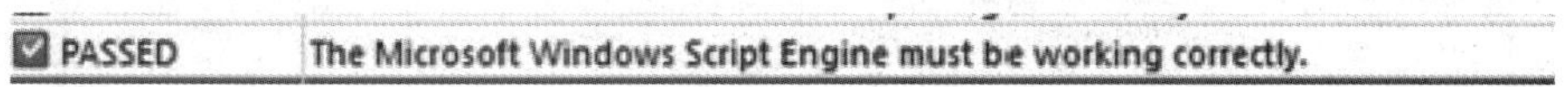

http：//download. microsoft. com/download/d/f/0/df0b2640 － 79bc － 48d2 － 84bd － cb5b67ee128e/scripchs. exe

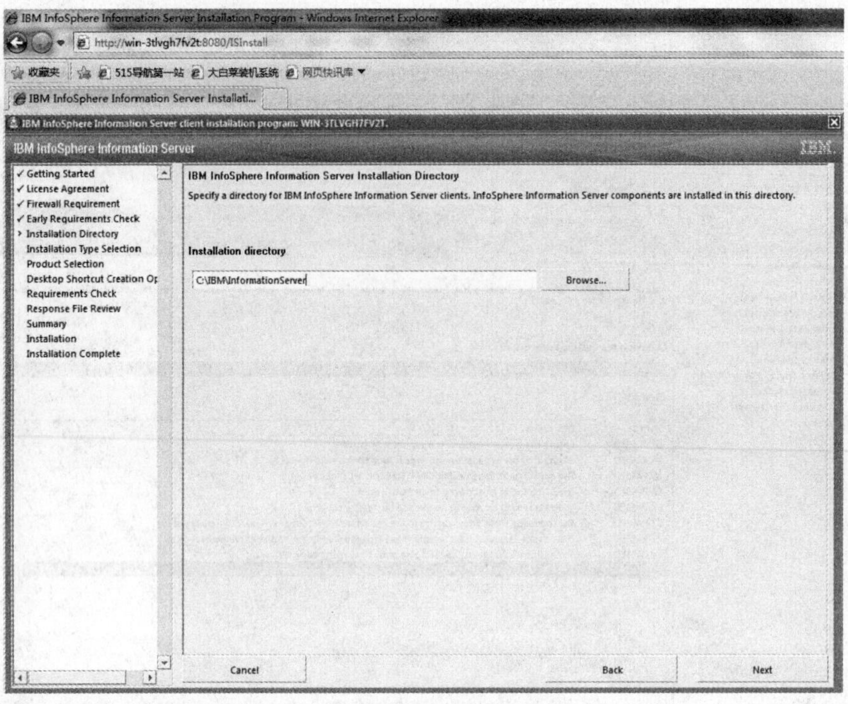

插图 12.5-114　安装 windows Script Engine 界面

选择安装路径，→next

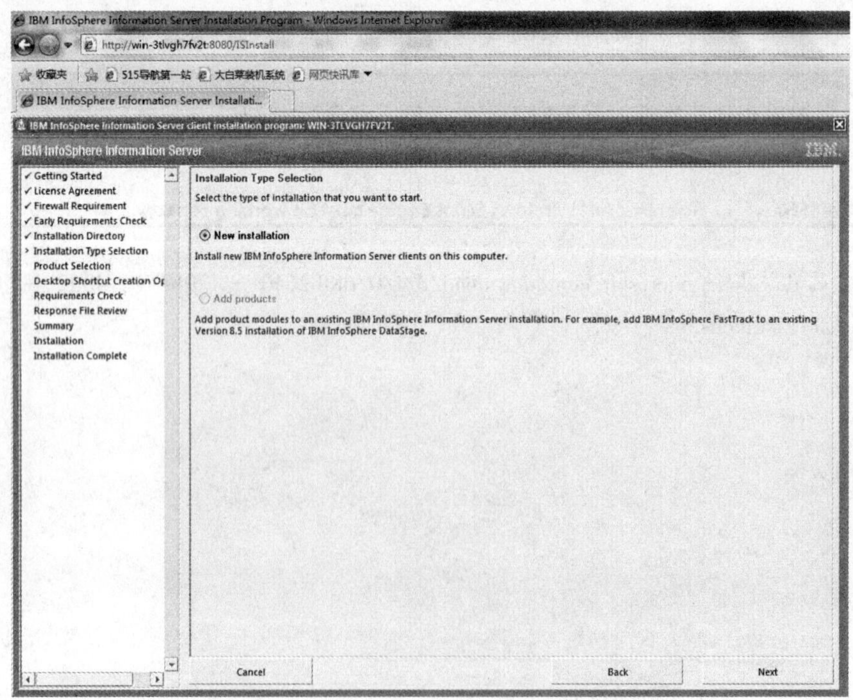

插图 12.5-115　next 界面

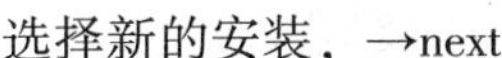
选择新的安装，→next

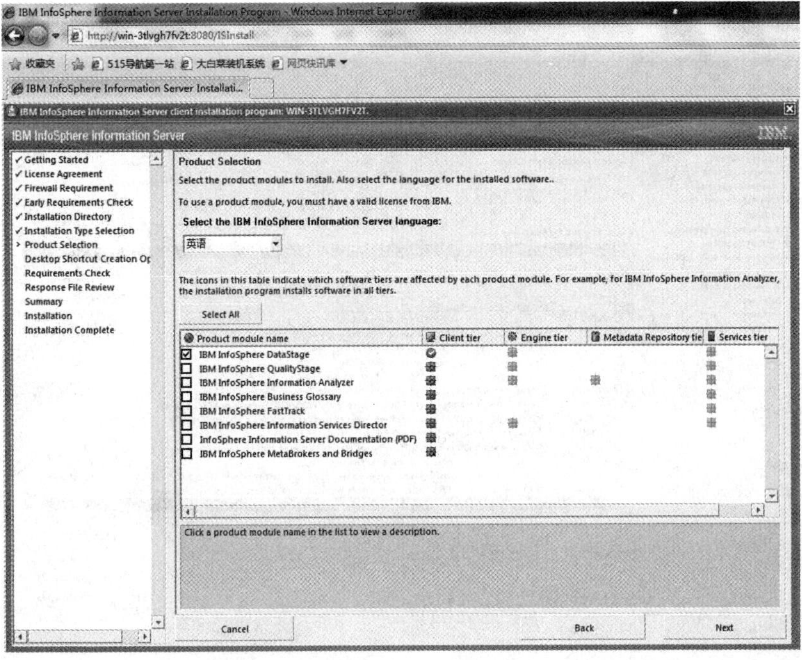

插图 12.5-116　next 界面

选择安装的产品，根据需要选择，→next

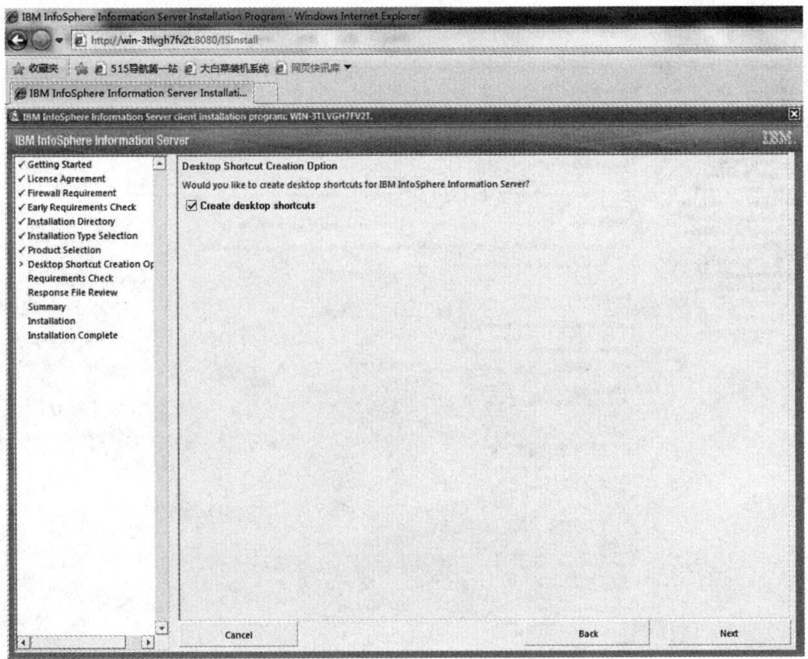

插图 12.5-117　next 界面

默认，→next

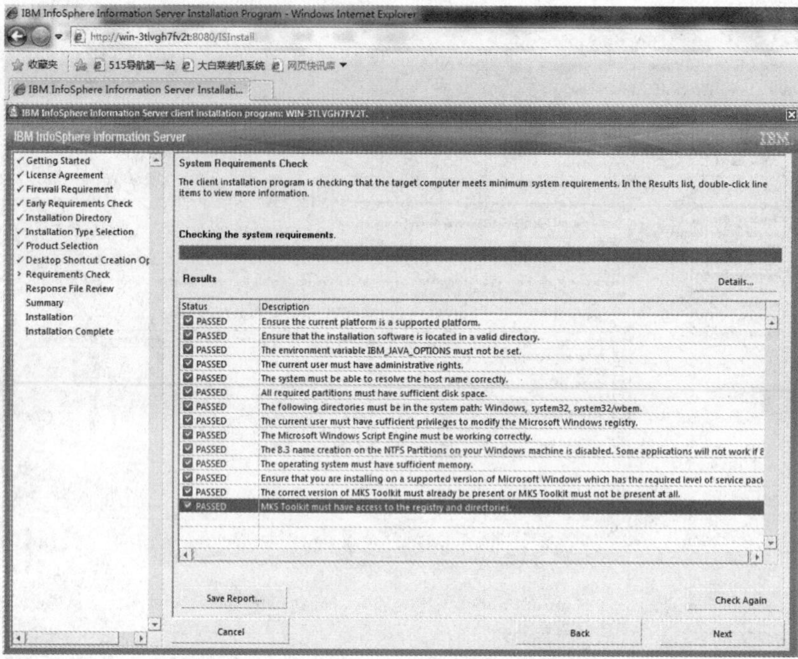

插图 12.5-118　next 界面

执行系统检查，→next

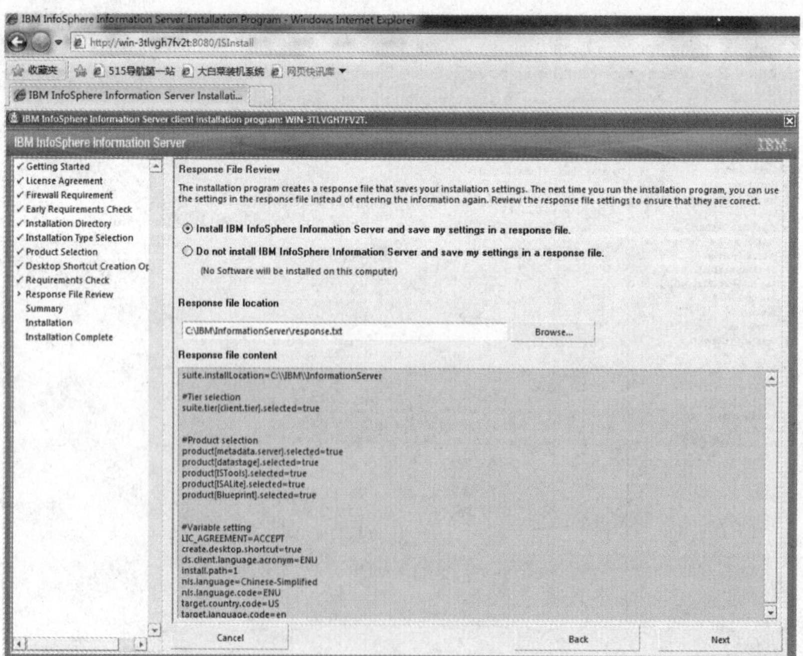

插图 12.5-119　next 界面

安装并保存响应文件，→next

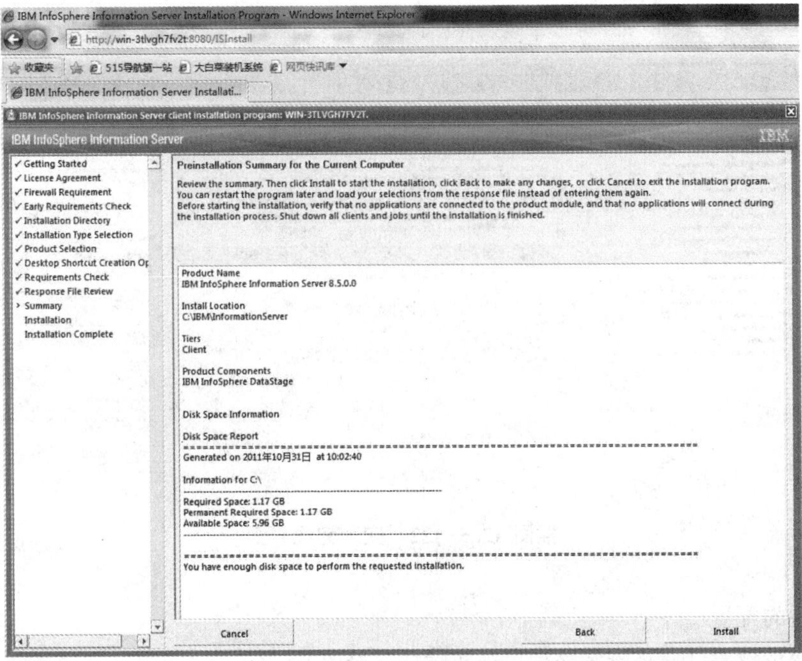

插图 12.5-120　next 界面

开始安装

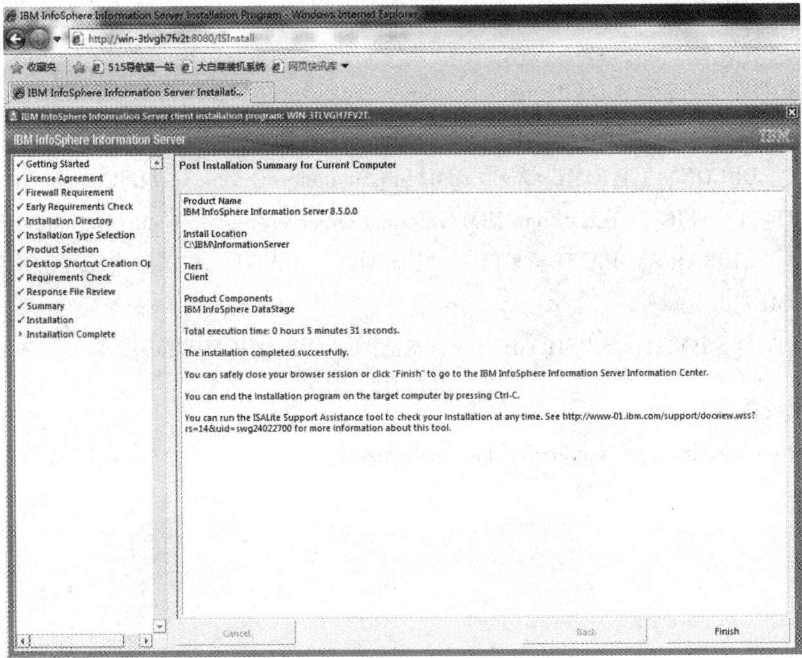

插图 12.5-121　安装界面

安装完成，→finish

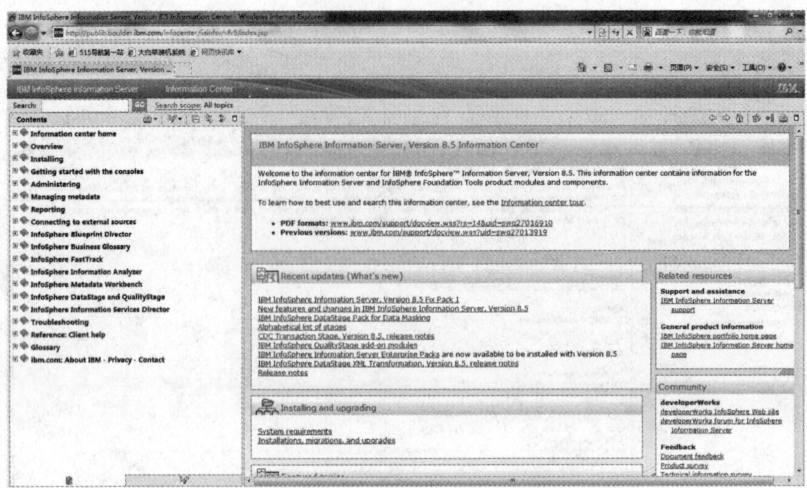

插图 12.5-122 安装完成界面

安装后的配置

环境变量设置【具体安装路径可视实际情况修改】

```
# for datastage dsenv rh5.5
#dsadm 安装完毕后默认是 ksh 但是可以修改 passwd 将其修改为 bash shell
source /opt/IBM/InformationServer/Server/DSEngine/dsenv
#for DS
export DSHOME=/opt/IBM/InformationServer/Server/DSEngine
export APT_ORCHHOME=/opt/IBM/InformationServer/Server/PXEngine
export PX_DBCONNECTHOME=/opt/IBM/InformationServer/Server/DSComponents
export APT_CONFIG_FILE=/opt/IBM/InformationServer/Server/Configurations/LP4.apt
export LD_LIBRARY_PATH=$LD_LIBRARY_PATH:$DSHOME/lib:$APT_ORCHHOME/lib
export PATH=$PATH:$DSHOME/bin:$APT_ORCHHOME/bin
```

用户凭证配置

登陆 http://datastage-server-ip/ibm/iis/console

Login

Please enter your information

User name:

datastage

Password:

Please note that after some time of inactivity, the system will log you out automatically and ask you to sign in again.

Login

插图 12.5-123　用户凭证配置界面

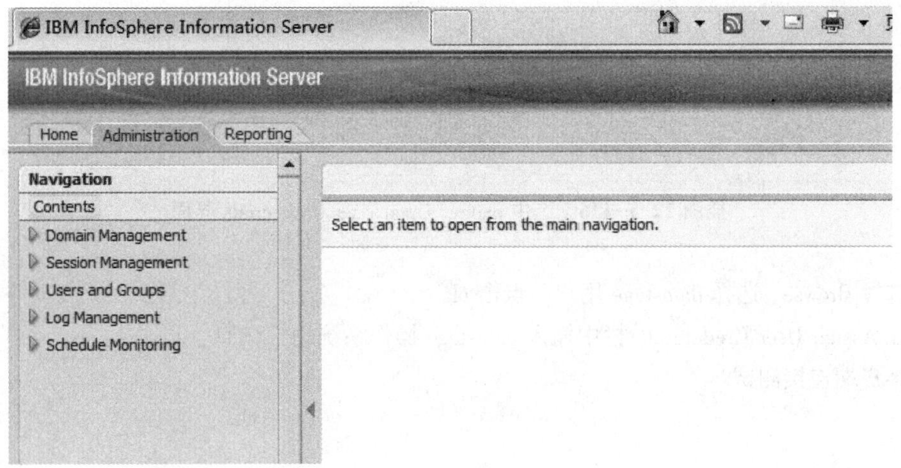

插图 12.5-124　用户登录界面

登陆进去后选择 Administrator，Domain Management

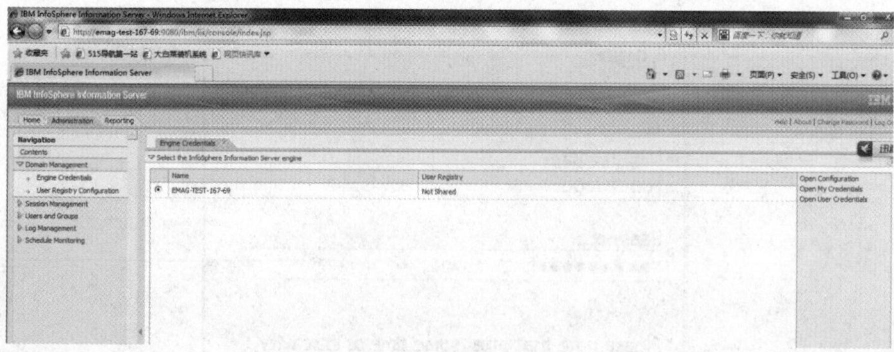

插图 12.5-125　用户登录界面

选中 name，Open User Credentials

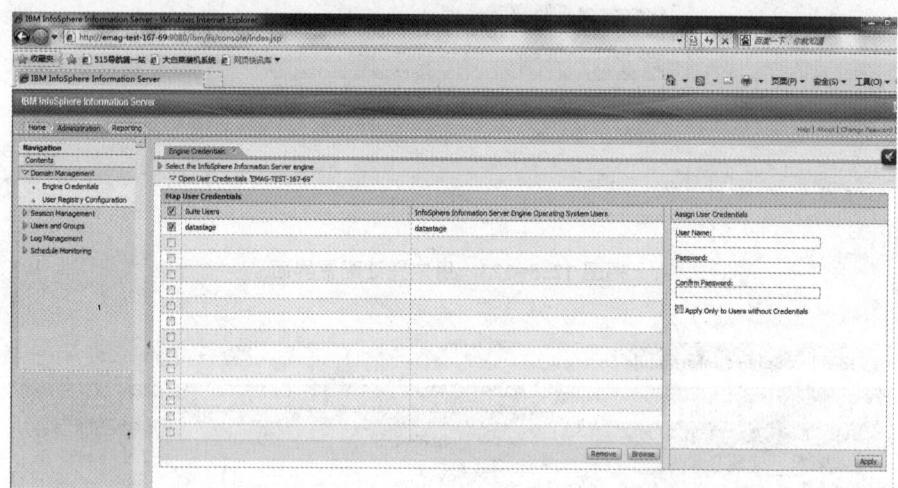

插图 12.5-126　选中 name，Open User Credentials 界面

选择 Browse，选择 datastage 用户，点击 ok

在 Assign User Credentials 栏中输入 datastage 操作系统用户信息，点击 Apply

客户端连接测试

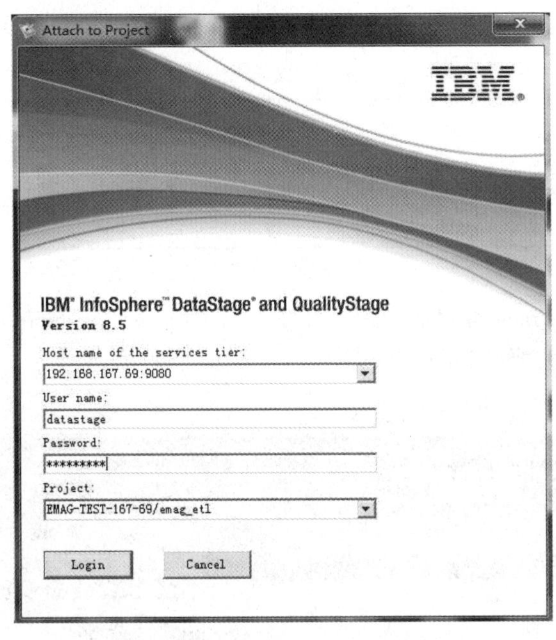

插图 12.5-127　客户端连接测试界面

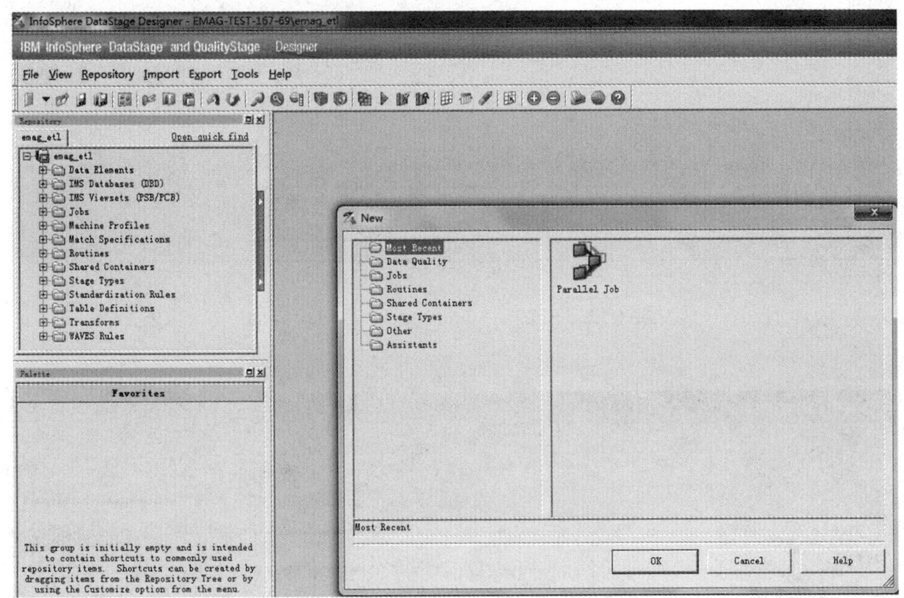

插图 12.5-128　客户端连接界面

连接成功

2. 应用

对 DB2 的两个库（Source、Target）同构的表 employee 进行数据抽取，让大家对 DataStage 的 ETL 开发有个大体认识。

Employee 的结构：

字段名	类　型	可否为空	是否为主键
ID	Varchar（20）	否	是
Name	Varchar（50）	是	否

（1）通过 Administrator 客户端工具输入 IP、User Name、Password 等信息连接到 DataStage Server，创建一个新项目 SampleProject；

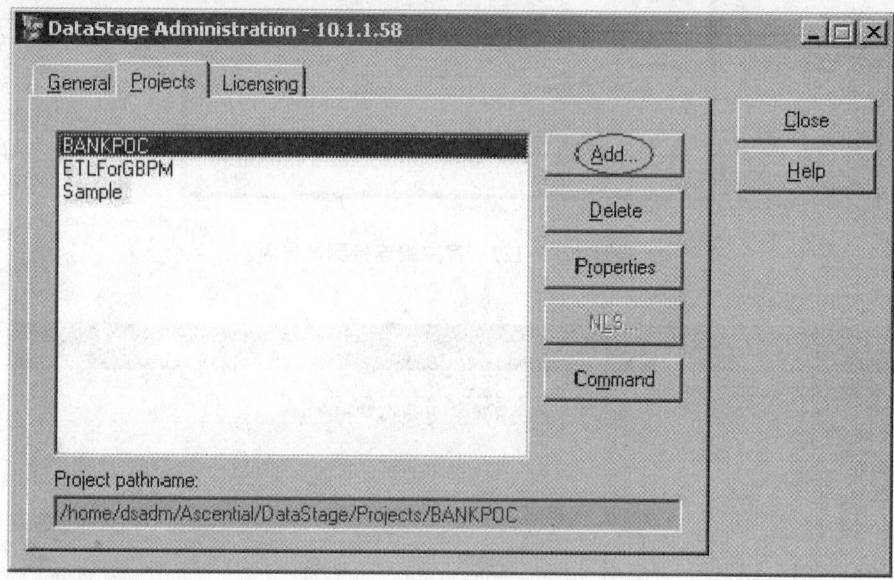

插图 12.5-129　Administrator 客户端界面

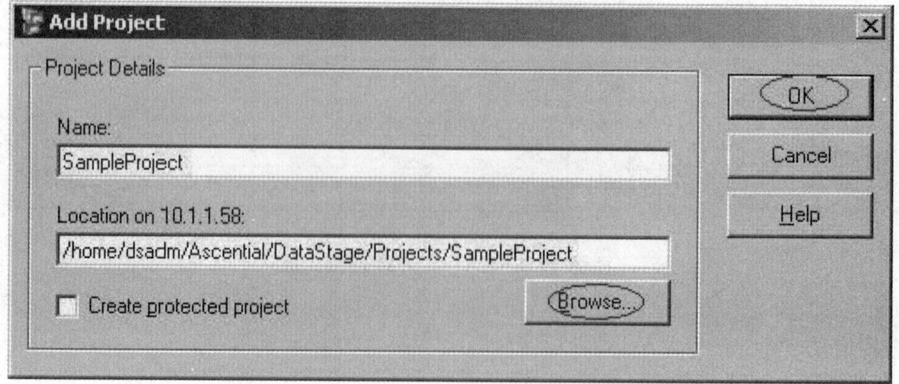

插图 12.5-130　客户端工具输入信息界面

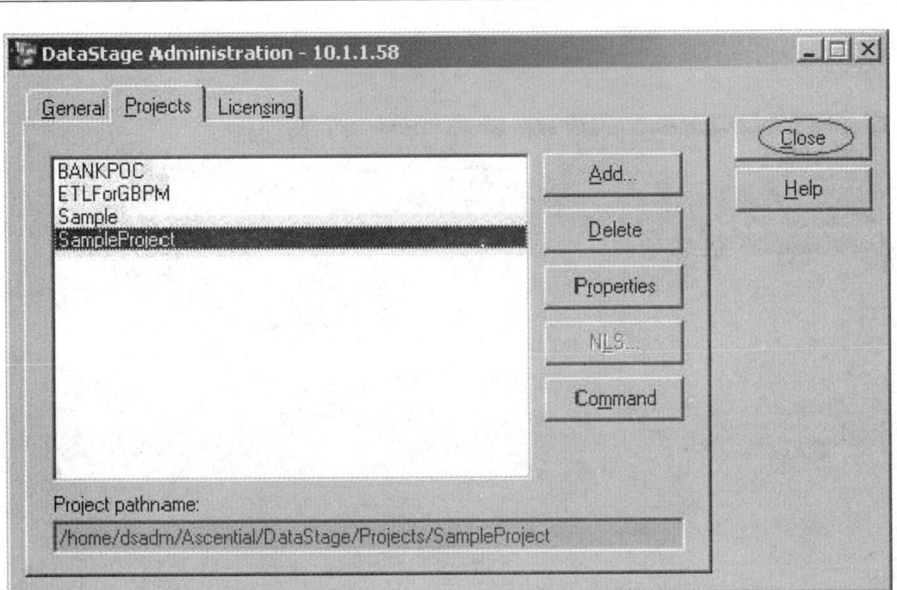

插图 12.5-131　创建一个新项目 SampleProject 界面

（2）通过 Designer 客户端工具输入 IP、User Name、Password、SampleProject 等信息登陆到 DataSatge Server；

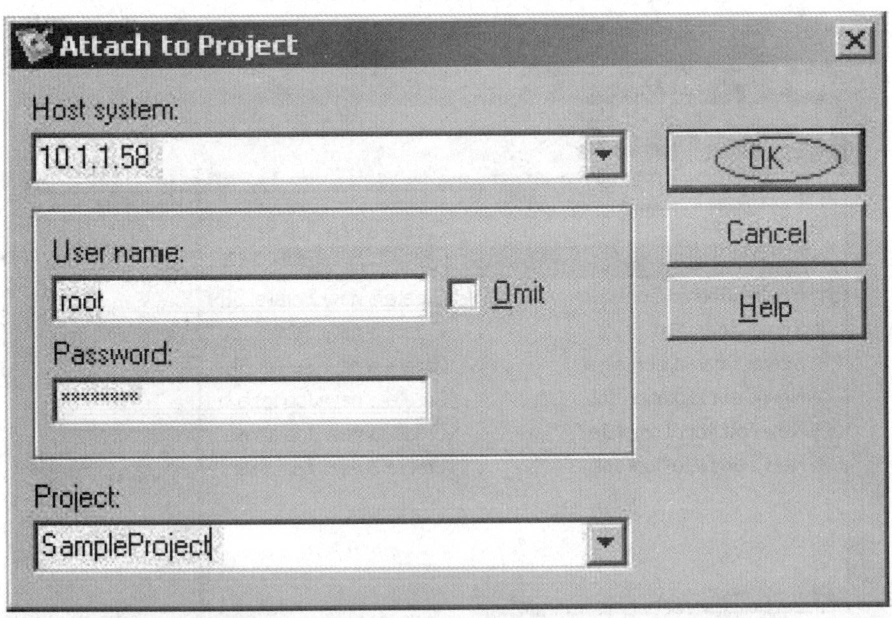

插图 12.5-132　登陆 DataSatge Server 界面

（3）通过 Designer 创建 Parallel Job 类型 Job，Job Category 输入" Sample"，Job 名为"

SampleJob"；

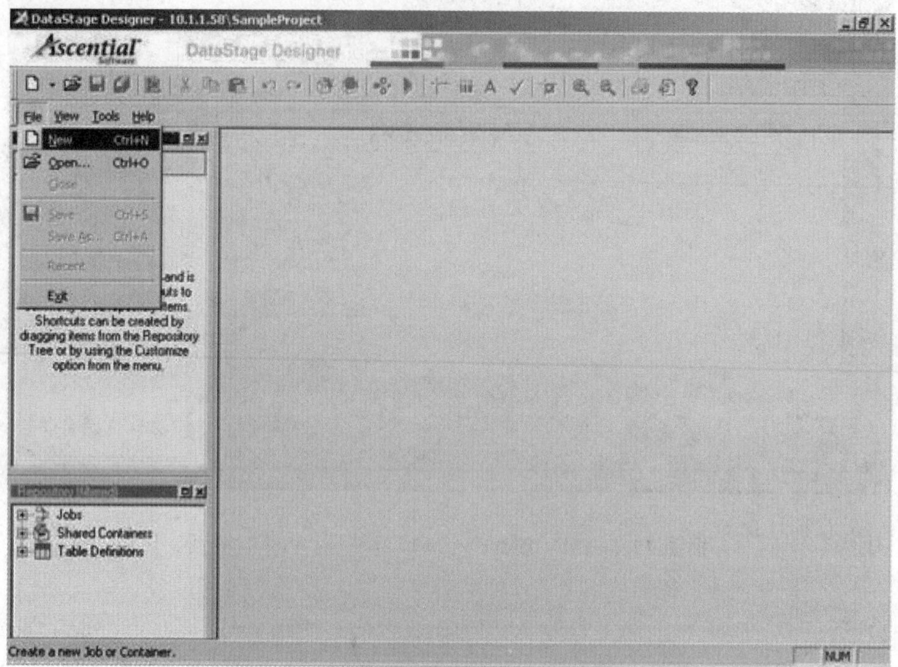

插图 12.5-133　创建一个新项目界面

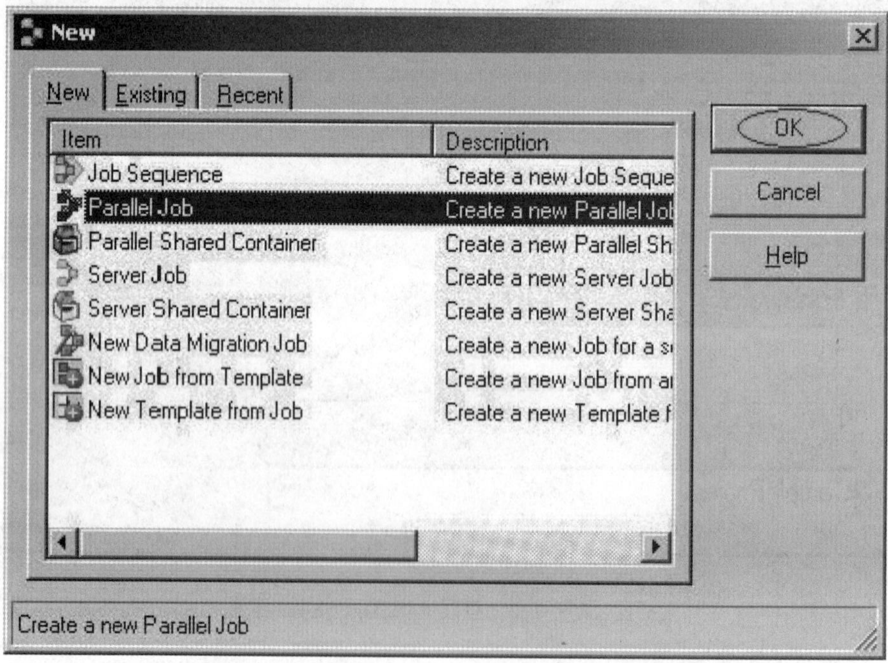

插图 12.5-134　创建 Parallel Job 类型项目界面

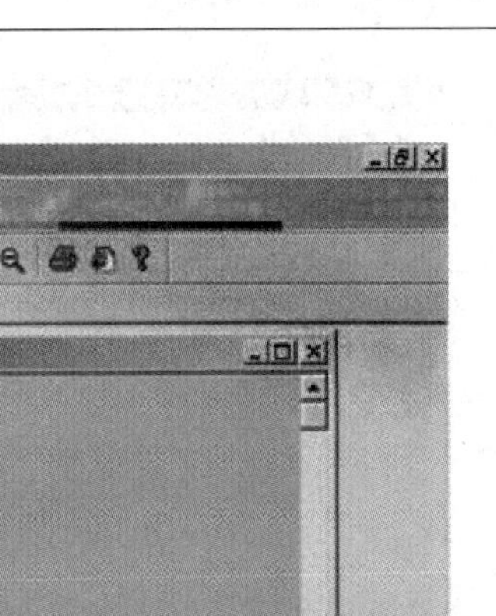

插图 12.5-135　创建创建 Parallel Job **类型界面**

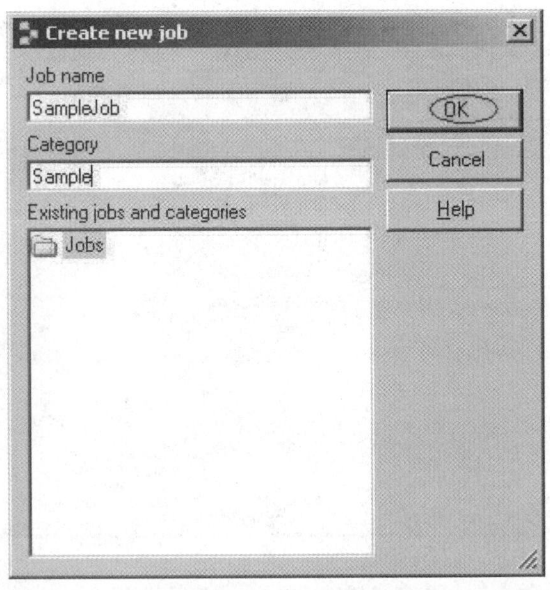

插图 12.5-136　创建 Job **界面**

（4）通过 Designer 导入 Source 数据库中的 employee 表并存放在 PlugIn \ Source 路径下；

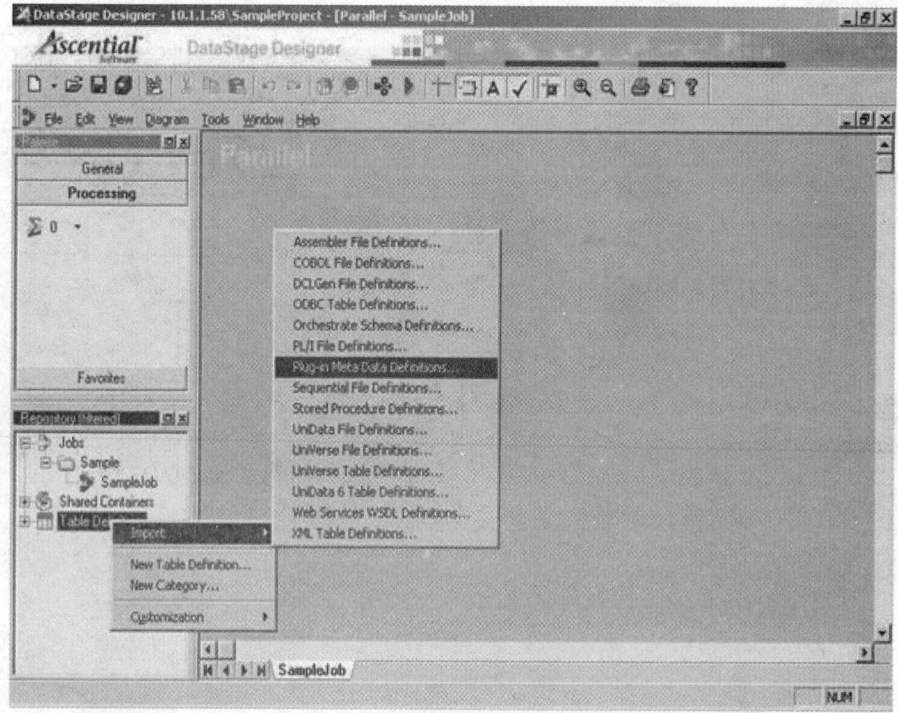

插图 12.5-137　导入 employee 表界面

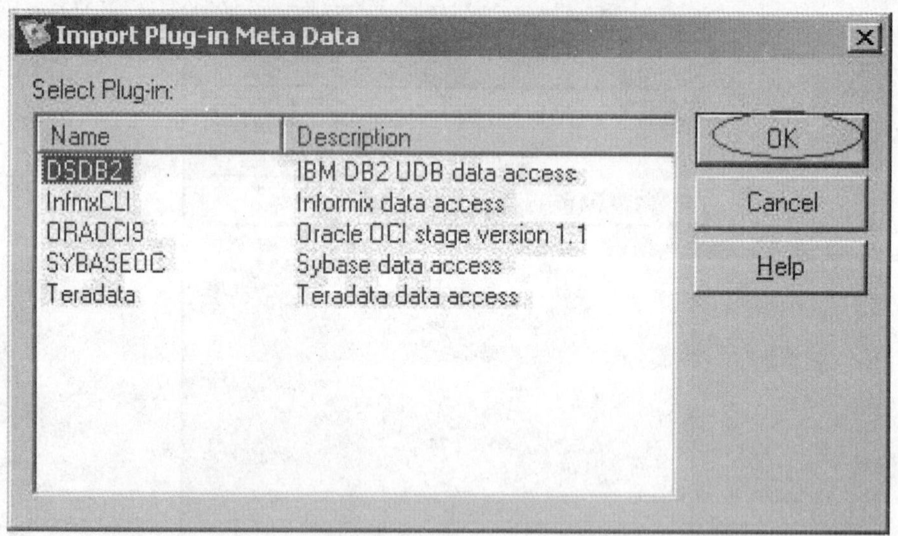

插图 12.5-138　导入 employee 表界面

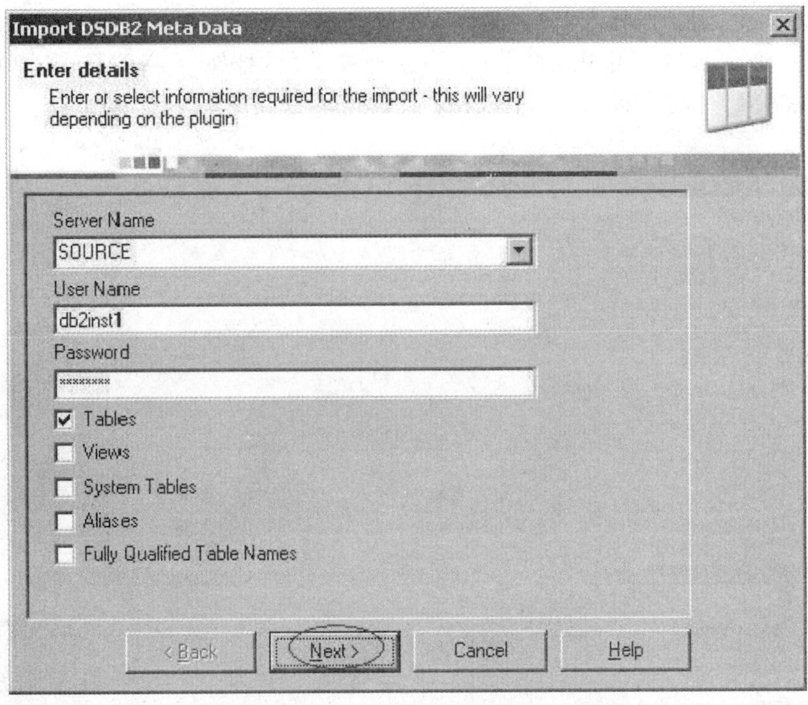

插图 12. 5-139　next 界面

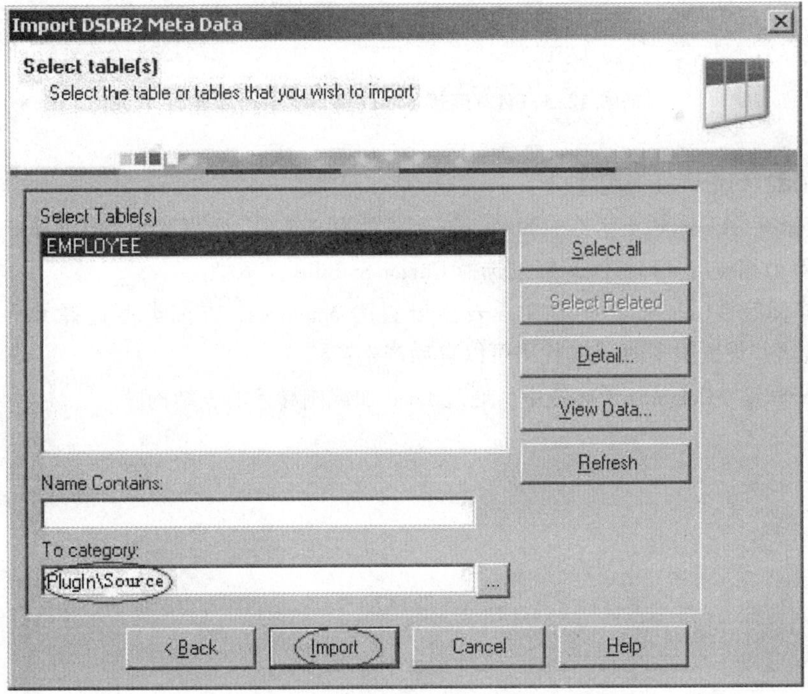

插图 12. 5-140　存放在 PlugIn \ Source 路径下界面

（5）继续按上述方法导入 Target 数据库中的 employee 表并存放在 PlugIn \ Target 下；

（6）在“SampleJob”中拖入两个 datastage 连接 db2 的控件——DB2/UDB API，分别用于连接 Source 库、Target 库，并在两个数据库连接组件之间画出数据的流向线；

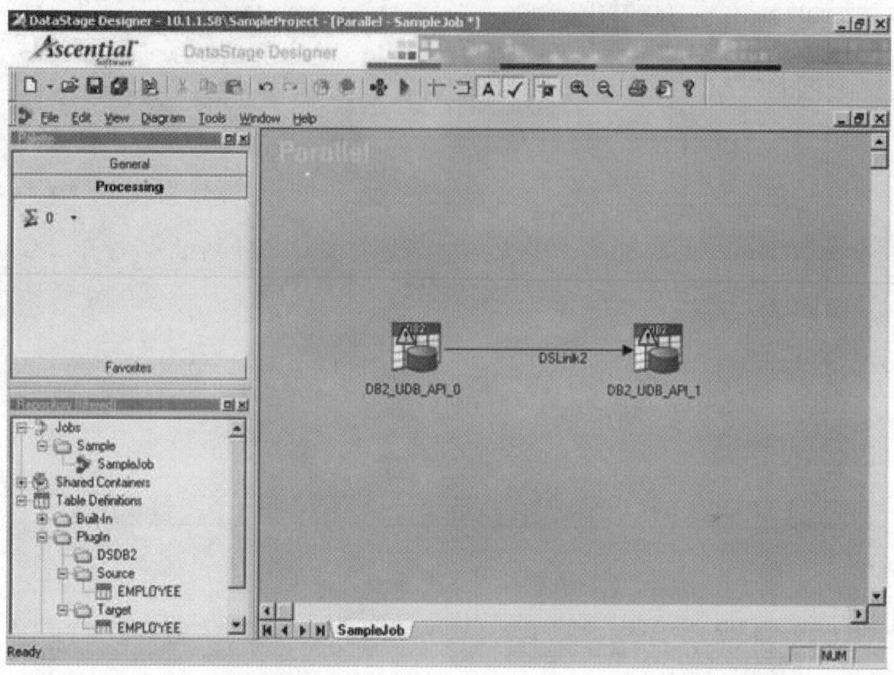

插图 12. 5-141　连接 Source 库和 Target 库界面

（7）DB2/UDB API 源配置

Stage 标签→General 子标签中 Stage name 设置为 Source，数据库设置为 Source，用户名和密码设置为相应值。事务隔离级别选择 Cursor Stability；

Output 标签→General 子标签中，表名设置为 employee，查询类型选择 Generated SQL Query 通过这些设置很多的 SQL 代码可以自动产生；

Output 标签→Columns 子标签中，通过 Load 加载刚导入的表结构。

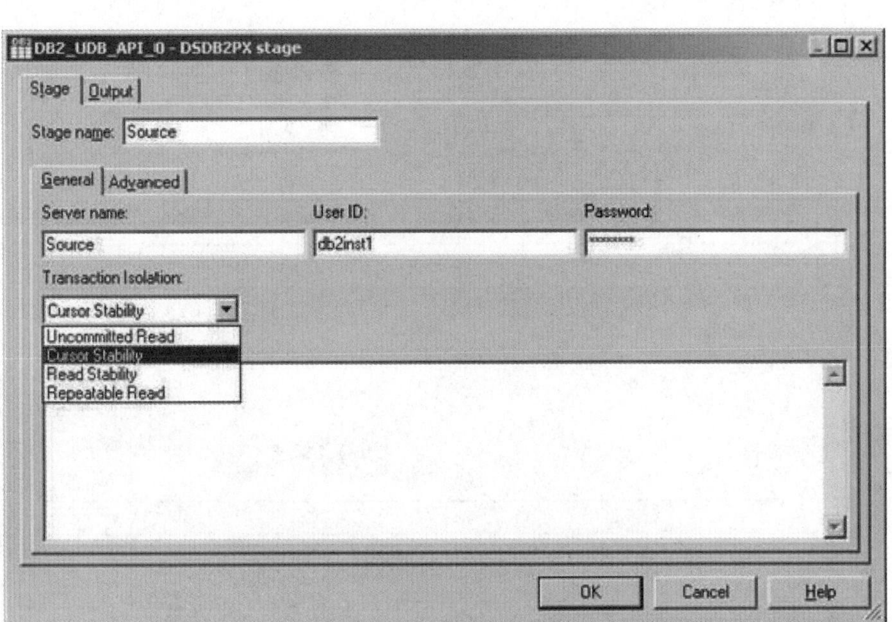

插图 12. 5-142　事务隔离级别选择 Cursor Stability 界面

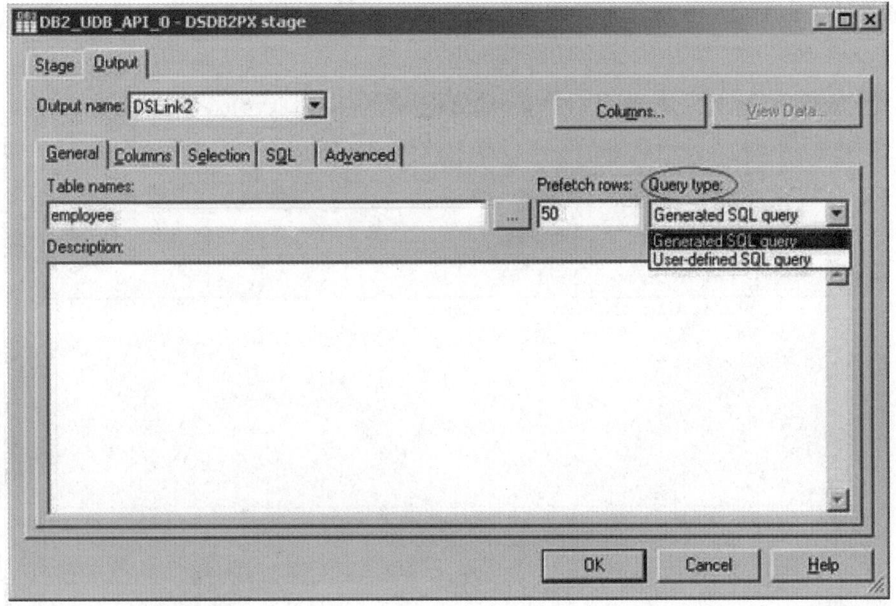

插图 12. 5-143　选择 Generated SQL Query 查询类型界面

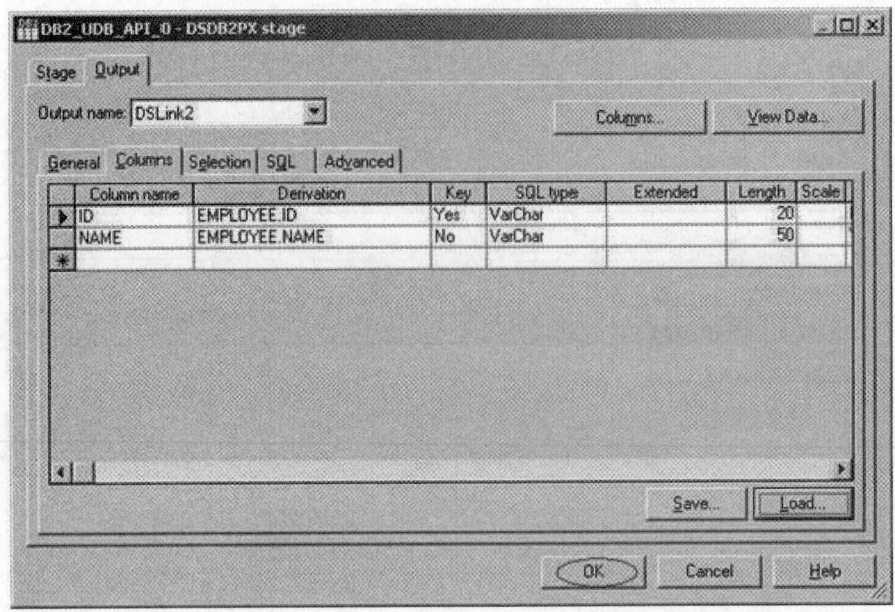

插图 12.5-144　通过 Load 加载刚导入的表结构界面

通过 Output 标签→SQL 子标签查看生成的 SQL 以及通过 View Data 查看表的数据；

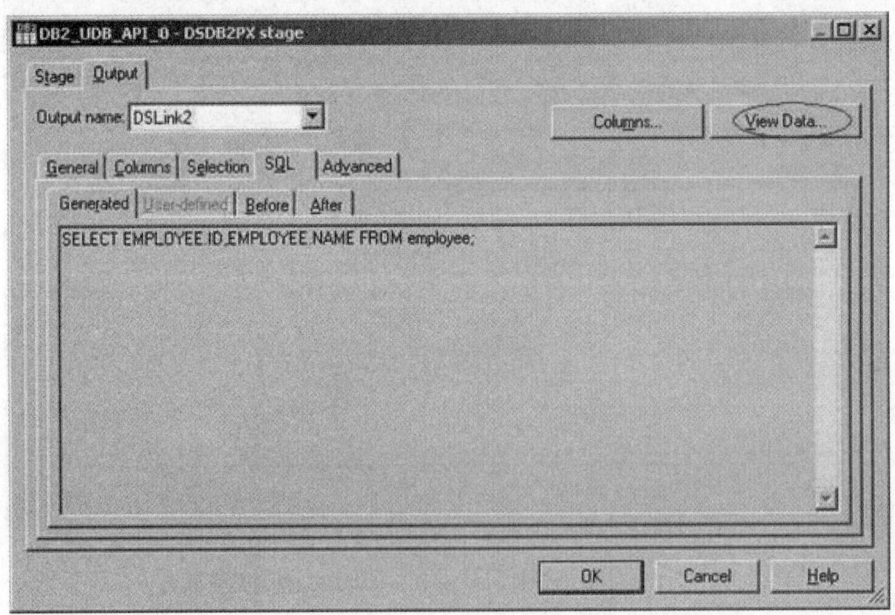

插图 12.5-145　查看生成的 SQL 界面

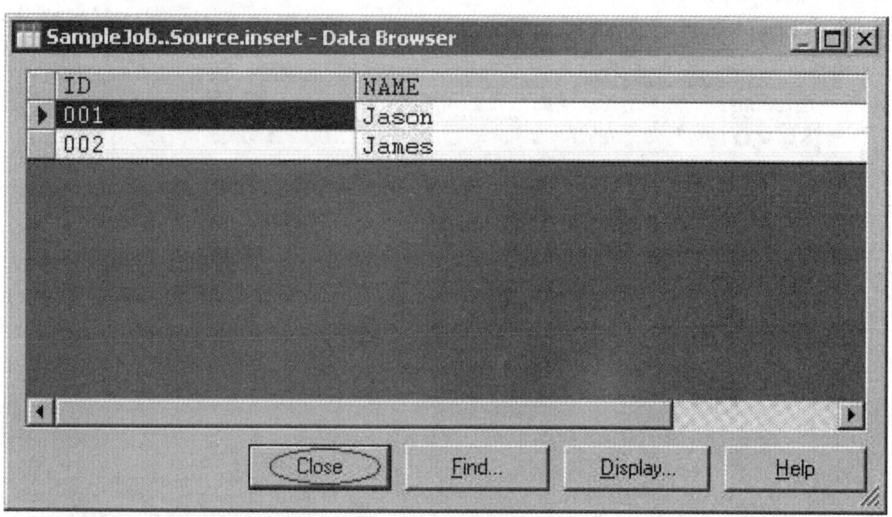

插图 12.5-146　查看表的数据界面

（8）目标 DB2/UDB API 配置

目标表连接控件的设置与源表连接控件的设置类似，这里我们主要交代不同的地方。

Input 标签中，设置表名称为 employee，更新方式选择“插入不清空”，并且不通过控件创建表。

Input 标签→Columns 子标签中已经出现了与 Source 库相同的 employee 表结构，这个是通过工具自动映射过来的，如果实际情况有区别的话，可以重新 Load 载入相应的表结构。

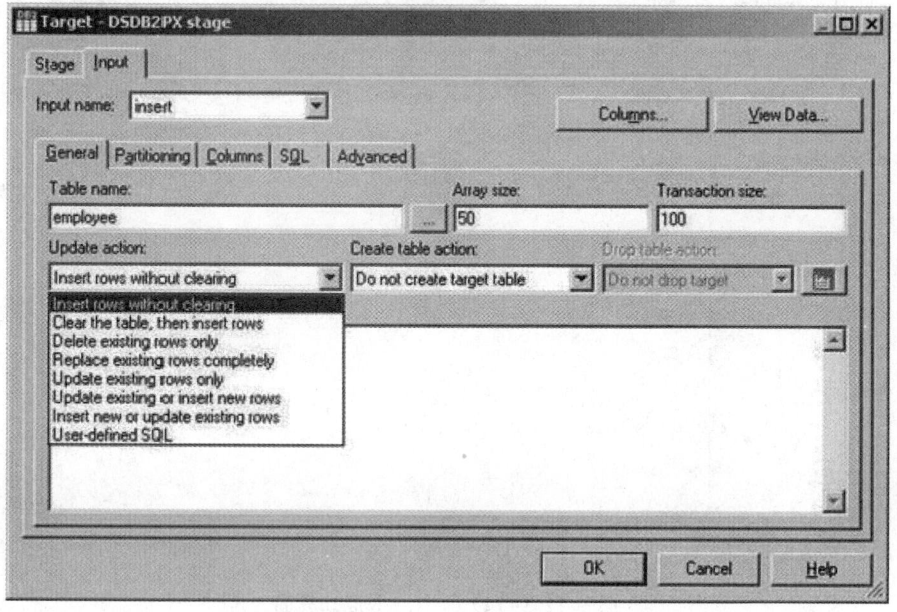

插图 12.5-147　目标 DB2/UDB API 配置界面

（9）对“SampleJob”进行编译，编译成功与否会在编译对话框空有提示信息；

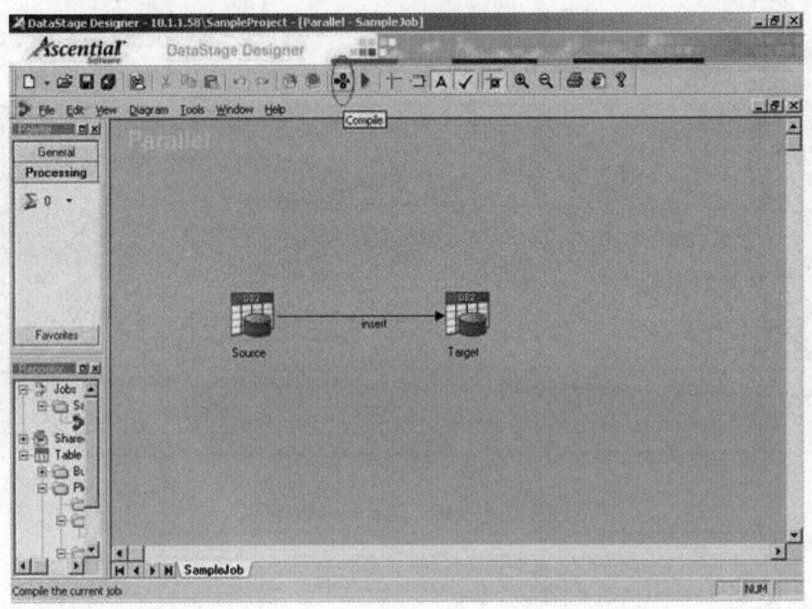

插图 12.5-148　对“SampleJob”进行编译界面

（10）经过成功编译后就可以在 Director 运行相应的 ETL Job，Director 可以提供关于 Job 运行的详细信息。在运行 Job 之前 SampleJob 的状态“编译”，点击运行之后状态变为“运行”，等到运行完之后状态变为“完成”，此时 ETL Job 成功结束。

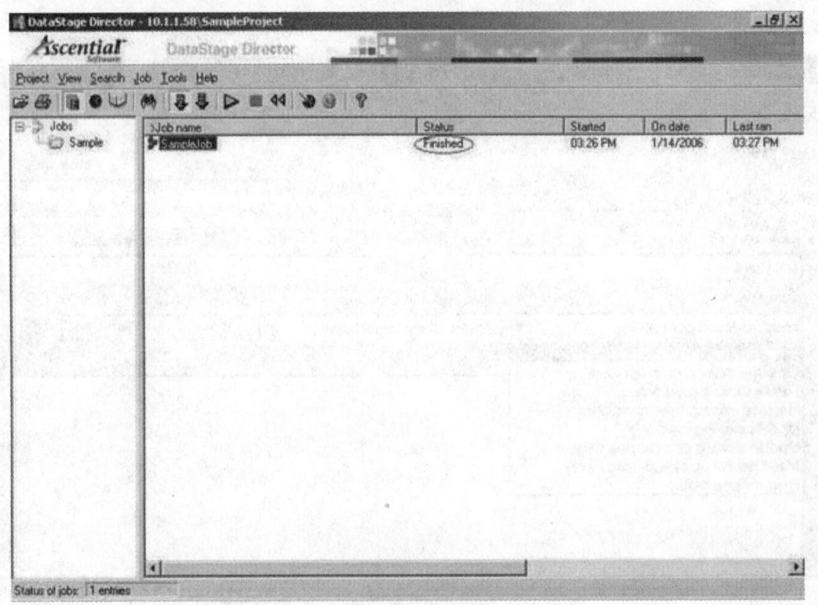

插图 12.5-149　ETL Job 成功界面

（11）通过 Designer-→View Data 查看目标库 Target 的 employee 表中的数据。源与目标库此表的数据是一致的，这说明了我们抽取数据的 ETL Job 运行成功。

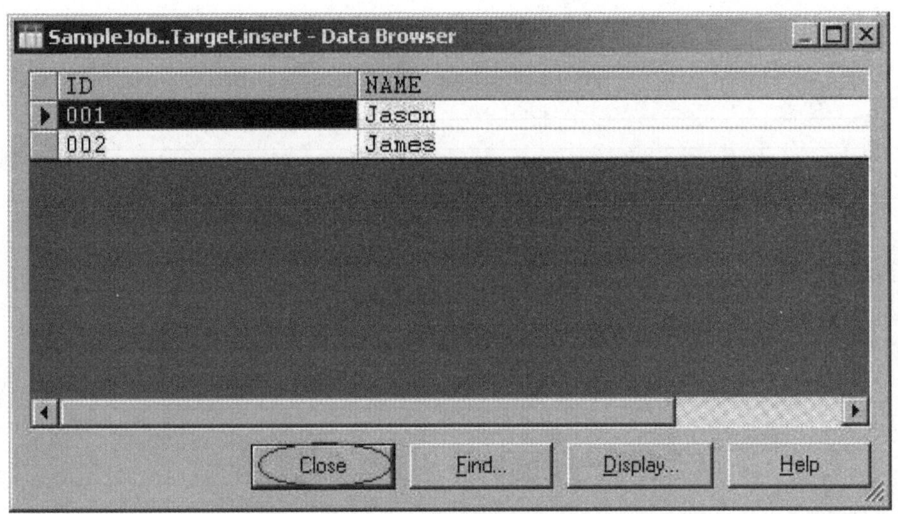

插图 12.5-150　抽取数据的 ETL Job 运行成功界面

第十三章　模拟试题

中级电子商务师考试模拟试题一

一、单选题

1. 逾期率是供应商评价指标中的（　　）指标。
A. 价格　B. 品质　C. 交期交量　D. 配合度
答案：（C）

2. 客户的购买记录属于（　　）信息。
A. 客户的静态　B. 客户的操作　C. 客户的动态　D. 客户的行为
答案：（D）

3. （　　）条形码包括生产日期、有效日期、运输包装的序号、重量、地址等信息。
A. EAN-13　B. DUN-14　C. DUN-16　D. EAN-128
答案：（D）

4. 关系数据库使用（　　）表示实体及其联系。
A. 记录　B. 字段　C. 数据表　D. SQL
答案：（C）

5. 安全电子交易是基于互联网的支付，是授权业务信息传输的安全标准，它采用（　　）公开密钥体系对通信双方进行认证。
A. HASH　B. DES　C. RC4　D. RSA
答案：（D）

6. 通过（　　）收集网络商务信息是最快捷有效的渠道。
A. 搜索引擎　B. BBS　C. 邮件列表　D. E-Mail
答案：（D）

7. 下列业务流程图的基本图形符号中表示业务处理单位的是（　　）。

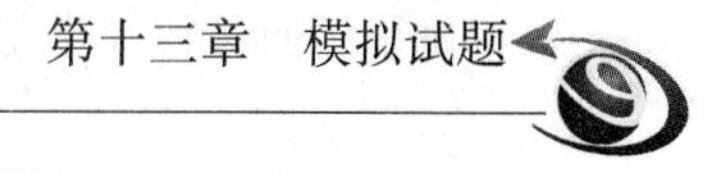

A. ○　B. □　C. ▭　D. ⊏

答案：(A)

8. 电子合同发生在虚拟空间中，交易双方一般互不见面，这说明了电子合同和传统合同的（　　）不同。

A. 订立的程序　B. 订立的方式　C. 订立的环境　D. 订立的当事人

答案：(D)

9. （　　）是企业对供应商最基本的行为约束，也是二者保持合作关系的基本保障。

A. 供应商评价体系　B. 供应商考核体系　C. 供应商行为准则　D. 供应商行业规范

答案：(C)

10. （　　）的实际名称叫非易失随机访问存储器（NVRAM），特点是断电后数据不消失，因此可以作为外部存储器使用。

A. 闪存　B. 内存　C. ROM　D. 硬盘

答案：(A)

11. OSI 是（　　）。

A. 国际标准化组织　B. 安全体系结构　C. 质量管理体系

D. 国家标准的环境管理体系

答案：(B)

12. 电子合同是通过计算机网络系统订立的、以（　　）的方式生成、储存或传递的合同。

A. 数据文件　B. 数字电文　C. 数字文件　D. 数据电文

答案：(D)

13. （　　）属于物流组织结构与功能分析的主要内容。

A. 物流数据分析　B. 组织结构分析　C. 业务过程与组织结构之间的联系分析

D. 业务流程分析

答案：(A)

14. SET 协议是在（　　）之上的应用层的网络标准协议。

A. 数据链路层　B. 物理层　C. 传输层　D. 对话层

答案：(D)

15. 在市内运输中，由生产厂经由物流企业（如配送中心）为用户提供商品时，从配送中心到用户之间的物品空间移动称为（　　）。

A. 运输　B. 输送　C. 配送　D. 物流

答案：(C)

16. （　　）主要是为顾客提供一个友好的购物环境，包括用户注册、店面浏览，商品定购等部分。

A. 前台商务系统　B. 后台商务系统　C. 店面管理系统　D. 站点管理系统

答案：(A)

17. （　　）是 SSL 协议的基本特点。（　　）

A. 能对通信双方的身份进行认证　B. 进行协商的双方的秘密是安全的

C. 协商是可靠的　D. 连接是专用的

答案：（D）

18. 电子商务过程中，人们需要用（　　）来相互证明各自的身份。

A. 电子邮箱账号　B. 电子指纹　C. 电子签字机制　D. IP 地址

答案：（C）

19. 判断病毒的触发条件，实施病毒的破坏功能的模块是（　　）。

A. 传染模块　B. 引导模块　C. 表现模块　D. 以上都不是

答案：（C）

20. 在 HTML 中，（　　）标记符是非成对标记符。

A.
　B. <p>　C. <ul>　D. <a>

答案：（A）

21. （　　）选项符合调研表问题设计要求。

A. 这种调料很润口吧　B. 这种调料很辛辣吧

C. 这种调料是润口还是辛辣呢　D. 这种调料的口味是否很可口

答案：（C）

22. 流行于北美的，由美国国家标准化委员会制定的 EDI 标准是（　　）。

A. TDCC（运输业）标准　B. UN/EDIFACT 标准

C. ANSIX. 12 标准　D. CIDX（化工）标准

答案：（C）

23. 物流运输企业与供应链参与各方整合在一起形成（　　）。

A. 物流企业　B. 供应链结合体　C. 第三方物流　D. 物流供应链

答案：（C）

24. （　　）是安全密码。

A. 123456　B. abcdefg　C. 45ff　D. 14sd%^DF41

答案：（D）

25. ASP 默认的脚本语言是（　　）。

A. FlashScript　B. HTML　C. JavaScript　D. VBScript

答案：（D）

26. 电子订货系统的简称是（　　）。

A. POS　B. EPS　C. GPS　D. EOS

答案：（D）

27. 在安全电子邮件中，收信的协议是（　　）。

A. SMTP　B. HTTP　C. POP3　D. FTP

答案：（C）

28. 按照计算机软件系统的分类，SQL2000 属于（　　）。

A. 通用软件　B. 操作系统　C. 语言处理系统　D. 数据库管理系统

答案：(D)

29. 在网络调研中，(　　) 一般用来再次向填写者表示感谢或致意，此外注明公司的标志性信息（如公司名称、网站、联系方式），这是宣传公司形象的好机会。

A. 卷首说明　B. 调研问题　C. 调研内容　D. 结束语

答案：(D)

30. 样式表文件的后缀名是（　　）。

A. css　B. htm　C. html　D. asp

答案：(A)

31. 企业采购和付款业务循环内部控制使用的基本文件中，(　　) 是由采购部门编制的授权供应方提供商品的预先编号的文件。

A. 请购单　B. 订单　C. 验收单　D. 借项通知单

答案：(B)

32. FTP 常用的服务是（　　）。

A. 超文本传输　B. 下载　C. ls　D. 远程登录

答案：(B)

33. 报价采购中，报价单的有效期是指（　　）。

A. 报价送达对方所在地时的日期　B. 报价日期　C. 报价单发送日期

D. 开标日期

答案：(A)

34. 企图利用漏洞达到恶意目的的威胁代理称之为（　　）。

A. 邮件爆炸　B. 攻击　C. 漏洞　D. 威胁

答案：(B)

35. 引导型病毒将病毒寄生在硬盘（　　）。

A. 逻辑 0 扇区或软件 0 扇区　B. 逻辑 1 扇区或软件 1 扇区

C. 逻辑 2 扇区或软件 2 扇区　D. 逻辑 3 扇区或软件 3 扇区

答案：(A)

36. 在 HTML 中，(　　) 是网页主体的标记。

A. <head>　B. <title>　C. <html>　D. <body>

答案：(D)

37. 企业可以通过（　　）网站收集、筛选采购信息，进行网络采购。

A. 淘宝　B. google　C. 阿里巴巴　D. 易趣

答案：(C)

38. 瞬时复制技术是（　　）。

A. 使计算机在某一灾难时刻自动复制数据的技术

B. 快速产生和维护一份或多份数据库数据的技术

C. 在远程备份中心提供主数据中心的磁盘镜像

D. 人工快速复制备份数据

答案：(A)

39. 使用外部样式文件需要在文档的头部区域使用的标记是（　　）。

A. <link>　B. <class>　C. <style>　D. <a>

答案：（A）

40. 条码是由一组规则的、不同宽度的条和空组成的标记，其中对光线反射率低的是（　　）。

A. 条　B. 空　C. 相同　D. 粗条

答案：（A）

41. 在对竞争对手的调研活动中，（　　）发挥着重要作用。

A. 网上直接调研　B. 网上间接调研　C. E-mail 问卷　D. Focus-Group

答案：（B）

42. 在电子商务中，合同的（　　）发生了极大的变化。

A. 意义　B. 作用　C. 形式　D. 功能

答案：（C）

43. 使用 DES 算法加密的算法步骤是（　　）。

A. 将明文分组、初始置换，迭代过程，逆初始置换，输出 64 位码的密文

B. 初始置换，将明文分组、逆初始置换，迭代过程，输出 64 位码的密文

C. 初始置换，迭代过程，将明文分组、逆初始置换，输出 64 位码的密文

D. 将明文分组、初始置换，逆初始置换迭代过程，输出 64 位码的密文

答案：（A）

44. 1994 年 2 月 18 日，我国颁布了（　　），这是我国的第一个计算机安全法规，是我国计算机安全工作的总体纲领。

A.《中华人民共和国新刑法》

B.《中华人民共和国计算机安全法》

C.《中华人民共和国计算机信息系统安全保护条例》

D.《中华人民共和国计算机安全条例》

答案：（C）

45. 在（　　）中计算机可以使用超终端通信。

A. 对等网络　B. 广播式网络　C. 非对等网络　D. VPN

答案：（A）

46. 因为网络广告（　　）的特征，使得公司在网络上许多位置放置公司的广告和相关产品介绍。

A. 回馈快　B. 效率高　C. 成本低　D. 交互强

答案：（C）

47. （　　）是企业对供应商最基本的行为约束，也是二者保持合作关系的基本保障。

A. 供应商评价体系　B. 供应商考核体系　C. 供应商行为准则　D. 供应商行业规范

答案：（C）

48. 在 SONY ERICSSON 公司的网站，客户可以自行下载各款手机的驱动程序，这说明了网上售后服务的（　　）特点。

A. 直接性 B. 及时有效 C. 方便快捷 D. 个性化

答案：(C)

49. ( ) 是指利用交通工具一次向单一目的地长距离地运送大量货物的移动。

A. 运输 B. 配送 C. 输送 D. 物流

答案：(C)

50. 用特征代码法检测病毒 ( )。

A. 能检测未知病毒 B. 误报率高 C. 可识别病毒的名称 D. 不能做解毒处理

答案：(C)

51. 物流信息系统分析工作的总结称之为 ( )。

A. 物流环境分析报告 B. 信息分析报告 C. 数据流分析报告 D. 业务分析报告

答案：(B)

52. ( ) 是指完成交易之后为顾客提供的服务。主要包括产品的技术支持和技术服务及为客户提供的增值服务。

A. 售前服务 B. 售中服务 C. 售后服务 D. 沟通服务

答案：(D)

53. 我国现阶段网上采购的重点应放在 ( ) 方面。

A. 新商品网络采购流程 B. 企业网络和合作伙伴网络的集成

C. 企业资金流和物流的有效集成 D. 企业信息流和资金流的有效集成

答案：(D)

54. ( ) 策略多运用于高档消费。

A. 抢先定位 B. 比附定位 C. 空隙定位 D. 品牌形象定位

答案：(D)

55. 典型的电子商务支付应该是 ( )。

A. 银行转帐 B. 电话支付 C. 货到付款 D. 网上支付

答案：(D)

56. 下列电子商务网站中，( ) 属水平 B2B 电子商务。

A. Dell 电脑 B. Cisco C. 环球资源网 D. 上海书城

答案：(C)

57. 在 HTML 中，type 属性用来显示不同形状的项目符号，它使用在 ( ) 标记中。

A. <ul> B. <p> C. <li> D. <ol>

答案：(C)

58. 移动存储设备最大的优势在于 ( )。

A. 标准存储单位成本低 B. 存储量大 C. 易保存，受外界影响更小 D. 方便易用

答案：(C)

59. 在网上单证设计过程中，要注意保证订单在商城未确认前的 ( )。

A. 可转换性 B. 可传递性 C. 可修改性 D. 可追溯性

答案：(C)

60. 网络客户反馈信息通常都是以 ( ) 方式传递的。

A. 电话　B. E-mail　C. 上门访问　D. 邮局邮件

答案：（B）

二、多选题

61. 物流信息按照物流的功能分类可以分为（　　）。

A. 计划信息　B. 控制及作业信息　C. 统计信息　D. 支持信息

答案：（ABCD）

62. 在进行网上单证设计时需要注意的地方和可以采用的技巧有（　　）。

A. 尽力使客户在购物时感到方便　B. 发布尽可能多的促销推广广告

C. 使客户对商店产生强烈的第一印象　D. 个性化和问候语

答案：（ACD）

63. 计算机安全是指一种确定状态，使计算机化数据和程序文件不致被（　　）访问、获取或修改。

A. 授权人员　B. 计算机　C. 程序　D. 非授权人员

答案：（BCD）

64. 对供应商进行调查，调查表应尽量用（　　）进行表述。

A. 文字　B. 数据　C. 量值　D. 实例

答案：（BC）

65. 企业可以（　　）了解供应商的能力，选择合适的供应商。

A. 根据供应商的信誉对比类似产品的历史情况及其他用户的使用情况

B. 根据供应商提供的样品进行评价

C. 对供应商的能力进行现场调查和评价

D. 根据是否取得有关质量认证机构的质量体系认证

答案：（ABCD）

66. 网上订单的后台处理的过程主要包括（　　）等。

A. 订单准备　B. 订单传递　C. 订单储存　D. 订单登录

答案：（ACD）

67. MIS 本质上是通过对各种内部信息的加工处理，实现对（　　）的有效控制和管理，从而最终增加销量、降低成本、提高利润。

A. 信息流　B. 资金流　C. 商流　D. 物流

答案：（ABCD）

68. 堡垒主机的系统软件可用于（　　）。

A. 维护系统日志　B. 硬件复制日志　C. 远程日志　D. 用户操作日志

答案：（ABC）

69. Mondex 最早是由（　　）为主开发和倡议使用的电子货币系统。

A. 西敏银行　B. 米德兰银行　C. 花旗银行　D. 曼谷银行

答案：（AB）

70. 在 FrontPage 中，能加入 DHTML 效果的事件有（　　）。

A. 单击　B. 双击　C. 鼠标悬停　D. 网页加载

答案：(ABCD)

71. 在对供应商的考核指标中，(　　) 是品质指标。

A. 批退率　B. 逾期率　C. 平均合格率　D. 准时交货率

答案：(AC)

72. 在电子商务条件下，买方应当承担的义务包括（　　）。

A. 按照网络交易规定方式支付价款的义务

B. 按照合同规定的时间、地点和方式接受标的物的义务

C. 对标的物的质量承担担保义务

D. 对标的物验收的义务

答案：(ABD)

73. 网上售后服务的主要特点包括（　　）。

A. 方便　B. 直接　C. 个性化　D. 快捷

答案：(ABCD)

74. 安全交易体系中具有代表性的交易规范协议有（　　）。

A. TCP/IP　B. SET　C. SSL　D. HTTP

答案：(BC)

75. 在 HTML 中，(　　) 是表格使用的标记。

A. <ul>　B. <table>　C. <tr>　D. <td>

答案：(BCD)

76. 随着移动通信技术的发展，出现了多种车辆通行管理系统，主要包括（　　）。

A. MCA 无线技术　B. GIS 技术　C. PDT 技术　D. GPS 技术

答案：(ABD)

77. 电子商务的基本组成要素包括用户、商家以及（　　）等。

A. 物流配送　B. 认证中心　C. 银行　D. 网络

答案：(ABCD)

78. SET 通过使用（　　）的方式加密，保证了数据的保密性。

A. 公共密钥　B. 公开密钥　C. 私有密钥　D. 对称密钥

答案：(AD)

79. 网上市场调研项目的范围包括（　　）

A. 背景　B. 目的　C. 委托人　D. 项目负责人

答案：(ABCD)

80. 关于 HTML 中使用的注释，正确的说法有（　　）。

A. 注释语句为<! -- … →　B. 注释内容可插入文本中任何位置

C. 注释内容将不显示　D. 注释内容能使用 IE 浏览器查看源文件的方式看到

答案：(A)

81. FTP 和 Telnet 的相同点为（　　）。

A. 都包括字符界面和图形界面两类　B. 都可通过域名和 IP 地址两种形式登录

C. 都提供匿名登录形式　D. 都基于客户机/服务器模式

答案：(ABCD)

82. 防止企业采购中暗箱操作的措施“三统一分”，其中“三统”是指所有采购商品要（　　）。

A. 统一控制费用　B. 统一采购验收　C. 统一审核结算　D. 统一转账付款

答案：(BCD)

83. 计算机信息系统安全产品是用来保护计算机信息系统安全的专用的硬件和软件产品，如（　　）。

A. 网络防火墙　B. 解密软件　C. 防病毒软件　D. 压缩软件

答案：(AC)

84. 进行网上购物的消费者可以分为（　　）等类型。

A. 简单型　B. 冲浪型　C. 议价型　D. 接入型

答案：(ABCD)

85. 对电子邮件的加密主要方法有（　　）。

A. 使用 PGP 插件　B. 使用数字证书　C. 用系统自带的加密功能

D. 用压缩加密软件

答案：(AB)

86. 关于 CSS 的应用，正确的说法有（　　）。

A. 外部样式是独立的 CSS 文件

B. 内联式样式只包含在与它有关的标记内

C. 应用嵌入式样式，要将 CSS 代码置于<HEAD>和</HEAD>之间

D. 应用嵌入式样式，要将 CSS 代码置于<！——和→之间

答案：(ABCD)

87. 网上市场调研的相关计划有（　　）。

A. 时间计划　B. 沟通计划　C. 人力资源计划　D. 营销计划

答案：(ABC)

88. 病毒可以利用（　　）对计算机进行攻击。

A. IE 浏览器　B. Cookie 程序　C. Java 应用程序　D. 以上都不可以

答案：(ABC)

89. 电子合同解决方案包含（　　）技术。

A. 安全交换电子文件　B. CA 认证　C. 电子印章　D. 计算机网络安全

答案：(ABC)

90. 使用光存储技术的移动存储设备包括（　　）。

A. CD-R/W　B. DVD-R/W　C. MO　D. PD

答案：(AB)

91. 校验算法的缺点是（　　）。

A. 不能识别病毒名称　B. 不能对付隐蔽性病毒　C. 不能发现未知病毒

D. 容易误报警

答案：(ABD)

92. 判定配送合理与否的因素是多方面的，(　　) 因素属于合理范畴。

A. 资金周转慢　B. 库存周转快于原来各企业库存周转　C. 缺货次数下降

D. 即时配送速度快

答案：(BCD)

93. 认证机构一般需承担 (　　)。

A. 信息披露义务　B. 信息通知义务　C. 安全义务　D. 举证义务

答案：(ABCD)

94. 网络下载软件 JetCar 具有的特点包括 (　　)。

A. 支持断线续传　B. 能创建有限数目的类别　C. 支持 MMS 和 RTSP 协议

D. 具有预防病毒侵害的安全机制

答案：(ACD)

95. SET 最初是由 (　　) 合作开发完成的。

A. VISA CARD　B. MASTER CARD　C. AMERICAN EXPRESS CARD

D. CITIBANK CARD

答案：(AB)

96. 计算机网络的分类标准很多，按拓扑结构可分为 (　　)。

A. 广播型　B. 星型　C. 总线型　D. 环型

答案：(BCD)

97. 以下 (　　) SQL 语句属于数据操纵语言。

A. Alter　B. Select　C. Create　D. Update

答案：(BD)

98. 网络感性诉求广告的创意方法有 (　　)。

A. 感知效应　B. 情趣效应　C. 情感效应　D. 利益效应

答案：(ABC)

99. FAQ 是指利用网站页面向顾客提供有关 (　　) 等问题的现成答案。

A. 产品的使用　B. 技术支持　C. 企业情况　D. 订单状态

答案：(ABC)

100. 条码在仓库内部管理中的作用是 (　　)。

A. 存货盘点形成盘点报告　B. 方便入库　C. 出库备货　D. 条理存放

答案：(AC)

中级电子商务师考试模拟试题二

一、单选题

1. 以下不属于系统完整性管理的内容是（　　）。

A. 备份业务文件　B. 修复系统文件　C. 防止非法授权　D. 备份系统文件

答案：（C）

2. 柔性组织的特点是（　　）。

A. 部门众多　B. 领导参与少　C. 灵活性好　D. 适用于较小企业

答案：（C）

3. 以下对系统验收的理解正确的是（　　）。

A. 系统验收的目的是找出问题

B. 系统验收的重点在于提醒开发方还有什么样的任务没有完成

C. 系统验收必须肯定已经按需求完成的工作

D. 开发方提交的系统测试报告将作为系统验收的重要参考

答案：（C）

4. 商务网站平台建设预算不包括（　　）。

A. 外购软硬件费用　B. 网站开发费用　C. 系统集成费用　D. 运行管理费用

答案：（D）

5. 有关系统管理制度说法正确的是（　　）。

A. 员工和公司之间的问题存在着利益上不一致性

B. 管理制度只能起到事后惩戒作用

C. 管理制度应使得员工和企业得到双赢

D. 管理制度建立在人具有不同特点的基础上

答案：（C）

6. 以下不合理的 Web 平台搭配方式是（　　）。

A. Windows 2000+IIS　B. Windows 2000+ apache　C. Linux+apache　D. AIX+IIS

答案：（D）

7. 商务网站的交易服务特征不同，所需要的在线支付解决方案也就不同，目前适合B2B 交易类型的方式是（　　）。

A. 企业网上银行　B. 个人网上银行　C. 银联网关在线支付方案

D. 第三方支付网关在线支付方案

答案：（A）

8. 以下对商务网站内容建设的说法正确的是（　　）。

A. 平台建设人员制定规范和标准，内容建设人员据此准备商务网站内容

B. 内容建设人员参与商务网站需求调研和需求分析

C. 内容资源的获取只要安排具体人员负责采集就行了

D. 商务网站内容建设不存在什么技术要求

答案：(B)

9. 矩阵式组织结构不同于直线式组织结构的特点是（　　）。

A. 不按职能对组织进行划分　B. 可按项目进行组织划分

C. 企业中各个分组织众多　　D. 企业领导具有较大的权力

答案：(B)

10. 以下关于防火墙说法不正确的是（　　）。

A. 防火墙不能防止来自企业内部的攻击

B. 防火墙本身不会存在安全漏洞

C. 防火墙可以降低网络安全防范的风险

D. 防火墙通常不能提供有效的入侵检测能力

答案：(B)

11. 关于商品分类和商品编码的理解正确的是（　　）。

A. 为了标准化，商品分类只能依现行的商业分类规范而定

B. 为了系统检索方便，需要制定合理的商品编码规则

C. 商品编码是系统内部的事情，只要实现每种商品一个码就行了

D. 为了保证信息的完整性，商品分类一旦建立，基本上就固定不变了

答案：(B)

12. 需求调研主要是要搞清楚（　　）。

A. 不同用户各自关心什么，希望得到什么，或是必须提供什么，及其操作习惯

B. 不同阶段用户需求的变化情况　C. 业务流程、技术条件　D. 以上都是

答案：(D)

13. Unix 系统中提供记录系统事件的进程是（　　）。

A. Message　B. syslogd　C. printd　D. vid

答案：(B)

14. 以下关于网站处理用户信息的说法正确的是（　　）。

A. 网站所有的用户都应是注册用户　B. 网站不应保障非注册用户的权益

C. 网站中的用户应分级规定相应的权限　D. 网站不应给予用户管理自己的权限

答案：(D)

15. 以下哪个选项不是电子商务网站群集运行策略的优点（　　）。

A. 无需修改网站系统软件即可应对客户激增的访问

B. 在系统升级时保护网站原有的软硬件投资

C. 可以节约网站的升级成本

D. 对网站的运行没有影响

答案：(D)

16. 系统总设计中一般不考虑的内容是（　　）。

A. 系统总体结构、网络架构　B. 软硬件选型　C. 系统主要流程图

D. 数据库物理结构

答案：(D)

17. (　　) 防止对交易相关信息的篡改。

A. 数字证书技术　B. SSL 协议　C. 数字签名技术　D. SET 协议

答案：(C)

18. (　　) 主要从项目的社会环境、法律法规依据、建立电子商务网站的企事业单位的管理水平、项目实施的技术人员要求以及业务流程改变对企业的影响等方面进行进一步的定性或定量分析，为领导决策提供依据。

A. 技术可行性分析　B. 经济可行性分析　C. 可实施性分析　D. 投资回收期分析

答案：(C)

19. 网站运行中，最适合采用三班制的部门是 (　　)。

A. 市场部　B. 运行维护部　C. 客服部　D. 企划部

答案：(B)

20. (　　) 为那些打算把网络营销交给第三方的公司提供了服务。它的共同特点是为供应商产品建立目录，提供界面和产品总量数据库。

A. 电子商店　B. 电子购物中心　C. 第三方交易市场　D. 电子拍卖平台

答案：(C)

21. 在填写证书的公用名称时，正确的说法是 (　　)。

A. 公用名称必须和服务器申请的域名一致

B. 即使公用名称和服务器申请的域名不一致，用户在使用的过程中也不会看到警告信息

C. 公用名称和服务器申请的域名没有必然的联系

D. 公用名称和服务器申请的域名之间不一定要一致

答案：(A)

22. 企业内部的信息化是基础，(　　) 是纽带，企业信息化的更高阶段必定是供应链管理（SCM）、客户关系管理（CRM）与内部 ERP 等管理系统相集成，同时支撑企业对外的电子化商务活动。

A. 供应链　B. 客户关系　C. 价值链　D. 资金链

答案：(A)

23. 为了实现客户的期望，提高客户满意度，必须能够发现用户最为关注的需求。(　　)即客户或许并未提及，但如若缺少会让他们感到不满意。

A. 期望需求　B. 普通需求　C. 兴奋需求　D. A 和 C

答案：(A)

24. 以下属于数据挖掘处理的任务是 (　　)。

A. 生成业务数据　B. 分析业务数据　C. 协调各部门工作

D. 生成企业的工作流数据

答案：(B)

25. 以下关于入侵检测系统说法正确的是 (　　)。

A. 入侵检测系统就是防火墙系统

B. 入侵检测系统可以取代防火墙

C. 入侵检测系统可以审计系统配置和漏洞

D. 入侵检测系统不具有断开网络的功能

答案：(C)

26. 系统分析报告中，不应包括的项目是（　　）。

A. 人力成本分析　B. 设备管理分析　C. 企业战略规划

D. 销售商品趋势分析

答案：(C)

27. 对于追踪入侵者而言，正确的说法是（　　）。

A. 入侵者如果通过防火墙进行入侵，则不能查出其任何信息

B. 入侵者总会有迹可寻

C. FTP 攻击不会暴露入侵者的身份

D. Telnet 不会暴露入侵者的身份

答案：(D)

28. 调研对象的确定与调研目标相一致。要获取详细需求，就要选择（　　）作为调研对象。

A. 单位领导　B. 业务操作人员　C. 行业协会　D. 项目负责人

答案：(A)

29. 以下对于需求变更控制的理解正确的是（　　）。

A. 需求变更是正常的，需求变更控制不是拒绝需求变更要求

B. 需方提出需求变更的要求，直接交给开发小组实施

C. 为了保证系统能按时完成，拒绝需方提出的需求变更请求

D. 为了不得罪需方，应接受需求变更要求

答案：(A)

30. 在电子商务系统构建过程中，可能会用到基于 XML 的信息交换技术，下面描述错误的是（　　）。

A. XML 描述数据

B. XML 用来显示数据

C. XML 具有强大的内容承载能力

D. 使用 XML 能够在电子商务应用之间存储、转换和传送数据，数据不必因软件或平台的变化、升级而改变。

答案：(B)

31. （　　）费用最高，监理方的责任也最大，适合那些对商务网站的开发不太了解、技术力量偏弱的需方采用。

A. 咨询式监理　B. 里程碑式监理　C. 全程式监理　D. 以上都对

答案：(C)

32. 以下哪种类型的网站应实行 7＊24 小时运行（　　）。

A. 论坛网站　B. B2B 网站　C. 企业内部网站　D. 博客网站

答案：（B）

33. （　　）主要作用是明确方向，进行关键事务决策，提供资源保障。

A. 领导组　B. 规划组　C. 顾问　D. 项目经理

答案：（A）

34. 某电子商务网站的建设投资是 100 万元，预期建设后 4 年中的净现金流入量分别是 20 万、30 万、40 万、50 万，基准投资回收期是 5 年。该项目的投资回收期为（　　）。

A. 3. 5 年　B. 3. 2 年　C. 4 年　D. 5 年

答案：（B）

35. 以下选项中关于申请服务器证书的说法正确的是（　　）。

A. 不同的 web 服务器，证书的申请步骤是一样的

B. 对于 IIS 服务器，其分配的证书必须是一个已存在的证书

C. 证书的加密位长越大，安全性就越高

D. 证书的加密位长越大，所用的计算时间也就越短

答案：（C）

36. （　　）的一个重要特征是它的架构开放性，它本身是一系列规范，而不是产品。它定义应用于设计、开发、部署多层基于服务器应用程序的所有方面的标准。

A. NET　B. UML　C. CMM　D. J2EE

答案：（D）

37. 当网站遭到攻击时，正确的处理方法是（　　）。

A. 绝不关闭网站　B. 立即关闭网站　C. 可以考虑关闭网站

D. 启动杀毒软件

答案：（C）

38. 有关于 IP 地址的说法正确的是（　　）。

A. 来访者的 IP 地址在理论上并不提供他的上网位置信息

B. IP 地址一定对应着相应的域名

C. IP 地址可以帮助管理员查找入侵者的连线单位信息

D. 如果来访 IP 地址是在企业内部网分配的私有地址，就不能查出来访者信息

答案：（C）

39. 电子商务流程再造是组织为满足顾客的要求和市场竞争的需要，充分利用信息技术、通信技术和制造技术，对组织内部及组织之间的物流、信息流、资金流进行重新设计和组织，并优化人力资源和设备资源的过程。下面的理解（　　）是错误的。

A. 对现有流程细枝末节的修改　B. 对流程的整合与简化

C. 重新设计现有流程，或者进一步完善刚刚设计完成的流程　D. A 和 C

答案：（A）

40. 成本管理的特点是（　　）。

A. 少花钱　B. 可以解雇效率低的员工　C. 优化配置资源　D. 控制员工数目

答案：（C）

41. 采用PC服务器集群技术建立电子商务系统的优点是（　　）。
A. 总体资金投入不大，系统扩展灵活　B. 实现负载均衡　C. 系统容错性好
D. 以上都对
答案：(D)

42. 对数据交换平台的理解错误的是（　　）。
A. 建立数据交换平台的前提是将所有数据集中管理
B. 各数据库资源均可实现透明的访问，确保全局数据的共享
C. 维持各数据库管理系统的自治
D. 功能方面，支持对各个数据库的查询和联合使用
答案：(A)

43. 黑客最害怕的事情是（　　）。
A. 系统安装了防火墙　B. 系统安装了杀毒软件　C. 自己的身份被查清
D. 遭到系统管理员的反入侵
答案：(C)

44. 受法律因素制约，（　　）问题直接影响交易市场网站实施的可操作性。
A. 电子合同　B. 在线订单　C. 数字证书　D. 电子邮件
答案：(A)

45. 在进行服务器主机选型时，下列哪种认识是错误的（　　）。
A. 服务器的计算能力和网络吞吐能力呈线性关系
B. 网站服务器必须具备良好的安全性，注意服务器是否支持诸如自动系统恢复、动态系统配置、模块化结构、在线升级等特性
C. 需要硬件本身具有可扩展的结构，如冗余插槽、托架、电源等
D. 通过PC服务器的集群达到小型机才能达到的性能
答案：(A)

46. 关于网络环境的搭建，以下描述正确的是（　　）。
A. 为了保证商务网站的数据安全，最好把网络接入企业自己的机房
B. 商务网站网络环境建立之前，要制定具体的"网络配置方案"
C. 为了系统的安全，应尽可能多地设置防火墙
D. 商务网站的服务器均要放在互联网上
答案：(B)

47. 作为网站安全管理人员，正确的做法是（　　）。
A. 限制业务人员使用计算机　B. 禁止软件的安装　C. 以预防安全问题为主
D. 以事后解决问题为主
答案：(C

48. 负责处理网站产品目录更新应是哪个岗位的职责？（　　）
A. 系统安全岗位　B. 设备维护岗位　C. 交易管理岗位　D. 网站信息管理岗位
答案：(D)

49. 我们主要围绕商务网站未来用户，展开需求调研。实际工作中，我们还要对

（　　）进行适当的调查与分析。

A. 企业原有的竞争对手　B. 采用新的商务手段（电子商务）即将面对的竞争对手

C. 企业合作伙伴　D. A 和 B

答案：(D)

50. 关于网络安全监控结果汇报的说法正确的是（　　）。

A. 在遭到网络攻击时，一定要查出攻击者信息再进行汇报

B. 在遭到网络攻击时，要先解决攻击问题后再进行汇报

C. 网络安全问题不应总向领导层汇报，以免引起不必要的紧张

D. 网络安全状况监控结果应向上级负责人及时汇报

答案：(D)

51. 以商务网站外包开发为例，主要的验收依据一般不含（　　）。

A.《商务合同》　B.《需求分析说明书》　C.《系统总体设计说明书》

D.《商务合同附件》

答案：(C)

52. 以下属于按时间进行岗位考核的方式是（　　）。

A. 岗位出勤率考核　B. 事假次数考核　C. 失误率考核　D. 月工作量考核

答案：(D)

53. 系统验收过程中，开发方负责（　　）。

A. 准备验收相关文档　B. 制定验收大纲　C. 制定验收测试大纲

D. 成立验收测试小组

答案：(A)

54. 网站数据分析员的职责是（　　）。

A. 处理网页数据　B. 处理财务数据　C. 处理库存数据　D. 分析业务数据

答案：(D)

55. 进行系统详细设计，不包括（　　）。

A. 规定每项操作要执行哪个程序，带什么参数

B. 程序执行完毕后，规定不同结果重定向到不同 URL

C. 数据存储设计

D. 商品分类目录的设置

答案：(D)

56. 一般大型的商务网站，采用总体规划、分期实施的策略，因此商务网站的目标包括（　　）。

A. 总体目标　B. 各期目标　C. 收益目标　D. A 和 B

答案：(D)

57. 为有效进行需求调研，需要与调研对象沟通，并在此基础上共同确定（　　）。

A. 调研周期　B. 调研日程表　C. 调研的准备时间　D. 提交调研报告的时间

答案：(B)

58. 要激活 Web 服务器的 SSL 安全特性，我们必须获得并安装一个有效的（　　）。

A. 企业证书　B. 服务器证书　C. SET 证书　D. PKI Non-SET 证书

答案：(B)

59. 选择应用服务器软件平台，(　　) 的做法是不合适的。

A. 选择成熟的版本

B. 为了系统的先进性，选择最新版本

C. 选择集成性的产品，Web 服务器和应用服务器打包在一个产品中

D. 单独选择 Web 服务器和应用服务器，以实现最好的运行效果

答案：(B)

60. 网页技术支持的职责是（　　）。

A. 提供在线交易帮助　B. 进行页面更新　C. 修正页面错误　D. 提供产品相关下载

答案：(C)

二、多选题

61. 电子商务网站的运营和管理核心是（　　）。

A. 运营目标要明确　B. 电子商务平台要与业务策略相适应

C. 产品要有差异化　D. 销售策略和销售人员的培训

答案：(ABCD)

62. 电子商务员和助理电子商务师的考试特点包括（　　）。

A. 选拔性　B. 基础性　C. 可考性　D. 通用性

答案：(BCD)

63. 如果你负责某商务网站的推广，在向老板汇报网站推广情况时，下面哪些数据是必须的（　　）。

A. 搜索引擎排名　B. 媒体及网络广告投放量　C. 媒体曝光率　D. 网站交易率

答案：(ABC)

64. 电子商务销售跟踪管理，需要跟踪（　　）。

A. 客户日增长数量和增长趋势

B. 销售策略

C. 销售方案的完整化和产品化

D. 销售机制是否健全？是否能够调动销售人员的积极性？

答案：(ABCD)

65. 电子商务模式创新度的含义主要包括（　　）。

A. 网上增加了哪些新的业务和服务　B. 原有业务流程重组、改进优化的情况

C. 管理创新，组织机构扁平化　D. 制度、方法和盈利模式的创新

答案：(ABCD)

66. 关于网站点击率，说法正确的有（　　）。

A. 对于 B2C 网站点击次数越多越好　B. 对于 C2C 网站点击次数越多越好

C. 对于 B2B 网站点击次数越多越好　D. 对于 B2B 网站点击次数越少越好

答案：(AB)

67. 电子商务员和助理电子商务师的培训教案编写原则包括（　　）。

A. 简明原则　B. 要点原则　C. 详细原则　D. 以上选项均不正确

答案：（AB）

68. 电子商务物流，需要注意（　　）。

A. 第三方物流公司的规模和大小　B. 第三方物流公司的信誉和服务

C. 货到付款业务的回款风险　D. 可送达区域和时间

答案：（ABCD）

69. 为了准确把握需求，建设适用的电子商务系统，需求调研和需求分析特别重要。以下（　　）属于需求分析的工作内容。

A. 为需求建立模型　B. 制定系统功能实现的详细程序计划

C. 确定需求的优先级　D. 分析需求的可行性

答案：（ACD）

70. 电子商务调研分析，需要考虑（　　）。

A. 国外领先网站　B. 国内领先网站　C. 竞争对手　D. 市场前景和预期收益

答案：（ABCD）

71. 商务网站的平台建设和内容建设均要考虑信息的标准化问题，为方便用户访问和浏览，最主要的有（　　）。

A. 商品分类目录　B. 信息存储方式　C. 商品编码　D. 商品展示模版

答案：（ACD）

72. 电子商务网站内容评估指标主要包括（　　）。

A. 电子商务营销推广力度　B. 电子商务网站内容信息质量

C. 电子商务网站内容信息数量　D. 电子商务网站检索和浏览速度

答案：（BCD）

73. 商务网站的可行性分析主要从（　　）等方面进行分析，并给出综合性建议。

A. 商业模式分析　B. 技术可行性分析　C. 经济可行性分析　D. 可实施性分析

答案：（BCD）

74. 对企业采购的招标，应标人员需要考虑（　　）。

A. 企业采购人员的参与者　B. 对业务采购人员的影响因素

C. 招标信息的发布时间和应标时间　D. 多考虑公关，没有必要考虑业务

答案：（ABC）

75. 国内第三方支付服务提供商已经有很多家，包括（　　）。

A. IPS　B. 99Bill 快钱　C. 首信易支付　D. 联邦快递

答案：（ABC）

76. 经营好 B2C 网站，需要参考的网站案例（　　）。

A. 美国亚马逊网站　B. 中国卓越网站　C. 当当网　D. 搜狐商城

答案：（ABCD）

77. 企业对企业的交易平台，基本功能主要包括（　　）。

A. 会员管理　B. 产品目录和产品管理　C. 交易功能　D. 新闻发布与管理功能

答案：(ABC)

78. 电子商务产品经理，需要考虑（　　）。

A. 产品策划　B. 产品定位和用户群　C. 产品价格　D. 产品定位

答案：(ABCD)

79. 哈希算法不能用于（　　）。

A. 签名分析　B. 统计分析　C. 完整性分析　D. 以上选项均不正确

答案：(AB)

80. 客户人员培训，需要培训的内容是（　　）。

A. 业务流程　B. FAQ　C. 礼仪　D. 产品售前、售中、售后服务方式

答案：(ABCD)

81. 主机型 IDS 的缺点包括（　　）。

A. 不便于跨平台　B. 增加系统负荷　C. 内部结构有着较大束缚　D. 安装量大

答案：(ABD)

82. 为了各相关参与人员能够方便沟通、理解需求，并为系统的成功建设打好基础，一般采用（　　）方式表达电子商务系统的需求。

A. 系统规划方案　B. 网页外观包系统　C. 需求管理规范　D. 需求分析说明书

答案：(BC)

83. 一般情况下，电子商务网站功能评估报告附录的内容有（　　）。

A. 评估计分表　B. 评估专家组人员名单　C. 评估对象和评估机构

D. 评估结果和结论

答案：(AB)

84. 某零售型电子商务网站，为了提高客户服务质量，增强客户对网站的忠诚度，计划对网站先进行相关内容的评估，包括（　　），然后再对症实施改进。

A. 客户提问平均回复时间　B. 订单平均配货周期　C. FAQ 更新时间

D. 客户投诉率

答案：(ABCD)

85. 电子商务企业进行岗位培训的特点包括（　　）。

A. 技术岗位的知识更新迅速

B. 管理岗位在培训时一般不需要强调计算机知识的运用

C. 对于培训负责人的要求很高

D. 所有类型的电子商务企业都具有相同的培训模式

答案：(AC)

86. 制定电子商务网站建设进度计划，要考虑各个阶段的质量保证手段。需求分析阶段的质量保证手段和方法主要包括（　　）。

A. 需求及时确认　B. 需求评审　C. 需求表达规范，专用名词做出特别解释

D. 必须使用先进的需求分析工具

答案：(ABC)

87. 制定商务网站实施进度计划，主要应明确（　　）等工作内容。

A. 系统实施主要工作任务划分，以及各项任务起止时间

B. 各项任务参与人员

C. 各项任务的工作内容及主要交付物

D. 相关外部条件

答案：（ABCD）

88. “电子商务降低交易成本，提高效率，导致了商业机构管理和生产过程的重要变革”，主要表现在以下几个方面：（　　）

A. 企业建立电子商务网站需要投入，建成之后基本上就没什么投入了，所以交易成本降低。

B. 降低了搜索成本并使得消费者可以获得商品的最低价格

C. 互联网联结企业和消费者，因此具有显著降低交易成本的潜能

D. 更多公司进入市场将导致竞争加剧并降低公司的垄断利润。

答案：（BCD）

89. 网站安全管理原则包括（　　）。

A. 多人负责原则　B. 任期有限原则　C. 职责分离原则　D. 权威原则

答案：（ABC）

90. 建立电子商务网站，如果需要与 CA 认证中心合作，使用数字证书，在了解合作方技术水平的同时，需要参照《电子认证服务管理办法》考查 CA 认证中心的资质，包括（　　）。

A. 注册资金不低于人民币三千万元

B. 注册资金不低于人民币五千万元

C. 具有国家密码管理机构同意使用密码的证明文件

D. 具有固定或网上虚拟经营场所

答案：（AC）

91. 电子商务系统交付使用前，需要进行全面的系统测试，以下（　　）属于系统测试的工作内容。

A. 代码测试　B. 安全性、稳定性测试　C. 兼容性测试　D. 用户界面测试

E. 流程测试

答案：（BCDE）

92. 电子商务网站的运营，需要确立（　　）。

A. 网站的运营目标和方向　B. 网站的运营策略　C. 网站的产品　D. 网站的功能

答案：（ABCD）

93. 关于基于标识的检测技术和基于异常的检测技术说法正确的是（　　）。

A. 基于标识的检测技术不能有效地防止未知攻击

B. 这两种检测技术得出的结论往往是很相似的

C. 基于异常的检测技术可以准确判别出攻击的手法

D. 将两者结合可以达到更好的检测效果

答案：（AD）

94. 进行商务网站总体规划，首先要确定商业模式，包括（　　）等。

A. 收入模式 B. 竞争策略 C. 组织架构 D. 交易模式

答案：(ABCD)

95. 商务网站系统集成阶段，为保证各项集成工作的完整性、正确性、可重复性，产生并要提交的文档有（　　）。

A.《网络环境及配置说明书》 B.《系统环境安装与配置说明书》

C.《应用程序安装与配置说明书》 D.《系统测试大纲》

答案：(ABC)

96. 电子商务系统的技术特点，决定了商务网站平台的建设和运营往往需要相应的合作伙伴，而且必须根据实施方案、技术规划的要求，在保证良好的技术集成性的基础上，认真选择。主要有（　　）。

A. CA 认证中心 B. 银行或支付网关 C. 软硬件厂商以及商务网站开发服务商

D. 信息化水平比较高的业务伙伴

答案：(ABCD)

97. 关于实时入侵检测和事后入侵检测的说法正确的有（　　）。

A. 实时入侵检测由系统完成

B. 事后入侵检测多由网络管理人员进行

C. 事后入侵检测防御入侵的能力不如实时入侵检测

D. 实时入侵检测是一个不断进行的过程

答案：(ABCD)

98. 关于电子教案中使用动画和图形的说法正确的是（　　）。

A. 要尽可能多地加入动画

B. 适量加入动画

C. 要尽可能多用图示表示知识之间的联系

D. 教案中的图形会引起学员的注意力的降低

答案：(BC)

99. 进行岗位培训时，正确的做法包括（　　）。

A. 对于实践性较强的岗位，实行分散培训可取得较好的效果

B. 对于培训负责人的打分应主要考察受训员工的评价

C. 培训时应根据岗位的特点制定大纲

D. 对培训负责人的评价指标中，所有的指标都应赋予相应的权数

答案：(AD)

100. 电子商务网站促销活动考虑的重点有（　　）。

A. 产品的价格和优惠幅度 B. 网络广告投放的媒体、位置和形式

C. 在电子商务网站的推广方式 D. 目标受众

答案：(ABCD)

中级电子商务师考试模拟试题三

一、单选题

1. 组织实施网上采购时错误的做法是（　　）。

A. 保证开标、评标的公正性

B. 评标一般以价格作为唯一的标准

C. 招标过程要注意保护投标厂商的利益

D. 要组织评标委员会进行封闭式评标

答案：（B）

2. 商务网站访问率是指在一定时间内访问某网站的（　　）。

A. 人数　B. 频率　C. 时间　D. 效率

答案：（A）

3. 网站推广最有效的办法是在（　　）进行推广。

A. 网络媒体推广　B. 电子商务网站推广　C. 传统企业网站推广

D. 传统广告媒体推广

答案：（A）

4. 早期的病毒检测工具基本上都可以使用（　　）。

A. 校验和法　B. 特征代码法　C. 行为检验法　D. 行为检测法

答案：（B）

5. JIT 认为，（　　）是不属于浪费的无效劳动。

A. 合理库存　B. 停工待料　C. 无销量生产　D. 以上都是

答案：（A）

6. 关于 SSL 不正确的说法是（　　）。

A. SSL 的首要目的是在两个通信实体之间提供解密的安全通道

B. SSL 的作用是服务器对客户的身份确认

C. SSL 的作用是客户对服务器的身份确认

D. 主要包括握手协议和记录协议

答案：（A）

7. 在企业的业务采购类型中，修正再采购是指（　　）。

A. 采购部门首次购买某一产品　B. 采购部门根据惯例再订购产品

C. 采购部门修改购买条件后再进行购买　D. 以上都不正确

答案：（C）

8. “内容一般不超过 10 个汉字，发布在首页、重点频道首页的推荐位置，对浏览者干扰最小”的广告形式是（　　）。

A. 按钮广告　B. 文字广告　C. 通栏广告　D. 旗帜广告

答案：(B)

9. 网络公司门户网站的电子商务交易额是指（　　）。

A. 所有会员客户的网上营业总额

B. 该门户网站所属公司的网上营业总额

C. 所有会员客户通过该门户网站成交的交易总额

D. 该门户网站所属公司与其它公司的网上交易额

答案：(C)

10. 防火墙中最基本的构件是（　　）。

A. 屏蔽子网　B. 报文过滤器　C. 路由器　D. 屏蔽路由器

答案：(D)

11. 主要从项目的社会环境、法律法规依据、建立电子商务网站的企事业单位的管理水平、领导的重视程度、项目实施的技术人员要求等方面进行分析，从而为领导决策提供依据的是（　　）。

A. 人员可行性分析　B. 经济可行性分析　C. 技术可行性分析

D. 可实施性分析

答案：(D)

12. 网络社区愈来愈得到电子商务网站运营经理的重视，是由于网络社区具有（　　）的特性。

A. 受众群更明确　B. 互动性更强　C. 能及时得到反馈　D. 以上都是

答案：(D)

13. 一旦入侵者入侵主机并使用后，防火墙仅有路由功能，且网上任何用户均可自由访问内网，此种防火墙是（　　）。

A. 双宿主机防火墙　B. 屏蔽主机防火墙　C. 屏蔽子网防火墙

D. 双网主机防火墙

答案：(A)

14. C 类 IP 地址所能容纳的主机数是（　　）。

A. 256 台　B. 16777214 台　C. 254 台　D. 65534 台

答案：(C)

15. 电子商务物流配送业务流程是（　　）。

A. 提交订单→订单处理→配货处理→货物出库→运输安排→全程跟踪

B. 提交订单→订单处理→配货处理→库房管理→运输安排→客户收货

C. 提交订单→订单处理→配货处理→库房管理→运输安排→全程跟踪

D. 提交订单→订单处理→财务确认→配货处理→库房管理→全程跟踪

答案：(C)

16. 电子商务平台拥有的基本功能包括（　　）。

A. 安全认证系统　B. 即时通讯工具　C. 社区功能　D. 用户注册

答案：(D)

17. 在提交维护申请报告时，对于纠错性维护，正确的处理方式是（　　）。

A. 由网站的相关负责人提出报告

B. 报告中必须完整描述导致出现错误的环境

C. 应在报告中提出简要的需求规格说明书

D. 以电子文稿的形式提交报告

答案：(B)

18. 有关网站目录结构叙述错误的是（　　）。

A. 按栏目内容建立子目录

B. 目录的层次结构不要太深

C. 为了使目录名明确，应采用中文目录名

D. 每个主目录下都应建立独立的 images 目录

答案：(C)

19. 使用服务器证书认证技术，可以保障交易数据安全传输。在电子商务网站安装配置过程中，必须获得并安装一个有效的证书才能激活 Web 服务器的 SSL 安全特性，此证书是（　　）。

A. 企业证书　B. SET 证书　C. 服务器证书　D. PKI Non-SET 证书

答案：(C)

20. 电子商务应用深度是指（　　）。

A. 电子商务采购率与销售率的高低

B. 网站访问率和信息更新率的高低

C. 网上信息流、商流、资金流集成化的程度

D. 网上信息流、资金流、物流集成化的程度

答案：(D)

21. 网上市场调查中，采用问卷调查法的主要步骤是（　　）

A. 设计问卷→确定调查对象→实施调查→调查结果分析

B. 设计问卷→选择调查方式—实施调查→调查结果分析

C. 确定调查对象→选择调查方式→实施调查→调查结果分析

D. 选择调查方式→确定调查对象→实施调查→调查结果分析

答案：(B)

22. 企业网络营销售前服务主要是（　　）。

A. 建立客户数据库　B. 提供订单查询服务　C. 提供信息服务

D. 提供网上技术服务

答案：(C)

23. 有关系统验收叙述正确的是（　　）。

A. 系统验收的目的是找出问题

B. 开发方提交的系统测试报告将作为系统验收的重要参考

C. 系统验收的目的在于提醒开发方还有什么样的任务没有完成

D. 按照《验收大纲》的规定，遵照验收程序开展商务网站的验收工作

答案：(D)

24. 确保通信双方的合法性是电子商务安全性要求中的（　　）。

A. 认证性要求　B. 不可否认性要求　C. 可访问性要求　D. 完整性要求

答案：（A）

25. 网站系统的维护工作不应总是被动地等待用户提出要求后才进行，应进行主动的（　　）。

A. 预防性维护　B. 完善性维护　C. 纠错性维护　D. 适应性维护

答案：（A）

26. 企业进行新任务采购时购买过程大致分为（　　）。

A. 兴趣→知晓→评价→试用→采用　B. 知晓→兴趣→试用→评价→采用

C. 知晓→兴趣→评价→试用→采用　D. 以上都不正确

答案：（C）

27. 关于项目经理和项目顾问叙述错误的是（　　）。

A. 项目经理在项目管理中起决定性的作用

B. 项目经理不一定是技术专家

C. 项目顾问直接参加项目实施

D. 项目顾问对项目的运作提供咨询和建议

答案：（C）

28.《电子支付指引（第一号）》做出指导性规定，银行通过互联网为个人客户办理电子支付业务，单笔金额不应超过（　　）。

A. 1000 元人民币　B. 2000 元人民币　C. 5000 元人民币　D. 8000 元人民币

答案：（A）

29. 用一台装有两张网卡的保垒主机做的防火墙是（　　）。

A. 双宿主机防火墙　B. 屏蔽主机防火墙　C. 屏蔽子网防火墙

D. 双网主机防火墙

答案：（A）

30. 某省于 1999 年建立了地方 CA 认证中心，在信息产业部颁布《电子认证服务管理办法》的当年申领了《电子认证服务许可证》。如果公司运营正常，（　　）年需要重新申领新的《电子认证服务许可证》。

A. 2007　B. 2008　C. 2009　D. 2010

答案：（D）

31. “分析、确定拟采用的分析方法是否适合”属于指导商情分析工作步骤中的（　　）的重要内容。

A. 指导、审定分析工作的总体思路　B. 指导、审定报告撰写提纲

C. 审定初稿　D. 审定最终稿

答案：（A）

32. 在内部网络和外部网络之间建立一个被隔离的子网，此种防火墙是（　　）。

A. 双宿主机防火墙　B. 屏蔽主机防火墙　C. 屏蔽子网防火墙　D. 双网主机防火墙

答案：（C）

33. 如果实现了，会给客户带去惊喜，但如若没有实现，也不会受到责备的需求是（　　）。

A. 期望需求　B. 特殊需求　C. 普通需求　D. 兴奋需求

答案：(D)

34. 在网络营销对象中最重要的网络营销受众群是（　　）。

A. 产品的制造者　B. 产品的使用者　C. 产品购买的决策者　D. 购买产品的影响者

答案：(B)

35. 用户基本信息管理一般不包括（　　）。

A. 在线技术支持管理　B. 用户注册管理　C. 忘记密码查找　D. 注册用户群分析

答案：(A)

36. 2005 年 4 月 1 日，《中华人民共和国电子签名法》正式生效，依据该法律，以下说法正确的是（　　）。

A. 可靠的电子签名与手写签名或者盖章具有同等的法律效力

B. 采用了数字签名的电子文件都具有法律效力

C. 有了电子签名法，所有 CA 认证中心都有了合法身份

D. CA 认证中心应当妥善保存与认证相关的信息，信息一直保存到电子签名认证证书失效

答案：(A)

37. 关于数据挖掘不正确的说法是（　　）。

A. 必须首先进行数据的编辑和修改

B. 在数据仓库的基础上要进行相关的算法处理

C. 数据挖掘最终形成对企业经营具有指导性的决策性数据

D. 数据挖掘的主要对象是企业相应的业务数据

答案：(A)

38. 有关项目沟通管理叙述错误的是（　　）。

A. 沟通是自上而下的，必须保证信息被接收者接到

B. 项目经理需要对较重要的通知进行二次表述

C. 信息收到后还必须保证理解是正确的

D. 所有的沟通方式，必须有反馈机制

答案：(A)

39. 保证所有存储和管理的信息不被篡改是电子商务安全性要求中的（　　）。

A. 可访问性要求　B. 不可否认性要求　C. 保密性要求　D. 完整性要求

答案：(D)

40. 能够对用户购买行为实施跟踪，从而掌握用户挑选、购买的过程细节，这样的管理是（　　）。

A. 购物车管理　B. 订单管理　C. 物流配送管理　D. 网上支付与结算管理

答案：(A)

41. 根据我国电子商务发展的实际需要和实践中存在的问题，借鉴联合国等有关电子签

名立法的做法，我国电子签名立法的重点包括（　　）。

A. 规定电子签名的范围　B. 确立电子签名的法律效力

C. 明确 CA 中心的认证程序　D. 明确电子签名的技术过程

答案：（B）

42. 数据包过滤原则中检查地址是（　　）的功能。

A. 会话层　B. 传输层　C. 应用层　D. 网络层

答案：（D）

43. 关于网站目录维护的原则，说法正确的是（　　）。

A. 对于站点本身的上传维护、内容的扩充和移植有着重要的影响

B. 以最多的层次提供最清晰简便的访问结构

C. 以最少的层次提供最清晰简便的访问结构

D. 确保拥有正确的布局和结构，会使网站的管理更加高效

答案：（C）

44. 网络商品中介交易流程的 12 个步骤中不包括以下的（　　）步骤。

A. 与网络商品交易中心鉴定交易合同

B. 买方在网络商品交易中心指定的银行办理转账付款手续

C. 配送部门送货给买方

D. 网络商品交易中心通知银行买方收到货物

答案：（A）

45. 在编制采购计划之后，如果按公开招标的方式进行采购，则应进一步考虑(　　)。

A. 对自己企业拥有资金的要求

B. 对供货厂商资金、银行信用、设备能力的要求

C. 对物流公司运货能力的要求

D. 以上都不正确

答案：（A）

46. 做网站推广，需要了解搜索引擎的知识。搜索引擎按工作方式可以分为（　　）两类。

A. 分类目录检索和文字检索　B. 分类目录检索和关键词检索

C. 文字检索和图形检索　D. 图形检索和关键词检索

答案：（B）

47. 下列哪种防火墙易于实现，也很安全同时应用广泛（　　）。

A. 双宿主机防火墙　B. 屏蔽主机防火墙　C. 屏蔽子网防火墙

D. 双网主机防火墙

答案：（B）

48. 以商务网站开发为例，一般情况下不属于验收依据的是（　　）。

A. 项目中其他双方约定的文件　B. 系统总体设计说明书

C. 需求分析说明书　D. 商务合同及附件

答案：（B）

49. 电子商务是（　　）。

A. 电子政务的组成部分　B. 社会信息化的组成部分

C. 国民经济和社会信息化的重要组成部分　D. 电子社区的组成部分

答案：(C)

50. 防范网络攻击最常用的方法是（　　）。

A. 杀毒　B. 防火墙　C. 给定权限　D. 给文件加密码

答案：(B)

51. 网络销售的主要业务流程是（　　）。

A. 制定销售计划→建立销售队伍→培训销售队伍→跟踪管理

B. 制定销售计划→建立销售渠道→培训销售队伍→跟踪管理

C. 选择销售渠道→培训销售队伍→制定销售计划→跟踪管理

D. 建立销售渠道→制定销售计划→培训销售队伍→跟踪管理

答案：(B)

52. 有关软件维护说法正确的是（　　）。

A. 主要是指对主机及外设及相关网络设备的日常维护和管理

B. 维护的主要内容是进行例行的设备检查与保护

C. 包括系统软件和应用软件的维护

D. 当设备出现突发性故障时，由专职的维修人员或请厂商来排除故障

答案：(C)

53. 电子商务网站评估的一般步骤为（　　）。

A. 选择评价指标，选择评估方法，收集为评估准备的数据，撰写电子商务网站评估报告，组织与实施评估

B. 选择评价指标，收集为评估准备的数据，选择评估方法，组织与实施评估，撰写电子商务网站评估报告

C. 选择评估方法，收集为评估准备的数据，选择评价指标，撰写电子商务网站评估报告，组织与实施评估

D. 选择评价指标，选择评估方法，组织与实施评估，收集为评估准备的数据，撰写电子商务网站评估报告

答案：(B)

54. 系统总体设计中一般不考虑的内容是（　　）。

A. 网络架构　B. 软硬件选型　C. 数据库物理结构　D. 系统主要流程图

答案：(C)

55. 数据包过滤原则中检查端口号是（　　）的功能。

A. 会话层　B. 传输层　C. 应用层　D. 网络层

答案：(B)

56. 企业在制定网络营销的销售计划时，最适当的方法是（　　）。

A. 由上级部门制定　B. 由销售部门制定　C. 上下结合，共同制定

D. 以上都不正确

答案：(C)

57. 对系统资源的访问权限进行限制，从而保护特定内容安全的系统管理功能是(　　)。

A. 性能配置管理　B. 存取控制管理　C. 系统日志管理　D. 会话管理

答案：(B)

58. 数据交换平台是企业成功实施电子商务决定性的一步。数据交换平台的标准是(　　)。

A. 不同信息格式不必进行变换，同一类信息的不同的来源不必具有共同的解释

B. 不同信息格式必须进行变换，同一类信息的不同的来源必须具有共同的解释

C. 不同信息格式必须进行变换，同一类信息的不同的来源不必具有共同的解释

D. 不同信息格式不必进行变换，同一类信息的不同的来源必须具有共同的解释

答案：(B)

59. 关于 PKI 错误的说法是(　　)。

A. 是一种既定标准的密钥管理平台

B. 是利用公钥理论和技术建立的提供安全服务的基础设施

C. 采用对称的加密算法

D. 是信息安全技术的核心

答案：(C)

60. 在进行商务网站财务管理的过程中，比较和分析实际进度与计划进度的偏差时使用(　　)。

A. 综合分析法　B. 比较分析法　C. 净值分析法　D. 加权平均法

答案：(C)

二、多选题

61. 一个典型的 IT 服务管理实施的结构框架包含的方面有(　　)。

A. 识别和定义当前的以及现存的 IT 基础设施、业务流程和服务

B. 找出未来需要的 IT 技术和迫切需要提供的服务水平

C. 根据当前状态和未来期望状态，描绘出当前状态到未来需要实现状态的“路径”

D. 无需决定“路径”上的每一步应该如何进行

答案：(ABC)

62. 电子商务平台新的应用主要表现在(　　)方面。

A. 商务洽谈采用短信　B. 供求信息和产品信息整合到搜索引擎

C. 诚信交易纳入基础建设　D. 占领桌面，占领浏览器

答案：(BCD)

63. 不适当的客户需求分析报告可能会为未来据此开发的产品带来(　　)的风险。

A. 用户不多导致产品无法被接受　B. 用户需求的增加带来产品质量的降低

C. 忽略某类需求导致客户不满　D. 需求分析过于简略，导致遗漏某些关键需求

答案：(ABCD)

64. 在安排系统维护人员工作时应注意的事项有（　　）。

A. 要明确每个人员的维护职责　B. 要经常更换维护人员

C. 至少安排两个人进行维护工作　D. 系统发生故障时维护人员要及时响应

答案：（ACD）

65. 搜索引擎的原理包括（　　）。

A. 输入关键词　B. 从互联网上抓取网页　C. 建立索引数据库

D. 在索引数据库中搜索排序

答案：（BCD）

66. 网络营销目标市场定位的实质在于（　　）。

A. 更好的制定销售计划　B. 取得目标市场的竞争优势　C. 吸引更多顾客

D. 确定产品在用户心目中的适当位置

答案：（BCD）

67. 关于管理幅度正确的说法有（　　）。

A. 管理幅度是管理者可能直接领导或管理的下属人数

B. 在组织规模一定时，加大管理幅度可以减少管理层次

C. 在组织规模一定时，缩小管理幅度需要增加管理层次

D. 管理幅度与管理层次的恰当性不重要

答案：（ABC）

68. 商务网站的经济效益主要包括直接收益和间接收益。下列收益形式属于间接收益的有（　　）。

A. 企业形象的提升　B. 通过网络增加的产品销售利润

C. 服务方式的改变　D. 原材料采购费用的降低

答案：（AC）

69. 在编制采购计划之后，如果按公开招标的方式进行采购，则应进一步考虑(　　)。

A. 对供货厂商资金的要求　B. 对供货厂商设备能力的要求

C. 对供货厂商银行信誉的要求　D. 对供货厂商供货能力的要求

答案：（ABCD）

70. 乙公司为甲企业开发电子商务系统，丙公司做监理。采用下列哪些监理方式需要签订三方合作合同（　　）。

A. 咨询式监理　B. 全程式监理　C. 里程碑式监理　D. 顾问式监理

答案：（BC）

71. 影响网络消费者购买的主要因素包括（　　）。

A. 产品特性　B. 产品价格　C. 产品广告　D. 促销方式

答案：（AB）

72. 参与商务网站规划的人员主要有（　　）。

A. 企业经营管理层的相关人员　B. 企业技术管理人员　C. 外请的商务顾问

D. 外请的技术顾问

答案：（ABCD）

73. 企业拟订的网上招标工作计划中，包括（　　）。

A. 确定评标原则　B. 确定招标工作程序　C. 确定采购对象

D. 确定评标委员会成员

答案：(ABD)

74. 网站客户服务人员培训的内容应该包括（　　）。

A. 业务流程　B. 业务知识　C. 促销政策　D. 常见问题

答案：(ABCD)

75. 监理方的主要任务包括（　　）。

A. 协助甲方组织项目的招标、评标活动

B. 根据监理合同的要求，为乙方提供技术服务

C. 根据乙方的授权，监督并管理开发合同的履行

D. 协助甲方与中标单位签订商务网站的开发合同

答案：(AD)

76. 有关电子商务产品策划正确的说法是（　　）。

A. 电子商务产品从形态上讲，有虚拟产品、实物产品和数字产品

B. 产品策划是产品运营和管理的前提

C. 产品的定价原则要简单明了

D. 产品经理只应该负责产品策划

答案：(ABC)

77. 调研报告正文主要包括（　　）。

A. 调研目标　B. 调研记录　C. 调研过程　D. 调研总结

答案：(ACD)

78. JIT 技术因其自身的特点和限制而适用于（　　）。

A. 从事 B2B 的电子商务企业　B. 从事 C2C 的电子商务企业

C. 体积小、价值低的物品　D. 单品种、大批量配送方式

答案：(AD)

79. 数字签名的特性有（　　）。

A. 数据的完整性　B. 可鉴别性　C. 不可否认性　D. 可仲裁性

答案：(ABC)

80. 属于网络客户服务方式的有（　　）。

A. FAQ　B. 即时通讯　C. 论坛　D. 手机短信

答案：(ABC)

81. 指导商情分析工作的主要步骤有（　　）。

A. 指导、审定分析工作的总体思路　B. 指导、审定工作步骤

C. 指导、审定报告撰写提纲　D. 审定初稿

答案：(ACD)

82. J2EE 体系结构的特点有（　　）。

A. 可伸缩　B. 跨平台　C. 易维护　D. 低价格

答案：(ABC)

83. 商务网站的验收内容主要包括（　　）。

A. 商务网站能实现的各项功能　B. 技术平台的各种配置

C. 商务网站平台　D. 相关文档

答案：(ABCD)

84. 以下属于电子商务网站评估组成要素的有（　　）。

A. 评估内容　B. 评估对象　C. 评估方法　D. 评估指标

答案：(ABCD)

85. 关于商务网站运行管理制度说法正确的有（　　）。

A. 应该根据网站的功能和特点进行设定

B. 制度订立的时间一般应早于网站的正式运行时间

C. 网站的管理制度分为三大类

D. 在制定制度之后，应确立制度实施和控制的团队

答案：(ABD)

86. 收集互联网上竞争者信息的主要途径是（　　）。

A. 访问竞争者及其网站

B. 收集竞争者网上发布的产品信息

C. 收集竞争者网上发布的促销信息

D. 从其他网上媒体摘取竞争者的信息

答案：(ABCD)

87. 关于需求变更控制叙述正确的有（　　）。

A. 需方提出需求变更的要求，直接交给开发小组实施

B. 作为商务网站建设项目，需求变更是正常的

C. 通常对于需求的变更，需要开发方与需方共同参与

D. 为了不得罪需方，应接受需求变更要求

答案：(BC)

88. 入侵检测系统的功能有（　　）。

A. 监测分析用户和系统的行为　B. 评估敏感系统和数据的完整性

C. 审计系统配置和漏洞　D. 人工收集和系统相关的补丁

答案：(ABC)

89. 成功的商品分类，要做到（　　）。

A. 分类有秩序、科学化　B. 方便查询　C. 能提供强大的操作功能

D. 必须符合行业特点和惯例

答案：(ABD)

90. 有关调研对象叙述正确的有（　　）。

A. 调研计划中的调研对象越明确越好

B. 调研对象的确定应与调研目标相一致

C. 调研对象往往就是电子商务系统的使用者

D. 要获取总体需求时，就要选择电子商务系统相关操作层面的人

答案：(ABC)

91. 企业网上售后服务主要包括（　　）。

A. 为满足客户的附加需求所提供的增值服务　B. 提供订单查询服务

C. 提供网上产品支持和技术服务　D. 提供产品信息服务

答案：(AC)

92. 商务网站平台建设的预算费用包括（　　）。

A. 运行管理费用　B. 开发费用　C. 系统集成费用　D. 外购软件、硬件费用

答案：(BCD)

93. 网络营销对象这一群体主要包括以下（　　）人员。

A. 产品信息提供者　B. 产品信息收集者　C. 产品购买的决策者

D. 购买产品的影响者

答案：(CD)

94. 在商务网站的系统集成阶段，完成的文档包括（　　）。

A.《系统总体设计说明书》　B.《网络环境及配置说明书》

C.《系统环境安装与配置说明书》　D.《应用程序安装与配置说明书》

答案：(BCD)

95. 商务网站的客户信息资源主要来源有（　　）。

A. 生产商、供应商　B. 企业的经营活动、会议、展览　C. 网站会员注册

D. 专业机构

答案：(BC)

96. 网站的不安全因素有（　　）。

A. 泄密　B. 未授权存取　C. 周期性地复制文件　D. 丢失系统的完整性

答案：(ABD)

97. 商务网站对安全要求较高，为保证交易安全，目前广泛采用的技术有（　　）。

A. SSL 安全传输协议　B. 数字证书　C. 防火墙　D. 病毒防治

答案：(AB)

98. 电子商务网站定位不同，其产品的定位也是不同的，主要表现为 4 种形式，包括（　　）。

A. 电子商务经销商　B. 电子商务产品制造商

C. 电子商务服务代理商　D. 电子商务交易平台提供商

答案：(ACD)

99. 在线购物管理主要包括的管理有（　　）。

A. 购物车管理　B. 新闻发布管理　C. 用户账号管理　D. 订单信息管理

答案：(ACD)

100. 产业供应链可以实现（　　）。

A. 多个企业在整体管理下协作经营和协调运转

B. 增强供应链自身的整体优势

C. 供应链中的每个企业都做到技术领先

D. 供应链中的每个企业以最小的个别成本和转换成本获取成本优势

答案：（ABD）

中级电子商务师考试模拟试题四

一、单选题

1.（　　）不是商务网站运行状况评估的评价指标。

A. 信息更新频率　B. 商务网站访问率　C. 网站的连接速度　D. 电子商务交易率

答案：（C）

2. 可能影响到物料或商品的验收作业的是（　　）。

A. 付款方法　B. 交货地点　C. 包装的规范性　D. 验收方法

答案：（C）

3.（　　）不是 Windows NT 服务器的常见漏洞。

A. 用户信息和加密口令保存于 SAM 文件中　B. SMB 服务器消息块

C. root 缓冲区溢出　D. 注册表访问

答案：（C）

4. 模块测试不包括（　　）。

A. 模块接口测试　B. 局部数据测试　C. 错误处理测试　D. 边界条件测试

答案：（B）

5. 网上采购业务流程的最后一步是（　　）。

A. 签订商务合同　B. 支付和执行合同　C. 编制采购预算计划

D. 实施谈判或公开招标

答案：（B）

6.（　　）用来描述数据，实现了数据与显示样式的分离。

A. SOAP 协议　B. SSL 协议　C. 网络技术　D. 基于 XML 的信息交换技术

答案：（D）

7. 大部分的 80 端口入侵都是通过（　　）来进行的。

A. ColdFusion 脚本　B. CGI 程序漏洞　C. 暴露的 JSP 代码　D. ASP 脚本的解释

答案：（B）

8. 详细说明了由于某项采购业务而欠卖方的货款金额的是（　　）。

A. 付款凭单　B. 卖方发票　C. 借项通知单　D. 退折发票

答案：（B）

9. 商务网站安全技术中，（　　）充分利用了防火墙的访问控制功能，隔离并建立不同受信区域。

A. SSL 协议和数字证书应用　B. 数字签名　C. 病毒防治

D. 合理的网络拓扑结构

答案：(D)

10. (　　) 是企业与企业之间通过互联网进行产品、服务及信息的交易。

A. B2C　B. B2B　C. C2C　D. B2G

答案：(B)

11. 以下 (　　) 不是 PC 服务器 Web 平台的搭配方式。

A. Linux +IIS　B. Windows 2000+ Apache　C. Linux+Apache

D. Solaris for Intel + iPlanet Web Server

答案：(A)

12. "全过程全方位" 的监督制度中，共有 (　　) 个需要进行监督的环节。

A. 6　B. 7　C. 8　D. 9

答案：(D)

13. 从 CA 中心建设的背景来分，国内的 CA 中心分类不包含 (　　)。

A. 隶属于国际机构的 CA　B. 大行业或政府部门建立的 CA

C. 地方政府授权建立的 CA　D. 商业性 CA

答案：(A)

14. 要将网络划分为信任等级不同的网段，需通过 (　　) 设备隔离。

A. 电话　B. 防火墙　C. 路由　D. 交换机

答案：(C)

15. 电子商务系统的需求调研 (　　)。

A. 不需要进行　B. 二次即可完成　C. 分多次完成　D. 无法实现

答案：(C)

16. 当产品进入 (　　) 后，促销活动的重点在于密切与消费者之间的沟通。

A. 投入期　B. 成熟期　C. 成长期　D. 衰退期

答案：(D)

17. 支付货款的依据是 (　　)。

A. 付款凭单　B. 卖方发票　C. 借项通知单　D. 订单

答案：(A)

18. 从商业角度看，(　　) 已经成为了 "企业的网上商标"。

A. IP 地址　B. 企业商标　C. 域名　D. 网站广告

答案：(C)

19. 关于基于标识的检测技术的描述，正确的是 (　　)。

A. 无法准确判别出攻击的类型

B. 在理论上可以判别更广泛、甚至未知的攻击

C. 对于已知的攻击，它可以详细、准确地报告出攻击类型

D. 核心在于如何定义所谓的 "异常" 情况

答案：(C)

20. 对于商务网站实施进度计划中的时间计划，项目经理们所重视的是 (　　)。

A. 协调资源

B. 使资源在需要时可以利用

C. 保证按时获利以补偿已经发生的费用支出

D. 满足严格的完工时间约束

答案：（D）

21. 采购订单或合同能否符合申购部门的需求，通常取决于（　　）。

A. 描述质量的采购说明或采购规格　B. 采购申请单　C. 采购单

D. 采购计划说明书

答案：（A）

22. 项目经理在管理过程中一定要花至少 75%以上的时间来（　　）。

A. 研究项目中的技术问题

B. 与项目各方干系人进行协调和沟通

C. 明确哪些工作按计划进行，哪些工作做调整

D. 整理项目组所有成员的工作周报

答案：（B）

23. 不属于网络销售业务流程的是（　　）。

A. 调研和开发　B. 跟踪管理　C. 建立销售渠道　D. 培训销售队伍

答案：（A）

24. 电子商店这种模式主要指（　　）网站。

A. B2B　B. B2C　C. C2C　D. B2G

答案：（B）

25. 正确处理好质量与（　　）的关系，可以避免供应周期过长或缺货现象的发生。

A. 采购规格　B. 销售服务　C. 成本　D. 供应

答案：（D）

26. 撰写客户需求分析报告的步骤中，（　　）是对收集到的与需求有关的反馈意见进行初步整理、简单分类和归纳。

A. 撰写客户需求分析报告　B. 初步收集资料和信息

C. 初步整理资料和信息　D. 加工处理信息，形成客户需求分析结论

答案：（C）

27. 商务网站内容评估的评价指标不含有（　　）。

A. 电子商务网站内容信息的质量　B. 电子商务网站的可操作性

C. 电子商务应用深度　D. 电子商务网站检索浏览速度

答案：（B）

28. 利用动态网页技术实现的网站，其信息主要来源是（　　）。

A. 企业的数据库服务器　B. 网站的 HTML 文档　C. 企业信息系统的程序

D. 公共搜索引擎

答案：（A）

29. （　　）数据库管理系统易于管理结构化数据，数据冗余低，有丰富的开发工具。

A. 单用户　B. 关系　C. 应用型　D. 多用户并发

答案：(B)

30. (　　) 即分别在各自的网站上放置对方网站的 LOGO 或网站名称，并设置对方网站的超级链接，使得用户可以从合作网站中发现自己的网站，达到互相推广的目的。

A. 交换链接　B. 交换域名　C. 交换首页　D. 交换服务器

答案：(A)

31. 关于成本管理的描述，不正确的是 (　　)。

A. 在控制成本与降低成本的过程中所采取的一切手段，目的是以最低的成本达到预先规定的运行目标

B. 不断微调内部流程，将有限的资源和有巨大产出的机会匹配，以求得最佳表现，是成本管理的关键

C. 成本控制并不是员工人数和资本开销的限定，而是资源配置的优化和资本产出的高效管理

D. 管理者为了限制成本可以不完全满足客户需要

答案：(D)

32. (　　) 属于电子商务网站的前台功能。

A. 商品管理　B. 送货管理　C. 支付流程　D. 订单处理

答案：(C)

33. 对于已通过的采购申请，提交给采购管理模块，此功能属于 (　　)。

A. 采购申请模块　B. 采购审批模块　C. 采购管理模块　D. 采购生成模块

答案：(B)

34. (　　) 商务网站建设项目监理方式是对甲方就商务网站建设过程中提出的问题进行解答。

A. 里程碑式　B. 咨询式　C. 全程式　D. 阶段式

答案：(B)

35. 招标方式的网上采购工作环节有：(1) 评标、定标 (2) 发布招标公告和投标邀请 (3) 拟定工作计划 (4) 编制采购预算计划 (5) 编制招标文件 (6) 签订商务合同。其正确步骤是 (　　)。

A. (4) → (3) → (2) → (5) → (1) → (6)

B. (4) → (5) → (3) → (2) → (1) → (6)

C. (4) → (3) → (5) → (2) → (1) → (6)

D. (4) → (3) → (5) → (2) → (6) → (1)

答案：(C)

36. 实施方案设计初期，首先要制定方案的 (　　)。

A. 详细预算　B. 设计原则　C. 总体技术架构和核心技术　D. 进度计划

答案：(B)

37. 网络营销中产品策划的工作有：(1) 确定产品报价 (2) 确定产品定位 (3) 确定产品内容 (4) 发布产品和产品报价。其正确流程是 (　　)。

A. （2）→（1）→（3）→（4）

B. （3）→（1）→（2）→（4）

C. （2）→（3）→（1）→（4）

D. （3）→（2）→（1）→（4）

答案：(D)

38. 网站推广的渠道一般有（　　）和传统渠道。

A. 媒体渠道　B. 网络渠道　C. 书面渠道　D. 广播渠道

答案：(B)

39. 下列哪种网上采购数据传送途径的优点是最大的（　　）。

A. 门户网站招标　B. 电子邮件订单　C. ERP 系统　D. 电子交易平台

答案：(D)

40. （　　）数据库设计工具，允许非 IT 专业用户用一个简单的、大量图示模型，进行实际商业流程的设计或建模。

A. ERWin　B. Rational Rose　C. Sybase 的 Power Designer

D. ORACLE 的 Designer2000

答案：(C)

41. 关于组织结构类型中高层结构的特点描述，错误的是（　　）。

A. 管理分工明确、便于指挥和控制　B. 节省费用

C. 不利于发挥下层人员的积极性　D. 信息沟通不易

答案：(B)

42. 在市场竞争中，一般有 4 个层次的市场竞争者：市场领导者、市场挑战者、市场追随者和（　　）。

A. 市场观察者　B. 市场补充者　C. 市场指导者　D. 市场控制者

答案：(B)

43. 在 JSP 下，代码被编译成 Servlet，并由 Java 虚拟机执行，这种编译操作在 JSP 页面（　　）请求时发生。

A. 第一次　B. 每一次　C. 代码编译　D. 被没访问过该页面的 IP 地址请求时

答案：(A)

44. 网络商品中介交易的流转过程中，在“网络商品交易中心通知银行买方收到货物”的上一步骤是（　　）。

A. 买方验证货物后通知网络商品交易中心货物收到

B. 银行将买方货款转交卖方

C. 卖方将回执送交银行

D. 银行将回执转交买方

答案：(A)

45. 电子商务下的物流配送业务的工作内容有：（1）库房管理（2）运输安排（3）订单处理（4）提交订单（5）配货处理（6）全程跟踪。其正确流程是（　　）。

A. （4）→（3）→（2）→（5）→（1）→（6）

B. （4）→（5）→（3）→（2）→（1）→（6）

C. （4）→（3）→（5）→（1）→（2）→（6）

D. （4）→（3）→（5）→（2）→（6）→（1）

答案：（C）

46. 关于网络市场调研的特点，描述不正确的是（　　）。

A. 及时性和共享性　B. 便捷性和低费用　C. 有时空、地域限制

D. 可检验性和可控制性

答案：（C）

47. （　　）是指只有在需要的时候（不提前，也不推迟）才订购所需要产品。

A. JIT 存储　B. JIT 采购　C. JIT 生产　D. JIT 配送

答案：（B）

48. （　　）是一种对浏览者干扰最少，却很有效果的网络广告形式。一般不超过 10 个汉字，发布在首页、重点频道首页的推荐位置。

A. 旗帜广告（Banner）　B. 按钮广告（Button）　C. 文字链接（TextLink）

D. 在线调查

答案：（C）

49. 电子商务系统管理的关键在于（　　）。

A. 将电子商务网站系统和业务系统进行整合

B. 将电子商务网站系统和人员管理进行整合

C. 将电子商务网站系统和商务软件进行整合

D. 将业务系统和人员管理进行整合

答案：（A）

50. （　　）业务平台是为一家企业而服务，目的在于帮助这一家企业通过网上销售更多的产品给消费者。

A. B2B　B. B2C　C. C2C　D. 网上商城

答案：（B）

51. 网站权限管理是对网站数据的（　　）。

A. 组织结构方式、处理方式的管理　B. 分类管理　C. 及时更新管理　D. 统计管理

答案：（B）

52. 关于客户满意度的说法，正确的是（　　）。

A. 感知>期望，客户就不满意

B. 感知<期望，客户就不满意

C. 客户满意度就是对产品的满意度

D. 客户满意度就是对性能价格比的满意程度

答案：（B）

53. 在电子商务条件下，实现网上订购、网上支付后，最关键的问题就是（　　）。

A. 物流配送　B. 资金回收　C. 身份认证　D. 售后服务

答案：（A）

54. 在企业内部，采购申请主要通过（　　）来进行传递。

A. E-mail　B. Internet　C. Extranet　D. Intranet

答案：（D）

55. 网站的（　　）管理是网站管理的核心。

A. 权限　B. 文件　C. 内容　D. 统计

答案：（C）

56. 在搜中不正确的逻辑“与”组合是（　　）。

A. 计算机病毒　B. 计算机+病毒　C. 计算机和病毒　D. 计算机 and 病毒

答案：（C）

57.（　　）是衡量、评定产品质量的技术依据，是采购人员可以获得的直接信息。

A. 市场标准　B. 质量标准　C. 技术标准　D. 成本标准

答案：（C）

58.（　　）是把因特网中的资源收集起来，由其提供的资源的类型不同而分成不同的目录，再一层层地进行分类。

A. 分类目录型的检索　B. 基于关键词的搜索

C. 基于数据库的检索　D. 基于关联度的检索

答案：（A）

59. 拥有商品管理、订单管理、配送管理、网上支付功能、内容发布系统功能的网店属于（　　）的电子商务网店。

A. 入门级　B. 自助级　C. 标准级　D. 专业级

答案：（C）

60.（　　）不是电子商务网站功能评估的评价指标。

A. 电子商务模式创新度

B. 电子商务网站功能覆盖率

C. 电子商务网站功能目标符合度

D. 电子商务网站的可扩展性

答案：（D）

二、多选题

61. 电子商务运营指根据企业电子商务的发展目标和业务策略，不断完善电子商务平台的功能，不断策划产品、完善产品、销售产品，并通过（　　）等有效手段，实现企业电子商务收益的最大化。

A. 网站推广　B. 网络营销　C. 客户服务　D. 快捷物流

答案：（ABCD）

62. 关键词，就是你输入搜索框中的文字，关键词（　　）。

A. 要求“一字不差”　B. 可以输入一句话　C. 可以是多个　D. 不能输入多个

答案：（ABC）

63. 为了快速找到重要的日志记录内容，可采取下列哪些方式（　　）。

A. 定期检查记录　B. 将旧的记录文件备份　C. 只记录有用的东西

D. 在一定的时间内不记录

答案：(ABC)

64. 商务网站与（　　）之间，一般要建立较为安全的通信子网 VPN。

A. 个别大客户　B. 重要的企业合作伙伴　C. 银行支付网关　D. CA 认证中心

答案：(BCD)

65. 目前企业采用的 B2B 模式有（　　）。

A. 面向传统市场的 B2B

B. 面向国际市场的 B2B

C. 面向中间交易市场的 B2B

D. 面向制造业或面向商业的垂直 B2B

答案：(CD)

66. 网站业务软件的维护包括（　　）。

A. 纠错性维护　B. 适应性维护　C. 完善性维护　D. 预防性维护

答案：(ABCD)

67. 有效进行网上服务的三把利器是（　　）。

A. 正确的网上服务的理念　B. 专门的网上服务人员

C. 恰当的网上服务的流程　D. 合适的网上服务的信息工具

答案：(ACD)

68. 关于电子签名技术，说法不正确的是（　　）。

A. 电子模拟签名与文件内容有关，同一个人对任何文件的签名都是不同的

B. 数字签名和文件内容是不相关的

C. 数字签名永远无法被伪造

D. 得到了签名者的密钥就可伪造数字签名

答案：(ABC)

69. 商务网站总体规划主要包括（　　）等。

A. 商业模式的确定　B. 商务网站目标设计　C. 关键业务流程设计

D. 网站功能设计

答案：(ABCD)

70. 商务网站技术路线目前主要分（　　）两类。

A. 基于 Java 技术的 J2EE 体系架构　B. 基于 C#技术的体系架构

C. 基于微软 .NET 技术的体系架构　D. 基于 C++技术的体系架构

答案：(AC)

71. 企业购买情况的类型有（　　）。

A. 直接再采购　B. 修正再采购　C. 间接再采购　D. 新任务采购

答案：(ABD)

72. 常用的动态网页技术一般包括（　　）。

A. ASP　B. HTML　C. PHP　D. JSP

答案：（ACD）

73. PKI 技术主要解决了网络安全中的（　　）问题。

A. 可抵赖性　B. 数据机密性　C. 数据完整性　D. 身份验证性

答案：（BCD）

74. 商务网站安全的技术保障主要从（　　）方面考虑。

A. 对不良网站的过滤　B. 对用户进行严格的身份验证

C. 交易过程和网站信息的安全　D. 网络和平台运行环境的安全

答案：（CD）

75. 搜索引擎的原理包括的步骤是（　　）。

A. 从互联网上抓取网页　B. 建立索引数据库

C. 在索引数据库中搜索排序　D. 对网页进行过滤

答案：（ABC）

76. 商务网站内容建设包括（　　）。

A. 按电子商务系统的商业需求采集、处理各种信息

B. 将这些信息整合到商务网站平台中

C. 网页制作　D. 软硬件采购

答案：（AB）

77. 从监理方（项目监理公司）的角度来看，属于其工作职责的是（　　）。

A. 委托乙方进行开发建设

B. 根据甲方的授权，监督并管理开发合同的履行

C. 协助甲方与中标单位签订商务网站的开发合同

D. 协助甲方组织项目的招标、评标活动

答案：（BCD）

78. 制定电子商务系统需求调研计划时，应确定（　　）。

A. 时间、人员、预算　B. 调研目标　C. 调研对象　D. 调研方法

答案：（ABCD）

79. 商务网站的开发环境包括（　　）。

A. 开发人员　B. 软硬件资源　C. 开发用的系统环境　D. 开发工具

答案：（CD）

80. 网站推广的网络渠道主要指（　　）。

A. 网络媒体　B. 电子商务网站　C. 行业网站等　D. 短信

答案：（ABC）

81. B2C 零售系统至少要包括（　　）3 个部分。

A. 客户管理或客户关系管理子系统　B. 交易子系统　C. 第三方物流系统

D. 商品管理子系统

答案：（ABD）

82. 适合于网络销售的商品，按其商品形态的不同，可以分为（　　）。

A. 实体商品　B. 软体商品　C. 滞销商品　D. 在线服务

答案：(ABD)

83. 广告发布管理系统应该具备的特点有（　　）。

A. 能综合管理网站广告编辑、播放等功能

B. 可以轻易实现统计、分析每个页面广告播放的情况

C. 可以指定某页面的广告轮播

D. 操作简单、维护方便

答案：(ABCD)

84. 对于网站促销效果分析评估，最常用的方法主要有（　　）。

A. 结果观察法　B. 类比——对比法　C. 模型模拟法　D. 直接计算法

答案：(ABCD)

85. （　）是面对主题的数据仓库系统的特点。

A. 数据以企业组织机构的日常操作和事务处理进行分类

B. 数据以顾客、供应商、产品、销售等主题进行分类

C. 数据来源一般是多样的，集成了各种业务相关的数据

D. 数据以时间为轴线进行组织，它们在存入之后不会发生修改或删除等操作

答案：(BCD)

86. 用户通过服务器证书（　　）。

A. 验证服务器　B. 检查 Web 内容的有效性　C. 建立 SSL 安全传输链接

D. 进行用户登录

答案：(ABC)

87. 下列关于防火墙的叙述，正确的是（　　）。

A. 防火墙可以有效地提供内外网之间的保护　B. 防火墙也有自己的漏洞

C. 防火墙完全不能阻止内部袭击　D. 防火墙可以完全阻止内外部袭击

答案：(ABC)

88. 一般将对象组成结构分成（　　）两类。

A. 分类结构　B. 模块结构　C. 关系结构　D. 组装结构

答案：(AD)

89. 电子商务平台最新应用表现在（　　）。

A. 供求信息和产品信息整合到搜索引擎　B. 诚信交易纳入基础建设

C. 虚拟社区走进现实空间　D. 占领桌面，占领浏览器

答案：(ABCD)

90. 商务网站网络环境建立之前，要制定具体的“网络配置方案”。具体是指依据网络架构（　　）。

A. 绘制商务网站物理网络图　B. 分配 IP 地址空间　C. 确定防火墙配置策略

D. 申请域名

答案：(ABC)

91. 目前支持商务网站运行的主流操作系统主要有（　　）家族。

A. Windows 系统　B. Solaris 操作系统　C. Mac OS 操作系统　D. UNIX/Linux 系统

答案：（AD）

92. 一般来说，网民可以分为（　　）。

A. 消费者　B. 参与者　C. 竞争对手　D. 合作伙伴和中立者

答案：（ACD）

93. 多媒体数据库根据其数据模型的不同，大致可以分为（　　）。

A. 基于关系模型的多媒体数据库

B. 基于面向对象技术的多媒体数据库

C. 多用户并发型数据库

D. 超媒体数据库

答案：（ABD）

94. 工作者初步确定商情分析的总体思路，指导者就这一总体思路的正确性进行分析、指导，主要包括（　　）。

A. 分析、确定拟采用的数据是否真实

B. 分析、确定拟采用的分析方法是否适合

C. 分析、确定拟采用的图表是否能合理反映所分析数据

D. 得出的结论是否正确

答案：（BCD）

95. 对于 Linux 服务器的攻击，（　　）是有效的防御手段。

A. 不使用 root 目录记录数据

B. 为/var 开辟单独的分区用来存放日志和邮件

C. 阻止系统响应任何从外部/ 内部来的 ping 请求

D. 在配置文件中加入适当的控制命令，用户用 Telnet 远程登录到服务器时不要显示操作系统和版本信息

答案：（ABCD）

96. 影响网络消费者的购买动机的主要因素有（　　）。

A. 产品的特性　B. 购物的环境　C. 产品的价格　D. 购物的便捷性

答案：（ACD）

97. 结构化分析方法采用数据流图 DFD（Data Flow Diagram）刻画数据流及其处理转换，通过一些图形符号表述（　　）。

A. 数据源　B. 处理转换　C. 数据流向　D. 数据间关系

答案：（ABC）

98. 网络营销对象主要包括（　　）。

A. 产品的使用者　B. 产品购买的影响者　C. 产品购买的决策者

D. 产品的开发者

答案：（ABC）

99. 电子商务流程再造（Electronic Business Process Reengineering）是（　　）。

A. 对现有流程细枝末节的修改

B. 为满足顾客的要求和市场竞争的需要

C. 优化人力资源和设备资源

D. 充分利用了信息技术、通信技术和制造技术

答案：(BCD)

100. 在业务目标、业务策略确定的情况下，就要根据业务需求规划电子商务平台。规划的重点在于（　　）。

A. 产品目录　B. 购物车功能　C. 业务流程　D. 平台功能

答案：(CD)

中级电子商务师考试模拟试题五

一、单选题

1. DBMS 的功能不包括（　　）。

A. 数据定义　B. 提供数据通信接口　C. 数据库的建立　D. 生成应用程序

答案：(D)

2. 关于 WinRAR 的说法正确的是（　　）。

A. 在 FAT32 文件系统中 WinRAR 压缩包最大为 2.5G

B. 在 NTFS 文件系统中 WinRAR 压缩包最大为 48G

C. 在 EXFAT 文件系统中 WinRAR 压缩包最大为 10G

D. 上述说法都错

答案：(D)

3. 在 internet 中，可信站点的安全级别是（　　）。

A. 高级　B. 中级　C. 低级　D. 自定义

答案：(A)

4. 电子商务网站建设中，Style 子目录一般用于存放（　　）。

A. 网页文件　B. 图片文件　C. 样式文件　D. 数据库

答案：(C)

5. 网络商情信息发布的体系不包括（　　）。

A. 供求信息平台　B. 网络营销社区　C. 在线黄页服务　D. 以上全错

答案：(D)

6.（　　）是配送中心组织和调度的重要依据，也是配送中心作业流程的开端（　　）。

A. 汇总客户的订单　B. 收取客户的订单　C. 收取和汇总客户的订单　D. 配送调度

答案：(C)

7. 网上商店的单证是（　　）。

A. 增值税发票的网络版　B. 网上商店合法经营的凭证

C. 商家与用户之间交易的凭证　D. 商家给消费者的在网上购物的收据

答案：（C）

8. 关于 P2P 技术的说法不正确的是（　　）。

A. 使得网络上的沟通变得容易

B. 更能让受众间接的共享和交互

C. 改变互联网现在的以大网站为中心的状态

D. 额外加重了网络带宽的负担

答案：（D）

9. 电子商务交易实体中身份真实性需求包括（　　）。

A. 信息的隐私问题　B. 交易内容的保密性　C. 服务器的真实性

D. 交易双方身份的真实性

答案：（D）

10. 当代职业道德的核心理念是（　　）。

A. 全局意识　B. 时间意识　C. 创新意识　D. 服务意识

答案：（D）

11. “ping www. 163. com – t”中参数 t 的作用是（　　）。

A. 进行连续测试　B. 在新窗口中显示　C. 进行远程测试　D. 显示被测试的端口号

答案：（A）

12. 电子合同是通过计算机网络系统订立的，以（　）的方式生成、存储或传递的合同。

A. CA 认证中心　B. 多媒体网页　C. 数字电文　D. 二进制代码

答案：（C）

13. 商务网站安全技术中，（　　）充分利用了防火墙的访问控制功能，隔离并建立不同受信区域。

A. SSL 协议和数字证书应用　B. 数字签名　C. 病毒防治　D. 合理的网络拓扑结构

答案：（D）

14. 将需配送的同一种货物从配送中心集中搬运到发货场地，然后再进行二次分配的配货作业方法是（　　）。

A. 分货方式　B. 拣选方式　C. 摘取方式　D. 分选方式

答案：（A）

15. 在 SQL 语言中，（　　）子句能够实现关系参照性规则。

A. PRIMARY KEY　B. NOT NULL　C. FORIGN KEY

D. FORIGNKEY... REFERENCES...

答案：（D）

16. 关于 CA 认证中心的说法错误的是（　　）。

A. CA 中心为每个使用公开密钥的用户发放一个数字证书，数字证书的作用是证明证书中列出的用户合法拥有证书中列出的公开密钥。

B. CA 机构的数字签名使得攻击者不能伪造和篡改证书。

C. 在 SET 交易中，CA 对持卡人、商户发放证书，不能对获款的银行、网关发放证书。

D. 作为电子商务交易中受信任的第三方，承担公钥体系中公钥的合法性检验的责任。

答案：（C）

17. 流量统计中，UV 是指（　　）。

A. 访问量　B. 独立 IP 数　C. 独立访客　D. 访问时段

答案：（C）

18. 在 JavaScript 中定义了如下 4 个变量，请问哪个变量是合法的变量（　　）。

A. sqrt　B. 123java　C. value1　D. value-2

答案：（A）

19. 标准的 EOS 格局是（　　）。

A. 一对一　B. 多对多　C. 一对多　D. 多对一

答案：（B）

20. 企业某种物资的订购批量 4000 个，平均提前时间为 15 天，平均每日正常需用量为 40 个，预计日最大耗用量为 70 个，则该物资的安全库存量是（　　）个？

A. 450　B. 500　C. 600　D. 1050

答案：（A）

21. 根据各种网络商务信息对不同用户所产生的使用效果，网络商务信息大致可分为四级，其中占比重最大的是（　　）。

A. 第一级免费信息　B. 第二级低收费信息　C. 第三级标准收费信息

D. 第四级优质信息

答案：（A）

22. 电子商务法的调整对象是（　　）。

A. 电子商务交易　B. 电子商务交易活动中发生的各种社会关系

C. 电子商务交易流程　D. 电子商务交易模式

答案：（B）

23. 配送的重要一点是必须（　　）对用户的供应保证能力，才算实现了合理(　　)。

A. 满足　B. 降低　C. 提高　D. 平衡

答案：（C）

24. 下列哪一条 IE 浏览器错误代码的错误描述为“执行访问被禁止”（　　）。

A. 403. 1　B. 403. 2　C. 403. 3　D. 403. 4

答案：（A）

25. 企业内的 EOS 系统是（　　）形式的电子订货系统（　　）。

A. 中级　B. 初级　C. 高级　D. 低级

答案：（B）

26. 下列选项中（　　）不属于表单域。

A. 单选按钮　B. 对话框　C. 复选框　D. 下拉列表框

答案：（C）

27. 下面哪个不属于 Session 对象的属性（　　）。

A. codepage　B. LCID　C. SessionID　D. time

答案：（D）

28. 判断配送合理与否的重要标志是（　　）。

A. 库存周转　B. 库存　C. 资金　D. 效益

答案：（B）

29. 零售商、批发商和生产商之间的 EOS 系统是（　　）形式的电子订货系统。

A. 中级　B. 初级　C. 高级　D. 低级

答案：（C）

30. 以下说法错误的是（　　）。

A. GIF 格式的图像采用无损压缩算法进行图像压缩

B. 只有 GIF 图像才能使用透明色

C. GIF 格式支持动画

D. GIF 格式的图像最多可以支持 256 种颜色

答案：（B）

31. 以下选项中不能用来表示 CSS 颜色的是（　　）。

A. red　B. #F00　C. rgb（f，0，0）　D. rgb（100%，0，0）

答案：（C）

32. 下列关于邮件群发的说法错误的是（　　）。

A. 被群发的邮件不一定需要先经过接收方的许可才能送抵

B. 邮件群发系统支持 Web 与 E-mail 客户端

C. 邮件群发系统必须依靠具有邮件合并功能的软件才能实现

D. 邮件群发使得互联网充满了垃圾邮件

答案：（C）

33. 下列哪项不是 BBS 中网络商务信息具有（　　）的特点。

A. 时效性强　B. 专业性强　C. 便于存储　D. 互动性强

答案：（B）

34. ODBC 是指（　　）。

A. 客户机与服务器之间的接口标准　B. 数据库查询语言标准

C. 数据库应用开发工具标准　D. 数据安全标准

答案：（C）

35. 下列说法错误的是（　　）。

A. FTP 协议是一个 C/S 系统

B. FTP 的默认端口是 21

C. 匿名 FTP 文件传输协议不适用于所有 Internet 主机

D. 当远程主机提供匿名 FTP 服务时，会指定某些目录向公众开放

答案：（A）

36. IE 浏览器网页保存在历史记录中的最小天数为（　　）。

A. 0 天　B. 1 天　C. 3 天　D. 7 天

答案：（A）

37. 关于匿名 FTP 服务器的说法正确的是（　　）。

A. 匿名 FTP 服务器通常不允许用户上传文件

B. 匿名 FTP 是最受欢迎的 Internet 服务之一

C. 匿名 FTP 用户登录 FTP 服务器时可以不提供口令

D. 以上都对

答案：（D）

38. 使网上单证长项目列表可读性更好、更形象的方法是（　　）。

A. 提供可视化线索和购物车链接　B. 单证个性化

C. 在长列表中使用交替背景色　D. 给客户暂时存放的地方

答案：（C）

39. 配送之前的工作是（　　）。

A. 明确任务　B. 配送分析　C. 制作配送计划　D. 选择配送方法

答案：（C）

40. 调查问卷的一般格式一定要有（　　）。

A. 问候语　B. 卷首说明　C. 调查发起者免责声明　D. 被调查对象签名

答案：（B）

41. 适合货物类型多、数量少的情况我们一般采用的配货作业方法是（　　）。

A. 分货方式　B. 拣选方式　C. 播种方式　D. 分选方式

答案：（B）

42. CA 认证中心一般须承担的义务不包括（　　）。

A. 信息披露与通知义务　B. 安全义务　C. 担保义务　D. 保密义务

答案：（C）

43. （　　）是整个企业流程的关键环节，也是配送的实质性内容。

A. 分货　B. 理货　C. 配货　D. 理货和配货

答案：（D）

44. 在命令提示行中正确使用 Telnet 远程登录的选项是（　　）。

A. telnethttp：//192. 168. 1. 15：80

B. telnet 192. 168. 1. 15

C. telnet 192. 168. 1. 15：23

D. telnetftp：//192. 168. 1. 15：23

答案：（C）

45. 配送工作的第一步是（　　）。

A. 明确任务　B. 配送分析　C. 制作配送计划　D. 配货

答案：（D）

46. 下列哪种配送合理化的做法可以达到不增加太多投入却可追求两个优势、两个效益，是配送合理化的重要经验（　　）。

A. 推行送取结合　B. 推行共同配送　C. 推行专业化配送　D. 推行加工配送

答案：（D）

47. 下列叙述中正确的是（　　）。

A. 数据的逻辑结构与存储结构必须是一一对应的

B. 由于计算机存储空间是向量式的存储结构，因此，数据的存储结构一定是线性结构

C. 程序设计语言中的数组一般是顺序存储结构，因此利用数组只能处理线性结构

D. 以上三种说法都不对

答案：（D）

48. 下列哪种配送合理化的做法可以最终解决用户对于企业的断供之忧，同时还可大幅度提高供应保证能力，虽然此方法成本较高，但是整个配送合理化的重要保证手段（　　）。

A. 推行即时配送　B. 推行共同配送　C. 推行专业化配送　D. 推行加工配送

答案：（A）

49. 零售商与批发商之间的 EOS 系统是（　　）形式的电子订货系统。

A. 中级　B. 初级　C. 高级　D. 低级

答案：（A）

50. 下面关于框架网页的说法不正确的是（　　）。

A. 框架网页中只有一个框架时，不能删除该框架

B. 保存框架时每个框架中的文件保存为一个文件，框架网页则保存为另一个文件

C. 框架的边框是无法去掉的，只能设置大小

D. 框架网页本身并不包括网页内容，它记载的只是该框架网页的结构与框架之间的链接关系

答案：（A）

51. MCA 无线技术的车辆运行管理系统一般适用于（　　）。

A. 城市范围内　B. 全国范围内　C. 全球范围内　D. 小范围内

答案：（A）

52. （　　）是防火墙最基本的构建。

A. 屏蔽路由器　B. 双宿主机　C. 屏蔽主机　D. 屏蔽子网

答案：（A）

53. Telnet 是位于 OSI 模型（　　）的一种协议。

A. 传输层　B. 会话层　C. 应用层　D. 表示层

答案：（C）

54. 要控制水平线的粗细，应使用以下哪种（　　）？

A. color　B. width　C. size　D. height

答案：（C）

55. 正确的关键字可以使推广网站获得良好的搜索排名。下面选择关键字的策略中错误的是（　　）。

A. 避免关键字的重复　B. 不断的寻找关键字　C. 使用更长的关键字

D. 对关键字重新组合

答案：（D）

56. 网络商务信息的价值与其时效性的关系是（　　）。

A. 成正比例 B. 成反比例 C. 马太效应 D. 帕金森定律

答案：(B)

57. ( ) 是信息系统的核心组成部分。

A. 逻辑模型 B. 数据库 C. 概念模型 D. 以上全部

答案：(D)

58. 所谓脚本语言，就是一种介于 ( ) 语言、C++语言和 Visual Basic、Java 等高级语言之间的语言。

A. ASP B. PHP C. HTML D. ASP. net

答案：(C)

59. 配送中心的末端作业流程是 ( )。

A. 出货 B. 出库 C. 配货 D. 配送

答案：(A)

60. 使用 WinRAR 压缩文件时执行速度最快的压缩方式是 ( )。

A. 存储 B. 最快 C. 较快 D. 最好

答案：(A)

二、多选题

61. 文件系统与数据库系统相比较，其缺陷主要表现在 ( )。

A. 数据联系弱 B. 数据冗余 C. 数据不一致 D. 处理速度慢

答案：(ABD)

62. 客户需求分析报告应具备以下特点 ( )。

A. 完整性 B. 一致性 C. 可更改性 D. 可跟踪性

答案：(ABCD)

63. 处理网上客户反馈回来的信息时要做到 ( )。

A. 及时反馈 B. 定期回访 C. 准确记录 D. 认真阅读

答案：(ABCD)

64. 防火墙安全策略中，数据包过滤的优点有哪些 ( )?

A. 对于一个小型的．不太复杂的站点，比较容易实现。

B. 虽然过滤路由器处理包的速度比代理服务器慢，但在价格上比代理服务器便宜。

C. 不需要用户改变客户端的任何应用程序，也不需要用户学习任何新的东西。

D. 对包过滤规则设置的测试较为容易。

答案：(ABCD)

65. 招标采购的流程一般包括 ( )。

A. 发标 B. 开标 C. 决标 D. 中标

答案：(ABC)

66. 信息服务合同是指以提供信息服务为标的合同，如 ( )。

A. 信息访问 B. 认证服务 C. 信息使用许可 D. 交易平台服务

答案：(ABD)

67. 计算机病毒的表现模块能够（　　）。

A. 将病毒主体从外存载到内存　B. 判断病毒的触发条件

C. 实施病毒的破坏功能　D. 将病毒的代码复制到传染目标上去

答案：（ABCD）

68. 下列哪些属于通信必须具备的必要条件（　　）。

A. 信元　B. 载体　C. 信宿　D. 传输介质

答案：（ACD）

69. 电子商务的功能包括（　　）。

A. 商品广告展示　B. 交易与交易服务　C. 信息服务　D. 资源管理

答案：（ABCD）

70. 售后服务产生的主要原因不包括（　　）。

A. 质量问题　B. 行业准则　C. 使用不当　D. 法律规定

答案：（BD）

71. 爱岗敬业的具体要求是（　　）。

A. 树立职业思想　B. 强化职业责任　C. 提高职业技能　D. 遵守职业道德

答案：（ABCD）

72. 在《互联信息服务管理办法》中规定，涉及下列哪些信息内容的网站应办理前置审批手续（　　）。

A. 新闻出版　B. 医疗保健　C. 网络小说　D. 教育培训

答案：（ABCD）

73. 网页的布局主要包括（　　）。

A. 结构定位　B. 导航与菜单　C. 信息的排放位置　D. 版权信息

答案：（ABCD）

74. 网上商店生成系统中的用户层不包含（　　）。

A. Chat 系统/模块　B. 论坛系统/模块　C. 站点维护系统/模块

D. 商家注册系统/模块

答案：（BC）

75. 电子商务物流配送中心必须具有接单、（　　）等物流配送的综合功能。

A. 拣货　B. 分装　C. 倒装　D. 调运

答案：（ABCD）

76. 常见的计算机杀毒软件一般能够（　　）。

A. 检查计算机系统中是否感染病毒，消除已染上的所有病毒

B. 杜绝一切计算机病毒对计算机的侵害

C. 消除计算机系统中的一部分病毒

D. 实时监控计算机系统是否遭到病毒感染

答案：（CD）

77. 物流中运输管理的主要作用有（　　）。

A. 提高装车率　B. 减少空载时间　C. 缩短空载距离　D. 完善流通加工

答案：（ABC）

78. DHTML 的基本结构包括（　　）。

A. HTML . CSS　B. Layers　C. 脚本程序　D. 浏览器对象和网页对象

答案：（AC）

79. 数据库系统概念中构成 E-R 图的基本要素是（　　）。

A. 实体　B. 事件　C. 联系　D. 属性

答案：（ACD）

80. 关于网站推广的说法正确的有（　　）。

A. 网站推广的目的在于让尽可能多的潜在用户了解并访问网站

B. 网站推广为最终形成购买决策提供支持

C. 网站推广是网络营销的基础

D. 搜索引擎对网站推广有直接作用

答案：（ABCD）

81. 关于编写网站功能评估报告，描写正确的有（　　）。

A. 评估报告内容要维护商务网站的商业机密

B. 评估结论要求依据充分，表达明确，避免使用模糊容易产生歧义的文字来描述

C. 评估报告要求语言简洁规范，思路清晰，必要时可以灵活应用图表进行对比

D. 评估报告中要有明确的评估结果和评估结论

答案：（ABCD）

82. 以下属于企业网站的功能有哪些（　　）。

A. 邮件列表　B. 在线帮助　C. 流量统计　D. 会员管理

答案：（ABCD）

83. 电子商务网站内容信息高质量的要求有（　　）。

A. 商品信息完整性　B. 商品信息的可对比性　C. 商品信息内容条理性

D. 商品信息内容网页设计的美观性

答案：（ACD）

84. 企业网站建设的一般要素有（　　）。

A. 结构　B. 内容　C. 功能　D. 服务

答案：（ABCD）

85. EDI 的特点包括（　　）。

A. EDI 是企业（制造厂，供应商，运输公司，银行等）之间的商业文件数据

B. 传输的文件数据是采用共同标准和固定格式，一般通过通信网络 . 增值网和专用网来传输

C. 数据是从计算机到计算机自动传输，不需人工介入操作

D. 安全保密

答案：（ABD）

86. 下列各项属于双绞线优点的是（　　）。

A. 成本低　B. 易于铺设　C. 抗干扰能力强　D. 网络基础广泛

答案：（ABC）

87. 属于搜索引擎效果评价的指标有（　　）。

A. PR 排名值　B. 被链接数量　C. APM 值　D. 网站下载速度

答案：（ABD）

88. 网络广告对网络营销所体现出的价值包括（　　）。

A. 在线调研　B. 客户关系　C. 信息发布　D. 销售促进

答案：（ABCD）

89. 采购的原则包括（　　）。

A. 就地就近购买　B. 选准供货商　C. 以需订货　D. 物美价廉

答案：（BCD）

90. 网络广告的核心思想在于（　　）。

A. 有价值的信息　B. 服务载体　C. 引起用户关注　D. 促使用户点击

答案：（ABCD）

91. 网上市场调研的数据分析图表的重要原则有（　　）。

A. 详实　B. 清晰　C. 明了　D. 直接

答案：（BCD）

92. 物流配送中心所进行的加工作业种类主要有（　　）。

A. 分类加工　B. 初级加工活动　C. 辅助性加工活动　D. 加工活动

答案：（BCD）

93. 通过立法形式保障电子认证效力的方式主要有（　　）。

A. 以直接的立法形式明示承认可被接受的技术方案标准

B. 制定明确的设立及管理 CA 机构的条件及程序

C. 授权政府主管部门制定相应规则如享有颁发或吊销 CA 机构从事电子认证业务许可的权力，同时对违规、违法经营操作的 CA 机构具有行政处罚权

D. 当事人之间通过签订具有法律效应的协议来确认电子认证的效力

答案：（ABC）

94. 现行的电子商务物流配送系统主要形式有（　　）。

A. 电子商务与普通商务活动共用一套物流配送系统

B. 信息企业（ISP、ICP）自己建立物流配送系统

C. 外包利用社会物流配送系统

D. 第三方物流配送企业建立电子商务系统

答案：（ABCD）

95. 招投标应遵循的原则有（　　）。

A. 公平　B. 公正　C. 公开　D. 诚实信用

答案：（ABCD）

96. 网络调研采用的方法主要有（　　）。

A. web 站点法　B. 视讯会议法　C. 焦点团体座谈法　D. Internet phone 法

答案：（AD）

97. 商务网站功能目标符合度考核网站功能与（　　）的符合程度。

A. 企业市场定位　B. 网站建设目标　C. 企业发展战略　D. 网站的覆盖度

答案：（ABC）

98. 在物流各项活动中装卸搬运的特点有（　　）。

A. 安全性要求高　B. 安全性要求低　C. 作业量大　D. 作业量小

答案：（AC）

99. 写好市场调研报告的要素包括（　　）。

A. 必须掌握符合实际的、丰富确凿的材料。

B. 要对人民有感情，对事业、对真理有追求。

C. 对于获得的大量的直接和间接资料，要细致的辨别真伪，找出内在规律性。

D. 用词力求准确，文风朴实。

答案：（ABCD）

100. 电子商务网站评估由三级指标体系构成，其中二级指标包括（　　）。

A. 商务网站功能评估指标　B. 商务网站内容评估指标

C. 商务网站实施评估指标　D. 商务网站建设评估指标

答案：（ABC）

中级电子商务师考试模拟试题六

一、单选题

1. 在 Windows 系统下，文本文件的行分割符号为（　　）。

A. 换行符　B. 回车符　C. 回车+换行　D. 换行+回车

答案：（C）

2. 在 Mac 系统下，文本文件的行分割符号为（　　）。

A. 换行符　B. 回车符　C. 换行+回车　D. 回车+换行

答案：（B）

3. 在 ASCII 字符中，换行符的 ASCII 码为（　　）。

A. 8　B. 9　C. 10　D. 13

答案：（C）

4. Mac 系统下有一个文件有 4 字节，用 16 进制表示为“0x61 0x0D 0x0A 0x62”。Windows 系统的 ftp 客户端用 ASC 模式下载该文件到本地，存到本地文件内容为（　　）。

A. 0x61 0x0D 0x0D 0x0A 0x62　B. 0x61 0x0A 0x62　C. 0x61 0x0D 0x0A 0x62

D. 0x61 0x0D 0x0A 0x0A 0x62　E. 0x61 0x0D 0x62

答案：（D）

5. Windows 系统下有一个文件有 4 字节，用 16 进制表示为“0x61 0x0D 0x0A 0x62”。Linux 系统的 ftp 客户端用 ASC 模式下载该文件到本地，存到本地文件内容为（　　）。

A. 0x61 0x0D 0x0A 0x62　B. 0x61 0x0A 0x62　C. 0x61 0x0D 0x0D 0x0A 0x62
D. 0x61 0x0D 0x62　E. 0x61 0x0D 0x0A 0x0A 0x62
答案：（B）

6. WebService 的信息格式是以下哪种（　　）？
A. HTML　B. CSV　C. XML　D. JSON
答案：（C）

7. 证件信息中只有证件号码，没有证件类型。这是哪种数据质量问题（　　）？
A. 规范性　B. 完整性　C. 唯一性　D. 准确性　E. 一致性
答案：（B）

8. 会计科目计算得到的总账和分户账数据不一致。这通常是哪种数据质量问题导致的（　　）？
A. 规范性　B. 完整性　C. 一致性　D. 唯一性　E. 准确性
答案：（C）

9. 在交易系统和信用系统中分别存储客户信息，一般会产生哪种数据质量问题（　　）？
A. 完整性　B. 唯一性　C. 准确性　D. 规范性　E. 一致性
答案：（B）

10. 在 ODS 层的数据处理中下面哪个顺序是正确的（　　）？
A. 数据装载→数据清洗→质量检查　B. 装载→质量检查→数据清洗
C. 质量检查→数据清洗→数据装载　D. 数据清洗→数据装载→质量检查
答案：（B）

11. 数据映射处理在哪个环节不需要（　　）？
A. ODS→DW　B. DM→APP　C. 文件→ODS　D. DW→DM
答案：（C）

12. 数据项映射中，哪种映射不需要处理（　　）？
A. 多对一映射　B. 一对零映射　C. 多对多映射　D. 一对一映射　E. 一对多映射
答案：（B）

13. 数据仓库要指定统一标准。数据标准从哪一层开始实施（　　）？
A. 应用层　B. 数据集市层　C. 数据仓库层　D. 贴源层
答案：（C）

14. 在数据仓库中要保存数据的历史变化状态，缓慢变化维的历史保存方法通常为（　　）？
A. 时间索引　B. 时间拉链　C. 时间切片　D. 不做处理
答案：（B）

15. 在数据仓库中要保存数据的历史变化状态，交易流水数据的历史保存方法通常为（　　）。
A. 不做处理　B. 时间索引　C. 时间切片　D. 时间拉链
答案：（A）

16. 在数据汇总中，会涉及到一些派生维度。派生维度大量存在于哪个数据层(　　)？

A. 应用层　B. 数据仓库层　C. 贴源层　D. 数据集市层

答案：(D)

17. 所有的属性与该数据表的主键有完全依赖关系，而不能与主键的某一部分相关。这是哪个范式的描述（　　)？

A. 第三范式　B. 第二范式　C. 第一范式　D. 以上都不是

答案：(B)

18. 我们要统计商品在各个电商平台的平均售价。表设计：

电商平台　商品价格

天猫　　电视 2100

天猫　　洗衣机 550

苏宁　　电视 2200

……

是否违反三大范式，违反哪个设计范式（　　)？

A. 没有违反三范式　B. 违反第二范式　C. 违反第一范式　D. 违反第三范式

答案：(C)

19. 我们要统计各厂家的产品数量。表设计：

商品编号　商品名称　商品分类　厂家名称　厂家地址

PRD1011　电视　大家电　海尔　青岛市海尔路 1 号

PRD2032　洗衣机　大家电　海信　青岛市东海西路 17 号

……

是否违反三大范式，违反哪个设计范式（　　)？

A. 违反第三范式　B. 违反第一范式　C. 违反第二范式　D. 没有违反三范式

答案：(A)

20. 下面哪个设计违反第二范式（逗号分隔各列）(　　)？

A. 厂家名称，产品名称，产品种类，产品价格

B. 厂家编号，厂家名称，所在城市，联系电话

C. 电商平台，产品名称，销售日期，销售价格，销售折扣

D. 厂家编号，厂家名称，电话区号，联系电话，地址邮编

答案：(A)

21. 数据仓库系统的贴源层建模方法是（　　)。

A. 按维度建模，采用星型架构或雪花型架构。数据在本层执行标准化

B. 数据来源各业务系统，物理模型与业务系统的模型保持一致

C. 针对业务需求，建立支持广泛需求应用的数据模型

D. 按维度建模，采用星型架构或雪花型架构

答案：(B)

22. 数据仓库系统的数据集市层建模方法是（　　)。

A. 按维度建模，采用星型架构或雪花型架构

B. 按维度建模，采用星型架构或雪花型架构。数据在本层执行标准化

C. 针对业务需求，建立支持广泛的需求应用的数据模型

D. 数据来源各业务系统，物理模型与业务系统的模型保持一致

答案：(B)

23. 数据仓库系统的贴源层服务领域为（　　）。

A. 按主题为数据仓库系统提供标准化的基础业务数据和明细数据

B. 为 DWS 提供数据入口；为传统应用和报表提供复杂或高消耗的查询

C. 面向主题分析应用、报表应用、KPI 绩效等常规应用

D. 为数据分析、数据挖掘、自定义查询和灵活报表、应用层提供数据

答案：(B)

24. 数据仓库系统的数据集市层服务领域为（　　）。

A. 为数据分析、数据挖掘、自定义查询和灵活报表、应用层提供数据

B. 为 DWS 提供数据入口，为传统应用和报表提供复杂或高消耗的查询

C. 面向主题分析应用、报表应用、KPI 绩效等常规应用

D. 按主题为数据仓库系统提供标准化的基础业务数据和明细数据

答案：(D)

25. 数据仓库系统的贴源层 ETL 策略为（　　）。

A. 进行标准化的数据统一和转换处理，保留历史变动痕迹

B. 从业务系统卸载的文件直接装载入库，进行质量检查和数据清洗

C. 对基础数据进行聚合汇总及层级汇总，建立以主题为中心的立方体

D. 从 DW 层和 DM 层进行汇总和计算，对某些事实表进行关联整合

答案：(B)

26. 数据仓库系统的数据集市层 ETL 策略为（　　）。

A. 进行标准化的数据统一和转换处理，保留历史变动痕迹

B. 从业务系统卸载的文件直接装载入库，进行质量检查和数据清洗

C. 从 DW 层和 DM 层进行汇总和计算，对某些事实表进行关联整合

D. 对基础数据进行聚合汇总及层级汇总，建立以主题为中心的立方体

答案：(A)

27. 在数据仓库系统的物理架构中，下面哪个数据流转过程是拉取的方式（　　）？

A. 数据库服务器→应用服务器　B. FTP 服务器→ETL 服务器

C. 业务系统→FTP 服务器　D. ETL 服务器→数据库服务器

答案：(B)

28. 对于已排序的 1000 个不重复的数据成员，二分法查找最多查找多少次能找到目标元素（　　）？

A. 2　B. 1000　C. 100　D. 10

答案：(D)

29. 数据集中有 n 个元素，则对半查找的次数大约为（　　）。

A. log2（n）——以 2 为底取 n 的对数　B. n/2　C. n　D. SQRT（n）——n 开平方

答案：(A)

30. 数量分别为 m 和 n 的两个表进行关联，但没有设置关联条件，会产生笛卡尔积。该笛卡尔积的大小为（　　）。

A. m * n　B. n^m　C. m+n　D. m^n

答案：(A)

31. 下面哪个查询不能用到索引（　　）。

A. SELECT * FROM USER WHERE USER_ NAME='USER1234' OR USER_ ID='USER1234'

B. SELECT USER_ TYPE, COUNT (*) AS CNT FROM USER GROUP BY USER_ TYPE

C. SELECT * FROM USER WHERE NAME LIKE '%晓明'

D. SELECT * FROM USER WHERE USER_ TYPE='GUEST' ORDER BY CREATE_ TIME

答案：(C)

32. 有关索引的描述错误的是（　　）。

A. 一个索引可以包含多个列　B. 唯一索引的列不能为空

C. 一个表只能有一个唯一索引　D. 一个表可以有多个索引

答案：(C)

33. 在进行多维数据立方体汇总时，分组的列称为（　　）。

A. 维度　B. 测度　C. 域　D. 度量

答案：(A)

34. 9 个维度的多维立方体，可以实现多少种不同的维度组合查询（　　）?

A. 81　B. 36　C. 511　D. 9

答案：(C)

35. 在做多维数据分析时，对多层级的维度进行的操作是（　　）。

A. 查询　B. 切片　C. 钻取　D. 旋转

答案：(C)

36. 若没有族谱模型，对 3 级的行政区划，需要多做几次汇总（　　）。

A. 2　B. 3　C. 1　D. 0

答案：(B)

37. 使用族谱模型，对 3 级的行政区划和 4 级的行业代码，最少需要多做几次汇总（　　）。

A. 1　B. 4　C. 12　D. 7

答案：(A)

38. 高效的年滚动积数处理涉及到几天范围的数据（　　）?

A. 1　B. 365/闰年 366　C. 2　D. 3

答案：(A)

39. 使用时间戳保存历史的方法，为表增加哪个字段（　　）?

A. 时间戳列　B. 结束时间列　C. 开始时间列　D. 交易时间列

答案：(A)

40. 业务数据表进行增量数据的判断，最好的方法是（　　）。

A. 使用时间戳列　B. 使用修改标识列　C. 使用主键进行比较

D. 增量数据保存到单独表中

答案：(A)

41. 下列哪个数据库是支持多种存储引擎的（　　）？

A. MySQL　B. orale　C. sql server　D. green plum

答案：(A)

42. oracle 的 Data Guard 主要侧重于（　　）。

A. 容灾　B. 自动接管　C. 高性能　D. 负载均衡

答案：(A)

43. GreenPlum 分布键指定规则中，表在无 primary key 或者 unique key 时，指定（　　）作为表的分布键。

A. 最后一列　B. 第一列　C. 随机的一列　D. 不指定

答案：(B)

44. 关于 Hive 说法错误的是（　　）。

A. Hive 基本支持大部分 SQL

B. Hive 存在对数据的物理存储

C. hive 的出现方便了关系数据库使用者到大数据平台的转换

D. Hive 需要关系型数据库存放元数据

答案：(B)

45. HBase 思想来源于谷歌有关（　　）的论文？

A. The Google File System　B. BigTable　C. Chubby　D. MapReduce

答案：(B)

46. 数据模型按应用层次区分一共有几层（　　）？

A. 3　B. 4　C. 2　D. 1

答案：(A)

47. 模型设计原则有多少（　　）？

A. 5　B. 6　C. 4　D. 3

答案：(B)

48. 典型的元模型结构有几层（　　）？

A. 4　B. 6　C. 5　D. 3

答案：(A)

49. Portal 的功能可以分为几个主要方面（　　）？

A. 5　B. 4　C. 3　D. 6

答案：(C)

50. 并行数据库系统的目标有几个（　　）？

A. 2　B. 1　C. 3　D. 4

答案：（A）

二、多选题

51. 以下哪些行为可能导致在 Linux 系统中产生了以回车+换行分割的文本文件（　　）？

A. 从 Mac 系统以 bin 方式向 Linux 系统上传文本文件

B. 从 Windows 系统以 asc 方式向 Linux 系统上传文本文件

C. 在 Windows 系统以 bin 方式向 Linux 系统上传文本文件

D. 从 Zip 压缩文件中解压缩出来的文件

答案：（CD）

52. 数据仓库系统的数据接口，通过哪些方式来确定数据文件传输完成（　　）？

A. 标识文件　B. 数据文件　C. 消息　D. WebService

答案：（AC）

53. 数据仓库的接口有很多种，哪些接口可以传输数据文件（　　）？

A. FTP　B. Web Service　C. NFS　D. MQ

E. SAMBA

答案：（ACE）

54. 有关 Web Service，下列说法正确的有（　　）。

A. Web Service 支持各种操作系统平台和 Web 服务平台

B. Web Service 自身也是独立的平台，其构建不依赖于平台的要求

C. Web Service 可以在任何支持这些标准的环境中使用

D. Web Service 采用的是 Internet 上统一、开放的标准

答案：（ABCD）

55. 有关 Web Service，下列说法错误的有（　　）。

A. Web Service 可以一次传输海量数据

B. Web Service 根据需要可自行定制接口规范

C. Web Service 可以作为数据仓库对外提供数据服务的接口

D. Web Service 是异步机制

答案：（AD）

56. 有关消息队列的相关叙述，下列说法正确的有（　　）。

A. 消息队列建立了两个应用之间的直接连接

B. 消息队列服务可以构建分布式服务

C. 消息队列的数据可以存在内存，也可以存在磁盘

D. 消息队列通常是异步通讯技术

答案：（BCD）

57. 有关企业服务总线的描述，正确的有（　　）。

A. 实现了不同服务之间的通信与整合

B. 可以提供比传统中间件产品更为廉价的解决方案

C. 消除不同应用之间的技术差异

D. 让不同的应用服务器协调运作

答案：(ABCD)

58. ESB 可以作用于（　　）。

A. 事件驱动的架构　B. 面向事务的架构　C. 面向消息的架构

D. 面向服务的架构

答案：(ACD)

59. 下列哪些接口方式适合传输海量数据（　　）?

A. ESB　B. FTP　C. NFS/Samba　D. Web Service　E. MQ

答案：(BC)

60. 下面哪些质量问题是完整性问题（　　）?

A. 在交易系统和信用系统中分别存储客户信息

B. 某客户在交易系统中记录一笔信贷交易，在信贷系统中还没有该记录

C. 证件信息中只有证件号码，没有证件类型

D. 体重信息中，只填写了 78，没有填写单位

E. 日期列的值存储了“2016-0228”这样的值

答案：(CD)

61. 下面哪些质量问题是一致性问题（　　）?

A. 证件信息中只有证件号码，没有证件类型

B. 会计科目计算得到的总账和分户账数据不一致

C. 性别代码定义为 01-男；02-女。数据中存在值“1”

D. 某客户在交易系统中记录一笔信贷交易，在信贷系统中还没有该记录

E. 在分析系统中，利用均值数据进行加权平均计算，导致误差增大

答案：(BD)

62. 下面哪些质量问题是唯一性问题（　　）?

A. 日期列的值存储了“2016-0228”这样的值

B. 因新老系统合并，旧系统的客户信息迁移到新系统中，导致客户数据重复

C. 在交易系统和信用系统中分别存储客户信息

D. 会计科目计算得到的总账和分户账数据不一致

E. 对一个长期休眠户的客户信息进行分析，数据不准确。

答案：(BC)

63. 数据质量检查产生的结果，通过哪些方式发送出去（　　）?

A. 邮件　B. 短信　C. 文件　D. MQ

答案：(AC)

64. 数据映射包括（　　）。

A. 表间关系的映射　B. 数据模型映射　C. 数据属性映射　D. 代码集映射

答案：(BCD)

65. 代码集映射中，哪种映射不需要处理（　　）?

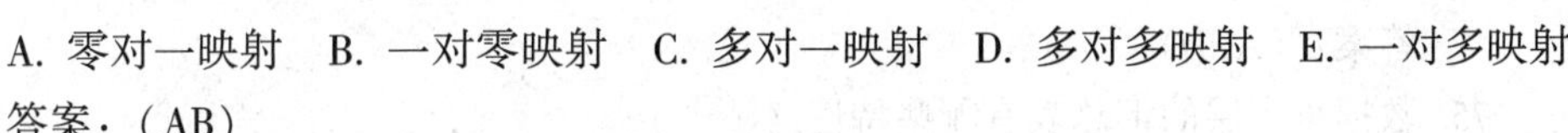

A. 零对一映射　B. 一对零映射　C. 多对一映射　D. 多对多映射　E. 一对多映射

答案：(AB)

66. 下面哪些是 ETL 工具（　　）？

A. Kettle　B. Informix　C. PowerDesigner　D. DataStage

答案：(AD)

67. 数据仓库标准规范的制定依据，有哪几种（　　）？

A. 以厂商的要求制定　B. 根据企业发展规划

C. 以某一个或某几个重要系统为参考　D. 根据业务需要

答案：(BCD)

68. 在数据仓库系统中，存在大量的数据汇总表。数据汇总表都出现在哪些数据模型层（　　）？

A. 数据仓库层　B. 应用层　C. 数据集市层　D. 贴源层

答案：(ABC)

69. 语义层使得在设计报表的时候，业务逻辑清晰，易于理解。语义层的功能包括（　　）？

A. 数据表视图　B. 格式和显示值　C. 权限控制　D. 指标

答案：(ABCD)

70. 广告位点击记录：广告位 ID 点击价格，商家账号，投放商家编号，点击时间，商家联系方式。在精细化管理中，该模型设计违反哪些范式（　　）？

A. 违反第一范式　B. 违反第二范式　C. 违反第三范式　D. 没有违反三范式

答案：(BC)

71. 用户支付记录：交易 ID，商品 ID，商品名称，交易价格，支付方式，开户行及银行卡号。在精细化管理中，该模型设计违反哪些范式（　　）？

A. 违反第二范式　B. 违反第三范式　C. 没有违反三范式　D. 违反第一范式

答案：(BD)

72. 在精细化管理中，下面哪些设计违反第二范式（逗号分隔各列）（　　）？

A. 商品销售记录：订单编号，电商平台，商品代码，指导价格，实际售价，销售日期，快递公司，快递员

B. 商品收藏信息：客户编号，商品编号，商品名称，收藏日期

C. 账户注册信息：账户号，客户号，注册日期，客户类型，客户级别，客户名称，客户电话，客户地址邮编

D. 商品库存记录：商品代码，品牌型号，生产厂家，库房位置，数量。

答案：(AB)

73. 在贴源层完成的工作包括（　　）。

A. 数据标准化　B. 数据装载　C. 数据质量的检查和清洗　D. 数据汇总

答案：(BC)

74. 在数据仓库层完成的工作包括（　　）。

A. 数据统一集成　B. 数据汇总　C. 数据历史留痕　D. 数据标准化

答案：(ACD)

75. 数据集市层的汇总表有哪些特性（　　）？

A. 尽可能多的纳入维度以满足更多需求，减少汇总表数量

B. 满足较广泛的业务需求，不面向某个具体应用

C. 要有前瞻性，能够满足未来潜在的业务需求

D. 贴近于业务需求，结合技术设计

答案：(BCD)

76. 业务应用的数据来源包括（　　）。

A. 数据仓库层　B. 贴源层　C. 应用层　D. 数据集市层

答案：(ACD)

77. 在技术架构上，任务调度主要涉及到哪些数据层（　　）？

A. 数据集市层　B. 源系统　C. 贴源层　D. 数据仓库层　E. 应用层

答案：(ABCDE)

78. 在技术架构上，数据模型设计主要涉及到哪些数据层（　　）？

A. 应用层　B. 贴源层　C. 数据仓库层　D. 数据集市层

答案：(ACD)

79. 在技术架构上，数据访问技术主要涉及到哪些层（　　）？

A. 应用层　B. 贴源层　C. 报表　D. 数据仓库层　E. 数据集市层

答案：(ACDE)

80. 下面哪些内容是与任务调度技术相关（　　）？

A. ETL 规范制定　B. 作业执行的分组及依赖　C. 作业执行状态判断及处理

D. 批量重启、续跑

答案：(BCD)

81. 下面哪些内容与数据模型设计技术相关（　　）？

A. 数据结构设计　B. 主题划分　C. 元数据设计　D. 实体和关系设计

答案：(ABCD)

82. 下面哪些内容是数据访问技术相关（　　）？

A. SQL 优化　B. 查询功能开发　C. 权限控制　D. 报表开发

答案：(ABCD)

83. 在物理架构中，下面哪些数据流转是推送的方式（　　）？

A. 数据库服务器→应用服务器　B. ETL 服务器→数据库服务器

C. FTP 服务器→ETL 服务器　D. 业务系统→FTP 服务器

答案：(BD)

84. 在物理架构中，调度服务器管理和控制下列的哪些服务器（　　）？

A. Web 服务器　B. 数据库服务器　C. ETL 服务器　D. 应用服务器　E. FTP 服务器

答案：(BCE)

85. 有关索引的描述正确的有（　　）。

A. 索引中列的顺序影响数据访问的效率

B. 唯一索引是指索引中只有一个列

C. 索引不是越多越好

D. WHERE 子句中 AND 之间的字段顺序与索引字段不同，会影响效率

答案：（AC）

86. 哪些索引能被下面查询使用到（　　）？

SELECT * FROM TB_ SUM_ SELL WHERE DATE_ ID = ′2016-03-01′ AND TERM_ CD = ′M′ AND INDUSTRY_ CD = ′A01′ AND CUST_ TYPE = ′C1′

A. IDX1（DATE_ ID，TERM_ CD，INDUSTRY_ CD，CUST_ TYPE）

B. IDX1（TERM_ CD，INDUSTRY_ CD，CUST_ TYPE）

C. IDX1（DATE_ ID，INDUSTRY_ CD，CUST_ TYPE）

D. IDX1（INDUSTRY_ CD，CUST_ TYPE，DATE_ ID）

答案：（ABCD）

87. 多维数据立方体有哪些基本特性（　　）？

A. 按多个维度汇总，支持不同维度的组合查询　B. 汇总表一般小于业务数据表

C. 定期汇总　D. 进行层级汇总

答案：（ABC）

88. 对数据立方体的操作有哪些（　　）？

A. 切片　B. 旋转　C. 查询　D. 钻取

答案：（ABD）

89. 族谱模型应用的要点包括哪些（　　）？

A. 如果非叶子节点中也有数据

B. 建立子节点和所有上级节点的关系

C. 建立叶子节点与自己的上下级关系

D. 如果数据只有叶子节点，则在模型中的子级节点可以只有叶子节点

答案：（ABCD）

90. 使用时间拉链保存历史的方法，为表增加哪几个字段（　　）？

A. 批量日期　B. 时间戳列　C. 结束时间　D. 开始时间

答案：（CD）

91. MySql 数据库提供了多种存储引擎包括（　　）。

A. archive　B. InnoDB　C. memory　D. MyISAM

答案：（ABCD）

92. 关于 oracle 使用，以下说话正确的有（　　）。

A. 操作系统 HA 侧重于非实时的自动接管，但不能容灾

B. DG 侧重于容灾，独立存储，但两者数据不能做到实时同步

C. RAC 每个节点的硬件要求很高

D. RAC 侧重于负载均衡，但共享存储不能容灾

答案：（ABD）

93. GreenPlum 由（　）的组件组成。

A. segment host　B. PE　C. GNET　D. master host

答案：（ACD）

94. Hive 数据存储的各种模式（　　）。

A. 分区　B. 桶　C. 外部表　D. 表

答案：（ABCD）

95. Kettle 有组件包括（　　）。

A. transformation　B. function　C. procedu　D. job

答案：（AD）

96. 数据模型按应用层次主要分别为（　　）。

A. 元模型　B. 逻辑模型　C. 概念模型　D. 物理模型

答案：（BCD）

97. 模型设计原则分别是（　　）。

A. 灵活性　B. 一致性　C. 粒度性　D. 中性与共享性

答案：（ABCD）

98. 典型的元模型结构分别是（　　）。

A. 元元模型层　B. 信息层　C. 元元元模型层　D. 元模型层

答案：（ABD）

99. Portal 的功能主要为（　　）。

A. 公共服务　B. Portlet 容器　C. 内容聚集　D. 单次登录

答案：（ABC）

100. 并行数据库系统的高性能主要是从两个方面来理解（　　）。

A. 范围提升　B. 软件版本提升　C. 硬件设备提升　D. 速度提升

答案：（AD）

中级电子商务师考试模拟试题七

一、单选题

1. 在 Linux 系统下，文本文件的行分割符号为（　　）。

A. 回车符　B. 换行符　C. 换行+回车　D. 回车+换行

答案：（B）

2. 在 ASCII 字符中，回车符的 ASCII 码为（　　）。

A. 9　B. 10　C. 8　D. 13

答案：（D）

3. Linux 系统下有一个文件有 4 字节，用 16 进制表示为“0x61 0x0D 0x0A 0x62”。Windows 系统的 ftp 客户端用 ASC 模式下载该文件到本地，存到本地文件内容为（　　）。

A. 0x61 0x0D 0x62　B. 0x61 0x0D 0x0D 0x0A 0x62　C. 0x61 0x0A 0x62

D. 0x61 0x0D 0x0A 0x0A 0x62　E. 0x61 0x0D 0x0A 0x62

答案：(B)

4. Windows 系统下有一个文件有 4 字节，用 16 进制表示为“0x61 0x0D 0x0A 0x62”。Mac 系统的 ftp 客户端用 ASC 模式下载该文件到本地，存到本地文件内容为（　　）。

A. 0x61 0x0D 0x62　B. 0x61 0x0D 0x0A 0x0A 0x62　C. 0x61 0x0D 0x0A 0x62

D. 0x61 0x0D 0x0D 0x0A 0x62　E. 0x61 0x0A 0x62

答案：(A)

5. FTPS 的安全是构建在下列哪个基础上的（　　）?

A. Sockets　B. FTP　C. SSH　D. Secure

E. SSL

答案：(E)

6. 下面哪种接口方式可以替代 FTP 进行文件传输（　　）?

A. ESB　B. NFS/Samba　C. MQ　D. Web Service

答案：(B)

7. 性别代码定义为 01-男；02-女。数据中存在值“1”。这可能是哪种数据质量问题（　　）?

A. 唯一性　B. 规范性　C. 一致性　D. 完整性　E. 准确性

答案：(B)

8. 对一个长期休眠户的客户信息进行分析，往往会产生什么样的数据质量问题（　　）?

A. 完整性　B. 规范性　C. 准确性　D. 一致性　E. 唯一性

答案：(C)

9. 数据质量检查和数据清洗工作在哪层完成（　　）?

A. 数据仓库层　B. 数据集市层　C. 应用层　D. 贴源层

答案：(D)

10. 有关数据质量检查和数据清洗，描述错误的是（　　）。

A. 数据质量检查之后对存在问题的数据均需进行数据清洗

B. 数据清洗在 ETL 过程中批量完成

C. 数据清洗可以和数据质量检查一起完成

D. 数据清洗不能解决所有数据质量问题

答案：(A)

11. 数据映射通常使用哪种工具进行设计（　　）?

A. Visio　B. PowerPoint　C. Word　D. Excel

答案：(D)

12. 代码值映射中，哪种映射不需要处理（　　）?

A. 一对零映射　B. 零对一映射　C. 多对多映射　D. 一对一映射　E. 多对一映射

答案：(B)

13. 有关数据集成的描述，错误的是（　　）。

A. 数据集成的目的是解决数据多来源、不一致的问题

B. 数据集成也可以保存所有不同来源的数据

C. 数据集成面对多个来源，可能有不同的值，仅通过时间就可以确定选择哪个数据值

D. 数据集成的目标是构建数据统一视图

答案：（C）

14. 在数据仓库中要保存数据的历史变化状态，快速变化维的历史保存方法通常为（　　）。

A. 时间索引　B. 不做处理　C. 时间切片　D. 时间拉链

答案：（C）

15. 数据仓库层的数据立方体和数据集市层的数据立方体有一定的差异性。两者相比较，下面哪个不是数据集市层的数据立方体的特性（　　）？

A. 度量的计算复杂多样　B. 单个数据立方体规模小　C. 数据立方体内维度少

D. 数据立方体的总数量少

答案：（D）

16. 所有的属性都是不可再分的基本数据项。这是哪个范式的描述（　　）？

A. 第二范式　B. 第一范式　C. 以上都不是　D. 第三范式

答案：（B）

17. 所有的非主键属性不能和其他非主键属性存在依赖关系。这是哪个范式的描述（　　）？

A. 第二范式　B. 第三范式　C. 第一范式　D. 以上都不是

答案：（B）

18. 我们要统计各类商品在各电商平台的数量。表设计：

电商	商品名称	商品分类	售价
天猫	电视	大家电	2100
天猫	洗衣机	大家电	550
天猫	电饭煲	小家电	200

……

是否违反三大范式？违反哪个设计范式（　　）？

A. 违反第二范式　B. 违反第一范式　C. 违反第三范式　D. 没有违反三范式

答案：（A）

19. 下面哪个设计违反第一范式（逗号分隔各列）（　　）？

A. 厂家编号，厂家名称，电话区号，联系电话，地址邮编

B. 厂家编号，厂家名称，所在城市，联系电话

C. 厂家名称，产品名称，产品种类，产品价格

D. 电商平台，产品名称，销售日期，销售价格，销售折扣

答案：（A）

20. 下面哪个设计违反第三范式（逗号分隔各列）（　　）？

A. 厂家编号，厂家名称，所在城市，联系电话

B. 电商平台，产品名称，销售日期，销售价格，销售折扣

C. 厂家编号，厂家名称，电话区号，联系电话，地址邮编

D. 厂家名称，产品名称，产品种类，产品价格

答案：（A）

21. 数据仓库系统的数据仓库层建模方法是（　　）？

A. 针对业务需求，建立支持广泛的需求应用的数据模型

B. 数据来源各业务系统，物理模型与业务系统的模型保持一致

C. 按维度建模，采用星型架构或雪花型架构。数据在本层执行标准化

D. 按维度建模，采用星型架构或雪花型架构

答案：（D）

22. 数据仓库系统的应用层建模方法是（　　）。

A. 数据来源各业务系统，物理模型与业务系统的模型保持一致

B. 针对业务需求，建立支持广泛的需求应用的数据模型

C. 按维度建模，采用星型架构或雪花型架构。数据在本层执行标准化

D. 按维度建模，采用星型架构或雪花型架构

答案：（B）

23. 数据仓库系统的数据仓库层服务领域为（　　）。

A. 为数据仓库系统按主题提供标准化的基础业务数据和明细数据

B. 为 DWS 提供数据入口，为传统应用和报表提供复杂或高消耗的查询

C. 为数据分析、数据挖掘、自定义查询和灵活报表、应用层提供数据

D. 面向主题分析应用、报表应用、KPI 绩效等常规应用

答案：（C）

24. 数据仓库系统的应用层服务领域为（　　）。

A. 为 DWS 提供数据入口，为传统应用和报表提供复杂或高消耗的查询

B. 为数据仓库系统按主题提供标准化的基础业务数据和明细数据

C. 为数据分析、数据挖掘、自定义查询和灵活报表、应用层提供数据

D. 面向主题分析应用、报表应用、KPI 绩效等常规应用

答案：（D）

25. 数据仓库系统的数据仓库层 ETL 策略为（　　）。

A. 从业务系统卸载的文件直接装载入库，进行质量检查和数据清洗

B. 从 DW 层和 DM 层进行汇总和计算，对某些事实表进行关联整合

C. 对标准化的数据进行统一和转换处理，保留历史变动痕迹

D. 对基础数据进行聚合汇总及层级汇总，建立以主题为中心的立方体

答案：（D）

26. 数据仓库系统的应用层 ETL 策略为（　　）。

A. 对标准化的数据进行统一和转换处理，保留历史变动痕迹

B. 从业务系统卸载的文件直接装载入库，进行质量检查和数据清洗

C. 从 DW 层和 DM 层进行汇总和计算，对某些事实表进行关联整合

D. 对基础数据进行聚合汇总及层级汇总，建立以主题为中心的立方体

答案：(C)

27. 在数据仓库系统的物理架构中，应用服务器的数据来源是哪个服务器（　　）。

A. ETL 服务器　B. FTP 服务器　C. Web 服务器　D. 数据库服务器

答案：(D)

28. 二分法查找 5 次，最多可从多少数据中找到目标元素（　　）。

A. 25　B. 32　C. 10　D. 5

答案：(B)

29. 对于一个已排序的不重复的数据序列中进行对半查找，数据量增长 1000 倍，查找次数大约增加多少次（　　）？

A. 500　B. 10　C. 100　D. 1000

答案：(B)

30. 有关索引的描述正确的是（　　）。

A. 唯一索引就是表的主键　B. 一个查询中只能用一个索引

C. 一个表只能有一个复合索引　D. 一个表只能有一个聚簇索引

答案：(D)

31. 一个记录用户账户月余额积数的表，有以下几个列：

年度，月份，账号，余额积数。

下面哪个索引最佳（　　）？

答案：(B)

A. IDX（年度，月份，账号）　B. IDX（账号，年度，月份）　C. IDX（账号）

D. 两个索引：IDX1（年度，月份），IDX2（账号）

答案：(B)

32. 一个有 7 个维度的多维数据立方体，最多支持多少两两维度组合的访问（　　）？

A. 21　B. 49　C. 7　D. 14

答案：(A)

33. 多维数据立方体中通过聚合计算得到的数值型的列称为（　　）。

A. 测度　B. 度量　C. 维度　D. 域

答案：(A)

34. 一个标准的 5 个维度的多维数据立方体，需要多少个索引（　　）？

A. 1　B. 5　C. 25　D. 31

答案：(A)

35. 层级汇总使用哪种模型处理可降低汇总次数（　　）？

A. 元模型　B. 主题模型　C. 族谱模型　D. 指标模型

答案：(C)

36. 若没有族谱模型，对 3 级的行政区划和 4 级的行业代码，最少需要多做几次汇总（　　）？

A. 12　B. 4　C. 7　D. 1

答案：(C)

37. 高效的月日均数据汇总，涉及到几天范围的数据（　　）？

A. 视月份不同 30/31/28/29　B. 大约 15　C. 1　D. 2

答案：(D)

38. 月日均、年日均处理靠什么方法保证准确性（　　）？

A. 计算周期内所有天的数据　B. 相应周期内的积数计算　C. 小数位修正

D. 多保留几位小数以降低误差

答案：(B)

39. 使用时间拉链保存历史，增量抽取的数据入库之前，对当前历史数据要做什么操作（　　）？

A. 根据主键判断，将当前历史数据保存到历史表中

B. 根据主键将增量来的数据对历史数据进行关联

C. 根据主键判断，将当前的历史数据删除

D. 将增量数据直接插入到历史表中

答案：(B)

40. 在关系型数据库中，多表关联，在索引基础上的优化方法有多种，哪种连接的方法通常效率最高（　　）？

A. Nest Loop Join（嵌套循环）　B. Hash Join（哈希连接）

C. Outter Join（外连接）　D. Merge Sort Join（合并排序连接）

答案：(B)

41. MySQL 的哪一种架构能在读多、写多高并发的情况下明显提升性能（　　）？

A. 单实例　B. 纵向拆分　C. 横向拆分　D. 主从架构

答案：(C)

42. oracle 中可以做到 7X24，不间断自动接管的是（　　）。

A. HA　B. 单实例　C. RAC　D. Data Guard

答案：(C)

43. GreenPlum 架构中，真正存放业务数据的是（　　）。

A. PE　B. Interconnect　C. Master　D. Segment

答案：(D)

44. HBase 通过（　　）提供消息通信机制。

A. RPC　B. Chubby　C. Socket　D. Zookeeper

答案：(D)

45. 下面对 HBase 的描述哪些是错误的（　　）？

A. 不是开源的　B. 是面向列的　C. 是一种 NoSQL 数据库　D. 是分布式的

答案：(A)

46. 模型设计理论主要有几类方法（　　）。

A. 1　B. 3　C. 4　D. 2

答案：（D）

47. 模型客户化有几步（　　）？

A. 5　B. 6　C. 4　D. 7

答案：（B）

48. 分析模型由相应分析领域的几部分组成（　　）。

A. 4　B. 2　C. 3　D. 1

答案：（B）

49. 大规模并行处理系统比对称式并行处理系统哪个更好（　　）？

A. SMP 好　B. 都不好　C. MPP 好　D. 一样好

答案：（C）

50. 并行数据库系统的高性能主要是从几个方面来理解（　　）？

A. 2　B. 3　C. 1　D. 4

答案：（A）

二、多选题

51. 网络传输时使用明文传输存在一定的安全隐患，下面哪些传输是安全的（　　）？

A. HTTP　B. SFTP　C. FTP　D. FTPS

答案：（BD）

52. 数据仓库在传输文件的标识文件中，可以存哪些信息（　　）？

A. 数据文件校验码　B. 数据文件大小　C. 业务数据　D. 数据代码表

答案：（AB）

53. FTP 传输有哪两种方式（　　）？

A. 增量模式　B. 二进制模式　C. 全量模式　D. 文本模式

答案：（BD）

54. 有关 Web Service，下列说法错误的有（　　）。

A. Web Service 平台必须提供一套标准的协议，如 SOAP，WSDL 等

B. Web Service 可以轻松实现分布式的应用部署

C. Web Service 依托 ftp 服务

D. Web Service 可以用任何开发语言来实现

答案：（CD）

55. WebService 通常采用的标准协议有（　　）。

A. WSDL　B. UDDI　C. XML 和 XSD　D. SAOP

答案：（ABCD）

56. 企业服务总线是以下哪些技术结合的产物（　　）？

A. XML　B. MQ　C. Web 服务　D. 消息中间件

答案：（ACD）

57. 有关 ESB 的描述，正确的有（　　）。

A. 具备复杂数据的传输能力　B. 提供了事件驱动和文档导向的处理模式

C. 提供了分布式的运行管理机制 D. 支持基于内容的路由和过滤

答案：(ABCD)

58. 下列哪些接口方式适合传输轻量数据（ ）？

A. Web Service B. FTP C. ESB D. MQ E. NFS/Samba

答案：(ACD)

59. 数据质量问题包括以下哪几方面（ ）？

A. 准确性 B. 唯一性 C. 完整性 D. 规范性 E. 一致性

答案：(ABCDE)

60. 下面哪些质量问题是规范性问题（ ）？

A. 性别代码定义为01-男；02-女。数据中存在值“1”

B. 某客户在交易系统中记录一笔信贷交易，在信贷系统中还没有该记录

C. 会计科目计算得到的总账和分户账数据不一致

D. 证件信息中只有证件号码，没有证件类型

E. 日期列的值存储了“2016-0228”这样的值

答案：(AE)

61. 下面哪些质量问题是准确性问题（ ）？

A. 因新老系统合并，旧系统的客户信息迁移到新系统中，导致客户数据重复

B. 日期列的值存储了“2016-0228”这样的值

C. 在分析系统中，利用均值数据进行加权平均计算，导致误差增大

D. 某客户在交易系统中记录一笔信贷交易，在信贷系统中还没有该记录

E. 对一个长期休眠户的客户信息进行分析，数据不准确。

答案：(CE)

62. 有关数据质量检查，描述正确的有（ ）？

A. 数据质量检查后没有问题的数据项及对应检查规则，以后将不再检查

B. 数据质量检查规则并不对所有的数据项进行检查

C. 对哪些数据项进行哪些质量检查，有时候需要依靠经验来确定

D. 有些数据质量检查规则，是在数据仓库系统上线初期做检查，之后不再做

答案：(BCD)

63. 数据项映射工作中，记录的信息包含（ ）。

A. 转换方法 B. 目标表的列和类型 C. 目标表的名称和类型

D. 源表的名称和列名称

答案：(ABCD)

64. 数据模型映射中，哪种映射不需要处理（ ）？

A. 一对零映射 B. 一对一映射 C. 一对多映射 D. 零对一映射 E. 多对一映射

答案：(AD)

65. 映射工作可以解决哪些问题（ ）？

A. 数据的组织和管理方法 B. 数据变化所产生的影响 C. 数据的来源

D. 数据项之间的关系 E. 数据的处理过程

答案：（ABCDE）

66. 数据仓库的数据标准规范包括哪些（　　）？

A. 数据格式规范　B. 代码集的规范　C. 数据类型规范　D. 对象命名规范

E. 报表格式规范

答案：（ABCD）

67. 在数据仓库系统中，由于数据来源较多、样式繁杂、存在重复和冲突，需要进行数据集成，构建数据统一视图，以保证一个数据项只有一个有效的数据值。面对多个来源的值，如何取舍（　　）？

A. 可靠性高的　B. 取最新的　C. 取非空值　D. 取最大值

答案：（AB）

68. 数据汇总时要进行聚合运算。下面哪些处理不是聚合运算（　　）？

A. 排序　B. 求最大值或最小值　C. 求和、求均值　D. 算术运算　E. 计数

答案：（AD）

69. 商品价格信息模型：电商平台，商品代码，商品名称，品牌型号，厂家，销售价格。在精细化管理中，该模型设计违反哪些范式（　　）？

A. 违反第三范式　B. 违反第一范式　C. 没有违反三范式　D. 违反第二范式

答案：（ABD）

70. 商品进货记录：商品代码，商品名称，品牌型号，进货日期，厂家，进货价格，进货数量。在精细化管理中，该模型设计违反哪些范式（　　）？

A. 违反第二范式　B. 违反第三范式　C. 违反第一范式　D. 没有违反三范式

答案：（AC）

71. 在精细化管理中，下面哪些设计违反第一范式（逗号分隔各列）（　　）？

A. 商品销售记录：订单编号，电商平台，商品代码，指导价格，实际售价，销售日期，快递公司，快递员

B. 商品库存记录：商品代码，品牌型号，生产厂家，库房位置，数量。

C. 商品收藏信息：客户编号，商品编号，商品名称，收藏日期

D. 账户注册信息：账户号，客户号，注册日期，客户类型，客户级别，客户名称，客户电话，客户地址邮编

答案：（BD）

72. 在精细化管理中，下面哪些设计违反第三范式（逗号分隔各列）（　　）？

A. 商品收藏信息：客户编号，商品编号，商品名称，收藏日期

B. 商品销售记录：订单编号，电商平台，商品代码，指导价格，实际售价，销售日期，快递公司，快递员

C. 商品库存记录：商品代码，品牌型号，生产厂家，库房位置，数量。

D. 账户注册信息：账户号，客户号，注册日期，客户类型，客户级别，客户名称，客户电话，客户地址邮编

答案：（BCD）

73. 在贴源层进行数据质量检查和数据清洗的好处有（　　）？

A. 使得进入数据仓库的数据质量较高

B. 在贴源层进行质量检查和清洗的效率高

C. 容易定位问题所在，便于从根本上解决

D. 处理简单

答案：（AC）

74. 在数据集市层对数据进行整合，包括哪些（　　）？

A. 数据重组　B. 数据汇总　C. 数据标准化　D. 数据历史留痕

答案：（AB）

75. 应用层面向的应用需求包括（　　）。

A. 报表　B. 特定的数据挖掘需求　C. 外部接口　D. 特定的数据分析需求

答案：（ABCD）

76. 外部的数据来源包括（　　）。

A. 数据集市层　B. 应用层　C. 贴源层　D. 数据仓库层

答案：（ABCD）

77. 在技术架构上，ETL 技术主要涉及到哪些数据层（　　）？

A. 应用层　B. 数据仓库层　C. 贴源层　D. 数据集市层

答案：（ABD）

78. 在技术架构上，SQL（存储过程、数据处理方法等）技术主要涉及到哪些数据层（　　）？

A. 数据集市层　B. 应用层　C. 贴源层　D. 数据仓库层

答案：（ABD）

79. 在技术架构上，外部接口技术主要涉及到哪些层（　　）？

A. 贴源层　B. 报表　C. 数据仓库层和数据集市层　D. 接口　E. 应用层

答案：（ABCDE）

80. 下面哪些内容是与 ETL 技术相关（　　）？

A. ETL 规范制定　B. 作业设计的分组和依赖　C. ETL 作业开发　D. 数据质量管理

答案：（ABCD）

81. 下面哪些内容是与 SQL 技术相关（　　）？

A. SQL 嵌入脚本的编写　B. SQL 优化　C. 数据处理策略　D. 存储过程语法

答案：（ABCD）

82. 下面哪些内容是与外部接口技术相关（　　）？

A. 接口开发　B. 访问控制　C. 部署方案确立　D. 接口规范制定

答案：（ABCD）

83. 在物理架构中，Web 服务器的数据可以来自哪些服务器（　　）？

A. ETL 服务器　B. 数据库服务器　C. 调度服务器　D. 应用服务器

答案：（BCD）

84. 在数据库中，索引一般使用 B 树。使用 B 树做索引有什么优点（　　）？

A. 减少存储成本　B. 方便数据的增加和删除　C. 减小计算复杂度　D. 可以高效

地定位数据

答案：(BD)

85. 有关索引的描述错误的有（　　）。

A. 索引越少越好　B. WHERE 条件的列要与索引的列需要一致

C. 查询条件中尽量不要使用 OR　D. 两个表进行关联查询无法用到索引

答案：(ABCD)

86. 电子商务系统的交易分析经常需要按多个不同维度组合进行汇总。直接从业务数据表进行汇总存在哪些问题（　　）？

A. 无法取得历史数据的汇总　B. 查询需要涉及大量数据

C. 查询的结果不准确　D. 需要建立数量较多的索引

答案：(ABD)

87. 多个汇总表进行合并时，需要满足哪些条件（　　）？

A. 表的列数相同　B. 维度的粒度一致　C. 测度基本一致　D. 维度基本一致

答案：(BCD)

88. 直接对业务数据表进行汇总，存在哪些问题（　　）？

A. 汇总粒度太粗　B. 仍需层级汇总　C. 时间维度处理复杂　D. 需要较多索引

答案：(BCD)

89. 保存历史数据的方法有哪几种（　　）？

A. 时间戳　B. 时间索引　C. 历史快照表　D. 时间拉链

答案：(AD)

90. 在关系型数据库中，多表关联，在索引基础上的优化方法有哪些（　　）？

A. Hash Join（哈希连接）　B. Outter Join（外连接）

C. Nest Loop Join（嵌套循环）　D. Merge Sort Join（合并排序连接）

答案：(ACD)

91. 随着数据量以及访问量的增多，之前采用单一 MySQL 数据库的小网站需要对数据库进行升级改造，请您提出几种 MySQL 架构升级方案（　　）。

A. 使用横向拆分策略　B. 更换高性能服务器　C. 使用纵向拆分策略

D. 使用 MySQL 主从架构

答案：(ACD)

92. GreenPlum 与 oracle 相比特有的架构特性是（　　）。

A. shared nothing　B. RAC　C. Data Guard　D. MPP

答案：(AD)

93. Hbase 有几种安装、使用模式（　　）？

A. RAC 模式　B. 单机模式　C. 完全分布模式　D. 伪分布模式

答案：(BCD)

94. Hbase 中表数据存储的模型有（　　）。

A. ColumnFamily　B. TimeStamp　C. RowKey　D. Cell

答案：(ABCD)

95. Datastage 中能运行 job 的客户端组件是（　　）。

A. DataStage Designer　B. DataStage Director　C. DataStage administrator

D. DataStage Manager

答案：(AB)

96. 模型设计理论主要有几类方法（　　）?

A. 数据驱动

B. 数据集成的数据模型建设

C. 独立的分析应用系统的模型建设

D. 业务驱动

答案：(ABCD)

97. 模型客户化有哪些步骤（　　）?

A. 项目组交流研讨　B. 统一业务定义　C. 确定元模型　D. 分析源系统

答案：(ABD)

98. 分析模型由相应分析领域的哪些部分组成（　　）?

A. 分析指标　B. 分析方法　C. 分析维度　D. KPI

答案：(AC)

99. 并行数据库系统的目标是什么（　　）?

A. MS　B. HA　C. HP　D. TD

答案：(BC)

100. BI 平台的数据来源于企业内所有的系统，在确定数据范围后，需要经过哪些 ETL 过程，把数据合并到企业级的数据仓库中（　　）。

A. 装载　B. 分析　C. 转换　D. 抽取

答案：(ACD)

中国电子商务协会电子商务师专业技能（水平）评价指定教材

CHINA
电子商务师

高级

孙　静◎主编

工业和信息化领域急需紧缺人才工程

“营造邮电教育—智慧电商人才培养项目”指定教材

中国商业出版社

图书在版编目（CIP）数据

中国电子商务师：全3册／孙静主编．—北京：中国商业出版社，2016.6

ISBN 978-7-5044-9425-2

Ⅰ．①中…　Ⅱ．①孙…　Ⅲ．①电子商务-技术培训-教材　Ⅳ．①F713.36

中国版本图书馆 CIP 数据核字（2016）第 113468 号

责任编辑：姜丽君

中国商业出版社出版发行
010-63180647　www.c-cbook.com
（100053　北京广安门内报国寺 1 号）
新 华 书 店 经 销
北京军迪印刷有限公司印刷
*　*　*
787×1092 毫米　16 开　68 印张　1600 千字
2016 年 6 月第 1 版　2018 年 5 月（修订）第 1 次印刷
定价：300.00 元（全三册）
*　*　*　*
（如有印装质量问题可更换）

前 言

为深入实施人才强国战略，进一步加快急需紧缺人才队伍建设，推动人才培养工作，根据《国家中长期人才发展规划纲要（2010-2020 年）》和《专业技术人才知识更新工程实施方案（2010-2020 年）》要求，经工业和信息化部人才交流中心考核批准，将北京营造邮电技术培训中心面向社会推出的“营造邮电教育智慧电商人才培养项目”纳入“工业和信息化领域急需紧缺人才培养工程”（“工信人才［2016］23 号”），并认定该项目的考试为“全国信息化应用能力考试”（简称：NCAE-ATC）。

按照国务院总理李克强关于“逐步建立由行业协会、学会等社会组织开展水平评价的职业资格制度”的指示精神，中国电子商务协会电子商务师资质认证管理中心（简称：中心）依托“工业和信息化领域急需紧缺人才培养工程-营造邮电教育智慧电商人才培养项目”（简称：CECC），在全国范围内组织实施电子商务师专业技能（水平）评价认证工作（“中电商协文［2014］34 号”文件）。

中心承担 CECC 的教育培训、考试考核、资质评测、认证管理；构建符合我国电子商务行业技术人才培养制度的 CECC 资质认证体系；总结研究国内外电子商务职业资格（水平）认证领域的实践创新和理论创新；开展 CECC 认证管理工作的组织实施等相关活动。为保证 CECC 资质认证管理工作的客观、公正、科学和规范，中心严格实行考试、培训分离的原则，在全国范围推广“营造邮电教育智慧电商人才培养项目”。

本套教程在借鉴和吸收国内外电子商务的基本理论和最新研究成果基础上，密切结合我国电子商务事业发展与职业教育的实际。教程在内容上，力求体现以高层次、急需紧缺和骨干专业技术人才培养为重点，推进分层分类的专业技术人才继续教育的指导思想，突出职业培训特色。本书针对电子商务人员职业活动的领域，按照模块化方式，在创作思想、编著内容、文章结构等方面均有所创新。

本套教程共分为 CECC 初级、中级、高级 3 个分册。其中 CECC 高级培训教程在中级培训教程的基础上，描述了从国家大数据战略的高度出发，从电子商务系统中的电子商务网站经营案例、法律法规制度建设、网络营销规划协调、客户关系维护管理、系统安全防范机制等管理与运营环节入手，通过电子商务 B2C、C2C 和 B2B 三大类经营模式实例对电子商务实体、消费市场、交易事务、数据流、资金流、物流等等基本要素整合的大量详实的实践案例、例题范例，充实了打造电子商务云环境，实现金融、保险、物流等商业应用的实时感知、动态信息发布、智能商务管理等功能的理论和实际，提供了助力相关产业向创新驱动的集约式发展方式转变，提高政府产业服务能力，打造智慧的电子商务云，提供以客户为中心的实现智慧电子商务战略、规划设计构建执行方案的实用工具和方法，以期为今后课程学习与实践提高打下坚实的理论基础。CECC 高级培训教程分十二章，第十一章商务智能内容参加起草工作的有汪薇、马春亮和张涛，这三位同志长期从事商务智能领域的项目研发实施和教学科研工作，具有丰富的理论和实践经验。

本教程在编写过程中得到了工业和信息化部相关部门、重点大学多位教授专家的指导帮助，谨在此表示诚挚的谢意！

由于时间较紧，难免存在疏漏甚至差错之处，恳请读者不吝赐教，提出宝贵意见。

本教程为“工业和信息化领域急需紧缺人才培养工程–营造邮电教育智慧电商人才培养项目”认定培训教材以及中国电子商务协会电子商务师专业技能（水平）评价指定教材，也可以作为大学相关专业课程教材及研究生选修课教材。

本教程由北京营造邮电技术培训中心主任孙静博士担任主编。

目 录

第一章　电子商务系统

第一节　电子商务系统的人力资源管理

一、人力资源管理概述

随着知识化、网络化及全球化时代的到来，电子商务企业的竞争日趋激烈，而企业的竞争归根结底是人才的竞争。

电子化的人力资源管理是电子商务环境下人力资源管理发展的产物，即e-HR。所谓电子化人力资源管理，狭义的来说就是指基于互联网的、高度自动化的人力资源管理工作，包括最核心的人力资源工作流程，例如招聘、薪酬管理、培训等。人力资源管理在电子商务环境下呈现出电子化的特点，广义上而言，e-HR是基于电子商务理念的所有电子化人力资源管理工作。

（一）电子商务环境下的人力资源管理三种模式

1. B2B的人力资源管理。这一模式的人力资源商务主要是在企业与企业之间，就如企业与学校的人才交流，企业与培训公司之间的人力资源网上培训，网上人才中介机构与企业的人才业务往来等。

2. B2C的人力资源管理。这一模式的人力资源商务主要是在企业与个人之间，就如企业网上招聘、企业对个人的网上培训等。

3. 企业内部的电子商务化的人力资源管理。如对企业内部员工进行网上交流、网上培训、网上考评、网上薪酬管理等。

（二）电子商务环境下的人力资源管理的新特征

1. 大大提高工作的效率，同时降低了管理的成本，加强了人力资源管理工作的透明度和客观性。

2. 将人力资源管理部门的工作重心完全改变了。在传统的人力资源管理方式之下，行政事务是人力资源工作者大量从事的工作，其次就是管理咨询的职能，而在帮助企业制定策略方面是最少的。在电子化人力资源的管理环境下，提供管理咨询服务是其大量从事的工作，电子化、自动化的管理流程已经将大量行政事务工作取代掉。

3. 对市场人才的需求变化做出更快地反应，使人力资源管理能够很好地配合企业战略，从宏观上推动企业人力资源的规划和管理。

4. 更好查应员工自主发展的需要。如今员工都很重视个性化的人力资源发展计划，而如今的网络存在较强的互动性与动态性，这就会使得企业能够按照个人的特点与期望进行工作安排、学习、培训和激励，员工们都会向着自己希望的方向发展。

5. 加强公司内部相互沟通。网络的应用会使公司中各个职工能够得到有效的沟通，能够帮助他们逾越不同部门、不同工作时间、不同工作地点的障碍，加强了相互之间的了解与沟通，这更有利于企业各部门在人才、技术、知识等方面的资源共享，同时有效地提高了员工适应市场的能力。

二、电子商务人力资源管理

电子商务人力资源管理（还被称为人力资源管理信息化，英文全称：e- human resource，简称 e-HR）是一种全新的人力资源管理模式。这种新型的人力资源管理模式包含了“电子商务”、“互联网”、“以客户为导向”、“人力资源业务流程优化（BPR）”、“全面人力资源管理”等核心的思想；它利用各种 IT 手段及技术，就如互联网、多媒体、考勤机、呼叫中心、各种终端设备等；它还包括了核心的人力资源管理业务功能，如招聘、薪酬管理、培训（或者在线学习）、绩效管理等，使用它的人，除了一般的人力资源管理从业者以外，普通员工、经理及总裁都将与它的基础平台发生相应权限的互动关系。总之，它代表了人力资源管理未来的发展方向，是一种全新的人力资源管理模式。

（一）e-HR 的特点

1. 支持组织机构经常变化的人力资源管理信息系统。

首先，e-HR 模式实施的前提，就是信息技术的支撑。人力资源管理信息系统（英文全称：Human Resource Management Information System，简称：HRMIS）是其推行的硬件基础。在信息时代激烈的竞争环境下，需要企业一定要拥有较强的适应性及变通性，所以 HRMIS 需要结合外部环境的变迁及内部人力状况，做出有效的调整，采用完全可定制的组织机构设计工具，具有高度的可扩展性，使用机构树对企业的机构组成随时进行修改，并且迅速地对市场的变化做出反应。

2. 优化人力资源管理的流程。

如今现有的有关 ERP 的研究当中，相关管理流程优化的文献不少，流程优化的目的就在于通过业务流程的梳理和重组，使实施 ERP 的企业实现信息系统和管理系统的匹配，使得 ERP 的使用效率及企业的整体效率有一个较明显的提升。通过实施 e-HR，达到人力资源管理流程的优化，实现人力资源管理的高绩效，应该就是 e-HR 模式最重要的内涵特征。

3. 提供人性化的服务模式。

e-HR 模式不只是通过 HRMIS 将有效的培训课程及学习交流的平台提供给员工，采用公正客观的评估机制，以提高员工的绩效，还能够提供基于 Internet/Intranet 的员工一个虚拟的社区系统，方便企业新闻的发布、员工间的互相交流，为企业文化、经营理念的传播

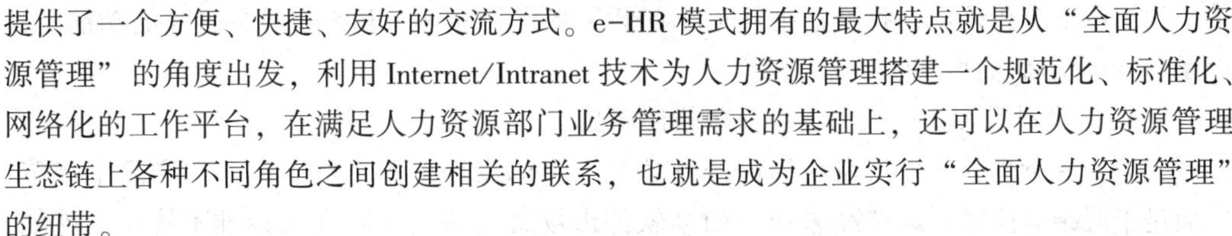

提供了一个方便、快捷、友好的交流方式。e-HR 模式拥有的最大特点就是从“全面人力资源管理”的角度出发，利用 Internet/Intranet 技术为人力资源管理搭建一个规范化、标准化、网络化的工作平台，在满足人力资源部门业务管理需求的基础上，还可以在人力资源管理生态链上各种不同角色之间创建相关的联系，也就是成为企业实行“全面人力资源管理”的纽带。

（二）e-HR 的优势

第一，e-HR 在很大的程度上提高了人员管理的工作效率，降低了管理的成本。并且通过 e-HR 可以加强人力资源管理工作的透明度及客观性，人力资源管理的重心也能够因此而向下移动。这种重心的下移在传统的人力资源管理模式下是办不到的。

第二，e-HR 改变了人力资源管理部门的工作重心。在传统人力资源管理的模式下，人力资源工作者所从事的大量工作，就是行政事务而且是管理咨询的职能。而在电子化人力资源的管理环境下，人力资源工作者从事的大量的工作就是帮助企业在人员管理上提供管理咨询服务，工作效率也明显的提高了。

第三，事实上，e-HR 将人员管理的重任转移到第一线的经理身上，使得他们能够真正地通过管理、激励员工实现业务的发展目标。第一线的业务经理可以通过网上获取到企业最新的人力资源管理政策、流程、市场数据，经过授权，就可以进行相关的人员管理，比如人员的奖惩等等。

（三）我国企业人力资源管理信息化的现状与存在的主要问题

目前有很多企业逐渐借助不同的人力资源管理信息系统实现了人力资源管理信息化。比如著名的“康师傅”、一汽大众、华为等等，如今来说，万科、东方通讯、上海浦东发展银行等三十几家企业都采用了 SAP 本地化的人力资源管理系统。但总的来说，我国企业目前人力资源管理信息化的现状是较为滞后的，还存在着一些需要注意的问题：

1. 人力资源管理信息化缺乏管理者的支持与资金投入。

在企业的资金、技术、市场和人才等这些经营要素中，可以说管理者对人力资源的经营是最模糊的。不少企业都将人力资源看做是一种不得已的成本开销，企业管理者对人力资源管理及人力资源管理信息化根本就没有足够的重视，急功近利，不注重其系统建设的长期效应。虽然人力资源管理信息化能降低企业成本，然而那只是实施后所产生的一些作用，

然而在实施的过程中是需要投入大量资金的。不管是自行开发或是购买软件产品，都是一项重大投资。有些规模较小、效益较差的企业就很难将资金用于人力资源管理信息化的建设。

2. 企业对人力资源管理信息化的内容主要集中于事务处理据 eHR 的查阅和统计。

即使绝大部分企业对人力资源管理的网络化、电子化、智能化持肯定态度，但是却存在着约 70%的企业还没有引入人力资源管理信息系统。相关调查还表明，在已实施过人力资源管理信息系统的企业中，有 18%的企业是需要更换系统的。原因有人力资源管理业务流程需要改善或改变；系统功能太简单；系统缺乏稳定性和速度慢等等。从管理信息系统的功能来看，如今我国企业使用最多的功能依次是“人事信息管理”（71%）、“薪资”（68.2%）、“报表”（62.2%）、“考勤”（59.5%）、“招聘”（56%）、“福利”（53.8%）

等。根据以上分析得出，我国企业目前对功能需求最多的是“事务处理层面”的功能，其次是“业务流程层面”的功能。

3. 目前尚没有突出的人力资源管理软件产品。

人力资源管理软件虽然在我国已经有超过十年的发展历程，然而还存在产品不规范、厂商过于混杂等问题。就产品来说，如今软件市场最大的问题就在于标准不统一。就如，人力资源管理系统是怎样与政府的劳动人事管理系统相衔接的问题，报表的一致性问题等。标准的欠缺还致使人力资源管理系统与企业其他系统的衔接和整合不顺畅。不少供应商只是为了出售产品，而那些大多数企业所关心的重整管理、售后服务及产品升级问题，他们不会也无力去考虑。虽然有的产品在中国人事信息管理方面标准化程度较高，但是其产品以传统的“人事管理”为中心，再加上人事管理老观念的局限性，无法适应“人力资源管理”的需求。所以在市场的占有率也就不超过 10%，但是企业自我开发者的比重较大，占 38.2%。

4. 人力资源管理者本身的 IT 应用能力较低。

人力资源管理者的 IT 应用不足一般是我国企业人力资源管理信息化存在的一个突出问题。企业人力资源管理信息化的实施，使人力资源管理经理在 IT 应用能力上受到了很大的挑战。根据对中国企业人力资源管理信息化现状调研的相关数据可以看出，在对中国境内一千多名企业人力资源管理经理 IT 应用能力的调查中，被调查者有超过一半的 IT 应用水平一般（其中未实施人力资源管理信息系统的企业应用能力更差），能力在“一般”和“基础”水平的占 68%，也就是说他们仅仅掌握了办公软件基本的操作能力和上网获取信息的能力。

（四）推进我国企业人力资源管理信息化的基本策略

目前有更多的企业开始重视人力资源管理信息化问题，可通过重视科学管理，调整组织结构等措施将存在的问题进行改进，进一步推进我国企业人力资源管理信息化建设。

1. 人力资源管理信息化的紧迫性与必要性是领导一定要认识到的，作为企业领导者大力支持企业人力资源管理信息化建设，首先就需要彻底更新观念，树立现代观念和超前意识，一定要认识到人力资源管理信息化发展的新趋势。不要认为信息服务只是预算中的一项开支就不去进行人力、物力和财力的投资。另外作为企业高层的领导者，需要其参与到人力资源管理信息化建设中去。他们只保证足够的资金供给、人员安排和设备配备是不行的，应该积极参与人力资源管理信息化的设计、规划和实施过程。需要具备基础的信息技术方面的知识，运用现代管理学来提高自己管理企业的水平。那么就一定要会用人，会组织队伍，采用科学的方法加强政策宣传，将中、基层管理者的观念改变掉，将其造成的阻力化解掉，充分重视并解决其他非技术因素，亲力亲为，参与到人力资源管理信息化的设计和规划当中，使人力资源管理信息化的实施可以更好地进行。

2. 有效调整组织结构和规范人力资源管理部门的业务流程，在如今这个信息的时代，公司的管理层次在不断减少，大多公司组织的形式将会成为扁平式、矩阵式的组织结构。信息时代的人力资源管理一定要调整组织结构，以适应新的时代和新的价值体系。人力资源管理信息化项目的实施定会使得原有业务流程发生变化，并且还会影响到人员岗位及职责的变化，甚至会引起部分组织结构的调整。首先，一定要按照企业战略对组织架构和部

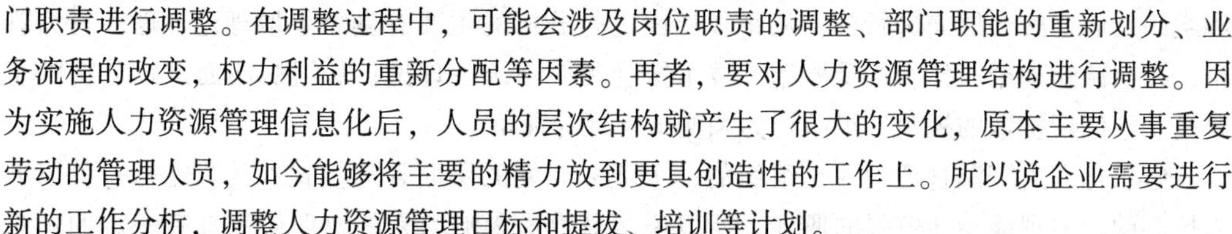

门职责进行调整。在调整过程中，可能会涉及岗位职责的调整、部门职能的重新划分、业务流程的改变，权力利益的重新分配等因素。再者，要对人力资源管理结构进行调整。因为实施人力资源管理信息化后，人员的层次结构就产生了很大的变化，原本主要从事重复劳动的管理人员，如今能够将主要的精力放到更具创造性的工作上。所以说企业需要进行新的工作分析，调整人力资源管理目标和提拔、培训等计划。

3. 提高人力资源管理者的 IT 应用能力和员工素质。

完善人力资源管理体系的一个重要的环节是人力资源管理信息化，其绝对不只是一个纯粹的 IT 项目，更不是传统人力资源管理咨询与 IT 技术的简单迭代，它是利用信息技术实现对人力资源管理业务体系的承载，优化甚至是再造的一个过程，那么人力资源管理信息化项目的主要参与人员就需要做到：不仅要对现代人力资源管理有深刻的理解，还应该具备丰富的 IT 经验。

只有全体员工素质提高了，人力资源管理信息系统才能够更顺利的运行。实施和运用人力资源管理信息系统，就需要企业各级人员特别是管理人员从事更具创造性，更有难度的工作。企业一定要在享受政府支持与政策的同时，给予员工适当的教育与培训，以协助员工能够转变价值观，快速适应组织的目标。同时还需要帮助员工更快地接受企业的新经济、新思想、新理论，让他们能够更好地适应系统变化，进一步促进人力资源管理信息系统应用的深入开展。

4. 供应商要进一步改进和提高服务水平。

企业在实施人力资源管理信息化的过程中，对人力资源管理系统的使用培训及售后服务方面始终需要供应商的售后服务和咨询辅导。作为人力资源管理信息系统，供应商可参考下面的内容进行改进：

（1）采用科学、标准的系统实施咨询方法，为每个实施人力资源管理信息系统的客户配备一名专业的咨询顾问；

（2）向企业提供全方位的培训，内容可以包括原理、操作、项目管理、实施方法、二次开发等等；

（3）在项目实施初期，要将先进的人力资源管理理念导入给客户，如“以人为本”的管理理念、科学的绩效评价方法，之后才是相关软件的操作培训；

（4）在实施人力资源管理信息系统的时候需要考虑与企业现有系统的集成与数据共享，并为企业未来投资预留空间，要将此作为整体解决方案的一个重要组成部分。

如今，一种基于信息化、网络化的新型人力资源管理模式就是 e-HR，它代表着人力资源管理未来发展的走向。所以说应该对这一模式的运行机制进行更深入的研究。

这种模式并不是一个人力资源管理的范式，它的实施一定要与周围的环境进行一个很好的匹配，一定要综合考虑影响人力资源管理效果的各种因素及相关变量。对于人力管理模式的选择来说，能够影响企业的选择的因素有很多，就如企业战略、生命周期、所有权、规模、信息结构、文化、行业特征、劳动力市场、法律等等。

就 e-HR 模式来说，因为是以信息技术为实施平台，所以除了以上这些影响所有人力资源管理模式选择的因素外，这一模式选择的因素还受到了信息技术采纳这一因素的影响。据相关信息技术采纳的文献来看，对用户信息技术采纳的影响因素分析主要是从个体层面和组织层面这两个层面进行的：从个体层面进行分析的主要有创新扩散理论、理性行为理论、社会认知理论、技术接受模型、技术接受和使用统一理论；从组织层面进行分析的主要是基于创新扩散的视角、组织行为和变革管理的视角。

电子化人力资源管理模式是组织的一个业务职能的层面管理模式，其职能是一种以人为核心的、主观能动性较强的职能。所以说，对模式影响因素的实证研究具有一定的理论和实践意义。这些都有待于我们进一步完善。

三、电子商务在人力资源管理中的运作

一般来说人力资源管理包括招聘、绩效考评、培训、沟通、激励、薪酬管理等方面，在电子商务环境下的人力资源管理主要形式有网上招聘、网上培训、网上考评、网上学习、网上交流、网上薪酬管理。

（一）网上招聘

目前企业人力资源管理中运用最多的地方就是网上招聘。其意思就是利用公司网站或者是中介网站完成与招聘相关的一系列活动。现今可以将网上招聘分为两种，一种是中心资源库式另一种是初级电子招聘。中心资源库式招聘就是公司在网上发布招聘信息并通过电子邮件或简历库收集应聘信息。初级的电子化招聘也就是公司只在网上发布招聘信息，而剩下的招聘活动是通过传统渠道进行的。

如今网上招聘，通常都需要先在网上发布招聘信息，之后等着聘者读到信息并向公司发送简历。若企业对应聘者的简历感到十分满意，那么就可以借助电话或视频与应聘者进行联系或面试，再或者是选择传统的当面面试。

网上招聘相比较传统招聘来说，突破了传统招聘的地域性限制，求职者完全可以突破地域或是时间的限制，获得较为全面、及时的企业招聘信息。企业也能够 24 小时全天性的向全球范围内的应聘者发出相关的应聘信息，应聘者也可随时随地与应聘单位联系，这就方便了双方信息交流与沟通。

（二）网上培训

以信息技术为基础的现代化培训手段的是网上培训，通常企业的内部网是最理想的培训工具，除此之外通过 E-mail，Internet，FTP 等也能够实现网上培训，网上培训未来会成为企业开展培训活动的最主要方式。经过网上培训，企业逐渐实现了从之前“一对多”的模式到“一对一”的模式转变，一个学生面临着六个老师。企业在运用网络对员工进行培训的时候，应结合网络自身特点及学习的规律，遵循趣味性、互动性、个性化、主创性等原则，网页的内容尽量生动有趣，有个性，才能够有效果。

如今，网上培训模式主要有两大类，一类是讲授型模式，另一类是协作学习模式。

1. 讲授型模式

这是一种以网上课堂授课为主的传统培训模式，分为同步培训（老师和学生同时在线上，过了在线时间就不会再有了）和非同步培训（教师把文本资料、视频教材、或者光盘等培训的相关内容放在网上，同学可根据自己的实际情况确定学习的时间、内容和进度，无论什么时候都可以在网上下载培训内容或联系老师）。

2. 协作学习模式。

协作学习就是利用网络以及多媒体等相关的技术，由多个学员针对同一学习内容进行相互合作，最大化共享个人和他人学习的成果，以达到深刻的理解与掌握。协作学习可分为讨论交流式培训和协作解决问题式培训两种方式。通常而言这样的模式能够共享信息资源，使大家产生团体合作意识，发挥群体动力和集体合作的协同效应；并且有利于学员自主学习能力、合作能力、信息能力及创新能力的培养。

（三）网上考评

网上考评就是指公司通过网络对员工进行考核。电子商务环境下的人力资源管理不断快速地发展，网络考评将会被更多的企业所采用。传统考评或许会出现因顾及人情而使得考评不能显示其真实性和公正性，同时还不适合远距离的考评，而网上考评将这些问题都解决了。

通常来说，网上考评在网上给员工出题和测验，还可以通过信息系统记录员工平时的工作表现和学习效果，进行一个综合的考评。其形式是可以多变的，不必要只采用一种单一的考核模式。

（四）网上学习

伴随着互联网快速地发展，各种各样不同形式的网上学习也都不断出现了。网上学习是在企业需要和员工自愿的基础上，通过网络进行学习的一种模式。员工在网上进行学习的时候总会遇到各种各样的学习方法。有些网页具体阐述了面授或讲座的内容；有些组织学习者进行网上讨论；有的要求学习者查找一些网页，或在他们学习的过程中向他们推荐一些网站，自行阅读；有的则会出版一些与网站授学内容相关的课本，员工可以利用这类课本，上网做各种相关的课业活动，或是一些针对教材内容的测试题。

通过网上学习不只是能够获得知识，提高自己的自身水平了，还可以丰富自己的业余生活。公司可以在公司网站开设学习板块，购买电子资源库，让员工方便自如地在网上找到自己比较感兴趣的东西。

（五）网上交流

网上交流就是通过网络来实现企业内部的员工之间和企业与外部之间的沟通。电子商务环境下的网上交流形式有很多，就如QQ、微信等。还可以设立意见反映区，有些企业的管理层也可以通过邮箱进行有效的沟通。传统的人力资源管理中的人员交流是很少的，等级之间的差别使得很多低层员工不能向高级管理者说出自己真实的想法。然而通过网络这一新鲜元素，可以将一些问题解决掉。通过EDI，最底层的工作人员都可以直接向公司总裁报告自己的情况，把自己的意见提出来，不必担心让中间人知道了而产生一些复杂的事情。公司还可以在BBS上不通过真实的姓名发表意见，让员工的情绪缓解。

（六）网上薪酬管理

网上薪酬管理也就是指企业将员工的薪酬通过数据库都放到网上进行整个公司的薪酬管理。人力资源管理者将公司各层员工的工资、奖金及福利待遇等都公布在公司内部网上集中管理，不管何时想查看都可以调出来看看。同时公司还可以将薪酬制度挂在网上，一些具体的条件和说明都可以公布出来，员工就可以根据上面的说明，进行自我激励。

网上薪酬管理还可以得到获取员工们提出的意见，这对也是一种完善企业的薪酬管理的过程。薪酬制度都透明的公布在网上，因此员工们就能够对此提出自己的看法，管理者就可以根据这些反映意见对薪酬制度进行加固改进。

1. 基础硬件设施

推行电子化的人力资源管理首先就是加强基础硬件设施建设，科学的薪酬管理体系对于企业来说具有很大的作用。很多在发展中的企业由于没有一个完善的薪酬管理体系，进而导致其发展的速度非常缓慢。

2. 人才建设

除了机器，还需要相关的人才来实行和推动电子商务下的人力资源管理。如今我们需要的就是大批熟悉掌握电子化人力资源管理的人才，能够快速适应电子商务企业、跨国公司等大型企业的人力资源管理的复合型专业人才，以更快地适应信息时代跨国企业人力资源管理发展的需要。企业和学校尤其需要多多培养这方面的人才。

3. 观念意识加强

如今有不少公司的观念还没有跟上形势，相对比较落后保守，还没有意识到开展电子化的人力资源的重要性。

电子商务的飞速发展使得人力资源管理将电子商务时代特有的现象呈现了出来，比如出现了一些像网上培训、网上招聘、网上交流等一些新形式。电子商务化的人力资源管理有很多优势：显著提高人力资源管理的效率、更好地适应员工自主发展的需要、加强公司内部相互沟通；与外部业务伙伴合作等已经成为如今最有效地广泛传播人力资源信息的途径。e 时代电子商务化的人力资源管理必将成为未来企业人力资源管理的基本方式。

为了更好地适应企业发展的需要。我们现如今的任务就是大力地发展相关的环境建设，促进电子商务化的人力资源管理发展，

第二节　电子商务网站案例

一、拍卖、网上超市型电商网站

按评估指标体系对典型电子商务网站进行分析，比较和评估。此处将拍卖型网站与网上超市的优劣进行详细阐述，通过真实实例进行说明。

（一）拍卖网站易趣

1999 年 8 月 18 日易趣网（eBay）在上海正式成立，主营电子商务，创立人是邵亦波与谭海音，两人都是上海人，毕业于美国哈佛商学院。2000 年 2 月，他们首创了全国 24 小时无间断热线服务，同年的 3 月到 5 月便与新浪结成战略联盟，并于同年 5 月份并购了 5291 手机直销网，开展网上手机销售，使该业务成为易趣的一大特色，截至 2014 年第一季度末，易趣网活跃注册账户数量达到 1.48 亿个。

易趣将自己定位在做 C2C、B2C 的服务，作为全球最大的中文网上交易平台，易趣始终追求并致力于向用户提供最完美的服务体验，易趣助理能够帮助卖家可以快速地批量登录商品；网上店铺给每个卖家一个展示自己个性和发展网上业务的平台，独特的信用评价体系、严格的网上实名认证制度及专设的管理网上交易行为的部门共同打造了一个诚信的

网上交易氛围。

如今易趣支持代购的支付方式主要有三种：安付通余额支付；网上银行支付；邮局汇款，在这当中“安付通”就属于第三方支付工具。配送系统可以选择做国际快递的快递公司 EMS，UPS，DHL，TNT，AAE 没有自己专门的配送公司。

（二）淘宝

淘宝网，可以说是亚太最大的网络零售商圈，力求打造全球领先网络零售商圈，是在 2003 年 5 月 10 日由阿里巴巴集团投资创立。如今淘宝网业务上跨越 C2C（个人对个人）、B2C（商家对个人）两大部分。截止到 2012 年，淘宝网注册会员已经超过了八亿人，每天有 6000 万人的固定访客，覆盖了中国绝大部分网购人群；淘宝网 2008 年交易额为 999.6 亿元，已经占到中国网购市场的 80%份额，2015 全年交易额是 3 万亿，仅 2016 年“双 11”一天，淘宝天猫成交达 1207.49 亿元，同比增长 32.37%，其中无线端占比 82%。

与易趣不同的地方就在于，会员在交易过程中能够感觉到轻松活泼的家庭式文化氛围。在这里一个很好的例子就是会员及时沟通工具—“淘宝旺旺”。淘宝商城：淘宝商城是淘宝最新开启的 B2C 服务；淘心得：淘宝最新引进的 SNS 形式的导购中心，把口碑与营销相互结合起来，促进了淘友之间的交流的同时让淘宝中的每样商品都有机会展示出来。

淘宝同样引入了信用评价体系，通过点击就可以看到之前该卖家的信用记录，就买卖双方在支付环节上交易的安全问题来说，淘宝将名为“支付宝”的付款发货方式推出来，以此降低交易存在的风险。

迅淘网淘客城等一大批专业的淘宝导购网站的出现，也就意味着一个高效沟通的桥梁在淘宝网与消费者之前建成了，这会使消费者更方便地找到更高信誉度的淘宝卖家和更高性价比的商品。

淘宝配送现有方式主要有：EMS、包裹、自己提货，其他速递机构提供的有偿服务。淘宝正式在 2010 年 6 月 18 日对外宣布其酝酿已久的淘宝大物流计划，其核心主要有淘宝物流宝平台、物流合作伙伴体系和物流服务标准体系三大块内容。大物流计划的推出在一定程上提升了淘宝上有潜力网店的成长速度。2015 天猫双十一交易额达到 912.17 亿元，物流总订单量达 4.67 亿；2016 天猫双 11 全天交易额最终成绩 1207 亿，当天累计物流订单量完成 6.57 亿件，从 2009 年的 26 万件到 2016 年的 6.57 亿件，淘宝物流订单量实现了 2，526 倍的增长。

（三）网上超市的详细实例

1. 1 号店网上超市：

2008 年“1 号店”正式上线，开创了中国电子商务行业“网上超市”的先河。成立以来，1 号店服务的理念就是“选择 1 号店，超市到您家！”1 号店持续保持高速的增长势头，2013 年实现了 115.4 亿元的销售业绩。1 号店已成为国内最大的 B2C 食品电商。2010 年 3 月 荣获 2009-2010 年度中国网络购物网站排行“最佳售后服务奖”。2016 年 6 月 21 日，京东收购了 1 号店。

2. 易购网（Suning）：

易购网成立于 2004 年，是中国最早的、规模最大的网上购物垂直社区。为网民提供比较购物、购物返现、导购资讯、网购社区等服务，汇聚了众多成熟、活跃、忠诚、有影响力的网购用户。易购网是目前中国最大的比价返现导购网站，每月为400多家B2C、C2C网站，如当当、亚马逊中国（卓越）、京东、Vancl、麦网、淘宝、红孩子、1号店、唯品会等合作伙伴带去巨大的销售额，会员返利超过亿万元现金。截止2014年8月31日，共拥有连锁店1623家，会员总数1.31亿。

3. e家人网上超市：

e家人率先在2007年提出了中国的电子商务模式新领域“c2b”，在2010年实现了c2b平台的搭建和运营—e家人网超运营中心，并秉承用心服务e家人的宗旨在电子商务的领域中快速发展。

e家人网超大联盟的优势就在于利用了社区商超优越的地势，帮助社区商超创建与其一一对应的网上超市，这样就会更加方便本区域的网购人群在网上购买“柴米油盐”等生活必备物品，让网购能够真真正正地走到百姓的生活当中去，e家人网超大联盟针对电子商务发展现状和广大消费者的购买习惯，率先在国内使用“扎根社区精准服务”的市场方案，主旨就在于解决“生产商与消费者的信息垂直互动以及后续产生的一系列有关交易、仓储等问题。”将不合理的成本砍掉，这样当然就会提高生产流通各环节的效率，以更好地实现“低碳、高效”服务新模式。

二、网上书店、旅游型电商网站

（一）网上书店当当

当当网可以说是目前全球最大的综合性中文网上购物商城，是由国内著名出版机构科文公司、美国IDG集团、美国老虎基金、卢森堡剑桥集团、亚洲创业投资基金共同投资成立。

当当网在1999年11月正式开通。成立十年销售业绩就增加了四百倍。在线上，当当网所销售的商品主要有：化妆品、家居百货、家电、数码、图书、音像、服装及母婴等几十个大类，逾百万种商品，库中图书有60万种。每年都有近千万顾客成为当当网新增注册用户，遍及全国32个省、市、自治区和直辖市。几乎每一天都会有上万的人在当当网进行消费，每月就有三千万人在当当网浏览各类信息，每个月当当网销售的商品都超过了两千万件。当当网所坚持的就是“更多选择、更多低价”，吸引更多的人在网上享受购物带来的方便与实惠。

当当网耗时近7年修建的“水泥支持”——庞大的物流体系，近2万平方米的仓库分布在北京、华东和华南，员工使用当当网自行开发，基于无线技术的物流、网络架构、客户管理、财务等各种软件的支持，每一天都会通过空运、铁路、公路等不同运输手段将大批的货物发往全国和世界各地。全国的192个城市中，本地快递公司大部分都为当当网的顾客提供“送货上门，当面收款”的服务。像当当网这种网络零售公司帮助推动了银行网上支付服务、邮政、速递等服务行业迅速的发展。

当当网不仅在为消费者服务，同时还帮助出版社提高了单本书的销量、并有效地增加了出版物的寿命。当当网不会受到上架周期及顾客地域性偏好的限制，为出版社特别是专业、学术出版社提供了窗口支持和读者，这显然增大了知识传播的范围，让人们获得更有效的知识。2016年当当图书销售码洋（即图书定价）约140亿元人民币，全年图书活跃顾

客3000多万，人均购买频次3.5次，客贡献同比增长10%。整体数字纸书销售约6亿册，电子书下载月1亿多册（大部分是免费）。2016年当当电子书和网络原创品种超过40万种，同比增长了60%，电子书销售金额同比增长了123%。

当当网提供了很多商品，拥有快捷的搜索、实惠的价格、灵活的付款方式、迅速的送货服务，经过提升各种网络功能，保持并扩大其在全球中文书刊和音像网上零售业务上领先的地位。

（二）卓越亚马逊

在2000年时卓越网创立，该网站为客户提供各类图书、软件、音像、玩具礼品、百货等等各个方面的商品。卓越亚马逊的总部在北京，并成立了上海和广州分公司。如今已成为中国网上零售的领先者，2004年8月亚马逊全资将卓越网收购，将卓越网收归为亚马逊中国全资子公司，2011年，更名为“亚马逊中国”，使亚马逊全球领先的网上零售专长与卓越网深厚的中国市场经验结合在一起，这就更进一步提升了客户的体验，同时还促进了中国电子商务的成长。

卓越亚马逊的产品及服务主要有：图书、家电、图书音像软件、音乐、软件、家居、教育音像、影视、游戏/娱乐、手机/通讯、消费电子、个人护理、摄影/摄像、MP3/MP4，视听/车载、玩具、日用消费品、电脑/配件、礼品箱包、厨具、母婴产品、钟表首饰、化妆、运动健康。

（三）旅游网站携程旅行网

携程旅行网在1999年创立，中国上海是其总部，如今在北京、广州、深圳、成都、杭州、厦门、青岛、南京、武汉、沈阳这十个城市已经设立了分公司，员工已经超过了一万人。

携程旅行网向注册会员提供包括酒店预订、机票预订、商旅管理、度假预订、特惠商户以及旅游资讯在内的全方位旅行服务。如今携程旅行网拥有国内外合作酒店超过32000家，遍布全球138个国家和地区的5900余个城市，有2000余家酒店保留房可供预订，每月酒店预订量可达五十余万间，成为我国领先酒店预订的服务中心。

携程的又一核心优势就是先进的管理及控制体系。携程把服务过程分割成很多个细小的环节，以细化的指标控制不同的环节，并建立起一套测评体系。与此同时，携程还将制造业的质量管理方法——六西格玛体系成功运用于旅行业。如今，携程的各项服务指标都已经接近于国际领先水平，服务质量及客户的满意度也有所提升。2015年，携程净营业收入为109亿元，相比2014年增长48%。

（四）艺龙旅行网

艺龙旅行网是中国领先的在线旅行服务提供商之一，1999年艺龙成立，总部在北京，如今公司员工已经超过两千名。2004年10月艺龙在美国NASDAQ上市，如今全球最大的在线旅行服务公司Expedia拥有52%艺龙的股权。

艺龙旅行网可以说是中国在线旅行服务行业的领导者，依靠两个网站：www.elong.com和www.elong.net及呼叫中心为会员提供旅游资讯及预订等一站式服务。如今艺龙已经能够提供国内338个主要城市的近4，300家酒店和海外数万家酒店优惠的预订服务，国内70个主要商务、旅游城市的出、送机票服务。艺龙在2011年5月国内酒店签约率先突破2万家持续保持酒店覆盖第一，2015 年全年住宿预订间夜数量约为 4，320 万间夜，2015 年净收入为 10.32 亿元。

三、易物、知名企业型电商网站

（一）易物网站

1. “易物网”

“易物网”如今正致力于为中国网络用户打造一个全方位、立体的网上换物空间。网站一改以前易物网站的交流性不强问题，用论坛的模式为用户提供了即时开放的交流平台。现如今，“易物网”正不断地发展壮大。

“易物网”的服务：网站上专门开辟了企业的“易物”通道，这就会使企业与企业之间也可以形成“物物交换”的交易关系，这样就可以帮助企业妥善解决剩余物资的问题，也就避免了资源浪费的问题。

可以说“易物网论坛”的开放给中国网络用户提供了一个开放的讨论平台，将易物网以论坛的方式开放，向广大换客们提供了即时的交流平台。在论坛中增进了亲和力，大家不仅可以发布及搜索需要交换的物品，还可以相互求助，提问问题，要是没有其他的问题交流，还可以解答别人的问题，论坛的交流性较强，这样以来就聚拢了更多的人气，可以让换客们在快乐换物的同时交到更多的换客朋友。

2. 换啦网

换啦网可以说是中国最早成立的换物网站之一，遵循“需求决定价值”理念，将每个人的需求转化成物品的价值，通过寻找需求将物品的价值得到充分的体现。该网站的口号是“换你想换”。

换啦网属于电子商务物品信息交换平台，在 2005 年 5 月 1 日上线发布并正式运营。如今主要包含了数码、女人、男人、厨卫、大学、综合等几大频道。

换啦网拥有功能强大的在线发布管理，向用户提供更全面的信息服务及最佳的体验。依托于现代网络的优势资源，换啦网拥有良好的发展基础。而且还有专业团队的运作，使其在短短的时间里快速地成长，换啦网如今已经成为中国最有影响力的物品交换平台，致力于打造一个换物网站的门户形象。换啦网目前无论是在流量、交换还是用户数等方面都有着较快速的发展。借着丰富多样的旧物和高人气的粘性互动，使得换啦逐渐发展成国内成长速度最快、最受网民欢迎的物品交换平台。换啦网一直致力于打造时尚、新潮的品牌文化，换啦网旨在打造出一个全新的“社区化物品交换平台”，为广大用户提供诚信、安全的在线物品交换新体验。

换啦网最先推出了业内领先的交换担保业务，实现换物无地域化的概念，使得每一个客户在家就能够轻松的换到理想的物品，

企业易货——换啦网上开辟了企业的“企业易货”专栏，让企业与企业之间也能形成“物物交换”的交易理念，可以帮助企业能够很好地将剩余物资问题解决掉，以此避免了不必要的资源浪费，也帮助企业用最省钱的方式得到生产材料。

（二）知名企业

1. 海尔网上商城。

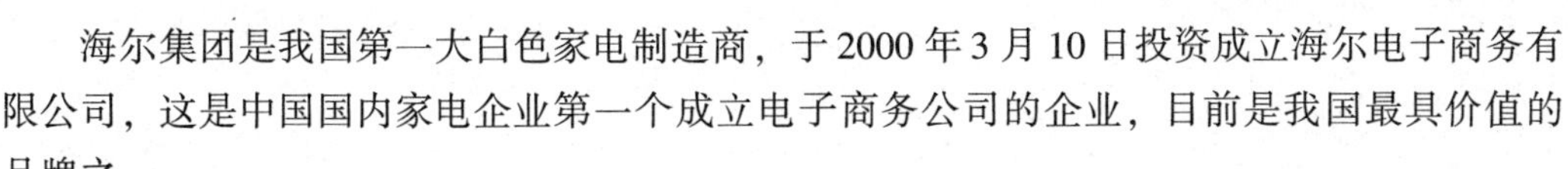

海尔集团是我国第一大白色家电制造商，于2000年3月10日投资成立海尔电子商务有限公司，这是中国国内家电企业第一个成立电子商务公司的企业，目前是我国最具价值的品牌之一。

海尔网上商城（www. ehaier. com）是完全由海尔集团公司负责建设、维护与经营的。

海尔 B2C 网站采用了 CA 智能化集成的电子商务平台，使多媒体技术、对象数据库技术和 Web 技术相结合，构成了一个含有大量文字、图像、录像信息、并可与三维虚拟场景交互的多媒体数据库应用系统，实现了基于 Web 的产品定制与导购功能。它利用海尔现有的销售、配送与服务体系，为广大用户提供优质的产品销售服务。海尔集团直接对用户订单负责。全国每个地区包括农村的消费者都可以从海尔网上商城购物，海尔利用与顾客最近的海尔经销商和售后机构给用户提供服务。

2. 戴尔的网上直销站点。

总部建在德克萨斯州奥斯汀（Austin）的戴尔公司（Dell）是全球领先的 IT 产品及服务提供商，其业务主要有帮助客户建立自己的信息技术以及互联网基础架构。戴尔公司能够成为市场领导者最根本的原因就是：通过直接向客户提供符合行业标准技术的产品和服务，不断地致力于提供最佳的客户体验。如今戴尔公司在全球已经拥有六万多个雇员，在过去的四个财季中，戴尔公司的总营业额已经达到528亿美元。

Dell 公司早在1996年7月时，其公司客户就直接可以通过公司的站点配置和订购计算机。Dell 公司就是凭着这样的创新，根据定单进行生产并直销的营销模式，使传统渠道中一些常见的代理商和零售商的高额价格差逐渐消失，并且大大的降低了 Dell 公司的库存成本，与依靠传统方式进行销售的主要竞争对手比较来看，Dell 公司的计算机占有 10%-15% 的价格优势。

Dell 公司的网上直销站点（www. dell. com）还提供了技术支持与订购信息，主要包括直接从站点下载软件。该站点每一星期都会回答12万个技术问题。Dell 公司的销售收入有90%都是来自于企业，10%来自于普通客户。而在线销售量90%销售收入来自中小企业和普通个人用户，Dell 公司的大客户并不直接从网上订购，他们则是通过站点查询产品信息、定单情况和技术帮助。为了吸引大客户进行网上采购及网上服务，Dell 公司还专门设置了“客户首页”提供针对大客户的个性化服务，客户仅需通过客户首页直接进行折扣采购。

Dell 公司为中国大陆小型企业提供的定制服务，客户只需点击就能够购买自己想要的产品，并且还能够直接在网站获得技术支持与服务。为了方便客户在网上的购买，Dell 公司把客户大致划分为四类：

（1）大型企业（1500人以上）；

（2）中型客户（500-1499人）；

（3）小型企业（499人以下）；

（4）一般消费者。

在给客户提供的主页上面，客户可根据自己所需选择 Dell 公司提供的各种台式机、笔记本电脑、工作站及服务器，Dell 公司提供这些产品是专门针对小型企业进行设计、定做的。客户购买的时候，都可以查看到网站当中对各种型号电脑的详细介绍以及提供的相关技术资料，这大大方便了客户，使客户不出门就可以在家里对电脑的性能进行更深的了解。

第二章　电子商务网络的运营

第一节　网络营销规划与协调

一、网络营销战略模式

实施网络营销的企业需要按照自己企业的特点及目标顾客的需求特征，来选择合适的网络营销战略模式。通过一定的运作机制，达到预期的战略目标就是网络营销的战略模式。目前有效的网络营销战略模式主要有以下几种类型。

（一）网络营销战略模式的几种类型

1. 提供满意的顾客服务，增加销售。

某公司经过一次大批量的市场调研，发现了一组这样的营销数据：1：25：8：1。也就意味着有 1 个顾客使用了本公司产品并得到了满意的服务，他（她）就会影响到身边的 25 位顾客，其中会有 8 人会产生购买欲望，又会产生一个产生购买行为的新客户。这也就是顾客的市场辐射效应。网络营销信息沟通的双向互动性、信息阅读的可选择性和便捷性，网络营销信息沟通的双向互动性、信息阅读的可选择性和便捷性，使得网上营销的企业可以更针对性地为目标顾客提供所需的服务，通过顾客服务，建立企业与顾客之间的密切关系，于是就可以留住、巩固老顾客，同时吸引大量新顾客。从而实现通过优质的网上服务达到增加企业销售额的目的。

2. 更新信息，刺激消费。

企业通过网络可以向顾客不断地提供一些产品相关的新信息，比如新产品信息、产品的新功能、产品的维修保养、产品的免费升级等新时尚信息，还可以随时更换新的信息，保持网上站点发布信息的新鲜感和吸引力，以激发顾客新的消费欲望，引导消费需求的变革，最终达到促进新产品销售的目的。

3. 方便顾客购买，降低销售成本。

对客户来说，利用网络实施营销必须要方便购买，让顾客减少购物时花费的时间、精

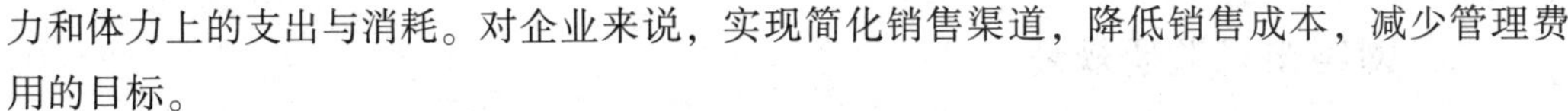

力和体力上的支出与消耗。对企业来说，实现简化销售渠道，降低销售成本，减少管理费用的目标。

4. 提高品牌知名度，建立企业良好的品牌形象。

企业要重视建立自己的品牌形象，可通过网页设计，突出品牌宣传。建立顾客的忠诚度，实现市场渗透，以达到提高市场占有率的目的。就如可口可乐公司，并没有将网络作为直复营销的工具，而是将网络作为增强品牌形象的工具。

5. 吸引顾客参与，提高顾客忠诚度。

出版商、新闻业、电影制片商等企业，都可以通过其网页，按照顾客自己的兴趣所向形成一些拥有共同话题的“网络社区”，可以在网络上进行互相交流，各抒己见。

（二）网络营销的基本策略

企业网络营销有哪些事项呢？网络营销相对的策略及方法有哪些？接下来就讲述一些网络营销的基本策略。

1. 网络营销导向的企业网站建设和维护。

与网络营销方法和效果有直接关系的就是企业网站建设，企业若是没有专业网站作为基础，网络营销的方法与效果就会受到很大的限制，所以网络营销策略的基本手段之一就是建立一个网络营销导向的企业网站。

2. 网站推广策略。

网站推广基本目的就是为企业能够了解到更多的客户，并通过访问企业网站内容、使用网站的服务来达到提高网站访问量、促进销售、提升品牌形象、增进顾客关系、降低顾客服务成本等的目的。比较常用的方法有：事件营销、搜索引擎营销、论坛营销等。

3. 信息发布策略。

信息发布是需要一定信息渠道资源的，可以说这些资源分为内部资源和外部资源，要尽量多的去掌握网络营销的资源，充分了解各种网络营销资源的特点。网络营销取得良好效果的基础就是要向潜在的用户尽量多地传递尽有价值的信息。

4. 顾客关系策略。

顾客关系是与顾客服务相伴而产生的一种结果，拥有一个良好的顾客服务才可以带来稳固的顾客关系，所以顾客服务策略和顾客关系策略是一致的。

5. 网上市场调研策略。

主要实现的方式有：通过电子邮件发送的调查问卷，通过企业网站设立的在线调查问卷、以及与大型网站或专业市场研究机构合作开展专项调查等等。

6. 网站流量统计分析。

对企业网站流量的跟踪分析不只有助于了解和评价网络营销效果，还为发现其中存在的问题提供了依据，网站流量统计不仅可以通过网站本身安装统计软件来实现，还可以委托第三方专业流量统计机构来完成。

总体来说，网络营销是互联网各种营销的手段之一，网络营销通过网页的个性设计，突出企业品牌宣传，精确分析各种网络营销载体的定位、用户行为和投入成本，最终达到提高市场占有率的目的。

二、网络市场调研规划

（一）网络市场调研的一般流程

网络市场调研可以说与传统市场调研是一样的，为了能够保证调研过程的质量需要遵循一定的方法和步骤。网络市场调研规划包括下面几个步骤：

1. 明确问题与确定调研目标

对网上搜索的手段而言其特别重要的就是：明确问题和确定调研目标。因特网可以说就是一个永无休止的信息流。在开始搜索的时候，或许没有办法立刻准确地找到所需要的重要数据，但是一定可以使你沿路发现一些其他有价值、抑或价值不大但很有趣的信息。这似乎验证了 Internet 网上的信息搜索的定律：在因特网上你总能找到你不需要的东西。但是这样的结果就是，你已经为之付出了时间和上网费用的代价。

所以一定要在网上搜索之前，在头脑里有一个清晰的目标并留心去寻找。下面是一些是能够设定的目标：

（1）你的客户对你竞争者的印象如何？

（2）谁有可能想在网上使用你的产品或服务？

（3）谁是最有可能要买你提供的产品或服务的客户？

（4）在你这个行业，谁已经上网？他们在干什么？

（5）在公司日常的运作中，可能要受哪些法律、法规的约束？如何规避？

2. 制定调查计划

网上市场调研第二个步骤，就是制定出一份最有效的信息搜索计划。详细些来说，要确定资料来源、调查手段、调查方法、抽样方案和联系方法。接下来就针对相关的问题来说明：

（1）资料来源：确定收集的是一手资料（原始资料）还是二手资料。

（2）调查方法：网上市场调查可以使用专题讨论法、问卷调查法和实验法。

1）专题讨论法通常就是借用新闻组、邮件列表讨论组和网上论坛（也可称 BBS，电子公告牌）的形式进行。

2）问卷调查法可以采用 E-mail（主动出击）分送和在网站上刊登（被动）等形式。

3）实验法主要就是选择多个可比的主体组，分别赋予不同的实验方案，控制外部变量，并检查所观察到的差异之处是否具有统计上的显著性。这一方法与传统市场调查所采用的原理是一样的，区别只在于手段和内容。

（3）调查手段：

1）在线问卷。特点就是制作简单、分发迅速、回收方便。而应该注意的就是问卷的设计水平。

2）交互式电脑辅助电话访谈系统。这是一种利用软件程序在电脑辅助电话访谈系统上设计问卷结构并在网上传输的系统。Internet 服务器直接与数据库连接，对收集到的被访者答案直接进行储存。

3）网络调研软件系统，这是一种专门为网络调研设计的问卷链接及传输软件。主要包括了整体问卷设计、网络服务器、数据库和数据传输程序。

（4）抽样方案：要确定抽样单位、样本规模和抽样程序。

（5）联系方法：采取网上交流的形式。就如 E-mail 传输问卷、参加网上论坛等。

3. 收集信息

网络通信技术的日新月异促使资料收集的方法也在快速地发展。Internet 没有时空和地域的限制，所以网上市场调研可以在全国甚至全球进行。并且，收集信息的方法并不复杂，可以在网上递交或直接下载。这样的方式跟传统市场调研的收集资料方式相比存在很大的差异。

如某公司要了解各国对某一国际品牌的看法，仅需在一些著名的全球性广告站点发布广告，然后将广告链接指向公司调查表就可以了，根本不需要像传统的市场调研一样，去世界各国找不同的代理分别实施。然而像这类的调查活动要是利用传统的方式来进行，结果是不可想象的。

在问卷回答中访问者总是会有意无意地漏掉一些信息，这时就需要通过在页面中嵌入脚本或 CGI 程序来进行实时监控。若访问者将问卷上的某些内容遗漏了，其程序就会自动拒绝递交调查表或者验证后重发给访问者要求补填。最后，访问者会收到证实问卷已完成的公告提示。在线问卷存在的缺点就是无法保证问卷上所填信息的真实性。

4. 分析信息

在将信息收集过来之后，要做的就是分析信息，这是非常关键的一步。“答案不在信息中，而在调查人员的头脑中”。调查人员该怎样从数据中将与调查目标相关的信息提炼出来，这直接影响到了调研的最终结果。这就需要使用一些数据分析技术，如交叉列表分析技术、概括技术、综合指标分析和动态分析等。如今在国际上较为通用的分析软件有 SPSS、SAS 等。即时呈现是网上信息的一大特征，而且会有不少竞争者还能从一些知名的商业网站上看到同样的信息，所以说信息的分析能力是非常重要的，它可以使你在动态的变化中捕捉到商机。

5. 提交报告

整个调研活动最后的一个阶段就是调研报告的撰写。报告并不是数据和资料的简单堆砌，调研人员不应该将大量数字和复杂的统计技术扔到管理人员面前，不然就会失去调研的价值。正确的做法应该是将与市场营销关键决策有关的主要调查结果报告出来，并以调查报告所应具备的正规结构写作。

网上调查应尽可能地把调查报告的全部结果反馈给填表者或广大读者，以作为对填表者的一种激励或犒赏。若限定为填表者，只需分配给填表者一个进入密码。对一些“举手之劳”式的简单调查，可以实施互动的形式公布统计的结果，会有更好的效果。

（二）网络市场直接调研的方法

网络市场直接调研就是为当前特定的目的在互联网上收集一手资料或原始信息的过程。其方法有四种：观察法、专题讨论法、在线问卷法和实验法。目前在网上使用最多的就是专题讨论法和在线问卷法。

在调研的过程中应该采用哪一种方法，应该根据实际调查的目的和需要来定。在这里需要注意的是，应该遵循网络规范和礼仪。接下来重点介绍两种方法。

1. 专题讨论法

专题讨论法通常可以通过 Usenet 新闻组、电子公告牌（BBS）或邮件列表讨论组进行。具体步骤如下：

（1）明确所要调查的目标市场。

（2）识别目标市场中要加以调查的讨论组。

（3）确定可以讨论或准备讨论的具体话题。

（4）登录相应的讨论组，通过过滤系统发现有用的信息，或创建新的话题，让大家讨论，然后从中获取到有用的信息。具体来说，确定目标市场可根据 Usenet 新闻组、BBS 讨论组或邮件列表讨论组的分层话题选择，还可以向讨论组的参与者查询其他相关名录。需要注意的是，为了能够更方便确定能否根据名录来进行市场调查，需要查阅讨论组上的 FAQs（常见问题）。

2. 在线问卷法

（1）涵义：在线问卷法也就是请求浏览其网站的每个人参与企业的各种调查。在线问卷法可以委托专业公司进行。

（2）具体做法：

1）向相关讨论组邮去简略的问卷。

2）在自己的网站上放置简略的问卷。

3）向讨论组送去相关信息，并把链接指向放在自己网站上的问卷。

（3）注意的问题：

1）在线问卷要注意不要太过复杂、详细，不然会使得被调查者产生厌烦情绪，这样就会使调查问卷所收集数据的质量受到影响。

2）可采取一定的激励措施，比如提供免费礼品、抽奖送礼等等。

（三）网络市场间接调研的方法

网络市场间接调研就是网上二手资料的收集。二手资料的来源是非常多的，比如政府出版物、市场调查公司、大学图书馆、公共图书馆、贸易协会、广告代理公司和媒体、专业团体、企业情报室等等。其中的不少单位或机构都已经在网上建立了属于自己的网站，无论是什么信息都可通过访问其网站获得。再加上众多综合型 ICP（互联网内容提供商）、专业型 ICP，还有成千上万个搜索引擎网站，这就会使互联网上的二手资料的收集更加方便。

虽然在互联网上有大量的二手资料，然而想要找到自己需要的信息，第一步就要先熟悉搜索引擎（Search Engine）的使用，接着就是要掌握专题型网络信息资源的分布。总体而言，网上查找资料主要有三种方法：利用搜索引擎；访问相关的网站，如各种专题性或综合性网站；利用相关的网上数据库。

1. 利用搜索引擎查找资料

搜索引擎使用自动索引软件来发现、收集并标引网页，建立数据库，以 Web 形式提供给用户一个检索界面，向用户供给关键词、词组或短语等检索项查询与提问匹配的记录，争奇斗艳，成为 Internet 网上最突出的应用。

2. 访问相关的网站收集资料

要是知道某一专题信息主要集中在哪些网站，便可直接访问这些网站，获得所需资料。

下面介绍几个相关网站。

（1）环球资源

“环球资源”（http：//www. globalsources. com）其前身是“亚洲资源”，2000 年 4 月在美国纳斯达克上市。1971 年在香港以创办专业贸易杂志起步。1995 年创立亚洲资源网站。到 2000 年 8 月 10 日，就已经有超过 89842 位供应商和 83300 种产品的详细资料，整个贸易社团的买家有 20. 3 万个，当中有 100 家世界顶级买家。

“环球资源”是 B2B 服务提供商，为买卖双方提供增值服务。它所提供的服务与产品首先是基于买家的需求进行设立的。其强大的搜索引擎主要有三大类：产品搜索、供应商搜索和全球搜索。

（2）阿里巴巴

阿里巴巴可以说是中国因特网商业的先驱，于 1999 年 3 月创立，它是全球著名的 B2B 系列网站，包括中国站（http：//china. alibaba. com）、国际站（http：//www. alibaba. com）、全球华商站（http：//chinaese. alibaba. com）和韩国站（http：//kr. alibaba. com），为中小企业提供海量的商业机会、公司资讯和产品信息建立起了国际营销网络。

阿里巴巴网站提供的商业市场信息检索服务主要分成三方面：商业机会、公司库和样品库。注册会员可选择订阅“商情特快”将会获得各类免费的信息服务。

（3）专业调查网站

这类查询类网站有很多，例如：surveymonkey 中文版 - 乐调查（http：//www. lediaocha. com/），百度云的问卷调研服务（http：//cloud. baidu. com），问卷星：https：//www. sojump. com/等。

三、网络促销策划方案

企业在特定的网络营销环境和条件下，为达到一定的营销目标而制定的综合性的、具体的网络营销策略和活动计划，就是网络营销方案。

网络营销策划可以说是很复杂的一项工程，它属于思维活动，但它的表现形式是谋略、计策、计划等理性形式，是直接用于指导企业的网络营销实践的。它主要包括对网站页面设计的修改和完善，搜索引擎的优化，付费排名，与客户的互动等诸多方面的整合，是网络技术和市场营销经验的协调作用的结果。同时它还是一个需要花费时间的长期工程，期待网站的营销在一夜之间有巨大的转变是不现实的。只有通过细致的规划设计才会成功的进行网络营销方案的实施。

不同网络营销活动会出现不同的问题，营销方案也会有很大的区别。我们需要根据目前国际流行的电子商务和网络营销观念制定行之有效的以及符合企业自身的网络营销方案。就网络营销策划活动的一般规律来看，有些基本内容和编制格式具有共同性或相似性。

（一）网络营销策划基本原则

1. 系统性原则。

网络营销是以网络为工具的系统性的企业经营活动，它是在网络环境下对市场营销的“六流”（即：信息流、制造流、商流、物流、资金流和服务流）进行管理的。所以说，网络营销方案的策划，是一项非常复杂的系统工程。策划人员要对企业网络营销活动的各种要素进行整合和优化，使“六流”皆备，相得益彰。

2. 创新性原则。

就顾客而言，网络向顾客提供了极大的便利，不同企业的产品和服务之间可以进行一个有效的对比。在个性化消费需求日益明显的网络营销环境中，提高效用和价值的关键就是通过创新，创造和顾客的个性化需求相适应的产品特色和服务特色。只有特别的奉献才会换来特别的回报。创新带来的特色还意味着额外的价值。在网络营销方案的策划过程中，必须要在深入了解网络营销环境特别是顾客需求和竞争者动向的基础上，努力营造旨在增加顾客价值和效用、为顾客所欢迎的产品特色和服务特色。

3. 操作性原则。

形成网络营销方案是网络营销策划的第一个结果。网络营销方案需要具有可操作性，不然就毫无价值可言。这种可操作性，主要表现在网络营销方案中，策划者根据企业网络营销的目标和环境条件，对企业在未来的网络营销活动中做什么、何地做、何时做、何人做、如何做等这样的问题进行周密的部署、详细的阐述和具体的安排。总体来说，网络营销方案就是一系列明确的、具体的、直接的、相互联系的行动计划的指令，一旦付诸实施，每一个在企业中的部门、员工都可以明确自己的目标、责任、任务以及完成任务的途径和方法，还要懂得与其他部门、员工之间相互的协作。

4. 经济性原则

网络营销策划要把经济效益当做核心。网络营销策划不只是消耗本身的一些资源，而且通过网络营销方案的实施，改变企业经营资源的配置状态和利用效率。网络营销策划的经济效益，也就是策划所带来的经济收益与策划和方案实施成本之间的比率。在策划和方案实施成本既定的情况下取得最大的经济收益，再或者是花费最小的策划和方案实施成本取得目标经济收益，这才可以算是一个成功的网络营销策划。

（二）网络营销方案设计基本步骤

网络营销方案的策划，首先需要将策划的出发点和依据明确下来，也就是需要明确企业的网络营销目标，及在特定的网络营销环境下企业所面临的优势、机会及威胁（即SWOT分析）。接着在确定策划的出发点和依据的基础上，对网络时常进行细分，选择网络营销的目标市场，进行网络营销定位。最后对各种具体的网络营销策略进行设计和集成。

1. 明确组织任务和远景

设计网络营销方案的第一步，就是要明确或界定企业的任务和远景。对企业而言，任务和远景在企业决策行为及经营活动上起到了鼓舞和指导的作用。

企业的任务是企业所特有的，包括公司的总体目标、经营范围及关于未来管理行动的总的指导方针。于其他公司的区别就在于，它常通过任务报告书的形式确定下来。

2. 确定组织的网络营销目标

企业的基本目标由任务和远景界定，而网络营销目标和计划的制定将以这些基本目标为指导。企业网络营销目标应该合理表述，应当对具体的营销目的进行陈诉，举例来说：“利润比上年增长12%”，“品牌知名度达到50%”等等这样的表述就很合理。网络营销目标还应详细说明达到这些成就的时间期限。

3. SWOT分析

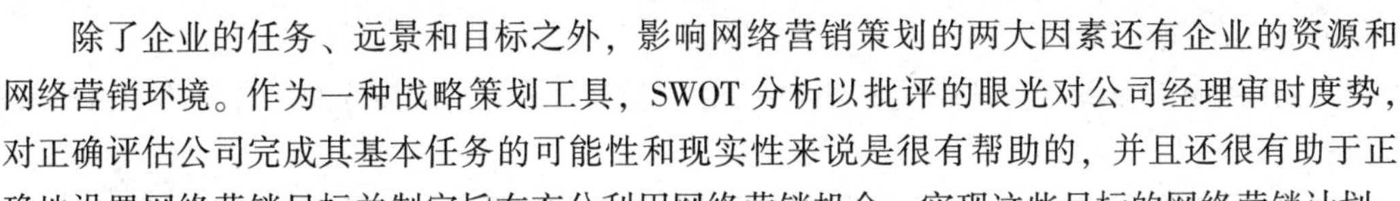

除了企业的任务、远景和目标之外，影响网络营销策划的两大因素还有企业的资源和网络营销环境。作为一种战略策划工具，SWOT 分析以批评的眼光对公司经理审时度势，对正确评估公司完成其基本任务的可能性和现实性来说是很有帮助的，并且还很有助于正确地设置网络营销目标并制定旨在充分利用网络营销机会、实现这些目标的网络营销计划。

4. 网络营销定位

为了能够很好地满足网上消费者的需求，增加企业在网上市场的竞争优势及获利的机会，从事网络营销的企业一定要将网络营销的定位做好。网络营销定位就是网络营销策划的战略至高点，如果营销定位有所失误，那么必然会全盘皆输。所以说只要将定位抓准了才有利于网络营销总体战略的制定。

5. 网络营销平台的设计

所谓的平台，也就是指由人、设备、程序和活动规则的相互作用形成的可以完成一定功能的系统。通常来说完整的网络营销活动需要五种基本的平台：信息平台、制造平台、交易平台、物流平台和服务平台。

6. 网络营销组合策略

这是网络营销策划中的主题部分，它主要有 4P 策略——网上产品策略的设计；网上价格策略的设计；网上促销策略的设计；网上价格渠道的设计，以及开展网络公共关系。

7. 网络营销策划书

最后一步就是将网络营销策划做成书面形式。

四、网络营销规划程序实例

网络营销规划的程序在营销过程中是很重要的必做步骤，在这里，以灯具行业网络营销项目规划程序实例为例，解析网络营销的规划程序。

我国目前 led 灯具行业的整体网络营销水平还在初级阶段，对于网络营销的系统性、策略性认识很多企业都缺乏深入的了解与认识，而且企业还缺少前期的整体规划，接下来就将企业网络营销项目规划方案中的重点予以提炼。

（一）盈利模式

1. 项目意义

通过借用网络的力量迅速提升公司在国内行业的品牌知名度，迅速为代理招商提供足够的意向客户，并且还要借助网络迅速获取 led 灯具主要采购公司的客户资料，需要结合线上服务做好线下的营销目的。

2. 整体思路

要针对经销商客户和终端客户这两大类群体策划建设一个营销型网站，立足搜索引擎采取竞价及 SEO 这两种方式守住目标群体的网络必经渠道，要懂得利用网站、论坛、QQ 群等相关性网络圈子这些辅助性行业，主动向目标群体传播产品。

（二）目标客户

网站确定为针对经销商客户和终端客户两大群体的营销型网站。具体客户：

1. 客户的身份：

（1）市政城建路灯处（所）：新修道路及旧城路灯改造都需要大量户外灯具，港口及机场场地照明等。

（2）照明工程商：他们需要寻找价格合适、质量可靠、款式多样并适合整体风格的 led 灯具。

（3）教育及医疗机构：生产厂家来大规模采购，商业及办公场所照明。

产品和品牌知名度。生产日期的及时性价格，以及性价比是需要大量室内灯具主要关注因素。

2. 经销批发商：

（1）特征：

对 led 灯具行业有熟悉、了解，或者正从事传统灯具的批发代理的企业。

（2）需要考虑的相关因素。

公司的经营规模、企业信用等级，产品的价格、品种、款式、市场竞争度，产品的利润空间、风险系数、支持力度、奖励政策等。?

说明：网站内容和网络推广手段都需要根据用户特征和所关注因素来规划。

（三）策略总规

1. 业务流程

网站规划建设→推广→目标客户获取信息→访问网站→网上或电话咨询→线下约谈→成交→售后服务→转介绍

网络仅是为客户提供的一种初级沟通阶段，线下的进一步了解沟通是更重要的，筛选出客户的同时选择顺利入围客户的名单，并获取客户的资料。

2. 推广策略

整体的推广策略是以搜索引擎为主的，主要是借助百度。

采取竞价和 SEO 双管齐下的方式，有效占据目标群体信息搜索的前列，将获得目标客户的资料。要注意辅助以行业网站、论坛、QQ 群等相关性网络圈子的主动传播。

3. 网站策略

网站结构规划需要有思维引导性，引导目标客户按照设计的既定步骤浏览网站，最终实现主动联系的在线销售；

网站应该围绕目标群体，组织如：项目前景、品牌优势、产品优势、代理政策奖励政策、活动支持、市场支持、销售技巧培训、成功经验介绍等内容，对网站的销售力和公信力进行更有力量的提升，最终达到吸引加盟或者采购的目的。

（四）项目进度

项目开展一般可以划分成三个阶段：网站建设期、网站前期运营、运营收益期。

1. 网站建设。

申请域名、服务器空间，规划、设计、制作、开发网站平台，同时开始组建运营团队并做初步培训和工作安排。

2. 前期运营。

运营网站，不断提升网站销售力和网站流量，采取竞价和 SEO 的方式获取目标客户，不断测试并提升转化率。

3. 运营收益。

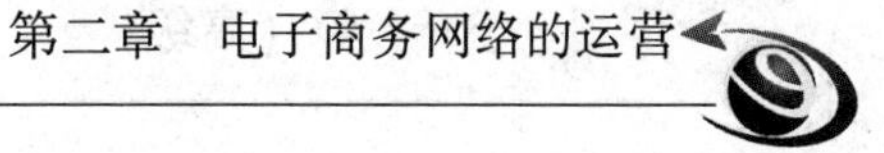

整体业务流程运转流畅，产生实际成交收益。

（五）团队组建

在做一个项目的初期，在团队中至少需要四个主要岗位编制，也就是网络营销项目总监、文案策划、美工设计、SEO 推广专员，具体岗位设置视实际需要而定。

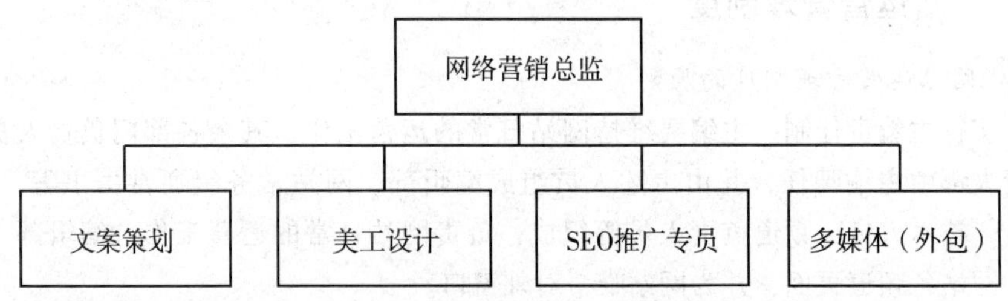

插图 2.1–1　项目岗位编制图

（六）项目关键点

1. 团队组建至关重要，有很多项目都会因为团队组建不起来而耽搁。团队组建所遇到的困难主要有：难找到有经验的人员、团队磨合需要一段时间。

2. 网站规划建设：从规划到开发都需要从营销分析着手，从目标客户入手，这是需要费很大功夫的，产品分类及产品销售力的展现同时也是一项关键的工作。

3. 系统整体流程、团队人员和营销策略之间一定要相互匹配并保持一致的步调。

4. 网络营销部门一定要与业务部门协同一致。

（七）投入预算

1. 网站费用

包括域名费用、服务器空间费用、网站规划建设费用等。

2. 人员工资

包括项目总监、文案、美工、SEO、多媒体外包费及其它费用。

3. 竞价推广费。

4. 顾问费用。

5. 其他。

（八）收益分析

在网站上线运营三个月后，第一步需要预计能做到日访问量 IP 400 以上，日咨询量要尽可能在 20 人次以上（仅供参考）。重要的还要靠线上线下的结合，达到营销的目的。

此范本仅为框架内容，具体还得结合企业的实际情况而定。此例包含了网络市场规划中的重要程序，在电子商务中是一个应该注重的部分。

第二节　电子商务网站运营管理与分析

一、网站运营管理制度

（一）网站运营管理制度的原则

网站实行主编责任制。主编要维持网站日常的运营工作，其余各部门负责人员和专题栏目负责人都由主编聘任，并由上述人员组成编辑部。网站常务组通常由主编，副主编，设计人员，技术人员，频道负责人员等组成，负责网站日常的运营工作。编辑部人员组成将服务于网站各频道页面，并为网站唯一对外窗口。

1. 理念：尚德务实、德才兼备、同心同德、厚德载物。

2. 目标：打造行业第一服务平台，推动行业的改革与发展。

3. 网站实行主编负责制。

（二）主编的职责

1. 负责网站的策划、改版、调整，还需要代表网站对外发布网站相关的信息，承担网站的相关法律责任；

2. 认真检查各级页面的频道设置，调整频道工作人员的组成，审查各频道的内容，保证与网站的宗旨保持一致；

3. 负责网络线上线下活动的整体策划，还要将相应的活动报道和活动专题策划出来；

4. 决定网站首页链接和友情链接的站点，并保持正常联络；

5. 代表网站对外发布网站的动态信息，开展对外联络，合作交流工作；

6. 对网站具有最高权限，有权对网站内容进行修改、删除、调整；

7. 每月组织编辑部会议总结并向公司领导汇报网站工作。

（三）副主编、设计人员、技术人员等的职责

1. 副主编的职责

（1）每月向主编提交工作小结。

（2）若主编不能主持，在此期间需代行主编的职责；

（3）负责网络活动的整体策划，和主编一起起草实施方案；

（4）协助主编工作，负责网站各版块策划，编程，改版，维护工作；

2. 设计人员职责如下

（1）每月把工作小结提交给主编。

（2）负责开展网站设计的其他工作；

（3）随时监控各频道、栏目、文章的视觉形象，让网站的风格保持一致；

（4）负责网站的整体形象设计，改版以及新建栏目的页面模版风格设计；

（5）负责网站对外活动时的视觉设计工作，包括宣传册、主题海报、专题设计制作、电子杂志制作等；

3. 技术人员职责如下

（1）每月向主编提交工作小结。

（2）负责开展网站技术的其他工作；

（3）负责网站服务器的维护和安全工作；

（4）负责网站的程序设计，编制，而且实现个性功能；

（5）负责 FTP 帐号、MAIL 帐号，发布系统的维护和更新；

4. 专题栏目/论坛负责人职责如下

（1）每月向网站主编提交工作小结。

（2）负责专题栏目的资料收集，页面制作；

（3）决定本频道的合作伙伴和友情链接，并且向主编报告批准；

（4）协助主编进行网站各专题/论坛的策划、调整、制作、维护；

（5）保证本频道各栏目更新，每月辅助主编策划不可以有少于两次的大型专题；

（6）接受主编的督查，对主编负责并可在主编授权范围内，对外把联络事项开展；

（7）论坛以及各板块日常更新工作，论坛的友情链接，各版块版主，以及论坛会员的管理和沟通，调动版主和会员的积极性和参与性；

（四）网站顾问组成和议事规则

1. 网站顾问的组成。

（1）根据网站工作需要，可由公司领导聘请网站顾问；

（2）根据需要，可以邀请网站顾问参加编辑部会议。

（3）网站顾问应是 xx 方面的专家学者，能为网站提供较权威的信息和实时动态；

2. 网站编辑部的议事规则。

（1）会议前各部门负责人一定要向主编提交工作总结；

（2）编辑部讨论形成的决议，以半数通过为原则，主编具有否认权；

（3）编辑部每周举行一次周总结会议，根据特殊情况可由主编临时召集；

（4）编辑部月总结会议每月举行一次，根据特殊情况可由主编临时召集；

（5）会议前由主编发布会议通知，参加会议成员一定要事先做好发言准备；

（6）对于不执行会议决议或连续两次不能参加编辑部会议的成员，经编辑部讨论可给予警告，劝退，除名处理。

（五）网站编辑部成员自律守则及奖惩条例

1. 网站编辑部成员自律守则及纪律

（1）主编要注意自身涵养，改进和提高管理水平；

（2）各频道信息发布必须有严格的信息发布流程；

（3）不得假借职权，以本网站的名义在外招摇撞骗；

（4）发现其他不能解决的问题应及时通知网站主编；

（5）各频道的信息必须保证每天更新，原创更新每周不少于三次；

（6）各频道负责人确实保证个人负责，不得泄露网络发布管理密码；

（7）各成员间应通力合作，内部团结，不得搬弄是非或扰乱网站工作秩序；

（8）各成员应模范地遵守国家的法律法规和公共道德，做一个奉公守法的公民；

（9）全体成员务须时常学习网站以及专业知识，锻炼自己的工作技能，以达到工作上精益求精，提高工作效率；

（10）各频道必须认真负责，向上网用户提供良好的服务，保证发布信息的合法性、安全性；

（11）各频道负责人需要同时需要协助论坛更新维护人员共同维护论坛的相应版块，发现有问题的帖子和言论等应及时备份，删除页面，报告上级主管人员，并对使用者或发言者记录进行查找；

（12）如发现被非法修改，应及时备份，把页面给删除，报告上级主管人员，并对非法入侵者进行查找，并及时恢复被修改的页面。

2. 网站运营必须遵守以下法规

（1）《计算机信息网络国际联网安全保护管理办法》；

（2）《中华人民共和国计算机信息系统安全保护条例》；

（3）《关于加强计算机信息系统国际联网备案管理的通告》；

（4）《中华人民共和国计算机信息网络国际联网管理暂行规定》；

（5）《中华人民共和国计算机信息网络国际联网管理暂行规定实施办法》；

（6）《互联网信息服务管理办法》中华人民共和国国务院令（第292号）；

（7）《互联网电子公告服务管理规定》中华人民共和国信息产业部第三号令；

（8）《互联网站从事登载新闻业务管理暂行规定》国务院新闻办公室，信息产业部。

3. 对有下列事绩之一的编辑部成员、版主、社区成员、应予以嘉奖。

（1）品性端正，工作努力，能适时完成重大或特殊交办任务者；

（2）发现职守外故障，予以速报或妥为防止损害足为嘉许者；

（3）热心服务，在工作中起到表率作用，有具体事绩者；

（4）提出合理化建议经采纳施行富有成效者；

（5）对本网站有特殊贡献，足为同仁表率者；

（6）有其他功绩者。

4. 对有下列特殊情况之一者，予以惩处。

（1）恶意攻击或诬陷同事，制造事端者；

（2）不服从网站主编合理指导，屡劝不听者；

（3）造谣生事，使公司网站蒙受重大损失者；

（4）利用该网站名誉在外招摇撞骗使得网站名誉受损者；

（5）其他违反法令或网站规章制度情节严重者。

二、电商运营模式分析

（一）电子商务运营模式对比分析

下面以电子商务最为流行的B2B、B2C以及C2C三种模式为例，采用表格的形式，对电子商务运营模式的优缺点、盈利方式、成本、发展趋势进行对比分析。

表格 2.2-1　　电子商务运营模式的优缺点、盈利方式、成本、发展趋势对比分析表

	B2B	B2C	C2C
定义	英文全拼为：BusinessToBusiness，指的是一个市场领域的一种，是企业对企业之间的营销关系。电子商务可以说就是现代 B2Bmarketing 的一种具体主要的表现形式。它将企业内部网，通过 B2B 网站与客户紧密结合起来，通过网络快速地反应，为客户提供了最好的服务，从而促进企业的业务发展。	英文全拼为：Business - to - Consumer（商家对客户）的缩写，而其中文简称为“商对客”。“商对客”是电子商务的一种模式，也就是通常说的商业零售，直接面向消费者销售产品和服务。这种形式的电子商务一般以网络零售业为主，主要借助于互联网开展在线销售活动。	英文全拼为：Customer to Customer，z 电子商务的专业用语 C2C，是个人与个人之间的电子商务。c2c 就是消费者间的意思，由于英文中“2”的发音同“to”，因此 ctoc 就直接简写成 c2c。c 就是消费者，因为消费者的英文单词是 Consumer，因此简写为 C。
优点	节省成本、扩大客户群、提升业者的竞争性、迅速搜寻	拥有较为雄厚的资金，可以不断引进较新奇或限量发行的商品、借重科技人才来对客户资料保密、对商品能提供售后服务	品种齐全，种类繁多，一站购物，因为有客户评价机制，客服服务的态度通常都很好，是网上购机的首选。
缺点	向不认识的供货来源购买有风险、如果是供应商，可能必须要削价和同业竞争、业界龙头主导、并非一蹴可及。	缺少多样性线上付款的安全性、对于商品不能提供完整的测试使用报告、买卖双方互动性低、商品议价空间小	有太大的交易平台，容易失焦中介者（网络公司）不容易赚钱，也就是人气聚焦容易，买气难
盈利模式	会员费、广告费、竞价排名。	收取服务费（除商品价格以外把一些服务费收取）、会员制（人会要收取一定的服务费）；	商家龙蛇混杂，其中肯定存在着黑店。常见问题：货不对板（外观、颜色、质量或者其它），当然非常严重的就是被骗了（已付款，可货迟迟不发）
发展趋势	向产品和服务的创新性上发展，增加产品的附加值，提供全方位的销售服务。	随着传统企业的资金涌入，会把告诉的发展获得。而且，拥有独立品牌、优势货源、良好口碑、服务完善的各行业 B2C 商家会为整个电子商务领域带来前所未有的、百花齐放的盛况	向精细化和区域化发展，精细化的产品定位，区域化降低物流价值。

续表

	B2B	B2C	C2C
成本分析	1. 技术成本：电子商务的技术成本包括软硬件成本、学习成本和维护成本。各种技术结合的产物是电子商务，昂贵的投资，复杂的管理和高昂的维护费用让一些系统、技术和人才匮乏的企业望而却步。 2. 安全成本：不管在什么样的情况下，交易的安全总是人们关心的首要问题，怎么样在网上保证交易的公正性和安全性、保证交易双方身份的真实性、保证传递信息的完整性以及交易的不可抵赖性，变成了推广电子商务的关键所在。 3. 物流成本：物流配送是在电子商务中最难解决的。物流配送是电子商务环节的重要和最后的环节，是电子商务的目标和核心，也好似衡量电子商务是不是成功的一个重要尺度。 4. 客户成本：电子商务的客户成本，指的是顾客用于网上交易所花费的上网、咨询、支付直到最后商品到位所花费的费用总和，这是一种完全依赖于网络的服务，只要消费者一开始享受这样的服务，就应该承担每小时数元钱的最低成本，还不包括添置相应的硬件设备和学习使用的费用。		

（二）电子商务运营模式综合分析

如今 B2C 和 C2C 这两种模式是电子商务流行的模式。通过对当当网和淘宝网综合的分析，就很容易发现，B2C 和 C2C 这两种模式各有优势，它们之间存在很强的互补性。就发展的趋势而言，接下来将会是一种全新的电子商务运营模式，很快就会诞生一种跨模式的全方位电子商务平台；融合 B2C 和 C2C，并不是不可能的，总体来说这将是未来电子商务发展的一种必然走向。

如今人们对各个行业的专业性要求都开始提升，B2C 细分网站，一般竞争比较小，更容易获得成功。以点破面，可进可退。B2C 中的垂直商店将是一大发展趋势。特别是对于依附第三方平台的网商而言，发展独立 B2C 迫在眉睫。B2C 网络商城将逐渐超越传统市场，国内最大的 C2C 淘宝网也有向 B2C 发展的趋势，所以总体而言整个 B2C 行业发展的前景是非常好的。

随着互联网的拓展延伸，电子商务逐渐受到消费者的青睐，电子商务的多种发展模式及其未来发展趋势将体现在以下几个方面：

1. 首先，电子商务的深度将进一步拓展，实现供应链管理。

如今受限于技术创新和应用水平，企业发展电子商务依然是起步阶段。随着这两方面水平的提高及其它相关技术的发展，电子商务会向纵深挺进，新一代的电子商务终将会取代目前简单地依托“网站+电子邮件”的方式。电子商务企业也会从网上商店和门户的初级形态，逐渐过渡到将企业的核心业务流程、客户关系管理等都延伸到 Internet 上，使用户更加满意产品及服务。企业信息交流的共同特点就是互动、实时，企业资源计划、客户关系管理及供应链管理的中枢神经就是网络。企业将创建、形成新的供应链，将新老上下游利益相关者联合起来，构筑前端客户和后端供应商的互动系统，使产品供应更加通畅、合理、高效，形成更高效的战略联盟，共同谋求更大的利益。

2. 中国电子商务将面临严峻挑战。

可以说国际贸易发展的必然趋势就是电子商务，国际电子商务环境不断规范、完善的同时，中国电子商务企业终会走向世界，这也是进一步扩大对外经贸合作和适应经济全球化、提升中国企业国际竞争力的需要。但是随着中国加入 WTO，国外电子商务企业也会逐渐渗透到国内，这样一来中国电子商务就会迎来严峻的挑战。

3. 电子商务网站将会出现兼并热潮。

(1) 同类兼并。

如今来说中国为数不少的网站都属于重复建设之列，定位基本都是相同的或是相近的，业务内容也几乎相同。因为资源的限制，并且在 Internet“赢家通吃、优胜劣汰”原则下，胜出的只能是名列前茅的网站。

(2) 互补性兼并。

地位领先的电子商务企业在资源、品牌、客户规模等方面都有着较大的优势，然而与国外著名电子商务企业相比而言依然是存在差距的。这些具备良好基础和发展前景的网站要想向前走，就必须要采取互补性的收购策略，结成战略联盟。因为电子商务发展的两大趋势是个性化、专业化，并且每个网站在资源方面总是有限的，客户的需求又是全方位的，因此不同类型的网站以战略联盟的形式进行相互协作将成为必然趋势。

4. 能够成为下一代电子商务发展主流的只有行业电子商务。

风险资金、网站定位等将从以往的“大而全”模式转向专业细分的行业商务门户，这都是中国电子商务进入迅猛发展时期的典型特征。第一代的电子商务专注于内容，第二代专注于综合性电子商务，而下一代的行业电子商务将增值内容和商务平台紧密集成，充分发挥 Internet 在信息服务方面的优势，让电子商务真正进入了实用阶段。

5. 电子商务将催生新行当 eASP—电子商务应用服务商。

将来主要的商务交易模式就是电子商务，但对于国内为数众多的中小型企业而言，将面临如建设投入大、见效周期长、运营成本高、效果不理想、缺乏标准化的应用系统、软硬件需不断升级等很多困难。有了 eASP，中小企业就可以将上述说到的问题转给他们解决，只专注于做好自己的产品和服务便可。

目前来看，以阿里巴巴、一达通、慧聪、百纳为代表的几大综合 B2B 平台门户，再加上风头强劲的以中国化工网为代表的多个行业细分的 B2B 平台共同构筑了如今中国的 B2B 电子商务市场格局，也已经占据中国 B2B 电子商务绝大部分的市场。

总的来说，B2B 电子商务平台都有一个共同点：他们都是商务交易中介平台。换句话来说，中国目前 B2B 的发展阶段，其市场格局就是担负商务交易中介平台角色的电子商务公司占据了非常大一部分的 B2B 电子商务市场。

我国目前 B2B 商务交易中介平台主要实现的服务就是供求信息的发布。这是 B2B 电子商务的初级阶段。但仅从供求信息发布这一个项目来说，就已经为我国千万家的中小企业带来了巨大的商机和收益。

三、网站运营的监控

网站来说稳定性至关重要。不管是从搜索引擎或者是用户的角度，而且如果你的网站总是打不开，搜索引擎就会认为你的网站不稳定，轻则降权，重则 k 站了（搜索引擎删除所有网页）。因此我们就需要对网站进行监控。

网站的数据监控有很多种方法，较为常见的站长工具，cnzz 统计，51 统计，百度统计，腾讯统计等等，那么究竟要怎样才能利用这些统计工具挖掘出比较有价值的东西呢，下面就是几个重要指标。

（一）pv

pv 指的是客户访问网站页面的数量，一个页面就算是一个 pv，那么，经过统计工具的挖掘，就可以看到网站内容做的怎么样，pv 越高就证明网站做得越好，越受到客户们的喜欢，这是很重要的一块。大部分时间里，网站的跳出率很高和网站的 pv 有直接的关系。

（二）跳出率

跳出率也就是访客跳出网站的频率，这会反映出该网站受到访客喜欢的程度，通常来说，一个网站的跳出率应保持在 45% 以下，若是超过了这个数字，就会是一件恐怖的事情了，这时就应该从网站的内容方面进行一个相对的调整，对网站访客的来路做一个适当的调整。

（三）ip

大家都明白一个 ip 就代表一个访客，所以说 ip 的数量也就代表着我们在网站运营过程中的推广力度，网站的知名度问题就体现在这里了。因此此处一定需要注意。

（四）访客的来源

这个是监控数据中特别重要的一环，因为只有知道网站的客户是从哪些网站来的，这样就可以对网站进行一个分类，分出较为优秀的网站并加以维护、加强，对网站运营有着较为重要的作用。

（五）受访页面

根据受访页面，在一定程度上是可以反映出哪些是用户喜欢的页面，页面弹出率高的，就应该对网站的页面进行更改，如此一来就可以对网站有一个更加全面的了解分析，就可以对症下药进行进一步的处理。

此外，每一天，每个星期，每个月的数据分析都需要详细地统计出来，进行对比分析，通过对比，分析出下个月的营销策略，这个对网站的运营至关重要，所以网站运营的数据监控是非常值得重视的。

第三章 电子商务的系统安全

第一节 电子商务的安全系统

一、电子商务的安全性问题

（一）电子商务中存在的安全问题

1. 网络信息安全方面。

（1）防病毒问题。互联网可以说是电脑病毒传播的最好媒介，有很多病毒都直接将网络当做传播的途径，在电子商务领域对病毒进行有效的防范也是个非常紧迫的问题。

（2）安全协议问题。如今安全协议还没有全球性的标准和规范，相对制约了国际性的商务活动。除此之外，就安全管理方面来说还有很大的隐患，对于黑客的攻击普遍难以抵御。

（3）服务器的安全问题。电子商务的核心就是，装有大量与电子商务有关的软件和商户信息的系统服务器，因此服务器会很容易受到安全的威胁，而且只要出现了安全方面的问题，就会产生非常严重的后果。

2. 电子商务交易方面。

（1）身份的不确定问题。因为电子商务的实现需要借助于虚拟的网络平台，在这个平台上进行交易的双方都不用见面，所以就会有交易双方身份不确定的问题。攻击者可以通过非法手段盗窃合法用户的身份信息，仿冒合法用户的身份与他人进行交易。

（2）交易的抵赖问题。电子商务的交易应与传统交易一样不可抵赖。有的用户可能对自己发出的信息进行恶意否认，以推卸自己应承担的责任。

（3）交易的修改问题。交易文件是不可修改的，不然就会影响到另一方的商业利益。电子商务中的交易文件一样也是不能修改的，以保证商务交易的严肃、公正。

（二）电子商务的安全性要求

1. 服务的有效性要求。电子商务系统应该可以防止服务失败情况的发生，预防因为网络故障或病毒发作等因素产生的系统停止服务等情况，确保交易数据能准确快速的传送。

2. 交易信息的保密性要求。电子商务系统应对用户所传送的信息进行一个有效的加密，以此避免因信息被截取破译，同时还要防止信息被越权访问。

3. 数据完整性要求。数字完整性就是在数据处理过程中，保持原来数据和现行数据之间完全一致。为了保障商务交易的严肃和公正，交易的文件是不可被修改的，不然就一定会会损害一方的商业利益。

4. 身份认证的要求。电子商务系统应该提供安全有效的身份认证机制，保证交易双方的信息都是合法有效的，避免以便产生交易纠纷时提供法律依据。

（三）电子商务安全问题总结

电子商务生存和发展最关键的要素就是信息安全。随着科技信息技术不断地发展，电子商务平台的安全性和管理策略还会不断改进、完善。电子商务活动的安全开展，仅从技术角度防范还是远不够的，一定要通过完善电子商务法律和政策来正确引导并促进我国电子商务快速健康的发展。

我国的电子商务目前还处于初级普及阶段，政府还需要加强对电子商务的研究，建立和规范电子商务的法律框架，促使电子商务实现公开化、合理化、合法化。企业也需要对其内部所有员工进行信息安全意识教育，要真正并充分地理解信息安全对企业开展电子商务活动的重要性，还应该通过专业人员对网站进行安全分析、风险评估。在运行效率分析的基础上，制定出完整、严谨的安全解决方案。还要针对电子商务活动中一些不安全的因素采取适当的防范措施，就比如硬件的电源故障能够通过设置不间断电源来解决，软件漏洞问题可通过针对性的设置加以弥补。

新技术不断被发明、应用，电子商务中存在的通信安全问题与数据存储安全问题终将会得到解决的方法。在网络中安全没有绝对的只有相对的，只要企业始终采用新技术，并积极防御最新网络威胁与攻击，电子商务所带来的有益之处会大大超越它所带来的风险。

基于网络开展的电子商务，如今逐渐成为人们进行商务活动的一种新模式，电子商务依托于网络技术和远程通信技术，将客户信息的收集成本降低了，同时客户服务费用也减少了。但是，开放的信息系统必然会出现很多潜在的安全隐患。由于因特网是个完全开放的网络，无论是哪一台计算机都可以与之联接，并借助其进行各种网上商务活动，且交易双方不能面对面地进行交流，于是别有用心的组织或个人就会有机会窃取他人机密，甚至破坏他人网络系统运行的机会。所以说制约其发展的重要因素就是安全问题，也是关系到电子商务系统能否成功运行最重要的问题。

（四）完善电子商务安全措施

1. 发展电子商务完善配套措施

（1）突破关键技术受制于人的瓶颈。

（2）我国应尽快对电子商务的相关细则进行立法。

（3）大力开发大型商务网站，把与之相配套的物流公司发展起来。

（4）为了确保系统安全性，除了采用技术手段外，还应该把严格的内部安全机制建立起来。

（5）建立网络安全维护日志，记录与安全性相关的信息及事件，有情况出现的时间跟

踪查询是很方便的。

(6) 对于重要数据要及时进行备份，且对数据库中存放的数据，数据库系统应根据其重要性加密提供不同级别的数据加密。

2. 完善和提高电子商务信息安全措施

(1) 强化网络技术创新。

(2) 加强网络安全管理。

(3) 开展网络安全立法和执法。

(4) 提高网络信息安全意识。

(5) 加快网络安全专业人才的培养。

3. 加强企业电子商务的信息安全的措施

(1) 提高网络安全防范意识。

(2) 人员安全的管理和培训。

(3) 建立电子商务安全管理组织体系。

(4) 增强法律意识，促进电子商务立法。

(5) 制定符合机构安全需求的信息安全策略。

二、密码技术

(一) 信息加密技术概述

作为保障数据安全方式之一的信息加密技术，已经使用了几千年的历史，最先使用特别的象形文字作为信息编码的人就是古埃及人。可以将它的发展分为两个阶段：

1. 第一个阶段就是计算机出现前，称为传统加密技术阶段，在这一阶段基本上都是人工对信息加密、传输和防破译。

2. 第二个阶段是计算机密码学阶段，这一阶段又分为两个阶段：

(1) 一是传统方法的计算机密码学阶段，这时计算机密码工作者继续沿用密码学的基本观念，即加密是解密的简单的逆过程，两者所用的密钥可以经过推导得到；

(2) 另一个阶段有两个方向，即：

1) 公开密钥密码体制 RSA。

2) 传统方法的计算机密码体制 DES。

随着现在网络安全问题逐渐严重，数字签名和身份认证等技术已被应用到加密技术中。

(二) 加密技术的分类

1. 传统加密技术

在传统加密技术中，可以说加密就是解密简单的一个逆过程，通过对信息或数据加密，就能够通过密文用一定的规则解出明文，它有两大类：替代密码和换位密码。替代密码又分为简单替代密码、多字母组替代密码、同音替代密码和维吉尼亚密码；换位密码分为列换位密码和矩阵换位密码。

2. 对称加密技术

对称加密技术，还被叫做私钥加密技术，是在加密与解密过程中使用相同的密钥加以控制，对密钥的保密是它保密度重要衡量。其特点就是数字运算量小、加密速度快。其弱点是密钥管理困难，只要密钥泄露，就会直接影响到信息的安全。到目前为止，国际上比较通行的是 DES、3DES 及最近推广的 AES。

这里以 DES 为例：

DES 是以 56 位密钥为基础的密码块加密技术。下面是它的加密过程：

（1）一次性将 64 位明文块打乱置换。

（2）将 64 位明文块拆成两个 32 位块；

（3）用机密 DES 密钥将每个 32 位块打乱位置 16 次；

（4）使用初始置换的逆置换。

然而 DES 的保密性在实际应用当中受到了很大的挑战，在 1999 年 1 月，EFF 和分散网络通过不到一天的时间，破译了 56 位的 DES 加密信息。DES 的统治地位也受到了严重的影响，美国为此推出 DES 的改进版本三重加密，也就是在使用的过程中，收发双方都用三把密钥进行加解密，这样的加密方法的确将密码的安全性大大提升了，就如今计算机的运算速度来说，这种破解几乎并不可能。而它也存在着缺点，所以美国又推出了 AES。

3. 非对称加密技术

非对称加密技术是在加密和解密的过程中使用不同的密钥加以控制，加密密钥是公开的，解密密钥是保密的。这种技术的保密度主要依赖于从公开的加密密钥或密文与明文的对照推算解密密钥在计算上的不可能性。运用一种特殊的单向函数是加密算法的核心，也就是从一个方向求值是容易的，但其逆向计算却就会比较困难，从而在实际上成为不可能。代表算法是 RSA 算法：

RSA 算法是由罗纳多·瑞维斯特、艾迪·夏弥尔和里奥纳多·艾德拉曼联合推出的，RSA 算法由此而得名。它的安全性主要是基于大整数素因子分解的困难性，具体算法如下：

（1）找两个非常大的质数，越大越安全。把这两个质数分别叫做 P 和 Q。

（2）找一个能满足下列条件得数字 E：

A. 是一个奇数；

B. 小于 n=P×Q；

C. 与 z=（P-1）×（Q-1）互质，只是指 E 和该方程的计算结果没有相同的质数因子。

（3）③计算出数值 D，满足下面性质：（（D×E）-1）能被（P-1）×（Q-1）整除。

公开密钥对是（P×Q，E）。

私人密钥是 D。

公开密钥是 E。

解密函数是：假设 T 是明文，C 是密文。

加密函数用公开密钥 E 和模 P×Q；

加密信息=（TE）模 P×Q。

解密函数用私人密钥 D 和模 P×Q；

解密信息=（CD）模 P×Q。

可以说，在 RSA 体制中密码分析者攻击的关键点在于如何分解 n，若分解成功使 n=pq，就能够算出 φ（n）=（p-1）（q-1），之后由公开的 e，解出秘密的 d，若使 RSA 安

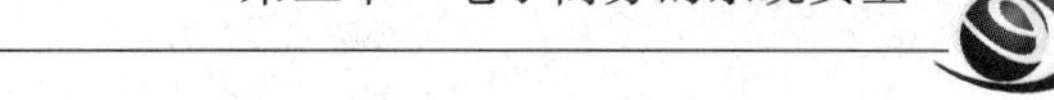

全，p 与 q 必为足够大的素数，这就限制了分析者在多项式时间内将 n 分解出来的能力。

4. 计算机网络加密技术

（1）链路加密

链路加密是传输数据只在物理层前的数据链路层进行加密，主要用于保护通信节点间的数据，加密时报文和报头都要加密。这种加密的方式对用户来说是很透明的，也就是说加密操作由网络自动运行，用户是不能干预加解密过程的。

（2）节点加密

节点加密是链路加密的一种改良，在协议传输层上加密，是对源点和目标节点间传输的数据进行加密保护。克服链路加密在节点处易遭非法存取的缺点就是它的目的。这种加密方式可提供用户节点间连续的安全服务，还可以用于实现对等实体鉴别。

（3）端——端加密

端—端加密是一种为数据从一端传送到另一端提供的加密方式。数据在发送端被加密，之后在最终目的地（接收端）解密，中间节点处不以明文的形式出现。这种加密方式完成于应用层，除报头外的的报文都是以密文的形式贯穿于全部传输过程当中。不需要有密码设备，只需要在发送端和最终端才有加、解密设备，在中间的任何一个节点报文都不解密。

5. 数字签名

将摘要用发送者的私钥加密，与原文一起传送给接收者的是数字签名技术。接收者只有用发送者的公钥才可以解密被加密的摘要。在电子商务安全保密系统中，数字签名技术拥有很重要的地位，在电子商务安全服务中很多地方都用到了数字签名技术，比如其中的源鉴别、完整性服务、不可否认服务。主要是为了防止电子信息因易于修改而有人作伪；冒用别人名义发送信息；发出（收到）信件后又加以否认等现象的发生。

（三）加密技术的应用

加密技术的应用是多方面的，其在电子商务和 VPN 上的应用是最为广泛的。

1. 在电子商务方面的应用

电子商务要求顾客能够在网上进行各种商务活动，不需要担心自己的信用卡被人盗用。过去，用户为了防止信用卡的号码被窃取，都会采取电话订货，之后再用信用卡进行付款。现在人们开始用 RSA（一种公开/私有密钥）的加密技术，提高信用卡交易的安全性，这样就促使电子商务更有能力走向实用。

Internet 商业中领先技术的提供者要属 NETSCAPE 公司，该公司提供了一种基于 RSA 和保密密钥的应用于因特网的技术，被称为安全插座层。Socket 是一个编程界面，不会提供任何安全措施，而 SSL 不仅提供了编程界面，并且还向上提供了一种安全服务，如今 SSL3.0 在服务器和浏览器上已经得到了应用，它用一种电子证书来实行身份验证，之后双方就可以用保密密钥进行安全的会话了。它同时使用“对称”和“非对称”的加密方法。基于 SSL3.0 提供的安全保障，用户可自由订购商品并给出信用卡号，还可以在网上和合作伙伴交流商业信息并让供应商将订单和收货单从网上发过来，如此一来就节省了大量的纸张，为公司节省大量的电话、传真费用。

2. 在 VPN 中的应用

如今走向国际化的公司越来越多，一个公司可能在多个国家都有办事机构或销售中心，每个机构都有自己的局域网 LAN。然而在当今网络社会上，人们的要求不仅如此，用户希望将这些 LAN 连结在一起组成一个公司的广域网，通常会使用租用专用线路来连结这些局域网，但网络存在安全问题，而现在具有加密/解密功能的路由器就可以使人们成功地通过互联网连接这些局域网，也就是虚拟专用网。当数据离开发送者所在的局域网时，该数据首先被用户端连接到互联网上的路由器进行硬件加密，数据在互联网上以加密的形式传送，当达到目的 LAN 的路由器时，该路由器就会进行数据解密，这样目的 LAN 中的用户就可以看到真正的信息。

（四）加密新技术

最近几年，计算机、全息学及数字图像处理等技术快速地进步，防伪和加密技术也得到了迅猛的发展，并且还相应加速了伪造技术的发展。利用这些先进技术，通过打印、复印等手段，信用卡、护照、商标及纸币的伪造就会越来越容易，这给一些企业、银行及消费者带来了重大的经济损失。所以，伪造和防伪领域的斗争也就变得更加激烈。从 90 年代初期开始，发达国家就对防伪技术的开发利用以保护本国知识产权和高附加值产品特别的重视，并且在短短几年中，防伪得到了一个极速迅猛的发展。

1. 光可变（OVD）激光压膜全息防伪技术

如今，商标防伪采用最多的就是光可变激光压膜全息防伪技术，这种全息图的衍射效率与角度无关，从不同的角度去观察时，就会发生颜色的变化。由于图像可见，那么通过 CCD 相机获取全息图从而伪造这样的商标也就不是难事，所以还需要发展新的防伪技术。

2. 随机相位掩膜防伪技术

用随机相位掩膜来实现光学防伪，这是一种采用复振幅图像的新方案，对光学敏感的探测器是无法复制的，进而具有更好的安全性能。其基本原理就是把一相位掩膜与原始图像，就如指纹、人脸图像或签名，永久地粘贴在一起，除非破坏掩膜或原始图像，不然就没有办法让二者分开。

3. 双随机相位加密技术

在利用随机相位掩膜实现光学防伪方法的基础上，P. Refregier 和 B. Javidi 等人提出采用双随机相位加密技术来实现防伪和信息隐藏。它的原理就是利用两个独立的随机相位掩膜分别对原始图像在空间域和频域进行加密，把原始图像编码为复振幅稳定的白噪声，若是不知道两个相位密钥就不能恢复出原始图像。用普通光照、目视等方法都没有办法识别原图像。这种方法的保密性非常好，非委托方和制造方是没有办法伪造的。它是当前研究热点，应用前景看好。

4. 基于分数傅里叶变换的双随机相位加密技术

这是一种双随机相位加密技术的特殊形式，使图像加密的密钥由原来的两重增加到四重，于是就提高了系统的保密性能。

（五）加密技术的发展趋势

今后数据加密技术的研究重点会主要集中在下面几个方向：

第一，继续完善非对称密钥加密算法；

第二，对称密钥加密算法和非对称密钥加密算法综合使用。利用他们自身优势弥补对方的缺点。

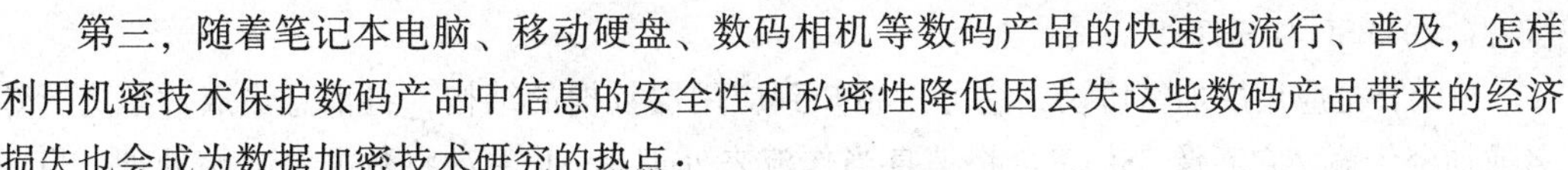

第三，随着笔记本电脑、移动硬盘、数码相机等数码产品的快速地流行、普及，怎样利用机密技术保护数码产品中信息的安全性和私密性降低因丢失这些数码产品带来的经济损失也会成为数据加密技术研究的热点；

第四，防伪技术不断发展，双随机相位加密技术应用前景看好。

三、网络安全协议

网络环境是非常复杂的。存在着不少不安的问题，例如病毒攻击木马等。要如何确保我们的网络浏览是安全的呢？在这我们的网络安全协议就起到作用了。接下来就介绍几种常见网络协议的比较。

（一）SSL 与 IPSec

1. IPSec 受 NAT 影响较严重，而 SSL 可穿过 NAT 而一点影响都没有。

2. SSL 保护在传输层上通信的数据的安全，IPSec 除此之外还保护 IP 层上的教据包的安全，就如 UDP 包。

3. 对一个在用系统来说，SSL 不需要改动协议栈但是要改变应用层，而 IPSec 却是正好相反的。

4. SSL 可单向认证（仅认证服务器），然而 IPSec 要求的是双方认证。当涉及应用层中间节点，IPSec 只能提供链接保护，而 SSL 提供端到端保护。

5. IPSec 是端到端一次握手，开销小；而 SSL/TLS 每次通信都握手，有非常大的开销。

（二）SSL 与 SET

1. SET 协议交易过程复杂庞大，与 SSL 相比处理的速度较慢，所以 SET 中服务器的负载较重，而基于 SSL 网上支付的系统负载会轻很多。

2. SSL 只占电子商务体系中的一部分（传输部分），而 SET 位于应用层。对网络上其他各层涉及的也都有，它规范了整个商务活动的流程。

3. SET 只适于信用卡支付，而 SSL 是面向连接的网络安全协议。SET 允许各方的报文交换非实时，SET 报文能在银行内部网或其他网上传输，而 SSL 上的卡支付系统只能与 Web 浏览器捆在一起。

4. SET 的安全性远比 SSL 高。SET 完全确保信息在网上传输时的机密性、可鉴删性、完整性和不可抵赖性。SSL 也提供信息机密性、完整性和一定程度的身份鉴别功能，但 SSL 不可以提供完备的防抵赖功能。所以从网上安全支付来看，SET 比 SSL 针对性更强更安全。

5. SET 比 SSL 贵，对参与各方有软件要求，目前很少用网上支付，因此很少用到 SET。而 SSL 因其使用范围广、所需费用少、实现方便，因此普及率较高。而随着网络交易安全性需求的不断提高，SET 将会是将来发展的必然方向。

（三）SSL 与 S/MIME

S/MIME 是应用层专保护 E-mail 的加密网络安全协议，而 SMTP/SSL 保护 E-mail 的效果并不很好，因 SMTP/SSL 仅提供使用 SMTP 的链路的安全，而从邮件服务器到本地的路径是用 POP/MAN 协议，这样一来就没有办法用 SMTP/SSL 保护。相反 S/MIME 加密整个邮件的内容后用 MIME 数据发送，这种发送可以是任何一种方式。它摆脱了安全链路的限制，只需收发邮件的两个终端支持 S/MIME 就可以了。

（四）SSL 与 SHTTP

SHITP 是应用层加密协议，它可以感知到应用层数据的结构，将消息当成对象进行签名或加密传输。它不像 SSL 完全将消息当作流来处理。SSL 主动将数据流分帧处理。也因此 SHTTP 可提供基于消息的抗抵赖性证明，但这 SSL 是做不到的。因此说 SHTTP 比 SSL 更加灵活，功能也更强，但它的实现相对较难，使用也更难，所以现在使用基于 SSL 的 HTTPS 要比 SHTTP 更普遍。

每种网络安全协议都有自身针对性的优点，在实际中要根据不同情况选择恰当协议并注意加强协议间的互通与互补，以进一步提高网络的安全性。另外，如今虽然网络安全协议已实现了安全服务，但是不管哪一种安全协议建立的安全系统都不可能抵抗所有的攻击，要充分利用密码技术的新成果，就需要在分析现有安全协议的基础上不断探索安全协议的应用模式和领域。

四、防火墙

防火墙是建立在内外网络边界上的过滤封锁机制，它认为内部网络是安全、可信赖的，而外部网络则是不安全、不可信赖的。防火墙本身的作用就在于防止不希望的未经授权的数据包进出被保护的内部网络，通过边界控制强化内部网络的安全策略。实现它的形式有很多种，而原理是很简单的，可以将它想象成一个开关，其中一个用来阻止传输，另一个用来允许传输。作为网络安全体系的基础和核心控制设备的防火墙，贯穿于受控网络通信主干线，对通过受控干线的任何通信行为进行安全处理，就比如控制审计报警和反应等，并且还承担着非常繁重的通信任务。因为它本身处于网络系统中敏感的位置，自身还要面对各种安全威胁，所以，选用一个安全稳定并且可靠的防火墙产品是非常重要的。

防火墙在网络层被用来处理信息在内外网络边界的流动，它能够确定来自哪些地址的信息可以通过，或禁止哪些目的地址的主机。在传输层，这个链接可以被端到端的加密，即进程到进程的加密。在应用层，它可以进行用户级的身份认证日志记录和账号管理等。总的来说，防火墙技术就是一套身份认证加密数字签名和内容检测集成为一体的安全防范措施。一切来自 Internet 的传输信息及内部网络发出的传输信息都要穿过防火墙，所有的这些都需要由防火墙来进行分析，以确保它们符合站点设定的安全策略，以提供一种内部节点或网络与 Internet 的安全屏障。

安全性失误的增多以及越来越普遍的失策现象这并不是因为受到多方的攻击，而是因为配置错误口令不适当。防火墙可以提高主机的整体安全性，就会给站点带来众多好处。

1. 防止易受攻击的服务

防火墙能够在很大程度上提高网络安全性，并通过过滤天生不安全的服务来降低子网上主系统所冒的风险。所以，子网网络环境就可以经受较少的风险，因为只有经过选择的协议才能通过防火墙。例如，防火墙可以禁止某些易受攻击的服务（如 NFS）进入或离开受保护的子网。这样一来就可以防护这些服务不会被外部攻击者利用。而同时允许在大大降低被外部攻击者利用的风险情况下使用这些。对局域网非常有用的服务，就比如 NIS 或 NFS 所以可以得到公用，并用来减轻主系统管理负担。

防火墙还能够防护基于路由选择的攻击，就比如源路由选择和企图通过 ICMP 改向把发

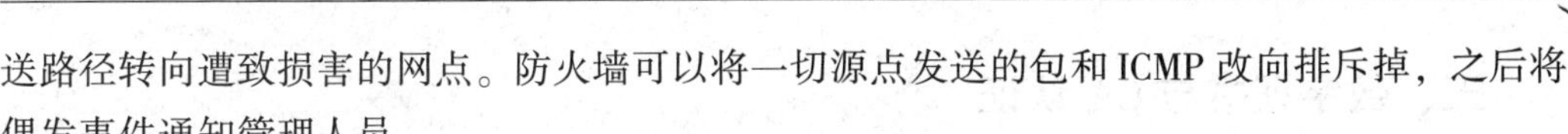

送路径转向遭致损害的网点。防火墙可以将一切源点发送的包和ICMP改向排斥掉，之后将偶发事件通知管理人员。

2. 控制访问网点系统

防火墙有能力控制对网点系统的访问。就如，某些主系统可以由外部网络访问，而其他主系统则能有效地封闭起来，防护有害的访问。除了邮件服务器或信息服务器等特殊情况外，网点可以防止外部对其主系统的访问。

于是，就应该关注到防火墙擅长执行的访问政策：不访问不需要访问的主系统或服务。在不用或不需要访问的时候，为什么要提供能由攻击者利用的主系统和服务访问呢？例如，若用户基本上不需要通过网络访问他的台式工作站，这样，防火墙就可执行这一政策。

3. 集中安全性

如果一个子网的一切或大部分需要改动的软件及附加的安全软件都可以集中地放在防火墙系统中，而不是分散到每个主机中，如此一来，防火墙的保护就会比较集中，也会更便宜一点。特别是对于密码口令系统或其他的身份认证软件等等，放在防火墙系统中比放在每个Internet能访问的机器上要好很多。当然，还存在一些有关网络安全的处理方法，如Kerberos，包含了每个主机系统的改动。或许，在某些特定的场合，Kerberos或其他类似的技术会比防火墙系统还要好很多。而因为只需在防火墙上运行特定的软件，防火墙系统实现起来要简单的多。

4. 增强的保密强化私有权

就一些站点来说，私有性比较重要，因为有些看去不怎么重要的信息通常会成为攻击者灵感的源泉。防火墙系统的作用就凸显了，因为它在站点那个防止finger以及DNS域名服务。finger会列出当前使用者名单，他们上次登录的时间，及是否读过邮件等等。但finger同时会不经意地告诉攻击者该系统的使用频率，是否有用户正在使用，及是否可能发动攻击而不被发现。

防火墙还可以将域名服务信息封锁起来，从而使得Internet外部主机没有办法获取站点名和IP地址。通过封锁这些信息，能够防止攻击者从中获得另一些有用信息。

5. 有关网络使用滥用的记录和统计

若是对Internet的往返访问都通过防火墙，这样一来，防火墙就能够记录各次访问，并提供有关网络使用率的有价值的统计数字。若一个防火墙能在可疑活动发生时发出音响报警，那么就能提供防火墙和网络是否受到试探或攻击的细节。

采集网络使用率统计数字和试探的证据非常重要。原因有很多，最重要的就是可以知道防火墙能否抵御试探和攻击，并确定防火墙上的控制措施是否得当。网络使用率统计数字的重要性，体现在它可作为网络需求研究和风险分析活动的输入。

6. 政策执行

最后，也是最为重要的一点，就是防火墙能够提供实施和执行网络访问政策的工具。其实，防火墙可以向用户和服务提供访问控制。所以，网络访问政策可以由防火墙执行，若是没有防火墙，这种政策就完全取决于用户的协作。或许网点可以依赖自己的用户进行协作，然而它一般不可能，也不依赖Internet用户。

五、数字证书与CA认证

（一）什么是数字证书

数字证书，指的就是网络通讯中标志通讯各方身份信息的一系列数据，其作用与现实生活中的身份证类似。它是由一个权威机构发行的，人们可以在互联网上用它来识别对方的身份。

最简单的证书会有一个公开密钥、名称以及证书授权中心的数字签名。通常来说证书中还包括密钥的有效时间，发证机关（证书授权中心）的名称，该证书的序列号等信息，证书的格式遵循ITUTX. 509国际标准。通过使用数字证书，经过运用对称和非对称密码体制等密码技术建立起一套严密的身份认证系统，从而保证：信息只有发送方和接收方可以读取，不会被其它人窃取；信息在传输过程中不被篡改；发送方能够通过数字证书来确认接收方的身份；发送方对自己发出的信息不能抵赖。

（二）为什么要使用数字证书

基于Internet网的电子商务系统技术可以使得网上购物的顾客非常方便轻松地获得商家和企业的信息，然而与此同时也增加了对某些敏感或有价值的数据被滥用的风险。买方和卖方一定要在因特网上进行的一切金融交易运作都真实可靠，还要使顾客、商家和企业等交易各方都具备绝对的信心，因而因特网（Internet）必须具有可靠的安全保密技术来确保电子商务系统运营中信息传输的保密性、数据交换的完整性、发送信息的不可否认性、交易者身份的确定性。

1. 信息的保密性

交易中的商务信息都会有保密的要求。就比如信用卡账号和用户名被人知悉，就可能被盗用，订货和付款的信息被竞争对手获悉，或许就会丧失商机。所以在电子商务的信息传播过程中通常都会有加密的要求。

2. 交易者身份的确定性

网上交易的双方一般来说都是素昧平生，相隔千里。想要让交易能够成功的进行，首先就需要确认对方的身份，商家需要考虑客户端不能是骗子，客户也需要留意网上的商店不是一个玩弄欺诈的黑店。所以可以方便、可靠地确认对方身份是交易的前提。对于为顾客或用户开展服务的银行、信用卡公司和销售商店，为了做到安全、保密、可靠地开展服务活动，都需要进行身份认证这一项工作。对有关销售商店而言，他们对顾客所用的信用卡的号码是毫无所知的，商店只能将信用卡的确认工作完全交给银行来完成。银行和信用卡公司可以采用各种保密与识别方法，确认顾客的身份是否合法，与此同时还应该防止发生拒付款问题及确认订货和订货收据信息等。

3. 不可否认性

因为商情千变万化，一旦交易达成将不能被否认。不然就一定会损害一方利益。例如订购黄金，订货时金价较低，但收到订单后，金价上涨了；再比如收单方能否认受到订单的实际时间，甚至否认收到订单的事实，则订货方就会蒙受损失。所以电子交易通信的整个过程中的每一个环节都一定要是不可否认的。

4. 不可修改性

交易的文件是不可被修改的，就比如上例所举的订购黄金。供货单位收到订单之后，发现金价大幅上涨了，如其能改动文件内容，将订购数1吨改为1克，则可大幅受益，这样一来订货单位或许就会因此而蒙受损失。所以电子交易文件也要做到不可修改，以保障交易的严肃和公正。

如今的社会在引起人们感叹电子商务巨大的潜力同时，还需要冷静地思考，在人与人互不见面的计算机互联网上进行交易和作业时，要如何进行才可以保证交易的公正性和安全性，并能保证交易双方身份的真实性呢？如今在国际上已经有了较为成熟安全的解决方案，也就是建立安全证书体系结构。数字安全证书提供了一种在网上验证身份的方式。安全证书体制采用的主要是公开密钥体制，其它还包括对称密钥加密、数字签名、数字信封等技术。

（三）数字证书是如何生成的

数字证书通常由认证中心（CA）或认证中心的下级认证中心颁发。认证中心与用户建立信任关系的基础就是根证书。首先需要下载和安装，然后再使用数字证书。

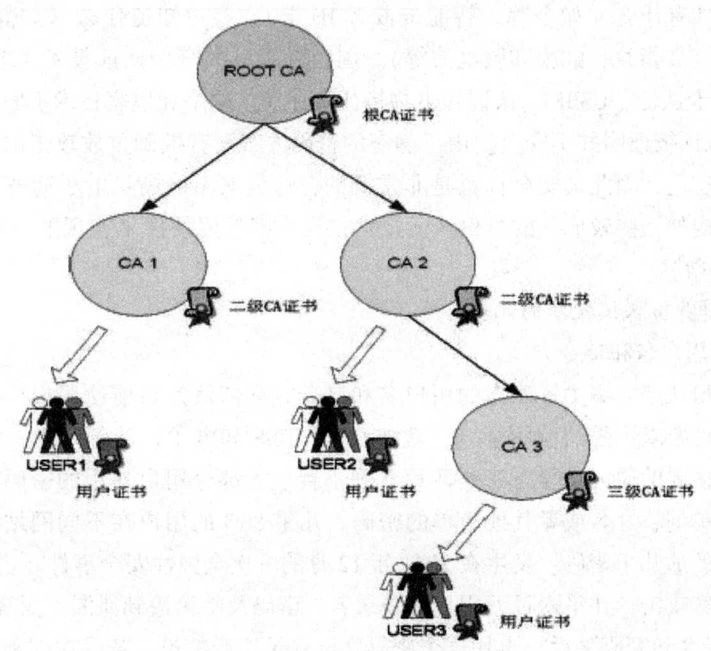

插图 3.1–1　数字证书架构关系示意图

认证中心是一家能向用户签发数字证书以确认用户身份的管理机构。为了高效率地避免数字凭证的伪造，认证中心的公共密钥必须是可靠的，认证中心必须公布其公共密钥或由更高级别的认证中心提供一个电子凭证来证明其公共密钥的有效性，后一种方法也导致了多级别认证中心的出现。

证书的产生：认证中心将用户证书的基本信息做哈希算法，之后再用自己的私钥对哈希值进行加密。

数字证书颁发的过程：用户产生了自己的密钥对，并将公共密钥及部分个人身份信息（称作 P10 请求）传送给一家认证中心。当认证中心核实完身份之后，就需要执行一些必要的步骤，以确保请求确实是由用户发送过来的，之后，认证中心就会给用户发送一个数字证书，该证书内附了用户和他的密钥等信息，并且还附有对认证中心公共密钥加以确认的数字证书。在用户想要证明其公开密钥的合法性的时候，就可以将这一数字证书提供出来。

第二节　认证技术

一、身份认证

（一）电子商务的身份认证

电子商务活动当中，因为每个人的交易信息都需要在一个开放的网络（如 Internet）进行传输和交换，所以就需要我们使用身份认证技术对客户的身份进行验证。通常来说身份认证基于客户拥有什么（如令牌，智能卡或者 ID 卡），客户知道什么（如静态密码），客户有什么特征（如指纹，虹膜和脑电波等）。国内外常见的身份认证技术主要有：用户名/密码方式、IC 卡认证、USBKey 认证和生物特征认证等。网络和黑客技术不断地发展，用户名/密码方式认证被证明并不安全。由于静态的密码方案没有抵御重放攻击的能力，字典攻击且密码容易忘记，因此其安全性也是非常低的，这显然不能满足电子商务中身份认证的要求。如今国内外一些较成熟的身份认证技术，几乎都是用硬件来实现的（如 IC 卡和 USBKey 认证技术等）。

（二）各种身份认证技术的比较

1. 静态的用户名和口令方案。

在众多身份认证方案中，静态的用户名和口令方案依然是目前使用最广泛的方案，尤其是针对安全性要求不强的应用场合，就如论坛，BBS 和电子信箱等。现在的公司和个人受到网络攻击主要的原因是静态密码政策管理不善。大部分用户使用的密码都是字典中能够查到的普通单词、姓名或者其他简单的密码。几乎 86%的用户在不同网站使用相同的一个密码或有限的那几个密码。发生在 2011 年 12 月的一次全国性安全事件。当时 CSDN 的安全系统遭到黑客攻击，几乎六百万用户的登录名、密码及邮箱遭到泄漏。黑客在获取了 CSDN 的用户登录名和密码之后，再用这个密码尝试登录注册邮箱，若成功则利用很多网站常用的密码取回功能得到了该用户的其他关联网站的账号和密码。总之，静态密码身份认证方案的优势是实施成本低，不需要购买特殊的设备，用户体验性好，而同时它的安全性是比较低的。

2. 客户证书 USBKey（U 盾）方案。

就技术角度来说，客户证书 USBKey 是用于网上银行电子签名和数字认证的工具，它内置微型智能卡处理器，采用的是 1024 位非对称密钥算法对网上数据进行加密、解密和数字签名，保证网上交易的保密性、真实性、完整性和不可否认性。如今国内几大商业银行，如工商银行、农业银行和交通银行等都采用了 USBKey 方案。就算网络黑客得知客户的登录

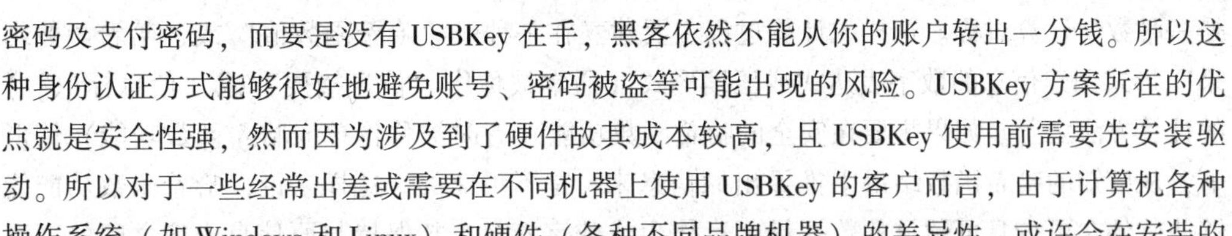

密码及支付密码，而要是没有USBKey在手，黑客依然不能从你的账户转出一分钱。所以这种身份认证方式能够很好地避免账号、密码被盗等可能出现的风险。USBKey方案所在的优点就是安全性强，然而因为涉及到了硬件故其成本较高，且USBKey使用前需要先安装驱动。所以对于一些经常出差或需要在不同机器上使用USBKey的客户而言，由于计算机各种操作系统（如Windows和Linux）和硬件（各种不同品牌机器）的差异性，或许会在安装的时候遇到一些兼容性的问题，这就会降低用户体验的满意度。

3. 短信认证方案。

如今一些大型电子商务网站总是采取“静态密码+短信认证”的方案。该类系统使用数字物理噪声源产生完全随机变化的动态（验证）密码，且通过无线通信方式把这一动态密码发送至用户的无线通信终端上面。就比如支付宝网站在用户支付小额金额的时候只需输入支付密码，然而额度一旦超过一定额度（如200元），那么支付宝网站就会向用户手机（注册时登记的号码）发送一条验证短信，之后用户在网站上输入6位的手机验证码和支付密码之后才可以完成付款。采用这种身份认证方式的优点就是不仅保证了小额支付的快捷性，并且还保证了大额支付的安全性。但是因为这种认证系统的实时性和稳定性在很大的程度上依赖于无线通信网的状态，当网络出现拥塞时将导致验证密码传输会有较大的时延，甚至将使系统无法正常完成身份认证过程，并且因为短信的发送会产生大量的短信费用，对中小型电子商务网站来说仍然是不小的开销。

4. 动态口令认证方案。

动态口令又称为一次性口令OTP（One-Time-Password），它的特点就是用户根据服务商提供的动态口令令牌的显示数字来输入动态口令，并且每个登录服务器的口令只使用一次，窃听者是没有办法用窃听到的登录口令来做下一次登录，与此同时利用单向散列函数（如Sha-1算法等）的不可逆性，防止窃听者从窃听到的登录口令推出下一次登录口令。中国银行采用的就是这种动态口令认证方案。这种方案的特点就是使用简单，用户不需要安装任何驱动，操作的时候仅需要输入当前显示的6位动态口令即可。它存在的不足之处就是安全性没有USBKey强，举例来说，在2011年上半年，全国各地出现了多起中国银行动态口令泄露安全事件。黑客们首先设计了很多个钓鱼网站，之后再引诱中银用户输入登录密码和动态口令。动态口令虽然为一次性口令，而在60秒之内是能够反复使用的。所以黑客得到了用户的登录密码和动态口令，之后只需在1分钟内登录进真正的中银系统后就可以完成转账等窃取用户资金的操作了。

电子商务作为一种商务活动过程，将会迎来一场史无前例的革命，而电子商务网站的安全性问题也逐渐受到了人们的重视，其身份认证也开始从起初的逻辑认证发展到物理认证最终将达到生物认证，希望在不久的将来安全可靠的电子商务会将人类真正带入信息社会。

二、数字签名

（一）数字签名的概念

数字签名是在公钥加密系统的基础上建立起来的，数字签名的产生所涉及到的运算方式是为人们所知的散列函数功能，也叫“哈希函数功能”（HashFunction）。实际上这一功能是一种数学计算过程。这样的计算过程主要建立在一种以“哈希函数值”或“哈希函数结果”形式创建信息的数字表达式或压缩形式（通常被称作“信息摘要”或“信息标识”）的计算方法之上。如果想要在安全的哈希函数功能（有时被称作单向哈希函数功能）情形下，从已知的哈希函数结果中推导出原信息来，是不可能的。这样来说，哈希函数功能能够使软件在更少且可预见的数据量上运作生成数字签名，却保持与原信息内容之间的高度相关，且有效保证信息在经数字签署后并没有做任何的修改。

数字签名，可以说就是只有信息的发送者才可以产生，其他人是没有办法伪造这一段数字串的，与此同时它也对发送者发送信息的真实性做到了最好的证明。签署一个文件或其他任何信息时，签名者需要首先准确的对要签署内容的范围进行界定。之后，签名者软件中的哈希函数功能就会计算出被签署信息惟一的哈希函数结果值（为实用目的）。最后使用签名者的私人密码将哈希函数结果值转化为数字签名。所获得的数字签名对于被签署的信息及用以创建数字签名的私人密码来说都是独一无二的。

一个数字签名（对一个信息的哈希函数结果的数字签署）被附在信息之后，会随同信息一起被储存和传送。然而，如果可以保持与相应信息之间的可靠联系，它就可以作为单独的数据单位被存储和传送。原因就是数字签名对它所签署的信息而言是独一无二的，所以说，假如它与信息永久地失去联系则变得毫无意义。

（二）数字签名的特点

传统的书面签名是确认文件的一种手段，如今的数字签名与传统的手写签名比较而言有很多特点。

第一，数字签名中的签名与信息并不是一体的，它们是分开的，需要一种方法将签名与信息联系在一起，而在传统的手写签名中，签名与所签署之信息是一个整体。

第二，在签名验证的方法上，数字签名利用一种公开的方法对签名进行验证，无论是谁都能够对之进行检验。而传统的手写签名的验证，是由经验丰富的接收者，通过同预留的签名样本相比较而作出判断的。

第三，在数字签名中，复制的有效签名依然是有效的签名，但在传统的手写签名中，签名经复制后便不再有效。

数字签名可同时具有两个作用：确认数据的来源，并保证数据在发送的过程中没有任何的修改或变动。所以就某些方面来说，数据签名的功能，会更接近于整体性检测值的功能。然而，两者最主要的一个区别就是，数字签名一定要保证以下特点，也就是，发送者事后不能抵赖对报文的签名。这点是特别重要的。所以，信息的接收者可通过数字签名，使第三方确信签名人的身份及发出信息的事实。如果双方就信息发出与否及其内容出现争论，这个时候数字签名就能够成为一个有力的证据。通常而言由于信息篡改而受影响较大的是接收方。所以，接收方最好使用与信息发送方不同的数字签名，以示区别。这是整体性检测值所不具有的功能。就这一意义上而言，确认一个数字签名，类似于通过辩认手写签名来确认某一书面文件的来源一样的意义。

（三）信息传输过程中的数字签名与加密技术

采用数字签名和加密技术相结合的方法，能够很好地解决信息传输过程中的完整性，身份认证及防抵赖性等问题。

（1）完整性。由于它提供了一项用以确认电子文件完整性的技术和方法，可认定文件为未经更改的原件。

（2）可验证性。可以确认电子文件之来源。因为发件人以私钥产生的电子签章惟有与发件人的私钥对应的公钥方能解密，所以可以确认文件之来源。

（3）不可否认性。因为仅有发文者拥有私钥，因此就可以断定该电子文件是由其发送。

（四）数字签名技术在电子商务中的应用

电子商务采用了数字签名技术，就能够解决很多问题，比如数据的否认、伪造、篡改及冒充等问题，主要的用途有三个方面：

1. 验证数据的完整性

这一功能可以保证信息自签发后到收到为止没有做任何修改。原因是当两条信息摘要完全相同时，即可确信这两条信息内容完全一致。所以，可通过将发送前的信息所生成的信息摘要与接收到之后所生成的信息摘要进行对比，以此判断信息在传输过程中是否被篡改或改变。因为信息摘要在发送前，发送方使用私钥进行加密，其他人要生成相同加密的信息摘要基本上是不可能的，所以，当接受方收到信息之后，可使用相同的函数变换，重新生成一个新的信息摘要，再将接收到的信息摘要解密，之后进行对比，从而验证信息的完整性。

2. 验证签名者的身份

这种功能证明信息是由签名者发送的。由于数字签名中，是使用公开密钥加密算法，信息发送方使用的是自己的私钥对发送的信息进行加密，仅是持有私钥的人才可以对数据进行签名，因此密钥只要没有被窃取，就能够肯定该数据是用户签发的。信息接收方可使用发送方的公钥对接受到的信息进行解密，这样一来，只要接收方解密成功，那么就可以确认信息是由发送方发送的，并且也可以证实信息发送方的身份。

3. 防止交易中的抵赖行为

若交易中出现了抵赖的行为，信息接收方就可以将加了数字签名的信息提供给认证方，因为带有数字签名的信息是由发送方的私钥加密生成的，别人是不可能产生这种信息的，而发送方的公钥是公开的，任何人都可以获得他的公钥并对信息解密。所以说，认证方可以使用公钥对接收方提供的信息解密，从而判断发送方是否出现抵赖的行为。

综上所述，在电子商务系统的安全服务中的身份验证、数据完整性服务和不可否认服务，都需要使用数字签名技术。

（五）电子商务中数字签名的功能

数字签名技术拥有很好的防伪造、防篡改、防拒认的功能，在电子商务领域中已经实现了传统意义上签名的功能，目前数字签名技术已经成为保障电子商务安全交易的关键技术之一。在电子商务中数字签名有以下的功能：

1. 发送者事后不能否认发送的报文签名；

2. 接收者能够核实发送者发送的报文签名；

3. 接收者不可以伪造发送者的报文签名；

4. 接收者不能对发送者的报文进行部分篡改、交易中某一用户不能冒名另一用户作为发送者或接收者。

三、信息认证

信息认证的目的是防止信息被篡改、伪造，或信息接收方事后否认。确保电子商务的安全、可靠、一致性是非常重要的。信息认证技术是电子商务系统中的重要组成部分。由于网络上的信息是容易修改和复制的，通过电子数据方式达成的交易文件是不能被否认的，所以一定要确保电子交易的信息都必须是不可否认的、不可被修改的，不然网上交易就会缺少严肃与公正性。为了实现这一目标，除了采用身份认证的方式起到确保网上交易者身份的真实可信外，信息认证主要就是用来确保交流的信息完整、不可抵赖性，及信息访问的权限控制。

信息认证的方式主要有两种：信息加密和数字签名。实现这些技术都需要应用相应的加密技术。

（一）加密技术

加密技术应该就是保证电子商务安全的重要手段，它主要的加密方式是私钥加密和公钥加密。

1. 私钥加密。

私钥加密还叫做对称密钥加密，也就是说信息的发送方与接收方用一个密钥去加密和解密数据，如今比较常用的私钥加密算法包括 DES 和 IDEA 等。对称加密技术其自身最大的优点就是加密或解密的速度快，比较适用于对大数据量进行加密，但密钥管理困难。

2. 公钥密钥加密。

公钥密钥加密，还被叫做非对称密钥加密系统，它需要两个密钥—公开密钥和私有密钥。若用公开对密钥进行加密，只有用对应的私有密钥才能进行解密；若用私有密钥对数据进行加密，那么只有用对应的公开才能解密。非对称加密常用的算法一般是 RSA。RSA 算法利用两个足够大的质数与被加密原文相乘生产的积来加密或解密。这两个质数不管用哪一个与被加密的原文相乘（模乘），即对原文件加密，都可以由另一个质数再相乘来进行解密。然而要想求解几乎是不可能的。

非对称加密算法的保密性相对较好，消除了最终用户交换密钥的需要，可是加密和解密花费的时间偏长。

（二）数字签名技术

对信息进行加密可以说仅仅解决了电子商务安全的第一个问题，若想防止他人破坏传输的数据，还需要确认发送信息者的身份，这就需要采取另外一种手段—数字签名。数字签名采用了双重加密的方法来实现防伪、防抵赖。

将 HASH 函数与公钥算法相互结合，就能够在提供数据完整性的同时，保证数据的真实性。完整性保证传输的数据没有经过任何修改，而真实性则保证是由确定的合法者产生的 HASH。将这两种机制相互结合就可以产生所谓的数字签名。把报文按双方约定的 HASH 算法计算得到一个固定位数的报文摘要值。仅需改动报文的任何一位，重新计算出的报文摘要就会与原先值不符。之后再将该报文的摘要值用发送者的私人密钥加密，将该密文与原报文一起发送给接收者，之后产生的报文就是数字签名。

在交易文件中，一个非常重要的信息就是时间，在书面合同中，文件签署的日期和签

名都是防止文件被篡改的关键内容。时间戳是个经过加密后形成的凭证文档，它主要有三部分：

1. 需加时间戳的文件的摘要；

2. DTS 收到文件的日期和时间；

3. DTS 的数字签名。

（三）认证机构

在电子交易中，不管是数字签字的签别或是数字时间戳服务都不仅仅是靠交易双方自己就能够完成的，还需要一个具有权威性和公正性的第三方来帮助实现。可以说认证中心CA 就是承担网上安全电子交易的认证服务、签发数字证书、确认用户身份的服务机构。通常来说，认证中心是企业性的服务机构，具有半官方的身份，其任务主要是受理数字证书的申请、签发及对数字证书的管理。通过认证机构来认证买卖双方的身份和信息，是保证电子商务交易安全的一项重要措施。

总体而言，电子商务的核心和灵魂就是安全，若是电子商务缺少安全保障，那么也就只是虚伪的炒作或欺骗，这样无论是哪一个独立的个人或团体都不会愿意让自己的敏感信息在不安全的电子商务流程中传输。而信息认证可以给予电子商务应用最大的支持，确保交易信息的安全性，于是可以极大地推动电子商务的发展。

第四章　高级电子商务相关法规

第一节　电子商务法

一、电子商务法的概念

1996 年《联合国电子商务示范法》规定，电子商务是指通过电子行为进行的商事活动。

对平等主体之间进行调整通过电子行为设立、变更和消灭财产关系和人身关系的法律规范的总称指的就是电子商务法；同时它还是以数据电文为交易手段，政府调整、企业和个人通过信息网络所产生的，因交易形式所引起的各种商事交易关系，以及与这种商事交易关系有密切关系的的社会关系、政府管理关系的法律规范的总称。

电子商务交易活动中发生的各种社会关系就是电子商务法的调整对象，而新型信息技术早在这类社会关系中得到了非常广泛的应用将这些技术应用到商业领域后才形成的特殊的社会关系，它在虚拟社会和实体社会之间交叉应用，不仅对实体社会中的社会关非常有利，且在现行法律的调整范围中也是完全独立的。

《电子商务法》起草的背景是网络欺诈、虚假促销、售后服务不当、电商价格战、个人信息被泄露，电子商务引发的合同问题、知识产权问题、信息安全问题、纳税问题，以及围绕互联网支付、理财发展越来越热的互联网金融问题，以上这些问题伴随中国网购市场的不断发展，也开始变得越来越突出。

电商立法主要让目前出现的知识产权保护、信息安全、支付、虚拟财产保护等问题得到解决。与此同时对于第三方平台的监管也要有法可依，不仅让电商行业准入门槛得到提高，也对消费者权益进行维护，从而使整个行业呈现出一种良性发展的趋势。

与电子商务迅猛发展的实践相比，如今中国仍然没有对电子商务进行专门立法，实践中规范、指导电子商务发展主要依靠部门规章。亟待梳理、补充、修改和完善电子商务现有得到法律法规。加强立法是促进电子商务持续健康发展不能缺少的。

二、电子商务法的发展和现状

（一）联合国电子商务交易安全的法律保护知识

早期的国际电子商务立法在展开的时候主要是围绕着电子数据交换（EDI）规则的制定来进行的。

ANSI/ASC/X.12标准是在1979年的时候由美国标准化委员会制定的，北美大陆（EDI）因为X.12的推出而得到了促进。1981年的时候，第一套网络贸易数据标准由欧洲国家推出来了即贸易数据交换指导原则GTDI，它的出现和发展奠定了电子商务的研制和开发的基础。后来联合国EDI标准也在联合国的协调和主持下制定出来了，也就是后来1986年颁布的UN/EDIFACT，它成为了国际通用标准。

20世纪90年代初，随着网络的不断商业化和社会化的发展，在EDI规则研究与发展的基础上，联合国国际贸易法委员会在1996年6月通过了《联合国国际贸易法委员会电子商务示范法》（以下简称《示范法》），世界上第一个关于电子商务的法律就是这个。《示范法》的颁布奠定了将电子商务的法律问题逐步解决的基础，它将框架和示范文本提供给了各国制定本国电子商务法规。《电子签名统一规则》《电子资金传输示范法》等也是由该委员会制定的电子商务相关法规。

从20世纪90年代到现在，在短短的十几年时间里，由于信息技术和电子商务的发展速度的加快，电子商务在全球得到了普及。由于电子商务的全球性、无边界的特点，对于跨国界的电子交易来说使用任何国家单独制定的国内法规都不太适合，一开始电子商务的立法就是通过制定国际法规而在各国得到推广的。

（二）我国电子商务交易安全的法律保护知识

我国有关电子商务交易安全的法律保护问题，主要涉及的基本方面有两个：

第一，电子商务交易首先是一种商品交易，应当通过《中华人民共和国民商法》来为其安全问题提供保护；

第二，是通过计算机及其网络来实现电子商务交易的，其安全与否取决于计算机及其网络自身的安全程度。

1. 我国现行的涉及交易安全的法律法规。

（1）综合性法律：主要是《中华人民共和国民法通则》和《中华人民共和国刑法》中网店策划与管理有关保护交易安全的条文。

（2）规范交易主体的有关法律：如《中华人民共和国公司法》等。

（3）规范交易行为的有关法律：包括《中华人民共和国产品质量法》《中华人民共和国财产保险法》《中华人民共和国价格法》《中华人民共和国消费者权益保护法》《中华人民共和国广告法》《中华人民共和国反不正当竞争法》等。

（4）监督交易行为的有关法律：如《中华人民共和国会计法》《中华人民共和国审计法》《中华人民共和国票据法》《中华人民共和国银行法》等。

（5）有关域名保护的规定：国务院发布的《中国互联网络域名注册暂行管理办法》和据此制定的《中国互联网络域名注册实施细则》等。

（6）电子签名法：如2004年8月28日第十届全国人民代表大会常务委员会第十一次

会议通过的《中华人民共和国电子签名法》。

商品交易是电子商务交易的实质，我国《中华人民共和国民商法》中的有关商品交易的法律在一定程度上对电子商务交易的安全进行着调节和保护。

从1999年10月1日起，我国开始施行的《中华人民共和国合同法》中第十一条规定："合同的书面形式是合同书、信件和数据电文（包括电报、电话、传真、电子数据交换和电子邮件）等可以有形地表现所载内容的形式。"数据电文在此条规定作为合同书面形式的一种，从而对电子合同与书面合同具有同等的效力进行了规定。该法第三十三条中又规定："当事人采用信件、数据电文等形式订立合同的，可以在合同成立之前要求签订确认书。签订确认书时合同成立。"

2. 我国涉及计算机信息安全的若干法律法规。

1991年5月24日，《计算机软件保护条例》在国务院第八十三次常委会议中通过了。

1992年4月6日，机械电子工业部发布了《计算机软件著作权登记办法》，其中对计算机软件著作权管理的细则进行了规定。

1994年2月18日，国务院令第147号发布了《中华人民共和国计算机信息系统安全保护条例》，为保护计算机信息系统的安全，促进计算机的应用和发展，保障经济建设的顺利进行提供法律保障。不仅有安全管理，还有安全监察，以管理与监察相结合的办法来为计算机资产提供保护是这个条例的最大特点。

1997年10月1日起我国实行的新刑法，计算机犯罪的罪名得到了第一次增加，非法侵入计算机系统罪，破坏计算机系统功能罪，破坏计算机系统数据程序罪，制作、传播计算机破坏程序罪等都包含在其中。这表明我国计算机法制管理正逐渐进入了一个新的阶段，并开始和世界接轨，计算机法的时代已经来到了。

三、电子商务参与各方的法律关系

（一）电子商务交易中买卖当事人的权利和义务

实质上表现为双方当事人的权利和义务指的就是买卖双方之间的法律关系。买卖双方的权利和义务是对等的，卖方的义务，也就是买方的权利，反过来说也是一样的。

1. 卖方的义务。

在电子商务条件下，三项义务应该由第三方承担。

（1）按照合同的规定提交标的物及单据。电子商务中卖方的一项主要义务就是提交标的物和单据。为让双方的责任分清楚，应当明确肯定标的物实物交付的时间、地点和方法。假如合同里面对于标的物的交付时间、地点和方法没有做出明确规定的，那么在办理的时候就应该根据有关《合同法》或国际公约的规定来进行。

（2）对标的物的权利承担担保义务。与传统的买卖交易是一样的，标的物的所有人或经营管理人仍然应该是卖方，为将标的物的所有权或经营管理权转移给买方提供保障。卖方应对其所出售的标的物享有合法的权利做出保障，将保障标的物的权利不被第三人追索的义务承担下来，以让买方的权益得到保护。

如果有第三人提出对标的物的权利，并向买方提出收回该物时，卖方有义务证明第三人无权进行追索，必要时应当参加诉讼，出庭作证。

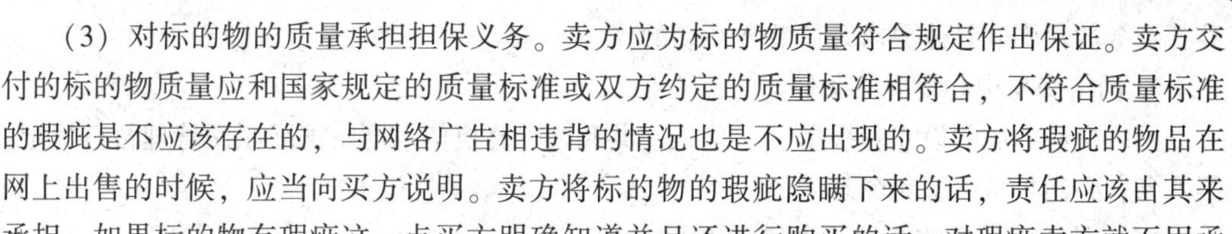

（3）对标的物的质量承担担保义务。卖方应为标的物质量符合规定作出保证。卖方交付的标的物质量应和国家规定的质量标准或双方约定的质量标准相符合，不符合质量标准的瑕疵是不应该存在的，与网络广告相违背的情况也是不应出现的。卖方将瑕疵的物品在网上出售的时候，应当向买方说明。卖方将标的物的瑕疵隐瞒下来的话，责任应该由其来承担。如果标的物有瑕疵这一点买方明确知道并且还进行购买的话，对瑕疵卖方就不用承担责任了。

2. 买方的义务。

在电子商务条件下，买方同样应当承担三项义务。

（1）按照网络交易规定方式支付价款的义务应该由买方承担。由于电子商务的特殊性，一般情况下时间、地点的限制在网络购买中是不存在的，支付价款一般采用的方式有信用卡、智能卡、电子钱包或电子支付等，与传统的支付方式是一存在定的区别的。但在电子交易合同中，应该明确的确定在支付时采用的方式是哪一种。

（2）买方应承担按照合同规定的时间、地点和方式接受标的物的义务。由买方自提标的物的，在卖方通知的时间内买方应到预定的地点提取。由卖方代为托运的，买方应根据承运人通知的期限提取。由卖方运送的，接受标的物的准备买方应做好，及时接受标的物。买方迟延接受时，迟延责任应该由其来承担。

（3）买方应当承担对标的物验收的义务。标的物买方在接受后，应及时进行验收。规定有验收期限的，应该在规定的期限内提出表面瑕疵。发现标的物的表面有瑕疵时，应立即通知卖方，由卖方负责瑕疵。买方在验收时不及时，事后又将表面瑕疵提出来的，责任不由卖方承担。关于隐蔽瑕疵和卖方故意隐瞒的瑕疵，买方发现后，应立即通知卖方，对卖方的责任进行追究。

3. 对买卖双方不履行合同义务的救济

（1）卖方不履行合同义务主要指卖方不交付标的物或单据或交付迟延；交付的标的物与合同规定不符合以及第三者对交付的标的物存在权利或权利主张等。当上述违约行为发生的时候，以下几种救济方法是买方可以采用的。

1）要求卖方实际履行合同义务，交付替代物或修理、补救标的物。

2）减少支付价款。

3）对迟延或不履行合同要求对损失进行赔偿。

4）解除合同，并要求损害赔偿。

（2）买方不履行合同义务，包括买方在收取货物时不按合同规定支付货款，在这种情况下，卖方可选择以下救济方法。

1）要求买方支付价款、收取货物或履行其他义务，并为此可以对一段合理额外的延长期限进行规定，以便买方履行义务。

2）损害赔偿，要求买方对合同价格与转售价之间的差额进行支付。

3）解除合同。

（二）网络交易中心的法律地位

网络交易中心在电子商务中介交易当中起到了介绍、促成和组织者的做用。这样一职责决定了交易中心不偏不倚，可以保证公正性的居间人。这是按照法律的规定、买卖双方委托业务的范围和具体要求开展业务活动的。

1. 网络交易中心设立的条件。

网络交易中心的设立，根据《中华人民共和国计算机信息网络国际联网管理暂行规定》第八条，必须具备以下4个条件。

（1）是依法设立的企业法人或者事业法人。

（2）具有相应的计算机信息网络、装备以及相应的技术人员和管理人员。

（3）具有健全的安全保密管理制度和技术保护措施。

（4）符合法律和国务院规定的其他条件。

2. 网络交易中心的地位。

买卖双方委托的任务网络交易中心应当认真负责地执行，并积极协助双方当事人成交。介绍、联系活动时网络交易中心要诚实、公正、守信用，不得弄虚作假，招摇撞骗，否则将由其承担赔偿损失等法律责任。

网络交易中心活动的时候必须在法律许可的范围内。网络交易中心经营都应严格遵守国家的规定，如业务范围、物品的价格、收费标准等。合同标的物不能是法律规定禁止流通的物品。居间活动不能为那些显然无支付能力的当事人或尚不确知具有合法地位的法人进行。对在互联网上从事居间活动的网络交易中心来说还有一个问题就是归口管理。由于网络交易中心提供的服务性质上是属于电信增值网络业范围，其所提供的服务不仅仅是单纯的交易撮合，而是同时在网络上将许多经过特殊处理的信息提供了出来，因此单纯网络传输的价值得到了增加。所以，在业务上，各级网络管理中心的归口管理也是网络交易中心应该接受的。

不应由网络交易中心承担买卖双方之间各自因违约而产生的违约责任风险，而应由违约方承担。网络交易中心也不应承担因买卖双方的责任而产生的对社会第三人（包括广大消费者）的产品质量责任和其他经济（民事）、行政、刑事责任。

3. 网络交易客户与虚拟银行间的法律关系。

在电子商务中，银行也成为了虚拟银行。网络交易客户与虚拟银行之间也拥有了非常密切的关系。将少量的邮局汇款除外，通过虚拟银行的电子资金划拨来完成的交易占了一大部分。虚拟银行与网络交易客户所订立的协议就是电子资金的划拨依据。这种协议属于标准合同，通常是由虚拟银行起草并作为开立账户的条件递交给网络交易客户的。所以，合同依然是网络交易客户与虚拟银行关系的基础。

在电子商务中，发送银行和接收银行的角色都是由虚拟银行扮演的。根据客户的指示，准确、及时地完成电子资金划拨就是其基本的义务。

虚拟银行作为发送银行在整个资金划拨的传送链中，如约执行资金划拨指示的责任是由其承担的。一旦资金划拨失误或失败，发送银行应赔付客户。如果可以查出出现过失的是哪个环节，则由过失单位向发送银行进行赔付；如差错的来源查不出来的话，则损失由整个划拨系统分担。

事实上，虚拟银行作为接收银行，它的法律地位其实还是有一点儿模糊的。一方面，接收银行与其客户的合同要求它妥当地接收所划拨来的资金，也就是说，它一接到银行传送来的资金划拨指示，就应该马上履行它的义务。如有出现延误或者失误的状况，就应该

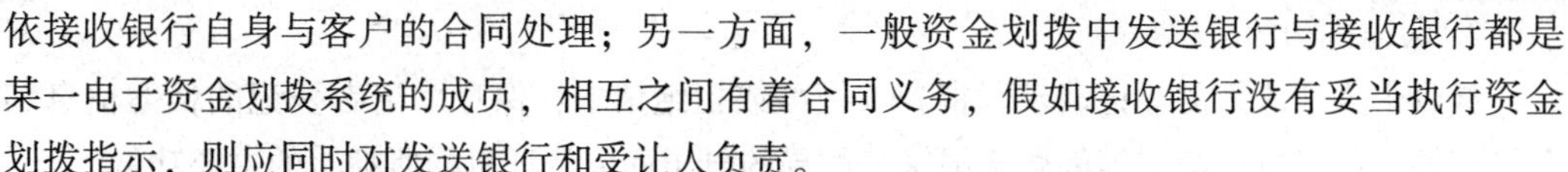

依接收银行自身与客户的合同处理；另一方面，一般资金划拨中发送银行与接收银行都是某一电子资金划拨系统的成员，相互之间有着合同义务，假如接收银行没有妥当执行资金划拨指示，则应同时对发送银行和受让人负责。

4. 银行承担责任的形式通常有三种。

（1）返回资金，支付利息。如果没有及时完成资金划拨，或者未能及时通知网络交易客户到位资金，虚拟银行有义务将资金返还给客户，并对从原定支付口到返还当口的利息进行支付。

（2）补足差额，偿还余额。如果接收银行到位的资金金额比支付指示所载数量小的话，则接收银行有义务将差额补足；如果接收银行到位的资金金额比支付指示所载数量大的话，则从收益人处接收银行有权依照法律提供的其他方式获得偿还。

（3）偿还汇率波动导致的损失。对于在国际贸易中，由于虚拟银行的失误而造成的汇率损失，就此网络交易客户有权向虚拟银行将索赔提出来，而且可以在本应进行汇兑之日和实际汇兑之日之间将对自己有利的汇率选择出来。

（三）认证机构在电子商务中的法律地位

1. 认证机构的作用。

PKI（公开密钥系统）的核心执行机构就是认证机构，同时它是 PKI 的主要组成部分，一般简称为 CA，一般情况下在业界用认证中心来称呼它。认证中心所扮演的角色为一个买卖双方签约、履约的监督管理，买卖双方有义务接受认证中心的监督管理。认证机构所拥有的地位和作用不管是在在整个电子商务交易过程中，还是在电子支付过程中都是不可代替的。

在网络交易的撮合过程中，提供身份验证的第三方机构就是认证机构，同时也是由一个或多个用户信任的、具有权威性质的组织实体。它不仅要负责进行网络交易的买卖双方，还要负责整个电子商务的交易秩序。所以，这是一个极其重要的机构，通常都带有半官方的性质。

在采用公开密钥的电子商务系统中，对文件进行加密传输的过程的步骤有 6 个。

第一步，买方从虚拟市场上对想要购买的商品进行寻找，对需要联系的卖方进行确定，并从认证机构将卖方的公开密钥获取出来。

第二步，买方生成一个自己的私有密钥，并在对自己的私有密钥进行加密的时候使用从认证机构得到的卖方的公开密钥，然后通过网络传输给卖方。

第三步，卖方解密的时候用自己的公开密钥进行，之后就会得到买方的私有密钥。

第四步，买方用自己的私有密钥加密需要传输的文件，然后通过网络把加密后的文件传输到卖方。

第五步，卖方用买方的私有密钥对文件进行解密，得到文件的明文形式。

第六步，卖方重复上述步骤向买方传输文件，让相互沟通得以实现。

在上述过程中，卖方的公开密钥只有卖方和认证中心才拥有，或者说，只有买方和认证中心才拥有卖方的公开密钥，所以，就算是别人得到了经过加密的买卖双方的私有密钥，也是没有办法进行解密的，这样就私有密钥的安全性就有了保障，从而传输文件的安全性也得到了保证。

2. 认证机构的法律地位。

接收个人或法人的登记请求，审查、批准或拒绝请求，保存登记者登记的档案信息和公开密钥，颁发电子证书等都属于国家工商局的电子商务认证机构所拥有的主要功能。

电子商务认证机构对登记者履行下列监督管理职责。

（1）监督登记者按照规定办理登记、变更、注销手续。

（2）监督登记者按照电子商务的有关法律法规合法从事经营活动。

（3）制止和查处登记人的违法交易活动，保护交易人的合法权益。

登记者有下列情况之一的，认证机构可以根据情况分别给予警告、报告国家工商管理局、撤销登记的处罚：

1）登记中隐瞒真实情况，弄虚作假的；

2）登记后非法侵入机构的计算机系统，擅自改变主要登记事项的；

3）不按照规定办理注销登记或不按照规定保送年检报告书，办理年检的；

4）利用认证机构提供的电子证书从事非法经营活动的。

四、国内外电子商务立法实践

经济和信息技术发展并相互作用的必然产物就是电子商务，随着互联网的飞速发展和计算机技术的突飞猛进，这些都使得电子商务应用的成本得到了很大的降低，使它可以将大公司的应用范围超越而成为一个全球性新的经济现象。

如今，各种各样的电子商务活动在我国各级政府及经贸等部门的大力推进下，正在大量开展和推广，各地方也出现了非常多的网上招商博览会、跨国项目洽谈会、“不落幕”交易会等，具有地方特色的“贸易之桥”、“信息港”等电子商贸网络体系也不断地建立起来。

（一）电子商务对传统法律的挑战以及电子商务法产生的必然性

使电子信息化因为电子商务的迅猛发展渐渐的成为了商务交易手段的主导，从而客观上要求将促进电子商务健康有序的民商事法律体系建立起来，对现有民商事法律的缺失进行弥补。其中电子商务法就成为这个法律体系之中必不可少的组成部分。

1. 传统民商事法律对电子商务的发展的障碍。

从我国传统的民商事法律规范的发展现状来看，能够很明显的发现传统法律在一定程度上抑制了电子商务的发展，主要的情况有三种：法律规则的缺位；法律规则的模糊；法律规则不协调。

2. 电子商务法产生的必然性。

电子交易具有和传统交易法律上不一样的表象。为了对其规范和有序提出保证，必须要作出相应的调整法律，从而消除传统民商事法律对电子商务运作构成的障碍。但是，就电子商务交易形式法律制度来说，由于在商事交易中运用了数据电文，尤其是因特网这一开放性商事交易平台的建立，将一系列新问题带给了商事法律关系。为了让这些特殊问题得到解决，就形成了电子商务法律制度：一是数据电文法律制度，二是电子签名的法律效力问题，三是电子认证法律制度。

（二）我国电子商务的法律环境建立

我国电子商务要想得到快速稳健地发展，除了需要拥有完备的技术支持和良好的经济环境外，与之相匹配的法律制度也是不能够缺少的。电子商务法应将在保留和遵循商法基本原理的基础上,，逐步扬弃规范传统商业活动的内容，增加和补充用以规范电子商务活动的内容。根据世界电子商务立法的经验教训和我国的具体国情，我国电子商务法律体系建设应遵循以下几个立法原则。

（1）安全性原则。电子商务法要将对电子商务的安全进行维护放在重要位置。

（2）兼容性原则。因特网是电子商务的基础，电子商务本质上是全球性的商事活动这一点是由因特网开放性的特点决定的，同时这一点也一定会使得法律具有更强的兼容性。

（3）动态性原则。电子商务发展迅猛，且一直到今天依然还在高速发展的过程之中，随着电子商务的发展，新的法律问题还将不断出现，因而能就目前已成熟或已经成共识的法律问题制定相应的法规，并随着电子商务发展而不断修改和完善。

（4）指导性原则。由于电子交易是电子商务的主要活动，而平等自愿是商业交易的主要特征，因此，电子商务立法应充分的体现指导性原则，也应该明确在发展电子商务中政府的地位。

（5）协调性原则。电子商务立法在解决问题的同时，还要注意与其他层面解决方案的协调，避免整个电子商务法律环境因为法出多门和因立法权与管理权冲突而无序。

第二节　网络知识产权法律制度

一、网络著作权的法律保护

作为民事权利的一种，著作权享有的保护应适用一般民事权利的保护方式。在我国的民法体系，“全部赔偿原则”是对民事权利的损害赔偿确认，也就是说赔偿应该以侵权行为所造成的损失为限，由于科学技术、文化艺术的积累，社会各产业的发展与网络著作权的产生应用都有着紧密的联系，使网络著作权人对其权利的价值及权利对社会财富的创造力充满了信心，由此在该原则下损害补偿主义赔偿和惩罚主义赔偿的争论就出现了。法定标准赔偿原则也由少部分学者主张。

1. 损害补偿主义原则

根据权利受害人的实际损失，由侵权人予以按实赔偿指的就是弥补性赔偿。持弥补性赔偿观点的学者认为，对受害人财产损失和精神损害的一种补偿，一种利益的“弥补”和“填平”仍然位于对产权侵权损害赔偿的性质的首位。同时对其不法行为的一种法律制裁的还有侵权人承担赔偿责任。赔偿损失的基本功能是补偿，其辅助功能是制裁；相辅相成的补偿与制裁，对民事主体行为和知识产权关系共同起着规范和调整的作用。

2. 惩罚主义原则

持惩罚性赔偿观点的学者认为，鉴于当前对著作权损害现象比较严重，对著作权人权利的保护程度应该得到提高。因为在日益强大的网络多媒体的面前，著作权权利人有薄弱的个人力量，与著作权工业整体的快速发展相比该私权的主张是没有办法与之相抗衡的。由于作品是根据 web 页进行传播的，较为直观的发布者为网络服务商，使作品的来源具有一定的隐蔽性，使著作权人想要寻找侵权人是非常困难的。如果找到侵权行为人后，有非常低的赔偿金额，也不能形成对网络侵权人的威慑，对其他侵权也就不能起到威慑作用。惩罚主义赔偿可以在责令侵权返还著作权人因侵权所得的利润的前提下，以权利人的实际损失为基础，乘以一定的倍数（一般为 3 ~5 倍）对权利人进行赔偿。以此对侵权人的不法行为进行惩罚。对传统民法禁止权利人因损害赔偿获利原则的一种突破就是惩罚性赔偿，将现代社会的评价观念引入进来，某些故意侵权行为的蔓延也可以得到有效的制止。

3. 法定标准赔偿原则

由法律明文规定不法侵害作品著作权造成损害应赔偿损失的具体数额幅度指的就是所谓法定标准赔偿。在法院没有办法查清楚受害人实际损失和侵权人营利数额，或者受害人直接要求按最低赔偿额进行赔偿的，赔偿数额由法院按法律规定的赔偿数额进行确定。针对著作权保护的实际情况对全部赔偿原则的发展指的就是法定标准赔偿原则。著作权保护的对象具有无形的特点，侵权容易而很难将证据找出来，权利人所受损失在进行计算的时候也比较困难。鉴于知识产权保护对象的特殊性，损害事实和损害后果的不易确定性，不少国家的知识产权立法对知识产权侵权损害赔偿的法定赔偿制度进行了规定，即规定实施某种侵权行为应当赔偿多少数额。如美国著作权法第 504 条规定，侵权人对其所侵犯的每一部作品，可负担 250—10000 美元的赔偿；情节严重的可提高到每部作品 5 万美元。在网络作品侵权损害赔偿案件中，当侵权人非法下载、复制的作品作为证据受害人拥有的话就可以向法院起诉要求赔偿。法院在对证据进行调查核实时，没有找到侵权人非法下载、复制的其他作品的销售获利证据的话。此案如果以没有损失为理由不予赔偿，对权利人是不公正的，与著作权立法的宗旨也是不相符的。

二、关于侵权责任承担的问题

在还没有出现互联网的时候，比较容易确定传统著作权的侵权人。然而在互联网出现以后，由于科学技术的进步，大量的网民在完全不清楚自己的行为已经是侵权行为的情况下，在网络上对大量的作品进行了转载，而要确定这一人群有非常大的难度，而同时由于科技的限制，对网站上存在的海量信息逐一判断其版权并为其负责网络服务商并不能做到，假如法律把这样的审查注意义务加在网络服务商上是不公平的。不过如果网络服务者只是网络服务的提供者，并尽到技术能力范围内的注意义务，也就没有义务对被侵权人的损失负责，不过大部分情况下，网络服务商不只是充当了网络服务提供者，与此同时还充当了网络内容的提供者。所以在现代社会之中，以网络形式侵犯传统媒体作品的侵权承担者最终通常只是网络服务者而不包括网络上转载作品的网民是不包括在内的。确定传统媒体侵犯网络作品的侵权人相对来说是比较容易的，在此就只详细介绍一下网络服务商的侵权责任承担。

网络服务商需要承担的责任有哪些？不能简单适用既往的规定。这个问题只有从法律和社会、经济等多角度进行考虑，并考虑到技术的可行性与可展性，才能对正确的规则进行确定。作为最有影响的网络服务商著作权侵权案件，美国 NaPSter 音乐版权纠纷案将这方

面的问题暴露出来了。

为了让歌曲文件在网上更容易寻找，肖恩·范宁创立了 Napster。Napster 专门提供交换 MP3 格式音乐的服务，每个用户都可以把他的收藏拿到网上与人交换和供人免费下载，网友们可分享 200 万首免费音乐文件。Napster 网站在一年多的时间里吸引了 3800 万用户，成为有史以来成长最快的网站。

然而，Napster 的发展很快引起了音乐制作商的不满。1999 年 12 月，全球五大唱片公司 BMG、环球、索尼、华纳和 EMI 以及美国唱片协会（RIAA）联合起诉 NAPSTER，称其侵犯了唱片公司版权。2001 年 2 月，美国联邦法院裁决 Napster 网站侵犯五大唱片公司的版权，其音乐交换服务须停止。

从这个案件的裁决，我们能够得出以下结论：

1. 网络使用者（侵权行为人）对音乐（作品）进行数字化传输是趋势，制裁 Napster 网站是没有办法阻止网上交换音乐的行为。许多同样采用文件共享服务的音乐交换网站没有中央服务器，而使诉讼成为司法技术上的不可能。

2. 歌手（传统著作权的作者）支持对作品的网络数字化传输。因为这歌手的知名度得到了极大的加强，而歌曲的版税只占歌手收入的小部分，而过歌曲被越来越多的人喜爱，影响力越大，那么广告等其他收入就会越多。

3. 裁决 Napster 网站侵权是对传统著作权“权利穷竭原则”的修正。传统上，一旦售出含有知识产权的知识产品，知识产权所有人就会丧失对于这件产品的权利，就比如说书籍一旦售出，著作权人就不能限制购买者把书籍借给他人翻阅。但购买者将唱片所载音乐录入电脑后，提供音乐交换服务的网络服务商是否构成辅助侵权责任？美国联邦法院裁决 Napster 网站侵权的案例有一定的示范意义。

对于知识产权的保护，使知识产权价值最大化才是最终的目的，并不是为保护而保护。对 NaPster 网站被诉案的分析也可能够看出，网络作品的著作权人、作者、作品的使用者都希望网络的发展可以将新的利益带来。对这种新的利益由法律来决定分配规则就是法律诉讼的社会本质。制定相关法律制度时，应该考虑著作权主体各方的发展与利益。特别在我国互联网的发展阶段，保护机构性的网络服务商和培养网民是特别重要的。

三、网络商标权

商标是用来区别商品或者服务来源的标志，使用在相同或相似种类的商品上，并且要有着一定的显著性，从而将识别商品的功能发挥出来。随着多媒体与网络通讯技术的成熟，电子商务对于上标的需求，更趋向于动态商标、带有声音商标的出现。

“链”上的商标之争和网上搜索引擎引起的“隐形”商标侵权纠纷是电子商务中的商标侵权比较集中的表现。

在互联网上，处于不同服务器上的文件能够通过超文本标记语言链接起来。通常情况下网页设计者在网页上设计某个红色或者黄色字符的图形，这些字符或图形只要用户点击之后就会，在用户的计算机屏幕上呈现另一个网页或者网页的另一部分内容。这些字符或图形被人们称之为“锚”，而“链接”就是网上文件转换和跳跃的过程。网络文件之间的跳跃和转换用户点击“锚”就能实现，是由于“锚”上嵌着被链文件的网上地址，能让用户的浏览器按照这些地址找到被链的文件。最终这些各种各样的超文本链接让互联网成为了一个庞大的信息集合体。

直接用被链文件的网上地址作为锚的情况是非常少的，一般情况下，锚的外表就是文字、标题或标志；这种表里不一的情况将很多问题和纠纷引发了出来。比如说，曾经有过一起涉及微软公司的案件里面，微软公司由于在其网页上使用某票务公司的设置链接的行为，被定性为“电子形式的剽窃”，这是盗用和滥用其商标和商号的不正当竞争，淡化了其商标的价值，让其的商业信誉也受到了侵害。虽然这个案件最终以双方和解而了结，不过该案提出了一个新的法律问题，也就是说，文件链接也是能够构成商标侵权的。当然，为平衡双方当事人的利益，判断这类商标侵权纠纷一定要结合具体案情。对网页上“锚”是否被链接设置者当做商标使用进行考虑，以及消费者会不会因为这种使用而产生混淆。

网上搜索引擎引起的“隐形”商标侵权纠纷是网络中商标侵权纠纷的另一个热点。事实上隐形商标侵权纠纷与“元标记”设计和网上搜索引擎的发展之间存在这某种关系。网页设计者用“元标记”来描述其网站及其内容的，包括网主、版权声明和关键词等，并不是网页正常运行所必须的。由于很多著名的网上搜索引擎所具有的关键词检索功能是相同的，也就说在某个用户键入某个想要查找的主题词后，搜索引擎就按照网页源代码元标记中的关键词罗列查询结果，客观上对元标记的广泛使用起到了推动的作用。由于一个网页的用户访问数与该网页的广告收入之前有密不可分的关系，一些网主很快想出了利用网上搜索引擎为网页吸引用户的办法，就是说在网页上设置出尽可能广泛而吸引人的关键词，当用户查询这些主题的时候搜索引擎就能够指向这些网页，不论网页的内容是不是真的与这些关键词有关。

关键词既然能被用来招揽用户，那么这里面能够产生“隐形”的上标侵权纠纷也就在意料之中了。与显形的商标侵权不同，隐形使用他人商标，靠他人的商业信誉把用户吸引到自己的网页，虽他人的注册商标没有直接在自己的商品上或商品广告中使用，如果对已经存在的侵权行为不尽快消除，可能会带来更多的侵权人效仿，从而构成了新型的商标侵权的行为。

四、域名的法律保护

域名是一种资源标志符，是因特网主机的 IP 地址，由它可以转换成特定主机在因特网中的物理地址。域名具有的特点有唯一性、易实现性、可增值性、永久性。域名作为一种在 Internet 上的地址名称，对区分不同的站点用户来说起到的作用是非常重要的，随着域名商业价值的不断增强，法律已经开始把一些知识产权的权利内容赋予到域名上，以此来保护权利人利益。

便于计算机联网和网上通讯联系就是设计域名的最初目的。然而，由于这是非常方便记忆的，所以被广泛用作一种商业标示符号。网站作为发展电子商务的基本手段所具有的巨大潜力已经被商业组织意识到了，尽量使用商标、商号和其他公司标志性词语作为其网站的域名，用这样的方法来吸引原有消费者，从而达到扩大网上市场的知名度的效果。商业组织的域名也经常性的被用在广告宣传的过程中，在网上作为该商业组织已经占有一席之地的标志。所以，在因特网上注册域名是单个厂商参与全球电子商务的前提。

域名的唯一性是由域名系统的技术特征来决定的，因此有一部分别有用心的人就想出了把他人的知名商标、商号或其他标志（例如上市公司简称）注册为域名，再用很高的价钱把这些域名卖给其知识产权的所有人的主意。不过在有些情况下，域名注册人并没有抢注的心理，只是出于自身原因使用了某个域名，偶然与他人以英文字母形式表示的注册商标或使用商标相同或相似，也就是这样造成了域名与商标发生冲突，或产生淡化商标的作用。前者属于恶意抢注，域名抢注者就如同信息高速路上的车匪路霸，对网络上电子商务的发展是非常不利的。这种行为已经在美国、英国等国受到了法律制裁，那些注册了几十、上百个他人的知名商标或企业名称的抢注者都被迫将抢注的域名还给知识产权的所有人。而后者纯属域名引发的权利冲突，对其纠纷的解决，首先需要给域名“正名”，使域名得到相应的法律保护和知识产权的地位，然后根据域名与注册商标之间的关系将法律法规制定出来。这样，域名与商标之间的冲突就就会变得容易解决。

目前，还没有出现明确的针对域名保护的国内或国际的知识产权法。全球电子商务的进一步发展会因为这种“无法”状态受到妨碍。1998 年初美国商务部电信与信息司公布的《因特网名称与地址的技术性管理的改进方案》将七个方面的问题列举了出来，只有真正地把握住这些问题的症结，并能从技术、法律两方面得以解决，才能说有关域名的知识产权立法是完善的。如今，保护域名的专门制度在现有的国际知识产权法中是缺乏的，但是，对建立域名的知识产权国际保护制度来说《巴黎公约》、《伯尔尼公约》和 TRIPS 协议（与贸易有关的知识产权协议的简称）等主要的国际知识产权法所规定的基本原则与规则，可能起到了指导作用。因特网国际协会与美国的以及全球产业界、因特网用户等也达成协议，将新的全球性管理顶级域名机构成立起来。这说明国际社会正在加紧努力，对这一基础性领域内错综复杂的问题进行协调。

第三节　电子商务的相关法律

一、电子商务立法的主要内容

（一）电子商务立法的内容

电子商务立法主要用来对电子商务过程中参与各方的法律关系进行调整，以让法律对于交易的确认、保护和救济得到实现。其内容主要涉及：

1. 电子签章、电子合同、电子记录的立法：

尤其是电子签章的有效性问题、电子合同的形式问题。

2. 交易环节的有效性、安全性和相关方权益保护立法：

如交易平台的法律责任，特别是电子交易的安全问题立法。

3. 电子商务信任环境立法：

如数据与隐私权保护、消费者保护等问题的立法。消费者保护、隐私权保护。

4. 其他还有电子商务的税收问题，法律管辖冲突、电子提单的法律问题，垃圾邮件、网络广告的法律问题；

5. 链接和软件的可专利性问题。

以上各项中电子签章、电子合同、电子记录的法律是最重要的的，

（二）国际制定的一系列调整电子商务活动的法律文件

从1985年以来，在国际上已经制定出了一系列调整电子商务活动的法律文件。主要包括：

1.《联合国国际贸易法委员会电子商务示范法》；

2.《联合国国际贸易法委员会电子签字示范法》；

3.《国际海事委员会电子提单规则》。

二、合同法

（一）合同法的基本原则

合同法有广义、狭义的分别。调整各种民事合同关系的法律规范总称指的就是广义的合同法。狭义的合同法是指合同法典，也就是在1999年3月15日第九届全国人民代表大会第二次会议通过的《中华人民共和国合同法》。在这里所说的《合同法》指的就是狭义的合同法。

合同法的基本原则是：

1. 平等原则。

《合同法》第三条规定："合同当事人的法律地位平等，一方不得将自己的意志强加给另一方。"

2. 自愿原则。

《合同法》第四条规定："合同当事人依法享有自愿订立合同的权利，任何单位、个人不得非法干预。"

3. 公平原则。

《合同法》第五条规定："当事人应当遵循公平原则确定各方的权利和义务。"

4. 诚实信用原则。

《合同法》第六条规定："当事人行使权利、履行义务应当遵循诚实信用原则。"

（二）合同法的适用范围

指合同法发生法律效力的范围合同法的适用范围，在时间、空间和对人的适用范围都是其包括的内容。

1. 合同法在时间上的适用范围。又可以用合同法在时间上的效力来称呼合同法在时间上的适用范围，指的就是合同法生效与失效的时间以及生效后的合同法律规范对其生效前发生的合同法律关系是否具有溯及既往的效力。在法律、法规中法律、法规生效与失效的时间应做出具体规定。我国《合同法》第四百二十八条规定："本法自1999年10月1日起实施，《中华人民共和国经济合同法》《中华人民共和国涉外经济合同法》《中华人民共和国技术合同法》同时废止"。

2. 合同法在空间上的适用范围。合同法在什么地域内发生法律效力指的就是合同法在空间上的适用范围。我国《民法通则》第八条规定，我国民事法律规范包括《合同法》的空间适用范围以属地法为原则，凡在我国领域内的民事活动，原则上适用我国法律，但

“法律另有规定的除外”。法律另有规定的特殊情况是指：合同主体均为外国人的国际合同，根据我国参加的国际公约、条约或者我国承认的国际惯例，解决争议时的适用法律合同当事人可自行选择；合同主体的一方为中国人，另一方为外国人（也包括港澳台同胞）的涉外合同，根据《合同法》第一百二十六条第一款的规定，涉外合同的当事人可以选择处理合同争议所适用的法律，但法律另有规定的除外。

3. 合同法对人的适用范围。《合同法》对哪些人发生法律效力指的就是合同法对人的适用范围。《合同法》对人的适用范围是我国民事法律规范包括的，主要采取以属地主义为主、属人主义和保护主义相结合的原则。

（三）合同法对于合同的定义

根据《民法通则》第八十五条与《合同法》第二条的规定，合同是指平等主体的自然人、法人、其他组织之间设立、变更、终止民事权利义务关系的协议。以下是合同所具有的法律特征。

1. 合同是一种民事法律行为。

2. 合同是各方当事人意思表示一致的民事法律行为。首先，合同的成立两方以上的当事人是必须要有的；其次，当事人之间必须互为意思表示并且各方当事人的意思表示在平等自愿的基础上是相同的。

3. 合同是以设立、变更或终止民事权利义务关系为目的的民事法律行为。

4. 合同的设立建立在各方当事人在平等自愿的基础上、变更或终止民事权利义务关系的民事法律行为。

（四）合同法对于合同的分类

《合同法》在第九章至第二十三章阐述了下列合同：买卖合同（出卖人转移标的物的所有权于买受人，买受人支付价款的合同），供用电、水、气、热力合同，赠与合同，借款合同，租赁合同，融资租赁合同，承揽合同，建设工程合同，运输合同，技术合同，保管合同，仓储合同，委托合同，行纪合同，居间合同。

（五）合同订立的含义

两个或两个以上的当事人，依法就合同的主要条款协商一致并达成一致的法律行为指的就是合同订立。自然人可以成为合同的当事人，也可以是法人或者其他组织，但是根据法律规定，当事人订立合同，应当具有相应的民事权利能力和民事行为能力。签订合同时当事人也可以委托代理人。合同的内容由当事人约定，一般包括当事人的名称或者姓名和住所，标的，数量，质量，价款或者报酬，履行期限、地点和方式，违约责任和解决争议的方法。

（六）合同订立的程序

根据《合同法》规定，合同订立一般要经过两个阶段分别是：要约、承诺。

1. 要约阶段。

要约又称发盘、发价或报价，是订立合同时必须要经过的阶段。根据《合同法》第十四条的规定，要约指的就是希望和他人订立合同的意思表示。

要约必须具备的条件有：

（1）要约是特定人做出的意思表示，要约是要约人向相对人做出的意思表示，在得到相对人承诺之后马上成立合同；

（2）要约必须是要约人向相对人发出；

（3）要约必须具有缔结合同的目的；

（4）要约必须要有具体、确定的内容。

2. 承诺阶段。

承诺又称接受，是指受要约人做出的同意要约以成、合同的意思表示。

（1）承诺必须具备的要件有：

第一要件，必须是由受要约人做出承诺；

第二要件，必须向要约人做出承诺；

第三要件，承诺的内容和要约的内容必须是一致的；

第四要件，承诺必须在合理的期限内到达要约人。

以上 4 个条件是一个有效的承诺必须具备的，但是《合同法》依据国际惯例做了如下一些变通规定。

（2）《合同法》依据国际惯例做出的变通规定。

变通规定一，受要约人超过承诺期限发出承诺的，除要约人及时通知受要约人该承诺有效的以外，为新要约。

变通规定二，受要约人在承诺期限内发出承诺，按照通常情形能够及时到达要约人，但因其他原因承诺到达要约人时超过承诺期限的，除要约人及时通知受要约人因承诺超过承诺期限不接受该承诺的以外，该承诺有效。

变通规定三，承诺对要约的内容做出非实质性变更的，除要约人及时表示反对或者要约表明承诺不得对要约的内容做出任何变更的以外，该承诺有效，合同的内容以承诺的内容为准。

在订立合同过程中当事人如出现以下的情形：假借订立合同，恶意进行磋商、对与订立合同有关的重要事实故意隐瞒或者提供虚假情况、有其他违背诚实信用原则的行为情形之一，给对方造成损失的，应当承担损害赔偿责任。

（七）合同的形式

可以用合同的方式来称呼合同的形式，是当事人合意的表现形式，是合同内容的载体和外在表现形式。根据《合同法》规定，当事人订立合同的形式有书面形式、口头形式和其他形式。

当事人订立合同时采用合同书形式的，自双方当事人签字或者盖章时合同成立；采用数据电文形式订立合同的，合同成立的地点就是收件人的主营业地；没有主营业地的，合同成立的地点就是其经常居住地。当事人另有约定的，按照其约定执行。采用格式条款订立合同的，将格式条款提出来的一方应当遵循公平原则确定当事人之间的权利和义务，并采取合理的方式提醒对方注意免除或者限制其责任的条款，按照对方的要求，说明该条款。除了书面形式和口头形式外，合同还有包括批准、登记、公告、公证和鉴证等其他一些形式，。

（八）合同效力的概念

已经成立的合同在当事人之间产生了一定的法律约束力指的就是合同生效。关于合同的法律效力，法国《民法典》规定："依法成立的契约，在缔结契约的当事人之间有相当于法律的效力。"在我国，依法成立的合同，即具法律约束力，当事人必须全面履行合同规定的义务，关于合同任何一方不得擅自变更或解除。在对合同的法律效力问题进行理解时，合同具有法律约束力的几层含义应注意领会。

1. 依法订立的合同将产生一定的法律后果，也就是会在合同当事人之间产生法律上的权利义务关系。

2. 依法订立的合同具有法律强制的约束力。当事人必须全面履行合同规定的义务，关于合同任何一方不得擅自变更或解除。

3. 处理有关合同纠纷的依据就是有效的合同或合同中的有效条款。

（九）合同的生效要件

符合法律规定要件的合同成立后，对当事人产生法律上的效力指的就是合同生效。

1. 合同生效的一般要件。

（1）合同已经成立。合同生效的前提条件就是合同的成立，依法成立的合同成立的那一刻起就开始生效。

（2）合同当事人的意思表示真实。

（3）合同的目的和内容与法律、行政法规的强制性规定不能相违背。

2. 合同生效的特殊要件。

（1）法律、行政法规规定应当办理批准、登记手续才可以生效的，自办理批准、登记手续时生效。

（2）合同当事人约定合同生效的条件或者期限的，自满足合同约定的条件或者期限实现，合同生效。例如，甲拥有一套房子，出让给乙，但是，双方同时约定，甲在购买到其他住房之后，再正式向乙出让住房。附加延缓条件的就是甲、乙之间的合同。

（十）无效合同的种类

虽然已经成立了合同但因其不具备合同生效要件而不能产生行为人预期法律后果的合同，也就是不发生法律效力的合同指的就是无效合同。对当事人不发生强制的约束力指的就是无效合同不发生法律效力。但这并不是说无效的合同行为不产生任何法律后果。

1. 无效合同的特征

（1）违法性。之所以无效合同不发生法律效力，最根本的原因就是因为它不具有合法性，意思即是说从根本上违反了国家的法律、行政法规中的命令性规定和社会公共利益，与国家利益和社会利益不相符。

（2）不得履行性。该合同具有不得履行性是由无效合同的违法性决定的。之所以法律认定具有违法性的合同无效，主要的原因就是因为它的履行不仅不会对社会有益，而且会对社会利益和国家利益造成损害。

（3）当然无效性。无效合同的当然无效性一方面表现在这种合同的当事人及合同当事人以外的任何人都可以主张该合同无效；另一方面也表现在仲裁机构和人民法院可以不经当事人主张而主动审查，同时有关的合同管理部门也可主动对其进行查处，对无效合同当事人的行政责任进行追究。

（4）自始无效性。无效合同从订立开始的时候就不生效，而不是在仲裁机关或法院确认无效时不生效。

2. 无效合同的种类。《合同法》第五十二条规定，有下列情形之一的，合同无效。

（1）一方以欺诈、胁迫的手段订立合同，对国家利益造成损害。

（2）恶意串通，国家、集体或者第三人利益受到损害。

（3）以合法形式对非法目的进行掩盖。

（4）损害社会公共利益。

（5）违反法律、行政法规的强制性规定。

合同无效的主要表现为整个合同的无效和合同的部分无效。在合同属于部分无效时，其他部分效力是不会受到影响的，也就是说其他部分仍然有效。除此之外，合同无效时，在合同中独立存在的有关解决争议方法的条款仍然有效。

（十一）可变更、撤销合同的种类

当事人所签订的合同因依法具有可变更和可撤销的原因，而由有撤销权的当事人请求仲裁机关或人民法院予以变更或撤销的合同指的就是可变更和可撤销的合同。关于可变更和可撤销的合同，大致可从以下几方面认识：

第一，可变更、可撤销的合同的意思就是表示不真实的合同；

第二，可变更、可撤销的合同是相对无效的合同，在没有变更或撤销之前，合同依然是有效的，因此并不能认为可变更、可撤销的合同理所当然是无效。只是当撤销权行使后其效力具有溯及力而已；

第三，可变更、可撤销的合同中所发生的变更权、撤销权的行使，与合同的变更、解除这两个问题的性质是不相同的。

《合同法》第五十四条规定：“下列合同，当事人一方有权请求人民法院或者仲裁机构变更或者撤销：

（1）重大误解订立的；

（2）在订立合同时显失公平的。

一方以欺诈、胁迫的手段或者乘人之危，使对方在违背真实意思的情况下订立的合同，受损害方有权请求人民法院或者仲裁机构变更或者撤销。当事人请求变更的，人民法院或者仲裁机构不得撤销。

《合同法》第七十四条规定，当债务人实施有害债权人的行为时，债权人可行使撤销权。所谓有害债权人的行为有放弃到期债权行为、无偿转让财产行为、不合理的低价转让财产行为。

（十二）合同履行的具体规则

合同当事人全面地、适当地实施属于合同标的的行为，以实现债权人的债权指的就是合同履行。

1. 合同履行过程中，合同内容没有约定或约定不明时的履行原则。

当事人就质量、价款或报酬、履行地点等内容没有约定或约定不明的，可以通过协议进行补充；补充协议不能达成的，按合同有关条款或者交易惯例确定。按照有关条款或交易惯例依然不能确定的，按下列原则履行。

（1）质量不明确的，按通常标准履行。同类或类似标的物的质量标准就是所说通常标

准。

（2）价款或报酬不明确的，按照订立合同时履行地的市场价格履行，依法由国家定价的按照国家定价履行。

（3）履行地点不明确的，给付货币的，在接受货币一方所在地履行；交付不动产的，在不动产所在地履行；其他标的，在履行义务一方所在地履行。

（4）履行期限不确定的，债务人可以随时履行，债权人也可以随时请求履行，但应当给对方必要的准备时间。

（5）履行费用不明确的，由债务人负担。

（6）应当先履行债务的当事人，有确切证据证明对方有下列情形：经营状况严重恶化、转移财产、抽逃资金以逃避债务、丧失商业信誉、有丧失或者可能丧失履行债务能力的其他情形之一的，可以中止履行。

2. 价格变动时的履行原则。

（1）执行市场价格的，在合同履行期内价格变动的，仍然按合同约定的价格履行，但双方当事人协商变更的除外。

（2）执行国家定价的，在合同规定的交付期限内国家价格调整时，计价的时候按交付时的价格。逾期交货的，遇价格上涨时，按照原价格执行；价格下降时，按新价格执行。逾期提货或逾期付款的，遇价格上涨时，按新价格执行；价格下降时，按原价格执行。

（3）价款或者报酬不明确的，按照订立合同时履行地的市场价格履行；依法应当执行政府定价或者政府指导价的，按照规定履行。

（十三）合同终止及解除的前提条件

合同终止即合同消灭，包括的情况有两种分别是合同终止和合同解除。

1. 合同权利义务终止有三类原因：

（1）基于当事人意思；

（2）基于合同目的的实现；

（3）基于法律的直接规定。

2. 合同权利义务终止有以下 7 种情形。

（1）债务已按约定履行。

（2）合同解除。

（3）债务相互抵消。

（4）债务人依法将标的物提存。

（5）债权人免除债务。

（6）债权混同。债权债务同归于一人。

（7）法律规定或者当事人约定终止的其他情形。

合同权利义务终止，合同中结算和清理条款的效力不受到影响。

合同成立并生效后未履行完毕前，因法律规定或当事人约定的事由发生，以一方或双方当事人的意思表示使合同关系消失的法律制度指的就是合同解除。合同解除，当事人请求赔偿损失的权利不受影响。溯及力长期购销合同的合同解除是具备的。

（十四）合同解除的种类

合同解除的类型有两种，分别是约定解除和法定解除。约定解除的前提就是双方当事人协商一致。法定解除是当事人一方行使法定解除权，不必征得对方同意。法定解除是单方法律行为，而约定解除是双方法律行为。

（十五）违约责任的定义

违约责任又可以称为违反合同的民事责任，指的就是合同义务合同当事人一方不履行或不适当履行时，依照法律规定或合同约定应承担的责任。

违约责任是一种财产责任，具有的补偿性非常明显。违约责任可分为过错责任和无过错责任两类。因故意或过失不履行或不适当履行合同义务而产生的责任指的就是过错责任。无过错责任又称为严格责任，指的就是不管违约方是否有过错，只要对方因为其违约行为而受到了损害，就应承担违约责任。我国现行《合同法》规定的违约责任就是指无过错责任。

（十六）违约责任的构成要件

违约行为是违约责任的一般构成要件。违约行为指的就是违反合同债务的行为，即不履行或者不适当履行合同义务。合同义务既有约定的，也有法定的。包括不履行、不适当履行以及迟延履行三种都是违约行为的具体形态。

1. 不履行。

不履行是当事人一方不履行全部合同义务，合同目的根本就不能实现。不履行包括两种情况：实际不履行和预期违约，实际不履行又包括两种形态：拒绝履行和根本违约。

（1）拒绝履行。拒绝履行即毁约，指的就是合同当事人一方在履行期限届满后，没有正当理由拒绝履行合同义务的行为。

（2）根本违约。当事人一方迟延履行债务或者有其他违约行为，导致合同目的不能实现的违约形态指的就是根本违约。合同解除的法定原因就是根本违约。

（3）预期违约。预期违约又称提前违约，指的就是在合同履行期到来之前，一方当事人向对方明确而肯定地表示其将不履行合同义务，且这种表示又没有正当理由。

2. 不适当履行。

不适当履行又称不完全履行，指的就是当事人一方履行合同义务不符合约定，即债务人虽然履行合同义务，但其履行和合同约定不相符，包括质量不符合约定、数量上不符合约定、履行地点上不适当、履行方法上不适当、其他违反附随义务的行为。

3. 迟延履行。迟延履行指的就是在履行期届满时没有履行，包括给付迟延和受领迟延。

第五章　电子商务的商业化

第一节　电子商务企业

一、电子商务对传统企业的影响

（一）电子商务对企业采购带来的影响

国内大部分传统企业依然使用着订货会、供需见面会等方式作为采购原材料的主要方法，也正因为这样消耗了大量的人力、物力和财力，而这方面的不足电子商务恰好能够弥补，成为减少企业采购成本支出的一种有效途径。电子商务的发展，企业所实际占有的资源多少不再决定企业之间的竞争，它是取决于企业能够控制并且运用的资源有多少。所以，企业必须利用外部资源特别要将网络的作用发挥好，通过互联网让自己与合作伙伴、供应商之间做到互相沟通联络，做到信息资源实时共享，让运作效率得到最大限度地提高，降低采购成本。这一点主要体现在以下几个方面：

第一，电子商务模式能通过互联网快捷地在众多的供应商中将适合的合作伙伴找出来，对供应商的产品信息及时了解，如价格、交货期、库存等，并且能够获得较低的价格。于此同时，通过企业内部网络能及时对本企业的库存动态信息进行了解，进行适时采购，通过各种媒介或供应商传统采购模式做到了主动推销，想要知道供应商信息搜寻的时间会相对较长，并通过传统的采购渠道与供应商进行交易，成本较高，各种统计和财务报表的汇总是库存信息主要来源，采购实时性控制的难度得到了增加。另外也可以通过互联网进行远程检索，用这样的方法来减少采购过程中人员的差旅费、调研费，这样就避免了采购人员工作过程中的长途跋涉，到市场中货比三家，了解价格，实现了与贸易伙伴直接进行谈判和交易的可能性，只是简单的通过互联网在公司就能够进行各种供求信息的检索，甚至通过 INTERNET 向全世界的供应商进行招标，这样经济学中所谓的信息不对称造成的各种损失也得到了避免。

第二，通过电子商务，企业能够加强与主要供应商之间的协作关系，并将一体化的信息传递和信息处理体系形成，用这样的方法降低了采购的费用，采购人员也能够把更多的精力和时间集中在价格谈判和改善与供货商关系上。

中国海尔集团将一个面对供应商的采购平台搭建起来，不仅采购成本得到了降低、分供方也得到优化；而且这个平台建设成为一个公用的平台，为海尔将一个新的利润源泉创造出来。海尔跨越企业的界限与供应商将协同合作的关系建立起来，网上招标、投标、供应商自我维护，订单状态跟踪等等业务过程在采购平台上得到实现，把海尔与供应商紧密联系在一起。通过海尔的电子商务采购平台，海尔与供应商形成了良好的、紧密的、新型的动态企业联盟业务关系，达到双赢的目标，让双方的市场竞争力都得到了提高。

（二）电子商务对企业生产加工过程带来的影响

在传统的生产管理中，有着很多这样那样的问题。由于一个企业生产的产品品种非常多，批量有比较大的变化，为了及时生产出合格的产品，生产中存在的问题就必须采用各种方法进行解决。早期通常情况下采用的都是监视库存的方法，只是要库存降低，就重新订货，用这样的方法来保证生产不间断。在企业生产较为复杂的情况下，这种方法经常造成库存占用过高，资金利用率较低。对企业的生产运作方式、生产周期、库存等来说电子商务所产生的影响都是非常大的。具体来说，主要体现在以下几个方面：

第一，传统经营模式下的生产方式是大批量、规格化、流程固定的流水线生产，是产品的全程生产，外协加工工序相对来说很少。顾客需求拉动型的生产就是基于电子商务的生产方式。

生产企业和消费者因为网络而联系在一起，使消费需求信息得以迅捷地传达给生产者，便于组织生产，正因为这样，也就使生产方式由大批量、规格化的典型工业化生产向顾客需求拉动型生产转变，为了满足不同客户的不同需求，柔性化管理在生产过程中得到了充分体现，同时，生产者能够在世界范围内寻求技术、资本和自然资源等生产要素的优化组合，对企业充分地利用自身的资源来说是非常有利的。

第二，生产与研发的周期被缩短了。首先，电子商务的实现能够在很大程度上提高资金和信息等的转移速度，这样能够明显的提高工作效率，并且缩短生产周期，从而让单位产品的生产成本得到降低。除此之外，电子商务环境下，厂商总是用自己全新的技术和产品赢得市场，以在竞争中获得胜利。随着人们生活、消费水平的提高，人们更加要求高质、高速的个性化服务，就算是企业花费巨额资金进行研发工作，如果花费的时间太长的话，等到研发结束说不定也已经过时了。在互联网上，消费者在订购的时候可以通过互动的方式来进行，并协助企业将一套解决方案设计出来，使企业在可能的最大程度上理解顾客，理解消费者，从而使产品几乎以零开发周期的速度进入市场。例如，美国 Dell 公司为客户量身定做不同要求的 PC 机取得巨大的成功便就是一个很好的典范。该公司在网上销售的产品有 57%，也就是先把顾客的钱收下，然后才组织生产，所以没有库存，也就是说用这种方法实现了零库存。

第三，减少企业库存，提高库存管理水平。产品生产周期越长，企业在应付可能出现的交货延迟、交货失误的时候就需要较多的库存，对市场需求变化的反应也就越慢。而库存越多，其运转费用就越高，效益就越低。货物所在仓库租金成本由于大量库存也会得到上升，也显著增加了企业对其的管理与维护费用。不过电子商务的环境之下，企业通过互

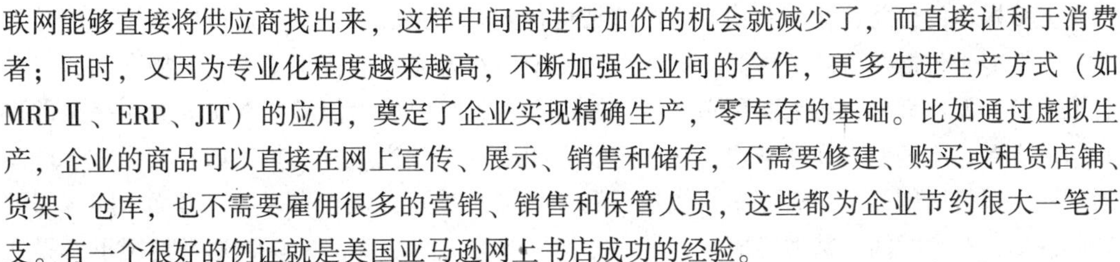

联网能够直接将供应商找出来，这样中间商进行加价的机会就减少了，而直接让利于消费者；同时，又因为专业化程度越来越高，不断加强企业间的合作，更多先进生产方式（如MRPⅡ、ERP、JIT）的应用，奠定了企业实现精确生产，零库存的基础。比如通过虚拟生产，企业的商品可以直接在网上宣传、展示、销售和储存，不需要修建、购买或租赁店铺、货架、仓库，也不需要雇佣很多的营销、销售和保管人员，这些都为企业节约很大一笔开支。有一个很好的例证就是美国亚马逊网上书店成功的经验。

（三）电子商务对企业销售带来的影响

电子商务能够实现降低企业的销售成本，网上销售将时间与空间的限制突破了，企业利用互联网展示产品及服务的优势得到了增强，具体表现在如下几个方面：

第一，电子商务能够让企业的交易成本得到降低。电子商务模式主要是通过互联网进行广告宣传及市场调查，构筑遍及全球的营销网络，让市场准入及品牌定位等规则得到改变，将其起无中介的销售渠道建立起来。传统销售渠道中批发、零售等中间环节互联网络渠道可以避开，使生产商与消费者直接接触，生产商可不通过零售商而将商品流通过程最终完成，不仅仅降低了流通费用和交易费用，信息流动速度也得到了加快。企业能够利用Internet资源，将个性化的电子商务网站建立起来，在网上进行企业宣传，展示自己的产品，树立企业形象，扩大企业影响，并进行促销活动，这样的做法在很大程度上降低了企业的促销成本。网络营销与传统营销方式相比，更大限度上降低了费用。据国际数据公司的调查，利用因特网作为广告媒体进行网上促销活动的后果使销售额增加10倍，而只花费传统广告方式1/10的费用，在进行营销活动的时候应用电子商务，使文件传递速度较传统方法提高81%，因错漏造成的经济损失能够减少40%左右，企业广告印刷费及大量的电话、传真及差旅费等也会节省一大部分。

第二，突破了时间与空间的限制。传统经营模式需要通过各种各样的媒体做广告，需要管理复杂的销售渠道，并且目标市场受到地域的限制，这是一种销售方处于主导地位的强势营销，对于而电子商务环境下的网络营销来说，营销活动中主动方是在于客户方的。

由于受到地域的限制，传统企业所面对是有限的市场范围，而利用互联网进行商务活动则使企业直接面向市场，营销活动在网上展开，面对的就是全球市场，能够针对全世界每一个客户，企业最好的国际交易平台就是电子商务。当当网上书店的订单有17%都来自海外，这在以前是完全不能发生的事情，就算在北京开书店，也不可能有17%的书是卖给外国人的。网上的业务也可开展到传统销售和广告促销方式所达不到的市场范围，为企业赢得更多的潜在客户。

世界各地存在的时差，夜里人们会停止活动，周六、周日总得休息，比如美国白天，我们黑夜，我们白天，美国黑夜，造成了国际商务谈判的不便。每周7天，每一天24小时都在进行销售是现在互联网能够提供的，在网上，企业可以24小时不间断进行交易，交易时间的延长必定会给传统企业带来更多的机会，24小时网上在线销售可在一定程度上增加企业的销售额，企业的网址成为永久性的地址，能够将不间断的销售信息提供给全球的客户。

第三，对于产品进行全方位的展示，促使顾客理性购买。从理论上说，顾客理性地购买，不仅仅可以让自己的消费效用得到提高，社会资源也能够节省下来。网上销售能够利用网上多媒体的性能，让商品功能的内部结构得到全方位展示，企业通过网络展示商品的质量、性能、价格及付款条件等，这样做有助于消费者完全地认识了商品及服务后，客户各取所需，发出订单，再去购买它。传统的销售在店铺中虽然能够把真实的商品完全的展示给顾客看，不过但对商家来说，还一定要有相应的基础设施来支持，如仓储设施、产品展示厅、销售店铺等，从而让销售成本得到了增加，对一般顾客来说，一方面，顾客需要亲临现场，花费时间、精力等成本，另一方面，顾客对所购商品的认识通常情况下都是非常肤浅的，也往往容易被商品的外观、包装等迷惑。

（四）电子商务对企业客户服务的影响

企业内部的一切努力，开发新产品，让生产效率和产品质量得到提高，还有降低消耗等，这些都需要依靠顾客的购买来取得实际成效。所以，企业最重要的资源就是客户。对顾客需求不断的了解，不断改进产品及服务，让顾客的需求得到满足，企业能否在市场上立足的关键就是提高客户满意度和忠诚度。电子商务对企业客户服务的影响主要体现在以下几个方面：

第一，电子商务使企业与客户之间产生一种互动的关系，这样能够在很大限度上改善客户服务质量。通过互联网，企业与客户之间的双向交流是很容易实现的。一方面，一个企业的产品和服务全球各地的客户都可随时尝试购买，客户是直接按照自己的需求将要求提供给企业，而企业则利用互联网根据不同客户的需要将个性化的服务提供出来。另一方面，顾客各种信息企业可以及时了解，为企业的经营决策提供依据。这样企业的决策风险就得到了降低，企业与上游的供应商和下游的分销商更好的沟通，并通过客户关系管理可以使企业对客户的需求有更准确的把握，有利于对市场的发展趋势作出正确的决策。同时，企业能够利用先进的信息技术，对客户的需求进行正确的分析，提供服务，从而能够在最大范围内抓住客户，让客户的忠诚度提高。

第二，密切用户关系，加深用户了解，改善售后服务。产品及服务的消费者因为Internet的实时互动式沟通，以及没有任何外界因素干扰而更容易将自己对产品及服务的评价表达出来，这种评价一方面使企业能够更加深入了解用户的内在需求，对市场动态进行及时的了解，对企业产品结构进行调整；另一方面企业的即时互动式沟通，可让企业的售后服务水平得到提高，改进客户的满意程度，进一步促进双方的密切关系。

第三，促使企业引入更先进的客户服务系统，从而提升客户服务。在电子商务的基础上，企业能够建立客户智能管理系统，企业通过它收集和分析市场、销售、服务和整个企业的各类信息，360度的全方位了解客户，从而理顺企业资源与客户需求之间的关系，提高客户满意度的同时也减少了客户变节的可能性。

另外，通过对与客户所有的交往历史进行的获取并分析，从整个企业的角度对客户进行认识，最终达到全局性销售预测目的，从而让获利能力得到增加。传统企业客户服务人员对待同一客户时有可能出现不一样的面孔。通过客户服务系统，在接听电话之前服务人员自动迅速调用客户服务记录作为参考，对客户信息有充分的掌握，用统一的面孔面对客户，从而实现对客户的关怀和个性化服务，同时让客户的满意度提高。

比如说，一旦企业的视线中出现了一个客户，客户服务系统内部又出现了有关他的各种信息，下次再接到他的信息的时候，服务人员打开数据库一看，发现该客户在以前确实就已经跟公司有着业务方面的往来，交易记录清清楚楚；什么时候买过什么产品、配置如何、数量多少，一眼就可以看清楚，这样服务人员可以立刻对客户的要求作出响应。在企业外部，服务质量提高之后，企业对他的尊重和关怀被客户感受到，并对企业产生了信任，企业将来将产品线或服务范围拓展的时候，客户会首先感兴趣。

二、企业网上营销

以互联网为基础，利用数字化的信息和网络媒体的交互性来辅助营销目标实现的一种新型的市场营销方式指的就是网络营销。以下是现在比较流行的几种主要的网络营销方式：

（一）邮件列表营销。

邮件列表对于用户获取信息，是一种相对来说很理想的方式，所以邮件列表在网络营销中的地位是至关重要的。企业可以通过邮件列表直接将企业动态、产品信息、市场调查、售后服务、技术支持等一系列商业信息发送到目标用户手中，并由这些用户将一个高效的回馈系统形成，从而在很大程度上对宣传促销等活动的效果和效率进行保证。

（二）搜索引擎营销。

搜索引擎营销分两种：SEO 与 PPC SEO 即搜索引擎优化，指的就是通过优化网站结构（内部链接结构、网站物理结构、网站逻辑结构）、高质量的网站主题内容、丰富而有价值的相关性外部链接进行而使网站为用户及搜索引擎更加友好，用这样的方式来获得在搜索引擎上的优势排名为网站引入流量。PPC，指的就是购买搜索结果页上的广告位来让营销目的得到实现，各大搜索引擎都都将自己的广告体系提出来了，相互之间只是形式不一样。相关性是搜索引擎广告的优势，由于广告只出现在相关主题网页或者相关搜索结果中，所以，搜索引擎广告和传统广告相比更加有效，有更高的客户转化率。

（三）网络会员制营销

网络会员制，也属于拓展网上销售渠道的一种有效的有效管理方式，主要对有一定实力和品牌知名度的电子商务公司比较适用。经过证实电子商务网站的有效营销手段就是网络会员制营销，会员制计划在国外有很多网上零售型网站都实施了，所有行业差不多都被覆盖了。

（四）BBS 营销

BBS 的应用已经是很普遍的了，特别是对于个人站长，大部分到门户站论坛灌水同时将自己网站的链接留下来，每天都能带来几百 IP。使用这个的大多是一些大学生和白领，但关于商品这些人是非常挑剔的，他们不会很富有，他们不完全在网上购物，他们会和在实体购物进行比较，不过把好东些卖给这些人他们绝对会用口碑营销为企业带来更多的客户。当然，对于企业来说，BBS 营销更要专也精。

（五）博客营销

博客营销是建立企业博客，用于企业与用户之间的互动交流以及企业文化的体现，通常情况下诸如行业评论、工作感想、心情随笔和专业技术等作为企业博客内容，用来增加用户对于企业的信赖度和深化品牌影响力。企业自建博客或者通过第三方 BSP 来实现博客营销，企业通过博客来进行交流沟通，以增进客户关系，对商业活动进行改善。企业博客相对来说是一种间接的营销，通过博客企业与消费者沟通、将企业新闻发布出来、对反馈和意见进行收集、实现企业公关等，这些虽然没有对产品进行直接的宣传，不过让用户接近、倾听、交流的过程本身就是最好的营销手段。企业博客与企业网站有相似的作用，但是博客更大众随意一些。

（六）知识型营销

由于微博的不断火热，有关的营销方式也被催生出来了，那就是微博营销。微博营销是以微博作为营销平台，潜在的营销对象是每一个听众（粉丝），每个企业都能够在新浪，网易等等注册一个微博，然后就可以利用更新自己的微型博客将传播企业、产品的信息传播给网友，将良好的企业形象和产品形象树立起来。每天更新的内容就可以跟大家交流，或者是有大家所感兴趣的话题，这样就能够达到营销的目的，这种方式就是新兴推出的微博营销。

（七）创意广告营销

微信将公众平台、朋友圈、消息推送等功能提供出来，用户在添加好友和关注公众平台的时候可以通过摇一摇、搜索号码、附近的人、扫二维码方式来进行，同时微信还可以将分享给好友以及用户的精彩内容分享到微信朋友圈。

网络经济时代企业面临着营销模式的创新，同时伴随着微信的火热产生的一种网络营销方式就是微信营销。具有这样的特点：

1. 点对点精准营销；
2. 形式灵活多样；
3. 强关系的机遇。

（八）事件营销

我们也可以把事件营销称之为炒作，可以是有价值的新闻点或突发实践在平台内或平台外进行炒作的方式来提高影响力。

三、门户网站的盈利渠道

网络媒体在发展过程中，伴随自身营运的实践，从来没有停下对于赢利模式的探索。在网络的战国时期，敏锐的商业眼光是媒体网络必须要有的，先机谁先抢占了，谁就跑到了前头。吸取经验教训，紧盯市场动态，调适盈利模式，对网络媒体经营处于安全轨道进行确保。中国网络媒体，特别是那些现在已经具有相当规模和实力且已公司化运作的网站，创新更是不断。下面，我们就细分网络媒体赢利模式：

（一）常见的信息内容收费

将目前中外网络媒体信息内容营收模式综合起来看，大体有下面三种：

1. 新闻和信息内容打包向其他网站或媒体销售；
2. 用户付费方能浏览网站；
3. 用户付费进行数据库查询。

内容收费的成功并不是一蹴而就，一定要保证信息质量高，内容独特性高（即替代性要低），付款机制方便完善，消费者付费观念健全，上网费率要低、速度要快，明确的市场区隔，内容不容易被仿冒及复制等因素。

（二）网络专供信息

网络专供信息指的就是根据有关政府和企事业单位的特殊需要，网络媒体将一种专业性很强，有一定的实用性和实效性的电子读本为其制定出来，通过网络媒体所给的网络通行证（密码），订购者进行定期收阅。比如分别针对金融系统、房地产系统和汽车、建材、化工、环保等行业编辑的各种参考电子文本，这种文本还能够配合印刷品出现。订阅者一般一次订阅就是半年或者一年，一般情况下这种专供信息都有比较高的收费。目前这项业务人民网、新华网都有，像人民网的一种最新政策信息电子读本，就有很不错的销售的势头。

（三）网上直播

这种营销模式是从电视和广播那里引进发展而来的。它根据政府部门或企业的需要，网络媒体派人到现场对其活动进行网上现场直播，文字、图片或是音像内容都能够在第一时间上网，与其他媒体相比，有着自己独特的优势。与电视直播相比，它不需要昂贵的设备，也不需要多大的直播队伍，所以相对来说收费也比较低，它还能够直接通过网络与读者进行现场交流，还可以多次阅读直播的内容，在经过很长一段时间之后，你还可以随时调阅。

（四）实用消费信息功能收费

强大的多种实用信息服务功能是互联网所拥有的，曾经为了吸引用户，很多都会把类似电子邮件、主页空间等功能免费提供给用户。不过目前网站经营的出发点就是付费享有服务或付费享有 VIP 服务。对于具有巨大公信力、影响力的网站，社会经济文化等各个领域的企业、机构都会想到利用其传播平台，所以，服务收费或者以各种合作取得“双赢”有十分广阔的前景。很明显的，在带动消费并产生价值链后，网络媒体的信息才能将自身的价值体现出来并带来经济收益。随着数字化进程，势必形成诸如数字摄影在线冲扩、电子相册等新的消费领域及价值链。

（五）手机短信收费

如今，手机不仅是双向语音沟通的通信工具，并且还成为了大众化的信息传播工具，“第五媒体”的称谓好像已经非它莫属，我国手机短信的增长是蔚蔚大观。在这一新兴领域和市场中，除了移动电信运营商外，各类内容提供商就是最大的受益者。如今网络媒体营收的一个重要来源就是手机短信息收入。

对新技术新市场要有及时、准确的判断是手机短信收入给我们的最大启发。早在 2000 年 6 月 19 日，人民日报网络版（同年 8 月改称“人民网”）日文版、英文版 imode 手机网站在日本正式开通，成为国内第一家实现手机上网将短信息发送给订户的网站。不过，时隔两年后，到 2002 年 5、6 月世界杯足球赛的时候，人民网才在国内大推手机短信新闻订阅。新闻媒体网站通常会由于赢利意识的淡漠和自身机制不灵活，很遗憾地与发展的良机失之交臂。

（六）网络广告

在广告市场方面，尽管网络媒体目前已经可以说达到了同传统媒体一较高低的时候，且近年来人们对网络广告的关注度越来越高，网络广告形态进行的创新非常多，经营理念发生的改变也非常多，这些都为争夺今后更大的广告市场份额奠定基础。

第二节　流通信息化和电子商务

一、流通信息化

流通信息化指的是运用现代信息网络技术改造和武装传统流通产业，来实现流通方式的创新，让流通活动效率提高的一个动态过程，这个属于包容了流通宏观调控、流通产业结构调整和流通企业经营管理再造的深刻变革。

对流通信息化实质的涵界一定会出现仁者见仁、智者见智的情况是由流通的广义性决定的。

从硬件角度来看，流通信息化需要运用大量先进信息技术、设备武装流通产业；从软件角度来说，流通信息化强调利用信息化的思维和战略来对流通产业和运作流通企业进行统辖。从我们国家现在的实际情况来看，信息产业发展滞后，没有完善的基础设施，流通信息化建设起步晚且实践基础薄弱，这些都可以看出中国流通信息化发展受到技术和思维的双重约束。这一方面决定了我国所建设的流通信息化一定是与世界主流流通信息化理念存在着必然的差异性，另一方面更要求我国流通理论界应该对我国流通信息化的实质所在有深刻把握，避免工作过程之中对流通信息化的认识过于表面化和形式化，在流通信息化赶超战略的实施过程中走弯路。

“流通信息化”的实质想要理解的话，首先要对“流通”的内涵有深刻的把握。通常情况下，“流通”在理论上被定义为由实体商品市场运动引起的商流、物流、信息流和资金流的总和或总称。现实中，物流的合成运行将贯穿“生产—销售—消费”的供应链形成了，商流的连续发生在变换商品所有权的同时将流通价值链的增值实现了，而商流与物流连带产生的信息，经过收集、处理和传递，就会汇聚成近年来一直都受到人们关注的信息链；至于资金流，更多是由于商流运动所带动的资金运动，在金融信息化研究的范围之内，在此就不过多赘述。

流通信息化必然表现为四流的均衡信息化，是由流通的四流合一性决定的。综上所述，以物流、商流、信息流为主体的流通的信息化建设必然围绕着供应链效率化、价值链增值化和信息链可控化以及资金流合酉化统一均衡实施，这便构成了流通信息化的实质。

二、流通信息化的技术内容

（一）整体供应链效率化

在国民经济发展过程之中，流通产业在很长一段时间都表现出了较为粗放的特征。无序流通和小规模流通形态大量出现在了经济市场化的过程中。我国走新兴工业化道路的最大障碍就是以无序流通和小规模流通来对大工业甚至是信息化大工业进行支持。所以流通在物流领域走向集约化、信息化的重要举措就是推广供应链管理、促进供应链效率化。生产企业和流通企业通过供应链在流通领域的普及和优化能得到协调，实现对分散渠道的整合，让资源配置和信息传导通路的形成进一步促进。

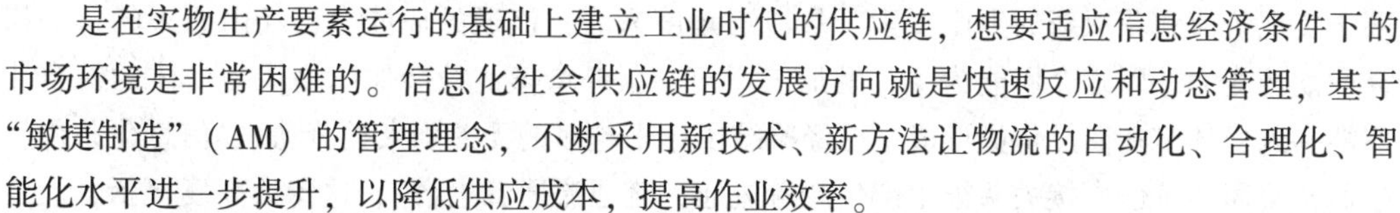

是在实物生产要素运行的基础上建立工业时代的供应链，想要适应信息经济条件下的市场环境是非常困难的。信息化社会供应链的发展方向就是快速反应和动态管理，基于“敏捷制造”（AM）的管理理念，不断采用新技术、新方法让物流的自动化、合理化、智能化水平进一步提升，以降低供应成本，提高作业效率。

随着信息技术用于供应链上的物流和信息流的整合，工业时代的“供应链管理”正现实地转化为信息技术支持下的“整合供应链管理”。对销售管理系统（POS）、电子订货系统（EOS）、快速反应系统（QR）、有效顾客反应系统（ECR）、订单管理周期系统（OMC）、电子化采购系统（E-Procuration）、持续补货系统（CRP）等信息处理单元的集成是通过信息化的供应链实现的，追求整个流通系统的效率化就是其目标所在。

供应链的效率化不只是通过供应链管理技术的革新来实现，与此同时也依靠供应链作业设备的改进。从世界的角度来看，仓储、搬运、分拣、包装、供应衔接等作业的自动化是因为信息和自动化技术的发展和应用而得到实现的，供应链管理系统（SMS）更是为供应链作业的集成和供应设备的统一管理提供保证。

总之，不管是着眼于管理理念还是技术装备，流通信息化发展和建设的基点都是强化供应链管理、追求以效率为核心的动态、协调的供应链。在信息化的时代背景之下，通过网络企业间的线上交易、在线合作，发展虚拟供应链，形成稳定的伙伴关系，用电子网络的速度激发物流网络的速度，追求同步和谐的供应链虚实结合运行就是最富效率也最有前景的供应链目标模式。

对于流通信息化在我国物流领域的发展来说，集成进货订单管理、出货配单管理、进货流程管理、物流中心的自动化管理、配送管理、财务结算管理的企业内信息系统以及整合企业间供应关系和信息的企业间信息系统（101S）依然代表着流通信息化和流通现代化的发展方向和未来趋势。所以以这两方面为起点的不断革新，一定会促进我国高速、高效供应链管理系统乃至流通信息化的发展和普及。

（二）流通价值链增值化

随着信息时代的到来，人们的价值观也因此而产生了相应的变化，表现在消费上就是从仅重视产品、服务的功能、质量开始转移到了同样重视产品、服务的时效性，追求消费对象的个性化和消费过程的简单化。这不仅仅让满足消费者需求工作的难度和成本都得到了大大的增加。消费越来越发达，也就越要求更精细化、更专业化的分工，要求更加科学的流通环节实现生产者流通费用的节约以及社会总流通费用的节约和社会总资本的节约。不只是这样，专业化、信息化的流通体系在节约社会流通费用的同时，所带来的社会经济效益的增长也非常的明显。这便是流通信息化推动下的流通价值链增值。

流通价值链增值能力的提升，不只是源自于技术的更新和设备的改善，社会分工的深化和管理方法的优化更加的重要。随着信息技术以及它所带来的生产力的巨大发展，生产和流通内部的分工以及各层次分工之间的价值衔接有了进一步的发展。

从生产的角度看，流通过程中开始“渗透”一些原本隶属于生产过程的部分环节，比如说加工、运输、仓储、分拣、包装等生产职能正在成为现代流通理所当然的职能；与此同时生产商与外界广泛的经济联系和大量的市场信息对流通商搭建的各种生产性、技术性、信息性服务平台也越来越倚重，我们能够这样说生产在流通领域所要解决的问题已经不再限于实现价值和获取新的生产要素。从流通角度来看，流通的职能也已经由原来的单一媒介职能转变为了以媒介职能为主，融加工增值、服务增值、社会保障增值为一体的综合化职能—流通环节在商品价值形成中已经凝结了越来越多的无差别人类劳动。“信息化条件下生产与流通的价值衔接关系被生产生产着流通，流通流通着生产”，这句话高度概括，流通技术的改进和管理方法的革新在对供应链效率化进行推动的同时，流通环节的价值增值模式也在不断完善并创新，并在慢慢发展向更加合理的分工合作体系下，让价值增值部分再生产和流通领域之间的合理让渡和均衡分配得以实现。

近年来流通价值链增值化表现最为活跃的方面就是流通渠道的优化。商品的生产商和流通商通过不断优化流通渠道，在更大的程度上、更高层次上，满足了消费需求，实现了价值链上被消费者认可的总量增值。不过我们仍然需要注意的是，流通渠道中服务增加和优化的过程，一定是商品的生产者和流通当事人实现其经济利益的过程；于是商品流通渠道畅通与否的关键问题便俨然成为了流通过程中的价值分配。只有生产者、流通主体、消费者都能够从追求各自利益出发而形成的利益攸关的流通渠道中均衡获利，良性循环才可能形成，促成流通价值链的持续增值。进一步来说，进入信息经济时代，流通渠道只有超越线性渠道，成为立体渠道，才能将全方位的商品和服务提供给消费者——这为流通过程适应信息化要求、重新组合渠道利益集团、强化渠道管理提出了更高的目标要求。

在我国流通领域，流通价值链增值化的实施更多地集中在产品分销渠道的建设方面。目前大部分的企业依然把分销渠道简单的看作是其内部价值链的衍生部分。尽管价值链的社会化整合还没有成型，不过以生产企业为主导的，着眼于“灵活性”和“反应力”渠道优化设计正促使信息技术遍及价值链的每一个环节，企业内部活动也因为改变价值链活动的方式和它们之间联系的形式而顺畅的进行增值。

（三）流通信息链的可控化

在供应链和价值链的合成运行中产生的信息的运动过程就是流通信息链。往复于供应链每一个环节之间的信息就是供应链信息；在现代供应链系统中，供应链的驱动力就是信息链，能通过对供应链信息的监控和反馈将对物料和商品供应的管理实现。价值链信息是在交易活动中生成的交易信息和相关的辅助性金融信息，价值信息链伴随着流通中价值运动而形成，供应商、流通渠道和消费者之间价值增值和分配状况通过 POS、EOS 等系统进行收集、处理、传递，记录。

监控基础上的利用正是信息链的价值所在。大量关于消费行为、竞争对手、供求变动、替代商品、市场管理等的原始信息一定要经过收集、加工、分类、传递的过程，才能够发挥出它的实用价值，流通在信息链层面的增值过程就是这一过程。

辅助决策和价值增值的功能只有可控的信息链才具备。传统信息链的形成和价值实现通常情况下由专门的信息输出机构搜集各种历史的、现实的、定性的、定量的信息，花费时间分析处理，最终形成分类资料和趋势预测，再由专门的信息输出渠道进行有偿发布。通过信息技术的普及和运用，提高流通信息的量化性、信息分类的科学性和趋势预测的准确性—信息链的可控性越来越强。在微观企业层面普及了适合电子设备处理的信息链，也在不断提高其自助性、定制性和专业性。

这几年以来，我国的多数大型生产企业、流通企业在强化供应链管理和价值链管理的同时，也对技术改造进行积极推进，通过标准化的计划、合同、报表、凭证、广告、商情等生成系统把掌控的信息流转化为有效的信息链，这样做一方面能够随时随地了解、监控企业的生产、流通、库存、销售等情况，对生产规模和资源配置进行调整，另一方面也为及时制订确保日常顺利运营的管理举措和把握商机、避免风险的经营决策提供了有力的信息支持和保障。

当然，在信息链可控化的发展深度方面，我们与发达国家仍然有着非常大的差距。随着互联网的发展，国际主流信息传递模式已开始由单向的“一对多式”转向了双向的“多对多式”，信息主体的地位也在渐渐的变得平等化。在这样一个背景之下，在供应链和价值链的理念革新推动下我国方兴未艾的“一对多式”信息传递模式以及由此形成的“金字塔”式的组织结构和渠道关系又将向“多对多式”信息传递模式及水平式、对等式、合作式渠道关系方向发展。只有水平化、相对松散的信息链管理模式与信息时代开放的经济特性和自由趋利的原则才更加符合，这样才能够更好地推动流通职能的发挥。

三、我国零售业电子商务探讨

这些年以来，零售业与互联网的快速“联姻”是由电子商务的快速发展带动的，不只是在零售企业之间通过企业内联网进行连锁经营，而且非常多的零售企业已通过互联网将 B to C 的经营活动开展出来了。多元化的发展趋势在不少大型零售企业的经营领域逐步出现了，不再局限于原有的零售领域，而向生产加工，餐饮，娱乐，服务等领域渗透扩展，如联华 OK 网，其网上业务范围已经对手机充卡、网络游戏点卡有所涉及。从这里就可以看出来，随着零售业电子商务的发展传统的经营方式、竞争格局都将发生很大的变化，可以说在一定程度上将引发一场零售业的革命。

（一）电子商务在零售业中的应用

电子商务与零售业的发展有着密不可分的关系，不过早期的零售业电子商务发展主要是通过互联网进行网上销售，这几年以来，电子商务在零售业中的应用变得越来越普遍，形式也变得越来越多。目前，比较典型的应用主要有以下三个方面：

1. 网上零售。

电子商务的兴起，最早冲击到和影响到的是传统零售业。这是由于最早从事电子商务的网站，基本上都把业务定格在“网上零售”这一领域，“电子零售业是因为零售业与电子商务的结合而出现的”，由此一场数字化的革命在传统零售业已经开始了。对传统批发商，零售商，代理商的地位来说受到了电子商务兴起的重大影响，这些引发了从百货商店，超级市场，连锁商店，演变而来的以“网上商店”为标志的第四次零售革命。电子商务时代的到来对传统零售业的经营和交易模式提出了新的挑战，不过与此相对的也带来了潜力无限的商机。电子商务将与商店零售形式融为一体，从而将网络时代新的营销方式创造出来。

从目前来看，网上零售的经营方式主要有两种：

一种是纯网络型零售企业，比如美国的亚马逊，中国的当当书店等；

另一种是传统零售企业触网，互相整合传统业务与电子商务，比如美国的沃尔玛，中国北京西单商场等。

经过近几年的大浪淘沙，纯网络零售企业生存下来，不过能够发展的只有少数，并且从虚拟到实体的转变已经有不少网络零售商开始了，如亚马逊网上书店除了有着自己的配送中心外，同业也逐步开始了自己实体商店的建立，另外一些则通过寻求与传统零售连锁店的联合结盟，以对自身的不足进行弥补；与此相反，依托传统零售企业的电子商务发展开始渐渐的步入佳境。主要原因有3方面：

（1）传统零售商依靠着自己这么多年经营积累起来的品牌，信誉等方面的优势已拥有很大一部分忠诚的客户，一旦这些零售商将自己的销售网站建立起来或是与其他网站联手，就一定会吸引众多的网上顾客。

（2）网上顾客订货之后，传统的零售商能够凭借其快速，低廉的分销和送货渠道将货物尽快送到顾客家中。

（3）传统零售企业的竞争力由于网上零售的成本优势可以得到增强，并将更多的优惠带给客户。总而言之，网上零售不管是对网络零售商还是对传统零售商来说，其都将成为零售业务的一种重要的实现形式，为企业，客户将更高的价值创造出来。

2. 电子采购。

对零售企业来说，进货与销售之间的差价就是主要的利润来源，所以降低商品的进货价格以节约采购过程的开支，对于提高零售企业的经济效益来说有着非常重大的意义。在传统方式下，由于进货，整理，清点等都与人工的参与密不可分，不只是效率低下，并且成本不易控制。利用互联网进行电子采购，由于通过网络以电子方式传送采购过程中的信息流，通过网络资金流也可部分或全部实现转移，不只是能够提高采购过程的效率，还能够非常有效地让采购过程中的各项开支得到降低，对提高零售企业的经济效益和市场竞争力来说都有很大的好处。

IBM公司的研究表明：花在了采购商品及服务上的零售商超过80%，采购节省1美元，就等于增加销售5美元以上；降低进货成本10%，相当于利润增加50%；对单个购货单进行管理和处理，成本可能会超过100美元；通常80%的采购订单仅占总货款的20%；随意采购或不按合同间接采购，通常要完全按照零售价付款，一般相当于所有间接支出的30%—45%。

对零售商来说，实现电子采购的优势主要可以体现在：

（1）通过消除手工纸张处理环节，同时授权员工在控制的参数范围内采购，从而让成本得到降低，提高生产率；

（2）通过将易用的电子工具提供出来，自动应对采购标准和商业规则，让合约采购进一步加强；

（3）具有开发报告功能，实现支出，业绩和交易费用的合并存档，用于开拓渠道，合同谈判和管理供应商关系等；

（4）通过网络管理采购进程，让采购周期和工作量缩短。

根据国外的调查，电子采购在大型零售企业得到实现后，产生的经济效益是非常明显的，比如：平均交易费用从107美元下降到30美元；采购周期从7.3天降到2天；生成订单的平均成本从35美元下降到不足1美元；直接进货成本从60美元下降到5美元；专职采购人员从29名减少到2名。从中可以看出，从某个方面来说电子采购对大型零售企业的实

际意义超过了网上销售，对零售企业电子商务应用来说是一项重要内容。

第三节　电子商务的盈利模式

一、电子商务模式划分的依据

（一）基于价值链的分类

Paul Timmers 提出的分类体系是基于价值链的整合，同时也对商务模式创新程度的高低和功能整合能力的多少进行了考虑。电子商店、电子采购、虚拟社区、协作平台、第三方市场、电子商城、电子拍卖、价值链整合商、价值链服务供应商、信息中介、信用服务和其他服务等 11 类都是按照这种体系电子商务模式进行的。

（二）混合分类

Michael Rappa 将电子商务模式分为经纪商、广告商、信息中介商、销售商、制造商、合作附属商务模式、社区服务提供商、内容订阅服务提供商、效用服务提供商等九大类。其中经纪商又可以分为买/卖配送、市场交易、商业贸易社区、购买者集合、后中介商、拍卖经纪人、反向拍卖经纪商、经销商、虚拟商城、分类广告、搜索代理等 11 种。

又可以将广告商分为个性化门户网站、专门化门户网站、注意力/刺激性营销、免费模式、廉价商店等 5 种。

电子商务模式被中国学者吕本富和张鹏分为 B2B、网上金融、网上销售、网上拍卖/买、网络软服务、网络硬服务、数字商品提供者、技术创新、内容服务、网络门户、网上社区、旁观者等 12 种。其中又能将 BtoB 模式根据职能划分为采购、销售、物流、售后服务等类型；根据金融领域又将网上金融模式划分为网络证券、网络银行、网上保险、个人理财、风险资本等类型。

（三）基于原模式的分类

Peter Weill 认为，从本质上来说电子商务的模式都是属于原模式的一种或者是这些原模式的组合。而他所认为的原模式有下八种，分别为：

内容提供者、直接与顾客交易、全面服务提供者、中间商、共享基础设施、价值网整合商、虚拟社区、企业/ 政府一体化。

（四）基于新旧模式差异的分类

从新的商务模式与旧商务模式的差异角度出发，Paul Bambury 把电子商务的模式分成了两大类：移植模式和禀赋模式。那些在真实世界当中存在的、并被移植到网络环境中的商务模式指的就是移植模式。在网络环境中特有的、与生俱来的商务模式指的则是禀赋模式。

（五）基于控制方的分类

麦肯锡管理咨询公司认为存在的新兴的电子商务模式有三种，也就是卖方控制模式、买方控制模式和第三方控制模式。卖方、买方以及第三方中介在市场交易过程中的相对主导地位因为这种分类而在一定程度上得到了反映，同时也将各方对交易的控制程度体现出来了。

（六）基于 Internet 商务功用的分类

Crystal Dreisbach 和 Staff Writer 按照 Internet 的商务功用，将电子商务模式划分为三类：基于产品销售的商务模式、基于服务销售的商务模式和基于信息交付的商务模式。

（七）基于 B2B 和 B2C 的分类

中国社科院财贸所课题组进一步的分类了基于 B2B 和 B2C 模式。

B2C 模式根据为消费者提供的服务内容的差异可分为电子经纪、电子直销、电子零售、远程教育、网上预定、网上发行、网上金融等 7 类。

把 B2B 模式分为名录模式、B2B 和 B2C 兼营模式、政府采购和公司采购、供应链模式、中介服务模式、拍卖模式、交换模式等 7 类。其中中介服务模式又可以细分为信息中介模式、CA 中介服务、网络服务模式、银行中介服务等 4 种。

二、电子商务的基本模式

（一）企业对消费者模式

企业透过网络销售产品或服务给个人消费者的过程指的就是 B2C。这是消费者利用因特网直接参与经济活动的形式，和商业电子化的零售商务有些相似的地方。即企业通过互联网为消费者提供出来一个新型的购物环境——网上商店，消费者通过互联网进行购物并且在网上支付。其代表是亚马逊电子商务模式。真是因为这样的模式节省了客户和企业的时间和空间，在很大程度上提高了交易效率，尤其是对于工作忙碌的上班族，这种模式可以为其将宝贵的时间节省下来。

（二）消费者对消费者模式

C2C 指的是消费者与消费者之间的互动交易行为，这种交易方式相对来说很多变。C2C 商务平台就是通过为买卖双方提供一个在线交易平台，使卖方能够主动提供商品上网拍卖，而买方能够自行选择商品进行竞价。其代表是 eBay、Taobao 电子商务模式。

比如说消费者可同在某一竞标网站或拍卖网站中，共同在线上出价而由价高者得标。或在网络新闻论坛或 BBS 上由消费者自行张贴布告以出售二手货品，甚至是新品。

（三）商家对消费者模式

C2B 是商家通过网络搜索合适的消费者群，将定制式消费真正实现了。对消费者来说，是一种非常理想化的消费模式。

（四）新型的 ABC 电商模式

随着电子商务的不断发展，在人们开始不断地为信誉担忧的时候，一种新型的电子商务模式 ABC 模式就出现了，被誉为电子商务界继阿里巴巴 b2b 模式、京东商城 b2c 模式、淘宝 c2c 模式之后的第四大模式。是由代理商、商家和消费者共同搭建的集生产、经营、消费为一体的电子商务平台。相互之间能够转化。

三、电子商务盈利模式及其分析

C2C 电子商务网站定义为：为买卖的双方提供一个在线交易的平台，使卖方能够在上面对待出售的物品的信息进行发布，而买方也可以从这之中选择出自己需要的商品进行购

买。并且，参与买卖的双方不仅仅可以是普通消费者，也可以是商家。

企业把内部资源与外部资源等要素有机整合，为实现企业内部资源的强项和弱项与外部环境的机会和威胁相协调的一系列规划指的就是盈利模式，它是一个动态的有机系统。是基于战略层面的以客户和利润为导向的企业资源运营方式，其本质是企业竞争优势的体现，是实现企业利润和价值的最大化。

（一）盈利模式的构成要素

第一，利润源

利润源指的是企业提供的商品或服务的购买者和使用者群体，他们是企业获得利润的唯一源泉。利润源分三种，分别是主要利润源、辅助利润源和潜在利润源。

第二，利润点

利润点指的是企业可以获取利润的产品或服务。好的利润点：一要针对明确客户的清晰的需求偏好，二要为构成利润源的客户将价值创造出来，三要为企业创造价值，有些企业有些产品和服务或者缺乏利润源的针对性，有的还很可能根本不创造利润，企业的产出是利润点的反映。

第三，利润杠杆

利润杠杆指的是企业生产产品或服务还有吸引客户购买和使用企业产品或服务的一系列业务活动，利润杠杆反映的是企业的一部分投入。

第四，利润屏障

利润屏障指的是企业为防止竞争者掠夺本企业的利润而采取的防范措施，它与利润杠杆一样表现为企业投入，不过利润杠杆是撬动“奶酪”为我所有，利润屏障是保护“奶酪”不为他人所动。

（二）盈利模式的基本特征

第一，盈利模式组成部分之间存在一定的内在关系，各组成部分因为这个内在关系有机地关联起来，使它们互相支持，共同作用，从而将一个良性的循环形成。

第二，企业核心竞争力的具体实现形式就是盈利模式，对其核心竞争力进行分析的时候是从运营战略视角出发，每一种盈利模式的建立都需有相应的核心竞争力作支撑。

第三，盈利模式应以客户需求为导向构建盈利模式的前提就是，发现、创造并满足客户需求。

第四，盈利模式不仅仅要对输入资源在价值链中各环节的投人产出比例关系进行考虑，而且对资源的产出效率更加关注。

第五，一成不变的盈利模式是不现实的。作为获取价值途径，今天的盈利模式，明天很可能就会变为是无利润的。企业要随着客户需求和市场变化对新的盈利模式进行重新的寻找。

（三）C2C电子商务网站盈利模式的影响因素

企业盈利模式的决定因素就是自身条件，同时也是C2C电子商务网站盈利模式构建的关键和根本。自身条件又包括网站提供的产品或服务还有它在价值链上的位置。

首先，提供的产品或服务。绝大多数的企业获取利润的方式都是出售其自身的产品或服务。企业向其用户提供的价值就是产品或服务，所以这也是其盈利的基础与根本。对于网站来说，也许许多并不直接通过出售其产品或服务挣钱，而是将其免费的提供给客户。不过，这仍是其最重要的价值所在，也仍然是其盈利的基础与根本。

其次，在价值链上的位置。或许正是因为有非常多的网站不可以直接通过出售其产品或服务来盈利，才使得研究其在价值链上的位置显得更为重要。网站与价值链上的其他环节一起将某种价值提供了出来，而且在这个过程中让价值的增值得以实现。

（四）环境因素

首先是所在行业的外部环境因素。

当然政治、经济、技术、社会等外部环境也会对C2C电子商务网站造成影响。总体来看，当前各国政府对于网站的管理力度大多集中在新闻类的网站，而对于商业性的网站的监控力度较小，所以C2C电子商务网站面临的政治环境并没有很到的差别。由于互联网技术更新和传播的速度很快，因此C2C电子商务网站面临着非常相似的技术环境。当然，C2C电子商务网站面临的经济和社会环境是不一样的。

其次是所在行业的供应商、用户、竞争者、进入者和替代品。

对于C2C电子商务网站来说，供应商的重要性并不像传统企业表现的那么明显，有的时候这一角色甚至根本不用考虑。但无论怎么强调用户对于C2C电子商务网站盈利的重要性都是不过分的。分清哪些是网站的用户，网站能够吸引他们的地方是哪些，网站提供的何种价值是他们所看重的，对于C2C电子商务网站的盈利模式产生了非常重要的影响。对于C2C电子商务网站的盈利模式竞争者、进入者和替代品所产生的影响也较大。C2C电子商务网站由于互联网技术和服务的易模仿性将会面临着较大的来自竞争者的压力和进入者及替代品的威胁。

第六章　高级电子商务师技能

第一节　电子商务系统综述

一、电子商务及其分类

电子商务能够通过很多种电子通讯方式来完成。随着 Internet 技术的日益成熟，电子商务真正的发展将是建立在 Internet 技术上的。也正是因为这样人们才也把电子商务简称为 IC（Internet Commerce）。

事实上，电子商务是为了适应以全球为市场的变化而出现和发展起来的，它更加紧密把销售商与供应商联系起来，尽快地让客户的需求得到满足，也可以让商家在全球范围内选择最佳供应商，在全球市场上把产品销售出去。

（一）按照支付发生情况分类

按照是不是有支付情况发生，可以把电子商务分为电子贸易处理和电子事务处理。前者的应用如网上购物、网上交费等，后者应该用在如网上报税、网上办公等。

（二）按照交易对象分类

按照交易对象分类，可将电子商务分为以下四类：

（1）B2C，也就是企业与消费者之间的电子商务。

（2）B2B，也就是企业与企业之间的电子商务。

（3）C2C，也就是消费者与消费者之间的电子商务。

（4）B2G，也就是企业与政府方面的电子商务。这种商务活动把企业与政府组织间的各项事务覆盖了。

（三）按照商务活动内容分类

按照商务活动的内容分类，电子商务主要包括两类商业活动：一是间接电子商务——有形货物的电子订货，它依然需要利用通过物流系统，把货物运送到消费者手里。一般情况下来说，电子商务的物流配送会通过第三方物流企业来完成，比如，邮政服务和商业快递送货等。二是直接电子商务——无形货物和服务，例如数码产品、计算机软件、娱乐内容的网上订购、付款和交付。一般来说间接电子商务受到物流配送系统的约束，直接电子商务则不需要顾虑地理界线，可以进行直接的交易。

（四）按照使用网络类型分类

根据使用网络类型的不同，电子商务所分的形式主要有三种：第一种形式是 EDI 商务；第二种形式是互联网商务；第三种形式是 ntranet（内联网）商务和 Extranet（外联网）商务。

（1）EDI 商务。EDI 主要是用在企业与企业、企业与批发商、批发商与零售商之间的商务。比起传统的订货还有付款方式来说，EDI 更大程度的节省了时间以及费用。由于 EDI 一定要租用 EDI 网络络上的专线，换句话说也就是需要通过购买增值网服务才能实现，费用相对来说还是很高的。并且由于需要有专业的 EDI 操作人员，还需要贸易伙伴使用 EDI，所以在中小企业中能够使用 EDI 的就很少了。这样的状况使 EDI 虽然已经存在了二十多年，不过直到现在为止没有得到普及。最近这些年，随着 Internet 网络的迅速普及，基于互联网的、使用可扩展标识语言 XMl 的 EDI，就是 Web—EDI，或称 0pen—EDI 正在渐渐的取代传统的 EDI。

（2）互联网商务。国际现代商业的最新形式是互联网商务。它以信息技术为基础；通过互联网络，在网上实现购物服务、营销。它突破了传统商业生产、零售及进、批发、销、存、调的流转程序与营销模式，实现了真正意义上的投人少、成本低、零库存，从而实现了社会资源的高效率运转。消费者能够不受时间、空间、厂商的限制，最终得到广泛的浏览，而且 HIA 做了非常充分的比较，模拟使用，争取做到用最低的价格获得最为满意的商品和服务，尤其是 Internet 全球联网的属性，在全球范围内实行电子商务变成了可能。

（3）Intranet 商务和 Extranet 商务。Intranet 是在 Internet 基础上发展起来的企业内部网，也可以称之为内联网。Intranet 与 internet 采用一样的技术，在与 Internet 连接的时间，设有互联网企业防火墙，这样有效地防止了未经授权的外来人员进人企业内部网。Intranet 将大、中型企业总部和分布在各地的分支机构及企业内部有关部门的各种信息通过网络予以连通，让企业各级管理人员可以通过网络把自己所需的信息读取出来，利用在线业务的申请和注册代替纸张贸易和内部流通的形式。于是就能够有效地降低交易成本了，把经营效益提高了。在 Intranet 商务的基础上，两个或多个 Intranet 用户能够根据需要，通过 Extranet（外联网）联结，使业务的上下游结合通畅，这样能够提高交易效率。

电子商务有着许多种的分类。不过其中最主要的还是 B2B 和 B2C 两种形式，主要借助于 Internet 把交易给实现。从电子商务的定义和分类来看，未来的社会是一个电子商务社会，有非常多的企业是电子商务企业，这就是电子商务的远景。

二、电子商务的功能与业务流程

（一）电子商务的功能

电子商务能够提供网上交易和网上管理等全过程的服务，所以它具有广告宣传、网上订购、网上支付、咨询洽谈、电子账户、意见征询、服务传递、交易管理等各项功能。

1. 广告宣传

电子商务能够凭借企业的 Web 服务器和客户的浏览，在 Internet 上把各类的商业信息发播出来。客户能够借助网上的检索工具快速地搜索到所需商品的相关信息，而商家能够利

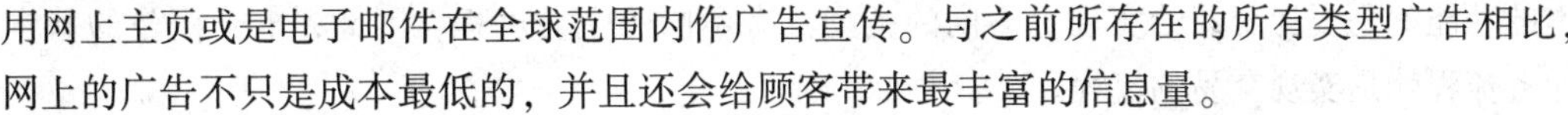

用网上主页或是电子邮件在全球范围内作广告宣传。与之前所存在的所有类型广告相比，网上的广告不只是成本最低的，并且还会给顾客带来最丰富的信息量。

2. 网上订购

电子商务可借助 Web 中的邮件交互传送实现网上的订购。网上的订购通常都是在产品介绍的页面上提供十分友好的订购提示信息和订购交互格式框。客户在把订购单填好了之后，系统通常就会自动回复确认信息单来保证订购信息的收悉。订购信息也能够采用加密的方式使客户和商家的商业信息不向外面泄露。

3. 网上支付

电子商务要成为一个完整的过程。网上支付可以说是其中非常重要的一个环节。客户和商家之间能够采用信用卡帐号进行支付。在网上直接采用电子支付手段将能够省去交易中非常多人员的开销。网上支付将需要更为可靠的信息传输安全性控制，这样做的目的是为了防止窃听、欺骗、冒用等非法行为的出现。

4. 咨询洽谈

电子商务能够借助非实时的电子邮件，新闻组和实时的讨论组来了解市场和商品信息、洽谈交易事务，如果还有进一步的需求，还能够用网上的白板会议来交流即时的图形信息。网上的咨询和洽谈能超越人们面对面洽谈的限制、把多种方便的异地交谈形式提供出来。

5. 电子账户

网上的支付一定是需要有电子金融来支持的，也就是银行或是信用卡公司及保险公司等金融单位要为金融服务提供网上操作的服务。而电子账户管理是其中基本的组成部分。

电子账户的一种标志是银行帐号或是信用卡号。而其可信度需配以必要技术措施来保证。就比如数字签名、数字证书、加密等手段的应用提供了电子账户操作的安全性。

6. 意见征询

电子商务能够以很方便的方式利用网页上的“选择”、“填空”等格式文件来收集用户对销售服务的反馈意见。

这样能够使企业的市场运营形成一个封闭的回路。客户的反馈意见不只是能够提高售后服务水平，同时还会使得企业获得改进产品、发现市场的商业机会。

7. 服务传递

对于已经付了款的客户应该把其订购的货物尽快地传递到他们的手中。而有些货物在本地，有些货物在异地，电子邮件将能在网络中进行物流的调配。而最适合在网上直接进行出售和传递的商品是信息产品。就如电子读物、软件、信息服务等。它能够直接从电子仓库中把货物向用户端直接发送。

8. 交易管理

整个交易的管理会涉及到人、财、物等多个方面，企业和企业、企业和客户及企业内部等各方面的协调和管理。因此说，交易管理是涉及商务活动全过程的管理。

电子商务的发展，将会把一个良好的交易管理的网络环境及多种多样的应用服务系统提供出来。这样，就能够对电子商务获得更广泛的应用有一个保障。

（二）电子商务业务流程

商务性的特点是电子商务最基本的特征，也就是不管是采用怎样的方式去实现，其基本的功能就是要让交易给实现。不同的类型具有不同的交易过程，因此，电子商务的基本业务流程就是实现交易的流程。

1. 电子商务的基本业务流程

电子商务的交易过程就是电子商务的基本业务流程，一般来说，包括下面几个基本业务：

（1）商务信息的收集。通过网络收集信息，并且在收集到的信息中把对自己有用的信息筛选出。这些信息主要是客户的购买意向、习惯以及关于商品的信息。

（2）建立网站并且把信息发布。信息包括产品的信息、折扣、交易的规则和流程等。

（3）推广你网站。制定、设计和实施各种网络营销的手段来把你的网站推广，把网民吸引到网站上来。

（4）签订合同。交易双方利用现代网络和现代电子技术，通过详细认真的网上谈判和磋商后，签订电子商务的贸易合同。

（5）线交易前的各项准备工作。合同签订之后，双方都要进行一系列的为保证交易的顺利进行而必需的准备工作，就如与银行、税务、海关的联系和衔接，确认交易双方的身份等。

（6）支付。利用激进或电子方式实现支付，双方在确认的前提下，利用银行等社会机构实现。

（7）商品运送和服务。怎么样把商品运送到客户的手中，也是电子商务的一个重要环节；与此同时，通过与客户见面的机会来获取客户的信息，也是收集信息重要渠道。

2. 各类模式电子商务的业务流程

各种不同电子商务实现模式，实现交易的时候所涉及的业务有时候也是不一样的，依照业务的类型能够分为企业电子商务、网络直销和中介平台电子商务三种类型。

（1）第一类，企业电子商务的业务流程。

对于业务相对很多的企业来说，企业内部各部门的单据、信息交换尤为的频繁。为了信息的流转，首先，企业应该建立起内部的网络，搭建起将企业的内部网络与因特网连接在一起的信息管理系统，实现以电子商务为基础的网上交易。

（2）第二类，网络直销方式。

网络直销通常情况下被分为以下几步：

1）消费者进入因特网，检查在线商店或企业的主页，浏览产品。

2）消费者在提供者的网站上填写信息，定购产品。

3）消费者选择付款方式，供应方检查消费者的信息，看余额是不是够。

4）供应方发货，同时银行将款项向供应方划入。

5）银行将通知发到消费者的信用卡公司。

为了保证一个安全的交易过程，需要有一个认证机构对在 Internet 上交易的买卖双方进行认证，即确认其身份的真实性和提供的相关资料的完整性和不可欺骗性。

（3）第三类，中介平台的电子商务。

这种交易方式是通过一种虚拟市场进行的先进的网络技术、软件技术，实现把厂商、供应商、推销商紧密地联系起来，最终形成一个供应链，为客户提供市场信息、仓储配送、商品交易、付款结算等全方位服务。其交易过程可分为下面几步：

1）买卖双方将各自的供应和需求信息通过网络向虚拟的交易中心传输。

2）中心将这些信息随时发布进来。

3）买方通过虚拟的交易中心来选择商品，与此同时也选择厂商。

4）中心来协助双方合同的签订以及其他相关手续的操持。

5）双方在交易中心指定的银行进行付款、转账等手续。

6）交易中心将货物送去买方的手中。

7）交易中心将货款转交给卖方。

这种方式有非常多的好处存在着，首先，厂家的进入经过了交易中心的鉴定，就顾客来说，相对来说会很放心，其次，这样有利于形成更加详细的分工，交易中心可以专注于交易的实现和物流，而厂家也能够专注的去进行生产。

三、电子商务系统

电子商务系统指的是保证以电子商务为基础的网上交易实现的体系。由参与交易双方在平等、自由、互利的基础上进行的基于价值的商品交换。网上交易一样是需要遵循上述原则的。作为交易中两个有机组成部分，一是交易双方信息沟通，二是双方进行等价交换。在网上交易，其信息沟通是通过数字化的信息沟通渠道而实现的，一个首要条件是交易双方一定要拥有相应信息技术工具，才有可能利用基于信息技术的沟通渠道进行沟通。同时要保证能通过 Internet 进行交易，必须要求企业、组织和消费者连接到 Internet，否则没有办法利用 Internet 进行交易。

第二节　电子商务系统规划

一、电子商务系统规划的方法

电子商务系统规划通常又称为电子商务系统的战略计划，是对企业电子商务系统总体目标、战略、信息系统资源和开发工作的一种综合性计划，属于企业对电子商务系统最高层次管理的范畴。因此，电子商务系统规划是企业战略规划的重要组成部分，是关于电子商务系统长远发展的规划。企业电子商务系统规划常用的方法包括：战略集合变换、关键成功因素法和企业系统规划方法。

（一）战略集合变换法

战略集合变换法（Strategy Set Transformation，简称：SST）是制定电子商务系统战略规划的常用方法之一。SST 将企业的战略目标看成是一个“信息集合”，由使命、目标、战略和其他战略变量（如管理的复杂性、改革习惯以及重要的环境约束）等组成的是战略集合变换法。企业电子商务系统的规划过程就是把企业的目标转变为企业电子商务系统战略目标的过程。

1. 电子商务系统战略集的变换步骤：

（1）第一步是识别和解释企业的战略集，构造这种战略集合，描绘出企业各类人员结构，比如公众、顾客、政府、持股者、债权人、雇员、经理、供应商、地区社团及竞争者等；对每类人员的目标进行识别；对于每类人员识别其使命及战略。当企业战略初步识别后，应该马上送交企业有关领导审阅和修改。

（2）第二步是把企业的战略集转换成由系统的目标、方案和设计原则组成的电子商务系统战略集。这个转化的过程实现 SST 对企业战略集的每个元素的识别、对应和约束。提出整个电子商务系统的结构。

2. 电子商务系统战略集的变换过程采用下面这个例子来说明。

（1）企业各类人员结构的目标描述

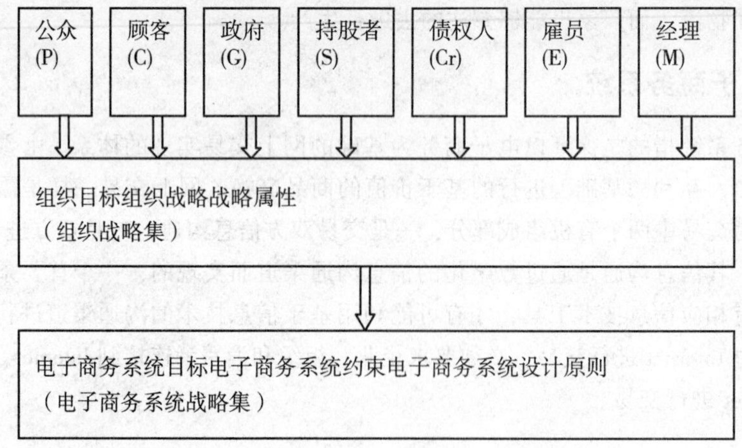

表格 6.2–1　电子商务系统战略集的变换过程

（2）企业的战略集识别

表格 6.2–2　　电子商务企业的战略集识别

企业的目标	企业的战略	战略性的企业属性
01：每年增加收入 15%（S，Cr，M）	S1：开展新的业务（01，06）	A1：管理水平高（M）
02：改善现金流动（G，S，Cr）	S2：改进信贷情况（01，02，03）	A2：目前的经营状况不好，提高了对改革的要求（S，M）
03：维持顾客对企业的好感（C）	S3：重新设计产品（03，04，05）	A3：大部分管理人员有使用计算机的经验
04：意识到企业对社会的义务（G，P）		A4：管理权力的高度分散
05：生产高质量安全可靠的产品（C，G）		A5：企业对政府协调机构负有责任
06：消除生产中的隐患（G，Cr）		

（3）电子商务系统战略集约束

表格 6.2-3　　电子商务系统战略集约束

电子商务系统目标	电子商务系统约束	电子商务系统设计原则
MOl：提高会计速度（S2）	C1：缩减电子商务系统开发资金的可能性（A2）	D1：用模块设计法（C1）
MO2：提供缺陷产品的信息（S3）	C2：系统必须采用决策模型和管理技术（A1，A3）	D2：在每个完成阶段由模块设计提供的系统能独立使用（C1）
MO3：提供新业务的信息（S1）	C3：系统要同时使用外界信息和内部信息（MO2，MO3，MO4）	D3：系统要面向不同类型的管理者（A4，C4）
MO4：提供对企业目标实现水平的预期信息（O）	C4：系统必须提供在不同聚合水平上的不同报告（A4）	D4：系统应当考虑不同类型的使用者的潜在需求（A1，A3，A4）
MO5：及时和精确地提供目前运行情况的相关信息（A2）	C5：系统要有能力产生除了管理信息以外的别的信息（MO6）	D5：系统应具有实时应答能力（MO7，03）
MO6：产生协调机构要求报告		
MO7：产生必要的信息，支持对顾客请求的快速响应		

（二）关键成功因素法

关键成功因素法（Critical success factors，简称：CSF）是由洛克特于1979年提出的，可以用来帮助进行信息系统规划和需求分析。分析好关键成功因素，不仅能够确保企业拥有较强的竞争力，并且对于企业的生存与发展的影响是非常重要的。

1. 什么是关键成功因素。

每个企业都存在着对该企业成功起关键性作用的因素，这个因素被称为关键成功因素。关键成功因素一般情况下都是与那些能确保企业具有竞争能力的方面相关的。在不同类型的业务活动之中，关键成功因素会有非常大的不同，就算是在同一类型的业务活动中，在不同时间内，其关键成功因素也会发生改变。

关键成功因素与过去用于信息系统规划的“重要绩效指标”不一样。这些因素不是应用在所有企业中的统一系统标准。相反，它们是针对特定情境和特定时间的，是内部的关键成功因素，是针对企业内部的活动而言的，比如说改良产品质量，或者降低存货成本等。至于外在的关键成功因素，则与企业的对外活动是相关的，比如与其他公司联系或者获取对方的信贷等。

通常情况下来说，关键成功因素有5个基本来源：基于行业的因素、基于竞争策略、行业地位及地理位置的因素、基于环境的因素、基于一些暂时性的因素，基于管理职能的因素。决定大部分行业成败与否的因素一般有三到六个。对于不同的企业关键成功因素也是不同的，如：

信息系统开发公司关键因素可能有：销售人员素质、技术服务、产品革新、产品易学易用、广泛良好的营销网络。

而对于汽车销售企业，企业形象、制造成本、销售网络的高效性、燃料价格、售后及维修服务或许是关键因素。

识别关键成功因素所用的工具是树枝因果图。

2. 关键成功因素法的主要分析步骤：

关键成功因素与企业规划密不可分。企业战略规划要把企业的期望目标描绘出来，关键成功因素则提供了达到目标的关键和需要的测量标准。一个企业要是想获得成功，就需要对关键成功因素进行认真地和不断地度量，并且要时时刻刻注意对这些因素的调整。主要分析步骤如下：

（1）了解企业（或信息系统）的战略目标。

（2）识别所有成功因素，可采用树状图，画出影响战略目标的各种因素以及影响这些因素的子因素。

（3）确定关键成功因素，对所有成功因素进行评价，根据企业现状与目标把关键成功因素确定出来，能够采用德尔斐法、模糊综合评判法等方法。

（4）识别性能指标与标准，就是给出每个关键成功因素的性能指标与测试标准。

3. 关键成功因素法的应用和优缺点

关键成功因素法在帮助确定企业关键成功因素和信息系统关键成功因素方面都收到了非常好的效果，与下面要说到的企业的系统规划法是不一样的，CSF 法更加重视重点突破。关键成功因素可析可让高层管理者利用他们至关重要的信息来清楚地表明自己的需要。在这种分析能够使用由下而下的管理结构中，越低层的管理者越难清楚表明哪些是一定要完成的事情。所以关键成功因素法在高层应用通常效果都比较好，这是由于每一个高层管理者日常总在考虑企业的关键因素是什么，对于中层管理者来说通常都是不合适的，因为中层管理者面临的决策大多数是结构体的，它们有很小的自由度，对他们最好应用其他方法。

关键成功因素法已经被应用地非常广泛了，其目的是确定电子商务系统策略的最重要因素。策略问题是关键成功因素法的焦点，它的价值在于可以很有效地支持计划，一方面由于对企业关键成功因素的分析有助拓宽管理视野，另一方面由于这种方法能够为随后的结构性分析作好准备。所以，对于高层管理者来说关键成功因素法是非常受欢迎的。不过对企业关键成功因素的分析也有其没有办法避免的缺点，其中一个是它需要有专门技能及有远见的调查人员从高层管理者那里整理出公司的关键成功因素，另一个是管理者与管理顶层越远，要想有效利用关键成功因素法的分析结构就越困难。

（三）企业系统规划方法—BSP

一种对企业电子商务系统进行规划和设计的结构化方法是企业系统规划法（BusinessSystemPlanning，简称：BSP），BSP 是由美国的 IBM 公司在 20 世纪 60 年代末创造并渐渐发展起来的。这里所说的“企业”，也能够是非盈利性的单位或部门。BSP 法主要基于利用信息技术和信息系统支持企业运营的思想，是把企业目标向信息系统战略转化的全过程，

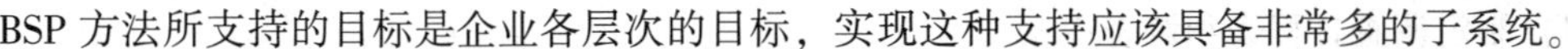

BSP 方法所支持的目标是企业各层次的目标，实现这种支持应该具备非常多的子系统。

它是先从企业目标开始，自上而下识别系统目标，识别企业过程，识别数据，然后再自下而上设计系统，用这样的方法来支持目标。

1. BSP 法的目标。

BSP 的主要目标是帮助企业做出管理信息系统的战略规划，用来支持企业短期和长期的信息需要，并且这个规划将作为整个企业规划中必不可少的部分。其具体目标如下：

（1）为管理者提供一种形式化的、客观的方法，明确建立电子商务系统的优先顺序。

（2）确定出未来电子商务系统的总体结构，明确系统的子系统组成。

（3）对数据进行统一规划、管理和控制，明确各子系统之间的数据交换关系，保证信息的一致性。

2. BSP 法的基本原则。

（1）电子商务系统必须支持企业的战略目标。基于这种思想，可以把 BSP 看成是一个战略目标集的转化过程，也就是说可以把将企业的战略目标转化成电子商务系统所对应的系统的战略目标。

（2）电子商务系统的战略应该把企业的各个管理层次的需求表达出来。通常情况下可以看做，在任何一个企业内同时存在着三种不同的管理层：战略管理层、策略管理层和操作管理层。这里面不同层次的管理活动有着不一样的信息需求，所以有必要建立一个合理的框架，并且借此来把系统定义。

（3）电子商务系统应该向整个企业把一致的信息提供出来。因为缺乏系统基础规划，信息的不一致性在非常多的企业中存在着。为了保证信息的一致性，有必要制定相关信息一致性的定义、技术实现及安全性的策略与规程。

（4）电子商务系统应该经得起组织企业和管理体制变化。根据电子商务系统所开发的系统应具有可变更性或环境变更的适应性，也就是说应该有能力在企业的组织结构和管理体制的变化中发展自己而不受到非常大的冲击。为了把上面的目的给实现，BSP 采用定义企业过程的概念与技术，这种技术使该系统独立于组织企业中的各种因素，就是与具体的组织体系和具体的管理职责是没有关系的。

（5）电子商务系统应是先“自上而下”识别，再“自下而上”设计。BSP 对电子商务系统采用的基本方法是“自上而下”地把系统目标、企业过程、企业有关数据识别，和“自下而上”地分步设计系统。这样既能够解决根据解决方案开发的电子商务系统没有办法一次设计完成的困难，也能够避免自下而上分散设计可能出现的产生数据不一致问题、重新系统化问题和相互没有关系的系统设计问题。

3. BSP 方法步骤

（1）项目的确立：定义企业目标，就是在各管理层需持一致的看法，明确企业的方向，让信息系统对这些目标直接支持。

（2）准备工作阶段，准备工作包括的内容如下：

1）首先应成立一个规划小组。规划小组应当由企业负责人牵头。

2）明确规划的方向和范围。

3）制定 BSP 工作计划。

4）制定调查日程表和调查提纲。

（3）动员开始阶段。

（4）调研。

（5）识别企业过程。

逻辑上相关的一组决策和活动的集合是识别企业过程。

这些决策和活动是管理企业资源及完成业务过程之中所必须的，它为电子商务系统对企业的支持奠定了长期的基础。

识别企业过程是 BSP 方法的核心。识别企业过程能够对企业如何完成它的目标有一个深刻的了解，能够帮助确定电子商务系统的功能，还可以为定义电子商务系统信息结构提供基本的依据。

识别过程结束应有以下的文件输出：

1）识别过程的流程图。

2）每一过程的简单说明。

（6）定义数据类

一个数据类是指为支持一个或者多个企业过程所需的一大类数据，在这一步骤中定义了一些通过企业部门时要被管理的所有数据。识别数据类的目的在于了解企业当前的数据状况和数据要求，为定义电子商务系统信息结构提供依据。它将所有的数据分成若干大类。为企业提供稳定的、共享的数据模型。

识别企业数据的方法有两种，一种是企业实体法。企业实体法能够用矩阵表示出来，数据类列于水平方向，实体列于垂直方向。实体法和企业过程法是能够分别进行的，然后互相参照，把数据类归纳出来。

另一种识别数据的方法是企业过程法。它利用已识别绘出的企业过程，分析每一个过程使用了什么样的数据，产生了什么样的数据。用输入-处理一输出图来形象地表达。

（7）分析现行系统支持

对现行业务过程、数据处理和数据文件进行分析，发现欠缺和冗余部分，从而对将来的行动把意见提出来。

（8）确定管理部门对电子商务系统的要求

考虑管理人员对方案的要求，尤其是关于中长期发展的看法。通过与他们交换看法，明确目标、问题、信息需求和信息的价值，让规划工作人员与管理部门之间建立新型的、更密切的联系。

（9）提出判断和结论

（10）定义信息结构

定义信息系统的总体结构，总体结构通常用一群相互有关的信息子系统和要被管理的有关数据表示，由总体结构出发，能够识别出信息系统的组成模块，这样可以方便安排开发计划。定义信息结构实际上是把子系统进行划分。BSP 方法尽量把信息产生的企业过程和使用信息的企业过程在一个子系统中划分，以便让子系统间的信息交换减少。

企业系统规划法的优点在于最高管理层可以参与研究工作，由此对于最高管理层、用户及信息系统部门之间的沟通与交流产生了加强作用，也增加了他们对信息系统的长、短

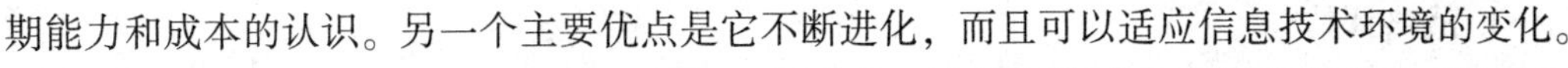

期能力和成本的认识。另一个主要优点是它不断进化，而且可以适应信息技术环境的变化。

企业系统规划法是商业导向而不是理论驱动的。该研究的成效在极大的程度上取决于研究小组的技巧和能力。这个方法的结构化程度不可以避免人为错误对它造成的影响。

二、电子商务系统的战略规划

（一）电子商务系统战略规划的目的和工作特点

1. 电子商务系统战略规划的目的和主要任务。

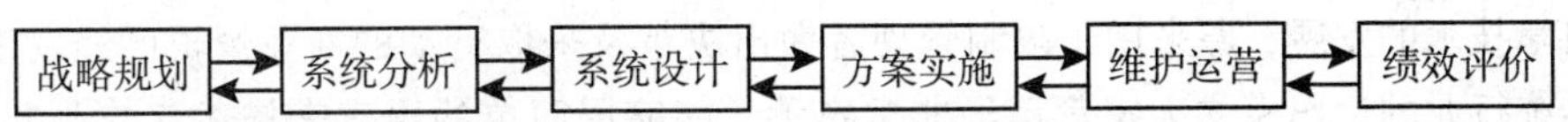

图为电子商务系统建设的关键阶段

（1）制定电子商务系统的发展战略。

（2）明确企业的主要信息需求，形成电子商务系统的总体结构方案及项目开发计划。

（3）制定系统建设的资源分配计划。

2. 电子商务系统战略规划工作的特点。

（1）系统战略规划工作是面向长远的、未来的、全局性和关键性的问题，所以它具有很强的不确定性，且有很高的非结构化程度。

（2）系统战略规划不在于解决项目开发中的具体业务问题，而是为整个系统建设确定目标、战略、系统总体结构方案和资源计划，所以整个工作过程是一个管理决策过程。并且，系统战略规划也是技术和管理在一起结合的过程，它利用现代信息技术有效地对管理决策的总体方案支持。

（3）系统战略规划人员对管理与技术环境的理解程度、对管理与技术发展的见识，开创精神与务实态度是规划工作的决定因素。

（4）电子商务系统规划一定要将整个企业的发展规划纳入，而且还应该定期滚动。

（二）电子商务系统战略规划的内容

电子商务系统战略规划概括起来讲是企业未来做生意的模式，包括企业未来的市场定位、盈利方式、服务对象、服务内容及实施问题。这一规划是构造电子商务系统的基本依据。

企业电子商务系统战略规划通常包括以下阶段和内容：

1. 战略提出阶段

企业电子商务的前景和市场定位是主要确定的；对企业所处的行业及企业竞争力进行分析；评估企业电子商务的模式。

2. 战略形成阶段

主要通过分析确定企业电子商务究竟“做什么”，也就是明确企业电子商务的盈利方式，把企业电子商务成功的机会寻找出来；确定企业电子商务的方案；

3. 战略实施

主要确定企业电子商务的实施方案、进度计划与管理方式；

4. 战略评估

衡量企业电子商务是不是能够把预期的效果达到，评测企业电子商务的相关评测指标。

（三）电子商务系统战略规划的方法

由于各个企业所处的行业差异非常大，所以也有着不同的竞争能力，很难说某种电子商务系统的某一战略对某个企业肯定是适合的，但是在确定企业的电子商务战略或者商务模式的时候，通常能够参照下面的方式：

所谓商务模式所指的就是盈利的方式，所涉及到的主要是企业经营的基本盈利方式、服务对象和服务内容，不同的商务模式直接关系到企业构造电子商务系统所采取的策略。随着科学技术的发展，原来用于限制管理者做出决策及采取行动的商业逻辑已经发生了变化。传统行业的运作模式大家都已经非常熟悉，能够用简单的语言来描述它的业务活动，以及在行业中的盈利方式。而当 Internet 以及伴随而来的网络经济技术创造了新的商务模式后似乎用简单的方式没有办法清晰地表达其盈利方式了。因此，在进行电子商务系统战术规划的时候，在可行性分析之前，还应该对企业的核心业务所适用的商务模式进行确定。

1. 按照应用的领域不同，电子商务模式的分类。

电子商务模式指的是企业利用电子化手段开展商务活动，谋取商业利润的基本方式。

电子商务模式的分类是非常多。按电子商务应用的领域范围，或者说按发生交易的双方的相互关系划分，能够把电子商务模式分成四类：

（1）企业对消费者；

（2）企业对企业；

（3）企业对政府机构；

（4）消费者对消费者。

以上这几种模式中，B2C 和 B2B 的商务模式是最基本的。

然而，只是根据服务对象来划分电子商务模式依然不能够较好地区分不同模式下的盈利方式、核心业务和功能特点等。于是电子商务又区分成了许多种亚模式。

2. 按照服务对象来划分，企业对消费者型电子商务亚模式。

（1）无形产品和劳务的电子商务模式。

网络本身具有信息传递的功能，又有信息处理的功能。所以，无形产品和劳务，如计算机软件、信息、视听娱乐产品等，通常情况下就能够通过网络直接向消费者提供。无形产品和劳务的电子商务模式主要有以下四种：网上订阅模式、付费浏览模式、广告支持模式和网上赠与模式。

1）网上订阅模式：

企业通过网页向消费者提供网上直接订阅的功能，消费者直接浏览信息的电子商务模式是网上订阅模式。网上订阅模式主要被商业在线机构用来销售报刊杂志、有线电视节目等。网上订阅模式主要有以下几种：

① 在线服务。

在线服务是指在线经营商通过每月向消费者收取固定的费用而提供各种形式的在线信息服务。在线服务商通常以固定费用的方式提供无限制的网络接入和各种增值服务。在线服务商通常都有自己服务的客户群体。就拿美国的在线服务商来说：美国在线（AOL）的

主要客户群体是家庭使用者；CompuServer 客户群体是商业和高级使用者；微软网络（MS-DN）主要客户群体是 Windows 的使用者。不过不管是哪一种在线服务商，它们提供的服务都有共同特点。第一，基础信息的一步到位式服务。在线服务商通常都向客户提供基础的信息服务。所提供的基础信息服务通常情况下能够满足客户对基础信息的需求。客户通过浏览在线服务商所提供的信息，基本上就能够满足日常收集信息的要求。第二，可靠的网络安全保障。因为在线服务都是在专有的网络上运行，通过在线服务商联接的网络其安全保障比直接联接国际互联网要可靠。第三，向新客户提供支持服务系统。在线服务商既通过电脑网络，又通过电话向新的户提供支持服务。对于新的订户来说，在线服务商可以帮助他们解释技术问题，在支持服务上比网络经营商要强。

② 在线出版。

在线出版是指出版商通过电脑互联网络向消费者提供除传统纸面出版之外的电子刊物。在线出版通常情况下只是在网上发布电子刊物。消费者能够通过订阅来下载刊物的信息。但是，以订阅方式向一般消费者销售电子刊物被证明存在一定的困难，因为通常情况下消费者基本上可以从其他的途径获取相同或类似的信息。所以，此项在线出版模式主要靠广告支持。

与大众化信息媒体相对的是，更趋于专业化的信息源的收费方式是非常成功的。网上专业数据库一直就是付费订阅的。不管是网上的信息还是其他地方的信息，似乎研究人员相对更愿意支付费用。

③ 在线娱乐。

无形产品和劳务在线销售中令人注目的一个领域是在线娱乐。一些网站向消费者提供在线游戏，而且还要收取一些订阅费。发展到现在来看，这一领域还是非常成功的。

2）付费浏览模式

付费浏览模式指的是企业通过网页向消费者提供计次收费性网上信息浏览和信息下载的电子商务模式。付费浏览模式让消费者根据自己的需要，在网址上有选择地购买一篇文章、一章书的内容或者参考书的一页。在数据库里查询的内容也是可以通过付费得到的。除此之外一次性付费参与游戏娱乐也将会成为很流行的付费浏览方式之一。

当前电子商务中发展较快的模式之一就是付费浏览模式。该模式的成功需要有下面几个条件：首先，一定要让消费者事先知道要购买的信息，并且这个信息给消费者传达值得付费获取的信号；其次，信息出售者一定要拥有一套有效的交易方法，而且该方法要允许较低的交易金额，比如说，对于只是获取一页信息的小额交易，现在广泛使用的信用卡付款方式就需改进，这是由于，信用卡付款手续费可能比实际支付的信息费要高。随着小额支付方式的出现，付费浏览模式还会进一步的发展。

知识产权问题是网上信息出售者最担心的。很让他们发愁的是客户从网站上把信息得到了，之后又再次分发或出售。一些信息技术公司针对这个问题开发了网上信息知识产权保护的技术。信息购买者作为代理人把信息又再一次出售，而且给予代售者一定的佣金。这样一来，就鼓励了信息的合法传播。

3）广告支持模式

广告支持模式是指在线服务商免费向消费者或用户提供信息在线服务，而营业活动全部用由广告收入支持。此模式是目前最成功的电子商务模式之一。比如，像雅虎等在线搜索服务网站就是靠着广告收入来维持经营活动的。信息搜索对于上网人员在信息浩瀚的互联网上找寻相关信息是最基础的服务。企业也最愿意在信息搜索网站上设置广告，尤其是通过付费方式在网上设置广告的图标，有兴趣的上网人员通过击点图标就能够直接到达企业的网址。

因为广告支持模式需要上网企业的广告收入来维持，所以这个企业网页是不是能够吸引大量的广告就成为这个模式是不是可以成功的关键。而能否吸引网上广告又主要靠网站的知名度，知名度又要看该网站被访问的次数有多少。广告网站必须对广告效果提供客观的评价和测度方法，公平地把广告费用的计费方法和计费额来确定。

4）网上赠与模式

网上赠与模式一种非传统的商业运作模式，是企业借助于国际互联网用户遍及全球的优势，向互联网用户赠送软件产品，以扩大企业的知名度和市场份额。通过让消费者使用这样的产品，让消费者下载一个新版本的软件或购买另外一个相关的软件。由于所赠送的是无形的计算机软件产品，而用户是通过国际互联网自行下载，所以企业所投入的分拨成本是极其低的。因此，假如软件确实有着自己的特点，那么是非常容易让消费者接受的。

采用网上赠与模式的企业主要有两类：

① 一类是软件公司。

电脑软件公司在发布新产品或新版本的时候通常在网上把免费测试版提供出来。网上用户能够免费下载并且试用。这样，软件公司不只是能够取得一定的市场份额，同时也也扩大了测试群体，保证了软件测试的效果。当最后版本公布的时候，或许因为参与了测试版的试用能够享受到一些折扣，测试用户可能购买该产品。

② 另一类是出版商。

有的出版商也采取网上赠与模式，让用户先去试用，然后购买。

（2）实物商品的电子商务模式

相对于网络商品，实物商品指的是传统的有形商品，这种商品和劳务的交付并不是通过电脑的信息为载体实现的，而依然通过传统的方式来实现。

网上实物商品销售的特点主要是网上在线销售的市场扩大了。与传统的店铺市场销售相比，网上销售能够把业务伸展到世界各个角落。

除了这些之外，虚拟商店需要较少的雇员而且在仓库就可以销售。有些情况下虚拟商店能够直接从经销商处订货，这样就省去了商品储存的环节。在网上销售的商品中，一些出售独特商品的虚拟商店相对来说是成功的。在实际市场上，对于特殊商品的需求是有限的，由于市场上的特殊商品的消费者是很分散的，传统的实物店铺市场的覆盖范围不足以支持店铺经营。而国际互联网触及世界市场的各个角落，人们能够根据自己的兴趣来搜索虚拟商店，所以，见缝插针式的商品在在线销售方面就会很容易成功了。另一类在线销售较成功的商品是一些众所周知、内容较确切的实物商品，比如说磁盘、书籍和品牌电脑等。

企业实现在线销售的形式当前有两种：在网上设立独立的虚拟店铺是其中一种；另外一种是参与并成为网上在线购物中心的一部分。一般，互联网服务商可以帮助企业设计网页，创立独立的虚拟商店，为用户提供接入服务。

(3) 综合模式

事实上，很大一部分企业网上销售并不只是采用了一种电子商务模式，他们通常情况下是采用综合模式，就是将各种模式结合起来实施电子商务。网上的一些零售商店之所以能吸引广告，就是因为虚拟商店本来就有非常大的名气。而在传统的类似实物商店中，一般商店的广告都是与经营的商品相关的，网上虚拟商店上的这种交叉广告是很少见的。

从上述内容可见，在网上销售中，假如确定了电子商务的基本模式，企业不妨可以考虑一下采取综合模式的可能性。比如说，一家旅行社的网页向客户提供旅游在线预订业务，同时可以接受度假村、航空公司、饭店和旅游促销机构的广告，如果有可能还能够向客户提供一定的折扣或优惠，这样也便于吸引过来非常多的生意。一家书店不只是销售书籍，而且可以举办“读书俱乐部”，接受来自于其他行业和其他零售商店的广告。在网上尝试综合的电子商务模式有或许会带来额外的收入。

三、电子商务系统规划报告

电子商务系统规划和初步设计的结果形成《电子商务系统的规划报告》，某些情况下这个文档也被称为《电子商务系统解决方案》。该报告的内容主要是对企业电子商务系统的商务模式、电子商务系统的体系结构和该系统的各个组成部分进行阐述。这种报告因为没有细化到企业商务逻辑的具体处理过程，因此不可以直接作为系统开发的直接技术文件。

通常的，电子商务系统规划报告的基本内容所包括的是：

(一) 系统背景描述

该部分阐述电子商务规划涉及到的企业的基本情况，包括企业的性质、实施电子商务的范围和规模、计划的项目周期、外部环境及其它的一些特殊说明等。这一部分还需要对整个规划报告中涉及到的一些专门的概念进行初步定义。

该部分包括以下具体的内容：

1. 核心商务流程；
2. 企业商务活动中存在的问题；
3. 电子商务对企业商务活动的影响；
4. 未来企业业务的增值点和业务延伸趋势；
5. 企业实施电子商务中存在的困难。

(二) 企业需求描述

该部分对企业转向电子商务的动机、基本设想等进行描述。关键的内容阐述企业的核心商务逻辑以及企业对未来电子商务的一些基本认识。

该部分的主要内容一般包括：

1. 企业核心业务描述；
2. 企业现行的组织结构及主要协作伙伴；
3. 核心业务分析。

(三) 电子商务系统设计的原则及目标

这个部分所阐述的主要是企业建设电子商务系统的策略、所要达到的目标、规划过程中需要遵循的原则。用另外一句话说就是，这部分阐明的是帮助企业实现电子商务的基本思路。

该部分的主要内容包括：

（1）企业实施电子商务的基本策略。

（2）电子商务系统所要达到的目标。

（3）规划和设计原则，包括以下原则：

1）实施商务流程再造的原则；

2）技术原则；

3）实施原则；

4）投资原则。

（四）商务模型建议

企业未来商务模式、商务模型的建议是这个部分主要所描述的。它是对企业商务模型规划结果的总结。

这一部分的内容包括：

1. 商务模式分析和建议
2. 商务模型
3. 电子商务环境下企业核心商务流程说明
4. 未来客户服务
5. 外部信息系统接口
6. 内部系统整合
7. 未来电子商务系统的环境

（五）目标系统的总体结构

这一部分也被称为电子商务系统整体方案。其目标是阐述电子商务系统的体系结构，说明逻辑层次，界定各个部分的作用及其相互关系。其特征是：侧重于从逻辑上阐述系统各部分的关联关系，而不是说明构造系统的技术产品，但是这种体系为系统的集成提供了依据。

该部分的主要内容包括：

1. 系统的体系结构。
2. 系统各层次的构成及作用。

它的主要内容包括：客户、服务表达、应用逻辑、支持平台、基础网络。

3. Intranet。
4. Extranet。
5. 门户网站（Portal）或企业信息门户（EIP）。

（六）应用系统方案

该部分说明应用软件的基本结构、功能分布、平台结构等。它的主要内容包括：

1. 应用软件的结构。
2. 应用软件的功能。
3. 主要应用流程描述。
4. 数据与数据库。

5. 应用软件的支持平台。

6. 应用软件的互联接口。

（七）网络基础设施

该部分描述电子商务系统运行所需要的网络基础设施的基本构成。在这一部分需要阐明支持电子商务系统运行的网络结构、组成、特征、互联方式等。

该部分的主要内容包括：

1. 网络基本结构。

2. Internet 及接入：这一部分侧重于说明企业电子商务系统是通过接入设备和线路连接到 Internet 还是通过托管方式在 ISP 的数据中心进行配置的。

3. Intranet 结构。

4. Extranet 及数据交换。

这一部分阐述企业电子商务系统与合作伙伴、商务中介以及银行、认证机构之间的网络连接、数据交换方式。

5. 网络互联方式。

（八）联机交易中的支付与认证

该部分侧重于阐述联机交易中的支付和认证的实现方案，说明保证交易安全的方式和方法。该部分的主要内容包括：

1. 联机支付方案。

它的主要内容包括：支付手段、支付流程、支付网关接口方式等。

2. 认证方案。

它的主要内容包括：认证内容、认证过程、认证证书。

（九）系统安全及管理

该部分说明保证电子商务系统安全的策略、技术体系、系统管理方式等，它的目的是说明电子商务系统的安全性和可管理性。该部分的主要内容包括：

1. 系统安全体系。

它的主要内容包括：

1）安全策略。

2）安全体系：包括计算机系统安全、网络安全措施、主机系统安全、应用安全措施。

3）交易安全。

② 系统管理。

它的主要内容包括：网络管理、服务器管理、授权与审计。

（十）系统性能优化及评估

该部分说明保证系统高可靠性、高可用性和高性能的方案。它的主要内容包括：

1. 系统可靠性。

它的主要内容包括：数据及设备备份、灾难恢复、可用性等。

③ 性能优化方案。

它的主要内容包括：系统负荷均衡、并发事务控制、高性能软件等。

（十一）系统集成方案

这部分说明支持应用系统的软硬件平台的选择、集成方式。其主要内容有：

1. 系统平台选择。

它的主要内容包括：

1）平台结构

2）软件及中间件：包括应用服务器、数据库系统、中间件产品、应用开发工具

3）硬件：包括主机设备、网络设备、其他外围设备

2. 系统集成。

它的主要内容包括：设备集成方案、应用集成方案等。

（十二）方案开销与投资

此部分说明方案建设各个部分的开销及投资计划。

（十三）实施方案

该部分说明电子商务系统实施的基本过程及相关的保障措施。其具体内容应当包括：

1. 方案实施的主要任务。

2. 实施进度安排。

3. 实施过程的分阶段目标。

4. 实施人员组织。

（十四）电子商务系统收益分析

该部分说明方案运行后可预见的收益。

（十五）其他说明

因为电子商务系统项目涉及的不仅仅是技术问题，还涉及到非常多组织、管理甚至法律、人文环境等因素。因此对于相关的配套措施在这一部分进行阐述。

四、电子商务系统的评价

（一）电子商务系统评价的含义

电子商务系统评价分为了广义和狭义两个方面。首先需要介绍的是狭义的电子商务系统评价：在电子商务系统建成并投入运营后进行的一系列全面的、综合的评价的是狭义的电子商务系统评价；而广义的电子商务评价则是指从电子商务系统的开发阶段到系统投入运营的每一个阶段都对其进行全面的、综合的评价。下面所描述的是对广义的电子商务系统评价的具体论述：

电子商务系统建设从开始到最后结束都能够被看成是一个生命周期。首先，我们应该把电子商务系统的生命周期分为五个阶段：

系统的规划和可行性研究、系统分析、系统设计、系统实施、系统运行。

电子商务系统评价在这五个阶段都有着不同的方式和目的，比如说：在系统的规划和可行性研究阶段的评价主要目的是为了确定这个项目是不是可以为带来企业把经济效益的提升，所采用的系统评价方法是指标评估法和成本—效益分析法；而在系统的实施阶段，进行系统评价的目的则是为了测试所建设的电子商务系统在系统的功能和性能上是不是满足了其企业的相关要求，而这一阶段所采用的方法主要是进行测试运行。除此之外系统分

析、系统设计和系统运行阶段所进行的评价的目的和方法也是都不一样的。

（二）电子商务系统评价的特点

1. 电子商务系统通常情况下前期投资都很大，而系统发挥作用还需要一定时间，具有明显的滞后效应。所以，在评价电子商务系统的时候应该考虑长远的利益。

2. 它既可以产生直接利益，又能够产生间接利益；不只是能够产生有形利益，还能够产生无形利益。所以在评价电子商务系统时要对管理效益、战略利益等效益进行考虑。

3. 电子商务系统对企业运营的各个环节都存在影响，甚至能够对企业的生存发展产生根本性的影响。所以在评价电子商务系统时要综合考虑其对企业各方面的影响。

4. 它的功能主要是面向企业外部的。所以在评价电子商务系统的时候要从客户和供应商的角度进行考虑。这是电子商务系统与传统信息系统在进行成功评价时的重要差别。

（三）电子商务系统评价的类型

电子商务系统评价按照系统评价的时间和系统所处的阶段将广义的电子商务系统评价分为立项评价、中期评价和结构评价。

1. 立项评价。

立项评价是指电子商务系统方案在系统开发前的预评价，也就是上面所讲到的生命周期中的系统的规划和可行性研究阶段，评价的目的是确定该项目是否有开发的必要。评价的内容是分析开发该系统的条件是不是具备。但是因为立项评价时所选择的参数大多是不确定的，导致评价的结论有一定的风险存在着。

2. 中期评价。

中期评价主要分为两种情况：

（1）第一种情况是正常的阶段性的评价，也就是说在电子商务系统的生命周期的系统分析、系统设计、系统实施阶段对电子商务系统的阶段性成果进行评价；

（2）另一种情况是指在项目立项并实施的过程中，由于外界因素的变化，对该项目产生了非常大的影响，使得企业不得不对该项目进行重新评价以判定是不是要继续实行。

3. 结构评价。

在系统投入运营后，为了测试其是否达到预期的目的和要求而对系统运行的效果进行实际测试的是结构评价。通过对系统性能和经济效益等的评价，用户即电子商务应用企业可以全面检查系统是否能够达到预期的要求。

（四）电子商务系统评价的原则

电子商务系统是一个复杂的信息系统，作为一个信息系统，也是有着一般系统的特性的，不过它也是有着自己的特别之处的。我们在进行电子商务系统评价时需要遵循下面的原则：

1. 客观现实性。

2. 系统性。

3. 层次性。

4. 动态。

5. 可操作性。

作为企业的电子商务系统，它既是企业赖以进行商务运作的系统平台，又是企业的管理系统；即为企业的商务活动服务，又为企业的管理活动服务。所以，在对电子商务系统进行评价的时候应着重考察其对商务活动和管理活动的影响。

（五）电子商务系统评价的内容

如今，电子商务系统评价的内容主要分为技术评价和应用效果评价两方面，也就是说电子商务系统应用企业在对电子商务系统进行评价的时候，不只是要对其技术进行评价，还要考虑其他方面的因素，尤其是该系统的应用效果是否达到预期的要求。

1. 技术评价。

所谓技术评价主要是指企业对系统性能的评价。评价的内容包括对系统的硬件和软件的评价，另外还要关注系统的运行与维护情况，确保系统拥有较强的生命力。

技术评价主要包括：

（1）系统功能；

（2）系统可靠性；

（3）系统效率；

（4）系统适应性；

（5）系统可拓展性；

（6）系统安全性；

（7）系统可维护性；

（8）技术开发水平。

2. 应用效果评价。

应用效果评价主要是指系统投入运营后是不是可以达到提高企业管理的效率和效益的目的。这种效益不仅是直接经济效益，还包含了间接经济效益，具体的内容如下：

（1）直接经济效益评价；

（2）管理水平和效率；

（3）企业内用户的满意度；

（4）客户和商业伙伴的满意度；

（5）企业业务流程是否趋于合理；

（6）信息服务的质量；

（7）社会效益。

第三节　客户关系管理系统的规划与实施

一、客户关系管理系统的主要功能

客户关系管理主要实现功能：

1. 客户信息的查询，采用条件查询和默认值查询；其中，条件查询能够分为：唯一条件和复合条件查询的功能；

2. 业务员跟单的动态查询，包括对当日和历史的业务员跟单情况进行实时统计查询的

功能；

3. 对重复输入的客户信息进行有效控制与重复记录信息的筛选；

4. 对客户信息进行安全性的控制；

5. 相关客户关系管理信息查询报表的形成；

6. 跟踪子系统管理改进设计构想；

7. 报警子系统管理新增加需求；

8. 时间管理。

日历；设计约会时间、活动计划，有冲突的时间，系统会提示；进行事件安排，例如，约会、会议、电话、电子邮件、传真；备忘录；进行团队事件安排；查看团队中其它人的安排，防止让冲突发生；把事件的安排通知相关的人；任务表；预告/提示；记事本；电子邮件；传真。

9. 潜在客户管理。

包括：业务线索的记录、升级和分配；销售机会的升级和分配；潜在客户的跟踪和挖掘；

10. 销售管理。

组织和浏览销售信息，如客户、业务描述、联系人、时间、销售阶段、业务额、可能结束时间等；产生各销售业务的阶段报告，并给出业务所处阶段、还需的时间、成功的可能性、历史销售状况评价等等信息；对销售业务给出战术、策略上的支持；对地域（省市、邮编、地区、行业、相关客户、联系人等）进行维护；把销售员归入某一地域并授权；地域的重新设置；根据利润、领域、优先级、时间、状态等标准，用户可定制关于将要进行的活动、业务、客户、联系人、约会等方面的报告。

二、客户关系管理系统的应用

客户关系管理（Customer Relationship Management，简称：CRM）一共经历了四个阶段：60 年代的大型机、80 年代的 C/S、今天的 SAAS、PAAS 阶段。

大型机曾经也有过辉煌的时代，1948 年，IBM 开发制造基于电子管的计算机 SSEC。IBM 公司在 1952 年研制出第一台用于科学计算的大型机 IBM701，第二年，也就是 1953 年又推出了第一台用于数据处理的大型机 IBM702 和小型机 IBM650，至此第一代商用计算机就此诞生。

20 世纪 60-80 年代信息处理主要是以 C/S（主机系统+傻终端）为代表的，也就是大型机的集中式数据处理。

到了 80 年代之后，RSI 就更名为 Oracle 系统公司，Oracle 公司用产品名称给公司命名，帮助公司赢得业界的认同，与此同时 Oracle 决定开发便携式 RDBMS 而且还推出了便携式数据库。

进入 90 年代以后，经济开始进入全球化，复杂的管理模式、运算营运成本失控、关键型应用没有办法实现，于是就迫使他们使用大型机实现服务器进行再集中。也就是现在的 SAAS（软件即服务）。

在国际上，SaaS 提供商 Salesforce 是创建于 1999 年 3 月的一家客户关系管理（CRM）

软件服务提供商，Salesforce 又译作软件营销部队或软营，是全球按需 CRM 解决方案的领导者。Paas 是 PlatformasaService（平台即服务）的简称，如今互联网技术的发展和应用软件逐渐成熟，到 21 世纪就兴起了一种完全创新的软件应用模式。CRM 已经进入了移动时代。移动 CRM，主要就是利用无线网络实现 CRM 的技术。将其原有 CRM 系统上的公客户关系管理功能迁至手机。移动 CRM 系统具有传统 CRM 系统没有办法超越的优势。移动 CRM 系统使业务软件摆脱时间和场所局限，可随时随地与公司业务平台沟通，有效提高管理效率，将企业效益的增长向前推进。

（一）CRM 系统的基本功能模块的构成及应用

1. 奢侈品营销离不开 CRM

奢侈品行业的消费者可以说都是有相对稳定收入的高收入人群，做好客户关系管理 CRM 相对来说就显得特别重要。

2. 汽车业 CRM 应用的四个层次

第一层次，基于呼叫中心的客户服务，例如上海大众、一汽大众、福田。

第二层次，客户信息管理与流程管理，例如上海通用、东风。

第三层次，客户细分与客户价值、客户满意度与忠诚度。

第四层次，企业价值链协同。

3. 证券行业 CRM 的应用

信息技术的发展，电脑网络和管理软件渐渐地成熟了起来，使得企业很难再遵循以前的旧商业理念。通过借助具备客户智能的 CRM 系统，企业可以建立与客户之间的学习关系，并更好地了解客户。亚马逊就利用 CRM 对客户关系进行处理，他们有百分之六十五的客户基本上都是回头客，对自身而言的确带来了很大的利益。

中国证券行业中，有着很激烈的竞争。对于证券公司各级管理者而言，怎样对公司及下属营业部的经营状况有充分、及时、准确的了解，进一步制定公司各方面的发展计划，怎样为客户提供更高的服务和更专业的投资建议，进而巩固和发展长久的客户关系，都是极其重要的。

4. CRM 应用 IT 行业

IT 行业应用 CRM 具有领先的优势。CRM 定义的全流程现金管理和三层制客户关系管理体系中，强调 CRM 只有成为推动电子商务实现的基本力量，才可能在激烈的竞争中帮助企业提升效益。

（1）CRM 应用 IT 行业的自身优势。

通过 CRM 一方面提升自身应用水平，另一方面掌握增值服务本来。

完善的电子商务系统：底层的网络等接入平台，中间的电子商务模式，最高层的各种电子商务应用。客户关系管理的有效性会促进企业与顾客在新环境的互动，于是就会将电子关系建立起来。在 IT 行业中 CRM 的应用还意味着技术手段将被当做管理要素。以技术管理为核心的 CRM，

（2）CRM 应用 IT 行业的重点。

CRM 应用 IT 行业的重点为如下几点：

信息分析管理、客户互动渠道集成、支持网络应用、数据仓库建设、业务流程优化及

与 ERP 系统等无缝链接。

（二）CRM 软件开发商产品提供方式及软件的网络体系结构特征

1. CRM 软件开发商产品提供方式

（1）Broadvision（宏道）个性化营销，实现了一对一营销概念的系统化。

（2）Oracle（甲骨文）客户支持、销售、营销和分析。

（3）Siebel 销售自动化与管理几乎涉足了除数据分析以外的所有 CRM 主要领域。

（4）SAP 产品成熟、系统化。

CRM 可以说是一种先进的管理理念，主要以客户为中心，重视与客户及时地进行交流沟通，对客户的关怀十分重视。

它是一套具有协同工作方式的软件系统：协同关系数据库、数据流操作、商务规则、Internet 等。

CRM 可以出色地处理客户数据，具有平台、接触、运营、商业智能四大层面，实现企业市场营销，销售和服务等各个系统的无缝结合。

2. CRM 的体系结构和功能主要分为三层：

（1）界面层：CRM 系统同用户或客户进行交互、获取或输出信息的接口。给客户提供直观的、简便易用的界面，所有使用者就可以更方便地提出要求，获得所需要的信息。

（2）功能层：由执行 CRM 基本功能的各个系统构成，包含若干业务，这些业务能够构成业务层，并且业务层之间还是有顺序的、并列的。这些分系统主要有客户销售管理分系统、客户市场管理分系统、客户支持与服务管理分系统。

（3）支持层：CRM 系统所用到的数据库管理系统、操作系统、网络通信协议等。这些是保证整个 CRM 系统能够正常运作的基础。

3. CRM 软件主要功能是客户资源管理。

软件支持客户资料的批量导入、支持客户名称的排重、支持多联系人管理、支持多条件搜索。支持客户资料、联系人资料的修改、删除权限的控制。

（1）客户权限：支持批量客户资料的共享、分配和转移操作，支持上级对下级资料的查看，可以严格控制业务员可查看的客户范围。

（2）外出登记：若业务人员需要外出，可直接在系统中登记，还能够直接按客户进行周计划的外出安排，省去了纸质登记的麻烦。

（三）CRM 未来趋势

3G 移动网络不断快速地发展部署，现在 CRM 也早已进入 4G 移动时代。移动 CRM，主要就是利用无线网络实现 CRM 的技术。也就是将原本的 CRM 系统上的客户关系管理功能向手机上迁移。移动 CRM 系统随时都可以进行与公司业务的沟通，有效提高了管理的效率，同时也推动了企业效益的增长。国内很多知名厂商将 CRM 软件应用到移动平台形成了集 4G 移动技术、智能移动终端、VPN、身份认证、地理信息系统（GIS）、Webservice、商业智能等技术于一体的移动 CRM 产品。

至今，云计算的全球化已经让传统的 CRM 软件渐渐被 WebCRM（又称为“在线 CRM”、“托管型 CRM”和“按需 CRM”）超越。美国知名在线 CRM 厂商 Salesforce 和国内云计算的企业，如 CloudCCCRM、用友、金蝶都是 CRM 的杰出代表。更多的客户倾向于采用 Web 来管理 CRM 等业务应用程序。

完善的电子商务系统：底层的网络等接入平台、中间的电子商务模式、最高层的各种电子商务应用。客户关系管理的有效性将促进企业与顾客在新环境的互动，进而建立了电子关系。

三、呼叫中心在客户关系管理中的应用

呼叫中心还被叫做客户服务中心，主要是基于 CTI 技术，充分利用通信网和计算机网的多项功能集成，并且与企业连为一体的一个完整的综合信息服务系统，呼叫中心通过现有各种先进的通信手段，向客户提供高质量、高效率、全方位的服务。简单来看呼叫中心似乎是企业在最外层加上一个服务层，其实它不只是为外部用户，也为整个企业内部的管理、服务、调度、增值起到了非常重要的统一协调作用。

在中国，呼叫中心的发展开始于九十年代中后期。目前在国内呼叫中心已经进入快速发展时期。更多的企业通过自建、外包等方式建立起呼叫中心，给客户提供咨询、服务、销售、售后技术支持等多项业务。在短短的十几年内我国呼叫中心取得了长足的发展，基于客户、市场的需求，各种新技术如 IP（Internet protocol—互联网协议）、WAP（Wireless Application Protcol—无线应用协议）、ASR（Automatic Speech Recognition—自动语言识别）和 DW（Data Warehouse—数据仓库）等与呼叫中心融合，正在创造出不同新概念、新功能的呼叫中心，使它在未来信息通信领域中将占有越来越重要的地位，这些新模式的呼叫中心将会成为电子商务的主体和新的平台，这些全新概念的呼叫中心将成为未来电子商务的核心和灵魂。

（一）呼叫中心的主要形式

1. 自建式呼叫中心

这主要是企业采购呼叫中心系统设备，而且按照自身业务情况定制或开发业务系统并与呼叫中心系统进行集成。在国内如今的企业几乎都采用自建式呼叫中心建设方案。自建式呼叫中心一次性投资，后续使用过程中不会产生任何费用，就长远来看，有着很低的成本；并且因为自己管理，也会更加方便，更加适合公司发展，业务及呼叫数据都在公司内部，对信息安全更有利。

2. 托管式呼叫中心

托管式呼叫中心是指用户并不购买呼叫中心设备，而是从呼叫中心托管运营商处租用呼叫中心设备，这样的租用就好像是给电信运营商交月租一样，实际呼叫中心设备依然在托管商机房中，托管商给用户开几个分机号码，用户通过互联网进行登录和通话。在国内基本上没有托管式呼叫中心供应商，原因主要是国内网络环境较为复杂，上网速率也不够稳定，致使通话质量差并且没有稳定的通话质量。

3. 外包式呼叫中心

这是一种欧美大多数大型跨国企业都会选择的呼叫中心运营方式，企业将呼叫中心设备、人员、管理等一切的有关事项都整体外包给另外一个呼叫中心运营企业。呼叫中心运营企业整体负责企业外包出来的这块业务，包括设备、场地、人员以及培训、管理等等。现如今在国内可以有能力承接呼叫中心外包的公司并不多，并且涉及的面也很广，中小企

业将业务外包出去也不容易。

（二）呼叫中心在客户关系管理中的作用

1. 呼叫中心是客户关怀的窗口

呼叫中心为企业与客户的联系创造一个互动窗口。通过呼叫中心其企业可以为客户提供涵盖业务售前、售中、售后的各项服务，企业会在服务和细节中显示诚意和关怀，使客户能够很好地去体会企业为其创造的价值。呼叫中心也为客户开通了一条快速便捷联系企业的渠道。客户可以通过拨打热线电话、网络留言等方式，将自己对企业的产品或是服务的意见和建议传达给企业。这对企业而言，可以更及时地处理客户的问题，进而将产品和服务的质量改进、提高。

2. 呼叫中心是留住现有客户的工具

经过研究表明，企业获得一个新客户的成本要比维护一个老客户高出 5 倍，而且向新客户推销的成功率仅有 15%，而向老客户推销成功率是 50%，美国哈佛商业杂志发表的一篇研究报告中这样指出：多次光顾的顾客会比初次登门的人为企业多带来 20%-85%的利润。这足以说明维护老客户是十分重要的。作为企业向客户传递价值的重要运营机构，呼叫中心通过提供优质的服务，能够创造现有的客户满意度，更好地维护客户忠诚度，实现与客户建立长久良好的关系，提高客户满意度，这样就会帮助企业更好地留住现有的客户。

3. 呼叫中心是客户获取的新平台

目前来看，呼叫中心已经成为企业的电话营销或网络营销中心。利用呼叫中心的技术优势及强大的客户信息资源，能够使企业进行有针对性的电话营销和网络营销。通过呼叫中心发展新客户的成本是相对较低的，消费者也是可以接受的。这就使呼叫中心有能力为企业赢得更加多的客户了。

4. 呼叫中心是客户信息的情报站

首先，呼叫中心每一天与客户的接触频率都很高，并且每次接触都会产生数据信息，记录客户的行为，这样就会形成一个庞大的信息库。通过这些数据，能够使企业更深入地了解自己的客户，更准确地把握业务现状，并且可以及时纠正经营管理错误，这样就可以创造出更加好的客户关系；此外，企业可以利用呼叫中心进行客户调查。通过电话调查、网上调查等方式，就能够更进一步地了解客户对企业产品和服务的态度和看法，同时为企业提高质量，更好地为实施客户关系管理提供极其重要的信息依据。

第四节　网络安全制度的建立

一、网络安全制度建设

电子商务是基于互联网、以交易双方为主体、以银行电子支付和结算为手段、以客户数据为依托的全新的商务模式。就宏观上而言，电子商务通过电子手段建立了一种新的经济秩序，它不只是涉及到电子技术和商业交易本身，更涉及到了诸如物流、金融、贸易、安全、税务、法律等社会其他层面。

（一）我国电子商务的发展

如今，一些发达国家的电子商务的发展可以说已经基本完善，而在我国，电子商务依然处于发展过程中。有关资料显示：2016 年，全国电子商务交易额突破 26 万亿元，全国网上零售额突破 5 万亿元大关。由此可见，我国电子商务的发展是非常迅猛的，前景也是特别可观的。

商务就是电子商务的本质，而商务的核心内容是商品的交易，电子商务作为一种商务活动过程，带来了一场商业领域的根本性革命，它所影响到的方面涉及到了人类社会的各个领域。

1. 电子商务使企业经营方式发生改变。

在传统的企业经营方式下，商家辅以大量的人力、物力和宣传投入来争夺市场，这样的方式费时又费力，成本消费也会相对较高。而如今，商家能够利用网络的便利，将商务活动的范围扩展到全球，不仅有效还更经济地面向全世界的新市场。就算是供求双方有千里之隔，通过网络就会方便很多，像是面对面一样地迅速完成交易。与此同时，电子商务提供了在线客户服务，实现在线销售、在线购物和在线支付，创建了新型的购销关系。

2. 电子商务促使人们消费方式发生变化。

电子商务改变了人们传统的消费习惯。首先，电子商务能够让家庭购物成为现实，消费者可以真正做到足不出户，就能够在网上“货比三家”，“买”遍全世界。再者，使消费者的支付方式也得到了非常大的转变，消费者只要拥有一个网络账号，就可以不受时间和地点的限制使用银行的业务服务，在网络上进行买卖。

3. 电子商务促进市场经济体制的完善。

与传统商业模式相比电子商务拥有很大的优势。对企业而言，电子商务不仅减少了经济活动的中间层，缩短了商品流动的时间滞差，还加快了经济主体对市场的反应能力，市场竞争力也在慢慢的增强；就消费者而言，在互联网上直接选购商品，方便快捷。

（二）加强电子商务时期的制度建设

电子商务所作用的社会是个市场经济的社会，它所基于的互连联网是全球性的网络，因此说电子商务的快速发展，直接或间接地影响到了社会上的各行各业。

1. 电子商务对原有税收和关税制度提出挑战。

电子商务是一种商业行为，有商业行为就一定会涉及到纳税问题。我国如今的现行税法主要是针对有形产品制定的，以属地原则为基础进行管辖。但是，电子商务所具有的无国界性，超越领土化，及数字化等特点，使得如今税法大大落后于交易方式快速演变的步伐。电子商务的出现，虽然没能改变原有的课税和关税原则，但必须建立与电子商务相适应的税收、关税征稽系统和制度。如今而言，从互联网上流失的电子商务的税收主要有关税、消费税、所得税、增值税、印花税等。因为并无系统的法律、法规来规范和约束企业的电子商务行为，一些企业纷纷通过上网躲避税收，牟取暴利，这样就会使国家的财政产生巨大的损失。

2. 电子商务的发展需要良好的电子商务法律体系。

21 世纪后，电子商务行业的竞争越来越激烈。商家为了获得高额利润，通常会“不择手段”。就如，利用网络虚假广告、买方和卖方交易脱节等等。要是没有相应的法律法规加

以规范，那么电子商务一定会扰乱经济秩序，于是就需要我们建立一个良好的电子商务法律体系。

在我国，电子商务的法律法规缺陷还是比较多的，因此构建相应的法律机制是非常重要的。在这样的形势下，需要制定更加完善的电子商务发展政策框架，进而建立切合实际而有效的电子商务信用机制、合同管理机制、法律监督机制及相关的配套机制，组建统一完整的电子商务法律体系。

3. 电子商务的发展对网络安全提出更高的要求。

在电子商务中，必须首要考虑的核心问题就是安全性。就客户来说，不管网上具有多么有吸引力的物品，若是对交易的安全性缺乏把握，那么根本就不敢轻易进行网购。企业和企业间的交易固然如此。所以，电子商务的发展对网络安全提出了更高的要求。现在看来，欺骗、窃听、非法入侵等等这些存在的问题都在威胁着电子商务，所以要求网络能提供一种端到端的安全解决方案，包括加密机制、防火墙、签名机制、存取控制、分布式安全管理、安全万维网服务器、防病毒保护等，使电子商务活动突破传统商务在时间、地域上的限制，成为方便、快捷、安全可靠的新兴电子化商务活动模式。

二、电子商务面临的安全问题

人们的生活方式已经被互联网的快速发展影响了，如今已经有很大的改变，对应的经济社会同时受到了非常大的影响。在商业贸易领域，由于网络快速地发展，于是就产生了电子商务这一贸易方式。然而不是说电子商务的发展就是一帆风顺的，依然存在着一番坎坷，因为网络的特殊性，在电子商务发展的过程中产生了交易安全的问题，对电子商务的稳定发展有一定的影响。

Internet 网是一个相互连通的自由空间，总会有些人出于某种目的对电子商务网站进行恶意攻击，就如盗窃资金、商业打击、恶作剧等，致使有的企业中的电子商务网站贸易交流受损、服务暂停，甚至出现资金被盗的现象。据有关数据的统计，美国每年因网络安全问题在经济上造成的损失就可以达至百亿美元，而国内的情况一样是不容乐客观。所以，当我们在享受互联网给生活带来好处的同时，网络安全问题也早已变成电子商务的重大难题，给电子商务企业的发展带来了非常大的阻碍。因此说计算机网络安全是电子商务发展过程中所面临的重大挑战和问题。电子商务企业一定要从维护顾客利益和自身利益出发，做好安全防范和自身安全管理工作，只有这样才可以得到持续快速的发展。

（一）电子商务面对的网络安全问题

目前，电子商务安全问题受到的影响来自很多方面，不仅仅有技术管理的问题，而且也有网络缺陷的因素，详细地说，直接原因有以下几点：

1. 网络“黑客”侵犯电子商务网站

网络黑客是专门在网络中利用本身掌握的技术非法强行进入他人网站后台的人，通常来说这样的人都拥有高超的网络技术，可以不受电子商务网站技术防护的限制。有很多“黑客”都会篡改内容信息、破坏网站；直接向商户或企业的账户资金进攻，极大地影响了电子商务的正常进行。

2. 电子商务软件有漏洞

有不少软件研发单位研发的技术不成熟的电子商务软件，有很多的安全漏洞，防护极易被外来入侵者利用漏洞攻破，会致使电子商务企业受到极其大的经济损失；有些企业就算是安装了防护软件，可是因为软件没有得到及时的升级，会使得软件丧失应有的防护功能。

3. 电子商务网络自身存在安全问题

共享性、开放性等都是网络具有的特点，它的设计原则是确保信息传输不会受到局部损坏的影响，因此对网站安全带来了很大的隐患，尤其是对电子商务企业情况更加严峻。

4. 网站管理的缺失

因为电子商务企业缺乏警惕性，不重视网络安全的管理，总是只有在受到攻击以后才会去加强网站安全；部分企业则以为只要安装了入侵监测系统、杀毒软件、防火墙等安全产品，就可以保障网站安全，因此并没有根据企业实际情况制定相应的管理制度，也没有加强技术防范，这样就给入侵者提供了机会。

（二）应对的措施

电子商务安全问题是在网络化、电子化技术发展的前提下出现的，因此有不少传统的解决办法不能简单地应用过来。电子商务企业要想获得效益，就需要从企业的健康发展出发，改善企业的安全管理，提高技术投入。下面是一些具体的防范措施：

1. 安全技术管理需要加强

需要重视电子商务网站的维护、升级等方面的工作，每天的安全备份都要做好，要加强网站服务器的管理；制定安全防范预案，一旦有安全事件发生，就可以尽快地解决，从而高效地减少损失；使用权威性较强的安全防护软件，并可以正常启动、正常升级，发挥应有的防护功能。

2. 在电子安全方面扩大管理和技术投入

需要企业加大安全方面的资金投入，购买技术防护设备，必须加强这方面的意识，加大对技术改造与设备更新的投入。引进安全管理的相关技术，招聘一些相关的管理人才，并采取一些适当的待遇倾斜，确保安全管理团队的稳定。

3. 使用密码管理技术

密码管理是电子商务中最重要的防范环节，要使用先进的密码管理手段，确保其能够发挥特定的功能，重点有交易信息安全、身份认证安全和账户安全等。

4. 电子商务企业自身的管理需要得到强化

电子商务企业首要的防范措施就是安全技术，然而发挥其作用的关键就是严密的管理，只有建立了完善的安全防范管理系统，才可以保证企业的安全。因此电子商务企业应该制定安全防护制度、保证明确职责，最好实施适当的奖罚制度，发生责任事故时可以及时进行追究，提高技术管理人员的责任意识。

总体而言，企业电子商务的安全问题，表面上是计算机网络的安全问题，其实主要还在于企业的制度建设、安全管理和重视程度等。一些不恰当的安全管理，对企业而言不但会发生企业账户资金被盗的问题，甚至有可能对客户的利益造成损害，让客户对电子商务企业不再信任。要知道，信誉度是电子商务企业维护客户市场的关键，因此，需要重视网络安全，克服网络技术自身存在的弊端，让企业可以得到持续稳定的贸易发展。

三、电子商务交易安全管理制度

目前，网络信息技术和电子商务发展迅速，网络交易安全的重要性就更不用说了，然而当前我国电子商务所面临的网络交易安全现状并不乐观，网络交易推进中最大路障就是网络的安全问题。

（一）电子商务中的安全措施的原则

1. 保证交易双方身份的真实性。

身份认证是保证交易双方身份真实性的常用技术。通常依赖某个可信赖的机构（CA认证中心）发放数字证书，并以此识别对方。其主要的目的就是保证身份的真实性，分辨参与者身份的真伪，防止伪装攻击。

2. 保证信息的机密性。

常用数据加密和解密技术来保护信息不被泄露给未经授权的人或组织，其安全性依赖于使用的算法种类和密钥长度。通常所用的加密方法主要是对称密钥加密技术（如DES、AES算法）和公有密钥加密技术。

3. 保证信息的完整性。

比较常用的是散列函数（也叫哈希函数）。通过对信息实行散列算法，以生成的散列码（信息的任意改动散列码都会不一样）对数据的完整性进行一个证明。MD5、SHA-1、RIPEMD-160是典型的散列算法。

4. 保证信息的真实性、不可否认性。

通常所用的处理手段是数字签名技术。其目的是为了解决通信双方相互之间可能的欺诈，要是发送方对他所发送信息的否认、接收方对他已收到信息的否认等，其基础是公有密钥加密技术。数字签名也可以作为一种简单的身份认证技术实现身份认证。如今可用的数字签名是比较多的，就比如RSA数字签名、ElGamal数字签名等。

5. 保证信息存储、传输的安全性。

规范内部管理，使用访问控制和日志，以及敏感信息的加密存储等。在使用WWW服务器支持电子商务活动的时候，需要注意数据的备份与恢复，还应该采用防火墙技术保护内部网络的安全性。

（二）企业应对网络交易安全措施的内容

第一：设立防火墙，通常而言隔离相关网络采用的方案就是多重防火墙。它的作用是：

（1）分隔互联网与交易服务器，防止互联网用户的非法入侵。

（2）用于交易服务器与企业内部网的分隔，对企业内部网进行有效的保护，并且防止内部网对交易服务器的入侵。

第二：高安全级别的Web应用服务器

服务器使用可信的专用操作系统，借助它独特的体系结构和安全检查，保证只有合法用户的交易请求能通过特定的代理程序送到应用服务器进行后续处理。

第三：24小时实时安全监控

举例来说，采用ISS网络动态监控产品，进行系统漏洞扫描及实时入侵检测。在2000年的2月份，Yahoo等大网站遭到黑客入侵破坏的时候，就是采用ISS安全产品的网站将隐患拒之门外。

第四：网络通讯的安全性管理

因为互联网是个开放的网络，客户在网上传输的敏感信息（如密码、交易指令等）在通讯的过程中很可能会有被截获、被破译、被篡改的可能性。为了防止这样的事情发生，网上交易系统通常会采用加密传输交易信息的措施，其中SSL数据加密协议是使用最广泛的。

第五：加强对电子支付平台的管理

金融监管部门和央行应该加强对电子支付平台的监督管理和检查力度，除此之外要对第三方支付的账户进行条理规范，要求第三方不能随意挪用和占用中转账户资金，不能进行风险性盈利投资甚至投机，要求第三方在开户行把保证金存入，要是有问题出现，银行就可抵御风险。

第六：提高消费者个人信息安全防范意识

就身份验证或使用密码钥匙来说，消费者应该加强对其的常规了解，通过实施防火墙技术、认证技术、加密技术、防病毒软件即时升级来保障交易的安全，并且对专业提供网上支付服务和第三方平台作用的企业应该有一定的认知。就产品问题而言，当权益受到侵害之后，就应该学会通过法律的武器保证自身的合法权益。

第七：网络交易平台应尽快建立健全其规章制度

包括：交易安全保障、交易规则与备份制度、隐私权与商业秘密保护制度、信息披露与审核制度、消费者权益保护制度、不良信息举报处理机制等。

第八：建立和完善电子商务协会，加强行业自律

凭借协会组织经营者、沟通政府、联络专家的有利地位，根据电子签名法、消费者权益保证法、合同法、电信条例、互联网信息服务管理办法等相关的法律法规，结合我国电子商务实际的状况与发展的趋势，制定网络交易行业规范。

第九：建立信用奖惩机制

建立完善的诚信机制，需要依靠信用奖惩机制。奖惩机制应该包括以下方面：赋予相关部门依据法律法规实施奖惩的权力，信誉良好的经营者就应该给予其相应的优惠政策，采取免于检查、信用升级等方式予以奖励；失信经营者或个人，就应该使其受到应有的行政、司法或经济处罚，并对其进行重点监管，并且将失信经营者或个人的不良行为记录并进行广泛传播，使失信者没有办法在社会经济生活中生存。

（三）企业应对网络交易安全的管理制度

第一条，为加强网站安全管理，确保本网站整体的安全，据《中华人民共和国计算机信息系统安全保护条例》等相关的规定，制定本措施。

第二条，本制度所称信息资源，指的是各部门在提供服务过程中获得或掌握的可公开发布的信息。

第三条，公司网站管理小组负责组织指导、协调网站的统筹规划，建设管理工作及指导、检查网站的安全工作。通过信息部具体承办网站的建设、运行维护和日常管理。

第四条，网站的建设应坚持“统一规划，统一标准，资源共享，安全保密”的原则。

第五条，网站采用虚拟主机方式，由中国万网负责网站安全运行及网络统一管理。单

位各部门负责本部门信息的整理、编辑及上传和发布工作。

第六条，网站在建设和运行中，应该加强安全措施，制订完善的安全管理制度，增强安全技术手段。为了使公众更方便访问，保证每天网站24小时都正常运转。

第七条，建立网站信息更新维护责任制。各部门需要明确分管负责人、承办部门和具体责任人员，负责本部门网站日常维护工作，而且还要建立相应的工作制度。

第八条，定期备份制度。网站应当对重要文件、数据、操作系统及应用系统作定期备份，以便应急恢复。尤其重要的部门最好对重要文件和数据进行异地备份。

第九条，口令管理制度。网站应当设置网站后台管理及上传的登录口令。不要与管理者个人信息、单位信息、设备（系统）信息等相关联。禁止将各个人登录帐号和密码向别人泄露使用。

第十条，建立安全测评制度。

第十一条，网站定期检测制度。网站需要及时对网站管理及服务器系统漏洞进行定期检测，还应该根据检测结果采取相应的措施。及时对操作系统、数据库漏洞进行修补和升级，防止被黑客利用和入侵。

第十二条，客户端或录入电脑安全防范制度。网站技术开发人员、网站负责人、信息采编人员所用的电脑必须要就病毒、黑客的安全问题加强防范，必须要有相应的安全软件实施保护。确保电脑内帐号、密码及资料的安全、可靠。

第十三条，应急响应制度。网站管理人员应该充分估计各种突发事件的可能性，把应急响应方案做好。并且要与岗位责任制度在一起结合着，确保应急响应方案的能够及时实施，将损失降至最低。

第十四条，安全事件报告及处理制度。网站在发生安全突发事件之后，除在第一时间组织人员进行解决外，还需要及时向网站管理领导小组报告。

第十五条，人员管理制度。网站应该制定详细的工作人员管理制度，明确工作人员的职责和权限。要通过定期开展业务培训，提高人员素质，应该重点加强负责系统操作和维护工作的人员的培训考核工作。并且应该规范人员调离制度，做好保密义务承诺、资料退还、系统口令更换等必要的安全保密工作。

第十六条，网站管理小组需要定期检查各个部门信息采集报送、运行管理及更新维护情况。

第十七条，本制度即发布之日起实施。

四、电子商务的安全性要求

想要使电子商务健康、顺利发展，就必须实现好下面六种关键的安全性要求：

1. 可靠性要求。

为了防止计算机的软件错误、网络中断、硬件故障、计算机病毒和自然灾害等突发事件的发生，采取的一系列控制及预防措施来防止数据信息资源不受破坏的可靠程度。

2. 保密性要求。

信息在存取的时候要在安全的环境中进行，以防被非法窃取、泄露；信息的发送及接收需要在安全的网络中进行，交易双方在信息交换过程中没有被窃听的危险，非参与方不可以获取交易的信息，确保交易双方的信息安全。

3. 完整性要求。

完整性就是数据在发送、接收和传递的过程当中，要求保证数据的一致性，避免非法用户对数据的随意生成、修改及删除，与此同时还应该保证数据传递次序的统一。从事电子商务交易双方的经营基础就是信息的完整性。

4. 真实性要求：

从事电子商务的交易双方的身份不能被假冒或伪装，可以有效鉴别、确定交易双方的真实身份。顺利进行电子商务交易的前提就是方便而又可靠地确认交易双方身份的真实性。

5. 不可抵赖性要求。

在电子商务环境下，通过手写签名和个人印章进行交易双方的鉴别已经不再可能，必须在交易信息的传递过程中参与交易的个人、企业、商家或其他部门提供可靠的标识，有第三方提供有效的数字化过程记录，让交易各方不可以事后抵赖。

6. 有效性要求。

在网络交易中，交易双方的信息交流（如双方的购销合同、签名、时间等）都是以数字化的形式出现的，数字化的文件取代原有纸张，那么保证这种数字信息的有效性并为交易双方共同认可，就会十分重要。交易合同一旦签订后，这项交易就受到法律保护，并防止被篡改或伪造。

第七章　互联网金融

第一节　金融业的发展与变革

一、电子商务推动金融业的发展

电子商务开创了全球性的商务革命和经营革命，全球将因此步入了数字经济新时代。电子商务的兴起，加快了全球经济一体化和金融一体化的进程，它将世界金融业带进了一个有史以来最深刻、最广泛的金融变革年代。

（一）银行在电子商务中的角色和作用

电子商务网络里存在着大量的交易数据流、资金流和物流这三种信息流，电子商务活动涉及对这三种信息流的业务处理、经营管理和安全监控。其中的资金流是通过电子银行提供的网上支付服务来完成的。银行在电子商务中起着重要的作用，它在电子商务中所扮演的角色有两种：

一方面银行要通过网上银行为从事电子商务的各方提供网上支付服务，这有力地推动了电子商务的发展和壮大；

另一方面银行也是电子商务的积极参加者，要通过网上银行才能为其客户提供广泛的金融服务。

（二）网上银行带来银行体系重组和模式创新

网上银行是建立在传统的电子银行基础之上的，是21世纪电子银行发展的主要形式。网上银行的发展，促使银行将“C&C+IT+Web”融入银行核心业务、经营管理和金融监控全过程，使银行从实体银行逐步发展成智能型的虚拟银行。

1. 银行因此需要根据市场的需求和本身的客观条件，不断促进金融创新，逐渐发展出新的业务模式、管理模式和金融监控模式；

2. 创立更合理的业务流程，并对原有的业务和资源进行重新整合；需要研发新的金融产品；需要对组织机构进行重组。

3. 这些变化会进一步让金融企业的产品、业务重点、收入结构、业务模式、经营管理和监控模式、组织结构等产生一系列根本性的变革。

变革的本质是以人类社会形态转型，即由工业社会向信息社会过渡为主要背景，以信息技术为核心的高科技为直接动力，以数字化为基因，以网络建设、系统集成、商业智能建设为主要手段，把适应工业时代的从事传统金融服务的物理金融体系建设成适应信息时代的全能型金融服务的智能化金融体系。

（三）电子商务引发的当代新的金融变革

由电子商务引发的当代新的金融变革，是人类文明由工业时代向信息时代转变的产物，是当代国际综合国力竞争在金融领域的反映。和以前的金融变革相比，它的不同之处在于：

1. 它不是在世界相对隔离的条件下，而是在全球化的大背景下发生的；

2. 并不仅仅只是单一技术因素推动的结果，而是技术推动与理论牵引双重动力推动的产物；

3. 并不仅仅只是服务场所与工作效能的物理性扩张，而是更加突出服务内容、水准与工作效能的智能性扩张重要性；

4. 不只是金融技术的革命，也是金融体制与金融理论的革命。

世界金融业在21世纪的国际战略格局中为争取有利地位和战略优势而展开的竞争，将成为当代金融变革的主要动因。

21世纪是科技飞速发展的时代，随着微电子技术、计算技术、通信技术和信息技术的更大突破，一批更加安全高效的新型工具将逐渐的出现，为金融变革的发展提供新的物质、技术基础。金融现代化将向电子化、信息化、虚拟化和智能化方向发展，企业结构和金融体制的转型将进一步加快。

怎样通过金融现代化建设为客户提供随需应变的个性化金融服务产品，体现以客户为中心，把金融业建设成为安全高效、低成本、多功能、现代化的综合金融服务体系，在国民经济的发展和信息化建设中起到更大的作用，是金融界将要解决的重大难题。

二、电子商务对银行的影响

电子商务在经济发展中的作用越来越重要，它不但可以增加金融业的收益，增强企业的市场竞争力，也促进了金融机构向全能服务型发展，逐步向网络化金融转变。毫无疑问，商业银行与电子商务企业的合作将为各自的创新提供更加强大的动力，不仅可以借助渠道为中小企业提供包括贷款在内的更多创新服务，也可以为银行开辟新的发展市场提供契机。

电子商务时代给电子银行的产生和发展带来了一场广泛而深刻的银行革命。电子银行的发展给传统银行业的发展带来了带来了新的机遇，同时，也对传统银行提出了新的挑战。它改变了银行现有的结构、银行与客户的关系，进而对银行业的发展产生了深远的影响。

电子商务对银行的影响体现在以下几下方面：

（一）将解决内部管理的规范化问题，让工作效率得到提高

银行通过内部网络可加速内部的信息交换，节省办公成本，加快资金周转速度，可以有效地解决银行内部管理的规范化问题，让工作效率得到提升。银行内部的组织机构将更加精简和专业化，可以增加调动的灵活性，减少指挥的层次。

电子化的银行是一种开放性的系统，信息技术和网络技术使得高层管理者与下层员工之间实现流畅的信息流通，高级决策层与下级操作层的联络能力大大加强，担负传递和监督任务的中层管理机构将日渐衰退。扁平的管理层次更能让银行业实现以市场、效益为导向的灵活发展的战略。

（二）将促进银行业大大提高其信息服务水平和服务质量

网络银行的快速信息传输查询功能使得银行与企业间的信息交流更加快捷。电子商务能帮助银行快速地掌握各家客户的全面信息，确定是否向某企业发放贷款及以何种方式发放多少贷款。这样一来，银行更能兼顾客户的个性化需求，提高了银行业针对世界上的每一个客户的需求而适时、适地地提供服务的能力。网络银行的出现提高了银行业的信息服务水平，银行可以更及时、便利地向客户发布有关政策，比如利率的调整、汇率的变化、广告服务、新服务介绍等，而且可以增加发布信息的表现形式，让其更加丰富多彩。

随着电子银行业务的发展，信息将可能取代资金而变成金融业最重要的资源。只有电子化程度更高的银行，才能做到信息更灵活，成本更低，服务更好，才能在竞争中取得更有利的地位。所以，西方各家银行均投入大量资金，用于购买先进的硬件和软件，并投入巨资用于引进人才和培训人员。借助电子银行，各种新的金融工具、金融服务项目不断产生，大大提高了银行业的服务效率和服务质量。

（三）将改变传统的银行竞争格局和发展方式

银行凭借 Internet 向客户提供更全面、更优质服务的起跑线是相同的，这就为那些中小银行提供了可以与大银行在相对平等的条件下竞争的机会，有利于打破大银行对银行服务市场的垄断，增加中小银行的竞争优势，同时也加剧了银行竞争的白热化。电子信息网络紧密联系了各个国际金融中心，全球范围内的资金和信息流动只需要在短短的几秒钟时间内即可实现。这就促使金融竞争跨越国家的界限，将银行业间的竞争发展为全球性的较量。此外，伴随着电子银行的快速发展，银行业与其它行业的界限也越来越不明显，银行的业务有了新的拓展，开设银行机构变得更加方便了，许多机构可以利用技术和资金的优势从事金融业务。银行业的竞争不再是传统的同业竞争、服务质量和价格竞争，21 世纪的银行业竞争将是金融业与非金融业、国内与国外、电子银行与传统银行等多元竞争格局。因此，电子银行将使 21 世纪的金融竞争向深层次和多元化发展。

在未来的银行业的发展中，以资产、资本数量、分支行的多少作为衡量银行业务的最主要指标的重要性会有相对性的降低；而银行电子金融创新的程度、处理信息量的能力才是日后银行间竞争力的主要表现。在互联网信息时代，银行的优势在于拥有的信息量和如何最好地利用这些信息为顾客服务，即在于高效率的“信息交换”。

通过电子银行而不是传统的分支行来为客户提供服务，网络日常维护费用与分支机构运营费用，要低很多，且管理更容易。由此可见电子银行为银行业带来了低成本高效益的优势。那些拥有资金和技术优势的银行，将在信息时代取得巨大的盈利时机。

（四）电子商务给银行业带来了新的发展机遇

银行清算网络运行后，资金的周转速度加快了，它大大降低了在途资金的时间，这样，不但让企业的流动资金周转率得到了提高，让企业降低了投资成本，提高了企业经济效益，而且还提高了整个社会的资金利用率。电子银行可以为客户提供多种多样的快捷方便的服务。客户可以不受时间与地理位置限制，随时随地进行金融产品交易，降低交易费用，提高社会经济运行的效率和效益。此外，电子银行雇员和物理设施的建设费用较少，因此节省下的巨额资金可以用来提高储蓄利息，吸引更多的客户在银行进行储蓄。

（五）金融监管和国际金融秩序将会发生重大变革

电子商务的发展，将给现有的金融监管体制带来巨大的变革。因为电子商务使用的是电子方式，资金的支付、清算都是通过数据的传递来实现的，这一变化在节约社会成本、提高效率及灵活性的同时，又不可避免地带来了虚拟性和不可跟踪性，由此将产生一系列的风险问题。在信息时代，金融监管部门怎样监管银行的市场准入、采取怎样的措施、怎样制订公平公正合理的法规，这些都将极大地改变现有的监管模式。随着金融业务的全球化，金融监管也将走向全球一体化。所以，电子银行将加快21世纪国际金融秩序由分散状态向统一化，由无序走向有序化的改变。

三、当代金融变革的特征

电子银行一直都在变化中，它是一个创新体系，需要随着科学技术和国民经济的发展而不断发展与创新。

当代的新金融变革不管是在深度和广度上都是以往时代的金融变革没有办法相比的。它不仅冲击传统的金融服务和经营管理的理念与方式，改变传统的金融安全领域与观念，还将影响国际战略力量对抗和国际战略格局。

当代新金融变革具有以下几下主要特征：

（一）金融服务信息化和个性化

经过信息化的金融企业可以通过多种通信手段，同客户进行广泛的实时沟通，随时掌握客户的需求变化，及时推出满足客户需求的个性化的金融服务产品，不仅满足了客户的需求，而且还让金融业的服务范围扩大了，增加了新的收入源，让企业的市场竞争力得到大幅度的提升。

（二）金融服务时空无限制和方式多维化

金融企业建立“以客户为中心”的经营管理理念，将各种核心金融业务、管理系统集成起来，不断提高信息化水平和集约化程度，积极推广金融综合业务服务，实现集约化经营，提高电子银行的智能化程度和经营效益。客户不管在什么时间，什么地点都能够以多种方式取得高水准的所需金融服务，让以往客户只能在规定时间里从营业网点获得面对面金融服务的传统做法得到彻底的改变。

（三）金融编制精干化，管理体制扁平化

随着金融现代化的发展，金融编制将摈弃以营业网点和员工数量取胜的传统信条，通过压缩规模、由精干队伍组成扁平式组织结构，达成三个根本性转变：

1. 从人力密集型向科技密集型转变；
2. 从数量规模型向质量效能型转变；
3. 从庞大的宝塔型向精干的扁平型转变。

通过以上的三个根本性的转变，使企业对快速变化的市场做出灵活的快速反应，更加灵活地满足客户不断变化的个性化需求，提高对客户的服务质量和服务水平，降低企业的

经营成本。

（四）智能化的金融经营管理，自动化的安全监控

在基本实现金融电子化和经营集约化的基础上，金融业加紧进行金融现代化建设，除了为客户提供信息增值服务外，还将金融经营管理过程信息化和智能化，为各级管理部门提供快速的，及时的、科学的决策支持。当金融智能系统成为经营、管理和安全监控的神经中枢后，非接触式的动态经营管理将成为现代经营管理的重要方式，信息优势在经营、管理过程中得到充分发挥。从信息获取、传输、处理、反馈至经营管理和监控平台、直到执行新的策略，等一系列程序基本上能够实时完成，各级经营管理机构能在广阔的网络空间把信息的实时共享给实现，让经营风险得到有效地控制，提高经营管理和金融监控的实时性和效率。

（五）金融竞争呈现体系化和全球化

互联网技术的快速发展与电子商务业的兴起，加快了全球经济一体化和金融一体化的发展进程，全球经济进入了全球性的互相合作、互相依存、互相促进、互相制约、互相竞争的局面。与此同时，要求有一套与之相适应的公平竞争观念、贸易过程中的双赢观念、创新观念等新理念。金融企业只有从全球经济一体化、金融一体化和市场经济等的环境与视角出发，不断矫正自己的企业定位、企业的战略目标和经营管理策略，才能在激烈的竞争中提高生存能力和拓展发展的空间。

其次，信息资源将变成未来企业竞争的关键因素。以信息技术为代表的高新技术在金融领域的广泛应用是新金融变革的核心。对于现代金融企业，重要的战略资源是信息，谁获得了最全面、最有效的信息，谁就将代表最先进的竞争力量。信息力量是提高市场竞争力的关键因素，金融领域里将因此出现争夺信息资源的竞争。与网络和信息技术相关的商业方法专利，发达国家已制订法律对其进行司法保护，这类专利数量在逐年快速增加。随着电子商务的发展，涉及电子商务经营模式专利的纠纷量一直处于增长状态。争夺信息资源的斗争，将会对金融企业的生存和发展产生直接的影响。

再次，金融竞争日益呈现全方位体系竞争和全球性竞争特征。当代的金融竞争不只是比拼资金、网点数、职工数量、服务态度，更重要的是比拼信息技术在以客户为中心的产品开发、金融服务、经营管理、安全监控全过程的应用广度和深度。单一金融品种的竞争日益消失，传统的金融分工趋于模糊，金融竞争愈显全方位体系竞争特征。金融竞争力量的构成趋向体系化，强调各种组成要素的有机结合，需从金融机构的“一体化重组”和“信息技术一体化应用”上寻求新的增强竞争力的途径。随着网络时代的到来，信息时代为传统银行业揭开了未来美好的发展前景，发展电子银行已经成为全球银行业的必然趋势，这种趋势正在演变为金融领域里的一场深刻变革，并对金融业的发展产生了重大影响。

四、当代的金融创新方向

我国金融现代化建设要实现跨越式发展的目标，需要在三个领域内推进金融创新：

（一）推进金融思维创新，创立与信息时代相适应的现代金融理论

当代金融变革以明晰的理论为指导，不断加大理论牵引力度，将信息技术联系到银行的业务、管理和决策全过程形成，很多新观点和新理论，例如系统集成、综合业务服务、

网上金融服务、随需应变的个性化金融产品与理财服务、风险管理与监控、集约化混业经营、扁平式管理模式等纷纷涌现。他们的发展对金融变革和金融创新起到了巨大的推动作用，为客户提供了更多更好的金融服务产品，优化了银行的管理体系，有效地降低了金融服务成本，开辟了新的盈利空间。

只有先进行理论思维上的创新，才会有真正意义上的金融变革。创新金融思维就是要正视金融服务内容与形态、经营管理理念、金融监管机制、金融竞争机理所发生的时代性变革，大胆改变传统的思维惯性，从旧思想中解放出来，确立与信息时代相适应的现代思维方式。从单一支付服务思维向全能型的金融一体化、个性化服务思维转变，从孤立思维向集成化思维转变，从手工操作思维转变为信息化和智能化思维。确立与信息时代相适应的新的经营管理时空观、效益观、体系观和监控观。以科学的态度和方法，总结和创造符合中国经济发展特点的信息化金融理论，开创具有指导我国金融现代化建设的新思路、新理论，这样才能满足中国金融业发展的需求。

（二）推进金融业务和技术创新，优化现代化的电子金融体系建设

当代金融变革的重心是在金融电子化的基础上实现金融信息化、智能化和虚拟化。信息化是金融现代化概念的本质特性，只有具有信息能力的金融企业才能最后在残酷的市场竞争中取胜。

金融电子化和信息化为金融业务与技术创新提供非常广阔的舞台了，金融业务创新包括金融产品、金融交易方式和服务方式、金融市场、金融经营管理机制和监控机制等的创新。金融技术创新要在金融业务创新的基础上，大力促进以信息技术为基础的先进的金融手段和金融机具与装备的发展，加强电子金融体系建设，实现金融能力质的提升。

金融现代化的基础是组建数字化金融企业。开设数字化金融企业是建设以计算机和金融电子机具为支持，以数字技术联网，从业务操作员到各级管理员，从产品开发、营销、管理到安全保障系统，都具备市场信息的获取、传输及处理功能的金融企业。这种金融企业具有自我完善的内部风险管理机制和监控体系，能有效保障电子金融服务系统安全、有效地运行，实现在最合适的时间、以最合理的价格、通过最有效的渠道向最适当的客户提供最被需要的服务。

中国经济技术基础相对薄弱，金融现代化水平相对较低，与世界发达国家相比，还有很大的差距，部分偏远地区金融电子化建设任务还没有实现，金融信息化、虚拟化建设刚起步，金融智能化建设还处于酝酿之中，包括网上金融在内的电子金融的核心技术基本上是购买国外的产品，或者是直接采用外国通用平台加以改造而成的，独立创新的能力差，容易受到国外电子商务经营模式专利的制约。

所以，我国的金融创新不能走常规发展道路，必须充分利用当代社会由工业化向信息化转型所提供的有利的信息环境，充分发挥现代信息技术所具有的广泛的扩散性、渗透性与共享性，充分利用国家信息化建设形成的技术物质条件，发展跨越式的前进道路。要敢于超越金融电子化和信息化发展的某些阶段、某些环节，集中力量研究运用信息技术改造、强化电子金融体系建设，以信息化带动电子化，以电子化促进信息化，电子化与信息化同步推进，互为依托，互相促进，让我国金融业的后发优势得到最大限度地发挥，并为金融智能化奠定坚实的基础，为新环境下的金融监控提供科学的依据和可靠的基础。

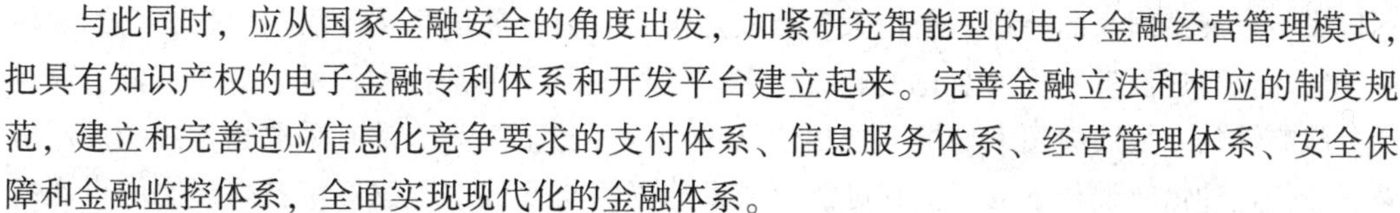

与此同时，应从国家金融安全的角度出发，加紧研究智能型的电子金融经营管理模式，把具有知识产权的电子金融专利体系和开发平台建立起来。完善金融立法和相应的制度规范，建立和完善适应信息化竞争要求的支付体系、信息服务体系、经营管理体系、安全保障和金融监控体系，全面实现现代化的金融体系。

与发达国家相比，我国金融业的资本状况、经营管理水平和金融监控水平，存在很大的差距。因此必须加快发展符合我国国情的金融风险管理模型、金融监控模型及其相应的程序，将我国的金融体系建设成具有自适应、自我约束、自我完善功能，能健康、稳健、循环发展的金融体系。

（三）推进金融体制创新，建设适应信息时代的金融体制和组织结构

要应对全方位体系竞争和全球性竞争环境，就需要加快国有独资商业银行的股份制改革的进度和力度，尽快实现产权主体多元化，而且还要对信息化目标牵引下的金融企业内部的结构改革加以重视，使我国银行成为具有国际竞争力和现代企业制度的商业银行，为金融业务创新和技术创新提供体制保障。

我国金融企业的体制改革虽然在精干、高效、集成的方向取得了一定的成绩，但从总体上来说，金融体制的结构性矛盾问题仍然严重。在金融体制创新中，要依据有利于提高金融服务水平、经营管理效能和监管效能、增强信息化条件下的整体竞争力等原则，优化金融企业内部结构，理顺各种比例关系，不断完善适应信息时代要求的金融企业内部结构和金融体系结构。另外，还要对金融企业同一切相关合作伙伴建立有机的联系加以重视，为客户提供更好的全方位的一站式多功能服务，降低经营成本，提高利润，实现互助发展。

在当代金融变革中，金融创新缩小了非常多行业的界线，使当代金融服务业向金融综合业务集成方向发展，分业经营的金融体制受到了很大的冲击。金融业从分业经营向混业经营转变是大势所趋，金融监管体制也肯定会发生相应的转变。我国的金融业需要努力创造条件，以最快的速度过渡到混业经营、混业监控体制，以增强我国金融业的整体竞争力，满足人们的金融需求。

五、我国金融业面临的机遇和挑战

当代金融变革带给金融业的不仅是历史性的机遇，也给金融业带来前所未有挑战。21世纪开始的20年间，是世界金融变革的快速推进期，也是我国金融业大发展的重要战略机遇期。新金融变革催生了高新技术的经营管理力量和多样化的竞争手段，让现代金融的可控性增强，为实现金融目标提供了低风险、高效能的选择可能，它还将进一步激化新一轮的金融竞争。在战略力量对比差异越来越大状态下，只有及时掌握、应用新技术的金融企业才有望适应新的竞争，生存下来。

世界各国金融业虽然陆续进入金融变革，但是因为基础建设差异大，投入力度也不一样，发展是不平衡的，因此获得的战略收益也有很大的差别。新金融变革将造成一种强者愈强的不平衡态势。一方面，当代唯一超级强国美国对其他国家的相对优势将更加突出。美国以超强的经济实力和先进的技术在高起点上首先推进金融变革，进一步强化其金融领域的优势地位。其他一些国家因为有着弱小的国力，技术基础薄弱或者思想滞后、技术落后，行动缓慢，在当代新的金融变革中拉大了与美国在经济实力上的差距。另一方面，发

达国家与发展中国家的差距不断扩大。当发达国家大力开展信息化建设的时候，广大发展中国家却至今还没有实现工业化的建设任务。这种差距不单是技术性的、战术性的，而且还是战略性的。发展中国家如果不能尽快认识到这种严重态势，没有采取超常规的发展战略，放任这种情势继续下去，就有可能形成发达国家与发展中国家经济技术形态的再次拉开“时代差”。历史上西方列强以其工业化对亚非拉国家落后经济的工业技术优势，有可能演化为发达国家以信息化武器对发展中国家的手工操作和半电子化运行的全新的技术优势。

现今，我国金融业正处于从电子化、半电子化向信息化转变的阶段，离实现金融现代化建设还有很大的差距。而发达国家的金融业基本上已经完成了电子化建设，金融业主体已基本实现信息化、虚拟化，正向智能化迈进。面对当代金融变革的严峻挑战，我国金融业必须更加勇敢地投身到金融变革的激流之中，以强烈的使命感、责任感和时不我待的紧迫感，面对竞争的危机感，全力促进符合中国经济发展特色的金融变革，使中国金融业在新世纪的国际金融竞争中始终处于战略主动地位，为实现国家的长治久安和全面建设小康社会的战略目标提供金融保障。

中国金融业要从低起点达到世界金融变革的目标，本身就是一种严峻的挑战。面对全球经济一体化和全球金融一体化带来的竞争格局和无限机遇，为了追赶世界先进水平，推动我国国民经济的快速健康发展，我国的金融业特别需要树立创新思维，推进金融理论、金融体制、金融技术、金融管理与监控、金融产品与服务等领域的创新，我国金融业要借鉴先行者的有益经验，牢牢把握信息化这一本质和核心，坚持以信息化带动电子化，以电子化促信息化，快速、直接与最新技术接轨，使我国的金融现代化建设实现跨越式发展。

我国金融业在进行跨越式发展、实现金融现代化过程中，不仅要认识到高科技在金融变革中的重要作用，也应看到金融竞争和金融安全将因为新的金融变革而面临新的、更多的挑战。假如电子金融的体系结构仍然存在着非常严重的缺陷，在电子金融系统的设计、集成、操作和经营管理中疏于风险防范的话，可能导致原本是局部的风险升级为全局的风险，还可能触发新的发金融危机，给整个金融业和国民经济带来不可估算的严重损失。

在我国，信息技术在金融业的应用，正从业务作业层向经营管理层、决策层推进，渗透到金融机构经营管理的方方面面。管理信息化已经变成了现在我国金融机构信息技术应用的最重要课题之一，是缩短与国际现代金融业的差距、全面提升我国金融业综合竞争实力的重要途径。完善电子金融管理和监控体系是电子金融安全和风险控制的重要保证。怎样建立与现代化电子金融服务体系相适应的金融机构内部控制机制和风险控制系统，改善金融业的监控与预警体系，保障电子金融系统安全、有效地运行，是金融界要实现的一个重要目标。

第二节　互联网发展引发的金融变革

一、互联网发展状况

互联网在我国得到了长足的发展，如今已达到普及的程度，使得网络参与到了社会的

方方面面。比如网上银行、证券、学校、商场、图书馆、医院、电影院、音乐厅的大量出现，互联网服务形式和内容从深度和广度上有了快速的发展，让人们在家中通过网络就可以实现办公、娱乐、购物、教育等活动。互联网不仅让人们的生活质量和工作效率得到提高，而且改变了人们的思维、生活和工作的方式，它已经从最初的辅助性工具开始渐渐的变成了许多人日常生活、工作和学习的重要组成部分。

我国互联网发展的现状与趋势，可以从下几个方面进行简述：

（一）总体网民规模

中国互联网络信息中心（CNNIC）发布的全国互联网发展统计报告显示，截至2015年6月，互联网普及率为48.8%，我国网民总数已达6.68亿人。网民规模不断扩大，互联网普及率快速提升；截至2016年6月，我国网民规模达到7.10亿，半年共计新增网民2132万人，半年增长率为3.1%，较2015年下半年增长率有所提升。互联网普及率为51.7%，较2015年底提升1.3个百分点。导致网民规模的快速增长的因素有几下方面：

第一、在国家制定的《2006-2020年国家信息化发展战略》，《国民经济和社会发展信息化“十一五”规划》等一系列政策指导下，各地政府和相关机构也投入了大量的人力与资金加强对网络基础设施的建设，搭建信息化服务平台，满足人们日益增长的上网需求。网民规模和网络应用水平不仅仅是衡量一个地区互联网发展状况的指标，还变成了信息化和工业化融合的表征。

第二、随着产业技术进步和网络运营商的重组及其竞争程度的加剧，网络接入的软硬件环境在不断优化。3G与4G技术的推广，使得手机作为网络终端使用更为便利，受到消费者的广泛欢迎。与此同时，网络接入和用户终端产品价格的不断降低、产品性能和用户体验的不断更新也使得人们网络使用的门槛不断降低，它让更多的人能够使用网络。

第三、公众有较为积极的上网意识。随着社会经济的发展，人们的生活水平不断提高，这既增加了人们对物质上的需要，也增加了对社会交流和信息获取等精神生活上的需求。现代社会人际交流方式更加间接，网络作为媒体和交流工具填补了人们在日常生活中信息和社会交流的空缺。此外，受金融危机影响，大批农村外出务工人员返乡，其对网络的了解和熟悉会向周边人群传递，这种人际传递的乘数效应也提升了农村地区人群的上网意识和上网行为。

现在，中国网民规模增长速度加快，但与互联网发达国家相比，我国的互联网普及率还处于比较低的水平，网络信息化的优势还没有得到完全的利用。但是，随着国家经济实体的快速发展和网络基础设施的不断完善，互联网普及率也会随之上升。

（二）手机上网网民规模

中国互联网络信息中心（CNNIC）报告数据显示，截至2015年6月，中国手机网民规模达5.94亿，较2014年底增加3679万人。中国网民通过台式电脑和笔记本电脑接入互联网比例分别为68.4%和42.5%；网民中使用手机上网人群占比由2014年底的85.8%提升至88.9%?；平板电脑上网比例为33.7%，较2014年底下降了1.1个百分点；网络电视使用率为16.0%。??? 业内专家表示，我国网民通过台式电脑、笔记本电脑和平板电脑接入互联网的比例均有下降，随着智能手机终端的大屏化、中国品牌的崛起和手机应用体验的不断提升，手机作为中国网民主要上网终端的趋势将进一步明显。?

新网民的稳健增长和原PC网民的转化加快共同带动了手机网民规模的持续扩大。一方面，移动设备上网的便捷性，降低了互联网的使用门槛，依然成为带动新网民增长的重要力量。2016年上半年，我国新增网民中手机网民规模为1301万人，占新增网民的61.0%。另一方面，移动互联网应用服务不断丰富、与用户的工作、生活、消费、娱乐需求紧密贴合，推动了PC网民持续快速向移动端渗透。2016年上半年，新增手机网民中有2355万人是由原有PC网民中转化而来，这一规模较2015年底增加了1202万。

上网成为新的时尚潮流与理念。随着具有上网功能手机的普及以及手机上网平台的便利，手机不仅是更便利的上网工具，同时也成为时尚潮流和流行文化的代表符号。手机上网的时尚色彩吸引年轻用户使用，进带来了把移动互联网网民规模的快速增长。

上网内容和应用功能日益丰富多彩。手机上网内容的数量和质量逐步提升，可以新达到了日新月异的程度，手机微信、手机博客、手机视频乃至手机直播都有了迅速的发展，给用户提供了更加多元化的选择，促进了手机上网用户的扩张。

（三）基础资源概括

2016年4月，习近平总书记在全国网络安全和信息化工作座谈会上提出“要推动我国网信事业发展，让互联网更好造福人民”，未来互联网作为信息社会的基础设施，将进一步对中国政治、经济、文化、社会等领域发展产生深刻影响。????????????

2016年上半年，国务院等相关部门相继出台有关“互联网+政务服务”、“互联网+流通”，“互联网+制造业”等指导意见，推动互联网与各个行业的融合。

互联网基础设施建设的不断完善、利好政策的持续出台，以及互联网对于各个行业的渗透，共同促进网民规模持续增长。随着“宽带中国”战略的深化，宽带网络的光纤化改造工作取得快速进展，中国各地光纤网络覆盖家庭数已超过50%

我国网格基础建设不断增加，截至2016年6月底，我国IPv4地址数量为3.38亿个，拥有IPv6地址20781块/32。截至2016年6月我国域名总数为3698万个，其中“.CN”域名总数半年增长为19.2%，达到1950万个，在中国域名总数中占比为52.7%。网站总数达到454万个，半年增长7.4%；“.CN”下网站数为212万个。国际出口带宽为6，220，764Mbps，半年增长率为15.4%。这些都促进了网络的发展。

（四）主要网络应用使用行为

从网民的使用目的来看，网络应用行为可以划分为商务交易类、信息获取类、交流沟通类和网络娱乐类四种，基本涵盖了目前的网络购物、网上支付、网络金融，网络新闻、搜索引擎、即时通信、博客、网络游戏、网络音乐、网络视频等具体应用类型。

中国互联网络信息中心（CNNIC）发布的中国互联网络发展状况统计报告显示，截至2015年12月，中国网民规模达6.88亿人，其中网购用户规模达到4.13亿，比例高达六成。

从整体看来，当前中国网民使用网络比例最高的是包括网络购物、网上支付的电子商务。其次是网络娱乐、信息获取和交流沟通，这三类网络应用在网民中的普及率均在40%左右。而商务交易类使用率仍在非常快的增长，尚很大的发展空间。

另外，政府已相当重视电子商务对经济的拉动作用，出台了一系列政策规范和引导电子商务发展；业界电子商务的发展也如火如荼，不仅涌现出更多平台类电子商务网站，还

有越来越多有远见的传统企业正在开始向电子商务进军。在这样的大趋势下，预期未来几年电子商务会继续保持快速增长的态势。

二、互联网引发的社会变革

所谓科技时代是指一个由科技主导的时代，技术的支持将成为影响社会发展的关键性因素。互联网的发展时间并不长，但它形成的影响却超出了人们的想象。它作为最近几十年才出现的一种新型的信息传递和传播手段，正在对社会的变革起着重要的影响。

互联网信息具有信息传播速度快、时效性强、涉及范围广等特点，凭借这些互联网本身的优势，当今社会正向着全球化经济一体向的方向发展。通过互联网信息的传播，使得各个国家以及各种行业之间的联系愈来愈紧密，各行各业对互联网的依赖程度不断加深。可以说，互联网经过几十年的快速发展，其对社会发展进程的每一环节都产生了巨大的作用，对社会变革起着推波助澜的作用。

互联网信息传播对社会变革的影响不只有利端，还有弊端，有利的一面是通过互联网广泛、高速、及时传播信息的能力，可以让主张变革的一方能够更加迅速地将变革的目的、意义向公众传播，使人民更加容易地理解变革的目标，进而促进社会变革的实施，使变革更容易达成。借助互联网前所未有的信息开放性，变革之后的成果保存起来更加地容易，不会由于信息闭塞而造成变革失败。同时，互联网使各个社会主体更加平等，对实现社会公平是很有帮助的，传统的金字塔式权力结构将被“扁平化”的结构所取代，人的社会地位在网上是一点作用都没有的。再有，我们的生活方式也因为互联网的发展而不断改变，不断向更有利的方向发展，通过对互联网的有效利用，可以为我们创造更加美好与和谐的生活方式。

互联网积极的影响是肯定的，但不能因此忽视它带来的消极影响，互联网信息传播的开放使得人们在信息流转过程中难以对其进行深刻的分析和思考，人们的思维被信息本身的内容所主导，干扰人们做出正确客观的评价。最近发生的在微博上的通过发布虚假求助而博得广大网友的同情心、骗得网友的捐款事件有非常多。正是由于互联网信息传播的广泛性，一点微不足道的事件也可能变得影响力很大，出乎人们意料。因为网络的快速、便捷的传播方式，社会的阴暗面可以被无限放大，混淆人们的认知，阻碍社会的健康发展。

互联网信息传播的发展对社会变革造成了巨大的影响，其中既有积极因素的推动作用，又有消极因素的阻滞作用。借助互联网的发展，使社会变革向更加科学、更加和谐的方向前进，这需要我们全社会的共同努力。互联网带来的变革影响了社会生活的方方面面，我们可以从以下内容中有所了解。

在互联网时代，媒介融合已经成为信息革命大趋势。媒体融合带我们的感受，是现代信息技术推进的信息传播技术手段，是功能结构和形态模式的界限改变及能量交换。比如，电子报纸与现实空间的杂志报纸即是动态信息与静态信息相结合，电子版不仅在出版形式方面改变了，而且阅读形式也有所改变，这体现了数字化技术与电子报纸终端连接技术的强强联合。再如，电脑、电话、电视与软件的结合使用，让人们的沟通更加方便、快捷，所需费用更加低廉。可以说，信息革命已与人类文明进程息息相关。

在互联网时代，微博作为当今网络社会风起云涌的电子交流工具，开启了互联网信息传播的核裂变时代。一个国家的状态，可以被世界上所有国家所知晓和评论；政府一个小小的行为，可以通过微博被世界上众多的政府所了解和关注；每个人也可以随时将自己的经历、想法、情感，通过微博与世界上许许多多人分享。微博和与之相类似的众多信息传播工具，是一个由一向二、由二向四、由四向千千万万、由千千万万向所有用户传播的模式。这种“核裂变”模式，把当前互联网信息传播的巨大能量充分地体现了出来。它不仅是一个个人信息集散平台，而且是一个公共信息对话平台，更是一个社会关系平台。

随着信息的传播与分享，网络计算机相关技术的网络安全核心问题成为保护个人隐私的重要问题。微软以人为主体的搜索引擎“人立方”展示了人的社会关系结构图景。它的搜索范围是非常广泛的，解读极其复杂的人与人之间的社会关系，更关键的是，它所用的是专业新闻媒体网页，目前还没有运用其底层关系网度。世界上任何一个人的关系圈都可能被其他人通过网络获知，怎样在合理研究人的社会关系结构同时又保障个人隐私安全，是当今信息技术人员亟待研究和解决的问题。

给人们的生活带来非常大的方便的另一网络工具是深度数据。谷歌与维基百科合作建造了 3D 数字图片及与卫星图片对比的项目，但包含了人类社会的各个方面，也包括自然环境方面的种种状况。这个项目对人类生存环境及人类社会内容进行数字化构建和全面镜像。还有很多与之相类似的信息技术，它们共同的意义就在于：用昨天的图片解释今天的事件、预测明天的走向。

互联网作为有史来最强大的技术变革者和社会变革的推动者，对我们生存的这个社会产生了巨大的、深远的影响。互联网的意义主要体现在：它增加了公众对信息的知情深度和知情范围，让公众能得到更真实、更全面的信息，信息公开之路越来越被公众需要和认可；它使得公众的监督能力提高，公众由此可以对政府、公共事务、媒体等进行多方面、多角度、深层次的更有效力的监督；它成为了公民参与和表达的基础，使得公众表达空间不断拓展，从而提高了行政工作效率，起到推动人类文明发展的作用；它也使得公众参与机会不断增多、公共协商机制不断完善，而公民直接参与的社会协商是保障社会机制推进的基础，推进协商民主机制的实现，具有举足轻重的意义。

当透过事务简单的表面去洞悉其内部的复杂结构时，我们会认识到知识的无限性和自身才能的局限性。互联网信息传播技术的不断发展宣告着我们进入了高速发展的数字化时代。互联网更及时、更准确地提供着人类社会与自然的变化运转过程中方方面面的信息，不但让社会运行效率快速提高，也让人与社会的和谐度不断提升。所以，重视与发展互联网信息技术已经是不可逆转的发展趋势。而我国处于经济发展的高速发展阶段，更应该提高相关发展能力，因为，共产主义的本质与互联网技术运用的终极目标是相一致的。

三、互联网引发的金融业变革

（一）互联网金融的概念

对于界定互联网金融的内涵这个问题上，业内一直存在着很大的争议，目前还没有达成共识。通常来说，互联网金融是指通过或依托互联网进行的金融活动和交易。广义的互联网金融所包括的主要有两部分：

其一，通过互联网进行的传统金融业务，就是把已有的线下业务转化为线上业务，主

要由金融机构进行，被称为金融互联网业务；

其二，依托互联网创新而产生的新兴金融业务，该业务通常由电子商务企业推出。

狭义的互联网金融所说的主要上面的第二种业务，本文的内容将选择广义互联网金融的定义。

互联网金融不是一个新兴的名词，但却是一个具有引领时代作用的新概念。互联网金融的广泛发展与阿里巴巴推出的余额宝有着不可分割的关系，可以说是余额宝把“互联网金融”这个新概念推向了时代的最前端。互联网金融是这个时代的新生事物，新生事物的出现常常会遵循这样的路径：即当某一种变化悄然出现在生活中的时候，公众能够感知到它的存在，但是并不真正明白它的内涵是什么，只有当这种变化达到一定规模并产生足够大的影响的时候，这个时代才会认可它，并成为影响社会发展的大事件。

事实上，在余额宝产生之前，互联网金融不仅已经介入我们的生活，而且已发展出一定的规模。在很久以前，我们已经无需拥挤在证券公司的交易大厅里购买股票；我们可以在行驶的地铁车厢里用智能手机买入理财产品；我们也无需再跑到银行的柜台进行支付和转账。这种便捷的金融交易方式构成了这个时代的独具特色的情景，这就是所谓的互联网金融。

（二）互联网金融的发展与影响

20 世纪 90 年代，以电子商务为内容的互联网经济开始受到人们的广泛关注和重视。金融是经济的重要组成部分之一，随着互联网经济产生的时刻开始，就播下了互联网金融的种子，等着发芽与成长。进入 21 世纪后，电脑和手机在大众的生活中普及，无论是人们的工作，学习，娱乐，人们已离不开网络，正因如此，作为互联网金融的一个分支，由金融机构推进的金融互联网业务，即传统金融业务的电子化进程获得了比较快速的发展。同一时期，第三方支付业务、P2P 和众筹等新兴业态的互联网金融业务也展示了良好的发展势头。

但是在很长一段时期内，人们并没有把互联网金融的出现升华为具有里程碑意义的变革。变化出现在 2013 年的 6 月，阿里巴巴推出的余额宝业务顷刻之间让互联网金融成为众人皆知的新名词，所受到的影响主要是因为下面的因素：

第一，互联网金融已经准备了强大的发展能量和动力，它欠缺的只是一个暴发点，一旦这个契机出现，它将向世人展现其强大的生命力和影响力，而余额宝应运而生，完美地担任了这一责任。然而，即使没有余额宝，也会有同样性质与功能的产品出现，互联网金融早晚会作为一个时代的新概念，走进我们的视野和生活。而余额宝的出现加速了这样一个时代的来临。

第二，阿里巴巴的支付宝在互联网金融领域获得的成就，使人们普遍看好互联网金融的发展前景。

第三，阿里巴巴的余额宝对银行的基础业务即存贷款业务来说，是一轮激烈的竞争。就拿支付宝来说，其对象局限于进行网购的消费者。阿里巴巴的小额贷款业务主要服务于利用其平台进行交易的商户，其范围也有一定的局限性。而余额宝以高于活期存款十倍的年化利率为消费者提供类似于活期存款的服务，其发展必然会引起银行存款资金的分流。而存款业务一直是银行的贷款业务的基础和保障，存款的减少必然会引发银行业的危机与衰退。

第四，余额宝的出现激发了互联网金融领域的创新活力，通过启发和模仿效应，激活了人们对互联网金融的兴趣与关注。自从余额宝出台之后，一些与互联网金融相关的公司纷纷模仿和参照余额宝的创新模式，把推出了一系列新的金融产品。其中引人注目的产品有东方财富推出的活期宝等。此外，一些银行联合基金公司也推出了一系列与余额宝的功能有很多相似之处的金融产品。

（三）互联网金融的业态分类

金融机构将传统的线下业务转变为线上业务，以电脑终端和手机终端等互联网交易方式取代传统的柜台交易的是金融互联网。手机支付、手机转账和手机证券交易都属于金融互联网的内容，其本质是传统金融业务与新的互联网交易方式的结合。要认识互联网金融，先要从认识互联网金融业态开始。

1. 从推进主体来看，互联网金融业态可以分为三种类型：

（1）由金融机构进行的互联网交易，就是传统金融交易方式的网络化和电子化，这一种类的典型代表是手机银行等业务；

（2）由互联网企业推出的金融业务，第三方支付、P2P 和众筹等业务具有这一性质；

（3）由电子商务企业与金融机构或不同种类金融机构之间进行合作而产生的新兴业态，余额宝等理财产品就属于这样一种类型的。

2. 按照不同的行业划分，金融互联网可以分为三种类型：

（1）银行互联网；

（2）证券互联网；

（3）保险互联网。

（三）金融互联网给金融业带来创新和变革

从发展趋势来看，金融互联网给金融业带来了巨大的创新和变革，主要表现在以下几下方面：

第一，从消费者的角度来看，金融互联网大幅度提高了金融服务的便捷性和交易速度。当前，除了办理开户业务之外，其他业务基本上都能够通过电脑和手机终端进行。电脑终端的使用可以使消费者在不出门的情况下就把交易完成，而手机终端的使用则使居民在不受地点和时间限制的情况下完成交易。上面的变化不仅免除了繁琐的手续，而且还让交易的时间大大地缩短了。

第二，从金融机构的角度来看，金融互联网的出现让店铺租金成本大幅度降低了。随着金融机构以电子终端交易取代店铺柜台交易，其店铺数量也出现了下降的趋势，店铺的规模也趋于小型化。这一变化在证券行业更有突出的表现，特别是这几年，证券交易大厅的数量已经锐减，交易大厅的规模也在不断地缩小。未来，随着金融机构的店铺开户业务从线下转移到线上，无店铺化趋势将会得到进一步的强化。

第三，金融互联网的产生，大大降低了金融机构的工资成本和纸质凭证使用成本，增长了金融机构的利润。金融互联网的重要变化之一是以键盘交易和拇指交易代替柜台交易，以电子凭证代替纸质凭证。这一变化肯定会降低金融机构员工的数量和减少纸质凭证的使用，有助于降低金融机构的交易成本，从而增加金融机构的收益，而消费者可以与金融机

构分享由交易成本下降而产生的一部分收益。

第三节　第三方支付

一、第三方支付概况

具备一定实力和信誉保障的非银行机构，借助通信、计算机和信息安全技术，采用与各大银行签约的方式，在用户与银行支付结算系统间建立连接的电子支付模式就是第三方支付。

根据央行2010年在《非金融机构支付服务管理办法》中叙述的非金融机构支付服务的定义，从广义上讲第三方支付是指非金融机构作为收、付款人的支付中介所提供的网络支付、预付卡、银行卡收单以及中国人民银行确定的其他支付服务。从中可以看出，第三支付已超出了最开始的互联网支付方式，它已演变为线上线下全面覆盖、应用场景更加多样化的综合支付工具。

第三方支付属于由互联网企业主导的金融业务，是第三方机构为了保证电子商务交易的顺利进行，向买方和卖方提供的资金结算担保系统。其具体流程为：买方在发出购货意愿后向第三方账户打入货款，第三方通知卖方款到发货，卖方发货给买方，买方验货后通知第三方给卖方付款。第三方支付规避了交易过程中的违约风险，克服了电子商务发展的关键性难题，增加了买方的信任度，为该业务的快速发展与大面积扩展奠定了基础。

随着电子商务业务的迅速拓展，第三方支付的发展也十分迅速，截至2013年末我国第三方支付市场规模已达17.2万亿元，同比增长38.71%，2014年交易规模达到23.3万亿元，2015年交易规模达31.2万亿元。截至2015年3月26日，我国共270家企业获得了三方支付牌照，目前支付牌照主要分为银行卡收单、网络支付和预付卡的发行与受理三大类，其中网络支付又细分为互联网支付、移动支付、数字电话支付和固定电视支付，预付费卡支付牌照占据了整个牌照数量的60%以上，其中98家企业获得互联网支付牌照，共40家获得移动电话支付牌照。随着第三方支付的新的发展，这一数据还有待持续增长。

在第五批第三方支付牌照发放的同时，此前27家已经取得牌照的企业获批业务类型拓展。腾讯旗下的财付通业务类型在之前互联网支付、移动电话支付、固定电话支付业务基础上，新开设了银行卡收单业务；拉卡拉支付有限公司在银行卡收单、互联网支付、数字电视支付的基础上，新开设了移动电话支付和预付卡受理业务。

从市场竞争环境来看，当前第三方支付公司所面临的外部和内部两种主要竞争是主要的，外部竞争主要是来自于传统金融机构在支付业务上的策略。2013年3月，中国银行业协会带头发了《关于规范主要商业银行与第三方支付机构合作自律公约》的征求意见稿，拟联合中国工商银行、中国银行、中国建设银行、中国农业银行为首的10家主要商业银行，通过统一管理和集中审议来加强对第三方支付的管控，加强银行自身的支付能力建设。

而在内部竞争方面，银联和支付宝自成体系，竞争日益激烈，百度、新浪等互联网巨头的参与，更为这种新旧体系间的竞争增加了很多不确定性，它们各有优势，谁能在竞争中占有优势很能估计。支付宝等互联网巨头则拥有庞大的个人端用户优势和优秀的用户体验，而银联的优势在于强大的政府资源、庞大的线下企业用户以及未来支付行业新标准的主导权。

第三方支付所包含的金融业务并不单单局限于单纯的结算，它已向综合性功能的方向发展。第三方支付企业能够无偿使用暂时停留在其账户里的客户备付金。对于业务量非常大的第三方支付企业来说，客户备付金是一笔相当可观的资金，若能利用起来，会产生很大的作用。第三方支付企业可以利用这笔资金进行金融运作和投资，从中收获大量的投资效益。但是只要是投资就存在风险，如果这一大笔资金投资失败，也有可能产生大面积的违约事件，造成支付系统的瘫痪，产生巨大的系统性风险，给社会的安定带着隐患。

鉴于以上威胁与风险，2013 年 6 月，央行出台《支付机构客户备付金存管办法》，严格限制了第三方支付企业对客户备付金的使用。该管理办法规定客户备付金应该主要以活期存款的形式存放在银行，同时允许以单位定期存款、单位通知存款、协定存款等方式储备备付金，通过备付金收付账户转存的单位定期存款期限最长为 12 个月。2017 年 1 月，央行发布的《中国人民银行关于信用卡业务有关事项的通知》将正式实施。《通知》对支付宝、微信支付等支付机构的个人支付账户进行了约束。这些措施都可以有效地降低第三方支付的风险。

二、第三方支付运营模式

从发展路径与用户积累途径的标准来分类，可以将现在市场上第三方支付公司的运营模式分为两大种类：

第一类是独立第三方支付模式，是指第三方支付平台完全独立于电子商务网站，没有担保功能，只是给用户提供支付产品和支付系统解决方案，以易宝支付、快钱、汇付天下等为典型代表。拿易宝支付举例，其最初凭借网关模式立足，针对行业做垂直支付，而后以传统行业的信息化转型为契机，依靠自身对具体行业的深刻理解和产品创新，量身定制全程电子支付运用方案。

第二类是以支付宝、财付通为首的依托于自有 B2C、C2C 电子商务网站提供担保功能的第三方支付模式。货款暂由平台托管并由平台通知卖家货款到达、进行发货，在这类类支付模式中，买方在电商网站选好商品后，使用第三方平台提供的账户进行货款支付，在卖方发货后，买方对商品进行检验确认，没有问题存在时，就可以通知平台付款给卖家，而第三方支付平台再将款项转账到卖方的账户中。

第三方支付公司的收入来源主要有交易手续费、行业用户资金信贷利息及服务费收入和沉淀资金利息等。

相较传统传统支付方式而言，独立第三方支付立身于 B（企业）端，担保模式的第三方支付平台则立身于 C（个人消费者）端，前者通过服务于企业客户间接覆盖客户的用户群，后者则凭借用户资源的优势参与到行业的竞争中。

第三方支付的兴起与发展，不可避免地在结算费率及相应的电子货币/虚拟货币领域给银行带来了压力与挑战。第三方支付平台与商业银行的关系由最初的完全合作逐步转向了竞争与合作并存。随着第三方支付平台走向支付流程的前端，并逐步涉及基金、保险等个人理财等金融业务，不断融化了银行的中间业务，不断蚕食银行的市场份额。此外，第三方支付公司利用其系统中累积的客户的采购、支付、结算等全面的信息，能够做到以非常低的成本联合相关金融机构为其客户提供高质的、快速的、简洁的信贷等金融服务。同时，支付公司也开始渗透到信用卡和消费信贷领域。第三方支付机构与商业银行的业务界线不断缩小，随着两者重叠业务的不断扩大，第三方支付逐渐与商业银行形成了一定的竞争关系。在不久的未来，当第三方支付机构能够在金融监管进一步放开，其能具备目前银行独特拥有的“账户”权益时，那么它带给银行的就不只是“余额宝”的试点式竞争，而是全方位的行业竞争，那将是一场生死存亡间的较量。

2011 年到 2015 年之间，央行一共分 8 批发放了共计 270 张支付牌照，包括智付支付，支付宝，快钱，银联，财付通，百度钱包等。在牌照监管下，第三方支付领域今后更多的是巨头们的竞争，一方面是类似支付宝、财付通、快钱、易宝支付等市场化形成的霸者，另一方面是依托自身巨大资源的新浪支付、百度钱包、电信运营商支付以及可能的中石化、中石油的支付平台。随着参与到支付行业的企业越来越多，将逐步减少在银行渠道、网关产品以及市场服务等方面的差异性，支付公司的产品会趋于同质化，这表示第三方支付企业要想长久立足市场，就需要不断开拓新的业绩增长点，为网民提供更丰富的服务方式。移动支付、细分行业的深度定制化服务、跨境支付、便民生活服务将变成新的竞争领域，拥有自己独特竞争力及特色渠道资源将成为众多第三方支付企业生存及竞争的筹码。

三、第三方支付对金融业发展态势的影响

非银行机构从事银行相关业务中的一个环节就是第三方支付。第三方支付机构通过通信、计算机和信息安全技术在商家和银行之间建立联系，充当信用担保和技术保障的功能，借助银行卡等基本支付工具或虚拟账户、虚拟货币等网上支付工具，向客户提供交易资金代管、货币支付、资金清算以及增值服务等业务内容。

（一）第三方支付的特点

第三方支付既起到连接客户与商家的作用，又与银行有合作关系，因此其发展具有独特的特点：

1. 为网络交易提供保障的支付平台，是独立的支付机构。

以众所周知的第三方支付支付宝来举例，从支付宝的功能来看，它就相当于一个独立的金融机构，当客户在购买商品时，会将商品的货款先支付到支付宝的银行账户上，等到客户确认收货之后支付宝才把货款转至入商家的账户，在这个支付过程中，支付宝不但起到了银行的收款和转账的作用，还可以保障买方的付款安全，让网上交易能够顺利地完成。

2. 对参与交易的双方进行约束和监督，为交易双方提供担保。

第三方支付对参与交易的双方进行约束和监督，为交易双方提供担保，促进了交易的达成。例如支付宝的提出“赔付机制”，不但能够将买家的货款转到卖家账户，而且如果出现交易纠纷，比如卖家收到买家订单后不发货或者买家收到货物后找理由拒绝付款，支付宝会对交易双方进行调查，并且会处理违规的一方，比如罚款等，支付宝在交易过程中起到了监督和约束的作用，增加了交易的可行性。

3. 第三方支付提供的支付方式便利、灵活且多样。

用户可以使用网络支付、电话支付、手机短信支付等多种方式进行支付。例如，用户可以通过网络支付的方式购买飞机票，也可以将银行账户的钱转到第三方支付云网账户内，再用电话支付的方式购买飞机票。

4. 第三方支付与银行既是合作关系又是竞争关系。

银行在第三方支付中担当着不可或缺的角色，第三方支付为银行和网上用户疏通了流通、支付环节，促进银行业务的发展。银行和第三方支付都存在网上业务，所以二者的关系不断地发生变化，即存在竞争又必须合作。从目前的情况来看，银行与第三方支付企业之间合作关系是主要的，但由于第三方支付的形式和传统银行业的中间业务、信用卡业务模式有很强的类似性，重叠的业务内容必然加剧竞争的发展。那么，第三方支付机构和传统银行之间在众多领域发生竞争就不可避免，而这种会随着第三方支付越来越强大的业务功能而愈演愈烈。

在我国第三方支付的发展过程中，这些特点是第三方支付成长壮大的基础，在传统金融机构缓慢进入这块支付市场的情况下，给了第三方支付发展的机会。十多年时间不断的产品更新、积极的市场定位，已经使其形成数量较大的、稳定的客户群，成为我国支付体系的一支新生力量，伴随着政府有效的监管和社会信用体系的逐步完善，第三方支付作为新兴的产业，成就自己的同时，也为中国网络经济的发展增加了助力，为人们提供了丰富多彩、便捷人性化的网络服务。

（二）第三方支付发展起到的经济作用

1. 第三方支付是支付方式的巨大创新，促进了网络经济一电子商务的发展，它在上个世纪九十年代就已经在我国萌芽了，但因为有很多方面的原因，其发展速度受到了抑制。直至 2003 年“非典”的出现，网络经济出现较强的发展势头，但是支付方式成为其进一步发展的障碍。顺应市场需求第三方支付机构主要依托公共网络创新了支付方式，在收款人和付款人之间转移货币资金，推进了我国的网络经济的快速发展。2016 年，实物商品网上零售额 41944. 5 亿元，同比增长 25. 6%，增速高于社会消费品零售总额增速 15. 2 个百分点；在社会消费品零售总额中所占比重为 12. 6%。

2. 第三方支付开拓了支付渠道，增加了银行的中间业务。第三方支付通过与不同银行的合作，为用户接通了支付网关接口。同时为银行增加了更广的客户资源，为银行的网上业务开拓了渠道并得到了结算分成，与此同时，第三方支付使银行的地位与功能也出现了新的变化，依托第三方支付，银行可以介入电子商务流程中的融资业务，满足中小企业的融资需求，金融市场的活跃度也随之增长。比如阿里巴巴公司与工商银行、建设银行开展了中小企业联保信贷，借助于阿里巴巴的客户信用记录，协助一些中小企业从银行获得了信用贷款。

3. 第三方支付加强交易保障，建立了信用基础第三方支付是交易双方的支付中介，为电子交易的顺利进行提供了技术保障。

（1）首先，在交易之前，第三方支付要求参与交易的用户填写真实信息开设账户，建立用户资料数据库。

（2）在交易的过程中，第三方支付记录了大量的个人用户、企业用户的交易记录。

（3）在交易之后，第三方支付建立了信用评价体系，参与交易的双方获得公正的评价，

生成了一种新型的信用资源。

1）这种信用资源一方面为买卖双方建立信用中介，为交易提供了安全保障，让交易风险大大降低，增加了消费者的信任度；

2）另一方面有效地利用这些信用资源可以弥补传统信用体系的不足，为中国人民银行建立的征信系统提供一种新型的信用资源和信息。

四、第三方支付风险防范建议

因为第三方支付具有信息化、国际化、网络化、无形化的特点，电子支付所面临的风险扩散更快、危害性更大。只要金融机构出现风险，就非常容易通过网络迅速在整个金融体系中引起连锁反应，引发全局性、系统性的金融风险。所以必须采取有效措施，对第三方支付金融风险加强防范，促进第三方支付的健康发展。下面将分别从宏观监管、行业自律、微观内控三个方面把防范第三方支付金融风险的防范措施提出来。

（一）宏观监管

宏观监管在于从宏观层面对第三方支付进行规范，促进第三方支付持续、健康、协调发展，防止第三方支付引起的混乱和风险。第三方支付作为赢利性组织，在经营过程中存在着一定风险，并且因为其涉及资金流通，所以依然存在着极其严重的外部负效应，需对其进行监管和经营约束。

1. 明确监管机构。

根据现有法规，监督管理第三方支付机构的部门主要有：中国人民银行、工商行政管理部门、信息产业管理部门及税务机关等。应该把中国人民银行作为第三方支付金融风险的主要监管者，其对第三方支付机构的业务准入、交易行为、经营行为等方面实施监管，支付机构和备付金存管银行应分别按规定向中国人民银行报送备付金存管协议、备付金专用存款账户及客户备付金的存管或使用情况等信息资料。中国人民银行将依法对支付机构的客户备付金专用存款账户及相关账户等进行现场检查。中国人民银行委托商业银行代其监管，对第三方支付公司开立在银行的支付结算专户进行监管。商业银行必须认真执行托管方的指令，严格履行有关的监管规定，监控专户的资金流动情况，确保资金的合法使用。这样不但可以让监管效率得到提高，还能让监管成本有所下降。

2. 完善法律法规并强化执行。

虽然中国人民银行已颁布了《非金融机构支付服务管理办法》、《支付机构互联网支付业务风险防范指引》、《支付机构互联网支付业务管理办法（征求意见稿）》、《支付清算组织管理办法（征求意见稿）》和《非银行支付机构风险专项整治工作实施方案（银发〔2016〕112号）》，明确了“结合国情、促进创新、市场主导、规范发展”的监管工作思路，对第三方支付的申请与许可、监督与管理、罚则等进行了规定，变成了一个具有指导意义的监管框架，但是因为第三方支付涉及的部门多、牵涉的情况复杂、面临的问题多，相关的法律法规还没有完全建立起来，所以，相关部门要适应第三方支付新的发展趋势，加快法律法规制定步伐，尽快建立适应我国国情的第三方支付监管法律体系。与此同时，要加强对现有法律法规的执行力度，加大对违法违纪支付行为的惩处力度，令现有的监管措施能够真正落实到实处。

3. 建立健全市场准入制度和退出机制。

依据《非金融机构支付服务管理办法》和《非金融机构支付服务管理办法实施细则》的规定，我国对第三方支付采取许可制度，对取得支付许可证的条件做了具体的规定，提出了注册资本最低限额、管理人员、设施、风险管理措等方面的具体要求。要加大对现有支付业务许可条件的执行力度。与此同时，需要建立健全市场退出制度，对于那些不符合支付业务许可条件或是已经把支付业务许可证拿到后由于条件变化而不再具备条件的企业，要实施摘牌、收购或兼并等方法，让其离开第三方支付市场。

4. 加强对客户备付金的管理。

《非金融机构支付服务管理办法》和《非金融机构支付服务管理办法实施细则》以及 2016 年 5 月中国人民银行发布的《非银行支付机构风险专项整治工作实施方案》）文件中明确规定了支付机构接受的客户备付金不属于第三方支付机构的自有财产，而是属于第三方支付机构的负债。所以，在发放第三方支付业务许可之前，就要求第三方分设基本账户与备付金专用存款账户，而且只能在一家商业银行设立备付金专用账户，不允许第三方支付机构的分公司开立备付金专用账户。强化商业银行对存放在本机构的客户备付金的使用情况的监督权，对第三方支付机构存放在备付金专用存款账户的备付金的使用情况进行监督。坚决拒绝第三方支付机构用备付金用于自身运营、发放贷款及进行风险投资等行为。同时，还应该建立客户备付金保证金制度，要求第三方支付机构，按照管理部门确定的比例，向人民银行缴纳保证金或保险。人民银行可以对第三方支付机构实行定期评估，而且还要根据其组织规模、管理和运行情况，实行差别比例制度，确定合理的提取比。只要出现问题，银行可立即将保证金冻结，起到抵御风险的作用，让用户的资金得到保护。

5. 强化第三方支付的反洗钱和反套现责任。

第三方支付平台中的交易主体涉及面广、手续便捷，只要持有网络银行卡就可以通过支付平台向其他主体支付资金，或者用信用卡进行支付，这些都为洗钱者和套现者提供了空隙和机会。我国可以批判性地借鉴欧美等发达国家或地区的反洗钱和反套现的成功经验和方式，将从事第三方支付业务的企业纳入反洗钱法规定的负有“反洗钱义务”的非金融机构范围，将第三方支付企业纳入反套现监管范围。要求第三方支付企业依法建立健全客户身份识别制度，充分发挥网络的长处，通过多种方式对客户的身份进行识别，并对比公安部全国公民身份信息系统中的数据建立密钥托管机制和电子支付认证制度。此外，还应加强洗钱犯罪和反套现的立法工作，对洗钱犯罪和套现行为进行严厉的打击。

6. 规范电子货币和电子票据的使用。

应当加快速度建立完善的电子货币和电子票据的管理制度，规范第三方支付平台的电子货币和电子票据的行为。比如，限制电子货币的买卖行为，限制使用电子货币或电子票据进行实物交易，对电子票据的签发、兑付、托管、统一认证、与纸质票据转换、电子票据伪造等问题进行深入分析和研究，制定保护电子货币使用者利益的相关法律、法规等。

7. 加强对第三方支付机构的检查和审计。

中国人民银行应加强对第三方支付机构和作为其账户监管机构商业银行的检查力度，尤其是对客户备付金的使用、内控制度、财务状况进行检查和审计，拥有能够快速发现可能存在的风险的能力以及及时解决风险的能力。商业银行也要实时监控第三方支付机构资

金的使用特别是客户备付金存款专用账户的资金变动情况。

（二）行业自律

2011年5月23日，中国支付清算协会在北京正式成立，这标志着行业自律被提上了重要日程。由于中国支付清算协会是介于政府、企业之间，商品和服务生产者和经营者之间，而且还为第三方支付服务、咨询、沟通、监督、自律、协调的社会中介组织，所以，它对防范第三方支付金融风险具有非常关键的作用。

1. 加强与政府的沟通。

中国支付清算协会作为政府与企业之间的桥梁，应向政府传达企业的共同要求，同时协助政府制定和实施行业发展规划、产业政策、行政法规和有关法律，向政府提出政策建议，为第三方支付行业发展出谋划策，促进第三方支付行业良性发展。

2. 建立评价标准体系。

第三方支付商应该通过协商建立起来一套行业服务标准，明确自身义务和责任，并以诚信建设为重点，保护好消费者的利益。建立统一的行业支付标准和规范，尽可能把不一样的支付平台的对接实现统一，让用户在使用时更加方便。与此同时，建立第三方支付商评级体系，建立统一的评价标准，对第三方支付进行评级。

3. 协助对第三方支付进行监管。

仅仅依靠中国人民银行发放的牌照要想反映出这些第三方支付企业未来的服务质量与风险控制问题是很困难的，所以，协会应采取定期审核、不定期抽查等方式对第三方支付平台的经营进行监控，并把它们也纳入一个评级系统，促使第三方支付企业不断地改进技术，使网络风险能够减少，提高服务质量。比如，协会可根据第三方的服务质量以及网络安全等因素进行综合评比，评比结果每年公布一次，排名落后者会面临市场份额减少的压力，如果评比结果不符合监管要求甚至可能会被撤销牌照。这样把网络交易中的三方都纳入一个互相监督、互相制衡的系统，能够让整个网络交易体系保持安全稳定良好的状态。

4. 加强与客户的沟通，树立第三方支付良好的形象。

第三方支付树立一个良好的形象，可以提升信心、防范风险，更广泛地被客户接纳和使用。中国支付清算协会应通过发布最新行业进展及统计数据、出版刊物、进行危机处理等方式，加强对客户的沟通，使第三方支付在一个良好的环境中得到发展。

（三）微观内控

1. 完善治理结构。

为预防决策者与执行者相互串通从而进行冒险交易导致金融风险，第三方支付企业应当建立健全的治理结构，成立专门的风险管理部门，加强对第三方支付可能遭受的风险进行管理。比如，可在公司董事会下设立专门的风险管理委员会，在风险管理委员会下设立风险管理部，其具体工作为批准承受风险的大小、反映第三方支付机构所面临的潜在的或是现实的金融风险情况、确保第三方支付企业具有完善的内控制度和规范的业务程度、定期对内部控制情况和金融风险防范情况进行评估等。

2. 创新服务模式，拓展盈利渠道。

第三方支付企业的技术门槛相对来说是很低的，有着很强的可复制性，假如企业不能开发出更多的服务和支付模式，并且迅速占领了市场，就会面临盈利渠道狭窄被市场淘汰的危险。为避免同质化服务带来的价格竞争和恶性竞争，第三方支付企业在进行常规的第三方支付服务的同时，要走差异化发展的道路，创新服务模式，进而拓展盈利渠道。比如，部分第三方支付企业强化本地化和个性化服务，开拓城市小额支付业务，政府合作建立中心城市的支付系统，为城市提供支付结算的平台，为本地化的电子商务企业、行政事业收费、公用事业支付、文化教育事业支付和旅游事业支付等提供支付平台，让更多的用户参与到对第三方支付平台的应用上。

3. 建立严格内控制度。

内部控制制度对于改善第三方支付企业经营管理、提高经济效益、防范金融风险的作用是很重要的，所以，应在第三方支付企业内部一套相互制约、相互牵制和相互联系的组织形式和职责分工制度从事前、事中、事后全面防范金融风险的发生。比如，为防范洗钱风险，应分层级判断在第三方支付平台上从事经营服务的主体，查验、审核其商户资格、经营范围、销售的产品（服务）是否合法，严格审核收款方的有关资质、审查证明交易真实性，杜绝交易主体利用第三方支付平台进行违法资金的收集汇总。应当有效地管理客户身份资料和交易记录，并把其保存的年限明确规定。应建立大额和可疑交易分级报告制度，当达到反洗钱法当中规定的报告标准时应该及时向上一级汇报。

4. 加强软硬件建设，增强风险防范能力。

在第三方网上支付过程中，出现技术上风险的可能性很大，支付企业出现各种技术上的问题都会直接或间接对支付过程的安全性造成影响。所以，应不断加强第三方网上支付企业软硬件系统环境的建设，加强用户数据存储及传输的安全性和交易数据处理的安全性。虽然基于SET机制或通过SSL协议进行的第三方支付过程通常情况下是安全的，但是，依然有一些缺陷和不足存在着，需要继续研究开发新的安全信息技术来防范黑客攻击与木马侵入的风险。应积极采用和推广新的安全技术占领技术的制高点，加强抵抗技术风险的能力。

5. 树立良好信用，维护良好企业形象。

对企业来说信用至关重要，特别是对于第三方支付企业，信用更是其核心与生命线，所以，如何树立良好信用、保持良好企业形象，对第三方支付企业来说非常重要。第三方支付企业不仅要在交易双方出现纠纷时，及时启动调节机制和赔付机制，承担一定的责任，也要在建立健全客户信用相互评价体系时，提供公允的信用评定方法，建立一个用户和商家的监控和信用评估分级数据库，防止欺诈性的交易行为，增加对网上交易的约束与管控，提高买卖双方的诚信意识。

6. 对员工加强培训力度，提高员工风险意识。

第三方支付企业要想得到广大用户的认同，就必须提高员工基本业务素质和风险防范意识。第三方支付企业要增强员工的法律意识，增强风险防范能力，使其认识到企业对于洗钱、套现等虚假交易行为有推卸的防范责任与义务，自身的工作性质和每笔成功交易对企业来说不仅是一次盈利而且是一次信誉的积累，挪用用户资金将给自己造成严重法律后果，对企业造成巨大经济及信用损失。通过企业员工素质的提高和风险防范意识的提升，最后形成健全的企业金融风险防范文化。

第三方支付是现代金融服务业的重要组成部分，也是中国互联网经济高速发展的底层支撑力量和进一步发展的推动力。随着国内电子商务的兴起，一些信息服务企业兴办的支付平台也已经开始崭露头角，第三方支付作为新技术、新业态、新模式的新兴产业，具有广阔的市场需求前景。

第四节　P2P 网贷

一、P2P 网贷概况

（一）P2P 网贷的特征和运营模式

P2P，即点对点信贷。通过第三方互联网平台进行资金借、贷双方的匹配，需要借贷的人群可以通过网站平台寻找到有出借能力并且愿意基于一定条件出借的人群，帮助贷款人通过和其他贷款人一起分担一笔借款额度来分散风险，也帮助借款人在充分比较的信息中选择有吸引力的利率条件。

1. P2P 网贷的特征。

P2P 平台的盈利主要是从借款人收取一次性费用以及向投资人收取评估和管理费用。P2P 与传统的银行贷款业务比较而言，狭义的 P2P 业务具有下面的几下特征：

第一，从事 P2P 业务的公司很大一部分都是非金融机构，这些机构只提供平台、信息和对客户的信用评级，但是不和客户发生借贷关系。

第二，投资和融资客户主要以个人和小微企业为主。

第三，因为 P2P 公司不属于金融机构，所以未被纳入金融监管体系。

第四，业务性质为借贷关系。在互联网金融业务中，众筹与 P2P 在形式上是有点接近的，但是二者之间存在着明显的差异。P2P 纯属借贷关系，而众筹包含了团购、预购模式和股权投资模式。

第五，与传统借贷业务不同，P2P 具有直接融资的性质。从形式上看，P2P 是一种借贷行为，属于间接融资，但是 P2P 与银行的中介机构不同，从实质上来看，它属于直接融资。

2. P2P 网贷的运营模式。

由于 P2P 网贷在我国尚属新兴产业，因此国家尚没有对其有针对性进行监管。P2P 网贷还没有形成严格意义上的概念设定，其运营模式也还没有完全定型。现在已经出现了下面几种运营模式：

（1）纯线上模式，这一类模式典型的平台有拍拍贷、合力贷、人人贷（部分业务）等，其特点是资金借贷活动都通过线上进行，不结合线下的审核。通常这些企业采取的审核借款人资质的措施有通过视频认证、查看银行流水账单、身份认证等；

（2）第二种是线上线下结合的模式，此类模式以翼龙贷为代表。借款人在线上把借款申请提交后，平台通过所在城市的代理商采取入户调查的方式审核借款人的资信、还款能力等情况。

（3）此外，以宜信为代表的债权转让模式现在受到了很多人的质疑，这种模式是公司作为中间人对借款人进行筛选，以个人名义进行借贷之后再将债权转让给理财投资者。

3. P2P 网贷的现状。

从以上 P2P 的特点可以看出，P2P 在一定程度上可以让市场信息不对称程度有所降低，可以在一定程度上推动利率市场化。因为其参与门槛低、渠道成本低，在一定程度上拓展了社会的融资渠道。但是从现在来看，P2P 网贷暂时没有办法撼动银行在信贷领域的霸主地位，无法对银行造成根本性冲击。P2P 针对的主要还是小微企业及普通个人用户，这些大都是被银行“舍弃”的客户，贷款额度相对较低、资信相对较差、抵押物不足，并且因为央行个人征信系统暂时没有对 P2P 企业开放等原因，造成 P2P 审贷效率低、客户单体贡献率小以及批贷概率低等现状，并且非常多异地的信用贷款，因为信贷审核及催收成本高的原因，很多 P2P 平台坏债率一直很高。

据网贷之家不完全统计，当前全国大约有 800 家企业活跃在 P2P 网贷平台，根据了解的最近平台相关规划、建设情况，而总量截止到 2015 年 4 月底已达 3054 家。从目前 P2P 行业来看，除了较早上线的平台有了一定的知名度及投资者积累外，更多的是缺乏优质的信贷客户；而对于一些新上线的平台，因为没有形成品牌知名度和缺乏投资者的信任，或者被迫提供一些虚拟的高利率的标的来吸引投资者，或者是依托线下合作的小贷、担保公司资源将一些规模标的进行资金规模或者时间段的分拆，以便快速形成一定的交易量，争取和谐发展，良性循环。

P2P 网贷平台还处于培育期，P2P 行业发展的主要障碍是用户认知程度不足、风控体系不健全，少数平台跑路的信息也给行业带来了非常不好的影响，其大都是抱着捞一把就跑的心态，在平台上线不长的时间内依靠高回报率骗取投资人的资金，而很少是因为真正的经营不善而倒闭的。所以，不能因为少数害群之马的恶劣行为就把一个行业给彻底否定了，而是要在逐步建立备案制以及相关资金监管的同时，加大对真正违法诈骗的行为进行严厉打击。

随着互联网金融的火热和高涨的创业激情，很多的 P2P 网贷平台如果希望在激烈的竞争中取得胜利，一方面是要积累足够的借、贷群体，另一方面是建立良好的信誉，保证客户的资金安全。随着对 P2P 平台的监管加强，平台资金交由银行托管，平台本身不参与资金的流动是必然趋势。此外，与第三方支付平台和电商平台合作利用互联网积攒的大数据来识别风险，以及各家 P2P 网贷平台共享借贷人信息，建立一个全国性的借款记录及个人征信都将是 P2P 网贷的发展方向，并将进一步让利率市场化的步伐加快。

二、P2P 网贷模式分析

P2P 网贷模式与互联网金融其他模式相比，发展速度更快，在 2012 年和 2013 年进入了发展高潮期。通过对不同模式的 P2P 网贷调查分析，可以将我国的 P2P 网贷平台模式大致分为以下几种：

（一）纯平台模式和债权转让模式

根据借贷流程的不同，P2P 网贷可以分为纯平台模式和债权转让模式两种。

纯平台模式，借贷双方借贷关系的达成是通过双方在平台上直接接触，一次性投标达成。

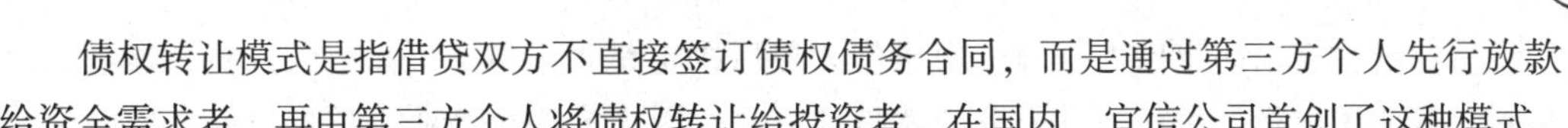

债权转让模式是指借贷双方不直接签订债权债务合同，而是通过第三方个人先行放款给资金需求者，再由第三方个人将债权转让给投资者。在国内，宜信公司首创了这种模式。

债权转让模式最大特点是借款人和投资人之间存在着一个中介人，即专业放款人，为了让放贷速度得到提高，专业放款人先以自有资金放贷，然后把债权向投资者转让，使用回笼的资金重新进行放贷。线下P2P借贷平台经常因其体量大、信息不够透明而招致非议，其以理财产品作为包装、打包销售债权的行为也常被认为有构建资金池的嫌疑。

（二）纯线上模式和线上线下相结合模式

由于国内没有建立健全的征信体系，大部分P2P网贷平台对用户获取、信用审核及筹资过程由线上转向线下，P2P网贷平台的运营模式因此分为纯线上模式和线上线下相结合模式。

在纯线上模式中，用户开发、信用审核、合同签订到贷款催收等整个业务内容主要在线上完成。

纯线上的运作模式，P2P网贷平台本身不参与借款，只是提供信息匹配、工具支持和服务等服务功能。P2P网贷平台最原始的运作模式是民间借贷搬到互联网上来运营的模式。纯线上模式最大特点是借款人和投资人均从网络、电话等非地面渠道获取，多为信用借款，借款额较小，对借款人的信用评估、审核也多通过网络进行。这种模式有点接近原生态的P2P借贷模式，对数据审贷技术和用户市场的细分非常注重，侧重的是小额、密集的借贷需求。

纯线上平台的投资者自己承担风险，网贷平台只充当“牵线人”的作用，提供信息，但不进行担保。目前国内这种模式平台的数量不多，坚持纯线上模式的P2P网贷公司，规模较大的是拍拍贷，其他公司中仅有部分业务会按照这样的模式进行开展。因为不提供资金担保，极其可能出现逾期、提现困难等问题，让投资者接纳会很困难。

美国P2P上市公司Lending Club采用的线上模式，借助的是美国完善的大数据信用体系，而我国信用体系建设与美国相比，差距很大。因为获得个人或企业的征信数据对于P2P网贷公司来说是一个极其大的难题，从当前的信用环境来看，缺乏专业全面的信用评级机构，个人信用数据相对缺失和封闭，P2P平台在个人信用借款领域的风险控制管理上面临很大的风险。

在纯线上模式中，利用数据进行审核的方式节省了人力成本，但是基于缺失的数据建立起来的数据模型也有一定的问题存在着，这种问题导致的直接后果就是信用审核可靠性降低，风险控制不成熟，逾期率和坏账率普遍偏高。此外，目前看来大部分线上模式平台的逾期率高达10%，坏账率在5%以上，这些业务的收益要想收回成本是很困难的，纯线上业务基本上是只亏不赚的。因此为了降低风险，提高收益，极其多的P2P网贷公司选择只在线上完成筹资部分，而在线下设立门店、与小贷公司合作或成立营销团队去寻找需要借款的用户并进行实地考察，在创新信用审核方式的同时有效开发借款人。

从总体来看，纯线上模式的P2P网贷平台的优势在于规范透明、交易成本低，但其也存在着数据获取难度大以及坏账率高的缺陷，正是这种不足限制了纯线上模式的发展潜力。

通过在各地设立的门店，线下信用审核P2P网贷公司的客服人员与借款人可以面对面地完成借贷需求信息采集、信用信息核实等工作。P2P平台的中央信用评估团队将经过信用评估的贷款需求向出借人推荐，由出借人最后决定是否出借。恒昌、人人贷、富润尚美在对小微业主进行信用审核时采取的就是种方式。因为这些小微业主根本没有一整套完整的信用记录，没有办法完全用线上信用贷款的方式去评估，必须要线下实地考察去收集资料，甚至包括查看其水电表记录等生活消费记录。

概括地说，线下业务的存在是由我国目前的实际情况决定的，它不但能够帮助P2P网贷公司开发出更多的优质客户，把平台风控水平提高，而且可以为出借人提供实地跟踪的贷后管理业务。

线上与线下结合的模式是绝大多数P2P公司采取做法，即P2P网贷公司将借贷交易环节主要放在线上，而主要将借款审查和贷后管理这样的环节放在线下，按照传统的审核及管理方式进行。

（三）无担保模式和有担保模式

根据有无担保机制，可以将P2P网贷平台分为无担保模式和有担保模式。

无担保模式中，平台仅发挥信息撮合的功能，提供的所有借款都是无担保的信用贷款。

有担保模式又可分为第三方担保模式和平台自身担保模式。

第三方担保模式是指P2P网贷平台与第三方担保机构合作，其本金保障服务全部由外在的担保机构完成，P2P网贷平台不再提供风险性服务。

平台自身担保模式是指由P2P网贷平台自身为出借人的资金安全提供保障。假如贷款到期没有办法把本息收回，可将债权转让给平台，平台会先行垫付本金给出借人，再由平台对贷款人进行追偿。

P2P网贷作为一种新兴的金融业态在发展过程中还存在着一系列风险问题。P2P网贷行业的出借人多为普通个人并且数量庞大，容易被高收益迷惑，因其不具备良好的风险识别能力和风险承受能力，所以可能遭受沉重打击。因此，P2P网贷行业的风险防范特别需要多加关注。

三、P2P网贷对金融业发展的影响

P2P网贷作为一种新式的金融业态，加快了借贷两边的资金对接功率，在一定程度上部分解决了自己和小型公司的投融资困难，对于中国的金融体制变革起到了一定的推动效果，对于推动中国民间金融的专业化、标准化展开具有非常重要意义。P2P网贷职业运营一直到现在，一直处于灰色地带，产生了很多令人质疑的问题，对传统的金融监管方法与危险操控方法提出了相应的挑战。

P2P网贷对金融业的影响主要体现在以下几个方面：

1. 规范民间借贷、抑制高利贷。

P2P网贷方法的出现，为借贷两边供给了一个直接对接的途径，买卖信息被平台记载并同享，能够较为明晰地反映资金去向和买卖总量，为民间借贷阳光化供给了牢靠的商业模式。

随着P2P网贷途径的增多，使告贷人融资途径不断增多，有了更多比价的时机，行业市场化程度提高，逐步回归至风险和收益成正比的行业规律。P2P网贷途径打破了时间和空间上的限制，持续不断地从一线城市向二、三线城市，从全国范围为江浙一带的小型公

司、个体经济供给资金协助，在更宽广的范围内引导资金依照商场规则更合理、高效地进行重新配置，这也从一定程度上按捺了高利贷的展开。

2. 推动直接融资的展开。

P2P 借贷的呈现使融资脱离了商业银行、券商和买卖所等传统金融中介，以一种付出更为方便、商场信息对称程度较高、利率更商场化、商场参加者更为大众化的方法展现。在这种融资方法下，资金供需双方可以直接进行交易，使资金匹配期限更短，简化危险定价流程。

P2P 网贷让中小型公司的融资途径大大增加，P2P 互联网投融资途径以其便利、方便、无需典当的优势取得广大小型公司的喜爱。

3. 加快“影子银行”商场化

P2P 借贷不仅对民间借贷商场产生影响，也将给传统的非银行金融组织带来非常大的影响。中国式的影子银行所包含的不仅有地下钱庄，还包含数量很多的非银行金融组织，比如信任、担保、小贷公司、典当行等。

P2P 网贷的展开能迫使“影子银行”放低门槛，进行全方位的、更加剧烈的竞争。一方面 P2P 网贷活跃与传统的担保、信任、小贷组织等需要协作，另一方面 P2P 网贷也会直接与典当、小贷公司等影子银行的商场进行竞争，最终体现在价格机制上的市场化，商场参加的“低门槛”、商品的透明性这些都将加快影子银行服务的市场化，并且推动金融体系的健康展开。

4. 推动征信体系的建造。

其一，对于国内的 P2P 途径来说，缺乏健全的征信体系数据，途径的线上数据又不足以作为告贷人信誉审阅的根据，同时，P2P 行业的不良借款记录无法上传征信系统，对借款人缺乏足够威慑，以至于 P2P 职业存在很高的坏帐风险。推动全国征信体系的建造已经变成了确保 P2P 职业健康展开不容忽视的问题。

其二，P2P 金融业务所搭建的平台在满足借贷双方资金需求的同时，也正堆集着越来越多的金融数据，从地域、资金规划、借款时限、还款方法、利率水平对等多个维度对中国居民和中小公司的需求信息进行搜集和堆集，还能够开发出中国居民和公司的危险承受能力、传统金融途径运作成功率、不同职业的出资收益率以及中国影子银行危险及规划等重要数据。

5. 立异金融业风控手法

P2P 网贷行业服务对象主要是个人，小微企业的贷款通常也是以小微企业主的个人名义进行，通常也没有抵押物。小额信贷由于单笔贷款数量较小，客观上要求单笔贷款风控成本以及时间成本较低才能保证收益。P2P 职业的危险操控技能通常是以自己信誉为根底，这种以信息数据为根底的量化风控模型和自动化的信贷办理体系，可以给金融业带来新的启示；而批量化、规划化、高功率地开展小额信贷的授信和风险办理，也将是将来小额信贷业务发展的必然趋势。

6. 推动金融监理念变革和监管方法立异

与传统金融业相比，虽然 P2P 职业的基数规划没有很大，但其年增长速度却超越 300%。伴随着 P2P 职业的急速扩大，监管缺位导致的信誉风险，以及担保杠杆过高致使的商场危险现已逐渐显现出来且饱尝质疑。

然而P2P网贷职业在民间本钱进入金融职业、结合金融资源以及协助小微公司发展等方面的确起到了推动作用。因此，监管部门面临这一新式事物，既要进行适度监管，同时又要给予其足够创新空间。在新的技能局势下，原有的监管手法难以满足新的需求，而且互联网金融的跨界经营方式，也要求各监管部门之间树立立异和谐机制。

四、P2P网贷风险防范

（一）P2P网络借贷平台存在的风险类型

风险具有不确定性，从大数据到风险评级，从小额分散到平台担保，从风险拨备到资金托管，P2P网络平台在运营过程会遭遇很多不同的风险，具体归纳起来可以分为以下几类：

1. 信用风险。

这是指客户或者交易对手违约或者信用等级下降给投资人带来损失进而危及自身经营的风险。

2. 操作风险。

由于流程设计不合理或者执行不严，没有完善的系统管理，员工违法或者违规操作带来的风险。

3. 法律或合规风险。

不遵守法律法规要求触碰政府对P2P网络借贷平台设定的红线，因而面临法律的制裁。

4. 流动性风险。

为追求短期做大交易量采取拆标等方式进行期限错配带来的风险。流动性风险的另外一种表现形式是平台操作单一借款额度较大的借款标，这些借款人只要出现违约就会对平台造成毁灭性的灾难。

5. 声誉风险。

P2P平台需要特别注重形成自身的良好形象，不维护诚信透明的健康形象同样会带来倒闭的风险，这一风险造成的事件在网上有很多报道。

（二）P2P网络借贷风险管理体系

风险管理能力是一个P2P网络借贷平台可持续发展和稳健经营的基础。风险控制得好，那么平台和投资人都会受益；控制的不好，投资人也可能面临血本无归甚至家破人亡的悲惨境地。所以，识别和管理经营过程中面临的各种风险是P2P平台经营者最重要的任务。

风险管理是一个过程，是由一个主体的董事会、管理层和其他人员共同参与实施，应用于P2P网络借贷平台经营战略制定并贯穿于平台经营管理的整个过程之中，旨在识别并管理可能会影响平台稳健运营的潜在事项，以使其在该平台的风险在可控范围之内，并为主体目标的实现提供合理保证。?

P2P网络借贷平台要想实现可持续经营与发展，建立完善的全面风险管理体系并有效实施，需要具备以下必不可少的要素：

1. 有效的风险管理组织架构，从公司治理层面确保风险管理的有效执行。

2. 完善的政策、制度和流程，确保每次操作都有章可循。

3. 科学有效的识别、计量、监测、对冲和控制风险的技术。

4. 先进的管理信息系统。

5. 全面的内部控制。

（三）那么 P2P 网贷平台怎样提高自身的风控能力

1. 完善风险管理组织架构，从公司治理层面确保风险管理的有效执行。

风控部门的独立管理是发展有效风险管理的最根本保障。在全面风险管理体系内，平台的最高风险管理机构是风险控制委员会，它主要负责平台的风险控制策略的制定和执行，直接对董事会负责，委员会下设风险管理部和合规部。

投资人在辨别一个平台具有的风控能力的时候，要考查的首先是这个平台的股权关系、组织结构，以及是否建立了完善的组织架构和独立的风控部门。无论是大数据、评分卡模型还是高大上的审核团队都只能在技术层面控制信用风险。一个平台要能从公司治理层面进行风险控制，风控部门要独立运作，执行全面风险管理。

2. 完善的政策、制度和流程，确保每次操作都有章可循。

只有完善的制度和标准化的操作流程，才可以确保平台的可持续经营。从贷前调查、授信执行到贷后管理，一个管理规范的平台都要有一套科学合理的信贷业务流程和健全的制度，确保平台的每一步操作都有规章可循，保留每一步骤的执行记录，方便查看。当业务开展过程中有逾期或者坏账现象出现时，合规部门可以追查每个流程中的执行人员是不是按公司规章制度执行，是否有有违规行为发生，平台制定的流程有没有漏洞存在。

3. 科学有效的识别、计量、监测、对冲和控制风险的技术。

解决信用风险的有效手段是风控技术。P2P 从借款业务层面上讲，更加关注于 3-100 万之间的小微企业经营性借款，这是银行、小贷和担保公司目前很难覆盖的领域。

在不同城市开展业务的机构设置风控小组，坚持对每笔业务实地调查、交叉检验。与此同时，风控专员利用自身的专业知识和调查过程掌握的信息为借款人编制现金流表、资产负债表和损益表。注重贷前的审核能力而不是贷后的催收能力的平台才是可持续发展的平台。

4. 先进的管理信息系统

为了达到控制经营过程中的操作风险的目的，除了要有制度保障，先进的信息管理系统也是不可或缺的管理手段。在贷前尽职调查、贷款审批和贷后管理阶段，借助先进系统能够让人员操作避免低效和失误。微贷需要规模化才可以让效益产生，实现规模化的重要前提是操作的信息化。

5. 制订全面的内部控制

制度的执行需要独立有效的监督，为了避免流程上的漏洞和杜绝平台员工在开展业务的过程中违背公司规章办事或者徇私舞弊，就应该建立内部控制制度。

第八章　O2O 渠道运营及品牌建设

第一节　O2O 渠道运营

一、O2O 运营模式

O2O 即（Online To Offline），也就是指把线下的商务机会与互联网结合，使互联网能够成为线下交易的前台，最早提出这样一个概念的是美国。O2O 的概念十分的广泛，只要在产业链里面，既能够涉及到线上，还可以涉及到线下，就都能够称之为 O2O。

O2O 营销模式又称离线商务模式，是指线上营销线上购买带动线下经营和线下消费。对于 O2O 商务模式的关键点是：在网上找到消费人员，然后再把他们拉到现实的商店里面去消费。从整体来看，如果能够把 O2O 模式运行好，那么就会达到一种“三赢”的效果，对本地商家来说，O2O 模式要求消费者网站支付，支付信息就会成为商家了解消费者购物信息的渠道，这样就能够方便商家对消费者购买数据的搜集，从而达成精准营销的目的，对于原有客户进行更好的维护，并且还能够拓展出新的客户。通过线上资源增加的顾客是不会给商家带来太大的成本的，于此相对的，反而会带来更多利润。

除此之外，O2O 模式在很大程度上降低了商家对店铺地理位置的依赖，对于某些商户来说还减少了租金方面的支出。对消费者而言，O2O 提供全面、丰富、及时的商家折扣信息，能够快捷筛选并且订购适宜的商品或服务，还能够获得更加实惠的价格。对服务提供商来说，O2O 模式能够带来非常大的一部分高黏度的消费者，从而可以带来更多的商家资源。获得大量的消费者数据资源，且本地化程度较高的垂直网站借助 O2O 模式，还可以为商家本身提供一些其他的增值服务。O2O 通过打折、提供信息、服务预订等方式，把线下商店的消息推送给互联网用户，从而将他们转换为自己的线下客户，这就特别适合必须到店消费的商品和服务，比如餐饮、健身、看电影和演出、美容美发等。

O2O 模式是全渠道模式中的一种零售（实体店与互联网结合）模式的体现。

二、O2O 商业模式让渠道自我变革

（一）O2O 商业模式使得销售渠道扁平化拓展顾客群体

现在很多的商家和企业都已经完全明白了在未来的营销格局之中将会有一番变动，尤其是现在国家不停地促进内需消费的大环境之下，或许在不久的将来，O2O 商业模式就会成为传统流通渠道的搞局者。渠道为王的说法在营销界里是一直都存在的，根源在于从商品生产出来以后，目标就成为通过各种各样的渠道都要到达消费用户群体手中，所以营销渠道建设成为了企业市场营销规划最为重要的一个环节。在传统市场上中由于非常大部分的生产厂家没有办法直接面对消费者，这就导致了那些渠道商牢牢地把握住他们所控制的销售市场的一举一动，这就导致了很多消费者所购买的产品，经过了层层分销，最终到达消费者手中的时候价钱已经涨了许多，翻了数番。

不过自从淘宝、京东等电子商务平台在国内逐步发展起来，很多厂家都开始组建自己的天猫团队了，直接生产商品后通过天猫店或者旗下电商平台出货，这样的商业模式使得分销层级变少了，许多厂家的销售渠道也已经慢慢朝着扁平型靠拢，并且尽量缩减分销渠道的层级，这样的结果自然就是让消费者能够享受到比以往都更为价廉物美的产品。也正是由于这样，造就了 O2O 商业模式的高速发展。

（二）O2O 商业模式让线下商家拓展顾客群体

虽然我们都很清楚“慕名而来”这个词，不过想要达到这样一种状态，就需要商家的产品或者服务能够有足够的吸引力，让购买过这个产品或者服务的消费者对其赞不绝口。然而想要达到有口皆碑的程度是非常不容易的一件事情，毕竟有非常多的商家都是素质很一般的。那么在现阶段商品质量差异化还不是非常明显的情况下，聪明的商家发现只依靠传统的坐销模式等着客人自己上门，已经完全没有办法满足他们对销售业绩的追求了，所以这些商家就开始利用网络营销手段来增加自己的客流量，比如说有的商家懂得利用微博、微信来增添粉丝，并且时常和粉丝进行互动，这样的做法使得自己成为了吃喝玩乐方面的专家，不时通过微博、微信等手段来介绍一些好玩过瘾的信息，这样就能够通过各种沟通方法，让消费者对其产生良好的印象，以此来发展顾客。

（三）O2O 商业模式能够促使生产厂家渠道扁平化

也许 B2C 和 O2O 的最大区别就在于，生产厂家使用 O2O 平台能够不需要自己建立电商团队，然后把所有的推广问题都交给了 O2O 平台来解决，厂家只负责生产和研发产品。这样做的好处就是能够让生产厂家节省网站运营方面的投入，专注于产品质量的提升。与此同时这样也能够使得生产厂家的渠道扁平化，毕竟通过 O2O 平台发布的产品价格一定是会比市面的零售价优惠一些的。当价格变得越来越透明的时候，那些传统的分销渠道就会变得很艰难，自从淘宝等这样的电商平台出现以后，事实上已经有部分传统渠道由于因价差的问题不得不自我进化，最为明显的就是数码行业，许多商家从传统的店面销售转型为电商平台，让原本在电脑卖场坐销的销售人员一下子变成了天猫的客服人员。由于这样的迫于电商压力而不得不自我变革的渠道分销商而言，因为市场价格已经变得非常透明的缘故，让他们也不得不成为电商体系的一部分，导致原本从他们那里进行分销的二、三级城市的批发商利润也会变得越来越低，于是总体渠道也慢慢变得越来越扁平化。非常多的传统商家是不太愿意投入资金来营造自己的电商团队的，相对来说他们更加希望让拥有网络营销经验的电商平台为自己服务，所以，O2O 平台的发展就此成为了这样一部分商家的最佳选择。只要是这些数量庞大的传统商家启动了 O2O 平台，那么一定会在价差方面影响下级渠道商的既得利益。所以，我们有理由相信，O2O 商业模式是能够促使生产厂家渠道扁平化的。

（四）O2O 商业模式将能够引发消费者的消费习惯改变

在未来 O2O 商业模式很有可能会造成消费者的消费习惯改变。就像是越来越多人摒弃 QQ 使用微信，很多人因为懒得开电脑转而开始喜欢玩手机，并不是说 QQ 和电脑要比微信和手机更差，这些只是由于身边越来越多的人使用微信和手机，这些人的行为导致了更多人不得不慢慢改变自己的习惯。同样道理，随着电子商务的逐步发展，以及支付手段的不断进步，让我们能够简洁方便地使用手机到处消费，只需要简单的按按屏幕，不只是能够实现打车、转账、团购还有淘宝等，这样一种便捷的生活模式让我们通过手机浏览商家信息，而且能够非常方便容易地搜索到自己想要购买的产品，然后通过其他消费者的点评分析，让我们能够加快购买产品的决心。

在这个手机消费越来越简单便捷的今天，冲动型消费越发的显著，这也逐步成为主导我们消费的一个重要因素，不得不承认的是，手机已经在不断地改变着我们的生活，O2O 商业模式在手机的应用比重也在不断地增加，也就是说，未来我们会有更多的冲动消费的机会存在，并且还有一点很重要的是，对于 O2O 来说，现在也只不过是发展的初期而已。也许在不久的未来几年或更长的时间之中，随着这种商业模式的逐步发展，消费数据的节节攀升，真的会在什么时候会有一家电商平台已经有了足够多的数据，并且能够进行消费者行为模式分析，然后利用分析出来的结果引导消费者进行消费。

O2O 商业模式，看起来只是传统商家的一种网络经销商行为，不过只要它能够顺利地发展下去，不只是可以让商品或者服务的价格变得透明，削弱传统分销渠道的既得利益，慢慢压缩他们的生存空间，还能够让销售终端拥有更多拓展消费者的机会，毕竟随着电商平台的逐步发展和前进，消费者冲动消费的机会也会变得越来越多。

从这里我们可以看出，O2O 这种商业模式是未来的电商趋势，毕竟它很有可能会成为流通渠道的搞局者，让生产厂家的渠道扁平化，让更多分销商不得不选择自我变革，让更多消费者越来越冲动消费。

第二节　O2O 时代品牌的建设趋势

一、O2O 的品牌体验店应该怎样创意体验

O2O 的品牌体验店的创意体验，需要注意以下几点：

1. 对顾客进行激励，使他们参与体验的创意，不只是围绕产品本身展开参与，还要让顾客融入到相关的文化元素之中。比如说耐克把鞋升级为了运动文化。美国有一家做户外用品的商店，在店里面搭建了一个模拟的野外活动的假山场景，并且根据场景的需求还放

置了一些真实的动物标本。并且在冲锋衣的体验区内，还有风雨室能够让顾客穿上冲锋衣进到模拟环境之中体验产品的性能。登山鞋的体验区配备有专门的教练，现场还能够教你怎样在模拟的山壁上登山。

2. 随着大数据时代的到来，使得体验店有了更加方便的营销价值。商家能够对于顾客的数据进行采集。在某个服装品牌的体验区之中，每一件衣服上就都黏贴上了一个二维码，并且在一些重要的区域设置了人像采集装置。当顾客观看或者试穿衣服的时候，相关装置就会自动启动，并且采集数据。用这样一种办法，后台的人员就能够对衣服进行一个分析，从而了解到哪款服装是最受到关注的，哪款服装的试穿率最高，哪款服装成交率最高，由此来指导后续产品的设计。这种对趋势的判断和把握，已经远远超过了在各大服装发布会上大师们的预言。

3. 充分利用互动装置，创造惊喜点。虎牌 T 恤把目光放在了试衣镜上，他们设计了一个魔镜，每当顾客试穿虎牌 T 恤的时候，屏幕上会突然出现衣服被泼上了墨水的效果，消费者在这样一个受惊吓之后，以外获得了一种惊喜的体验，这样的做法使得虎牌 T 恤的销量远远高于了同店的其他品牌。还有一个类似的事情，西班牙的一个服装店之中，也进行了互动装置的安装，每当顾客试穿衣服以后，就会出现帅哥或美女向试穿者求婚的场景。这样一个惊喜使得顾客的虚荣心获得了满足，最终也顺理成章地购买了服装。

4. 鼓励顾客参与到产品的设计之中，使得商家和顾客形成更强的品牌关系。爱定客利用网络展开了一次个性化的订制服务，这一服务深受追求个性的年轻人的欢迎。湿营销概念的提出者广州服饰密码公司也以设计众包的思维，鼓励顾客参与到设计之中来，这一策略的实施，使得它在同行业绩下滑的大背景下，意外地获得了成功，逆流而上获得佳绩。企业的品牌体验店能够充分借鉴网商同行的优点，在线下开展鞋服个性化设计、订做的服务，并且也因此升级为订做后的款式，一旦这样的设计获得了批量订购，该款式的设计者也会得到一定比例的版权奖励，这样就把体验店变成创业场了。另外，还能够升级为针对客户子女的生活技能实践课堂，让小孩子参与制作鞋服产品、参与熨烫还有整理衣服等的互动过程，来提升他们的生活技能。这样一系列的升级下来，品牌的体验店就成了维系与顾客关系的最强纽带了。

只要敢想敢做有创意，不管是过去的传统销售，还是如今的 O2O 模式，其商业的核心一直都没有发生改变，那就是发自内心的热爱品牌的消费者，让消费者开心，在乎消费者的感受。只有这样，才会让品牌体验店变得有温度。

二、O2O 中小餐饮品牌发展

随着互联网企业的逐渐兴起，以及其巨大的市场的挖掘，人们的需求和高消费档次不断提高，餐饮企业已经成为了互联网创业团队争抢的重要市场之一。与此同时，伴随着移动互联网的普及，其思想化、中心化趋势也逐渐地清晰，许多的餐饮企业和新式创业者，也开始勇敢地加入到网络之中，想要依靠 O2O 形式做餐饮，这时，互联网思想、系统化、标准化、粉丝形式、会员制、大数据等等词汇都吸引着一批又一批的新进人群。

对于餐饮业来说互联网的主要价值在于宣传推行、提高知名度。随着微信和微博的持续火爆，餐饮企业的焦点也从 PC 端慢慢地转移到了移动端上。

在中小餐饮企业做O2O的时候，首先是完全不需要背上太重的包袱，完全可以在前期的时候做一些简单的尝试，然后边做边学，从实践之中总结提炼出符合自身发展的O2O经验。针对于大的餐饮企业来说还是需要三思而后行的，根据企业的不同根基和条件，来选择餐饮O2O模式。

（一）餐饮行业电子商务O2O模式的优势

餐饮行业电子商务O2O具有以下优势：

1. 由于是线下体验服务，所以相对信任度更高，成交率也更高。

2. 对于连锁加盟型零售企业来说，能顺利解决线上线下渠道利益冲突，尤其是价格上的冲突问题。

3. 对于生活服务类行业来说，由于具有明确的区域性，消费者更精准，线上推广传播更有针对性。

4. 能将线下的服务优势更好发挥，具有体验营销的特色。

5. 通过网络能迅速掌控消费者的最新反馈，进行更个性化服务和获取高黏度重复消费。

6. 对于连锁加盟型企业来说，对于加盟商的管控会更方便和直接，能将品牌商、加盟商和消费者三者的关系更加紧密化。

正是由于O2O模式拥有以上诸多优势，使得O2O模式在餐饮行业发展迅猛，成为当今餐饮行业电子商务发展的主流。

（二）餐饮行业O2O的营销模式分类

本地生活服务O2O模式、团购类O2O模式、点评类O2O模式

1. 本地生活服务O2O模式。

本地生活服务O2O模式是以本地商家为依托的一种区域性的订餐平台，主要针对本地餐饮行业，支持在线订餐，送餐上门或到店消费享受优惠。本地生活服务O2O模式，对商家来说，不仅可以获得新用户，还可以借助网络平台进行宣传，且投入成本低，是一种非常经济有效的营销模式。这种成本低且灵活的O2O模式，很快便在本地餐饮生活中占据了一席之地。

2. 团购类O2O模式

团购类O2O模式指消费者借助互联网的“网聚人气”的作用来聚集资金，从而加大与商家的谈判能力，以求得最优的价格。正是这种简单实惠的购物模式得到了广大消费者的喜爱，但又因为简单易复制的原因，导致团购网站如雨后春笋般出现，而正在电子商务中寻求突破发展的餐饮行业也加入到了团购网站中。

目前，团购行业已经呈现美团、大众点评、百度糯米三足鼎立的竞争格局，且美团的市场份额超过二三名之和，团购行业再产生新巨头的可能性较小。我们认为，团购行业未来的机会在于去团购化后的本地生活服务领域，利用团购培育的庞大的本地客流实现多重生活服务包括电影、酒店、旅游、外卖等细分行业的变现。

3. 点评类O2O模式

点评类O2O模式是依托于已经构建成熟的本地生活信息及交易平台，采用第三方评论模式，消费者可以自由发表对商家的评论，好则誉之，差则贬之。消费者也可以向大家分享自己的消费心得，同时享受集体的智慧。这种独特的模式在传统的团购类O2O模式中一

枝独秀，逐步发展成为一种较为成熟的 O2O 模式。

典型实例：2003 年成立于上海的大众点评网。

（三）餐饮行业 O2O 的营销模式的发展趋势

1. 餐饮行业 O2O 的营销模式的难点

（1）O2O 模式要维护大量的本地商家，需要大量的线下地推团队，这在多城市扩展时会产生较大的管理成本和运营风险。

（2）相比实体物品，O2O 模式的商家服务更难实现标准化，也更难维护（如服务质量的评估和退换货），所以更需要建立完整的客服团队去处理相应的问题，这是 O2O 运营遇到的难点之一。

（3）O2O 模式获取用户的成本较高。O2O 的核心不是物流，而是客流。O2O 模式的服务只能产生在本地，需要 O2O 模式服务的提供者能在本地找到足够多的消费者，这决定了 O2O 模式需要更精准的用户。

（4）团购服务做优惠处理时，其服务品质很难不打折扣，这导致 O2O 与商家的沟通成本继续加大。

（5）O2O 模式目前最核心的价值是改变了用户获取服务的信息流，也就是媒体价值，O2O 服务的商家更关心的是实际推广效果，推广效果是否可以测度这将是本地商家网络效果营销的关键。而这又需要与商家形成闭环，需要商家对消费行为进行验证并返回信息给平台提供商，显然这点非常难。这也是大多数 O2O 创业者都选择团购和优惠作为切入点的原因。

（6）线上支付为一切电子商务的本质，是 O2O 模式的核心，在线支付是通过卖方与买方通过互联网上的电子商务网站进行交易。在餐饮行业的 O2O 模式中，通过网络订单的方式进行销售，或者通过网络宣传的方式赢得人气，并在互联网上获得凭证亦可进行线下体验，从而进行消费。通过网络代金券或者网上支付的方式，使得商家通过清晰的数据考察网站的贡献度，这是目前商家比较容易接受的一种合作方式。但是一部分本地生活服务类餐饮服务商自身实力有限，并不能完成很好的在线支付，于是实行线上下订单线下支付的方式进行，这种方案适合于实力并不雄厚的中小企业，不同规模与类型的互联网餐饮服务企业可以灵活的选择与之相适用的支付策略，以更好的服务消费者，为他们提供方便和优惠，从而获得三赢的局面。

2. 餐饮行业 O2O 的营销模式的趋势。

（1）在 O2O 模式之下，团购作为餐饮 O2O 的萌芽在过去五年经历了大浪淘沙式的轮回，消费形式从过去的每日一团、限时抢购、预约消费转变为大量团单并行、日常式销售、免提前预约，团购网站去团购化趋势明显，目前已经逐渐发展成为本地生活服务平台。

（2）外卖作为 O2O 领域的新热点不仅解决了消费者需要送餐上门的需求，同时给没有外卖服务的品牌餐厅带来的增量效益。目前，消费者订购外卖的习惯已经养成，外卖的配送服务品质随着代理和自建物流的完善而逐渐提升，特别是对于原来没有外卖服务的品牌餐厅，外卖 O2O 的出现极大的丰富了品牌餐厅的外卖市场，例如全聚德将与外卖平台合作推出烤鸭外卖服务，外卖 O2O 未来有望摆脱客单价低、顾客消费能力弱、依赖补贴等制约的瓶颈。

（3）外卖 O2O 对于餐饮行业的意义要比团购更大，因为它对消费者和餐厅都提供了价值上的增量。但其难点在于配送物流建设的巨大投入以及其经济上的可持续性，因为外卖配送的时间相对集中，物流配送在闲时如何发挥效益将成为关键，目前外卖平台开始尝试增加超市生鲜等配送服务来消化闲时的产能。

（3）对于团购网站而言，其核心竞争力在于线上客户的流量，通过提供大量的线下优惠团单来吸引顾客下单，最终形成 O2O 的入口。

（4）未来定位更多的还是线下餐厅在线上的营销平台。这是因为，团购对于餐饮行业的改造还停留在线上引流阶段，依靠商家的让利吸引顾客前来消费，本质上是建立了线上销售渠道，吸引来的顾客往往只消费一次，是否能形成重复消费还依赖于餐厅自身的品质。因此，团购 O2O 很难给传统餐饮行业带来经营增量，也难以给消费者提供除了折扣以外的价值增量。

（四）餐饮行业 O2O 的营销模式的展望

1. 目前，外卖 O2O 行业已经被饿了么、美团外卖、淘点点、百度外卖四家平台所占据，四家平台都背靠互联网巨头，外卖行业很难再涌现出新的平台型企业。外卖 O2O 未来的机会在于如何快速建立起高效的配送网络，并通过挖掘外卖以外的配送服务来实现盈亏平衡。

2. 线下的餐饮连锁将成为未来餐饮 O2O 争夺的主战场，但考虑到每家餐厅的品牌影响、创新意识、企业规模、团队水平、资金实力等情况不同，餐饮企业应该选择适合自身发展的互联网转型之路，做好以下工作：

（1）一方面应该做好本职工作，即提供优质的餐饮服务，塑造良好的口碑，

（2）另一方面应该利用好互联网实现开源节流，加强线上线下融合，同时提升运营管理的信息化水平。

3. 未来餐饮连锁 O2O 的机会在于利用互联网做到线上引流、塑造品牌和高效运营，最终实现餐饮企业的品牌化与规模化。

4. 传统餐饮企业在 O2O 的实践上拥有天然的优势，作为产品和服务最终的提供商，传统餐饮企业既可以享受团购、外卖等线上渠道的创新带来的客流与业绩增量，同时也可以利用互联网为顾客提供更好的服务体验。传统餐饮企业开展 O2O 要做好三个层次的工作：

（1）将团购、微信等平台作为线上的营销渠道；

（2）是将线上作为交易前端，通过外卖来提升餐厅营业额；

（3）是进行运营互联网化的升级，在食材采购、菜品制作、会员管理等方面进行精细化管理，提升整体经营能力。

第九章　企业间的电子商务

第一节　企业间电子商务的战略规划

一、电子商务战略的内涵

（一）电子商务战略概述

战略是策划和指导全局的策略。它强调以纵观全局的方法，分析内外环境、审视当前形势，在充分掌握自身优劣信息的基础上，作出并借以指导参与全局作战的方略。以电子商务为本体，借引战略思想，指导电子商务长远健康发展的策略指的正是电子商务战略。

电子商务是指在广泛的商业贸易活动中，在高效便捷的计算机和通信网络环境的帮助下，基于网络方式，买卖双方在保有时空差异性的基础上，实现网上交易、网上购物和在线电子支付的一种新型的商业运营模式。各种商务活动、交易活动、金融活动和相关的综合服务活动都被这种商务模式涉及了。整合电子商务发展经验则是电子商务战略，通过深刻分析产品、市场、核心业务及各种环境，制定并执行推进电子商务模式持续发展的方略。

近年来我国电子商务得到了快速了发展，我国电子商务战略的发展经历了从无到有、从简单到多元，以及从静态到动态的过程，并仍有巨大的发展空间和潜力。今天的社会正在进入第二代电子商务。不论是品牌产品供应商、实体零售商，还是电子零售商，在第二代电子商务的语境中，现在都必须把更多的注意力投入到以注重战略来获得竞争优势的道路上。

我国属于新兴市场国家，市场总体表现出机会多、发展多元化、发展速度快的特征。电子商务具有极大的潜力推动企业并将原有企业战略的束缚打破，从而让改进企业运作流程的步伐得到加快，在新的市场将更具新意和吸引力的竞争优势营造出来。电子商务战略应该以推动企业产品竞争力、管理能力、技术创新能力的提升为首要任务。

（二）制定和执行电子商务战略的关键问题

1. 产品分析。

产品品质是电子商务的核心对象，没有对产品品质的严格管控、对产品现状及预期的把握，就谈不上制定产品相关的战略。产品分析必须被精确纳入电子商务战略的制定流程中。这是因为，电子商务活动的进程速度是非常快的，信息的高速流动，结合物流、金融、银行等行业的高效常态运作，使得产品在市场上的流通力增加，包括产品品牌的建设和口碑的形成。这种超强的流通能力，为产品能在相对较短的时间内渗透到市场的细分角落提供了保证。如果对于产品的内涵和外延分析不准，则极有可能使得产品与市场的不恰切性通过超强的流通力，在整个市场蔓延，这对于一种产品成长来说，毫无疑问是毁灭性的打击。只有将产品分析放在战略高度，才可能为电子商务的快速发展提供保障。

2. 市场分析。

电子商务绝不只属于销售的范畴，而是源于市场对销售模式的拓展，对于市场本身的探寻就是发展。在现代企业的市场业务体系中，市场部门与销售部门所处于的地位是同样重要的。电子商务不仅仅将产品的生长范围拓宽了，还为产品的销售与更新换代提供了更加多样化的渠道。然而，电子商务也使得同一种商品面对竞争对手威胁的几率大大增加。

另一方面，网络环境中信息的同质性，增加商品之间的天然相似性。这些都将导致产品面临更为激烈，更具不确定性的市场竞争。只有将市场分析纳入战略发展目标，才可能为电子商务具体形式的发展指明道路。

3. 目标的契合度。

电子商务战略能否被科学合理地制定，并长期有效地执行，必须对其与战略目标的契合性予以深刻考量。目标契合是指电子商务战略要能体现推行电子商务的预期目标，同时有助于该目标体系的达成。把握这种契合度，关键又在于目标的明确和战略是否能与目标保持一致。企业采用电子商务的模式来充实和推广业务，借此提升企业业绩是其最终目的。在这里，“增长”是电子商务战略的终极目标。只有坚定地坚持并靠近这个目标，在反复试错中将战略推进的实际情况同目标结合起来，才能为电子商务战略的真正效益提供保障。当然，这里的目标不仅局限于企业利润，还包括制度完善、技术改进、设备更新、客户满意度提升、人才成长等多重内涵。坚持这些目标，也成为战略不可忽视的内容。

（三）电子商务战略优化

1. 注重围绕目标配置资源。

既然企业产品和市场增长点的探寻指的就是战略核心，那么企业的优势资源就有必要在激活增长点上集中起来。探寻企业增长点的意义在于，帮助企业找到可持续发展的主要力量。对于电子商务而言，就是要将财务、技术、流程、设备以及人力等资源在明确企业采用此种商业模式的目标的基础上整合式地投入电子商务之中。当资源被倾向性地配置到围绕目标的诸多环节中时，电子商务的顺利发展就有了资源和后盾。需要重点强调的是，在多大程度上企业对于电子商务本身的认知决定了优化电子商务战略资源的配置。如果企业的发展战略及经营特色与采取的电子商务模式目标契合，那么资源配置的力度会大一些。而如果企业并不需要电子商务，或者这种模式需要得比较少，那么资源是不会主动向这一领域流入的。

2. 突出核心业务。

每一个企业，都有它独特的、擅长的主营业务，企业的主导流程指的就是核心业务的

运作过程。应该结合企业的核心业务和主导流程来展开电子商务战略，其实施亦有多种力量的推动。电子商务的发展，企业开拓市场的需要是最大的驱动力量所在。就像哈默尔说的那样，核心能力是一组技能和技术的集合体，是将技能、资产和运作机制有机结合的企业自组织能力，是在竞争中具有主导作用的地位，也是企业在长期竞争中取胜的法宝。突出核心业务，优化电子商务战略制定实施，必须旨在使电子商务战略成为有价值且可替代性小的必然选择。

3. 紧密结合其他商务环节。

用户的体验是电子商务非常重视的问题。由于用户体验的内涵具有明显开放，涉及实用、便捷、有效等一系列的体验指标，那么想要让用户体验提升就应该在这些方面做文章。例如，引进更新电子技术。利用电子数据交换、电子资金转账、电子邮件以及 Internet 等主要技术在个人间、企业间和国家间进行无纸化的业务信息交换是电子商务主要包括的内容。所以，对开展电子商务所必须的基础设施和技术进行投入自不待言。例如，相对于传统商务而言，电子商务在商务管理、技术管理、服务管理等多方面，其规则和方式有更加严格、更加规范的要求，需要加以明确界定行业和企业内部标准体系。实际上，为现代企业管理所面临的重大课题还有标准化的问题。此外，还有一项实践问题较为重要，即电子商务平台前后端的一致性。前台面向消费者的界面虽然也非常的重要，但保障电子商务体系有效运行的可靠力量是后台的内部经营管理体系。

二、电子商务战略选择

在电子商务环境下，信息具有越来越开放的特点，企业获取各种信息的机会增加，竞争制胜的关键在于对信息的解读和处理以及根据这些做出的判断，战略的制定和实施。

（一）企业电子商务战略的分类

从不同企业自身独具的优势为出发点，企业可以对适合自己的电子商务战略进行选择，并且可以随时根据外部环境的变化与企业自身的发展调整与变更电子商务战略，真正地做到随需应变。总体而言，可以把企业电子商务战略归纳为以下几种类型：

1. 成本领先战略。

也可以用低成本战略来称呼成本领先战略，指的就是企业通过有效途径将成本降低，使企业的全部成本低于竞争对手的成本，甚至是在同行业中最低的成本，从而将竞争优势获取的一种战略。

（1）成本领先战略的类型。

根据企业获取成本优势的方法不一样，我们把成本领先战略概括为如下几种主要类型：

1）简化产品型成本领先战略；

2）改进设计型成本领先战略；

3）材料节约型成本领先战略；

4）人工费用降低型成本领先战略；

5）生产创新及自动化型成本领先战略。

电子商务可能带来的优势之一是成本的降低，毫无疑问实施电子商务的企业肯定有着实现成本领先的优势。如由于 Dell 公司采用了网上直销，在同行中其电脑拥有的价格优势是比较大的，从而在计算机制造和销售方面稳居全球前三位。实施成本领先的优胜者也有沃尔玛公司，通过全球采购网络和高效的配送体系，同行业龙头的位置一直被它占据着。

（2）成本领先战略的特点。

1）适合采用成本领先战略的产业主要有以下特点：

2）市场中有非常多的用户都对价格比较敏感；

3）实现产品差别化的途径较单一；

4）购买者不太在意品牌间的差别；

5）有大量讨价还价能力很强的购买者存在。

如果这些条件不符合的话，实施成本领先战略可能不会有明显的作用。实施成本领先战略可能会出现由于竞争者的加入而导致整个行业的利润水平被压低的风险，如我国的个人拍卖平台和第三方支付平台，大致上处于零收益的状态，购买者的兴趣可能会向价格以外的其他产品特征上转移。

2. 差异化战略。

差异化战略又可以称为产品差异化战略、别具一格战略，是通过向用户将与众不同的产品或服务提供出来，为用户创造价值。熟悉并掌握购买者的需求和偏好是采取差异化战略的前提。企业因为有效的差异化战略可以以更高的价格出售其产品，并能通过使用户高度依赖产品的差异化特征而得到用户的忠诚。但这并不是说企业可以将成本忽略，只是强调此时的战略目标而不是成本问题。

通常需要特殊类型的管理技能和组织结构企业才可以成功地实施差别化战略。例如，企业需要从总体上让某项经营业务的质量提高、树立产品形象、保持先进技术和建立完善的分销渠道；需要具有很强的研究开发和市场营销能力的管理人员。同时在组织结构上，有效的差别化战略需要具备良好的结构来对各个职能领域进行协调。

3. 专业化战略。

企业通过从事符合自身资源条件与能力的某一领域的生产经营业务来谋求其不断发展指的就是专业化战略。美国哈佛商学院教授迈克尔·波特指出：“专业化竞争战略指企业主攻某一特定市场，以求在局部市场上拥有竞争优势”。在选择专业化战略之前，企业必须对以下内容进行确认：

（1）在企业的目标市场上，没有其他竞争对手试图采用集中化战略。

（2）购买群体在需求上存在的差异。

（3）企业的目标市场在市场容量、成长速度、获利能力、竞争强度方面具有相对的吸引力。

（4）本企业拥有有限的资源，不可能无限制地扩大市场目标。

4. 多元化增长战略。

在现有业务领域基础之上增加新的产品或业务的经营战略指的就是多元化增长战略。根据现有业务领域和新业务领域之间的关联程度，可以把多元化战略分为两类，即相关多元化与非相关多元化。

（1）相关多元化，指的是虽然企业发展的业务具有新的特征，但它与企业的现有业务具有战略上的适应性，它们在销售渠道、市场营销、产品、技术、工艺等方面具有共同的

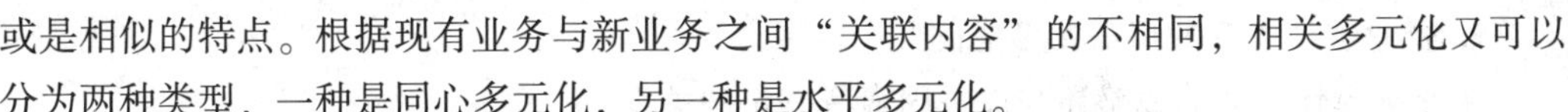

或是相似的特点。根据现有业务与新业务之间“关联内容”的不相同，相关多元化又可以分为两种类型，一种是同心多元化，另一种是水平多元化。

1）同心多元化，即企业在发展新产品、增加产品种类时利用原有的技术、特长、经验等，从同一圆心向外让业务经营范围得到扩大，例如汽车制造厂增加拖拉机生产。同心多元化的特点是原产品与新产品的基本用途区别很大，但技术关联性也比较强。用途不同但生产技术联系密切的两种产品（关键技术都是制冷技术）就是冰箱和空调。这一战略的具体例证可以参考海尔、春兰等企业的发展。

2）水平多元化，即企业利用现有市场，在发展新产品的时候采用不同的技术，增加产品的多样化，例如原来生产服装的企业又投资玩具项目。现有产品与新产品的基本用途不同就是水平多元化的特点，但存在较强的市场关联性，可以利用原来的分销渠道对新产品进行销售。娃哈哈创办之后就定位于儿童市场，以后企业的发展也一直围绕这一目标市场。某洗发水厂原来一直生产洗浴用品，现在又增加生产浴池等产品，也是对水平多元化战略的运用。

（2）非相关多元化，也称为集团多元化，即企业通过收购、兼并其他产业的业务，或者在其他产业投资，把业务领域向其他产业中渗透与拓展，新产品、新业务与企业的现有业务、技术、市场之间一点关系都没有。也就是说，企业既不以原有技术也不以现有市场为依托，向技术和市场完全不一样的产品或劳务项目发展。只有实力雄厚的大企业集团才会采用这一种经营战略。例如在20世纪80年代美国通用电气公司收购美国业主再保险公司和美国无线电公司，从而从单纯的工业生产产业进入金融服务业和电视广播产业。非相关多元化战略在我国很多企业现在也已经开始运用。例如，海尔集团除了生产电视、空调、冰箱等家电产品之外，在软件开发、医药生产等业务领域也有涉足。

这四种战略方式间不是相互矛盾的关系，或者可以说是相辅相成，互联互通，根据实际情况的变化，可以综合使用各用战略。一成不变的商务战略是不能帮助企业的电子商务持续发展下去的。我们在对企业电子商务战略分析或者制定时应当把它们看做一个整体，在整体的基础上有所选择、有所侧重。做到统筹兼顾、随需应变。

（二）企业电子商务战略的选择与应用

当企业对电子商务环境自身所面临的外部机会与威胁、内部优势与弱点有充分分析和掌握的情况下，并且了解了企业电子商务战略主要类型之后，最主要的工作就是选择适合的电子商务战略，并将其在实践中进行实施。

企业的电子商务战略可以分成本领先战略、差异化战略、专业化战略、多元化增长战略等多种类型。面对日益激烈和复杂的市场竞争与外部环境，与自身优势与特点相结合，企业应该如何正确选择和制订电子商务战略呢？

1. 企业制订商务战略的条件。

企业在制订商务战略时，首先应考虑以下三个方面的问题并给出答案：

（1）形成或加强企业的核心竞争力还是消弱企业的核心竞争力；

（2）是不是可以将竞争优势带给企业，这种优势能持续多久；

（3）实施该种战略的资源基础企业有没有。

假如在这三个问题的答案有一个是否定的，那么实施该战略就没有成熟的时机。

2. 企业选择商务战略需要考虑的几个因素。

企业选择什么样的战略还与以下因素有一定的关系：

第一，与所在地区的市场经济发达程度密切相关，市场越成熟，就存在越激烈的竞争，采取多元化战略会有更大的风险；市场经济发展初期，以采取成本领先战略为主，靠规模经济产生效益；市场经济发展成熟时期，应对采取差异化战略满足个性化需求进行考虑。

第二，与行业生命周期有关系，处于行业生命周期成长期的企业宜采取专业化战略；处于衰退期的企业应积极开展多元化经营；行业生命周期早期宜采取差异化战略；中后期则应采取成本领先战略。

第三，应对企业自身情况进行充分考虑，如企业原有业务的发展空间已经非常小，竞争过于激烈，那么，选择多元化经营就是适合的；企业有过剩的资源可考虑多元化经营战略；如果企业自身资源不是太充足，就应采取或保持专业化战略；原有资源可迁移程度高，多元化经营方式可以予以考虑；一般情况下差异化战略对中小企业来说比较适合，占领市场空隙；成本领先战略是大企业通常采用的，其目标就是取得市场控制地位。

总之，无论选择哪一种战略，都要根据实际情况随机应变，不能死板。无论是成本领先战略还是差异化战略，多元化战略还是专业化战略，国内外成功或失败的范例都不少，电子商务战略的选择最关键的就是企业要根据自身条件，扬长避短，选择与自身最合适的，就是最好的方法。

三、企业间电子商务战略规划过程

网络时代彻底改变了人们的生活方式，如今，人们可以在网上进行各种活动，慢慢形成现在具有大众化特点的网民。企业开展电子商务活动会因为网民的网络消费心理、动机和行动带来机遇。作为一直从事传统方式经营的企业要根据市场环境和企业发展的需要进行逐步演进。如今，按应用水平及商务与电子的融合程度可以将电子商务分三个层次或三个阶段：

第一阶段是，初级电子商务或商务初级电子化、网络化：

初步开展电子商务，主要让信息流的网络化得到实现，即进行网上发布产品信息，网上收集客户信息，网上营销，网上签约洽谈，实现网络营销等非支付型电子商务。实现初级经营服务信息化。

第二阶段是，中级电子商务或商务中级网络化和电子化：

实现信息流与资金流的网络化即实现网上交易、网上支付，实现支付型电子商务，以供应链管理与客户管理为基础，形成中级经营服务的信息化。

第三阶段是，高级电子商务或商务高级电子化、智能化、网络化：

开展协同电子商务，全面实现信息流、资金流、物流等三流的网络化；实现支付型电子商务与现代物流，网上订货与企业内部 ERP、SCM、CRM、BI 结合，及时精良生产，实现零库存。协同商务强调从产品的设计研发、生产制造、产品销售交货、物流配送、售后服务、甚至是最后的成效评估等，都通过网络与电子商务平台进行操作，使供应链上下游企业各方可以达到同步作业的水平。

我国的电子商务发展较晚，基础比较薄弱，目前，大部分国内电子商务都处于初级电

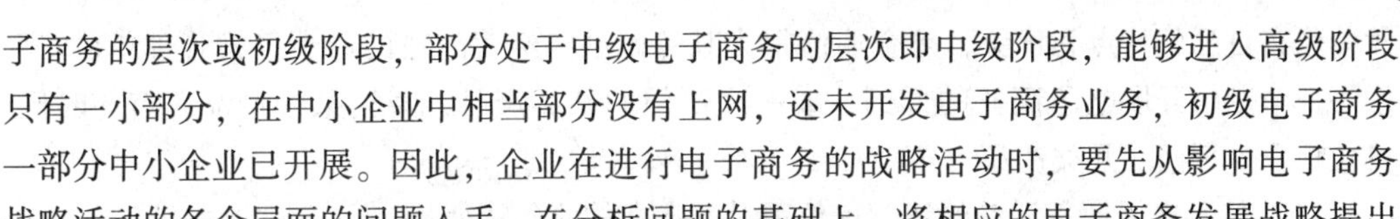

子商务的层次或初级阶段，部分处于中级电子商务的层次即中级阶段，能够进入高级阶段只有一小部分，在中小企业中相当部分没有上网，还未开发电子商务业务，初级电子商务一部分中小企业已开展。因此，企业在进行电子商务的战略活动时，要先从影响电子商务战略活动的各个层面的问题入手，在分析问题的基础上，将相应的电子商务发展战略提出来。并分别对各种不同的战略加以实施规划。

（一）评估影响电商战略的各个层面的问题

对于影响企业开展电子商务战略规划活动的一些问题，关于问题的主次我们要自己进行分析和确定。通常确定问题经由三种基本的信息来源：

对企业外部网络环境的变化趋势和内部网络能力和条件的演变趋势以及经济效益的发展趋势进行分析。

1. 对于开展电子商务的企业，需要了解当前网上消费的市场态势、行业发展情况，信息技术的发展状况以及对人们工作和生活的影响状况；

2. 了解目前企业自身能否开展电子商务，包括是否具有资金和技术投资；

3. 知道投入的回报情况，在对经济效益情况熟悉的情况下，进行投资选择。

在确定问题之后，就要评估问题的重要性：将战略问题整理、分类，依据轻重缓急加以排序。是市场、行业不够成熟，供应链上下游企业以及物流不能同步协调作业，还是信息技术不够安全，还是自己的资金和网络监管、内部信息化建设赶不上，这些都要按主次先后进行划分。然后要从各个问题的过去、现在和将来等多个方面入手，对问题的发展趋势进行分析，对信息技术安全和监管体制是否完善、行业规范是否完备、企业传统市场领域是否饱和等较大的问题进行全面、综合地描述。现在的电子商务仅仅是为了市场宣传和网络消费文化价值观念的培育，将来会注重依靠电子商务进行整个供应链的优化组合。对有助于做出判断的数据针对性更强地进行收集，对各个层面的问题以及它们对企业战略的影响进行研究，对战略问题系统、深入地掌握；从相关利益群体的角度出发，对战略问题从正反两面将假设提出来，评定假设的重要性和可靠程度，对最为重要可信度高的假设上投放更多的注意力，给制订战略提供有价值的参考。提出与问题相关的电子商务发展战略，并形成发展战略计划和行动方案，以便让企业的效益得到增进。

（二）规划总体战略

1. 认识和界定企业使命，把电子商务经营的目的和范围确定下来，是否服从企业使命的要求。反映企业的目的、特征和性质是企业使命。明确企业使命，就是明白企业的经营目标是什么、如何实现这个目标，进行思考和解答；历史和文化、所有者和管理者的意图、市场和环境的变化、资源条件、核心能力和优势都是界定企业使命的参考因素。要进行电子商务的企业，根据企业的具体情况所拥有的使命也可以是不一样的。企业的所有者和管理者根本目标是为了获得最大的市场占有率或最大的股东利益或经营价值的最大化，则企业必然是为了这些目的才开展电子商务活动。假如企业的着眼处单单是提高顾客的满意度，则电子商务活动当然也是为了提升顾客服务让顾客满意度增加。同时，确定企业的市场和资源变化情况，以促进和保障电商活动目标的达成。

2. 区分战略经营单位。进行电子商务的企业，要了解到开展电子商务活动的那部分产品组合，对各个产品之间的相互关系进行确定，以让电子商务更好的开展。因为，战略经营单位有自己的特点和优势，是企业值得为其专门制定经营战略的最小经营管理单位。可采用一个专门开展电子商务的部门，或一个部门的某类产品，甚至某种产品；有的时候，可包括几个部门、几类产品。

（1）从事电子商务活动的经营单位都具有自身的业务特征：

1）他们有自己的网上业务；

2）有共同的适宜网上销售产品的性质和要求；

3）有相应的管理班子从事经营战略的管理工作；

4）掌握一定的网上技术资源和顾客资源，能够相对独立或有区别地开展业务活动；

5）有竞争对手。

（2）企业电子商务的这个经营单位，可以采用独立的事业部式的组织结构，也可以增加一个电子商务运营部门，确定这个可以根据市场的发展和该事业单位的发展情况来进行。

1）单位经营的可以是对新产品进行开发设计；

2）可以是传统市场的成熟产品或成长产品；

3）也可以是全部的产品线和产品类型。

（3）提升产品的生命周期可以作为该战略经营单位的主线，同时在类别和分销上具有同一类型的顾客群体也可以是主线。

3. 基于两种模式对电子商务的业务进行投资组合规划：一是基于市场增长率/市场占有率矩阵的波士顿咨询公司模式；一种是基于市场吸引力/竞争能力的 GE 通用公司模式。

通过波士顿咨询公司的方法分析，要从两个方面进行：

（1）其一是知道企业的强项业务与弱项业务，各项业务是否饱和，是否有开展电子商务交易的投资发展的潜在需求以及电子商务该年的市场交易量、本企业所经营行业的交易量及其发展趋势是怎样的，强项业务是否使企业有资金去拓展网络市场以及当前网络文化消费的价值趋向。

（2）其二，通过 GE 通用公司的方法分析，可认识网上市场对本企业是否有足够的吸引力，例如，网上市场的顾客群体大小，本企业所在行业有多大的市场范围，市场规模增长的幅度有多大，效益水平如何，竞争程度如何等。

（3）同时，还从企业自身的网上发展能力入手，看企业是否有足够的竞争能力，本企业的产品是否能受网上消费顾客的喜欢，是否有网上销售的能力，要想保证网上销售和促进销售活动的开展企业是否有足够的资金和技术实力。

4. 通过网络开展电子商务，是促进企业发展的一种战略选择。具体的成长战略不仅仅可以是市场方面的也可以是产品方面。

（1）如果是市场方面的，就是市场深入、市场开发。

开展网上销售活动，促使现有顾客通过更多渠道方便购买，增加购买次数、数量，增加购买的忠诚性；还能对竞争者在网络上进行消费的顾客进行争取，吸引新顾客，从而让市场占有率得到增加；在网络市场内对新的细分市场进行寻找，比如原以企事业单位为主要客户，在网络市场上开始以家庭和个人消费为主。

（2）在产品方面，就是采用产品开发的方式成长。

在网络市场将新的产品或改进的产品提供出来，让网络市场上的不同需求或变化了的

需求得到满足。以满足网络市场里的消费群体不同的消费需求。

（三）规划电子商务活动的经营战略

1. 分析电子商务活动的经营任务。

明确任务是经营战略规划的开始，战略经营单位业务和发展方向是由经营任务规定的。需要各个战略经营单位的共同努力来实现总体战略，因此明确经营任务首先要对总体战略的要求进行考虑。比如：在新经济时代本企业要抓住机遇，获得市场发展和经济效益的提高。网上经营的产品具有拓展市场范围，让更多需求得到满足。所以，有效地利用新的资源在总体规划的要求下，发展和增强企业整体的获取收益能力是网上电子商务活动的经营任务。

2. 对开展电子商务的战略环境进行分析研究。

网络环境是开展电子商务的基础。因此，对电子商务环境的分析和判断企业必须要做好，以便趋利避害。环境的内容包括：

（1）宏观的环境。

宏观的电子商务环境包括，网络交易市场的现在规模、发展趋势和市场前景、网上交易技术的完善。

（2）微观的环境。

微观的电子商务环境包括，顾客特点、竞争者和竞争结构。

（3）内部环境。

包括判断企业内部的资源储备，使内部根据外部环境进行适应性的经营战略和组织战略调整。

3. 对企业开展电子商务的战略条件进行分析。

首先，企业要明确利用网上机会所需要的内部能力及其构成，对企业现有能力的现状进行分析，在开展网上销售活动的时候是否能投入资源。

其次，进行战略评价和制定措施：在对优势和弱势制定之后，企业根据提供的现有能力与所需要开展电子商务的能力数据，可在绩效/重要性矩阵中找到相应的位置，将不足之处总结出来。

同时，根据所需要能力的要求分别采取措施，让现状得到积极改善。如果现有能力高，开展电子商务也需要比较高的能力，则保持高绩效；现有的能力低，开展电子商务所需的能力高，则这方面的能力要倾注全力去注重。对于开展网上销售活动的企业，用好网上的机会，发展企业才是关键所在。企业从事网上销售活动的本来目的不是开发信息技术和安全交易技术。这方面的能力低，是不能避免的。在必要时，可采取网上技术外包，这也是很有效的做法。假如企业在促进销售和产品品牌方面具有很强的实力，这方面的活动就应该着重进行。

4. 企业开展电子商务的战略目标选择。

开展电子商务的企业通过对战略环境和条件进行分析以后，通过了解网络交易市场的机会、威胁和自己的优势、弱点以后，企业经营的业务和发展方向应当转化为特定的经营目标。要以具体的目标为依据来制定和实施经营单位的战略计划。制定目标要注意：

（1）要有层次性，分清主次关系、知道轻重缓急，并明确前后因果，例如想要获得电子商务活动的成功并不是容易的事，企业的目标在于获得快速的市场业绩还是想获得逐步稳定的发展和最大的利润率；

（2）企业销售业绩的好坏，是由于企业产品还是顾客对网上交易诚信的顾及，还是对企业外包活动的不满意如配送环节；获得经济效益是开展电子商务活动的企业所注重的还是社会效益等；

（3）同时，要注意目标之间要协调一致，以免发生冲突。比如要通过注重诚信建立获取长期发展，而不是矛盾的心态；

（4）要明确化目标，如年前实现电子商务交易收益增长15%或增加会员20%或增加顾客回应10%或顾客光顾频繁增加20%等。

5. 根据研究结果，确立电子商务活动的竞争战略。

（1）可采取成本领先战略，它指的就是一个企业以力争使其总成本降到行业最低水平，作为战胜竞争者的基本前提。争取最大的市场份额，使单位产品成本最低，从而以较低售价获得竞争优势就是采用这种战略的核心所在。

实现成本领先的目标，要求电子商务企业具有：通畅的融资渠道、工艺精简、产品分销成本低以及高效的工作和管理等；

（2）可采取集中化战略：把目标放在某个特定的、相对狭小的领域内，在局部市场争取成本领先或差异化，建立优势。一般适用于适应快速市场变动、能满足个性化需求的中小企业。

（3）也可以采取差异化战略：实施这种战略的竞争优势，主要依托于产品及其设计、工艺、品牌、特征、款式和服务等方面，与竞争者相比有专属于自己的独特之处。

通过在电子商务中企业可以获得的渠道成本减少的优势、开展促进销售和广告活动的成本降低的优势、高效的现代化配送环节、减少工资成本的优势等实施成本领先战略，电子商务的成功通过成本的竞争优势来获取。

在新产品的设计、工艺、特征、款式和服务等方面，企业还可以争取获得差异化的竞争优势。假如企业能力有限或企业经营的范围窄或企业在某几个产品上有电子商务的优势或产品适用有比较小的范围等，可以在局部市场争取成本领先或差异化战略，将竞争优势建立起来。比如，现在网上销售的解酒药和其他高科技产品。

6. 最后，开展电子商务活动的企业要制定出战略规划。

规划经营战略的最后一步，是依据实现目标的战略，让一个执行战略的具体计划形成，对经营战略的贯彻、实施进行保证和支持，例如：一个电子商务企业的经营单位想要用像团购这样的差别化战略指导经营，就要根据这一战略的特殊要求，对相应的措施进行考虑和采取。因为团购和我们习惯的个体消费和组织消费是不相同的，与网上贸易活动更不一样。团购的具体要求企业要规划好。进行团购的组织、管理、实施以及购后的评价，让大众团体的网络口碑营销发挥出良好的效果。

四、电子商务时代企业的外部机会与威胁

在电子商务发达的环境下，企业可在全世界范围内进行物料采购，与供应商建立更加紧密的联系。企业可以将各种信息及时的发布给客户，客户反馈回来的信息也可以在第一

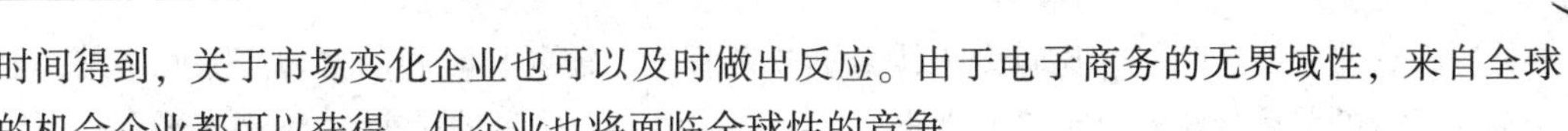

时间得到，关于市场变化企业也可以及时做出反应。由于电子商务的无界域性，来自全球的机会企业都可以获得，但企业也将面临全球性的竞争。

1. 电子商务时代企业的外部机会。

（1）促进全球经济的稳步增长。

目前全球经济处于一个相对稳定增长的时期，随着经济的增长，人们的生活水平持续提高，收入水平和可支配收入持续增加，促进了中产阶层的壮大。经济的发展为企业网络扩张和企业级电子商务的发展提供了无数的机遇。

（2）网络普及与信息技术迅猛发展。

随着科技的发展，生产效率的提高，计算机等设备价格大大降低。在竞争引入到通讯行业以后，大众已经接受网络接入费用，移动通信用户数量达到的高度也是前所未有的。在人们生活中网络已表现得无处不在。

由于网络的普及与信息技术迅猛发展而为企业全面开展电子商务提供了必要的技术支持与基础环境，利益相关企业信息化程度的不断提高也给电子商务交互经营方式的形成创造了条件。

（3）电子商务交易额迅速增长。

电子交易作为电子商务的主流经营方式之一正在迎来其发展的春天。2016 年我国电子商务交易额突破 26 万亿元。电子商务已经成为我国社会经济的重要组成部分。同时，在应对全球性金融危机的过程中，电子商务已经将自身低成本、高效率、开放性的特点突显出来了，不但交易成本大大降低，也将更多的贸易机会为企业创造出来了。快速性、稳定性和持久性都是其交易额增长所具有的特点。

（4）政府积极推动。

政府开始加强引导和规范，大力支持企业开展电子商务，扶持电子商务企业。同时，加强电子商务外部环境建设，电子商务发展的法律、制度环境日益完善。

（5）相关各方观念更新。

随着经济、科技和社会的发展，人们的工作、生活方式发生了很大变化，白领阶层更习惯于坐在咖啡厅而非在街上闲逛，他们喜欢在网上采购物品，在网上交纳各种费用，大学生们对这些新的生活方式更是热衷，公务员们由于办公场所普遍上网，大部分都能接受电子商务体验。

2. 在电子商务时代，企业面临的外部威胁。

（1）电子商务活动的安全性不足。

影响企业电子商务发展的主要因素仍然是电子商务的安全问题。由于 Internet 的迅速流行，电子商务引起了广泛的注意，被公认为是未来 IT 业最有发展潜力的新的增长点。可是，在开放的网络上对交易进行处理，电子商务能否普及的最重要的因素之一就是如何保证传输数据的安全。有一部分人或企业因担心安全问题而不愿使用电子商务，在电子商务发展的过程中，安全性问题已成为最大的障碍。

（2）不规范的电子商务的管理体系。

世界电子商务的多姿多彩而出现了全新的商务规则和方式，这更加要求在管理上要做到规范，商务管理、技术管理、服务管理等多方面都应该是这个管理概念所包含的，因此要同时在这些方面达到一个比较令人满意的规范程度，需要长时间的努力。除此之外，电子商务平台的前后端相一致也是非常重要的。直接面向消费者的是前台的Web平台，同时它也是电子商务的门面，而完成电子商务的必备条件就是后台的内部经营管理体系，它和前台所承接的业务最终能不能得到很好的实现有一定的关系。一个完善的后台系统更能将一个电子商务公司的综合实力体现出来，因为它将最终决定将什么样的服务提供给客户，决定电子商务的管理是不是有效，决定电子商务公司最终能不能获得丰厚利润。

（3）尚未建立健全的标准法律。

电子商务的交易方式和手段由于各国的国情不同也有着明显的不同之处，而且我们面对的是无国界、全球性的贸易活动，因此需要在电子商务交易活动中将相关的、统一的国际性标准建立起来，以让电子商务活动的互操作问题得到解决。目前中国电子商务的问题是概念不清，界限模糊，呈现一种离散、无序、局部的状态，这样相同或相似的问题也是其他各国同样面对到的。

（4）网络自身局限性。

互联网本身具有一定的局限性，导致信息失真的问题层出不穷，想要控制信息传播速度是非常困难的，全球覆盖率不平衡，这些也将为电子商务环境下企业的发展带来一定的威胁。例如：由于网络覆盖面有限，选择电子商务可能会错失某些重要的机遇；信息扩散迅速，一旦出现对企业不利的信息，在网上可能会被无限传递并放大，给企业带来的后果将会是灾难性的。

第二节　企业间电子商务的战略分析

一、企业电子商务战略实施的因素

企业电子商务战略实施受到七个主要因素的影响，它们构成了一个函数关系，可以将这七个因素归纳为两大类，一类是四个定位因素：技术、服务、市场、品牌；另一类是三个纽带因素：领导地位、基础设施、企业学习。

（一）影响企业电子商务战略实施的定位因素

1. 技术因素。

对技术的采用与评估是实施电子商务战略的基础。实施电子商务战略的重要组成部分就是技术，采用技术领先战略可以使企业通过新技术来赢得竞争优势，很多企业通过电子商务技术来取得领先地位。成功的电子商务战略应以技术作为企业发展的重要推动力，可以这样说电子商务战略的第一重要因素就是技术，但保证技术与品牌、市场、服务的协调关系，才能让电子商务的作用得到更有效的发挥。

目前计算机技术的发展越来越快，计算机技术的发展成果越来越惊人，这不但让成本不断降低，同时功能也显著增强，因此有必要评估技术的现状。如果技术发展的步伐跟不上，电子商务的时效性和竞争优势很容易就会丧失。

2. 服务因素。

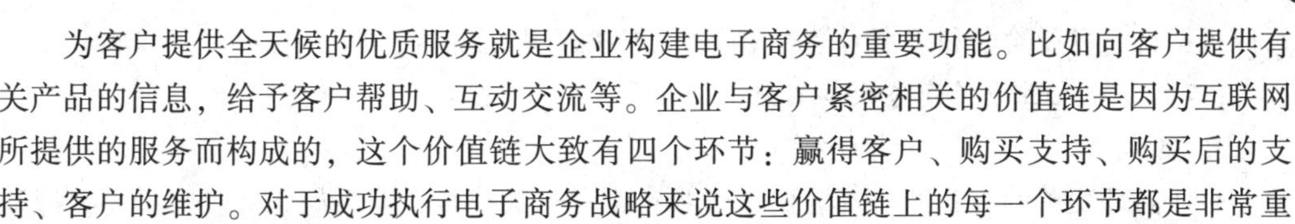

为客户提供全天候的优质服务就是企业构建电子商务的重要功能。比如向客户提供有关产品的信息，给予客户帮助、互动交流等。企业与客户紧密相关的价值链是因为互联网所提供的服务而构成的，这个价值链大致有四个环节：赢得客户、购买支持、购买后的支持、客户的维护。对于成功执行电子商务战略来说这些价值链上的每一个环节都是非常重要的。同时通过对各个界面的执行及其链接，企业可以对自身存在的优势进行挖掘，从而有针对性地改进原有的战略。

分析客户对新的服务水平的期望，是实施电子商务战略的企业首先要做的。要做到这一点，有效的途径之一就是进行在线调查。从为顾客创造价值的角度考虑，客户在成本费用、服务水准预期和信息基础型服务方面新的价值取向企业要能够洞察。这就要求企业在实施过程中对其服务价值链不断评估，比如怎样赢得客户、怎样通过新型媒体发展客户关系、怎样更好地让顾客的需求得到满足、在采购过程中如何通过履行订单对客户给予支持等问题。

3. 市场因素。

许多跨国企业的重要战略项目就是通过互联网这个渠道来获得市场领导地位。将服务、技术及品牌战略于一体的战略应用于有开发潜力的消费者就是互联网市场领导战略立足点。实施电子商务战略的企业对电子商务和技术对市场意味着什么必须要清楚。在市场上，企业将要面对的是品牌和关系管理的竞争，并且这种竞争有着越来越激烈的特征。假如把有关市场和客户的信息进行统一管理、共享、并进行有效分析，就能为企业内部的销售、营销、客户服务等的提供支持。随着企业电子商务战略的实施，其原有目标市场可能发生转移，企业自己的核心市场也可能会发生转移。客户关系因为这些变化都有可能会受到影响，因此企业在实施电子商务战略的过程中对在互联网的影响下细分市场的发展变化现状及趋势必须洞察，并判断企业自身是否具备按市场需求的变化进行调整的能力。

4. 品牌因素。

电子商务不单是一种简单的营销渠道和方法，它对企业的品牌管理同样具有非常重要的促进作用。品牌管理不只是营销管理的组成部分，对企业战略来说它也是重要的组成部分。品牌管理指的不仅仅是营销、广告、传播，而是由内而外的企业力量的传递，企业的内外行动因素它都包含着，是协调与平衡企业自身发展战略与看法、具体做法和客户看法的管理工具和商业系统，能帮助企业定位落实、控制、持续、平衡与发展。所以，应从战略的高度来重视品牌的作用。品牌的战略地位及其管理过程说明了品牌管理越来越不能离开互联网的支持。

随着互联网的普及，一种新的全球品牌，即电子品牌诞生了。众所周知，电子商务将影响、改变、强化企业的整体品牌。互联网正成为一种企业与客户交流的新渠道，对企业进行新的品牌定位、强化现有品牌或对现有品牌重新定位方面产生的影响必然是深刻的。

成功的电子商务战略是基于技术、服务、市场这三个因素之上的。但是，这三者中的任何一个或几个都不能单独对成功作出保证，因为强调一个或几个因素而忽视其他因素，品牌的维护和发展都会受到损害。一个企业总体战略的中心环节就是该企业品牌和它的品牌战略。制定成功的电子商务战略的关键因素就是企业构建一个平衡的品牌战略。以品牌战略为标准划分，大致有四种：品牌创立、品牌加强、品牌跟随、品牌调整。每个企业都可以根据自身发展阶段和技术力量对相应的品牌战略进行确定。

（二）影响企业电子商务战略实施的纽带因素

1. 领导因素。

企业内部变革的主要推动力量和战略的构建者一般都是企业高层领导。电子商务战略的实施与领导的参与和支持是分不开的，并对领导者提出了具备长远眼光的要求。在电子商务的概念基础上 IBM 的路易斯·郭士纳对其企业重新定位，进行改造；福特公司的雅各·纳赛尔将电子商务作为一个有机部分融入福特公司的战略。

实施电子商务战略企业的领导者或 CIO 所面临的传统挑战就是对原有系统的维护费用和风险不断增长、吸收和推广复杂的新技术、提高 IT 用户的满意度、提高 IT 部门反应的灵敏度、保留和激励员工、防止员工过劳和降低费用。如今，CIO 还要去加速新的电子商务战略的引入，在公司中承担着推进变革的责任，以推动新技术的应用对公司的未来战略方向产生影响。由于客户、合作伙伴和供应商之间的业务关系需要有效整合，电子商务面临的挑战将会更多。尽管传统 IT 系统通常是企业内部应用、并可借助命令对新系统和流程的实施提供保证，然而，外部的组织机构却在电子商务中包含了，要使此类机构采用新系统，不能采用强制的方式，只能劝说。所以，CIO 在客户和供应商面前扮演的角色必须是销售人员和传播者。以往许多 IT 部门的机制为了适应科技的变革和业务的压力都是随意发展起来的。当企业将大量的资源投入到电子商务上时，IT 部门需要开发一个更为正规的、能够更明白解释 IT 运营远景的管理结构，明确 IT 的目标、运营方式、不同合作伙伴的角色和职责以及评测方式。这些职能作用的发挥都需要领导者的参与。

对领导者来说，在实施电子商务战略时，要对新技术具有一种开阔的视野和灵活的思维，也不能与超越现有技术水平的新技术相分离，要鼓励团队开拓创造性思维。

2. 基础设施因素。

在企业确定发展电子商务的目标后，那么硬件设施的问题就成为了管理者和负责开发互联网项目的技术人员面临的最重要的一个问题。对硬件设施的安排上，需要在以下几个层次上展开：战略层次、企业层次、实物层次。在战略层次上，确定未来技术对市场与企业的影响是非常重要的一点。以把未来企业规则的主动性与新技术的挑战结合起来为目标。把工作实践、工艺流程及企业的结构与积极有效贯彻战略目标结合起来就是企业层次的挑战。而通过实物层次即电脑化环境中的软硬件与电信基础设施结合起来则是实施战略目标。

3. 企业学习因素。

企业能力对一项电子商务解决方案的构建、理解和应用起着关键性的作用。而企业能力依赖于组织的积累性学习，而不是通过相应的要素市场买卖获得。企业能力具有强烈的惯性是由企业能力自身的特征决定的。为了成功实施电子商务战略，并获得持续的竞争优势，企业必须具有动态能力，而企业内部学识、吸收性学识或引进性学识有机结合的产物就是动态能力。

在电子商务战略的构建、实施、控制过程中，不可避免会遭受很多问题的困扰，要克服这些问题，只有在不断的学习和思考中，才能逐渐地将问题一一解决。在解决企业学习这个重要因素时，要考虑以下三个内容：

（1）将一种有利于激励员工去学习的环境构建出来；

（2）把握企业学习的重点。这些重点应该能对推动企业的整体战略提供帮助，或者说受企业整体的各个战略目标的驱动；

（3）企业的学习要对创造一种能随环境变化而变革的氛围有利。缺乏变革的环境，企业自然受制于能力惯性而丧失活力。

（三）企业电子商务战略的实施

总之，要在实施电子商务战略中取得成功，必须处理好以下几个关键问题：

1. 业领导层的重视与支持；
2. 制定战略要强调技术、品牌、市场与服务；
3. 构建能够实现战略目标的硬件设施；
4. 培养企业的学习动力，并通过学习促进企业动态能力的构建；
5. 通过战略为客户增加价值，并能随客户需求的变化而调整。

二、确定企业实施电子商务战略的方式与计划

企业的电子商务战略还包括其实施的计划、方式、切入点、步骤和进度等，需要重点分析的问题包括以下方面。

（一）企业电子商务的实施方式

具体到实施阶段，要考虑企业的业务是适合直接采用纯的电子商务，还是适合用传统途径和电子商务相结合，是企业自行开发电子商务应用平台，还是采用外包的形式；是企业自己管理和维护网站的运行，还是寻求互联网服务商提供的电子商务网站主机托管服务；是立即建立一个大而全的网站，还是随业务增长逐步扩展等问题。针对上述问题，企业电子商务的实施方式可分为自主方式、合作方式、外包方式、委托方式和租用方式等，企业在进行选择的时候需要对自身的情况进行充分分析。

（二）确定实施进度与计划

在实施方式明确之后就可以制定电子商务的实施计划。在对实施进度进行分析确定时，企业的既有资源是应该考虑到的。实施计划中还要对大致的时间长短进行考虑，比如工作计划是一年的还是半年，是一个月的还是三个月的。有了目标和实际操作，最后就要确定人员的工作安排，确定好了人员的工作安排，企业就知道完成该项工作的人具体有多少，进而以最少的人力和最快的速度完成计划。让既有资源得到合理的分配，安排好人员和团队，制定开展电子商务的阶段计划。在实施过程中还应该有项目实施进度控制，要定期根据外部环境和内部环境的变化合理调整计划，让计划与实际更符合。

（三）电子商务战略的实施

将战略构想转化成战略行动的过程就是战略实施。如果选择的战略不能实施，那么战略对企业来说就不具有很高的价值。美国管理学者波奈玛就战略实施的重要性曾说到："如果没有有效的实施，会导致整个战略失败。有效的战略实施不但能够保证一个合适的战略取得成功，并且还可以挽救一个不合适的战略或者减少它对企业造成的损害。"在还没有实施电子商务战略之前只是纸面上的或人们空想的内容，而电子商务战略的实施是战略管理过程的行动阶段，一样非常关键。达到战略目标的所有战术和行动是战略实施所包括的内容，将企业电子商务战略转化为战略行动过程中有四个相互联系的阶段。

1. 战略实施的四个阶段。

（1）发动与策划阶段

对如何将企业电子商务战略的理想变为企业大多数员工的实际行动进行研究就是这阶段的核心。将大部分员工实现新战略的积极性和主动性调动起来，尽全力争取战略的关键执行人员的理解和支持，保证战略实施的顺利进行。

（2）规划与设计阶段

这一阶段主要是将电子商务战略实施分解为几个战略实施阶段，每个战略实施阶段都有分阶段的目标，相应有每个阶段的政策措施、部门策略及相应的方针等。分阶段目标的时间表要制定出来。对各个阶段之间的衔接问题要特别注意，使战略最大限度地具体化，变成企业各个部门可以具体操作的业务。

（3）执行与运作阶段

与企业电子商务战略的实施运作主要有关的因素有如下六个：各级领导人员的素质和价值观念；企业的组织机构；企业文化；资源结构与分配；信息沟通；控制及激励制度。通过这六项因素使战略真正进入到企业的日常生产经营活动中去，形成标准化与制度化的工作内容。

（4）控制与评估阶段

在瞬息万变的电子商务环境中，只有加强对企业电子商务战略执行过程的控制与评价，涉足电子商务的企业才能适应环境的变化，完成战略任务。

这一阶段主要是建立控制系统、监控绩效及评估偏差、控制以及偏差的纠正等三个方面的问题。

2. 战略实施工作的重点。

战略实施是一项系统工程，在上述四个阶段中一个或多个方面的工作不到位战略实施的效果将受到直接的影响。为此以下几个方面的工作必须要重点做好：

（1）客户关系管理；

（2）企业文化的培养；

（3）合理的技术支持；

（4）管理信息系统的构建维护；

（5）对员工的控制和激励。

三、电子商务环境下企业行为的博弈分析

（一）费用博弈促成的企业组织结构的演变

1. 虚拟企业的定义。

电子商务的出现，给企业的运营环境带来了非常大的改变，网络使信息传递的速度变得非常快，跨越空间的合作简单易行，也就兴起了虚拟企业的运营模式。虚拟企业，就是由多个企业群体基于市场机遇而结成的一种动态联盟，它是一种常见的“中间组织”的运作模式，是灵捷制造企业组织形式的核心概念，被称为21世纪企业的主要组织形式。

2. 企业组织结构的演变。

研究决策主体的行为及其相互决策和这种决策的均衡问题就是博弈。在一个主体，比

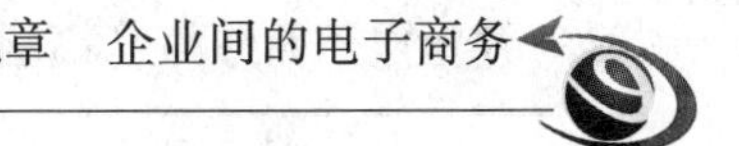

如一个人或一个企业的选择受到其他人、其他企业选择的影响，而且反过来也影响到其他人、其他企业选择时的决策问题和均衡问题。在现代企业理论看来，所有企业成员及企业之间进行博弈的成效就是企业行为，而且随着电子商务的完善这种博弈的范围正在持续发展。

企业组织结构向网络模式演变是由费用博弈促成的，其中具有典型意义的企业组织结构就是等级式、纽带式、网络式。

（1）企业组织结构的等级模式。

在等级模式中，具有较多的管理层次和较小的管理幅度，企业中的分工的基础主要是工作流，主要由少数管理者掌握决策的权力，权力很集中，企业组织是一种机械结构。

（2）企业组织结构的纽带模式。

组织模式发展的一次提升就是纽带模式的出现，其具体形态有事业部式、矩阵式和集团式等，纽带式组织结构给企业或集团内部的专业分工与协作群的生产经营活动带来了有力的支持。

（3）企业组织结构的网络模式。

网络模式则是层次更高的一次飞跃，其主要特点是组织结构之间非固定的动态有机联系，对满足知识化、国际化的企业组织结构适应性的要求起到了很好的促进作用。

纵观这几种典型的组织模式，很容易就看出其发展具有突出的继承性和延续性。企业组织结构设置和演变，费用最小原理是其主要依据，其均衡状态是企业内部准市场机制与价格机制运用的结果，也是部门间、部门与市场之间动态选择的结果。作为市场配置资源的替代物，企业内部组织一项交易与市场组织该项交易的费用比较是企业组织存在和演化的根源所在。当市场的交易费用较高时，企业倾向于通过将交易活动内部化，让交易费用降低以提高效益；反之，当市场的交易费用比较低时，企业则开始倾向于将交易活动虚拟化，虚拟企业有了发展的机会。

（二）成本博弈促成虚拟企业的建立，完成企业的柔性化进程

对企业来说，从组织机构的设置到组织的创新再造，团体理性是这一博弈过程强调的内容，同时还强调了效率、公正、公平。即每一个博弈方均不能因为单方面对自己的策略进行改变而获利，换句话来讲就是，在企业组织中，为了获得组织的最佳效率组合，组织结构的每一个博弈方都不能因为单方面改变策略而使自己获利，而是为谋求一种均衡，组织博弈的理性结局就是这样的。

将科斯的交易费用理论和“企业的最优规模（企业边界）”加以运用和发扬，假如企业能够建立有效的中间组织—虚拟企业，则有可能通过一种有组织的交易市场，让企业的管理费用和自由市场的交易费用得到减少，从而达成交易所需要的成本最小。这些成本包括：

第一，市场交易的价格和相关信息，可以通过一定的组织将联系建立起来，使交换者更容易获取信息，因此市场的有组织性，会通过其固定的方式让成本降低；

第二，讨价还价的成本同样地节约下来，因为通过有组织的市场，建立一定的程序和惯例，从而使交易双方在完成市场进程的时候变得更容易，建立交易关系，特别是在专用性资产投资形成后，通过有组织性的市场缔约活动，是能够降低讨价还价成本和风险的，

而不必通过威廉姆森的专用性资产的一体化来让成本得到节约；

第三，有时也能通过市场交易来节约控制和执行的成本。由于一定的组织限定了交易双方的交易行为，交易的双方将能通过组织约束而执行契约。如此看来，实现最小交易成本的重要途径就是虚拟企业的存在。

（三）从不合作均衡转化为合作均衡的博弈过程，解释电子商务环境中的虚拟企业产生的机制

企业与市场的结合，可以用博弈理论加以研究与分析。在两个或两个以上的博弈方构成的博弈过程中在各自“行为理性”的基础上对若干策略进行取舍。这里所谓个体行为理性是指个体的行为始终都是以追求自身的最大利益为唯一目标，除非为了实现自身最大利益的需要，否则是不会对其他个体或社会的利益进行考虑的这一决策原则。所以博弈常常是一个非合作的结果，从而导致资源处于较低利用效率的配置状态，是博弈各方相互制衡下的一种次优选择。如果在博弈中，博弈各方的机会主义行为倾向能够得到抑制，在某一方有一次选择机会主义的不合作行为策略后，其他各方以后不合作策略也将永远选择，让前者永远受到惩罚，从而使前者被迫选择合作策略，因此，就可实现帕累托最优均衡，这就是企业与市场结合的主导思想。

我们在此主要研究两个企业间利用一定的博弈行为结合为“虚拟企业”的过程。假设现有两个通过中间组织方式进行结合的参与者企业甲和企业乙，如果将进行结合的策略选择与否当作一个博弈过程，因此，就可以结合上述思想将中间组织产生的博弈模型建立起来。由于电子商务环境下，虚拟企业是中间组织的典型模式，长期合作是其本质特征，所以建立博弈模型的中心目标是分析双方怎样实现长期的合作。

在此基础上，可假定在这个博弈中，双方都具有完全的行为理性，且具有完全的信息，即各自不仅完全知道自己每个行为的收益，而且当对方选择某个策略时的收益以及应对策略也完全知道。另外，双方有相同的策略空间：合作与不合作。所以双方可有四个策略组合及收益，

		甲方	
		合 作	不合作
乙	合 作	u1,u1	u2,u3
方	不合作	u3,u2	u4,u4

插图 9.2-1　四个策略组合及收益的博弈模型

其中，u3>u1>u4>u2，之所以取这样的数值大小顺序，是因为当一方不合作而另一方合作时，不合作的一方不仅获得的收益比合作方要高，而且由于不合作一方在对方合作的同时，还利用对方的合作谋取了额外的收益，因而不合作方的收益 u3 不但高于合作方的收益 u2，而且也高于双方都合作时的收益 u1；如果合作的一方由于采取了合作行为，当对方不合作时，从而让已方的利益受到损害，从而 u3>u1>u2；双方都不合作时的收益为 u4，且

$u2<U4<U1$，这可以理解为如果双方都采取不合作的方式，双方都可以起到保护已方利益不受损害的防范作用，虽然不能获得较高的收益，但不至于在自己无采取防备合作策略时对方不合作而侵占自己的利益。

从上述双方博弈组合策略来看，这是一个典型的“囚徒困境”类的博弈模型。一次博弈的结果只有唯一的一个纳什均衡，即（不合作，不合作）策略组合，收益为（u4，u4），而不可能出现（合作，合作）策略。但是，如果将这个博弈扩展为无限次重复博弈，则结果就会出现改变。这是出于如下考虑：由于无限次重复，因而将涉及到对未来收益的时间价值判断问题，即存在时间贴现因素。在这个无限次重复博弈中，这样的博弈规则可以进行考虑：假设双方试图先选（合作，合作）策略组合，但假如有一方（例如甲方）在某一阶段选择了不合作策略，那么将引起“触发策略”，从下阶段开始的以后所有阶段中，乙方肯定也选择不合作策略，甲方从而也只能以不合作策略应对乙方的不合作策略。所以，万一有一方在某次选择不合作策略，那么今后他们将延续选择不合作的策略，即双方此后均衡的策略组合为（不合作，不合作）。可以证明双方在这个无限重复博弈中始终选择（合作，合作）策略是子博弈完美纳什均衡。从而，有理性的双方将会在对选择合作与不合作策略下将所得收益放在一起进行比较之后作出抉择。双方的合作收益将是可以获得的，从而从不合作的博弈困境中走出来了。根据前面的含义可知，只要双方看重合作给双方未来带来较大收益时，彼此将采取合作与信任态度。这样就符合了结合为“虚拟企业”的精神本质：长期、稳定的合作而非着眼于短期生意上的交易，能够充分利用并发挥对方的资源优势而使已方得到更大的利益，让已方的竞争实力得到进一步发展。

从上述分析过程可以得出，由于失效的现象会存在于单纯企业组织机制与纯粹市场机制中，由此引起了结合市场与企业组织双重特征的中间组织—虚拟企业的产生。虚拟企业是企业与市场相互渗透、相互作用而形成的一种制度安排，虚拟企业的核心特征是长期、稳定的相互信任与合作。对于不同企业来说，如果双方之间存在着互补与相互依赖的资源，而且双方都以长远利益为重，这些企业之间将会结合为虚拟企业，让交易成本最低的博弈得到实现，也是一个从不合作均衡转化为合作均衡的博弈过程，电子商务环境中的虚拟企业产生的机制可以通过这种博弈分析方法得到比较好的解释。

（三）电子商务环境下市场替代企业是必然趋势，而虚拟企业正是这个过程必然产物

按照科斯的论述，交易成本是经济行为的主体在市场交易活动中为实现交易所支出的成本费用，为了让市场交易费用降低而出现了企业，企业将市场交易行为内部化，从而把交易费用节约了下来。在实际操作中，由于实现交易面临较大的阻碍，导致交易费用不断增加，经济行为主体越来越依赖于企业，于是企业对市场的替代加大，企业的规模也越大，企业运行产生的费用也就越高。

电子商务的出现对交易费用下降的影响发生在三个层面上：

一是企业层面，参与交易的企业利用网络收集信息和利用电子商务让交易得到实现从而使交易费用下降。

二是渠道层面，由于实现供应链管理和渠道成员之间的有效合作，整个渠道上商流、物流、资金流、信息流的速度加快、效率提高，这种渠道整体效率的提高使得整体成员得到的利益增长。

三是流通产业层面，所有企业的商品流通效率由于网络化和电子商务搭建的交易平台而得到增加，电子商务基础上的社会物流将大量的费用为企业节约了下来。整个社会的流通在以比过去少的投入下将更高的效率实现了。

电子商务的出现不仅仅加强了市场的功能，提高了市场组织生产的效率，由此产生的一个革命性影响是企业与市场的关系发生了变化，出现了与之前完全不同的形态：不是企业对市场的代替，而是市场对企业的代替。

之所以有这种趋势的出现，首先是因为经济主体在市场上获取信息的搜寻成本下降。有两个价格存在于市场上，一个是平均价格，一个是最低价格，绝大多数情况下，在购买中人们付出的是平均价格，而不是最低价格，因为获得最低价格的搜寻成本很高，也就是：最低价+搜寻成本>平均价格。电子商务的出现极大地降低了搜寻成本，信息的获取变得容易，最低价+搜寻成本<平均价格，从而导致市场价格越来越接近最低价。

获取信息的容易使经营主体可以大量降低了交易费用，从而可以对市场机制直接利用，而不再像过去那样耗资去努力营造庞大企业的科层组织。

电子商务降低了市场的组织成本和管理成本是市场代替企业的第二个原因。社会生产的天然组织者就是市场，市场的浩瀚一方面使资源有可能达到最优化的配置，但另一方面也使得利用市场组织生产有很高的成本。所以，在过去利用市场组织生产的规模是有限的。电子商务出现有可能使整个市场置于电子商务平台之上，极大地降低了市场组织成本和管理成本，利用市场组织生产在一定程度上比企业组织生产产生更大的经济优势。

市场代替企业的第三个原因是流通产业社会化程度由于电子商务的出现得到了提高，市场经营主体可以将很多原来都由自己承担的业务外包给社会，比如市场调研、营销策划、存储、运输、配送等等，更多地直接利用市场机制从而降低企业的经营成本。企业得以“瘦身”，减缓了规模不断扩大的趋势，过去被大量“内部化”的交易行为又外部化了。

在电子商务环境下，导致“虚拟企业”的诞生是市场代替企业的典型结果。虚拟企业是市场配置资源与企业组织要素的一种结合，虽然称呼虚拟企业为“企业”，实为市场组织行为，一些独立的经营主体由于虚拟企业通过网络将一个具有时间性的经营联合体形成了，它们之间具有明确的分工和默契的配合，其效率和一个现实中的企业相同。虚拟企业按照市场原则组建，在市场竞争中其成员优胜劣汰，在调整中可以不断地优化其组织。和传统的企业相比这样的市场组织显然更具灵活性和活力。

从以上叙述可以得出，电子商务降低了市场组织生产的费用，从而出现由市场组织生产相对有利的状况，扩大了市场机制的作用范围；与此相反，由于企业组织生产的费用没有发生变化而显得相对昂贵，在一定程度上限制了企业的扩展空间。电子商务环境下的必然趋势就是通过虚拟企业进行市场对企业的替代。

第三节 企业间合作的一般策略

一、企业间的合作绩效

随着经济一体化和网络经济的深入发展，企业面临的外部环境发生了非常大的变化。为顺应顾客需求快速多变和个性化诉求的客观现实，优质生产、敏捷制造等生产方式客观要求企业进行归核化管理，以应对不确定性带来的挑战，而信息技术的发展客观上为改变传统协作方式将提供了契机。在协同网络形成之后，通过合作绩效的评价以及合作网络稳定、有效运行机制的建立，对其加强管理和维护，不但有利于增强协同网络稳定性、提高其运行绩效和成功率、促进合作目标的实现，并且也为企业创造和提高顾客价值，保证了可持续发展的实现。企业将业务聚焦于合作网络中的某一个环节，通过跨组织将独特的资源提供出来而成为协同网络必不可少的环节。

在现代经济社会中，虽然单个企业的竞争广泛存在（在很多情况下还是作为一种主要的经济现象存在），然而在未来，企业协同网络间的竞争将是必然趋势，具有网络竞争优势的企业，在创造和传递顾客价值的时候将会更有效，让企业的价值创造空间得到提升。所以，目前企业间的竞争已经从传统单个企业之间的竞争向为由合作创建的价值链、价值网络乃至商业生态系统之间的竞争转变。一般情况下与企业所在的关系网络的优势与劣势联系在一起的是单个企业的竞争优势或劣势，企业的竞争锐器就是跨组织合作。

企业间由于网络组织的资源整合而产生了协同效应，并使成员企业获得持续的合作剩余，这是非网络成员企业所不能得到的利益。由于网络组织能够将持续给企业带来交易收益，通过网络组织一些竞争实力较弱的中小企业可以获得与竞争对手较的资源和能力，从而更容易取胜。

作为一个复杂的系统，企业合作网络组织通过企业间信息、能量、物质和人力资源等要素的交换和合理整合，能够让 1+1>2 的良好效果出现，使网络成员获得合作剩余。首先，网络组织成员把各自的内部资源优化配置，通过资源的优势互补而产生互补效应；其次，网络成员之间的深度专业化分工与协作，让每一个成员在某一个领域形成专业优势，而专业知识和技能的提升可以带来外部规模效应；最后，网络组织对市场权力控制与影响超过了网络成员单个对市场权力控制与影响的总和，将一定程度的垄断势力形成了，从而获得超额垄断利润。协同网络中的企业合作绩效被两类因素直接决定了：企业间的资源依赖性；企业合作过程中所形成的关系质量因素。

（1）资源依赖性。一个企业拥有的资源是有限的，其不可能具备自身发展所需要的所有资源，而拥有相互依赖资源的企业之间的合作会使得融合后的资源更具稀缺性、不可替代性和不可模仿性，从而更具有稳定性。对合作绩效产生了正向影响。

（2）关系质量因素。企业间信任促使双方开放自身资源，积极履行承诺，让合作冲突得到有效解决，促使双方资源有效整合，从而提升联盟绩效。所以，企业间的相互信任、企业间积极遵守承诺、企业间保持有效沟通都可以让企业合作绩效得到提升。通过关系质量资源依赖性来影响合作绩效。合作企业之间相互依赖的资源禀赋只有具有相当大的创造价值的潜力，双边信任关系合作企业才会积极地构建出来，并积极作出承诺，从而提升随后的合作绩效在竞争激烈的市场环境中求得生存和发展。企业资源观和企业能力观强调单个企业所拥有和控制的那些能够产生竞争优势的资源和能力，然而它们却轻视企业所具有的竞争优势与它所嵌入的协同网络是相关联的。协同网络作为企业的竞争优势受到更加广泛的关注。

在新的世纪，企业所处的经营环境有了巨大的变化，如果只关注竞争，轻视合作的作用，将使企业在竞争中处于不利地位。网络协同将利益带给了所有的企业成员，优化配置经济资源、科技资源、生产力要素以及推动知识创新的最有效方式之一就是依托网络组织开展的合作。所以，企业需要构建上下游企业的合作关系来让自己的核心竞争能力得到提升，谋取可持续的竞争优势。同时，企业与同行企业在竞争中合作、在合作中竞争，构建企业的横向价值链，使企业、社会和消费者多方受益，让企业的总绩效得到大幅度提高。

二、合作伙伴的选择

作为适应外部环境而产生的一种新型敏捷生产组织模式，虚拟企业已受理论界和实业界的关注。但是，在虚拟企业的创建过程中，因为合作伙伴的独立性与合作的临时性，使得伙伴选择成为一项非常重要又异常复杂的工作。一个多目标优化的问题就是虚拟企业合作伙伴的选择，它和经营的成败有着直接的联系，存在非常大的风险，因此提供可靠的决策方法显得更加重要。针对这一问题，国内外研究者做了大量的工作，也得到了很多的成果。

（一）虚拟企业合作伙伴的选择和评估

建立虚拟企业的关键环节之一就是选择和确定合作伙伴。在组建虚拟企业的过程中，应该进行伙伴企业的选择和评估。

首先选择具备所需要核心资源的潜在伙伴企业，相互进行沟通，再描述和敏捷性分析每一潜在伙伴，确定潜在伙伴范围；

然后，根据潜在伙伴所提供的能力与过程，创建一个理想的企业结构形式，并进行过程模拟和评价。依据企业确立的项目要求确定合作伙伴企业选择的关键因素，将满意的伙伴企业找出来，结成虚拟企业同盟。

1. 合作伙伴选择的视角情形有两种。

（1）视角一是站在虚拟企业发起人的位置，在最短的时间内和最小的损失条件下，决定从众多的参与竞争者中如何选择最优的或者是最合适的合作伙伴；

（2）视角二是站在参与竞争者（候选人）的位置，决定怎样用最少的成本参加竞选而能带来最大的效益。对参与竞争者来说发起人起着选民的作用，将对候选人的评判指标集和评判策略提出来，候选人是否能够进入下一轮的竞争是由发起人对候选人的评价值决定的。

（二）虚拟企业合作伙伴选择的评价指标和评价方法

评价流程+评价指标+评价方法=虚拟企业的合作伙伴的策略。尽管这种传统的研究思路存在一些缺点，但是通过研究这种策略之后，对提出更为全面的方法策略很好作用。

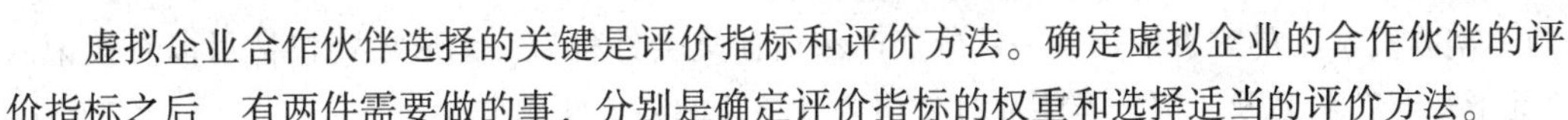

虚拟企业合作伙伴选择的关键是评价指标和评价方法。确定虚拟企业的合作伙伴的评价指标之后，有两件需要做的事，分别是确定评价指标的权重和选择适当的评价方法。

1. 评价指标的权重的确定。

目前用于确定指标权重的方法非常多，有近百种。可以将其大致划分为三类：

（1）主观权重测定方法、

主观测定权重的方法是主要由专家根据经验主观判断得到，如专家评判方法、层次分析法、德尔菲法，两两比较法等。但主观色彩太浓是主观评价一个致命的缺陷，由于专业背景不同，不同的决策者得到的指标权重也互不相同，即受决策者的知识结构容易影响到权重。

（2）客观权重设定方法及

依据决策矩阵中提供的原始数据来确定指标权重指的就是客观权重的测定方法，如有主成分分析、熵值法、最小方差法、变异系数、权系数未知的灰色关联度法等。测定指标权重时可以避免决策者的主观因素的影响是这类方法的优点，同样客观赋权方法也具有一定的缺陷，即确定的权重可能与实际相悖，比如有些时候最重要的指标不一定具有最大的指标权重。

（3）综合确定权重的方法。

把主观与客观赋权方法有机集成起来，从而在一定的程度上克服了主、客观赋权法的短处指的就是综合赋权方法。目前综合加权评分、乘法方法、归一化方法及线性加权方法等都是综合赋权方法。

2. 评价方法的选择。

可用于虚拟企业的合作伙伴的评价方法非常多，比如有层次分析法、模糊数学方法、ANP、神经网络法、时序的多指标夹角余弦评价方法、TOPIS 法、模糊优选法、数据包络分析法（DEA 法）、多阶段多指标的理想方案法、时序多指标决策的灰色关联分析法（F-AHP 模糊层次分析法）、灰色关联度评估法、遗传算法、ABC 法（基于活动的成本分析法）、投影决策方法等等。

在实际虚拟企业合作伙伴选择过程中我们可以根据具体对象进行选择，因为以上各种方法各有特点，即有长处也有短处，而且有时采用不同的多目标决策方法得到的结果也有所不同。

三、企业伙伴间合作方案

随着经济的快速发展，市场竞争日益激烈，在这样的市场下，有一个缺口存在于企业依靠自有资源和能力所能达到的目标和战略绩效目标之间，其走自我发展的道路也因此受到了限制，这就客观上要求企业走虚拟运作或战略联盟的道路。而在虚拟企业经营过程中，利益分配方案是否合理与其生存与发展有着直接的关系。

（一）虚拟企业合作伙伴利益分配的四种方案

国内外相关学者有关虚拟企业合作伙伴利益分配方案的研究成果可分为 4 类：

一是借助投资评估理论将基于投资额的利益分配方案建立起来了，并对虚拟企业合作伙伴在虚拟企业中的有形投资和无形投资进行了重点考虑，其中有形投资包括可以直接归为“实收资本”的实物投资及一部分资产和负债类会计科目；无形投资包括可以直接记入“无形资产”科目及一部分不能通过公司会计核算的陷入性成本。

二是在收益分享契约的基础上，运用对策理论将基于虚拟企业收益的博弈分配模型建立起来，并把采用夏普利值法解决联盟成员之间的利益分配问题和基于不对称协商模型的利益分配方法提出来了。

三是运用满意度理论提出了基于满意度水平的协商模型和群体加权重心模型。

四是借助于对策理论并结合满意度理论将基于谈判模型的利益分配方式提出来了；运用对策论和绩效理论将基于技术开发项目的虚拟企业利益分配模型建立起来。

虚拟企业科学的利益分配方案确定过程应是在虚拟企业组建开始的时候，依据各合作伙伴的参与方式、预测的成本投入及风险承担状况确定初始利益分配方案，之后根据各合作伙伴对方案的满意程度进行适度地调整，最后依据在运营过程中的实际贡献变化而形成最终的动态利益分配方案，它将是3种方法的综合。

此外，虚拟企业的组建是以最先抓住机遇并拥有主要核心资源的企业为盟主、以拥有不同核心资源的合作伙伴组成的设计联盟、制造联盟和销售联盟，其合作伙伴核心资源的排他性决定了很少有既可以充当设计联盟的合作伙伴，也能够担当制造联盟和销售联盟的合作伙伴。

（二）虚拟企业设计合作伙伴利益分配方案的应用研究

下面以完成产品联合设计为组建目的的虚拟企业设计合作伙伴利益分配方案，并结合某宇航设备制造公司的实际情况，进行其虚拟企业设计合作伙伴利益分配方案的应用研究。

1. 虚拟企业设计合作伙伴利益分配设计。

依据虚拟企业组织模式，提出如图9.3-1所示企业合作设计过程利益分配三阶段模型。其中主要包括基于投资额的设计合作伙伴利益分配方案初步确定、基于满意度的设计合作伙伴利益分配系数协商调整和基于实际产生的作用大小的设计合作伙伴利益分配系数最终确定3个阶段。

设计合作伙伴参与利益分配要素确定、各利益分配要素价值及设计风险系数估算、基于投资额的利益分配系数初步确定是基于投资额的设计合作伙伴利益分配方案初步确定过程主要包括的3个步骤；基于满意度的设计合作伙伴利益分配系数协商调整主要包括利益分配系数初步确定结果的满意度及改进建议调查、各设计合作伙伴满意度评估、基于满意度的利益分配系数优化调整3个步骤。

如果设计合作伙伴对调整后的利益分配系数整体满意度不均衡时，则上述基于满意度的3步骤利益分配系数调整继续实施，直到各设计合作伙伴整体满意度均衡为止；基于实际贡献大小的设计合作伙伴利益分配系数确定过程主要包括各设计合作伙伴绩效评估、基于绩效评估结果的利益分配方案调整系数确定和利益分配系数最终确定3个步骤。如果设计合作伙伴绩效评估结果不好的时候，就需要各设计合作伙伴在盟主的组织下主动改进实施设计，直到相关方对其绩效评估结果相对满意为止，并根据改进后的绩效评估结果对上述基于绩效评估结果的利益分配系数调整与方案确定过程继续实施。

设计合作伙伴预期投资额主要包括设计合作伙伴投资的有形要素、无形要素和承担的设计风险代价。

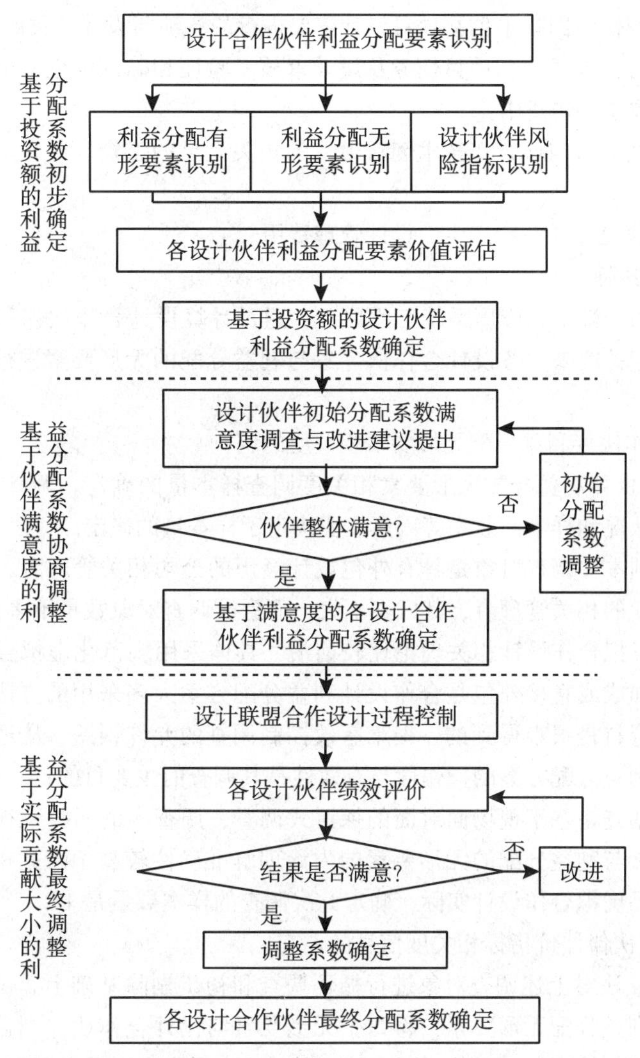

插图 9.3-1　虚拟企业设计合作伙伴利益分配系数确定模型图

2. 有形要素识别。

该设计联盟各合作伙伴参与利益分配的有形要素在进行循环调查和现场核查的基础上得出来，主要包括：

（1）设计所需图纸及打印纸等一次性使用的低值易耗设计成本及设计审核、验证和确认所需的相关设计材料；

（2）与该合作设计项目有关的相关基础设施及设计审核、验证和确认所需基础设施等产生的折旧费用；

（3）该合作设计所需的计算机、打印机、应用软件及设计验证和确认所需的相关设备等的折旧费用；

（4）合作设计过程及设计审核、验证和确认过程发生的水、电、暖等设计能源成本；

（5）设计合作伙伴因技术创新项目设计需要进行的各项与设计相关的试验或试制费用；

（6）完成该合作技术创新项目任务及设计审核、验证和确认发生的通讯、交通及其差旅等设计过程的沟通协调费用；

（7）设计周期内参与该合作技术创新项目的相关人员的工资、奖金、津贴等人力资源成本；

（8）针对该项设计任务所产生的设计管理费用。

3. 无形要素识别。

在专家调查的基础上，应用系统工程原理，通过计算设计合作伙伴利益分配无形要素参与利益分配的相关度来对各设计合作伙伴参与利益分配的无形要素进行确定，其步骤如下：

（1）设计合作伙伴利益分配无形要素相关度的调查

1）设计合作伙伴利益分配无形要素相关度调查样本量的确定。调查对象的差异程度、调查对象的实际状况和样本回收率等因素主要决定了样本量的确定。

第一，考虑到本文调查对象是具有外包设计经历的公司相关管理者、相关关键设计人员和接受定制企业的相关管理者，其区别不大，而且被调查对象数量不多；

第二，由于虚拟合作设计相关理论比较前沿，具体采用规范化虚拟合作设计模式的企业比较少，成本加成或直接外包是合作设计利益分配方案大多采用的方法，参与利益分配要素全面的数据资料是很难得到的，很难有效控制调查的允许误差，从理论上验证虚拟企业设计合作伙伴利益分配方案的操作性与有效性是其调查的主要目的；

第三，本文调查是基于现场面对面的探讨式调查，调查表的回收率很高，且调查对象对设计合作伙伴参与利益分配的无形要素的内涵理解准确性较高。因此在此结合该宇航设备制造公司某产品虚拟合作设计实际，确定此次调查的样本数量是15。

2）设计合作伙伴评价指标相关度信息的调查。

在采用Delphi法对上述调查对象进行循环调查和初步剔除基础上，识别出该设计联盟各合作伙伴参与利益分配无形要素，将每个无形要素与设计合作伙伴利益分配的相关程度分为很密切、密切、较密切、一般、弱相关、无关6个层次进行现场调查。

（2）设计合作伙伴利益分配无形要素相关度的计算

1）确定利益分配准确性评价因素集F。

与虚拟合作设计伙伴利益分配准确性相关的无形要素集为F=（f1f2f3f4）。

2）确定相关程度评价集E。

E=（e1，e2，e3，e4，e5，e6）=（1，0.8，0.6，0.4，0.2，0）。

3）确定因素评价矩阵R。

根据前述利益分配无形要素相关度调查结果，得出设计合作伙伴利益分配无形要素评价矩阵尺为：

$$R=\begin{bmatrix} r_{11} & r_{12} & \cdots & r_{15} & r_{16} \\ r_{21} & r_{22} & \cdots & r_{25} & r_{26} \\ \vdots & \vdots & & \vdots & \vdots \\ r_{41} & r_{42} & \cdots & r_{45} & r_{46} \end{bmatrix}=\begin{bmatrix} 0.30 & 0.40 & 0.30 & 0.00 & 0.00 & 0.00 \\ 0.40 & 0.30 & 0.30 & 0.00 & 0.00 & 0.00 \\ 0.50 & 0.30 & 0.20 & 0.00 & 0.00 & 0.00 \\ 0.60 & 0.30 & 0.10 & 0.00 & 0.00 & 0.00 \end{bmatrix}$$

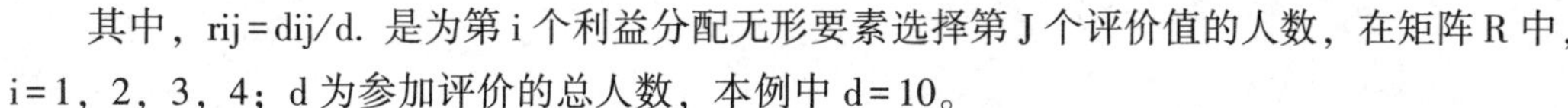

其中，rij=dij/d. 是为第 i 个利益分配无形要素选择第 J 个评价值的人数，在矩阵 R 中，i=1，2，3，4；d 为参加评价的总人数，本例中 d=10。

4）确定利益分配无形要素相关度矩阵 N。

由因素相关度矩阵 $N=RE^{T}$，得 $N=RE^{T}=[0.80\quad 0.82\quad 0.86\quad 0.90]^{T}$。

（3）设计电子商务企业间合作伙伴利益分配系数

要素 F 的确定结合上述相关度矩阵Ⅳ的计算结果和评价集 E 的内涵能够得出，参与利益分配的无形要素的评价值≥0.8，说明表 1 中利益分配无形要素与利益分配方案的关系密切，其利益分配无形要素均为有效要素，无须剔除。所以，该设计联盟合作伙伴参与利益分配的无形要素主要包括设计合作伙伴品牌商誉价值摊销、设计合作伙伴设计专利权摊销及设计合作伙伴专有技术摊销、设计合作伙伴设计资质价值摊销。

设计电子商务企业间合作伙伴利益分配系数的确定过程思路和方法，不但适用于设计联盟内部合作伙伴之间的利益分配，而且对虚拟企业制造联盟和销售联盟内部合作伙伴之间的利益分配系数的确定具有参考价值。确定设计合作伙伴利益分配方案，能够降低设计联盟解束风险和提高虚拟企业整体收益。

第十章　云计算与电子商务

第一节　云计算的特点与优势

一、云计算的特点分析

随着越来越多的企业参与到电子商务活动中，电子商务市场迅速的发展。可是，依然有不少问题制约着电子商务的运营，主要的表现有以下几个方面：安全性、管理的规范性、标准化和一些中小企业应用电子商务的问题。由 Google 公司及 IBM 公司等著名 IT 公司倡导的云计算技术的不断发展与向前推进，为企业电子商务的建设和发展提供了一种新的解决方案，给电子商务系统的应用带来了新的发展机会。

2007 年底，云计算作为一个新兴的概念开始被提出。其基本理念描述为，用户所需的应用程序并不需要运行在用户的终端设备上，主要是运行在互联网的大规模服务器集群中。用户需要处理的数据也没有存储在本地，实则保存于互联网的数据中心。提供云计算服务的企业负责数据中心的管理及维护，而且由其保证强大的计算能力和足够的存储空间。所以，用户终端的功能将会被大程度的简化，有很多复杂的功能都会被转移到终端背后的网络上进行完成。

在目前的条件下，云计算还处于起步阶段，它的概念与运用理念依然会有不少问题存在，包括云计算标准的制定、云计算的构建框架、人才的培养等等。

云计算概念的提出，将对企业（尤其是中小企业）的电子商务应用产生深远的影响。然而随着网络的发展和技术的逐渐成熟，将来云计算势必会成为网络发展的趋势。将来企业不再对电子商务系统进行巨大的投入，通过云计算服务商，企业就可以快速搭建起其想要的各种电子商务应用，云计算在企业的电子商务领域将具有广阔的应用前景。

二、云计算在电子商务中的优势

如今电子商务已经有了巨大的变化，原因就是云计算概念的引入。企业电子商务充分

利用云技术的应用特点，可以非常有效地利用资源，将成本降低。

云计算对企业电子商务应用主要有以下几方面的优势：

1. 强大的计算能力和数据处理能力。

云计算通过一定的调度策略，能够通过对数万甚至百万的普通计算机之间进行联合为用户提供超强的计算能力，这就会让用户可以完成使用单台计算机难以完成的任务。在“云”中，当提交一个计算请求时，云计算模式就会根据需要将云中众多的计算资源调出来，之后就会提供出一种强大的计算能力。云计算模式中，企业不再是从自己的计算机上，也不是从某个指定的服务器上，而主要是从互联网络上通过各种设备（如移动终端等）来获得所需的信息，所以在速度上有一个质的飞跃。

2. 安全性。

企业使用云计算服务，把数据存储在云端，因为云计算服务提供商提供专业、高效及安全的数据存储，于是企业就不会再担心因病毒或是黑客的侵袭或是因硬件的损坏而导致的数据丢失问题。

3. 灵活性和专业性。

云计算能够向企业提供经济可靠的电子商务系统定制服务，软件即服务（SaaS）是云计算提供的一种服务类型，其把软件当做是一种在线服务来提供。基于云计算技术的电子外包就是企业应用电子商务服务的重要应用之一。企业就不需要再花费大量资金及人力对电子商务系统进行开发、升级，不用单独投资建立内部的全套软件和程序。作为客户端的企业只需要安装网络浏览器，这样就足以方便快捷地使用云计算提供的各种服务，这样一来就大大地减少了企业为维护和升级电子商务系统而投入的费用。所以说，云计算增强了企业电子商务应用的灵活性及敏捷性，可以实现电子商务应用资源和工具的“按需索取，即需即用，灵活组合”，将电子商务运行的成本与难度都降低了很多，创建出更加灵活有效的商务模式，这样就能够将资金节约使用，并能够将效率提至更高。

4. 良好的经济效益。

配备大量的计算机和网络设备，是企业构建电子商务系统的必备，同时为了满足更多商务需求，企业还应该经常更新计算机和网络设备。就企业而言，特别是资金相对有限的中小企业，投资建立电子商务系统成本较大，而且开发升级后期的维护费用也比较高，还难以与快速成长的网络服务和商务应用要求进行匹配。云计算模式却可以极大程度地降低企业电子商务系统建设的成本。就企业而言，通过云计算提供 IT 基础架构，不需要继续购买昂贵的硬件设备，也不用负担频繁的维护与升级，只通过租用云端设备，就可以方便地构建自己的电子商务平台，通过选用云计算服务就可以将电子商务的相关任务完成。据预计，相对于机构自身运营的数据中心来说，云计算服务提供商的存储成本通常是仅有其 1/10，而带宽成本只有 1/2，计算处理能力成本占有 3/10。将会帮助一些机构以比较低廉的架构成本进行运作。如此一来不管是从硬件或者是从软件上来说，都能够达到效益的最大化。

云计算作为一种新的业务形式或者商业模式，逐渐走入到我们的生活中来。即使目前云计算的应用还处在探索阶段，依然存在不少实际问题，就如数据安全、计算性能、统一标准以及构建成本等方面的问题。然而随着云计算技术的快速发展及云计算理念被不断接受，云计算技术毫无疑问的会成为将来的应用前景。云计算对于企业电子商务系统的应用和发展是一个新的契机，将会产生非常深远的影响。

第二节　基于云计算的电子商务模式

一、云计算平台下的电子商务

大家都已经知道，云计算就是将计算、服务和应用以公共设施的形式提供给用户，让使用者可以像使用水、电信和网络那样使用计算机资源，只是云计算是通过互联网进行传输的。在云计算模式下，计算机使用变得特别简单，用户仅需通过浏览器给“云”端发送相应指令和接受返回的结果就能够使用服务器提供的计算资源、各种最新的应用软件和存储空间。

可以说云计算是由分布式计算、并行处理、网格计算发展而来的，属于一种新兴商业模型。如今来看，对于云计算的认识还在不断发生变化，还没有一个标准一致的定义。wikipedia 将云计算定义为“云计算是网格计算下的一种新的标签，它使用公用计算或其它方法来共享计算资源。有这样一种说法：用户角度来看，云计算是一种将硬件与软件外包给因特网服务提供商的概念”。总而言之，云计算是一种新兴的共享信息资源的技术方法，向用户提供了各种类型的 IT 服务。

国外各大行业巨头都依次推出了自己的云计算战略，就比如微软的 windowsazure、亚马逊的简单存储服务和弹性云计算、谷歌的 appengine、ibm 的蓝云。在国内阿里巴巴集团于 2008 年 12 月 30 日，宣布将筹建多个电子商务云计算中心，2009 年 9 月成立“阿里云”子公司，专注于云计算在电子商务领域的研究和发展；中搜将从硬件、软件、网络、构架系统、平台等应用服务开放给用户，遵循合作经营的模式，同用户一起向行业电子商务领域进发。

1. 云计算电子商务的优点。

首先，云计算给中小企业带来了很大的影响，企业不必要在基础设施建设上花太多成本。可以说，云计算为电子商务提供了具有自我维护和管理功能的虚拟计算资源，即大型服务器集群，可以利用云的计算能力对电子商务企业内部的计算资源进行补充或是取代。

其次，云计算服务中心具有更高的计算与存储性能。因为云计算的应用程序是在服务器上而非是客户端上运行，云中的存储容量可以说是无限的，也就是因为这样，云客户端的硬件要求特别的低，客户端只需要更少的内存、容量较小的硬盘就可以了。

第三，云计算让电子商务企业之间和企业内部的信息共享与协作更加方便。在项目上有合作的电子商务企业都能够通过云计算进行密切协作，即使地理位置不同，可是因为有基于云的项目管理，企业项目成员就能够随时随地查看项目的主文件、项目任务和项目进展情况，这样也就实现了在不同企业和企业内部数据的应用共享。

2. 云计算对电子商务的影响。

第一，云计算改善了企业电子商务应用的安全性。因为企业规模在逐渐壮大，企业积

累的信息资源会逐渐变多。随着网络迅猛的发展，企业中各种类的数据同时也得到了有效的存储，然而同时病毒与黑客的攻击也随之产生，这样就会严重威胁到企业数据存储的安全性，于是就会使得企业在信息安全上的资源投入逐渐变多。而伴随着云计算在企业中的应用，企业能够把数据都存储在云端，由云服务提供专业、高效而又安全的数据存储，于是就可以使企业不必再担心因各种安全问题导致企业重要数据丢失或窃取。

第二，云计算改善了企业电子商务应用的专业性和灵活性。云计算向企业提供了既经济又可靠的专业电子商务系统，云计算提供的软件即服务（saas），是一种服务类型，它将软件作为一种服务来提供给客户。作为客户端的企业能够非常方便高效地使用云计算提供的各种服务，这时仅需安装网络浏览器就可以了。这样看来，云计算的确更进一步改善了企业电子商务应用的灵活性和专业性。

第三，云计算具有超强的数据处理能力。

云计算通过一定的调度策略，能够联合数万甚至百万普通的计算机，向用户提供超强的计算处理能力，让使用者能够将以往难以完成的任务快速完成。在服务器中，当提交一个数据请求时，云计算模式就会根据需求调用云中众多的计算资源以提供强大的数据处理能力。

最后，可以说云计算为电子商务应用实现了更好的经济效益。企业构建电子商务系统一定需要配备大量的计算机和网络设备，设备在不停地更换，为了能够满足更多新的商务需求，企业就需要定期更换计算机和网络设备。电子商务系统建立的成本非常大，而且后期的维护也是需要较高费用的，需要专业的人员来进行维护。而云计算在电子商务中的应用可以十分有效的减少企业电子商务系统的建立成本，并且还节省了后期维护和人力支出的成本。云计算为企业提供了直接的经济效益。

二、云计算的安全问题

企业在云计算模式下，信息资源会得到非常好的保护，然而要知道云计算也并非十全十美，它本身会有一些局限性，就如网络安全性、信息保密性等这些问题，并且还有一些新的安全性与风险方面的问题。

1. 基于云计算的电子商务安全性问题。

第一，根据云计算理念，用户基本上不需要在本地存储数据，可以将数据都存储在云中，要是发生突出状况或是其他情况导致服务中断，电子商务企业就不能使用任何云计算资源。

第二，如今电子商务应用中有些问题，云计算是不能解决的。以 tcp/ip 协议为核心的互联网已经遍布世界，并取得了巨大的成就，然而互联网依然存在着很多安全性问题，以虚假地址和虚假标识问题导致的大量的安全隐患是非常严重的，这些问题的产生会导致电子商务安全事件频繁发生，这样在一定程度上阻碍了电子商务的发展和应用。基于云计算的电子商务也没能将这样的问题克服。此外，信任问题是云计算发展过程中的一大障碍。一些中小型电子商务企业并不具备建立自己云计算中心的条件，或许会因为云计算运营商数据中心不能确保数据的安全，所以就没有敢将数据全部放在运营商的数据中心。

2. 云计算的风险。

就电子商务企业而言，降低成本、便捷优质的服务这些都是非常有吸引力的，然而将业务转移到云端，这就是说要依靠来自不同地区甚至国家的运营商来提供服务。这的确是很有风险的一件事情。就保密性潜在的影响而言，重要的商业机密群都掌握在云计算运营商那里，这样一来企业的自主权就受到了一定的危险，出现的这些问题都需要云计算能够细化解决。

（3）云计算中的电子商务安全性。

数据安全问题，是电子商务企业最关心的问题，企业能够通过各种措施保证自身云中数据的安全。就比如，云服务提供商能够根据口碑及信誉来选，分析他们的盈利模式，仔细阅读和咨询隐私声明，以防止信息在云计算提供商泄露；或者是将加密技术加强以使信息能够得到高度保护；当然还能够通过过滤器对数据的流向进行监控，以避免重要数据的丢失。

（4）电子商务管理的规范性问题。

在电子商务平台中，其前台的 Web 平台是直接面向消费者和用户的，而其后台的经营管理体系则完成电子商务的主要功能，所以在电子商务的前端与后端是要求运用不同的管理模式的。电子商务管理的概念包括商务管理、技术管理和服务管理等诸多方面，可以说电子商务管理是否规范直接影响到运作能否正常的进行。

例如：近几年阿里巴巴公司，淘宝小二违规收取贿赂私自帮助商家对信用评价进行修改，这一问题得到了社会一致的关注，这样的现象可以说是中国几千年来普遍的一种现象，是很不好“根治”的，可依然希望阿里可以加强对这方面的管理，毕竟目前来看阿里一直是所有电子商务人士眼中的榜样。好的电子商务环境会给如今学电子商务方面的学生带来特别大的鼓舞，会让他们有兴趣学习、创新电子商务，而非因各种违规、恶习放弃电子商务。

（5）电子商务的标准问题。

伴随着企业间交流的不断增强，电子商务的交易方式及手段存在的差异也逐渐的开始显露出来。迫切需要在电子商务交易的过程中建立起相关的、统一的标准，要建立一个统一标准的电子商务综合服务平台，要真正解决电子商务活动的相互操作问题。目前在国际上、国内还有行业都相继制定出相关的电子商务法律法规，可是还有不少值得探讨的问题依然没有得到解决，这些法律法规上的漏洞或许就会导致电子商务上的经济犯罪，因此电子商务法律法规的标准化、健全化是发展电子商务最重要的一部分。

（6）一些中小企业应用电子商务的问题。

因为中小企业的规模相对较小，基础设施也会比较落后，它们虽有应用电子商务的迫切需求，可是却因为资金和技术的局限，对电子商务的应用还处于初级阶段，没有办法满足对电子商务应用的需求。

云计算作为一个全新的商业模式，正在以很快地速度向我们走来。云计算目前依然处于一个摸索和发展的阶段，所以就会出现很多实际的问题，比如很多云计算信息安全方面的问题，然而云计算的未来可以说的确是不可限量的。云计算为电子商务的发展带来了不少新机会，电子商务又应该如何将云计算的便利充分地利用呢？在云计算的基础上未来电子商务又该如何发展？这些问题都需要更进一步地研究探讨。

第三节　云计算在电子商务中起到的作用

一、云计算所提供的服务

云计算包括三个层次的服务，即：基础设施即服务，平台即服务和软件即服务。他们分别处于基础设施层，软件开放运行平台层，应用软件层实现。

基础设施即服务。消费者通过 Internet 就可以完善的计算机基础设施获得服务。Iaas 通过网络向用户提供计算机（物理机和虚拟机）、网络连接、存储空间、负载均衡和防火墙等基本计算资源；在此基础上用户部署和运行各种软件，包括操作系统和应用程序。

平台即服务。其实 PaaS 就是指将软件研发的平台作为一种服务，以 SaaS 的模式提交给用户。所以，PaaS 也是 SaaS 模式的一种应用。然而，PaaS 的出现能够加快 SaaS 的发展，特别是加快 SaaS 应用开发的速度。通常来说，平台包括操作系统、编程语言的运行环境、数据库和 Web 服务器，用户可以在此平台上部署并运行自己的应用。底层的基础设施用户是不能管理和控制的，只能控制自己部署的应用。

软件即服务。这是一种通过 Internet 提供软件的模式，用户不需要购买软件，而是向提供商租用基于 Web 的软件，来对企业经营活动进行一个管理。云提供商在云端安装和运行应用软件，云用户通过云客户端（通常是 Web 浏览器）使用软件。云用户是不能管理应用软件运行的基础设施和平台的，仅能做有限的应用程序设置。

把云计算的概念向企业电子商务领域引入，这会给电子商务带来非常大的变化。企业电子商务将云技术应用充分利用，这样可以更有效地利用资源，并且可以将成本降低。云计算对企业电子商务应用的改善主要有以下几个方面：

（1）云计算能够为企业电子商务的应用提供良好的经济效益。

（2）云计算能够改善企业电子商务应用的安全性，还可以为企业提供可靠安全的数据存储中心。

（3）云计算应用于企业中，可以提供快速、快捷的云服务，可以改善企业电子商务应用的灵活性和专业性。

（4）云计算能够为企业电子商务的应用提供强大的计算能力，可以快速完成用户的各种业务要求，最终可以实现在普通计算环境下很难达到的数据处理能力。

二、云计算给电子商务带来的机遇

如今“云”技术和产业的发展，在电子商务领域的应用也逐渐变多，它不仅操作简单，而且效率也很高，覆盖广和自动化，企业能够通过它得到更廉价的资源，并且可以发展更完善的服务及更广阔的前景，对于各行各业来说，云的兴起带来了很多的机遇，电子商务也不例外。其主要的表现如下：

1. 降低成本提高效率。

云电子商务平台将复杂的后台计算转移到云中，把各个业务作为任务发送至云中处于不同物理位置的服务器处理，之后再返回结果，用户仅需简单操作就能够完成复杂的交易过程，云计算的结构将决定该模式有效利用服务器的计算性能，向用户提供高效数据处理服务。在企业搭建自己的电子商务平台的时候，通过云技术就能够不再需要为构建电子商务软硬件环境操心，也不需要投入巨大的资金和人力物力来完成系统建设。

2. 提高了客户满意度。

云具有动态扩展性，能够按照企业的需要提供可伸缩扩展的应用部署，能够真正地实现弹性操作，通过利用系统技术自动监控网站流量，实现负载自适应，企业不需要按照系统最高峰对资源进行配置，用户能够快速打开网页进行交易，这样一来就会提升客户的满意度，可以说，云计算使企业间合作关系更加方便融洽，轻松实现了企业电子商务间的共享。

3. 促进了电子商务搜索引擎发展。

电子商务的重要组成部分就是搜索服务，云计算推动着搜索引擎信息处理能力增强向着多样化、搜索精确化、智能化及移动化发展，云搜索引擎将记忆电子商务论坛（或社区）的注册用户所产生与积累的内容、信息及需求。可以更精准的掌握用户。能够让不同地域，不同语言，不同风俗却拥有同一讨论内容的社区相互聚集在一起，于是就会形成一个很大的背景池，然后供企业需要在互联网上及时、海量地发布、推广自己的信息使用。云计算搜索引擎机器语言翻译服务能够很好地帮助企业将电子商务发展过程中的语言障碍克服掉，还能够对音视频、图片文件进行理解并获取内容进行搜索。搜索行为的多样化对电子商务的发展有着非常重要的意义。云搜索引擎会在将来表现的更智能化，更懂得用户，能够得知用户是谁、想干什么，还能够了解用户搜索请求中隐含的需求等，用户在搜索一个词时，就能够根据搜索的内容判断用户的兴趣范围，整合相关信息，将搜索到的结果一站式地提供给用户。

4. 加快移动电子商务发展。

移动电子商务目前因为终端运算能力、信息传递和处理能力的限制，导致在移动支付安全保障方面存在着一定的隐患，因此不会得到很好的发展。然而云技术是能够使移动终端和移动通信网络高效、可靠，大大提高了信息的传递和运算的能力，这也正好将这些困扰问题解决掉。

5. 带来更安全的电子商务数据存储模式。

传统的基于“签名”的安全防御技术在“海量威胁”的压力下受到了很大的挑战，然而这又正好为“云安全”技术发展拓展了空间。分布式运算的强大能力和客户端的安全配置精简化是云安全最重要的技术特点，使客户端得到，本身云安全技术提供对未知威胁的评估和防御推送能力，集成云安全技术的产品，能够在网络威胁侵入之前就进行阻止，这样可以明显的看到，安全性的提升并且降低了客户端的维护量，在这之后一个从事电子商务的企业就不用再为保证后台海量数据的安全而担忧了。

6. 提供更加智能的经营决策模式。

在用户数量增加海量数据的时候，电子商务企业总会因为处理和管理能力不强，深度挖掘能力不够，从而致使企业无法做出明确的经营决策，而云计算所提供的大型数据中心，海量数据存储、运算、分析、挖掘能力，也正是为这些商业智能提供了非常好的一个基础，

“租赁+服务”的资源分配及交付模式，同时还为电子商务企业发展商业智能提供了非常大的成本优势。

整体上来说，对电子商务而言云计算对其影响是非常深刻的，二者也主要是由云计算的特点所决定的，对多种资源的统一管理，多种服务的统一提供，这是“云”所强调的。就用户来说，资源不会只是固定的而可以伸缩扩展，服务也不再是被动接受被代替的是随心所欲、用户主导和按需服务。这对电子商务运营商来说，的确是一个非常难得的发展机遇，企业只需专注本身的业务与服务不需要过多的关注技术及服务的过程，能够专心的在这条新的技术环境下走适合自己发展的道路。

三、云计算背景下电子商务发展的新趋势

电子商务企业面对云计算带来的机遇和挑战，应该从下面几个方向着手，要不断适应变化着的市场环境。

（一）电子商务运营商应该专注于核心竞争力的提高

电子商务，是一种借助于计算机网络实现的一种全新商业模式，经营和管理是电子商务企业的核心竞争力，并不是技术。其实云计算的出现会让包括电子商务企业在内的传统的 IT 企业都受到一定程度的冲击。就以在线的软件产品销售作为例子来说，在基础软件层面，要是不同的用户能够借助云计算平台，采用即用即付的方式快速、便捷地使用软件产品（如操作系统），那么软件销售就势必会受到影响。

在应用软件层面，要是软件产品的开发、安装和维护等 IT 服务也通过云计算进行实现，这样一来就云计算现在的发展趋势来看，主要经营上述两种业务的企业就会面临市场份额逐渐变小和业务机会逐渐变少的危险。

尼古拉斯·卡尔在《IT 不再重要》里面指出，云计算的发展将会使 IT 技术逐渐变成普遍、廉价的公共资源，这一点对于所有人来说都是一致的，所以 IT 不再具有（核心）竞争优势。于此同时，云计算技术在前期的投入大，并且周期也长，就不会有一个雄厚的资本和较硬的技术，电子商务运营商也没有办法涉足这一领域。

所以说，在云计算时代，电子商务企业尝试着如早期那样只通过 IT 技术来获得核心竞争力的策略是不可行的。经营者需要将其主要精力和资源都放在经营管理上面，不断提升产品和服务的质量，构建非 IT 技术的核心竞争力。

（二）电子商务运营商应该进行商业模式和经营模式的创新

可以说，云计算时代电子商务企业制胜的关键，就是商业模式和经营模式的创新，企业需要做的就是开阔思路，通过对云计算本身优势的利用，实现经营创新。就如，在意识到云计算广阔的发展前景之后，国内著名的 B2B 运营商阿里巴巴集团旗下的子公司阿里软件在 2009 年就逐渐开使规划筹建多个电子商务云计算中心，同时将其与企业现有的大型数据中心互相结合，于是就形成了规模可以与谷歌匹敌的服务器集群“商业云”（business-cloud）体系。不只是这样，阿里巴巴并没有照搬 Google 等国外云计 64 经济与社会算运营商的模式，而是充分地利用其 B2B 经营积累下来的经验和资源，探寻适合企业发展需要的云时代电子商务经营模式：利用商业云体系为国内用户提供适合其需求的、个性化的各类电子商务服务。这样独特的经营模式把阿里巴巴与别的运营商（如亚马逊）进行了一个区分，

这也就实现了产品和服务的差异化。用户借助阿里巴巴的商业云，就不用再担心后台繁杂的 IT 基础设置部署，仅需提出自己的服务需求，通过互联网购买自己需要的计算处理资源，云计算中心帮助用户按需计算并按需服务。

（三）电子商务运营商应该加强与同行的合作

在面对来自亚马逊、谷歌等实力雄厚的云计算运营商的挑战时，电子商务企业需要在合作中谋求自身的竞争优势。云计算对企业的资本、技术实力的要求都比较高，电子商务企业特别是中小型企业最好要在短期内涉足这一领域，还要超越 IBM、亚马逊及谷歌等在云计算领域领先的骨干企业并不实际。

“他山之石，可以攻玉”，电子商务企业需要加强与这些企业在技术和服务等多方面的合作，在不断地合作中学习其先进的管理理念和方法，探索出一条有自身特色的发展道路。

第十一章　商务智能

在高速发展的互联网环境下，电商的交易领域已经涉及到“民生”的各个方面，并发挥巨大的影响力。“智慧电商”的生态圈也在逐渐的完善并丰满，涉及到的相关产业有电商、金融、征信、广告、物流和保险等。

“智慧电商”利用先进的网络技术和安全的信息技术，打造“智慧电商”生态环境，将电商的虚/实体企业、电商平台、消费者、事件性事务信息流、交易性商户/消费者资金流、商品流转的物流信息等基本要素整合，实现“智慧电商”生态圈中的商品、广告、金融、物流和保险等相关的企业应用的实时感知、信息的动态发布和智能商务等功能，以此来提升“智慧电商”的“智慧”。

通过“智慧电商”生态圈的建设，可实现的价值：降低生产、销售、流转等企业的经营投入、为各自的客户提供优质的过程体验、整合或创新生态圈中的相关产业、创建适应“智慧电商”生态圈的商业模式。

伴随着大数据时代的到来，各行各业越来越认识到数据的价值。尤其电子商务领域产生了大量的数据。为此，工信部人才中心将“营造邮电教育智慧电商人才培养项目”纳入“工业和信息化领域急需紧缺人才培养工程”。而商务智能是对电子商务领域产生的大量数据进行智能化分析、构建“智慧电商”的最基本的实现方式。尤其，在商务智能领域具有项目评估和分析、能够进行需求分析和设计、项目管理以及进行数据挖掘机算法的高级人才，是尤为急需紧缺的一类人才。在国家指导方针下，鼓励高校教研活动参与到企业、社会中的实践中来，形成产、学、研相结合的模式，既将学术中的理论应用到实践中来，也通过社会实践为学术研究提供更广泛的环境，实现学术与实践的紧密衔接。

第一节　项目评估与可行性分析

电商企业发现当前市场竞争非常激烈，为了对自己的客户更了解，准备建设一套客户行为分析系统，在开始建设客户行为分析系统前，需要先对客户行为分析系统项目进行评估，如何进行项目的评估呢？企业的市场部门相关业务人员和IT部门技术人员需要一起撰写客户行为分析系统项目的可行性分析报告，电商企业的决策部门需要对项目的可行性报告进行评估，若是需求与企业的发展规划一致且很迫切，项目可以准备着手进行规划并建设。

什么是可行性报告？可行性报告是从事一种与资本相关的活动之前，要从市场、技术、经济直到当前社会环境等各种因素进行具体调查、研究和分析，确定项目的不利和有利的因素、项目是否可行，估计成功率大小、经济效益和社会效果程度，需要把此报告提交给决策者，由决策者进行审批的文件。

一、可行性分析

可行性分析是准备建设项目前具有决定性意义的工作，是在决定建设荐前，拟建项目进行全面的经济技术分析的科学论证［11］，并对拟建项目相关更详细的社会需求、技术、经济投入和风险等进行调研并分析比较预测建成后的社会经济效益。在此基础之上，综合论证项目建设的必要性，资本的盈利性，经济的合理性，技术的先进性与适应性以及建设场景的可行性，为投资决策提供科学依据。［12］

可行性分析的内容主要侧重以下 7 部分（包括但不限于）：

1. 投资必要性；
2. 技术的可行性；
3. 财务可行性；
4. 组织可行性；
5. 经济可行性；
6. 社会可行性；
7. 风险因素及对策。

二、项目评估

在项目生命周期的各过程中需要对每个阶段进行项目管理评估数据的收集。在项目的计划期间需要确定项目的评估体系，评估体系贯穿项目整个生命周期的每个阶段，在每个阶段的末期进行评估，并针对此阶段出现的问题和为保证项目下阶段的顺利进行，需要根据评估数据来进行适当的调整与修正，以保证项目后续能稳健的进行。

在项目启动前，就需要制定保证项目成功的评估方法，项目评估的方法有六种，分别是：实施进度评估、项目成本评估、实现功能评估、项目效果评估、可操作性评估和项目的延续性评估。

在项目评估中，项目评估体系与项目评估报告的复杂度决定了项目评估数据的数据质量，复杂度简洁的，相对应的数据质量会很好，评估数据的质量会随着复杂度的增高而降低。

第二节　项目规划和总体设计

在智慧电商类的项目中，对项目的规划和总体设计，一般从项目定位、功能性需求及非功能性需求、实施规范等方面进行考虑，同时也对开发、测试、生产的软硬件环境进行分析。

一、项目定位

一般智慧电商类项目的实施，会涉及到多企业或是企业内的多部门的不同的业务系统，在企业中的定位，通常分为三种：单纯的数据分析系统；单纯的数据平台；数据分析系统与数据平台集一身。

（一）纯数据分析系统

纯数据分析系统，一般是针对某项具体的应用领域（比如风险管理、客户管理等）而构建的系统。此类系统一般只将所涉及到的业务系统作为源系统接入数据，往往不会涉及到企业的所有业务系统。此类系统的目的也比较简单，只专注于所关注的分析领域，也可能会将系统的产物反哺给其他业务系统，但也都比较有针对性的、定向地施行数据服务。

纯数据分析系统所接入的数据并非企业的所有数据，因此所纳入的数据并不全面，主题的建设可能也不会是涉及到企业所有的业务。

为了便于系统的管理和维护以及适应源系统的变更，屏蔽源系统的变更对本系统的影响，以及考虑将分析系统的模型进行积累沉淀，在数据模型方面通常会采用数据仓库建模的方法，将模型构建为标准化的、与源系统弱关联的形式。

纯数据分析系统的项目，一般由业务部门牵头，IT 部门作为辅助支持的单位来进行实施。

（二）纯数据平台

纯数据平台的项目实施中，其定位一般为企业的数据资产管理平台。该系统的任务是将企业所有业务系统的数据作为企业的数据资产进行标准化并统一管理，甚至有可能包括一些非业务系统的数据。系统的建设目的是为企业的所有系统提供数据支持服务。所服务的系统主要是一些分析、管理类的系统，比如风险管理、管理驾驶舱、报表系统等。同时也支持对一些业务系统的数据提供数据服务支持。

数据平台作为企业的数据资产管理平台，所接入的数据较全面，在主题划分和设计上也是涵盖了企业的所有业务领域。在建设方法上，一般严格按照数据仓库实施方法论来进行建设，建设标准的 4 层数据模型架构，对数据模型实施规范标准化，建立标准的数据交换接口。

（三）数据分析应用+数据平台

上述两者的综合用途的系统，即为数据分析应用和数据平台的集成。通常将数据资产管理功能，按照单独的数据平台方式进行建设；而对于数据分析应用的系统，可以直接从同时建设的数据平台上获取数据，而不用建立自己的数据仓库。

在这样的项目形式中，按照两个系统进行建设的思路，可以保证数据平台的独立性，建设的思路不受分析应用的影响，可以更好地实现其作为企业数据资产管理平台的建设目的。

二、需求边界

商务智能项目实施中，需求主要来自于两个方面：一是标准的数据仓库、数据平台的项目实施需求，二是项目需求方提出的有关报表、分析类的需求。

（一）标准数据仓库实施内容

作为一个标准的数据仓库建设，4 层数据模型架构是通常要完成的。同时需要确立要接入的源系统，并对这些源系统进行数据探索，了解并熟悉源系统的数据模型。完成源系统到数据仓库系统的数据映射和 ETL 开发工作，并完成数据仓库系统各个层次之间的数据处理。同时针对数据平台所附带的常规应用（通常是行业常规的固定报表）进行构建和开发。作为数据平台的数据服务功能，需要与外围系统进行沟通，确立数据交换接口的标准。

通常为了标准化的统一，着重建设标准的数据交换接口，其他的外围系统与数据仓库进行数据交换，均按照该标准化统一的数据交换接口进行数据交换。该标准化的统一数据交换接口，或许会采用企业既定的统一标准，或者未来规划的统一标准，也有可能企业没有指定也没有规划标准的数据交换协议，项目实施团队需要与企业进行充分沟通，以确立对未来有效的、满足未来数据交换需求的数据交换接口。

（二）数据分析应用

如果是数据分析应用的项目，项目实施团队根据自己的经验和解决方案，为企业建设数据分析应用系统的各项功能。实施团队带来的数据分析应用方案，所涉及到的功能，通常包括涉及到的业务数据、完整的数据分析的应用、以何种形式进行数据展示和数据对外服务、对外服务的数据范围有哪些等等。

（三）用户需求

即便项目实施团队带着解决方案来到企业进行项目实施，往往企业自身也有一些个性化的需求需要在项目实施过程中进行实现。因此，在项目调研阶段，企业的业务人员需要参与进来，提出他们期望的功能。

在收集和整理用户需求时，需要甄别需求是否与本项目所建设的系统项目，对与本系统不相干的需求，需要进行排除。

（四）需求边界确立

由于用户期望的功能量与企业投入的矛盾，以及防止需求变更引起的项目延期及项目质量管控的要求，需要确定需求边界，界定要完成的功能和本期项目暂时不需要完成的功能的界限。

需求来自于上述的两个方面：项目实施团队带来的解决方案和企业用户提出的需求组成。针对这两个方面组成的需求集合，项目实施团队与企业的用户一起确定要完成的功能的界限，形成双方认可的《需求规格说明书》，作为项目实施所完成功能的依据。

三、项目功能

做系统开发，就需要完成一定的功能，这些功能组成系统的可见的或能够被认可的部分。通常，商务智能项目的功能包括以下几个方面。

（一）后台处理功能

后台数据处理功能通常是业务人员所无法看到的，但必须实现的功能。后台功能完成了数据在背后进行加工处理和对外支持的能力。后台数据处理功能包括：

1. 数据装载。装载源系统卸载的数据文件到贴源层；

2. 数据质量检查和数据清洗。对于源系统的数据，可能存在数据质量问题。在转换到数据仓库系统之前，要进行质量检查和数据清洗工作；

3. 数据标准化。对源系统规范标准不一的数据进行标准化统一；

4. 数据历史留痕。对于数据的历史信息，进行历史数据保存，保留历史变化痕迹；

5. 构建主题模型。在数据仓库中按主题对数据进行管理；

6. 构建多维数据立方体。数据仓库中的联机分析处理需要对数据从不同的维度视角、按不同维度组合、在不同的粒度上对数据进行分析，构建多维数据立方体是必要的；

7. 建立任务调度。为了实现批量数据处理，将每个批量处理的作业按照依赖关系和关联关系组合在一起，构建批量处理的任务调度；

8. 数据交换接口。数据仓库要与外围系统进行数据交换，通过数据交换接口来实现。

（二）前台操作功能

前台操作功能是业务部门的用户进行操作的、可见的用户界面。前台操作功能包括一些常规的通用的功能，和一些针对不同业务的具体的业务功能。

1. 常规的通用功能包括：

（1）系统管理。

这是系统管理员常用的管理功能，包括系统初始化、功能管理、参数管理、系统监控、日志管理等。

（2）鉴权管理。

是指用户、权限及身份认证等的管理，这是由系统管理员和业务管理员共同完成的。包括用户管理、权限管理、角色管理、群组管理、登录及身份认证等。

（3）常规操作。

常规操作是指一般应用系统常见的操作功能，包括打印、导出；多维数据立方体的常规访问等。

2. 具体分析类业务功能

具体的分析类业务功能视不同的分析系统的情况，有不同的内容，这些功能通常是由项目实施团队的解决方案中的业务功能和业务人员提出的业务功能组成。

（三）数据分析功能

对于有数据分析需求的项目实施中，数据分析和数据挖掘的功能是重要的组成部分，并且往往是最核心的功能。这些功能与项目建设的业务目标相关，不同的项目建设目标，其数据分析和数据挖掘的功能也不相同。

（四）固定报表

在商务智能类的项目中，固定报表往往是不可缺少的组成部分。尤其是数据平台的项目中，数据平台构建完成，行业常规的固定报表是数据平台最直接的效果呈现，也是数据平台的构建完成后的首批应用。

（五）自定义报表和灵活查询

在有些数据平台项目中，为了方便用户访问平台的数据，提供灵活查询功能。用户只需在界面中通过拖拉拽的操作，选择数据实体、展示的字段，设置查询条件，就可访问到想要的数据。复杂一些的，允许用户对字段进行简单的运算。这些操作都可由平台的应用自动将用户的操作转换为后台数据库的简单查询。该功能只是为了方便用户查询数据库中的数据，为了效率方面的考虑，通常不支持复杂的查询。

如果灵活查询的功能进一步增强，允许用户设置展示的样式、选择多个表进行关联查询，则可以实现自定义报表的功能。通常，企业所使用的报表工具也都支持自定义报表的功能，其操作方式与开发人员开发报表一般类似，或者相同。

对于某些有一定操作数据库经验的业务人员、企业的系统管理员，能够自己编写 SQL 进行数据库查询的，可以允许用户自己编写 SQL，并将 SQL 执行的结果生成报表。

四、性能指标

商务智能系统对数据的处理和数据访问在性能方面有一定的要求。所有的功能都应该在合理的时间内完成，才能满足用户对数据访问的需求以及等待的忍耐度。

（一）响应时间要求

有关批量数据处理的性能，考虑到数据仓库的数据批量处理通常是 T+1 的时效机制，在夜间适当的时候启动数据处理调度，并连续进行处理。一般要求在第二天用户访问系统之前，完成批量数据处理的作业，以便及时完成数据处理，并且不影响用户访问的效率。通常，这个时间只有几个小时的时间。并且，批量处理时间也不能完全占用这段时间，也就是不能正好赶在第二天用户上班开始使用系统的时候结束。因为会由于各种原因，比如批量运行异常中断、批量因特殊的日期或随着系统运行而导致的数据量大而延长处理时间等，都会使批量处理不能按时完成。因此，需要预留一定的缓冲时间，以应对意外的中断处理，或者系统数据增长导致的批量时间增长的情况。具体预留的时间，视系统的运行及时效性要求而定，没有统一的标准。

用户访问的效率，也是有一定的要求。用户的一个请求，长达几十分钟不结束，不仅用户对此速度难以接受，对系统的负载也是一个严峻的考验。用户的请求处理时间长，会导致系统同时处理大量的请求，导致系统资源的大幅占用，影响系统的稳定性，易导致系统崩溃，停止服务。一般来说，从用户发出请求，到给用户呈现结果，所需的时间应该在 1 秒以内。这 1 秒的时间包含服务器的响应时间，数据传送到用户端，以及用户端的展示时间等。这个时间如果超过 3 秒，往往视为一个较差的用户体验。

（二）用户数量要求

除了响应时间作为性能的指标外，系统所能承载的用户数量也是性能指标的另一个要求。一般的，可以从用户数量、用户在线数量、请求并发数量等 3 个层次进行分别设计。

同时，针对不同服务器分离的情况，可以针对不同服务设计上述3个层次的不同指标。

五、质量目标

规定了项目实施过程中的质量目标，指导项目级质量管理员的工作，有助于项目主管了解项目的质量保证工作的进展情况，使项目在第三方的跟踪监督下更客观地反映实施中的情况。

商务智能系统的质量目标，通常可以从以下几个方面来进行制定。

（一）交付物质量

项目的交付物通常包括两方面：程序代码和项目文档。

考核程序代码的质量，除了通过测试发现缺陷的问题外，还包括：程序代码的工整程度；代码中的注释是否足够详细、有效。无效的注释在程序代码中无法起到补充说明的作用；程序的逻辑是否严谨，必要的判断和检查是否存在且合理。有些时候程序虽不出错，但没有必要的判断检查。不出错是暂时的，在特定的时机产生错误，没有必要的判断、检查和处理，会导致故障发生，影响服务的正常运行。

考核文档的质量，包括：格式是否统一；文档阐述是否足够详细；是否存在大量无用的垃圾代码堆积；文档的错别字比率要足够低；错误的描述比率要足够低。

（二）不良和缺陷的解决

程序开发完成存在缺陷是不可避免的，测试工作是发现这些缺陷并提交开发人员进行修正的过程。针对测试发现的缺陷及不良功能，开发人员要尽可能完成修正。针对某些因故不能修正的缺陷或不良功能，其比率不能超过规定的限度。根据功能的重要程度，分别制定缺陷的修复率。

必要的情况下，根据不同测试人员测试的缺陷集进行交叉分析，预估未发现的缺陷的水平，进行项目缺陷方面的质量评估。

（三）项目进度

项目能否按期完成，也是项目实施质量的一个指标。针对项目计划中制定的各个阶段里程碑，考核项目执行情况。项目按期完成阶段性工作，或延期的时间，作为考核项目进度质量的指标。

（四）用户满意度

项目实施开发产品，目的是交付让用户满意的产品。在需求边界内的功能中，功能的实现被用户认可并满意，是项目质量的另一个可以考核的指标。制定该指标的意义在于避免开发人员在满足用户业务功能的前提下，开发的程序操作繁杂、细节处理不当等造成用户体验差的粗糙产物。

六、系统可靠性

系统的安全运行，无故障中断，不停机服务，是系统可靠性的要求。通常，我们可以按照核心功能和非核心功能的服务分别确定可靠性要求，核心功能较非核心功能要有更加严格的可靠性指标要求。

（一）服务时间

通常要求能够保持 7×24 小时不间断地提供服务，指明服务高峰期的时间段，可靠性指标要求可以高于常规时间。

（二）故障停机

对于因意外导致的故障停机，每次停机时间不能超过约定的时长，每月不能超过约定的次数和总时长。总时长并不是每次时长和次数的简单乘积。

（三）系统维护

对于计划内的系统维护，时间也不应过长。需要约定运维操作时长限制，不能因系统维护的时间过长而影响系统的服务。

（四）灾备恢复

因不可抗力导致的系统服务或数据不可用时，系统服务或数据的恢复要足够及时。可以分别按以下几种情况的程度分别设计恢复时效要求：

1. 系统的关键硬件发生故障；

2. 系统所在场所或整个系统发生故障。

对于已丢失的数据，允许丢失的数据量，不可因灾难或故障导致全部或大批数据丢失。通常可以约定允许丢失多少小时内的数据量。短时间的数据丢失可以通过人工补录的方式来进行恢复，时间越短恢复的代价越低。

以上各项指标对于核心功能和非核心功能可以区别对待，核心功能的要求要更加严格，非核心功能的恢复，视情况可以适当放宽要求。对于灾备的恢复，要确定系统完全恢复到正常的可用性和性能水平的时间。

七、应用产品

商务智能系统运行的多个环节涉及到应用产品，比如在 ETL 过程中需要 ETL 工具，数据存储需要用到数据库产品，数据展示需要用到报表工具，数据分析和数据挖掘需要用到数据挖掘工具等等。对于这些工具或产品的选型，如果企业用户自己有特别的指明，通常按照用户指定的工具。否则，我们需要分析企业用户和项目的现状，来对工具产品进行取舍。

（一）调度工具

商务智能的系统需要批量执行数据处理工作，调度工具是不可或缺的，尽管常见的 ETL 都有一定的调度功能，但功能有限。常见的调度工具有 Control-M 和 TaskControl，是分别来自美国和中国的两款产品。

对调度工具选型，通常考虑以下几个方面：

1. 稳定性。

通过用户的反馈来看，Control-M 较 TaskControl 稳定性更好，毕竟 TaskControl 是一个年轻的产品；

2. 大规模数据支持能力。

两款产品均声称支持 10 万级的任务，但少有企业在上面运行那么多的任务。Control-M 有较成熟的案例和企业用户，TaskControl 作为一只新秀，缺少较有影响力的案例来证实，

但其潜力比较乐观；

3. 数据集中管理能。

Control-M 以数据库来存储作业调度等数据，TaskControl 则以文件的形式保存这些信息，信息可以存储在不同的服务调度节点上；

4. 网络支持能力。

两者均可以支持分别通过 EM 节点、Server 节点和代理节点并以多级的方式进行网络控制，能力相当；

5. 跨平台能力。

Control-M 支持各种主流操作系统，而 TaskControl 目前只支持 Linux/Unix 操作系统。以目前企业服务大多运行在这两个系统的现状看，跨平台的因素影响力较小。

6. 使用成本。

Control-M 是纯商业化的软件，价格较高。而 TaskControl 是新生产品，商业版本的使用成本较低，也有免费版本使用，但在功能和任务数量上有所限制。

（二）ETL 工具

常用的 ETL 工具比较知名的商业化产品有 Informatica 公司的 PowerCenter 和 IBM 公司的 DataStage，以及 TeraData 公司的 ETL Automation。

总体来讲，PowerCenter 和 DataStage 在国内是应用比较广泛的产品，许多银行等企业用户都在用二者之一。它们都有比较完整的产品系列，涵盖了数据整合、数据质量管理、实时数据捕获和元数据管理等功能；支持图形化开发操作界面，使用简单，开发效率高。有所区别的是，PowerCenter 本身不具备数据存储功能，其元数据存储需存储在专门的数据库产品中，比如 Oracle、DB2 等；而 DataStage 自身支持元数据存储功能，不需要附带数据库产品来存储元数据的信息。但这本身不是什么有较大影响的因素，因为 ETL 本身就需要与数据库打交道，所需的数据库产品及服务也容易解决。二者也广泛支持各种数据库。

ETL Automation 是 TeraData 公司的产品，与 TD 公司自身的数据库结合的很好。它的本质不是一个 ETL 工具，而是一个框架。其重点并不是来实现“转换”，而是结合其公司的数据库产品来更好地实现并行处理能力。它的另一个着重点在于作业流程的处理，包括作业的前后依赖关系、执行和监控等。

另有一种开源的软件 kettle 应用的也比较广泛，使用 Java 开发，易于维护，但缺乏商业支持。因运行过程中需要 JVM 支持，数据处理的效率较前面的商业化软件有一定的差距。Kettle 在稳定性方面也较商业化的软件差一些，但由于其开源的特性，针对这些问题，可以对 kettle 进行修改，这是商业软件所不具备的。

（三）数据库

有关数据库选型，如果数据量不是很大，通常可以使用企业已经采购的现有数据库即可，比如 oracle、db2 等，甚至 mysql 也可以。

使用关系型数据库存储数据构建数据仓库，使用的是关系型数据库在存储管理结构化数据方面的能力。使用自己的多维数据立方体模型，也可以将多维数据立方体保存在关系型数据库中。基本上，这些常见的关系型数据库在数据的存储、管理和访问方面，在本质上没有很大的区别，在性能上也差别不是很大。

尽管如此，各种数据库之间还是有一定差别的，它们在构建数据仓库的时候各有各自的优势。

Mysql 数据库支持多种不同的引擎，其中的 InnoDB 和 BDB 引擎是用于事务的，而数据仓库的数据保存和更新处理都不需要事务，因此在使用 mysql 构建数据仓库时，最好不要选择这两个引擎；csv 引擎可以方便地读取 csv 文件中的数据，因此可以在适当的场景使用 csv 引擎；archive 引擎方便存储大量的数据，但无索引，因此可以用于数据仓库中的归档数据的存储；HEAP 引擎将数据保存在内存中，可以将规模不大且不需要落地的临时表使用该引擎。

Oracle 创建数据库实例时，可以选择数据仓库专用实例。Oracle 还附带一个 Oracle Warehouse Builder 的工具，简称 OWB。OWB 可以很好地与 Oracle 数据库产品结合，不仅可以实现 ETL 等的功能，还能在 Oracle 数据库中建立 ROLAP 和 MOLAP 数据仓库对象，以及进行数据质量管理和商务智能的定义等。

Sybase 公司有专门针对数据仓库的列式数据库产品——SybaseIQ。其特别优化了大并发的即时查询的性能，并在批量数据更新方面也做了很好的优化。基于其列式存储和排序的特性，在连续的值存在相同值的可能性大大增加的场景，SybaseIQ 采用了数据压缩技术，使得数据通常能够实现 50%以上的压缩幅度，从而进一步在查询性能上得以大幅提高，并减少对存储空间的需求。

DB2 采用 DPF（Database Partitioning Feature —— 数据库分区特性）技术，采用非共享体系架构，将数据均匀分散在多个不同的节点上，每个节点单独处理单一任务，每个任务处理一部分数据，各个分区节点间通过高速网络进行交互，从而能够大幅提高对单一请求的处理效率，从而间接提高服务器的并发处理能力。

上述数据库在选择时，可根据企业的现状和项目需求，以及产品的特性进行匹配选择。

（四）报表工具

报表应用是商务智能系统的数据展示的常用途径。商业化的报表工具最常见的有 IBM 公司的 Cognos 和 BO 公司的水晶报表等，开源的报表工具有 BIRT 等。

Cognos 是国内大中企业应用比较多的报表工具，不仅可以开发定制报表，也允许用户自定义报表，进行高级定制开发等。除此之外，还可以使用自己的 Cube 引擎构建多维数据立方体。Cognos 运行将报表页面嵌入到企业应用的 Portal 中，通过企业应用的功能授权和用户角色、权限进行鉴权管理。

水晶报表可以迅速地将任何数据转换为强大的、可交互的内容，并可以通过企业门户、无线设备和 Office 文档等报表进行访问和交互。

BIRT 全称为 Business Intelligence and Reporting Tools—商务智能及报表工具，是为 web 应用开发的，商务智能的报表工具，是使用 Java 语言开发的开源工具。BIRT 提供图标引擎，运行为应用增加图标，创建丰富的报表。除了能够创建常规的列表、图表、交叉报表等报表页面外，还能够方便地创建文档和信函等格式的输出，其中包含带有格式的正文、图表和列表等报表等。

（五）挖掘工具

数据分析和数据挖掘应用是商务智能系统中的高层次的应用。数据挖掘的工具，有常规的统计分析工具，如 SPSS、SAS 等，也有一些开源的专门应用于挖掘分析的工具，如 weka 等。

SPSS 的基本功能包括数据管理、统计分析、图表分析、输出管理等等。SPSS 统计分析过程包括描述性统计、均值比较、一般线性模型、相关分析、回归分析、对数线性模型、聚类分析、数据简化、生存分析、时间序列分析、多重响应等几大类，每类中又分好若干统计过程，比如回归分析中又分线性回归分析、曲线估计、Logistic 回归、Probit 回归、加权估计、两阶段最小二乘法、非线性回归等多个统计过程，而且每个过程中又允许用户选择不同的方法及参数。SPSS 也有专门的绘图系统，可以根据数据绘制各种图形。[2]

SAS 系统主要完成以数据为中心的四大任务：数据访问；数据管理（sas 的数据管理功能并不很出色，而是数据分析能力强大所以常常用微软的产品管理数据，再导成 sas 数据格式。要注意与其他软件的配套使用)；数据呈现；数据分析。其中 Base SAS 模块是 SAS 系统的核心。其它各模块均在 Base SAS 提供的环境中运行。用户可选择需要的模块与 Base SAS 一起构成一个用户化的 SAS 系统。[2]

Weka 是基于 JAVA 环境的机器学习和数据挖掘的开源软件，自己集合了部分常用的数据挖掘和机器学习的算法，比如聚类、回归分析、分类、关联规则等。用户可以参考 weka 的接口文档来开发自己的数据挖掘和机器学习的算法，可以参考 weka 的接口文档，开发自己的算法并集成到 weka 中。Weka 可以对数据进行分析前的预处理，使得数据更利于分析和挖掘。Weka 提供图形界面和命令行操作的界面，方便不同的交互性的操作和批量自动处理。

八、系统安全性

（一）应用系统面临安全威胁

应用系统的运行都会面临各种安全威胁，比如：

1. 非人为因素：包括服务器意外断电、设备损坏、硬盘出错、网络中断等；

2. 人为因素：包括人员操作失误，外部或内部恶意攻击，感染病毒或木马破坏等；也包括信息泄露、数据窃取、抵赖或假冒等；

3. 系统因素：比如系统软件存在的安全漏洞。

（二）系统运行的保障机制

为了保障系统的安全运行，需要有严密的保障机制来确保系统的安全运行。

1. 系统防病毒机制

系统安装可靠的防病毒软件以提供病毒的预防及查杀功能。防病毒软件要能够及时升级病毒库，确保能够及时发现新的病毒及病毒的新变种。

2. 应用权限访问机制

系统访问采用鉴权机制，系统用户分组、分角色设置功能访问权限和数据访问权限，拒绝非法用户访问系统。用户使用系统需进行登录授权，且只能够访问授权范围内的功能，并进行权限内的操作，避免越权处理产生系统安全隐患。对管理员的权限进行严格限制，并实行管理和业务的操作账户分离的机制。记录用户的操作日志，并定期审核用户身份及口令的有效性，定期强制用户修改密码。

3. 高强度系统和数据库保护机制

使用符合 C2 级安全标准的操作系统和数据库系统，时刻跟踪操作系统的补丁情况，及时打补丁并关闭所有不需要的服务。开启系统的安全审计和系统日志机制，记录完整的操作系统日志，便于事后对于相关事件的审查和跟踪。[3]

4. 安全审计机制

系统开启安全审计功能，包括：数据库、操作系统的审计；防火墙的进出数据审计；应用业务软件、平台的审计安全备份。[3]

5. 安全预警机制

系统需具备安全事件的告警、查询、分析、处理等功能。

九、环境要求和设计

项目实施过程中，涉及到开发、测试、上线运行等环节，分别需要不同的软硬件环境及网络环境的要求。

通常的，为了保证项目开发的系统的兼容性，要求开发、测试和生产的软件环境要一致，以避免因兼容性问题导致系统上线后产生意外故障。

对于硬件环境的要求，通常是生产环境的配置要求最高，配置的硬件资源也是最高的。而对于开发环境和测试环境的配置，往往视不同的情况而定。开发阶段，大量的操作产生在开发者各自的终端上，即便是开发阶段的自测验证涉及到数据处理等的操作，也都是少量的测试性的数据，因此开发环境的硬件资源配置一般不需要很高。如果开发人员很多，对服务器的访问压力大，可适当增加资源。测试阶段，需要尽可能多的数据、更加接近于真实生产的数据进行测试，以充分测试各种情况。此时处理的数据量大，数据处理的频度高，需要较高的硬件配置。因此测试环境的服务器配置要高于开发环境。而对于生产环境，要充分考虑到用户量的规模、性能的要求以及稳定性的要求，往往配置的资源是最高的。

网络环境方面，一般企业都有不同的网络划分。必有的有生产网，组建的是生产的网络环境。为了安全考虑，生产网通常是封闭的，严格一些甚至是物理隔离的，与其他网不互通。生产环境搭建在生产网中，除了网络被隔离之外，有些企业还要求服务器关闭非必须的端口，以降低网络安全方面的风险。另一个常见的网络是 OA 办公网。OA 办公网也是用于生产，但与生产网不同，生产网内连接的是生产服务器，以及访问主要业务的一些生产用终端节点。而 OA 办公网主要用于一些行政、事物性处理的工作内容，由于可能与外界进行一些业务沟通，因此一般与互联网相通。但为了安全考虑，访问互联网的终端或用户需要一定的权限。对于 IT 系统开发不频繁的企业来讲，偶尔开展的软件系统开发，会将开发的环境搭建于 OA 办公网中，至于是否开放互联网访问权限，视企业的规章制度而定。但开发过程中开发人员与外界的沟通是不可避免的，比如邮件交流、在互联网查阅资料等。即便不允许开发终端访问互联网，通常也会置备专门的上网机供开发团队使用。对于有大量开发工作的企业来讲，会搭建专门的开发网，比如银行、数据中心等。这样的企业，往往也对开发环境有较严格的要求。比如开发环境也是隔离的，通过专用终端相连，所有的开发产物均在开发网中，除了管理员其他任何人不能够将开发产物从开发网中提出。开发人员的终端部署与 OA 办公网，或者从开发网中专门隔离出来的一个网络。而对于测试环境，没有个别严格的要求，不同的企业有不同的计划，可能搭建于开发网中，也可能搭建于 OA 办公网中。

对于系统稳定性要求高的企业，还要求搭建一个类似测试的但接近于生产的环境——准生产环境或者称为仿真环境。准生产环境的配置低于生产环境的服务器，网络是生产网中隔离出来的一个子网，上面运行的系统是与生产一致的产品和版本。搭建准生产的环境通常有两个目的：目的之一是为了特殊时点、特殊业务在生产环境正式处理之前的预演，比如 2000 年的千年虫问题、年终结算时这种特殊时点的特殊业务处理等，在准生产上进行预先操作，以分析是否会带来意外的影响及产生问题的处理等；另一个目的是为了系统版本升级，在准生产上先进行处理及验证，以避免新版本直接上正式的生产环境而产生意外导致业务中断。利用准生产的仿真环境，可以预先发现意外并终止升级，或者制定解决方案等。

十、实施规范设计

任何系统的开发实施，都需要进行规范设计，规范是项目实施的标准依据和质量保证。数据仓库项目实施中的规范包括以下几个方面。

（一）文档规范

软件项目开发会产生大量的相关文档，这些文档需要进行规范化管理，才能便于查阅，对系统开发和项目管理起到指导、管控的作用。文档规范首先从若干文档的模板进行制定开始，针对项目中的各个环节和过程，建立相应的文档模板。这些主要模板通常包括：

1. 《项目调研报告》；
2. 《可行性分析报告》；
3. 《软件需求规格说明书》；
4. 《概要设计说明书》；
5. 《详细设计说明书》；
6. 《测试计划》；
7. 《测试用例》；
8. 《测试报告》；
9. 《上线/变更操作手册》；
10. 《用户操作手册》；
11. 《管理员操作手册》。

等等，除了上述的这些文档模板，还根据需要建立其他的模板，比如映射模板、ETL 调度等。

项目的文档都需要进行编号，如果在编号上能够反映文档的类型，则是一个较好的编号方案。

（二）开发规范

1. 制定开发规范的必要性。

项目开发过程中，制定相应的规范，有利于开发过程的交流和质量的保证，应该涉及到开发过程中的各个环节。开发规范的制定有诸多好处，比如：

（1）代码的可读性高

开发规范中对编码规范、程序处理规范进行标准统一，易于代码的阅读，使得在理解代码、查找问题的过程更加便捷容易。

（2）促进团队协作

统一的编码规范和程序处理规范，团队共同遵守，利于团队之间进行协作，相互之间的代码阅读无障碍，方便团队成员之间相互支持帮助，方便信息沟通。

（3）便于知识传递和工作交接

统一规范的编码，有利于开发过程中的知识传递给其他成员，以及进行工作交接，将工作交付给其他人，由于编码规范相同，阅读别人的代码如同自己的一样。

（4）降低维护成本

编码规范指导下的程序代码风格一致，处理策略统一。对代码的修改和维护，更加便捷，有效降低系统的维护成本和难度。

（5）提升开发人员能力水平

编码规范引导开发人员形成良好的编码习惯，也能够提高开发人员的开发效率和程序执行的效果，对于开发人员的成长有较大的益处。

2. 开发规范的内容。

开发规范通常包括：

（1）编码规范。

在程序编码过程中，对于程序代码的编写格式，比如大小写、缩进方式、空行和断行的方式、每行的长度要求等，制定相应的规范，便于程序的阅读；另一方面，编码规范在程序代码注释方面要有相应的统一标准，指导和约束开发人员在程序代码中编写足够的代码注释，利于代码的阅读和理解。

（2）程序处理规范。

对于程序代码的编写方式，比如自加变量的处理、数据批量处理、数据查询策略等，需要制定相应的规范。程序处理规范的目的是指导开发人员编写高质量、高效率的程序处理代码。

（3）命名规范。

在整个系统开发过程中，会涉及到许多需要命名的环节，比如模型设计、代码编写、作业开发等，都需要对变量、对象等进行命名。

常见的需要制定命名规范的有：

1）需求调研过程中的需求类别、优先级、代码命名等；

2）程序代码中的变量、常量、结构定义、类、对象、方法、事件等；

3）模型设计中的主题、实体、属性、域、维度、度量、关键字等；

4）ETL 调度中的批量、作业、任务、状态、标识等；

5）测试过程中的测试类别、优先级别及严重级别、测试结果类别等；

6）部署上线中的环节、过程、状态、返回码、错误码等。

在命名规范中，针对各类变量、对象，制定命名的规则，如简写方式、大小写方式、分隔符号，长度要求等。

（三）发布变更规范

应用系统的版本发布、版本变更，如果无章可循，则容易出现各种意外错误的隐患。因此，企业都要求IT系统的版本发布和变更遵循相应的处理规范。

应用系统的版本发布，包括系统的首次上线，需要针对其变更、操作进行充分的评审论证，分析其影响以及意外的应对方式。版本发布实施前要做好系统当前版本的备份，发布操作尽可能采用自动化进行，以减少人工处理过程中产生的意外错误。针对每一步的操作都要获取处理结果状态，并对结果状态进行成功与否的判断。执行错误的步骤要严格进行处理，关键步骤的错误要中断发布的执行，并执行回退操作，恢复到先前正常运行的版本。这些都是版本发布变更所必须的步骤。

除了上述的必要的步骤外，还应充分考虑新的版本发布所带来的影响，比如：

1. 应用逻辑架构变化
2. 系统物理结构、设备变化
3. 拓扑结构、网络结构变化
4. 网络需求变化情况
5. 关联系统接入方式
6. 接口变更情况说明
7. 系统资源利用率
8. 交易量变更情况说明
9. 联机交易时段批处理任务
10. 日终批处理任务
11. 联机交易时段是否新增大数据量交易
12. 新增批量作业的影响评估及相关要求限制
13. 数据备份清理策略变化
14. 日常维护操作变化
15. 高可用方案变化

上述的这些影响，不仅要考虑可能出现的负面影响，还应指明本次变更所带来的预期影响，以便在版本发布后，检查这些预期的变化是否实现。

（四）数据交换规范

商务智能系统不可避免地需要与外围系统进行数据交换，制定数据交换的规范，使得商务智能系统与外围系统的数据交换采用标准稳定的协议和方式，易于服务更多的外围系统，且方便地接入更多的新增的外围系统，而无需对商务智能系统进行变动。

数据交换包括批量数据交换和轻量数据交换。批量数据交换以文件传输的形式进行，轻量数据交换采用webservice的方式开放数据交换接口。

批量数据交换的规范中，与外围系统确定数据卸载传输的时间窗，包括开始监测时间和最后期限时间；确定数据文件存放的公共位置；文件包的命名方式，含大小写、分隔符、扩展名、分包文件的序号编号方式等；标识文件的命名、内容格式等；数据文件的命名方式；数据文件的格式，包括是否带标题行、字段之间的分隔符、字符串值的引用符号、换行符、特殊字符的转义符或者替代符号、文件的字符集编码、非文本值的保存格式等。

轻量数据交换规范中，确定 webservice 的接口地址；确定 webservice 的通讯方式和通讯协议；确定通讯时用于身份验证的鉴权方式；数据传输的格式和协议；针对指定的功能确定传输的参数项和返回的信息项，及它们的数据类型和数据格式，确定哪些数据项的值是必须的，哪些数据项的默认值是什么；确定报文头的公共信息项和专属信息项；确定明细报文中信息保存的方式，主数据与从数据的组织形式等等。

第三节　需求分析与系统设计

需求分析是项目实施过程中重要的工作内容，只有确定了需求才可以确定系统所要开发的内容。而系统设计是根据需求分析的内容，对系统要实现的功能进行设计。良好系统设计有助于提高系统的安全性、健壮性，并能够很好的满足用户的要求。

一、项目需求分析

需求分析就是对用户提出的问题进行详细地分析，梳理清楚要解决的问题，这个过程分为需求调研和需求分析两个步骤。

（一）需求调研

需求调研是一个应用软件项目实施的开始工作，需求调研过程中梳理的用户需求，确定了项目实施的成果内容。需求的质量影响着应用系统交付的结果质量。

1. 主要涉众

需求调研过程中，主要涉及到企业的以下几类人员：

（1）决策人员

决策人员是企业的决策层的领导，可能是直接用户，也可能是间接受益者。决策人员决定着系统建设的目标和原则，影响业务处理流程的优化程度。

（2）管理人员

管理人员一般是指企业的中级管理者，通常为各个业务部门的负责人。管理人员通常负责提出业务的框架，从业务、政策和处理流程方面对需求进行把控。

（3）业务人员

业务人员是业务的具体操作者，通常也称作操作人员。业务人员负责提出业务处理的流程、操作方式、功能的输入和输出等。

（4）技术人员

技术人员可以从技术领域对需求提出相应的要求，一般为企业的 IT 人员，由项目中的 IT 部门的参与人来担当。技术人员可以协助项目开发团队确定数据项的描述、性能方面的要求等。

2. 需求调研的步骤

需求调研主要有以下几个步骤工作完成：

（1）准备调研问卷，根据业务领域，确定可能采访的问题和内容。调研问卷需针对不同部门、岗位和角色要有所区别。管理层次也需明确划分，并建立从决策层、管理层到操

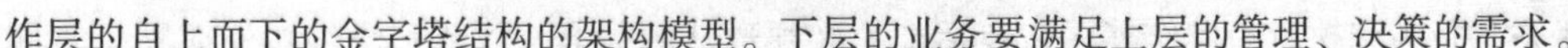

作层的自上而下的金字塔结构的架构模型。下层的业务要满足上层的管理、决策的需求。

(2) 调研企业的组织架构、岗位角色以及职责的定义，根据业务功能划分子系统及业务范围边界，明确项目建设的目标；

(3) 调研各个业务环节的业务功能、处理流程及规则，梳理工单、报表、台账等资料，分析物品、资金、信息的流转及关系，确定用数据流的表示方法；

(4) 归纳总结与企业用户沟通的内容，整理形成调研的文档。整理过程中发现的新的和存疑的问题记录下来，以备后续调研过程中进行沟通和确认；

(5) 确定需求的重要程度和优先级，以备在项目开发过程中安排实现的优先级；

(6) 重复上述步骤中的全部或部分。经过多次的反复沟通，直到双方达成一致。

在项目需求调研时，项目实施团队需要经验丰富的业务专家一起参与。业务专家除了能够更好地理解用户的需求，另一方面，业务专家可以有效地把控用户提出的需求。在许多项目中，用户由于对项目的定位和本质无法很好地理解，在提出需求时，往往会提出一些与项目所实施的系统不相符的要求，比如提出一些交易类的业务处理功能等。另一方面，业务部门的用户也因对项目实施的系统缺乏认识，不了解系统能够实现什么功能，不能很好地提出他们需要的功能。此时，业务专家凭其丰富的业务经验，可以很好地控制和引导业务部门的用户来提出他们的需求。

(二) 需求分析

需求调研是对企业用户的需求进行收集和整理，而需求分析是将收集的用户需求进行理解和消化，确定业务要求的解法。需求分析要确定应用系统需完成的功能，对要建设的目标系统提出清晰、完整、具体和准确的要求。

需求分析过程中，需要分析系统的数据要求，并据此导出业务的逻辑模型。分析人员对用户提出的业务需求进行鉴别和建模，消除用户提出的需求的模糊性、歧义性和不一致的因素。分析业务流程的数据要求，为原始的业务问题和应用系统功能建立逻辑模型。在这个过程中，需要经验丰富的业务专家进行分析，指出用户需求中存在的片面性或短期行为而产生的不合理的要求，也便于发现企业用户未提出的但有真正价值的潜在需求。

软件需求包括三个不同的层次：业务需求、用户需求和功能需求（也包括非功能需求）。

1. 业务需求（Business Requirement）反映了组织机构或客户对系统、产品高层次的目标要求，它们在项目视图与范围文档中予以说明。

2. 用户需求（User Requirement）文档描述了用户使用产品必须要完成的任务，这在用例（Use Case）文档或方案脚本说明中予以说明。

3. 功能需求（Functional Requirement）定义了开发人员必须实现的软件功能，使得用户能完成他们的任务，从而满足了业务需求。

在软件需求规格说明书（SRS）中说明的功能需求充分描述了软件系统所应具有的外部行为。软件需求规格说明在开发、测试、质量保证、项目管理以及其他相关项目功能中都起了重要的作用。对一个大型系统来说，软件功能需求也许只是系统需求的一个子集，因为另外一些可能属于子系统（或软件部件）。

作为功能需求的补充，软件需求规格说明书还应包括非功能需求，它描述了系统展现给用户的行为和执行的操作等。它包括产品必须遵从的标准、规范和合约；外部界面的具体细节；性能要求；设计或实现的约束条件及质量属性。所谓约束是指对开发人员在软件产品设计和构造上的限制。质量属性是通过多种角度对产品的特点进行描述，从而反映产品功能。多角度描述产品对用户和开发人员都极为重要。

需求分析和需求调研过程中都需要对企业用户提出的需求进行理解和分析，因此，需求调研和需求分析往往在同一个阶段同时进行。需求分析完成后需要产出《需求规格说明书》，作为项目开发所实现功能的依据。需求分析的最后阶段，要对所产出的需求文件进行评审。需求评审时，由系统设计人员和业务人员配合需求分析人员对需求文档进行复核，以确保需求描述足够清晰、完整和准确具体，并协助设计人员和用户对需求描述的理解达成一致，保证设计人员的设计能够符合业务人员的要求。

对于任何一个项目的实施，确立需求边界，确定哪些是需要完成的工作，哪些是不必完成的工作，对于项目的实施和进展，保证项目实施质量和按期完成，是非常必要的。很多项目的实施进度一再延期，项目质量难以保证，很大程度上是由于需求范围的不可控，引发需求不断变更，项目计划无法顺利执行，导致项目延期和项目质量的不可控。

为了防止需求的无休止变更，需要在项目初期将需求确立，并制定需求边界。确定完成哪些功能或工作，哪些功能或工作在本期项目中不需要完成。在很多时候，企业的用户希望实现的功能越多越好，但企业投入是有限的，不可能所有的功能都实现，必须对要实现的功能进行取舍。为了确定功能的取舍，需要项目实施团队的业务专家和企业业务部门的用户一起来进行分析，确定需求的重要程度和优先级，最后根据需求的重要程度和优先级矩阵，来确定对需求的取舍。

另一方面，在项目实施过程中，可能会遇到一些不可避免的需求变更。比如由于业务的变化，导致某些功能不再需要，或者重要程度或优先级发生变化；有些由于开始需求调研的不够细致，用户提出的需求存在不合理性。只有在需求调研阶段进行充分的沟通，并有足够丰富的业务专家参与，才能在需求调研时将需求确定好，降低需求变更的比率。

（三）源系统数据探索

要接入源系统的数据，就需要对源系统的数据进行全面地了解。只有熟悉了源系统的数据情况，才能更好地接入并利用源系统的数据结构。了解、熟悉源系统的过程，我们一般称为“数据探索”。

在数据探索阶段，我们要完成对源系统的数据模型及数据存储规范标准进行了解熟悉。为达到此目的，主要完成以下工作：

1. 熟悉源系统的数据字典。

了解源系统的数据模型，各个数据表中存储的业务数据，表中的字段含义、使用的代码集、数据存储格式及数值单位等；

2. 熟悉表之间的关系。

了解各个业务涉及到表存储的信息，表之间关系通过怎样的外键或关系字段建立的联系。了解同一业务数据在各个源系统中存储的表及其之间的关系。不同的源系统对同一业务的描述可能会采取不同的方式、存储的信息项之间的差异及有效性和可信度等；

3. 熟悉源系统的代码集。

对源系统数据表中使用的代码集进行了解，源系统的代码集与本系统的区别及对照关系，分析不同源系统之间代码集的对照关系；

4. 熟悉源系统的数据取值口径。

了解所需要的业务数据在各个源系统中的取数口径，选择的字段及运算关系、筛选条件、条件的组合方式等。取数口径需要有详细的文档来进行描述，有些时候，由于文档的缺失，需要向甲方的业务人员、系统维护人员或者源系统的开发及运维人员进行访谈来获取详细信息。

通过进行数据探索，达到对各个源系统全面了解的目的，以能够实现顺利地从源系统获取数据并进行映射设计。

二、系统设计

系统设计确定了系统以怎样的方式满足用户的需求。系统设计涵盖了项目实施的多个方面，在这里主要介绍一下数据映射、标准模型、数据交换接口以及数据仓库的数据架构层次、主题与模型设计。

（一）数据映射

数据映射是标准及规范不同的各个源系统的数据映射到数据仓库系统的一个重要的工作过程。数据映射工作主要包括两个部分：数据模型映射和代码集映射。

数据模型映射的目的是将源系统的数据项经过表间的关联、筛选、运算或转换等处理，存储到数据仓库的数据仓库层模型的表中。这个过程中，需要进行以下特别的处理：

1. 表关联。

源系统的数据模型与数据仓库系统的数据模型通常不会是一对一的，往往对于数据仓库系统的数据模型所需要的数据项，来自源系统的若干不同的表。要从这些表中查询数据，就需要将这些表进行关联。多数情况下，是同一个系统之间的表进行关联处理，但不排除个别情况下需要将不同的源系统中的不同表进行关联。如果不同源系统的主键或关系键一致，则可以直接进行关联。但也有些情况下，两个源系统所选择的表的主键或关系键不一致，无法直接进行关联。这种情况下就需要建立中间表，以建立不同系统之间表的关系，来实现他们之间的关联操作；

2. 口径筛选。

在有些情况下，多种不同的业务数据存储在源系统的同一个数据表中。我们要从该表中获取所需的数据，就需要对数据进行筛选，过滤掉不需要的数据，来获得需要的数据。

3. 数据运算和转换。

确定了映射数据来源的表及之间的关系、字段和筛选口径，获取数据时，也不一定是直接查询并填充的。有些情况下，需要对数据进行必要处理。比如：

（1）运算。

源和目标的数据单位不同，或者数据源的多个字段进行计算得到的目标所需要的数据值，则需要进行一些运算处理。这些运算多数是一些简单的算术运算，复杂一些的需要多个字段参与运算，或者需要进行一些条件判断等处理；

（2）转换。

数据的转换一般由于两种情况产生。一种原因是，字段使用了代码集，源系统和目标系统的代码集需要进行转换，从而采用该转换规则对字段的值进行转换；另一种原因是，目标系统的字段值是从源系统的某个或某些字段的进行条件判断和区别化处理得到的值，从而需要进行转换。

代码集映射的目的是将各个源系统的代码集，映射到数据仓库系统的代码集。这个过程中的处理多数是进行转换，个别的需要进行拆分或合并。必要的时候，可能需要根据数据表中的其他属性值进行判断，在不同条件下进行转换、拆分或合并。

（二）标准模型落地

一个成熟的研发团队，会在同一个行业中实施多个数据仓库的项目之后，沉淀下来一个成熟的、普遍适用该行业的标准模型，以方便在该行业新的企业中进行实施。即便是一个新的团队来实施数据仓库的项目，一般也会参考其他团队实施的经验和模型、参考企业的需求，设计该项目的数据模型，从而慢慢改进和优化，形成团队在该行业经验积累形成的标准模型。

项目实施团队积累形成的标准数据模型，在新的企业中实施项目时，结合企业的自身特性，进行标准模型的落地。

标准模型的落地并不是完全照搬之前项目中实施的工作内容，而是只采用沉淀下来的逻辑模型，针对企业用户自身的一些物理需求，以及综合企业的标准代码集和国标、行业的标准代码集，进行标准数据模型的落地实施。因此，项目实施团队积累的标准模型，通常是逻辑模型，附带一些国标和行业标准的代码集。在实施过程中，根据企业的需要，增加企业自身的标准代码集，有些情况下需要使用企业标准代码集来替代标准模型中的国标或行业的标准代码集。

在标准模型落地工作中，需要与企业确定其实施数据仓库系统的物理约束，比如确定所使用的数据库产品、存储的逻辑规划等，来设定物理模型的参数，并据此生成物理模型。

同时，与企业需求方进行沟通，确定模型中使用的代码集，哪些采用国标、哪些采用行业标准、哪些需要使用企业标准，从而逐项确定代码集的标准。在有些情况下，是模型中需要的，但没有相应的国标或行业标准，企业对此也没有相应的标准或要求，则可以参考或直接采用实施团队在之前实施过程中采用的代码集。这些代码集如果在行业中普遍不存在，且标准模型中需要的，可以视为标准模型的一部分，作为标准模型的附件在新的项目中实施落地。

即便有标准模型，也不是对所有企业均适用的。在企业中有一些个性化的需求是不可避免的。因此，需要针对这些个性化的需求，对标准模型进行补充或修改。这样的个性化需求所引起的对标准化模型的修改，在模型中所占的比重一般并不大。并且，这些个性化的需求，项目实施团队也会对其进行综合分析，若出现在多个企业中，会将其整合到自己的标准模型中。

（三）行业常规固定报表

上述的标准模型，一般是指数据仓库层和数据集市层的模型。项目实施团队除了积累数据仓库层和数据集市层的标准模型外，也会针对企业的应用，积累行业常规的应用模型。这些模型是应用层的模型，通常也是一些行业普遍适用的常规固定报表的需求。

这些行业常规固定报表的模型，与实施团队积累的标准模型一样，可以带到新的企业项目中进行落地实施，也通常需要根据需要进行修改或补充。

（四）数据交换接口

数据仓库系统在企业中，通常作为企业的数据资产管理的系统，需要从源系统获取数据，同时也需要对企业的其他系统提供数据支持服务。因此，数据仓库系统需要与上下游外围系统间进行广泛的数据交换。为了便于提升数据交换的规范和质量，提高数据交换的效率和问题处理的便捷性，需要制定数据交换接口来实现数据仓库系统与外围系统的数据交换。

数据交换通常针对数据量的多少，分为批量数据交换和轻量数据交换。在后面的数据仓库设计中的批量数据交换设计和轻量数据交换设计章节中阐述。

（五）数据仓库设计

1. 数据模型层次架构设计

在标准的数据仓库系统中，数据层次架构分为贴源层（ODS 层）、数据仓库层（DW 层）、数据集市层（DM 层）和应用层（APP 层）。通常在数据仓库（或数据平台）项目中，这 4 层是必须建立的，且各层之间有明显的区别。贴源层主要承担源系统数据的接入和数据质量检查及数据清洗的工作；数据仓库层负责接收所有的原子级的数据，并进行规范标准化，同时负责历史留痕信息的存储；数据集市层按照部门级的需求进行重整，并进行主题之间的信息整合和轻度汇总；应用层则针对具体的应用构建相应的数据模型。

4 层数据架构将数据仓库系统的数据模型按其功能及特性进行清晰的层次划分，各层数据模型特征明显、用途明确、处理方式一致，便于对各层数据模型的管理和应用。

2. 主题设计

数据仓库本是为决策支持而构建的，将数据仓库中的大量数据集按主题划分，可方便业务人员更好地访问数据，进行分析决策。主题域是对某个主题进行业务分析后从而确定的主题之间的边界。主题域的确定一般由业务处理最终用户（业务人员）和数据仓库的设计人员（技术人员）共同完成。

分析主题域，确定要建设的数据仓库的主题是数据仓库建设中数据模型设计的第一步。而在进行数据仓库设计时，一般是一次先建立一个主题或企业全部主题中的一部分，因此在大多数数据仓库的设计过程中都有一个主题域的选择过程。[1]

主题设计的第一步，首先是根据业务分析的专题，设置以业务专题为核心的主题。比如在电子商务领域，有商户、消费者用户、广告商、商品、广告服务、保险服务等等。然后根据这些主题的特性，将性质相同或类似的，合并为一个主题域，性质相差较大的，划分主题域界限。比如，将商户、消费者用户、广告商等，都是电子商务的参与主体，可以合并为当事人主题域；将商品、广告服务、保险服务等，都是可以进行交易的物品或服务，合并为商品及服务主题域。然后将原来的分析主题，作为主题域的二级主题。

下图是在金融领域数据仓库建设中经典的 TeraData 银行数据仓库十大主题模型。

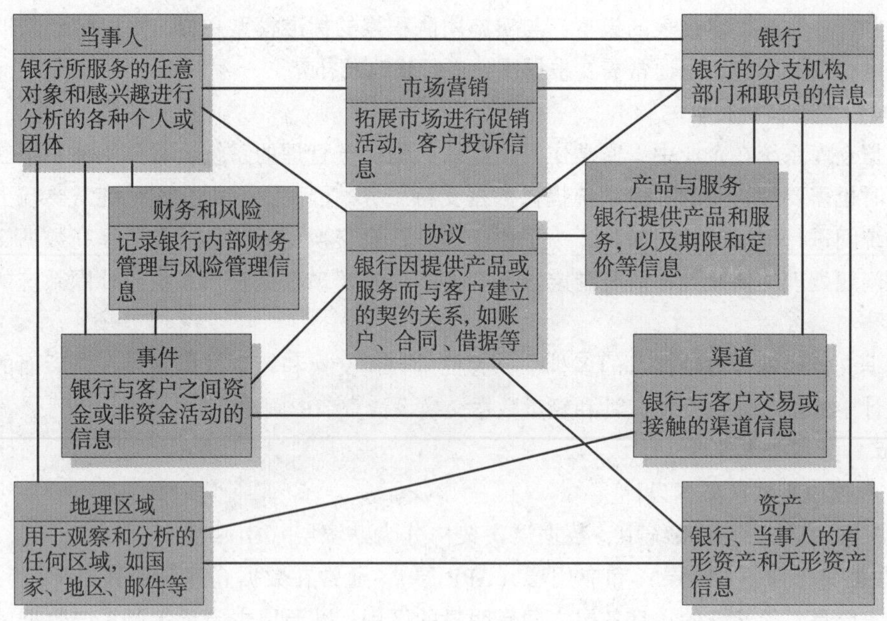

插图 11.3-1　TeraData 金融十大主题 TD-FDM

在银行的数据仓库中，大家都普遍借鉴 TeraData 的十大金融主题模型。但这并不是唯一的设计方式。IBM 也有自己在金融领域的主题域模型，如下图：

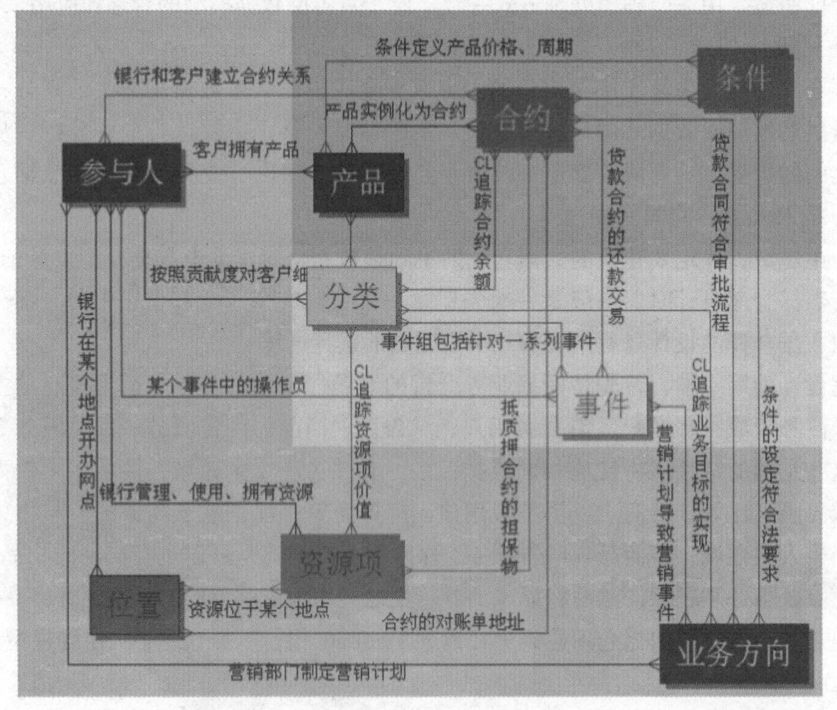

插图 11.3-2　IBM 金融主题模型 IBM-FSDM

表格 11.3-1　　IBM 金融主题模型 IBM-FSDM 内容对照表

主题名称	主题代码	主题内容
关系人	IP	银行的业务中的相关各方，客户、合作伙伴、竞争对手、内部机构、员工柜员等。
合约	AR	银行与各个关系人之间达成的约定、协议、合同等。
条件	CD	描述银行的业务正常开展所需要的各种前提条件、资格标准和资质要求等。
产品	PD	金融机构销售或提供的可市场化的产品、组合产品和服务，包括： 1. 为客户所提供的、可以换取利润的产品和服务； 2. 合作伙伴或竞争对手的产品和服务。
地点	LO	关系人相关的所有地址，如家庭地址、公司地址、邮政信箱、电话号码、电子地址、网址等或地理位置区域。
分类	CL	适用于其它数据概念的分类或者分组。
业务方向	BD	银行或关系人开展业务所在的环境和方式。
事件	EV	事件是关系人和银行的业务往来，以及银行内部的业务交互的信息。事件包含最详细的行为和交易数据，例如存款、提款、付款、信用/借记卡年费、利息和费用、投诉、查询、网上交易等。
资源项目	RI	银行有形或无形的有价值资源项目，是银行拥有、管理、可使用的，或支持特定业务目的的资源。

3. 模型设计

（1）ODS 贴源模型设计

基于 ODS 层的数据模型与源系统的数据模型一致的特性，ODS 层的模型设计工作就简单得多。你可以使用数据模型设计工具（比如 PowerDesigner 或者 ERwin Data Modeler 等），将源系统的表结构进行反向工程，生成相应数据模型。这是一种最简便快捷的方法。尽管源系统的数据库产品和数据仓库所使用的数据存储方案不同，在模型设计工具中，可以对物理数据模型进行转换，修改物理数据模型的 DBMS，转换成不同的数据库产品。

采用上述的反向工程方式生成 ODS 层的数据模型的方法，ODS 层的表和列的命名与源系统的完全一致。但数据仓库所面临的源系统往往不止一个，不同的源系统中，有可能存在相同名称的表，这就导致命名冲突。这种情况不可避免。为了解决这种冲突问题，我们一般采用修改表名称的方法。如果仅仅修改冲突的表的名称，则通常工作量较大（若干冲突需手工逐个修改）、源系统在 ODS 层对应的表名称存在不确定性（两个冲突的，其中一个进行修改，不确定修改的是哪个；某个源系统的表不确定都有哪些冲突等）。通常的做法是，统一采用源系统的代码（数据仓库系统会对各个源系统进行编码）作为表的前缀，增加到表名称之前。这样做法，尽管修改了所有表的名称，但工作量却可大幅降低（由于采用了统一自动处理方式）；源系统的表在 ODS 对应的表的名称是确定的（本系统的表名称前加本系统的代码做前缀）；同时在 ODS 层，可根据表的前缀，很容易的判断出该表所在的源系统。

贴源层的表在源系统中为了业务交易需要，会创建一些索引。而这些表在数据仓库系统中的使用方式不同，有些索引可能不再需要。但这些索引的存在，不仅仅占用存储空间，也增加了数据装载的时间。这些表进入数据仓库系统的贴源层后，可以将不再需要的索引删除，只保留需要的索引。必要的时候，还需要根据数据处理的需要，创建新的索引，以满足新的数据访问需要。

（2）DW 仓库层模型设计

DW 仓库层的数据模型主要分为三种数据模型：

1）事实表

事实表存储业务的基本信息，由多个维度和度量组成。维度作为外键关联相关的维度表，由维度表来描述事实记录的特性，事实表的数据不包含描述性的信息。事实表的数值数据为度量，构成事实表的事实。

每个事实数据表包含一个由多个部分组成的索引，该索引包含作为外键的相关性维度表的主键，而维度表包含事实记录的特性。事实数据表不应该包含描述性的信息，也不应该包含除数字度量字段及使事实与维度表中对应项的相关索引字段之外的任何数据。包含在事实数据表中的“度量值”有两种：一种是可以累计的度量值，另一种是非累计的度量值。最有用的度量值是可累计的度量值，其累计起来的数字是非常有意义的。用户可以通过累计度量值获得汇总信息，例如。可以汇总具体时间段内一组商店的特定商品的销售情况。非累计的度量值也可以用于事实数据表，但汇总结果一般是没有意义的，例如，在一座大厦的不同位置测量温度时，如果将大厦中所有不同位置的温度累加是没有意义的，但是求平均值是有意义的。一般来说，一个事实数据表都要和一个或多个维度表相关联，用户在利用事实数据表创建多维数据集时，可以使用一个或多个维度表。[277]

2）维度表

维度表包含了事实表中指定属性的相关详细信息，比如，详细的产品，客户属性等。维度表为事实表的维度属性进行详细的描述。

维度表可以看作是用户来分析数据的窗口，维度表中包含事实数据表中事实记录的特性，有些特性提供描述性信息，有些特性指定如何汇总事实数据表数据，以便为分析者提供有用的信息，维度表包含帮助汇总数据的特性的层次结构。例如，包含产品信息的维度表通常包含将产品分为食品、饮料、非消费品等若干类的层次结构，这些产品中的每一类进一步多次细分，直到各产品达到最低级别。在维度表中，每个表都包含独立于其他维度表的事实特性，例如，客户维度表包含有关客户的数据。维度表中的列字段可以将信息分为不同层次的结构级。[277]

3）多维数据立方体

将事实表的维度组合做分组，对事实表的度量做聚合运算，汇总出来的汇总表，构成多维数据立方体。多维数据立方体是一个多维矩阵，可以让用户从不同的角度探索和分析数据。

如果维度过多，可以选择一些常用的维度组合成数据立方体，不常用的维度不做考虑。一般保留最多十多个维度即可。对于度量，根据其属性结合业务的实际情况，做合计或者均值计算等。正如前述所讲，并不是所有的度量都做合计和均值。维度的选择和度量的计

算，均需要一定的业务知识背景才能够更好的决定。

在某些维度的体系中，存在的层级结构，需要在多维数据立方体中对所有的层级进行汇总。

在数据仓库层的基础数据模型设计，一般采用自上而下的设计方式，根据业务主题划分设计基础数据模型。针对以上三种数据模型，在 DW 仓库层建模，按照以下步骤进行：

首先，根据主题的定义，每个主题会有一个核心的主体，作为核心的中心。然后根据主题划分时的分类，构建每个分类的二级主题，并构建二级主题的核心主体。这些主体均为维度表；

然后，分析每个主体的属性，共性的属性放在上层主题的主体表中，个性的属性放在子主题的主体表中。针对这些属性，构建维度表；

接着，分析这些主体在业务上关注的度量信息，由此构建事实表。不是所有的维度和度量都放到一个事实表中，而是根据业务的需要，进行选择和组合。将经常在一起应用的维度和度量组成一个事实表。据此方法，可产生若干事实表；

最后，对事实表的维度和度量，进行汇总处理，构建多维数据立方体。

数据仓库层除了承担建立规范、标准化的数据存储的职责，还具备对数据进行历史存档的功能。

（3）DM 集市层模型设计

DM 数据集市层的表分为两种表：事实表和汇总表。数据集市层不需要构建维度表，所需要的维度表从 DW 数据仓库层访问。不仅集市层如此，数据仓库系统的维度表，均存储在数据仓库层，其他层所需的维度表需求均访问数据仓库层的维度表。

数据集市层的数据模型是面向专题分析的、面向部门应用的，而多数的应用需要涉及到多个主题的信息。数据集市层的数据模型是为了提高数据访问效率而构建的。数据集市层的数据模型，是综合考虑业务需求的情况下，结合多个主题的维度和度量，从中选择业务所关心的子集，构建的事实表和多维数据立方体。

因此，与数据仓库层的事实表相比，数据集市层的事实表中，含有多个主题的维度和度量，但仅选择业务关心的部分，因此维度和度量的数量较数据仓库层相比较少。

与数据仓库层的多维数据立方体相比，数据集市层的数据立方体也存在上述特性：涵盖多个主题的维度，有些在数据仓库层的多维数据立方体中未涵盖的维度，也需要在数据集市层的数据立方体中体现。数据集市层的多维数据立方体规模小但数量多。

不论是事实表还是汇总表，在数据集市层，都有可能根据业务需要派生出新的维度和度量。

（4）APP 应用层模型设计

APP 应用层的数据模型设计思路是，对所有的具体业务功能，构建应用层的数据模型。但在分析的过程中，会发现有些应用功能的数据模型可以用一个数据模型来实现；或者若干个业务功能的数据模型差异较小，将这些数据模型的共性提出，个性也分别列出，构建一个最小涵盖集，作为他们的共同数据模型；对于有些业务功能，在分析过程中如果发现它的数据模型是数据仓库层或数据集市层的某个数据模型的子集，或者从数据仓库层或者数据集市层很方便地（高效地、低成本地）获取数据，则标记该数据模型不做物理化实现。

应用层与数据集市层的区别在于，应用层的数据模型面向于具体的应用功能，数据集市层的数据模型面向于特定领域的通用的业务功能。数据集市层的数据模型可以满足更多的业务需求，但通常是间接满足；而应用层的数据模型只能满足较少的或者仅仅一个业务功能，但一定是直接供应用功能访问。

在应用层的数据模型中可以不必严格遵守数据三范式的要求。

(5) 数据模型三范式

首先，我们来看看数据三范式的定义。

1）第一范式：所有的属性都是不可再分的基本数据项。

从定义上很容易理解，表中每个字段的值，能拆分的进行拆分，不要将多个值合并在一起保存到一个字段中。违反第一范式的例子，假如有一个数据表存储各个电商的各类商品的价格，如下表：

表格 11. 3-2　　第一范式的数据表

电商	商品价格
天猫	电视 2100
天猫	洗衣机 550
苏宁	电视 2200
苏宁	冰箱 1100
国美	电视 2000
国美	洗衣机 650
天猫	电视天线 20
……	……

在这个案例中，商品名称和商品价格两项信息保存在同一个字段中。如果要对这个表进行查询、更新、删除等操作，则产生了困难。

至于第一范式中所陈述的“不可再分”，也需要视业务场景而定。对于某些数据项，尽管可以再细分，但业务中没有对其细分的要求，则可以不对其做拆分。如姓名，可分为姓和名两部分，在许多业务系统中，没有对其拆分分别按姓和名进行分别处理的，此时将其保存在同一个属性中，也不算违反第一范式。

2）第二范式：在第一范式的基础上，所有的属性与该数据表的主键有完全依赖关系，而不能与主键的某一部分相关。

第二范式的内容包含了第一范式的要求，同时要求非主键的字段不能与主键的一部分存在依赖关系，而是要依赖完整的主键。违反第二范式的例子，比如某厂家在各个电商平台的商品售价表中，电商平台和商品组成该表的主键。

表格 11.3-3　　第二范式的数据表

电商	商品名称	商品分类	售　价
天猫	电视	大家电	2100
天猫	洗衣机	大家电	550
天猫	电饭煲	小家电	200
苏宁	洗衣机	大家电	600
苏宁	电磁炉	小家电	150
苏宁	吸尘器	环境家电	1000
苏宁	灶具	厨房家电	300
……	……	……	……

在这个案例中，商品分类依赖于作为主键列之一的商品名称，与另一个主键列电商及主键组合无关。因此，该表的设计违反第二范式。

违反第二范式不仅仅导致冗余数据的存储，还将数据的增删改查等操作增加复杂度，产生异常。

① 新增异常：新增数据时，需要带上商品分类。如果该分类信息在新增的操作中没有，还需要从其他的地方获取；

② 删除异常：如果商品分类只在该表中存储的话，当删除了某分类下的最后商品记录，则该分类也就不复存在的；

③ 修改异常：如果没有相应的维度表存储商品分类信息，则商品分类则可能会在多个表中。当需要变更商品的商品分类时，不仅修改涉及到的数据量大，也可能会涉及到很多表的修改，更新成本高。另外如果在某个修改功能中对某个表的修改遗漏，则会产生在系统内不同的表中，商品所属的商品分类不同，产生数据不一致的情况；

④ 查询异常：在该表中查询某商品分类下的所有商品，因涉及到的数据量大，查询成本较高。若因更新导致不一致，则会导致查询结果不准确。

解决的办法是将商品分类的信息保存到商品的维度表中，作为商品维度表的一个属性。

3）第三范式：在第二范式的基础上，所有的非主键属性不能和其他非主键属性存在依赖关系。

第三范式的内容包含了第一范式和第二范式的要求，同时要求非主键的字段不能与其他非主键的字段存在依赖关系。违反第三范式的例子如下：

表格 11.3-4　　第三范式的数据表

商品编号	商品名称	商品分类	厂家名称	厂家地址
PRD1011	电视	大家电	海尔	青岛市海尔路 1 号
PRD2032	洗衣机	大家电	海信	青岛市东海西路 17 号
……	……	……	……	

在这个案例中，商品编号是表的主键列，有关商品的信息属性，依赖于商品编号这个主键。但对于厂家地址，它依赖于厂家名称，而不是主键列商品编号。因此违反第三范式。

违反第三范式的异常与违反第二范式的情况相似，处理方法也相同，都是针对非法的依赖，建立相应的维度表。

一般的，在数据仓库系统的数据模型设计中，涉及到的属性，根据业务需要，能拆分的则拆分，属性都用维度表来进行关联，通常都能满足三范式。

有些情况下，在满足业务需要的情况下，多个数据值保存在一个属性中，并未违反第一范式，比如前面提到的姓名的值。

也有些情况下，根据业务需要，可以不必遵守三范式。具体有如下原因：

三范式的规范，主要是针对关系型数据库，交易类系统的数据操作而制定的。违反三范式，主要的问题会导致数据访问或更新的困难和异常，更多的影响是增删改操作；

违反第二范式和第三范式，但建立了相应的维度表，仅仅是冗余存储。那么主要影响的只有两点：冗余存储导致高存储成本、更新时可能会产生的不一致的异常；

数据仓库系统的数据多数具有不更新的特性，数据只新增，不修改、不删除。因此，不存在更新导致的问题；

冗余存储，在数据访问时可以减少表关联，提高查询的效率。

因此，适当的冗余，虽然违反了第二范式或第三范式，但可提高数据访问效率。这些都可以在应用层按此处理。

同时，应用层的报表应用，作为纸质报表的电子化形式，需要尊重传统报表的形式。试想，我们在 2015 年看 1990 年的纸质报表，与当时是否一样。比如当时有一个客户名为青岛电视机厂的客户，如果是纸质报表，现在看仍旧是青岛电视机厂。但如果从 1990 年起就开始信息化，这些数据保存在数据库中，这期间青岛电视机厂更名为海信集团，现在看当时的报表，如果用客户号关联，展现的客户名称是“海信集团”，而非“青岛电视机厂”。如此则无法如实还原报表的原样。若要实现该目的，则需要关联客户表的历史表，从历史信息中查询当时的客户名称，降低了数据访问的效率。而在报表的数据表中将客户名称进行冗余存储，虽然违反第二范式或第三范式，但简化的查询操作，提高查询效率。

除了在适当情况可以违反第二方式或第三范式，在业务许可的情况下，也可以违反第一范式，这些仅限于在应用层。因此，在有些数据仓库的应用层的表中，可能会看到类似“A01-农业”这样的即包含代码，也包含名称在同一个字段中的现象。

（四）数据交换接口设计

数据交换接口设计包括大数据量的批量数据交换和少量数据的轻量数据交换两方面内容。

1. 批量数据交换设计

批量数据交换是指一次数据交换操作涉及到大量的数据。由于涉及到的数据量很大，通常采用文件的方式来承载被交换的数据，这就涉及到数据文件的编码、格式、命名方式等规范。

一般地，数据文件的编码视情况而定。如果数据中只有英文字母、数字和其他常规的可见 ASCII 码的字符，和一种中文（简体或繁体）等东方语言的文字，可以使用 ASCII 编

码保存数据文件；如果含有多种中文字体，或者含有日韩等文字，则需要使用UTF8字符集进行保存。但如果企业为了综合考虑其他系统的情况，制定了数据交换文件的编码方式，通常则需遵守企业的数据文件编码要求。

在数据文件格式方面，通常采用csv为标准格式，或者以csv为基本准则的派生格式。csv格式是以半角逗号为字段值的分隔符、以换行符为数据行的分隔符的一种数据格式，字符串值以单字节的双引号为界定符，即用双引号将字符串的值包含起来。之所以引入字段值的界定符，是为了解决字段值中存在诸如逗号、换行符等分隔符造成的错误分割。同时为了解决字段值中存在双引号而造成的错误字段值界定，需要将字段值中的双引号进行转义。csv的转义方法为将一个双引号转换为两个双引号。有些应用系统、工具、数据库等对csv格式的数据文件支持不够理想，通常企业一般会综合考虑自己企业的应用系统、数据库及购买的商业工具等能够支持的情况，在csv数据格式基础上，制定自己的数据交换文件的格式。通常，会保留换行符作为数据行的分割，对字段分隔符和字段值界定符进行变动，换成其他字符。一般的，要保持这些分割符、界定符为单字符的，以便兼容各种工具和数据库、应用系统等。比如，可以采用不可见字符0x01和0x02分别来替换逗号和双引号。

文件命名分为两种文件的命名。一种是数据文件命名。以文件作为数据交换的载体，通常一个数据集采用一个数据文件保存，该数据文件的名称一般用数据集的名称。数据集一般为表，因此该数据文件可以用表的英文名作为数据文件的主文件名，扩展名可以根据项目的具体情况进行约定，比如：. dat、. csv、. txt等。这里通常也要约定文件名的大小写问题，具体是什么没有特别的要求，约定名称的大小写，是为了在某些区分文件名称大小写的系统中，便于找到所需要的文件。比如，可以约定主文件名为全大写，扩展名为小写等。另一种需要制定命名规则的是数据包名称。一次数据交换涉及到若干数据文件，这些文件通常需要打包成一个文件进行传输，便于传输和管理。该打包的文件，即为数据包文件。数据包文件的名称，通常采用数据源的系统名称缩写作为主文件名称，有时也需要添加日期、批次（同一天传送多次的）进行区分，具体的根据项目的情况和与大部分外围系统的协商结果。

除了上述约定事项之外，通常还需要约定标识文件名称。标识文件有两个作用，其一是标识数据包文件传输完成，另一个作用，可以作为校验文件，保存一些校验性信息，以方便数据包接收方校验所接收到的文件有效性。标识文件的名称，通常采用与数据包文件主文件名相同的名称，扩展名可根据情况自行约定，比如可以为：. sign、. tag、. chk等等。标识文件的内容，可以保存数据包文件的大小（字节数）和校验码（md5校验码）等。这些信息足够接收方通过接收到的数据包文件的大小和字节内容是否有误。如果要记录每个数据文件的大小、校验码、数据行数等信息，可以在数据包中添加一个清单文件，用于记录这些信息。清单文件的名称也进行统一约定，以便方便地找到该清单文件。

在进行批量数据交换中，有一种特殊类型的数据，即二进制数据，比如音频、视频、图片、Word文档、Excel表格等文件。由于批量数据交换的落地文件是文本性质的文件，不适合保存二进制的信息。对于二进制数据，如果是作为数据库外的附件文件保存，则在数据库中仅存储文件路径和文件名。此时将附件文件直接复制并打包到数据包中即可，数据中的内容可以不做修改；如果这些二进制内容保存在数据库中，则需要将二进制的内容落地为文件，并自动生成文件名。在相应的值的位置，保存在文件的名称。有些时候，即便二进制数据以文件附件形式存在，在传输时，也需要对文件名进行转换，这在个别项目中根据需要进行处理。

2. 轻量数据交换设计

轻量数据交换是指一次数据交换操作通常仅涉及到一笔数据，或者一笔主数据附带若干附属的从数据。也可能是一次数据交换操作涉及到多笔同样结构的数据，通常也是一次数据交换所必须的数据集合，但数据量不会很大。

轻量数据交换通常使用 webservice 等服务形式，利用 http 作为网络信息传输协议，采用 SOAP 作为传输消息的格式，内容本质通常为 xml/json 等格式，采用具体的格式，需在开发方案中确定，并确立一下，以确保与其他外围系统共同遵守，以利于数据的交换。

为了确保 webservice 的服务安全，需要对访问者进行身份验证。确定身份的方式有以下几种：

（1）IP 地址认证。使用 IP 地址作为身份认证，这通常在银行等企业中，服务器地址是固定 IP 的，可以通过 IP 地址来确定访问者的身份；

（2）SecurityID+Token 认证。每个访问客户端分配一个唯一的 SecurityID，用于标识该客户端的身份，并使用 Token 来进行持久化访问的身份确认。这是近几年常用的一种认证方式。

（3）数字证书认证。每个访问客户端分配一个唯一的数字证书，用于身份的识别。该方式类似于 SecurityID 认证方式。

通常地，如果轻量数据提供的数据服务项较少且是稳定的，可以将每个接口服务写入协议文档中，相关外围系统通过该协议文档来了解并确认每个服务接口。相反的，如果服务接口不断地在开发新的，且服务接口经常根据情况进行变动，则创建一个查询服务接口的接口是一个不错的方案，这通常至少需要两个接口来完成：一个接口用于查询服务接口清单，返回服务接口名称、描述等；另一个接口用于查询每个接口的详细信息，比如接口的输入数据、输出数据，各个数据项的名称、描述、格式、数据类型、取值约束等。同时指明哪些数据项是强制性的，即要求必须有值；哪些数据项是非强制性的，这些非强制性的数据项如果没有传送值，是否有默认值可用，默认值是什么等等。

作为一个系统的 webservice，通常有些数据项是公共的，也就是这些数据项是系统约定的一些必要的、每个接口均有的数据项。这些数据项的意义、作用及取值和值的含义等，需要做一个统一的描述。

有些情况下，在 webservice 接口返回的信息中，可以附带该接口的数据项信息。这些数据项信息通常放在消息报文的前部，用于进行对数据项的描述和说明。

如果一次数据交换操作返回主数据和从数据的主从结构数据的情况，通常将从数据嵌套在主数据的结构中，以明确标识主从数据的关系；如果一次数据交换操作返回多笔对等的数据，则需要有区分键来区分该多笔相同的结构的数据，区分键可以采用数据的主键，也可以采用其他的能够唯一标识数据的值。

轻量数据涉及到二进制等附件类的数据时，参照批量数据对二进制数据的传输处理方式，比如将存在数据库的信息落地为文件，必要的情况下进行更名，只不过这里涉及到的

二进制的数据项不会很多。这些二进制的数据，一般不作为返回的消息报文的一部分来传送，二是在报文中保存请求这些二进制数据的 URI。接收者读取消息报文后，找出其中的二进制数据的 URI 并根据需要发起再次访问来获取二进制的数据。

第四节　项目管理

所谓项目管理，就是项目的管理者，在有限的资源约束下，运用系统的观点、方法和理论，对项目涉及的全部工作进行有效地管理。即从项目的投资决策开始到项目结束的全过程进行计划、组织、指挥、协调、控制和评价，以实现项目的目标。[13]

项目管理具有以下特征：

（1）一次性。

（2）独特性。

（3）目标的确定性。

（4）活动的整体性。

（5）组织的临时性和开放性。

（6）成果的不可挽回性。

项目管理的 5 个阶段的主要工作内容：

1. 项目启动阶段：主要包括从发起项目、授权启动项目、任命项目经理、组建项目团队和确定项目干系人等一系列的准备工作内容。

2. 项目策划阶段：主要包括项目计划的制定、项目范围的确定、项目资源的调配、项目风险的识别、项目风险管理计划的制定、项目的工作任务分解结构、项目预算的编制与确定、项目质量保证计划的制定、项目的沟通计划制定和项目采购计划制定。

3. 项目执行阶段：表示项目的一种状态，当项目从启动到项目策划中所有需要的前期条件已具备时，此时项目的状态即为执行状态。

4. 项目监测阶段：主要包括从项目开始后到项目完成前这一个时间段的所有工作，整个项目实施过程、整个项目跟踪过程和整个项目的控制过程。

5. 项目完成阶段：也叫项目收尾，主要内容包括项目移交前的评审、项目的合同收尾和项目行政的收尾。

一、项目启动

项目的启动说明当前项目已经成为正式的项目了，在项目启动这个阶段主要是确定有两件标志性的事件，一是授权项目启动；二是任命项目经理，并组建项目团队。

在项目启动阶段，项目规划也将逐渐走向现实，我们首先是确定项目的目标，再根据项目的前景进行评估，根据项目的目标规划实施团队所需要的技能和各类技能的人员级别与数据，都必须与领导项目的团队进行全面合作。包括为了项目目标的实现和采取实际的措施与行动。所有团队都必须和项目团队成员以及加入项目的或者与项目联系在一起的合作方进行合作与沟通。

在项目的此阶段，最有可能在各个方面产生矛盾与冲突，会产生许多管理上的挑战，特别是在大型复杂的项目中。所以，有必要把许多新的人员和合作方结合成一个整体，在新的人员和合作方之间建立强有力的工作关系；有必要将项目的经济因素与各方的工作联结起来，给各方项目的参与人员灌输一些项目的正式制度和行为规则；有必要确立清晰的、各方共同接受的工作与资源计划；将另外一些人士可能拥有新的、重要的信息，特别是那些负责项目实施的人士考虑进来是至关重要的。最后，以上的所有工作都必须由项目管理团队来完成。[14]

通过召开项目启动会来明确项目实施的意义，说明项目实施成功的关键因素，确定双方的职责是一个行之有效的办法。项目启动会可以根据项目的具体情况来灵活选择规模、方式和内容，例如：进行正式的项目签字仪式、项目动员大会等，类似于行军打仗前进行的誓师活动。[15]

以软件项目为例：现在很多项目都涉及到用户业务应用的软件开发，在实施中要跟用户的各个层面打交道。但现实往往是，用户单位的员工根本不了解 IT 公司在给自己的企业做什么，因此签合同时有必要召开一个正式的仪式，向双方员工传递项目的信息，激发公司全体员工对项目的热情［16］。IT 公司老总、项目负责人、开发人员、施工人员和用户方的领导、项目协调人、相关部门人员聚在一起，让大家知道双方的合作正式开始。仪式上，双方领导要讲话，特别是用户方的领导要强调项目的意义。[16]

通过这个仪式，双方要组成项目管理班子，成立项目指挥部或项目管理委员会等机构，由双方总经理牵头，项目负责人为执行人，日常联系由双方指定人员。[15] 在签合同时，利用双方人员到齐的机会，IT 公司要把软件功能用通用、专业的语言和用户方的领导、技术人员、业务负责人进行最后确认，因为此时有分歧改正的成本不大。同时，还可使双方人员彼此认识，清楚各个层次的接口，大家混个脸熟，以后打交道就会更通畅。[15]

在项目建设方开项目启动会是造势，在项目承接方内部开项目启动会也是造势，让项目承接方各个部门都知道这个项目能为公司创造哪些经济效益，明确项目组人员和项目负责人，确定项目负责人的权限。

项目授权书必须由总经理签字，并在会上宣读。为了增强团队凝聚力，可以在会上举行项目组宣誓或誓师宣言，形成高度集中、统一、协作的团队精神［17］。营造了内外两个良好的环境，项目启动就是水到渠成的事，项目组成员就可以集中精力投入到实施中去［15］。

在企业中，项目经理在组织中的工作，遇到的最大障碍就是人的障碍。真正的项目经理往往将 80%以上甚至是 90%的时间用在了沟通和合作上，大部分有经验的项目经理都会认为项目经理最重要的是做人的工作，和所有项目相关者能够达成共识。[17]

所以，项目启动中的项目小组首次会议显得非常的重要和关键。在项目开始前，或者在项目的启动阶段，多做些工作并且把工作做踏实是非常必要的，也是提前杜绝一些可预测风险发生的一个有效手段。缺乏共识，正是项目中最常见的风险，带来的后果不可估量。[16]

二、项目的核心计划

（一）范围管理

1. 制定软件项目计划

什么时候项目范围？简单的说就是项目中所有要做的工作。在项目中，我们首先接触到的是客户的需求，我们根据其需求给出解决方案，直到投标签订合同。这时候初步明确项目的范围就是：项目要交付什么成果物，有多少数量的成果物，项目涉及的类型，最后要建设成一个什么样的项目预期，如何验收等等，具体来看项目范围有两个维度，一个是关键交付点的时间维度，如每个阶段需要交付多少成果物，叫做项目交付阶段。一个交付动作，这又包含两个方面，一个是项目管理，一个是实施过程，也叫工序，就是如何来实现每个交付阶段的交付件。

一般而言项目的实施过程分为：规划、设计、实施、测试、初验、试运行和正式验收。这是项目的主计划。在项目主计划的基础上再进行 WBS 的层层分解，初始的就是确立一些关键里程碑点，其次是在里程碑基础上，进行层层分解成项目的 1-3 层 WBS，有些工程更复杂的话也许能分到 5 层 WBS。最好还要明确各工作包之间的依赖关系，特别是各工序之间的依赖关系要明确。

2. 项目范围管理

项目范围管理的内容包括为成功完成项目所需要的一系列活动，以确保项目包含且仅仅包含项目所必须的完成的工作。例如：范围计划编制、范围定义、创建工作分解结构、范围确认和范围控制。

范围计划编制是范围管理计划的一个工具，用以描述该团队如何定义项目范围，制定详细的范围说明书，定义和编制工作分解结构，验证和控制范围。

对项目范围定义，实际上就是对项目工作范围进一步细化的过程，使项目范围具体化、层次化、结构化，从而达到可管理、可控制、可实施的目的，减少项目的风险。

WBS 是一种以结果为导向的分析方法，用于分析项目所涉及的工作，所有这些工作构成了项目的整个工作范围。WBS 为项目进度成本、变更的计划和管理提供了基础［18］。制定 WBS 的主要方法包括：使用指导方针、类比法、自上而下法和自下而上法。

项目范围的确认是指项目干系人对项目范围的正式承认。项目范围确认是贯穿整个项目生命周期的。从开始组织确认 WBS 的具体内容，到各个项目阶段的交付物检验，直至最后项目收尾文档的验收，甚至是最后项目评价的总结。

项目范围控制实际上发生在项目实施阶段，也就是计划执行阶段，只有具体实施项目，才有可能产生项目范围的变更。因为项目环境、资源水平和管理能力等因素，会造成项目范围在实施过程中的增加和减少。

项目范围管理水平低下，是项目失败的主要因素之一。要实现高水平的项目范围管理，重要做好用户参与，明确需求，以及范围变更管理的程序设置。

3. 确认项目范围对项目管理的意义：

（1）清楚项目的具体范围和具体工作，为准确估算时间和资源打下基础。

（2）项目范围是确定要完成哪些具体的工作，项目范围管理和控制是项目管理计划的一部分，也是项目各项计划的基础，因此项目范围计划编制是确定项目进度、测量和控制的基准。

（3）项目范围确定，就是确定项目的具体工作任务，这样有助于清楚的划分责任和分派任务，为进一步安排工作和任务打下基础。

对于项目管理者而言，只清楚项目范围的含义是不够的，最重要的是正确清楚地定义项目范围。如果项目范围确定的不好，直接关系到项目工作内容的意外变更，有可能造成最终的项目费用提高，进度严重延迟，偏离了项目原定的目标，影响整个项目发展和项目团队的积极性。

（二）项目时间管理

时间管理工作开始以前应该先完成项目管理工作中的范围管理部分。如果只图节省时间，把这些前期工作省略，后面的工作必然会走弯路，反而会耽误时间。项目一开始首先要有明确项目目标、可交付产品的范围定义文档和项目的工作分解结构（WBS）。由于一些是明显的、项目所必须的工作，而另一些则具有一定的隐蔽性，所以要以经验为基础，列出完整的完成项目所必需的工作，同时要有专家审定过程，以此为基础才能制定出可行的项目时间计划，进行合理的时间管理。[19]

项目时间管理主要包含六个阶段：

1. 项目活动定义；

2. 活动排序；

3. 设立项目里程碑是排序工作中很重要的一部分；

4. 活动工期估算；

5. 安排进度表；

6. 进度控制。

（三）项目人力资源管理

项目人力资源管理的是要充分发挥项目干系人的作用，主要包括：项目负责人、客户、为项目做出贡献的个人及其他人员。

1. 管理规划：确定书面计划和分配项目任务、职责和报告关系。

2. 人员组织：得到需要分配到项目中工作的人力资源。

3. 团队发展：提高个人和团队的技能以提高项目资源。

这些程序互相之间有影响，并且同其他知识领域中的程序相互影响。依据项目的需要，每道程序可能都包含一个或更多的个人或团队的努力［20］。虽然这里列出的程序如同界限分明的一个个独立要素，实际上它们可能以某些没有在此详述的方式相互重合或相互影响。实际操作过程中，对于处理人际关系有大量的书面文件资料规定，其中包括：领导沟通、协商及其他的关键性整体管理技巧；授权、激励士气、指导、忠告及其他与处理个人关系有关的主题；团队建设、解决冲突及其他与处理团队关系有关的主题；绩效评定、招聘、留用、劳工关系，健康与安全规则，及其他与管理人力资源功能有关的主题。

在项目生命周期中，项目相关人员的数量和特点经常会随着项目从一个阶段进入另一个阶段而有所改变，结果使得在一个阶段中非常有效的管理技巧到了另一个阶段会失去效果［21］。项目管理小组必须注意选用适合当前需求的管理技巧。

人力资源行政管理工作一般不是项目管理小组的直接责任。但是，为了深化管理力度，小组必须对行政管理的必要性有足够的重视。

（四）项目成本管理

软件项目开发中如何进行成本管理，随着信息技术的飞速发展，软件产业在国民经济中扮演着越来越重要的角色。对软件类开发进行有效的成本管理是决定软件企业发展的至关重要的因素。在软件项目的开发过程中，项目管理日益受到人们的关注。软件类项目的管理是为了让软件类项目可以按照项目预定的进度、质量和成本顺利完成。

三、项目的执行保障

（一）项目质量管理

项目的质量管理就是确定项目的质量方针、目标和职责，并通过质量规划、质量保证、质量控制和改进等工作确保软件项目的质量得以实现的全部管理活动的总称。质量规划在项目的规划过程组中；实施质量保证在项目的执行过程组中；实施质量控制在项目的监控过程组中。他们之间的关系并不是相互独立的，而是相互作用和相互影响的。

（二）项目团队建设

项目中的沟通与协调是项目管理的桥梁，是在人、信息和思想三者之间建立的联系。沟通管理是项目管理的九大知识体系之一，在项目整体管理中有着极其重要的意义和作用。沟通研究专家勒德洛（Ludlow.）曾经说过："高级管理人员往往花费80%的时间以不同的形式进行沟通，普通管理者约花50%的时间用于传播信息。"［22］。提高沟通管理是提高项目管理的关键，因此研究项目管理中沟通管理，提高沟通水平，是十分必要的，也有着重要的现实意义。

1. 项目管理中沟通管理存在的问题：

（1）项目前期准备不足。

（2）重大决策过于仓促。

（3）信息反馈失灵。

2. 项目管理中沟通不当造成的影响：

（1）产生"内耗"。

（2）增加成本。

（3）出现"返工"。

3. 提高沟通管理水平的方法：

（1）建立沟通计划。

（2）约定沟通方式，建立沟通制度。

（3）主动沟通，尽早沟通。

4. 建立和谐团队文化。

（1）建立团队和谐文化可以使项目成员树立相同的目标，激发成员的工作热情，使成员主动和别人沟通。

（2）建立严格的、可执行性强的规章制度，制定明确的奖惩措施，营造和谐的团队氛围，建立一个学习型团队。

（3）在一个相互信任和有一套默契的做事方法和风格的团队工作，能省掉很多不必要的沟通，整个团队有很强的凝聚力。

（三）项目沟通管理

在项目实施过程中，沟通管理中的重点与关键是建立沟通管理计划，注重文档化、早沟通和主动沟的通原则，融入到沟通管理的具体措施细则，探索了一条对新型复杂信息系统项目进行有效沟通的路子。

沟通是指人际之间传递和沟通信息的过程，对于项目取得成功是必不可少的，而且也是非常重要的。沟通的主旨在于互动双方建立彼此相互了解的关系，相互回应，并期待能经由沟通的行为与过程相互接纳及达成共识。

在项目中，项目干系人之间的沟通贯穿项目整个生命周期，很多专家认为信息系统项目失败的重要原因就是沟通的失败。一般而言，在一个比较完整的沟通管理体系中，包含以下内容：沟通计划编制、信息分发、绩效报告和项目干系人管理［23］。针对项目特点，结合所在企业的战略，可以采用如下策略进行沟通管理：

1. 建立清晰的沟通管理计划，实现可管理的沟通；［24］

2. 内部沟通注重文档化，实现团队及组织经验的有效积累；

3. 早沟通、主动沟通，把握沟通原则。

很多企业在经历了各种项目失败的教训后，逐渐认识到，没有好的沟通管理，企业的运作会存在巨大的隐患。沟通管理已经不仅是各企业的主观要求，也是行业标准和客户理所应当的要求，以更多更好的方法来改善我们的沟通效果，进一步提高企业的客户满意度，最终与客户建立长期良好的合作关系，实现双赢。

四、项目控制

项目控制是指在项目管理者根据项目跟踪提供的信息，对比原计划（或既定目标），找出偏差，分析成因，研究纠偏对策，实施纠偏措施的全过程。所以项目控制过程是一种特定的，有选择的，能动的动态作用过程。［25］

在项目的跟踪和控制阶段，首先要做的工作是指导项目符合目标，根据计划对目标和方向进行设定，尽量使项目进展朝着项目计划所确定的目标和方向前进。其次是有效利用资源，进一步提高资源的使用效率。在计划阶段是预见问题、预测问题。在实施阶段是判断问题、纠正问题，对计划要做一些适当变更，使之更好地完成项目目标。在计划阶段我们做出了一些关于团队建设，关于员工激励的方针和措施，在实施阶段就要贯彻和实施这些措施，对员工做出的贡献给予积极的奖励和鼓励。［26］

项目跟踪，是指项目各级管理人员根据项目的规划和目标等，在项目实施的整个过程中对项目状态以及影响项目进展的内外部因素进行及时的、连续的、系统的记录和报告的系列活动过程。项目监测主要针对计划、任务和项目成员三个方面，是为了了解项目的实际进展情况而进行。如了解成员工作完成情况，了解整个项目计划完成情况等内容。［27］

（一）项目控制重点就是项目的范围、质量、工期和成本

1. 项目范围的变化是相对于项目计划中认可的和 WBS 中指定的最初范围。因为项目范围的改变和增加，使项目有一种随时间增加的自然倾向，称为“范围的蔓延”现象。项目

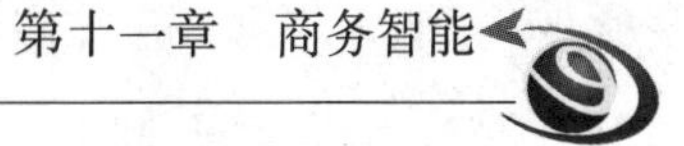

范围的改变与增加反映了要求和工作定义的变化，往往造成时间和成本的增加。项目范围变化控制的目的：识别变更出现的位置，保证改变是必须或有利的，在所有可能的地方收缩和限制变更，并管理变更的实施。因为项目范围的变更直接影响工期和成本，控制项目范围变更是控制工期和成本的重要方面。

2. 项目质量控制是保证项目最终产品和项目的工作过程生产出我们满意的产品。在项目过程中，需要采取预防措施防止失误与错误，排除其根源，避免错误重复发生。进行项目质量控制的主要做法是在项目的计划阶段制订一个质量管理规划或计划。

3. 项目工期控制的意图是使项目遵循工期，使工期的超标达到最小化。造成项目工期超标的一个原因是规划拙劣，特别是不够明确和拙劣的时间估算。但是，即使项目经过细致的规划和估算，也可能由于超出人的控制而落后于工期，包括项目范围的改变、天气问题、材料运输的中断。另外是效能控制造成工期超标，如多重任务、任务可变性等。

（二）为了对项目进行有效地控制必须遵循的准则

1. 项目的执行自始至终必须以项目计划为依据；

2. 定期和及时测量实际进展情况；

3. 随时监测和调整项目计划；

4. 充分的、及时的信息沟通；

5. 详细准确地记录项目的进展和变化。

五、项目收尾

项目收尾阶段是收获项目成果的阶段，同时也是IT信息类项目容易理解但较难操作的阶段之一。[28] 这个阶段一旦结束，就标志着整个项目管理过程的最终结束。

和项目启动阶段需要正式的文档和工作一样，项目收尾阶段也需要以某种正式的活动作为结束标志：主要是完成项目交付成果的检验，由承建方将完成的成果交与用户方，业主（用户）确认成果符合合同规定。项目收尾工作的另一重要内容是从项目中获得相关经验，以便指导和改善未来项目的运作和实施。

项目收尾的内容：项目收尾的具体内容主要是项目验收、项目总结和项目评估审计。

（一）项目验收

项目的正式验收包括验收项目产品、文档及已经完成的交付成果。验收需要正式的验收报告。对于系统集成项目，一般来讲，需要正式的验收测试工作。验收测试工作可以由业主和承建单位共同进行，也可以由第三方公司进行，但无论哪种方式都需要双方认可的正式文档为依据进行验收测试。

如果验收测试未获通过，则应立即查找原因，一般会转向变更环节进行修改和补救。如果项目验收测试正式通过，则标志着项目验收的完成。通常，系统集成项目的验收工作包括如下步骤。

1. 系统测试。

系统测试是对信息系统进行全面的测试，依照双方合同约定的系统环境，以确保系统的功能和技术设计满足业主的需求，可以正常运行。系统测试阶段应包括编制测试用倒，建立测试环境，逐条进行测试。

2. 系统的试运行。

信息系统在通过双方的测试以后，可以开始试运行。试运行包括数据迁移和日常维护。业主可将自己的数据和设置加载到信息系统上进行正常操作，一般来讲，在试运行期间，双方可以确定具体的内容并进行适当的交接培训。对于在试运行期间发生的问题，可以看作项目突发事件加以处理，如需要增添必要的工作，可按项目变更过程进行处理；也可以另立新的项目加以处理。

3. 系统的文档验收。

在经过系统测试后，系统的文档应当逐步移交给业主方。业主方也可按照合同或者项目工作说明书的规定，对所交付的文档加以检查和评价；对不清晰的地方可以提出修改要求。在最终交付系统前，系统的所有文档都应当验收合格并经双方签字认可。

对于系统集成项目，所涉及的文档应该包括如下部分：

（1）系统集成项目介绍。

（2）系统集成项目最终报告。

（3）信息系统说明手册。

（4）信息系统维护手册。

（5）软硬件产品说明书、质量保证书等。

4. 项目的最终验收报告。

在系统经过试运行以后的约定时间，双方可以进行项目的最终验收工作。通常情况下，大型项目都分为试运行和最终验收两个步骤。对于一般项目而言，可以将系统测试和最终验收合并进行，但需要对最终验收的过程加以确认。

最终验收报告就是业主方认可承建方的项目工作的最主要文件之一，这是确认项目工作结束的重要标志性工作。对于信息系统而言，最终验收标志着项目的结束和售后服务的开始。

最终验收的工作包括：

（1）双方对系统测试文件的认可和接受。

（2）双方对系统试运行期间的工作状况的认可和接受。

（3）双方对系统文档的认可和接受。

（4）双方对结束项目工作的认可和接受。

项目最终验收合格后，应该由双方的项目组撰写验收报告提请双方工作主管认可。这标志着项目组具体工作的结束和项目管理收尾的开始。

（二）项目总结

项目总结属于项目收尾的管理收尾。而管理收尾有时又被称为行政收尾，就是检查项目团队成员及相关干系人是否按规定履行了所有责任。实施行政结尾过程还包括收集项目记录、分析项目成败、收集应吸取的教训，以及将项目信息存档供本组织将来使用等活动统一为一个整体。

1. 项目总结的意义。

项目总结的主要意义如下。

(1) 了解项目全过程的工作情况及相关的团队或成员的绩效状况。

（2）了解出现的问题并进行改进措施总结。

（3）了解项目全过程中出现的值得吸取的经验并进行总结。

（4）对总结后的文档进行讨论，通过后即存入公司的知识库，从而纳入企业的过程资产。

2. 项目总结会的准备工作。

收集整理项目过程文档和经验教训。这需要全体项目人员共同进行，而非项目经理一人的工作。项目经理可将此项工作列入项目的收尾工作中，作为参与项目人员和团队的必要工作。项目经理还可以根据项目的实际情况对项目过程文档进行收集，对所有的文档进行归类和整理，给出具体的文档模板并加以指导和要求。

经验教训的收集和形成项目总结会议的讨论稿。在此初始讨论稿中，项目经理有必要列出项目执行过程中的若干主要优点和若干主要缺点，以有利于讨论的时候加以重点呈现。

3. 项目总结会。

项目总结会需要全体参与项目的成员都参加，并由全体讨论形成文件。项目总结会议所形成的文件一定要通过所有人的确认，任何有违此项原则的文件都不能作为项目总结会议的结果。

项目总结会议还应对项目进行自我评价，有利于后面的项目评估和审计的工作开展。一般的项目总结会应讨论如下内容。

（1）项目绩效：包括项目的完成情况、具体的项目计划完成率、项目目标的完成情况等，作为全体参与项目成员的合同成绩。

（2）技术绩效：最终的工作范围与项目初期的工作范围的比较结果是什么，工作范围上有什么变更，项目的相关变更是否合理，处理是否有效，变更是否对项目等质量、进度和成本有重大影响，[28] 项目的各项工作是否符合预计的质量标准，是否达到客户满意。

（3）成本绩效：最终的项目成本与原始的项目预算费用，包括项目范围的有关变更增加的预算是否存在大的差距，项目盈利状况如何。这牵扯到项目组成员的绩效和奖金的分配。

（4）进度计划绩效：最终的项目进度与原始的项目进度计划比较结果是什么，进度为何提前或者延后，是什么原因造成这样的影响。

（5）项目的沟通：是否建立了完善并有效利用的沟通体系；是否让客户参与过项目决策和执行的工作：是否要求让客户定期检查项目的状况：与客户是否有定期的沟通和阶段总结会议，是否及时通知客户潜在的问题，并邀请客户参与问题的解决等；项目沟通计划完成情况如何：项目内部会议记录资料是否完备等。

（6）识别问题和解决问题：项目中问题或是发生了，此问题是否解决？发生问题的原因能否避免，项目的管理和执行等是否可以改进，若是可以改进，如何改进。

（7）意见和建议：项目成员对项目管理本身和项目执行计划是否有合理化建议和意见，这些建议和意见是否得到大多数参与项目成员的认可，是否能在未来项目中予以改进。

（三）项目评估和审计

这里所说的项目评估和审计属于项目事后评估和审计，以有别于项目初始阶段进行的项目评估工作。

1. 项目评估。

项目评估的意义是将项目的所有工作加以客观的评价，从而对项目全体成员的成果形成绩效结论。好的项目评估会引导后续项目的开展，并对项目过程的改进起到很重要的作用。

项目评估的依据：不同类型的项目，评估的要求不同，同一项目的评估要求每个公司也不相同。不同的主体往往对相同的项目有着不同的要求。多数要求包括盈利要求、客户满意度要求、后续项目指标要求、内部满意度要求。根据不同的权重将这几项指标进行加权平均，从而得出项目的具体分值。

（1）盈利要求：通常情况下，公司对项目都有盈利要求。而在项目开始时，经过测算大都能够估算出盈利的指标。但由于存在很多不确定性，项目收尾的时候，盈利与预期之间一定存在不小的差距，而项目管理的水平就是这一差距的原因。好的项目管理和团队绩效会加大盈利的水平，而差的项目管理和团队绩效将会减低盈利水平，甚至改盈利为亏损。当然，还有一些外在的因素会影响项目的盈利水平，包括信息系统项目的需求不明確、信息系统业主的原因、信息系统第三方或者项目干系人的原因等。项目评估的时候也需要考虑这些因素。

（2）客户满意度要求：通常情况下，客户满意度会有比较大的差异，因为这项指标属于主观性比较强的指标。公司如何评价客户满意度，而不对不同的项目产生很多不公平的结果，需要公司高管有较为谨慎的态度和细致的工作。客户满意度的调查需要项目

组以外的成员进行，通常采用直接访问调查的方式。就是有公司的调查主管直接访问客户方的人员（最好是多个客户方人员），通过答题的方式进行，最后在比较的基础上得出较为准确的评价。

除了固定的客户满意度调查外，企业还可以引入行为描述类指标，对客户满意度指标进行补充修正。但收集客户满意度并不容易，全面调查工作量太大，经常操作的可能性不强，客户也不愿意接受这样频繁的调查。企业可以针对每一次项目活动的特点，设立具体的行为类问题。例如，客户对项目的配合程度、项目成员与客户的熟悉程度、客户对项目的问题与答复情况等。这些指标也许太具体化和个性化，但能够激发人们主动提高客户满意度的意识，以及对客户关系的维护。

（3）后续项目指标要求：承建方一般希望通过本次项目的合作为双方的长期合作打下基础，所以大都关注该项目是否能带来其他的后续项目。

（4）内部满意度：通常情况下，项目收尾以后，需要对项目的内部成员加以调查，确认项目在实施过程中的内部满意度，作为项目评价的指标之一。

2. 项目审计。

项目的审计应由项目管理部门与财务部门共同进行，相关的审计项目应在项目成本管理中列出。在项目收尾的时候，对已经列出的支出和收入进行财务审计，对不合理的支出和收入加以分析，为改进项目的管理服务。

（四）对信息系统的后续工作的支持

通常情况下，系统集成项目不同于其他项目的特点在于其后续的工作比较复杂，而且随着 IT 服务业的发展对信息系统不再是简单的交钥匙工程。越来越多的业主方要求承包方

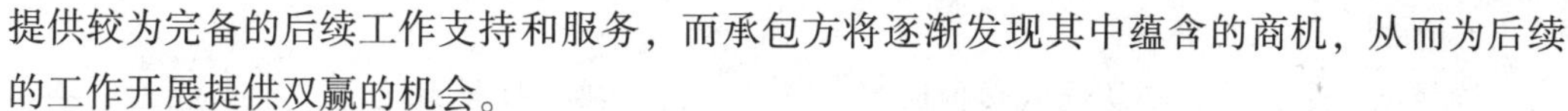

提供较为完备的后续工作支持和服务，而承包方将逐渐发现其中蕴含的商机，从而为后续的工作开展提供双赢的机会。

一般来讲，不同信息系统对后续工作的要求是不同的。软件项目对后续工作的支持要求程度最高，尤其是客户化定制的软件更是如此。

1. 软件项目的后续工作

（1）软件 bog 的修改

软件很难做到没有 bug，但大多数 bug 已经在测试和验收阶段发现，对于这些 bug 在系统移交的时候已经处理完毕。而对于移交以后的系统，如果出现 bug 将采用双方约定的方式进行处理。例如在保修期内，大多数是免费处理的，但在倮修期外如果发生问题，双方还需要就处理方式及相关费用做出约定。

（2）软件升级

每一个应用软件都有自己的生命周期，如果双方未能就软件的生命周期达成一致，将很可能造成软件后续工作的矛盾。例如甲方在用的版本早已经升级，这时如果还需要继续的技术支持，乙方将很难提供及时的反应。因此，在项目收尾阶段再次进行磋商是很有必要的。

通常情况下软件会有比较固定的升级周期，例如每年一次或者每两年一次。但不一定业主方每次都要求升级，因为升级或者更换新的系统往往会给业主方造成一定的经济成本或者人力成本。因此在项目结束后，由承建方的服务部门和业主协商给出双方都易于接受的升级方案。

（3）后续技术支持

软件项目的技术支持工作是后续工作的主要内容，对于技术支持工作的内容应该在合同中予以规定。由于软件项目的复杂性和特殊性，合同本身不仅仅含有项目期间的工作，也包含有项目完成后服务期间的工作内容。

2. 系统集成项目的后续工作

（1）信息系统日常维护工作

一般来讲，系统集成项目的日常维护工作是比较复杂的。对于承建方服务部门来讲，系统集成项目的售后服务工作牵扯到很多不同的供货商和设备厂商。而在项目后续阶段，很难保证所有的设备提供商还能够给予充分的支持和合作。因此，系统集成商（承建方）应该在项目收尾阶段认真考虑如何保证第三方的技术支持。当然，如果在前期供货合同中清楚地说明了这一要求，项目收尾阶段只需要确认即可。

（2）硬件产品的更新

很多时候，硬件产品不同于软件产品的更新和换代。在大多数信息系统正常运行后，3~5年内一般不会更换主要的硬件产品。对于一些必要的更新，可由双方的维护人员协商解决。

（3）信息系统的新需求

信息系统的后续工作之一是收集业主对于信息系统新的要求和建议，这些新的需求将构成系统集成企业的信息系统新产品的研发需求。

系统集成项目应该与承建方的 CRM 系统紧密配合，有利于承建方更好地为客户服务。

3. 项目团队人员转移

项目结束后，项目团队的人员面临新的任务，这时项目团队随之消亡。有经验的项目经理将会主动了解项目成员的归属，并发送亲笔的感谢信，以便于将来的合作。

(1) 项目团队人员的转移

严格地说，只有在项目真正结束后，团队成员才能正式脱离项目。但是在实际操作中，团队的部分成员可能由于一些原因中途离开项目团队，或者完成了自己的任务而转到其他的项目团队。无论团队成员是中途转移还是在项目结束时转移，项目经理都应该经过必要的程序对成员的转移加以管理和安排。一般的项目人员的转移流程如下。

1）项目团队成员的管理计划，也就是项目人力资源管理计划中描述所说的人员转移条件已经触发。

2）项目团队成员所承担的任务已完成，提交了经过确认的可交付物并已完成工作交接。

3）项目经理与项目团队成员确认该成员的工作衔接已经告一段落或者已经完成。

4）项目经理签发项目团队成员转移确认文件。

5）项目经理签发项目团队成员的绩效考核文件。

6）项目经理通知所有相关的干系人。

7）若是项目收尾全体项目成员结束项目工作，应召开项目总结表彰大会，肯定项目的成绩、团队成员的业绩，同时总结项目的经验教训。

(2) 项目转移人员的业绩评定。

项目经理要对项目转移人员在项目中的业绩进行评定，主要考虑以下两个方面。

1）考评的多面性。项目团队中的人员往往是以项目团队的形式合作完成任务，而项目团队一般采用矩阵式组织结构，具有项目组织与业务部门的双重管理系统。项目经理应制定对应的考核标准，保持与成员所在职能部门的联系，不仅对项目工作进行评价，还要向所属职能部门反映该成员在专业技能方面的表现。

2）考评的综合性。考虑到项目人员的工作具有团队性和创造性的特点，在考评内容上应由单纯考评“结果”转向兼顾“结果、行为和个体特质”多个方面，综合运用结果类和行为类指标。增加其他的团队成员和项目干系人的评价。但是对不同的考评主体，应根据其职责分工确定相应的考核项。另外，为了更好地引导员工在工作中以部门和团队整体利益为重，避免过度竞争和不合作状况的出现，员工个人绩效的最终结果还要结合团队绩效的好坏来确定。

(3) 项目团队成员的表彰

在项目收尾的时候，项目经理应对全体项目成员的贡献进行表彰。项目经理应考虑以下的表彰工作内容。

1）对项目成员发送亲笔签名的感谢信。

2）对项目成员的贡献加以总结和评述。

3）对项目成员的不足予以指出并提出改进建议。

4）对项目成员的未来工作给予一定的建议。

5）提请项目发起人对突出贡献的项目团队成员予以奖励和表彰。

6）物质奖励。

第五节　人工智能与数学的应用

人工智能领域的神经网络、机器学习等数据挖掘的技术在商务智能中具有重要的作用，而作为各个学科的基础—数学，则称为这些技术的基石。尤其是数理统计，几乎在数据挖掘的各个领域均有不同程度的应用。

一、神经网络

人工神经网络（Artificial Neural Network，缩写：ANN），简称神经网络（Neural Network，缩写：NN），是一种模仿自然界生物的神经网络（动物的中枢神经系统，尤其是大脑）的结构和功能的算法模型，实行分布式的信息并行处理算法的数学模型。这种神经网络以系统的高复杂程度，通过调整神经网络内部大量处理节点（人工神经元）之间的相互连接关系，从而实现对数据进行处理的目的。[5] 神经网络系统由大量的处理节点（人工神经元）联结而成并实施计算。通常人工神经网络系统随着外界信息的变化而自行对内部结构进行调整，是一种自适应的系统。现代神经网络系统是一种非线性的统计类数据建模工具，一般用来对系统的输入和输出的数据之间的复杂关系进行分析处理，寻找其他的潜在函数关系。

人工神经网络系统是一种应用于类似与大脑神经网络的突触进行联接的网状结构，从而实现信息处理的算法模型。人工神经网络通常也直接简称为“神经网络”或类神经网络。

人工神经网络是一种算法模型，有大量的类似于动物神经元的处理节点及节点之间的相互连接关系组成的处理网络。网络中的每个处理节点包含一种特定的处理函数，通常称为激励函数（Activation Function）。每对处理节点之间的连接拥有一个允许信号通过该连接的权值，通常称为权重（Weight），类似于动物神经网络中的“记忆”。待处理的数据通过人工神经网络的输入节点进入网络，依各节点的处理，并按节点之间连接的权值确定是否通过该连接传递到下一个节点进行处理。数据经过人工神经网络的不同的连接方式、激励函数处理和权重值的筛选，输出的结果不同。人工神经网络自身可能是对某种函数或算法的逼近，也可能是对某种逻辑的表述。

人工神经网络的设计理念是受到动物的神经网络功能的原理启发，按照数学领域数理统计原理，采用机器学习的方法进行优化的统计学的一种典型应用案例。基于统计学的标准数学方法得到大量的可以用函数来表达的局部处理结构空间。同时在人工智能学的人工感知领域，结合统计学的方法来解决人工感知方面的决定问题，相比逻辑学的演算推理方法具有一定的优势。

（一）人工神经网络的实用性

人工神经网络是一个能够自我总结归纳的自学习系统，即它能够利用已知数据来进行学习、归纳和总结。人工神经网络利用对局部的对比，能够推理出一个自动识别系统。而基于符号系统的学习方法，虽然也具有推理功能，但其推理能力是建立在逻辑算法上的，需要人为给定推理算法的法则集合。

（二）人工神经元网络模型

一般地，一个人工神经网络由多层神经元的结构网络组成，每层又由若干人工神经元组成。每一层神经元都具有输入和输出，上一层的输出作为下一层的输入，每两层神经元之间的连接参照动物神经网络中的名称，称为“突触（Synapse）”。在每个突触上附加一个权重，该权重是神经元传递信息时为信息附加的加权值。每个神经元将上层相关联的神经元输出的所有附加了加权值的数据，作为本神经元的输入，并且经过本神经元的激励函数进行计算处理。经过激励函数处理得到的数值，比较该神经元的输出阈值，确定是否向下一层神经元输出信号。上层神经元向下层神经元输出的信号只有输出或不输出两种，或者有 1 或 0 表示。经过上述两层神经元之间处理模式的多次迭代，直至从人工神经网络的输出层将结果输出。

（三）基本结构

人工神经网络的结构，以一种比较通用的多层结构的前馈网络（Feedforward Network）为例，其分为三部分：

输入层，用于接收输入到人工神经网络的信息，输入的数据以向量的形式表示；

输出层，用于将人工神经网络处理的结果输出，输出的数据以向量的形式表示；

隐藏层，介于输入层与输出层之间，用于对输入的数据进行处理。隐藏层可以为多层，但通常为一层，依靠大量数目的人工神经元节点来达到非线性的显著性，从而提高人工神经网络的健壮性。一般隐藏层的节点数量为输入层节点数量的 1.2~1.5 倍左右为宜。

以上是一种典型的多层次结构的前馈网络结构，人工神经网络目前发展出很多种结构类型，这种分层结构并不一定适用于所有的人工神经网络。

（四）学习过程

人工神经网络的学习过程，是使用训练样本对神经网络进行训练，通过训练样本数据与输出结果比较进行校正，对各层节点的权重和阈值实行调整以使得输出更加接近真实结果的过程。人工神经网络的学习过程是自动进行的，无需人工指引。人工神经网络的具体学习方法因神经网络的模型不同而存在差异，通常用反向传播算法（Backpropagation）来验证。

人工神经网络的分类按以下两种方式进行划分：[6]

1. 依学习策略（Algorithm）分类主要有：[6]

（1）监督式学习网络（Supervised Learning Network）为主 [6]

（2）无监督式学习网络（Unsupervised Learning Network）[6]

（3）混合式学习网络（Hybrid Learning Network）[6]

（4）联想式学习网络（Associate Learning Network）[6]

（5）最适化学习网络（Optimization Application Network）[6]

2. 依网络架构（Connectionism）分类主要有：[6]

（1）前向式架构（Feed Forward Network）[6]

（2）回馈式架构（Recurrent Network）[6]

（3）强化式架构（Reinforcement Network）[6]

（五）人工神经网络被越来越受到关注的显著的优点

1. 能够充分逼近几乎任意复杂程度的非线性函数关系；

2. 能够将所有定性或定量的信息都等势地分布贮存在神经网络的各人工神经元，因此具有健壮性和很强的容错性；

3. 实行分布式并行处理的方法，使得能够快速地进行大规模运算；

4. 自学习能力和自适应能力能够处理不确定的或未知的系统；

5. 能够实现同时处理定性信息和定量信息。

（六）人工神经网络的具有的三方面的优势

1. 具备自学习的能力。

在进行识别之前，先进行使用样本数据进行训练。将样本数据的特征输入到人工神经网络并进行计算处理，将输出的结果与样本数据中的真实结果进行比较，根据反馈修正人工神经网络节点的阈值和权重。这种自我修正的学习过程，使得人工神经网络慢慢学会对数据的分析处理。这种自学习能力对预测分析有着特别重要的意义，未来能够帮助人类进行市场预测、经济预测等。

2. 具备联想性的存储功能。

利用人工神经网络的反馈网络可以实现联想性存储能力。

3. 具备高速的搜寻问题最优解的能力。

寻找一个复杂问题的最优解，通常需要耗费巨大的计算量。反馈型人工神经网络，通常针对特定问题而设计，利用算法充分发挥计算机的运算能力，提高寻找最优解的效率。

近些年来，随着人工神经网络的不断深入研究，已取得了大幅进展。尤其在自动控制、模式识别、预测估计、智能机器人及医学、生物学、经济学等领域已有较成功的应用案例。

二、机器学习

机器学习（Machine Learning，缩写：ML）是最近几十年来兴起的一门涉及到多个领域的交叉学科，涉及概率论、数理统计、逼近论、计算复杂性理论、凸分析等多门学科。机器学习的理论主要是为了分析和设计一些能够让计算机可以智能的进行自行“学习”的计算机算法理论。[7] 研究怎样用计算机来实现或模拟人类的学习行为，以便能够获取新知识或掌握新技能，并通过重新组织已有的知识体系从而使系统能够不断地改善自身的性能。机器学习算法是一种能够从已知数据中经过自动归纳总结及分析从而获得数据的规律，并能够利用这些规律来对输入的未知的数据进行智能地预测的计算机算法。因为在机器学习的算法中涉及到了大量的数理统计的理论，所以机器学习理论与推断统计学的关系非常密切，因此在数据挖掘领域也常常被称作统计学习理论。在算法的设计上，机器学习通常关注且行之有效、并可以通过计算机程序实现的机器学习算法。[7] 一般地，很多推论性问题往往属于无程序可遵循的难度，所以通常机器学习的算法研究是实现容易计算机处理的近似算法。

目前机器学习应用已广泛出现在计算机视觉、数据挖掘、自然语言处理、语音和手写识别、搜索引擎、生物特征识别、医学诊断、证券市场分析、检测信用卡欺诈、DNA 序列测序、机器人和战略游戏等多种领域。

机器学习是人工智能领域的核心，是使计算机能够具备智能的根本手段。机器学习应用于人工智能的方方面面。机器学习主要采用归纳、综合的方法，而非演绎的过程。

（一）机器学习的定义

1. 机器学习的定义通常有以下几种：

（1）机器学习是一门人工智能的科学，该领域的主要研究对象是人工智能，特别是如何在经验学习中改善具体算法的性能。[7]

（2）机器学习是对能通过经验自动改进的计算机算法的研究。[7]

（3）机器学习是用数据或以往的经验，以此优化计算机程序的性能标准。[7]

2. 一种经常引用的英文定义是：

A computer program is said to learn from experience E with respect to some class of tasks T and performance measure P, if its performance at tasks in T, as measured by P, improves with experience E.

（二）机器学习的分类

机器学习通常可以分为以下几种：

1. 监督学习。

利用给定训练集的数据进行训练得出一个知识库函数，使用该知识库函数对新的待预测的数据进行处理，产生一个预测结果。监督学习使用的训练集不仅需要输入（特征数据），还需要有输出（目标数据）。训练集中的目标数据通常是人为给出的，用于在学习过程中进行比较修正。监督学习的算法主要包括统计分类、回归分析等算法。

2. 无监督学习。

与监督学习不同，无监督学习的训练集中没有给定目标数据。无监督学习的算法包括聚类等算法。

3. 半监督学习。

介于监督学习与无监督学习之间的处理算法。

4. 增强学习。

通过观察的方法来学习如何实现的处理方法。其中的每个处理方法都有可能会对环境产生影响，学习对象需根据观察周围环境所得到的反馈来做出决定。

（三）具体的机器学习算法

1. 构造条件概率：

（1）回归分析和统计分类；

（2）人工神经网络；

（3）决策树；

（4）高斯过程回归；

（5）线性判别分析；

（6）最近邻居法；

（7）感知器；

（8）径向基函数核；

（9）支持向量机。

2. 通过再生模型构造概率密度函数：

（1）最大期望算法；

（2）graphical model：包括贝叶斯网和 Markov 随机场；

（3）Generative Topographic Mapping；

3. 近似推断技术：

（1）马尔可夫链；

（2）蒙特卡罗方法；

（3）变分法；

4. 最优化：大多数以上方法，直接或者间接使用最优化算法。

三、遗传算法

遗传算法（Genetic Algorithm）是借鉴了达尔文的生物进化理论，模拟自然选择法则和基因遗传机理的自然界生物进化过程，构建的一种计算模型。该计算模型通过模拟自然界生物进化的过程搜索问题的最优解的方法。在遗传算法中，将若干个问题的可能的解组成一个种群，种群内有一定数目的经过基因编码的个体组成，基因编码是模拟染色体特征的符号序列，作为遗传物质的主要载体。按照达尔文生物进化论的自然选择法则，以这些个体作为问题的解尝试解决问题：按优胜劣汰的原理，按一定比例抛弃部分个体；按生物繁衍行为，选择优秀的个体进行繁殖，产生新的个体；在繁殖的过程中，允许一定程度的变异，以产生新的特征。经过该过程的逐代演化，逐步产生更加接近有效解的种群。

遗传算法通常是解决搜索类问题的一种常用算法，普遍适用于各类搜索问题，比如游戏中任务的行进路径等。

（一）遗传算法与常规搜索类算法的共同特征

遗传算法拥有常规搜索类算法的一些典型的共同特征，如：

1. 首先创建一组可能的解集，称为候选解；

2. 根据问题的规则，按照适应性条件要求，测算候选解的适应程度；

3. 根据测算的适应度，选择保留某些候选解，丢弃某些候选解；

4. 对保留的候选解进行某些计算处理，生成新的候选解；

5. 重复上述过程，直至得到一定程度适应度要求的解集。

遗传算法将上述特征以特定的方式进行组合：基于染色体为个体特征，种群内的并行搜索，具有一定随机性质的淘汰选择处理、繁殖交换处理和特征突变处理。这种特定的组合方式使得遗传算法与其它常规搜索算法具有明显的区别。

（二）遗传算法不同于传统搜索类算法的特征

遗传算法同时也具有不同于传统搜索类的特征：

1. 遗传算法的搜索是从问题的解的串集开始的，而非开始于单个解。此为遗传算法与传统搜索算法的较大的区别。传统的搜索算法往往是以单个初始值来开始搜索，不断迭代计算以求最优解，这很容易使算法陷入问题的局部最优解。遗传算法的搜索则从串集开始，覆盖范围广，有利于从全局方面进行择优；

2. 遗传算法同时处理解集中的多个个体，即同时对多个解的适应度进行评估，有效降低误入问题局最优解的风险。同时，该处理方法有利于实现并行计算处理。

3. 遗传算法仅使用适应度指标来评估个体的有效性，而不用搜索空间的知识库和其他辅助性信息。遗传算法的适应度函数不受连续可微的约束，其定义域可任意设置，使得遗传算法能够适用于更广泛的应用范围。

4. 遗传算法采用概率的变迁规则来指导搜索方向，而不是采用确定性的规则，方便解决未知的未知，而无需预先设定已知规则。

5. 遗传算法可实现具有自组织性、自适应性和自学习性，利用进化、变异和自然选择的过程获得的信息自行组织搜索和选择。

6. 遗传算法也可采用动态自适应技术，在进化过程中自动调整算法的控制参数和处理精度。

遗传算法应用于机器学习领域，帮助人工智能领域的知识获取和知识优化带来新的思路。遗传算法和神经网络、模糊识别等其他智能计算的方法相互结合渗透，极大促进了商务智能的发展。并在大数据的大规模并行计算发展的背景下，遗传算法的并行处理也得到了很好的基础架构的支持。

四、数学在商务智能中的应用

数学作为许多学科的基础，在很多领域有着重要的作用。不仅如此，数学在商务智能领域也具有很多直接的作用，尤其商务智能领域用到了大量的统计分析的相关内容。

下面首先通过简单的两个案例介绍数学模型在生产生活中的作用。在计算机领域，经常遇到二进制、八进制、十进制和十六进制；在生产生活中也存在着十二进制、六十进制等现象。这两个案例是三进制和二进制的两个应用案例。

（一）27 个小球称重

问题：有 27 个小球，其中有一个小球比其他小球略重一些。使用一个不带砝码的天平，最多称量 3 次，找出这个略重的小球。

对于这个问题，也许对许多人来讲是很简单的：首先将 27 个小球分成 3 组，每组 9 个球。称任意两组：如果两组中的其中一组重，则这个特殊的小球在这个重的组中；否则，在另一个没有参与称重的组中。这样，第一次称重，确定了其在某一组的 9 个球中，范围缩小到 1/3。同样的方法，第二次称重，也可以将范围缩小到 1/3，确定在 3 个小球中；继而，第三次称重，同样将范围缩小到 1/3，也就准确地找到这个特殊的小球了。

但如果将这个问题中的小球数量扩大到很多倍，或者用计算机来解决这个问题，可能就得想办法了。

在上面的每次称量过程中我们可以发现，每次称量均有 3 种状态：左边较重、右边较重或者天平平衡。由此，我们可以使用三进制的方法来解决这个称重的问题。与二进制类似地，三进制每位由 0、1、2 三个数字组成，满三进一位。也就是说，在三进制中，每位数位有 3 种状态，恰好来表示每次称量的状态。我们可以将左边较重编号为 1，右边较重编号为 2，平衡编号为 0。

我们将 27 个小球按照 0 到 26 编号，并将编号的三进制的形式列出如下表：

表格 11.5-1　　　　　　　　三进制的表

小球编号	三进制		
	第3位	第2位	第1位
0	0	0	0
1	0	0	1
2	0	0	2
3	0	1	0
4	0	1	1
5	0	1	2
6	0	2	0
7	0	2	1
8	0	2	2
9	1	0	0
10	1	0	1
11	1	0	2
12	1	1	0
13	1	1	1
14	1	1	2
15	1	2	0
16	1	2	1
17	1	2	2
18	2	0	0
19	2	0	1
20	2	0	2
21	2	1	0
22	2	1	1
23	2	1	2
24	2	2	0
25	2	2	1
26	2	2	2

第一次称量时，我们将小球编号的三进制的第1位为1的小球放在天平的左边，第1位为2的小球放在天平的右边，第1位为0的小球不放。按照上面的小球状态标记规则，记录此时的小球状态：若天平向左倾斜，则标记为1；若天平向右倾斜，标记为2；若天平平衡，标记为0。

按照上面的方法，分别对小球编号的三进制第2位、第3位进行划分称量，并记录称量的状态。

根据3次称量的结果，我们来分析如何找出这个较重的特殊小球。假设3次称量的结果状态分别为0，1，2，说明第1次称量，天平平衡，特殊小球在三进制编号第1位为0的

9个小球中；同理，第2次称量，特殊小球在编号三进制第2位为1的小球中；第3次称量，特殊小球在编号三进制第3位为2的小球中。由此可判断，这个较重的特殊的小球编号为21号。因为只有21号小球在上述三次称量的所找出的集合的交集中。也就是说，只有21号小球在第1次称量时没有放，第2次称量时放在天平的左边，第3次称量时放在天平的右边。

使用三进制的方法，这是与上面完全不同的思路和操作方式。也许你还没有理解这其中的奥妙，但是你只要按照方法中的操作步骤，你就能很容易的找出这个特殊的小球。

（二）寻找有毒溶液

问题：有16种溶液，其中有一种溶液是有毒的，这种有毒的溶液与一种检测试剂A混合后会变色，而其他无毒的溶液与检测试剂A混合不会变色，且16种溶液相互混合无反应。但完成一次检测实验需要耗费1小时的时间。一次混合反应需要使用1个试管，问最少使用多少个试管可以在1小时内检测出有毒溶液？

问题的解和分析：

如果每个溶液使用一个试管进行检测，可以实现1小时内完成，但使用多达16个试管，显然不是问题的答案。若减少试管使用量，考虑到溶液之间不会产生反应，可以考虑将多个溶液混合在一个试管中进行检测。利用二分法的思路，先选择一半即8种溶液混合在一起检测，逐步缩小排查的范围。这样只需要4次检测，即需要4个试管即可，但需要进行前后依次试验，历时4小时，超出了1小时的限制。

参考上述的三进制的方法，将16种溶液编号0~15，并按二进制进行表示如下：

表格 11.5-2　　二进制的表

编号	第4位	第3位	第2位	第1位
0	0	0	0	1
1	0	0	1	0
2	0	0	1	1
3	0	1	0	0
4	0	1	0	1
5	0	1	1	0
6	0	1	1	1
7	1	0	0	0
8	1	0	0	1
9	1	0	1	0
10	1	0	1	1
11	1	1	0	0
12	1	1	0	1
13	1	1	1	0
14	1	1	1	1

之所以选择二进制，是我们按位进行划分是，只有选择和不选择两种状态，即只有0、1两个值。16种溶液的二进制最多有4位，因此我们可以使用4个试管。将4个试管分别编号为1、2、3、4。向1号试管加入溶液编号二进制第1位为1的溶液；同理，向2号试管加入溶液编号二进制第2位为1的溶液；向3号试管加入溶液编号二进制第3位为1的溶液；向4号试管加入溶液编号二进制第4位为1的溶液。每个试管中混合了4种溶液。向每个试管中加入检测试剂A，待1小时的反映结束后，看看哪些试管发生了反应。假如第1、2、4号试管发生了反映，则我们判断第7号溶液是有毒的溶液，因为7的二进制是1011，它是唯一加入到第、1、2、4号试管的溶液。

对于这个问题，能找出最佳答案的，如果不是二进制的这种思路，可能会少之又少。在这里，巧妙的利用二进制的特性，确定了一个最优的方案。

将问题转化为数学模型，不仅让我们在人工分析时更加便利，在实现计算机处理时，也使得处理更加容易。

（三）统计检验的应用

在商务智能应用中，对数据进行知识挖掘和分析，进行机器学习等处理过程中，很多地方需要用到统计的内容，比如统计检验，普遍应用于对分析、处理的方法手段及结果是否有效的判定等。

在机器学习中，需要算法自己在训练的过程中调整计算的参数以优化算法。在调节参数的过程中，需要对新参数的效果进行检验，以确定是否采纳新的参数。

假设在某一计算的环节中，进行参数的调整。调整前后的效果如下：

表格 11.5-3　　参数调整前后的效果对照表

	预测错误	预测正确	
调整前	3432	910	
调整后	2340	1336	

我们将新旧两组参数进行对照，假设新的参数无效，进行统计检验。

使用SAS进行统计检验，代码如下：

```
data parm_ val;
input tag $ sign $ cnt;
cards;
    old t 910
    old f 3432
    new t 1336
    new f 2340
;
proc freq order=data;
```

```
    weight cnt;
    tables tag * sign / chisq;
run;
```

结果如下：

SAS 系统

表格 11.5-4 SAS 统计检验表

FREQ 过程

频数
总百分比
行百分比
列百分比

表-tag * sign			
tag	sign		
	t	f	合计
old	910 11.35 20.96 40.52	3432 42.80 79.04 59.46	4342 54.15
new	1336 16.66 36.34 59.48	2340 29.18 63.66 40.54	3676 45.85
合计	2246 28.01	5772 71.99	8018 100.00

表“sign-tag”的统计量

统计量	自由度	值	概率
卡方	1	233.6865	<.0001
似然比卡方检验	1	233.7524	<.0001
连续调整卡方	1	232.9242	<.0001
Mantel-Haenszel 卡方	1	233.6574	<.0001
Phi 系数		-0.1707	
列联系数		0.1683	
Cramer V		-0.1707	

Fisher 精确检验	
单元格 (1, 1) 频数 (F)	910
左侧 Pr <= F	6.655E-53
右侧 Pr >= F	1.0000
表概率 (P)	3.575E-53
双侧 Pr <= P	1.178E-52

样本大小 = 8018

根据SAS分析的结果，无论采用卡方检验、似然比卡方检验、连续调整卡方检验和Mantel-Haenszel卡方检验，就否定了两组参数效果一致的假设。也就是说，新参数与旧参数的效果是不同的，显著提高了预测的准确性。

（四）检验新产品的有效性

某公司发明汽车上的一个部件，能够帮助节省燃油。为了进行验证该产品是否真的较市场上的其他产品节省燃油，需要与其他的产品进行对比。为此，从市场上选择了三款较知名的同类产品。将这4款产品装载汽车上进行测试，以比较新产品的节油效果如何。在选择测试车辆时，不能选择同样的车，因为该产品毕竟不是针对某一车型开发的，为此选择了4辆不同的测试车型。同样的，在选择测试路段时，也选择了4种不同类型的路段进行测试；同样的，开车的测试司机，也需要由不同风格的司机来完成测试，为此选择了4位不同驾驶风格的司机进行测试。

由此而产生的是，4款不同的产品，需要分别在4种不同的车辆上，分别由4位不同驾驶风格的司机驾驶，在4种不同路况中进行测试。不仅每款产品要经过不同的车辆、不同司机、不同路况的测出，而且不同车辆也需经过不同司机驾驶，在不同路况中行驶，每位司机也需测试不同的路段。由此产生的是4x4x4x4=256个元素的4维矩阵，也就是说需要多大256次实验，充分进行每位司机驾驶每辆车辆，在每个不同路况上对4中产品进行测试。

完成256次的测试，不仅投入的经济成本相当大的，所消耗的时间也是很长的。但是如果进行合理的实验设计，可以避免这么高成本的测试，而只需4轮共16次测试，并利用统计检验的方法，使得4种产品在不同的车辆、不同路况和不同司机来进行充分测试，来确定新产品在节油方面的较其他同类产品的显著性。实验组合如下：

表格 11.5-5　　实验组合表

	第一轮				第二轮				第三轮				第四轮			
产品	甲	乙	丙	丁	甲	乙	丙	丁	甲	乙	丙	丁	甲	乙	丙	丁
司机	A	B	C	D	D	C	B	A	B	A	D	C	C	D	A	B
汽车	1	2	3	4	2	1	4	3	3	4	1	2	4	3	2	1
路段	a	b	c	d	c	d	a	b	d	c	b	a	b	a	d	c

从以上实验组合来看，每位司机进行的所有 4 轮测试中，测试了 4 种不同的产品，驾驶不同的车辆，行进在不同的路况中。同理地，产品也在不同的所有 4 种路况中在 4 种不同车辆上进行了测试，车辆与路况的组合也未出现重复和漏测。

在上述的充分组合中，测试的数据可以使用数理统计的实验检验方法，来判断新产品较其他同类产品在节油效果方面是否显著存在优势。并且，整个实验成本降低为全组合测试的 1/16，时间也大幅缩短。

第十二章　模拟试卷

高级电子商务师考试模拟试题一

一、单选题（每题1分，共30分）

1. 电子商务活动中的电子钱包软件通常都是：（　　）
   A. 免费提供　B. 有偿提供　C. 自己编制　D. 自己购买
2. 电子商务的 B to G 是（　　）模式的电子商务：（　　）
   A. 消费者对商业　B. 商业对政府　C. 商业对商业　D. 消费者对政府
3. 网络营销对网络商务信息收集的要求是及时、（　　）、适度和经济：（　　）
   A. 全面　B. 准确　C. 新颖　D. 灵敏
4. 电子商务的 B to B 是（　　）模式的电子商务：（　　）
   A. 消费者对政府　B. 商业对政府　C. 商业对商业　D. 消费者对政府
5. 电子现金的支付过程可以分为（　　）步：（　　）
   A. 三　B. 四　C. 五　D. 六
6. （　　）协议是用于开放网络进行信用卡电子支付的安全协议：（　　）
   A. SSL　B. TCP/IP　C. SET　D. HTTP
7. 电子商务是在因特网的环境下，借助（　　）协议在网络上直接支付：（　　）
   A. DSA　B. SET　C. TCP/IP　D. SSL
8. 下面哪项主要来保证网上交易的安全：（　　）
   A. 厂家　B. 认证中心　C. 银行　D. 信用卡中心
9. Internet 上常用的网上支付方式是：（　　）
   A. 电子现金　B. 电子支票　C. 信用卡　D. 其他
10. 电子钱包的高级功能不包括：（　　）
    A. 管理账户信息　B. 管理电子证书　C. 处理交易纪录

D. 联接商家与银行网络的支付网关

11. 电子支票系统目前一般是：(　　)

A. 公众网络系统　B. 专用网络系统　C. 金融网络系统　D. EDI 传输网

12. HTTP 指的是：(　　)

A. 文件传输协议　B. 超文本传输协议　C. 网络协议　D. 用户数据表协议

13. 电子支票使用（　　）技术来进行支票的验证：(　　)

A. 莫斯密码　B. 高新密码学　C. 公开密钥密码系统　D. 传统的密码学

14. 如果要查询有关“网络营销”或“定价策略”的资料，并希望搜索结果能包含该两个关键词最多的网页排列在罪前面，应将者两个关键词用（　　）连接：(　　)

A. OR　B. "　　"　C. 逗号　D. 空格

15. CA 认证中心是发放（　　），以确认身份，保证电子支付的安全性：(　　)

A. 数字证书　B. 支付证书　C. 安全证书　D. 确认证书

16. 电子支票支付方式不包括：(　　)

A. E-check　B. NetBill　C. NetCheque　D. 电子邮件

17. 目前我国智能卡的推广应用中还存在一些障碍，主要是（　　）和成本问题：(　　)

A. 资金问题　B. 政策问题　C. 安全问题　D. 观念问题

18. 电子支票包括：(　　)

A. 购买方、销售方、认证中心　B. 购买方、销售方、清算中心

C. 购买方、销售方、金融中介　D. 购买方、销售方、支付网关

19. 目前应用最广泛的电子支付方式是：(　　)

A. 银行卡　B. 电子货币　C. 电子支票　D. 电子本票

20. 搜索引擎就是在互联网上执行信息搜索的：(　　)

A. 站点　B. 功能　C. 软件　D. 内容

21. PIN 是指：(　　)

A. 个人代号　B. 个人识别码　C. 个人地址　D. 个人信用

22. 网上消费者利用信用卡进行网上支付，必须输入：(　　)

A. 信用卡卡号和密码　B. 用户名和密码

C. 电子邮件地址和密码　D. 家庭地址和电话

23. 在电子商务环境中，虚拟银行同时扮演着（　　）的角色：(　　)

A. 接受银行与认证中心　B. 发送银行与清算中心

C. 发送银行与接受银行　D. 发送银行与认证中心

24. 网络营销指的是：(　　)

A. 营销的网络化　B. 利用 Internet 等电子手段进行的营销活动

C. 在网上进行销售活动　D. 在网上宣传本企业的产品

25. ATM 卡用（　　）来储存信息：(　　)

A. 条码　B. 存储器　C. 集成电路　D. 磁条

26. 电子支票更容易于 EDI 应用的（　　）整合：(　　)

A. 应收帐款　B. 应付帐款　C. 往来帐　D. 流水帐

27. CA 的指的是：(　　)

A. 电子中心　B. 金融中心　C. 银行中心　D. 认证中心

28. 电子商务（电子商务培训）基本形式中企业间网络交易是：(　　)

A. G2B　B. G2C　C. B2C　D. B2B

29. 智能卡能提供：(　　)

A. 嵌入式芯片　B. 集成电路　C. 存储器　D. 集成芯片

30. 在整个支付流程中，资金最终流向：(　　)

A. 客户开户行　B. 商家开户行　C. 清算中心　D. 任何一个开户行

二、判断题（每题 1 分，共 10 分）

1. 在电子商务中，我们可以通过互联网，使生产商可与最终用户直接联系，因此中间商的重要性因此有所降低（　　）

A. 正确　B. 错误

2. 电子钱包中包含的资金属于电子货币：(　　)

A. 正确　B. 错误

3. 电子支付具有方便、快捷、高效、经济、安全的特点：(　　)

A. 正确　B. 错误

4. 网络商务信息的范畴，仅指那些通过计算机网络传递的商务信息：(　　)

A. 正确　B. 错误

5. 电子邮件列表可以分为公开，封闭，管制三种类型：(　　)

A. 正确　B. 错误

6. 很多网络商务信息，可以方便地从因特网下载保存到自己的计算机上：(　　)

A. 正确　B. 错误

7. 智能卡最早由法国制造，它通过嵌入式磁条来储存信息：(　　)

A. 正确　B. 错误

8. 互联网具有的平等、自由等特性，所以合作联盟是有必要的：(　　)

A. 正确　B. 错误

9. 当今电子商务的充分发展，网络将信息跨越时空连贯全球，但是企业可以不进入跨国经营的时代：(　　)

A. 正确　B. 错误

10. 直接电子商务，是指有形货物的电子订货，它仍然需要利用传统渠道如邮政服务和商业快递车送货：(　　)

A. 正确　B. 错误

三、多选题（每题 3 分，共 30 分）

1. 下面哪些项是网络商品直销的特点：(　　)

A. 供需直接见面　B. 费用低　C. 环节多　D. 速度快

2. 信息的采集不包括：(　　)

A. 网络商务的采集和企业信息的收集　B. 客户信息的收集

C. 客户信息的收集和企业信息的收集　D. 网络商务信息的采集和企业信息的收集

3. 下面为网络营销的主要内容的是：(　　)

A. 网上市场调查，网络营销策略制订　B. 网上产品和服务

C. 网上价格营销策略　D. 网上安全性测试

4. 电子现金具备的特性是：(　　)

A. 成本较低　B. 银行和商家之间应有协议和授权关系

C. 风险较大　D. 存在货币兑换问题

5. 订单数据的完整性检查中会检查以下哪些选项：(　　)

A. 商品名　B. 商品单价　C. 商品编码　D. 商品单价

6. 在电子支票交易流程中涉及到：(　　)

A. 消费者　B. 商家　C. 银行　D. 政府

7. 以下属于电子邮件的主要特点的是：(　　)

A. 完全免费　B. 速度块　C. 可传送多媒体信息　D. 价格低

8. 下列流中哪些构成电子商务的组成要素：(　　)

A. 信息流　B. 资金流　C. 人员流　D. 实物流

9. 下面哪些是信息失真的原因：(　　)

A. 信源提供的信息不完全、不准确

B. 信息在编码、译码和传递过程中受到干扰

C. 信宿（信箱）接受信息出现偏差

D. 信息在理解上的偏差

10. 下面属于传统营销促销形式的是：(　　)

A. 人员推销　B. 网络广告　C. 销售促进　D. 宣传推广

四、简答题（每题 3 分，共 30 分）

1. 简述电子现金的含义及属性
2. 简述电子支票支付方式的优势
3. 简述电子支付与传统的支付方式比较具有的特点
4. 简述电子支票的含义及简单的使用过程
5. 简述电子货币的含义
6. 简述电子现金的优点及存在的问题
7. 简述电子钱包的含义及功能
8. 简述电子支票支付方式的特点
9. 简述电子现金支付方式的特点
10. 简述电子支付的含义

电子支付是指电子交易的当事人，包括消费者、厂商和金融机构，使用安全电子支 付手段，通过网络进行的货币支付或资金流转。

参考答案

一、单选题

1~5　A　B　B　C　B　　6~10　C　B　B　C　D　　11~15　B　B　D　A　A

16~20　D　C　C　A　A　　21~25　B　A　C　B　D　　26~30　A　D　D　A　B

二、判断题

1~5　B　A　A　A　B　　6~10　A　A　B　B　A

三、多选题

1. ABD　2. BC　3. ABC　4. ABD　5. ABD　6. ABC　7. BCD　8. ABD　9. ABC　10. ACD

四、简答题

1. 简述电子现金的含义及属性

电子现金（E-Cash）又称为数字现金，是一种以电子数据形式流通的能被客户和商家普遍接受的、通过 Internet 购买商品和服务时使用的货币。电子货币是一种隐 形货币，表现为由现金数值转换成为一系列的电子加密序列数，通过这些序列数来表示现实中各种金额的币值。属性包括：

（1）货币价值

（2）可分性

（3）可交换性

（4）不可重复性

（5）可存储性

2. 简述电子支票支付方式的优势

（1）电子支票可为新型的在线服务提供便利。

（2）电子支票的运作方式与传统支票相同，简化了顾客的学习过程。电子支票保留了纸制支票的基本特征和灵活性，又加强了纸制支票的功能，因而易于理解，能得到迅速采用。

（3）电子支票非常适合大额结算；电子支票的加密技术使其比基于非对称的系统更容易处理。收款人和收款人银行、付款人银行能够用公钥证书证明支票的真实性。

（4）电子支票可为企业市场提供服务。

（5）电子支票要求建立准备金，而准备金是商务活动的一项重要要求。第三方账户服务器可以向买方或卖方收取交易费来赚钱，它也能够起到银行作用，提供存款账户从中赚钱。

（6）电子支票要求把公共网络同金融结算网络连接起来，这就充分发挥了现有的金融结算基础设施和公共网络作用。

3. 简述电子支付与传统的支付方式比较具有的特点

（1）电子支付是采用先进的信息技术来完成信息传输的，其各种支付方式都是采用数字化的方式进行款项支付的。

（2）电子支付的工作环境是基于一个开放的系统平台（如互联网）之上。

（3）电子支付使用的是最先进的通信手段，如互联网、外联网，传统支付使用的则是传统的通信媒介。电子支付对软、硬件设施的要求很高，如联网的微机、相关的软件及其他一些配套设施。

（4）电子支付具有方便、快捷、高效、经济的优势。用户只要拥有一台联网的微机，足不出户便可在很短的时间内完成整个支付过程。

4. 简述电子支票的含义及简单的使用过程

电子支票（Electronic Check）是客户向收款人签发的，无条件的数字化支付指令。它可以通过因特网或无线接入设备来完成传统支票的所有功能。

5. 简述电子货币的含义

电子货币，是指用一定金额的现金或存款从发行者处兑换并获得代表相同金额的数据，通过使用某些电子化方法将该数据直接转移给支付对象，从而能够清偿债务。

6. 简述电子现金的优点及存在的问题

电子现金的优点：

（1）匿名性。

（2）不可跟踪性。

（3）节省交易费用和传输费用。

（4）持有风险小，安全和防伪造。

电子现金存在的主要问题：

电子现金的发行和使用给人们带来了巨大的好处，同时也带来了一些新问题。主要表现为以下五个方面：

（1）税收和洗钱。

（2）外汇汇率的不稳定性。

（3）货币供应的干扰。

（4）恶意破坏与盗用。

（5）成本、安全与风险。

7. 简述电子钱包的含义及功能

电子钱包是指电子商务购物活动中常用的一种支付工具，适于小额购物，在电子钱包内放的电子货币，如电子现金、电子零钱、电子信用卡等，使用电子钱包购物，通常需要在电子钱包的服务系统中进行，功能包括：

（1）个人资料管理

（2）网上付款

（3）交易记录查询

（4）银行卡余额查询

（5）商户站点链接

8. 简述电子支票支付方式的特点

（1）电子支票以传统支票为雏形，客户容易接受而且容易上手。

（2）电子支票较好的支持了 B2B \ B2G 的电子商务市场 .

（3）电子支票采用先进技术提供了比较传统支票更为可靠的安全防欺诈手段。

（4）电子支票打破境域的限制，最大限度的提高支票运转周期，减少在途资金

（5）电子支票业务流程的自动化和网络化，节省了大量的人力物力，极大的降低了处理成本 .

9. 简述电子现金支付方式的特点

（1）匿名性。这同样也是纸币现金的优点。

（2）独立与多功能性。电子现金不依赖于所用的计算机系统。

（3）灵活性。电子现金支付过程中无需银行的中介，因此可在更大的范围内使用，不像信用卡还限于授权的商店，使用起来更加方便与灵活。

（4）经济性与较高效率。

（5）较好的安全性。

（6）对电子现金应用软件的依赖。

（7）大大节省资源，避免类似纸币的巨额保管、运输、维护费用。

10. 简述电子支付的含义

电子支付是指电子交易的当事人，包括消费者、厂商和金融机构，使用安全电子支 付手段，通过网络进行的货币支付或资金流转。

高级电子商务师考试模拟试题二

一、判断题（10 分）

1. 制定网站设计规范时，对于网站设计文件名命名规范可做如下规定：文件的命名规则首先应考虑网站建设本身的实际需要，其实应考虑满足符合所用操作系统关于文件名的规范要求。1 分

A. 错　B. 对

2. 网站 POP 布局版面的优点是充分利用版面，缺点是速度太慢。1 分

A. 错　B. 对

3. 在设计测试实例时，不仅要设计有效合理的输入条件，还要包含不合理、失效的输入条件。1 分

A. 对　B. 错

4. 先插入无病毒的启动盘，再打开计算机的电源，这样就能保证计算机在无病毒的环境下工作。1 分

A. 对　B. 错

5. 管理层次是指纵向级数，管理幅度是管理者可能直接领导或管理的下属人数。1 分

A. 对　B. 错

6. 网络采购使采购过程透明化，对采购过程中的关键环节全部实现标准化和电子化，使整个采购流程合理有序，有效提高网络采购的效率，缩短了采购周期。1 分

A. 对　B. 错

7. 消费者的彻底细分化是网络客户群的需求特征之一。1 分

A. 错　B. 对

8. 联合国国际贸易程序简化工作组对电子商务的定义：“采用电子形式开展商务活动，它包括在供应商、客户、政府及其他参与方之间通过任何电子工具，如 EDI、Web 技术、电子邮件等共享非结构化或结构化商务信息，并管理和完成在商务活动、管理活动和消费活动中的各种交易。”这一定义有一严重不足是没有直接地鲜明地提到互联网——当今电子商务所依托的最根本的网络平台。1 分

A. 对　B. 错

9. 电子商务安全运作基本原则中的最小权限原则是指任何人不得长期担任与交易安全有关的职务。1 分

A. 错　B. 对

10. MICROSOFT SQL SERVER 主要使用在 UNIX 平台上，正确应该是使用 WINDOWS 平台。

A. 对　B. 错

二、填空题（30 分）

1. 网站的主流技术路线主要有两类：一是基于 Java 技术的 J2EE 体系结构，一是基于 . net 技术的 . net 体系结构。________技术体系结构强调与 Windows 平台的集成性。1 分

2. 市场上的防火墙主流产品主要是状态/动态检测防火墙、应用程序________防火墙类型或者是混合型产品。1 分

3. 普通交换机工作在 OSI 参考模型的第二（________）层——数据链路层上 1 分

4. 安全的网络支付系统应该在 SET 或________（填英文缩写）等安全控制协议的支持下运行，这些涉及安全的协议构成了网上交易的可靠环境。1 分

5. 常用的组织管理制度包括人员管理制度、________制度、跟踪审计制度、网站信息发布规范等。1 分

6. 网站运营评估流程中第一步要确定________1 分

7. 一个销售企业建立商务网站，网站实施前成本是 100 万，收入是 200 万，网站实施后成本是 80 万，收入是 230 万。网站的收益增长率是（________）% 1 分

8. 计算机软件一般包括________软件和应用软件。1 分

9. 在两种基本加密方法，其中需要一对密钥进行加解密的称为________加密体制。1 分

10. 网络采购的发展趋势之一是从对________的管理到对供应商外部资源的管理。1 分

11. 网络营销服务可以分为普通服务和________两大类。1 分

12. ________可用于验证通过网络传输收到的文件是否是原始的、未被篡改的文件

原文，它利用了著名的 Hash 函数的特性。1 分

13. HTML 文档的特点包括通用性、______、编辑器无关性、简单性和可扩展性。1 分

14. 信息的____________是指信息不被篡改、延迟和遗漏。1 分

15. 密钥是用来对数据进行____________和____________的一种算法。

16. SGML 是一种____________语言，也是一个定义标志语言的系统。1 分

17. 影响企业产品网上定价的因素有____________、产品成本、竞争因素和其他因素等四个方面。1 分

18. 服务区别于有形产品的主要特点是不可____________、不可分离性、可变性和易消失性。1 分

19. 网站系统分析阶段的任务是解决网站“____________”的问题。1 分

20. 电子商务系统的安全体系结构主要包括__________、____________、__________、____________。

21. 国际上电子商务技术标准化成果包括 1996 年 12 月 World Wide Web 协会（W3C）公布的____________标准。1 分

22. 网站运营评估主要有委托权威专业评估机构评估、____________和客户评价等方法。1 分

23. 企业组织结构的形式有直线职能型、____________、矩阵型和网络型等。1 分

24. 销售配送中心是以销售经营为目的，以____________为手段的配送中心。1 分

25. 网站数据备份策略中的____________备份指每次备份的数据只是相当于上一次备份后增加的和修改过的数据。1 分

26. VPN 的优点有：安全性、经济性、易____________、灵活性和简化网络设计。1 分

27. 传统的营销渠道是指生产者——批发商——____________——消费者这样的渠道组织。1 分

28. 对于电子商务系统的运营评估，既包括反映电子商务系统为企业带来收益的____________，又包括反映电子商务系统为企业带来的社会影响的社会评价。1 分

29. 根据具体情况的不同，调查问句可以采用不同的形式。其中被调查对象可以自由回答问题，不受任何限制，换句话说，就是事先不规定答案，这种形式的问句称为____________问句。1 分

30. IP 地址 192. 0. 16. 1 属于____________类地址。1 分

三、单选题（40 分）

1. 企业的市场营销是（　　）。1 分

A. 微观市场营销　B. 宏观市场营销　C. 企业的产品销售　D. 企业的产品推销

2. 实体产品的网络营销过程不包括（　　）。1 分

A. 免费邮件　B. 当面买卖　C. 购物选择　D. 在线浏览

3. 互联网的第一次快速发展出现在（　　）。1 分

A. 八十年代中期　B. 八十年代早期　C. 七十年代晚期　D. 七十年代中期

4. 电子商务员的业务技能培训不包含（　　）。1 分

A. 网络促销技能　B. Internet 基本网络工具的使用技能

C. 商务信息的采集和发布技能　D. 简单的电子交易操作技能

5. 顺风是南方某地区的一家建材交易市场，随着互联网的普及，他们准备开展 B2B 电子商务，建立网上交易市场。下面是经过调研初步确定的顺风 B2B 网站的部分基本需求。请问其中哪个需求定义是不恰当的？1 分

A. 网上钱包　B. 合同管理　C. 订单管理　D. 商品查询

6. 国际上公认的物流条码有三种，它们是（　　）。1 分

A. EAN-13 码，交叉二五码和 UCC/EAN-128 条码

B. EAN-16 码，自动二五码和 UCC/EAN-128 条码

C. EAN-16 码，交叉二五码和 UNN/EAN-128 条码

D. EAN-13 码，自动二五码和 UNN/EAN-128 条码

7. 数字证书的内容不包含有（　　）。1 分

A. 签名算法　B. 证书拥有者的信用等级　C. 数字证书的序列号

D. 颁发数字证书单位的数字签名

8. 下列哪个是综合业务数字网的英文缩写？（　　）1 分

A. ADSL　B. ANSI　C. ISDN　D. CCITT

9. 美国国家科学基金出资建立名为（　　）的广域网。1 分

A. NSFNET　B. SNFNET　C. ARPANet　D. ARPNet

10. （　　）不是流通型配送中心的特点。1 分

A. 具有一定的加工职能　　B. 基本上没有长期储存功能

C. 随进随出方式进行配货　D. 大量货物整进并按一定批量零出

11. 下述哪个不是局域网的特点？（　　）1 分

A. 较高时延　B. 能进行广播或多播　C. 共享较高总带宽　D. 较低的误码率

12. BtoG 模式商务网站的交易主体是（　　）1 分

A. 消费者与企业　B. 消费者与政府　C. 企业与政府　D. 企业与企业

13. 应用服务器是一个（　　）1 分

A. 系统软件平台　B. 操作系统软件　C. 数据库软件　D. 浏览器软件

14. （　　）通过监视网络或系统资源，寻找违反安全策略的行为和攻击迹象，并发出报警，为网络系统提供安全保护。1 分

A. DES　B. IDS　C. ICS　D. RAS

15. 配送中心具有商品周转的功能，是因为配送中心（　　）。1 分

A. 必须及时将原料运送到生产厂家的手中；必须将各种成品运送到中间商的手中

B. 必须最经济，最及时，最高效的完成配送任务

C. 必须配有现代化的仓储来储存大量的货物以达到多个客户的要求

D. 根据客户的要求，对其所要求的货物进行一定的加工

16. 除 SSL、SET 安全协议外，还有用于安全目录检索（包括数字证书发布/检索）的安全协议（　　）。1 分

A. PGP　B. X. 509　C. PEM　D. X. 402

17. 单元测试（　　）1 分

A. 集中对用源代码实现的每一个程序模块进行测试

B. 模块按系统设计说明书的要求组合起来进行测试

C. 是将已经确认的软件、硬件、外设、网络等其他系统成分结合在一起，纳入实际运行环境中进行测试。

D. 为了检测在安装过程中是否有错误、是否容易操作等

18. 计算机病毒是（　　）。1 分

A. 一个破坏性指令　B. 是以单独文件形式存在的破坏程序

C. 一种破坏性程序　D. 一种寄生在计算机中的微生物

19. 下列选项中属于职业道德范畴的是（　　）1 分

A. 企业经营业绩　B. 企业发展战略　C. 员工的技术水平　D. 人们的内心信念

20. 下列电子商务交易的说法，哪一个是错误的？1 分

A. 电子商务交易的五个阶段都充分体现对信息流、资金流和物流的科学管理

B. 电子商务的交易过程全部都在网络上进行

C. 电子商务的交易能够实现高效率、低成本的目标

D. “卖方为本企业的商品做好市场调查和分析，制订销售策略和方式，不断利用互联网站发布广告，诱发客户的需求，给出报价和优惠消息，寻找贸易伙伴和商机，想方设法扩大市场份额等”属于电子商务交易的“交易前准备”阶段行为。

21. 在利用 SET 协议进行网上购物与支付的过程中，要通过（　　）与有关在线商店联系，在线商店作出应答。1 分

A. 电子钱包服务器　B. 支付网关　C. 电子商务服务器　D. 收单银行

22. 商务网站可以扩展市场，增加客户数量体现了商务网站的哪个特点（　　）1 分

A. 商务性　B. 服务性　C. 可扩展性　D. 协调性

23. 关于 javascript 语言的说法，下述哪个不正确？（　　）1 分

A. JavaScript 的语法表示方式，源自美国 Sun 开发的 Java 语言，javaScript 与 Java 语言结构差异不大

B. javascript 语言由美国网景（Netscape）公司于 1995 年开发出来的

C. Javascript 程序代码存在于网页中，只有当用户读取网页时，才会对网页中的 JavaScript 解释执行。

D. 大多数浏览器都支持 JavaScript

24. 关于 SQL 语言具有的特点，以下哪个描述是错误的？（　　）1 分

A. 高度过程化　B. 面向集合的操作方式　C. 语法简单

D. 是关系数据库的标准语言

25. 关于网络营销的特点，下列哪个表述是错误的？（　　）1 分

A. 与传统的市场营销相比，网络营销呈现技术性的特点。

B. 与传统的市场营销相比，网络营销呈现经济性的特点。

C. 与传统的市场营销相比，网络营销呈现局限性的特点。

D. 与传统的市场营销相比，网络营销呈现超前性的特点。

26. 下列哪样设备属于输入设备？（　　）1 分

A. 条形码阅读器　B. 绘图仪　C. 显示器　D. 打印机

27. 防火墙的管理是指对防火墙具有管理权限的管理员行为和（　　）的管理。1 分

A. 防火墙产品目录　B. 防火墙产品性能　C. 防火墙运行状态　D. 防火墙进程状态

28. 关于电子商务物流的特征，叙述错误的是（　　）。1 分

A. 物流目标系统化是指统筹规划一个公司的各种物流活动，务求每个活动的最优化。

B. 物流作业规范化强调功能、作业流程、作业动作的标准化与程式化，使复杂的作业变成简单的易于推广与考核的动作。

C. 物流功能集成化包括物流渠道与商流渠道的集成、物流渠道之间的集成、物流功能的集成、物流环节与制造环节的集成。

D. 物流手段现代化是指现代物流使用先进的技术、设备与管理为销售提供服务。

29. 物流信息系统不包括（　　）。1 分

A. 作业系统　B. 收货系统　C. 仓储管理系统　D. 订货系统

30. 网络市场调研中的营销因素研究不包括（　　）1 分

A. 产品的研究　B. 竞争对手的研究　C. 价格研究　D. 广告策略的研究

31. 职业道德对企业起到（　　）的作用。1 分

A. 增强员工独立意识　B. 缓和企业上级与员工关系　C. 使员工规规矩矩做事情

D. 增强企业凝聚力

32. 下列（　　）属于电子商务的安全要求。1 分

A. 信息的可显示性　B. 信息的可更改性　C. 身份的可更改性　D. 身份的可确认性

33. 广告费用的预算方法包括（　　）。1 分

A. 销售比例法、目标市场法、竞争合作法、倾力投注法

B. 销售完成率法、目标任务法、竞争对手法、倾力投入法

C. 销售百分比法、目标任务法、竞争对抗法、倾力投掷法

D. 销售提成法、分解任务法、消除对抗法、倾力投掷法

34. The firewall´s (　　) is to ensure that all communication between an organization´s network and the Internet conform to the organization´s security policies. 1 分

A. mole　B. pole　C. role　D. rule

35. 下列选项中属于企业文化功能的是（　　）1 分

A. 体育锻炼　B. 整合功能　C. 歌舞娱乐　D. 社会交际

36. 电子支付系统是一个包括在互联网上交易的买卖双方和为其服务的网络金融服务机构、CA 认证中心以及（　　）、金融专用网组成的大系统。1 分

A. 收单银行　B. 发卡银行　C. 验证中心　D. 支付网关

37. 职业道德是人的事业成功的（　　）。1 分

A. 重要保证　B. 最终结果　C. 决定条件　D. 显著标志

38. 下面有关 SMP 技术的论述正确的是（　　）1 分

A. SMP 技术是当前应用十分广泛的 I/O 并行处理技术

B. SMP 系统是不能实现处理器负载均衡的

C. 在 SMP 系统中，任务和资源由不同的处理器进行管理

D. SMP 系统中技术难点主要是要解决处理器抢占内存以及内存同步两个问题

39. 在市场经济条件下，(　　) 是职业道德社会功能的重要表现。1 分

A. 克服利益导向　　B. 遏制牟利最大化　C. 增强决策科学化

D. 促进员工行为的规范化

40. 风险的应对办法有：(　　) 1 分

A. 接受风险　B. 消灭风险　C. 预测风险　D. 否认风险

四、多选题（20 分）

1. 关于网上售中服务的内容，下述正确的是（　　）。2 分

A. 了解订单执行情况　B. 了解产品运输情况

C. 了解网上产品支持和技术服务情况　D. 了解使用维护情况

2. EDI 在互联网问世之后，也有了新的发展，现可采用哪几种新的工作方式？（　　）2 分

A. Internet Mail 方式　B. Web-EDI 方式　C. XML/EDI 方式　D. ANSI X. 12 方式

3. 下面哪些是网站测试的内容（　　）2 分

A. 链接测试　B. 表单测试　C. 黑盒测试　D. 白盒测试

4. 从企业自身业务角度分析电子商务的需求，可以从（　　）这几方面考虑 2 分

A. 产品特色或行业特点　B. 企业的各个业务环节

C. 企业的目标客户　D. 竞争对手

5. 电子商务系统管理中的硬件管理维护包括（　　）2 分

A. 定期整理文件系统　B. 建立企业计算机设施、设备配置档案

C. 定期的设备保养性维护　D. 突发性的故障维修

6. 按网络采购进行的方式分，网络采购可分为：(　　) 和中介型。2 分

A. 事业单位型　B. 企业交易型　C. 买方主导型　D. 卖方主导型

7. 从造成网络安全威胁的直接原因看，网络安全威胁的来源主要来自（　　）和网络内部的安全威胁。2 分

A. 黑客攻击　B. 系统安全漏洞　C. 计算机病毒　D. 拒绝服务攻击

8. 以下哪些是电子商务系统管理中信息管理的内容？(　　) 2 分

A. 网站统计管理　B. 垃圾文件处理　C. 客户信息管理　D. 数据备份

9. 关于国外电子商务立法现状的说法正确的是（　　）2 分

A. 1979 年，欧洲国家制订了 ANSI/ASC/X12 标准。

B. 1981 年，美国标准化委员会推出第一套网络贸易数据标准，即《贸易数据交换指导原则》（GTDI）。1984 年，联合国国际贸易法委员会（UNCITRAL）提交了《自动数据处理的法律问题》。

C. 1990 年 3 月，联合国正式推出了 UN/EDIFACT 标准，并被国际标准化组织正式接受为国际标准 ISO9735。

D. 1993 年 10 月，联合国国际贸易法委员会电子交换工作组 26 届会议全面审议了《电子数据交换及贸易数据通讯有关手段法律方面的统一规则草案》，形成了国际 EDI 法律基础。

10. 商务网站建设项目的技术可行性分析的内容主要包括（　　）2 分

A. 技术成熟度和先进性分析　B. 应用支持度分析

C. 与原有技术或资源衔接程度分析　D. 技术系统性分析

参考答案

一、判断题

1. 错　2. 错　3. 对　4. 错　5. 对　6. 对　7. 对　8. 对　9. 错　10. 错

二、填空题

1. . net　2. 代理　3. 网络接口层　4. SSL　5. 保密　6. 评估的对象　7. 百分数取整数　8. 系统　9. 非对称　10. 采购商品　11. 个性服务　12. 数字摘要　13. 平台无关性　14. 完整性　15. 编码解码　16. 标准通用标记　17. 市场需求　18. 触摸性　19. 做什么　20. 支持服务层、传输层、交换层、商务层　21. web　22. 自我评价　23. 事业部型　24. 配送　25. 增量　26. 扩展性　27. 销售商　28. 经济评价　29. 自由式　30. C

三、单选题

1~5　A　B　A　A　A　6~10　A　B　C　A　A　11~15　A　C　A　B　A
16~20　B　A　C　D　B　21~25　C　A　A　A　C　26~30　A　C　A　A　B
31~32　C　D　C　C　B　36~40　D　A　A　D　A

四、多选题

1. AB　2. ABC　3. AB　4. AB　5. BCD　6. CD　7. ACD　8. AC　9. CD　10. ABC

高级电子商务师考试模拟试题三

一、单选题

1. 应用旗帜广告时，以下哪个说法是正确的？（1 分）

A. 广告的容量越大、内容越多越好

B. 应在浏览量最大的站点投放最大的广告量

C. 应选择网页浏览次数较多的网站投放广告

D. 只有在网站首页投放广告才能达到效果

2. 消费者与商家签约电子支票的交易过程中，下列哪一项是错误的？(1 分)

A. 银行通过验证中心验证无误后即向商家兑付或转帐

B. 消费者通过网络向商家发出电子支票，同时向验证中心发出付款通知单

C. 消费者与商家签约并选择用电子支票

D. 商家通过验证中心对消费者提供的电子支票进行验证后将电子支票送交银行索付

3. 网络和电子商务系统的出现根本上改变了传统市场营销存在的基础，因而，网络营销成 为企业的唯一选择。(1 分)

A. 错　B. 对

4. 网络促销的特点包括：(1 分)

A. 网络促销是通过网络技术传递商品和劳务的有关信息的

B. 网络促销与传统促销的过程是完全不同的

C. 网络促销是结合虚拟市场和实体市 场进行的

D. 网络促销将所有大企业从区域性市场推向全球统一的市场

5. 为各方提供资信评级是网上银行的服务。(1 分)

A. 对　B. 错

6. 网络促销活动主要分为（ ）两大类。(1 分)

A. 分散域名促销和集中域名促销　B. 旗帜广告促销和网络站点促销

C. 收费广告促销和免费广告促销　D. 旗帜广告促销和免费交换广告促销

7. IP 地址是由一组（　　）的二进制数字组成。(1 分)

A. 32 位　B. 64 位　C. 4 位　D. 8 位

8. 通过监控在线服务可以了解客户的（1 分）

A. 具体看法　B. 行为习惯　C. 群体特征　D. 兴趣所在

9. 下面关于网络商品直销的说法，哪一个是正确的？(1 分)

A. 指消费者和生产者直接利用计算机网络所进行的买卖活动

B. BtoC 电子商务不属于网络商品直销的范畴

C. 网络商品直销通过网络，从而增多了交易环节，增加了交易成本

D. 指生产商和消费者直接面对面销售各种网络设备

10. DreamWeaver 是用来（　　）的软件。(1 分)

A. 制作动画　B. 编写 JAVA 程序　C. 制作网页　D. 画图

11. 一般来说，产品专题分析属于哪一个等级的信息？(1 分)

A. 低收费信息　B. 优质优价信息　C. 免费信息　D. 标准收费信息

12. 下列对计算机病毒的说法正确的是（1 分）

A. 只要不拷贝来源不明的软盘（或光盘）内容就可以避免病毒入侵

B. 有一类病毒具有惊人的复制繁殖能力，能大规模地占据电脑资源，使电脑超载而不 能工作

C. 计算机病毒都是通过线路传输的

D. 计算机病毒可以通过网络传染，因而电脑操作员应戴无菌手套操作

13. TCP 作用于 OSI 模型的（　　）。(1 分)

A. 传输层　B. 网络层　C. 数据链路层　D. 应用层

14. 主机中包括主板、多功能卡、软盘驱动器、开关电源、扬声器、显示卡和(　　)。(1 分)

A. 鼠标　B. 显示器　C. 硬盘驱动器　D. 键盘

15. 下列哪个属于在交易前应做的准备工作？(1 分)

A. 买方将货物金额通过银行转帐到卖方账户

B. 买方制订购货计划，利用 Internet 和各种电子商务网络寻找自己满意的商品和商家

C. 买卖双方进行各种电子单证的交换

D. 卖方备货、组货，并将货物交付给运输公司

16. SET 安全协议的密钥体制其重点在于：(1 分)

A. 如何确保商家和消费者的订货信息不被银行知道

B. 如何确保商家和消费者的相关信息不被别人知道

C. 如何确保商家和消费者的身份和行为的认证和不可抵赖性

D. 如何确保银行和消费者的支付信息不被商家知道

17. ISP 就是 Internet 服务提供商，它主要功能有：(1 分)

A. Internet 信息整理加工服务　B. 应用软件服务商　C. Internet 数据中心

D. Internet 平台服务商

18. 网络促销内容应根据产品所处的不同阶段进行设计，一般来说在产品的投入期，促销活动的内容应侧重于：(1 分)

A. 宣传企业形象，树立品牌　B. 宣传产品的特点

C. 密切与消费者之间的感情沟通　D. 唤起消费者的购买欲望

19. 网络消费者的心理动机不包括（　　）。(1 分)

A. 理智动机　B. 省钱动机　C. 惠顾动机　D. 感情动机

20. 下面是有关计算机病毒的说法，正确的是 (1 分)

A. 不会影响计算机工作　B. 对人体有害　C. 只存在软盘中

D. 是一个自复制程序

21. 电子商务的技术工作比较专业化，不讲求团队合作。(1 分)

A. 对　B. 错

22. 智能卡（IC 卡）属于（　　）类支付方式。(1 分)

A. 其他三种都不是　B. 电子支票　C. 电子货币　D. 电子信用卡

23. 列属于潜在威胁的是 (1 分)

A. 陷井门或后门　B. 病毒　C. 特洛伊木马　D. 媒体废弃物导致的信息泄露

24. 国际上通行的电子支付安全协议有：(1 分)

A. ASDN 安全协议　B. SPT 安全协议　C. TCP/IP 安全协议　D. SSL 安全协议

25. 常用的搜索引擎不包括：(1 分)

A. www. yahoo. com　B. www. google. com　C. www. hotbot. com　D. www. sohoo. com

26. HTML 语言中，定义表单的标记是（1 分）

A. <Form>. . . . . . </Form>　B. <TD>. . . . . . </TD>

C. <TR>. . . . . . </TR>　D. <From>. . . . . . </From>

27. 点进次数（Click Through）是指（1 分）

A. 网络广告被显示的次数　B. 网络广告被点击、浏览的次数

C. 网络广告网页被浏览的总次数　D. 网络广告被点击次数与显示次数之比

28. Outlook Express 的“收件箱”中，如果邮件的左侧有一个蓝色箭头的图标，表示：（1 分）

A. 此邮件为低优先级　B. 此邮件中有病毒　C. 此邮件附带有其他文件

D. 此邮件已经回复

29. 下面哪个不是 Web 浏览器？（1 分）

A. Netscape Navigator　B. Opera　C. Linux　D. Internet Explorer

30. 主机域名 public. tpt. tj. cn 由 4 个子域组成，请问一个主机域名最少需要由几个子域构成？（1 分）

A. 3　B. 2　C. 1　D. 0

31. 关于使用 ISDN 和 Modem 上网的说法，哪一条是不正确的？（1 分）

A. Modem 在两侧终端需增加 A/D，D/A 转换，而 ISDN 提供端到端的数字连接

B. ISDN 的传输速度是 128K

C. Modem 需长时间占用电话线，ISDN 则可以通话、上网同时进行

D. ISDN 传输速度高于 Modem

32. 第三方物流是指物流业（1 分）

A. 介于供货方和购货方之间的第三方　B. 作为电子交易的当事人

C. 作为购货方　D. 作为供货方

33. 在表单中必须有一按钮，用于控制将表单内容发送给服务器，不然无法向服务器传送信息，该按钮可以是（1 分）

A. 重置按钮　B. 图片按钮　C. 多选按钮　D. 单选按钮

34. 下列哪个 HTML 是正确的？（1 分）

A. <a> 电子商务 . gif </a>　B. <img src =" 电子商务 . gif " >

C. <src>电子商务 . gif </src>　D. <img>电子商务 . gif </img>

35. 要使网上交易成功，参与交易的人要通过（　　）确认对方的身份，确定对方的真实身份与对方所声称的是否一致。（1 分）

A. 数字信封　B. 认证中心　C. 相互见面　D. 数字签名

36. 传统营销的目标市场定位是（　　），而网络营销的目标市场定位是（　　）。（1 分）

A. 多向的　单向的　B. 双向的　多向的　C. 单向的　多向的

D. 单向的　双向的

37. 网络营销比传统营销更方便、更快捷、更全面、更有效，但是成本高昂。（1 分）

A. 错　B. 对

38. 制定网络促销预算方案一般不大考虑以下哪一事项？（1 分）

A. 确定网络促销的具体内容

B. 确定网络促销的目标

C. 明确希望影响的是哪些消费群体

D. 明确网络促销的方法及其组合方式

39. 在电子商务中，所有的买方和卖方都在虚拟市场上运作，其信用依靠（　　）。(1分)

A. 双方订立书面合同　B. 双方的互相信任　C. 现货付款

D. 密码的辨认或认证机构的认证

40. 网络商务信息与一般的商务信息的根本区别在于（　　）。(1分)

A. 它们的内容不同　B. 它们的传递途径不同　C. 它们的来源不同

D. 它们的作用不同

41. 数字信封的产生是由（　　）而成。(1分)

A. 私人密钥经对方公开密钥加密　B. 会话密钥经对方公开密钥加密

C. 对方公开密钥经公开密钥加密　D. 对方公开密钥经会话密钥加密

42. 使用 OUTLOOK EXPRESS，以下哪种文件不能收发？(1分)

A. 声音文件　B. 程序文件　C. 书面文件　D. 文本文件

43. 在关系数据库中，表格间的联系方式称为（1分）

A. 关系　B. 字段　C. 表　D. 记录

44. 建立信息管理系统是网络商务信息整理过程的哪一个步骤使用的方法？(1分)

A. 分类　B. 筛选　C. 分析　D. 加工

45. 网络营销渠道依据（　　）可分为直接分销渠道和间接分销渠道。(1分)

A. 有无中间商　B. 有无流通费用　C. 有无国界　D. 有无仓库

46. 网上银行的基本特点不包括：(1分)

A. 全面实现无纸化交易　B. 简单易用且服务方便、快捷、高效、可靠

C. 风险最低　D. 经营成本低廉

47. 哪个是构成 EDI 系统的要素？(1分)

A. 翻译软件　B. 政府　C. EDI 标准　D. 企业

48. 在下列 Internet 传输协议中，用于远程登录协议是（1分）

A. SMTP　B. TELNET　C. HTTP　D. FTP

49. 采用（　　）会增大站点建设的劳动强度，分散管理力度，增加网站成本，影响公司整体形象。(1分)

A. 多级域名　B. 单一域名　C. 三级域名　D. 分散域名

50. HTML 语言无须经过 WEB 服务器解释就能被 IE5 正确解释。(1分)

A. 对　B. 错

51. 《计算机信息网络国际联网安全保护管理办法》第四条规定任何单位和个人不得利用国际联网（　　）。(1分)

A. 从事经营活动　B. 危害国家安全　C. 经营电信业务　D. 发送垃圾邮件

52. 网络营销的营销策略是：(1分)

A. 为实现供应链的管理　B. 从 4P’s 转到 4C’s

C. 从 4C’s 转到 4P’s　D. 4P’s 营销组合

53. POP3 是外发邮件服务器，所以 Outlook Express 在发送邮件前，首先必须与它建立连接。(1 分)

A. 对　B. 错

54. 网络消费者在作出购买决策时一般不大考虑下列哪个条件？(1 分)

A. 对产品要有购买欲　B. 对网上信息要有辨别力

C. 对支付要有安全感　D. 对厂商要有信任感

55. 按照 Internet 广告管理署 IAB 的标准，图标广告的尺寸可以是：(1 分)

A. 120 * 90 像素　B. 240 * 180 像素　C. 234 * 60 像素　D. 468 * 60 像素

56. 以下哪种现象有可能是计算机感染了病毒？(1 分)

A. 不能正常进入 Windows98 系统

B. 电脑出现“一长二短”的报警声

C. 电脑运行速度明显下降

D. 显示器不显示，但可以听到硬盘的读写声

57. 对称密码体系中加密和解密使用（　　）的密钥。(1 分)

A. 相同　B. 私人　C. 公开　D. 不同

58. 下述对虚拟主机描述哪个正确？(1 分)

A. 每台虚拟主机都有独立域名、独立 IP 地址，或者共享的 IP 地址

B. 每台虚拟主机都有独立或共享的域名、独立 IP 地址

C. 每台虚拟主机都有独立域名，但只有共享的 IP 地址

D. 每台虚拟主机都只有共享域名、独立 IP 地址，或者共享的 IP 地址

59. HTML 文档结构由（　　）组成。(1 分)

A. <html>... </html>、<body>... </body>

B. <body>、</body>

C. <html>、</html>

D. <head>... </head>、<body>... </body>

60. 企业内部电子商务可以优化企业的内部管理，降低管理成本；在企业产品开发方面，可缩短产品的开发周期，提高生产效率和产品质量。(1 分)

A. 对　B. 错

61. 网络交易的风险主要有信息风险及其传递过程中的风险。(1 分)

A. 对　B. 错

62. 电子交易流程一般包括以下几个步骤：

1. 商户把消费者的支付指令通过支付网关送往商户收单行；

2. 银行之间通过支付系统完成最后的结算；

3. 消费者向商户发送购物请求；

4. 商户取得授权后、向消费者发送购物回应信息；

5. 如果支付获取与支付授权并非同时完成，商户还要通过支付网关向收单行发送支付获取请求，以便把该笔交易的金额转到商户账户中；

6. 收单行通过银行卡网络从发卡行（消费者开户行）取得授权后，把授权信息通过支付网关送回商户；正确的顺序是：(1 分)

A. 1→3→6→5→4→2　B. 3→1→6→4→5→2

C. 3→4→5→1→2→6　D. 3→6→4→5→1→2

63. 浏览器的正确英语写法是：(1 分)

A. Nescape　B. IE　C. Opera　D. Browser

64. 可以通过（　　）在网上发布信息，寻求贸易机会。(1 分)

A. Gopher　B. ICQ　C. BBS　D. Archie

65. 就目前来说，以下哪一种人最有可能成为网络消费者？(1 分)

A. 李丛梓，男，25 岁，大学　B. 孙晓燕，女，30 岁，中专

C. 赵雅呢，女，19 岁，大专　D. 张文革，男，36 岁，高中

66. 下述对密码框的描述哪个是正确的？(1 分)

A. 在密码框中键入数据都会以＊号显示

B. 密码框只能键入数字

C. 密码框其实是隐藏域

D. 密码框是一个单行文本框

67. 网络营销比传统营销的优势包括：(1 分)

A. 可以通过网络给用户发送信息，不必再费时费力与顾客建立密切的关系

B. 可以用相同的成本开展跨地区和跨国别营销

C. 能方便地了解客户的要求，并根据用户的要求进行批量生产

D. 可以减少交易的中间环节，从而降低交易成本和产品价格

68. 设计一个边框为 3 的表格，下述哪个 HTML 是正确的？(1 分)

A. <Table Border = 3>　B. <Table Cellspacing = 3>

C. <Table Cellpadding = 3>　D. <Table Width = 3>

69. 以下哪个措施有助于推广电子商务的应用？(1 分)

A. 加快现代化通讯工具的使用

B. 进行网络隔离，严防黑客

C. 加快银行支付系统的建设，实现支付过程和支付手段的电子化

D. 加大国际贸易

70. 计算机网络系统的安全威胁不包括以下哪种类型？(1 分)

A. 自然灾害　B. 病毒攻击　C. 网络内部的安全威胁　D. 黑客攻击

71. 在 Internet Explorer 中，"后退" 按钮指的是返回上次查看过的 Web 页。(1 分)

A. 对　B. 错

72. 电子现金的支付过程是：(1 分)

A. 购买电子现金证书——取款——开户——订货——付款——清算

B. 开户——购买电子现金证书——取款——订货——付款——清算

C. 开户——订货——购买电子现金证书——取款——付款——清算

D. 购买电子现金证书——开户——取款——订货——付款——清算

73. 数字签名可用于解决（　　）问题。(1 分)

A. 数据误发　B. 数据抵赖　C. 数据冲突　D. 数据泄密

74. FTP 是指：(1 分)

A. File Transfer Protocol　B. Full Transfer Provider

C. File Transfer Provider　D. Full Text Protocol

75. 用 Windows NT，Windows 98 连接的基于客户/服务器的对等网络中，要使网络中所有用户都能同时地利用一条电话线和一个 Modem 上网，需要安装（1 分）

A. 代理服务器　B. 无法实现　C. ADSL　D. ISDN

76. 互联网最初起源于：(1 分)

A. 二次大战中　B. 九十年代初期　C. 六十年代末期　D. 八十年代中期

77. 当前电子支付中存在的主要问题之一在于：(1 分)

A. 跨国交易中的关税问题　B. 经济问题　C. 安全问题

D. 支付票据格式的统一问题

78. 由于访问流量有限，在企业网站上发布商务信息的作用不大。(1 分)

A. 错　B. 对

79. 下列哪一种说法是不恰当的？(1 分)

A. 电子商务安全性是要求系统提供一种端到端的安全解决方案，以防止窃取、篡改、病毒和入侵等不安全行为

B. 电子商务的集成性表现在事务处理的整体性和统一性

C. 客户服务不受时间、空间的限制，从而实现周全的服务内容和良好的服务质量是电子商务服务性的特点

D. 电子商务的可扩展性是指电子商务的应用范围可不断扩大

二、多选题

1. 要求用户在一系列选项中进行多选一操作，可以使用（2 分）

A. 单选按钮　B. 多选按钮　C. 重置按钮　D. 下拉菜单

2. 在 INTERNET 上，汉字的编码方案有（2 分）

A. HZ 码　B. ASCII 码　C. GB 码　D. BIG5 码

3. 市场营销组合策略包括：(2 分)

A. 价格策略　B. 经销策略　C. 促销策略　D. 产品策略

4. 电子支付的特点包括：(2 分)

A. 电子支付具有方便、快捷、高效、经济的优势。

B. 电子支付是采用先进的技术通过数字流转来完成信息传输的，其各种支付方式都是采用数字化的方式进行款项支付的。

C. 电子支付的工作环境是基于一个开放的系统平台即 Internet 之中。

D. 电子支付使用的是最先进的通信手段（如 Internet 、Extranet），对软、硬件设施的要求很高。

5. 下列哪些属于我国新《合同法》规定的数据电文形式？(2分)

A. EDI　B. 电报　C. 电话　D. EMAIL

6. 图标是Windows操作系统中的一个重要概念，它表示Windows的对象。它可以指 (2分)

A. 应用程序　B. 文件夹　C. 文件　D. 设备或其他计算机

7. 作为一名合格的电子商务员，应该：(2分)

A. 具有良好的职业道德　B. 遵纪守法　C. 严守保密制度　D. 敬业爱岗

8. 下列哪一项不是收集网络商务信息的基本要求？(1分)

A. 全面　B. 准确　C. 经济　D. 及时

9. 在网页上插入一个1X2的表格，其中用到表格相关的HTML标记有 (2分)

A. <Body>...... </Body>　B. <Table>...... </Table>

C. <TR>...... </TR>　D. <TD>...... </TD>

10. 使用电子邮件发布网络信息具有以下哪些特点？(2分)

A. 可以主动的方式发布信息，直接让目标客户了解信息的内容

B. 可以不受时间限制，任意向顾客发送广告邮件

C. 可以有目的地选择发送对象，使信息发布更有针对性

D. 信息发布成本低廉，操作简单

11. 在筛选电子商务中介时必须考虑成本、信用、覆盖、特色和连续性五大因素。关于这些因素的描述正确的是：(2分)

A. 信用是指中介商所具有的信用度

B. 覆盖是指中介商的服务器在全球各地的设置情况

C. 连续性是指中介商是否提供了市场营销的组合推广计划

D. 成本是指使用中介商信息服务的支出

参考答案

一、单选题

1~5　C　C　B　A　B　　6~10　B　A　D　A　C　　11~15　B　A　A　C　B
16~20　C　D　B　B　D　　21~25　B　D　D　D　D　　26~30　A　B　D　C　B
31~35　B　A　B　B　D　　36~40　D　A　A　D　B　　41~45　B　C　A　A　A
46~50　C　A　B　D　A　　51~55　B　B　B　B　D　　56~60　C　A　A　D　B
61~65　B　B　B　C　A　　66~70　A　D　A　C　A　　71~75　A　B　B　A　A
76~79　C　D　A　D

二、多选题

1. BD　2. ACD　3. ACD　4. ABCD　5. ABD　6. ABD　7. ABCD　8. BCD　9. ABCD　10. ACD　11. AD

高级电子商务师考试模拟试题四

一、单选题：（每题 1 分，共 50 分）

1. 数据安全主要是指（　　）。

A. 数据的正确性、有效性、相容性　B. 用户数据与程序的独立性

C. 保护数据以防止不合法的使用　D. 防止并发程序之间的干扰

2.（　　）是依照相同标准对相同职务的员工进行考核的一种方法。

A. 交替排序法　B. 简单排序法　C. 配对比较法　D. 强制分布法

3. 网上商店生成系统的常见功能准确的选择是（　　）。

A. 内置支付网关　B. 购物车功能　C. 多种支付选择　D. 以上都是

4. B2C 网站的网上购物的流程，一般是（　　）。会员注册→商品搜索选购→下订单→结算金额→选择送货方式→网上支付→购物完成→订单查询

A. 会员注册→商品搜索选购→下订单→结算金额→选择送货方式→网上支付→购物完成→订单查询

B. 会员注册→商品搜索选购→订单查询→结算金额→选择送货方式→网上支付→购物完成→下订单

C. 会员注册→网上支付→下订单→结算金额→选择送货方式→商品搜索选购→购物完成→订单查询

D. 网上支付→商品搜索选购→下订单→会员注册→选择送货方式→结算金额→购物完成→订单查询

5. 事务是数据库环境中的（　　）工作单位，事务是不能嵌套的，可恢复的操作必须在一个事务的界限内才能执行。

A. 外部　B. 内部　C. 物理　D. 逻辑

6. 我国现行的涉及交易安全的法律法规中，（　　）包括产品质量法、财产保险法、价格法、消费者权益保护法、广告法、反不正当竞争法等。

A. 综合性法律　B. 规范交易主体的有关法律

C. 规范交易行为的有关法律　D. 监督交易行为的有关法律

7. 数据库系统允许用户把已获得的（　　）再转授给其他用户。

A. 权限　B. 文件　C. 软件　D. 设备

8. 网上商店生成系统的常见功能准确的选择是（　　）。

A. 在线订单生成　B. 商店静态优化　C. 多种促销功能　D. 以上都是

9. 一般进行交易的电子商务网站必须具备（　　）。

A. WEB 服务器、域名服务器、数据库服务器和支付网关

B. WEB 服务器、域名服务器和商品服务器

C. 域名服务器、商品服务器、企业服务器

D. 前台服务器和后台服务器

10. SQL Server 支持的身份验证模式是（　　）。

A. WindowsNT 身份验证、SQL Server 身份验证

B. 口令验证、密码验证

C. 密码验证、SQL Server 身份验

D. SQL Server 身份验证、口令验证

11. （　　）是一类试图直接对你的机器进行控制的攻击。

A. 服务拒绝攻击　B. 利用型攻击　C. 信息收集型攻击　D. 假消息攻击

12. 用户（或应用程序）使用数据库的方式称为权限，以下不是用户权限是（　　）。

A. 读权限　B. 插入权限　C. 修改权限　D. 导入权限

13. 一个电子商务应用平台系统的运行，要有（　　）、主机设备，也需要有支持平台软件和应用软件。

A. 杀毒软件　B. 仓储系统　C. 网络　D. 配送系统

14. 在查询框内输入想要查询的域名，单击提交。如果已经被他人注册，将会出现域名、域名注册单位、管理联系人、技术联系人等提示信息。如果没有被他人注册，将会出现“你所查询的信息不存在”的提示信息，这时用户就可以开始（　　）了。

A. 注册　B. 登录　C. 删除　D. 退出

15. 以下不包括客户概况分析的内容是（　　）。

A. 层次　B. 风险　C. 层次　D. 习惯

16. 开展电子商务最突出的问题是要解决（　　）、交易和结算中的安全问题，建立安全认证体系是关键。

A. 网上购物　B. 网上询价　C. 网上查询　D. 网上论坛

17. 防火墙（Fire Wall）成为近年来新兴的保护计算机网络安全技术性措施，它是一种（　　）控制技术。

A. 防范　B. 隔离　C. 杀毒　D. 搜索

18. 网上商店建立的准备工作的第一步是（　　）。

A. 编写网站设计的计划书　B. 网站交互设计　C. 检查网页的链接

D. 正式发布网站

19. 数据库的备份中，（　　）是一种逻辑备份，这种方法包括读取一系列的数据库日志，并写入文件中，这些日志的读取与其所处位置无关。

A. 导出备份　B. 导入备份　C. 冷备份　D. 热备份

20. 电子商务网站安全的因素，从网站内部看，网站计算机硬件、通信设备的可靠性、操作系统、（　　）、数据库系统等自身的安全漏洞，都会影响到网站的安全运行。

A. 入侵者　B. 网络协议　C. 计算机病毒　D. 网络黑客

21. （　　）指客户对某个产品或商业机构的忠实程度、持久性、变动情况等。

A. 客户利润分析　B. 客户忠诚度分析　C. 客户性能分析　D. 客户未来分析

22. （　　）的指标意义是衡量网站内容对访问者的吸引程度和网站的实用性。

A. 网站转换率　B. 回访者比率　C. 积极访问者比率　D. 忠实访问者比率

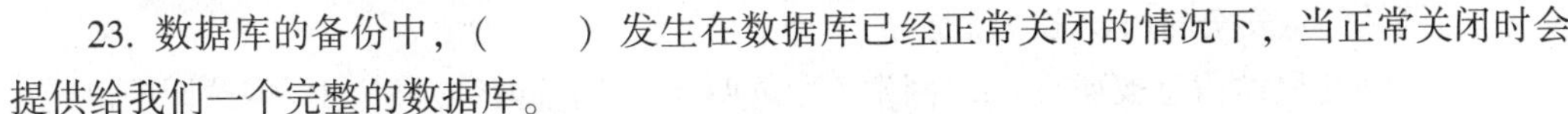

23. 数据库的备份中，（　　）发生在数据库已经正常关闭的情况下，当正常关闭时会提供给我们一个完整的数据库。

A. 导出备份　B. 导入备份　C. 冷备份　D. 热备份

24. （　　）的指标意义是衡量网站内容对访问者的吸引程度以及网站的宣传效果。

A. 网站转换率　B. 回访者比率　C. 积极访问者比率　D. 忠实访问者比率

25. 网站编辑负责网站频道信息内容的搜集、把关、规范、整合和（　　），并更新上线。

A. 编辑　B. 查询　C. 搜索　D. 研究

26. 电子商务网站主要分为（　　）和 B2B 两种。

A. ED　B. INTRANET　C. B2C　D. RFID

27. 域名申请注册用户可以在 CNNIC 的网站上直接联机填写域名注册申请表并提交。CNNIC 会对用户提交的申请表进行在线的检查，填写完毕后单击（　　）即可。

A. 注册　B. 登录　C. 删除　D. 退出

28. 数据库系统的安全特性主要是针对（　　）而言的。

A. 程序　B. 操作系统　C. 数据　D. 外设

29. （　　），主要包括应用服务的可用性与可控性。

A. 网络与应用平台安全　B. 应用服务提供安全

C. 信息加工和传递安全　D. 信息内容安全

30. （　　）是网络安全防范和保护的主要策略，它的主要任务是保证网络资源不被非法使用和非常访问。

A. 访问控制　B. 物理安全　C. 信息加密　D. 一级安全策略

31. 电子商务网站主要分为（　　）和 B2C 两种。

A. EDI　B. INTRANET　C. B2B　D. RFID

32. （　　）就是采用数学方法对原始信息（通常称为“明文”）进行再组织，使得加密后在网络上公开传输的内容对于非法接收者来说成为无意义的文字（加密后的信息通常称为“密文”）。

A. 信息加密技术　B. 硬件隔离　C. 病毒清除组件　D. 服务访问政策

33. 目前国际上常用的密码体系有对称密钥密码体系和（　　）。

A. 混钥密码体系　B. 私钥密码体系　C. 公开密钥体系　D. 不对称密钥密码体系

34. （　　）是统计整理的一种重要形式，通过对零乱、分散的原始数据资料进行有次序的整理，形成一系列反映总体各组之间个体分布状况的数列。

A. 频数分布　B. 累计频数　C. 累计频率　D. 统计数据分组

35. 电子商务网站的功能，包括（　　）功能。

A. 电子出版　B. 商品选购功能　C. 办公事务管理　D. 人力资源管理

36. 防火墙的组成部分包括验证工具、包过滤、应用网关和（　　）。

A. 软件识别　B. 硬件隔离　C. 病毒清除组件　D. 服务访问政策

37. （　　）企图通过使你的服务计算机崩溃或把它压跨来阻止你提供服务，服务拒绝攻击是最容易实施的攻击行为。

A. 服务拒绝攻击　B. 利用型攻击　C. 信息收集型攻击　D. 假消息攻击

38. 网站信息安全的内容之一就是（　　）。

A. 防止网站信息被篡改　B. 网站色彩鲜明　C. 网站内容完整　D. 网站调用快速

39.（　　）的应用使交易文件的完整性得以保证。

A. 信息加密技术　B. 数字摘要　C. 病毒清除组件　D. 服务访问政策

40. 对于数据库系统，负责定义数据库内容，决定存储结构和存储策略及安全授权等工作的是（　　）。

A. 应用程序员　B. 数据库管理员　C. 用户　D. 软件设计师

41. 网络和信息安全主要强调除网络自身安全以及服务提供安全外，还包括网络上的信息机密性、（　　）、可用性以及相关内容安全的有害信息控制。

A. 完整性　B. 重要性　C. 先进性　D. 恢复性

42. 电子商务网站安全的因素，从网站外部看，（　　）、入侵者、计算机病毒是危害电子商务网站安全的重要因素。

A. 操作系统　B. 网络协议　C. 数据库系统　D. 网络黑客

43. 转储与恢复程序主要在实现 DBMS 的（　　）功能时使用。

A. 数据库运行管理　B. 数据库的建立维护　C. 数据组织、存储与管理　D. 替他

44. 网上商店建设前准备（　　）。

A. 选好项目，联系货源

B. 找人建站或加盟提供网站的公司

C. 注册域名，网站备案、上架商品，录入资料、完善网站内容，如联系信息，收款账户，在线支付方式等

D. 以上都是

45.（　　）所面对的主要问题包括发现所隐藏的信息的真实内容、阻断所指定的信息，挖掘所关心的信息。

A. 数据安全　B. 交易安全　C. 内容安全　D. 下载安全

46. 建立公司网站（　　）。

A. 是网络营销的前提条件　B. 对网络广告并不重要

C. 是网络广告唯一手段　　D. 是在局域网环境下

47.（　　）的目的是保护网内的数据、文件、口令和控制信息，保护网上传输的数据。

A. 访问控制　B. 物理安全　C. 信息加密　D. 一级安全策略

48. 在客户生命周期的各个阶段中，（　　）是客户对企业做出最大贡献的时期。

A. 客户潜在期　B. 客户开发期　C. 客户成长期　D. 客户成熟期

49. 我国现行的涉及交易安全的法律法规中，（　　）主要是民法通则和刑法中有关保护交易安全的条文。

A. 综合性法律　B. 规范交易主体的有关法律

C. 规范交易行为的有关法律　D. 监督交易行为的有关法律

50. B2C 网站的网上购物的后台处理主要流程流程，一般是（　　）。

A. 网上客户定单→订单受理→库存查询→销售单生成→出库确认→发货确认→结帐

B. 发货确认→订单受理→库存查询→销售单生成→出库确认→网上客户定单→结帐

C. 库存查询→订单受理→网上客户定单→销售单生成→出库确认→发货确认→结帐

D. 网上客户定单→订单受理→库存查询→发货确认→出库确认→销售单生成→结帐

二、判断题（30分）

1. 电子商务网站安全的因素，从网站内部看，网站计算机硬件、通信设备的可靠性、操作 系统、网络协议、数据库系统等自身的安全漏洞，都会影响到网站的安全运行。(　　)

2. 浏览用户比率这个指标一定程度上衡量网页的吸引程度。(　　)

3. 会员中心功能是网上商店生成系统的常见功能之一。(　　)

4. 事务是数据库环境中的物理工作单位，事务是不能嵌套的，可恢复的操作必须在一个事务的界限内才能执行。(　　)

5. 信息收集型攻击并不对目标本身造成危害，如名所示这类攻击被用来为进一步入侵提供 有用的信息。(　　)

6. UV 的意思就是 UniqueVisitor，中文翻译即唯一访问者。(　　)

7. 我国有关电子商务交易安全的法律保护问题，主要涉及到两个基本方面：第一，电子商务交易首先是一种商品交易，其安全问题应当通过民商法加以保护；第二，电子商务交易是通过计算机及其网络而实现的，其安全与否依赖于计算机及其网络自身的安全程度。(　　)

8. 电子商务网站的功能，包括商品发布功能、商品选购功能、具有个性化的采购订单模板，顾客进行购物组合比较、“购物车”内置的价格计算模型可以根据商家的价格体系灵活定制、在线交易功能、商品交接、资金结算功能。(　　)

9. 那么对于电子商务网站来说，网站数据库中记录的详细的交易信息，同样可以运用 RFM 分析模型进行数据分析，尤其对于那些已经建立起客户关系管理（CRM）系统的网站来说，其分析的结果将更具意义。(　　)

10. 申请注册域名，用户可以通过 Web 和 E-mail 两种方式填写注册申请表。(　　)

11. 每访问者销售额这个指标是用来衡量网站的市场效率。(　　)

12. 已注册用户是指系统中已有其注册信息的用户，此类用户可完成整个购买流程。(　　)

13. 数据库正式投入运行与维护工作的开始，并不标志着数据库设计工作的结束。(　　)

14. 在商业经营活动中，知觉是消费者在购买商品和使用商品过程中，商品的外部单一属性 作用于消费者不同感官而产生的主观印象。(　　)

15. 加密技术分为两类，即对称加密和非对称加密。(　　)

16. 一个电子商务应用平台系统的运行，要有网络、主机设备，也需要有支持平台软件和应 用软件。(　　)

17. 开展电子商务最突出的问题是要解决网上购物、交易和结算中的安全问题，建立安全认 证体系是关键。(　　)

18. 客户资料管理就是通过对客户详细资料的管理，来提高客户满意程度，从而提高企

业的 竞争力的一种手段。（ ）

19. 电子商务网站主要分为 B2B 和 B2C 两种。（ ）

20. 消费心理学通过研究消费者的个性心理特征，可以了解不同的消费行为产生的内在原 因，掌握消费者购买行为和心理活动的规律，预测消费趋势。（ ）

21. 信息完整性可以依靠报文鉴别机制，例如哈希算法等来保障，信息机密性可以依靠加密 机制以及密钥分发等来保障。（ ）

22. 在创建一个 Web 站点之前，必须先申请域名和站点空间。只有申请了域名和站点空间后，用户制作的网页才能发布到 Internet 上，供他人浏览。（ ）

23. 数据库的备份恢复中，导入的过程是导出的逆过程，这个命令先读取导出来的导出转储 二进制文件，并运行文件，恢复对象用户和数据。（ ）

24. 消费心理是指消费者在个人消费活动中发生的各种心理现象及外在表现。（ ）

25. 信息安全有多层含义，首先最基本的是网站内容的合法性。（ ）

26. 安全策略是指在某个安全区域内（一个安全区域，通常是指属于某个组织的一系列处理 和通信资源），用于所有与安全相关活动的一套规则。（ ）

27. 数据独立性包括物理独立性和逻辑独立性两个方面。（ ）

28. 网络编辑需要具备以下几方面基本知识与技能：新闻传播学、计算机及网络技术基础、文字表达能力及网络编辑所负责领域的相关学科基础知识。（ ）

29. 内容安全是指对信息真实内容的隐藏、发现、选择性阻断。（ ）

30. 防火墙指的是一个有软件和硬件设备组合而成、在内部网和外部网之间、专用网与公共 网之间的界面上构造的保护屏障。（ ）

三、多选题：（20 分）

1. ORACLE 数据库由（ ）组成。

A. 过程文件 B. 数据库文件 C. 日志文件 D. 控制文件 E. 程序文件

2. 有关电子商务面临的安全问题，主要有（ ）。

A. 信息泄漏 B. 窜改 C. 身份伪造 D. 电脑病毒问题 E. 黑客问题

3. 注册域名的步骤有（ ）。

A. 查询域名 B. 申请注册 C. 申请个人网站空间 D. 建立 E-mail 服务器

E. 建立 IIS

4. 网络应用服务安全可以分为（ ）。

A. 网络与应用平台安全 B. 应用服务提供安全 C. 信息加工和传递安全

D. 信息内容安全 E. 软件设计安全

5. 从造成网络安全威胁的直接原因看，网络安全威胁的来源主要来自（ ）和网络内部的安全威胁。

A. 黑客攻击 B. 系统安全漏洞 C. 计算机病毒 D. 拒绝服务攻击

6. ORACLE 数据库的标准备份有（ ）。

A. 导出/导入 B. 冷备份 C. 热备份 D. 文件备份 E. 数据备份

7. 电子商务类网站分为 B2B（商家对商家）和 B2C（商家对个人客户）两种，按照交

易过程可分为（　　）三个阶段。

A. 商品检索　B. 网上调查　C. 商品采购　D. 网址推广　E. 订单支付

8. 信息安全涉及到（　　）。

A. 信息的保密性　B. 完整性　C. 可用性　D. 可控性　E. 不可否认性

9. 网络攻击概括来说分为（　　）。

A. 服务拒绝攻击　B. 利用型攻击　C. 信息收集型攻击　D. 假消息攻击　E. 输入性攻击

10. 一个电子商务应用平台系统的运行，要有（　　）。

A. 网络　B. 主机设备　C. 仓储系统　D. 平台软件　E. 应用软件

11. 网站编辑的特点有（　　）。

A. 超文本链接式编辑　B. 全时化编辑　C. 数据库化编辑　D. 交互性编辑　E. 静态编辑

12. 内容安全是指对信息真实内容的（　　）。

A. 隐藏　B. 发现　C. 选择性阻断　D. 收集　E. 索引

13. 我国现行涉及电子商务交易安全的法律法规有（　　）。

A. 综合性法律　B. 规范交易行动有关法律　C. 监督交易行为有关法律　D. 规范交易主体有关法律　E. 民事诉讼法

14. 按照商务目的和业务功能分类，可以将电子商务网站分为（　　）。

A. 基本型商务网站　B. 宣传型商务网站　C. 客户服务型商务网站　D. 完全电子商务运作型网站　E. 完全电子政务运作型网站

15. 想建立一个自己的网站，就要选择合适的网站空间。网站空间的主要类型有（　　）。

A. 购买自己的服务器　B. 租用专用服务器　C. 使用虚拟主机　D. 使用免费网站空间　E. 建立局域网

16. 电子商务网站安全的因素，从网站内部看，网站计算机硬件、通信设备的可靠性、（　　）等自身的安全漏洞，都会影响到网站的安全运行。

A. 操作系统　B. 网络协议　C. 数据库系统　D. 网络黑客　E. 入侵者

17. 对数据库的保护通过（　　）实现。

A. 并发控制　B. 数据库的恢复　C. 安全性控制　D. 完整性控制　E. 查询控制

18. 电子商务网站的功能，包括（　　）、商品交接、资金结算功能。

A. 商品发布功能

B. 商品选购功能

C. 具有个性化的采购订单模板，顾客进行购物组合比较

D. “购物车”内置的价格计算模型可以根据商家的价格体系灵活定制

E. 在线交易功能

19. 按照授权的性质划分，安全策略分为（　　）。

A. 基于身份的安全策略　B. 基于规则的安全策略　C. 基于角色的安全策略　D. 基于规范的安全策略　E. 基于软件的安全策略

20. 网上商店生成系统的常见功能有（　　）。

A. 内置支付网关　B. 模板编辑　C. 邮件发送设置　D. 组合商品

E. 商品目录功能

参考答案

一、单选题。

1~5　C　C　D　A　D　　6~10　C　A　D　A　A

11~15　B　D　C　A　C　　16~20　A　B　A　A　B

21~25　B　B　C　A　A　　26~30　C　A　C　B　A

31~35　C　A　D　A　B　　36~40　D　A　A　B　B

41~45　A　D　B　D　C　　46~50　A　C　D　A　A

二、判断题。

1~5　对　对　对　错　对　　6~10　对　对　对对　对

11~15　对　对　对　错　对　　16~20　对　对　错　对　对

21~25　对　对　对　对　对　　26~30　对　对　对　对　对

三、多选题。

1. BCD　2. ABCDE　3. AB　4. ABCD　5. ACD

6. ABC　7. ACE　8. ABCDE　9. ABCD　10. ABDE

11. ABCD　12. ABC　13. ABCD　14. ABCD　15. ABCD

16. ABC　17. ABCD　18. ABCDE　19. ABC　20. ABCDE

高级电子商务师考试模拟试题五

一、单选题：（每题1分，共40分）

1. 下列指标属于总量指标的是（　　）。

A. 人均粮食产量　B. 资金利税率　C. 产品合格率　D. 学生人数

2. 下列指标属于比例相对指标的是（　　）。

A. 工人出勤率　B. 农轻重的比例关系　C. 每百元产值利税额

D. 净产值占总产值的比重

3. （　　），表示一个总体中所包含的总体单位总数，表示总体本身的规模大小。

A. 总体单位总量　B. 总体标志总量　C. 结构相对数　D. 比例相对数

4. （　　）是表明总体内部各组成部分在总体中所占比重的相对指标。

A. 总体单位总量　B. 总体标志总量　C. 结构相对数　D. 比例相对数

5. 加权算术平均数的大小（　　）。

A. 受各组次数的影响最大　B. 受各组标志值的影响最大

C. 受各组标志值和次数的共同影响　D. 不受各组次数的影响

6. 某工厂新工人月工资 400 元，工资总额为 200000 元，老工人月工资 800 元，工资总额 80000 元，则平均工资为（　　）。

A. 600 元　B. 533. 33 元　C. 466. 67 元　D. 500 元

7. 标志变异指标是反映同质总体的（　　）。

A. 集中程度　B. 离散程度　C. 一般水平　D. 变动程度

8. 标准差指标数值越小，则反映变量值（　　）。

A. 越分散，平均数代表性越低　B. 越集中，平均数代表性越高

C. 越分散，平均数代表性越高　D. 越集中，平均数代表性越低

9. 统计调查表应当标明（　　）、制定机关、批准或者备案文号、有效期限等标志。

A. 表号　B. 标题　C. 正文　D. 结尾

10. 工业定期统计报表的特点之一是（　　）。

A. 时间要求比较快　B. 准确程度要求高　C. 统计范围比较全

D. 分类目录比较细

11. 某些不能够或不宜用定期统计表搜集的全面统计资料，一般应采取的方法是（　　）。

A. 普查　B. 重点调查　C. 典型调查　D. 抽样调查

12. （　　）与其它调查相比，其特点是：涉及面广，工作量大，往往需要动员很多人力和物力。

A. 普查　B. 重点调查　C. 典型调查　D. 抽样调查

13. 为了了解城市职工家庭的基本情况，以作为研究城市职工收入水平及生活负担的依据，需要进行一次专门调查，最为适合的调查组织形式是（　　）。

A. 重点调查　B. 典型调查　C. 抽样调查　D. 普查

14. 非全面调查中最完善、最有科学根据的方式方法是（　　）。

A. 重点调查　B. 典型调查　C. 抽样调查　D. 非全面报表

15. 上海市工商银行要了解 2010 年第一季度全市储蓄金额的基本情况，调查了储蓄金额最高的几个储蓄所，这种调查属于（　　）。

A. 重点调查　B. 典型调查　C. 抽样调查　D. 普查

16. 重点调查是一种（　　），它是从全部调查单位中，选择一部分重点单位进行调查。

A. 非全面调查　B. 典型调查　C. 抽样调查　D. 普查

17. 有意识地选择三个农村点调查农民收入情况，这种调查方式属于（　　）。

A. 典型调查　B. 重点调查　C. 抽样调查　D. 普查

18. （　　）是指根据调查研究的目的，在若干同类调查对象中选取一个或几人有代表性的对象进行系统、周密的调查研究，从而认识这一类对象的本质特征、发展规律，找出

具有普遍意义和有价值的经验和值得借鉴的教训。

A. 典型调查 B. 重点调查 C. 抽样调查 D. 普查

19. 网络广告是在第（ ）类媒体发布的广告。

A. 一 B. 二 C. 三 D. 四

20. 将某个网站进行推广的方法，不包括（ ）。

A. 与其他网站进行互换链接的操作

B. 人工登录到搜索引擎的信息库中

C. 设置网站主页的 meta 项和 title

D. 更新网页。

21.（ ）是最早采用，也是最常见的广告形式。他的特点是，在某一个或者某一类页面的相对固定位置放置广告。

A. 固定位置广告 B. 上下文相关广告 C. 弹出广告 D. 内文提示广告

22.（ ）划出一些关键字，然后当鼠标移动到上边的时候，使用提示窗口的方式显示相关的广告内容。

A. 固定位置广告 B. 上下文相关广告 C. 弹出广告 D. 内容提示广告

23. 网络广告发布的形式有（ ）。

A. 主页形式 B. 利用 FTP 发布 C. 通过 BBS 发布 D. 利用局域网发布

24. 网络广告的形式有文字链接、button 和（ ）等广告形式。

A. 刷新 B. 鼠标 C. 光标 D. banner

25. 网络广告的载体基本上是多媒体、超文本格式文件，受众可以对某感兴趣的产品了解更为详细的信息，使消费者能亲身体验产品、服务与品牌。这是互联网广告的（ ）。

A. 强烈的感官性 B. 即时性 C. 灵活性 D. 简洁性

26.（ ）是指每次点击成本，即只有广告图标被浏览者点击后才构成一次计费单位。

A. CPN B. CPM C. CPC D. CPA

27.（ ）也称为 Cost-per-Transaction，即根据每个订单/每次交易来收费的方式。

A. CPO 广告 B. CPS 广告 C. PPS 广告 D. CPA 广告

28.（ ）根据网络广告所产生的直接销售数量而付费的一种定价模式。

A. CPO 广告 B. CPS 广告 C. PPS 广告 D. CPA 广告

29.（ ）又名“旗帜广告”，最常用的广告尺寸是 486×60（或 80）像素，定位在网页中，大多用来表现广告内容。

A. 横幅式广告 B. 墙纸式广告 C. 电子邮件式广告 D. 竞赛和推广式广告

30.（ ）又名“直邮广告”，利用网站电子刊物服务中的电子邮件列表，将广告加在每天读者所订阅的刊物中发放给相应的邮箱所属人。

A. 横幅式广告 B. 墙纸式广告 C. 电子邮件列表广告 D. 竞赛和推广式广告

31.（ ）是在固定位置广告的基础上，增加广告与上下文的相关性，由广告投放平台通过分析投放广告的页面内容，然后从广告库中提取出相关的广告进行投放。

A. 固定位置广告 B. 上下文相关广告 C. 弹出广告 D. 内文提示广告

32. 网上商店要尽可能使客户对本商店产生强烈的第一印象，所以（ ）是最重要的事情。

A. 商店的商标 B. 漂亮的页面 C. 优惠的价格 D. 绚丽的动画

33. 上下文广告一般采用（ ），以其宣传的更加强大的定位能力，更加容易引导用户点击，被认为是比其他任何在线广告形式（如条幅广告）都有效的一种在线广告。

A. 文本形式 B. 图象形式 C. 表格形式 D. 动画形式

34. （ ）是一种基于网页内容由自动程序输出的匹配广告。

A. 固定位置广告 B. 上下文相关广告 C. 弹出广告 D. 内文提示广告

35. （ ）是指当人们浏览某网页时，网页会自动弹出一个很小的对话框。随后，该对话框或在屏幕上不断盘旋、或漂浮到屏幕的某一角落。当你试图关闭时，另一个会马上弹出来。

A. 弹出式广告 B. 上下文相关广告 C. 弹出广告 D. 内文提示广告

36. 广告中，（ ）正确是制作网络广告的关键。

A. 弹出式广告 B. 上下文相关广告 C. 弹出广告 D. 内文提示广告

37. （ ）就是以国际互联网络为基础，利用数字化的信息和网络媒体的交互性来辅助营销目标实现的一种新型的市场营销方式。

A. 网站优化 B. 网站推广 C. 网络广告 D. 网络营销

38. 以下不属于常用网站推广方法的是（ ）。

A. 关系推广 B. 搜索引擎 C. 信息推广 D. 资源推广

39. 数据库策略是网站推广的有效方法，以下不包括（ ）。

A. 调查 B. 有奖活动 C. 新闻 D. 邮件收发

40. 软文分别站多个角度来有计划的撰写和发布推广，以下不包括（ ）促使每篇软文都能够被各种网站转摘发布，以达到最好的效果。软文写的要有价值，让用户看了有收获，标题要写的吸引网站编辑，这样才能达到最好的宣传效果。

A. 行业角度 B. 用户角度 C. 商业角度 D. 媒体角度

二、判断题：（20 分）

1. 招标文件是投标人编制。（ ）

2. 信息有其生命周期，因而广告也有其生命周期。（ ）

3. 统计指标不是抽象的概念和数字，而是一定的具体的社会经济现象的量的反映，是在质 的基础上的量的集合。（ ）

4. 重点调查是一种非全面调查，它是从全部调查单位中，选择一部分重点单位进行调查。（ ）

5. 招标人发出的标书，在送达投标人时失效。（ ）

6. 集中趋势的测度值（平均指标）与离散程度的测度值（标志变异指标）是一对互相联系 的对应指标，是从两个不同的侧面反映同质总体的共同特征。（ ）

7. 统计整理是根据统计研究任务的需要，按照已设计的统计调查方案的要求，对调查来的 资料进行一系列的加工汇总，使其系统化、条理化，从而得出反映现象总体特征的综合资料的过程。（ ）

8. 典型调查是根据调查的目的和要求，在对研究对象进行初步的全面分析的基础上，选择 具有代表性的典型单位做周密系统的调查，借以认识事物发展变化的规律。(　　)

9. 抽样调查是按随机原则，从被研究总体中抽取一部分调查单位进行观察，用这一部分单 位的调查结果，推算被研究现象总体的一种调查方式。(　　)

10. 投标人须知，主要是说明招标文件的组成部分、投标文件的编制方法和要求、投标文件的密封和标记要求、投标价格的要求及其计算方式、评标标准和方法、投标人应当提供的有关资格和资信证明文件、投标保证金的数额和提交方式、提供投标文件的方式和地点以及截止日期、开标和评标及定标的日程安排以及其它需要说明的事项。(　　)

11. 统计指标按其所反映的内容或其数值表现形式，可以分为总量指标、相对指标和平均指 标。(　　)

12. 普查是从全部总体单位中选择一个或几个有代表性的单位进行深入细致调查的一种调 查组织方式。(　　)

13. 统计指标是说明现象总体数量特征的概念或范畴。(　　)

14. 普查是专门组织的一次性的全面调查，用来调查某现象在一定时点上的状况。(　　)

15. 总量指标是反映社会现象在一定时间、地点和条件下总规模或总水平的统计指标。(　　)

16. 统计指标体系是由若干相互联系的统计指标构成的有机整体。(　　)

17. 统计报表制度是根据国家有关统计法的规定，依据自上而下统一规定的表格形式、项目及其指标、报送时间与程序布置调查要求和任务，自下而上逐级汇总上报的统计报表制度。(　　)

18. 平均指标就是表明同类社会经济现象在一定时间、地点条件下达到的一般水平，是总体 内各单位参差不齐的标志值的代表值，它的数值表现就是平均数。(　　)

19. 结构相对数是反映一个统计总体内部各个组成部分之间数量对比关系的相对指标，常用系数和倍数表示。(　　)

20. 统计调查的种类按调查对象包括的范围划分为全面调查和非全面调查。(　　)

三、多选题：(一题 2 分，共 40 分)

1. 最密切联系原则在电子合同法律适用中的变革，包括（　　）。

A. 最密切联系原则在电子合同中的适用需要变革

B. 关于 ISP 及其住所能否成为新的连结点问题

C. 关于网络服务器能否成为新的连结点问题

D. 关于许可方所在地能否成为新的连结点问题

E. 关于网址能否成为新的连结点问题

2. 书面形式是指合同书、信件和数据电文，包括（　　）等可以有形地表现所载内容的形式。

A. 电报　B. 电传　C. 传真　D. 电子数据交换　E. 电子邮件

3. 表示是否构成承诺需具备以下（　　）要件。

A. 承诺必须由受要约人向要约人做出

B. 承诺必须是对要约明确表示同意的意思表示

C. 承诺的内容不能对要约的内容做出实质性的变更

D. 承诺应在要约有效期间内做出

E. 承诺可以是对要约沉默表示

4. 电子合同的生效需具备（　　）法定要件。

A. 行为人具有相应的民事行为能力

B. 电子意思表示真实

C. 不违反法律和社会公共利益

D. 合同必须具备法律所要求的形式

E. 行为人具有相应的刑事行为能力

5. 就一项数据电文的发端人和收件人之间而言，不得仅仅以意旨的声明或其他陈述采用数据电文形式为理由而否定其（　　）。

A. 法律效力　B. 有效性　C. 可执行性　D. 合理性　E. 通用性

6. 无形信息产品在（　　）等方面有其特殊性。

A. 履行的时间　B. 履行过程　C. 风险承担　D. 产品检验　E. 退货

7. 电子商务中，电子合同的订立与传统合同的区别是（　　）。

A. 合同订立的环境　B. 合同的形式　C. 合同当事人的权利和义务

D. 合同的履行与支付　E. 合同订立的双方

8. 有经验的网商报价中要掌握的是（　　）。

A. 报价前进行充分准备

B. 在报价中选择适当的价格术语

C. 选择合适的报价渠道

D. 利用合同里的付款方式、交货期、装运条款、保险条款等要件与买家讨价还价

E. 借自己的综合优势，在报价中掌握主动

9. 电子合同的特征有（　　）。

A. 电子合同是一种民事法律行为

B. 电子合同交易主体的虚拟化和广泛化

C. 电子合同具有技术化、标准化的特点

D. 电子合同订立的电子化

E. 电子合同中的意思表示电子化

10. 从我国当前电子商务开展的情况来看，基本上履行方式有（　　）。

A. 在线付款，在线交货　B. 在线付款，离线交货　C. 离线付款，离线交货

D. 离线付款，在线交货　E. 部分在线付款，全部在线交货

11. 网络商务沟通的礼仪包括（　　）。

A. 尊重他人的隐私

B. 尊重他人的知识

C. 尊重他人的劳动

D. 尊重他人的时间

E. 不要随意公开私人邮件，聊天纪录和视频等内容

12. 投标书的结构一般由（　　）几部分组成。

A. 标题与时间　B. 正文　C. 前言　D. 署名　E. 引言

13. 在进行网上贸易时，可直接进行报价，具体有（　　）。

A. 在“报价单”中选择“手机短信”，将您的报价内容发送到对方手机上，或短信提醒对方查看您的报价

B. 当您 E-MAIL 或系统留言收到客户的询价单时，可选择直接通过 E-MAIL 或回复留言进行报价

C. 如果向您询价的采购商“正在网上”时，您可以马上与他洽谈

D. 根据采购商联系方式，直接打电话与对方进行交流，判断对方合作意向、询价真实性，以及把握客户需求和预算

E. 发信函报价

14. 在开展国际贸易网络营销中，收到的询盘邮件的形式为（　　）和窃取情报型。

A. 寻找卖家型　B. 准备入市型　C. 无事生非型　D. 信息收集型　E. 索要样品型

15. 电子合同是双方或多方当事人之间通过电子信息网络以电子的形式达成的（　　）的协议。

A. 设立　B. 变更　C. 终止财产性民事权利义务关系　D. 交换　E. 传递

16. 直接沟通的具体方式有（　　）。

A. 电话沟通　B. 网络沟通　C. 面对面的人员沟通　D. 销售人员拜访客户

E. 在报纸上做广告

17. 从各国电子商务的实践看，格式电子合同中仲裁条款的效力取决于以下几个方面（　　）。

A. 格式合同提供者应对合同中的仲裁条款进行必要的专门提示

B. 合同中的仲裁条款不能存在对消费者不公平、不合理的规定

C. 有的商家利用其对某些仲裁机构的特殊仲裁规则或者仲裁活动比较了解，相反消费者却知之甚少的情况，通过订立仲裁协议，指定这些仲裁机构仲裁纠纷，从而使消费者的正当权益难以得到维护

D. 合同中仲裁条款是否有效还取决于各国法律对仲裁协议内容的规范

E. 格式合同提供者不必对合同中的仲裁条款进行必要的专门提示

18. 评标程序有（　　）。

A. 评标准备　B. 初步评审　C. 详细评审　D. 提交评标报告　E. 签订合同

19. 进出口合同中的价格条款，一般包括商品的单价和总值或总金额两项基本内容，单价通常由四个部分组成，即包括（　　）四项内容。

A. 计量单位　B. 单位价格金额　C. 计价货币　D. 和贸易术语　E. 数量

20. 电子合同可以包括（　　）。

A. 以 EDI 方式订立合同　B. 以电子邮件方式订立合同

C. 以格式条款方式订立合同　D. 以书面方式订立合同　E. 以口头方式订立合同

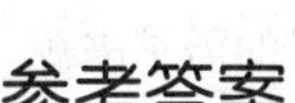

参考答案

一、单选题

1~5　D　B　A　C　C　　6~10　C　B　B　A　A　　11~15　A　A　C　C　A

16~20　A　A　A　D　D　　21~25　A　D　A　D　A　　26~30　C　A　C　A　C

31~35　B　A　A　B　A　　36~40　B　B　D　D　C

二、判断题

1~5　错　对　对　对　错　　6~10　对　对　对　错　对

11~15　错　对　对　错　对　　16~20　对　错　对　对　对

三、多选题

1. ABCD　2. ABCD　3. ABCDE　4. ABC　5. ABCDE　6. ABCD　7. ABCD　8. ABC

9. ABCD　10. ABCDE　11. ABC　12. ABCDE　13. ABCDE　14. ABC　15. ABCD

16. ABD　17. ABCD　18. ABCD　19. ABCDE　20. ABCDE

高级电子商务师考试模拟试题六

一、单选题

1. 在用户数量影响的指标方面，不包括哪项因素

   答案：B

   A. 请求并发数量　B. 企业员工数量　C. 用户在线数量　D. 系统用户数量

2. 数据仓库系统一般需要进行批量处理，哪项不是常见的导致批量不能按时完成的原因

   答案：C

   A. 批量运行异常中断

   B. 随着系统运行而导致的数据量大从而延长处理时间

   C. 服务器故障宕机

   D. 批量因特殊的日期（比如月末、年末等）的数据量大

3. 有关纯数据分析系统，描述错误的是

   答案：D

   A. 通常只接入部分应用系统的数据

   B. 通常是针对某项特定的应用领域

   C. 专注于特定的分析领域，并向特定的应用系统提供数据服务

D. 提供一些交互性的业务流程功能

4. 下面哪个不是企业商务智能项目的需求来源

答案：B

A. 行业常规的通用的分析需求　B. 企业的业务流程处理类需求

C. 企业的报表需求　D. 标准数据仓库、数据平台实施的标准规范

5. 在商务智能项目的实施中，实施团队通常可以带数据分析的解决方案。该解决方案不包含的需求是

答案：B

A. 业务数据的需求　B. 源系统数据　C. 数据服务范围和内容

D. 完整的数据分析应用　E. 数据展现形式

6. 下面哪个不是确立需求边界的目的

答案：B

A. 防止大量需求变更导致项目延期及质量降低

B. 阻止用户进行需求变更

C. 确定项目实施开发的功能范围

D. 解决企业的期望与投入的差距产生的矛盾

7. 在数据仓库实施项目中有许多后台处理的功能。下面哪个不是后台处理功能

答案：E

A. 数据装载　B. 作业调度　C. 数据质量检查和清洗　D. 历史数据留痕

E. 报表展示

8. 在数据仓库系统中，有些功能是后台处理的功能，有些功能是前台操作类的功能。下面哪项功能不是前台操作类功能

答案：D

A. 参数管理　B. 系统初始化　C. 权限管理　D. 任务调度　E. 用户管理

9. 有关商务智能分析类系统描述错误的是

答案：D

A. 分析功能的分析目标与项目建设的业务目标有关

B. 不是每个商务智能的分析功能都是相同的

C. 数据分析往往是商务智能项目的非常重要的功能

D. 数据分析和数据挖掘是数据平台项目必需的功能

10. 有关数据批量处理，描述错误的是

答案：E

A. 批量完成到系统被访问，要留有缓冲时间

B. 数据批量处理时间通常为几小时

C. 应避免因批量出错导致批量不能按时完成

D. 特殊日期批量的时间可能会较日常运行时间长

E. 批量运行出错后，必须重跑批量来解决问题

11. 在系统规划时，有关用户数量的规划，哪个不是考虑因素

答案：A

A. 企业 IT 所有用户数量　B. 系统用户数量　C. 在线用户数量　D. 并发用户数量

12. 项目质量方面，交付物包含

答案：D

A. 项目中使用的开源工具　B. 项目集成引入的商业工具

C. 项目中使用的开发方自有产品的著作权　D. 项目开发的程序代码

13. 程序代码质量因素不包括

答案：A

A. 程序代码的字体大小　B. 程序的执行效率　C. 程序代码工整程度

D. 程序代码中的注释　E. 程序的缺陷率

14. 用户满意度作为项目质量目标的指标，描述错误的是

答案：D

A. 关注程序操作是否繁杂　B. 在需求边界范围内评估用户满意度

C. 评价细节处理是否得当　D. 用户满意即为项目质量达到目标

15. 对调度工具选型，下面哪方面可以不做考虑因素

答案：E

A. 稳定性和使用成本　B. 网络支持能力和跨平台能力　C. 大规模数据支持能力

D. 数据集中管理能力　E. 操作界面美观性

16. PowerCenter 和 DataStage 不具有哪个功能

答案：B

A. 实时数据捕获　B. 数据展示　C. 数据质量管理　D. 数据整合　E. 元数据管理

17. 下面哪种数据库带有 ETL 工具并可以进行数据质量管理和商务智能定义

答案：A

A. Oracle　B. DB2 DPF　C. sybase IQ　D. MySQL

18. 下面哪种数据库提供分区处理特性以提高服务器并发处理能力

答案：A

A. sybase IQ　B. Oracle　C. MySQL　D. DB2 DPF

19. 下面哪项不是 SAS 四大任务之一

答案：C

A. 数据分析　B. 数据访问　C. 数据质量　D. 数据呈现　E. 数据管理

20. 系统安全审计不包括哪项内容

答案：B

A. 应用业务软件、平台的审计　B. 财务审计　C. 防火墙的进出数据审计

D. 数据库、操作系统的审计

21. 有关环境要求和设计，在硬件环境方面，以下描述错误的是

答案：C

A. 测试环境的服务器硬件配置通常要高于开发环境

B. 对于硬件环境的要求，通常是生产环境的配置要求最高

C. 为了保证项目开发的系统的兼容性，要求开发、测试和生产的硬件环境要一致

D. 开发过程中大量的处理在开发者的终端执行，开发环境的硬件资源配置一般不需要很高。如果开发人员很多，视情况增加资源

22. 有些企业对生产的系统稳定性要求高，会搭建哪个环境以对生产环境进行模拟仿真

答案：D

A. 虚拟环境　B. 测试环境　C. 开发环境　D. 准生产环境

23. 有关文档规范描述错误的是

答案：B

A. 项目中的文档通常要制定相应的模板

B. 项目文档可以不进行编号

C. 文档规范对系统开发、项目管理起到指导管控的作用

D. 文档模板包括映射、ETL 调度等

24. 开发规范不包括

答案：B

A. 命名规范　B. 文档规范　C. 程序处理规范　D. 编码规范

25. 下面那项不是程序处理规范的内容

答案：D

A. 自加变量处理　B. 数据批量处理　C. 数据查询处理　D. 变量命名

26. 命名规范不涉及到哪些项目实施环节

答案：A

A. 映射分析　B. 作业开发　C. 模型设计　D. 代码编写

27. 发布变更规范涉及到哪些处理工作

答案：D

A. 版本调研　B. 版本开发　C. 版本测试　D. 新系统上线和版本发布变更

28. 制定数据交换规范的好处不包括

答案：B

A. 易于服务更多的外围系统

B. 商务智能系统开发的工作量减少

C. 方便地接入更多的新增的外围系统，而无需对商务智能系统进行变动

D. 数据交换的协议和方式稳定

29. 批量数据交换规范的内容不包括哪方面内容

答案：A

A. 确定通讯时用于身份验证的鉴权方式　B. 数据交换时间窗

C. 数据文件格式及字符集　D. 数据文件及文件包等的命名

E. 数据文件存放的公共位置

30. 需求调研的企业涉众不包括哪类人员

答案：E

A. 业务人员　B. 技术人员　C. 管理人员　D. 决策人员　E. 开发人员

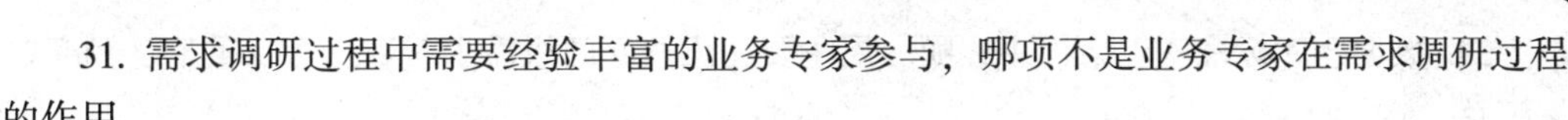

31. 需求调研过程中需要经验丰富的业务专家参与，哪项不是业务专家在需求调研过程的作用

答案：A

A. 为用户的需求确定解决方案

B. 能够更好地理解用户的需求

C. 很好地控制和引导业务部门的用户来提出他们的需求

D. 有效地把控用户提出的需求

32. 软件需求包括的三个层次不包括哪项

答案：D

A. 业务需求　B. 用户需求　C. 功能需求　D. 数据需求

33. 数据探索的工作内容不包括

答案：C

A. 熟悉源系统的数据字典　B. 熟悉源系统的代码集

C. 熟悉源系统的程序代码　D. 熟悉源系统表之间的关系

E. 熟悉源系统的数据取数口径

34. 数据映射过程需要处理的工作不包括

答案：B

A. 数据运算或转换　B. 业务转换　C. 口径筛选　D. 表关联

35. 一个成熟的研发团队会沉淀出一个有关某行业的标准数据模型。有关标准数据模型描述错误的是

答案：B

A. 是在同一个行业实施多个项目总结沉淀下来的模型

B. 是能够完全套用到该行业新的企业中的模型

C. 能够方便地在一个行业中的新企业中快速实施的模型

D. 是一个成熟的，普遍适用于某一个行业的模型

36. 标准模型落地时，代码集不能从其他项目中完全照搬，而是要从多个方面综合而来。项目实施中的代码集来源不包括

答案：B

A. 国标　B. 随机定义/按序号进行定义　C. 企业标准　D. 模型中制定的

E. 行业标准

37. 开发标准数据交换接口的好处不包括

答案：B

A. 提升数据交换的规范和质量　B. 降低项目开发工作量

C. 提高数据交换效率　D. 降低数据交换产生的问题的处理难度

38. 数据仓库标准 4 层架构中，哪一层主要完成源系统数据的接入和数据质量检查及数据清洗

答案：B

A. 数据仓库层　B. 贴源层　C. 应用层　D. 数据集市层

39. 数据仓库标准 4 层架构中，哪一层主要完成按部门级需求对数据进行重整、轻度数据汇总

答案：C

A. 数据仓库层 B. 贴源层 C. 数据集市层 D. 应用层

40. 有关数据仓库的数据模型描述错误的是

答案：B

A. 主题域的确定一般由业务人员和数据仓库的设计人员共同完成

B. 主题域可以按源系统进行划分

C. 主题域是对某个主题进行分析后确定的主题的边界

D. 数据仓库中的数据模型按主题进行管理

41. 在数据仓库数据层架构中，下面哪项不是贴源层的模型特点

答案：A

A. 完全用源系统的数据模型

B. 所有模型的规范并不统一

C. 与源系统的数据模型基本一致

D. 通常可以从源系统反向工程得到以方便生成模型

42. 数据仓库层的基本数据模型不包含哪项

答案：D

A. 维度表 B. 事实表 C. 多维数据立方体 D. 代码表

43. 与事实表的区别在于，多维数据立方体由哪些部分组成

答案：A

A. 维度+度量 B. 表+视图 C. 主键+外键 D. 字段+索引

44. 有关应用层的数据模型设计，描述错误的是

答案：C

A. 如果多个应用可以用一个数据模型，则不需要为每个应用建立数据模型

B. 应用层的数据模型针对具体的应用

C. 应用层模型和应用是一对一的关系

D. 如果应用的数据可以高效地从数据仓库层和数据集市层访问，可省略在应用层建立模型

45. 通常完成下面的处理工作，就能避免大部分的违反三范式的问题

答案：A

A. 属性值尽量拆分，维度类属性都用维度表来进行关联

B. 避免冗余存储

C. 使用多维数据立方体替代事实表

D. 尽可能拆分成多个表

46. 下面哪项不是标准 csv 格式的规范

答案：A

A. 文件的字符集为 UTF8 编码 B. 字段之间用逗号分隔

C. 字符串值用双引号界定　D. 数据行之间用换行符分割

47. 标识文件不仅可以起到通知接收方数据包文件传输完毕，其内容还可以对数据包进行辅助性说明，通常包括哪些信息

答案：B

A. 数据包内文件的清单　B. 数据包文件的大小和校验码

C. 传输时间　D. 数据包内各个表的数据量

48. 轻量数据交换接口通过 webservice 实现，下面哪个方法不是 webservice 确保身份安全的方法

答案：C

A. 账户密码+Session 认证　B. IP 地址认证　C. 指纹识别认证

D. 数字证书认证　E. SecurityID+Token 认证

49. 有关遗传算法中的处理描述错误的是

答案：C

A. 在繁殖的过程中，允许一定程度的变异，以产生新的特征

B. 基因编码是模拟染色体特征的符号序列，作为遗传物质的主要载体

C. 随机淘汰一批个体，并补充一些信息个体

D. 按生物繁衍行为，选择优秀的个体进行繁殖，产生新的个体

50. 下面哪项步骤不是遗传算法处理过程中的步骤

答案：A

A. 对劣质解进行转基因处理，以提高其适应度

B. 测算候选解的适应度

C. 对优选解进行繁衍，生成新的候选解

D. 创建候选解集

E. 保留优选解，丢弃部分劣质解

51. 人工神经网络进行学习的过程是调整神经网络节点的哪两个参数值

答案：D

A. 均值 & 方差　B. 网络层数 & 神经元数量　C. 斜率 & 截距　D. 权重 & 阈值

52. 人工神经网络依据依学习策略分类，不包括哪种

答案：C

A. 无监督式学习网络　B. 联想式学习网络　C. 强化式学习网络

D. 最适化学习网络　E. 监督式学习网络

53. 机器学习主要涉及到下面理论学科不包括

答案：A

A. 拓扑学　B. 逼近论　C. 概率论与数理统计　D. 凸分析　E. 计算复杂性理论

54. 机器学习应用比较广泛的领域，但不包括

答案：E

A. 数据挖掘　B. 搜索引擎　C. 计算机视觉　D. 自然语言处理　E. 统计汇总

55. 项目评估的方法有几种

答案：A

A. 6　B. 3　C. 5　D. 4

56. 项目管理的主要分为几个阶段？

答案：A

A. 5　B. 6　C. 3　D. 4

57. 在里程碑基础上，正常要层层分解成项目的几层 WBS？

答案：D

A. 1-2　B. 1-4　C. 1-1　D. 1-3

二、复选题

1. Control-M 和 TaskControl 是两款调度工具。有关它们的区别正确的有

答案：CDE

A. 均可以支持分别通过 EM 节点、Server 节点和代理节点并以多级的方式进行网络控制

B. 两者均支持各种主流操作系统平台

C. Control-M 的稳定性更好

D. 两款产品均声称支持 10 万级的任务

E. Control-M 以数据库来存储作业调度等数据，TaskControl 则以文件的形式保存这些信息

2. 数据仓库系统的性能指标包括哪些

答案：BCD

A. CPU 运算速度　B. 批量时间　C. 承载用户访问量　D. 访问时间

3. 商务智能系统在企业各个信息系统中的定位通常有

答案：ABC

A. 单纯的数据平台　B. 单纯的数据分析系统

C. 数据分析与数据平台的综合系统　D. 数据分析与业务处理的综合系统

4. 有关纯数据平台描述正确的有

答案：ABCE

A. 按照数据仓库实施方法论来进行建设

B. 主要针对分析类、管理类的系统提供数据支持服务

C. 几乎纳入企业所有的应用系统的数据

D. 不能够为业务系统提供数据服务

E. 目的是对企业进行统一的标准化的数据资产管理

5. 标准数据仓库实施的基本内容包括

答案：ACDE

A. 报表的开发　B. 数据挖掘功能开发　C. 构建标准 4 层数据模型

D. 进行源数据探索并接入源系统数据　E. 批量处理作业和调度的开发

6. 商务智能项目实施需要调研用户需求。以下描述哪些是正确的

答案：ABD

A. 需要引导用户提出需求

B. 需要对业务人员提出的需求进行甄别

C. 用户提出的需求要全部满足

D. 需要企业的业务人员参与

7. 商务智能系统的主要功能有

答案：ACDE

A. 前台操作功能　B. 业务流程处理　C. 数据分析功能　D. 报表和查询

E. 后台处理功能

8. 下面哪些不是后台处理功能

答案：ABD

A. 报表查询　B. 数据分析　C. 数据交换接口　D. 权限管理

9. 固定报表在商务智能项目中的地位体现在

答案：BD

A. 是数据挖掘功能的一部分　B. 数据平台的首批应用

C. 数据分析的必要功能　D. 数据平台最直接的效果体现

10. 商务智能系统在哪些方面对性能有明确要求

答案：CD

A. 主题划分　B. 模型设计　C. 数据访问　D. 数据的批量处理

11. 有关数据访问的效率，描述正确的有

答案：BC

A. 三分钟以内的响应是通常用户能够忍受的

B. 3 秒钟完成响应是常规功能必须严格遵守的

C. 大多数访问请求应该 1 秒内完成响应

D. 个别常规功能响应长达几十分钟是偶尔允许的

12. 项目实施的质量包括哪几方面

答案：ABCE

A. 项目实施进度　B. 不良和缺陷的解决程度　C. 用户满意度

D. 项目的利润率　E. 交付物质量

13. 项目质量目标方面，描述错误的有

答案：ABC

A. 项目能够按期完成即表示项目质量达到要求

B. 用户不满意一定是项目质量不高

C. 交付物中的产品不允许有任何缺陷

D. 项目质量目标可指导质量管理员工作

14. 项目文档质量因素包括

答案：ABCD

A. 是否存在大量无用代码　B. 格式是否统一　C. 文档阐述是否足够详细

D. 错别字及错误描述的比率　E. 读取文档的应用软件是否为常规软件

15. 系统的可靠性可从以下哪些方面考虑

答案：ACDE

A. 灾备恢复时间　B. 系统响应时间　C. 故障停机时间　D. 系统维护时间

E. 系统服务时间

16. 有关 ETL 工具，描述正确的有

答案：ABC

A. Kettle 是开源软件，缺乏商业支持

B. PowerCenter 和 DataStage 都具有图形化开发界面

C. ETL Automation 的优势在于与 TD 数据库结合实现并行处理

D. DataStage 的元数据需保存在专门的数据库中

17. 下面哪些是 mysql 的数据引擎

答案：ABCD

A. InnoDB　B. CSV　C. HEAP　D. Archive

18. 下面哪些是 SybaseIQ 具备的特性

答案：ABCD

A. 采用了数据压缩技术　B. 按照列式存储和排序

C. 特别优化了大并发的即时查询的性能　D. 批量数据更新方面也做了很好的优化

19. Cognos 具备的功能有

答案：ABCD

A. 固定报表　B. 报表嵌入到 Web 应用　C. Cube 引擎　D. 自定义报表

20. 下面哪些数据挖掘工具是开源的

答案：AD

A. Weka　B. SAS　C. SPSS　D. Orange Convas

21. 项目规划中，有关环境的规划，包括哪几种基本环境

答案：BCD

A. 试运行环境　B. 测试环境　C. 生产环境　D. 开发环境

22. 有关网络环境的要求，测试环境通常可以搭建于哪些网络环境

答案：BD

A. 生产网　B. 开发网　C. 外网　D. OA 办公网

23. 项目规划阶段实施规范设计的内容包括

答案：ABCD

A. 文档规范　B. 开发规范　C. 发布变更规范　D. 数据交换规范

E. 需求变更规范

24. 制定开发规范的好处有

答案：ABCD

A. 便于工作交接，降低维护成本　B. 促进团队协作和知识传递

C. 代码可读性高　D. 提高开发人员能力水平　E. 体现开发团队的素质

25. 编码规范包括以下哪些内容

答案：BCDE

A. 变量命名 B. 空行和断行 C. 注释 D. 缩进方式 E. 代码大小写

26. 程序处理规范可以帮助开发人员编写的程序有哪些优点

答案：ACD

A. 高效率 B. 代码美观 C. 高质量 D. 高稳定性

27. 下面哪些规范内容属于命名规范的范畴

答案：ABDE

A. 模型设计中的主题、实体、属性、域、维度、度量、关键字等

B. 程序代码中的变量、常量、结构定义、类、对象、方法、事件等

C. 部署上线中的环节、过程、状态、返回码、错误码等

D. ETL 调度中的批量、作业、任务、状态、标识等

E. 需求调研过程中的需求类别、优先级、代码命名等

28. 有关发布变更规范描述正确的有

答案：ABCDE

A. 发布操作尽可能采用自动化进行

B. 系统首次上线也需遵守发布变更规范

C. 版本发布实施前要做好系统当前版本的备份

D. 版本发布变更需要针对其变更、操作进行充分的评审论证

E. 针对每一步的操作都要获取处理结果状态，并对结果状态进行成功与否的判断

29. 有关数据交换接口规范，描述正确的有

答案：ABC

A. 批量数据交换采用文件为载体

B. 轻量数据交换可以使用 json 格式的消息

C. 轻量数据交换通过 WebService 来实现

D. 批量数据交换的文件格式使用 xml 格式文件

30. 轻量数据交换规范的内容包括那些方面

答案：ABCD

A. 针对指定的功能确定传输的参数项和返回的信息项

B. 确定 WebService 接口的地址、端口和通讯方式及协议，数据传输的格式和协议

C. 报文头及明细报文的内容和数据存储方式

D. 确定通讯时用于身份验证的鉴权方式

31. 需求调研的步骤中包含哪些工作内容

答案：ABCDE

A. 归纳总结与企业用户沟通的内容

B. 准备调研问卷

C. 调研企业的组织架构、岗位角色及职责定义

D. 调研各个业务环节的业务功能、处理流程及规则

E. 确定需求的重要程度和优先级

32. 业务专家在需求分析过程中能够

答案：BD

A. 为用户创造需求

B. 发现企业用户未提出的但有真正价值的潜在需求

C. 确定需求的解决方案

D. 发现用户需求中存在的片面性或短期行为而产生的不合理的要求

33. 需求边界确定不明晰，会存在哪些潜在的直接风险

答案：CD

A. 项目进度不断延期　B. 项目质量难以保证　C. 需求范围的不可控

D. 需求不断变更

34. 数据映射包括哪两方面的映射

答案：AB

A. 数据模型映射　B. 代码集映射　C. 业务模型映射

D. 数据类型映射

35. 数据映射过程中的表关联，有几种情况

答案：ABCD

A. 商务智能系统内表的关联　B. 同一个源系统内表之间的关联

C. 不同源系统表之间的关联　D. 源系统与商务智能系统表之间的关联

36. 标准模型落地时，不能简单的直接套用模型，需要针对不同企业做哪些特定的定制性工作。这些定制性的工作包括哪些方面

答案：ACD

A. 模型物理化　B. 企业的业务流程　C. 企业特定的分析模型　D. 代码集

37. 标准模型涉及到数据仓库数据层架构的哪些层

答案：ACD

A. 数据仓库层　B. 贴源层　C. 应用层　D. 数据集市层

38. 标准的数据仓库系统的4层数据层次架构分别为

答案：ABCE

A. 贴源层　B. 应用层　C. 数据仓库层　D. 汇总层　E. 数据集市层

39. 标准的数据仓库系统的4层数据层次架构中，数据仓库层实现的功能

答案：ABC

A. 接入原子级数据　B. 数据标准化　C. 历史数据留痕

D. 按部门级需求对数据模型重整　E. 数据质量检查和数据清洗

40. 标准的数据仓库系统的4层数据层次架构中，应用层的数据来源自哪些数据层

答案：BD

A. 应用层　B. 数据集市层　C. 汇总层　D. 数据仓库层　E. 贴源层

41. 在数据仓库的主题模型中，当事人主题可以纳入以下哪些内容

答案：BC

A. 电商平台的广告位　B. 电商平台的商户

C. 电商平台的个人用户　D. 电商平台的上产品

42. 贴源层的数据模型用系统代码做表名称的前缀，有哪些优势

答案：BD

A. 表名称的前缀可替代为主题

B. 避免不同源系统的同名表进入贴源层后产生冲突

C. 提高数据访问的效率

D. 便于识别表来自于哪个源系统

43. 与维度表相比，事实表由哪些部分组成

答案：BD

A. 字段　B. 事实　C. 索引　D. 维度

44. 数据集市层的数据模型有哪些特性

答案：BCD

A. 是数据仓库层的一个子集　B. 面向专题分析的、面向部门应用的

C. 为了提高数据访问效率而构建的　D. 结合多个主题的维度和度量

45. 数据模型三范式是一种指导性的规范，适当地冗余性违反三范式是允许的，基于以下哪些原因

答案：ACDE

A. 三范式的规范，主要是针对关系型数据库，交易类系统

B. 已经建立主键和外键关系

C. 冗余存储，在数据访问时可以减少表关联，提高查询的效率

D. 相应的维度表，仅仅是冗余存储而违反第二范式或第三范式

E. 数据仓库系统的数据具有不更新的特性，数据只新增，不修改、不删除

46. 在制定批量数据交换的文件编码时，确定使用 ANSI 字符集，通常基于下面那些考虑

答案：ACD

A. 数据中只英文字母、数字和其他常规的可见 ASCII 码的字符

B. ANSI 字符集编码文件占用的存储少

C. 必要的数据库等工具不支持 UTF8 字符集编码

D. 企业考虑所有系统的需要，要求使用 ANSI 字符集编码

47. 在制定批量数据交换的规范时，有关文件命名必须考虑的两类文件的命名

答案：BC

A. 标志性文件　B. 数据包文件　C. 数据文件　D. 校验文件

48. 批量数据交换的规范设计中，有关二进制数据如何处理，包括那些措施

答案：BD

A. 如果二进制数据本身以文件保存，必要情况下对文件进行重命名

B. 在相应的字段位置保存附件文件的名称和路径

C. 直接将二进制数据嵌入在 csv 等数据文件中

D. 数据库中的二进制字段值保存成附件文件

49. 遗传算法借鉴了达尔文的生物进化理论中的哪两个基本要素

答案：CD

A. 神经突触信号传递　B. 神经元信息激励　C. 基因遗传机理
D. 自然选择法则

50. 与其他其它常规搜索算法相比，遗传算法具有哪些特别的特征
答案：ACDE
A. 同时处理解集中的多个个体
B. 采用线性函数的变化迁规则来指导搜索方向
C. 可实现具有自组织性、自适应性和自学习性
D. 仅使用适应度指标来评估个体的有效性
E. 搜索是从问题的解的串集开始的

51. 人工神经网络的结构一般分为多层，包括
答案：ABC
A. 隐藏层　B. 输出层　C. 输入层　D. 运算层

52. 有关人工神经网络描述正确的有
答案：ACD
A. 学习过程是修改连接的权重和确定输出的阈值的过程
B. 人工神经网络的输出是模拟量
C. 人工神经网络是自学习的系统
D. 人工神经网络由模拟神经元的节点和模拟突触的节点间的连接构成

53. 人工神经网络有哪些优势
答案：ACD
A. 具备高速地搜寻最优解的能力　B. 具备大规模计算能力
C. 具备自学习的能力　D. 具备联想性的存储功能

54. 机器学习主要分为哪几类
答案：ACDE
A. 半监督学习　B. 智能学习　C. 有监督学习　D. 增强学习　E. 无监督学习

55. 有关机器学习的描述正确的有
答案：BCD
A. 机器学习需要人为给定基础的规律再进行学习
B. 机器学习能够自己总结归纳
C. 有监督的学习的训练集需要人工给定目标
D. 机器学习可用于进行预测的领域

56. 以下哪几个选项是属于项目管理的主要阶段？
答案：ACDE
A. 项目策划阶段　B. 项目测试阶段　C. 项目启动阶段　D. 项目完成阶段
E. 项目执行阶段

57. 以下哪几个选项是属于项目管理的主要阶段？
答案：BCDE
A. 项目计划阶段　B. 项目启动阶段　C. 项目完成阶段　D. 项目监测阶段

E. 项目执行阶段

58. 项目的核心计划有哪些？

答案：ABC

A. 项目成本管理　B. 范围管理　C. 项目人力资源管理　D. 项目进度管理

59. 以下哪几个阶段项目时间管理主要内容？

答案：ABCD

A. 活动工期估算　B. 安排进度表　C. 项目活动定义　D. 进度控制

60. 项目人力资源管理的是要充分发挥项目干系人的作用，主要包括：

答案：ABCD

A. 项目负责人　B. 客户　C. 其他人员　D. 为项目做出贡献的个人

61. 为了对项目进行有效地控制，必须遵循以下准则：

答案：ABCD

A. 充分的、及时的信息沟通

B. 定期和及时测量实际进展情况

C. 随时监测和调整项目计划

D. 项目的执行自始至终必须以项目计划为依据

62. 项目收尾的主要包括哪些内容

答案：ABCD

A. 项目评估　B. 项目总结　C. 项目验收　D. 项目审计

高级电子商务师考试模拟试题七

一、单选题

1. Control-M 和 TaskControl 是两款调度工具。有关它们的区别错误的是

答案：A

A. 均可以支持分别通过 EM 节点、Server 节点和代理节点并以多级的方式进行网络控制

B. Control-M 以数据库来存储作业调度等数据，TaskControl 则以文件的形式保存这些信息

C. 两款产品均声称支持 10 万级的任务

D. 两者均支持各种主流操作系统平台

E. Control-M 的稳定性更好

2. 数据仓库系统的性能指标不包括

答案：A

A. CPU 运算速度　B. 访问时间　C. 承载用户访问量　D. 批量时间

3. 下面哪个不会是商务智能系统在企业各个信息系统中的定位

答案：B

A. 单纯的数据分析系统　B. 数据分析与业务处理的综合系统

C. 单纯的数据平台　D. 数据分析与数据平台的综合系统

4. 有关纯数据平台描述错误的是

答案：A

A. 不能够为业务系统提供数据服务

B. 主要针对分析类、管理类的系统提供数据支持服务

C. 几乎纳入企业所有的应用系统的数据

D. 按照数据仓库实施方法论来进行建设

E. 目的是对企业进行统一的标准化的数据资产管理

5. 标准数据仓库实施的基本内容不包括

答案：B

A. 批量处理作业和调度的开发　B. 数据挖掘功能开发　C. 报表的开发

D. 进行源数据探索并接入源系统数据　E. 构建标准 4 层数据模型

6. 商务智能项目实施需要调研用户需求。以下描述错误的是

答案：D

A. 需要对业务人员提出的需求进行甄别

B. 需要企业的业务人员参与

C. 需要引导用户提出需求

D. 用户提出的需求要全部满足

7. 商务智能系统不包含哪类功能

答案：A

A. 业务流程处理　B. 数据分析功能　C. 前台操作功能　D. 后台处理功能

E. 报表和查询

8. 下面哪个是后台处理功能

答案：A

A. 数据交换接口　B. 权限管理　C. 报表查询　D. 数据分析

9. 下面哪项不是数据平台的数据访问功能

答案：B

A. 自定义报表　B. 数据抽取　C. 灵活查询　D. 固定报表

10. 商务智能系统在哪方面对性能有明确要求

答案：B

A. 主题划分　B. 数据的处理和访问　C. 模型设计　D. 映射分析

11. 数据访问时，时间超过多长开始被认为是较差的用户体验

答案：B

A. 1 分钟　B. 3 秒　C. 3 分钟　D. 1 秒

12. 下面哪项不是项目实施的质量的因素

答案：E

A. 用户满意度　B. 不良和缺陷的解决程度　C. 交付物质量　D. 项目实施进度

E. 项目的利润率

13. 项目质量目标方面，描述正确的是

答案：A

A. 项目质量目标可指导质量管理员工作

B. 交付物中的产品不允许有任何缺陷

C. 用户不满意一定是项目质量不高

D. 项目能够按期完成即表示项目质量达到要求

14. 项目文档质量因素不包括

答案：B

A. 文档阐述是否足够详细　B. 读取文档的应用软件是否为常规软件

C. 是否存在大量无用代码　D. 格式是否统一　E. 错别字及错误描述的比率

15. 下面哪个不是系统的可靠性的指标

答案：C

A. 系统维护时间　B. 灾备恢复时间　C. 系统响应时间　D. 故障停机时间

E. 系统服务时间

16. 有关 ETL 工具，描述错误的是

答案：A

A. DataStage 的元数据需保存在专门的数据库中

B. PowerCenter 和 DataStage 都具有图形化开发界面

C. ETL Automation 的优势在于与 TD 数据库结合实现并行处理

D. Kettle 是开源软件，缺乏商业支持

17. 下面哪种数据库具有多种引擎以满足不同类型表的管理

答案：B

A. Sybase IQ　B. MySQL　C. DB2 DPF　D. Oracle

18. 下面哪种数据库提供列式存储功能，使得数据压缩比率较高

答案：C

A. MySQL　B. Oracle　C. Sybase IQ　D. DB2 DPF

19. 下面哪种报表工具具备自己的 Cube 引擎

答案：B

A. Excel　B. Cognos　C. BIRT　D. BO 水晶报表

20. 下面哪个数据挖掘工具是按期收取使用费的

答案：D

A. Weka　B. Orange Convas　C. SPSS　D. SAS

21. 项目规划中，有关环境的规划，包括哪个环境不是要规划的基本环境

答案：A

A. 试运行环境　B. 测试环境　C. 生产环境　D. 开发环境

22. 如果企业没有专门的开发网络，则开发在哪个网络中进行

答案：C

A. 外网环境　B. 任意网络环境　C. OA 办公网环境　D. 生产网环境

23. 项目规划阶段实施规范设计的内容不包括

答案：C

A. 文档规范 B. 开发规范 C. 需求变更规范 D. 发布变更规范

E. 数据交换规范

24. 制定开发规范的好处不包括

答案：D

A. 促进团队协作和知识传递 B. 便于工作交接，降低维护成本

C. 提高开发人员能力水平 D. 体现开发团队的素质 E. 代码可读性高

25. 编码规范包括以下哪项内容

答案：A

A. 变量命名 B. 缩进方式 C. 注释 D. 代码大小写 E. 空行和断行

26. 程序处理规范可以帮助开发人员编写的程序具有的优点不包括哪项

答案：B

A. 高效率 B. 代码美观 C. 高稳定性 D. 高质量

27. 下面哪些规范内容不属于命名规范的范畴

答案：D

A. ETL 调度中的批量、作业、任务、状态、标识等

B. 需求调研过程中的需求类别、优先级、代码命名等

C. 测试过程中的测试类别、优先级别及严重级别、测试结果类别等

D. 文档及模板的编号

E. 模型设计中的主题、实体、属性、域、维度、度量、关键字等

28. 有关发布变更规范描述错误的是

答案：C

A. 针对每一步的操作都要获取处理结果状态，并对结果状态进行成功与否的判断

B. 版本发布变更需要针对其变更、操作进行充分的评审论证

C. 实施变更发布时，出现错误一定要中断发布的执行，并执行回退操作

D. 版本发布实施前要做好系统当前版本的备份

E. 发布操作尽可能采用自动化进行

29. 有关数据交换接口规范，描述错误的是

答案：A

A. 批量数据交换的文件格式使用 xml 格式文件

B. 轻量数据交换通过 WebService 来实现

C. 批量数据交换采用文件为载体

D. 轻量数据交换可以使用 json 格式的消息

30. 轻量数据交换规范的内容不包括哪方面内容

答案：B

A. 报文头及明细报文的内容和数据存储方式

B. 数据文件格式及字符集

C. 确定通讯时用于身份验证的鉴权方式

D. 针对指定的功能确定传输的参数项和返回的信息项

E. 确定 WebService 接口的地址、端口和通讯方式及协议，数据传输的格式和协议

31. 需求调研的步骤中不包含哪项工作内容

答案：E

A. 调研企业的组织架构、岗位角色及职责定义

B. 确定需求的重要程度和优先级

C. 归纳总结与企业用户沟通的内容

D. 调研各个业务环节的业务功能、处理流程及规则

E. 确定用户需求的解决方案

32. 下面哪项不是业务专家在需求分析过程中所承担的作用

答案：A

A. 创造用户需求　B. 发现用户需求的片面性　C. 发现用户需求中的短期行为

D. 发现企业用户未提出的但有真正价值的潜在需求

33. 需求边界确定不明晰，会存在什么潜在的直接风险

答案：C

A. 项目质量难以保证　B. 用户期望高　C. 需求不断变更、需求范围的不可控

D. 项目进度不断延期

34. 数据映射包括什么映射

答案：A

A. 数据模型映射和代码集映射　B. 代码集映射　C. 数据模型映射　D. 都不是

35. 数据映射过程中的表关联，有几种情况

答案：D

A. 不同源系统表之间的关联

B. 源系统与商务智能系统表之间的关联

C. 同一个源系统内表之间的关联

D. 同一源系统内表的关联、不同源系统间表的关联、源系统与目标系统之间表的关联

36. 标准模型落地时，不能简单的直接套用模型，需要针对不同企业做哪些特定的定制性工作。这些定制性的工作不包括

答案：C

A. 企业特定的分析模型　B. 模型物理化　C. 企业的业务流程　D. 代码集

37. 标准模型涉及到数据仓库数据层架构的不会涉及到哪一层

答案：B

A. 应用层　B. 贴源层　C. 数据集市层　D. 数据仓库层

38. 标准的数据仓库系统的 4 层数据层次架构中不包括

答案：E

A. 数据仓库层　B. 应用层　C. 贴源层　D. 数据集市层　E. 汇总层

39. 数据仓库标准 4 层架构中，哪一层主要完成原子级的数据接入、数据模型标准化、历史数据留痕

答案：C

A. 贴源层　B. 应用层　C. 数据仓库层　D. 数据集市层　E. 汇总层

40. 数据仓库标准 4 层架构中，哪一层主要完成具体应用的数据模型建设

答案：A

A. 应用层　B. 数据仓库层　C. 贴源层　D. 数据集市层　E. 汇总层

41. 数据仓库的数据模型按主题管理，电商平台上注册账户、开设店铺、商户购买广告等信息，可以纳入以下哪个主题内

答案：D

A. 渠道　B. 市场营销　C. 当事人　D. 协议

42. 有关贴源层描述错误的是

答案：B

A. 源系统的表的模型引入到贴源层，对不适用的索引要删除

B. 贴源层的表不需要主键和索引

C. 使用源系统的代码做表的前缀，可有效解决来自不同源系统的同名表进入贴源层后产生名称冲突

D. 贴源层的数据模型与源系统的基本一致

43. 与维度表相比，事实表由哪些部分组成

答案：C

A. 主键+外键　B. 字段+索引　C. 维度+事实　D. 表+视图

44. 下面哪项不是数据集市层的数据模型的特性

答案：D

A. 面向专题分析的、面向部门应用的

B. 结合多个主题的维度和度量

C. 为了提高数据访问效率而构建的

D. 是数据仓库层的一个子集

45. 数据模型三范式是一种指导性的规范，由于某些原因，适当地冗余性违反三范式是允许的。下面那个原因不成立

答案：C

A. 冗余存储，在数据访问时可以减少表关联，提高查询的效率

B. 三范式的规范，主要是针对关系型数据库，交易类系统

C. 已经建立主键和外键关系

D. 数据仓库系统的数据具有不更新的特性，数据只新增，不修改、不删除

E. 相应的维度表，仅仅是冗余存储而违反第二范式或第三范式

46. 在制定批量数据交换的文件编码时，确定使用 ANSI 字符集，下面哪项不是考虑因素

答案：D

A. 数据中只英文字母、数字和其他常规的可见 ASCII 码的字符

B. 必要的数据库等工具不支持 UTF8 字符集编码

C. 企业考虑所有系统的需要，要求使用 ANSI 字符集编码

D. ANSI 字符集编码文件占用的存储少

47. 在制定批量数据交换的规范时，有关文件命名必须考虑文件的命名

答案：B

A. 清单文件 B. 数据文件、数据包文件 C. 标志性文件 D. 校验文件

48. 批量数据交换的规范设计中，有关二进制数据如何处理，不包括

答案：D

A. 如果二进制数据本身以文件保存，必要情况下对文件进行重命名

B. 数据库中的二进制字段值保存成附件文件

C. 在相应的字段位置保存附件文件的名称和路径

D. 直接将二进制数据嵌入在 csv 等数据文件中

49. 遗传算法借鉴了达尔文的生物进化理论的知识。下面哪个信息与遗传算法最不想干

答案：A

A. 神经元记忆信息 B. 自然选择法则 C. 生物繁衍 D. 基因遗传机理

50. 与其他其它常规搜索算法相比，遗传算法具有一些显著的特征。下面哪项特征不是遗传算法的特征

答案：D

A. 可实现具有自组织性、自适应性和自学习性

B. 同时处理解集中的多个个体

C. 仅使用适应度指标来评估个体的有效性

D. 采用线性函数的变化迁规则来指导搜索方向

E. 搜索是从问题的解的串集开始的

51. 人工神经网络的结构一般分为多层，不包括

答案：D

A. 输出层 B. 隐藏层 C. 输入层 D. 运算层

52. 有关人工神经网络描述错误的是

答案：B

A. 学习过程是修改连接的权重和确定输出的阈值的过程

B. 人工神经网络的输出是模拟量

C. 人工神经网络是自学习的系统

D. 人工神经网络由模拟神经元的节点和模拟突触的节点间的连接构成

53. 下面哪项不是人工神经网络具有的优势

答案：D

A. 具备联想性的存储功能 B. 具备自学习的能力

C. 具备高速地搜寻最优解的能力 D. 具备大规模计算能力

54. 机器学习主要分类不包括

答案：C

A. 无监督学习 B. 有监督学习 C. 智能学习 D. 增强学习 E. 半监督学习

55. 有关机器学习的描述错误的是

答案：D

A. 机器学习可用于进行预测的领域

B. 机器学习能够自己总结归纳

C. 有监督的学习的训练集需要人工给定目标

D. 机器学习需要人为给定基础的规律再进行学习

56. 项目评估体系与项目评估报告的什么度决定了项目评估数据的数据质量？

答案：C

A. 迫切度 B. 进度 C. 复杂度 D. 支持度

57. 项目时间管理主要包含几个阶段？

答案：D

A. 4 B. 5 C. 3 D. 6

58. 项目时间管理主要包含几个阶段

答案：A

A. 6 B. 2 C. 8 D. 4

二、复选题

1. 在用户数量影响的指标方面，包括哪些因素

答案：ACD

A. 请求并发数量 B. 企业员工数量 C. 用户在线数量 D. 系统用户数量

2. 数据仓库系统一般需要进行批量处理，通常存在哪些原因会导致批量不能按时完成

答案：ABC

A. 批量运行异常中断

B. 批量因特殊的日期（比如月末、年末等）的数据量大

C. 随着系统运行而导致的数据量大从而延长处理时间

D. 服务器故障宕机

3. 有关纯数据分析系统，描述正确的有

答案：ABD

A. 通常只接入部分应用系统的数据

B. 专注于特定的分析领域，并向特定的应用系统提供数据服务

C. 提供一些交互性的业务流程功能

D. 通常是针对某项特定的应用领域

4. 商务智能项目的需求来自于哪些方面

答案：ABD

A. 企业的报表需求和特定的分析类需求

B. 行业通用的常规分析需求

C. 企业的业务流程处理类需求

D. 标准数据仓库、数据平台实施的标准规范

5. 在商务智能项目的实施中，实施团队通常可以带数据分析的解决方案。该解决方案包含哪些需求

答案：ABCE

A. 完整的数据分析应用　B. 数据展现形式　C. 数据服务范围和内容

D. 源系统数据　E. 业务数据的需求

6. 确立需求边界的意义在于

答案：ACD

A. 解决企业的期望与投入的差距产生的矛盾

B. 阻止用户进行需求变更

C. 确定项目实施开发的功能范围

D. 防止大量需求变更导致项目延期及质量降低

7. 在数据仓库实施项目中有许多后台处理的功能。下面哪些是后台处理功能

答案：ABCD

A. 数据装载　B. 历史数据留痕　C. 作业调度　D. 数据质量检查和清洗

E. 报表展示

8. 在数据仓库系统中，有些功能是后台处理的功能，有些功能是前台操作类的功能。下面哪些功能归为前台操作类功能

答案：BCDE

A. 任务调度　B. 权限管理　C. 参数管理　D. 系统初始化　E. 用户管理

9. 有关商务智能分析类系统描述正确的有

答案：AD

A. 数据分析和数据挖掘是数据平台项目必需的功能

B. 报表应用往往是商务智能项目的最核心的功能

C. 分析功能的分析目标与项目建设的业务目标有关

D. 不是每个商务智能的分析功能都是相同的

10. 有关数据批量处理，描述正确的有

答案：ABCD

A. 批量完成到系统被访问，要留有缓冲时间

B. 数据批量处理时间通常为几小时

C. 批量运行中出错，可能会导致批量不能够按时完成

D. 特殊日期批量的时间可能会较日常运行时间长

E. 批量运行出错后，必须重跑批量来解决问题

11. 在系统规划时，有关用户数量的规划，从哪几方面考虑

答案：ABC

A. 并发用户数量　B. 在线用户数量　C. 系统用户数量　D. 企业用户数量

12. 项目质量方面，交付物包括哪些

答案：CD

A. 项目中使用的开源工具　B. 项目集成引入的商业工具

C. 项目开发的程序代码　D. 项目实施过程中产生的项目文档

13. 程序代码质量因素包括

答案：ACDE

A. 程序代码中的注释　B. 程序代码的字体大小　C. 程序的执行效率

D. 程序代码工整程度　E. 程序的缺陷率

14. 用户满意度作为项目质量目标的指标，其意义在于避免项目开发的产品存在哪些问题

答案：AB

A. 细节处理不当　B. 程序操作繁杂　C. 程序代码编写不够严谨

D. 程序存在大量缺陷

15. 对调度工具选型，主要从下面哪些方面进行考虑

答案：ABCD

A. 数据集中管理能力　B. 大规模数据支持能力　C. 网络支持能力和跨平台能力

D. 稳定性和使用成本　E. 操作界面美观性

16. PowerCenter 和 DataStage 涵盖了哪些功能

答案：ABCD

A. 实时数据捕获　B. 数据质量管理　C. 数据整合　D. 元数据管理　E. 数据展示

17. Oracle 附带的 ETL 工具 OWB，具有哪些功能

答案：ABC

A. 进行数据质量管理和商务智能

B. 数据抽取、转换、装载

C. 在 Oracle 数据库中建立 ROLAP 和 MOLAP 数据仓库对象

D. 进行数据治理

18. 应用系统安全性包括

答案：ABCDE

A. 高强度系统和数据库保护机制　B. 应用权限访问机制　C. 安全预警机制

D. 系统防病毒机制　E. 安全审计机制

19. SAS 四大任务包括

答案：ABCE

A. 数据管理　B. 数据访问　C. 数据分析　D. 元数据管理　E. 数据呈现

20. 系统安全审计包括哪些内容

答案：ACD

A. 应用业务软件、平台的审计　B. 财务审计　C. 防火墙的进出数据审计

D. 数据库、操作系统的审计

21. 有关环境要求和设计，在硬件环境方面，以下描述正确的有

答案：ACD

A. 开发环境的硬件资源配置一般不需要很高

B. 为了保证项目开发的系统的兼容性，要求开发、测试和生产的硬件环境要一致

C. 测试环境的服务器硬件配置通常要高于开发环境

D. 对于硬件环境的要求，通常是生产环境的配置要求最高

22. 企业搭建准生产环境的目的包括

答案：BC

A. 提供对生产临时修改代码的现场环境

B. 系统版本升级前的最后一次验证

C. 对特殊时点、特殊业务的正式处理之前的预演

D. 新开发功能的业务测试

23. 有关文档规范描述正确的有

答案：ABD

A. 文档模板包括映射、ETL 调度等

B. 项目中的文档通常要制定相应的模板

C. 项目文档可以不进行编号

D. 文档规范对系统开发、项目管理起到指导管控的作用

24. 开发规范包括

答案：ABC

A. 命名规范　B. 编码规范　C. 程序处理规范　D. 文档规范

25. 下面那些是程序处理规范的内容

答案：ABC

A. 数据查询处理　B. 数据批量处理　C. 自加变量处理　D. 变量命名

26. 命名规范涉及到哪些项目实施环节

答案：ACD

A. 作业开发　B. 映射分析　C. 模型设计　D. 代码编写

27. 发布变更规范涉及到哪些处理工作

答案：BC

A. 版本调研　B. 新系统上线　C. 版本发布变更　D. 版本开发测试

28. 制定数据交换规范的意义在于

答案：ACD

A. 方便地接入更多的新增的外围系统，而无需对商务智能系统进行变动

B. 商务智能系统开发的工作量减少

C. 数据交换的协议和方式稳定

D. 易于服务更多的外围系统

29. 批量数据交换规范的内容包括哪些方面

答案：ABCD

A. 数据文件及文件包等的命名　B. 数据交换时间窗

C. 数据文件存放的公共位置　D. 数据文件格式及字符集

30. 需求调研的涉众主要包括企业的哪些人员

答案：BCDE

开发人员 B. 技术人员 C. 业务人员 D. 管理人员 E. 决策人员

求调研过程中需要经验丰富的业务专家参与，其作用在于

案：ABD

A. 很好地控制和引导业务部门的用户来提出他们的需求

B. 有效地把控用户提出的需求

C. 为用户的需求确定解决方案

D. 能够更好地理解用户的需求

32. 软件需求包括的三个层次分别为

答案：BCD

A. 数据需求 B. 业务需求 C. 用户需求 D. 功能需求

33. 数据探索的工作内容包括

答案：BCDE

A. 熟悉源系统的程序代码 B. 熟悉源系统表之间的关系

C. 熟悉源系统的代码集 D. 熟悉源系统的数据取数口径

E. 熟悉源系统的数据字典

34. 数据映射过程需要处理的工作有

答案：ACD

A. 数据运算或转换 B. 业务转换 C. 口径筛选 D. 表关联

35. 一个成熟的研发团队会沉淀出一个有关某行业的标准数据模型。有关标准数据模型描述正确的有

答案：BCD

A. 是能够完全套用到该行业新的企业中的模型

B. 是在同一个行业实施多个项目总结沉淀下来的模型

C. 能够方便地在一个行业中的新企业中快速实施的模型

D. 是一个成熟的，普遍适用于某一个行业的模型

36. 标准模型落地时，代码集不能从其他项目中完全照搬，而是要从多个方面综合而来。项目实施中的代码集来源有哪些

答案：BCDE

A. 随机定义/按序号进行定义 B. 国标 C. 企业标准 D. 模型中制定的

E. 行业标准

37. 开发标准数据交换接口，有哪些直接的好处

答案：ABD

A. 提升数据交换的规范和质量 B. 提高数据交换效率

C. 降低项目开发工作量 D. 降低数据交换产生的问题的处理难度

38. 标准的数据仓库系统的4层数据层次架构中，贴源层主要实现的功能

答案：BE

A. 主题间信息整合 B. 源系统数据的接入 C. 按部门级需求对数据模型重整

D. 轻度汇总 E. 数据质量检查和数据清洗

39. 标准的数据仓库系统的 4 层数据层次架构中，数据集市层实现的功能

答案：BDE

A. 接入原子级数据　B. 按部门级需求对数据模型重整

C. 数据质量检查和数据清洗　D. 主题间信息整合　E. 轻度汇总

40. 有关数据仓库的数据模型描述正确的有

答案：ABD

A. 主题域是对某个主题进行分析后确定的主题的边界

B. 数据仓库中的数据模型按主题进行管理

C. 主题域可以按源系统进行划分

D. 主题域的确定一般由业务人员和数据仓库的设计人员共同完成

41. 在数据仓库数据层架构中，贴源层模型有什么特点

答案：ABC

A. 与源系统的数据模型基本一致

B. 所有模型的规范并不统一

C. 通常可以从源系统反向工程得到以方便生成模型

D. 完全用源系统的数据模型

42. 数据仓库层的基本数据模型有哪几种

答案：ACD

A. 多维数据立方体　B. 代码表　C. 维度表　D. 事实表

43. 与事实表的区别在于，多维数据立方体由哪些部分组成

答案：AD

A. 度量　B. 主键　C. 外键　D. 维度

44. 有关应用层的数据模型设计，描述正确的有

答案：ABC

A. 应用层的数据模型针对具体的应用

B. 如果应用的数据可以高效地从数据仓库层和数据集市层访问，可省略在应用层建立模型

C. 如果多个应用可以用一个数据模型，则不需要为每个应用建立数据模型

D. 应用层模型和应用是一对一的关系

45. 通常完成下面的处理工作，就能避免大部分的违反三范式的问题

答案：AD

A. 维度类属性都用维度表来进行关联

B. 避免冗余存储

C. 尽可能拆分成多个表

D. 涉及到的属性，根据业务需要，能拆分的则拆分

46. 下面哪些是标准 csv 格式的规范

答案：ACD

A. 字符串值用双引号界定　B. 文件的字符集为 UTF8 编码

字段之间用逗号分隔　D. 数据行之间用换行符分割

只文件不仅可以起到通知接收方数据包文件传输完毕，其内容还可以对数据包进行辅助性说明，通常包括哪些信息

答案：CD

A. 数据包内文件的清单　B. 数据包内各个表的数据量

C. 数据包文件的大小　D. 数据包文件的校验码

48. 轻量数据交换接口通过 webservice 实现，如何确保身份安全

答案：ABCD

A. IP 地址认证　B. SecurityID+Token 认证　C. 数字证书认证

D. 账户密码+Session 认证

49. 有关遗传算法中的处理描述正确的有

答案：BCD

A. 随机淘汰一批个体，并补充一些信息个体

B. 基因编码是模拟染色体特征的符号序列，作为遗传物质的主要载体

C. 在繁殖的过程中，允许一定程度的变异，以产生新的特征

D. 按生物繁衍行为，选择优秀的个体进行繁殖，产生新的个体

50. 下面哪些步骤是遗传算法处理过程中的步骤

答案：ABCD

A. 保留优选解，丢弃部分劣质解

B. 对优选解进行繁衍，生成新的候选解

C. 创建候选解集　D. 测算候选解的适应度

E. 对劣质解进行转基因处理，以提高其适应度

51. 人工神经网络进行学习的过程是调整神经网络节点的哪几个参数值

答案：CD

A. 基准值　B. 网络层数　C. 权重　D. 阈值

52. 人工神经网络依据依学习策略分类包括哪些

答案：ABCDE

A. 监督式学习网络　B. 强化式学习网络　C. 最适化学习网络

D. 联想式学习网络　E. 无监督式学习网络

53. 机器学习主要涉及到下面哪些理论学科

答案：ABCE

A. 计算复杂性理论　B. 逼近论　C. 概率论与数理统计　D. 拓扑学　E. 凸分析

54. 机器学习应用比较广泛的领域包括

答案：ABCDE

A. 生物特征识别　B. 医学诊断　C. 证券市场分析　D. 检测信用卡欺诈

E. DNA 序列测序

55. 项目管理具有哪些特征？

答案：ABC

A. 组织的临时性和开放性　B. 目标的确定性和活动的整体性

C. 一次性和独特性　D. 临时性和成果的可挽回性

56. 以下哪几个选项是属于项目管理的主要阶段?

答案：BCDE

A. 项目合同收尾阶段　B. 项目启动阶段　C. 项目监测阶段

D. 项目策划阶段　E. 项目执行阶段

57. 项目的核心计划有哪些?

答案：ABCD

A. 项目时间管理　B. 项目成本管理　C. 项目人力资源管理　D. 范围管理

58. 以下哪几个阶段项目时间管理主要内容?

答案：ABCD

A. 活动排序　B. 项目活动定义

C. 设立项目里程碑是排序工作中很重要的一部分　D. 活动工期估算

59. 以下哪几个阶段项目时间管理主要内容?

答案：ABCD

A. 项目活动定义　B. 活动工期估算　C. 活动排序　D. 活动工期估算

60. 项目中的沟通与协调是项目管理的桥梁，是在哪三者之间建立的联系。

答案：BCD

A. 物质　B. 人　C. 思想　D. 信息

61. 为了对项目进行有效地控制，必须遵循以下准则:

答案：ABCD

A. 详细准确地记录项目的进展和变化

B. 定期和及时测量实际进展情况

C. 项目的执行自始至终必须以项目计划为依据

D. 充分的、及时的信息沟通

62. 正常情况 下，系统集成项目的验收工作包括哪些步骤?

答案：ABC

A. 项目的最终验收报告　B. 系统的文档验收　C. 系统测试

D. 系统相关知识转移